Grundlagen der Informationswissenschaft

Grundlagen der Informationswissenschaft

Herausgegeben von
Rainer Kuhlen, Dirk Lewandowski, Wolfgang Semar und
Christa Womser-Hacker

Begründet von
Klaus Laisiepen, Ernst Lutterbeck, Karl-Heinrich Meyer-Uhlenried

7., völlig neu gefasste Ausgabe

DE GRUYTER

Trotz großer Sorgfalt bei der Erstellung unserer Bücher lassen sich Fehler leider manchmal nicht vermeiden. Wir entschuldigen uns für die fehlerhafte Nummerierung der auf Seite 36 aufgeführten Fachinformationsbereiche. Die Zählung sollte nicht mit 5, sondern natürlich mit 1 beginnen und mit 16 enden. Der Fehler wurde inzwischen korrigiert.

ISBN 978-3-11-153211-0
e-ISBN (PDF) 978-3-11-076904-3
e-ISBN (EPUB) 978-3-11-076908-1
DOI https://doi.org/10.1515/9783110769043

Dieses Werk ist lizenziert unter der Creative Commons Attribution 4.0 International Lizenz. Weitere Informationen finden Sie unter https://creativecommons.org/licenses/by/4.0/.

Die Creative Commons-Lizenzbedingungen für die Weiterverwendung gelten nicht für Inhalte (wie Grafiken, Abbildungen, Fotos, Auszüge usw.), die nicht im Original der Open-Access-Publikation enthalten sind. Es kann eine weitere Genehmigung des Rechteinhabers erforderlich sein. Die Verpflichtung zur Recherche und Genehmigung liegt allein bei der Partei, die das Material weiterverwendet.

Library of Congress Control Number: 2022944910

Bibliografische Information der Deutschen Nationalbibliothek
Die Deutsche Nationalbibliothek verzeichnet diese Publikation in der Deutschen Nationalbibliografie; detaillierte bibliografische Daten sind im Internet über http://dnb.dnb.de abrufbar.

© 2024 bei den Autorinnen und Autoren, Zusammenstellung © 2023 Rainer Kuhlen, Dirk Lewandowski, Wolfgang Semar und Christa Womser-Hacker, publiziert von Walter de Gruyter GmbH, Berlin/Boston. Dieses Buch ist als Open-Access-Publikation verfügbar über www.degruyter.com.
Satz: bsix information exchange GmbH, Braunschweig

Dieser Band ist text- und seitenidentisch mit der 2023 erschienenen gebundenen Ausgabe.

www.degruyter.com

Grußwort Hochschulverband Informationswissenschaft

Grundlagen der Informationswissenschaft, 7. Ausg. 2022

Eine Disziplin definiert sich unter anderem über ihre Standardwerke. Dass nun in der siebten Ausgabe vorliegende Handbuch „Grundlagen der Informationswissenschaft" ist ein solches Standardwerk für die deutschsprachige Informationswissenschaft. Insbesondere für Studium und Lehre, aber auch für Neulinge in der Disziplin, stellen die Überblicksartikel mit ihren vielen Quellen den Einstieg in die informationswissenschaftliche Forschung her. Aber auch für andere Fächer, in denen Information eine große Rolle spielt, sollten viele Artikel interessant und weiterführend sein. Die wichtigsten Fachbereiche der Disziplin, ihre interdisziplinären Verbindungen zu Methoden und Ansätzen, ihre Anwendung in der Informationsinfrastruktur, in Gedächtnisinstitutionen, der Wissenschaft, öffentlichen Verwaltung und in der Wirtschaft werden ebenso reflektiert wie die wissenschaftliche Fundierung der Disziplin selbst.

Der Hochschulverband Informationswissenschaft unterstützt das Publikationsvorhaben nicht nur durch die Beiträge der Autor*innen, von denen ein großer Teil im Verein organisiert ist, sondern ist stolz darauf, die Open-Access-Veröffentlichung im goldenen Open Access zu unterstützen. Der unmittelbare offene Zugang zum Handbuch für die Wissenschaft und interessierte Öffentlichkeit setzt ein Signal für hoffentlich viele informationswissenschaftliche Veröffentlichungen in Forschung und Lehre.

Vivien Petras
Vorsitzende des Hochschulverbands Informationswissenschaft

Vorwort der Herausgeber

Die „Grundlagen der praktischen Information und Dokumentation" erschienen erstmals 1972 und seitdem unter dem gleichen Titel in fünf weiteren Ausgaben, jeweils im Abstand von ca. sieben bis zehn Jahren. Auch die jetzige Auflage ist völlig neu gefasst. Sie hat jetzt einen neuen Titel: „Grundlagen der Informationswissenschaft". Damit soll dem Rechnung getragen werden, dass die Informationswissenschaft es verstärkt unternimmt, die Grundlagen ihres Faches und ihrer Profession wissenschaftlich abzusichern. Die deutlich erkennbare, fortschreitende wissenschaftlich-theoretische Durchdringung aller Prozesse, die mit Information zu tun haben, ist ein gutes Zeichen für das Fachgebiet.

Das ist aber kein radikaler Bruch mit den bisherigen Ausgaben. Auch die neuen „Grundlagen" wollen die einschlägigen Aus- und Fort-/Weiterbildungsangebote mit soliden und wissenschaftlich fundierten Beiträgen unterstützen, so dass die Unternehmen und Organisationen in so gut wie allen Bereichen von Wirtschaft, Politik, Verwaltung, Medien und Gesellschaft weiter auf hervorragend ausgebildete Informationsspezialist*innen zurückgreifen können. Die „Grundlagen der Informationswissenschaft" sind selbstverständlich auch für die Ausbildung im weiteren Bereich der Informationswissenschaft konzipiert und können wie die bisherigen Ausgaben von den Lehrenden und Lernenden genutzt werden.

Viele Kapitel in dieser Ausgabe zeigen, dass es einen intensiven Austausch zwischen Informationswissenschaft und den vielen mit Information befassten wissenschaftlichen Disziplinen gibt. Solche Austausche sind in jeder Hinsicht zu begrüßen. Es dringen immer mehr Verfahren z. B. der Informatik, der Künstlichen Intelligenz, des Machine Learning und der Computerlinguistik in traditionelle Gegenstandsbereiche der Informationswissenschaft. Die vielfältigen Themen in Bereichen wie Information Retrieval, Informationsverhalten oder Informationsmärkte müssen noch stärker als bislang im interdisziplinären Austausch bearbeitet werden.

Auch können ganz neue Gegenstandsbereiche für die Informationswissenschaft ausgemacht werden. In der Vergangenheit, vielleicht bis vor 20 Jahren, haben sich Informationswissenschaft und -praxis, aber auch die politischen Förderorganisationen, in erster Linie auf die entsprechenden Prozesse in der Fachinformation bzw. auf Vorgänge in Bildung und Wissenschaft konzentriert. Aber die seit der um die Jahrtausendwende deutlich erkennbare flächendeckende Digitalisierung aller Prozesse im Umfeld von Wissen und Information durch Informations- und Kommunikationstechnologien hat nicht nur ganz neue Methoden und Verfahren für die Informationsarbeit hervorgebracht, sondern auch die Öffnung der Fachinformationsmärkte in die allgemeinen Publikumsmärkte provoziert.

Das, was auf den Publikumsmärkten, z. B. im Kontext der Sozialen Medien und Messengerdiensten bzw. allgemein einer ausdifferenzierten Plattformökonomie über neu entstandene und sich rasch weiterentwickelnde Produkte und Dienstleistungen geschieht, beruht, jenseits der reinen technischen Komponenten, auf Methoden und Verfahren der Informationswissenschaft und ist weiter, in Zusammenarbeit mit anderen Fächern, Gegenstand der informationswissenschaftlichen Forschung und hat Auswirkungen auf die entsprechende Ausbildung.

Durch diese Öffnung in ganz neue Bereiche hat die Informationswissenschaft auch lernen müssen, dass Information nicht nur ein Problem von Überinformation oder von Unterinformation ist und dass Information nicht ausschließlich, wie es im Bereich der wissenschaftlichen Fachinformation sinnvoll war und ist, ausschließlich über einen wie

∂ Open Access. © 2023 Rainer Kuhlen, Dirk Lewandowski, Wolfgang Semar und Christa Womser-Hacker, publiziert von De Gruyter. (cc) BY Dieses Werk ist lizenziert unter der Creative Commons Attribution 4.0 International Lizenz.
https://doi.org/10.1515/9783110769043-202

auch immer bestimmten semantischen Wahrheitsbegriff definiert werden kann. Die Informationswissenschaft kann die alle Bereiche der Gesellschaft immer mehr bestimmenden Phänomene der Des- und Falschinformation nicht ausblenden. Auch diese werden – so deprimierend das für die Wissenschaft von der Information klingen mag – häufig als Information mit häufig fatalen Handlungskonsequenzen verstanden.

Entsprechend gehört es zum Wissenschaftsauftrag der Informationswissenschaft, daran mitzuarbeiten, Informations- und Medienkompetenz, also informationelle Urteilskraft, in allen Bereichen der Gesellschaft zu befördern – nicht nur, um die geeigneten Produkte und Dienstleistungen und in ihnen wiederum passende Informationen zu finden, sondern auch um sorgfältig begründete Information mit hoher Wahrheitswahrscheinlichkeit von dem, was beispielsweise fake news mit starkem Lügenanteil genannt wird, unterscheiden zu können.

Die „Grundlagen der Informationswissenschaft" bestehen aus 6 Teilen mit den ihnen jeweils zugeordneten Artikeln.

A Informationswissenschaft im Kontext

Die Kapitel A 1-A 5 konzentrieren sich auf die Informationswissenschaft selbst. In Kapitel A 1 wird die schon seit gut 50 Jahren andauernde Debatte um den Informationsbegriff aufgenommen, für den die Informationswissenschaft eine besondere, aber natürlich nicht exklusive Zuständigkeit beansprucht. Es wird für die in der Informationswissenschaft dominierende pragmatische, handlungsrelevante, nutzer-/nutzungsorientierte Sicht auf Information eine theoretische Grundlage mit einem operationablen R4-Modell vorgeschlagen. Kapitel A 2 zeichnet in einem historischen Aufriss die seit den 60er Jahren sich entwickelnde Institutionalisierung der Informationswissenschaft und den informationspolitischen Einfluss darauf nach. In den Kapitel A 3 und Kapitel A 4 wird der wissenschaftlichen und methodischen Begründung der Disziplin Rechnung getragen. In Kapitel A 3 geht es dabei auch um Theorien, die zum Teil in anderen Fächern entwickelt und hier angewendet bzw. weiterentwickelt werden. Schließlich wird in Kapitel A 4 ein Überblick über die in der Informationswissenschaft zur Anwendung kommenden Methoden gegeben. Kapitel A 5 gibt einen aktuellen Überblick über die ausdifferenzierten Aus- und Fortbildungsaktivitäten im fachlichen Umfeld und die dabei beteiligten Institutionen. Durch die Kapitel A 6-A 12 wird deutlich, dass die Informationswissenschaft umgeben ist von einer Vielzahl von Fächern und Institutionen, die mit vergleichbaren, aber durchaus genuinen Verfahren sich der Herausforderung stellen, zum einen das kulturelle Erbe zu sichern und zum andern die vorhandenen Wissensobjekte für die Nutzung durch die allgemeine Öffentlichkeit oder auch nur für Spezialisten zur Verfügung zu stellen. Angesprochen sind hier (ohne dass damit eine Vollständigkeit behauptet werden kann): Bibliotheken, Archive, Museen, Mediatheken, auch die Information Professionals und die Verfahren der Normen und Standardisierung sowie der Langzeitarchivierung.

B Methoden und Systeme der Inhaltserschließung

In B werden Systeme, Verfahren und Methoden behandelt, die als Teil des Information Retrieval sich auf die Erschließung von Wissensobjekten beziehen, wodurch diese als Informationsobjekte, z. B. in Datenbanken oder Diensten der Plattformenökonomie, über entsprechende Suchverfahren für die Nutzung bereitgestellt werden können. Kapitel B 1 gibt einen Überblick über entsprechende Verfahren der Wissensorganisation. In dieser siebten Ausgabe der Grundlagen sind erneut die in der Tradition der Dokumentation entstandenen Verfahren der inhaltlichen Erschließung aufgenommen worden, wie in Kapitel B 2 Intellektuelles Indexieren, Kapitel 4 Thesaurus und Kapitel 5 Klassifikation sowie formale Erfassung/Erschließung in Kapitel B 6 Formale Erschließung. Dazu gehören auch die in Kapitel B 11 behandelten Verfahren der Bibliometrie und der wissenschaftlichen Qualitäts-/Relevanzsicherung und Evaluierung in Kapitel B 15. Alle diese traditionellen Verfahren sind weiterentwickelt worden, wie z. B. ersichtlich in Kapital B 3 Automatisches Indexieren und B 8 Automatisches Abstracting, aber auch in Kapitel B 9 Metadaten, Kapitel B 10 Ontologien, Kapitel B 17 zu den Forschungsdaten und Kapitel B 18 zu den Folksonomies. Oder es sind sogar ganz neue entstanden, nicht zuletzt durch den Einfluss von Disziplinen wie Informatik, Künstliche Intelligenz, Computerlinguistik, aber auch durch die Ausweitung des Gegenstandsbereichs der zu bearbeitenden Wissensobjekte in die allgemeinen Publikumsmärkte des Internet. Der Einfluss der Computerlinguistik, zum Teil in Verbindung mit Verfahren des Machine Learning, ist, neben den erwähnten für automatisches Indexieren und Abstracting, unverkennbar in Kapitel B 12 Automatische Sprachverarbeitung und B 14 Maschinelle Übersetzung. Ganz neue Gegenstandsbereiche sind erschlossen worden durch technische Verfahren der Informationsvisualisierung (Kapitel B 13) und des Text und Data Mining (Kapitel B 16). All dies zeigt sehr deutlich die große Bedeutung und reale interdisziplinäre Vernetzung der Informationswissenschaft und die damit einhergehende Erweiterung und wissenschaftliche Fundierung der Informationsarbeit.

C Information Retrieval

Information Retrieval wird nicht nur als Suche von Information bzw. Selektion von Information aus Wissen verstanden, sondern wesentlich breiter. Es umfasst vor allem auch die Erschließungsseite des Wissens (hier in Teil B repräsentiert) und stellt die Nutzer*innen der Systeme in den Mittelpunkt.

In Kapitel C 1 werden die grundlegenden Begriffe des Information Retrieval definiert und die Konturen dieses Gebiets aus verschiedenen Perspektiven aufgezeigt. In Kapitel C 2 stehen die Modelle des Information Retrieval im Vordergrund, die den technologischen Kern von Information-Retrieval-Systemen, nämlich die Relation zwischen Anfrage und Informationsobjekten, verschiedenartig abbilden. Auch die Operationalisierung dieser Modelle wird hier thematisiert. Durch Fortschritte bei den Suchmaschinen wurde das Information Retrieval mit der traditionellen Booleschen Suche durch partial-match--Systeme mit gewichteter Indexierung und sortierten Ergebnislisten erweitert. Deshalb und vor allem durch die Einbeziehung der Informationssuchenden auf den Publikumsmärkten erhalten die Suchmaschinen in Kapitel C 3 einen besonderen Stellenwert. Das Information Retrieval erfuhr durch den sog. cognitive turn eine entscheidende Wendung in Richtung Interaktivität und Einbeziehung der Benutzer*innen. Damit befassen sich die Kapitel zum Interaktiven Information Retrieval (Kapitel C 4) und zur Benutzermodellierung (Kapitel C 10). Schon immer waren neue Entwicklungen, Techniken, Komponenten wie z. B. Gewichtungs- oder Indexierungsansätze im Information Retrieval mit Evaluierungen verbunden. Daher hat das Information Retrieval eine lange Evaluierungstradition und verfügt über entsprechende Bewertungsverfahren und Metriken, die immer mehr verfeinert und an neue Kontexte adaptiert wurden (Kapitel C 8). Die Integration verschiedener Sprachen führte zur Entwicklung des Cross Language Information Retrieval (Kapitel C 7) sowie zur Erweiterung der Medialität von Anfrage- und Informationsobjekten. Daher wird in Kapitel C 5 und Kapitel C 6 das Augenmerk auf Bilder, Videos, Musik, gesprochene Sprache usw. gelegt. Kapitel C 9 zeigt die neuesten Entwicklungen auf, die über Neuronale Netze und Sprachmodelle die technologisch-methodischen Information-Retrieval-Grundlagen vehement veränderten. Letztendlich ist auch die Kompetenz der Suchenden ein entscheidender Faktor bei der Informationsrecherche (Kapitel C 11). C endet mit der Darstellung von Empfehlungssystemen, die beim Information Retrieval immer mehr eingesetzt werden (Kapitel C 12).

D Informationsverhalten

D beschäftigt sich mit dem menschlichen Informationsverhaltens, einem Teilbereich der Informationswissenschaft, der allgemein das menschliche Verhalten in Bezug auf Information behandelt (Kapitel D 1). Eine Eingrenzung erfährt dieses Forschungsgebiet mit dem Information-Seeking Behaviour und noch spezifischer mit dem Information-Searching Behaviour. Die Bedeutung des Informationsverhaltens zeigt sich auch darin, dass ein erheblicher Teil menschlicher Kommunikation inzwischen über Computer vermittelt stattfindet (Kapitel D 2).

Während sich das Informationsverhalten auf alle Aspekte von Information bezieht, geht es beim Information-Seeking Behaviour (Kapitel D 6) um das aktive Einholen von Information, wobei es sich allerdings nicht nur um zielgerichtete Suchen handeln kann. Die Informationswissenschaft hat das Informationsverhalten umfangreich untersucht und zahlreiche grundlegende Modelle aufgestellt, anhand derer es mit unterschiedlichem Fokus beschrieben und erklärt wird. Traditionell geht die informationswissenschaftliche Forschung davon aus, dass Informations(such)verhalten mit einem *information need* (Informationsbedarf/Informationsbedürfnis; Kapitel D 5) bzw. einem wie auch immer gearteten Bewusstsein für eine Wissenslücke beginnt. Diese Lücke soll dann durch Information gefüllt werden.

Im Kontext des Informationsverhaltens stellt sich natürlich die Frage, wie Information und Wissen systematisch verwaltet werden können. Dabei wird zwischen Wissens- und Informationsmanagement unterschieden (Kapitel D 7). Wissensmanagement beschäftigt sich damit, wie das Wissen, das in den Köpfen der Menschen ist, im institutionellen Kontext gezielt organisiert werden kann; bei Informationsmanagement hingegen geht es darum, Information in externen Quellen so zu organisieren, dass Menschen optimal damit versorgt werden, um ihre Aufgaben erfüllen zu können.

Neben der Beschreibung und Erklärung des menschlichen Informationsverhaltens beschäftigt sich die Informationswissenschaft auch mit der Frage, wie Systeme so gestaltet werden können, dass Menschen ihre Aufgaben effektiv und effizient erledigen können, aber auch bei der Benutzung von Informationssystemen Freude empfinden (Kapitel D 3). Die Informationswissenschaft setzt sich hier auch vermehrt mit der Rolle von Emotionen auseinander, die Menschen in ihrem Informationsverhalten beeinflussen oder gar leiten (Kapitel D 4). Das Beschreiben und Verstehen von Informationsverhalten ist ebenso die Grundlage für Interventionen, um die Informationskompetenz von Menschen zu verbessern (Kapitel D 8). Dabei spielen auch didaktische Erwägungen eine Rolle, um eine Optimierung des eigenen Informationsverhaltens in unterschiedlichen Kontexten zu ermöglichen (Kapitel D 9).

E Proprietäre und offene Informationsmärkte

E geht auf die unterschiedlichen Informationsmärkte, deren Ausprägungen und Geschäftsmodelle ein. In Kapitel E 1 steht der Informationsmarkt im Kontext von Bildung und Wissenschaft im Vordergrund. Zu den Informationsmärkten gehören aber auch die vielen Informationssysteme und -dienstleistungen im Internet, z. B. in den Social-Media- und Messenger-Systemen, die in Kapitel E 2 unter dem Aspekt der Plattformökonomie diskutiert werden. Kapitel E 3 erläutert die Auswirkungen des technologischen Wandels (analog zu digital) auf die Medienökonomie und zeigt deren Entwicklungsperspektiven vor dem Hintergrund weiterer bevorstehender technologischer Entwicklungen. Aber auch die Verlage befinden sich durch die Digitalisierung im Wandel. Kapitel E 4 geht speziell auf die Herausforderungen der Verlage im Wissenschafts- und Bildungsbereich ein und stellt deren neue Geschäftsmöglichkeiten dar. Eine weitere Herausforderung der Digitalisierung ist das Kopieren von urheberrechtlich geschützten digitalen Werken. Dies stellt insbesondere die Verantwortung der Bibliotheken für die Erwerbung vor eine anspruchsvolle Aufgabe, vor allem für den Abschluss von Lizenzverträgen. In Kapitel E 5 werden deshalb die grundlegenden Aspekte für die Lizenzierungspraxis erörtert. Durch die Auswirkungen der Digitalisierung und der Kommunikationspotenziale des Internet auf alle Lebensbereiche haben sich zwangsläufig neue Marketingmethoden entwickelt. Kapitel E 6 erläutert diese neuen Formen des Online-Marketing und in Kapitel E 7 wird anschließend aufgezeigt, was beim Marketing für Informationseinrichtungen berücksichtigt werden sollte. Das Social Web prägt zunehmend das heutige Informationsverhalten und ist so zu einem interdisziplinären Forschungsgegenstand auch der Informationswissenschaft geworden. Vor allem in Bildung und Wissenschaft haben sich seit ca. 20 Jahren angesichts der fortschreitenden Kommerzialisierung von Wissen und Information und der daraus zwangsläufig folgenden Einschränkung einer freien Nutzung publizierten Wissens alternative offene freie Formen des Austausches von Information entwickelt, die in verschiedenen Ausprägungen das Etikett „Open" tragen. Mit dieser Entwicklung und den daraus folgenden Auswirkungen beschäftigen sich abschließend Kapitel E 9 Open Science, Kapitel E 10 Open Access, Kapitel E 11 Open Data, Kapitel E 12 Open Educational Resources und Kapitel E 13 Open Government. Im Open-Paradigma wird der freie Zugang zu den Informationsobjekten immer mehr zu einer Selbstverständlichkeit. Das ist nicht zuletzt für die kommerziellen Akteure eine Herausforderung, neue Geschäftsmodelle zu entwickeln.

F Regulierungsformen von Wissen und Information

Der Struktur von Teil F liegt eine (auf Laurence Lessig zurückgehende) Konzeption zugrunde, dass komplexe Konzepte/Objekte/Vorgänge, wie hier Wissen und Information, in ihren Ausprägungen von verschiedenen Regulierungsinstanzen beeinflusst werden. Vielleicht kommt der Informationsethik (Kapitel F 1), dem moralisch, ethisch verdichteten Bewusstsein für den Umgang mit Wissen und Information, die größte Wirkungsmächtigkeit zu – zumindest mittel- oder langfristig. Allerdings wird in der Realität den Potenzialen der Informations- und Kommunikationstechnologien (IKT) (Kapitel F 2) der größte Einfluss auf den Umgang mit Wissen und Information zugeschrieben. Folgenreich ist sicherlich auch das Recht, hier in Kapitel F 3 dargestellt durch das Urheberrecht und in Kapitel F 4 durch Regelungen für Datenschutz und Informationsfreiheit. In Kapitel F 5 werden Probleme und Problemlösungen beim Umgang bzw. bei der Aufdeckung von Plagiaten erörtert. Die vierte Regulierungsinstanz, Markt, wurde angesichts ihres größten Umfangs in Teil E Proprietäre und offene Informationsmärkte sozusagen ausgelagert. Alle diese Regulierungsinstanzen sind offensichtlich untereinander mit jeweiliger Wechselwirkung vernetzt, so dass sich symmetrische Relationen zwischen den verschiedenen Instanzen herausbilden. Mit Kapitel F 6 Informationspathologien – Desinformation schließt sich der Kreis zu der in Kapitel A 1 geführten Diskussion um den Informationsbegriff, aus der der zwar invers dazu stehende, aber in der pragmatischen Begründung nicht unähnliche Desinformationsbegriff nicht ausgeklammert werden kann.

Diese Ausgabe enthält zum zweiten Mal, nach der 5. Ausgabe von 2005, ein Glossar. Deutlich wird darin der breite Wandel bzw. die Erweiterung in der Terminologie der Informationswissenschaft. Das Glossar ist nicht zuletzt durch den kollaborativen Einsatz der Autor*innen entstanden, die i. d. R. selbst die Vorschläge für die Glossareinträge erstellt haben.

Erweitert wird der Zugriff auf die Texte durch das Register, das formal als ein (angepasstes) Stichwortverzeichnis zu verstehen ist.

Die vier Herausgeber möchten sich beim Verlag de Gruyter bedanken, dass die lange Reihe der „Grundlagen" nun mit der 7. Ausgabe fortgesetzt werden kann. Insbesondere gilt der Dank Claudia Heyer, die bei de Gruyter insgesamt für die Aquisition in Library and Information Science verantwortlich ist, Dr. Benedikt Krüger, der als Content Editor für Bücher zuständig ist, Meiken Endruweit, die als Lektorin die finale Editierungsarbeit mit großer Sorgfalt geleistet hat und Andreas Brandmair, der die finale Erstellung organisiert hat. Erfreulich und zeitgemäß ist es, dass der Verlag zugestimmt hat, diese Ausgabe der „Grundlagen" zeitgleich mit der gedruckten Ausgabe als Open-Access-Version verfügbar zu machen. Die dafür erforderliche Finanzierung wurde durch die Unterstützung der Universität Konstanz und des Hochschulverbands Informationswissenschaft möglich. Vielen Dank dafür! Ein spezieller Dank geht an Julia Zingg im Arbeitsbereich von Wolfgang Semar in Chur, Luca Littmann im Arbeitsbereich von Christa Womser-Hacker in der Hildesheimer Informationswissenschaft und Lena Haberzettl im Arbeitsbereich von Dirk Lewandowski an der HAW Hamburg, die sehr viele Kapitel, insbesondere die Literaturverzeichnisse, auf Einhaltung der APA-Regeln überprüft und, wenn nötig, entsprechend angepasst haben.

Seit der 2. Ausgabe 1980 sind die Grundlagen ein Gemeinschaftswerk vieler Autor*innen. Die Bereitschaft der Fachwelt an den Grundlagen mitzuwirken, zuerst konzeptionell und dann als Autor*innen, war auch jetzt sehr groß. In dieser Ausgabe wurden die 70 Kapitel von ebenso vielen Autor*innen erstellt, einige von ihnen - alleine oder mit Co-Autor*innen - für zwei, drei oder sogar vier Kapitel. Die Herausgeber bedanken sich für die sich über fast zwei Jahre erstreckende engagierte, fachliche und bereichernde Zusammenarbeit – natürlich, wie üblich bei solchen Sammelwerken, mit einigen Krisen des Umfangs, der Termine und der Überarbeitung. Alles Kleinigkeiten angesichts des erzielten Resultats.

Nicht zuletzt möchten sich – vielleicht ungewöhnlich – auch die vier Herausgeber wechselseitig für die außerordentlich kooperative Zusammenarbeit bedanken.

Inhalt

Grußwort Hochschulverband Informationswissenschaft —— V
Vorwort der Herausgeber —— VII
Abkürzungsverzeichnis —— XLI

Teil A: Informationswissenschaft im Kontext

Rainer Kuhlen & Wolfgang Semar
A 1 Information – ein Konstrukt mit Folgen —— 3
1 Was ist, was bedeutet Information? —— 4
2 Terminologische Vielfalt von Information – kein Desaster —— 5
3 Information in einem gegenüber „Fachinformation" verändertem Umfeld —— 6
4 Theorien —— 8
4.1 Informationstheorie —— 9
4.2 Philosophy of Information (PI) —— 9
4.3 Social Epistemology und handlungstheoretisch, konstruktivistisch ausgerichtete *Informationspragmatik* —— 11
5 Eine analytische Differenzierung im Informationsbegriff —— 11
5.1 Information-P —— 12
5.2 Information-N —— 13
5.3 Zusammenfassung der Information-P und Information-N-Diskussion —— 14
6 Zur Begründung des pragmatischen Primats von Information —— 14
6.1 Die Rekonstruktion von pragmatisch bestimmter Information aus der alltagssprachlichen Verwendung von Information —— 15
6.2 Zum R4-Modell zur Bestimmung von Information-N —— 18
7 Fazit —— 21
8 Literaturverzeichnis —— 22

Marlies Ockenfeld
A 2 Institutionalisierung der Informationswissenschaft und der IuD-Infrastruktur in Deutschland —— 27
1 Der Anfang —— 27
1.1 Informationswissenschaft in der Chemie —— 27
1.2 Die Rolle der DGD —— 28
1.3 Die Konsequenzen des Sputnik-Schocks für die Professionalisierung der Informationsarbeit —— 29
1.4 Entwicklung in der Bundesrepublik Deutschland —— 30

1.5	Entwicklung in der DDR —— 31	
2	Informationswissenschaft an Hochschulen der Bundesrepublik —— 32	
2.1	Berlin —— 32	
2.2	Darmstadt —— 33	
2.3	Düsseldorf —— 33	
2.4	Hildesheim —— 34	
2.5	Konstanz —— 34	
2.6	Regensburg/Saarbrücken —— 35	
3	Fachinformationszentren und Zentrale Fachbibliotheken —— 35	
3.1	Fachinformationssysteme/-zentren —— 36	
3.2	Stand der Realisierung der FIS und FIZ —— 37	
4	Informationspolitik —— 41	
4.1	Paradigmenwechsel der Informationspolitik —— 41	
4.2	Informationspolitik in Zeiten digitaler Informationen —— 42	
5	Fazit —— 42	
6	Literaturverzeichnis —— 43	

Hans-Christoph Hobohm
A 3 Theorien in der Informationswissenschaft —— 45
1   Fehlen von Theorie? —— 45
2   Was ist Theorie? —— 46
3   Dualismus —— 49
4   Paradigmenwechsel —— 50
5   Hitlisten von Theorien —— 51
6   Fazit —— 52
7   Literaturverzeichnis —— 53

Julia Maria Struß & Dirk Lewandowski
A 4 Methoden in der Informationswissenschaft —— 57
1   Einleitung —— 57
1.1   Ziele des Kapitels —— 57
1.2   Die Stellung der Informationswissenschaft im Fächerspektrum —— 57
2   Forschungsstrategien in der empirischen Sozialforschung —— 59
3   Gängige Methoden in der Informationswissenschaft —— 60
3.1   Befragung —— 61
3.2   Beobachtung —— 63
3.3   Dokumentenanalyse —— 64
3.4   Experiment —— 64
3.5   Fallstudien —— 65
4   Methodenwahl —— 66
4.1   Samplebildung und Statistik —— 66
4.2   Evidenz informationswissenschaftlicher Forschung —— 67

5	Fazit —— 67	
6	Literaturverzeichnis —— 68	

Ursula Georgy, Frauke Schade & Stefan Schmunk
A 5   Ausbildung, Studium und Weiterbildung in der Informationswissenschaft —— 71

1	Einleitung —— 71	
2	Qualifikationssysteme und ihre Niveaus —— 71	
2.1	Europäischer Qualifikationsrahmen —— 72	
2.2	Deutscher Qualifikationsrahmen (DQR) —— 73	
2.3	Akkreditierungsprozesse —— 73	
3	Ausbildung zum Fachangestellten für Medien- und Informationsdienste —— 74	
4	Akademische Qualifizierung —— 75	
4.1	Bachelor —— 75	
4.2	Berufsbegleitender Bachelor —— 76	
4.3	Konsekutive Master —— 77	
4.4	Weiterbildende Master —— 77	
4.5	Promotion —— 78	
5	Wissenschaftliche Weiterbildung —— 78	
6	Didaktische Konzepte und neue Lernformen —— 79	
7	Ausblick —— 80	
8	Literaturverzeichnis —— 80	

Robert Strötgen & René Schneider
A 6   Bibliotheken —— 83

1	Einleitung und Einordnung —— 83	
2	Abgrenzung —— 84	
3	Typen —— 85	
4	Die Bibliothek als Ort —— 86	
5	Aufgaben und Dienstleistungen einer Bibliothek —— 86	
5.1	Bestandsaufbau —— 86	
5.2	Bestandserschließung —— 87	
5.3	Bestandsaufbewahrung und -erhaltung —— 88	
5.4	Bestandsvermittlung und Benutzungsdienste —— 89	
5.5	Auskunftsdienste und Informationsvermittlung —— 90	
5.6	Forschungsnahe Dienstleistungen —— 90	
6	Fazit —— 91	
7	Literaturverzeichnis —— 91	

Karin Schwarz
A 7   Archive —— 93
1 Einordnung und Selbstverständnis —— 93
2 Prinzipien der Archivierung —— 94
3 Archivfachliche Aufgaben —— 95
3.1 Überlieferungsbildung und Bewertung —— 95
3.2 Erhaltung und Bewahrung —— 97
3.3 Erschließung —— 98
3.4 Benutzung und Benutzerorientierung —— 99
4 Literaturverzeichnis —— 101

Hartwig Lüdtke
A 8   Museen —— 103
1 Aufgaben und Selbstverständnis des Museums —— 103
2 Geschichte der Institution Museum —— 103
3 Arbeitsweise der Museen —— 105
4 Struktur museumsspezifischer Netzwerke —— 107
5 Rolle des Museums in der Wissensgesellschaft —— 108
6 Literaturverzeichnis —— 109

Barbara Müller-Heiden
A 9   Mediatheken —— 111
1 Zur Entwicklung von Mediatheken —— 111
2 Mediatheken der Rundfunkanstalten: Video-on-Demand —— 112
3 Zugriff auf die Mediatheken —— 113
4 Paradigmenwechsel in der Mediennutzung —— 114
5 Zur Zukunft der Mediatheken —— 115
6 Literaturverzeichnis —— 116

Ragna Seidler-de Alwis
A 10   Information Professionals —— 117
1 Einleitung —— 117
2 Definition und Ausprägungen des Berufsbildes des Information Professionals —— 117
3 Aktuelle Tätigkeitsfelder (Funktionen) und Kompetenzen im beruflichen Umfeld —— 118
4 Trends und zukünftige Anforderungen an Information Professionals —— 120
5 Literaturverzeichnis —— 122

Axel Ermert
A 11 Normen und Standardisierung im Informationsbereich —— 123
1 Einleitung —— 123
2 Standardisierung —— 123
3 Terminologie —— 124
4 Normung —— 125
5 Normungsbereiche —— 127
6 Literaturverzeichnis —— 133

Thomas Bähr
A 12 Langzeitarchivierung —— 135
1 Digitale Langzeitarchivierung —— 135
2 (Retro-)Digitalisierung —— 135
3 Modelle und Standards —— 135
3.1 OAIS —— 135
3.2 DCC Curation Lifecycle Model —— 136
3.3 Three-legged stool model —— 136
3.4 PREMIS —— 137
3.5 METS —— 137
4 Organisationsformen der dLZA —— 137
4.1 Ebenen —— 137
4.2 Erhaltungsprozesse —— 138
4.3 Betriebsmodelle —— 139
4.4 Zugriffskonzepte —— 140
4.5 Policies —— 141
4.6 Zertifizierungen —— 141
5 Erhaltungsmaßnahmen —— 142
5.1 Signifikante Eigenschaften —— 142
5.2 Risiko-Management —— 142
5.3 Preservation Management —— 142
5.4 Formatmigration —— 143
5.5 Emulation —— 143
6 Literaturverzeichnis —— 143

Teil B: Methoden und Systeme der Inhaltserschließung, Wissensorganisation und Wissensrepräsentation

Ulrich Reimer
B 1 Einführung in die Wissensorganisation —— 147
1 Rolle und Aufgabe der Wissensorganisation —— 147
2 Metadaten —— 148

3	Kontrolliertes Vokabular	149
4	Suche vs. Navigation	151
5	Begriffssysteme zur terminologischen Kontrolle	152
5.1	Thesauri	152
5.2	Ontologien	152
5.3	Topic Maps	153
5.4	Taxonomien/Begriffshierarchien	153
5.5	Folksonomien	154
6	Verwendung von Begriffssystemen für die Wissensorganisation	154
6.1	Begriffssysteme als Unterstützung für die Klärung des Informationsbedarfs	154
6.2	Begriffssysteme als Basis für Navigationshierarchien	155
6.3	Begriffssysteme als Hintergrundwissen für semantisches Retrieval	155
7	Ausblick	156
8	Literaturverzeichnis	157

Gerd Knorz

B 2   Intellektuelles Indexieren — 159

1	Einleitung	159
2	Indexieren als Problemlösung	161
3	Indexieren ist von Anforderungen und Randbedingungen abhängig	162
4	Entwurfsentscheidungen bei der Auslegung eines Indexierungsverfahrens	163
4.1	Prä- und Postkoordination	164
4.2	Indexierungsverfahren	164
4.3	Art der Indexierungssprache	165
5	Qualität von Indexierung	168
6	Literaturverzeichnis	169

Klaus Lepsky

B 3   Automatisches Indexieren — 171

1	Begriffsklärung	171
2	Informationslinguistische Verfahren	172
2.1	Stemming	173
2.2	Lemmatisierung	174
2.3	Komposita	176
2.4	Mehrwortgruppen, Entitäten und Synonyme	177
3	Textstatistische Verfahren	178
4	Automatische Indexierung und Informationserschließung	179
5	Literaturverzeichnis	181

Andreas Oskar Kempf
B 4   Thesauri — 183
1   Einleitung — 183
2   Terminologische und begriffliche Kontrolle — 184
3   Thesaurusaufbau und -pflege unter Berücksichtigung informationsethischer Aspekte — 187
4   Öffnung des Bezugsrahmens von Thesauri — 189
5   Ausblick — 191
6   Literaturverzeichnis — 193

Michael Kleineberg
B 5   Klassifikation — 195
1   Einleitung — 195
2   Grundbegriffe zur Klassifikation — 196
3   Strukturen von Klassifikationssystemen — 197
3.1   Bestandteile: Klassen, Relationen, Bezeichnungen — 197
3.2   Typen: Enumerative Klassifikation und facettierte Klassifikation — 199
3.3   Formale Gestaltung: Systematik, Register, Anleitung — 200
4   Funktionen von Klassifikationssystemen — 201
4.1   Anwendungsbereiche und Zwecke — 201
4.2   Evaluationskriterien — 203
5   Literaturverzeichnis — 204

Heidrun Wiesenmüller
B 6   Formale Erschließung — 207
1   Allgemeines — 207
1.1   Definition und Bedeutungsumfang — 207
1.2   Ziele — 208
1.3   Formale Erschließung im Metadaten-Kontext — 208
1.4   Grundprinzipien — 209
2   Standards — 210
2.1   Arten von Standards — 210
2.2   Bibliothekarische Standards — 211
2.3   Weitere Standards — 214
3   Herausforderungen — 216
3.1   Datenqualität und Metadatenmanagement — 216
3.2   Semantic Web — 217
4   Literaturverzeichnis — 218

Jochen Fassbender
B 7　　Register/Indexe — 219
1　　　　Einleitung — 219
2　　　　Definitionen — 219
3　　　　Index-Arten — 219
4　　　　Wichtige Parameter — 220
5　　　　Normen und Fachliteratur — 220
6　　　　Geschichte — 221
7　　　　Verbände — 221
8　　　　Bestandteile von Registern — 221
8.1　　　Haupteinträge — 222
8.2　　　Untereinträge — 222
8.3　　　Querverweise — 222
8.4　　　Fundstellenangaben — 224
9　　　　Indexumfang — 227
10　　　 Indexierbare Teile von Werken — 227
11　　　 Sortierung — 228
12　　　 Techniken — 228
12.1　　 Umkehrung — 229
12.2　　 Limit der Anzahl der Fundstellenangaben — 229
12.3　　 Doppeleinträge — 229
12.4　　 Weitere Techniken — 229
13　　　 Spezielle Aspekte — 230
14　　　 Technische Durchführung und Tools — 230
15　　　 Literaturverzeichnis — 231

Udo Hahn
B 8　　Abstracting – Textzusammenfassung — 233
1　　　　Einleitung — 233
2　　　　Typisierungen von Abstracts — 233
3　　　　Manuelles Abstracting — 235
4　　　　Automatisches Abstracting — 236
4.1　　　Oberflächenbezogene Textanalytik — 236
4.2　　　Wissensbasiertes Textverstehen — 237
4.3　　　Maschinelles Lernen I – Feature Engineering — 238
4.4　　　Maschinelles Lernen II – Tiefes Lernen — 238
4.5　　　Evaluation — 239
5　　　　Literaturverzeichnis — 241

Rolf Assfalg
B 9   Metadaten —— 245
1   Einführung —— 245
1.1   Daten und Metadaten —— 245
1.2   Die Backus-Naur-Form (BNF) – Ein Beispiel für eine Metabeschreibungssprache —— 246
2   Beispiele für Ausprägungen von Metadaten in Informationssystemen —— 247
2.1   Taxonomien als Metadaten —— 247
2.2   Metadaten für bibliografische Inhalte —— 248
2.3   Metadaten per Textauszeichnung —— 248
2.4   HTML —— 248
2.5   XML —— 249
2.6   Metadaten für Webinhalte —— 249
2.7   Die Dublin Core Metadata Initiative —— 250
2.8   Metadaten in Relationalen Datenbanken —— 251
2.9   Metadaten im Kontext der Datenanalyse, des Data-Mining und des Maschinellen Lernens —— 252
3   Heterogenität von Rahmenwerken für die Metabeschreibung von Forschungsdaten —— 253
4   Versionierung von Metadaten und Daten —— 254
5   Ausblick —— 255
6   Literaturverzeichnis —— 255

Heiko Rölke & Albert Weichselbraun
B 10   Ontologien und Linked Open Data —— 257
1   Einleitung —— 257
2   Aufbau von Ontologien —— 258
2.1   Begrifflichkeiten —— 259
2.2   Anforderungen an technische Umsetzungen von Ontologien —— 259
3   Formale Darstellung von Ontologien —— 260
3.1   Grundlagen —— 260
3.2   Ontologiesprachen —— 261
3.3   Linked Open Data —— 263
3.4   Abfragesprachen —— 265
4   Anwendungen —— 265
4.1   Semantische Annotationen im Web —— 265
4.2   Common Knowledge und Commonsense Knowledge —— 266
4.3   Domänenspezifische Wissensgraphen —— 266
4.4   Proprietäre Wissensgraphen —— 267
5   Potenzial und Herausforderungen —— 268
6   Literaturverzeichnis —— 269

Isabelle Dorsch & Stefanie Haustein

B 11 Bibliometrie —— 271
1 Einleitung —— 271
2 Publikation und Zitation als Grundeinheiten —— 271
3 Regelmäßigkeiten und Trends in der wissenschaftlichen Kommunikation —— 273
4 Indikatorik —— 274
4.1 Populäre Indikatoren —— 274
4.2 Normalisierte Zitationsraten —— 275
4.3 Perzentile —— 276
4.4 Altmetriken —— 276
5 Produzent*innen und Nutzer*innen bibliometrischer Daten —— 276
6 Missbrauch und nachteilige Auswirkungen der Bibliometrie —— 277
7 Ausblick —— 278
8 Literaturverzeichnis —— 279

Udo Hahn

B 12 Automatische Sprachverarbeitung —— 281
1 Einleitung —— 281
2 Linguistische Grundlagen —— 281
2.1 Laut —— 281
2.2 Wort —— 281
2.3 Satz —— 282
2.4 Text/Diskurs —— 282
3 Paradigmen der Computerlinguistik —— 283
4 Computerlinguistische Grundlagen —— 285
4.1 Laut —— 286
4.2 Wort —— 286
4.3 Satz —— 287
4.4 Text/Diskurs —— 288
5 Sprachtechnologie – Natürlichsprachliche Systeme —— 289
6 Literaturverzeichnis —— 291

Hans-Christian Jetter

B 13 Informationsvisualisierung und Visual Analytics —— 295
1 Einführung —— 295
2 Was ist Informationsvisualisierung? —— 295
3 Beispiele für Visualisierungs- und Interaktionsformen —— 296
4 Referenzmodell der Visualisierung —— 298
4.1 Benutzer*innen, Aufgaben und Interaktionsmöglichkeiten —— 299
4.2 Datentransformationen: Von den Rohdaten zu Datentabellen —— 299

4.3	Visuelle Zuordnungen: Von den Datentabellen zu visuellen Strukturen —— 299
4.4	Ansichtstransformationen: Dynamische Ansichten für Benutzer*innen —— 300
5	Heutige Werkzeuge, Praktiken und Barrieren für die Informationsvisualisierung —— 301
6	InfoVis, InfoWiss und Visual Analytics —— 302
7	Literaturverzeichnis —— 304

Melanie Siegel
B 14 Maschinelle Übersetzung —— 307

1	Einleitung —— 307
2	Grundlagen der maschinellen Übersetzung —— 308
2.1	Vokabular —— 308
2.2	Ambiguität und maschinelle Übersetzung —— 308
2.3	Maschinelle Übersetzung strukturell unterschiedlicher Sprachen —— 309
3	Klassische Ansätze —— 309
3.1	Regelbasierte maschinelle Übersetzung —— 309
3.2	Statistische maschinelle Übersetzung —— 311
4	Neuronale maschinelle Übersetzung —— 312
4.1	Encoder —— 313
4.2	Decoder —— 313
4.3	Attention-Mechanismus —— 313
5	Maschinelle Übersetzung und komplexe (offene) Probleme —— 314
6	Schlussbemerkungen —— 315
7	Literaturverzeichnis —— 315

Ulrich Herb
B 15 Verfahren der wissenschaftlichen Qualitäts-/Relevanzsicherung/ Evaluierung —— 317

1	Peer Review —— 317
2	Evaluierung —— 320
3	Herausforderungen und Entwicklungen —— 321
3.1	Review in Mega Journals —— 321
3.2	Review-Dauer als Marketing-Element —— 322
3.3	Predatory Publishing —— 323
3.4	Paper Mills und Forschungsdaten —— 323
4	Ausblick —— 324
5	Literaturverzeichnis —— 324

Thomas Mandl
B 16 Text Mining und Data Mining —— 327
1   Einleitung und Definitionen —— 327
2   Basisoperationen des Data Mining —— 328
2.1   Grundlagen —— 328
2.2   Klassifikation —— 329
2.3   Clustering —— 330
2.4   Prozess des Data Mining —— 330
3   Basisoperationen des Text Mining —— 331
3.1   Lexikalische Operationen —— 331
3.2   Konzepte als Wortsammlungen —— 331
3.3   Entdecken von Konzepten —— 332
3.4   Word Embeddings als verteilte Merkmalsräume —— 332
3.5   Neuronale Sprachmodelle für Sätze —— 333
4   Anwendungsbeispiele für Text Mining —— 334
4.1   Clustering in Nachrichten-Portalen —— 334
4.2   Erkennung problematischer Online Inhalte —— 334
4.3   Autor*innen-Identifikation und Plagiats-Erkennung —— 335
5   Werkzeuge —— 336
6   Ausblick —— 336
7   Literaturverzeichnis —— 337

Heike Neuroth
B 17 Forschungsdaten —— 339
1   Definition und Bedeutung —— 339
2   FAIRe Forschungsdaten —— 341
3   Forschungsdatenmanagement und Datenmanagementpläne —— 344
4   Literaturverzeichnis —— 347

Isabella Peters
B 18 Folksonomies & Social Tagging —— 351
1   Einleitung —— 351
2   Folksonomies und Social Tagging: Definition —— 351
3   Arten von Folksonomies —— 353
4   Potential von Taghäufigkeitsverteilungen —— 353
5   Folksonomy-Visualisierungen —— 354
6   Tag-Typen und Tag-Funktionen —— 355
7   Folksonomies und terminologische Kontrolle —— 356
8   Diskussion & Ausblick —— 358
9   Literaturverzeichnis —— 358

Teil C: Information Retrieval

Christa Womser-Hacker
C 1 Informationswissenschaftliche Perspektiven des Information Retrieval —— 365
1 Information Retrieval: ein interdisziplinäres Gebiet —— 365
2 Historie des Information Retrieval —— 366
3 Definition und Eingrenzung —— 367
4 Informationswissenschaftliche Modelle des IR —— 368
4.1 Systemorientiertes Grundmodell des IR —— 368
4.2 *Anomalous State of Knowledge* (ASK) —— 369
4.3 Relevanz —— 369
4.4 Kognitives IR —— 370
5 Wo steht die IR-Forschung heute? —— 373
6 Fazit und Ausblick —— 374
7 Literaturverzeichnis —— 375

Norbert Fuhr
C 2 Modelle im Information Retrieval —— 379
1 Einführung —— 379
2 Boolesches und Fuzzy-Retrieval —— 380
3 Vektorraummodell —— 381
4 Probabilistisches Retrieval —— 382
4.1 Probabilistisches Ranking-Prinzip —— 382
4.2 Retrievalmodell mit binärer Unabhängigkeit —— 382
4.3 BM25 —— 385
4.4 Logik-basiertes Retrieval: unsichere Inferenz —— 385
5 Verfeinerungen der Basismodelle —— 386
5.1 Modelle für strukturierte Dokumente —— 386
5.2 Diversitäts-Ranking —— 387
5.3 Learning to rank —— 387
5.4 Interaktives Retrieval —— 388
6 Literaturverzeichnis —— 388

Dirk Lewandowski
C 3 Suchmaschinen —— 391
1 Einleitung —— 391
1.1 Die Bedeutung der Suchmaschinen —— 391
1.2 Arten von Suchmaschinen —— 392
1.3 Anfragetypen —— 393
2 Aufbau von Suchmaschinen —— 393

2.1 Datenbasis —— 394
2.2 Crawling —— 395
2.3 Indexer —— 395
2.4 Searcher —— 396
3 Ergebnispräsentation —— 396
4 Ranking —— 397
4.1 Rankingfaktoren —— 397
4.2 Bedeutung des Rankings —— 398
5 Einflüsse auf die Ergebnisse von Suchmaschinen —— 399
5.1 Suchmaschinenoptimierung (SEO) —— 399
5.2 Kontextbasierte Werbung (SEA) —— 400
5.3 Eigeninteressen der Suchmaschinenbetreiber —— 400
6 Ausblick —— 400
7 Literaturverzeichnis —— 401

David Elsweiler & Udo Kruschwitz
C 4 Interaktives Information Retrieval —— 403
1 Einleitung —— 403
2 Definitionen und Kontext —— 403
3 Interaktive Unterstützung der Suche —— 404
3.1 Unterstützung der Abfrageerstellung —— 404
3.2 Präsentation der Ergebnisse —— 405
3.3 Direkte Antworten und *Featured Snippets* —— 406
3.4 Unterstützung von Exploration und Lernen —— 406
4 Mehr als interaktive Suche —— 407
4.1 Browsen oder Suchen —— 407
4.2 Dialogbasierte Suche —— 408
5 Von der Theorie zur Praxis —— 408
6 Literaturverzeichnis —— 409

Thomas Mandl & Sebastian Diem
C 5 Bild- und Video-Retrieval —— 413
1 Einleitung und Begriffsklärungen —— 413
2 Basisoperationen der Bildanalyse —— 413
3 Neuronale Netze für die Bildanalyse —— 415
3.1 Convolutional Neural Networks (CNNs) —— 415
3.2 Transformer-Architekturen —— 416
4 Interaktionen beim Bild-Retrieval —— 417
5 Multimodalität —— 417
6 Video-Retrieval —— 418
7 Anwendungsbeispiele —— 418

8	Ausblick	419
9	Literaturverzeichnis	419

Maximilian Eibl, Josef Haupt, Stefan Kahl, Stefan Taubert & Thomas Wilhelm-Stein

C 6	**Audio- und Musik-Retrieval**	**423**
1	Einleitung	423
2	Musik-Retrieval	423
3	Retrieval gesprochener Sprache	425
4	Retrieval akustischer Ereignisse	427
5	Fazit	429
6	Literaturverzeichnis	429

Christa Womser-Hacker

C 7	**Cross-Language Information Retrieval (CLIR)**	**433**
1	Motivation und Herausforderungen	433
2	Definition und begriffliche Abgrenzung	433
3	Traditionelle Ansätze des CLIR	434
3.1	Einsatz von Maschineller Übersetzung	435
3.2	Ressourcen	436
4	Machine-Learning-Ansätze im CLIR	437
5	Evaluierungsansätze und -initiativen	438
6	Studien zum Benutzer*innenverhalten in mehrsprachigen Kontexten	439
7	Fazit	440
8	Literaturverzeichnis	440

Vivien Petras & Christa Womser-Hacker

C 8	**Evaluation im Information Retrieval**	**443**
1	Ziel und Zweck der Evaluation	443
2	Evaluationskriterien und Maßzahlen	444
3	Das Cranfield-Paradigma und TREC	446
4	Weitere Evaluierungsinitiativen	448
4.1	Cross-Language Evaluation Forum (CLEF)	448
4.2	*NII Test Collection for IR Systems* (NTCIR)	448
4.3	Forum for Information Retrieval Evaluation (FIRE)	449
4.4	Andere Information-Retrieval-Evaluationsansätze	449
5	Ausblick	450
6	Literaturverzeichnis	450

Philipp Schaer
C 9 Sprachmodelle und neuronale Netze im Information Retrieval — 455
1 Einleitung — 455
2 Sprachmodelle und deren Anwendung — 455
2.1 N-Gramme — 456
2.2 *Bag of Words* — 456
2.3 *Word Embeddings* — 457
2.4 Vektor-Semantik — 458
3 Neural IR – Deep Learning im Information Retrieval — 460
3.1 Neuronale Netze — 460
3.2 Deep Learning — 461
3.3 Neuronale Retrieval-Modelle — 461
4 Kontextualisierte Sprachmodelle im IR — 462
4.1 BERT — 462
4.2 Dokument-(Re-)Ranking mit BERT — 463
5 Zusammenfassung — 464
6 Literaturverzeichnis — 464

Stefanie Elbeshausen
C 10 Modellierung von Benutzer*innen, Kontextualisierung, Personalisierung — 467
1 Einleitung — 467
2 Modellierung von Benutzer*innen — 467
3 Personalisierung — 468
4 Kontextualisierung — 469
5 Modellierung von Benutzer*innen für die Systementwicklung — 471
6 Modellierung von Benutzer*innen für kollaborative Suchen — 473
7 Fazit und Ausblick — 474
8 Literaturverzeichnis — 474

Ragna Seidler-de Alwis
C 11 Informationsrecherche — 477
1 Einleitung — 477
1.1 Ziel von Informationsrecherchen — 478
1.2 Rahmenbedingungen und Einflussfaktoren von Informationsrecherchen — 478
2 Qualitätssicherung in der Informationsrecherche — 480
2.1 Quellen und Quellenkenntnisse — 481
2.2 Quellenauswahl und Quellenbewertung — 482
3 Literaturverzeichnis — 483

Ulrich Reimer
C 12 Empfehlungssysteme —— 485
1 Motivation und Überblick —— 485
2 Inhaltsbasierte Filterung —— 486
2.1 Ermittlung der Benutzerpräferenzen —— 486
2.2 Beschreibungsmerkmale der Empfehlungsobjekte —— 487
2.3 Ähnlichkeitsberechnung —— 487
3 Kollaborative Filterung —— 488
3.1 Kollaborative Filterung: Benutzerbezogene Verfahren —— 488
3.2 Kollaborative Filterung: Elementbasierte Verfahren —— 489
3.3 Kollaborative Filterung: Modellbasierte Verfahren —— 491
4 Data-Mining-Ansätze —— 491
5 Hybride Verfahren: Kombination von inhaltsbasierten und kollaborativen Ansätzen —— 491
6 Ausblick —— 493
7 Literaturverzeichnis —— 494

Teil D: Informationsverhalten —— 497

Elke Greifeneder & Kirsten Schlebbe
D 1 Information Behaviour —— 499
1 Einleitung —— 499
2 Definition —— 499
3 Das Forschungsfeld Information Behaviour —— 501
4 Formen von Information Behaviour —— 502
5 Zentrale Entwicklungen im Forschungsfeld —— 504
5.1 *Cognitive Turn* —— 505
5.2 *Affective Turn* —— 505
5.3 *Socio-Cognitive Turn* —— 506
5.4 *Everyday Life Turn* —— 506
5.5 *Social-Constructionist Turn* —— 506
5.6 *Embodied Turn* —— 507
6 Die Information-Behaviour-Community —— 507
7 Literaturverzeichnis —— 508

Nicola Döring
D 2 Computervermittelte Kommunikation —— 511
1 Einleitung —— 511
2 Definition —— 511
3 Einsatzkontexte —— 512
4 Forschungsstand —— 513

5	Theorien —— 514	
5.1	CvK-Theorien der Medienwahl —— 514	
5.2	CvK-Theorien zu Medienmerkmalen —— 516	
5.3	CvK-Theorien zum medialen Kommunikationsverhalten —— 518	
6	Fazit —— 520	
6	Literaturverzeichnis —— 520	

Hans-Christian Jetter
D 3 Mensch-Computer-Interaktion, Usability und User Experience —— 525
1 Einleitung —— 525
2 MCI als Teil des Alltags —— 525
3 MCI als gestalterische Praxis: *User-Centered Design* (UCD) —— 526
4 MCI als interdisziplinäre Forschungsdisziplin —— 530
5 Usability und User Experience —— 531
6 MCI und Informationswissenschaft —— 532
7 Literaturverzeichnis —— 532

Gabriele Irle
D 4 Emotionen im Information Seeking —— 535
1 Einführung —— 535
2 Definition und Modellierung von Emotionen im Informationsverhalten —— 535
3 Methodische Herangehensweisen zur Erfassung von Emotionen —— 537
3.1 Selbstauskunft —— 537
3.2 Verhaltensbeobachtung —— 537
3.3 Physiologische Sensoren —— 537
4 Entstehung von Emotionen im Kontext des Information Seeking —— 538
4.1 Emotionen als Bestandteil des Informationsbedürfnisses —— 538
4.2 Emotionen, die bei der Durchführung der Informationssuche ausgelöst werden —— 538
4.3 Emotionen ohne Zusammenhang mit der Suche —— 539
5 Emotionen als funktionale Elemente des Information Seeking —— 539
6 Ausblick —— 539
7 Literaturverzeichnis —— 539

Kirsten Schlebbe & Elke Greifeneder
D 5 Information Need, Informationsbedarf und -bedürfnis —— 543
1 Einleitung —— 543
2 Bedürfnis und Information —— 543
3 Information Needs und verwandte Konzepte —— 544
4 Informationsbedarf und Informationsbedürfnis —— 546
5 Forschung zu Information Needs —— 547

6	Kritische Reflexion und Ausblick	548
7	Literaturverzeichnis	549

Dirk Lewandowski & Christa Womser-Hacker
D 6 Information Seeking Behaviour — 553

1	Einleitung	553
2	ISB-Modelle	553
2.1	Nutzen, Ziele und Einteilung von Modellen	553
2.2	Klassische ISB-Modelle	554
3	Strategien des Information Seeking	559
3.1	Browsing und Monitoring	559
3.2	Breite und enge Strategien	560
3.3	Tiefgehende und oberflächliche Ansätze	560
3.4	Nichtlineare Informationssuche	560
3.5	Easy-Win-Strategien	561
4	Einflussfaktoren auf das Information Seeking Behaviour	561
5	Methodische Ansätze	562
6	Fazit	563
7	Literaturverzeichnis	563

Wolfgang Semar
D 7 Informations- und Wissensmanagement — 567

1	Einleitung	567
2	Wissensmanagement	567
2.1	Wissensmanagement-Modell nach Probst, Raub und Romhardt	568
2.2	Das SECI-Modell von Nonaka und Takeuchi	570
2.3	Neuere Ansätze des Wissensmanagements	571
2.4	Die Umsetzung des Wissensmanagements	571
3	Informationsmanagement	572
3.1	Modell des integrierten Informationsmanagements nach Krcmar	573
3.2	Personal Information Management (PIM)	577
4	Ausblick	578
5	Literaturverzeichnis	578

Joachim Griesbaum
D 8 Informationskompetenz — 581

1	Einleitung	581
2	Begriffliche Näherung	581
3	Historische Entwicklung	582
4	Modelle als systematische Zugänge der Informationskompetenzbeförderung	583

4.1	*Information Literacy Competency Standards for Higher Education* —— 583	
4.2	Referenzrahmen Informationskompetenz —— 583	
4.3	UNESCO Global media and information literacy (MIL) assessment framework —— 584	
4.4	*ACRL Framework* 2016 —— 584	
5	Die Relevanz von Informationskompetenz in einzelnen Lebensphasen und unterschiedlichen Lebensbereichen —— 585	
6	Messung von Informationskompetenz —— 586	
7	Förderung von Informationskompetenz —— 587	
8	Forschung zu Informationskompetenz —— 588	
9	Einordnung —— 589	
10	Literaturverzeichnis —— 590	

Antje Michel, Maria Gäde, Anke Wittich & Inka Tappenbeck

D 9   Informationsdidaktik —— 595

1	Grundzüge der Informationsdidaktik —— 595
2	Wissenskulturelles Informationsverhalten als Grundlage der informationsdidaktischen Angebotsentwicklung —— 597
3	Analyseinstrument für Wissenskulturen als Grundlage der informationsdidaktischen Konzeptentwicklung —— 598
4	Fazit —— 599
5	Literaturverzeichnis —— 599

Teil E: Proprietäre und offene Informationsmärkte

Rainer Kuhlen

E 1   Informationsmarkt —— 605

1	Kompatibilität der kommerziellen proprietären und offenen freien Informationsmärkte —— 605
2	An einem Strang: Wissenschaftler*innen, Verlage, Bibliotheken —— 606
3	Zu den kommerziellen Wissenschaftsmärkten —— 607
3.1	Hochpreispolitik und Monopole —— 608
3.2	Daten zu den kommerziellen proprietären Informationsmärkten —— 609
3.3	Zeitschriftenmarkt der Informationswirtschaft —— 609
3.4	Bücher auf den Informationsmärkten —— 610
3.5	Zum Geschenkmodell auf den Wissenschaftsmärkten —— 610
3.6	Kritik an den kommerziellen Verwertungsmodellen für Publikationen —— 611
4	Zu den Open-Access-Informationsmärkten —— 612
4.1	Zu den Open-Access-Zeitschriftenmärkten —— 612

4.2	Zur kommerziellen Integration von Open-Access-Produkten —— 613	
4.3	Open-Access-Märkte für Bücher —— 614	
4.4	Zu den Finanzierungsformen für das Open-Access-Publizieren —— 615	
5	Open Access wird Default des wissenschaftlichen Publizierens —— 616	
6	Perspektiven für neue kommerzielle Informationsmärkte —— 617	
7	Fazit —— 618	
8	Literaturverzeichnis —— 618	

Wolfgang Semar

E 2	**Plattformökonomie** —— 621	
1	Vom elektronischen Marktplatz zur Plattform —— 621	
2	Organisationsformen digitaler Plattformen —— 623	
3	Erlös- und Geschäftsmodelle —— 624	
4	Erfolgsfaktoren —— 625	
4.1	Plattform-Strategie —— 626	
4.2	Strategische Partnerschaften —— 626	
4.3	E-Branding —— 627	
4.4	Vertrauens-Management —— 627	
4.5	Differenziertes Preismanagement —— 628	
4.6	Virtual Communities —— 629	
4.7	Strategischer IKT-Einsatz —— 629	
5	Fazit —— 630	
6	Literaturverzeichnis —— 630	

Tassilo Pellegrini & Jan Krone

E 3	**Medienökonomie** —— 633	
1	Einleitung —— 633	
2	Genese der Medienökonomie im technologischen Wandel —— 633	
3	Medienökonomie heute —— 635	
4	Arbeitsprogramm einer Neuen Medienökonomie —— 636	
5	Perspektiven der Medienökonomie —— 638	
6	Literaturverzeichnis —— 639	

Christoph Bläsi

E 4	**Verlage in Wissenschaft und Bildung** —— 643	
1	Einleitung —— 643	
2	Was ist bzw. was macht ein Verlag? —— 643	
3	Organisation und Geschäftsmodelle von Verlagen —— 644	
4	Verlage im Wissenschafts- und Bildungsbereich: Grundsätzliches —— 646	
4.1	Spezifika —— 646	

4.2		Zentrale neue Optionen aufgrund der Digitalisierung: Open Access-Publizieren (OA-Publizieren) und Open Educational Resources (OER) —— 647
4.3		Die Digitalisierung des Wissenschafts- und Bildungssystems und sich daraus ergebende weitere Herausforderungen und Chancen —— 648
4.4		Verlage im Wissenschafts- und Bildungsbereich: Kontingentes —— 652
4.5		Perspektiven —— 653
5		Literaturverzeichnis —— 653

Irina Sens, Alexander Pöche, Dana Vosberg, Judith Ludwig & Nicola Bieg
E 5   Lizenzierungsformen —— 655

1		Grundlagen der Lizenzierung —— 655
1.1		Grundwissen für die Lizenzierung in der Praxis —— 655
1.2		Überblick: Nutzungsrechte —— 655
2		Lizenzierungsformen —— 657
2.1		Bilaterale Lizenzierung —— 658
2.2		Konsortiale Lizenzierung —— 661
2.3		Von der konsortialen Lizenzierung zur gemeinschaftlichen Finanzierung von Open Access —— 664
2.4		Ausblick —— 664
3		Literaturverzeichnis —— 665

Joachim Griesbaum
E 6   Online-Marketing —— 667

1		Einleitung —— 667
2		Rahmenbedingung des Online-Marketings —— 667
3		Kanäle des Online-Marketing —— 668
3.1		Display Advertising —— 669
3.2		E-Mail-Marketing —— 669
3.3		Suchmaschinenmarketing —— 669
3.4		Social-Media-Marketing —— 671
3.5		Mobile Marketing/lokationsbasiertes Marketing —— 672
3.6		Weiterentwicklung der Kanäle des Online-Marketing —— 672
4		Umsetzung und Erfolgsfaktoren —— 672
4.1		Informationsbedarfe erkunden —— 673
4.2		Berührungspunkte determinieren und Kommunikation initiieren —— 673
4.3		Produkte und Dienste bereitstellen —— 674
4.4		Ergebnisse messen und einschätzen —— 674
5		Trends —— 674
6		Literaturverzeichnis —— 675

Frauke Schade & Ursula Georgy
E 7 Marketing für Informationseinrichtungen —— 679
1 Einleitung —— 679
2 Implikationen für das Marketing von Informationseinrichtungen —— 679
2.1 Information —— 680
2.2 Informationsdienstleistungen —— 680
2.3 Informationsökonomie —— 680
3 Informationsmarketing und Marketing-Management-Prozess —— 682
3.1 Marketingforschung und Marktsegmentierung —— 682
3.2 Strategisches Marketing und Markenführung —— 683
3.3 Marketing-Mix und Omnichannel-Marketing —— 685
4 Fazit —— 688
5 Literaturverzeichnis —— 688

Isabella Peters
E 8 Social Media & Social Web —— 691
1 Einleitung —— 691
2 Begriffliche Abgrenzung —— 691
2.1 Web 2.0 —— 691
2.2 Social Software —— 692
2.3 Social Media —— 692
2.4 *User-generated Content* —— 693
2.5 Social Web —— 694
2.6 Zusammenfassung & Fazit —— 694
3 Social-Media-Typen, -Funktionen und -Praktiken —— 695
3.1 Social-Media-Typen —— 696
3.2 Social-Media-Funktionen —— 697
3.3 Social-Media-Praktiken —— 698
4 Social Web und Informationswissenschaft —— 699
5 Literaturverzeichnis —— 700

Klaus Tochtermann & Anna Maria Höfler
E 9 Open Science —— 703
1 Definition von Open Science —— 703
2 Ursprung und Elemente von Open Science —— 703
2.1 Open Access —— 704
2.2 Open Research Data —— 704
2.3 Open Methods —— 705
2.4 Open Evaluation —— 705
2.5 Open Infrastructures —— 705
2.6 Open Education —— 706
2.7 Citizen Science —— 706

3	Grundprinzipien von Open Science	707
4	Open Science und gute wissenschaftliche Praxis	708
5	Herausforderungen im Zusammenhang mit Open Science	708
6	Was einzelne Wissenschaftler*innen tun können	710
7	Ausblick	710
8	How-to-Guides und Hilfestellungen	711
9	Literaturverzeichnis	713

Ulrich Herb & Heinz Pampel

E 10	**Open Access**	**715**
1	Entwicklung	715
2	Definitionen und Spielarten	716
3	Wissenschaftspolitischer Rahmen	717
4	Rechtliche Rahmenbedingungen	719
5	Stand	720
6	Ausblick	721
6.1	Open Science	721
6.2	Organisatorische Herausforderung	721
6.3	Geschäftsbeziehungen	722
6.4	Publizieren in akademischer Trägerschaft	722
7	Literaturverzeichnis	723

Tobias Siebenlist

E 11	**Open Data**	**727**
1	Einleitung	727
2	Open Data	728
3	Daten und Metadaten	729
4	Technologische Aspekte	730
5	Gesellschaftliche Bedeutung	731
6	Fazit	733
7	Literaturverzeichnis	733

Sigrid Fahrer & Tamara Heck

E 12	**Open Educational Resources**	**735**
1	Konzepte und Debatten	735
2	Die Verbreitung von OER fördern	736
2.1	Technische Lösungen zum Auffinden von OER	736
2.2	Nachhaltigkeitsmodelle für Open Educational Resources	738
2.3	OER im Verständnis des Lernens	740
3	Ausblick	740
4	Literaturverzeichnis	741

Tobias Siebenlist
E 13   Open Government —— 745
1   Einleitung —— 745
2   Open Government —— 746
3   Richtlinien und Initiativen —— 747
4   Gesellschaftliche Bedeutung —— 748
5   Technologische Aspekte —— 749
6   Fazit —— 750
7   Literaturverzeichnis —— 751

Teil F: Regulierungsformen von Wissen und Information

Herrmann Rösch
F 1   Informationsethik —— 755
1   Einführung —— 755
2   Ethik – Moral – Recht —— 756
3   Ethikkodizes und Ethikkommissionen —— 757
4   Informationsethik: Geschichte und Konzepte —— 758
5   Funktionen und Zielsetzungen —— 759
6   Zentrale Themen und Grundwerte der Informationsethik —— 760
6.1   Freiheit —— 761
6.2   Gerechtigkeit —— 762
6.3   Privatheit —— 763
6.4   Geistiges Eigentum und Open Access —— 766
6.5   Qualität —— 767
6.6   Ökologie —— 768
7   Informationsethisch sensible Techniken, Strategien und soziale Phänomene der digitalen Gesellschaft —— 769
8   Stand und Perspektiven —— 770
9   Literaturverzeichnis —— 771

Bernard Bekavac
F 2   Informations-, Kommunikationstechnologien- und Webtechnologien —— 773
1   Einleitung —— 773
2   Meilensteine der Informations- und Kommunikationstechnologien —— 773
2.1   Zahlensysteme —— 773
2.2   Computer —— 774
2.3   Programmierung —— 775
2.4   Internet —— 775

3	Binäres System —— 778	
3.1	Darstellung von Zahlen —— 778	
3.2	Darstellung von Texten —— 779	
4	Hard- und Softwaresysteme —— 780	
5	World Wide Web (WWW) —— 781	
5.1	Uniform Ressource Identifier (URI) —— 782	
5.2	Hypertext Transfer Protocol (HTTP) —— 783	
5.3	Hypertext Markup Language (HTML) —— 784	
5.4	Extensible Markup Language (XML) —— 785	
5.5	Informationswissenschaftsspezifische Webtechnologien —— 786	
6	Literaturverzeichnis —— 787	

Peter Brettschneider

F 3   Urheberrecht —— 789

1	Einleitung —— 789
2	Reichweite des urheberrechtlichen Schutzes —— 789
2.1	Urheberrechtliche Werke —— 790
2.2	Verwandte Schutzrechte —— 791
3	Rechte des Urhebers —— 791
3.1	Urheberpersönlichkeitsrecht —— 792
3.2	Verwertungsrechte —— 792
4	Übertragung von Urheberrechten —— 794
5	Gesetzlich erlaubte Nutzungen —— 795
5.1	Zitatrecht —— 795
5.2	Schranken für die Wissenschaft —— 796
5.3	Privatkopie und sonstiger eigener Gebrauch —— 797
6	Rechtsfolgen von Urheberrechtsverletzungen —— 798
6.1	Strafrechtliche Sanktionen —— 798
6.2	Zivilrechtliche Ansprüche —— 798
7	Internationale Bezüge —— 800
7.1	Vertragsstatut —— 800
7.2	Schutzlandprinzip —— 801
8	Ein- und weiterführende Literatur zum Urheberrecht —— 801

Johannes Caspar

F 4   Datenschutz und Informationsfreiheit —— 803

1	Einleitung: Der Umgang mit Daten als Meta-Thema —— 803
2	Vom Hessischen Landesdatenschutzgesetz zur EU-Datenschutzgrundverordnung – Historische Etappen des Datenschutzrechts —— 804
3	Das Volkszählungsurteil als Kristallisationspunkt für den modernen Datenschutz —— 804
4	Der Siegeszug des informationellen Selbstbestimmungsrechts —— 806

5	Das Grundrecht der Integrität und Vertraulichkeit informationstechnischer Systeme —— 807
6	Entwicklungsstufen des Datenschutzes in Europa —— 807
6.1	Europarat —— 807
6.2	Europäische Union —— 808
6.3	Die EU-Datenschutzgrundverordnung – Meilenstein zum Schutz im digitalen Zeitalter —— 809
6.4	Grundzüge der DSGVO —— 810
7	Künftige Herausforderungen des Schutzes der informationellen Integrität —— 812
8	Das Recht auf Zugang zu öffentlichen Informationen – staatliche Transparenz als Wesensmerkmal des digitalen Rechtsstaats —— 813
9	Fazit —— 815
10	Literaturverzeichnis —— 815

Norman Meuschke, Nicole Walger & Bela Gipp
F 5   Plagiat —— 817

1	Einleitung —— 817
2	Der Plagiatsbegriff und seine rechtliche Verortung —— 817
3	Rechtlicher Rahmen für den Einsatz von Plagiatserkennungssoftware —— 818
4	Plagiatserkennungstechnologie —— 819
4.1	Extrinsische Plagiatsanalyse —— 819
4.2	Intrinsische Plagiatsanalyse —— 822
5	Plagiatsprävention —— 823
6	Fazit —— 824
7	Literaturverzeichnis —— 825

Rainer Kuhlen
F 6   Informationspathologien – Desinformation —— 829

1	Pathologien und Informationspathologien —— 829
2	Informationspathologien/Desinformation (IP/DI) invers zum Informationsbegriff? —— 830
3	IP/DI-Verhalten im Medienbereich —— 832
4	Was tun gegen IP? Aufklärungsarbeit und Bildung von Medien-/Informationskompetenz —— 833
5	Verfahren zum Erkennen und Beseitigen von IP —— 836
6	Fazit —— 837
7	Literaturverzeichnis —— 838

Anhang

Glossar —— 845
Autorinnen und Autoren —— 929
Register —— 943

Abkürzungsverzeichnis

Die Abkürzungen sind im Register i.d.R. nach der Vollversion angeführt, also z. B. Anglo-American Cataloguing Rules (AACR)

AACR	Anglo-American Cataloguing Rules
AAT	Art and Architecture Thesaurus
ACRL	Association of College & Research Libraries
AI	Artificial Intelligence
AIR	Association of Internet Researchers
AJAX	Asynchronous Java Script
AMA	American Marketing Association
API	Application Programming Interface
APC	Article Processing Charge
ARWU	Academic Rankings of World Universities
ASIS&T	Association for Information Science & Technology
ASK	Anomalous State of Knowledge
BERT	Bidirectional Encoder Representations from Transformers
BVerfG	Bundesverfassungsgericht
BMBF	Bundesministerium für Bildung und Forschung
BNF	Backus Naur Form
bpb	Bundeszentrale für politische Bildung
CC	Creative Commons
CSS	Cascading Style Sheet
CHE	Centrum für Hochschulentwicklung
CIDOC	CRM Conceptual Reference Model
CL	Computerlinguistik
CLEF	Cross-Language Evaluation Forum
CLIR	Cross-Language Information Retrieval
CLM	Curation Lifecycle Model
CMS	Content Management System
CRM	Conceptual Reference Model
CSV	Comma Separated Value
CvK	Computervermittelte Kommunikation
DBE	Dokumentarische Bezugseinheit
DC	Dublin Core
DCMI	Dublin Core Metadata Initiative
DDB	Deutsche Digitale Bibliothek
DDC	Dewey-Dezimalklassifikation
DDI	Data Document Initiative
DE	Dokumentationseinheit
DFG	Deutsche Forschungsgemeinschaft
DGD	Deutsche Gesellschaft für Dokumentation
DGOF	Deutsche Gesellschaft für Online-Forschung
DIMDI	Deutsches Institut für medizinische Dokumentation und Information

DITR	Deutsches Informationszentrum für technische Regelwerke
DINI	Deutsche Initiative für Netzwerkinformation
DIW	Daten Information Wissen
DMP	Datenmanagementplan
DNG	Datennutzungsgesetz
DNS	Domain Name System
DOAB	Directory of Open Access Books
DOAJ	Directory of Open Access Journals
DOI	Digital Object Identifier
DORA	Declaration on Research Assessment
DQR	Deutscher Qualifikationsrahmen
DRM	Digitale Rechteverwaltung (Digital Rights Management)
DTD	Document Type Definition
ECSITE	European Network of Science Centres and Museums
ELIS	Everyday Life Information Seeking
EMB	Electronic Mall Bodensee
EOSC	European Open Science Cloud
EPO	European Patent Office
ERIHPlus-Index	European Reference Index for the Humanities
FAIR	Findable, Accessible, Interoperable, Reusable
FI	Fachinformation
FDM	Forschungsdatenmanagement
FIRE	Forum for Information Retrieval Evaluation
FIS	Fachinformationssystem
FIZ	Fachinformationszentrum
FRBR	Functional Requirements for Bibliographic Records
GESIS	Gesellschaft Sozialwissenschaftlicher Infrastruktureinrichtungen
GPL	General Public Licence
GWK	Gemeinsame Wissenschaftskonferenz
GwP	Gute wissenschaftliche Praxis
HASOC	Hate Speech and Offensive Content Identification
HCI	Human-Computer Interaction
HTML	Hypertext Markup Language
HTTP	Hypertext transfer protoco
I4OC	Initiative for Open Citations
ICD	International Classification of Desease
ICP	Statement of International Cataloguing Principles
IDC	Internationale Dokumentationsgesellschaft für Chemie
IDW	Institut für Dokumentationswesen
IFCN	International Fact-Checking Network
IFG	Informationsfreiheitsgesetz
IFLA	International Federation of Library Associations and Institutions
IKT	Informations- und Kommunikationstechnik/-Technologie

IMK	Informationsmarkt
IPA	International Publisher Association
IPC	Internationale Patentklassifikation
IRB	Fraunhofer-Informationszentrum Raum und Bau
ISB	Information Seeking Behaviour
ISBD	International Standard Bibliographic Description
ISO	International Organization for Standardization
ISP	Information Search Process
IuD	Information und Dokumentation
IWG	Informationsweiterverwendungsgesetz
KDD	Knowledge Discovery in Database
KI	Künstliche Intelligenz
LSI	Latent Semantic Indexing
LID	Lehrinstitut für Dokumentation
LIS	Library & Information Science
LOD	Linked Open Data
LRM	Library Reference Model
LSA	Latent Semantic Analysis
LSTM	Long-Short Term Memory System
LZA	Langzeitarchivierung
MAB	Maschinelle Austauschformat für Bibliotheken
MAP	Mean Average Precision
MARC	Machine-Readable Cataloging
MCI	Mensch-Computer-Interaktion
ML	Machine Learning
MStV	Medienstaatsvertrag
MÜ	Maschinelle Übersetzung
NASA	National Aeronautics and Space Administration
NDCG	Normalized Discounted Cumulated Gain
NFDI	Nationale Forschungsdateninfrastruktur
NIH	National Institutes of Health
NLP	Natural Language Processing
NLTK	Natural Language Toolkit
NMT	Neuronale maschinelle Übersetzung
NPG	Nature Publishing Group
NTCIR	NII Test Collection for IR Systems
OA	Open Access
OAI-PMH	Open Archives Initiative Protocol for Metadata Harvesting
OAIS	Open Archival Information System
OER	Open Educational Resources
OGP	Open Government Partnership
OJS	Open Journal Systems
OKF	Open Knowledge Foundation
OLH	Open Library of Humanities

ONIX	ONline Information eXchange
OOV	Out-of-Vocabulary Words
OPAC	Online Public Access Catalogue
OWL	Web Ontology Language
PAR	Publish & Read
PBSMT	Phrase-Based Statistical Machine Translation
PET	Privacy Enhancing Technology
PI	Preußische Instruktionen
PIM	Personal Information Management
PLOS	Public Library of Science
PMH	Protocol for Metadata Harvesting
PREMIS	Preservation Metadata Implementation Strategies
RAK	Regeln für die alphabetische Katalogisierung
RDA	Research Data Alliance
RDA	Resource Description and Access
RDF	Resource Description Framework
RDMO	Research Data Management Organiser
Re3data	Registry of Research Data Repositories
REM	Regelwerk Mediendokumentation
RfII	Rat für Informationsinfrastrukturen
RM	Records Management
REP	Research Intelligence Provider
ROAR	Registry of Open Access Repositories
RSC	Royal Society of Chemistry
RSC	Reduced Social Cues
RStV	Rundfunkstaatsvertrag
SEA	Search Engine Advertising
SCI	Science Citation Index
SciVis	Scientific Visualization
SCOAP	Sponsoring Consortium for Open Access Publishing in Particle Physics
SEO	Suchmaschinenoptimierung
SGML	Standard Generalized Markup Language
SIDE	Social Identity and Deindividuation
SIFT	Scale-invariant feature transformation
SJR	Scimago Journal & Country Rank
SKOS	Simple Knowledge Organization System
SNF	Swiss National Science Foundation
SPARQL	Protocol And RDF Query Language
SRU	Search/Retrieve via URL
SUMMAC	TIPSTER Text Summarization Evaluation
TAM	Technology Acceptance Model
TCP/IP	Transmission Control Protocol/Internet Protocol
THE-Ranking	Times Higher Education World University Rankings

TREC	Text Retrieval Conference
TZF	Textzusammenfassung
UCD	User-Centered Design
UDC	Universal Decimal Classification
UGC	User-Generated Content
UML	Unified Modeling Language
UrhG	Urheberrechtsgesetz
URI	Uniform Resource Identifier (URI)
URL	Uniform Resource Locator (URL)
URN	Uniform Resource Name (URN)
UTF	Unicode Transportation Format
UX	User Experience
W3C	World Wide Web Consortium
WCMS	Web-Content-Management-System
WiMa	Wissensmanagement
WIPO	World Intellectual Property Organization
WoS	Web of Science
WSIS	World Summit on the Information Society
XML	Extensible Markup Language
ZBW	Leibniz-Informationszentrum Wirtschaft
ZIID	Zentralinstitut für Information und Dokumentation der DDR
ZMD	Zentralstelle für maschinelle Dokumentation
ZPID	Zentralstelle für Psychologische Information und Dokumentation

Teil A: **Informationswissenschaft im Kontext**

Rainer Kuhlen & Wolfgang Semar
A 1 Information – ein Konstrukt mit Folgen

Im Anschluss an die einführenden, auf Information bezogenen Kapitel in der 5. und 6. Ausgabe der *Grundlagen* (Kuhlen 2004; Kuhlen 2013) soll das pragmatische Verständnis von Information hier weiter theoretisch abgesichert werden.[1] Um es auf den Punkt zu bringen: Information wird nicht über einen (wie auch immer begründeten) Wahrheitsbegriff bestimmt. Was Information ist, was also Nutzer oder Nutzerinnen in Situationen informationeller Unsicherheit oder Unterbestimmtheit tatsächlich aus der auf sie einstürmenden oder ihnen zur Verfügung gestellten Informationsangebote verwenden, was also zu Information wird, entscheiden letztlich sie – wobei das sicherlich nicht immer autonome Entscheidungen sind, dafür sind die darauf wirkenden externen Kontextfaktoren zu groß.

In dem vorangegangenen Absatz wurde Information in zweifacher Bedeutung verwendet. Um das verständlich zu machen, schlagen wir zunächst die Unterscheidung zwischen Wissensobjekten und Informationsobjekten vor. Wissensobjekte werden von Personen (in Zukunft auch immer mehr von Maschinen) aus Daten und Wissensfragmenten erstellt und sind vorerst nur in deren persönlichem (eventuell sogar erst in deren immateriellem) Bestand. Verfügbar werden sie erst, wenn sie durch Personen oder Organisationen auf den Informationsmärkten in Informationsobjekte transformiert und damit über Texte oder Objekte jeder medialen Art, aber auch als Elemente in größeren Informationssystemen wie Datenbanken oder Social-Media-Plattformen als Informationsobjekte öffentlich werden. Dafür zuständig sind Content Provider (traditionell Verlage, zunehmend auch vielfältige kommerzielle und offene Anbieter im Internet). Das Öffentlichmachen kann aber in der Internet-Welt auch durch die Produzenten der Wissensobjekte direkt geschehen (Eigenpublikation) (s. Kapitel E 1 Informationsmarkt).

Informationsobjekte zielen i. d. R. nicht direkt auf eine spezielle individuelle Nutzung ab, sondern auf einen größeren Nutzerkreis, der durch diese Objekte angesprochen werden kann. Erleichtert oder sogar erst ermöglicht wird eine solche Nutzung dadurch, dass die Informationsobjekte formal und inhaltlich aufbereitet worden sind. Das geschieht durch die aus der dokumentarischen Tradition stammenden Methoden und Verfahren der (formalen und inhaltlichen) Erschließung bzw. Aufbereitung, aber inzwischen kommen auch entsprechende und weiterführende Verfahren aus anderen Disziplinen wie Informatik oder Künstliche Intelligenz zum Einsatz (dazu s. die Kapitel in Teil B). Das macht es erst möglich, dass aus diesen Informationsobjekten über entsprechende Analyse- und Suchverfahren (s. die Kapitel in Teil C) tatsächlich Informationen abgeleitet werden können.

Diese Ableitung bzw. die Erarbeitung von sozusagen noch potenzieller Information geschieht durch Information Professionals (im weiteren Sinne, s. Kapitel A 10 Information Professionals), aber zunehmend auch durch automatische Verfahren und sicherlich auch durch Endnutzer*innen selbst. Für diese zur Verfügung gestellte Information schlagen wir als analytische Übergangslösung für diesen Text die Bezeichnung Information-P vor (P für Produktion, aber auch für potenziell). (s. Abschn. 5.1)

Die Entscheidung, ob und wie diese potenzielle Information als handlungsrelevante Information (*actionable information*) tatsächlich genutzt wird, hängt von zahlreichen,

---
[1] In vielerlei Hinsicht ist dieses Kapitel A 1 im Zusammenhang mit Kapitel F 6 Informationspathologien – Desinformation zu sehen.

z. B. subjektiven/persönlichen Faktoren (der Nutzenden) und institutionellen, ökonomischen, technischen, rechtlichen, ethischen usw. Kontextfaktoren ab. Für diese Information, also die nicht mehr potenzielle, sondern tatsächlich genutzte Information, schlagen wir, ebenfalls als analytische Übergangslösung, die Bezeichnung Information-N vor (N für Nutzen, Nutzung). (s. Abschn. 5.2) Information-N wird entschieden von Nutzenden in konkreten, bis dahin informationell unterbestimmten Handlungssituationen. Im Vordergrund dieser Darstellung steht Information-N, also die pragmatische handlungsrelevante Bestimmung von Information. Das ist die Grundlage für den in der deutschen Informationswissenschaft bereits verwendeten Vorschlag: Information ist Wissen in Aktion.

Am Ende wird sich tatsächlich die für diesen Beitrag verwendete Unterscheidung in I-P und I-N auflösen. In der Informationswissenschaft wird vermutlich weiter allgemein von Information gesprochen – wobei hoffentlich jeweils deutlich wird, was damit gemeint ist.

1 Was ist, was bedeutet Information?

Informationswissenschaft (im Folgenden IW) ist die Wissenschaft von der Information. Sie heißt nicht Datenwissenschaft und erst recht nicht Wissenswissenschaft. Das bedeutet aber nicht, dass die Informationswissenschaft sich nicht mit Daten oder Wissen beschäftige. Daten und Wissen sind zusammen mit Information die zentralen Begriffe, um die es in der Informationswissenschaft geht. Es wird hier aber keine Hierarchie zwischen diesen aufgebaut.[2] Vielmehr wird, entsprechend der Semiotik, eine funktionale, aufgabenbezogene Unterscheidung zwischen a) formal-syntaktischen, b) bedeutungstragenden, semantischen und c) handlungsstimulierenden pragmatischen Ebenen von Information vorgeschlagen – wobei, um eines der Ergebnisse hier vorwegzunehmen, der pragmatische Primat von Information als die sowohl praktisch als auch wissenschaftlich attraktivste Perspektive für die IW gesehen wird.[3]

Die Frage „Was *ist* ‚Information'?" ist vermutlich falsch gestellt. Die Frage legt nahe, dass Information quasi einen ontologischen Status habe, dass sie ein in der Welt – und sei es auch nur in der intellektuellen Welt – unabhängig von der Erstellung und Verwendung existierendes Objekt, ein Ding oder ein Dokument irgendeiner medialen Art sei. Bucklands (1991) einflussreicher und immer wieder zitierter Aufsatz „Information as thing" legt eine solche Interpretation nahe, obgleich Buckland das selbst keineswegs so einseitig gesehen hat, sondern „information as process" und „information as knowledge" ebenfalls in seinem Aufsatz geltend gemacht hat. Diese beiden Vorschläge sind dann auch gar nicht so weit von dem entfernt, was in Abschnitt 5.1 als Information-P und in 5.2 Information-N genannt wird.

In der 5. Ausgabe der *Grundlagen* von 2004 wurden in einem eigenen Kapitel E Information im Kontext zehn Beiträge von Personen aufgenommen, die Information aus der Sicht ihrer Disziplinen behandeln sollten, z. B. der Informatik, Neurobiologie, Psychologe, Sprachwissenschaft, Sozialwissenschaften, Naturwissenschaften, Philosophie. Aber auch bei einer kreativen Interpretation lässt sich aus der in diesen Beiträgen deutlich

---

2 Vgl. das häufig zitierte DIW-Modell (populär z. B. in der Wirtschaftsinformatik und im Wissensmanagement) – aus Daten wird Information und daraus Wissen; zuweilen wird als unterste Ebene noch Zeichen und als oberste Ebene noch Weisheit zugefügt.
3 Diese Kap. A 1 ist im Zusammenhang mit Kap. F 6 Informationspathologien – Desinformation zu sehen.

werdenden Vielfalt der Informationsverständnisse kein gemeinsamer Informationsbegriff ableiten. Als enttäuschendes Ergebnis solcher Versuche, quasi ein inter- oder transdisziplinäres Verständnis von Information herauszuarbeiten, muss man wohl Wittgensteins Mahnung aufgreifen, sich nicht von der Sprache verführen zu lassen, aus der Identität der Sprachverwendung einen quasi universellen Informationsbegriff abzuleiten. Trotzdem bleibt der interdisziplinäre Diskurs weiter eine Aufgabe für die IW.

Einen anderen Ansatz zur Überwindung der heterogenen Vielfalt im Informationsverständnis haben Robinson & Bawden (2013) und Bawden & Robinson (2020) in zwei größeren Studien gewählt. Sie haben sich damit von den terminologischen Debatten um die drei Grundbegriffe verabschiedet und sich auf Antworten auf die Frage konzentriert, welche Theorien sich als *gap-bridging* bewähren könnten bzw. als aussichtsreich dafür bewährt haben. Die vielen untersuchten Theorien konnten dann auf zwei alternative Theoriebereiche zurückgeführt werden,

> in which information is treated as something objective, quantitative, and mainly associated with data, and those in which it is treated as subjective, qualitative, and mainly associated with knowledge, meaning, and understanding. The former include physics and technology; the latter include the social realm. (Robinson & Bawden 2013, S. 413)[4]

Die Analyse der Theorien ist hilfreich, aber das Ergebnis ebenfalls enttäuschend: Am Ende musste festgestellt werden, dass der informationsbezogene *gap* zwischen den Disziplinen weiter besteht. Am ehesten wurde von Bawden & Robinson (2020) noch Floridis Philosophy of Information (PI) als *bridging* und damit als theoretische Grundlage für die IW angesehen. Wir werden uns damit in Abschn. 4.2 auseinandersetzen und zu einem anderen Ergebnis kommen als Bawden & Robinson.

2 Terminologische Vielfalt von Information – kein Desaster

Die Heterogenität der Informationsverständnisse ist nicht nur eine interdisziplinäre Tatsache, sondern auch die Realität in der IW selber. Die IW ist weit davon entfernt, eine verbindliche, allseits akzeptierte Bestimmung von Information entwickelt zu haben. Nach wie vor gilt Wersigs Aussage aus den 1970er Jahren: „Informationsbegriffe gibt es nahezu so viele, wie es Autoren gibt, die darüber schreiben." (Wersig 1972) Auch Fox (1983) beklagte: „[I]nformation science is in the rather embarrassing position of lacking any clear understanding of its central concept." In der Tat sind in der etwa 50-jährigen Geschichte der IW sehr vielfältige Informationsbestimmungen/-definitionen unter ebenso vielfältigen Perspektiven entwickelt worden.

Wir wollen hier die heterogene internationale informationswissenschaftliche Diskussion um „Information" nicht noch einmal aufarbeiten und verweisen auf die ausführlichen Darstellungen in den A 1-Artikeln „Information" der Ausgaben der *Grundlagen* 5 und 6 (Kuhlen 2004, Kuhlen 2013), ebenso und keineswegs mit Vollständigkeitsanspruch auf Bates (2006, 2010), Bawden (2008), Bawden & Robinson (2020), Belkin (1989), Buckland (1991), Capurro & Hjørland (2003), Case & Given (2016), Hjørland (2009, 2014, 2018), Ibekwe-SanJuan & Dousa (2014), Kari (2008), Kuhlthau (1988),

---

[4] Zitiert aus der OA-Version: https://openaccess.city.ac.uk/id/eprint/6446/1/mind%20the%20gap.pdf.

McKinney & Yoos, (2010), Mingers & Standing (2018), Ott (2004), Robinson & Bawden (2013), Savolainen & Thomson (2021), Zins (2007).

Anders als Fox finden wir die terminologische Vielfalt nicht „embarrassing". Vielleicht ist der Vorschlag von Buckland (in einem Gespräch mit ihm 2021 in Berkeley) sinnvoll, der seinen oben schon zitierten Artikel „Information as thing" (Buckland 1991) so verstanden wissen wollte, dass die Tatsache der Heterogenität der Informationsverständnisse dann kein Problem sei, wenn klargestellt sei, in welchem Kontext und mit welchem Interesse der jeweilige Informationsbegriff verwendet wird. Damit können viele der in der IW in etwa 50 Jahren entwickelten Informationsvorschläge weiter in ihren Kontexten nützlich sein. Daher ist es kein terminologisches Desaster, wenn Heterogenität im Informationsverständnis auch jetzt in vielen Kapiteln dieser 7. Ausgabe der *Grundlagen* festzustellen ist. Viele Autor*innen (mit durchaus heterogenem Erstfach-Hintergrund) verwenden „Information" abweichend von der in diesem Kapitel 1 vertretenen pragmatischen handlungs-/nutzerbestimmten Bestimmung von Information, ohne dass von den Herausgebern „korrigierend" eingegriffen wurde, um das pragmatische Verständnis von Information zu „erzwingen". Beispielsweise sei verwiesen auf die Verwendung von Information

- in Kapitel B 12 Automatische Sprachverarbeitung – „die syntaktische Information, also z. B. die Information, dass das Wort «biiru» (Bier) ein Nomen ist";
- in Kapitel E 7 Marketing für Informationseinrichtungen – „Information kann [...] über das Internet einfach distribuiert sowie orts- und zeitunabhängig zur Verfügung gestellt werden";
- in Kapitel A 12 Langzeitarchivierung – „wichtig ist es, Informationen über den Erhaltungszustand und zu den Hintergründen [...] in die Überlieferungshistorie des Digitalisats einzubeziehen".

In diesen Formulierungen wird/werden Information/en als etwas verstanden, das von jemand oder von etwas erarbeitet wurde und dann zur Verfügung gestellt wird – sicherlich in Erwartung einer Nutzung oder Anwendung, aber nicht unmittelbar mit Blick auf eine spezielle Person oder eine spezielle Situation oder eine spezielle Handlung. Dieser Informationsbegriff, der an das traditionelle dokumentarische, bibliothekarische und archivarische, objekt- und prozessorientierte Verständnis anschließt, überwog bis ca. 1997 (bis zur 4. Ausgabe der *Grundlagen*) und könnte aus der hier vertretenen Sicht als potenzielle Information (Information-P) verstanden werden. Diesem sozusagen klassischen Verständnis von Information steht ein Informationsbegriff gegenüber (Information-N), welcher sich im pragmatischen Sinn auf die aktuelle Nutzung in konkreten Situationen unter Berücksichtigung der auf die Nutzung und die Wirkung beeinflussenden Rahmenbedingungen bezieht. Durch die zunehmende Verlagerung des Informationsgeschehens in die Internetwelt erweitert sich auch der informationswissenschaftliche Informationsbegriff wegen der die Information beeinflussenden Handlungen und Entscheidungen und der durch sie ausgelösten Wirkungen.

3 Information in einem gegenüber „Fachinformation" verändertem Umfeld

Der für die IW lange Zeit dominierende (und von der Politik in Deutschland zwischen 1974–2000 auch politisch unterstützte) Bezug zur Fachinformation über Information-P ist auch heute keineswegs hinfällig geworden, ebenso wenig die kuratierende Aufgabe der LIS (Bawden & Robinson 2018) zur Sicherung und Beförderung des kulturellen Erbes. Mit der seit ca. 20 Jahren deutlich erkennbaren Erweiterung des Gegenstandsbereichs der IW in die allgemeinen Publikationsmärkte mit den zahlreichen Informationsdienstleistungen vor allem der Social-Media-Messenger-Plattformen ist allerdings Bewegung in das Informationsverständnis der IW gekommen.

Um diese Veränderung an einem Beispiel anzudeuten: Die Informationsgesellschaft ist zu großen Teilen eine Mis- oder sogar Desinformationsgesellschaft geworden, mit einem ganz anderen Informationsverständnis als das, was in der Fachinformationswelt mit der Orientierung an einem auf Richtigkeit, Begründbarkeit, wenn nicht sogar auf ein auf Wahrheit beruhendem Informations- und Wissensverständnis gegeben war. Schon aus den bisherigen Ausführungen sollte deutlich geworden sein, dass die kontextbezogene und pragmatische, also auf Handlung abzielende Bestimmung von Information in formaler Hinsicht auch auf Desinformation (auf alle Formen von Informationspathologien) zutrifft. Zweifellos können Mis- und Desinformationen Handlungen initiieren, auch wenn sie gewiss nicht auf Wahrheit beruhen (ausführlich dazu Kapitel F 6 Informationspathologien – Desinformation).

Aber man braucht gar nicht in die Dystopie einer Desinformationsgesellschaft einzusteigen, um zu sehen, dass die Ausweitung der (weitgehend kommerziell bestimmten) Informationsmärkte Folgen für das Informationsverständnis hat. Wir haben keine empirischen Daten dafür, aber die Vielzahl der auf externen Quellen beruhenden Informationen, die eine diese Informationen nutzenden Person aufnimmt, um zu handeln, z. B. um etwas zu kaufen, beispielsweise ein Buch, ist nicht rational selbstbestimmt begründet. Die Relevanzentscheidung für eine Information beruht oft genug auf dem ausgewerteten Profil einer Person bzw. einer mit ähnlichen Profilen ermittelten Personengruppe. Zudem kann die Präferenz bzw. die Resonanz für eine „actionable information" dadurch gesteigert werden, dass die Information in eine emotional positive Reaktion stimulierende Umgebung eingebettet ist. Auf Relevanz und Resonanz wird in Abschn. 6.2.1 und 6.2.2 eingegangen.

Es ist heute noch nicht abzusehen, was die Herausforderung von Desinformationsformen oder die Praktiken der Auswertung z. B. von Self-Tracking-Technologien für die IW bedeutet – und das ist ja nur ein Beispiel. Sicherlich keineswegs eine Anerkennung des epistemologisch-pathologischen Status von Desinformation, erst recht nicht der daraus folgenden, oft desaströsen Handlungen und auch nicht ein Sich-Abfinden mit den mit Tracking angedeuteten Gepflogenheiten. Einfach ausblenden lässt sich das für die IW wohl nicht, und das hat Folgen für den bislang eher epistemologisch begründeten Informationsbegriff. Information ist ein in sozialen Umgebungen relevantes Konzept.

Wir gehen im folgenden Abschn. 4 auf die eben angedeuteten theoretischen Unterschiede zwischen dem epistemologisch und sozial (soziologisch, pragmatisch) begründeten Informationsverständnis ein, führen in Abschn. 5 eine analytische Differenzierung im Informationsbegriff zwischen Information-P und Information-N ein, begründen in Abschn. 6 den pragmatischen Primat von Information empirisch im Rückgriff auf Wittgensteins Sprachspielansatz und theoretisch mit einem Modellvorschlag zur Faktorisierung des Informationsbegriffs und fassen in Abschn. 7 die Diskussion hier zusammen.

4 Theorien

Wir werden auch hier noch keine umfassend gesicherte, neue pragmatische Theorie für Information vorlegen können, vielleicht aber Bausteine, aus denen eine umfassendere Theorie entwickelt werden kann. Doch auch der hier entwickelte Vorschlag wird sich daran messen lassen müssen, ob er dem von Hobohm (s. Kapitel A 3 Theorien in der Informationswissenschaft) in Anschluss an Ngulube vorgeschlagenen Theoriebegriff gerecht werden kann: Theorien sollten

> einen heuristischen Wert haben, testbar oder widerlegbar sein, einen gewissen Formalisierungsgrad aufweisen, einfach genug sein und tatsächlich auch eine Vorhersagekraft für das von ihnen beschriebene Phänomen besitzen. Ngulube (2020)

Savolainen & Thomson (2021) zeigen den heuristischen Wert einer Theoriebildung in ihrem „integrated model" für „everyday information practices" und geben als Kriterien für eine mögliche Theoriebildung „meaningfulness and understandability, mutuality of concepts and descriptive logic, empirical verifiability, and usefulness". Die Autoren sehen das nicht als „genuine theory" an, aber gestehen dem Modell im Sinne eines heuristischen Ansatzes „considerable theoretical potential" zu. Vielleicht ist das die Messlatte, an der auch der hier am Ende zu begründende pragmatische Primat gemessen werden kann.

Die oben erwähnten Kriterien „testbar oder widerlegbar" werden hier durch das ergänzt, was Zimmermann & Kohring (2018, S. 537) eine „umfassende Konzeptexplikation" nennen: Konkret erfolgt die Explikation durch Definitionskriterien bzw. explizite Merkmale für den zu untersuchenden Gegenstand. Bei den beiden Autoren ist der Gegenstand Desinformation. Solche Festlegungen sind keineswegs abschließend gültig, wie es auch Zimmermann & Kohring für ihre Kriterien betonen:

> Da es sich hierbei nicht um bloße Setzungen handelt, lässt sich die Definition zugleich wissenschaftlich kritisieren, sowohl was die gewählten Kriterien selbst angeht als auch unsere Entscheidung, bestimmte Ausprägungen dieser Kriterien für notwendige Bedingungen von aktueller Desinformation zu halten.

Wir werden in Abschn. 6.2 für eine auf Information, genauer Information-N bezogene Konzeptexplikation folgende Kategorien vorschlagen: Relevanz, Reduktion, Resonanz und Reaktion (4R-Modell). Auch das sind keine finalen, kategorialen Festsetzungen.

In den folgenden Abschnitten 4.1–4.3 wird die Theoriediskussion um Information zunächst weitergeführt, und zwar in einer Auseinandersetzung mit dem, was von Hobohm (in Kapitel A 3, Abschn. 2) die „Großtheorien" für Information genannt wird. Mit diesen sind hier gemeint die mathematische, nachrichtentechnische Informationstheorie (Claude E. Shannon, Warren Weaver); die epistemologische Begründung von Information in der Philosophie (Floridi 2011a); die sozial-/kommunikationswissenschaftlichen, konstruktivistischen Theorien, z. B. Berger & Luckmann (1977, 1966); zu letzteren gehört auch die allgemeine Social Epistemology, die Shera und Egan der Bibliothekswissenschaft als ihre intellektuelle Fundierung empfahlen (Egan & Shera 1952/1965, Shera 1968). Diesen drei Theorien wären sicherlich viele andere differenzierende und weiterführende Theorien zuzuordnen – s. z. B. Kapitel A 3 Theorien in der Informationswissenschaft; Hjørland (2014), Bawden & Robinson (2020), Robinson & Bawden (2013), Savolainen & Thomson (2021).

4.1 Informationstheorie

Information wird in der formal, mathematisch definierten Shannon-Weaver'schen Informationstheorie über die Syntax und quantitativ bestimmt – mit großen Einfluss auf Naturwissenschaften, Technik und Informatik. Sie ist im Grunde eine technische Kommunikationstheorie mit dem Schwerpunkt auf Datenübertragung. Wir können die Informationstheorie für die weitere Diskussion um den Informationsbegriff in der IW aber ausschließen, denn sie ist weder mit der Bedeutung der Wissens- und Informationsobjekte befasst noch mit den sozialen Bedingungen und Folgen dieser Objekte, wenn sie genutzt werden – kurz: Semantik und Pragmatik bleiben bei der Informationstheorie ausgeklammert. Auf ein interessantes Argument bei der Ausklammerung von Semantik weisen, neben anderen kritischen Argumenten, Wang, Wang & Ciao (2012) hin:

> The semantic aspects are not considered in information theory, it is not considered that the information may be mutually incompatible and contradictive. In the reality, a large quantity of information may be inconsistent and contradictive each other.

4.2 Philosophy of Information (PI)

Aus Floridis philosophischer Perspektive, entwickelt in der Philosophie of Information (2011a)[5], hängen *Information und Wissen* über ein epistemologisches, am Wahrheitsbegriff orientiertes Verständnis zusammen. Entscheidend ist hierbei die Bestimmung von Information zunächst als „semantic factual information" („information about something" Floridi 2019), durch die den „well-formed" und syntaktisch korrekten Daten Bedeutung gegeben wird. Bedeutung (Semantik) reicht aber für Floridi nicht aus, weil sonst auch falsche Information oder Tautologien Information sein könnten (s. auch Fetzer 2004). Floridi formuliert es sehr strikt: „false information is pseudo-information" (Floridi 2011a, Abschn. 4.10–4.12), aber eben keine Information.

Für Floridi ist das Prädikat *true* für *factual semantic* information deshalb unverzichtbar, weil der Zusammenhang von Wissen und Information ohne die Bereitstellung von *true semantic information* für ihn nicht modellierbar bzw. konstruierbar wäre: „[K]knowledge is acquired through the creation of the right sort of semantic artefact." (Floridi 2019, S. 36) Dabei ist auch Floridi gewiss bewusst, dass die Dichotomie zwischen *true* bzw. *veridical* (s. FN 6) und *untrue (false)* nicht undifferenziert absolut ist; entsprechend auch „wahr" nicht absolute Wahrheit bedeutet, sondern sich auf Kriterien wie Richtigkeit, Überprüfbarkeit, Falsifizierbarkeit etc. abstützt. Floridi weist als Kriterium für wahre semantische Information verschiedentlich auch auf Wahrhaftigkeit hin – als Intention einer Person, die über Information ein Stück Wissen produziert.

Floridi schlägt entsprechend folgende Definition für (wahre) faktenbasierte semantische Information vor: „[DEF] p qualifies as semantic information if and only if p is (constituted by) well-formed, meaningful and veridical[6] data." (Floridi 2010, Tab. 6)

---
5 Neben der *Philosophie of Information* (2011a) (von Floridi als PI bezeichnet) sind erschienen: *The Ethics of Information* (2013) und *The Logic of Information* (2019), *The Politics of Information* ist derzeit (9/2022) noch in Arbeit; s. Durante (2017).
6 Floridi verwendet zuweilen „veridical" (wahrheitsgemäß) anstelle von dem sonst von ihm gebrauchten „true", damit semantische Informationen und damit auch Wissen nicht auf Sätze/Aussagen in der natürliche Sprache beschränkt bleibt (Floridi 2010, 50).

Wissen auf der Basis von Information – „Knowledge and information are members of the same conceptual family" (Floridi 2019, S. 51) – ist nicht etwas, was als ontologisches Objekt unabhängig von Menschen da ist, sondern ein Modell, eine Konstruktion aus dem, was aus wohlgeformten Daten empirisch und epistemologisch aus als wahr begründeter semantischer Information abgeleitet werden kann. Dieses Modell bezeichnet Floridi als *constructionism* (Floridi 2019, S. 51) – für ihn nicht zu verwechseln mit dem Konstruktivismus (*constructivism*) im sozialwissenschaftlichen Kontext (s. Abschn. 5.3).[7] Wissen ist in diesem Modell kein Abbild der Welt, sondern wird konstruiert, kompatibel mit Kants Erkenntnisphilosophie auf der Grundlage einer „maker's knowledge epistemology" (Floridi 2019, S. 35 ff., S. 47). Dem wird hier auch nicht widersprochen. Allerdings beziehen wir das Konzept der Konstruktion nicht auf Wissen, sondern, was Floridi ablehnen würde, auf Information als Konstruktion aus konkreten sozialen kommunikativen, informationell unterbestimmten Situationen.

Floridi empfahl in verschiedenen Publikationen (z. B. 2002) die PI als epistemologische Begründung für LIS. Tatsächlich ist in den letzten Jahren Floridis PI in Teilen der internationalen LIS rezipiert und als Grundlage für eine Theorie der IW adaptiert worden (z. B. Dinnee & Brauner 2015; Bawden & Robinson 2018, 2020; Fyffe 2015). Das spiegelt sich auch deutlich in der 2. Auflage des international weit verbreiteten Handbuchs *Introduction to Information Science* (Bawden & Robinson 2022) wider, für die Floridi sogar selbst das Vorwort geschrieben hat. Hjørland (2018) hat sich allerdings entschieden dagegen gewehrt. Er hält es für „somewhat frustrating when philosophers make claims about other fields" (Hjørland 2018, S. 323) und sieht die Social Epistemology (s. Abschnitt 4.3) als den „most fruitful theoretical frame for LIS" (ähnlich Hobohm in Kap. A 4). Wissen und Information müsste aus „social and cultural perspectives", also „in social conditions rather than in universal cognitive processes" bestimmt werden (Hjørland 2018, S. 324).

Fazit. Es wird weiter eine Herausforderung für die IW sein, sich mit dem Theoriegebäude der PI auseinanderzusetzen. Floridi hat aber offenbar ein traditionelles Verständnis von Bibliothekswissenschaft im Sinne, wenn er ihr (primär?) eine kuratorische Aufgabe zuweist, also die Sicherung des kulturellen Erbes, die Bewahrung und Bereitstellung des in den produzierten Werken enthaltenen Wissens. Die Praxis der IW ist nicht darauf zu reduzieren, schon gar nicht angesichts der in Abschn. 3 skizzierten Erweiterung des Gegenstandsbereichs der IW. Entsprechend anders sollte die theoretische Grundlage der IW sein.

---

[7] Floridis Festlegung auf *constructionism* (2011b), bei gleichzeitig starker Ablehnung des *constructivism*, ist aus der einschlägigen Fachliteratur nicht nachzuvollziehen. Talja et al. (2005) diskutiert beide Begriffe, *collectivism* und *constructionism*, ausführlich (unabhängig von Floridi). Danach hat *constructionism* wenig mit Konzepten wie „cognitive space, cognitive functions, mental models or knowledge structures" zu tun (Talja et al. 2005, S. 89), wie es Floridi nahelegt. Das heißt mit Blick auf die Informationswissenschaft, dass „information, information systems, and information needs all are entities that are produced within existing discourses, i. e. linguistic and conversational constructs" (Talja et al. 2005, S. 90). Dieses Verständnis von *constructionism* ist kompatibel mit dem hier vertretenen konstruktivistischen Verständnis von Information.

4.3 Social Epistemology und handlungstheoretisch, konstruktivistisch ausgerichtete *Informationspragmatik*

Die Verbindung von „social" mit „epistemology" in der durch Egan & Shera (1952/1965) und Shera (1968, 1970) begründeten Social Epistemology (SE) weist darauf hin, dass Informationsarbeit bzw. die bibliothekarische Arbeit für Wissensorganisation und Verteilung von Wissen anders begründet wird als die auf den Wahrheitsbegriff gegründete epistemologische Bestimmung von semantischer Information und darauf begründetem Wissen. Wissen und entsprechend Information entstehen für Egan und Shera im Rahmen von SE im weiteren Verständnis in sozialen Umgebungen und durch den kommunikativen Austausch der beteiligten Akteure.[8] Goldman (1999) formuliert das treffend in dem Titel seines Buches *Knowledge in a social world*. Bestimmend ist dies in der Wissenssoziologie geworden – exemplarisch sei hier auf Berger & Luckmanns „gesellschaftliche Konstruktion der Wirklichkeit" (1996, 1977) verwiesen (s. auch Schütz 1970 bzw. 2011). Unter Anwendung auf den Informationsbegriff bedeutet dies, dass Information im konstruktivistischen Sinne nicht per se quasi ontologisch als Objekt bzw. als Dokument da ist, sondern erst in konkreten Situationen situativ handlungsleitend konstruiert wird, also nicht durch sich selbst da ist und nicht durch Attribute wie wahr definiert wird.

Einflussreich für diese konstruktivistische Positionierung von Information ist auch die von Austin und Searle entwickelte Sprechakttheorie (Austin 1955; Searle 1969), nach der Information als Stimulus für Handlung mit Wirkung auf Dritte interpretiert werden kann. Die Unterscheidungen in der Sprechakttheorie nach lokutionäre, syntaktisch und semantisch bestimmte Akte/Äußerungen; illokutionäre, in kommunikativer Absicht gerichtete Akte/Äußerungen; und perlokutinäre, auf Wirkung abzielende und diese auch erreichende Akte/Äußerungen – zielen zwar nicht explizit auf Information/en ab, können aber den hier vorgeschlagenen Information-N-Begriff operational machen. Perlokutinäre Akte berücksichtigen auch desinformierende Handlungen, wenn also jemand (x) mit bewusst falscher Information (z) seine Ziele zu erreichen sucht, denen der die „Information" (z) Aufnehmende (y) oft genug, im Vertrauen auf die Glaubwürdigkeit von x und damit auf dessen Information (z) auch entsprochen wird.

Das konstruktivistische, soziale, kommunikative Verständnis liegt auch der hier vertretenen pragmatischen Sicht auf Information zugrunde – verkürzt repräsentiert durch die Formulierung „Information ist Wissen in Aktion" (Kuhlen 1989, 1991). Krause (1998) hat diesen handlungsorientierten, pragmatischen Ansatz als „Grundlage informationswissenschaftlicher Theoriebildung" bezeichnet. Das ist auch weiter eine Herausforderung für die IW, aber doch schon eine sich annähernde Realität (s. z. B. Hammwöhner 2004, Hobohm 2019).

5 Eine analytische Differenzierung im Informationsbegriff

Wie schon zu Beginn angedeutet, schlagen wir für ein umfassenderes Informationsverständnis vor, zwischen Information-P (P=Prozess der Informationserstellung, mit dem

---

[8] In der Literatur (Budd 2010) wird für Sheras Ansatz auch der Terminus *knowledge in action* verwendet, allerdings ohne Bezug auf die Rolle von Information dabei, wie es in der Formel „Information ist Wissen in Aktion" geschieht, zuerst in Kuhlen (1985). *Knowledge in action* wird auch aufgegriffen in Ikeya & Sharrock (2018) mit Bezug auf die Soziologie/Phänomenologie von Alfred Schütz.

Ergebnis von sozusagen potenzieller Information) und Information-N (Nutzen, Nutzung mit dem Ergebnis einer tatsächlichen Handlung) zu unterscheiden. Das soll kein terminologischer Vorschlag für die Zukunft sein, sondern dient der analytischen Differenzierung für diesen Text.

Abb. 1 erläutert den Zusammenhang der im Folgenden diskutierten Begriffe.

5.1 Information-P

Information-P war und ist im Kontext der IW in erster Linie auf die informationelle Be- und Verarbeitung von Wissensobjekten bezogen. Unter Wissensobjekten verstehen wir Objekte, die in irgendeiner medialen (also nicht nur textuellen) Form erstellt, aber noch nicht öffentlich zugänglich gemacht (publiziert) worden sind. Die Leistung von Personen (oder Maschinen?), Wissensobjekte zu erstellen, besteht nicht nur in der semantischen Repräsentation von ermittelten Daten oder Wissensfragmenten, sondern auch in dem jeweiligen Medium angemessenen syntaktischen kohärenten Anordnung dieser Daten und Fragmente, bei Texten z. B. durch Linearisierung, Sequenzierung und kohärente Textualisierung. Für andere mediale Objekte gibt es andere auf Kohärenz abzielende kohärente Anordnungsprinzipien.

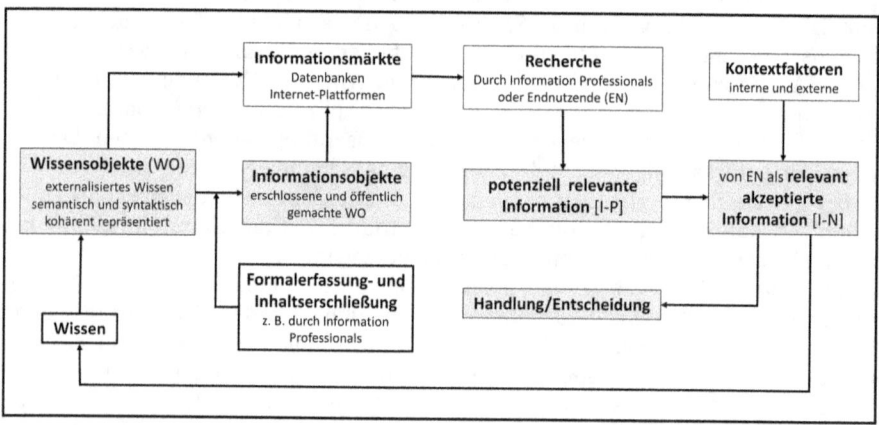

Abb. 1: Von den Wissensobjekten zur handlungsrelevanten Information

Aus Wissensobjekten werden Informationsobjekte, wenn sie öffentlich zugänglich gemacht worden sind. Das ist zum einen traditionell die Leistung von Verlagen, in der Internetwelt jedoch immer stärker auch die von Content-Provider-Organisationen. Auf dieses Publizieren bzw. öffentlich Zugänglichmachen wird hier nicht weiter eingegangen (s. Kapitel 1 Informationsmarkt). Zugänglich gemacht und dann genutzt werden Informationsobjekte aber erst durch die Anwendung von (traditionell dokumentarischen) Methoden und Verfahren zum Aufbau von Informationssystemen und -dienstleistungen. Das sind a) Methoden und Verfahren zur Inhalts- bzw. Informationserschließung und b) solche zur Suche in diesen Systemen (und sicherlich auch zur Entwicklung von neuen Informationsleistungen bzw. neuen Informationssystemen). Das ist längst nicht mehr allein in der Zuständigkeit der IW; vielmehr werden a) und b) in vielen anderen Fächern, wie prominent Informatik, weiterentwickelt. In den meisten Kapiteln in Teil B Inhaltserschließung sowie den meisten Kapiteln in Teil C Information Retrieval werden diese Verfahren behandelt.

Informationssysteme bieten über ihre so entstandenen Informationsobjekte Information an, i. d. R. nicht gezielt für einzelne Personen, sondern sozusagen auf Verdacht für die auf das jeweilige Informationssystem passende Zielgruppe. Diese Information-P ist potenzielle Information, welche bei späteren konkreten Nutzungen als reale Information-N verwendet werden kann. Je mehr die Verfahren von a) Erschließung und b) Suche (s. oben) schon pragmatisch konzipiert sind und z. B. von Information Professionals durchgeführt werden, je mehr sie also schon spätere konkrete Nutzungskontexte antizipieren lassen, desto wahrscheinlicher und höher ist der spätere informationelle Nutzen der Information, die wir hier als Information-N ansprechen (s. Abschn. 5.2).

Das Entstehen von Information-P durch Transformation von Wissensobjekten zu Informationsobjekten orientierte sich lange Zeit in erster Linie an Vorgängen im Kontext von Fachinformation. Durch Information-P sind aber nicht nur Wissenschaft und der Bereich von Lehren und Lernen angesprochen. Informationsobjekte für Personen in konkreten informationell unterbestimmten Situationen werden auch im Medienbereich, in Wirtschaft, Politik, Verwaltung usw. bereitgestellt. Informationsobjekte entstehen auch in den vielfältigen Informationsangeboten der Internetwelt, d. h. in allen Bereichen der Gesellschaft, in denen mit Rückgriff auf bestehende Wissensobjekte Informationsobjekte bereitgestellt werden, z. B. neu formulierte Curricula, Zeitungsartikel, Gesetze, Koalitionsvereinbarungen, Verwaltungsanweisungen, Testamente, Werbung für Kosmetikprodukte, Berichte von Fußballspielen, der Klappentext für dieses Buch usw.[9] Auch Twitter-Äußerungen des früheren Präsidenten Trump sind als Information-P zu verstehen – aus welchen Informationsobjekten bzw. aus welchen Wissensobjekten direkt auch immer Trump diese abgeleitet hat.

5.2 Information-N

Information-N ist auf die Nutzerseite, auf die Verwendung in konkreten Handlungssitussitationen bezogen. Allerdings – und das ist ein nicht zu unterschätzender „Nebeneffekt" von Information-N, der übrigens auch für Information-P gelten kann – kann diese Information auch in den bestehenden Wissensbestand von x eingefügt werden. Das kann Lernen genannt werden.

Information-N existiert nicht als Objekt für sich, kann nicht sozusagen als „ein fertig gepacktes Paket" (Schüller-Zwierlein 2022, S. 2) genutzt werden, sondern wird jeweils erst aktuell aus der Nutzersicht und der Berücksichtigung zahlreicher individueller, institutioneller und organisationaler Kontextfaktoren konstruiert. Das war für die *Grundlagen* nicht grundsätzlich neu. Schon in der zweiten Ausgabe (1980) schlug Wersig (im Artikel M4 Informationstätigkeit, S. 161, und mit Bezug auf Wersig 1972) vor, dass unter „Information die Beseitigung oder Verringerung [Reduktion] von Unkenntnis (oder ge-

---

[9] In Situationen der (Alltags-)Kommunikation – wenn eine Person x einer Person y Information z zukommen lässt – ist es für y schwieriger als in der Fachkommunikation nachzuvollziehen, aus welchen Wissensobjekten x die Informationsobjekte abgeleitet hat. Die Entscheidung von y, z als für ihn relevante Information anzuerkennen, beruht dann eher auf Vertrauen von y in die Wahrhaftigkeit von x.

nauer Ungewissheit)" zu verstehen sei. Er forderte weiter, dass „übermittelte Daten dem Benutzer tatsächlich etwas Neues mitteilen, etwas noch nicht Gewußtes vermitteln." (S. 161) Was man schon weiß, ist keine Information. Der Fokus lag also bei ihm schon auf der Nutzerseite: „Eine komplette Informationswissenschaft müsste auch ein Verständnis für die Nachfrageseite entwickeln. Wozu brauchen, wollen, nutzen Menschen Information?" (Wersig 2000, S. 274) Oder anders paraphrasiert: Warum und wofür wollen Menschen Ungewissheit verringern, Orientierungen erhalten, Komplexitäten reduzieren?

In Abschn. 6 wird vor allem das pragmatische Information-N-Verständnis a) sprachspieltheoretisch aus der alltagssprachlichen Verwendung von Information abgeleitet und b) über eine durch Zimmermann & Kohring (2018) angeregte Konzeptexplikation auf eine höhere kategoriale Ebene im Rahmen des hier so genannten R4-Modells gehoben.

5.3 Zusammenfassung der Information-P und Information-N-Diskussion

Informationsarbeit im Sinne von Information-P ist objektbezogen (bezogen auf Wissensobjekte) und prozess-/verfahrensorientiert (für das Entstehen von Informationsobjekten). Durch Information-P kann aus Informationsobjekten potenzielle Information abgeleitet werden, die in konkreten Situationen als Information-N real genutzt werden können.

Information-N existiert nicht für sich, sondern wird in einer aktuellen Handlungssituation konstruiert. Das ist eine Wende von einem ontologisch (Saab & Riss 2011), aber auch von einem strikt epistemologisch (Floridi, s. Abschnitt 4.2) begründetem Verständnis von Information zugunsten eines dynamischen (Rauch 2004), konstruktivistischen (s. Abschn. 5.3). Die klassische DIW-Hierarchie (Daten, Information, Wissen) kehrt sich, wenn man so will, um. Information ist nicht sozusagen der Rohstoff, die Vorstufe für Wissen. Im Gegenteil: „Wissen", so formuliert es Stelzer (2021), „dient als Rohstoff, aus dem heraus Information entwickelt wird". Das geht konform mit „Information ist Wissen in Aktion". Wollte man den Zusammenhang von I-P und I-N quasi (transzendental)philosophisch formulieren, so bietet sich an: Information-P ist die Bedingung der Möglichkeit für Information-N.

6 Zur Begründung des pragmatischen Primats von Information

Wittgenstein (2022, § 43) hat über seine Sprachspieltheorie versucht, den komplexen Zusammenhang von sprachlichen Handlungen und Folgen für die Wirklichkeit besser zu verstehen, oder anders formuliert: die Bedeutung von sprachlichen Äußerungen, insbesondere von Worten, erschließt sich nicht durch Definitionen, sondern durch die Analyse ihres Gebrauchs in realen Handlungssituationen (Schroeder 2015). In Abschn. 6.1 wird dieser Sprachspielansatz zur Ableitung von Merkmalen für Information-N verwendet, und in Abschn. 6.2 wird eine weitere theoretische Begründung von Information-N durch eine Überprüfung der kategorialen Merkmale des R4-Modells vorgeschlagen.

6.1 Die Rekonstruktion von pragmatisch bestimmter Information aus der alltagssprachlichen Verwendung von Information

Sprachspiele können als Heuristik für weitergehende Reflexionen genutzt werden. Sie können im Sinne von Savolainen & Thomson (2021) durchaus theoretisches Potenzial haben (s. Abschn. 4). Sie können so als erste Theoriestufe zur Ableitung eines informationswissenschaftlichen Informationsbegriffs sinnvoll sein. So sieht es auch Hammwöhner (2004) und erweitert den Theorieansatz der Sprachspiele dann durch Handlungstheorien allgemein, konstruktivistische Vorgaben der Erlanger Schule, Sprechakttheorie, Semiotik und indirekt auch mit Blick auf die Universalpragmatik von Habermas, die als „rekonstruktive Wissenschaft" ebenfalls auf das umgangssprachlich sich artikulierende Wissen abhebt (vgl. auch Gaier 1986).

Auch in den Anfangskapiteln der 5. und 6. Ausgabe der *Grundlagen* (Kuhlen 2004, Kuhlen 2014), ebenso (Kuhlen 1989, Kuhlen 1991) sind diese Spiele gespielt worden. Bei diesen früheren (und den jetzigen) Beispielen wird deutlich, dass Wissen und Information unterschiedlichen Kategorien und in Sprachspielen nicht austauschbar sind. Das bestätigt auch Hammwöhner (2004, S. 87) in seiner Interpretation der Sprachspiele aus Kuhlen (2004): „Während Wissen mit Glauben und Meinen den Erkenntniszuständen zuzurechnen ist, fällt Information mit Mitteilung und Nachricht in den Bereich der Kommunikation." Entsprechend der bisherigen Diskussion hier kann das auch so ausgedrückt werden: Wissen ist epistemologisch begründet, Information pragmatisch. Einen direkten epistemologischen Zusammenhang von Wissen und Information herzustellen, wie es Floridi vorschlägt (s. Abschn. 4.2), wird hier nicht als zielführend gesehen.

Hilfreich ist es aber, wie es Hammwöhner nahelegt, das Epistemologische nicht durch Wahrheit zu begründen, sondern durch „Erkenntniszustände". Das eröffnet die Möglichkeit, Information aus Informationsobjekten abzuleiten, die sich auf Wissensobjekte in einem Wissenskontinuum beziehen. In Wissensobjekten werden Aussagen über Sachverhalte oder Objektbereiche gemacht mit differenzierter Plausibilität der Begründung. Information entsteht so indirekt (über Informationsobjekte) aus Ausprägungen des Wissenskontinuums, kann sogar aus lügenhafter Desinformation entstehen oder ist Resultat manipulierender Relevanzbeeinflussung im iCommerce. (s. Kapitel F 6).

Bei dem aktuellen Sprachspiel ist Ausgangspunkt die folgende Situation, in der eine Person x eine Person y darüber informiert, dass sie (x) eine Information für diese (y) hat. Hier wird von x Information in dem Verständnis von Information-P verwendet. Im Kontext der Fachinformation könnte das so verstanden werden, dass diese Information von x aus ihr verfügbaren Informationsobjekten erarbeitet wurde und dass sie erwartet, dass diese Information für y relevant ist. x könnte im weiteren Sinne ein/e Information Professional, Informationsvermittler, Information Broker sein (s. Kapitel A 10). Viele andere Interpretationen von Information bzw. der von y vollzogenen Informationshandlung („habe für dich") sind möglich, nur zwei Beispiele: Über Text and Data Mining können (potenzielle) Informationen „ausgegraben" worden sein (also durch Programme, nicht Personen), die nun an daran möglicherweise Interessierte weitergegeben werden. Oder linguistisch erarbeitete Informationen über den Zusammenhang von Morphologie und Syntax werden an Entwickler von Systemen zur automatischen Übersetzung weitergegeben. Ob das für Adressaten („Interessierte" oder „Entwickler") tatsächlich Information im Sinne von Information-N ist und für welche Handlungen sie verwendet werden, entscheiden diese, obgleich, wie oben schon erwähnt, x als ein Information Professional über die subjektiv und institutionell begründeten Informationserwartungen Bescheid wissen könnte/sollte.

Von x weitergegebene Information in diesem Sinne kann durchaus kompatibel sein mit dem in Abschn. 5.2 besprochenen Verständnis Floridis von (wahrer) semantischer Information: Einschlägige und wohlgeformte Daten werden durch Bedeutungszuordnung zu semantischer Information, die nach dem Stand der eingesetzten Methoden als wahr anzusehen sind. Das kann, muss aber nicht im Sinne von Floridi verstanden werden. Aus dem Sprechakt „ich habe eine Information für Dich" ist nicht ersichtlich, aus welcher Position im Wissenskontinuum x seine Information abgeleitet hat; auch könnte x, im Sinne des perlokutinären Aktes, eine Lüge als Information deklariert haben.

Die Aktion von x kann als informieren bezeichnet werden. Informieren, überwiegend sprachlich durchgeführt, ist eine Handlung, die aber nicht auf Fachsituationen beschränkt ist, sondern die selbstverständlich auch in der Alltagskommunikation vorkommt, in der also ganz andere „Erkenntniszustände" (Glauben, Meinung, Vermutung, bewusst eingesetzte Lüge) eine Rolle spielen und in der aufgenommene Information nicht in erster Linie dazu dient, neues Wissen zu generieren, sondern bestehendes Wissen informationell nutzbar zu machen oder um andere zu beeinflussen.

Entsprechend ist Information nicht nur Informieren durch x, ist also nicht nur als Information-P-Leistung eines Informators (x) zu verstehen. Vielmehr wird die Bedeutung von Information-P erst zur Information im Sinne von Information-N, wenn sie den Erwartungen bzw. den Kriterien von y entspricht und sie zu Handlungen veranlasst. Wenn das nicht der Fall ist, wenn also y diese Information-P nicht als Information ansieht und entsprechend nicht handelt, muss der Sprechakt von x als nicht geglückt angesehen werden.

Die Transformation von Information-P zu Information-N ist nicht nur von den subjektiven Kriterien des nutzenden/anwendenden y, sondern auch von einer Vielzahl anderer Faktoren, z. B. auch institutionelle Rahmenbedingungen[10], beispielsweise Organisationstyp, Hierarchiestatus von y, Informationsorientierung von y an den Präferenzen des Managements, Unvereinbarkeit von neuen Ideen mit dem Kerngeschäft; aber auch andere Faktoren, die auf Information-N einwirken, z. B. Zeitdruck für die anstehende informationsabhängige Handlung, begrenztes Budget der Kosten für die Informationsarbeit über externe Quellen, Aufgabenkomplexität, begrenzte (Fremd-)Sprachen-Kompetenz. Dies alles macht das aus, was berechtigterweise zu der Erweiterung von „Information ist Wissen in Aktion" durch „und Kontext" führt.[11]

Anknüpfend an die Sprachspiele in Kuhlen (2013, Abschn. A 1, 1) sind einige alltagssprachliche Äußerungen als mögliche Beurteilung von y bezüglich der (positiven oder auch negativen) Handlungsrelevanz des Sprechakts von x zusammengestellt. Das ist,

---

[10] Kontextfaktoren, die den Erfolg von Information-N in institutionellen Umgebungen beeinträchtigen bzw. den Transfer von externem Wissen in eine Organisation behindern, werden in der Wirtschaftswissenschaft als Informationspathologien bezeichnet (s. Kapitel F 6 Informationspathologien – Desinformation, dort die Referenzen Kosanke 2015, Scholl 2014, Scholl et al. 2012, Wilensky 1967/2015).

[11] Zu den Kontextfaktoren in einem weiteren Verständnis gehören – in Weiterführung eines Vorschlags von Lessig (1998, S. 85–99) – auch die größeren Regulierungsinstanzen, die durch ihre Vorgaben Einfluss nehmen, vor allem auf die Nutzung von Information-N: a) die Informations- und Kommunikationstechnologien, b) der sich an die gesellschaftlichen Entwicklungen anpassende Stand der Rechtssetzung und Rechtsprechung, c) programmatische Ziel- und Fördervorgaben der Politik, d) die auf Wissen und Information bezogenen Geschäftsmodelle der Wirtschaft, also der Wissens- und Informationsökonomie, sowie nicht zuletzt e) das sich stetig verändernde moralische Bewusstsein für den Umgang mit Wissen und Information bzw. die sich daraus entwickelnde Informationsethik. Darauf wird hier vor allem in den Kapiteln in F Regulierungsformen von Wissen und Information eingegangen.

wie erwähnt, eine vortheoretische heuristische Übung zum Verständnis von Information im Sinne des pragmatischen Primats.

Sprechakt von x: Ich habe eine Information für Dich
Mögliche Reaktionen von y
1. Diese Information erleichtert mir meine Entscheidung.
2. Ohne weitere Information kann ich nichts machen.
3. Diese Information ist durch nichts belegt.
4. Auf der Basis dieser Information sollte ich nun endlich handeln können.
5. Das ist keine Information, das weiß ich schon.
6. Diese Information verstehe ich nicht, dafür fehlt nur das Hintergrundwissen.
7. Diese Information ist zwar ganz interessant, gehört aber nicht hierher.
8. Diese Information passt zu dem, was ich schon weiß.
9. Diese Information ist Schnee von gestern.
10. Diese Information erinnert mich an einen schönen Sommertag am Bodensee.
11. Das habe ich nicht gewusst, diese Information ist ganz neu für mich.
12. Durch diese Information wird alles Bisherige auf den Kopf gestellt.
13. Ich bin mir nicht sicher, aber ich vertraue deiner Information, da ich dir vertraue.
14. Wie kann ich sicher sein, dass diese Information richtig ist?
15. Diese Information ist für mich Gold wert.
16. Diese Information rührt mich zu Tränen.

Folgende, für Information-N zutreffende Aussagen können z. B. daraus abgeleitet werden,
a) Information ist *adressatenbezogen*.
b) Information ist durch einen *Neuigkeitswert* gekennzeichnet.
c) Information *verringert Unsicherheit, reduziert einen anomalous state of knowledge*.
d) Information reagiert auf ein (subjektiv empfundenes) Informationsbedürfnis.
e) Information kann *Emotionen (mit Auswirkungen auf Handeln) stimulieren*.
f) Information ist *kontextabhängig* – zum Kontext gehört auch die Zeit.
g) Information kann einen im Empfänger existierenden *Wissensbestand verstärken, aber auch unsicher* werden lassen.
h) Der Zuverlässigkeitsgrad von Information hängt von der *Verlässlichkeit der Quelle* bzw. des übermittelnden Senders ab.
i) Information ist *Vertrauenssache*, wenn Unsicherheit über den Wahrheitswert der zugrundeliegenden Aussagen besteht.
j) Information hat *ökonomische Relevanz*.
k) Information hat *Auswirkungen auf Handeln* und Entscheidungen.

Die verschiedenen Interpretationen dieser Sprachspielbeispiele können durch eine weitere fiktive Sprachspielsituation veranschaulicht werden, und zwar zum einen aus der Sicht der informationsübermittelnde Person x und zum anderen durch die Reaktion einer Person y darauf, die ein Problem hat, das sie mit eigenem Wissen nicht lösen kann:
a) x sagt y wahrheitsgemäß (oder schickt y ein passendes Informationsobjekt), dass die Lösung so und so ist. – Dann ist das für y sicherlich eine Information, wenn sie danach handelt.
b) x sagt wohl wissend absichtlich eine falsche Lösung oder schickt y absichtlich eine unpassende Information aus einem Informationsobjekt. Wenn y danach handelt, dann war das für y tatsächlich eine Information, auch wenn y im Nachhinein feststellt, dass es falsch, sogar absichtlich falsch war. Das wäre eine informationspathologische Desinfor-

mation von x (s. Kapitel F 6 Informationspathologien). Handelt y nicht entsprechend der Information von x, dann ist tatsächlich keine Information entstanden.

c) x sagt nicht wissend eine falsche Lösung oder schickt unwissend ein unpassendes Informationsobjekt. Dann ist das für y sicherlich auch wieder eine Information, wenn sie danach handelt und erst im Nachhinein feststellt, dass es falsch war. Aber x hat in diesem Fall nicht gelogen, x war einfach nur unwissend. Es handelt sich um Misinformation, die aber aktuell in der Handlungssituation für y eine Information war. Nicht immer ist es möglich, die daraus entstandene Handlung zu korrigieren.

6.2 Zum R4-Modell zur Bestimmung von Information-N

Verlassen wir die alltagssprachlichen Beispiele und ihre Interpretation bzw. heben die Diskussion auf eine höhere kategoriale Ebene durch eine Konzeptexplikation (Zimmermann & Kohring 2018) über das hier so genannte R4-Modell von Information. Information-N wird zur Information durch Relevanz, (Einschlägigkeit), Reduktion (von Ungewissheit bzw. Unsicherheit), Resonanz (kognitive oder auch emotionale Stimulierung) und Reaktion (über ein durch Information aktiviertes und über Relevanz, Reduzierung und Resonanz initiiertes Handeln). Die folgenden Ausführungen zu den vier Kategorien erheben keineswegs den Anspruch einer vollzogenen Theoriebildung. Sie sind eher als Hinweise für ein mögliches Arbeitsprogramm zur Entwicklung dieses Modells zu verstehen. Für die Operationalisierung dieses Modells ist vor allem eine weitere Konkretisierung der Kategorien durch ihre sie bestimmenden Faktoren und der dabei einzusetzenden Methoden erforderlich. Auch muss das Modell vermutlich um weitere Kategorien ergänzt weden (die dann natürlich nicht mit "R" anfangen müssen).

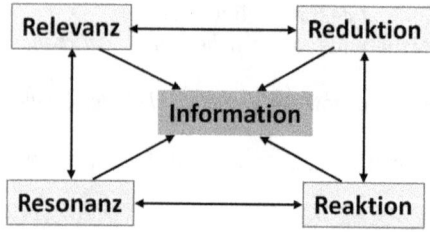

Abb. 2: R4-Modell der Information

6.2.1 Relevanz

Relevanz ist eines der ältesten, zentralen Konzepte in der IW und „offers perhaps the greatest wealth of characterization of relevance and of concrete factors in it" (Strassheim & Nasu 2018, S. 11). „Relevanz" geht es so wie „Information": Der „Reichtum" der verschiedenen Verständnisse von Relevanz ist einer der Gründe „why information science has not yet produced a homegrown *theory* of relevance".

Relevanz/*relevance* in der Ausprägung von Recall und Precision ist ein statistisch-quantitativer Parameter, der zur Messung der Effektivität von Retrievalsystemen bzw. des Erfolgs von Suchanfragen im Rahmen der Cranfield-Experimente der 1960er Jahre entwickelt wurde.[12] Precision ist z. B. definiert als „percent of relevant documents retrieved in relation to all retrieved documents". Das für sich genommen wird jedoch nicht der Aufgabe gerecht, Relevanz selbst zu bestimmen. Saracevic: „relevance is relative" (1975, S. 325) und tatsächlich entscheidet sich die Relevanz von Information durch die Berücksichtigung der in Abschn. 6.1 angeführten Kontextfaktoren und Regulierungsinstanzen, die auf die aktuelle Handlungssituation einer Person einwirken. Allerdings wurde Relevanz nicht erst seit Saracevics Artikel von 1975 (reconsidered 1996) (s. auch Saracevic 2016), zunehmend aus der Nutzersicht und dann im Zusammenhang des *cognitive approach/turn*[13] bestimmt und damit von der Präzision der Effektivitätsmaße losgelöst (Barry & Schamber 1998, Cosijn & Ingwersen 2000, Hjørland 2010, Soergel 2018).

Die Aufgabe im Rahmen des 4R-Modells besteht darin, die Faktoren der Kategorie der Relevanz nicht nur auf die Einschätzung einer Person x, sondern auch auf die Auswirkungen der geplanten bzw. durchgeführten Handlung zu beziehen und dabei die anderen drei Kategorien zu berücksichtigen.

Erweitert wird der Relevanzbegriff durch Methoden der Internet-Technology, die es erlauben, Nutzer*innen neue Angebote auf der Basis von Such-/Nutzungsverhalten anzubieten, die sie dann nicht zuletzt auf Grund der Ähnlichkeit zu ihrem „stock of knowledge" (Schütz 1970/2011, 108) als relevant einschätzen. De Boer (2022) hat diese Relevanz-Aspekte vor allem an den Self-Tracking-Technologies untersucht, z. B. die automatische Erhebung von persönlichen Daten über Smartphone-Apps, wie zu Gesundheit oder Finanzen, oder durch die Auswertung von Bankauszügen mit präzisen Angaben wann, wo (vielleicht auch was) gekauft wurde. Diese beeinflussen oder bestimmen sogar, was von den entsprechenden Nutzer*innen als relevante Information eingeschätzt wird, z. B.: „stands out as relevant is constituted through sedimental habits, as well as the projects in which people engage" (De Boer 2022, 217). Das geht konform mit dem Einfluss der hier erwähnten internen und externen Kontextfaktoren, die mitbestimmen, was als relevante Information eingeschätzt wird.

Relevanz steht im Zentrum vieler Kapitel in Teil C Information Retrieval, z. B.
a) für eine Faktorisierung von Relevanz in Kapitel C 3 Suchmaschinen;
b) zum systemzentrierten Ansatz der IR-Evaluation in Kapitel C 8 Evaluierung;
c) zur Abhängigkeit der Relevanz von der Qualitätssicherung, z. B. über Qualitätsmerkmale wie Glaubhaftigkeit, Genauigkeit, Objektivität und Reputation bzw. von Interpretierbarkeit, Verständlichkeit, Konsistenz und Prägnanz, in Kapitel C 11 Informationsrecherche;
d) zur Relevanzbestimmung durch Empfehlungssysteme, welche z. B. aus der Analyse früherer Relevanzentscheidungen von x Vorschläge für vermutlich weitere relevante Informationen für x vorschlagen, in Kapitel C 12 Empfehlungssysteme.

---

12 Zur Komplexität von Relevanz und zu unterschiedliche Formen von Relevanz im Kontext von Suchmaschinen s. Kapitel C 3 Suchmaschinen; zum systemzentrierten Ansatz der IR-Evaluation s. Kapitel C 8 Evaluierung; zur Abhängigkeit der Relevanz von der Qualitätssicherung, z. B. über Qualitätsmerkmale wie Glaubhaftigkeit, Genauigkeit, Objektivität und Reputation bzw. von Interpretierbarkeit, Verständlichkeit, Konsistenz und Prägnanz s. Kapitel C 11 Informationsrecherche.
13 Ausführlicher und mit Referenzen zum *cognitive turn* Kuhlen (2013).

6.2.2 Reduktion

Als Reduktion wird das Verfahren und dann das Ergebnis bezeichnet, die Komplexität von Situationen, Vorgängen oder Objekten überschaubar, damit besser nutzbar zu machen oder besser Handlungen in Form von Entscheidungen durchführen zu können. Reduktion ist für Luhmann (2009) das zentrale Konzept der Systemtheorie. Dabei spielt Vertrauen (Luhmann 1989), nicht zuletzt Vertrauen in zugetragene oder selbst gefundene Information, die entscheidende Rolle zur Reduktion von Komplexität, also um in informationell unterbestimmten Situationen dennoch handeln/entscheiden zu können (s. auch Wilczek 2017). Aus der informationswissenschaftlichen Perspektive von Information-P wird bei der Transformation von Wissensobjekten in Informationsobjekte deren Komplexität durch Verfahren der Informationsarbeit, z. B. Klassifikation, Indexing, Abstracting, Wissensrepräsentation, Ontologien (Verfahren in den Kapiteln in B und C), reduziert, um daraus leichter Information für aktuelle Nutzungen ableiten zu können. In klassischer Dokumentationsterminologie wurde das als Reduktion einer komplexen Dokumentarischen Bezugseinheit (DBE) in eine leichter recherchefähige Dokumentationseinheit (DE) bezeichnet. Mit Blick auf Information-N bedeutet Reduktion von Komplexität, in einer Handlungssituation von den externen Kontextfaktoren zu abstrahieren und aus der Vielzahl der bereitgestellten Informationen die passende wählen zu können. Reduktion bedeutet einerseits Informationsverlust (entsprechend Information-P), andererseits Informationsgewinn (entsprechend Information-N) durch die Konzentration auf das aktuell Benötigte.

In der Wissenschaftstheorie[14] wird „Reduktion" auf den „turn" (Hartel 2019) von einer bestehenden fachbezogenen Theorie (a) zu einer neuen, anders begründeten Theorie (b) bezogen, wenn zentrale Aussagen von (a) aber zum Teil in (b) erhalten bleiben (sollen). Das kann auch auf Wersigs Bestimmung von Information als Reduktion/Verringerung von Unsicherheit bzw. Ungewissheit übertragen werden. Der Perspektivenwechsel von der (dokumentarischen) Informationsverarbeitung zu der Perspektive der Informationsnutzung sollte kein radikaler, bisherige Methoden und Verfahren negierender Schritt in absolutes Neuland sein. Verallgemeinert kann das als Herausforderung gesehen werden, zentrale frühere Aussagen der IW bei einem aktuellen turn, z. B. vom *cognitive turn* zum *practice turn*, nicht über Bord zu werfen, sondern sie zu integrieren.

6.2.3 Resonanz

Vielleicht nicht unter der Bezeichnung „Resonanz", jedoch in der Funktion ist Resonanz seit vielen Jahren, nicht zuletzt durch die frühen Arbeiten von Kuhltau (1988) und die Edition von Nahl & Bilal (2007) ein Gegenstand der informationswissenschaftlichen Forschung im Umfeld von *information behavior* und *information seeking*. Welche Gefühle und Gedanken haben Nutzer*innen bei Entscheidungen zugunsten welcher Information? Der gesamte Teil D geht in vielen einzelnen Kapiteln darauf ein. Dadurch werden die klassischen, eher quantitativ messenden Relevanz-Parameter für den Erfolg des Information Retrieval nicht überflüssig; aber die Nutzerperspektive rückt in den Vordergrund und damit auch die Resonanz bewirkenden affektiven und kognitiven Aspekte für die Einschätzung der Relevanz von aufgenommener Information (Savolainen & Kari 2006,

---

14 s. z. B. die Publikationen des CAS Research Focus: Reduction and Emergence in Science. https://www.cas.uni-muenchen.de/schwerpunkte/abgeschlossene/reduktion_emergenz/publications.pdf.

Ruthven 2021). Resonanz ist kein direkt messbarer Faktor bei der Bildung von Information-N, sondern kann in diesem Kontext bedeuten, dass jemand von einer ihm mitgeteilten Information berührt oder bewegt wird und Emotionen empfunden werden (Nahl & Bilal 2007) (s. die Alltagsbeispiele 10 und 16 in Abschn. 6.1) – angesprochen im Titel von Kalbach (2006) „,I'm feeling lucky': The role of emotions in seeking information on the Web" (s. Kapitel D 4 Information und Emotion).

Resonanz beeinflusst die Bewertung der Relevanz der empfangenen Information, kann helfen Unsicherheit zu reduzieren und hat Einfluss auf die daraus entstehende Handlung (Reaktion). Resonanz ist vor allem ein zentraler Faktor für Relevanz und Reaktion. Rosa (2016) und Reckwitz & Rosa (2021) vermitteln weiterführende Einsichten zu Resonanz aus soziologischer Sicht. Diese können auch hier Anwendung finden, z. B. mit Blick auf die Erklärung von Informationspathologien/Desinformation. Es ist offensichtlich, dass Resonanz und damit die affektiven Aspekte für Information-N zwar auch in der Umgebung von Fachinformation relevant sind, aber verstärkt in Situationen außerhalb der engeren Fachinformation zum Tragen kommen und oft genug auch missbraucht werden.

6.2.4 Reaktion

Informationsbasiertes Handeln hat in vielen Fällen erhebliche (positive und negative) ökonomische und politische Konsequenzen. Dieser Zusammenhang zwischen Information und Einfluss auf das Handeln wird z. B. in der Betriebswirtschaft im Gefolge der Arbeiten von Wilensky (1967/2015) untersucht. Die hier angesprochenen Kontextfaktoren, Regulierungsinstanzen und Verfahren zur Qualitätssicherung (s. FN 13 und 14) sind für Reaktion wie auch für die anderen drei Kategorien einschlägig. Auch wird die Untersuchung von Reaktion durch die im Prinzip universelle Ausweitung des Gegenstandsbereich der IW immer dringlicher. Zunehmend leitet sich das Handeln von Menschen aus Informationen ab, die sich auf das ganze Spektrum von Erkenntniszuständen bzw. unterschiedlichen Wissensausprägungen stützen. Reaktionen auf diese Ausprägungen leiten sich auch aus dem unteren Bereich des Spektrums her, welches mit Lüge beginnt. Dies einerseits aufzuklären und damit die Produktion von Desinformation aufzudecken und vielleicht auch einzugrenzen und anderseits versuchen, fatales Handeln, Reaktionen auf der Grundlage von Desinformation abzublocken, wird zur Praxis und Wissenschaft der IW immer stärker gehören – keinesfalls mit einem exklusiven Anspruch, sondern, wie bei den meisten Themen der IW, in Zusammenarbeit mit anderen Fächern und Institutionen.

7 Fazit

Ein Kapitel in einem Handbuch kann den Informationswissenschaftler*innen nicht vorschreiben, welches Informationsverständnis sie ihrer Arbeit zugrunde legen wollen. In den meisten Situationen dürfte es aus dem Kontext erkennbar sein, welche Information, I-P oder I-N, angesprochen ist. Es spricht daher nichts dagegen, auch in der Zukunft weiter von Information zu reden, ohne sich terminologisch auf Information-P oder Information-N festzulegen. Es sollte aber durch die Ausführungen in diesem Text deutlich geworden sein, dass Information-N als das genuin informationswissenschaftliche Verständnis von Information präferiert wird. Das ist das, was hier „actionable information" genannt wurde, oder wie eingebürgert: „Information ist Wissen in Aktion". Information ist nicht einfach da als ontologisches Objekt, sondern sie ist ein Konstrukt, das in sozialen Situationen durch Auswerten der vorhandenen Informationsobjekte entsteht. Es sind die Nutzenden, die über das entscheiden, was als Information zum Handeln führt. Dass das nicht immer eine freie Entscheidung ist, sondern durch viele, auch nutzerexterne Faktoren bestimmt wird, darauf haben wir hier hingewiesen.

Diese pragmatische Sicht auf Information befreit die beiden zentralen Begriffe der IW – Wissen und Information – aus ihrer sowohl technischen als auch epistemologischen „Fessel". Sie eröffnet der IW ein vergleichbar breites Forschungs- und Anwendungsfeld, wie es bislang die bislang auf Erschließung und Retrieval ausgerichtete prozessorientierte Sicht auf Information getan hat. Diese wird weiter im Blick der IW bleiben, auch wenn viel davon von eher technischen, experimentellen und quantitativ orientierten wissenschaftlichen Disziplinen, nicht zuletzt der Informatik, übernommen und mit deren Methoden und Instrumentarium weiterentwickelt wird.

Der pragmatische, nutzerorientierte Primat bekommt über das in Abschn. 6.2 skizzierte 4R-Modell ein ausbaufähiges theoretisches kategoriales Fundament: Etwas Informierendes wird erst zur Information, wenn es in einer konkreten Aktionssituation für Nutzende Relevanz hat, stimulierende Resonanz hervorruft, Entscheidungsunsicherheit reduziert und eine Reaktion in Form von Handeln und Entscheiden bewirkt. Das ist zunächst nur ein programmatischer Entwurf, der aber vor allem mit Blick auf das weite Informationsgeschehen in der Internetwelt den Gegenstandsbereich der IW ausweitet und die Entwicklung von entsprechenden Methoden und Verfahren provozieren sollte.

Zunehmend stützt sich Informieren und Information Anwenden, insbesondere in den Social-Media-/Messenger-Diensten, nicht auf Kriterien, die auf Wahrheit im weiteren Sinne, zumindest auf Richtigkeit, Überprüfbarkeit und Wahrhaftigkeit beruhen, sondern auf interessengeleitete, diffuse nicht weiter begründete „Erkenntniszustände", die auch vor Lüge nicht Halt machen. Und erst recht haben „Informationen", die über Manipulationstechniken im Internet, wie z. B. über Self-Tracking-Technologien (s. Abschn. 6.2.1) entstanden sind, wenig mit Wahrheit zu tun. Aber diese beeinflussen oder entscheiden sogar, was für wen relevant ist, informationelle Unsicherheit reduziert, vermutlich Resonanz hervorruft und entsprechendes Handeln (kaufen, politische Entscheidungen etc.) aktiviert. Das heißt nicht, dass die IW sich in ihrer Informationsarbeit nicht weiter an Kriterien wie Wahrheit, Wahrhaftigkeit, Richtigkeit, Überprüfbarkeit orientieren soll. Die große neue Heterogenität von *actionable information* kann aus dem Informationsverständnis der IW aber nicht ausgeblendet werden.

8 Literaturverzeichnis

Austin, J. L. (1955). *How to do things with words*. Harvard University Press. Deutsch: *Zur Theorie der Sprechakte*. Reclam 1972.

Barry, C. L. & Schamber, L. (1998). Users' criteria for relevance evaluation: A cross-situational comparison. *Information Processing & Management*, Vol. 34(2/3), 219–236.

Bates, M. J. (2006). Fundamental forms of information. *Journal of the American Society for Information Science and Technology*, 57(8), 1033–1045.

Bates, M. J. (2010). Information. In M. Bates & M. Maack (eds.), *Encyclopedia of Library and Information Science* (3rd ed., S. 2347–2360). CRC Press.

Bawden, D. (2008). Smoother pebbles and the shoulders of giants: the developing foundations of information science. *Journal of Information Science*, 34(4), 415–426. https://doi.org/10.1177/0165551508089717.

Bawden, D. & Robinson, L. (2018). Curating the infosphere: Luciano Floridi's Philosophy of Information as the foundation for Library and Information Science. *Journal of Documentation*, 74, 2–17. https://doi.org/10.1108/JD-07-2017-0096.

Bawden, D. & Robinson, L. (2020). Still minding the gap? Reflecting on transitions between concepts of information in varied domains. *Information*, 11(2), 71. https://doi.org/10.3390/info11020071.

Bawden, D. & Robinson, L. (2022). *Introduction to information science*. 2nd edition. Facet Publishing.

Belkin, N. J. (1980). Anomalous states of knowledge as a basis for information retrieval. *Canadian Journal of Information Science, 5*, 133–143.

Berger, P. L. & Luckmann, T. (1966). *The social construction of reality. A treatise in the sociology of knowledge*. Harmondsworth. Deutsch: *Die gesellschaftliche Konstruktion der Wirklichkeit. Eine Theorie der Wissenssoziologie* (S. Fischer 1977).

De Boer, B. (2022). Attending to your lifestyle: Self tracking technologies and relevance. In W. Wehrle, D. D'Angelo & E. Solomonova (Hrsg.), Access and mediation. Transdisciplinary perspective on Attention (S. 217–237). De Gruyter Saur.

Buckland, M. K. (1991). Information as thing. Journal of the American Society for Information Science, 42 (5), 351–360.

Budd, J. M. (2010). Jesse Shera, social epistemology and praxis. *Social Epistemology*, 16, 93–98. https://doi.org/10.1080/02691720210132824.

Capurro, R., & Hjørland, B. (2003). The concept of information. *Annual Review of Information Science and Technology*, 37, 343–411.

Case, D. O. & Given, L. M. (2016). *Looking for Information: A Survey of Research on Information Seeking, Needs, and Behavior* (Studies in Information). 4. Ed. Emerald Publishing.

Capurro, R. & Hjørland, B. (2003). The concept of information. *Annual Review of Information Science and Technology*, 37, 343–411. https://doi.org/10.1002/aris.1440370109.

Cornelius, I. (2002). Theorizing Information for Information Science. *Annual Review of Information Science and Technology*, 36, 393–425.

Cosijn, E. & Ingwersen, P. (2000). Dimensions of relevance. *Information Processing and Management*, 36, (4), 533–550.

Dinneen, J. D. & Brauner, C. (2015). Practical and philosophical considerations for defining information as well-formed, meaningful data in the information science. Library Trends, 63(3), 378–400. https://doi.org/10.1353/lib.2015.0012, https://muse.jhu.edu/article/579341.

Durante, M. (2017). *Ethics, law and the politics of information: A guide to the philosophy of Luciano Floridi*. Springer.

Egan, M. E. & Shera, J. H. (1952/1965). Foundations of a theory of bibliography. In D. J. Foskett (Ed.), *Libraries and the organization of knowledge* (pp. 18–33). Crosby.

Fetzer, J. (2004). Information: Does it have to be true? *Minds and Machines*, 14(2), 223–229. https://doi.org/10.1023/B:MIND.0000021682.61365.56.

Floridi, L. (2002). On defining library and information science as applied philosophy of information. *Social Epistemology*, 16(1), 37–49. https://doi.org/10.1080/02691720210132789.

Floridi, L. (2010). *Information: A very short introduction*. Oxford University Press.

Floridi, L. (2011a) *The philosophie of information*. Oxford University Press.

Floridi, L. (2011b). A defence of constructionism. Philosophy as conceptual engineering. *Metaphilosophy* 42(2), 282–304.

Floridi, L. (2019). *The logic of information*. Oxford University Press.

Floridi, L. (2013). *The ethics of information*. Oxford University Press.

Fyffe, R. (2015). The value of information: Normativity, epistemology, and LIS in Luciano Floridi. *Libraries and the Academy*, 15(2), 267–286. https://doi.org/10.1353/pla.2015.0020.

Fox, C. F. (1983). *Information and misinformation. An investigation of the notions of information, misinformation, and misinforming*. Greenwood Press.

Gaier, U. (1986). *System des Handelns. Eine rekonstruktive Hanklungswissenschaft*. Klett-Cotta.

Goldman, A. I. (1999). *Knowledge in a social world.* https://doi.org/10.1093/0198238207.001.0001. reprint: Oxford University Press (2004).

Hammwöhner, R. (2004). Besuch bei alten Bekannten. Zu den Sprachspielen mit dem Informationsbegriff. In R. Hammwöhner, M. Rittberger & W. Semar (Hrsg.), *Wissen in Aktion. Der Primat der Pragmatik als Motto der Konstanzer* Informationswissenschaft (S. 79–94). Universitätsverlag Konstanz (UVK).

Hartel, J. (2019). Turn, turn, turn. *Proceedings of CoLIS, the Tenth International Conference on Conceptions of Library and Information Science. Information Research,* 24(4). http://InformationR.net/ir/24-4/colis/colis1901.html.

Hjørland, B. (2009). The controversy over the concept of „information": A rejoinder to Professor Bates. Journal of the American Society for Information Science and Technology, 60(3), 643–643.

Hjørland, B. (2010). The foundation of the concept of relevance. *Journal of the American Society for Information Science and Technology,* 61(2), 217–237.

Hjørland, B. (2014). Information science and its core concepts: Levels of disagreement. In F. Ibekwe-SanJuan & T. Dousa (eds.) *Theories of Information, Communication and Knowledge. Studies in History and Philosophy of Science,* 34 (S. 205–235). Springer. https://doi.org/10.1007/978-94-007-6973-1_9.

Hjørland, B. (2018). Reviews of concepts in knowledge organization. *Library and information science (LIS), Part 2. Knowl. Org.,* 45(4), 319–338.

Hobohm, H.-C. (2019). Andere Disziplinen als Orientierungshilfen für die Informationswissenschaft. PI (Philosophy of Information), SE (Social Epistemology) oder Natur, Leben und Evolution. In W. Bredemeier (Hg.), *Zukunft der Informationswissenschaft* (S. 128–148). Simon Verlag für Bibliothekswissen.

Ibekwe-SanJuan, F. & Dousa, T. M. (eds.) (2014). Theories of Information, Communication and Knowledge. A Multidisciplinary Approach. Springer Netherlands.

Ikeya, N. & Sharrock, W. (2018). Social distribution of knowledge in action: The practical management of classification. In Strassheim & Nasu (2018) (S. 161–187).

Kalbach, J. (2006). „I'm feeling lucky": The role of emotions in seeking information on the Web. Journal of the American Society for Information Science and Technology, 57 (6), 813–818.

Kari, J. (2008). Informational uses of information: A theoretical synthesis. *Proceedings of the American Society for Information Science and Technology,* 45 (1), 1–5. https://doi.org/10.1002/meet.2008.1450450326.

Krause, J. (1998). Alles schon da? – Der handlungsorientierte Informationsbegriff als Grundlage informationswissenschaftlicher Theoriebildung und Gestaltungsarbeit. *Ethik und Sozialwissenschaften* 9 (2), 223–224.

Kuhlen, R. (1985). Verarbeitung von Daten, Repräsentation von Wissen, Erarbeitung von Information. Primat der Pragmatik bei informationeller Sprachverarbeitung. In B. Endres-Niggemeyer & J. Krause, *Sprachverarbeitung in Information und Dokumentation* (S. 1– 22). Informatik-Fachberichte (Subreihe Künstliche Intelligenz), vol 114. Springer. https://doi.org/10.1007/978-3-642-70866-4_1.

Kuhlen, R. (1989). Pragmatischer Mehrwert von Information. Sprachspiel mit informationswissenschaftlichen Grundbegriffen. *Bericht der Konstanzer Informationswissenschaft 1/89.* http://www.kuhlen.name/MATERIALIEN/Texte/Pragmatischer_Mehrwert_von_Information.pdf.

Kuhlen, R. (1991). Information and pragmatic value-adding. Language games and information science, *Computer and the Humanities* 25, 93–101 [auch in Kuhlen1989].

Kuhlen, R. (2004). A 1 Information. In R. Kuhlen, W. Semar & D. Strauch (Hrsg.), *Grundlagen der praktischen Information und Dokumentation* (S. 1–20). De Gruyter.

Kuhlen, R. (2013). A 1 Information – Informationswissenschaft. In R. Kuhlen, W. Semar & D. Strauch (Hrsg.), *Grundlagen der praktischen Information und Dokumentation* (S. 1–24). De Gruyter.

Kuhlthau, C. C. (1988). Developing a model of the library search process: cognitive and affective aspects. *Reference Quarterly,* 28(2), 232–242.

Lessig, L. (1999). *Code and other laws of cyberspace.* Basic Books, Perseus Books Group.

Luhmann, N. (1989). *Vertrauen. Ein Mechanismus der Reduktion sozialer Komplexität.* Ferdinand.

Luhmann, N. (2009). Zur Komplexität von Entscheidungssituationen. *Soziale Systeme* 15(1), 3–35. https://www.soziale-systeme.ch/pdf/SoSy_1_09_LuhmannK.pdf.

McKinney, E. & Yoos, C. (2010). Information about information: A taxonomy of views, *MIS Quarterly* 34, 329–344.

Mingers, J. & Standing, C. (2018). What is Information? Toward a Theory of Information as Objective and Veridical. *Journal of Information Technology*, 33(2), 85–104.

Mittelstrass, J. (1995). Der unheimliche Ort der Geisteswissenschaften. In V. Engler (Hrsg.), *Orientierungswissen versus Verfügungswissen* (S. 30–39). Universitätsbibliothek Stuttgart, Reden und Aufsätze 51.

Nahl, D. & Bilal, D. (eds.) (2009). Information and emotion: the emergent affective paradigm in information behaviour research and theory. Information Retrieval Journal 12, 605–608. https://doi.org/10.1007/s10791-009-9095-y.

Ott, S. (2004). *Information: Zur Genese und Anwendung eines Begriffs*. Universitätsverlag Konstanz.

Rauch, W. (2004). Die Dynamisierung des Informationsbegriffes. In R. Hammwöhner, M. Rittberger & W. Semar (Hrsg.), *Wissen in Aktion. Der Primat der Pragmatik als Motto der Konstanzer Informationswissenschaft* (S. 109–117). Universitätsverlag Konstanz (UVK).

Reckwitz, A, & Rosa, H. (2021). *Spätmoderne in der Krise. Was leistet die Gesellschaftstheorie?* Suhrkamp.

Robinson, L. & Bawden, D. (2013). Mind the gap: Transitions between concepts of information in varied domains. In F. Ibekwe-SanJuan & T. Dousa (Hrsg.), *Theories of Information, Communication and Knowledge: A Multidisciplinary Approach* (S. 121–141). Springer.

Rosa, H. (2016). *Resonanz. Eine Soziologie der Weltbeziehung*. Suhrkamp.

Ruthven, I. (2021). Resonance and the experience of relevance. *Journal of the Association for Information Science and Technology*, 72(5), 554–569. https://doi.org/10.1002/asi.24424.

Saab, D. J. & Riss, U. V. (2011). Information as ontologization. *JASIST* 62(11), S. 2236–2246.

Saracevic, T. (1975). Relevance: A review of and a framework for the thinking on the notion in information science. *Journal of the American Society for Information Science and Technology* 26(6), 321–343.

Saracevic, T. (2016). *The notion of relevance in information science. Everybody knows what relevance is. But, what is it really?* Morgan & Claypool Publishers.

Savolainen, R. & Kari, J. (2006). User-defined relevance criteria in Web searching. Journal of Documentation 62(6),685–707. https://doi.org/10.1108/00220410610714921.

Savolainen, R. & Thomson, L. (2021). Assessing the theoretical potential of an expanded model for everyday information practices. *Journal of the Association for Information Science and Technology* 11(05). https://doi.org/10.1002/asi.24589.

Schroeder, S. (2015). Wittgenstein: Gebrauch, Sprachspiel, Regeln. In N. Kompa (Hrsg.), *Handbuch Sprachphilosophie*. (S. 207–215). Springer.

Schüller-Zwierlein, A. (2022). *Die Fragiltät des Zugangs. Eine Kritik der Informationsgesellschaft. Age of Access?* De Gruyter.

Schütz, A. (1970/2011). Reflections on the problem of relevance. In E. Embree (Hrsg.), *Alfred Schütz Collected Papers V. Phenomenology and Social Sciences* (S. 93–197). Springer.

Searle, J. R. (1969). *Speech Acts. An essay in the philosophy of language*. Cambridge University Press. Deutsch: *Sprechakte. Ein sprachphilosophischer Essay*. Suhrkamp 1971.

Shera, J. H. (1968). An epistemological foundation for library science. In E. B. Montgomery (Ed.), *The foundations of access to knowledge: A symposium* (S. 7–25). Syracuse University Press.

Shera, J. H. (1970). *Sociological foundations of librarianship*. Asia Publishing House.

Soergel, D. (2018). Many ways of being relevant. Information support for problem solving and decision making. In J. Strassheim & H. Nasu (Hrsg.) *Relevance and irrelevance. Theories, factors, and challenges. Age of Access?* Vol. 9. (S. 223–260). De Gruyter.

Stelzer, D. (2021). Artikel Wissen. In K. Kurbel, J. Becker, N. Gronau, E. Sinz & L. Suhl (Hrsg), *Online-Lexikon. Enzyklopädie der Wirtschaftsinformatik*. Zuletzt bearbeitet vom Autor: 26.02.2021. http://www.enzyklopaedie-der-wirtschaftsinformatik.de/wi-enzyklopaedie/lexikon/daten-wissen/Wissensmanagement/Wissen.

Strassheim, J. & Nasu, H. (Hrsg.) (2018). *Relevance and irrelevance. Theories, factors, and challenges. Age of Access?* Vol. 9. De Gruyter.

Talja, S., Tuominen, K., & Savolainen, R. (2005). „Isms" in information science: constructivism, collectivism and constructionism. *Journal of Documentation*, 61(1), 79–101.

Wang, Y, Wang, H. & Cao, Q. (2012). Analysis on limitation origins of information theory. *7th International Conference on Intelligent Information Processing (IIP)* (pp. 50–57).

Wersig, G. (1972). *Information – Kommunikation – Dokumentation. Ein Beitrag zur Orientierung der Informations- und Dokumentatsionswissenschaften.* Verlag Dokumentation.
Wersig, G. (2000). Zur Zukunft der Metapher „Informationswissenschaft". In Thomas A. Schröder (Hg.), *Auf dem Weg zur Informationskultur wa(h)re Information? Festschrift für Norbert Henrichs zum 65. Geburtstag* (S. 267–276). Schriften der Universitäts- und Landesbibliothek Düsseldorf).
Wilczek, B. (2017). *Reduktion von Komplexität und Unsicherheit. Eine organisationsökonomische Untersuchung am Beispiel der Newsroom-Konvergenz.* Springer.
Wilensky, H. L. (with Smelser, N. J.) (2015). *Organizational intelligence: Kowledge and policy in government and industry.* Quid Pro Books. (Original work published 1967).
Wittgenstein, L. (2022). *Philosophische Untersuchungen.* J. Schulte (Hrsg). Bibliothek Suhrkamp.
Zimmermann, F., & Kohring, M. (2018). „Fake News" als aktuelle Desinformation. Systematische Bestimmung eines heterogenen Begriffs, *Medien & Kommunikationswissenschaft,* 68(4), 526–541.
Zins, C. (2007). Conceptual Approaches to Defining Data, Information and Knowledge. *Journal of the American Society for Information Science and Technology,* 58, 479–493.

Marlies Ockenfeld

A 2 Institutionalisierung der Informationswissenschaft und der IuD-Infrastruktur in Deutschland

1 Der Anfang

Die Anfänge der wissenschaftlichen Disziplin, wie wir sie heute verstehen, liegen im 19. Jahrhundert, die Bezeichnung selbst tritt in Deutschland erst nach dem 2. Weltkrieg auf. Ihre Wurzeln lassen sich in verschiedenen natur-, ingenieur-, sozial- und geisteswissenschaftlichen Bereichen verorten, eine entscheidende Rolle spielten jedoch damals wie heute Chemiker und Physiker – weniger wegen deren fachlichen Methodologie, sondern vor allem wegen der großen Herausforderung, die Übersicht über das intensive und umfangreiche Publikationsgeschehen in diesen Fächern zu behalten. Auch das World Wide Web wurde 1989 am Forschungszentrum CERN für diesen Zweck entwickelt, und naturwissenschaftlich-technische Fachgesellschaften sind treibende Kräfte bei der zeitgemäßen Modernisierung der Wissenschaftskommunikation, Informationsaufbereitung und Informationsvermittlung.

1.1 Informationswissenschaft in der Chemie

In der Chemie mit ihrer forschungsintensiven Industrie wurden früh die Notwendigkeit und die Bedeutung der tiefen fachlichen Erschließung von Dokumenten sowie die Repräsentation von chemischem Wissen erkannt. An ihr lässt sich exemplarisch zeigen, wie aus einer Fachwissenschaft heraus Impulse für die spätere Informationswissenschaft entstanden.

Gmelins *Handbuch der anorganischen Chemie*, zunächst als *Handbuch der theoretischen Chemie* von Leopold Gmelin (1788–1853) herausgebracht, hatte zum Ziel, alle wichtigen Daten chemischer Substanzen zu sammeln, kritisch zu sichten und in strukturierter Form zu veröffentlichen. Die 1. Auflage erschien 1817. Wegen der wachsenden Datenmenge wurde die organische Chemie ab 1881 im von Friedrich Konrad Beilstein herausgegebenen *Handbuch der organischen Chemie* behandelt. 1830 war das *Chemische Zentralblatt* als erste Referatezeitschrift der Chemie publiziert worden.

Chemiker aus Industrie und akademischer Forschung gründeten 1919 die International Union of Pure and Applied Chemistry (IUPAC), weil sie mit einer verbindlich festgelegten internationalen Nomenklatur den Wissensaustausch und die wirtschaftliche Zusammenarbeit sowie den Handel erleichtern wollten. Die International Association of Chemical Societies (IACS) hatte bereits 1911 in Paris ein Arbeitsprogramm für die IUPAC formuliert. Es umfasste neben der Erarbeitung einer Nomenklatur u. a. auch die Einsetzung einer Kommission zur Qualitätskontrolle von Veröffentlichungen, Anforderungen an Publikationen und Maßnahmen, die Mehrfachpublikationen ein und desselben Arbeitsergebnisses verhindern sollten. Zuvor hatte Kekulé 1860 eine Reihe von internationalen Begegnungen initiiert, die 1892 zur Genfer Nomenklatur als Vorläuferin einer international verbindlichen Terminologie in der Chemie geführt hatten. Eine solche allgemein akzeptierte Fachsprache gilt als fundamentaler Bestandteil jeder Wissenschaft.

Die Entwicklung der elektronischen Datenverarbeitung führte zu einer frühen Blüte dokumentarischer Forschungs- und Entwicklungsarbeiten. 1967 gründen die großen deutschen Chemiekonzerne die Internationale Dokumentationsgesellschaft für Chemie (IDC) mit Sitz in Frankfurt am Main, um die Entwicklung fortschrittlicher maschineller Dokumentations- und Retrievalverfahren gemeinsam voranzutreiben. Unter der Leitung von Robert Fugmann (Hoechst AG) entsteht GREMAS (Genealogical Retrieval of Magnetic tape Storage), ein Retrieval-System auf Basis eines klassifikatorischen Fragmentcodes für Verbindungen, sowie TOSAR (TOpological representation of Synthetic and Analytical system Relations) zur Abbildung und Recherche der syntaktischen Begriffszusammenhänge im Dokument. Basis dafür waren Arbeiten von Ernst Meyer (BASF) zur topologischen Codierung chemischer Strukturen. Chemisches Fachwissen, Kenntnis dokumentarischer Methoden der Inhaltserschließung und die Anwendung der elektronischen Datenverarbeitung mussten dafür unter Berücksichtigung von Wirtschaftlichkeitsüberlegungen und den Informationsbedürfnissen der in Industrie und akademischer Forschung Tätigen gleichrangig zusammenkommen. Aus heutiger Sicht kann daher mit Fug und Recht von informationswissenschaftlicher Forschung und Entwicklung gesprochen werden.

Seit dem Sommersemester 1958 hatte Erich Pietsch, Direktor des Gmelin-Instituts, im Fachbereich Chemie der Frankfurter Universität einen Lehrauftrag zur Dokumentation in der anorganischen Chemie und hielt informationswissenschaftliche Vorlesungen mit Übungen und Exkursionen. Vom Wintersemester 1975/76 an fasst das Vorlesungsverzeichnis die Lehrangebote unter der Überschrift „Informationswissenschaft in der Chemie" zusammen. Werner Kunz erhält zu dieser Zeit eine Honorarprofessur Informationswissenschaft in der Chemie. 1972/73 wird eine erste Diplomarbeit zum Informationsverhalten von Chemikern und Chemiestudenten im Fachbereich durchgeführt (Ockenfeld 1975); 1976 erfolgt dort die erste Promotion (Rami 1976).

1.2 Die Rolle der DGD

Eine wichtige Rolle zur Etablierung einer wissenschaftlichen Auseinandersetzung mit Informationsermittlung, -verarbeitung und -vermittlung spielte in den 1950er bis 1980er Jahren die Deutsche Gesellschaft für Dokumentation (DGD). In dieser Fachgesellschaft waren Praktiker und Führungskräfte aus allen erdenklichen Anwendungsbereichen der Dokumentation, aus Forschungseinrichtungen, zentralen Dokumentationseinrichtungen, Behörden, der Industrie und Hochschulen vertreten. In Fachgruppen und Komitees tauschten sie sich aus und erarbeiteten methodische und theoretische Grundlagen. Beispiele sind ab 1956 der Arbeitsausschuss Terminologie und Sprachfragen, der mit der Definition von Fachausdrücken die Fachsprache der Information und Dokumentation entwickelte und prägte, oder das Komitee Thesaurusforschung (ab 1965), später die Kommission Wirtschaftlichkeit der Information und Dokumentation (ab 1973).

Da viele der in der Dokumentation Tätigen keine systematisch erworbenen Kenntnisse der aktuellen Entwicklungen, Methoden und Grundlagen ihrer Berufspraxis hatten, machte die DGD Ausbildung und Fortbildung früh zu einem zentralen Anliegen. Bei ihrer 5. Jahrestagung 1953 in Goslar stand das Thema Ausbildung im Mittelpunkt. 1955 wurde ein Kuratorium für Nachwuchsbildung gegründet, 1957/58 fand der erste berufsbegleitende Lehrgang der DGD statt, der mit einer Prüfung abschloss. Im März 1967 gründete die DGD das Lehrinstitut für Dokumentation (LID) in Frankfurt am Main, finanziell gefördert vom Institut für Dokumentationswesen (IDW). Für die Lehre wurden neben hauptamtlichen Kräften erfahrene Mitglieder der DGD eingesetzt. Von 1957 bis 1967 nahmen 282 Personen an den acht Kursen für Dokumentation mit einem Abschlusszertifikat teil. Wer ein abgeschlossenes Studium und praktische Erfahrung in der Dokumentation hatte, konnte in einem berufsbegleitenden postuniversitären Lehrgang zum Wissenschaftlichen Dokumentar bzw. zur Wissenschaftlichen Dokumentarin (Wiss. Dok.) weitergebildet werden. Eine Vollzeitausbildung für diplomierte Dokumentarinnen und Dokumentare gab es ab 1972, ebenso Kurse für Informationsassistentinnen und -assistenten sowie Fortbildungskurse. Von 1968 bis Ende 1991 haben insgesamt 1301 Wissenschaftliche und diplomierte Dokumentarinnen und Dokumentare sowie Dokumentationsassistent*innen die Ausbildung am LID erfolgreich durchlaufen (Samulowitz, 1993). Das LID wurde zum Jahresende 1991 aufgelöst.

Die Diplom-Ausbildung wurde ab Herbst 1985 von der Fachhochschule Darmstadt übernommen (Gründungsdekan Thomas Seeger). Die berufsbegleitende Weiterbildung zum staatlich anerkannten Abschluss „Wissenschaftliche/r Dokumentar/in / Information Specialist" erfolgte von 1992 bis 2014 am Institut für Information und Dokumentation (IID) an der Fachhochschule Potsdam und seither am Fachbereich Media der Hochschule Darmstadt.

1.3 Die Konsequenzen des Sputnik-Schocks für die Professionalisierung der Informationsarbeit

Einschneidendes Ereignis war im Oktober 1957 der Start des ersten künstlichen Erdsatelliten durch die Sowjetunion, der die Verantwortlichen in der westlichen Welt überraschte und zum sog. Sputnik-Schock führte. Recherchen ergaben, dass sämtliche Informationen über das Projekt in russischen Fachpublikationen veröffentlicht worden waren, ohne dass man in den USA davon Kenntnis genommen hatte. Das Weiße Haus setzt einen Beraterstab ein, der Vorschläge für die Verbesserung der Kommunikation zwischen Wissenschaft und Politik erarbeiten soll. Der 1963 vorgelegte sog. Weinberg-Report „Science, Government and Information" (Weinberg 1964) wird auf Initiative von Erich Pietsch 1964 in deutscher Übersetzung in der Bundesrepublik mit finanzieller Unterstützung des IDW bei maßgeblichen Stellen der öffentlichen Hand, der Verwaltung, der Industrie und der Wirtschaft breit gestreut. Die Vorschläge zielen auf eine Aufwertung der Informationsvermittlung als Chefsache und weisen der Wissenschaft eine Verantwortung für die Aufbereitung ihrer Forschungsergebnisse in qualitativ hochwertigen Veröffentlichungen zu.

In den Vereinigten Staaten von Amerika wurde bereits 1937 eine Vorgängerinstitution der heutigen American Society for Information Science & Technology (ASIS&T) gegründet, das American Documentation Institute (ADI), 1968 umbenannt in American Society for Information Science und Herausgeberin der *Annual Review of Information Science und Technologie (ARIST)*, einer Review-Zeitschrift, die von 1966 bis 2011 die Entwicklung der Informationswissenschaft in der westlichen Welt ausführlich nachzeichnete und begleitete. In ihrer von 1950 bis 1969 herausgegebenen Fachzeitschrift *American Documentation* erschien 1968 der Artikel „Information Science: What Is It?" (Borko 1968). Die amerikanische Fachgesellschaft hat 1998, 2002 und 2012 Tagungen zur Geschichte der Informationswissenschaft durchgeführt, deren Beiträge in Tagungsbänden dokumentiert sind (Bowden, Hahn & Williams 1999; Rayward & Bowden 2004; Carbo & Bellardo Hahn 2012).

1.4 Entwicklung in der Bundesrepublik Deutschland

1959 veranstaltete der Arbeitsausschuss Automation der Dokumentation der DGD auf Initiative von Erich Pietsch in Frankfurt am Main gemeinsam mit FID, Gemeinschaftsausschuss der Technik (GdT) und dem Gmelin-Institut eine internationale Tagung zum Thema „Automatic Documentation in Action (ADIA)". Auf Empfehlung des Arbeitsausschusses „Dokumentation" im GdT wurde am 1. Oktober 1961 das von Martin Cremer geleitete Institut für Dokumentationswesen (IDW) in der Max-Planck-Gesellschaft gegründet. Im Februar 1962 veröffentlichte der Bundesrechnungshof die Denkschrift *Die wissenschaftliche Dokumentation in der Bundesrepublik Deutschland*. Das IDW wird von Bund und Ländern finanziert, seine Aufgabe ist die Förderung von Dokumentationsvorhaben. Dazu gründete es 1964 die Zentralstelle für maschinelle Dokumentation (ZMD), ein von Klaus Schneider geleitetes Institut, das unter Einsatz der nichtnumerischen elektronischen Datenverarbeitung Forschungs- und Entwicklungsarbeiten durchführen und Informationsdatenbanken aufbauen sollte. Die ZMD entwickelte u. a. das weltweit erste elektronische System zur (dann sehr zeitnahen) Publikation der Deutschen Nationalbibliographie. Die ZMD führte ab 1971 unter der Leitung von Gerhard Lustig eine zweijährige postgraduale Ausbildung mit dem Schwerpunkt Information Retrieval und Indexing durch, an der u. a. Rainer Kuhlen teilnahm. Gerhard Lustig verantwortete von 1960 bis 1969 im Euratom-Forschungszentrum der Europäischen Gemeinschaften in Ispra Forschungsvorhaben auf den Gebieten automatisches Indexieren und maschinelle Sprachübersetzung. Ab 1969 leitete er die Hauptabteilung Forschung und Nachuniversitäre Ausbildung bei der ZMD.

1964 wurde im Bundesministerium für wissenschaftliche Forschung (BMWF) ein Grundsatzreferat für Dokumentation eingerichtet. Es war die Zeit, in der in der Bundesrepublik verschiedene Großforschungseinrichtungen gegründet wurden. Auf der 16. Jahrestagung der DGD in Bad Dürkheim erklärte der Referatsleiter, Regierungsdirektor Dr. Heinz Lechmann, die „Dokumentation und Information als Anliegen der Bundesrepublik Deutschland" (Lechmann 1964, S. 157). Er forderte, dass die Dokumentation „nicht nur universitätsmündig gesprochen wird, sondern als selbständiges Universitätsfach selbständig studiert und mit Diplom und Promotion abgeschlossen werden kann". Zwei Jahre später verkündete Lechmann „Leitsätze für eine nationale Dokumentations- und Informationspolitik im Bereich der Wissenschaft und Technik" (Lechmann 1967, S. 16–19). In den zwanzig „Lechmann-Thesen" wird neben der Forschungsförderung im Informations- und Dokumentationsbereich u. a. die berufsbegleitende postuniversitäre wie auch eine universitäre Ausbildung in Wissenschaftlicher Dokumentation als notwendig erachtet.

Zeitgleich verabschiedete das Bundeskabinett 1967 ein Fünfjahres-Programm für die staatliche Förderung der Forschung und Entwicklung auf dem Gebiet der Datenverarbeitung und führte darin auch eine Reihe von Dokumentationsprojekten auf. Der Wettbewerb zwischen Informationswissenschaft und Informatik begann.

Die 20. Jahrestagung der DGD behandelte 1968 das Thema „Die Begriffe Dokumentation und Information und der Weg zur Informationswissenschaft, das Wesen der Informationssysteme". Werner Kunz und Horst Rittel von der Studiengruppe für Systemforschung in Heidelberg erarbeiteten zu dieser Zeit ein Gutachten im Auftrag des Forschungsministers, das 1969 vorgelegt und 1972 unter dem Titel *Die Informationswissenschaften. Ihre Ansätze, Probleme, Methoden und ihr Ausbau in der Bundesrepublik Deutschland* veröffentlicht wurde (Kunz & Rittel 1972).

Beim 23. Deutscher Dokumentartag ging es 1971 um Inhaltserschließung und Informationswiedergewinnung als Formen linguistischer Datenverarbeitung sowie um zwei Regierungsprogramme: Das Bundesförderungsprogramm des BMBW und das Allgemeine arbeitsteilige Informationsbankensystem des BMI. Im Wintersemester 1969/70 bot die Universität Karlsruhe als erste bundesdeutsche Hochschule ein Informatikstudium an, das mit dem Grad „Diplom-Informatiker" abschloss.

Am 17.12.1974 beschloss das Bundeskabinett das „Programm der Bundesregierung zur Förderung der Information und Dokumentation (IuD-Programm) 1974–1977" (BMFT, 1975). Es sah u. a. die Gründung einer außeruniversitären Forschungs- und Dienstleistungseinrichtung, die spätere Gesellschaft für Information und Dokumentation (GID), vor und plädierte nachdrücklich für die Etablierung der Informationswissenschaft als ordentliches Hochschulfach.

1977 konstituierte sich in der DGD auf Initiative von Werner Kunz die „Sektion Informationswissenschaft (SIW)". Ihre vier Arbeitsgruppen waren „Grundlagen der Informationswissenschaft", „Ausbildung", „Angewandte Informationswissenschaften" und „Bibliometrie-Scientometrie". Die Sektion wurde 1982 aufgelöst. Zwar konnten 1980 zwei informationswissenschaftliche universitäre Lehrstühle in Konstanz (Rainer Kuhlen) und Saarbrücken (Harald Zimmermann) eingerichtet werden. Weitere gut ausgestattete informationswissenschaftliche Lehrstühle an anderen Universitäten in Deutschland erschienen aber nicht mehr realisierbar (sehr viel später dann allerdings doch: in Berlin, Düsseldorf, Hildesheim und Regensburg sowie an vielen Fachhochschulen/Universities of Applied Sciences, s. unten 1.2.6). Wegen der Zuständigkeit der Länder im Bildungsbereich konnte das Forschungsministerium lediglich Projekte fördern, dies auch mit zum Teil großzügiger finanzieller Ausstattung und langen Laufzeiten, nicht aber die Hochschulen und die Länder dazu bewegen, dauerhaft Lehrstühle einzurichten und zu finanzieren. Ganz offensichtlich hatte die Informatik den Wettbewerb um die Priorität der politischen Förderung gewonnen. Seitdem war an so gut wie allen Hochschulen Informatik in Ausbildung und Forschung präsent.

Nach dem Scheitern der Koalition aus SPD und FDP unter Bundeskanzler Helmut Schmidt übernahm Heinz Riesenhuber (CDU) für die nächsten knapp zehn Jahre bis Januar 1993 das Forschungsministerium. In diese Phase fiel einerseits ein wirtschaftlicher Abschwung, der die Realisierung der Planungsergebnisse aus finanziellen Gründen beschränkte, andererseits aber auch ein Paradigmenwechsel. Statt der staatlichen Verantwortung für die Informationsversorgung aller Bürgerinnen und Bürger wurde Information zum Wirtschaftsgut erklärt, das den an den Ergebnissen der Informatik interessierten Marktkräften überlassen werden sollte. Heinz Lechmann trat 1985 in den Ruhestand.

Anlässlich des ersten internationalen Symposiums für Informationswissenschaft an der Universität Konstanz wurde im Oktober 1990 der Hochschulverband für Informationswissenschaft (HI) gegründet.

1.5 Entwicklung in der DDR

In der DDR etablierte sich in den 1950er und 1960er Jahren die „Informatik/Informations- und Dokumentationswissenschaft". Das in der Bundesrepublik als Informatik bezeichnete Fach hieß in der DDR Maschinelle Rechentechnik bzw. Informationsverarbeitung. „Informationswissenschaft" ist bei Koblitz (1979, 41) ähnlich wie die Naturwissenschaft die Bezeichnung einer Klasse von Disziplinen, zu der Archivwissenschaft, Bibliothekswissenschaft und auch die Informations- und Dokumentationswissenschaft gehören.

Für Informationsfachkräfte gab es in der DDR drei Studienrichtungen: der postgraduale Studiengang Informations- und Dokumentationswissenschaft mit dem Abschluss Fachinformator, Information und Dokumentation mit dem Abschuss Informator sowie Wissenschaftlich-technische Information mit dem Abschluss Informationsingenieur.

Bedeutende Einrichtungen waren das 1963 gegründete Zentralinstitut für Information und Dokumentation der DDR (ZIID), das 1980 etablierte Wissenschaftlich-Methodische Zentrum der gesellschaftswissenschaftlichen Information und Dokumentation, verschiedene Institute der Ost-Berliner Humboldt-Universität und das Institut für Informationswissenschaft, Erfindungswesen und Recht (INER) an der Technischen Hochschule in Ilmenau. An der Technischen Universität Dresden hielt Manfred Bonitz, Leiter der Informationsabteilung des Zentralinstituts für Kernforschung Rossendorf, in verschiedenen Fachbereichen informationswissenschaftliche Vorlesungen (Bonitz 1974).

Stock (1986) folgert aus einer umfassenden Literaturanalyse, dass sich die Informationswissenschaft in der DDR zu Beginn der 1980er Jahre zu einer „selbständigen empirischen Einzelwissenschaft" (S. VII) entwickelt hat.

2 Informationswissenschaft an Hochschulen der Bundesrepublik

Als die Forderungen nach einer universitären informationswissenschaftlichen Ausbildung in den 1960er Jahren entstanden, ging man von Lehrstühlen an Universitäten aus. Zur selben Zeit wurde jedoch in Deutschland das Fachhochschulgesetze verabschiedet, das zwischen 1969 und 1972 zur Errichtung der heute meist als Hochschule für angewandte Wissenschaften bezeichneten Einrichtungen führte. Informationswissenschaftliche Studiengänge wurden im Laufe der folgenden Dekaden sowohl an Universitäten wie an Fachhochschulen eingerichtet, an den Universitäten meist eingebettet in ein bestehendes Fachgebiet, an den Fachhochschulen häufig in Verbindung mit zuvor bestehenden bibliothekarischen Ausbildungseinrichtungen oder informatischen Curricula. Ihre Anzahl ist jedoch bis heute klein geblieben, etliche Lehrstühle an den Universitäten wurden nach der Pensionierung ihrer Inhaber nicht neu besetzt. An den Hochschulen für angewandte Wissenschaften in Darmstadt, Hamburg, Hannover, Köln, Potsdam und Stuttgart haben sich inzwischen anerkannte informationswissenschaftliche Studiengänge etabliert.

Einige wichtige Standorte der Informationswissenschaft in Deutschland mit ihren prägenden Persönlichkeiten seien im Folgenden aufgeführt.

2.1 Berlin

Hans-Werner Schober führte 1957 als Honorarprofessor erste Lehrveranstaltungen über Dokumentationswissenschaft an der Freien Universität Berlin (FU Berlin) durch. 1969 wurde das Fach Dokumentation an der FU Berlin eigenständige Lehreinheit (ab 1970 als Informations- und Dokumentationswissenschaft). 1971 wurde Gernot Wersig mit der ersten Dissertation in diesem Fach promoviert. 1972 folgte seine Habilitation im Fach Informations- und Dokumentationswissenschaft und 1977 wurde er zum Professor für Informationswissenschaft an der FU Berlin berufen. Ab 1995 war die Informationswissenschaft Arbeitsbereich des Instituts für Publizistik- und Kommunikationswissenschaft der FU Berlin. 1997 lief das Grundstudium aus, die Informationswissenschaft an der FU Berlin wurde eingestellt.

Seit 1982 gab es an der FU Berlin auch ein Institut für Bibliothekarausbildung, später Institut für Bibliothekswissenschaft und Bibliothekarausbildung (IfBB). Auch an der Humboldt-Universität (HU) existierte seit 1955 ein Institut für Bibliothekswissenschaft, 1966 umbenannt in „Institut für Bibliothekswissenschaft und wissenschaftliche Information", seit 1969 mit den Fachbereichen Informations-/Dokumentationswissenschaft sowie Bibliothekswissenschaft und einer Abteilung für die postgraduale Weiterbildung und das Fernstudium.

Die Neustrukturierung von Forschung und Lehre in Berlin nach dem Fall der Mauer sah vor, die Informationswissenschaft an der FU weiterzuführen, die Bibliothekswissenschaft hingegen an der HU. 1994 wurden deshalb das Institut für Bibliothekswissenschaft und Bibliothekarausbildung der FU und das Institut für Bibliothekswissenschaft der HU fusioniert zum „Institut für Bibliothekswissenschaft". Anfang der 2000er Jahre erwog die Humboldt-Universität zunächst die Schließung des Instituts, doch dann wurden Mittel für eine Neuausrichtung bereitgestellt und es entstand etwa ab 2006 das jetzige „Institut für Bibliotheks- und Informationswissenschaft (IBI)" als ischool, mit fünf Lehrstühlen inzwischen das größte informationswissenschaftliche Zentrum in Deutschland.

2.2 Darmstadt

Das 1975 an der Technischen Hochschule Darmstadt mit der Berufung von Gerhard Lustig eingerichtete Fachgebiet Datenverwaltungssysteme II gehörte zum Institut für Informationsverwaltung und interaktive Systeme im Fachbereich Informatik. Schwerpunkte in Forschung und Lehre waren Information Retrieval, automatische Indexierung und Informationslinguistik.

Einer der Studenten und später wissenschaftlicher Mitarbeiter war Gerhard Knorz, der im Juli 1983 eine Professur an der Fachhochschule Darmstadt erhielt. Nach der Gründung des Fachbereichs Information und Dokumentation (IuD) im WS 1985/86 wurde er dort auf eine Professur für das Fach Dokumentationssprachen berufen und beteiligte sich maßgeblich an der Entwicklung der informationswissenschaftlichen Studiengänge. Nach etlichen Reformen werden inzwischen im Fachbereich Media der Hochschule die Studiengänge Bachelor und Master of Information Science sowie die berufsbegleitende Weiterbildung zum Wiss. Dok. angeboten.

2.3 Düsseldorf

Alwin Diemer, Professor für Philosophie, führten seine wissenschaftstheoretischen bzw. wissenschaftswissenschaftlichen Arbeiten zum Komitee Klassifikation und Thesaurusforschung der DGD, das er bis 1974 leitete, nachdem er im April 1967 die Tagung „System und Klassifikation in Wissenschaft und Dokumentation" an der Universität Düsseldorf durchgeführt hatte.

Die erste Planprofessur für Informationswissenschaft an einer Universität der Bundesrepublik Deutschland wurde 1974 mit der Ernennung seines Schülers Norbert Henrichs als Leiter der Forschungsabteilung für philosophische Information und Dokumentation des Philosophischen Instituts der Universität Düsseldorf zum Professor (H 3) für Philosophie und Informationswissenschaften geschaffen. 1967 hatte Henrichs an der Abteilung für Dokumentation des Philosophischen Instituts das Projekt GOLEM zur EDV-gestützten Erfassung von Aufsätzen aus philosophischen Zeitschriften mit Hilfe der von Siemens bereitgestellten gleichnamigen Software begonnen, das 1970 die Forschungsabteilung begründete. 1974 zunächst Nebenfach, wurde die Informationswissenschaft ab 1989 Hauptfach. Wolfgang G. Stock war einer der Doktoranden der Abteilung für Informationswissenschaft, der nach einigen Zwischenstationen 2003 als Nachfolger von Norbert Henrichs den Lehrstuhl Informationswissenschaft übernahm. Er leitete die Abteilung für Informationswissenschaft im Institut für Sprache und Information der Heinrich-Heine-Universität Düsseldorf bis zu seiner Pensionierung im Sommer 2019. Danach wurde die Stelle nicht wiederbesetzt; die informationswissenschaftlichen Bachelor- und Masterstudiengänge „Informationswissenschaft und Sprachtechnologie" sowie „Informationswissenschaft als Ergänzungsfach" werden nicht mehr angeboten.

2.4 Hildesheim

Die Anfänge der Informationswissenschaft in Hildesheim liegen im Studiengang „Internationales Informationsmanagement" (IIM), den Christa Hauenschild zusammen mit anderen in der zweiten Hälfte der 1990er Jahre vorangetrieben hatte. Das damalige Institut für Angewandte Sprachwissenschaft bot Computerlinguistik, technisches Fachübersetzen und Interkulturelle Kommunikation an. 1997 wurde eine Professur „Informationswissenschaft" ausgeschrieben, die Christa Womser-Hacker im Fach Informationswissenschaft im Oktober 1998 antrat. Auch im Nachfolgestudiengang der Informatik „Informationsmanagement und Informationstechnologie" wurde ein großer Anteil informationswissenschaftlicher Themen integriert. Das Institut für Informationswissenschaft und Sprachtechnologie umfasst Anfang 2022 vier Professuren und ca. 20 Mitarbeiterinnen und Mitarbeiter, die z. T. auch auf Drittmittelstellen für Projekte eingestellt sind.

2.5 Konstanz

Zum 1. Oktober 1980 wurde mit der Berufung von Rainer Kuhlen an der Universität Konstanz innerhalb der Fachgruppe Politikwissenschaft der erste Lehrstuhl für Informationswissenschaft in Deutschland eingerichtet. Kuhlen baute in Konstanz den einzigen deutschsprachigen Aufbaustudiengang Informationswissenschaft auf. Viele der über 400 Absolventinnen und Absolventen haben später führende Positionen oder Professuren an anderen Universitäten oder Hochschulen erhalten. Im Februar 2010 hielt Kuhlen nach fast dreißig Jahren seine Abschiedsvorlesung. Eine Wiederbesetzung der Stelle erfolgte nicht. Die Bezeichnung lebt in der mathematisch-naturwissenschaftlichen Sektion als Fachbereich Informatik und Informationswissenschaft und im englischsprachigen Studiengang Master of Science in Computer and Information Science weiter; doch sind die Studieninhalte Data Science, Visualisierung und andere informatikorientierte Themen dominierend; wenn auch weiterhin Abschlüsse im Masterstudium und bei Promotionen mit informationswissenschaftlichen Themen möglich sind und gewählt werden.

2.6 Regensburg/Saarbrücken

Harald Zimmermann gründete als einer der Pioniere der Sprachdatenverarbeitung 1974 den ersten computerlinguistischen Lehrstuhl Deutschlands an der Universität Regensburg und führte im Rahmen der Allgemeinen Sprachwissenschaft die „Linguistische Informationswissenschaft" ein. 1980 folgte Zimmermann dem Ruf an die Universität des Saarlandes auf einen Lehrstuhl für Informationswissenschaft, den er bis zu seiner Emeritierung 2006 innehatte. In Regensburg folgte ihm von 1981 bis 1994 Jürgen Krause nach, der die linguistische Informationswissenschaft weiter ausbaute. Während der Lehrstuhl Informationswissenschaft in Regensburg weiter besteht (Rainer Hammwöhner – 1996–2013; derzeit: Udo Kruschwitz und Bernd Ludwig) und 2021 etwa 600 Studierende hat, wurde der Studiengang Informationswissenschaft in Saarbrücken 2014 eingestellt. Die letzten Vorlesungen fanden im Wintersemester 2013/14 statt, die letzte Abschlussprüfung im April 2016.

Zu den informationswissenschaftlichen Angeboten auch in den Fachhochschulen s. Kap. 5 Ausbildung, Studium und Weiterbildung in der Informationswissenschaft.

3 Fachinformationszentren und Zentrale Fachbibliotheken

Das erwähnte IuD-Programm 1974–1977 sah neben der Förderung der Infrastruktur der Information und Dokumentation durch anwendungsorientierte Forschung und Entwicklung, Ausbildung, Standardisierung sowie dem Forschungsprogramm Informationswissenschaft an den Hochschulen insbesondere vor, die sehr verstreuten Informations- und Dokumentationsaktivitäten in Deutschland schrittweise in ein Strukturkonzept zu überführen, die Grundlagen für den systematischen Ausbau und Betrieb umfassender, leistungsfähiger Informationssysteme der Wissenschaft und Technik zu legen sowie die Voraussetzungen für die Erfüllung internationaler Dokumentations- und Informationsaufgaben zu schaffen. Dabei sollten die zentralen Fachbibliotheken mit überregionalen Aufgaben einbezogen werden.

Die nachstehenden Ziele sollten durch ein breites Angebot von – jeweils schwerpunktmäßig auf sie bezogenen – Informationsleistungen verwirklicht werden:

Ziele:	Informationsleistungen:
– Erhöhung der Effizienz von Forschung, Entwicklung und Ausbildung; Beschleunigung der Innovation als eine der Grundvoraussetzungen für die Verbesserung der Lebensqualität – Stärkung der Leistungs- und Wettbewerbsfähigkeit der Wirtschaft und Technik, besonders auch der Mittel- und Kleinbetriebe; Hilfen für die Berufs- und Arbeitswelt, auch als Beitrag zur Verbesserung der Bedingungen am Arbeitsplatz – Unterstützung der Planungs- und Entscheidungstätigkeit von Parlament, Regierung, Verwaltung und Rechtsprechung – verbesserte Informationsmöglichkeiten für den Bürger und die gesellschaftlichen Gruppen, vor allem zur Stärkung ihrer Mitwirkungsmöglichkeiten in den verschiedenen Bereichen des gesellschaftlichen Lebens.	– Nachweis der gesamten relevanten Fachliteratur; rasche Literaturversorgung einschließlich Übersetzungen – rasche und konzentrierte Vermittlung von Erkenntnissen und Fakten, insbesondere in Form von Fortschrittsberichten und Datensammlungen, sowie praxisorientierte Informationsvermittlung und -beratung; aufgabenbezogene Auswahl und Aufbereitung relevanter Information – Bereitstellung fachlicher Information in allgemeinverständlicher und leicht zugänglicher Form für die Medien als Informationsmittler und auch unmittelbar für Bürger und gesellschaftliche Gruppen.

3.1 Fachinformationssysteme/-zentren

Ausgangspunkt der Planungen und Verhandlungen mit den Trägern der einzubeziehenden Informations- und Dokumentationseinrichtungen, zentralen Fachbibliotheken und dergleichen war die Gliederung in folgende 16 Fachinformationsbereiche (FIB), für die jeweils ein Fachinformationssystem (FIS) als Informationsverbund mit einem koordinierenden Fachinformationszentrum (FIZ) entstehen sollte:

1. Gesundheitswesen, Medizin, Biologie, Sport
2. Ernährung, Land- und Forstwirtschaft
3. Chemie
4. Energie, Physik, Mathematik
5. Hüttenkunde, Werkstoffe, Metallbe- und -verarbeitung
6. Rohstoffgewinnung und Geowissenschaften
7. Verkehr
8. Raumordnung, Bauwesen, Städtebau
9. Verbrauchsgüter
10. Wirtschaft
11. Recht
12. Bildung
13. Sozialwissenschaften
14. Geisteswissenschaften
15. Auslandskunde
16. Elektrotechnik, Feinwerktechnik, Kraftfahrwesen, Maschinenbau.

Einige Informationsaufgaben lassen sich nicht einem bestimmten Fachbereich zuordnen. Es sollte daher neben den Fachinformationssystemen vier Informationseinrichtungen mit besonderer Zweckbestimmung geben, namentlich Informationseinrichtungen für Umwelt, Patente, technische Regelwerke und Forschungsvorhaben.

Zur Organisation der Fachinformationssysteme führte das Programm aus, dass die den einzelnen Fachinformationssystemen übertragene Gesamtverantwortung für die Informationsdienstleistungen ihres Fachbereichs nicht von einer losen Arbeitsgemeinschaft der zu beteiligenden Institutionen getragen werden könne. Sie setze vielmehr voraus, dass möglichst organisatorisch selbstständige, mit ausreichenden Mitteln und Vollmachten ausgestattete Fachinformationszentren als Kern der Fachinformationssysteme gebildet werden.

Zu den Aufgaben der Fachinformationszentren sollten insbesondere auch folgende Managementfunktionen gehören:
- Planung und Kontrolle der Informationsdienstleistungen, Analyse ihrer Inanspruchnahme und Effizienz,
- Vergabe der Aufträge für solche Aufgaben, die dezentral durchgeführt werden,
- Regelung der Zusammenarbeit mit anderen Fachinformationssystemen und mit ausländischen Stellen (insbesondere Clearingfunktion),
- Verwaltung der dem Fachinformationssystem im Rahmen dieses Förderungsprogramms zufließenden Mittel.

Dabei wäre nicht zu erwarten, dass die bestehenden und für den Aufbau der Fachinformationssysteme wichtigen Informations- und Dokumentationseinrichtungen sich vollzählig oder überwiegend aus den Bindungen an ihre bisherigen Träger – oder aus den Forschungseinrichtungen, deren Teil sie sind, – herauslösen würden und sich in die

Fachinformationszentren eingliedern ließen. Eine solche Loslösung erschiene auch nicht immer zweckmäßig, weil bestimmte Aufgaben auch dezentral auf vertraglicher Basis durchgeführt werden könnten und sollten. Dies treffe vor allem zu für die Erfassung und inhaltliche Erschließung von Dokumenten, also sogenannte Input-Arbeiten, sowie für Formen der Informationsanalyse, wie zum Beispiel die Erstellung von Übersichts- und Fortschrittsberichten und von Datensammlungen, für die die besondere Fachkunde der Forschungseinrichtungen und fachlichen Vereinigungen benötigt würde. Die dezentralen Einrichtungen sollten bei der Erstellung der fachlichen Grundsätze für die Arbeiten der Fachinformationszentren mitwirken können.

3.2 Stand der Realisierung der FIS und FIZ

In einem dreijährigen Planungsprozess wurden 16 plus vier umfangreiche Berichte erarbeitet, die Vorschläge zur Realisierung enthielten und damit zusammenhängende Probleme beschrieben. Zwar hat der Planungsprozess in vielen Fachinformationsbereichen zu nachhaltigen Kooperationen geführt, aber das Strukturkonzept, jeweils ein FIZ zu installieren, konnte nur in einigen Fällen und oft nur auf Zeit verwirklicht werden. Auch haben sich im Laufe der Zeit angesichts der technologischen Entwicklungen und der damit einhergehenden Veränderungen in den Arbeitsweisen in Wissenschaft, Wirtschaft und Verwaltung die an eine Informationsinfrastruktur gestellten Anforderungen verändert. Ein kurzer Überblick mag dies veranschaulichen:

FIS 1: Für den FIB Gesundheitswesen, Medizin, Biologie, Sport nahm das Deutsche Institut für medizinische Dokumentation und Information (DIMDI) als nachgeordnete Behörde des Bundesgesundheitsministeriums zunächst die Aufgabe eines FIZ wahr, entwickelte eine leistungsfähige Retrievalsprache (GRIPS) und verfügte über ein umfassendes Angebot an medizinischen, lebenswissenschaftlichen und biologischen Datenbanken. Ab der Jahrtausendwende konzentrierte sie sich aber zunehmend auf Arbeiten für das Gesundheitswesen und ging 2020 schließlich im Bundesinstitut für Arzneimittel und Medizinprodukte auf. Seine Aufgaben als FIZ wurden inzwischen zum Teil von der ZB MED – Informationszentrum Lebenswissenschaften übernommen. Das Leibniz-Institut fungiert als Infrastruktur- und Forschungszentrum für lebenswissenschaftliche Informationen und Daten.

Für den Teilbereich Psychologie hat sich an der Universität Trier die Zentralstelle für Psychologische Information und Dokumentation, inzwischen Leibniz-Institut für Psychologie (ZPID), als zentrale, überregionale Infrastruktureinrichtung für die Psychologie in den deutschsprachigen Ländern etabliert. Es unterstützt den gesamten wissenschaftlichen Arbeitsprozess von der Literaturrecherche und Studienplanung über die Datenerhebung und -auswertung bis hin zur Dokumentation, Archivierung und Publikation von Ergebnissen.

FIS 2: Für das Fachinformationssystem Ernährung, Landwirtschaft und Forsten (FIS-ELF) kam es nie zur Gründung eines FIZ; doch bildete die Zentralstelle für Agrardokumentation und -information (ZADI) zusammen mit den ca. 20 Fachdokumentationsstellen an Hochschulen und Bundesanstalten einen leistungsfähigen Verbund zur Informationsversorgung. Die Datenbanken wurden über den Host von DIMDI bereitgestellt. Zum 1. Juni 2007 wurde die ZADI als eigenständige Behörde aufgelöst.

FIS 3: Im Februar 1977 wurde in Berlin als erstes FIZ das FIZ Chemie gegründet, das nach einer Erprobungsphase Ende 1979 jedoch seinen Betrieb einstellte. Ende 1981 kam es zu einer Neugründung der FIZ Chemie GmbH als Einrichtung der „Blauen Liste", die im Juni 2013 ihren Betrieb einstellte, nachdem ein Gutachten des Wissenschaftsrats die Einstellung der öffentlichen Förderung empfohlen hatte.

FIS 4: Das FIS Energie, Physik, Mathematik erhielt 1977 mit der aus einem Zusammenschluss der Zentralstelle für Atomkernenergiedokumentation und vier anderen Dokumentationsstellen entstandenen, später FIZ Karlsruhe benannten Einrichtung das einzige FIZ, das auch unter diesem Namen bis heute Bestand hat. Zusammen mit dem japanischen JICST und dem US-amerikanischen CAS betrieb es bis 2022 den Host STN International mit einem umfassenden Angebot an technisch-naturwissenschaftlichen Datenbanken, die es zum Teil auch selbst produzierte. Inzwischen ist FIZ Karlsruhe – Leibniz-Institut für Informationsinfrastruktur eine der großen Infrastruktureinrichtungen in Deutschland für wissenschaftliche Information. Seine Kernaufgaben sind die professionelle Versorgung von Wissenschaft und Wirtschaft mit Forschungs- und Patentinformation sowie die Entwicklung von innovativen Informationsinfrastrukturen, z. B. mit den Schwerpunkten Forschungsdatenmanagement, Wissensgraphen und digitale Plattformen. Es beteiligte sich maßgeblich am Aufbau der Nationalen Forschungsdateninfrastruktur (NFDI), einer digitalen, verteilten Infrastruktur, die der Wissenschaft in Deutschland Dienste und Beratungsangebote rund um das Management von Forschungsdaten bereitstellen soll.

FIS 5: Im FIB Hüttenkunde, Werkstoffe, Metallbe- und -verarbeitung spielten zwar sowohl die Deutsche Gesellschaft für Metallkunde als auch die Bundesanstalt für Materialprüfung neben einer Reihe kleinerer Fachdokumentationsstellen eine wichtige Rolle bei Dokumentation und Informationsversorgung. Es konnte jedoch keine dauerhafte tragfähige Finanzierung zur Einrichtung eines FIZ gefunden werden, wenngleich die BAM zunächst – und mit ihrem Datenbankangebot teilweise bis heute – als solches fungierte und das Land Berlin sich dafür engagierte.

FIS 6: Auch für den FIB Rohstoffgewinnung und Geowissenschaften kam es nicht zur Gründung eines FIZ, obgleich es mit der Bundesanstalt für Geowissenschaften und Rohstoffe (BGR) eine Kandidatin gab. Heute bildet die BGR zusammen mit dem Landesamt für Bergbau, Energie und Geologie und dem Leibniz-Institut für Angewandte Geophysik das Geozentrum Hannover und stellt vor allem Geofachdaten zur Verfügung.

FIS 7: Im FIB Verkehr spielte die Bundesanstalt für Straßenwesen (BASt), eine technisch-wissenschaftliche Einrichtung des Bundes, eine herausragende Rolle bei Dokumentation, Auskunftserteilung und Informationsversorgung; der Aufbau eines FIS oder gar die Gründung eines FIZ scheiterte jedoch ebenfalls an Zuständigkeiten und Finanzierung.

FIS 8: Für den FIB Raumordnung, Bauwesen, Städtebau kam es ebenfalls nicht zur formellen Vereinbarung für ein FIS oder die Gründung eines FIZ. Eine Reihe kleinerer Dokumentationseinrichtungen bieten jedoch Informationsdienste an, und das Stuttgarter Fraunhofer-Informationszentrum Raum und Bau (IRB) fungiert de facto als ein FIZ für diesen Bereich. Es erschließt Informationen, bietet Datenbanken und Auskunftsleistungen an und betreibt für die Fraunhofer-Gesellschaft eine Publikations- und Forschungsdateninfrastruktur.

FIS 9: Ein FIS oder FIZ Verbrauchsgüter ließ sich ebenfalls nicht realisieren. Funktionen, wie sie vom IuD-Programm gefordert wurden, nehmen heute teilweise die Bundes- und Länderverbraucherministerien oder die Stiftung Warentest wahr.

FIS 10: Für den FIB Wirtschaft ist das durch den Zusammenschluss von HWWA Hamburg und der Zentralbibliothek für Wirtschaftswissenschaften an der Universität Kiel entstandene ZBW – Leibniz-Informationszentrum Wirtschaft die zentrale öffentlich finanzierte Einrichtung zur Informationsversorgung vor allem der Wissenschaft. Wie FIZ

Karlsruhe stellt sie Infrastrukturleistungen für die Forschung bereit. Zur Informationsversorgung im Bereich Wirtschaft tragen jedoch auch privatwirtschaftliche Anbieter maßgeblich bei, etwa GBI-Genios Deutsche Wirtschaftsdatenbank GmbH oder LexisNexis.

FIS 11: Für den Bereich Recht war bereits 1973 ein Gründungsauftrag der Bundesregierung erfolgt, zusammen mit dem Bundesverfassungsgericht und den obersten Gerichten des Bundes arbeitsteilig ein computergestütztes Rechtsinformationssystem aufzubauen. Dieses war 1984 fertiggestellt und bis 1985 beim Bundesministerium der Justiz angesiedelt; es wurde 1985 aus der Bundesverwaltung in eine Gesellschaft mit beschränkter Haftung mit Sitz in Saarbrücken ausgegliedert und nimmt unter dem Namen juris Funktionen eines FIZ für die deutsche Gesetzgebung und Rechtsprechung wahr. Privatwirtschaftliche Anbieter wie Beck-Online oder LexisNexis ergänzen das Angebot unabhängig davon.

FIS 12: Im Bereich Bildung übt das DIPF | Leibniz-Institut für Bildungsforschung und Bildungsinformation (bis 2018: Deutsches Institut für Internationale Pädagogische Forschung) mit seinen beiden Abteilungen Informationszentrum Bildung (IZB) und Bibliothek für Bildungsgeschichtliche Forschung (BBF) als nationales Zentrum der Forschungs- und Informationsinfrastrukturen für die Erziehungswissenschaft und Bildungsforschung in Deutschland die Funktionen eines FIZ Bildung de facto aus. Es betreibt den deutschen Bildungsserver und das Fachportal Pädagogik und hat koordinierende Funktionen.

FIS 13: Für den Bereich Sozialwissenschaften hat die Arbeitsgemeinschaft Sozialwissenschaftlicher Institute e. V. 1986 die „Gesellschaft Sozialwissenschaftlicher Infrastruktureinrichtungen" (GESIS) gegründet. GESIS bestand damals aus drei rechtlich selbstständigen Instituten, dem InformationsZentrum Sozialwissenschaften (IZ) in Bonn, dem Zentralarchiv für Empirische Sozialforschung (ZA) in Köln und dem Zentrum für Umfragen, Methoden und Analysen (ZUMA) in Mannheim. 2007 wurden diese drei Institute zu einer Infrastruktureinrichtung fusioniert und in die Leibniz-Gemeinschaft aufgenommen. Dies führte 2008 zur Namensänderung in GESIS – Leibniz-Institut für Sozialwissenschaften. Das IZ produzierte Datenbanken, die über andere Hosts wie DIMDI, GBI oder STN angeboten wurden. Inzwischen wurden diese klassischen IuD-Arbeiten durch moderne Infrastruktur- und Unterstützungsleistungen für wissenschaftliche Arbeitsprozesse, etwa Datenbeschaffung und -analysen, abgelöst.

FIS 14: Der Fachinformationsbereich Geisteswissenschaften umfasste ein derartig großes und vielfältiges Gebiet, von der Archäologie über die Sprachwissenschaft bis zur Religionswissenschaft, dass es von vornherein aussichtslos war, ein gemeinsames Programm für ein FIS oder gar die Einrichtung eines FIZ zu realisieren. Zwar gab es einzelne Versuche, wenigstens für kleinere Teilbereiche, etwa die Linguistik, ein FIZ zu etablieren; es fehlte jedoch auch dafür an einer über einzelne Projekte hinausgehenden dauerhaften Finanzierungszusage. Lediglich für den Bereich der Museumsdokumentation konnte sich durch das Institut für Museumsforschung der Stiftung Preußischer Kulturbesitz in Berlin, 1979 als Institut für Museumskunde gegründet, ein Kristallisationspunkt bilden, der bis heute als anerkannte zentrale Einrichtung für den Museumsbereich zahlreiche Koordinierungsaufgaben wahrnimmt, übergreifende Projekte leitet und an Standardisierungen mitwirkt.

FIS 15: Für den FIB Auslandskunde gab es außer der 1951 in Köln errichteten Bundesstelle für Außenhandelsinformation (BfAi), seit 2009 eingegliedert in die Germany Trade and Invest – Gesellschaft für Außenwirtschaft und Standortmarketing mbH, keine

Kandidatin, die die Aufgaben eines FIZ hätte wahrnehmen können, und es fehlte auch an politischem Interesse, eine Lösung zu finden, sowie an der Finanzierung.

FIS 16: Das FIZ Elektrotechnik, Feinwerktechnik, Maschinenbau wurde 1979 zur Informationsversorgung der deutschen Industrie und mit der Unterstützung ihrer Verbände ins Leben gerufen. Dabei wurden die Zentralstelle der Dokumentation für Elektrotechnik (ZDE) und die Dokumentation Maschinenbau (DOMA) in das neue FIZ eingegliedert. Die produzierten Datenbanken wurden über fremde Hosts angeboten. Unter dem Namen FIZ Technik bestand die Einrichtung bis 2010, dann geriet sie wegen Wegfall der öffentlichen Förderung in finanzielle Schwierigkeiten und wurde als Genossenschaft von den Beschäftigten unter dem Namen WTI Frankfurt weitergeführt. Im Januar 2019 fand eine erneute Übernahme und Umfirmierung zur WTI-Frankfurt-digital GmbH statt. 2021 hat diese ihre Geschäftstätigkeit in Frankfurt am Main eingestellt. Die Datenbanken werden seither von der WTI AG in Zürich (Schweiz) angeboten.

Die vier Informationseinrichtungen mit besonderer Zweckbestimmung wurden vorwiegend durch Projektförderung an bestehenden Einrichtungen realisiert.

IZ 17: Für Umweltinformation wurde am Umweltbundesamt in Berlin ein umfassendes föderatives Umweltplanungsinformationssystem (UMPLIS) entwickelt, das aber inzwischen auf einen online zugänglichen Katalog von Umweltprojekten reduziert wurde.

IZ 18: Für den Bereich Patente nimmt das Deutsches Patent- und Markenamt (DPMA) die Informationsversorgung zu deutschen Patentschriften, Marken und Gebrauchsmustern wahr und hat seine Aktenführung und Anmeldeverfahren inzwischen weitgehend digitalisiert. Die Online-Nutzung erfolgt heute über ein Webportal. Patentinformationen und -analysen zu anderen Anmeldeländern stellen das FIZ Karlsruhe und verschiedene kommerzielle Anbieter bereit.

IZ 19: Für den Bereich Technische Regelwerke wurde 1979 das Deutsche Informationszentrum für technische Regelwerke (DITR) im DIN, Berlin, gegründet. Es beschränkte sich zunächst auf Informationsdienste zu den in Deutschland geltenden Vorschriften, ab Mitte der 1980er Jahre aber auch zu anderen nationalen Normenwerken. 2003 ging DITR mit seiner Datenbank in der DIN Software GmbH auf.

IZ 20: Als Informationszentrum für Forschungsinformation war zunächst die in Hannover ansässige Hochschul-Informations-Systeme eG vorgesehen. Sie entwickelte sich aber zunehmend zu einem Softwarehaus für die Hochschulen, und es erwies sich als zweckmäßiger, die Forschungsinformation bei den einzelnen Fachgebieten oder den Förderern anzusiedeln. So produzierte etwa das IZ Sozialwissenschaften die Datenbank FORIS mit Beschreibungen sozialwissenschaftlicher Forschungsprojekte im deutschsprachigen Raum. Die Deutschen Forschungsgemeinschaft (DFG) als große Förderinstitution betreibt die im WWW zugängliche Datenbank GEPRIS mit zweisprachigen Informationen (deutsch und englisch) über ihre Fördermaßnahmen.

Der Überblick macht deutlich, dass die sehr ambitionierten Planungen des IuD-Programms trotz zahlreicher wertvoller Impulse infolge von Finanzierungsschwierigkeiten und den sehr unterschiedlichen Trägerstrukturen der IuD-Einrichtungen nur zu einem kleinen Teil verwirklicht wurden. Die seinerzeit vier, heute drei Zentralen Fachbibliotheken (TIB, ZBW und ZB MED) wurden inzwischen wie auch die existierenden öffentlich geförderten (Fach)Informationszentren zu Leibniz-Instituten und nehmen Forschungs- und Entwicklungs- sowie Infrastrukturaufgaben für die Wissenschaft wahr. Dazu gehören neben der Dokumentation von Literatur und Forschungsdaten sowie der Informationsbereitstellung auch die Publikationsunterstützung bis hin zu verlegerischen Aktivitäten. Ihre leitenden Persönlichkeiten werden in der Regel in einer Doppelberufung mit einer Hochschule gleichzeitig Professorinnen oder Professoren und sind in der informationswissenschaftlich-informatischen Lehre tätig.

4 Informationspolitik

4.1 Paradigmenwechsel der Informationspolitik

Wurde bei den Überlegungen zum IuD-Programm davon ausgegangen, dass es Aufgabe des Staates ist, Vorsorge für eine optimale Informationsversorgung zu treffen, die am besten über eine flächendeckende Infrastruktur in Gestalt von Informationszentren für möglichst alle Bereiche in Wissenschaft und Technik zu erreichen sei, so wurden als Folge eines Gutachtens des Bundesrechnungshofs im Jahre 1983 diese Prämisse verlassen und stattdessen Schwerpunkte gebildet, die in einzelnen Programmen entsprechend der Entwicklung des Marktes und den Wirkungen der staatlichen Förderung flexibel angepasst werden konnten. Es blieb künftig ein wichtiges Ziel staatlicher Politik, den privaten Anteil an den Etats der Fachinformationszentren schrittweise zu erhöhen. In ihrer Stellungnahme (BMBF 1983) zum Gutachten des Bundesrechnungshofs aus dem gleichen Jahr deutete die Bundesregierung damit bereits die Richtung eines künftigen Programms an, das im Zeitraum 1985–1988 durchgeführt wurde (BMFT 1985).

Die Entwicklung der Informationstechnik, nahezu unbegrenzte Speichermöglichkeiten, die Digitalisierung von Volltexten, vor allem aber auch die globale Wirkung des Internets sowie von multimedialen und interaktiven Präsentationstechniken hatten ihren Einfluss auf die Schwerpunktsetzung von Fördermaßnahmen. Insbesondere das Fachinformationsprogramm „Information als Rohstoff für Innovation" (BMBF 1996), aber auch das Positionspapier des Bundesministeriums für Bildung und Forschung „Information vernetzen – Wissen aktivieren" (BMBF 2002) trugen diesen Entwicklungen Rechnung.

Während das IuD-Programm ein Programm aller Ressorts der Bundesregierung unter Federführung des Forschungsministeriums gewesen war, das Zugang zu Informationen für alle sicherstellen sollte, wurden die Informationspolitik und ihre Budgetierung in den folgenden Jahrzehnten mehr und mehr Sache der einzelnen Ressorts sowie der Länder, immer unter dem Primat der Schaffung eines einheitlichen europäischen Binnenmarkts für Produkte und Dienstleistungen. Das Bundeswirtschaftsministerium übernahm bei der Förderung zur Entwicklung der Internetwirtschaft eine immer wichtigere Rolle. Eine Zeitlang sah es so aus, als ob Fachinformation nur noch als Wirtschaftsgut, nicht mehr als Allmende angesehen würde. Die Frage nach staatlicher Unterstützung der Versorgung mit wissenschaftlich-technischer Information wurde kontrovers diskutiert, anstelle der ursprünglich vorgesehenen institutionellen Förderung traten zeitlich befristete Projektförderungen.

Im Aktionsprogramm „Informationsgesellschaft Deutschland 2010" ging es u. a. um die Förderung der Anwendung von Informations- und Kommunikationstechnik (IKT) in Wirtschaft, Staat und Gesellschaft, d. h. Initiativen zur Breitbandförderung und zur Digitalisierung der Medien, einem Netzwerk für elektronischen Geschäftsverkehr, eine neue E-Government-Strategie 2.0 für flächendeckende elektronische Verwaltungsdienste und eine bessere Kommunikation zwischen Wirtschaft und Verwaltung, die Einführung des elektronischen Personalausweises, die Einführung der elektronischen Gesundheitskarte, die Stärkung der IKT-Sicherheit.

4.2 Informationspolitik in Zeiten digitaler Informationen

Mit der zunehmenden Digitalisierung wurde es auch für Ministerien, Ämter und Behörden selbstverständlich, über eine Website Informationen für alle Bevölkerungsgruppen in vielen Fällen unentgeltlich bereitzustellen. Daneben wurden bestimmte öffentlich erhobene Daten und Informationen (Public Sector Information) kosten- oder lizenzpflichtig an Unternehmen der Wirtschaft abgegeben, damit daraus marktgerechte Informationsprodukte und -dienstleistungen erzeugt werden können. Neben den Verwaltungsdaten gewannen Daten aus der Open-Data-Bewegung und von Netzgemeinschaften wie Open Street Map an Bedeutung (s. Kap. E 11 Open Data). Das Regierungsprogramm „Vernetzte und Transparente Verwaltung" postulierte 2010 „Open Government" und eine „Nationale E-Government-Strategie".

Im Januar 2006 trat das Informationsfreiheitsgesetz des Bundes in Kraft, das ein voraussetzungsloses Akteneinsichtsrecht bei Bundesbehörden regelt. Verzeichnisse, aus denen sich die vorhandenen Informationssammlungen und Informationszwecke erkennen lassen, Organisationspläne und Aktenpläne müssen über das Internet zugänglich sein.

Die Legislative muss sich außerdem verstärkt Fragen digitaler Daten, die einfach zu kopieren und zu verbreiten sind (Urheberrecht), und Begleiterscheinungen neuer informationstechnischer Entwicklungen und Anwendungen widmen, so der Verantwortung von Unternehmen, die digitale Netzgemeinschaften (Social Networks, Social Media) ermöglichen, in denen nahezu ungehindert Falschinformationen oder strafbare Inhalte auch anonym verbreitet werden können (s. Kap. F 6.).

Von Mai 2010 bis April 2013 untersuchte die „Enquete-Kommission Internet und digitale Gesellschaft" die Auswirkungen des Internets auf Politik und Gesellschaft und erarbeitete in dreizehn Kapiteln Empfehlungen für das Parlament (Enquete, 2013). Aufgrund der daraus resultierenden Digitalen Agenda der Bundesregierung 2014–2017 im Bereich Bildung, Forschung, Wissenschaft, Kultur und Medien wurde ein „Rat für Informationsinfrastrukturen" eingesetzt, der als Infrastruktur für universitäre und außeruniversitäre öffentlich geförderte Forschungseinrichtungen eine Nationale Forschungsdateninfrastruktur (NFDI) vorschlug. Im November 2018 wurde in einer Bund-Länder-Vereinbarung die Errichtung der NFDI beschlossen, die seit Januar 2019 für zunächst zehn Jahre mit einer Fördersumme von bis zu 90 Mill. Euro jährlich ausgestattet wird. Forschungsdaten sind in diesem Zusammenhang sämtliche analogen und digitalen Daten, die im Zusammenhang mit wissenschaftlicher Tätigkeit entstehen. Die NFDI soll die Datenbestände von Wissenschaft und Forschung systematisch erschließen, nachhaltig sichern und zugänglich machen sowie (inter-)national vernetzen.

5 Fazit

Die Geschichte der Informationswissenschaft und der Informationsinfrastruktur hängt eng zusammen mit der Geschichte von Wissenschaft und Technik, der Geschichte des Druck- und Verlagswesens, der Geschichte von Informations- und Gedächtniseinrichtungen und der Geschichte der Informations- und Kommunikationstechnik sowie internationalen Entwicklungen. Der vorliegende Beitrag muss mit seiner Fokussierung auf die Situation in Deutschland im 20. Jahrhundert und den engeren Bereich der Informationswissenschaft deshalb kursorisch bleiben. Ausführliche online verfügbare Darstellungen gibt es z. B. im Archiv der Website der Fachrichtung Informationswissenschaft Saarbrücken, im Webarchiv der Informationswissenschaft Düsseldorf (Bausteine) und bei Rohde (2019) zur Ausbildung in der DDR und der Beziehung zur Bibliothekswissenschaft. Außerdem haben Windel (1980) und Seeger (2004) in der 2. bzw. 5. Auflage dieses Handbuchs ausführliche Artikel veröffentlicht.

Aktuell breiten sich die Informationswissenschaften gleich einem Myzel in viele andere Fachbereiche und Disziplinen aus. Ihre Fragestellungen werden in den Sozial- und Politikwissenschaften ebenso bearbeitet wie in der Informatik oder den Wirtschaftswissenschaften, aber auch in den Kultur- und Sprachwissenschaften. Yan (2011, Anhang) listet 172 akademische Fächer mit Bezug zur Auseinandersetzung mit Information auf. Während die Studiengänge und Hochschulinstitute, die den deutschen Terminus Informationswissenschaft(en) im Namen tragen, zunehmend von scheinbar zeitgemäßer anmutenden Bezeichnungen ersetzt oder in andere Studiengänge integriert werden, spielen deren Inhalte als Forschungsgegenstände im universitären Umfeld wie in außeruniversitären Einrichtungen und bei anwendungsbezogenen Entwicklungen in und für Unternehmen eine bedeutsame Rolle und entfalten ihre Wirkung in der automatisierten Informationsauswertung, gegenwärtig verstärkt durch Maschinelles Lernen. Die Weiterentwicklung der genuin informationswissenschaftlichen Themen und damit der Transfer in andere Disziplinen wird nicht zuletzt davon abhängen, inwieweit die vorhandenen informationswissenschaftlichen Forschungs- und Ausbildungseinrichtungen an den Universitäten weiter so ausgestattet sind, dass sie über Promotionen den erforderlichen informationswissenschaftlichen Nachwuchs hervorbringen und den Universitäten für angewandte Wissenschaften, aber auch anderen wissenschaftlichen Fächern bereitstellen können.

6 Literaturverzeichnis

Archiv der Website der Fachrichtung Informationswissenschaft. https://saar.infowiss.net/.
Bausteine zur Geschichte der Informationswissenschaft und -praxis in Deutschland. Wayback Machine. http://web.archive.org/web/19991009143923/http://www.phil-fak.uni-duesseldorf.de/infowiss/frames/baust/Welcome.html.
BMBF (1983). *Fachinformation in der Bundesrepublik Deutschland. Stellungnahme der Bundesregierung zum Gutachten des Präsidenten des Bundesrechnungshofes.*
BMFT (1975). *Programm der Bundesregierung zur Förderung der Information und Dokumentation (IuD-Programm) 1974–1977.*
BMFT (1985) *Fachinformationsprogramm 1985–88 der Bundesregierung.*
BMBF (1996). *Information als Rohstoff für Innovation. Programm der Bundesregierung 1996–2000.* BMBF.
BMBF (2002). *Strategisches Positionspapier: Information vernetzen – Wissen aktivieren.* BMBF.
Bonitz, M. (1974). *Informationssysteme in Wissenschaft und Technik. 8 Vorlesungen für Chemiker. Zentralinstitut für Kernforschung. (ZfK).* Report ZfK-272.
Borko, H. (1968) Information Science: What Is It? *American Documentation,* January, 3–4. https://onlinelibrary.wiley.com/doi/10.1002/asi.5090190103.
Bowden, M. E., Hahn, T. B. & Williams, R. V. (Hrsg.) (1998). *Proceedings of the 1998 Conference on the History and Heritage of Science Information Systems.* Information Today Inc. for the American Society for Information Science and the Chemical Heritage Foundation.
Carbo, T. & Bellardo-Hahn, T. B. (Hrsg.) (2012). *International Perspectives on the History of Information Science and Technology. Information Today.* ASIS&T Monograph Series.
Enquete (2013). *Archivierte Website der Enquete-Kommission „Internet und digitale Gesellschaft".* http://webarchiv.bundestag.de/cgi/show.php?fileToLoad=2944&id=1223.

Koblitz, J. (1979). Informations- und Dokumentationswissenschaft und/oder Informatik? *Informatik*, 26(5), 39–45.

Kunz, W. & Rittel, H. (1972). *Die Informationswissenschaften: Ihre Ansätze, Probleme, Methoden und ihr Ausbau in der Bundesrepublik Deutschland*. Oldenbourg.

Lechmann, H. (1964). Dokumentation und Information als Anliegen der Bundesrepublik Deutschland. *Nachrichten für Dokumentation*, 14, 157–166.

Lechmann, H. (1967). Leitsätze für eine nationale Dokumentations- und Informationspolitik im Bereich der Wissenschaft und Technik. *Nachrichten für Dokumentation*, 18(1), 16–19.

Ockenfeld, M. (1975). *Das Informationsverhalten von Chemikern: eine Pilot-Studie*. Verlag Dokumentation.

Pietsch, E. (1968). Dokumentation und Information auf dem Wege zur Wissenschaft – Inhalt und Wandel der Begriffe. *Nachrichten für Dokumentation*, 15, 199–207.

Rami, B. (1976). *Entwurf eines benutzerfreundlichen Informationssystems in der Peptidchemie*. Studiengruppe für Systemforschung e. V. Heidelberg.

Rayward, W. B. & Bowden, M. E. (Hrsg.) (2004). *The History and Heritage of Scientific and Technological Information Systems: Proceedings of the 2002 Conference*. Information Today for the American Society for Information Science and Technology and the Chemical Heritage Foundation.

Weinberg, A. M. (1964). *Science, Government, and Information (Wissenschaft, Regierung und Information: Die Verantwortung der technischen Gemeinschaft und der Regierung bei d. Informationsübermittlung – genehmigte deutsche Übersetzung des Weinberg-Berichtes vom 10. Januar 1963 mit einem Vorwort von Erich Pietsch*. DGD (Beiheft zu den Nachrichten für Dokumentation Nr. 12).

Rohde, R. (2019). *Zur Geschichte der bibliothekswissenschaftlichen Ausbildung in Berlin*. https://www.ibi.hu-berlin.de/de/ueber-uns/gebaeude/gesch-ausbildung.

Samulowitz, H. (1993). *Geschichte des Lehrinstituts für Dokumentation (LID) von den Anfängen bis zu seiner Auflösung 1991*. DGD.

Seeger, Th. (2004). Entwicklung der Fachinformation und -kommunikation. In R. Kuhlen, T. Seeger & D. Strauch (Hrsg.), *Handbuch zur Einführung in die Informationswissenschaft und -praxis* (S. 21–36). Saur-Verlag.

Seeger, Th. (2004). Professionalisierung in der Informationsarbeit: Beruf und Ausbildung in Deutschland. In R. Kuhlen, T. Seeger & D. Strauch (Hrsg.), *Handbuch zur Einführung in die Informationswissenschaft und -praxis* (S. 37–54). Saur-Verlag.

Stock, Wolfgang G. (1968). *Informationswissenschaft und -praxis in der Deutschen Demokratischen Republik*. IDD Verlag.

Windel, G. (1980). Was ist Information und Dokumentation? In K. Laisiepen, E. Lutterbeck & K. H. Meyer-Uhlenried (Hrsg.), *Grundlagen der praktischen Information und Dokumentation* (S. 1–73). Saur-Verlag.

Yan, X.-S. (2011). Information Science: Its Past, Present and Future. *Information*, 2(3), 510–527. https://doi.org/10.3390/info2030510.

Hans-Christoph Hobohm
A 3 Theorien in der Informationswissenschaft

Die zentrale Frage in diesem Kapitel ist, welchen Einfluss Theoriediskussion, Theorieimport und Theoriebildung auf die Informationswissenschaft als Disziplin haben und ob es Theorieentwicklungen, d. h. also eigentlich Paradigmenwechsel gibt, die eine Richtung für ihre Weiterentwicklung geben können. Für eine Disziplin ist Theoretisieren so wichtig wie für einen Schachspieler das Überlegen seiner Spielstrategie (Hassan, Mathiassen & Lowry 2019, S. 200): „Wissenschaften entstehen dort, wo sie Theorien vonnöten haben." (Jahraus, 2011, S. 30) – denn sie decken nicht nur ihre Untersuchungsobjekte auf, sondern auch deren Bruchstellen und uneingestandenen Prämissen. Dieser Herausforderung sollte sich die Informationswissenschaft stellen.

1 Fehlen von Theorie?

In der Informationswissenschaft – international wird häufig Library and Information Science (LIS) verwendet – ist es erstaunlich, dass je leistungsfähigere Informationssysteme in der Praxis entstehen, diese immer weniger theoretisch hinterfragt werden. Offensichtlich sind es vor allem die eingesetzten Technologien, die ernsthaft „untertheoretisiert" sind, wie Leckie & Buschman in einem Sammelband zu „kritischen" Theorieansätzen noch 2010 schreiben: „Library technologies continue to be seriously undertheorized, with a consequent research focus on their technical facility [...]." Sie weisen darauf hin, dass LIS sich nicht auf Dauer den Entwicklungen der übergeordneten gesellschaftlichen Diskussion entziehen kann.

Aus eher technologischer Sicht wird allerdings zuweilen argumentiert, zu viel Theorie sei schädlich oder führe zu uninteressanter Forschung und Entwicklung. Und wenn, wie häufig, Theorieansätze aus anderen Disziplinen übernommen würden, dann führe das zu mangelnder Fantasie und Originalität der eigenen Forschung (s. Hassan, Mathiassen & Lowry 2019, S. 199). Obwohl anerkannt wird, dass informationswissenschaftliche Forschung und Theorie in den letzten 50 bis 75 Jahren wichtige Beiträge auch für andere Bereiche geleistet haben, nimmt die Kritik an einer unterentwickelten theoretischen Diskussion nicht ab (Wang, Yang & Wu, 2021, S. 1431).

In einer breit angelegten Studie zu Forschungsthemen und Datenerhebungsmethoden in der Informationswissenschaft (Ma & Lund 2021) kommt „Analysis of LIS" als theoretisches Thema immerhin in die Top Ten der Themen mit steigender Tendenz auf allerdings noch recht niedrigem Niveau. In einer Metaanalyse von Studien aus den Jahren 1980 bis 2016 kamen Ullah & Ameen (2018) sogar zu dem Ergebnis, dass „theoretical analysis" (als komplexe Kategorie mit „theory, theoretical approach, analytical, model development and validation") nach „survey" insgesamt den zweiten Platz der eingesetzten „Methoden" der Informationswissenschaft überhaupt einnimmt. Das Lamento, es gäbe keine Theoriediskussion, ist also zumindest für die jüngere Zeit zu relativieren (s. auch Gauchi Risso 2016, S. 90).

In einem grundlegenden Handbuch-Beitrag weist Cornelius deutlich darauf hin, dass zum einen Theorie immer schon implizit in der Praxis informationswissenschaftlicher Forschung präsent ist (Cornelius 2002, S. 395) und zum anderen auch bedacht werden müsse, dass die Informationswissenschaft wahrscheinlich keine Theorie bekommen werde, solange sie nicht weiß, „was sie ohne sie *nicht* tun kann":

> However, as we make further attempts to tether the ass of information to the tree of knowledge, we should reflect that, until we know what it is that we cannot do without a theory of information, we will be unlikely to get one. (Cornelius 2002, S. 421)

Dousa & Ibekwe-SanJuan (2014) formulieren in der Einleitung (S. 1) ihres berühmten Sammelbandes zum Stand der Theorien von „Information, Kommunikation und Wissen", es würde viel über die Konzepte Daten, Information, Wissen geschrieben, aber zu wenig würden Beziehungen hergestellt zwischen den unterschiedlichen theoretischen Konzepten und den entsprechenden zugrunde liegenden Prämissen (womit sie allerdings auch die Beiträge ihres eigenen Buchs charakterisieren). Hjørland legt den Finger auf die Wunde, wenn er der Informationswissenschaft mangelnde terminologische und damit theoretische Hygiene vorwirft. Dadurch sei die ganze Informationswissenschaft ein „floating signifier" (Hjørland 2018a, S. 237), die sich ähnlich wie andere praxisorientierte Wissenschaften durch „fragmented adhocracy" auszeichnet. Nur mit einer größeren theoretischen Kohärenz könne die Disziplin als solche überleben (Hjørland 2014, S. 230).

Kumasi, Charbonneau & Walster (2013) entwickeln zu der Frage des Einsatzes von Theorie(n) in der Informationswissenschaft eine Skala, die von „Theory (Name) Dropping" bis zur Evaluation und dem Entwickeln eigener Theorien reicht. Kim und Jeong (2006) nutzen ebenfalls ein Analyseraster zur Messung des Grads der Nutzung und der Effizienz des Einsatzes von Theorien in informationswissenschaftlichen Fachartikeln und untersuchen dies in den Jahren 1984 bis 2003 in Fünfjahresschritten für zwei führende koreanische Fachzeitschriften und für *JASIST (Journal of the American Society of Information Science and Technology)* und *LISR (Library and Information Science Research)* im Vergleich. Sie ziehen aus ihrer Analyse die Schlussfolgerung, dass „more substantial contribution[s] to constructing a cohesive body of knowledge in LIS" notwendig sind (Kim & Jeong 2006, S. 559).

In den Curricula der informationswissenschaftlichen Ausbildung lässt sich hier jedoch eine Trendwende beobachten: Forschungsmethoden und sogar Methodologie und Wissenschaftstheorie nehmen zunehmend Einzug in die Studiengänge. Was weiterhin fehlt, und darauf weist Sonnenwald (2016b, S. 319) hin, ist die Diskussion über Theoriebildung und Theorieentwicklung. Es werden zwar Methoden unterrichtet, aber nicht die Frage, unter welchen Voraussetzungen diese einzusetzen seien und wie es in der informationswissenschaftlichen Theoriediskussion zu mehr Konsens kommen könnte, damit sich die Disziplin weiterentwickelt.

2 Was ist Theorie?

Was ist aber nun eigentlich eine Theorie? Die amerikanischen Informationswissenschaftlerinnen Fisher, Erdelez & McKechnie stellten 2005 für ihren Sammelband *Theories of Information Behavior* 72 Theorien systematisch zusammen, die sich in einem kollektiven Schneeballverfahren als Konsens der wichtigsten Theorien der Informationswissenschaft ergaben.

Hier findet man als Einführung eine bisher kaum übertroffene metatheoretische Reflexion der bedeutenden Informationswissenschaftlerin Marcia Bates. Sie beschreibt

Theorie mit einer der gebräuchlichen Standarddefinitionen: „A theory is a system of assumptions, principles, and relationships posited to explain a specified set of phenomena." (Bates 2005, S. 2)

Theorien sind Erklärungen für beobachtete Phänomene, die mit einem System von Aussagen, Prinzipien und Beziehungen das Verstehen der Welt erleichtern sollen. Ihre Variablen sind Konzepte, Regeln, Postulate oder Thesen, die als systematisches Theoriegebäude mehr sind als die Summe ihrer Konstrukte. Hjørland (2015) geht so weit zu sagen, dass Theorien Wissensorganisationssysteme sind: „Knowledge Organizing Systems"). Sie sollten widerspruchsfrei sein, tatsächlich das erklären, was sie sollen, also
- einen heuristischen Wert haben,
- testbar oder widerlegbar sein,
- einen gewissen Formalisierungsgrad aufweisen,
- einfach genug sein und
- tatsächlich auch eine Vorhersagekraft für das von ihnen beschriebene Phänomen besitzen.

Für eine Theorie von Informationssystemen beschreibt Gregor (2006, S. 621) in einem viel zitierten Aufsatz konkret folgende notwendige Komponenten. Theorien brauchen:
- ein Medium der Darstellung (verbal, symbolisch, graphisch, als Formel etc.),
- theoretische Konstrukte (definierte Konzepte, Begriffe, Modelle),
- Beziehungen zwischen den Konstrukten,
- einen Geltungsbereich (breit oder begrenzt) und
- in manchen Fällen haben Theorien auch noch spezielle kausale Erklärungen, testbare Hypothesen oder Praxisanweisungen.

Insbesondere für neuere informationswissenschaftliche Ansätze stellen Savolainen & Thomson (2022) weitere Anforderungen an eine gute Theorie. Sie kombinieren dabei Bewertungskriterien aus der Analyse von Gregor (2006) mit solchen aus der Informationsverhaltensforschung von Wilson (2016), fügen aber weitere hinzu, die sie einem konstruktivistischen, weitergehenden Ansatz entnehmen (Lincoln & Lynham 2011). Sie kommen auf 16 Kriterien, denen eine informationswissenschaftliche Theorie genügen sollte (s. Savolainen & Thomson 2022, S. 10), z. B. konventionelle Kriterien wie Verallgemeinerbarkeit, Kausalität oder Vorhersagekraft und zusätzliche Kriterien wie Bedeutsamkeit, Verstehbarkeit und Sinnhaftigkeit oder Verifizierbarkeit in Alltagserfahrung.

Für die Informationswissenschaft besonders bedeutsam ist jedoch die Differenzierung nach Typen von Theorien, die Gregor in ihrer Literaturanalyse verwendet. In einer mehr oder weniger hierarchisch angelegten Taxonomie ordnet sie Theorien folgenden Typen zu (2006, S. 633), denen hier zur Illustration in Klammern klassische informationswissenschaftliche Beispiele beigefügt sind:
1. Analyse (z. B. DCC Framework, Taxonomien)
2. Erklärung (z. B. Giddens Strukturationstheorie der Gesellschaft)
3. Vorhersage (z. B. Moores Gesetz)
4. Erklärung und Vorhersage (z. B. Systemtheorie, Shannons Informationstheorie, Technology Acceptance Model – TAM)
5. „Design" (Entwicklung) und Handlung (z. B. Design Thinking, Codds relationales Datenbankdesign)

In etwas gröberer Kategorisierung wird zwischen Großtheorie, Theorien mittlerer Reichweite und „ad hoc Theorien" geringer Reichweite unterschieden. *Grand Theories* wollen

i. d. R. alles erklären und vorhersagen, zu ihnen werden gewöhnlich so weitreichende Theorien wie z. B. Marxismus, Funktionalismus oder auch Feminismus gezählt (Ngulube 2020, S. 24). Den Großtheorien wurde vom Soziologen Max Weber vorgeworfen, dass sie zu weit gehen, sich jeder Überprüfbarkeit entziehen und damit zu wenig Erklärungskraft besitzen. Der präferierte Typ von Theorie ist deshalb die „Theorie mittlerer Reichweite" (Webers Terminus). In der Analyse von Gregor ist dann interessanterweise zu bemerken, dass sie die meisten informationswissenschaftlichen Theorien ihrer Kategorie 4 zuordnet: Theorien, die „erklären *und* vorhersagen", also *Grand Theories* sind.

Die Geistes- und Sozialwissenschaften kritisieren am konventionellen Theorieverständnis, das eher naturwissenschaftlich geprägt ist, dass es bei allen Definitionen und Einführungen in unterschiedliche Theorien kaum Überlegungen gibt, was das Gemeinsame von Theorien sei, was also eine Theorie „ausmacht". Es fehlt eine Theorie der Theorie, eine „Theorietheorie" (s. Jahraus 2011). Der Medien- und Literaturwissenschaftler Zima (2017) weist darauf hin, dass so klassische, formale Kriterien wie Widerspruchsfreiheit oder Fruchtbarkeit nicht ausreichen, um selbst zu erklären, was eine Theorie ist. In der neueren Kulturwissenschaft ist seine Definition von Theorie weit verbreitet:

> Theorie ist ein interessengeleiteter Diskurs, dessen semantisch-narrative Struktur von einem Aussagesubjekt im gesellschaftlichen Kontext selbstkritisch reflektiert und weiterentwickelt wird. (Zima 2017, S. 20)

Theoriearbeit ist also vorwiegend kontextgebunden und zeitlich situiert. Das ist für die Informationswissenschaft eine wichtige Erkenntnis. So betont auch Bates: nicht die Tatsache, ob eine Theorie Erklärungswert oder Vorhersagekraft hat, ist entscheidend, sondern ihre Beziehung zu einer oft impliziten „Metatheorie", die sie folgendermaßen definiert:

> Metatheory can be seen as the philosophy behind the theory, the fundamental set of ideas about how phenomena of interest in a particular field should be thought about and researched. (Bates 2005, S. 2)

Bates benennt 13 Metatheorien als grundlegende Ansätze („approaches"), Hjørland nennt sie „frameworks" (2014, S. 228) für informationswissenschaftliche Forschung – nicht nur zum Themenbereich „Information Behavior", z. B. historisch, konstruktivistisch, philosophisch-analytisch, bibliometrisch.

Ihre Kategorisierung informationswissenschaftlicher Metatheorien gilt bis heute als wegweisend in der Theoriediskussion der Informationswissenschaft, obwohl man ihr im Sinne von Hjørlands These von Theorien als Wissensorganisation eher Inkongruenzen und Unschärfen vorwerfen könnte. Es werden sehr weitreichende „Philosophien" unterschiedlich granular dargestellt (z. B. „historisch", „Kritische Theorie") und mit eher praktischen Handlungsbereichen gemischt („bibliometrisch").

Während Bates zunächst noch allgemein die Unterscheidung zwischen Metatheorien, Theorien und Modellen in die informationswissenschaftliche Diskussion einführt, wird Hjørland (2015, S. 119) expliziter und differenziert zwischen der „Meta-Ebene der Paradigmen", der theoretischen Ebene und der Ebene der Anwendungen. Die Übergänge sind fließend. So kennzeichnet er z. B. die erste Ebene vorwiegend mit Namen großer Denker wie Descartes, Darwin, Marx, Peirce, Wittgenstein, Foucault, Kuhn, Gadamer, Habermas etc. und stellt die Frage, inwieweit diese relevant für die Informationswissenschaft sind. Die zweite Ebene wird beschrieben mit „allgemeine sozial- und geisteswissenschaftliche Theorien", die in der Informationswissenschaft genutzt werden, wie z. B.

Behaviorismus, Kognitivismus, Tätigkeitstheorie, Genre Theorie, Strukturalismus, Semiotik, New Public Management etc. und die dritte Ebene mit den sich aus Theorien ergebenden Thesen in der Informationswissenschaft mit Beispielen wie: „der Persönlichkeitstyp bestimmt die Informationsnutzung", „Nutzerpräferenzen ergeben sich aus Marktmechanismen" oder „die meist zitierten Dokumente sind die besten".

3 Dualismus

Hjørland zeigt weiterhin, dass und wie aus übergeordneten Weltsichten konkrete informationswissenschaftliche Praxis werden kann. Dabei kann man in der Fachdiskussion nicht nur bei ihm (s. Hjørland 1998, S. 619) seit den 1990er Jahren beobachten, wie zunehmend betont wird, dass „reduktionistische" oder „funktionalistische" Ansätze, die Dokument und Inhalt vernachlässigen, überwunden werden sollten, etwa für eine Theorie des Bestandsaufbaus (*collection management*).

Diese Art metatheoretische und damit verbunden, epistemologische (d. h. wissenschafts- und erkenntnistheoretische) Selbstreflexion kann als Aspekt der Identitätsfindung einer Wissenschaft angesehen werden. In der Informationswissenschaft sind schon lange zwei sehr unterschiedliche Weltsichten anzutreffen. Tredinnick (2006, S. 264) spricht sogar von einem Schisma, das die Disziplin durchzieht. Die klassische Sicht sieht logische Ordnung und Kategorien als gegeben an, die menschliches Handeln koordinieren aufgrund der in den Informations-Artefakten vorgefundenen Eigenschaften. Die andere Sicht geht umgekehrt vor und geht davon aus, dass die Wahrheit kulturgebunden und historisch gewachsen und dass Information eine Manifestation von Machtstrukturen ist: die Wirklichkeit als gesellschaftliche Konstruktion (Berger & Luckmann 1977). Tredinnick, unter der Annahme, dass die klassische Sicht im digitalen Zeitalter nicht mehr adäquat sei, führt eine Reihe von „ungewöhnlichen" Theorien in die informationswissenschaftliche Diskussion ein, ohne, wie z. B. Brier (2021), ein eigenes Modell zu entwickeln. So stellt er z. B. Wittgensteins Sprachspiele, Semiotik, poststrukturalistische, aber auch die mathematische Komplexitätstheorie als möglicherweise fruchtbare Ansätze vor (s. Kap. A1 Information – ein Konstrukt mit Folgen, Abschn. 4).

Der damit beschriebene, für die Informationswissenschaft bedeutende Dualismus der Weltsicht zwischen Realismus und Konstruktivismus scheint einer Art Oszillation unterworfen zu sein, von der zu hoffen ist, dass es zu einer Synthese kommt (Dreyfus & Taylor 2015) bzw. dass der Wechsel von Perspektiven stets weitere Forschungslücken aufdeckt (Tang, Mehra, Du & Zhao 2021a).

Auch unterschiedliche Disziplinen sind keine abgeschlossenen Einheiten und profitieren von dem Effekt gegenseitiger Befruchtung von Ansätzen und gesellschaftlicher Diskussion. So nimmt z. B. die auch die technologieorientierte Informationssystemforschung die genuin informationswissenschaftliche Diskussion zum Stellenwert des Phänomens Information auf und unterscheidet explizit bei ihren Ansätzen zwischen empiristischen und sozialen (Mingers & Standing 2018) oder funktionalistischen und postfunktionalistischen Ansätzen (Iivari, Hirschheim & Klein 2001). In der Digitalität entwickelt sich offensichtlich ein Verständnis von Information als Kern transdisziplinärer Wissenschaft, der sich nicht nur in der Informationswissenschaft beobachten lässt (s. Hobohm 2019).

4 Paradigmenwechsel

Im gleichen Jahr wie das Buch zur Theorieübersicht im „Information Behavior" veröffentlichten Ingwersen & Järvelin eine Monografie mit dem selbstbewussten Titel *The Turn* (Ingwersen & Järvelin 2005). Damit wollten sie beide Welten vereinen, wie der Untertitel deutlicher zu verstehen gibt: *Integration of Information Seeking and Retrieval in Context*, wobei das Information Retrieval als der eher funktionalistischen Sichtweise zugeordnet wird und „Seeking in Context" die Wende bzw. den Paradigmenwechsel zu eher soziologisch-praxeologischen Ansätzen andeutet.

In vielen Wissenschaften wird von Zeit zu Zeit eine Wende (*turn*) in der grundsätzlichen Sichtweise der Disziplin(en) ausgerufen (s. Kuhn 1962; Andersen et al. 2006). Das begann in den 1970er Jahren mit einem *linguistic turn*, ging über zu einem *iconic turn*, einem *practice turn* und *spatial turn* bis hin zu einem in letzter Zeit häufig zu beobachtenden *embodiment turn*. Manchmal wird auch ein *computational turn*, ein *cultural turn* oder *postmodern turn* ausgerufen. Die Differenzierungen und Beschreibungen der einzelnen Paradigmen, zu denen eine Wissenschaft „wechselt", sind recht heterogen und ebenfalls im Fluss. Viel diskutiert wird, ob bei den wissenschaftlichen Revolutionen (Kuhn 1962) ein Paradigma das andere regelrecht ablöst, die jeweils neuen Sichten also „inkommensurabel" zu den alten sind. Beobachtet man diese jedoch in der Abfolge, so kann man feststellen, dass in gewisser Weise vor allem der Grad der Komplexität zunimmt und immer mehr der Mensch in seinem Kontext, mit seinen Intentionen und sogar seinem Körper in den Fokus gerät.

Hartel (2019) entwickelte eine berühmte Klassifizierung, um ihren Studierenden einen Überblick zu verschaffen über die Vielzahl verschiedener Paradigmen in der Informationswissenschaft. Auch wenn sich, wie dabei deutlich wird, Paradigmen nicht gegenseitig ausschließen, so geben sie jedoch in ihren *turns* Hinweise auf die Entwicklung des Faches. Hartel beschreibt acht informationswissenschaftliche Forschungssichten, die sie nur ungefähr einer Zeitschiene zuordnet: u. a. den *cognitive turn* (1980–), den *neo-documentary turn* (1990–), den *socio-cognitive turn* (1990–), den *everyday life turn* (1995–), den *social constructionist turn* (2000–) oder den *embodied turn* (2010–).

Aktuell werden in der internationalen informationswissenschaftlichen Fachliteratur die thematischen und paradigmatischen Entwicklungen der Disziplin intensiv diskutiert und analysiert (s. z. B. Ma & Lund 2021). Und es wird versucht, verschiedene Auslöser und Bedingungen für Theorie- und Paradigmenentwicklungen zu beschreiben und diese zu systematisieren (Tang et al. 2021a, S. 255). Dass die Informationswissenschaft einen beachtlichen Grad der theoretischen Selbstreflexion erreicht hat, ist an verschiedenen Initiativen ersichtlich. Seit den ersten Überlegungen im Zusammenhang mit dem Erstarken der Informationsverhaltensforschung (symbolisches Jahr 2005), gibt es immer wieder Sammelbände zu verschiedenen Theoriebereichen (z. B. Wilson 2013, Ibekwe-SanJuan & Dousa 2014) sowie schließlich ein Innehalten bei der Frage, wie eigentlich Theorien entstehen. Im Sinne des „Storytelling", lässt Sonnenwald (2016c) bekannte Informationswissenschaftler (wie z. B. Bates, Buckland oder Kuhlthau) erzählen, wie sie ihre jeweiligen Theorien und Modelle entwickelt haben. Damit belegt die Informationswissenschaft genau das, was mit Zima (2017) eingangs angedeutet wurde: Theorieentwicklung ist ein narrativ-dialogischer Prozess. Sonnenwald resümiert anschließend die Einflussquellen für Theoriebildung im Dreischritt: Themenfokussierung, Durchführung der Forschung und Transfermotivation als Inspiration, Unterstützung und Transformation durch Sichtung der Fachliteratur, persönliche Erfahrungen, eigene Forschungsergebnisse, Kollegen, Technik, Institutionen und gesellschaftliche Fragen (Sonnenwald 2016a,

S. 8). Der informationswissenschaftliche Fachdiskurs ist aktuell intensiv bemüht um eine (meta-)theoretische Selbstreflexion im Sinne einer Verwissenschaftlichung. So erscheint im Jahre 2021 eine Sonderausgabe der Zeitschrift *JASIST*, in der Texte zusammengestellt sind, die Grenzen und Bereiche informationswissenschaftlicher Paradigmen, Theorien, und Methoden ausloten sollen (Tang, Mehra, Du & Zhao 2021b, S. 1222).

5 Hitlisten von Theorien

Nicht nur eine zunehmend schnelle Entwicklung von Theorieansätzen und ihre Gruppierung in *turns* oder Paradigmen ist beeindruckend. Die schiere Anzahl von importierten oder genuin entwickelten Theorien ist so unüberschaubar, dass man den Eindruck gewinnen kann, dass die Informationswissenschaft sich zu stark fragmentiert. Auch hierzu gibt es eine intensive Diskussion, ob und wie detailliert Theorieentwicklung und Theorieeinsatz in der Informationswissenschaft erfolgen sollte (z. B. Hjørland 2014). Immer wieder gibt es Stimmen, die einen eher „holistischen", ganzheitlichen Ansatz einfordern (s. Polkinghorne & Given 2021).

Von Zeit zu Zeit gibt es Versuche, Breschen in das Theoriedickicht zu schlagen und Übersichten oder gar Hitlisten der am häufigsten eingesetzten Theorien zusammenzustellen. Aus der Zeit des Erstarkens der Theoriediskussion stammt eine klassische, viel zitierte Analyse von Pettigrew (später: Fisher) & McKechnie (2001). In einer Analyse von 1160 Fachbeiträgen führender informationswissenschaftlicher Zeitschriften (*JASIS, IP&M, JDoc, JELIS, LISR, LQ*) identifizieren sie 2098 Nennungen von Theorien und listen sie auf in einem Ranking mit den Spitzenreitern:
1. Salton's Vector Space Model (614),
2. Dervin's Sense Making (304)
3. Belkin et al.'s Anomalous States of Knowledge (243)
4. Bates Berry Picking (210)
5. Taylor's Information Needs and Negotiation (178)
(s. S. 69 – Anzahl der Nennungen in Klammern)

Für eine kulturell vergleichende Analyse werten Wang et al. (2021) 20 Jahre später einen Korpus von 4282 Beiträgen von vier führenden Fachzeitschriften (*JASIST, JDoc, IP&M* und die chinesische *JCSSTI*) für die Jahre 2007 bis 2016 aus und finden insgesamt 1257 verschiedene Theorien. Die 20 am häufigsten erwähnten Theorien kommen aus den unterschiedlichsten Disziplinen. Hier nur die fünf ersten Nennungen:
1. Vector Space Model (166)
2. Zipf's Law (87)
3. "Mutual information" (Shannon) (75)
4. Bradford's Law (50)
5. Kuhlthau's information search process model (49)
(s. S. 1442 – in Klammern: Anzahl der Nennungen, ggf. Urheber).

Eingegrenzt auf genuin informationswissenschaftliche Theorien im Untersuchungssample ergibt sich ein anderes, aber teilweise mit der Analyse von Pettigrew & McKechnie immer noch vergleichbares Bild (die fünf ersten Positionen von 20; s. S. 1443):
1. Wilson's situational relevance (28)
2. Wilson's information seeking behavior model (11)

3. Information poverty (E. A. Chatman) (9)
4. Taylor's information needs (8)
5. Briets document theory (7) + Brookes Knowledge Equation (7)

Die geringen Fallzahlen deuten auf eine große Streuung nicht nur der Theorieanwendung, sondern sicher auch der Themengebiete der untersuchten Zeitschriften hin. Bemerkenswert ist vor allem, dass einzelne Theorien auch noch in unterschiedlichen Zeiträumen als informationswissenschaftliche Klassiker zu erkennen sind.

Diese Art von Theorieübersichten leidet allerdings darunter, dass den jeweiligen Studienautor*innen in der Menge der untersuchten Fälle nur unscharfe Kategorisierungen oder gar unkorrekte Benennungen von Theorien gelingen. Die Hitlisten sind auch deshalb an sich wenig vergleichbar, weil sie unterschiedliche Untersuchungskorpora zugrunde legen (s. andere teilweise ebenfalls „unglückliche" Listen: Iivari, Hirschheim & Klein 2001, Kim & Jeong 2006, Houy et al. 2014, Rocchi & Resca 2018, Niemand & Bwalya 2020). Die Ausführlichkeit und Genauigkeit des Theorieüberblicks bei Pettigrew & McKechnie bleibt damit weiterhin nützlich. Ihre unterschiedlichen „Fortsetzungen" scheinen zu belegen, dass es entgegen allen Unkenrufen doch eine Art Theoriekern der Informationswissenschaft zu geben scheint.

6 Fazit

Die theoretische Diskussion um eine Grundlegung der Informationswissenschaft konzentriert sich aktuell stark auf die Pole *Social Epistemology* vs. *Philosophy of Information* (s. den ersten Band seiner Tetralogie: Floridi 2011). Stellvertretend seien dazu die Stellungnahmen von Fallis (2006), Wilkinson (2015), Hjørland (2018b, S. 324) sowie Bawden & Robinson (2018) genannt, bei denen es immer wieder um die Frage geht, wie wissenssoziologisch Wahrheit und handlungsleitende Normen zu begründen sind. Hier ist die Informationswissenschaft immer noch gefangen in dem Schisma zwischen Konstruktivismus und Realismus, aber zumindest ist sie bei solchen „metatheoretischen" Debatten angekommen. Sehr pauschal und verkürzt dargestellt beschreibt der (sozial-)epistemologische Ansatz Information, Wissen und kulturelle Überlieferung als evolutionär entwickelt, während Floridis Philosophie fast schon funktionalistisch von gesetzten Definitionen ausgeht und daraus Handlungsempfehlungen ableitet. Mittlerweile ist die Entscheidung also nicht mehr nur die, ob sich die Informationswissenschaft eher der Computerwissenschaft zuneigt oder nicht, sondern die zwischen Shera oder Floridi, also zwischen *Social Epistemology* und *Philosophy of Information*. Beide legen der Informationswissenschaft nahe, ihre jeweiligen theoretischen Entwürfe als Grundlage der ganzen Disziplin zu verwenden. Beide haben aber offensichtlich eher die Bibliothekswissenschaft als Kuratorin des kulturellen Erbes im Blick und damit sicher nicht die Informationswissenschaft in ihrer vollen Heterogenität von der angrenzenden Computerwissenschaft bis hin zu einem betriebswirtschaftlich orientierten Wissensmanagement. Die Diskussion um diese beiden Theorien legt zwar den Schluss nahe, dass die Informationswissenschaft bzw. ihr Informationsverständnis nicht um diese Großtheorien herumkommt, sie zeigt aber auch gleichzeitig, dass auf Theorien mittlerer Reichweite angesichts der Vielfalt der informationswissenschaftlichen Objektbereiche und Teildisziplinen nicht verzichtet werden kann.

Gesellschaftliche Herausforderungen wie die Diskussion um Desinformation und Demokratie (s. Kap. F 6 Informationspathologien – Desinformation) oder die rasante technologische Entwicklungen bei KI und Quantencomputing (s. Kap. F 2 Informations- und Kommunikationstechnologien & Web-Technologien) liefern der Informationswissenschaft weiterhin wichtige Impulse, transdisziplinär nach fruchtbaren theoretischen Ansätzen zu suchen. Sie ist dabei auf einem guten Weg und wird durch Selbstreflexion, Theorie-Sichtung und „Theorietheorie" (Jahraus 2011) nur profitieren können (s. auch die beiden Kapitel A 1 Information und A 4 Methoden in der Informationswissenschaft).

7 Literaturverzeichnis

Andersen, H., Barker, P. & Chen, X. (2006). *The cognitive structure of scientific revolutions*. Cambridge University Press.
Bates, M. J. (2005). An Introduction to metatheories, theories, and models. In K. E. Fisher, S. Erdelez & L. McKechnie (Eds.), *Theories of information behavior* (ASIST monographseries, pp. 1–24). Information Today.
Bawden, D. & Robinson, L. (2018). Curating the infosphere: Luciano Floridi's philosophy of information as the foundation for library and information science. *Journal of Documentation, 74*(1), 2–17.
Berger, P. L. & Luckmann, T. (mit Plessner, H.). (1977). *Die gesellschaftliche Konstruktion der Wirklichkeit. Eine Theorie der Wissenssoziologie* (M. Plessner, Übers., 5. Auflage). Fischer. (Originales Werk veröffentlicht 1966)
Brier, S. (2021). Cybersemiotic systemic and semiotical based transdisciplinarity. In C. Vidales & S. Brier (Eds.), *Introduction to cybersemiotics. A transdisciplinary perspective* (Springer eBook Collection, vol. 21, pp. 17–31). Springer.
Cornelius, I. (2002). Theorizing information for information science. *Annual Review of Information Science and Technology, 36*, 393–425.
Dousa, T. M. & Ibekwe-SanJuan, F. (2014). Introduction. In F. Ibekwe-SanJuan & T. M. Dousa (Eds.), *Theories of information, communication and knowledge: A multidisciplinary approach* (Studies in history and philosophy of science, vol. 34, pp. 1–21). Springer.
Dreyfus, H. L. & Taylor, C. (2015). *Retrieving realism*. Harvard University Press.
Fallis, D. (2006). Social epistemology and information science. *Annual Review of Information Science and Technology, 40*, 475–519.
Floridi, L. (2011). *The philosophy of information*. Oxford University Press.
Gauchi Risso, V. (2016). Research methods used in library and information science during the 1970–2010. *New Library World, 117*(1/2), 74–93.
Gregor, S. (2006). The nature of theory in information systems. *MIS Quarterly, 30*(3), 611–642.
Hartel, J. (2019). Turn, turn, turn. *Information Research, 24*(4), paper colis1901. http://InformationR.net/ir/24-4/colis/colis1901.html
Hassan, N. R., Mathiassen, L. & Lowry, P. B. (2019). The process of information systems theorizing as a discursive practice. *Journal of Information Technology, 34*(3), 198–220.
Hjørland, B. (1998). Theory and meta-theory of information science: A new interpretation. *Journal of Documentation, 54*(5), 606–621.
Hjørland, B. (2014). Information science and its core concepts. Levels of Disagreement. In F. Ibekwe-SanJuan & T. M. Dousa (Eds.), *Theories of information, communication and knowledge: A multidisciplinary approach* (Studies in history and philosophy of science, vol. 34, pp. 205–235). Springer.
Hjørland, B. (2015). Theories are knowledge organizing systems (KOS). *Knowledge Organization, 42*(2), 113–128.
Hjørland, B. (2018a). Library and information science (LIS), part 1. *Knowledge Organization, 45*(3), 232–254.
Hjørland, B. (2018b). Library and information science (LIS), part 2. *Knowledge Organization, 45*(4), 319–338.

Hobohm, H.-C. (2019). Andere Disziplinen als Orientierungshilfen für die Informationswissenschaft: PI (Philosophy of Information), SE (Social Epistemology) oder Natur, Leben und Evolution. In W. Bredemeier (Hrsg.), *Zukunft der Informationswissenschaft: Hat die Informationswissenschaft eine Zukunft?* (S. 128–148). Simon Verlag für Bibliothekswissen.

Houy, C., Frank, J., Niesen, T., Fettke, P. & Loos, P. (2014). *Zur Verwendung von Theorien in der Wirtschaftsinformatik. Eine quantitative Literaturanalyse* (Veröffentlichungen des Instituts für Wirtschaftsinformatik, Nr. 198). Deutsches Forschungszentrum für Künstliche Intelligenz.

Ibekwe-SanJuan, F. & Dousa, T. M. (Eds.). (2014). *Theories of information, communication and knowledge: A multidisciplinary approach* (Studies in history and philosophy of science, vol. 34). Springer.

Iivari, J., Hirschheim, R. & Klein, H. K. (2001). A dynamic framework for classifying information systems development methodologies and approaches. *Journal of Management Information Systems*, 17(3), 179–218.

Ingwersen, P. & Järvelin, K. (2005). *The turn: Integration of information seeking and retrieval in context* (Kluwer international series on information retrieval). Springer.

Jahraus, O. (2011). Theorietheorie. In M. Grizelj & O. Jahraus (Hrsg.), *Theorietheorie: Wider die Theoriemüdigkeit in den Geisteswissenschaften* (S. 17–39). Fink.

Kim, S.-J. & Jeong, D. Y. (2006). An analysis of the development and use of theory in library and information science research articles. *Library & Information Science Research*, 28(4), 548–562.

Kuhn, T. S. (1962). *The structure of scientific revolutions*. University of Chicago Press.

Kumasi, K. D., Charbonneau, D. H. & Walster, D. (2013). Theory talk in the library science scholarly literature: An exploratory analysis. *Library & Information Science Research*, 35(3), 175–180.

Leckie, G. J. & Buschman, J. E. (2010). Introduction: The necessity for theoretically informed critique in library and information science (LIS). In G. J. Leckie, L. M. Given & J. Buschman (Eds.), *Critical theory for library and information science. Exploring the social from across the disciplines* (pp. vii–xxii). Libraries Unlimited.

Lincoln, Y. S. & Lynham, S. A. (2011). Criteria for assessing theory in human resource development from an interpretive perspective. *Human Resource Development International*, 14(1), 3–22.

Ma, J. & Lund, B. (2021). The evolution and shift of research topics and methods in library and information science. *Journal of the Association for Information Science and Technology*, 72(8), 1059–1074.

Mingers, J. & Standing, C. (2018). What is information? Toward a theory of information as objective and veridical. *Journal of Information Technology*, 33(2), 85–104.

Ngulube, P. (2020). Theory and theorizing in information science scholarship. In C. Inglese & P. Ngulube (Eds.), *Handbook of research on connecting research methods for information science research* (pp. 18–39). IGI Global.

Niemand, C. J. P. & Bwalya, K. J. (2020). Theories in information management: Analysing development trajectory. In C. Inglese & P. Ngulube (Eds.), *Handbook of research on connecting research methods for information science research* (pp. 40–51). IGI Global.

Pettigrew, K. E. & McKechnie, L. (2001). The use of theory in information science research. *Journal of the American Society for Information Science and Technology*, 52(1), 62–73.

Polkinghorne, S. & Given, L. M. (2021). Holistic information research: From rhetoric to paradigm. *Journal of the Association for Information Science and Technology*, 72(10), 1261–1271.

Rocchi, P. & Resca, A. (2018). The creativity of authors in defining the concept of information. *Journal of Documentation*, 74(5), 1074–1103.

Savolainen, R. & Thomson, L. (2022). Assessing the theoretical potential of an expanded model for everyday information practices. *Journal of the Association for Information Science and Technology*, 73(4), 511–527.

Shera, J. H. (1961). Social epistemology, general semantics and libraries. *Wilson Library Bulletin*, 35(10), 767–770.

Sonnenwald, D. H. (2016a). Exploring theory development: Learning from diverse masters. In D. H. Sonnenwald (Ed.), *Theory development in the information sciences* (pp. 1–18). University of Texas Press.

Sonnenwald, D. H. (2016b). Supporting future theory development. In D. H. Sonnenwald (Ed.), *Theory development in the information sciences* (pp. 319–322). University of Texas Press.

Sonnenwald, D. H. (Ed.) (2016c). *Theory development in the information sciences*. University of Texas Press.

Tang, R., Mehra, B., Du, J. T. & Zhao, Y. (2021a). Framing a discussion on paradigm shift(s) in the field of information. *Journal of the Association for Information Science and Technology*, 72(2), 253–258.

Tang, R., Mehra, B., Du, J. T. & Zhao, Y. (2021b). Paradigm shift in the field of information special issue editorial. *Journal of the Association for Information Science and Technology*, 72(10), 1217–1222.

Tredinnick, L. (2006). *Digital information contexts: Theoretical approaches to understanding digital information* (Chandos information professional series). Chandos.

Ullah, A. & Ameen, K. (2018). Account of methodologies and methods applied in LIS research: A systematic review. *Library & Information Science Research*, 40(1), 53–60.

Wang, F., Yang, J. & Wu, Y. (2021). Non-synchronism in theoretical research of information science. *Journal of Documentation*, 77(6), 1430–1454.

Wilkinson, L. (2015). Theories of knowledge in library and information science. In T. A. Swanson & H. Jagman (Eds.), *Not just where to click: Teaching students how to think about information* (Publications in librarianship, nr. 68, pp. 13–36). Association of College and Research Libraries, A division of the American Library Association.

Wilson, T. D. (Ed.). (2013). *Theory in information behaviour research*. Eiconics at Smashwords.

Wilson, T. D. (2016). A general theory of human information behaviour. *Information Research*, 21 (4), paper isic1601. http://InformationR.net/ir/21-4/isic/isic1601.html.

Zima, P. V. (2017). *Was ist Theorie? Theoriebegriff und Dialogische Theorie in den Kultur- und Sozialwissenschaften* (UTB, Bd. 2589, 2., überarbeitete Auflage). A. Francke.

Julia Maria Struß & Dirk Lewandowski

A 4 Methoden in der Informationswissenschaft

1 Einleitung

Ohne Forschungsmethoden gibt es keinen wissenschaftlichen Erkenntnisgewinn. Methoden helfen dabei, zu möglichst gesicherten Erkenntnissen zu gelangen. Damit unterscheidet sich der wissenschaftliche Erkenntnisgewinn von anderen Arten der Produktion und Begründung von Wissen. Oft verlassen wir uns auf unseren gesunden Menschenverstand, auf die eigene Lebenserfahrung oder auf Autoritäten – alle diese Begründungen von Wissen haben jedoch gegenüber der wissenschaftlichen Produktion und Begründung von Wissen erhebliche Defizite (s. Döring & Bortz 2016, S. 5 ff.). Die Verwendung wissenschaftlicher Methoden erlaubt uns, nachvollziehbare und für andere nachprüfbare Aussagen über Phänomene zu gewinnen. Der wissenschaftliche Diskurs beruht auf solchen Aussagen; damit ist die wissenschaftliche Diskussion grundsätzlich anders als Alltagsdiskussionen, da sie auf Erkenntnissen beruht, die zwar von unterschiedlichen Personen in ihrer Bedeutung unterschiedlich eingeschätzt werden können, jedoch in ihrer Faktizität von allen akzeptiert werden.

Die Kenntnis von Methoden und ihrer qualifizierten Anwendung verschafft uns Nutzen auf zweierlei Ebenen: Zum einen sind wir dadurch in der Lage, selbst wissenschaftliche Studien zu entwerfen und durchzuführen; zum anderen können wir wissenschaftliche Studien verstehen und in ihrer Qualität einschätzen. Gerade im öffentlichen (politischen) Diskurs, der sich häufig auf wissenschaftliche Studien bezieht, ist eine solche Kenntnis von enormer Bedeutung.

1.1 Ziele des Kapitels

In diesem Kapitel behandeln wir das Spektrum der wissenschaftlichen Methoden allgemein und beziehen diese auf das Methodenspektrum, das sich in der informationswissenschaftlichen Forschung ausgeprägt hat. Dabei handelt es sich vor allem um die Methoden der empirischen Sozialforschung, die wir im Hauptteil des Kapitels vorstellen. Diese Vorstellung kann nur einen ersten Überblick geben; für ausführliche Darstellungen sei auf die gängigen Lehrbücher (z. B. Döring & Bortz 2016) verwiesen. Ein wichtiges Ziel dieses Kapitel ist, die Leser*innen für die Methodenwahl zu sensibilisieren: Ausgangspunkt der Überlegungen sollte immer die wissenschaftliche Fragestellung sein, zu deren Beantwortung die am besten geeignete Methode gewählt wird.

1.2 Die Stellung der Informationswissenschaft im Fächerspektrum

Eng mit der Frage der Methoden in der Informationswissenschaft ist die Frage verbunden, welche Art von Wissenschaft die Informationswissenschaft ist bzw. sein will (s. Kap. A 1 und Kap. A 3). Aus der Beantwortung dieser Frage ergibt sich auch das Methodenspektrum des Fachs. Wir werden an dieser Stelle nicht die Diskussion um den Kern und die Ausrichtung der Informationswissenschaft ausführlich diskutieren können, möchten aber zumindest kurz darstellen, wie wir zu der Fokussierung auf die Methoden der empirischen Sozialwissenschaft in Abschnitt 3 kommen und warum wir weitere Methoden weitgehend ausklammern. Folgt man dem Lehrbuch von Bawden & Robinson (2012) und betrachtet die Informationswissenschaft als „field of study", also einem an einem gemeinsamen Thema ausgerichteten Forschungsbereich anstatt eines eng umrissenen Fachs, dann ergibt sich, dass prinzipiell alle wissenschaftlichen Methoden zur Untersuchung des Gegenstandsbereichs verwendet werden können. Dies wird auch deutlich, wenn wir uns ansehen, welche Methoden in der informationswissenschaftlichen Forschung tatsächlich verwendet werden. Hier finden wir ein breites Methodenspektrum, das sich auch aus dem Gegenstand der Informationswissenschaft erklären lässt: Döring & Bortz (2016, S. 13) teilen die Wissenschaftsdisziplinen in nicht-empirische und empirische Wissenschaften und weiter in fünf Gruppen ein: Formalwissenschaften und Geisteswissenschaften auf der einen Seite, Sozialwissenschaften, Naturwissenschaften und Technikwissenschaften auf der anderen Seite. Die Informationswissenschaft nun hat Bezüge zu mehreren dieser Gruppen: Eine besondere Nähe besteht zur Informatik (einer Technikwissenschaft), aber auch zu den Geisteswissenschaften (v. a. im Forschungsfeld der Digital Humanities) und den Formalwissenschaften (hier insbesondere beim Aufbau von Ordnungssystemen, s. Teil Abschn. 2). Der Kern der informationswissenschaftlichen Forschung ist jedoch den Sozialwissenschaften zuzuordnen; dies zeigt sich auch in Studien, die das Methodenspektrum der Informationswissenschaft untersucht haben: Zwar gibt es eine große Vielfalt von verwendeten Methoden, ein Großteil der Studien verwendet allerdings die Methoden der empirischen Sozialforschung (Järvelin & Vakkari 2021).

1.2.1 Grundlagen- und Anwendungsforschung

Häufig wird zwischen Grundlagen- und Anwendungsforschung unterschieden. In der Grundlagenforschung ist das Ziel, den Wissensstand eines Fachs voranzubringen, was unabhängig von einem konkreten Nutzen für die Praxis geschieht. Das Ziel ist ein Zuwachs an gesichertem Wissen; der wissenschaftliche Erkenntnisgewinn stellt einen Wert an sich dar (Döring & Bortz 2016, S. 5). Die Anwendungsforschung hingegen geht von Problemen der Praxis aus und versucht, für diese wissenschaftlich fundierte Lösungen zu finden. Wissenschaftliche Disziplinen wie die Informationswissenschaft, die direkt mit einem Anwendungsgebiet verbunden sind, verfolgen stets sowohl Grundlagen- als auch Anwendungsforschung.

Die Unterscheidung von Grundlagen- und Anwendungsforschung wird oft als künstlich kritisiert, und in der Tat finden sich in der Forschungspraxis auch oft Mischformen. So lassen sich beispielsweise aus Anwendungsforschung, die von einer konkreten Frage aus der Praxis ausgeht, Erkenntnisse gewinnen, die in die Theorieentwicklung des Fachs eingehen. Wichtig ist, dass es sich bei Anwendungsforschung keineswegs um „Forschung zweiter Klasse" handelt; im Idealfall unterscheidet sich vielmehr zwar der Ausgangspunkt, nicht aber das Vorgehen und seine wissenschaftliche Strenge. Für die Informationswissenschaft ist die Bearbeitung von Forschungsfragen, die sowohl den Wissensstand des Fachs als auch die Praxis voranbringen (s. Stokes 1997), von zentraler Bedeutung.

1.2.2 Zusammenspiel von Theorie und Methoden

Zuletzt ist noch zu betonen, dass empirische Forschung immer mit der Theoriebildung des Fachs verbunden ist (s. Kap. A 3): Die Ergebnisse der Forschung dienen der Erstellung, Verfeinerung oder Weiterentwicklung von Theorien. Ohne Theoriebezug sind die Daten empirischer Forschung nicht sinnvoll interpretierbar (Döring & Bortz 2016, S. 5). Allerdings ist anzumerken, dass zwar in vielen Studien kein expliziter Theoriebezug genannt wird, jedoch zumindest theoretische Annahmen vorausgesetzt werden (impliziter Theoriebezug).

2 Forschungsstrategien in der empirischen Sozialforschung

Im Folgenden soll nun ein Einblick in die Forschungsstrategien der empirischen Sozialforschung gegeben werden. Diesen liegen jeweils unterschiedliche Standpunkte darüber zugrunde, wie wissenschaftliche Erkenntnisse fundiert gewonnen werden können, und sie haben einen jeweils eigenen Methodenkanon entwickelt. So liegt dem quantitativen Paradigma die Auffassung zugrunde, dass der Ausgangspunkt jedes Erkenntnisprozesses Theorien und daraus abgeleitete Hypothesen darstellen, die sich wiederum anhand empirisch erhobener Daten überprüfen lassen (Kritischer Rationalismus) (Döring & Bortz 2016, S. 37). Dabei gilt es zu beachten, dass die Verifikation einer Hypothese nicht möglich ist, sondern diese nur Falsifikationsversuchen unterzogen werden kann, die im wiederholten Bestehensfall dazu führen, dass eine Theorie als bewährt betrachtet wird. Dieses Verständnis des wissenschaftlichen Erkenntnisprozesses führt zu einem stark strukturierten, linearen Forschungsprozess, in dessen Rahmen vorwiegend numerisches Datenmaterial gewonnen wird.

Die Forschung nach dem qualitativen Paradigma ist hingegen absichtlich iterativ und weniger strukturiert gestaltet. Die Offenheit des Forschungsprozesses schränkt den möglichen Erkenntnisbereich nicht durch das methodische Vorgehen ein und kann auf bereits im Prozess gewonnene Erkenntnisse eingehen und diese in das weitere Vorgehen einbeziehen. Im Vordergrund qualitativer Forschung steht dabei häufig das Verständnis von Sachverhalten oder Zusammenhängen, das vielfach eine holistische Betrachtung der Untersuchungspersonen und ihrer Umgebung sowie Situation erfordert und Datenmaterial mit beschreibendem Charakter hervorbringt (Döring & Bortz 2016, S. 32). Die qualitative Forschung fußt dabei nicht auf einem einzelnen Wissenschaftsverständnis; das Prinzip der Offenheit im Forschungsprozess ist den unter diesem Paradigma subsumierten Forschungsstrategien jedoch weitgehend gemein.

Auch wenn das qualitative und das quantitative Paradigma in ihrem Wissenschaftsverständnis konträr anmuten, so lassen sich nicht alle Erkenntnisziele mit Methoden aus dem Spektrum eines einzelnen dieser beiden Paradigmen erlangen, sondern fordern eine Kombination von Forschungsmethoden aus beiden Traditionen. Ein solcher Methodenmix, bei dem über Triangulation Unterschiede und Gemeinsamkeiten in den Erkenntnissen herausgearbeitet und zusammengeführt werden, wird auch eingesetzt, um die Validität der Befunde zu erhöhen. Wird nicht vorrangig ein Paradigma im Forschungsprozess zugrunde gelegt und das andere lediglich als unterstützend betrachtet, sondern findet hingegen von Grund auf eine Verzahnung der beiden Forschungsstrategien statt, wird von Mixed-Methods-Untersuchungen gesprochen, die sich im gleichnamigen Paradigma verorten (Döring & Bortz 2016, S. 72 f.).

Methoden beschränken sich nicht auf eine Phase im empirischen Forschungsprozess. Neben Methoden der Datenerhebung und der Datenauswertung, die in Betrachtungen von Methoden der empirischen Sozialforschung häufig im Vordergrund stehen, kommen verschiedene Methoden der Untersuchungsplanung, der Stichprobenziehung und der Datenaufbereitung im wissenschaftlichen Erkenntnisprozess zum Einsatz (vgl. Döring & Bortz 2016, S. 5). Abbildung 1 zeigt zunächst das Spektrum der verschiedenen Studienarten in der sozialwissenschaftlichen Forschung. Darüber hinaus sind die Grundmethoden der Datenerhebung mit verschiedenen Aspekten der Ausdifferenzierung dargestellt. Die Grundmethoden finden sich in allen Forschungsparadigmen, jedoch sind sie unterschiedlich ausgestaltet. Das resultierende Rohmaterial unterscheidet sich, wie in der Graphik zu sehen, gemäß der gewählten Forschungsstrategie in seiner Form. Die Forschungsstrategie beeinflusst zusammen mit der formulierten Forschungsfrage und dem Erkenntnisinteresse die Wahl der Datenanalysemethoden maßgeblich.

Welche Methoden in den verschiedenen Phasen der Forschung zum Einsatz kommen, ist bereits bei der Planung der Untersuchung festzulegen, um Sorge zu tragen, dass diese gut ineinandergreifen und die jeweiligen Voraussetzungen erfüllt sind.

Abb. 1: Ausgewählte Aspekte des Untersuchungsdesigns

3 Gängige Methoden in der Informationswissenschaft

In Abschnitt 1.2 wurde gezeigt, dass die informationswissenschaftliche Forschung aufgrund ihrer besonderen Eigenschaften eine große Methodenvielfalt aufweist. Allerdings machen empirische Studien mit Abstand den größten Anteil der Forschung aus; nur jede fünfte Arbeit ist im Bereich der konzeptionellen, theoretischen, methodologischen oder konstruktiven Forschung angesiedelt (Järvelin & Vakkari 2021, S. 75). Verschiedene Studien haben sich mit der Verteilung der Datenerhebungsmethoden in informationswissenschaftlichen Studien auseinandergesetzt. Die Rangfolge der populärsten Datenerhebungsmethoden variiert je nach Studie und betrachtetem Zeitraum (Järvelin & Vakkari

2021; Lund & Wang 2021; Ma & Lund 2021), meist finden sich jedoch Befragungen und Experimente auf den vorderen Positionen. Anzumerken ist in diesem Zusammenhang, dass Experimente im methodischen Kanon der Datenerhebung eigentlich keine eigene Erhebungsform darstellen, sondern eine Dimension des Untersuchungsdesigns bilden (Döring & Bortz 2016; Fühles-Ubach & Umlauf 2013, S. 84) Ein weiterer Schwerpunkt bei den empirischen Arbeiten bilden bibliometrische Studien (s. Kap. B 10), die – als Summe von Zitationsanalysen und anderen bibliometrischen Studien – 16,9 % der veröffentlichten Arbeiten ausmachen (Järvelin & Vakkari 2021, S. 74).

Reine Beobachtungsstudien bilden hingegen in den Untersuchungen von Järvelin & Vakkari (2021), Lund & Wang (2021) und Ma & Lund (2021) nur einen geringen Anteil der untersuchten Arbeiten. Vielfach werden Beobachtungen auch mit anderen Datenerhebungsformen kombiniert und treten daher in den angeführten Arbeiten nicht separat in Erscheinung. So weisen Ma & Lund (2021, S. 1064) auf die Überschneidung zwischen den Kategorien Experiment und Beobachtung hin und bei Järvelin & Vakkari (2021) findet sich eine gesonderte Ausweisung von Studien, die mehrere Erhebungsmethoden kombinieren und insgesamt 11,8 % der untersuchten Arbeiten ausmachen. Neben der Beobachtung und Befragung stellt die Zusammenstellung von Dokumenten in der empirischen Sozialforschung die dritte Form der Datenerhebung dar. Auch Methoden aus diesem Bereich sind in der Informationswissenschaft mit 5,5 % bzw. 6 % für das jeweils letzte Berichtsjahr (2018 bei Ma & Lund 2021, S. 1068, bzw. 2015 bei Järvelin & Vakkari 2021, S. 75) gängig.

In den folgenden Abschnitten werden die am häufigsten in der informationswissenschaftlichen Forschung anzutreffenden Methoden aus dem Kanon der empirischen Sozialforschung näher beschrieben und exemplarisch einige Beispiele benannt. Dem Experiment und den Fallstudien wird aufgrund ihrer Bedeutung in der informationswissenschaftlichen Forschung jeweils ein eigener Abschnitt gewidmet.

3.1 Befragung

Befragungen in ihren verschiedenen Ausprägungsformen stellen eine der am häufigsten verwendeten Datenerhebungsmethoden in der informationswissenschaftlichen Forschung dar. Beispiele finden sich in allen Schwerpunktgebieten der Informationswissenschaft wie Information Retrieval, Information Seeking, Wissenschaftskommunikation und Bibliotheks- und Informationsservices (Järvelin & Vakkari 2021, S. 75).

Wissenschaftliche Befragungen zeichnen sich dadurch aus, dass sie durchgehend an den Regeln der Wissenschaftlichkeit orientiert und nicht an der Beurteilung von Individuen interessiert sind, sondern allgemeingültige oder verallgemeinerbare Aussagen über den Untersuchungsgegenstand treffen wollen (Döring & Bortz 2016, S. 399). Dabei gilt es die Freiwilligkeit der Teilnahme und die Anonymität der Teilnehmenden zu wahren. Es gibt eine Vielzahl von Befragungsformen. Hauptkriterien bei der Unterscheidung stellen die Art der Durchführung (schriftliche vs. mündliche Befragung), der Strukturierungsgrad sowie die Befragung von Einzelpersonen oder Gruppen dar. Zusätzliche Differenzierungen lassen sich hinsichtlich der befragten Personen (Experten oder Betroffene) oder den Verbreitungs- und Kommunikationskanälen treffen (s. Abbildung 1). Besonders häufig sind in informationswissenschaftlicher Forschung vollstrukturierte schriftliche Online-Befragungen und leitfadengestützte Interviews oder Fokusgruppen als Form der teilstrukturierten mündlichen Befragung zu finden (Ma & Lund 2021, S. 1068).

3.1.1 Vollstrukturierte schriftliche Befragung

Die vollstrukturierte schriftliche Befragung zeichnet sich durch die Verwendung eines Fragebogens mit überwiegend geschlossenen Fragen (auch Items) aus, bei denen die Befragten die Antwort aus einer vordefinierten Antwortmenge auswählen. Geeignet ist die Erhebungsmethode immer dann, wenn das Forschungsinteresse der subjektiven Wahrnehmung oder nicht direkt beobachtbarem Verhalten gilt (Döring & Bortz 2016, S. 399). Auch komplexe Konstrukte oder latente Merkmale lassen sich in Form psychometrischer Skalen über mehrere Items kombiniert erfassen. Hier empfiehlt es sich, auf bereits etablierte und validierte Skalen zurückzugreifen.

Schultheiß & Lewandowski (2021) untersuchten in einer quantitativen Studie den Zusammenhang zwischen dem Vertrauen, das Nutzende der Suchmaschine Google entgegenbringen, der individuell bevorzugten Suchmaschine und den Fähigkeiten der Nutzer*innen Suchergebnisse zu identifizieren, die durch bezahltes Suchmaschinenmarketing oder eine Suchmaschinenoptimierung beeinflusst sind. Die Autoren führten eine vollstrukturierte, repräsentative Online-Befragung unter 2012 deutschen Internetnutzer*innen durch. Bei der Entwicklung des Fragebogens stützten sie sich auf thematisch verwandte Fragebögen, die sie für ihre Untersuchung leicht anpassten.

3.1.2 Leitfadengestütztes Interview

Das leitfadengestützte Interview stellt eine Form der mündlichen Befragung von Einzelpersonen dar, bei dem ein zuvor erstellter Fragenkatalog mit offenen Fragen zum Einsatz kommt. Die Befragten formulieren ihre Antworten entsprechend frei. Der Leitfaden bildet eine Orientierung für den Verlauf des Interviews; auf interessante oder weiterführende Aspekte aus dem Interviewverlauf kann jedoch zusätzlich mit ergänzenden Fragen eingegangen werden. Auch die Formulierung der Fragen kann der jeweiligen Gesprächssituation angepasst werden. Häufig werden Interviews im direkten persönlichen Gespräch durchgeführt, aber auch eine telefonische Durchführung oder eine Befragung per Videokonferenz sind möglich.

Pontis et al. (2017) untersuchten in ihrer zweistufigen, qualitativen Studie mittels leitfadengestützter Interviews und einem Prototypentest, wie Wissenschaftler*innen unterschiedlicher Erfahrungsstufen vor dem Hintergrund des starken Wachstums wissenschaftlicher Literatur auf dem aktuellen Stand bleiben. Die halbstrukturierten mündlichen Befragungen wurden im direkten Gespräch am Arbeitsplatz der befragten 61 Personen aus drei Kontinenten durchgeführt.

3.1.3 Fokusgruppen

Bei Fokusgruppen-Interviews werden die Befragten in einer Gruppensituation zur Diskussion mit Hilfe von Leitfragen zu einer Diskussion angeregt: Die interviewende Person nimmt hier stärker die Rolle eines Moderators ein und stellt sicher, dass die Diskussion beim Thema bleibt und wirkt einer zu starken Dominanz durch einzelne Personen entgegen. Diese Form der Befragung ermöglicht z. B. verschiedene Standpunkte oder aber einen Konsens zu einem Thema herauszuarbeiten.

Zu berücksichtigen gilt bei allen Befragungsformen, dass Selbstauskünfte von Befragten bewusst oder unbewusst nicht der Wahrheit entsprechen können. Dies kann bspw. an mangelndem Erinnerungsvermögen, aber auch der Orientierung an sozialen Normen oder Erwartungen (soziale Erwünschtheit, s. Döring & Bortz 2016, S. 437) liegen.

Mandl et al. (2018) setzten eine Fokusgruppe mit sechs Teilnehmenden zur Untersuchung von Digitalisierungsprozessen in der Arbeitswelt ein. Die Teilnehmenden stammten aus der Führungs- und Entscheidungsebene vorrangig von Großkonzernen. Die Diskussionspunkte für die Fokusgruppe basierten auf einer Recherche in einschlägigen Blogs und Experteninterviews.

3.2 Beobachtung

Die Beobachtung als Methode der Datenerhebung kommt in der informationswissenschaftlichen Forschung besonders bei Untersuchungen zum Informationsverhalten, der Mensch-Maschine-Interaktion, aber auch dem Information Retrieval zum Einsatz, meist in Kombination mit anderen Erhebungsmethoden wie Interviews oder Think-Aloud-Techniken.

Beobachtungen eigenen sich immer dann als Erhebungsmethode, wenn non-verbales Verhalten Gegenstand der Forschung ist und die untersuchten Personengruppen bspw. nicht auskunftsfähig oder -willig sind. Gründe dafür können vielfältig sein und umfassen z. B. mangelnde Erinnerungsfähigkeit insbesondere bei unbewusstem Verhalten oder begrenzte Ausdrucksfähigkeit (s. Döring & Bortz 2016, S. 324 f.). Auch bieten Beobachtungen die Möglichkeit, das Verhalten ungefiltert und unmittelbar zu erfassen, ohne dass bewusste oder unbewusste Verzerrungen durch die Probanden wie bei einer Befragung entstehen.

Auch Beobachtungen können auf vielfältige Weise erfolgen. Forschende können eine teilnehmende Rolle einnehmen oder das Geschehen von außerhalb beobachten, und die Beobachtung kann offen oder verdeckt erfolgen. Bei einer offenen Beobachtung sind die Teilnehmenden über diese informiert und konnten dieser zustimmen bzw. die Beobachtung ablehnen. Das Wissen um das Beobachtetwerden kann jedoch zu verändertem Verhalten führen. Bei einer verdeckten Beobachtung sind solche Verhaltensanpassungen nicht vorhanden, hier ist im Vorfeld aber abzuklären, ob die Unkenntnis der Teilnehmenden forschungsethisch und rechtlich vertretbar ist.

Weiter werden Beobachtungen, ähnlich wie die Befragung, auch nach dem Strukturierungsgrad der Datenerfassung unterschieden. Beobachtungen werden häufig von Audio- und Videoaufnahmen sowie von technischen Messinstrumenten gestützt, da die menschliche Wahrnehmung selektiv ist und in der konkreten Beobachtungssituation möglicherweise nicht alle interessierenden Aspekte erfasst werden. Gerade im Bereich der Mensch-Maschine-Interaktion werden technische Messinstrumente wie Eye-Tracking-Geräte zur Blickverfolgung der Probanden häufig ergänzend eingesetzt und das Verhalten der Nutzenden am Rechner über eine Software aufgezeichnet. Neben der direkten Beobachtung in einer konkreten Situation werden in informationswissenschaftlichen Untersuchungen häufig auch Verhaltensspuren untersucht (nicht teilnehmende, nicht-reaktive Beobachtung). Auf Webseiten werden diese z. B. beim Serveraufruf in Logdateien gespeichert oder über Cookies erhoben. Aber auch Suchmaschinen und andere Suchwerkzeuge erheben Nutzungsdaten, die das Nutzerverhalten mittelbar untersuchen lassen.

Braslavski et al. (2016) untersuchten mittels Logdateien aus Apps und der Website eines kommerziellen russischen Anbieters von eBook-Flatrates das Leseverhalten der Nutzenden und mögliche Einflussfaktoren wie Geschlecht, Länge oder Genre der Lektüre. Der Datensatz umfasste die Daten von mehr als 8 000 Nutzenden und insgesamt drei Millionen Sessions, ist allerdings nicht repräsentativ für die russische Bevölkerung, sondern spiegelt die Nutzung von Early Adopters wider.

3.3 Dokumentenanalyse

Die Dokumentenanalyse kommt in informationswissenschaftlicher Forschung gemäß aktuellen Untersuchungen besonders bei Erhebungen zu Informations- und Bibliotheksservices zum Einsatz (Järvelin & Vakkari 2021, S. 75). Es handelt sich hier um eine Methode, die bereits existierende Dokumente (z. B. Zeitungsartikel, Beiträge in Sozialen Medien, Audio- und Videoaufnahmen), die unabhängig vom Forschungsprozess entstanden sind, für die Beantwortung der Forschungsfrage zusammenstellt. Die Datenerhebungsmethode zählt zu den nicht-reaktiven Methoden, bei denen ein Einfluss der Forschenden auf die erhobenen Daten ausgeschlossen werden kann. Nachteilig auswirken kann sich aber, dass der Entstehungskontext der Dokumente nicht immer bekannt ist. Nicht zu verwechseln ist diese Methode mit der qualitativen oder quantitativen Inhaltsanalyse, bei denen es sich um Methoden der Datenanalyse bzw. einer Vorstufe zu selbiger handelt, welche auch auf Daten Anwendung finden, die im Rahmen des Forschungsprozesses erhoben wurden (z. B. Transkripte von Interviews; Döring & Bortz 2016, S. 533 f.).

Neher et al. (2021) gingen in ihrer Untersuchung der Frage nach, wie sich berufspraktische Anforderungen und Bedarfe von Bibliotheken und Informationseinrichtungen im Zeitraum zwischen 2013 und 2020 verändert haben und was sich daraus für die Weiterentwicklung informationswissenschaftlicher Studiengänge ableiten lässt. Als Datenbasis sammelten die Autoren automatisiert 13 700 Metadateneinträge von Stellenanzeigen von OpenBiblioJobs sowie 1 700 Volltexte aus dem Jahr 2020.

3.4 Experiment

Auch Experimente finden sich in informationswissenschaftlicher Forschung vielfach, besonders häufig werden sie im Information Retrieval (Järvelin & Vakkari, 2021, S. 81) und der Mensch-Maschine-Interaktion eingesetzt, um Algorithmen und Nutzeroberflächen zu evaluieren (Bawden & Robinson 2012, S. 312). Eine besonders lange Tradition hat die system-zentrierte Evaluation im Information Retrieval, bei der die Suchalgorithmen bewertet werden (Petras 2013, S. 371, s. a. Kap. C 8). Experimentelle Untersuchungen, die Nutzer/Nutzerin ins Zentrum rücken und individuelle Informationsbedürfnisse, Anforderungen sowie Verhalten untersuchen (Petras 2013, S. 372), bilden einen weiteren Schwerpunkt experimenteller Forschung im Information Retrieval. Zu diesem Zweck werden gezielt eine oder mehrere Einflussvariablen (unabhängige Variablen) manipuliert, um den Effekt auf eine oder mehrere Zielvariablen (abhängige Variablen) zu beobachten. Dabei ist der Einfluss weiterer Variablen zu kontrollieren, um als alleinige Ursache für die Veränderung der Zielvariablen die betrachteten Einflussvariablen zu isolieren (Fühles-Ubach & Umlauf 2013, S. 84 f.). In Abhängigkeit der Anzahl möglicher Merkmalsausprägungen oder bei mehreren unabhängigen Variablen werden Untersuchungsgruppen gebildet, deren Ergebnisse in Bezug auf die Zielvariable(n) mit Hilfe statistischer Tests verglichen werden.

Es werden verschiedene Abstufungen experimenteller Untersuchungen und ihrer Eignung für die Untersuchung von Kausalzusammenhängen unterschieden. Erfolgt die Zuteilung der Probanden zufällig (randomisiert) und erfolgt die Manipulation der unabhängigen Variablen gezielt, handelt es sich um eine experimentelle Studie. Werden hingegen bereits vorhandene Gruppen untersucht, handelt es sich um ein Quasi-Experiment. Erfolgt zusätzlich keine gezielte Manipulation der unabhängigen Variablen, sondern Gegenstand der Untersuchung sind bereits vorhandene Unterschiede, handelt es sich um nicht-experimentelle bzw. korrelative Studien, die sich wenig für die Untersuchung von kausalen Zusammenhängen eignen (Döring & Bortz 2016, S. 193 f.).

Werner et al. (2016) untersuchten in ihrem interaktiven Information-Retrieval-Experiment den Einfluss der Erwartungshaltung an ein Retrievalsystem sowie die Qualität der Suchergebnisse auf die wahrgenommene Relevanz von Suchergebnissen. In dem mehrfaktoriellen Design wurden die Erwartungshaltung und die Qualität der Suchergebnisseiten gezielt manipuliert und anhand von Logdaten aus den Experimenten mit knapp 120 Nutzenden der Einfluss auf die Zielvariable untersucht.

3.5 Fallstudien

Ähnlich wie experimentelle Studien stellen Fallstudien keine eigene Form der Datenerhebung dar, sondern sind Ausdruck des Untersuchungsdesigns. Järvelin & Vakkari (2021, S. 79) stellen eine deutliche Zunahme dieser Form von Studien seit 1965 fest, die beim letzten untersuchten Datenpunkt 2015 knapp 10 % betragen hat. In der stärker auf Veröffentlichungen aus der Informationspraxis ausgerichteten Studie von (Lund & Wang 2021, S. 1204) wird sogar ein Anteil von fast 20 % der untersuchten Arbeiten berichtet.

In Fallstudien findet eine ganzheitliche Untersuchung aller Aspekte und Facetten eines oder mehrerer Einzelfälle mit einer Vielzahl an Variablen in ihrem persönlichen aber auch sozialen und politischen Umfeld statt, die miteinander in Bezug gesetzt werden (Mertes 2013, S. 150). Eine besondere Bedeutung kommt der Fallauswahl zu. Abhängig von der Forschungsfrage sind dabei besonders typische oder aber auch besonders untypische Fälle auszuwählen (Döring & Bortz 2016, S. 215). Fallstudien eignen sich insbesondere für qualitative Forschung (Mertes 2013, S. 157), aber auch quantitative Untersuchungen in Form von quasi-experimentellen Einzelfallstudien sind möglich (Döring & Bortz 2016, S. 215).

Seidler-de Alwis & Grefkes (2019) untersuchten in einer Fallstudie die Erschließung neuer Nutzergruppen für Bibliotheken an Hochschulen in Form von Start-up-Gründungen aus den Reihen der eigenen Alumni am Beispiel der WHU Bibliothek. Im Rahmen der Fallstudie wurde eine strukturierte Online-Befragung zur Ermittlung von Informationsbedarfen der Zielgruppe eingesetzt, deren Fragen speziell auf die gründenden Alumni der gewählten Hochschule ausgerichtet waren und auf Basis von Interviews mit verschiedenen Kontaktpersonen von Gründern entwickelt worden war.

4 Methodenwahl

Ausgangspunkt des Designs wissenschaftlicher Studien sollte stets die Fragestellung sein – erst dann wird die Methode gewählt, die am besten geeignet ist, um diese zu bearbeiten. In der Praxis findet sich leider oft das umgekehrte Vorgehen: Forschende mit Expertise in einer Methode (oder einer bestimmten Methodenauswahl) suchen eine Forschungsfrage und bearbeiten diese dann mit „ihrer" Methode. Dies kann dazu führen, dass nicht die am besten geeignete Methode gewählt wird. Natürlich gibt es nicht zu jeder Forschungsfrage die eine geeignete Methode, die alle anderen methodischen Zugänge ausschließt. Nichtsdestotrotz ist es essenziell, sich die Stärken und Schwächen der verwendeten Methode bewusst zu machen und ggf. auf Mixed-Methods-Designs zurückzugreifen.

4.1 Samplebildung und Statistik

In der empirischen Forschung ist die Auswahl der zu untersuchenden Subjekte bzw. Objekte von entscheidender Bedeutung. Um Aussagen über eine Population (also die Gesamtheit der interessierenden Einheiten) zu erhalten, würde man im Idealfall *alle* Einheiten dieser Population untersuchen. Allerdings ist evident, dass dies in der Praxis nicht möglich ist, da zum einen der Aufwand zu hoch wäre und zum anderen sichergestellt werden müsste, dass auch alle Personen an der Untersuchung teilnehmen. Die Lösung ist, eine Stichprobe der interessierenden Population zu bilden und diese zu untersuchen, um Aussagen über die Population treffen zu können. Um dies zu erreichen, muss das untersuchte Sample die Population möglichst repräsentativ abbilden. Es gibt verschiedene Verfahren der Sicherung der Repräsentativität. Das Ziel ist allerdings stets, die Population in allen oder zumindest ihren wesentlichen Merkmalen abzubilden. Solche Merkmale können Alter, Geschlecht, berufliche Stellung und viele andere mehr sein. Wird die Population im Sample nicht repräsentativ abgebildet, können keine bzw. nur eingeschränkte Aussagen über die Population getroffen werden. Ein typisches – und fast allgegenwärtiges – Beispiel sind Studien, in denen Studierende untersucht werden. Hier ist stets zu fragen, inwieweit von dieser Gruppe auf die tatsächlich interessierende Population, beispielsweise alle Nutzer*innen von Informationssystemen, geschlossen werden kann.

Selbstverständlich können auch Studien mit nicht-repräsentativen Samples wichtige Ergebnisse erbringen. In vielen Fällen ist die Zusammenstellung einer repräsentativen Stichprobe schlicht nicht möglich. Ein Beispiel dafür sind die in der Informationswissenschaft populären Laborstudien, in denen Versuchspersonen bei Informationsrecherchen beobachtet werden. Hier sind die Forschenden besonders gefragt, die Aussagekraft (den sog. Evidenzwert) ihrer Forschung realistisch einzuschätzen und zu beschreiben. Weiterhin ist bei hypothesenprüfenden Studien zu empfehlen, erforderliche Stichprobengrößen vorab zu bestimmen und auf dieser Basis zu entscheiden, ob eine Studie mit realistischem Aufwand zu aussagekräftigen Ergebnissen führen kann. Anderenfalls kann es zu dem Problem der zu geringen Teststärke (Döring & Bortz 2016, S. 809 ff.) kommen, was bedeutet, dass ein nicht-signifikantes Ergebnis nicht eindeutig interpretiert werden kann.

Quantitative Studien sind mit geeigneten statistischen Verfahren auszuwerten, um postulierte Effekte zu belegen. Statistische Signifikanztests sind nötig, um festzustellen, ob ein in einem Sample festgestellter Effekt (beispielsweise ein Unterschied zwischen zwei Gruppen von Versuchspersonen) auch tatsächlich in der Population vorliegt. Diese Bestimmung kann nur mit einer bestimmten Irrtumswahrscheinlichkeit erfolgen, die in den Tests als sog. Signifikanzniveau angegeben wird. Zur Auswahl und Durchführung von statistischen Tests sei auf die gängigen Lehrbücher verwiesen (v. a. Döring & Bortz 2016; Sedlmeier & Renkewitz 2013).

In der qualitativen Forschung sind Samples von Vornherein nicht darauf angelegt, eine Population repräsentativ abzubilden, da es hier nicht darum geht, vorher festgelegte Aussagen zu prüfen (Hypothesen oder Fragen mit Antwortmöglichkeiten), sondern ein umfassendes Verständnis der sozialen Wirklichkeit der zu untersuchenden Personen zu erlangen. Generalisierbares Wissen entsteht hier nicht anhand repräsentativer Stichproben, sondern dadurch, dass die Ergebnisse der Studien abstrahiert werden (s. Döring & Bortz 2016, S. 66).

4.2 Evidenz informationswissenschaftlicher Forschung

Die genannten Fragen zur Samplebildung und Statistik berühren die weitergehende Frage nach der Aussagekraft – dem Evidenzwert – wissenschaftlicher Studien. Kenntnisse von Forschungsmethoden und Statistik erlauben eine bessere Einschätzung des Evidenzwerts einzelner Studien. Darüber hinaus ist danach zu fragen, inwieweit einzelne Studien überhaupt sichere Befunde erbringen können. Dies betrifft bei quantitativen Studien unter anderem das Problem der Irrtumswahrscheinlichkeit (auch bei signifikanten Ergebnissen besteht eine bestimmte Wahrscheinlichkeit, dass sie nicht zutreffend sind). Hier kann erst eine Synthese des Forschungsstands zu höherer Evidenz führen. Anderenfalls besteht die Gefahr, sich auf Einzelbefunde zu verlassen, die sich unter Umständen nicht replizieren lassen. Hiermit zeigt sich auch der Wert von Replikationsstudien, also Studien, die die Befunde bestehender Studien prüfen (Döring & Bortz 2016, S. 188 f.).

5 Fazit

In diesem Kapitel wurde das in der Informationswissenschaft verwendete Methodenspektrum mit seinem Schwerpunkt bei den Methoden der empirischen Sozialforschung vorgestellt und die Frage der Methodenwahl in den Kontext der Qualität empirischer Forschung eingeordnet. Methoden stehen dabei nicht isoliert für sich, sondern sind stets im Kontext der Theoriebildung und -prüfung zu sehen (s. Kap. A 3). Aus den empirischen Befunden werden Theorien (weiter-)entwickelt; bestehende Theorien werden durch empirische Befunde geprüft. Die Wahl geeigneter Forschungsmethoden spielt gerade für die empirische Fundierung der Theoriebildung eine große Rolle und kann die Qualität der Theorien wesentlich verbessern (s. Sonnenwald 2016 und Jaccard & Jacoby 2020).

6 Literaturverzeichnis

Bawden, D. & Robinson, L. (2012). *Introduction to Information Science*. Facet Publishing.
Braslavski, P., Likhosherstov, V., Petras, V. & Gäde, M. (2016). Large-scale log analysis of digital reading. *Proceedings of the Association for Information Science and Technology*, 53(1), 1–10. https://doi.org/10.1002/pra2.2016.14505301044.
Döring, N. & Bortz, J. (2016). *Forschungsmethoden und Evaluation in den Sozial- und Humanwissenschaften*. Springer. https://doi.org/10.1007/978-3-642-41089-5
Fühles-Ubach, S. & Umlauf, K. (2013). Quantitative Methoden. In K. Umlauf, S. Fühles-Ubach & M. Seadle (Hrsg.), *Handbuch Methoden der Bibliotheks- und Informationswissenschaft: Bibliotheks-, Benutzerforschung, Informationsanalyse* (S. 80–95). De Gruyter.
Greifeneder, E., & Gäde, M. (2020). Adventures in Winter Wonderland – observing user behaviour in a digital twin bookstore. *Proceedings of ISIC: the information behaviour conference Pretoria, South Africa, 28th September to 1st October, 2020*. https://doi.org/10.47989/irisic2028.
Hider, P. & Pymm, B. (2008). Empirical research methods reported in high-profile LIS journal literature. *Library & Information Science Research*, 30(2), 108–114. https://doi.org/10.1016/j.lisr.2007.11.007.
Jaccard, J. & Jacoby, J. (2020). *Theory Construction and Model-Building Skills: A Practical Guide for Social Scientists* (2. Aufl.). Guilford Press.
Järvelin, K. & Vakkari, P. (2021). LIS research across 50 years: content analysis of journal articles. *Journal of Documentation*, 78(7), 65–88. https://doi.org/10.1108/JD-03-2021-0062.
Lund, B. D. & Wang, T. (2021). An analysis of research methods utilized in five top, practitioner-oriented LIS journals from 1980 to 2019. *Journal of Documentation*, 77(5), 1196–1208. https://doi.org/10.1108/JD-10-2020-0171.
Ma, J. & Lund, B. (2021). The evolution and shift of research topics and methods in library and information science. *Journal of the Association for Information Science and Technology, June 2020*, 1059–1074. https://doi.org/10.1002/asi.24474.
Mandl, T., Schwab, E., Heuwing, B. & Womser-Hacker, C. (2018). Digitalisierung in Unternehmen. *Information – Wissenschaft & Praxis*, 69(4), 190–200. https://doi.org/10.1515/iwp-2018-0018.
Mertes, N. (2013). Fallstudien. In K. Umlauf, S. Fühles-Ubach & M. Seadle (Hrsg.), *Handbuch Methoden der Bibliotheks- und Informationswissenschaft: Bibliotheks-, Benutzerforschung, Informationsanalyse* (S. 152–167). De Gruyter.
Neher, G., Schade, F. & Schmunk, S. (2021). Wanted!?! – Berufspraktische Anforderungen und Bedarfe von Bibliotheken und Informationseinrichtungen. *BIT online*, 24(1), 54–63.
Petras, V. (2013). Methoden für die Evaluation von Informationssystemen. In K. Umlauf, S. Fühles-Ubach & M. Seadle (Hrsg.), *Handbuch Methoden der Bibliotheks- und Informationswissenschaft: Bibliotheks-, Benutzerforschung, Informationsanalyse* (S. 368–386). de Gruyter Saur.
Pontis, S., Blandford, A., Greifeneder, E., Attalla, H. & Neal, D. (2017). Keeping up to date: An academic researcher's information journey. *Journal of the Association for Information Science and Technology*, 68(1), 22–35. https://doi.org/10.1002/asi.23623
Rinsdorf, L. (2013). Qualitative Methoden. In K. Umlauf, S. Fühles-Ubach & M. Seadle (Hrsg.), *Handbuch Methoden der Bibliotheks- und Informationswissenschaft: Bibliotheks-, Benutzerforschung, Informationsanalyse* (S. 64–79). De Gruyter.
Schultheiß, S. & Lewandowski, D. (2021). Misplaced trust? The relationship between trust, ability to identify commercially influenced results and search engine preference. *Journal of Information Science*, 016555152110141. https://doi.org/10.1177/01655515211014157.
Sedlmeier, P. & Renkewitz, F. (2013). Forschungsmethoden und Statistik für Psychologen und Sozialwissenschaftler. In *Pearson Deutschland GmbH*. Pearson Studium.
Seidler-de Alwis, R. & Grefkes, J. (2019). Detecting and Facing Information Demand for New Target Groups such as Start-up Founders – A Case Study at the WHU Library. *Bibliothek Forschung und Praxis*, 43(1), 216–222. https://doi.org/10.1515/bfp-2019-2021.
Sonnenwald, D. (Hrsg.) (2016). *Theory Development in the Information Sciences*. University of Texas Press.
Stokes, D. E. (1997). *Pasteur's Quadrant: Basic Science and Technological Innovation*. Brookings Institution Press.

Werner, K., Mandl, T. & Womser-Hacker, C. (2016). Analysis of Interactive Search Tasks: Relevance Perception, Influence Factors and Variance of User Experience. *Journal of Library and Information Science*, 42(1), 60–69. https://doi.org/10.6245/JLIS.2016.421/698.

Ursula Georgy, Frauke Schade & Stefan Schmunk
A 5 Ausbildung, Studium und Weiterbildung in der Informationswissenschaft

1 Einleitung

In internationaler Perspektive fußen das bibliotheks- und informationswissenschaftliche Studium sowie die adäquaten Ausbildungen auf dem Verständnis von Library and Information Science (LIS). Sweeny & Estabrook definieren LIS wie folgt: „Library and information science (LIS) is an interdisciplinary domain concerned with the creation, management, and uses of information in all its forms" (2017, S. 2768). LIS liegt das Verständnis einer Handlungswissenschaft zugrunde, die sich auf alle Institutionen bezieht, die Informationen sammeln, bewahren, organisieren und verfügbar machen (Umlauf 2016, S. 11; Sweeny & Estabrook 2017, S. 2768). Dazu gehören Bibliotheken, Archive und Museen sowie Behörden und Unternehmen (Hobohm 2013, S. 139; Sweeny & Estabrook 2017, S. 2768). In einem neuen Verständnis wird die Informationswissenschaft dabei als umfassendere Disziplin verstanden, die die genannten Institutionen als Anwendungsfelder miteinschließt. Ein genuines Verständnis von LIS hat sich in Deutschland erst ansatzweise durchgesetzt (Seadle 2013, S. 41; Hobohm 2013, S. 139; Umlauf 2016, S. 11, 13; Rösch, Seefeldt, Umlauf 2019, S. 280). Gegenstand der Ausbildung und Hochschulqualifizierung sind die in dem Handbuch beschriebenen Objekte, Methoden, Verfahren, Systeme und Institutionen sowie Theorien, Methoden und Konzepte anderer Fachdisziplinen, die unter informationswissenschaftlichen Fragestellungen weiterentwickelt werden (Sweeny & Estabrook 2017, S. 2772; Gantert, Neher, Schade 2018, S. 442). Angesichts der Vielfalt der Ansätze und Handlungsfelder vor dem Hintergrund der Ubiquität von Information ist die Konturierung einer konsistenten Fachdisziplin, die in einen festen Ausbildungs- und Qualifizierungskanon für ein klar definiertes Berufsfeld mündet, nicht möglich. Dies spiegelt sich auch in der Diversität der Studiengänge und der unterschiedlichen Profilierungen der Hochschulen und Ausbildungseinrichtungen wider.

2 Qualifikationssysteme und ihre Niveaus

Die Grundlage für ein LIS-Studium in Europa bildet seit den 2000er Jahren der europäische Hochschulraum als Resultat des Bologna-Prozesses (EHEA 1999). Als Kompetenzen werden hier kognitive, emotionale und motivationale Faktoren bezeichnet, deren Kombination eine Person dazu befähigt, anspruchsvolle und neuartige Situationen zu bewältigen. Ein wichtiger Vorteil des Kompetenzkonstrukts besteht darin, dass es im Gegensatz zu Begriffen wie Wissen, Fertigkeiten und Qualifikationen eine Art Können beschreibt, das auf eine große Zahl von Situationen und Problemen anwendbar ist (Weinert 2001, S. 21 ff.). Kompetenzen können nicht vermittelt werden. Es muss ein Rahmen u. a. durch Strukturen, Prozesse, Ressourcen geschaffen werden, innerhalb dessen Kompetenzen entwickelt werden. Voraussetzung sind vor allem Motivation und Volition (Willenskraft, die Motivation in Handlung zu überführen) der jeweiligen Person. In der Literatur wird u. a. auf 64 Einzelkompetenzen Bezug genommen. Seit 2017 liegt der „Qualifikationsrahmen für Deutsche Hochschulabschlüsse" (HQR) vor (KMK 2017). Einzelkompetenzen werden in die Kompetenzdimensionen Wissen, methodische, soziale und Selbstkompetenz differenziert. Zu diesen Kompetenzen zählen u. a. Eigenverantwortung, Zuverlässigkeit (Personale Kompetenzen), Entscheidungsfähigkeit, Belastbarkeit (Aktivitäts- und Umsetzungskompetenzen), Kommunikations- und Konfliktfähigkeit (Sozialkompetenzen) sowie Fachwissen und Wissensorientierung (Fach- und Methodenkompetenz). Handlungskompetenz wird somit als Kompetenzbündel aus Fach-, Selbst- und Sozialkompetenz verstanden, die wiederum eine Voraussetzung dafür sind, in der beruflichen Praxis auftretende Herausforderungen selbstorganisiert zu lösen (KMK 2007).

Die Lehre in LIS trägt zum Erwerb der Kompetenzen bei, die in einer erfolgreichen Informations- und Wissensgesellschaft unverzichtbar sind. Ein Kernfeld stellt dabei Informations- und Medienkompetenz dar. Informationskompetenz ist in der heutigen Wissensgesellschaft eine Grundkompetenz, die an Schulen, Hochschulen sowie in der Praxis zum größten Teil durch Informationswissenschaftler*innen geschult wird, womit sie in einem aktuellen Aus- und Weiterbildungsbereich eine zentrale Rolle übernommen hat. Gestalterische Medienkompetenz stellt eine weitere Schlüsselkompetenz der Nutzung netzbasierter Medien dar. Damit hat die Informationswissenschaft eine hohe Akzeptanz inner- und außerhalb der Hochschullandschaft, was sich u. a. auch darin zeigt, dass Absolvent*innen in unterschiedlichsten beruflichen Domänen tätig sind. Entwicklungstendenzen einer globalisierten Wirtschaft sowie dynamische informationstechnische Fortschritte, die zu wesentlichen strukturellen gesellschaftlichen Veränderungen führen und in der Arbeits- und Lebenswelt neue Kompetenzen im erweiterten Fokus einer Wissensgesellschaft erfordern, stehen somit im Vordergrund der informationswissenschaftlichen Lehre (Georgy & Griesbaum 2010, S. 20).

2.1 Europäischer Qualifikationsrahmen

Einher mit dem Bologna-Prozess ging der 2002 verabschiedete Brügge-Kopenhagen-Prozess zur Implementierung eines europäischen Berufsbildungsraums, der u. a. vorsieht, dass beruflich erworbene Kompetenzen auf ein Hochschulstudium angerechnet werden können (KMK o.J.). Dieser ermöglicht z. B. Meister*innen oder Fachwirt*innen ohne schulische Hochschulzugangsberechtigung den Zugang zu einem Hochschulstudium. Man bezeichnet diese auch als „beruflich qualifizierte Studierende" (Nickel & Duong 2012, S. 12). Inzwischen ermöglichen zahlreiche Hochschulen Zugänge zu einem Bachelor- oder sogar Master-Studium ohne Abitur, wobei die Berufstätigkeit üblicherweise fachbezogen sein muss. Im Mittelpunkt dieser Entwicklungen stehen der europäische Qualifikationsrahmen (European Qualification Framework – EQF) (Europäische Union o.J.) sowie ein europäisches Leistungspunktesystem im Bereich der beruflichen Bildung (European Credit Transfer System in Vocational Education and Training – ECVET) (CEDEFOP o.J.). Insbesondere für Staaten mit einer dualen Berufsausbildung, wie Deutschland, haben diese Elemente Auswirkungen auf die Ausbildungsstruktur, da Kompetenzen und Qualifikationen durch unterschiedliche Zertifikate, Schul- und Berufsabschlüsse, akademische Titel, aber auch Teilnahmebescheinigungen an Weiterbildungsveranstaltungen oder Arbeitszeugnisse bescheinigt werden. Das bedeutet, dass sowohl Inputzeugnisse (erfolgreiches Absolvieren z. B. eines Bildungsgangs) als auch Outputzeugnisse (Erwerb von Kompetenzen) Berücksichtigung finden (müssen). Die Ausbildungsstruktur ist somit nicht mehr als monolithischer Block zu verstehen. Im öffentlichen Dienst, in dem in Deutschland viele der Archivar*innen und Bibliothekar*innen tätig sind, ist Flexibilität gefragt.

2.2 Deutscher Qualifikationsrahmen (DQR)

Der DQR ist ein Instrument zur Einordnung der Qualifikationen des deutschen Bildungssystems. Er soll zum einen die Orientierung im deutschen Bildungssystem erleichtern und zum anderen zur Vergleichbarkeit deutscher Qualifikationen in Europa beitragen. Um transparenter zu machen, welche Kompetenzen im deutschen Bildungssystem erworben werden, definiert er acht Niveaus, die den acht Niveaus des Europäischen Qualifikationsrahmens (EQR) entsprechen. Der EQR dient als Übersetzungsinstrument, das hilft, nationale Qualifikationen europaweit besser verständlich zu machen. Als nationale Umsetzung des EQR berücksichtigt der DQR die Besonderheiten des deutschen Bildungssystems und trägt zur angemessenen Bewertung und zur Vergleichbarkeit deutscher Qualifikationen in Europa bei (BMBF & KMK o. J.).

Der Deutsche Qualifikationsrahmen (DQR) wurde 2013 eingeführt. Für Hochschulen ist innerhalb des DQR der HQR ausschlaggebend, der 2005 erstmals gemeinsam von der Hochschulrektorenkonferenz (HRK), der KMK und dem BMBF erarbeitet und dessen aktualisierte und erweiterte Fassung 2017 verabschiedet wurde. Der HQR beschreibt, was Absolvent*innen auf der Ebene des Bachelors, des Masters oder der Promotion wissen, verstehen und anwenden können sollten. Zentrale Kategorien sind dabei die Fähigkeit zu reflektivem und innovativem Handeln auf der Grundlage wissenschaftlicher Erkenntnisse sowie die Fähigkeit, wissenschaftliche Methoden reflektiert anzuwenden, auf neue Handlungsfelder zu transferieren und dadurch neues Wissen zu erzeugen. Zudem wird zwischen reflexiver Wissensanwendung (unter Berücksichtigung wissenschaftlicher Erkenntnisse) und kritischer Wissensgenerierung (mit wissenschaftlichen Methoden) unterschieden.

2.3 Akkreditierungsprozesse

Nach Beschluss der KMK sind alle Studiengänge, die zu den Abschlüssen Bachelor und Master führen, in Deutschland nach den Vorgaben des Akkreditierungsrates durch eine Agentur zu akkreditieren (Akkreditierungsrat 2021; Akkreditierungsrat 2018). Das österreichische Akkreditierungssystem ist dem deutschen ähnlich. In der Schweiz werden Studiengänge an Fachhochschulen durch den Bund akkreditiert, wobei die Prüfung der Akkreditierungsgesuche an Agenturen übertragen werden kann. Im Gegensatz zu anderen Ländern, wie Großbritannien oder den USA, erfolgt die Akkreditierung nicht durch eine Fachgesellschaft, sondern durch fachlich unabhängige Agenturen bzw. den Akkreditierungsrat, sodass die Ausgestaltung eines Faches der jeweiligen Lehreinheiten und Module der Hochschule überlassen bleibt. Eine Vergleichbarkeit des Faches mit Ländern, in denen Fachgesellschaften, wie in den USA z. B. die American Library Organization (ALA), die Akkreditierung übernehmen, ist daher nur bedingt möglich. Auch in Deutschland werden Empfehlungen und Bedarfe aus der Praxis in die Gestaltung von Studiengängen einbezogen. Zudem sind Wissenschaftsvertreter*innen anderer Hochschulen oder Forschungseinrichtungen, ggf. auch aus dem Ausland, sowie mindestens ein/e Praktiker*in als Gutachter*in an dem Akkreditierungsverfahren beteiligt, um eine inhaltliche Überprüfung der einzelnen Fächer zu gewährleisten.

Die Akkreditierung bezieht sich auf einzelne Studiengänge (Programmakkreditierung) oder mehrere Studiengänge des gleichen Faches (Bündelakkreditierung) (Akkreditierungsrat o. J.). Für fünf bis maximal sieben Jahre erhält der akkreditierte Studiengang das Qualitätssiegel des Akkreditierungsrats. In die Qualitätssicherung werden auch Verbleibstudien miteinbezogen. Diese werden nur selten publiziert; Ausnahmen liegen z. B. von der HS Hannover oder der HAW Hamburg vor (Bertram 2017; Schade 2019).

In den letzten Jahren hat sich neben der Programm- die Systemakkreditierung in Deutschland etabliert. Gegenstand dieses Verfahrens ist das interne Qualitätssicherungssystem einer Hochschule, bei dem die für Lehre und Studium relevanten Strukturen und Prozesse einer Hochschule daraufhin überprüft werden, ob sie geeignet sind, das Erreichen der Qualifikationsziele sicherzustellen sowie die Qualitätsstandards ihrer Studiengänge zu gewährleisten. Studiengänge, die nach einer erfolgreichen Systemakkreditierung eingerichtet werden oder bereits Gegenstand der internen Qualitätssicherung nach den Vorgaben des akkreditierten Systems waren, sind somit akkreditiert (Akkreditierungsrat 2013).

3 Ausbildung zum Fachangestellten für Medien- und Informationsdienste

Bei der Ausbildung zur/zum Fachangestellten für Medien- und Informationsdienste (FaMI) handelt sich in Deutschland um eine duale dreijährige Berufsausbildung, die für den mittleren Dienst bzw. die adäquaten Entgeltgruppen des öffentlichen Dienstes qualifiziert. Der Abschluss kann in fünf verschiedenen Fachrichtungen erreicht werden: Archiv, Bibliothek, Information und Dokumentation, Bildagentur sowie medizinische Dokumentation. „[Die FaMIs] üben Tätigkeiten in den Arbeitsbereichen der Beschaffung, Erschließung, Vermittlung und Bereitstellung von Medien, Informationen und Daten sowie bei der Beratung und Betreuung von Kunden und Nutzern aus." (KMK 1999) FaMIs üben operative und unterstützende (Standard-)Tätigkeiten aus, wobei die Eigenständigkeit der Arbeit im Allgemeinen mit abnehmender Größe der Einrichtung steigt. So werden FaMIs z. B. in kleinen Öffentlichen Bibliotheken durchaus Tätigkeiten wie das Bestandsmanagement zugeteilt, die in größeren Bibliotheken Bibliothekar*innen mit Studienabschluss vorbehalten sind (Georgy 2012; Umlauf 2011, S. 9, 11, 13).

Im Ausland gibt es vergleichbare Ausbildungen: In Österreich ist es die dreijährige Ausbildung zum/zur Archiv-, Bibliotheks- und Informationsassistent*in (ABI-Assistent*in); in der Schweiz die dreijährige Ausbildung zur/zum Fachfrau/Fachmann Information und Dokumentation EFZ. Es besteht die Möglichkeit zum Abschluss der Berufsmaturität und einem anschließendem Fachhochschulstudium. In anderen Ländern gibt es z. B. Berufsbezeichnungen wie Library Technician oder Library Assistant, die ähnliche Qualifikationen und Tätigkeitsbereiche umfassen.

Eine in Deutschland weitere Fortbildung für den Bereich Archiv – Bibliothek – Dokumentation (ABD) ist die zum/zur geprüften Fachwirt*in für Medien- und Informationsdienste, die sich an Beschäftigte in Archiven, Bibliotheken und anderen Informationseinrichtungen richtet, die eine berufsbegleitende Fort- und berufliche Weiterbildung anstreben. Die Einstellung der Berufsverbände, aber teilweise auch der Arbeitgeber*innen zu dieser ist weiterhin kritisch. Attraktive Alternativen zum/zur Fachwirt*in bieten z. B. der Studiengang in Hannover sowie die Weiterbildungen in Stuttgart und Potsdam – dort allerdings zurzeit ausgesetzt – sowie duale Studienmöglichkeiten, wie z. B. in Darmstadt, da die Absolvent*innen mit dem Bachelor einen anerkannten Studienabschluss erlangen.

4 Akademische Qualifizierung

Die möglichen akademischen Qualifizierungen und wissenschaftlichen Weiterbildungen der Bibliotheks- und der Informationswissenschaft im Rahmen des Bologna-Prozesses werden in Abbildung 1 aufgezeigt.

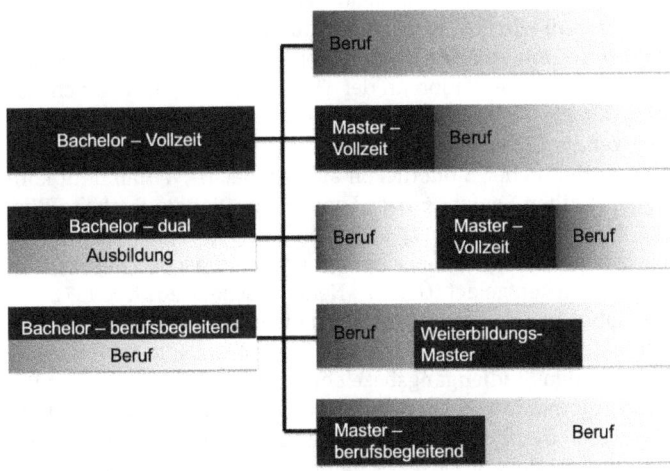

Abb. 1: Karrierewege an Hochschulen (FH Münster 2012; zitiert nach Georgy 2013, S. 33)

4.1 Bachelor

Der Bachelor qualifiziert als erster Hochschulabschluss für einen Beruf, für den gehobenen Dienst und für vergleichbare Entgeltgruppen im öffentlichen Dienst. An zwölf staatlichen Hochschulen in Deutschland gibt es Bachelor-Studiengänge (sechs bzw. sieben Semester), die mit ihrem Studienabschluss eine Tätigkeit z. B. in Unternehmen, in Bibliotheken sowie Kultur- und Gedächtnisinstitutionen ermöglichen: Humboldt-Universität zu Berlin (HU Berlin), Hochschule Darmstadt (HS Darmstadt), Hochschule für Angewandte Wissenschaften Hamburg (HAW Hamburg), Hochschule Hannover (HS Hannover), Universität Hildesheim, Technische Hochschule Köln (TH Köln), Hochschule für Technik, Wirtschaft und Kultur Leipzig (HTWK Leipzig), Fachhochschule Potsdam (FH Potsdam), Hochschule für den öffentlichen Dienst in Bayern (HföD) in München, Universität Regensburg (UR), Universität Konstanz (UK), Hochschule der Medien (HdM) in Stuttgart. In der Schweiz werden Studiengänge von der Fachhochschule Graubünden (FHGR) in Chur und der Haute école de gestion Genève (HEG) in Genf angeboten; in Österreich von der Fachhochschule Burgenland am Standort Eisenstadt sowie von der Österreichischen Nationalbibliothek zusammen mit der Universität Wien (Gantert, Neher & Schade 2019, S. 195).

Entsprechend der Breite der Fachdisziplin haben die bibliotheks- und informationswissenschaftlichen BA-Studiengänge unterschiedliche Schwerpunktsetzungen und Profilierungen, z. B. in den Bereichen Open Access und Open Science, Forschungsdatenmanagement, Digital Literacy, Digital Humanities, Data Science etc. An einigen Hochschulen ist eine Spezialisierung in Hinblick auf bestimmte Medienformen und Zielgruppen von Bibliotheken möglich, z. B. im Bereich der Kinder- und Jugendbibliotheken und Kindermedien (HdM Stuttgart, HTWK Leipzig) (Gantert, Neher & Schade 2019, S. 197). Die Profilierungen spiegeln sich z. T. auch in entsprechenden Namensgebungen wider, wie z. B. Internationales Informationsmanagement an der Uni Hildesheim.

Studienreformen, wie sie z. B. in Berlin, Darmstadt, Hamburg, Köln oder Stuttgart vollzogen wurden, dokumentieren, wie die Hochschulen auf die Veränderungsdynamik digitaler Transformationsprozesse mit einer Anpassung der Profile reagieren. Der Studiengang Bibliothek und digitale Kommunikation an der TH Köln bildet mit dem Schwerpunkt Community Building für die Bedarfe öffentlicher Bibliotheken in ihrer Rolle als Drittem Ort mit allen anverwandten Themen; mit dem Schwerpunkt Scholary Communication für die Bedarfe wissenschaftlicher Bibliotheken aus. An der HAW Hamburg können sich Studierende in den Profilen Search & User Experience, Digitale & offene Wissenschaft sowie Teilhabe in der Informationsgesellschaft spezialisieren. An der HS Darmstadt wird ein Schwerpunkt auf technologische und informatorische Fragestellungen hinsichtlich Digitaler Bibliotheken gelegt (Gantert, Neher & Schade 2019, S. 197).

Fast alle Hochschulen haben in den letzten Jahren mit einer deutlichen Verstärkung informatorischer Schwerpunkte auf die zunehmend datengetriebene Informationswirtschaft reagiert, die sich auch in den Studiengangsbezeichnungen widerspiegelt. Der Bachelorstudiengang Data and Information Science der TH Köln richtet sich mit dem Data Librarian an den Anforderungen öffentlich finanzierter Wissenschaftseinrichtungen, mit dem Schwerpunkt Data Analyst am Bedarf der Wirtschaft aus. Der Studiengang Informationswissenschaft an der HdM in Stuttgart fokussiert mit dem Wahlbereich Bibliotheks-, Kultur- und Bildungsmanagement vor allem Aufgaben und Rollen zur Gestaltung von Öffentlichkeit im kommunalen Raum, während der Wahlbereich Daten- und Informationsmanagement mehr auf technische Aspekte der Kuratierung, Strukturierung, Bereitstellung und Vermittlung von Daten in den Feldern Forschungsdatenmanagement und Open Science abzielt, einer Schwerpunktsetzung, die auch im BA-Studiengang Bibliothekswissenschaft an der FH Potsdam erfolgt ist.

4.2 Berufsbegleitender Bachelor

Neben den Vollzeitstudiengängen bietet die HS Hannover den berufsbegleitenden Bachelorstudiengang Informationsmanagement an, an dem auch FaMIs/Bibliotheksassistent*innen mit und ohne Abitur zugelassen werden. Bewerber*innen mit schulischer Hochschulzugangsberechtigung und ohne abgeschlossenes Studium müssen viereinhalb Jahre einer qualifizierten Tätigkeit nachweisen.

Eine vergleichbare Möglichkeit, den Bachelorabschluss zu erwerben, bietet die Fernweiterbildung Bibliothekswissenschaft der FH Potsdam, die aktuell allerdings ausgesetzt ist. Zudem bieten mehrere Hochschulen für Studierende mit abgeschlossener FaMI-Ausbildung eine Verkürzung des Bachelorstudiums an, wie z. B. die HdM in Stuttgart mittels eines Short-Tracks, bei dem 30 bis 60 ECTS – also bis zu zwei Semester – anerkannt werden. Die HS Darmstadt bietet FaMIs die Möglichkeit eines Dualen Studiums, bei dem an den regulären Veranstaltungen des BA-Studiums teilgenommen werden kann.

4.3 Konsekutive Master

Konsekutive Masterstudiengänge setzen einen grundständigen Studienabschluss im gleichen bzw. einem vergleichbaren Fach voraus. Sie werden von der HU Berlin, der HS Darmstadt, der HAW Hamburg, der HS Hannover, der FH Potsdam, der TH Köln, der Uni Hildesheim sowie der HTWK Leipzig angeboten. Auch hier zeichnet sich eine zunehmende Spezialisierung von Studienangeboten ab. Die HTWK bietet in ihrem konsekutiven Masterstudiengang Bibliotheks- und Informationswissenschaft beispielsweise die Profil-Linien Bibliothekspädagogik, Historische Bestände oder Musikbibliotheken an. Der Master Digitale Transformation der Informations- und Medienwirtschaft an der HAW Hamburg qualifiziert für Digital Leadership und fokussiert auf Analyse, Management und Gestaltung von Transformationsprozessen in Informationseinrichtungen, Medienunternehmen, Bibliotheken und öffentlichen Kultureinrichtungen. Die HS Hannover ist im Master auf Medizinisches Informationsmanagement spezialisiert. Der Master Internationales Informationsmanagement – Sprachwissenschaft und Interkulturelle Kommunikation an der Uni Hildesheim vertieft die im Bachelor erworbenen sprachwissenschaftlichen Kenntnisse und Fähigkeiten für eine sprach- und kulturwissenschaftlich fundierte Tätigkeit in einem mehrsprachigen bzw. interkulturellen Umfeld.

Die Qualifizierung der wissenschaftlichen Bibliothekar*innen wird in den meisten Bundesländern in Form eines zweijährigen Referendariats bzw. Volontariats organisiert. Diese schließen sich an einen bereits erworbenen Masterabschluss bzw. ein Universitätsstudium mit Abschluss Diplom, Magister oder Staatsexamen an. Die praktischen Teile dieser Ausbildungsform finden an Bibliotheken statt; die theoretischen Inhalte können an der HU in Berlin oder der Bibliotheksakademie Bayern (BAB) in München absolviert werden. In Nordrhein-Westfalen wurde das Referendariat durch einen Masterabschluss ersetzt (Georgy 2013, S. 30).

4.4 Weiterbildende Master

Alle nicht konsekutiven Studiengänge werden als Weiterbildungsstudiengänge bezeichnet und sind oft berufsbegleitend. Diese Weiterbildungsangebote gibt es an der HU Berlin, der HS Hannover, der TH Köln und der TH Wildau. Für diese Studiengänge werden eine berufliche Vorerfahrung (sowohl formal als auch fachlich), die Orientierung an Arbeitsmarkterfordernissen des primären Arbeitsmarktsegments, die persönliche und fachliche Motivation sowie die organisatorische und formale bzw. strukturelle Unterstützung durch den Arbeitgeber herangezogen (Oßwald 2010, S. 162 ff). Sie richten sich an Informationsspezialist*innen mit einem vergleichbaren Studienabschluss (Bachelor oder FH-Diplom), „die nach einer längeren Praxisphase ihr Know-how auf den neuesten Stand bringen wollen und verbunden mit fachlichen Vertiefungen eine Höherqualifizierung anstreben" (Tappenbeck & Meinhard 2021). In Österreich (Wien und Innsbruck) wird u. a. der Universitätslehrgang Library and Information Studies angeboten, der mit einem Master of Science (M. Sc.) abschließt.

Alternativ bietet sich die Möglichkeit, auf einen Bachelor im Bereich Archiv, Bibliothek, Information einen fachfremden Master aufzubauen, um Einblick in ein anderes Fach und eine Spezialisierung zu erlangen. Für die Übernahme von Leitungspositionen bietet sich als berufsbegleitender Studiengang auch ein Master of Business Administration (MBA) an, da dieser Aspekte wie Managementkompetenzen, Projektmanagement, interkulturelle Kommunikation etc. behandelt.

In Deutschland gibt es bzgl. der Laufbahnverordnung weiterhin Einschränkungen was diese Form der Kreuzqualifikation betrifft. So berechtigt ein grundständiges, z. B. informationswissenschaftliches Studium in Kombination mit einem fachfremden Master zwar für den höheren Dienst aber nicht automatisch für den höheren Bibliotheksdienst. Das heißt, dass die Absolvent*innen nur selten als Fachreferent*innen eingesetzt werden. Im Zuge des Fachkräftemangels bleibt abzuwarten, ob es zu einem Umdenken kommt.

Der viersemestrige Weiterbildungsstudiengang Bibliotheks- und Informationswissenschaft (MALIS) der TH Köln qualifiziert für Leitungs- und Führungsaufgaben im Bibliotheks- und Informationsbereich. Die TH Wildau bietet einen berufsbegleitenden Masterstudiengang Bibliotheksinformatik an und reagiert damit auf den steigenden Bedarf an informatikaffinen Absolvent*innen. Die HU Berlin und die FH Potsdam starteten 2019 gemeinsam den weiterbildenden Masterstudiengang Digitales Datenmanagement. Die HdM in Stuttgart stellt in den Mittelpunkt ihres Kontaktstudiums gezielte Personalentwicklung und bietet mit einzeln buchbaren Modulen Vertiefungsmöglichkeiten zu aktuellen Themen und Anforderungen. In der Schweiz sind mit dem Certificate of Advanced Studies (CAS), dem Diploma of Advanced Studies (DAS) und dem Master of Advanced Studies (MAS) berufsbegleitende Weiterbildungsstudiengänge etabliert.

4.5 Promotion

Promotionsmöglichkeiten bestehen an einer Reihe von Hochschulen. Während in der Bibliothekswissenschaft eine Promotion ausschließlich am Institut für Bibliotheks- und einer informationswissenschaftlichen Promotion in Berlin, Hildesheim, Konstanz und Regensburg und einer Promotion in Angewandter Informatik in Darmstadt.

Durch die hochschulübergreifende Zusammenarbeit von Professor*innen der Fachhochschulen und Universitäten bietet sich zudem auch die Möglichkeit der kooperativen Promotion an Fachhochschulen. Darüber hinaus errichten immer mehr Fachhochschulen gemeinsame Promotionskollegs. Damit wird es hervorragenden Masterabsolvent*innen ermöglicht, ein Promotionsvorhaben an Fachhochschulen zu realisieren.

5 Wissenschaftliche Weiterbildung

Wissenschaftliche Weiterbildung gehört neben Lehre und Forschung seit vielen Jahren zu den Kernaufgaben der Hochschulen (HRK 2008). Damit sprechen sie verstärkt Berufseinsteiger*innen und -rückkehrer*innen, Berufstätige, Führungskräfte und Individualkund*innen mit unterschiedlichen beruflichen Qualifikationen in wissenschaftlichen und öffentlichen Einrichtungen sowie Unternehmen an, die Bedarf an Aktualisierung, Erweiterung, Vertiefung oder Vervollständigung ihrer Kenntnisse und Kompetenzen haben.

Durch Zertifikatskurse erlangen Teilnehmer*innen ergänzend zur eigenen Ausbildung sowie dem beruflichen Erfahrungshintergrund für spezielle Berufsfelder ein theoretisches und praxisnahes Fundament auf Hochschulniveau, d. h., dass die Konzepte wissenschaftlich fundiert und an den Bedarfen der Praxis ausgerichtet sind. Zertifikatskurse fassen in einem klar definierten Themenbereich das grundlegende und aktuelle Know-how kompakt in zeitlich überschaubarem Rahmen zusammen. Sie bieten ein integratives, aufeinander aufbauendes Training, bei dem die Inhalte im Berufsalltag direkt angewandt werden. Die Teilnehmer*innen qualifizieren sich mit einem Zertifikat berufsbegleitend für entsprechende Themengebiete, Ausschreibungen oder angestrebte Positionen, d. h. sie verbessern ihre Karriereperspektiven und erweitern im Sinne des lebensumspannenden Lernens den eigenen Horizont. Zertifikatskurse sind als Leistungsnachweis international anerkannt (Vergabe von ECTS) und werden an der HdM in Stuttgart und am ZBIW – Zentrum für Bibliotheks- und Informationswissenschaftliche Weiterbildung in Köln angeboten.

Der Zertifikatskurs Bibliosuisse ist ein Weiterbildungsangebot, das sich an Mitarbeiter*innen in Öffentlichen Bibliotheken ohne bibliothekarische Ausbildung in der Schweiz richtet.

6 Didaktische Konzepte und neue Lernformen

Die Innovationsdynamik, die im Kontext der digitalen Transformation insbesondere die Berufsfelder betrifft, für die die bibliotheks- und informationswissenschaftlichen Studiengänge qualifizieren, wirft die Frage auf, inwieweit neue bzw. modifizierte didaktische Konzepte notwendig sind, um Studierende adäquat auf diese Herausforderungen vorzubereiten. Dabei zeigt sich, dass die sozio-ökonomischen Rahmenbedingungen der digitalen Transformation zu einer stärkeren Vermittlung von Meta- und Schlüsselkompetenzen, wie Projektmanagement, Kommunikation, Teamfähigkeit sowie selbstständiges Denken und Handeln führen. Neben den fachwissenschaftlichen Inhalten sind methodische, soziale und Selbstkompetenzen bereits integraler Bestandteil des Studiums und der Ausbildung.

Zusätzlich zur Möglichkeit, die Berufspraxis durch Praktika kennenzulernen, bieten die Hochschulen auch weitere vielfältige Möglichkeiten, den Transfer von praktischem Berufswissen in die Studiengänge zu unterstützen. Dies reicht von Lehrbeauftragten aus der Praxis, über die Einrichtung von Laboren, in denen Studierende selbstständig arbeiten, bis hin zu Forschungsprojekten, an denen sich Studierende aktiv beteiligen. So ist beispielsweise ein Forschungs- oder Entwicklungsprojekt an der HS Darmstadt und weiteren Hochschulen integriert (Gantert, Neher & Schade 2019, S. 200).

Ein seit langem in den Studiengängen genutztes didaktisches Konzept ist das der Projektarbeit und – stärker berufspraktisch bezogen – das der ausgedehnten Praktika. „Forschendes Lernen" wurde an allen Hochschulen stark aufgewertet und i. d. R. auch konkret mit didaktischen Zielen und Methoden in informationswissenschaftlichen Laboren umgesetzt (Gantert, Neher & Schade 2019, S. 200). Zusätzlich wird das Konzept „Flipped/Inverted Classroom" als hybrides Lehrformat verwendet. Hierbei bereiten die Studierenden den Stoff der Lehrveranstaltung nicht nach, sondern gestalten diese aktiv mit, z. B. dadurch, dass sie eine Aufzeichnung zu der Thematik der jeweils nächsten Veranstaltung rezipieren, sich Fragen und Unklarheiten notieren und diese dann in der Veranstaltung besprechen (Gantert, Neher & Schade 2019, S. 201). Ein weiteres didaktisches Konzept, das zunehmend angewendet wird, ist das des interdisziplinären Arbeitens. Das Kennenlernen und Sich-Auseinandersetzen mit methodischen Herangehensweisen anderer Fachdisziplinen stärkt die Fähigkeit des kritischen Reflektierens und des erklärenden Argumentierens der eigenen Herangehensweise. Die unter den o. g. Qualifikationsrahmen genannten Kompetenzfelder können so gefördert werden.

7 Ausblick

Durch die Corona-Pandemie ist es selbstverständlich geworden, dass alle Hochschulen und damit auch alle bibliotheks- und informationswissenschaftlichen Studiengänge, ihre Lehre durch Nutzung webbasierter Lernplattformen unterstützen und dabei – neben der orts- und zeitunabhängigen Bereitstellung von Lernmaterialien – Standard-Features wie Diskussionsforen, Wikis oder die Möglichkeit unbenoteter Selbsttests zur Übung in die jeweiligen Lehrformate integrieren und umfänglich in digitalen Lehr- und Lernformaten arbeiten. Während in der Präsenzlehre die Formate des projektartigen disziplinären oder interdisziplinären Lernens sowie des Diskutierens im Vordergrund stehen, die durch webbasierte Instrumente (Lernplattform-Werkzeuge, Etherpad etc.) ergänzt werden, benötigt man bei berufsbegleitenden (Fern-)Weiterbildungsangeboten/Studiengängen Konzepte, die vorrangig über Distanz funktionieren. Hier kommen i. d. R. Aufzeichnungen und Webinare zum Einsatz. Die online vermittelten Inhalte werden dann in Präsenzphasen diskutiert und vertieft.

8 Literaturverzeichnis

Akkreditierungsrat (2021). *Akkreditierungssystem*. https://www.akkreditierungsrat.de/de/akkreditierungssystem/akkreditierungssystem.

Akkreditierungsrat (2018). *Agenturen*. https://www.akkreditierungsrat.de/de/akkreditierungssystem/agenturen/agenturen.

Akkreditierungsrat (2013). *Regeln für die Akkreditierung von Studiengängen und für die Systemakkreditierung*. Beschluss des Akkreditierungsrates vom 08.12.2009, zuletzt geändert am 20.02.2013. Drs. AR 20/2013. https://www.akkreditierungsrat.de/sites/default/files/downloads/2019/AR_Beschluss_-Regeln_Studiengaenge_Systemakkreditierung_2013.02.20_Drs.20-2013.pdf.

Akkreditierungsrat (o.J.). *Programmakkreditierung*. https://www.akkreditierungsrat.de/index.php/de/akkreditierungssystem/programmakkreditierung/programmakkreditierung.

Bertram, J. (2017). Informationsmanager auf dem Arbeitsmarkt. Ergebnisse einer Absolventenbefragung der Hochschule Hannover. *Information – Wissenschaft & Praxis* 68(1), S. 47–57. https://doi.org/10.1515/iwp-2017-0021.

BMBF & KMK (o. J.). *Der Deutsche Qualifikationsrahmen für lebenslanges Lernen*. https://www.dqr.de/dqr/de/home/home_node.html;jsessionid=CA2FD6E3DA662836AB0A37A5AAF1AD42.live381.

CEDEFOP (o. J.). *European credit system for vocational education and training (ECVET)*. https://www.cedefop.europa.eu/en/events-and-projects/projects/european-credit-system-vocational-education-and-training-ecvet.

EHEA (1999). *Der Europäische Hochschulraum – Gemeinsame Erklärung der Europäischen Bildungsminister 19. Juni 1999*. Bologna. http://www.ehea.info/media.ehea.info/file/Ministerial_conferences/04/1/1999_Bologna_Declaration_German_553041.pdf.

Europäische Union (o. J.). *Europäischer Qualifikationsrahmen* https://europa.eu/europass/de/european-qualifications-framework-eqf.

Gantert, K., Neher, G. & Schade, F. (2018). Die digitale Transformation meistern. *Bibliothek Forschung und Praxis*, 42(3), 441–452. https://doi.org/10.1515/bfp-2018-0053.

Gantert, K., Neher, G. & Schade, F. (2019). Lehre und Forschung in der Informationswissenschaft. In W. Bredemeier (Hrsg.), *Zukunft der Informationswissenschaft. Hat die Informationswissenschaft eine Zukunft?* (S. 187–212). Simon Verlag für Bibliothekswesen.

Georgy, U. (2013). Professionalisierung der Informationsarbeit – Beruf und Ausbildung in Deutschland, Österreich und der Schweiz. In R. Kuhlen, W. Semar & D. Strauch (Hrsg.), *Grundlagen der praktischen Information und Dokumentation*, 6. Ausgabe. (S. 25–38). De Gruyter Saur.

Georgy, U. (2012). Handlungsfelder und Qualifikationen. In F. Schade & K. Umlauf (Hrsg.), *Handbuch Bestandsmanagement für Öffentliche Bibliotheken* (S. 103–116). De Gruyter Saur.

Georgy, U. & Griesbaum, J. (2010). Kollaborative hochschulübergreifende Bildungs-, Wissens- und Forschungsinfrastrukturen der Zukunft: Konzept eines Fach und Kompetenzzentrums Informationswissenschaft. *Information, Wissenschaft & Praxis*, 3, 197–201.

Hobohm, H.-C. (2013). Erhebungsmethoden in der Informationsverhaltensforschung. In R. Kuhlen, R. Semar & W. Strauch (Hrsg.), *Grundlagen der praktischen Information und Dokumentation* (S. 139–142). De Gruyter Saur.

HRK (2008). *HRK-Positionspapier zur wissenschaftlichen Weiterbildung*. Entschließung des 588. HRK-Präsidiums am 7.7.2008. https://www.hrk.de/positionen/gesamtliste-beschluesse/position/convention/hrk-positionspapier-zur-wissenschaftlichen-weiterbildung/.

KMK (o. J.). *Kopenhagen-Prozess im Bereich der beruflichen Bildung*. https://www.kmk.org/themen/internationales/eu-zusammenarbeit/kopenhagen-prozess.html.

KMK (2017). *Qualifikationsrahmen für deutsche Hochschulabschlüsse*. https://www.kmk.org/fileadmin/Dateien/veroeffentlichungen_beschluesse/2017/2017_02_16-Qualifikationsrahmen.pdf.

KMK (2007). *Handreichung für die Erarbeitung von Rahmenlehrplänen der Kultusministerkonferenz für den berufsbezogenen Unterricht in der Berufsschule und ihre Abstimmung mit Ausbildungsordnungen des Bundes für anerkannte Ausbildungsberufe*. https://www.kmk.org/fileadmin/veroeffentlichungen_beschluesse/2007/2007_09_01-Handreich-Rlpl-Berufsschule.pdf.

KMK (1999). *Rahmenlehrplan für den Ausbildungsberuf Fachangestellter/Fachangestellte für Medien- und Informationsdienste*. https://www.kmk.org/fileadmin/pdf/Bildung/BeruflicheBildung/rlp/FAMedien-Information.pdf.

Nickel, S. & Duong, S. (2012). *Studieren ohne Abitur: Monitoring der Entwicklungen in Bund, Ländern und Hochschulen*. CHE Arbeitspapier Nr. 157. Gütersloh. https://www.che.de/wp-content/uploads/upload/CHE_AP157_Studieren_ohne_Abitur_2012.pdf.

Oßwald, A. (2010). Von Punkten, Rankings und Assessment-Verfahren. *Information, Wissenschaft & Praxis*, 2010(03), 162–166.

Rösch, H. (2021). *Informationsethik und Bibliotheksethik. Grundlagen und Praxis*. De Gruyter Saur. https://doi.org/10.1515/9783110522396.

Rösch, H., Seefeldt, J. & Umlauf, K. (2019). *Bibliotheken und Informationsgesellschaft in Deutschland. Eine Einführung* (3. Auflage). Harrassowitz Verlag.

Schade, F. (2019). *Mit Vollgas in die Zukunft. Absolventenstudie des Studiengangs Bibliotheks- und Informationsmanagement*. Projektbericht. HAW Hamburg.

Sweeney, M. & Estabrook, L. S. (2017). Library and Information Science. In *Encyclopedia of Library and Information Sciences* (4. Ed.). Taylor & Francis. https://doi.org/10.1081/E-ELIS4.

Tappenbeck, I. & Meinhardt, H. (2021). MALIS Reloaded – Der berufsbegleitende Masterstudiengang „Bibliotheks- und Informationswissenschaft" der TH Köln präsentiert sich mit einem neuen Curriculum, *o-bib* 8(2). https://www.o-bib.de/article/view/5708/8449.

Umlauf, K. (2011). *Organisation der Lektoratsarbeit in Öffentlichen Bibliotheken, ihre Stärken und Schwächen*. Berliner Handreichungen zur Bibliotheks- und Informationswissenschaft, 306, Institut für Bibliotheks- und Informationswissenschaft. http://edoc.hu-berlin.de/series/berliner-handreichungen/2011-306/PDF/306.pdf.

Umlauf, K. (2016). Bibliotheks- und Informationswissenschaft. In K. Umlauf (Hrsg.), *Grundwissen Medien, Information, Bibliothek. Bibliothek des Buchwesens* (S. 11–13). Hiersemann Verlag.

Weinert, F. E. (2001). *Vergleichende Leistungsmessung in Schulen – eine umstrittene Selbstverständlichkeit*. In F. E. Weinert (Hrsg.), *Leistungsmessung in Schulen* (S. 17–31). Beltz Verlag.

Robert Strötgen & René Schneider

A 6 Bibliotheken

1 Einleitung und Einordnung

Denkt man an Bibliotheken oder Büchereien, denkt man spontan und in der Regel aus der Erfahrung heraus an zwei Dinge: erstens an Bücher sowie zweitens ein Gebäude bzw. zumindest größere Räumlichkeiten als Teil eines Gebäudes, die diese Bücher beherbergen. Nach weiterer Überlegung wird man gleichzeitig zu dem Schluss kommen, dass Bücher in Bibliotheken frei zugänglich und im Gegensatz zu Buchhandlungen, auf die die ersten beiden Kriterien auch zutreffen, nicht käuflich zu erwerben sind.

So umfassend diese erste Definition und Abgrenzung erscheinen mag, so unscharf und unzulänglich ist sie zugleich, und zwar in Bezug auf die Geschichte, Gegenwart und vor allen Dingen die Zukunft von Bibliotheken. Selbst eine kurze Betrachtung dieser drei Aspekte (Bücher, Gebäude, freier Zugang) wirft eine Reihe von Widersprüchlichkeiten auf.

So bezeichnet das griechische Wort θήκη, also Theke, das im Deutschen und in mehreren anderen Sprachen in einer Vielzahl von anderen Wörtern anzutreffen ist, ursprünglich einen einfachen Behälter, der historisch gesehen und was Größe und Umfang betraf, einen einfachen Transport sicherstellen musste. Solche Bibliotheken, im eigentlichen Sinn des Worts, gibt es auch heute noch. Sie sind im öffentlichen Alltag anzutreffen, etwa unter der Bezeichnung „Öffentliche Bücherschränke" (Piorkowski 2016) in Telefonzellen oder aber auch mit einer besonderen Mission in extrem robusten Behältern, etwa zur Versorgung entlegener Gebiete mit medizinischer Fachliteratur (Grandbois & Aronson 1997).

Dennoch gab es auch schon in der Antike große Gebäude, die uns als Bibliotheken überliefert sind. Interessanterweise war die berühmteste Bibliothek in Alexandria aber kein eigenes Gebäude im oben genannten Sinn, sondern Teil eines Museion (Zdiarsky 2011), also eines Orts der Begegnung zur wissenschaftlichen Bildung, in dem unter anderem, nämlich in den für die Bibliothek vorgesehenen Räume, die zum Studium notwendigen Schriften aufbewahrt wurden. Bibliotheken waren darüber hinaus im Mittelalter als Skriptorien ein Ort der täglichen Arbeit, nämlich des Kopierens und Übersetzens.

Gleichzeitig und um den zeitlichen Bogen weiter und mindestens bis in die frühe Neuzeit zu spannen, wurden in Bibliotheken vergangener Epochen weniger Bücher, da es sie in dieser Form einfach noch nicht gab, sondern eher Schriftrollen (also Papyri oder Pergamente) aufbewahrt (Willeitner 2016), wobei diese alles andere als frei zugänglich waren. Was die Aufbewahrung von Artefakten betrifft, ist dies auch heute noch so, Bibliotheken bewahren nicht nur, aber hauptsächlich Bücher und in absteigendem Umfang Zeitschriften, Landkarten, Globen, Schriftrollen usw. auf. Der Zugang hat sich in jedem Fall radikal geändert und zwar so weit, dass Bibliotheken geradezu alles tun (müssen), um ihre Klientel nicht zu verlieren und sich aufgrund der umgreifenden Transformationen der (digitalen) Informationsgesellschaft die Frage stellt, ob und inwieweit Bibliotheken, was die drei oben genannten Kriterien (Bücher, Gebäude, freier Zugang) betrifft, nicht ein Auslaufmodell sind und entweder andere Kriterien, die in der Vergangenheit schon eine Rolle gespielt haben, etwa als Ort der Begegnung (Elmborg 2011), der Bildung oder des Arbeitens wieder eine verstärkte Rolle spielen sollen. Oder ob die Zukunft der Bibliotheken, so sie denn überleben wollen, einfach nur digital sein muss

(Arms 2001). Bemerkenswert scheint hier zum einen, dass in der für die digitale Transformation bedeutsamen Informatik der Begriff der Bibliothek belegt ist als Sammlung von Unterprogrammen und Routinen und die Zahl derer, die – wenn der Begriff der Bibliothek fällt – an diese Unterprogramme und nicht an Bücher denken, steigt. Zum anderen wird die Zukunft der Bibliotheken immer wieder mit der Pflicht zur Innovation (Fingerle & Mumenthaler 2016) assoziiert, was letztlich im Widerspruch zum jahrtausendealten und bewährten System des bibliothekarischen Denkens und Handelns steht. Beides unterstreicht, dass Bibliotheken in einem zunehmend aufgeladenen Spannungsfeld agieren und sich neu positionieren müssen.

2 Abgrenzung

Für gewöhnlich wird das Tätigkeitsfeld der Bibliotheken zu jenen der Archive und Museen (Neuroth 2017), traditionell auch zu den weniger häufigen Dokumentationszentren abgegrenzt, analog zu den Berufsbildern der Bibliothekar*innen, Archivar*innen, Kurator*innen und Dokumentar*innen, die sich im Laufe der Zeit für jedes einzelne Gebiet herausgeformt haben. In diesem Zusammenhang stellen sich im Hinblick auf die digitale Informationsgesellschaft zwei Fragen: zum einen, inwieweit diese Abgrenzung noch sinnvoll ist, zum anderen, ob die Bibliotheken (und womöglich die Gesamtheit der oben genannten Berufswelt) nicht eher zum World Wide Web und vor allen Dingen den darin befindlichen sozialen Netzwerken abzugrenzen sind (Weinberger 2007), zumal sie in direkter und immer stärker werdender Konkurrenz dazu stehen.

So leicht die begriffliche und geläufige Abgrenzung der drei bzw. vier klassischen Tätigkeitsfelder scheint, umso mehr verschwimmen die Grenzen bei genauerem Hinsehen: Bibliotheken bewahren Bücher, Archive (amtliche) Dokumente, Museen (Kunst-)Objekte und Dokumentationszentren (in der Regel papiergebundene oder digitalisierte) Dokumente im Hinblick auf ein spezielles Wissensgebiet auf. Gilt das Hauptinteresse der Archive den Unikaten und der zyklisch zu erfolgenden Abschätzung (Evaluation) deren Werts für die Zukunft bzw. der Notwendigkeit sie für die weitere Zukunft angemessen aufzubewahren, interessieren sich Bibliotheken für Bücher, also Kopien von Werken, die sie häufig und entsprechend der Bedürfnisse ihrer Klientel auch in mehrfacher Ausfertigung aufbewahren. Museen hingegen bewahren Artefakte, die von Natur aus Originale und häufig dreidimensional und nicht papiergebunden sind, auf. Aufbauend auf diesen Sammlungen werden Ausstellungen kuratiert, die Artefakte für die Öffentlichkeit ausgewählt und vor, während und nach diesen Ausstellungen besonders geschützt. In Dokumentationszentren richtet sich das Augenmerk weniger auf Bücher, sondern auf Informationseinheiten kleineren Formats, insbesondere (Zeitschriften-)Artikel.

Andererseits bewahren auch Bibliotheken Manuskripte und andere Autographen oder Unikate auf, bereiten Ausstellungen vor und führen diese durch, sammeln Zeitschriften und haben häufig entsprechend ihrem Typ oder Mandat gezielte Sammelaufträge. Dies gilt (wiederum im Hinblick auf die digitale Informationsgesellschaft) verstärkt für Daten bzw. Forschungsdaten (Rice & Southall 2016). Bibliotheken, wenngleich eher wissenschaftliche Bibliotheken, beginnen vermehrt damit, Forschungsdaten zu sammeln und in eigenen Repositorien oder gar Archiven zu kuratieren (d. h. hier: entlang des Lebenszyklus der Daten zu begleiten) und digitale Forschungsumgebungen mit Werkstattcharakter zur Verfügung zu stellen, die es den Forschenden ermöglichen, ihre Daten zu teilen und zur Wiederverwendung aufzubewahren. Diese Entwicklung scheint zu belegen, dass die Grenzen zwischen den traditionellen Metiers immer weiter verschwimmen und man geneigt ist, entweder von einer Amalgamierung der Kompetenzbereiche Bibliothek, Archiv und Museum zu sprechen oder von einem Wildern in angrenzenden Tätigkeitsfeldern, wobei zugleich der Begriff des Dokuments mittlerweile so stark aufgeweicht ist und das damit zusammenhängende Arbeitsgebiet von den verbliebenen Hauptorten des Sammelns und Aufbewahrens absorbiert wurde.

Fraglich ist dabei auch, inwieweit diese sich immer stärker verschränkenden Institutionen zum Web positionieren, es für eigene Zwecke nutzen, mit Internetgiganten kooperieren, bspw. um sich die Arbeit der Digitalisierung von Suchmaschinenbetreibern abnehmen zu lassen, oder sich aber – unter dem gewichtigen Arbeitsschwerpunkt Informationskompetenz (Eisenberg et al. 2004) als Gegenpol zu einer Welt der virtuellen Beliebigkeit und Fake-News darstellen.

Greift man die in der aktuellen Literatur (Ovenden 2020) postulierten Thesen der Bildung, Gedankenvielfalt, offenen Gesellschaft, Faktenkontrolle und der kulturellen Identität auf, die gleichsam als Leitsterne für die (öffentlichen) Bibliotheken *und* Archive zu gelten haben, hat man eine erste Ahnung vom sich immer breiter facettierenden Arbeitsgebiet der bibliothekarischen Profession und der damit verbundenen Kernaufgaben.

3 Typen

Das Grundmodell der Bibliotheken beruht letztlich auf zwei miteinander verbundenen Grundelementen: erstens, dass Bibliotheken Bücher bereitstellen, also letztlich dem Lesen dienen; zweitens, dass Bibliotheken, unabhängig davon, ob es sich etwa um in alten Telefonzellen eingerichtete offene Bücherschränke (also wiederum um Bibliotheken im reinsten Sinne des Wortes) oder die häufig zu großen Bibliotheksgebäuden gehörenden Lesesäle handelt, immer auch Orte des Aufenthalts und damit der Begegnung sind, sog. Heterotopien (Foucault 1993). Also Orte, die sich von anderen normierten Orten darin unterscheiden, dass sie verschiedenartige Funktionen erfüllen, in denen neben einer vorgesehenen Funktion andere Dinge geschehen können und dürfen. Im Fall der Bibliotheken ist es wohl die Vermischung bzw. Überlagerung eines universellen kognitiven Prozesses (dem Lesen) unter der Grundfunktion der strukturierten Aufbewahrung mit dem gleichfalls universellen Prinzip und Bedürfnis der Begegnung. Diese Überlagerung kann gleichzeitig als Grund dafür gelten, dass eine beinahe unüberschaubare Vielzahl unterschiedlicher Typen von Bibliotheken (Gantert 2016) entstehen konnte, die nur ansatzweise aufzuzählen sind: Gemeinde-, Stadt-, Landes-, National-, Gefängnis-, Kirchen-, Privat-, Blinden-, Handy-, Parlaments-, Klosterbibliothek usw. Die Liste ließe sich problemlos bis auf eine Anzahl von etwa 50 unterschiedlichen Typen fortsetzen. In Summe bleibt festzuhalten, dass aus den relativ einfachen und klaren Prinzipien von a) Büchern und b) Raum/Ort eine sehr heterogene Vielfalt entstehen konnte, ohne dass eine konsistente Kategorisierung in diskrete Untergruppen möglich scheint.

Hilfreich – auch für ein darauffolgendes tieferes Verständnis – ist immer noch die Charakterisierung entsprechend Funktion oder Trägerschaft bzw. die grundsätzliche Unterscheidung zwischen öffentlichen und wissenschaftlichen Bibliotheken, die, sowohl was Anzahl und den jeweiligen Umfang betrifft, den größten Teil von Bibliotheken ausmachen; gleichzeitig die institutionell mandatierten Bibliotheken (bspw. National- und Landesbibliotheken) mit spezifischen Sammlungsaufträgen, u. a. dem sogenannten

Pflichtexemplar. Auffällig ist wiederum die Anbindung des Bibliothekskonzepts an ein Gebäude, einen Ort oder einen mehr oder weniger frei zugänglichen Raum.

4 Die Bibliothek als Ort

In diesem Zusammenhang ist es von daher interessant, wenn nicht absolut notwendig, festzuhalten, dass neuere Bibliothekskonzepte – auch als Wege aus einer sich wie auch immer manifestierenden Bibliothekskrise das Prinzip eines inklusiven Orts der Begegnung in den Vordergrund stellen. Häufig werden diese neuen Bibliotheksformen auch unter dem Begriff des „Dritten Orts" zusammengefasst: Sie sollen als neutraler Ort neben dem Privaten und der Arbeit verstanden werden und werden charakterisiert über Begriffe wie neutral und unverbindlich, sozialer Nivellierer, Konversation und Austausch, spielerischer Charakter, Einfachheit und auch als Zuhause in der Ferne (Oldenbourg 1999, 2001).

Interessant sind diese neuen Formen auch, weil sie das Konzept „Ort" so weit in den Vordergrund stellen, dass vom Konzept „Ort des Buchs" wenig oder bisweilen gar nichts mehr übrigbleibt und das Prinzip des Mitmachens in einem makerspace (Colegrove 2013) in den Vordergrund gestellt wird. Als eher radikaler, wenn auch schon etwas in die Jahre gekommener Ansatz sind die in Großbritannien entwickelten *idea stores* (Cavalli et al. 2017) zu nennen, die neben der Ausleihe von Dokumenten in ihrer Angebotspalette eher deutschen Volkshochschulen gleichen.

Dabei ist gleichzeitig hervorzuheben, dass diese verstärkte Ausrichtung auf Bibliotheken als Ort der Begegnung
- ideell auch gerne mit einem Rekurs auf die griechische Agora oder das römische Forum und damit implizit dem Prinzip der klassischen Bildung verbunden ist, auch wenn es sich bei den dritten Räumen in der Regel um geschlossene Räume handelt;
- in der praktischen Realisierung mit einem beträchtlichen architektonischen und damit verbundenen finanziellen Aufwand betrieben werden, gerne werden Bibliotheksbauten auch als Kathedralen der Gegenwart bezeichnet.

Stellvertretend sei als eines der jüngsten Beispiele auf Oodi (deutsch: die Ode), die neue Zentralbibliothek Helsinkis hingewiesen (Werner 2020).

5 Aufgaben und Dienstleistungen einer Bibliothek

Für die Kernaufgaben von Bibliotheken wie Beschaffung, Bereitstellung und Zugänglichmachung von Büchern und anderen Medien wurden standardisierte Verfahren und Prozesse entwickelt. Die Aufgaben und Dienstleistungen werden im Folgenden vor allem in Anlehnung an Gantert (2016) dargestellt.

5.1 Bestandsaufbau

Für den Aufbau des Bibliotheksbestands besteht die Herausforderung darin, im Rahmen der vorhandenen Finanzmittel die Erwerbung von Medien zu steuern. Ein systematischer

Sammlungsaufbau orientiert sich in der Regel an der Literaturversorgung der Nutzer*innen, kann aber auch speziellen fachlichen Kriterien folgen. In Deutschland hatten bis vor einigen Jahren die Sondersammelgebiete den Auftrag der DFG, für ihre jeweiligen Fachgebiete auch international eine möglichst vollständige Abdeckung der Neuerscheinungen zu sichern. Der Umfang der wissenschaftlichen Literaturproduktion und neue Zugangswege zu Publikationen haben dieses System an die Grenzen gebracht.

Bei der Beschaffung von Medien geht es mittlerweile nicht mehr ausschließlich oder primär um den Erwerb gedruckter Literatur, sondern in vielen Bereichen überwiegend um die Lizenzierung von elektronischen Publikationen. Bibliotheken schließen sich dabei vielfach zu Konsortien zusammen, um gegenüber den Verlagen eine bessere Marktposition zu erreichen und um die Prozesse der Beschaffung effizienter zu gestalten. Waren es anfangs vor allem elektronische Zeitschriften, so sind es mittlerweile auch in großem Umfang eBooks, die lizenziert werden. Dabei kommen unterschiedliche Lizenzmodelle zum Einsatz wie z. B. der dauerhafte Erwerb von eBook-Lizenzen, die nur zeitweise Nutzungsmöglichkeit über Datenbanklizenzen sowie innovative Erwerbungsmodelle wie Patron-Driven-Acquisition, bei der den Nutzer*innen ein Pool an eBooks angeboten wird, der eigentliche Erwerb aber von der tatsächlichen Nutzung gesteuert wird.

Die Transformation zu Open Access führt bereits jetzt dazu, dass Bibliotheken sich zukünftig weniger um den Erwerb von Literatur und Lizenzen und dafür mehr um die Finanzierung von Article Processing Charges kümmern werden und die entsprechenden Budgets verschoben werden.

Zur Bestandspflege gehört auch die Aussonderung von Medien, die nicht mehr benötigt werden und für die keine Archivierungsgründe wie z. B. Alleinbesitz sprechen.

5.2 Bestandserschließung

Die Erschließung des Bestands dient der Auffindbarkeit von Medien der Bibliothek. Dafür werden Bibliothekskataloge erstellt, die sich von den Inventarbüchern unterscheiden, die im Rahmen der Erwerbung gepflegt werden.

Üblicherweise wird zwischen der Formal- und der Sacherschließung unterschieden. Erstere dient der Erfassung der formalen Beschreibungskriterien wie Urheber, Titel und Erscheinungsjahr. Die verbale Sacherschließung verwendet Schlagworte zur Beschreibung des Inhalts, die klassifikatorische Sacherschließung nutzt Klassifikationen und Systematiken.

Die Bestandserschließung folgt einer Standardisierung, die ursprünglich die Nutzung verschiedener Bibliotheken erleichterte, inzwischen aber eine wichtige Voraussetzung für die Integration verschiedener Kataloge ist. Dem Regelwerk „Instruktionen für die alphabetischen Kataloge der preußischen Bibliotheken" (PI) von 1899 folgten 1976 die „Regeln für die alphabetische Katalogisierung" (RAK). Die zunehmende Internationalisierung und Vernetzung führte nach 2010 zur Anwendung von „Resource Description and Access" (RDA) in Deutschland, das auf dem FRBR-Modell („Functional Requirements for Bibliographic Records") beruht. Neben Merkmalen eines Werks werden hier auch Beziehungen zwischen Werken wie auch Personen und Körperschaften beschrieben. 2017 wurde mit dem IFLA Library Reference Model (IFLA LRM) RDA mit den „Functional Requirements for Authority Data" (FRAD) und den „Functional Requirements for Subject Authority Data" (FRSAD) integriert und weiterentwickelt.

Bei der Katalogisierung hat sich der überwiegende Teil der Bibliotheken im deutschsprachigen Raum an Kataloge der Bibliotheksverbünde angeschlossen. Bei der kooperativen Katalogisierung muss nicht jede Bibliothek eigenständig katalogisieren, sondern kann sich – sofern im Katalog schon vorhanden – an Katalogaufnahmen anderer Bibliotheken „anhängen" und diese ggf. bei der Sacherschließung ergänzen. Das verringert einerseits den Aufwand der Katalogisierung erheblich und erleichtert gleichzeitig eine überregionale Literaturrecherche.

Einerseits enthalten Kataloge mit unselbstständiger Literatur wie z. B. Aufsatzdaten inzwischen deutlich mehr Inhalt, gleichzeitig wächst auch der Anteil der nur sehr rudimentär erschlossenen Medien. Angesichts der stark gewachsenen Literaturproduktion stößt trotz kooperativer Erschließung in Verbünden und verbundübergreifend das bisherige Modell intellektueller Erschließung an seine Grenzen. Zunehmend werden daher Erschließungsdaten direkt von den Verlegern geliefert und in die Kataloge übernommen sowie automatische und lernende Sacherschließungsmethoden eingesetzt. Beides führt zur Diskussion der Qualität der Metadaten.

Der Katalog war Nutzer*innen lange Zeit über Zettelkataloge (z. B. alphabetische und systematische sowie Standortkataloge) zugänglich. Nach einer kurzen Übergangsphase mit Microfiche-Katalogen waren in den letzten knapp 30 Jahren OPACs (Online Public Access Catalogue) der Standard für den Zugriff auf den Bestand. Online-Kataloge dienen üblicherweise nicht nur dem Nachweis und der Recherche nach formalen oder thematischen Kriterien, sondern enthalten auch Standortinformationen (Magazin, Lesesaal, Signatur), bieten Bestellmöglichkeiten und zeigen die Verfügbarkeit der Medien (z. B. „ausgeliehen") an.

Während OPACs ganz überwiegend auf die Boolesche Suchlogik begrenzt sind, nähern sich (Resource) Discovery Systeme der inzwischen Nutzer*innen deutlich vertrauteren Suche in Internetsuchmaschinen an. Der Suchindex enthält hier nicht mehr nur den Bestand der Bibliothek, sondern beinhaltet insbesondere Nachweise von Artikeln in Zeitschriften oder Sammelwerken und auch Literatur unabhängig von der Verfügbarkeit in der eigenen Bibliothek, die dann z. B. per Fernleihe oder über Pay-per-View-Lizenzen genutzt werden kann. Gerade die Kombination von Artikel-Nachweisen in Discovery Systemen mit inzwischen zu sehr großen Teilen digital lizenzierter wissenschaftlicher Literatur verschafft Nutzer*innen einen sehr viel schnelleren und direkteren Zugriff auf elektronische Medien. Wegen der deutlich verbesserten Nutzungsfreundlichkeit und dem größeren Informationsangebot verdrängen Discovery Systeme zunehmend OPACs.

5.3 Bestandsaufbewahrung und -erhaltung

Zur Bestandsaufbewahrung gehört die Aufstellung des Bestands platzsparend in Magazinen oder in frei zugänglichen Lesesälen. Freihandmagazine sind Mischformen, die den Bestand zwar verdichtet aufstellen, aber freie Zugänglichkeit für die Nutzer*innen bieten. Bei der Aufstellung sind verschiedene Möglichkeiten wie eine systematische nach inhaltlichen Kriterien oder eine formale wie z. B. numerus currens nach Zugang geordnet möglich. Medien könne ausgeliehen werden oder können auch nur als Präsenzbestand innerhalb der Bibliothek genutzt werden.

Maßnahmen der Bestandserhaltung dienen dazu, eine möglichst lange Lebensdauer der Medien sicher zu stellen. Dazu gehören Schutzmaßnahmen an den Medien wie Schutzeinbände sowie klimatische Bedingungen, die Temperatur und Luftfeuchtigkeit auf für die Medien günstige Umgebung einstellen. Papierkonservierung ist beispielsweise nötig, um Papier vor Zerfall durch Säurefraß zu bewahren. Buchrestaurierung dient in der Regel der Wiederherstellung und Erhaltung besonders erhaltenswerter Drucke. Sekundärformen wie Mikroverfilmungen oder (Retro-) Digitalisierung sollen als Ersatz für gefährdete Medien nutzbar bleiben. Die Langzeitarchivierung digitaler Medien ist ein nach wie vor für einzelne Bibliotheken kaum lösbares Problem, das neben der Erhaltung des Bitstreams auch regelmäßige Formattransformationen erfordert.

5.4 Bestandsvermittlung und Benutzungsdienste

Die Benutzung der Bestände zwecks Informationsversorgung der Benutzer*innen ist wesentliches Ziel der Bibliotheken. Voraussetzung für die Nutzung ist in der Regel die Zulassung auf der Grundlage eines Anmeldevorgangs oder auf Grund der institutionellen Zugehörigkeit. Angebote zur Einführung in die Bibliotheksnutzung zum Beispiel durch Führungen unterstützen den Einführungsvorgang neuer Nutzer*innen.

Nutzung vor Ort in Lesesälen ist oft eine wesentliche oder auch die alleinige Nutzungsmöglichkeit. Die Zulassung zur Nutzung ist in der Regel Voraussetzung. Magazinbestände werden üblicherweise über ein Bestellverfahren für die Nutzung zugänglich gemacht. Medien können zur Nutzung im Lesesaal oder auch zur Ausleihe bestellt werden. Die Ausleihe von Medien aus dem Magazin oder dem Freihandbereich erfolgt über die Ortsleihe, an denen die Ausleihverbuchung entsprechend definierter Reglements (z. B. Ausleihfristen) erfolgt. Konventionelle Verbuchung über Leihkarteien erfolgt nach wie vor in kleineren Bibliotheken. In größeren Bibliotheken werden die Medien üblicherweise in einem lokalen Bibliothekssystem verbucht. Vielfach erlauben diese Systeme den Nutzer*innen über Selbstverbuchungsgeräte und Verlängerung über das Nutzungskonto eigenständige Interaktionsmöglichkeiten.

Neben der Ausleihe des eigenen Bestands bieten Bibliotheken weitere Möglichkeiten der Literaturversorgung. Traditionell ist das vor allem die Fernleihe, die Ausleihe oder der Kopienversand aus anderen dem Fernleihsystem angeschlossenen Bibliotheken. Der auswärtige Leihverkehr ist überregional vor allem durch die Bibliotheksverbünde organisiert, international wird das nach Regeln der International Federation of Library Associations and Institutions (IFLA) koordiniert. Für Nutzer*innen sind die Kosten der Fernleihe standardisiert, der Austausch der Bibliotheken beruht weitgehend auf Gegenseitigkeit. Das System der papierbasierten Fernleihe ist inzwischen durch Online-Bestellmöglichkeiten und digitale Prozesse weitgehend ersetzt. Lediglich die Auslieferung an die Endnutzer*innen ist aus urheberrechtlichen Gründen noch immer weitgehend auf die Papierkopie beschränkt.

Elektronische Dokumentlieferdienste erlauben auf der Grundlage von Lizenzverträgen auch eine digitale Auslieferung, die dadurch aber auch zu erheblich höheren Kosten für die Nutzer*innen führt. In Deutschland haben sich viele Bibliotheken in Subito e. V. zusammengeschlossen. Der Verein organisiert die elektronische Lieferung über die beteiligten Bibliotheken. In öffentlichen Bibliotheken ist z. B. die Onleihe eine Möglichkeit der digitalen Dokumentennutzung.

Zur Bestandsvermittlung gehören außerdem Ausstellungen und Begleitveranstaltungen wie Vorträge und Lesungen, wie bereits vorne dargestellt.

5.5 Auskunftsdienste und Informationsvermittlung

Zu den Aufgaben in Bibliotheken gehört weiterhin die Vermittlung von Auskünften und Informationen. Neben der klassischen Auskunft in direkter Kommunikation z. B. an Auskunftstheken gehören traditionell schriftliche (Brief oder E-Mail) und telefonische Auskunft. Ticket-Systeme können als Grundlage für Auskunftsdienste genutzt werden. Zusätzlich haben sich virtuelle Auskunftswege wie Benutzer-Chat, Chatbots oder Messenger-Dienste entwickelt.

Daneben stehen Beratungsangebote, die ausführlicher den individuellen Informationsbedarf erheben. Die Wissensbar der SLUB Dresden ist ein Beispiel für ein ausgefeiltes und persönlich buchbares Beratungsangebot.

Als „Teaching Library" haben sich viele Bibliotheken als Vermittler von Informationskompetenz etabliert, die teilweise curricular verankerte Lehrveranstaltungen anbieten. Die Vermittlung grundlegender methodischer Fähigkeiten steht hier neben Schulungen konkreter Kompetenzen z. B. bei der Nutzung von Literaturverwaltungsprogrammen. Informationskompetenz umfasst unter dem Stichwort „Information Literacy" eine Vielzahl von Untertypen wie „Data Literacy", „News Literacy", „Media Literacy" oder gar „Bias Literacy", für deren Vermittlung Bibliotheken eine wichtige Rolle insbesondere im Umgang mit Fake-News spielen.

5.6 Forschungsnahe Dienstleistungen

Auch wenn Fachreferate schon immer eine Brücke zwischen Forschung und Bibliothek darstellten, ist durch die Entwicklung neuer forschungsnaher Services diese Bindung in den letzten Jahren stärker geworden. Stille et. al. (2021) haben dazu zuletzt ein Positionspapier des VDB in die Diskussion eingebracht. Bibliotheken haben auf der Grundlage ihrer Kernkompetenzen z. B. bei der Verwaltung von Metadaten und bei der Pflege nachhaltiger Informationsinfrastrukturen neue Services entwickelt, die sich eng an den Forschungsprozess ansiedeln. Dazu gehören Publikationsservices, die stark von der sich wandelnden Praxis des Open-Access-Publizierens getrieben werden und dabei teilweise auf schon vorhandene Strukturen von Universitätsverlagen aufsetzen. Bibliotheken betreiben (selbst oder durch externe Dienstleister) Publikationsserver bzw. Repositorien für die Zugänglichmachung von originär digitalen Publikationen sowie für die frei zugängliche Zweitpublikationen im Sinn des Grünen Wegs des Open Access. Gleichzeitig stellen sie über (teilweise identische) Plattformen retrodigitalisierte, inzwischen gemeinfrei gewordene Publikationen über aufbereitete und oft volltexterschlossene Scans zur Verfügung.

Eine wichtige Rolle spielen Bibliotheken bei Dienstleistungen und Infrastrukturen rund um das Management von Forschungsdaten, insbesondere bei deren Beschreibung, Publikation und Archivierung. Das Publikationsdatenmanagement entwickelt eine aktuelle Variante von Hochschulbibliographien und sichert, beispielsweise über persistente Identifikatoren wie ORCID und ROR, die eindeutige Zuordnung von Publikationen zu Autor*innen und Institutionen. Bibliometrische Dienste von Bibliotheken tragen Kennzahlen beispielsweise für Berufungsverfahren und unterstützen bei der persönlichen Karriereplanung und bei der strategischen Weiterentwicklung von Forschungsschwerpunkten. In dem größeren Kontext von Open Science sind Bibliotheken wichtige Partner.

Diese neuen Services haben Bibliotheken vielfach für Forschende wieder verstärkt zu einer relevanten Institution werden lassen. Bibliotheken sind also einerseits Orte mit einer langen Tradition, betreiben aber gleichzeitig die digitale Transformation ihrer Infrastrukturen und Dienstleistungen. Damit verändern sie auch das benötigte Qualifikationsprofil der Bibliotheken.

6 Fazit

Der Artikel beschreibt in kurzen Zügen Geschichte, Gegenwart und Zukunft der Bibliotheken, die – obwohl sie ein jahrtausendealtes Erfolgsmodell sind – unter hohem Innovationszwang stehen. Der fortschreitende und sich weiter beschleunigende gesellschaftliche Wandel, angetrieben durch die sogenannte digitale Transformation fordert die Bibliotheken auf, sich sowohl anzupassen als auch Gegenmodelle zu entwickeln. Die Anpassung geschieht zum einen durch die ununterbrochene Integration digitaler Infrastrukturen in den Servicekatalog bibliothekarischen Handelns, die Abgrenzung zum andern durch die Schaffung neuer Orte der Begegnung, in denen Nutzer*innen zum aktiven Mitmachen aufgefordert werden. Beides führt dazu, dass Bibliothekar*innen ihr Kompetenzspektrum ständig erweitern und im Rahmen der Informationskompetenz auch einen angemessenen und korrekten Umgang mit Information in allen gesellschaftlichen Schichten sicherstellen müssen.

7 Literaturverzeichnis

Arms, W. Y. (2001). *Digital libraries*. MIT.
Cavalli, N., Pitman, K. & Saint John, J. (2017). La biblioteca come luogo terzo: Con un contributo sugli Idea Store londinesi. *Biblioteche oggi Trends*, 3(2), 43–50.
Colegrove, T. (2013). Editorial board thoughts: Libraries as makerspace? *Information Technology and Libraries*, 32(1), 2–5. https://doi.org/10.6017/ital.v32i1.3793.
Eisenberg, M. B., Lowe, C. A. & Spitzer, K. L. (2004). *Information literacy: Essential skills for the information age*. Greenwood Publishing Group.
Elmborg, J. K. (2011). Libraries as the spaces between us: Recognizing and valuing the third space. *Reference & User Services Quarterly*, 50(4), 338–350.
Fingerle, B. I. & Mumenthaler, R. (2016). *Innovationsmanagement in Bibliotheken*. De Gruyter Saur.
Foucault, M. (1993). Andere Räume. In K. Barck, P. Gente & H. Paris (Hrsg.), *Aisthesis: Wahrnehmung heute oder Perspektiven einer anderen Ästhetik* (5., durchgesehene Aufl., S. 34–46). Reclam.
Gantert, K. (2016). *Bibliothekarisches Grundwissen*. De Gruyter Saur.
Grandbois, Y. & Aronson, B. (1997). A library without walls. *World Health*, 50(6), 10–11.
Neuroth, H. (2017). Bibliothek, Archiv, Museum. In F. Jannidis, H. Kohle & M. Rehbein (Hrsg.), *Digital Humanities* (S. 213–222). J. B. Metzler.
Oldenbourg, R. (1999). *The great good place: Cafes, coffee shops, bookstores, bars, hair salons, and other hangouts at the heart of a community*. Da Capo.
Oldenbourg, R. (2001). *Celebrating the third place*. Da Capo.
Ovenden, R. (2020). *Burning the Books*. Harvard University.
Piorkowski, M.-B. (2016). Share Economy jenseits des WWW: Bücher, Botschaften und mehr. In C. Bala & W. Schuldzinski (Hrsg.), *Prosuming und Sharing – neuer sozialer Konsum: Aspekte kollaborativer Formen von Konsumtion und Produktion* (S. 134–151). Verbraucherzentrale NRW. https://doi.org/10.15501/978-3-86336-909-5_6.
Rice, R. & Southall, J. (2016). *The data librarian's handbook*. Facet.

Stille, W., Farrenkopf, S., Hermann, S., Jagusch, G., Leiß, C. & Strauch-Davey, A. (2021). Forschungsunterstützung an Bibliotheken: Positionspapier der Kommission für forschungsnahe Dienste des VDB. *o-bib. Das offene Bibliotheksjournal*, 8(2), 1–19. https://doi.org/10.5282/o-bib/5718.

Weinberger, D. (2007). *Everything is miscellaneous: The power of the new digital disorder.* Macmillan.

Werner, K. U. (2020). Bibliotheksbau und -ausstattung auf dem 85th IFLA World Library and Information Congress. *ABI Technik*, 40(1), 73–78.

Willeitner, J. (2016). *Pergament: Ein Datenträger für die Ewigkeit.* Spektrum. https://www.spektrum.de/news/pergament-konserviert-die-geschichte/1414311.

Zdiarsky, A. (2011). Bibliothekarische Überlegungen zur Bibliothek von Alexandria. In E. Blumenthal & W. Schmitz (Hrsg.), *Bibliotheken im Altertum* (S. 161–172). Harrassowitz.

Karin Schwarz
A 7 Archive

1 Einordnung und Selbstverständnis

Die in Archiven betriebene Tätigkeit der Archivierung umfasst im Kern die Überlieferungsbildung, Erschließung, Verwahrung, Erhaltung und Bereitstellung von Archivalien zum Zwecke der dauerhaften Bewahrung und Zugänglichkeit von vorwiegend unikalen Aufzeichnungen der Vergangenheit und Gegenwart in jeglicher Form. Darüber hinaus beraten Archivar*innen diejenigen Personen und Stellen, bei denen solche Aufzeichnungen entstehen oder zusammengestellt werden, im Records Management. Archive übernehmen auch Aufgaben der Historischen Bildungsarbeit und präsentieren Archivalien und deren Inhalte öffentlichkeitswirksam als Häuser der Geschichte.

Dieser Aufgabenkanon lässt sich in allen Archivsparten finden. Archive in öffentlich-rechtlicher Trägerschaft, die öffentlichen Archive, unterliegen den Archivgesetzen des Bundes und der Länder – mit Ausnahme der Medienanstalten und Unternehmen in öffentlich-rechtlicher Trägerschaft sowie der Kirchen. Die seit Ende der 1980er Jahre im Zusammenhang mit der Entstehung des informationellen Selbstbestimmungsrecht verabschiedeten Archivgesetze manifestieren nicht nur die archivischen Aufgaben, sondern verpflichten Bund, Länder und Gemeinden zur Archivierung ihrer Unterlagen, die einen bleibenden Wert haben, und sichern somit auch das Bestehen und die Entwicklung öffentlicher Archive.

Das entspricht dem Selbstverständnis der öffentlichen Archive nach gesellschaftstragender Relevanz: die Nachvollziehbarkeit staatlichen Handelns zu sichern und zur gesellschaftlichen Erinnerungskultur, zur Bildung und Rechtssicherung beizutragen. Je nach Archivträger kommen auch weitere Archivierungszwecke zur Geltung: Unternehmensarchive dienen u. a. dem Marketing, Medienarchive dem Senderprogramm. Die Berufsgruppe der Archivar*innen des internationalen Berufsverband (International Council on Archives – ICA) festigt ihre Berufsethik im Code of Ethics (International Council on Archives, 1996), in welchem sich die Aufgaben der Archivierung wiederfinden. Auch die im nationalen Berufsverband (Verband deutscher Archivarinnen und Archivare e.V. – VdA[1]) aufgestellten Berufsbilder bestätigen den Aufgabenkanon der Archivierung mit dem Ziel der Bereitstellung und Zugänglichkeit von Archivgut.

Archivgut ist vorwiegend unikal und original. Daraus ziehen Archive ein Alleinstellungsmerkmal gegenüber anderen Informationseinrichtungen und -angeboten. Typische Archivalien stammen aus einem Geschäftsprozess oder sind rechtssichernde Dokumente – vom frühen Mittelalter bis in die Jetztzeit hinein (Urkunden, Amtsbücher, Akten, Daten aus Fachverfahren). In den Archivgesetzen hat sich der Begriff „archivwürdige Unterlagen" als Sammelbegriff der in Archiven typischen Archivalien etabliert. Er ist weder an die Schriftform noch an die analoge oder digitale Beschaffenheit geknüpft. Auch der oftmals verwendet Begriff „Aufzeichnungen" versucht dies zu unterstreichen. Archivgut umfasst gleichermaßen jegliche weitere Aufzeichnungen wie etwa Karten, Fotos, AV-Medien, Plakate und Nachlässe. Für die Geschichtswissenschaft handelt es sich um Quellen in den Archiven.

---

[1] https://www.vda.archiv.net/aktuelles.html.

Open Access. © 2023 Karin Schwarz, publiziert von De Gruyter. Dieses Werk ist lizenziert unter der Creative Commons Attribution 4.0 International Lizenz.
https://doi.org/10.1515/9783110769043-007

Archivierung ist mittlerweile nicht an die Institution Archiv gebunden. Auch innerhalb von Informations- und Gedächtnisinstitutionen jeder Art bilden Archive einen eigenen Bereich, auch Privatpersonen reden längst von ihrem Archiv. Immer dann, so scheint es, wenn es sich um eine unbestimmte, aber sehr lange bewusste Aufbewahrung und Bewahrung von Nachweisen zum Zwecke des Erinnerns oder Nachvollziehens über den ursprünglichen Verwendungszweck hinaus handelt, geht es ums Archivieren oder Archiv. Die Archivierung nun nicht mehr an den Ort Archiv, sondern an die archivfachliche Methodik und Prinzipien einerseits zu koppeln und andererseits mit anderen Informationsinfrastruktureinrichtungen und -wissenschaften weiterzuentwickeln, ist Aufgabe der Archivwissenschaft.

Sie versteht sich als eigenständige Wissenschaft in starker Verbindung zur Geschichtswissenschaft und ist historisch bedingt von den öffentlichen Archiven und deren Archivierungszweck geprägt. Derzeit hat die Archivwissenschaft keinen universitären Anschluss in Deutschland, was ihr die wissenschaftliche Weiterentwicklung in Form von archivwissenschaftlichen Promotionen und Habilitationen erschwert und ihr die Bezeichnung als „Kleines Fach" versagt. Sie wird dadurch oftmals unter der Informationswissenschaft (Singular!) subsumiert. Auch wenn sich die Bezeichnung mancher archivischer Tätigkeiten mit denen anderer Informationseinrichtungen gleicht, hat sie jedoch spezifische archivische Prinzipien.

2 Prinzipien der Archivierung

Während die Vorstellung von Archivierung auf eine unbestimmt lange Dauer zum Zwecke des Erinnerns und Nachvollziehens weit verbreitet ist, wird der Beginn der Archivierung und damit ihre Abgrenzung zur Aufbewahrung eher wenig betrachtet, hat jedoch Bedeutung für die archivische Methodik. Die Trennung zwischen langfristiger Aufbewahrung einerseits und Archivierung andererseits, zwischen Langzeitspeicherung und Langzeitarchivierung sowie zwischen Registratur und Archiv setzt im Lebenszyklus von Geschäfts- und Verwaltungsunterlagen einen Schnitt zwischen vorarchivisch und archivisch. Im vorarchivischen Bereich stehen die primären Nutzungszwecke für Unterlagen im Vordergrund, die für die Aufgabenerledigung in einem Verfahren oder einem Geschäftsprozess benötigt werden und anschließend für die Dauer der Rechtswahrung oder weitere Informationszwecke derselben Institution noch aufbewahrt werden. Erst nach Ablauf dieses primären Nutzungszwecks, oftmals mit dem Ende von Aufbewahrungsfristen, erlangen die Unterlagen die Archivreife. Für den archivischen Bereich tritt dann der sekundäre Nutzungszweck in den Vordergrund, der auf die Auswertung, Betrachtung und Verwendung der Unterlagen zu ganz anderen Nutzungszwecken und durch ganz andere Nutzergruppen abzielt. Entsprechend liegt der Geltungsbereich der Archivgesetze im archivischen Bereich und unterscheidet Archivgut im Archiv von Schriftgut in Behörden und Institutionen. Außerhalb der öffentlichen Verwaltung sind die Übergänge zwischen primären und sekundären Nutzungszwecken oftmals fließend und privatrechtlich organisierte Archive übernehmen oftmals Funktionen für primäre und sekundäre Nutzungszwecke und somit gleichzeitig die Aufgaben von Records Management und Archivierung. Eine Trennung ist insofern hilfreich, als ein abgelaufenes primäres Interesse an Unterlagen auch die Voraussetzung für die Kassation oder die Umwidmung zu Archivgut bildet.

Archivgut fungiert als Nachweis des Geschehens, als Quelle für die Forschung, und ist daher an das Erfordernis der Unveränderlichkeit gebunden, um eine Manipulation der Vergangenheit (Hinzufügen, Streichungen, Löschen) auszuschließen. Zum Prinzip der Archivierung gehört es, Archivgut integer und authentisch zu halten. Gemeint ist nicht nur das einzelne Dokument oder Objekt, sondern auch die zu intellektuellen Entitäten zusammengefügten Unterlagen wie bspw. Akten. Das sind Ansprüche, die in solchem Maße nicht für Schriftgut unter primären Nutzungszwecken gelten.

Neben der Integrität und Authentizität ist die Wahrung des Entstehungskontextes ein maßgebliches Merkmal der Archivierung. Nicht allein die primäre Information eines Textes, Bildes oder sonstiger Aufzeichnungen sind für das Einordnen und Verstehen von Archivalien relevant, sondern auch die Informationen zu ihrer Entstehung. Wer was warum für wen und wann erstellt und bearbeitet hat, erschließt sich oftmals erst aus dem Kontext, der eine Aufzeichnung umgibt. Zu dessen Wahrung wird Archivgut in seinem Entstehungszusammenhang belassen und in Beständen nach Provenienzen geordnet. Dabei ist die Provenienz nicht mit Urheberschaft zu verwechseln: Provenienz meint die Herkunft derjenigen Stelle oder Person, bei der die Unterlagen entstanden und zum primären Verwendungszweck zusammengestellt wurden.

Das Provenienzprinzip als Ordnungsprinzip etablierte sich in Europa im 19. Jahrhundert als Methodik: es ermögliche die Auswertungsoffenheit, während das dem entgegenstehende Pertinenzprinzip mit Zuordnung zu Sachbegriffen eine erste inhaltliche Auswertung durch den Archivar oder die Archivarin sei. Das Provenienzprinzip gilt als eindeutiges, objektives Ordnungsprinzip, das Pertinenzprinzip als uneindeutiges, subjektives. Es ist weltweit in Archiven verbreitet und auch im Code of Ethics aufgenommen.

3 Archivfachliche Aufgaben

Die dauerhafte Aufbewahrung von Unikaten zieht wesentliche Merkmale nach sich und erfordert ein entsprechendes Archivmanagement (Glauert 2019b, S. 161). Es seien genannt: 1. Der Gegenstand der Tätigkeit, also der Archivbestand, wird nie weniger, sondern immer mehr. Öffentliches Archivgut ist unveräußerlich. 2. Die Einzigartigkeit des Archivguts lässt sich durch keine platzsparende Kopie ersetzen. Auch nicht durch Digitalisierung. Archivar*innen werden also auch in ferner Zukunft mit analogem und digitalem, sehr altem und neuestem Archivgut umgehen, und dafür werden sie immer mehr Kompetenzen benötigen.

3.1 Überlieferungsbildung und Bewertung

Der Archivbestand entsteht durch eine willentliche Bildung von historisch und rechtlich bleibend wertvoller Überlieferung. Orientierungspunkt der Überlieferungsbildung ist die ausgewogene Rekonstruierbarkeit der Vergangenheit und nicht die Vorwegnahme zukünftiger Forschungsfragen, Bildungsstrategien oder weltanschaulicher Interessen. Mit der Bewertung entscheiden Archivar*innen, welche Aufzeichnungen archivwürdig sind und ins Archiv übernommen werden und was nicht archivwürdig ist und im Falle von Behördenunterlagen zur Kassation und Vernichtung führt.

Archive wollen die Auswertungsoffenheit der Überlieferung unter weitestgehend objektiven Bewertungsmaßstäben wahren. Das hat zweifelsos seine Grenzen: Mit der in den Archivgesetzen festgeschriebenen Bewertungshoheit der Archive und der fehlenden Justiziabilität der Bewertungsentscheidung ist der Archivar oder die Archivarin zwar weitestgehend unabhängig in der Entscheidung, kann sich aber gleichzeitig nicht von den Einflüssen der eigenen Sozialisation und des geltenden Zeitgeists so befreien, dass ein objektives und umfassendes Bild der Vergangenheit, also eine objektive und umfassende Überlieferung entstehen kann.

Auch angesichts unendlich erscheinender Speicherkapazitäten lässt sich dieses Dilemma der Überlieferungsbildung nicht durch eine digitale, dauerhafte Komplettarchivierung überwinden. Eine Reduzierung auf die für die Rekonstruierbarkeit von Geschichte erforderlichen Informationen ist zunächst aus praktischer Sicht sinnvoll: alle digitalen Aufzeichnungen nicht nur zu speichern, sondern auch dauerhaft zu erhalten, zu verwalten und für eine rechtskonforme Bereitstellung vorzubereiten und authentisch bereit zu stellen, wird als nicht möglich erachtet (Keitel 2018, S. 100–102). Die Auswahlarchivierung will auch Benutzer*innen vom Informationsballast bei der inhaltlichen Analyse der Archivalien befreien. Auch mit digitalen, automatisierten Auswertungsmöglichkeiten ist eine sinnvolle, inhaltlich fundierte historische Auswertung der in Form, Struktur und Aussage äußerst unterschiedlichen digitalen und digitalisierten Aufzeichnungen durch Algorithmen kaum möglich oder wäre nur auf bestimmte Aufzeichnungen und Bestände mit einzelnen Fragestellungen begrenzt. Einzelne Provenienzen und (Daten-)Bestände werden daher durchaus vollständig überliefert.

Das persönliche Recht auf Vergessenwerden beschäftigt zunehmend Archive, die personenbezogene Daten und Nachlässe archivieren und auf das „Recht des Erinnerns" (Rehm 2020) verweisen. Archive werden zunehmend begründen und legitimieren, weshalb die Archivierung persönlicher Daten in welchem Maß sinnvoll ist. Vergessenwerden staatlichen Handelns hingegen widerspricht dem demokratischen Gebot der Nachvollziehbarkeit desselbigen und soll mit der Anbietungspflicht sämtlicher Unterlagen der öffentlichen Verwaltung an die für sie zuständigen Archive gesichert werden. Archivierung gilt auch als Löschungssurrogat für die Löschungspflicht bestimmter Unterlagen bzw. Daten – von manch spezifischen Bestimmungen abgesehen. Ihre bewusste Zerstörung ohne vorherige Anbietung an die Archive, ist nicht nur politisch misslich und strafbar (Verwahrungsbruch), sondern ist auch als bewusste Verhinderung einer dauerhaften Nachvollziehbarkeit staatlichen Handelns und demokratischer Grundfunktionen zu sehen.

Überlieferungsbildung erfolgt nach Überlieferungszielen bzw. Dokumentationszielen, die einen Archivträger, eine Lebenswelt oder ein Thema abbilden sollen. Der provenienzbezogene Ansatz der Bewertungsmethodik, der sich in Bewertungsmodellen manifestiert, setzt bei den anbietungspflichtigen Provenienzen an, für die das Archiv zuständig ist, und ergänzt ggf. durch Unterlagen nicht anbietungspflichtiger Provenienzen (Ergänzungsüberlieferung). Die Bewertung mit Dokumentationsplänen hingegen setzt bei den Phänomenen und Ereignissen meist in der lokalen Lebenswelt an, die überliefert werden sollen, und ermittelt die Provenienzen, die dazu Unterlagen haben. Der themenbezogene Ansatz hingegen orientiert sich an einzelnen Themen, die es zu überliefern gilt. Diesen Ansatz verfolgen insbesondere die Sammlungsarchive, die damit gleichsam als Archiv und Dokumentationsstelle fungieren.

Mit der Archivierung im Verbund überwinden Archive die unterschiedlichen Zuständigkeiten, Überlieferungsziele und Bewertungsmethodiken kooperativ und stimmen ihre Überlieferung institutionenübergreifend aufeinander ab. Mitunter werden Archive auch selbst tätig, um nicht fixiertes Wissen durch die Erstellung von Quellen bspw. durch Oral History archivierbar zu machen.

3.2 Erhaltung und Bewahrung

Dauerhafte Bewahrung macht dauerhafte Erhaltungsmaßnahmen in Archiven notwendig. Sie frühzeitig mit Übernahme der Archivalien anzugehen und durch äußere Einflüsse (Archivbau und Verpackung, Integrated Pest Management) zu begünstigen, ist im Normal- und Notfall Bestandteil archivarischer Tätigkeit. Lange Zeit zielte Bestandserhaltung auf den Erhalt der originalen Informationsträger mit verschiedenen Restaurierungsmaßnahmen ab, die den teils „lautlosen Zerfall" (Glauert 2009, S. 49) der Trägermaterialien aufhalten oder verlangsamen sollen. Der mit zunehmendem Archivbestand immer größer werdende Erfordernis der Restaurierung folgt eine Priorisierung der Restaurierungsmaßnahmen, quasi eine „zweite Bewertung" des Archivbestands (Glauert 2009, S.49).

Der Benutzung von Originalen als gefährdender Faktor wird die Schutzverfilmung auf Mikrofilm bzw. die Schutzdigitalisierung entgegengesetzt, um die Nutzung der Kopie zum Regelfall zu machen. Digitalisate erweisen sich als indirektes Hilfsmittel der Erhaltung, aber nicht als Ersatz für das analoge Original, wie bspw. beim ersetzenden Scannen in Behörden. Eine Ersatzdigitalisierung ist nicht nur irreversibel, sondern die digitale Archivierung der Kopie derzeit ungleich aufwändiger und teuer (Glauert 2019a, S. 27). Außerdem führen Archive das Argument des intrinsischen Werts des Originals ins Feld, der insbesondere den bedeutendsten, unikalen Quellen der Geschichte innewohne.

Was Kopien in Archiven bedeuten, zeigt sich etwa bei der Archivierung der ersten deutschen E-Mail von 1984: digital erstellt, vom Empfänger ausgedruckt und schließlich wieder digitalisiert, hat die Kopie zwar den übermittelten Text, aber das „Look and Feel" des Originals und seinen intrinsischen Wert vollständig verloren. Da im digitalen Feld Originalität nicht zusammen mit dem Datenträger fixiert werden kann, sondern schon allein technisch eine Vielzahl an Kopien an die Stelle des Originals treten, steht die digitale Bestandserhaltung vor der Aufgabe zu bestimmen, welche Kopie als die zu erhaltende Master-Kopie gilt und welche Eigenschaften die Authentizität des Objekts ausmachen und erhalten werden müssen. Erst der strategisch fundierte Erhalt von signifikanten Eigenschaften hebt das digitale Archivgut von irgendwie erstellten und verbreiteten digitalen Kopien im Internet ab und lässt es zu einer historischen Quelle als Nachweis der Vergangenheit werden. Eine nach dieser Qualität strebende und handelnde digitale Archivierung erzeugt Vertrauen in die Korrektheit der Aussagekraft digitaler Archivalien und schafft eine vertrauenswürdige, digitale Archivierung.

Archivverbünde ermöglichen die Bewältigung dieses Anspruchs. Nicht nur auf der Ebene des Erfahrungsaustauschs, sondern auch bei der Entwicklung von Archivierungssystemen und gemeinsamen digitalen Magazinen entstehen gemeinschaftliche Lösungen. Gerade kleineren Archiven mit geringeren Ressourcen droht der ungewollte Verlust digitaler Überlieferungen ohne ausreichende technische und fachlich ausgestattete Ressourcen und ohne Partizipation an Archivkooperationen. Die Archivträger sind nicht nur aufgefordert, entsprechende Mittel und Möglichkeiten zur Verfügung zu stellen, sondern auch zu begreifen, dass digitale Archivierung eine archivische Fachaufgabe ist. Eine Langzeitspeicherlösung in der hauseigenen IT kann die dauerhafte Bewahrung der Authentizität von digitalen Informationsobjekten fachlich und technisch nicht bewältigen.

Gleichwohl kommt der IT bei der Erhaltung eine ähnliche, allerdings vorwiegend präventive Rolle wie den Restaurierungswerkstätten zu.

3.3 Erschließung

Die Erschließung umfasst die Ordnung und Verzeichnung von Archivgut. Die Unterscheidung zwischen formaler und inhaltlicher Erschließung ist im Archivwesen nicht geläufig. Archivgut wird in Beständen zusammengefasst, die nach Provenienzen oder bestimmten Archivalientypen (insbes. Karten, Fotos, AV-Medien) bestimmt werden. Diese Bestandsbildung (im Sinne einer Abgrenzung zwischen verschiedenen Beständen) manifestiert sich in der Archivtektonik, die i. d. R. nach zeitlichen Zäsuren untergliedert sind. Innerhalb der Bestände wird nach der Ordnung der Provenienz klassifiziert, um Entstehungszusammenhänge nicht zu zerstören. In Behörden sind hierfür die Aktenpläne maßgeblich, nur geringfügig soll in diese Ordnung eingegriffen werden. Bei Unterlagen bzw. Aufzeichnungen von privaten Stellen und Personen werden Klassifikationen so erstellt und Unterlagen zu Verzeichnungseinheiten zusammengefügt, dass der Entstehungszusammenhang dargestellt werden kann.

Die Verzeichnung umfasst die Erstellung von Metadaten zu einer Verzeichnungseinheit und deren Einordnung in die Klassifikation des Bestandes. Dabei ist zu Beginn der Erschließung über die Erschließungsintensität zu entscheiden. Vertikal heißt in diesem Zusammenhang, auf welcher Ebene eine Verzeichnungseinheit gebildet wird. Dies kann auf der Ebene eines einzelnen Dokuments, einer Akte oder Mappe, einer Gruppe von Unterlagen oder gar auf der Ebene des Bestandes selbst geschehen. Horizontal heißt, mit welchen und wie vielen Metadaten die Verzeichnungseinheit beschrieben wird. In Aktenbeständen bilden die Akten, nicht das einzelne Schriftstück, die Verzeichnungseinheiten. Bei Fotos können es einzelne Fotos, Gruppen von Fotos oder auch Fotobestände sein. Der internationale Erschließungsstandard für Archive, ISAD(G) von 2011,[2] bietet einen Kern an Metadaten (s. Kap. B 9 Metadaten), der auf allen Verzeichnungsebenen gleich angewandt werden kann. Das ermöglicht eine stufenweise Erschließung für eine schnelle, oberflächlichere und spätere, bedarfsorientierte intensivere Erschließung. Archive können so Erschließungsrückständen vorbeugen, die die Recherchierbarkeit von Archivgut erheblich einschränken.

Archivische Erschließungsdaten umfassen Metadaten über die Verzeichnungseinheit und über deren Einordnung in die provenienzbezogene Klassifikation (s. Kap. B 5 Klassifikation) und den Bestand. Damit wird eine provenienzbezogene Recherche und Einordnung von Archivgut auf den verschiedenen Ebenen der Archivtektonik möglich. Sie ist nötig, weil sich oftmals nicht das einzelne Dokument recherchieren lässt.

Unikale Archivalien ziehen unikale Metadaten nach sich, die keine Arbeitsteilung zwischen Archiven in der Erschließung möglich macht. Die digitale Recherchierbarkeit der noch mit Findbüchern erschlossenen Bestände setzt deren Digitalisierung und Strukturierung in Daten voraus. Das Ergebnis kann nur so gut sein, wie die Datenqualität des zum Teil jahrzehntealten Ausgangsmaterials. Die Retrokonversion von Findmitteln hat zwar auch zu einer aufwändigen Überarbeitung der Erschließungsdaten geführt, die Datenqualität zwischen einzelnen Beständen ist aber durchaus noch sehr unterschiedlich.

---

2 https://www.ica.org/en/isadg-general-international-standard-archival-description-second-edition.

Für die Bewältigung intensivierter Erschließungsarbeit haben die Archive längst die Möglichkeiten des Crowdsourcing erkannt und ausprobiert.

Der mit ISAD(G) verwandte Metadatenstandard EAD (Encoded Archival Description)[3] ermöglicht die Interoperabilität der archivischen Erschließungsdaten mit Rechercheportalen. Jedoch geschieht dies oftmals um den Verlust einer provenienz- und damit kontextbezogenen Darstellung und Recherchierbarkeit der auf einzelne Objekte und Dokumente fokussierten Portale. Die in Archiven favorisierte provenienzbezogene Recherche über Tektonik und Klassifikationsbäume trifft jedoch auf eine sachbezogene Recherchegewohnheit der Benutzer*innen. Die Herausforderung der Archive wird darin liegen, die Kluft zwischen berechtigter provenienzbezogener Ordnung und Recherche und sachbezogener Recherchegewohnheit zu überwinden – sei es bspw. durch eine zusätzliche Verschlagwortung unter Nutzung der GND, die Nutzung des internationalen Standards RIC (records in contexts) oder gute Informationsvisualisierung der Rechercheergebnisse.

3.4 Benutzung und Benutzerorientierung

Archive verstehen sich als Brückenfunktion zwischen der Primärnutzung durch die Provenienzen und Sekundärnutzung durch die Benutzer*innen eines Archivs. Archivar*innen nehmen daher für die Zugänglichkeit zu Archivgut eine neutrale, unpolitische Position ein und sind für den transparenten, gleichberechtigten und rechtskonformen Zugang zuständig. Archivar*innen haben dabei weder ein Vorrecht bei der Benutzung von Archivgut für die eigene Forschung noch sind sie für eine vorzeitige Deutungsmacht über die Quellen legitimiert.

Öffentliche Archive sind allen zugänglich, wobei manche Länder das Benutzungsrecht noch an ein berechtigtes Interesse knüpfen, bspw. zu wissenschaftlichen, publizistischen oder Bildungszwecken. Einer berechtigten Neugier der Benutzer*innen kann aber der ebenso berechtigte Schutz der Betroffenen und ihrer personenbezogenen Daten gegenüberstehen. Einem berechtigten öffentlichen Interesse kann auch das Interesse des Archivträgers gegenüberstehen, dass eine Benutzung keine Gefährdung seines „Wohles" nach sich ziehe – wie in den Archivgesetzen formuliert. Einschränkungen in der Benutzung öffentlichen Archivguts sind rechtlich geregelt und somit justiziabel.

Archivische Recherchemittel und rechtliche Rahmenbedingungen machen die Archivbenutzung im Vergleich zu Bibliotheken ungleich komplizierter, was Archive mit einer individuellen Benutzerberatung auffangen, damit sich Benutzer*innen in den Archivbeständen zurechtfinden und das Gefundene auch einordnen können. Mit zunehmenden digitalen Services der Archive wird es darauf ankommen, eine selbstbestimmte (archivar-)unabhängige Recherche zu etablieren und mit der weiterhin individuellen Beratung zu verknüpfen.

Das Informationsverhalten von Archivbenutzer*innen besser zu verstehen und ihre Informationsbedarfe besser kennen zu lernen, wird für Archive und ihre Aufgaben immer mehr Gewicht bekommen. Das Dilemma wird dabei stets sein, künftige Benutzer*innen berücksichtigen zu müssen, deren Verhalten und Interessen nur bedingt bekannt sein können. Denn heute übernommenes Archivgut wird i. d. R. erst nach Ablauf von Nutzungsbeschränkungen allgemein benutzt werden. Einen Lösungsweg bietet ein nutzerorientierter Ansatz, der Zielgruppen des Archivs (*designated community*) bestimmt

---

3 https://www.loc.gov/ead/.

und deren Nutzungszwecke konsequent berücksichtigt. Entsprechend kann schon bei der Bewertung diejenige Form redundanter Unterlagen und diejenige Erhaltungsmethode ausgewählt werden, die den Nutzungszwecken am besten entgegenkommen. Soll ein Archiv aber für „alle" zugänglich sein, stößt das Modell an seine Grenzen, und der Maßstab wird womöglich bei der genutzten Form der betreffenden Provenienz der Unterlagen und Aufzeichnungen bleiben. Doch wenn Archive die digitalen Arbeitsmethoden wohl aller Benutzergruppen stärker berücksichtigen, so werden sie von der Vorstellung einer allein menschlich interpretierbaren Archivalie mittels Lesen, Anschauen und Hören Abstand nehmen müssen. Digitalisierung ist nicht nur eine mediale Transformation, sondern eine Repräsentation von Daten, die es uns ermöglicht, auch maschinelle Auswertungen vornehmen zu können. Auch diese maschinelle Auswertungsoffenheit ist Aufgabe der Archive.

Das Internet erweist sich dabei längst als der Ort, an dem nicht nur die Archive selbst, sondern die Archivalien Relevanz für die Benutzung erlangen. Das unter Archivar*innen bekannte „non est in actis, non est in mundo" (was nicht in den Akten, ist nicht in der Welt) lässt sich für die digitalisierten und digitalen Archivalien ergänzen um ein „non est in rete, non est in mundo" (was nicht im Netz ist, ist nicht in der Welt) (Gillner 2013, S. 408). So wird die Entscheidung in Archiven, was digitalisiert wird und online geht, zu einer Art dritten Bewertung. Sie orientiert sich nicht nur an bestehenden Benutzungsinteressen, sondern kann durch die Online-Bereitstellung unbekannter Bestände auch Interesse wecken, zu Forschung animieren oder zur historischen Bildung beitragen. Abgesehen von den rechtlichen Rahmenbedingungen bei Datenschutz und Geheimhaltung setzt das Urheberrecht der digitalen Bereitstellung weitere Grenzen. Während die meisten öffentlichen Archive vorwiegend Archivalien ohne Werkcharakter und ohne gewisse Schöpfungshöhe haben, werden Medien- und Sammlungsarchive das Urheberrecht umfangreich anwenden. Dabei ist gerade bei älteren Archivalien die Ermittlung des Urhebers und der Verwertungsrechte schwierig, sodass möglichst schon mit Übernahme in die Archive die archivischen Verwertungsrechte geklärt werden, v. a. bei Nachlässen und persönlichen Sammlungen. Die Rechteklärung ist vorrangig für die Idee des virtuellen Lesesaals, der eine digitale Nutzung samt Nutzungsprozessen und Beratung unabhängig vom Lesesaal vor Ort verwirklichen soll. Die verschiedenen Abstufungen digitaler Nutzungsmöglichkeiten, die der Rechtsrahmen insbesondere bei einer Online-Bereitstellung von Archivalien nötig macht, müssen im virtuellen Lesesaal organisiert werden, um künftig die Anzeige und Bereitstellung von Archivalien mit Nutzungsbeschränkungen nicht nur im Lesesaal vor Ort zu ermöglichen. Die Unterscheidung zwischen Zugriffen auf beschreibende Metadaten, auf durchsuchbare Volltexte und auf das Image von Archivalien wird in dieses Rechtemanagement entsprechend einfließen. So kann die Nutzung via virtuellem Lesesaal perspektivisch durchaus zum Normalfall werden, aber die Benutzung vor Ort nicht ersetzen können.

Das Konzept „Offene Archive" (Archive 2.0 Blog)[4] setzt über jegliche Archivsparten und Archivierungszwecke hinweg bei der Offenheit von Archivbeständen, der allgemeinen Zugänglichkeit von Archiven und den Partizipations- und Kollaborationsmöglichkeiten zwischen Archiv und Bürger*innen an. Es geht um die zukunftsweisende Vorstellung, diese Offenheit als Archivar*in und Archiv zu leben, zu fördern und entsprechend zu agieren. Sie setzt einen markanten Gegenpol gegen die immer noch in der Gesellschaft gebräuchliche Vorstellung von „geheimen Archiven".

---

4 https://www.archivierung-records-management.de/offene-archive/.

4 Literaturverzeichnis

Eastwood, T. & MacNeil, H. (2017). *Currents of archival thinking*. Libraries Unlimited Inc.
Franz, E. G. & Lux, T. (2018). *Einführung in die Archivkunde*. Wissenschaftliche Buchgesellschaft.
Gillner, B. (2013). Archive im digitalen Nutzerkontakt. *Archivar*, 66(4), 406–415.
Glauert, M. (2009). Die zweite Bewertung: Prioritäten in der Bestandserhaltung. In H. Schmitt (Hrsg.), *Für die Zukunft sichern! Bestandserhaltung analoger und digitaler Unterlagen* (S. 49–60). Selbstverlag des Verband deutscher Archivarinnen und Archivare.
Glauert, M. (2019a). Quo vadis Lesesaal? Die digitale Transformation der Archivbenutzung. In S. Büttner (Hrsg.), *Die digitale Transformation in Institutionen des kulturellen Gedächtnisses. Antworten aus der Informationswissenschaft* (S. 25–39). Simon Verlag für Bibliothekswissen.
Glauert, M. (2019b). Was ist ein erfolgreiches Archiv? In E. Schöggl-Ernst, T. Stockinger & J. Wührer (Hrsg.), *Die Zukunft der Vergangenheit in der Gegenwart* (S. 259–268). Böhlau.
International Council on Archives (1996). *Kodex ethischer Grundsätze für Archivarinnen und Archivare*. https://www.ica.org/sites/default/files/ICA_1996-09-06_code%20of%20ethics_DE.pdf.
Keitel, C. (2018). *Zwölf Wege ins Archiv: Umrisse einer offenen und praktischen Archivwissenschaft*. Franz Steiner.
Kemper, J. (Hrsg.). *Archive 2.0 Blog*. Arbeitskreis „Offene Archive". https://archive20.hypotheses.org/.
Rehm, C. (2020). Das Recht auf Erinnerung: Zur Relevanz des Archivwesens im Zeitalter der EU-Datenschutzgrundverordnung. In T. Bardelle & C. Helbich (Hrsg.), *RECHTsicher: Archive und ihr rechtlicher Rahmen* (S. 45–72). Selbstverlag des Verband deutscher Archivarinnen und Archivare.
Schenk, D. (2008). *Kleine Theorie des Archivs*. Steiner (Geschichte).
Schenk, D. (2019). Das „neue" Archivdenken und die geisteswissenschaftlichen Grundlagen der Archivwissenschaft. In E. Schöggl-Ernst, T. Stockinger & J. Wührer (Hrsg.), *Die Zukunft der Vergangenheit in der Gegenwart* (S. 225–245). Böhlau.
Stumpf, M. & Höötmann, H.-J. (Hrsg.). (2018). *Praktische Archivkunde: Ein Leitfaden für Fachangestellte für Medien- und Informationsdienste. Fachrichtung Archiv*. Ardey.

Hartwig Lüdtke
A 8 Museen

1 Aufgaben und Selbstverständnis des Museums

Grundlage für jegliche Weiterentwicklung von Kenntnissen und Fertigkeiten ist die Weitergabe erworbenen Wissens von einer Generation auf die folgende. Wenn auch die mündliche Weitergabe von Wissen nach wie vor eine wichtige Rolle spielt, z. B. bei der Weitergabe von handwerklichem Know-how für den richtigen Einsatz diverser Werkzeuge und Techniken, so sind es vor allem die durch die Schrift bestimmten Objekte, durch die Wissensspeicherung, -weitergabe und -nutzung stabil und sicher ermöglicht werden.

Ergänzt werden diese Textobjekte durch die „realen" Objekte, also die im Wortsinne begreifbaren Gegenstände. Dies können Dinge des täglichen Bedarfs wie Kleidung, Ausstattung des Wohnraums, Werkzeuge und Geräte aus Produktionszusammenhängen oder auch Erzeugnisse künstlerischen Schaffens oder Gegenstände aus dem Kontext einer Religionsausübung sein. Alle diese realen Geschichtszeugnisse verwahrt die Institution Museum.

Wenn auch das moderne Museum im digitalen Raum präsent ist und über unterschiedliche Portale und Kanäle seine Angebote bereithält, so ist es historisch und primär auch heute noch eine Institution, die im realen Raum ihre Objekte und Geschichtszeugnisse in Form von Ausstellungen präsentiert. Der weiter wachsende Zustrom in die Museen spiegelt offensichtlich das Interesse nach dem authentischen Erlebnis wider, d. h. in diesem Falle nach der unmittelbaren Begegnung mit dem Originalobjekt als Produkt des Kunstschaffens oder als unmittelbares Sachzeugnis der Geschichte. Diese „Aura" des Originals bestimmt seit jeher und ganz wesentlich das Besondere, das ein Museum ausmacht (Glaser 1990).

Welche Bedeutung den originalen Geschichtszeugnissen auch in unserer modernen Welt zukommt, wird in bestürzender Weise in den intentionellen Zerstörungen des gemeinsamen, globalen Erbes deutlich, z. B. historischer Stätten wie Palmyra oder von historischen Mausoleen und Bibliotheken im westafrikanischen Timbuktu. Vor allem der Bevölkerung der jeweiligen Region und darüber hinaus werden durch diese terroristischen Aktionen gezielt die Anknüpfungspunkte für die Identifikation mit der eigenen Herkunft und Geschichte als Basis jeglicher Weiterentwicklung genommen.

2 Geschichte der Institution Museum

Der Begriff „Museum" knüpft an die griechische Bezeichnung Museion der Antike an, womit in den Jahrhunderten vor der Zeitrechnung Stätten bezeichnet wurden, die einerseits kultischen Zwecken dienten, andererseits aber auch Orte der Forschung und der Lehre waren und von denen das Museion in Alexandria, dort verbunden mit der umfangreichen Bibliothek, zu herausragender Bekanntheit gelangte. Diesem Grundgedanken von Forschen und Weitergeben von Wissen sind auch die heutigen Museen verbunden. Das moderne Museum, wie wir es heute kennen, ist jedoch letztlich ein Produkt der Aufklärung und entwickelte sich am Ende des 18. und zu Beginn des 19. Jahrhunderts (Hochreiter, 1994, 181). Die musealen Sammlungen, wie z. B. die des Louvre, gehen in vielen Fällen zurück auf die Kunstsammlungen an den europäischen Königs- und Fürstenhöfen, gleichzeitig aber auch auf die zum Zwecke wissenschaftlicher Betrachtungen zusammengetragenen Sammlungen im Umfeld der frühen Universitäten.

Im Verlaufe des 19. Jahrhunderts kam es in vielen Fällen zu einer Ausdifferenzierung unterschiedlicher Museen und Museumsgattungen entlang unterschiedlicher Materialgruppen und Objektzusammenhänge. Es entstanden Kunstmuseen, archäologische Museen, naturkundliche und auch technikgeschichtliche Sammlungen. Interessanterweise tauchte bereits im 19. Jahrhundert der Gedanke auf, mit diesen musealen Sammlungen keineswegs nur einen Blick auf Vergangenes zu werfen, sondern auch die jeweilige Gegenwart in den Blick zu nehmen und daraus unmittelbar eine Grundlage für das Lernen für die Zukunft zu machen. Deutlich wird dies beispielsweise bei der 1871 erfolgten Neugründung eines „Reichspostmuseums" in Berlin, in dessen Errichtungskonzeption es explizit heißt, dass diese Sammlungen Lehrmaterial für die künftigen Techniker und Ingenieure sein sollten (Katalog 1897, VI).

Im Verlaufe des 20. Jahrhunderts geriet auch die Institution Museum – wie so viele andere Institutionen – in den Sog einer ideologischen Vereinnahmung und Instrumentalisierung. In besonders ausgeprägter Weise geschah dies in der Zeit zwischen 1933 und 1945 in vielen deutschen Museen (Bouresh 1996). Aber auch heute besteht aus vielerlei Gründen, z. B. durch Streit um Territorium zwischen benachbarten Staaten, die Gefahr, dass museale Sammlungen einseitig und verkürzt interpretiert und dann für politische Zwecke vereinnahmt werden.

In der Welt nach Ende des 2. Weltkriegs entwickelten und verstanden sich die Museen zunehmend als Stätten der Forschung und der Bildung. Dieses Selbstverständnis als „Lernort" geht in vielen Fällen mit einem erheblichen Anwachsen der Anzahl von Museen einher und damit parallel auch einem stetig anwachsenden Besucheraufkommen. Nach wie vor bilden die Sammlungen den Kern der Museen, aber der Aspekt der Wissenschaftskommunikation und der Bildungsarbeit gewinnt zunehmend an Bedeutung. Besucher*innen jeden Lebensalters können sich in gleicher Weise mit den verschiedenen historischen, künstlerischen, naturkundlichen oder technischen Sachverhalten auseinandersetzen und neue Erkenntnisse außerhalb der formalen Bildungsinstitutionen gewinnen.

Neben den Begriff „Lernort" tritt in den zurückliegenden Jahren zunehmend der Begriff „Erlebnisort". Dahinter steht die Idee, dass durch das spezifische Erlebnis Museumsbesuch, zu dem auch eine soziale Komponente gehört, spielerisch neue Erkenntnisse und neue Einsichten gewonnen werden können. Diese Entwicklung geht einher mit einem Ausbau von Partizipationsmöglichkeiten in vielen Museen, wodurch die Besucher*innen selbst einbezogen werden. Diese können z. B. mit hands-on Installationen aktiv umgehen oder an kleinen Workshops teilnehmen. Zur Partizipation gehören auch Bestrebungen der Museen, interessierte Bürger*innen aktiv in die Konzeption von Museumsausstellungen einzubeziehen und deren Fragen zuzulassen, z. B.: „Welche Themen sollen im Museum präsentiert und debattiert werden?" – „Wer kann und möchte eigene Erfahrungen bzw. eigene Gegenstände mit in diese Debatte und ggf. Präsentation einbringen?"

3 Arbeitsweise der Museen

Ein wichtiger Bezugsrahmen für die Museumsarbeit ist durch die Museumsdefinition des Internationalen Museumsrates (ICOM) gegeben:

> Ein Museum ist eine gemeinnützige, ständige, der Öffentlichkeit zugängliche Einrichtung im Dienste der Gesellschaft und ihrer Entwicklung, die zu Studien-, Bildungs- und Unterhaltungszwecken materielle Zeugnisse von Menschen und ihrer Umwelt beschafft, bewahrt, erforscht, bekanntmacht und ausstellt. (ICOM 2003, 8)

Nur wenn eine Institution die in dieser Definition aufgeführten Kriterien erfüllt, handelt es sich in diesem Sinne um ein Museum. Dabei können durchaus unterschiedliche Schwerpunktsetzungen im Hinblick auf die einzelnen Tätigkeitsfelder akzeptabel sein.

Der Deutsche Museumsbund (DMB) hat, an diese Definition anknüpfend, vor einigen Jahren eine etwas ausführlichere Beschreibung der Tätigkeitsfelder eines Museums vorgelegt und zugleich Maßstäbe beschrieben, die zum Mindesten dabei erfüllt sein müssen. Diese Handreichung ist in der Reihe der Leitfäden des DMB unter der Bezeichnung „Standards für Museen" vorgelegt worden (Ewigleben 2006). Diese und auch die danach entwickelten Leitfäden, z. B. zum „Entsammeln" (Ewigleben 2011), zur Dokumentation (Hagedorn-Saupe 2011) oder zum Umgang mit Sammlungsgut aus kolonialem Kontext (Ahrndt 2021), sind auch online über die Website des DMB abrufbar.

Um museale Sammlungen nutzen zu können, ist eine sorgfältige Inventarisation der Objekte und insbesondere eine möglichst umfangreiche Dokumentation ihrer Beschaffenheit, ihrer individuellen Geschichte und der jeweiligen Überlieferungsbedingungen zwingend erforderlich. Bei der Analyse der jeweiligen Objektsammlungen geht es im ersten Schritt um eine sorgfältige Betrachtung vieler Details. Ähnliches wird zu Ähnlichem sortiert, und so ergibt sich eine Ordnung der Dinge. Aus dieser Ordnung der einzelnen Dinge entsteht im nächsten Schritt eine Ordnung der Systeme und aus der zusammenfassenden Betrachtung dieser geordneten Systeme entwickelt sich schließlich der Blick auf die facettenreiche Geschichte der Welt im Allgemeinen und die Geschichte des Menschen im Besonderen.

Ebenso wurden in den historisch zurückliegenden Epochen des Museumsbetriebs umfangreiche Inventarbücher geführt, die für spezifische Fragestellungen nach wie vor konsultiert werden. Im Verlaufe des 20. Jahrhunderts trat vielfach ein Karteikartensystem an diese Stelle, und seit etwa 30 Jahren hat sich eine EDV- bzw. datenbank-gestützte Inventarisation und Dokumentation durchgesetzt. Mittlerweile können diese Datenbanksysteme vielfach um Module erweitert werden, die etwa den Leihverkehr zwischen den Museen erleichtern. Auch einzelne Restaurierungsmaßnahmen können auf diese Weise dokumentiert und mit den Objektdaten in der Datenbank verknüpft werden. Die Einbindung einer digitalen Fotografie in die jeweilige Erfassung ist mittlerweile Standard.

Seit 10 bis 20 Jahren ist die Bereitstellung entsprechender Daten über das Internet ein konsequenter nächster Schritt. Heute hat sich die Mehrzahl der Museen entschlossen, ihre Sammlungsbestände zumindest teilweise und zumindest mit einigen allgemeinen Metadaten versehen, tatsächlich online weltweit bereitzustellen. Um diesen Prozess zu unterstützen, gibt es eine Reihe von – staatlich geförderten – Initiativen. Das BAM-Portal (Bibliothek, Archiv, Museum) zielt seit etwa 20 Jahren auf genau diese Entwicklung. Einige Jahre später wurde daraus das Konzept der Deutschen Digitalen Bibliothek (DDD) weiterentwickelt. Die DDB ist auch der zentrale Kanal, über den entsprechende

Bilder und Metadaten aus musealen Beständen in das Portal Europeana eingebracht werden.

Aus informationswissenschaftlicher Sicht spielen die Erfassung und Erschließung des in den musealen Sammlung gespeicherten Wissens zweifellos die zentrale Rolle. Entscheidend für den Nutzen der Erfassung ist, dass die verantwortlichen Erfasser*innen mit fest definierten Schlüssellisten arbeiten, da nur auf diesem Wege eine sichere und einfache spätere Auffindbarkeit gewährleistet werden kann. Allerdings sollen jedoch andere Aktivitätsfelder des Museums nicht unerwähnt bleiben. Hinsichtlich eines langfristigen Erhalts der Sammlungsbestände kommt dem Arbeitsbereich der Konservierung und teilweise auch der Restaurierung besondere Bedeutung zu.

Die Arbeit des Museums wird für die breite Öffentlichkeit vor allem sichtbar durch das Angebot von aus den eigenen Beständen gespeisten Dauerausstellungen oder von zeitlich befristeten und in der Regel unter Einbeziehung zahlreicher Leihgaben verstärkten Sonderausstellungen zu speziellen Fragestellungen und Themen. Die Ausstellungen werden in der Regel begleitet durch Veranstaltungsprogramme für die breite Öffentlichkeit oder auch sehr fokussierte Zielgruppen (Kaysers 2020) und insbesondere auch für Schulen. Abgestimmt auf die jeweiligen Bildungspläne in einzelnen Ländern, sowie abgestimmt auf einzelne Altersstufen und Fächerkombinationen sind zahlreiche Vermittlungsangebote heute elementarer Bestandteil der Museumsarbeit (Dengel 2011). Hinzugekommen ist die Vermittlung der musealen Inhalte sowie der online bereitgestellten Datenbanken über die verschiedenen Social-Media-Kanäle. Dadurch können auch partizipative Onlineausstellungen von Interessierten außerhalb des Museums entwickelt und konzipiert werden.

Eine eigene Rolle im Rahmen der Informationsspeicherung im Museum nehmen die Museumsbibliotheken ein, die sich an der Thematik des jeweiligen Museums orientieren. So gibt es z. B. spezialisierte Kunstbibliotheken, Bibliotheken zur Technikgeschichte und spezielle Bibliotheken zur Sachkulturforschung. Weiter sind Spezialarchive zu erwähnen, die im Kontext von entsprechenden Museen angelegt wurden, z. B. für die Nachlässe zahlreicher Künstler*innen. Ebenso sind Firmennachlässe zu nennen, die in privat betriebenen Firmenmuseen gepflegt werden (Mikus & Schwärzel 1996) bzw. in Technikmuseen untergebracht sind. Schließlich sind auch die Nachlässe von Forscher*innen zu nennen, die auf verschiedenen, museumsrelevanten Themenfeldern gearbeitet und ihr Wissen entsprechend schriftlich niedergelegt haben.

Zur Erreichung der verschiedenen, hier geschilderten Ziele ist die Einbeziehung unterschiedlicher beruflicher Qualifikationen mit je eigenen, teils akademischen, teils handwerklichen Ausbildungswegen erforderlich. Tätig sind im Museum deshalb Restaurator*innen, Archivar*innen, Pädagog*innen sowie Designer*innen. Ebenso fachwissenschaftliche Kräfte als Kurator*innen, bei denen es sich um Historiker*innen, Kunsthistoriker*innen, Ethnolog*innen oder Naturwissenschaftler*innen handelt. Schließlich IT-Fachleute und Social-Media Expert*innen ebenso wie administrativ Verantwortliche für die Bereiche Personal, Finanzen und Gebäudemanagement. Die einzelnen Ausbildungswege und -zeiten dieser Professionen variieren stark und sind nur teilweise museumsspezifisch wie etwa die Restaurator*innen oder Kurator*innen. Der Weg der fachwissenschaftlichen Kräfte als Kuratoren*innen verläuft in der Regel über ein zweijähriges wissenschaftliches Volontariat an einem Museum, das sich an die Universitätsausbildung anschließt.

4 Struktur museumsspezifischer Netzwerke

In Deutschland gibt es mittlerweile rund 7 000 Museen, deren Struktur den Standards entspricht, die der DMB festgelegt hat (Ewigleben 2006). Nicht mitgezählt sind zahlreiche kleinere oder größere Privatsammlungen, die zwar umfangreiche Kollektionen von Objekten enthalten, jedoch nicht den verschiedenen Kriterien eines Museums entsprechen. Die Mehrzahl dieser 7 000 Museen befindet sich in kommunaler Trägerschaft eines Landkreises oder einer Stadt. Nicht wenige der städtischen Museen gehen dabei auf bürgerliche Gründungen des ausgehenden 19. Jahrhunderts zurück. Daneben gibt es eine – deutlich kleinere – Anzahl von „Landesmuseen", die sich in der Trägerschaft eines der 16 Bundesländer befinden. Zusätzlich sind auf Landesebene verschiedentlich „Museumsämter" eingerichtet, die gegenüber den nichtstaatlichen Museen Beratungsaufgaben übernehmen und in Einzelfällen auch finanzielle Projektförderung anbieten.

Schließlich gibt es einige wenige Museen, die unmittelbar und ausschließlich von der Bundesregierung getragen und finanziert werden. Zu nennen sind beispielhaft das Deutsche Historische Museum in Berlin oder das Militärhistorische Museum in Dresden. Auf nationaler Ebene ist es der Deutsche Museumsbund (DMB), der als institutionenspezifische Interessenvertretung verschiedene Aufgaben wahrnimmt. Mitglieder im DMB sind dabei sowohl Museen als Institutionen, als auch Einzelpersonen, die hauptberuflich im Museum beschäftigt sind. Aktuell verzeichnet der DMB ca. 3 000 Mitglieder in Deutschland und verfügt über eine hauptamtlich besetzte Geschäftsstelle in Berlin. Der DMB ist der Ansprechpartner für die Politik, um zu museumsrelevanten Fragen und Gesetzesvorhaben seinen Rat einfließen lassen zu können. Der DMB organisiert regelmäßig Fachkonferenzen und ist auch für die Herausgabe der erwähnten *Leitfäden* zuständig.

Im internationalen Kontext nimmt der Internationale Museumsrat (ICOM) die Rolle als global agierender Politikberater und museumsorientierter Netzwerkorganisator wahr. Derzeit gibt es weltweit rund 50 000 Mitglieder (Einzelpersonen und Institutionen). ICOM wird durch ein hauptamtlich besetztes Büro in Paris betreut, das den internationalen Erfahrungsaustausch organisiert und internationale Kooperationsprojekte und Fachkonferenzen unterstützt. International wird die Arbeit von ca. 30 Fachkomitees getragen, die sich jeweils einzelnen, museumsrelevanten Fragestellungen widmen. Allein das Deutsche Nationalkomitee umfasst mittlerweile über 6 000 Mitglieder.

Innerhalb der Deutschen Museumsszene kommt schließlich dem Institut für Museumsforschung in Berlin eine besondere Rolle zu. Dieses Institut, das organisatorisch zur Stiftung Preußischer Kulturbesitz zählt, sammelt und dokumentiert Informationen und statistische Erhebungen zur Struktur und Arbeitsweise der Museen in Deutschland. Die wissenschaftliche Institutskommission informiert die interessierte Öffentlichkeit durch entsprechende Publikationen. Weiter unterstützt der Bundesverband Museumspädagogik die Vermittlungsarbeit der Museen durch regelmäßige Fachkonferenzen, Netzwerkarbeit und Politikberatung. Auf europäischer Ebene definiert sich die Initiative ECSITE – eine Vereinigung von Museen mit Blick auf die Natur- und Technikwissenschaften und der Science Center – in besonderer Weise über eine moderne Wissenschaftskommunikation, indem sie z. B. Mitmachstationen im Stile der Science-Center als Teil der Ausstellungsarbeit einrichtet.

5 Rolle des Museums in der Wissensgesellschaft

Mit ihren technischen und methodischen Verfahren zur Wissensgewinnung und Wissensspeicherung sind Museen (wie auch die Archive) „Gedächtnis der Gesellschaft". Sie sind aber auch, nicht zuletzt durch ihre Ausstellungen für eine breite Öffentlichkeit, Lernorte. Dafür nutzen die Museen ein breites Spektrum an Kanälen, um ihr Informationsangebot bereitzustellen: Neben den Ausstellungen gehören dazu unterschiedliche Veranstaltungsformate mit Vorträgen, Podiumsdiskussionen, Workshops und Sommercamps. Aber auch ganz konventionell gedruckt vorgelegte Publikationen gehören ebenso hierher wie die Nutzung des digitalen Raumes mit unterschiedlichen – auch dialogorientierten – Angeboten vom Surfen durch die Sammlungsbestände bis hin zum E-Learning. Das Museum erweist sich je nach seiner spezifischen fachlichen Ausrichtung als ein fachspezifisches Kompetenzzentrum unter der Annahme, dass jegliche Zukunftsbewältigung nur über eine adäquate Aufnahme und Verarbeitung des bereits vorhandenen Wissens möglich sein wird.

In besonderer Weise haben vor allem die naturkundlichen Museen die Debatte aufgegriffen, dass der Mensch selbst zum prägenden Faktor der globalen, auch physischen Entwicklung der Erde geworden ist (Lüdtke 2021). Damit werden Themen aufgegriffen, wie z. B. die Geschichte der Erde, die Geschichte des Lebens, der Biodiversität und die historische Entwicklung der Klimaveränderungen und damit auch Fragen der Energieversorgung und der Nahrungsmittelproduktion für eine wachsende Weltbevölkerung. Insoweit verstehen sich diese Museen selbst als Vermittler im Kontext einer „Bildung für nachhaltige Entwicklung" (Koster 2016). Ebenfalls unternehmen es die Technikmuseen, darüber aufzuklären, mit welchen neu zu entwickelnden und ressourcenschonenden Technologien der Mensch die weitere Entwicklung positiv beeinflussen und gestalten kann (Gold & Lüdtke 2012).

Zusammenfassend leisten die Museen einen gewichtigen Beitrag zur wissenschaftsbasierten Willensbildung in einer demokratisch verfassten Gesellschaft. Dazu eröffnet das Museum der Gegenwart drei unterschiedliche Perspektiven:

1. Museen ermöglichen für die jeweilige Region einen Blick in andere, frühere Epochen; sie erschließen also die zeitliche Dimension. Daraus können Erkenntnisse darüber abgeleitet werden, welche positiven oder negativen Entwicklungen und Trends erkennbar sind. Schließlich geht es dabei stets um die Frage: „Wie hat sich die Welt durch das aktive Eingreifen und Handeln des Menschen verändert?"
2. Museen ermöglichen einen Blick aus einer Region heraus in die jetzt aktuell bestehenden Verhältnisse in anderen, möglicherweise weit entfernten Regionen der Welt und sie erschließen auf diese Weise die räumliche Dimension für Unterschiede in gesellschaftlichen Strukturen und für einen unterschiedlichen Umgang mit den natürlichen Ressourcen.
3. Museen ermöglichen schließlich einen Blick in die zumindest vorstellbare Zukunft, nicht zuletzt um Antworten auf die Frage zu finden, wie sich die Mensch-Umwelt-Beziehung weiterentwickeln und künftig darstellen wird.

6 Literaturverzeichnis

Ahrndt, W. u. a. (2021). *Umgang mit Sammlungsgut aus kolonialen Kontexten*. Deutscher Museumsbund.

Bouresh, B. (1996). *Die Neuordnung des Rheinischen Landesmuseums Bonn 1930–1939*. Brauweiler.

Dengel, S., Dreykorn, M., Grüne, P., Hirsch, A., Kunz-Ott, H., Neukirchen, V., Oehms, L. & Wagner, E. (2011). *schule@museum – Eine Handreichung für die Zusammenarbeit*. Deutscher Museumsbund.

Ewigleben, C., Lochmann, H., Lüdtke, H. & Rodekamp, V. (2006). Standards für Museen. Deutscher Museumsbund

Ewigleben, C., Lochmann, H., Lüdtke, H. & Rodekamp, V. (2011). Nachhaltiges *Sammeln. Ein Leitfaden zum Sammeln und Abgeben von Museumsgut*. Deutscher Museumsbund.

Glaser, H. (1990). Aura, Museen, Aufhebung. Kultur im Zeitalter der technischen Reproduzierbarkeit. In A. Preis, K. Stamm & F-G. Zehnder (Hrsg.), *Das Museum – Die Entwicklung in den 80er Jahren. Festschrift für Hugo Borger zum 65. Geburtstag* (S. 141–150). Klinkhardt & Biermann.

Gold, H. & Lüdtke, H. (2012). Die Technikmuseen. In B. Graf & V. Rodekamp (Hrsg.), *Museen zwischen Qualität und Relevanz. Denkschrift zur Lage der Museen* (S. 367–380). Institut für Museumsforschung.

Hagedorn-Saupe, M. (2011). *Leitfaden für die Dokumentation von Museumsobjekten*. Deutscher Museumsbund.

Hochreiter, W. (1994). *Vom Musentempel zum Lernort – zur Sozialgeschichte deutscher Museen 1800–1914*. Wissenschaftliche Buchgesellschaft.

ICOM (2003). *Ethische Richtlinien für Museen*. ICOM.

Katalog (1897). *Katalog des Reichspostmuseums*. Julius Springer. URN: https://nbn-resolving.de/urn:nbn:de:kobv:109-1-15416763.

Kaysers, A., Kollar, E., Kunz-Ott, H., Mergen, S. & Tobias Nettke, T. (2020). Bildung und Vermittlung im Museum gestalten. Deutscher Museumsbund und Bundesverband Museumspädagogik.

Koster, E. (2016). From Apollo into the Anthropocene. The odyssey of nature and science museums in an external responsibility context. In B. Murphy (ed.), *Museums, Ethics and Cultural Heritage*. Routledge.

Lüdtke, H. (2021). Stichwort „Museum". In N. Wallenhorst & Ch. Wulf (Hrsg.), *Handbook of the Anthropocene*. Springer Nature.

Mikus, A. & Schwärzel, R. (1996). *Firmenmuseen in Deutschland*. Bogenschütz.

Barbara Müller-Heiden
A 9 Mediatheken

Mit dem Hinweis „Sendung verpasst?" wird der Fernsehzuschauer auf die Möglichkeit des nachträglichen Abrufs der Sendung von der Internet-Plattform verwiesen. Bereits 2005 war auf der Internationalen Funkausstellung in Berlin die ZDF-Mediathek vorgestellt worden, zwei Jahre später folgt die ARD-Mediathek. Sie ermöglichen einen Zugriff auf Fernsehsendungen außerhalb des bekannten Programmschemas zu beliebiger Zeit und auch von mobilen Geräten aus – vorbei die Zeit, in der ein Kriminalfilm der Serie *Maigret* (1965) die Straßen leerfegte! Mittlerweile sind Mediatheken zum Standard-Angebot geworden, das alle Rundfunksender, aber auch Organisationen und private Anbieter auf ihren Webpräsenzen anbieten.

1 Zur Entwicklung von Mediatheken

Die Bezeichnung Mediathek entwickelt sich im öffentlichen Bibliotheksbereich, sie kam bereits in den 1980er Jahren in Gebrauch, als dort neben Büchern auch andere Medien angeboten werden: Hörbücher, Videokassetten, Audio-CDs, DVDs. Eine Mediathek erklärt sich als Institution oder ein Teil dieser, in der aus einer Sammlung audiovisueller Medien Einzelobjekte zur Verfügung gestellt, genutzt oder entliehen werden. Dies geht mit neuen Dienstleistungen und Organisationsstrukturen einher, denn passende Abspieltechnik muss bereitgestellt und gewartet werden: Videorekorder, CD-, DVD- und Blu-ray-fähige Abspielgeräte. Elektronische Leseplätze kommen hinzu, auf die registrierte Bibliotheksbenutzer auch von Zuhause aus über sichere Netzwerkverbindungen auf Fachdatenbanken und E-Book-Pakete von Verlagen zugreifen können. Die Organisation solcher Angebote wie auch bibliothekspädagogische Begleitmaßnahmen veränderten das Selbstverständnis von Bibliotheken und führten bisweilen zur Umbenennung von Bibliotheken in Mediatheken (Bohn 2016; Grondziel 2015).

Mit den neuen Medien entstanden kommerziell betriebene Videotheken, die audiovisuelle Medien, meist Spielfilme, anboten und den Kund*innen auf Datenträgern zur Ausleihe bereitstellen. Die Filmindustrie unterstützte dies, sie legte neben dem Start für den Kinobetrieb auch den Starttermin der DVD-Veröffentlichung fest. Für die Kund*innen ein unkompliziertes Angebot, sofern ein privates Abspielgerät für Videokassetten im üblichen VHS-Format oder ein DVD-Player vorhanden war. Unabhängig von einem Internetanschluss ist der Medienkonsum möglich, die Datenträger bieten oft Bonusmaterial wie Tonspuren in verschiedenen Sprachen, Untertitel bei fremdsprachigen Produktionen und Interviews. Mit der individuellen Zugriffsmöglichkeit auf Angebote im Internet hat sich dieses Geschäftsmodell aber überholt (Haupts 2014).

Mit der Digitalisierung entstanden Internet- oder Onlineportale, von denen der Abruf von audiovisuellen Dokumenten möglich ist. Mittels Internetverbindung können die Inhalte einer Mediathek über den Browser auf Personal Computer, über Apps auf Smart-TVs und mobilen Endgeräte abgerufen werden. Rundfunkanstalten machten den Anfang und stellten einzelne Beiträge ihres Hörfunk- und Fernsehprogramms als Livestream, Audio oder Video zum Abruf für den Zuschauer zur Verfügung.[1] Kultureinrichtungen bieten Mediatheken auf ihren Webpräsenzen an, mit Aufzeichnungen eigener Veranstaltungen. Das *Netzwerk Mediatheken* entstand als Zusammenschluss von überregional bedeutenden Archiven, Bibliotheken, Dokumentationsstellen, Forschungseinrichtungen und Museen in Deutschland, um audiovisuelle Medien als Kulturgut zu sichern. Für Informationszwecke auch in Schulen bietet die *Bundeszentrale für politische Bildung* Videos aus vielen Bereichen an.[2] Organisationen und Privatanbieter erkennen die Bedeutung von Mediatheken für die Öffentlichkeitsarbeit und das Marketing ihrer spezifischen Interessen. Die Inhalte reichen von Image-Broschüren bis zu thematischen Materialien.

2 Mediatheken der Rundfunkanstalten: Video-on-Demand

Die Existenz von Mediatheken ist durch den Medienstaatsvertrag (MStV) von 2020 abgesichert (MStV 2020), der die europäische Richtlinie Audiovisuelle Mediendienste (AVMD-Richtlinie 2018) in deutsches Recht überträgt und die Grundlage des komplexen Rundfunkrechts der Bundesrepublik Deutschland bildet. Der MStV garantiert die Berechtigung zum Angebot von Telemedien auf Medienplattformen, die Teilhabe an technischen Entwicklungen in der Herstellung und zur Verbreitung sowie die Möglichkeit der Veranstaltung neuer Formen von Fernsehen und auch die Herausgabe programmbezogener Druckwerke. Damit wird der Wandel zu digitalen, interaktiven, nicht-linearen Medienangeboten ermöglicht. Der MStV löste 2020 den seit 1991 geltenden Rundfunkstaatsvertrag (RStV) ab, einen Staatsvertrag zwischen den Bundesländern, der mit seinen 22 Novellen bundeseinheitliche Regelungen für das Rundfunkrecht schuf und damit schrittweise den Weg vom linearen Rundfunk zu Video-on-Demand-Angeboten ebnete (RStV 2019).

Öffentlich-rechtliche und private Rundfunk-Mediatheken bieten eine Auswahl ihrer Sendungen als Livestreams und Video-on-Demand (VoD) zum Abruf an. Dies umfasst alle Genres: Nachrichtensendungen, Berichterstattung, Politik-Magazine, Fernsehfilme, Reportagen und Dokumentationen, Talk-Shows sowie Unterhaltungsformate. Livestreams sind Echtzeitübertragungen, die zeitgleich zur Ausstrahlung im Fernsehprogramm auch von der Mediathek abgerufen werden können, Videos sind aufgezeichnete Sendungen. Die ARD-Mediathek bietet das gemeinsame Programm der Landesrundfunkanstalten und Gemeinschaftseinrichtungen der ARD, während die in der Senderfamilie des ZDF vorhandenen Programme sowie die Partnerkanäle ARTE, 3sat, KiKA, PHOENIX ihre Eigenständigkeit auch im Mediatheksbereich wahren.[3] Hinzu kommen die Mediatheken der privaten Sender ProSiebenSat.1 und RTL.[4]

Einem vollständigen Angebot des Programmangebots in der Mediathek sind Grenzen gesetzt durch lizenzrechtliche Beschränkungen, Vorgaben zur Verfügbarkeit und den Drei-Stufen-Test des MStV (§ 32 Abs.4 MStV). Dieser ist Teil des Telemedienkonzepts, der bereits 2009 ähnlich formuliert worden war und zur „Depublikation" von Beiträgen geführt hatte: Ein Telemedienangebot soll den demokratischen, sozialen und kulturellen Bedürfnissen der Gesellschaft entsprechen, in qualitativer Hinsicht zum publizistischen Wettbewerb beitragen und eine Prüfung des finanziellen Aufwands für die Lizenzen be-

---

1 https://www.ardmediathek.de; https://www.ardaudiothek.de; https://www.zdf.de.
2 https://www.bbaw.de/mediathek; https://www.netzwerk-mediatheken.de; tps://www.bpb.de/mediathek.
3 https://arte.tv; https://www.3sat.de; https://www.kika.de; https://www.phoenix.de; https://www.zdf.de.
4 https://prosiebensat1.com; https://tvnow.de/rtl.

inhalten (Dörr 2009). Für jedes urheberrechtsrelevantes Angebot müssen individuell die Nutzungsrechte erworben werden, deren Einräumung das Urhebergesetz (§§19–31 UrhG) regelt (Hoeren 2014; Schwarz 2014). Persönlichkeits- und Verwertungsrechte müssen für alle mediale Formen geklärt sein, geografische und zeitliche Beschränkungen der Nutzungsrechte sind möglich, bekannt als Geoblocking und Verfügbarkeit. Der Urheber muss der Rundfunkanstalt Senderechte für die Ausstrahlung einräumen, für die Aufnahme in die Mediathek müssen darüber hinaus Video-on-Demand-Rechte eingeholt werden. Da die Inhalte den Nutzer*innen in Ort und Zeit beliebig zugänglich sind, ist hier die Nutzungsart der öffentlichen Zugänglichmachung (entsprechend § 19a UrhG) einzuräumen. Bei einer Downloadmöglichkeit muss zusätzlich das Vervielfältigungsrecht berücksichtigt werden.

Der MStV macht Vorgaben für die Verfügbarkeit von zeit- und kulturgeschichtlichen sowie informierenden Beiträgen, für europäische Werke, angekaufte Spielfilme und Fernsehserien, deren Abrufmöglichkeit grundsätzlich auf Deutschland zu beschränken sei, und für Sendungen von Großereignissen und Sportveranstaltungen (§30 MStV).

3 Zugriff auf die Mediatheken

Die technologische Voraussetzung für Mediatheken als Internet-Plattformen ist die vollständige Digitalisierung der gesamten Arbeitsprozesse aller beteiligten Bereiche sowie deren Zusammenspiel. Die Programmbeiträge – die Sendungen, die Inhalte, der Content – liegen in digitaler Form vor, Produktionen werden genuin digital erstellt oder im Fall älterer Beiträge digitalisiert. Die Übertragungswege sind digitaler Art und durch hohe Datenübertragungsgeschwindigkeiten gekennzeichnet. Die Rundfunkanstalten speichern die Mediendateien auf Servern, von denen aus der Abruf über die Mediathek-Plattformen möglich ist. Jede der Mediatheken hat ihre spezifischen technischen Entwicklungsschritte, die immer mit erweiterten Angeboten einhergehen. Die Basis bildet der offene Standard Hybrid Broadcast Broadband TV (HbbTV), der Fernsehen und Internet verbindet. Anwendungssysteme koordinieren systeminterne Prozesse und Dienste und bieten den Nutzer*innen Funktionen wie Navigation, Benutzerverwaltung und Personalisierung an sowie die Bereitstellung von Beiträgen. Als Podcast gekennzeichnete Mediendateien stehen zum Download bereit und können dann gespeichert auch offline, ohne Internetverbindung, betrachtet werden.

Die Navigation innerhalb der Mediathek führt zur Sicht- und Erreichbarkeit der Inhalte der Mediathek. Traditionelle Nutzer*innen des Fernsehprogramms informieren sich gezielt über Programmzeitschriften, werden durch Empfehlungen in anderen Medien und durch Peer-Gruppen auf Beiträge hingewiesen, oder sie haben das Programmschema ihres bevorzugten Senders verinnerlicht, wenn sie nicht durch die Angebote verschiedener Sender zappen. Die Navigationsmöglichkeiten müssen diese Such- und Findestrategien spiegeln. Üblich geworden sind Bildausschnitte oder Bewegtbildsequenzen, betextet mit knappen Titeln und Verfügbarkeitsangaben, mit direkter Aufrufmöglichkeit des Beitrags. Neben einer Suchfunktion kann ein Menü auf neu eingestellte Beiträge und Themen hinweisen. Hinzu kommen Empfehlungssysteme, von Algorithmen geleitet, die auf der Gewichtung verschiedener Faktoren beruhen: der Popularität eines Beitrags-Videos, basierend auf seinen Benutzerzahlen und seiner Bewertung, den eigenen individuellen Nutzungsgewohnheiten oder der Nutzung durch eine zugehörige Gruppe oder einer Personalisierung, die selbst veranlasst wurde (Amlung 2019; Pöschhacker et al. 2018).

4 Paradigmenwechsel in der Mediennutzung

Der Wechsel von der Angebotsorientierung zur Nutzerorientierung ist ein bedeutsamer Schritt für das Rundfunkangebot. Dem Übergang vom linearen Rundfunkprogramm zu einem Abrufangebot entspricht auch die pragmatische Sichtweise des Wandels vom traditionellen, linearen Fernsehen als Push-Dienst zu einem Pull-Dienst, den das Video-on-Demand Angebot darstellt. Der Mehrwert: Nutzer*innen können nun zeitunabhängig Hörfunk- und Fernsehsendungen nachhören und zeitversetzt betrachten – individuelle Zweit- und Mehrfachnutzung eines Beitrags ist somit möglich. Mit der Wahlmöglichkeit von Ort, Zeit und Gerät gewinnen Nutzer*innen eine neue Souveränität, zumal mit der Einrichtung eines personalisierten Abonnements. Die Rezipient*innen werden von passiven Zuschauern zu aktiven Medienkonsument*innen (Unkel 2019). Zwar ist Video-on-Demand nicht vergleichbar mit Book-on-Demand – dem Druck eines Buches erst nach Auftragsstellung –, aber mögliche inhaltliche und wirtschaftliche Auswirkungen bahnen sich an (Pech 2014).

Studien belegen die wachsende Nutzung von Video-on-Demand-Angeboten in der Bewegtbildwelt. Die ARD/ZDF-Langzeitstudie Massenkommunikation (Breuning et al. 2020; Dehm & Storll 2020; Kupferschmitt & Müller 2020)[5] differenziert die Nutzungsmotive: Spaß und Unterhaltung, Entspannung, aber auch Informationsmöglichkeiten sowie die Verfolgung individueller Interessengebiete. Hier werden Spielräume für die Angebote der öffentlich-rechtlichen Mediatheken gesehen: Die Angebote müssen den Interessen und dem Geschmack der Nutzer*innen angepasst werden. Zielgruppenspezifische Angebote sind nötig, ein Beispiel ist das Angebot in der ARD-Mediathek, das zum Welttag des Audiovisuellen Kulturerbes am 27.10.2020 startete (Limbach 2020).

Die Mediatheken der öffentlich-rechtlichen Rundfunkanstalten stehen in Konkurrenz zu den Aktivitäten der privaten Anbieter ProSiebenSat.1 und RTL und insbesondere zu internationalen Anbietern wie Netflix (Thieme 2021),[6] aber auch zu Presseaktivitäten (Gerstner 2018). Ihr Mehrwert liegt in der aktiven Programmgestaltung, die dem öffentlich-rechtlichen Auftrag geschuldet ist. Bei der Planung, Redaktion und Produktion neuer Angebote werden die Journalist*innen und Programmgestalter*innen von den Informations- und Dokumentationsabteilungen, den medialen Gedächtnissen der Rundfunkanstalten, unterstützt.

Der Abruf von Einzel-Videos oder Folgesequenzen bedeutet auch die Abkehr von einem redaktionell zusammen gestellten Portfolio, einem Programmschema, das verschiedene Aspekte berücksichtigt: Information, Unterhaltung, Diskussion in Verfolgung des gesetzlichen Programmauftrags. Die Mediathek mag für Interessierte zur wertvollen inhaltlichen Ergänzung des Fernsehangebots werden. Ob dies auch für breite Nutzerschichten, insbesondere für Jüngere gelten wird, wird nicht nur von der zukünftigen Ausgestaltung des Medienangebots abhängen, sondern auch von einer effektiven Medienpädagogik, die ein kritisches Bewusstsein für gesellschaftliche und mediale Vielfalt schärft. Dazu beitragen können Forschungen zu Empfehlungssystemen (Recommender-Systemen) die aufzeigen, dass diese trotz algorithmischer Verankerung inhaltliche und politische Gestaltungsräume belassen und insgesamt den Auftrag der öffentlich-rechtlichen Rundfunkanstalten unterstützen können (Amlung 2019; Pöchhacker et al. 2018).

---

5 https://de.statista.com/statistik/studie/id/34435/dokument/video-on-demand-in-deutschland-statista-dossier/.
6 https://www.netflix.com.

5 Zur Zukunft der Mediatheken

Mediatheken haben sich innerhalb von nur zwei Jahrzehnten als ein wesentlicher Bestandteil der Medienwelt etabliert, und die weitere Dynamik ist noch nicht absehbar. Technologische Voraussetzungen wie Datenübertragungswege, Portal-Technik, und Streaming-Techniken werden sich weiterentwickeln. Der in Deutschland formulierte Auftrag des öffentlichen-rechtlichen Rundfunks ist auch eine Herausforderung, sich auf dem Informationsmarkt zu behaupten. In seiner Präambel garantiert der MStV den Bestand und die Entwicklung des öffentlich-rechtlichen Rundfunks, eingeschlossen die Teilhabe an „allen neuen technischen Möglichkeiten" und die „Möglichkeit der Veranstaltung neuer Angebotsformen und Nutzung neuer Verbreitungswege" sowie die Sicherung der finanziellen Grundlagen (Präambel MStV 2020) durch den Rundfunkbeitrag.

Die öffentlich-rechtlichen Rundfunkanstalten werden ihre Digitalstrategie unter Berücksichtigung technologischer, organisatorischer und wirtschaftlicher Aspekte weiterentwickeln. Nutzungsprofile werden zu Forschungsobjekten und Treibern des Medienangebots. Es gilt, die Reichweite der Mediatheken zu vergrößern, zielgruppenspezifisch vorzugehen, Nutzerbindungen auf- und Barrierefreiheit auszubauen. Dies fordert eine Erweiterung des Portfolios, um die Inhalte, den Content, den Wünschen und dem Geschmack der potenziellen Interessengruppen anzupassen (Breuning et al. 2020; Dehm & Stroll 2020; Gerstner 2018). Der internationale Informationsmarkt fordert auch Kooperation mit Drittplattformen wie Netflix und seinem attraktiven Filmangebot.[7] Das Contentnetzwerk von ARD und ZDF generiert bereits Inhalte für die direkte Verbreitung auf Drittplattformen. Mit „funk" ist 2016 ein Online-Angebot von ARD und ZDF entstanden, dessen Inhalte auf die Zielgruppe Jugendlicher in sozialen Netzwerken abgestimmt sind,[8] und zwischen ARD und ZDF bestehen Pläne für ein gemeinsames Streaming-Netzwerk.

Veränderungen des Nutzerverhaltens sind deutlich: Die Nutzer*innen der Zukunft sind digital sozialisiert, vertraut mit Video-on-Demand, sei es von öffentlich-rechtlichen oder privaten Anbietern, auch außerhalb Deutschlands. Hybridnutzer sehen linear fern und tauschen sich gleichzeitig über Drittplattform oder Social-Media-Netzwerke darüber aus. Dieses Phänomen trägt den Namen Social TV 2.0. Da ist Social TV 3.0 nicht weit: Die Individualisierung der Mediennutzung geht einher mit selektiver Wahrnehmung und Aneignung von Information, trotz oder wegen eines breiten Informationsangebots. Die Rezeption ist subjektiv, sie hängt ab vom jeweiligen Bildungsstand und vom sozial-ökonomischen Umfeld, in dem Nutzer*innen sich befinden (Kupferschmitt & Müller 2020).[9] Gesellschaftliche Auswirkungen des individualisierten Informationsverhaltens sind vorgezeichnet, in sozialer wie politischer Hinsicht. Auch Mediatheken privater Anbieter und Interessengruppen bedienen ihre jeweiligen Zielgruppen und fördern damit Insellösungen der Informiertheit, Falsch- und Desinformation eingeschlossen, mit einer Zersplitterung der Gesellschaft. Das kollektive Gedächtnis einer Generation, der Gesellschaft schwindet durch Differenzierung von Einzel- und Gruppeninteressen. Der öffentlich-rechtliche Rundfunk steht mit seiner Programmgestaltung vor der Aufgabe, dieser Entwicklung entgegenzuwirken und damit die Informationsgesellschaft mitzugestalten.

---

7 https://www.netflix.com.
8 https://funk.net.
9 https://de.statista.com/statistik/studie/id/34435/dokument/video-on-demand-in-deutschland-statista-dossier/.

6 Literaturverzeichnis

Amlung, R. (2019). Personalisierung und Empfehlungen im Rahmen eines öffentlich-rechtlichen Medienangebots am Beispiel des ZDF. *MedienWirtschaft*, 16(2), 6–11.

Audiovisuelle Mediendienste Richtlinie (2018). *Richtlinie über audiovisuelle Mediendienste (Mediendiensterichtlinie) des Europäischen Parlaments und des Rates vom 14.November 2018 zur Änderung der Richtlinie 2010/13/EU zur Koordinierung bestimmter Rechts- und Verwaltungsvorschriften der Mitgliedstaaten über die Bereitstellung audiovisueller Mediendienste* (Richtlinie (EU) 2018/1808).

Bohn, A. (2016). Von DVD zu Video-on-Demand: Bewegte Bilder in Bibliotheken und neue Wege des Zugangs zum audiovisuellen Kulturerbe. *Bibliotheksdienst*, 50(1), 79–96.

Breunig, C., Handel, M. & Kessler, B. (2020). Ergebnisse der ARD/ZDF-Langzeitstudie. Massenkommunikation 1964–2020: Mediennutzung im Langzeitvergleich. *Media Perspektiven*, 50(7–8), 410–432.

Dehm, U. & Storll, D. (2020). Neue Plattformen, neue Inhalte, veränderte Nutzung – anderes TV-Erleben. Eine repräsentative Studie zum Fernseherleben im digitalen Zeitalter. *Media Perspektiven*, 50(2), 87–98.

Dörr, D. (2009). Aktuelle Fragen des Drei-Stufen-Tests. Wer kontrolliert den publizistischen Mehrwert nach welchen Maßstäben? *Zeitschrift für Urheber- und Medienrecht*, 25(12), 897–905.

Gerstner, J. (2018). *Print in Motion: Qualität und Mehrwert der Onlinevideoangebote Deutscher Tageszeitungen.* Springer Fachmedien GmbH.

Gesetz zum Staatsvertrag zur Modernisierung der Medienordnung in Deutschland. (2020). *HmbGVBl*, 46, 433–486.

Grzondziel, J. (2015). „Das Archiv der Stimmen": Die Digitalisierung von historischen Tonträgern in großem Umfang. Ein DFG-Projekt der Mediathek der SLUB Dresden. *AKMB-news: Informationen zu Kunst, Museum und Bibliothek*, 21(1), 13–17.

Haupts, T. (2014). *Die Videothek: Zur Geschichte und medialen Praxis einer kulturellen Institution.* Transcript.

Hoeren, T. (2014). *Die Einräumung von Nutzungsrechten für die Nutzungsart Video-on-Demand. UFITA Archiv für Urheber- und Medienrecht.* Stämpfli.

Kupferschmitt, T. & Müller, T. (2020). ARD/ZDF-Massenkommunikation 2020: Mediennutzung im Intermediavergleich. Aktuelle Ergebnisse der repräsentativen Langzeitstudie. *Media Perspektiven*, 50(7–8), 390–407.

Limbach, R. (2020). Ost- und West-Fernsehen der 1950er und 1960er-Jahre in der ARD Mediathek. *Bibliothek Forschung und Praxis*, 44(3), 416–424.

Pech, S. (2014). Video-on-Demand: Wirtschaftliche Chancen und rechtliche Herausforderungen. Diskussionsbericht zum gleichnamigen XXVIII. Münchner Symposion zum Film- und Medienrecht des Instituts für Urheber- und Medienrecht, München, am 4. Juli 2014. *Zeitschrift für Urheber- und Medienrecht*, 58(10), 778–780.

Pöchhacker, N., Geipel, A., Burkhardt, M. & Passoth, J. (2018). Algorithmische Vorschlagsysteme und der Programmauftrag: Zwischen Datenwissenschaft, journalistischem Anspruch und demokratiepolitischer Aufgabe. In R. Mohabbat Kar, B. Thapa & P. Parycek. (Hrsg.), *(Un)berechenbar? Algorithmen und Automatisierung in Staat und Gesellschaft* (S. 417–439). Kompetenzzentrum Öffentliche IT.

Rundfunkstaatsvertrag. (2019). *Staatsvertrag für Rundfunk und Telemedien in der Fassung des Zweiundzwanzigsten Staatsvertrages zur Änderung rundfunkrechtlicher Staatsverträge.*

Schwarz, M. (2014). Der Erwerb von Video-on-Demand-Rechten an Film- und Fernsehwerken durch die Sendeunternehmen, *Zeitschrift für Urheber- und Medienrecht*, 58(10), 758–763.

Staatsvertrag zur Modernisierung der Medienordnung in Deutschland (Medienstaatsvertrag) vom 14. April bis 28. April 2020, in Kraft getreten am 7. November 2020

Thieme, M. (2021). *TV auf Abruf. Lösen Mediatheken das klassische Fernsehen ab?* (2. Aufl.). Tectum.

Unkel, J. (2019). *Informationsselektion mit Suchmaschinen. Wahrnehmung und Auswahl von Suchresultaten.* Nomos.

Urheberrechtsgesetz (2021). *Urheberrechtsgesetz vom 9. September 1965 (BGBl. I S. 1273), zuletzt durch Artikel 25 des Gesetzes vom 23. Juni 2021 (BGBl. I S. 1858) geändert.* https://www.gesetze-im-internet.de/urhg/UrhG.pdf.

Ragna Seidler-de Alwis
A 10 Information Professionals

1 Einleitung

Bedingt durch den technologischen, wirtschaftlichen und auch gesellschaftlichen Wandel, wie z. B. Globalisierung, Digitalisierung und weltweite Vernetzung, verändern sich Berufsbilder stetig. So ist auch das Berufsbild des Information Professionals davon betroffen. Die Berufsbezeichnungen für diese Berufsgruppe sind vielfältig und teilweise auch branchen- und einsatzbezogen: Sie reichen von Information Broker, Informationsvermittler, Information Researcher, Informationsspezialist bis zum Wissensmanager oder Research Analyst und einige andere mehr. Information Professionals setzen sich immer mit Daten, Informationen und Wissen auseinander und in der Regel überführen sie Daten in Informationen und Wissen. Stetig wachsende Datenmengen, eingebunden in verschiedenste und komplexe Themen, die zunehmende Informationsflut einschließlich ihrer Metadaten, sowie die große Bandbreite an Medienformaten führt dazu, dass die Ausprägungen und Tätigkeitsfelder des Information Professionals sehr vielfältig sind. Auch die in diesem Zusammenhang stehenden neuen Technologien, wie z. B. Cloud Computing, tragen dazu bei, dass sich Tätigkeitsbereiche der Information Professionals erweitert und verändert haben. Dieser Beitrag soll die Anforderungen an und Tätigkeitsfelder von Information Professionals aufzeigen und Trends und zukünftige Kompetenzen dieser Berufsgruppe darlegen.

2 Definition und Ausprägungen des Berufsbildes des Information Professionals

In der Literatur gibt es keine einfache und eindeutige Definition des Information Professionals und der Begriff wird teilweise sehr weit gefasst. Es gibt auch keinen dezidiert auf dieses Berufsbild ausgerichteten Studiengang, durch dessen Absolvierung allein eine entsprechende Qualifizierung erworben wird. Information Professional ist eher ein begriffliches Konglomerat, das verschiedene Berufsgruppen umfasst, die auf Grund wachsender Informationsflut, Digitalisierung und anderer Faktoren wichtig geworden sind (Knoll 2016, S. 2). Greer et al. (2013, S. 11) definieren Information Professionals als solche Berufe, die sich mit der Erfassung, Verwaltung, Erstellung, Organisation, Verbreitung und Erhaltung von Informationen und Wissen auseinandersetzen. Dazu zählen auch die Informationsvermittlung und Informationssicherung. Zuerst stärker fokussiert auf die klassischen Aufgaben Datenspeicherung, Wissensorganisation, Information Retrieval und Recherche, hat sich die Rolle des Information Professionals in eine mehr analytische Tätigkeit verwandelt. Information Professionals unterstützen in allen Stufen des Informationsprozesses und Wissenstransfers (Greer et al. 2013, S. 173). Dabei agieren Information Professionals auch häufig als Lehrer*innen und Unterstützer*innen für Informationssuchende, um adäquate und relevante Informationsquellen auszuwählen und zu nutzen (Greer et al. 2013, S. 3–4).

Rowlands et al. (2008, S. 305–306) bestätigen, dass Information Professionals sich mit Informationsbeschaffung, Qualitätseinschätzung, Nutzung neuer Informationsangebote und deren Funktionen beschäftigen. Jörs (2016), Hakansson & Nelke (2015, S. 67–68) und Seidler-de Alwis (2014a) gehen ein Stück weiter und erwähnen die Befähigung zur Analyse, Bewertung, Aufbereitung und Visualisierung von Daten und Informationen, d. h. Informationen richtig bewerten und Informationsgehalt korrekt einschätzen zu können und als Grundlage für Entscheidungen auszuwerten, also wertschöpfende Tätigkeiten, die den Kund*innen und Nutzer*innen einen Mehrwert liefern. Wiedeking (2019, S. 72) charakterisiert Information Professionals als Sekundärmarktforscher, die sich taktischen und strategischen Fragestellungen widmen und professionell verarbeitete Informationen an Kund*innen liefern. Diese Information Professionals sind in der Regel für interne Kund*innen und Klient*innen von Unternehmen und Organisationen tätig. Information Professionals sind Multitasker: Sie sind Analysten, Research-Spezialisten und Wettbewerbsexperten zugleich, d. h. sie durchdringen Unternehmen und Märkte.

Die vielen unterschiedlichen Bezeichnungen für den Information Professional ergeben sich aus der großen Bandbreite an Tätigkeiten und Berufsfeldern in verschiedenen Branchen und versuchen diese Bezeichnung dann zu spezifizieren: So werden Information Professionals mit einem IT- und Daten-orientierten Fokus als Web-Manager*in, Informationsarchitekt*in, Web Analyst*in oder auch Data Analyst bezeichnet. Selbstständige Information Professionals, die für externe Klient*innen und Kund*innen tätig sind, bezeichnen sich häufig als Information Broker. Information Professionals, die sich mit Themen des Wissensmanagements auseinandersetzen, heißen Wissensmanager oder Information Manager. Information Professionals, die sich mit Markt- und Wettbewerbsinformationen befassen, werden u. a. als Market Analyst, Research Analyst oder Competitive Intelligence Analyst charakterisiert und benannt. Im angloamerikanischen Raum wird die Berufsbezeichnung Information Professional auch mit dem Bibliothekar gleichgesetzt (Knoll 2016, S. 4).

3 Aktuelle Tätigkeitsfelder (Funktionen) und Kompetenzen im beruflichen Umfeld

Es gibt keinen spezifischen formalen Bildungsabschluss für Information Professionals. Formale Bildungsabschlüsse reichen von Studienabschlüssen im Bereich Informationsmanagement, Informationswissenschaften, dem Master für Library und Information Science bis zur Betriebswirtschaftslehre und Datenwissenschaft. In all diesen Studiengängen werden die methodischen Kompetenzen des analytischen Denkens und der kritische Umgang mit Zahlen, Daten und Fakten hervorgehoben, und das ist sicherlich wichtig für die Tätigkeiten des Information Professionals im beruflichen Umfeld (Hakansson & Nelke, 2015, S. 65).

Information Professionals haben entsprechend ihrer Spezialisierung unterschiedliche, aber auch weitreichende Tätigkeiten und Verantwortlichkeiten, woraus sich verschiedene Fähigkeiten und Kompetenzen ableiten, die dann in unterschiedliche Berufsbezeichnungen münden. Die Tätigkeitsfelder der Informationssuche, Datenanalyse- und Informationsanalyse und der Informationsaufbereitung finden sich bei fast allen Information Professionals. Information Professionals arbeiten mit Daten und Fakten in unterschiedlichen Formaten, wie z. B. Pressedaten, Statistiken, Kunden- oder Forschungsdaten, Videos, Audiodateien etc., die sowohl aus internen wie auch aus externen Quellen stammen können. Diese zu beschaffen, auszuwerten und zielgruppenspezifisch aufzubereiten, ist eine Hauptaufgabe der Information Professionals. Eine professionelle Informationsrecherche und gut aufbereitete Informationen sind essenziell für den Wettbewerbserfolg in Unternehmen und Organisationen. Information Professionals finden sich daher häufig in wissensintensiven Branchen, wie z. B. in Patentabteilungen der Pharmabranche oder Anwaltskanzleien und Unternehmensberatungen, in denen es ganz besonders auf aktuelle, korrekte und zuverlässige Informationen ankommt (Knoll 2016, S. 2–3).

Daraus leitet sich die Frage ab, welche Kompetenzen Information Professionals benötigen, um erfolgreich und professionell im beruflichen Umfeld Mehrwert zu schaffen und wie sich diese strukturiert darlegen lassen. In der wissenschaftlichen Literatur existiert eine Vielzahl von Definitionen des Begriffes Kompetenz, ein Konsens darüber ist bislang weder in Politik noch Wissenschaft erreicht worden. Als gemeinsamer Nenner gilt, dass der Kompetenzbegriff die Dimension des selbstorganisierten und kreativen Handelns betont und er neben den Fähigkeiten im engeren Sinne auch Werte und Haltungen miteinbezieht. Kompetentes Handeln beruht auf der Mobilisierung von Wissen, von kognitiven und praktischen Fähigkeiten sowie sozialen Aspekten wie Haltungen, Werten und Motivation (North et al. 2018, S. 35–36). North et al. (2018, S. 38) unterscheiden zwischen fachlichen, methodischen, sozialen und personalen Kompetenzen. Die fachlichen und methodischen Kompetenzen werden häufig mit den beruflichen Kompetenzen gleichgesetzt. Freimanis & Dornstädter (2010, S. 125–126) haben in ihrer Untersuchung festgestellt, dass Information Professionals, die einen informationswissenschaftlichen Bezug in ihrem Studium aufweisen, wie z. B. die Vermittlung von Informationskompetenz, deutlich häufiger Rechercheangebote wie Fachdatenbanken und Zitationsdatenbanken nutzen und eher als Generalisten tätig sind. Daneben gibt es Information Professionals, zu deren fachlichen Kompetenzen ein fundiertes Faktenwissen und fachspezifisches Know-how gehört, d. h. ein hohes Maß an fachlichem Detailwissen der jeweiligen Industrie oder Branche, das sie befähigt, Produkt-, Markt- und Wettbewerbsinformationen analysieren zu können. Dieses Detailwissen kann durch ein anderes Fachstudium (Jura, Pharmazie etc.) oder durch langjährige Berufstätigkeit in einer spezifischen Branche oder Industrie gewonnen werden (Greer et al. 2013, S. 143). Es kann natürlich auch umgekehrt auf einen fachspezifischen Bachelor ein informationswissenschaftlicher Master folgen.

Kernkompetenz des Information Professionals sollte eine ausgereifte Quellenkenntnis sein, d. h. auch die Qualität von Quellen überprüfen und bewerten zu können und diese in der Recherche richtig einzusetzen. Zu den Recherchediensten gehören Unternehmensanalysen, Produkt- und Markenrecherchen, Personenrecherchen, Marktanalysen und Länderanalysen etc., die nur mit einer ausgereiften Urteilsfähigkeit bezüglich Qualität und Informationstiefe von Quellen gelingen kann. Zu dieser Quellenkenntnis gehört auch die entsprechende Nutzung von Datenbanken, Suchmaschinen und anderen Informationsmitteln (Seidler-de Alwis 2014b, S. 257–258; Hakansson & Nelke 2015, S. 67–68). Die explosionsartige Vermehrung von Informationsquellen hat dazu geführt, dass Information Professionals aufgefordert sind, schneller und effektiver valide und zuverlässige Informationen und Analysen aus einer größeren Anzahl vertrauenswürdigen Quellen zu extrahieren. Auch auf Grund anspruchsvollerer interner und externer Kund*innen hat sich die Funktion der Information Professionals von der Informationsvermittlung zur Beratung vollzogen (LexisNexis 2014, S. 25). Statistikkenntnisse und weitreichende Kenntnisse in der Anwendung relevanter Software sind für das Datenmonitoring, die Datenaufbereitung und Datenvisualisierung der Rechercheergebnisse und Analysen unerlässlich. Des Weiteren ist die Vertrautheit mit Webdesign, Text- und Datamining in bestimmten Tätigkeitsfeldern sehr gefragt. Da Information Professionals häufig in einem internationalen Berufsumfeld tätig sind, sind Fremdsprachenkenntnisse eine gängige Anforderung im beruflichen Umfeld (Knoll 2016, S. 7).

Zu den Methodenkompetenzen des Information Professionals zählt insbesondere, strukturiert und analytisch denken und handeln zu können und problemlösungsorientiert zu arbeiten. Eine weitere wichtige Methodenkompetenz im Alltag des Information Professionals ist Projektmanagement, da häufig mehrere Projekte mit verschiedenen Teammitgliedern gleichzeitig koordiniert werden müssen. Bei der Aufbereitung von Daten und Informationen und deren Visualisierung ist entsprechende Methodenkompetenz mit IT-Tools gefragt (Knoll 2016, S. 8).

Die sozialen und personalen Kompetenzen sind eng und untrennbar an die Persönlichkeit des Information Professional gekoppelt. Die soziale Kompetenz, steht im Zusammenhang mit der Bereitschaft einer Person, soziale Beziehungen aufzubauen und zu gestalten (North et al. 2018, S. 64). Beim Information Professional sollte die Bereitschaft gegeben sein, Beziehungen zu Kund*innen aufzubauen und kundenorientiert zu arbeiten, d. h. kreativ und flexibel zu agieren. Dies umfasst Qualitäten wie Teamfähigkeit, Kommunikationsfähigkeit und interkulturelle Kompetenz, die Offenheit und Neugier unabdingbar macht (Hakansson & Nelke 2015, S. 65–66). Die personale Kompetenz ist geprägt durch Persönlichkeitsmerkmale sowie durch Eigenschaften, die sich durch das soziale Umfeld herausgebildet haben. Ohne Fach-, Methoden-, und soziale Kompetenzen kann es nach North et al. (2018, S. 64) keine personale Kompetenz geben. Persönliche Kompetenzen, die beim Information Professional ausgeprägt sein sollten, sind vor allem Stressresistenz, Flexibilität und Eigeninitiative, gepaart mit einer Veränderungsbereitschaft (Knoll 2016, S. 4).

Insgesamt wird deutlich, dass Information Professionals als Bindeglied und Schnittstelle zwischen einzelnen Disziplinen, Personen und Abteilungen agieren. Es zeichnet sich eine Entwicklung vom Datenlieferanten hin zu Markt- und Wissensexperten ab, die thematisch viel fokussierter arbeiten und faktenbasierte Empfehlungen aussprechen, die zur strategischen Frühaufklärung sowie zur strategischen Entscheidungsfindung im beruflichen Umfeld dienen. Um solche Analysen durchführen zu können, benötigen Information Professionals einen hohen Grad an Detail- und Domainwissen. Weiterhin wird es aber Information Professionals geben, die ausschließlich die Rolle des Generalisten für Informationsbeschaffung und -aufbereitung einnehmen und damit etwas universeller einsetzbar sind.

4 Trends und zukünftige Anforderungen an Information Professionals

Die Digitalisierung und zahlreiche technologische Fortschritte, aber auch die Menge und Komplexität von Daten und Informationen sowie die zunehmende Differenziertheit von Wissensgebieten sind ein mächtiger Treiber von Veränderungen und werden in Zukunft einen großen Einfluss auf die Anforderungen an Information Professionals haben. Nicht alle im Folgenden angeführten Qualifikationsmerkmale können und müssen in einer Person vollständig vorhanden sein, aber es braucht vermehrt Kompetenzen im Bereich IT und Kommunikationstechnologie, um Informations- und Datenmanagement auf dem neuesten Stand zu halten. Insofern müssen konstante Weiterbildung und lebenslanges Lernen für Information Professionals eine Selbstverständlichkeit sein. Information Professionals qualifizieren sich nicht nur über den Studienabschluss und Weiterbildungsmaßnahmen, zusätzlich gewinnen nicht-formale Bildungsleistungen an Bedeutung, vor allem im persönlichen und sozialen Bereich (North et al. 2018, S. 11–12).

Neben ihren fachlichen und akademischen Kompetenzen werden Information Professionals in Zukunft immer mehr an ihren persönlichen Netzwerkfähigkeiten und einem ausgeprägten ethischen und juristischen Verständnis gemessen werden. Diese sind nicht nur für die Schnittstellenfunktion zwischen den verschiedenen Stakeholdern im Unternehmen oder in Organisationen relevant, sondern auch in einem interdisziplinären Arbeitsumfeld unabdingbar. Neben vielen Sekundärquellen, wie Datenbanken, Studien, Statistiken etc. liefern persönliche Kontakte, interne wie externe, oft wichtige Informationen. Diese Kontakte lassen sich mit einer ausgeprägten Netzwerk- und Kommunikationsfähigkeit gut pflegen. Ein interdisziplinäres und diverses Umfeld verlangt nach interkulturellen Kompetenzen und letztendlich auch nach einer Organisationskultur, die Fehler zulässt und einen konstruktiven Umgang damit pflegt (Wiedeking 2019, S. 77–80). Auch im Bereich Wissensmanagement gibt es viele neue Themen, wie Cyber-Risk, Compliance-Fragen, Risikobewertungen etc., die die Anwendung neuer innovativer Technologien voraussetzen.

Der Trend zur Automatisierung von Geschäftsprozessen, so z. B. die automatische Klassifikation von Informationen oder die Automatisierung einfacher Unternehmensdatenrecherchen wird zur Entlastung von unnötiger Routinearbeit führen, dennoch werden Information Professionals weiterhin mit der Administration von solchen Dateninfrastrukturen betraut werden (Kampffmeyer & Lampe 2021, S. 7–8).

Die Auswahl der richtigen Quellen und deren Relevanzbewertung werden gerade im Zeitalter der *fake news* weiterhin eine elementare Anforderung an Information Professionals sein, so auch das Filtern, Strukturieren und Analysieren aus einer großen Bandbreite von Quellen, damit die Ergebnisse zu zielführenden und angemessenen Handlungsempfehlungen und zur validen Entscheidungsfindung dienen können.

Die größere Verfügbarkeit von internen wie externen akkumulierten Daten machen umfangreiche Datenanalysen zu einem weiteren möglichen Einsatzfeld von Information Professionals. Diese datengetriebenen Aufgaben verlangen nach einem souveränen Umgang mit Technologien wie Machine Learning und Künstlicher Intelligenz (KI). In Zukunft werden aber nicht nur strukturierte Daten für die Entscheidungsfindung zu Grunde gelegt werden. Unstrukturierte Echtzeitdaten können zusätzlich mit Hilfe von Algorithmen einbezogen, ausgewertet und analysiert werden, wozu vermehrt Programmierkenntnisse und Datenanalysetechniken erforderlich sein werden.

Im Zuge der rasch fortschreitenden Entwicklung von Mensch-Maschine-Devices benötigen Information Professionals zukünftig neue kreative Strategien, Formate und Wege, um Informationen in Brillen, Ohrstöpseln u. a. in geeigneter humanadäquater Form zu übermitteln. Hieraus ergeben sich neue Anforderungen an die Aufarbeitung von Informationen zur visuellen Nutzung.

Diese ganz neuen Anforderungen an Information Professionals werden dazu führen, dass diese sich auf bestimmte Aufgabenbereiche spezialisieren und daher aus unterschiedlichen Studienrichtungen rekrutiert werden müssen. Auf Grund der vermehrten Spezialisierung und Ausdifferenzierung werden Information Professionals weniger als Generalisten tätig sein. Zudem wird die Datenwissenschaft (Data and Information Science) in Zukunft für die Tätigkeit eines Information Professionals im beruflichen Umfeld eine wichtige Rolle spielen. In diesem neuen, datengetriebenen Zeitalter ist es wichtig darzulegen, dass Daten nicht mit Wissen gleichzusetzen sind. So können effektive strategische Handlungsempfehlungen und das Erkennen von größeren Zusammenhängen nur mit analytischen Fähigkeiten und Detailwissen zu einer Branche, einem Markt oder ganz allgemein dem zugrundeliegenden Themenbereich gegeben werden.

5 Literaturverzeichnis

Freimanis, R. & Dornstädter, R. (2010). Informationskompetenz junger Information Professionals: Stand und Entwicklung. *Information – Wissenschaft & Praxis*, 61(2), 123–128.

Greer, R., Grover, R. & Fowler, S. (2013). *Introduction to the library and information professions* (2nd ed.). Libraries Unlimited.

Hakansson, C. & Nelke, M. (2015). *Competitive intelligence for information professionals*. Elsevier.

Jörs, B. (2016). *Alleinstellungsmerkmal: Den Information Professional für morgen qualifizieren* (22. Oktober). Infobroker Podcast. https://www.infobroker.de/podcast/alleinstellungsmerkmal-den-information-professional-fuer-morgen-qualifizieren.

Kampffmeyer, U. & Lampe, L. (2021). *Die 10 Project Consult Trends im Information Management 2021*. https://project-consult.de/files/KFFTrends_im_Information_Management_-_Trends.pdf.

Knoll, A. (2016). Kompetenzprofil von Information Professionals in Unternehmen, *Young Information Scientist*, 1 (2016), 1–11. https://doi.org/10.25365/yis-2016-1-1.

LexisNexis (2014). *The Past, Present and Future of Information Management Report. Vergangenheit, Gegenwart und Zukunft im Informationsmanagement: Von der physischen zur digitalen Informationswelt – wie die Datenrevolution Wettbewerbsvorteile ermöglicht*. http://www.lexisnexis.de/whitepaper/past-present-future-report-deutsch.pdf.

North, K., Reinhardt, K. & Sieber-Suter, B. (2018). *Kompetenzmanagement in der Praxis: Mitarbeiterkompetenzen systematisch identifizieren nutzen und entwickeln. Mit vielen Praxisbeispielen* (3., aktualisierte und erweiterte Auflage). Springer Gabler. https://doi.org/10.1007/978-3-658-16872-8.

Rowlands, I., Nicholas, D., Williams, P., Huntington, P., Fieldhouse, M., Gunter, B., Withey, R., Jamali, H., Dobrowolski, T. & Tenopir, C. (2008). The Google generation: The information behaviour of the researcher of the future, *Aslib Proceedings*, 60(4), 290–310. https://doi.org/10.1108/00012530810887953.

Seidler-de Alwis, R. (2014a). *Neue Berufsfelder für Information Professionals* (20. Januar). LexisNexis. https://www.lexisnexis.de/blog/recherche/berufsfelder-information-professionals.

Seidler-de Alwis, R. (2014b). Wie bereiten Hochschulen künftige Information Professionals auf die Berufswirklichkeit vor? Ein Praxisbeispiel der FH Köln. *Bibliotheksdienst*, 48(3–4), 254–259. https://doi.org/10.1515/bd-2014-0033.

Wiedeking, S. M. (2019). Intelligence Professionals weisen den Weg in die Zukunft. In B. Keller, HW. Klein, & S. Tuschl (Hrsg.), *Zukunft der Marktforschung* (2., überarbeitete und aktualisierte Auflage, (71–83). Springer Gabler. https://doi.org/10.1007/978-3-658-25449-0_5.

Axel Ermert

A 11 Normen und Standardisierung im Informationsbereich

1 Einleitung

Für die Präsentation von Informationsgehalten, für die Bewahrung, das Wiederauffinden (Retrieval) und ihre gezielte Wiederverwendung hat Strukturierung, Organisation, Gleichförmigkeit schon immer eine wichtige Rolle gespielt. Mit z. B. Zedlers und Krünitz' „Encyclopädien" im 18. Jahrhundert, biologischer und chemischer Nomenklatur oder dem „Urmeter" in Paris 1875 (s. Muschalla 1992) findet dies deutlichen Niederschlag, ebenso im Informationsbereich (Ermert 2008). Der große Bereich, in dem die Durchsetzung international einheitlicher Standardisierung/Normung allerdings bisher nicht gelungen ist, sind die metrischen Maße (DIN 1301, ISO 80 000 [früher ISO 31, ISO 1000]) (und die Papierformate DIN ISO 216, früher DIN 476). Immer aber zeigt sich auch an solchen Beispielen, dass (der Sinn und Erfolg von) Normung stets in einem Wechselverhältnis steht zwischen Ersparnis, Aufwand und Kosten des Umstellens und dem Nutzen sowie der Umgewöhnung der Anwendenden andererseits. Immerhin bilden sich im Lauf der Entwicklung jedenfalls meist auch „Quasi-Standards/defacto-Standards" heraus, die aufgrund vorherrschender Position eines Akteurs oder eingespielter Praktiken entstehen, sowie „Bereichsstandards", die generell einheitliches Vorgehen immerhin in einem abgegrenzten Bereich etablieren – beides z. B. als innerbetriebliche Standards eines Unternehmens oder als „Industriestandards" eines Bereichs.

2 Standardisierung

Im Informationsbereich setzt die beginnende Standardisierung deutlich fort die von Otlet/Lafontaine von Dewey übernommene und erheblich aus- und umgebaute, dann „UDC/CDU Universal Decimal Classification / Classification Decimale Universelle" (deutsch: „DK") benannte Klassifikation mit einsetzender stärkerer Nutzung in Europa, vor allem im technisch-wissenschaftlichen Bereich, in Industrie, Bibliotheken, Dokumentationsstellen. In Großbritannien und in etlichen osteuropäischen Ländern erscheint sie ab den 1950ern, als Ganzes oder in Teilen, auch als formelle Norm. Ein erstes internationales, fünfsprachiges Wörterbuch des Verlagswesens/Verlegerbereichs erscheint 1913: „Vocabulaire technique de l'éditeur en sept langues. – 2e édition", ein solches des Bibliotheksbereichs wird in den 1930ern konzipiert und erscheint erstmals 1952 als „Vocabularium bibliothecarii". Die IFLA entwickelt ab 1969 den Grundstandard „ISBD International Standard Bibliographic Description", der die Grundlage bilden soll für weltweite Einheitlichkeit bzw. Vergleichbarkeit der Katalogeinträge/Katalogregeln von Bibliotheken. Letztlich auch aus ihnen gehen seit 2010 die nicht mehr nur für Bibliotheken gedachten sowie rein digital ausgerichteten, international konzipierten „RDA Rules for Description and Access" hervor. Ebenso entwickelt der Internationale Archivrat ICA den grundlegenden Verzeichnungsstandard „ISAD International Standard Archival Description" und ISAAR etc., die jedoch ebenfalls nicht in eine ISO-Norm überführt wird. Der Autor Pfeiffer-Rupp legt ein umfassendes, systematisches „Handbuch des sprachwissenschaftlichen Typoskripts"

(Pfeifer-Rupp 1979) vor, das umfassend die Gestaltung von wissenschaftliche Manuskripten, ihre Zitierregeln und ihren Schriftzeichenvorrat behandelt. Die großen Nationalbibliotheken entwickeln umfangreiche, systematisch geführte Schlagwortbestände (LCSH; RAMEAU; GND); im Kultur- und Museumsbereich entsteht seitens der Getty Foundation (Los Angeles) der „AAT Art and Architecture Thesaurus" (durchgehend mit Definitionen) sowie der inzwischen vielfach angewendete britische Standard „SPECTRUM" für die Arbeitsabläufe der Museumsdokumentation. In Deutschland entwickelt das „Deutsche Dokumentationszentrum für Kunstgeschichte Bildarchiv Foto Marburg" ein umfassendes Regelwerk für die beschreibende Verzeichnung von bildlichen Darstellungen (Bildwerken) und ihnen zugrundeliegenden Kunstwerken (Heusinger 1989). Das Brandenburgische Landesamt für Denkmalpflege veröffentlicht 2002 „Anforderungen an eine Bestandsdokumentation in der Baudenkmalpflege" (Wera Groß). Als eines der zahlreichen Regelwerke aus der Library of Congress erscheint 1987 der „Thesaurus of graphic materials". ARMA (Association of Records Managers and Administrators) (US) entwickelt ARMA „Guidelines". 1985 erscheint von IBM „Fachausdrücke der Informationsverarbeitung: Wörterbuch und Glossar" (1045 + 642 S.), das auch alle bis dahin erarbeiteten DIN- und ISO-Definitionen zur Datenverarbeitung enthält, umkehrbar aufeinander bezogen. Aus der Arbeit in ICOM-CIDOC für Museumsdokumentation entwickelt sich, dem fortgeschrittenen IT-Bedarf an Ontologien entsprechend, eine grundlegende Kultur-Ontologie „CRM Conceptual Reference Model", die dann auch als ISO 21127 veröffentlicht und laufend weiterentwickelt wird, auch mit Rückwirkung auf die IFLA.

3 Terminologie

„Terminologie" ist von grundlegender Bedeutung und von Anbeginn mit „Dokumentation" auf das engste verbunden – auch wenn die Grundlegung hierfür, der Durchbruch erst durch die bahnbrechende Studie von Wüster erfolgt (Wüster 1970), denn Dokumentation (vor allem die inhaltliche Erschließung) bearbeitet ja zuerst durchweg sprachliches Material; ihr Ziel und Erkenntniszweck ist begriffliche Durchdringung, um zu geordnetem Umgang mit Information zu gelangen. Und dies stützt entscheidend die Recherche (Retrieval), schafft andererseits auch selbst neues Wissen als Ressource und ist z. B. heute von „KI"-Entwicklungen nicht wegzudenken. Über die ISA seit 1937 (nach 1947: ISO/TC 37), den „Ausschuß für Terminologie" (1943) und den „FATS" (ab 1957) der DGD (Ermert 2008) und innerhalb des DIN als „NAT" seit 1961 (Herzog 2011) hält die „Terminologie" Einzug in das Dokumentationsgeschehen. „Terminologie" existiert praktisch in allen Wissenschafts- und Arbeitsbereichen; auf dem Vokabular der Fachsprachen (Dröge 1978; Fluck 1996; Hahn 1981; Hoffmann 1987; Roelcke 2020; Peth & Schaeder 1999) aufbauend, geht sie aus diesen hervor, aber nach Prüfung und Klärung (Agte 1981; Kuhlen 1980; Drewer & Schmitz 2017; Drewer & Pulitano & Schmitz 2014). Begriffsfestlegungen und Begriffsnormen für zahllose Einzelgebiete finden sich in jedem Normungsausschuss und -bereich [1] Die Grundsätze und der Umgang mit Terminologie als umfassende Ressource gerade auch im Technik-, Wirtschafts- und Verwaltungsgeschehen, finden ihren Niederschlag in grundlegenden Normen (vgl. Wright 2020), Entscheidend ist die saubere Trennung von Benennung und Begriff auf allen Arbeitsstufen, die Erstellung von Definitionen, und die Organisierung und Kenntlichmachung der be-

---

[1] www.iso.org/obp und www.din.de/de/service-fuer-anwender/din-term.

stehenden und der notwendigen Beziehungen zwischen den jeweiligen Begriffen (trotz gelegentlicher Kritik, etwa Heyde 1973), auf allen Ebenen; das Erarbeiten und Erkennen von Bezeichnungen (z. B. in Wörterbüchern) und den hinter ihnen und in Texten liegenden Begriffszusammenhängen (zu diesem allem: DIN 2330 – erste Ausgabe 1953, DIN 2331, DIN 2342; ISO 704, ISO 1087; DIN 5485 Benennungsgrundsätze für physikalische Größen; DIN 4898 Gebrauch der Wörter dual, invers etc.; ISO 22128 Übersicht über Terminologieprodukte).

4 Normung

„Normung" (en: standardization) wird von ISO und DIN wie folgt bestimmt:

Normung und Standardisierung
Tätigkeit zur Erstellung von Festlegungen für die allgemeine und wiederkehrende Anwendung, die auf aktuelle oder absehbare Probleme Bezug haben und die Erzielung eines optimalen Ordnungsgrades in einem gegebenen Zusammenhang anstreben [...].
Anmerkung 2 zum Begriff: Wichtige Vorteile der Normung und Standardisierung sind die Verbesserung der Eignung von Produkten, Prozessen und Dienstleistungen für ihren geplanten Zweck, die Vermeidung von Handelshemmnissen und die Erleichterung der technischen Zusammenarbeit. (DIN EN 45020 : 2006)
Standardisierung
technische Regelsetzung ohne die Verpflichtung zur Beteiligung der Öffentlichkeit [beim DIN gehören auch DIN/TR und TS, DIN SPEC u. ä. dazu]. (DIN 820 Teil 3 : 2021)
Normung
planmäßige, durch die interessierten Kreise gemeinschaftlich im Konsens durchgeführte Vereinheitlichung von materiellen und immateriellen Gegenständen zum Nutzen der Allgemeinheit. [Ergebnis: DIN-Norm] (DIN 820 Teil 3 : 2021)

Nicht zufällig fällt der Übergang von Standardisierung in die formellere Form Normung in Deutschland durch Gründung des NADI (Normenausschuss der Deutschen Industrie) (Wölker 1992; Luxbacher 2017) in das Jahr 1917. Die erste Norm „DIN 1" (bis 1992 unter dieser Nummer) behandelt das technische Element „Kegelstifte", das zuerst in festgelegten Abmessungen für den einheitlichen Bau des Maschinengewehrs 08/15 benötigt wurde (das britische Normeninstitut British Standards Institution – BSI – wurde bereits 1901 gegründet, 1931 so benannt). Normung ist nunmehr eine spezielle, festgelegte Verfahrensweise, die sich durch Zusammenschluss in einem einzigen Verband (DNA), Freiwilligkeit und freiwillige Anerkennung der entwickelten Normen – sie haben keinen amtlichen Vorschriftscharakter (außer, wenn durch Regierungsbeschluss heutzutage in rechtliche Vorschriften umgesetzt, z. B. zum Arbeitsschutz) – und Beschlussfassung durch Konsens (der nicht immer formelle Einstimmigkeit bedeuten muss) auszeichnet. Das Ergebnis heißt Norm, im Gegensatz zu anderen natürlich auch weiterhin existierenden zahlreichen normsetzenden Verbänden (z. B. VDI, verschiedene Richtlinien), deren Ergebnisse als technische Regeln angesprochen und (derzeit mit einigen Tausend) in der übergreifenden Datenbank des DIN[2] mit verzeichnet und oft auch durch den DIN-Normen-Verlag Beuth mit hergestellt und vertrieben werden (zurückgezogene Normen und Regeln sind gesondert recherchierbar.[3] Die in DIN SPEC, DIN TS usw. erwähnten Verfahren ermöglichen eine vereinfachte, schnellere Erstellung von dann norm-ähnlichen Regeln.

---
2 www.beuth.de.
3 https://www.beuth.de/de/erweiterte-suche/historische-dokumente.

Normen und Regelwerke auch vieler anderer Länder können vor Ort im DIN in Berlin digital eingesehen werden. In den meisten Ländern gibt es heute Normungseinrichtungen, die auch in einer internationalen Föderation zusammenwirken und die Internationalen ISO-Normen erstellen [4] – zuerst ISA 1926, ab 1947 ISO (Genf). Wichtig in Europa ist außerdem CEN (Comité Européen de Normalisation mit Sitz in Brüssel) (veröffentlicht als DIN EN). Die Erarbeitung der Normen erfolgt durch ehrenamtliche (nicht beim DIN beschäftigte) Expert*innen, die durch eine entsendende Organisation (Wirtschaftsbetrieb, staatliche Verwaltungsstelle, Verband) nominiert sind.

In Deutschland ist für diese Mitwirkung im DIN ein regelmäßiger Kostenbeitrag zu entrichten; staatliche Stellen sind davon ausgenommen. Diese in Deutschland nichtstaatlich organisierte Form der Norm-Erstellung (abgesichert durch einen speziellen Exklusiv-Vertrag zwischen DIN und der Bundesregierung) bedeutet auch, dass DIN- bzw. ISO-Normen Handelsobjekte sind, die gegen Bezahlung erworben werden und in der Regel nicht z. B. über das Internet frei einsehbar sind; in Bibliotheken einsehbar, aber dem Kopierverbot unterliegend. Ausnahmen haben sich nur für einige ganz grundsätzliche Normen ergeben wie die internationalen Länder(kenn)zeichen nach DIN EN ISO 3166. Diese waren einer der großen Normungserfolge im Informationsbereich. Ein einheitliches, weltweit abdeckendes Kurzzeichen-(Code-)System für die (Namen der) Länder der Erde sollte ab 1968 geschaffen werden (und an die Stelle von mehr als 100 verschiedenen Systemen treten), auf Anregung u. a. durch UN/ECE. Der größte Erfolg der DIN EN ISO 3166 hinsichtlich Verbreitung und Anwendung war dabei die Übernahme als Top-Level-Domains (TLD) ins WWW.

Die in Fachausschüssen nach einem Vorschlags-Genehmigungsverfahren erarbeiteten Norm-Entwürfe werden der allgemeinen Öffentlichkeit zur Stellungnahme vorgelegt, diese kann heute auch über das unentgeltliche DIN-Normentwurfsportal erfolgen.[5] Übergeordnet ist die deutsche Normungsstrategie festgelegt.[6] Große Bedeutung hat die Feststellung des gesamtwirtschaftlichen Nutzens der Normung (aktuell auf ca. 17 Mrd. Euro geschätzt),[7] die immer intensiver wissenschaftlich begleitet wird und im Informationsbereich zusätzlicher spezialisierter Untersuchungen bedürfte. Die heute für den Informationsbereich im engeren Sinne wichtigsten Ausschüsse von DIN und ISO sind nachfolgend aufgeführt (mit Zusatz der Grundnorm ihrer Terminologie und des jeweiligen DIN Tb Taschenbuchs).[8] Der Schwerpunkt der Normung für Informationsverfahren und Informationsprodukte liegt heute naturgemäß auf dem digitalen/IT-Bereich; im konventionell analogen spielt die physische Bestandserhaltung von Dokumenten oder der Bibliotheksbau eine große Rolle.

- DIN-NID: Normenausschuss Information und Dokumentation, gegr. 1927, durchgängig bestehend, formelle Wiedergründung 1950, zunächst FBD, FNA Buch- und Zeitschriftenwesen, NABD, seit 2016 DIN-NID (Roschkowski 2017) / ISO/TC 46 Information and documentation, ISO 5127 (DIN Tb 343-2010 und 343-2018, 153/154)
- DIN-NAT Normenausschuss Terminologie (DIN 2342) / ISO/TC 37 Language and Terminology (1937), ISO 1087; ISO 22274 Begriffsbezogenheit für Internationalisierung

---

4 www.iso.org/members.
5 https://www.din.de/de/mitwirken/entwuerfe.
6 https://www.din.de/de/din-und-seine-partner/din-e-v/deutsche-normungsstrategie.
7 https://www.din.de/resource/blob/79542/946e70a818ebdaacce9705652a052b25/gesamtwirtschaftlicher-nutzen-der-normung-data.pdf.
8 https://www.iso.org/committee/.html, https://www.din.de/de/mitwirken/normenausschuesse/.

- von Klassifikationssystemen; Projekt ISO 24183; DIN 2335 [Deutschsprachige Sprachennamen nach ISO 639-1]; ISO 12616-1 Übersetzungsbezogene Terminologiearbeit; ISO 17115 (ISO/TC 215)
- DIN-NDR Normenausschuss Druck- und Reproduktionstechnik, DIN 16500, DIN 16514, DIN 16528/16529, DIN 16544, DIN 16609, -10 / ISO/TC 130 Graphic technology, ISO 12637 Teil 1–4
- DIN-NIA Normenausschuss Informationstechnik und Anwendungen, DIN 44300 Teil 1–9 [zurückgezogen] / ISO/IEC JTC 1 Information Technology, ISO 2382 Part 1–38, ISO/TR 9544 [zurückgezogen] – darin enthalten auch der ehemalige DIN-NBü Bürotechnik DIN Tb 102 / ISO/TC 154 Processes, data elements and documents in administration, commerce, and industry, DIN ISO 8601 sowie ISO 34000 Date and Time
- DIN-NABau/AA 36 Erhaltung des kulturellen Erbes, / CEN/TC 346 Conservation of cultural property, DIN EN 15898, DIN Tb 409, 410.

5 Normungsbereiche

Die Normungsarbeiten folgen im Groben den Ebenen im Informationskreislauf (s. schon Baxmann-Krafft & Ermert 1990):
- Normung von Schriftzeichen und Formelgrößen und ihrer digitalen Codierung sowie Textgestaltung (DIN 5008). Die für die Zeicheneingabe geschaffenen Tastaturen enthält DIN Handbook 476 Keyboard layouts. Ein Anlauf zur Normung phonetischer Transkriptionszeichen (des internationalen Phonetischen Alphabets IPA) wurde 1987 unternommen mit dem inzwischen zurückgezogenen Norm-Entwurf DIN E 31642. Da Zeichen die Grundlage des gesamten Informationswesens sind, wurden die Vornormen Begriffssystem Zeichen DIN 2338 Teil 1, Teil 2 1984 veröffentlicht, später jedoch zurückgezogen.
- Normung von Umschrift-(Transliterations- und Transkriptions-)Systemen zwischen wichtigen Schriften (Sprachen) liegen für etliche Sprachen vor. Grundsätzlich ISO 24143 Codes für Schriftumwandlungssysteme.
- Normung von Abkürzungs- und Kurzformen-Regeln sprachlicher Bezeichnungen (DIN 2340); solche spielen in vielen Bereichen nach wie vor eine überragende Rolle; ISO 4 für Kürzung von (Zeitschriften-)Titeln; DIN 1502 (zurückgezogen)/ISO 832 Kürzung von Zeitschriftentiteln. Norm-Entwurf E DIN 31620 Abkürzungsregeln in der juristischen Fachsprache (zurückgezogen).
- Normung der Verarbeitung von Sprache (Sprachdaten–Schriftzeichenfolgen) in ISO 24613 Lexical Markup Framework LMF (ISO/TC 37); DIN 26162 Terminologiedatenbanken (DIN-NAT); ISO 16642 Rahmenmodell für die Aufzeichnung terminologischer Daten (TMF Terminological Markup Framework).
- Ordnungsregeln (s. Küster 2006) für Schriftzeichenfolgen (DIN 5007 Teil 1 und 2); spezifisch für computerisierte Bibliothekskataloge: bibliographische Ordnungsregeln DIN 31638, ISO 7154, ISO/TR 8393 (zurückgezogen), Sortierregeln: DIN EN 13710 Europäische Schriftzeichen (einschl. Georgisch und Armenisch), ISO 12199 Terminologische Daten. Schrifttumskarten (Karteikarten für bibliothekarische und dokumentarische Kataloge) normte DIN 1504 (zurückgezogen).
- Einen entscheidenden Beitrag für – auch international übergreifende – Informationssysteme bietet eine andere Form der Kurzformen: die eineindeutige Nummerung

von Produkten/Objekten: DIN 6763 Nummerung: Grundbegriffe. Beispiele sind die Internationalen Standard-Nummern für Bücher (und verwandte Produkte) ISBN (DIN ISO 2108 [ehem. DIN 1462]), Serien (ISSN, ISO 3297; ehemals DIN ISO 3297 und DIN 1430), unselbstständige Beiträge (biblid, ISO 9115/DIN 31643, zurückgezogen), ISO 10444 ISRN International Standard Report Number (zurückgezogen), DIN ISO 3901 ISRC (Tonaufnahmeschlüssel), ISO 10597 ISMN (Musikalien), ISO 21047 (ISTC, Textcode, zurückgezogen), ISO 15706 ISAN (av-Aufnahmen), ISO 15707 ISWC (Werknummer für Musikalien), ISO 15511 ISIL (Bibliotheken und verwandte Organisationen), ISO 27730 ISCI (Sammlungen) und ISO 27729 ISNI (Namen).

ORCID ID ist eine ISO 27729-kompatible vorwiegend numerische Kennung (Open Researcher Contributor Identification Initiative), unter der sich Personen mit ihren wissenschaftlichen Arbeiten registrieren, so dass auch bei Namensänderungen etc. stets volle Übersicht bewahrt wird (bisher über 8 Mio. Eintragungen); für Filmidentifikation und den Austausch filmbeschreibender Metadaten DIN EN 15744 und DIN EN 15907. Für die eindeutige Kennzeichnung digitaler Objekte im Internet die ISO 26324 DOI (Digital Object Identifiers). Derzeit wird an einer Normung des Systems ISCC (International Standard Content Code) gearbeitet, dessen Software bei jeder Veränderung eines elektronischen Dokuments automatisch eine neue Kennung generiert (ohne dass diese also von einer Agentur etc. von außen vergeben werden muss), so dass Versionskontrolle, Zitierung/Nutzung, digitales Rechtemanagement automatisch gehandhabt werden können.[9]

- Universelle Anwendung und weltumspannende Ablesungsmöglichkeit erlaubt die Umsetzung/Darstellung von Nummerung/Codes in maschinell-digital lesbare Codierungen wie Strichcodes. ISO/IEC 15420 für Automatische Identifikation und Datenerfassung durch Strichcode-Symbole EAN/UPC, ISO 22742 normt den linearen Strichcode für Verpackungen, DIN CEN/TS 14826 Strichcodes in postalischen Dienstleistungen, DIN CEN ISO/TS 16791 maschinenlesbare Codierungen von Identifikatoren für Arzneimittel(-verpackungen) (UDI), DIN 66401 Unverwechselbare Identifikationsmarken (durch Matrixsymbole) für kleinste Produktmarkierungen, DIN EN 1556 die Terminologie der Strichcodierung, DIN EN 17071 Elektronische Typenschilder (mit RFID), DIN SPEC 91406 Automatische Identifikation physischer Objekte (auch für IoT), DIN SPEC 16599 Rückverfolgbarkeit von Objekten (Rohmaterialien, Containern, Produkten) durch automatische Identifikation und Datenerfassungsverfahren. Projekt ISO/DTS 22943 behandelt allgemein Principles of identification. VDI/GS1 4488 enthält die Gestaltungsempfehlung für das GS1 Strichcode-Etikett in der Logistik (GS1 ist eine weltweite Organisation für unternehmensübergreifende Prozesse, insbesondere Identifikations-Codes wie die GTIN). Direkte Ansprache auch von Objekten, Plakaten usw. ermöglicht RFID (ISO 28560, ISO 18000-1). DIN EN 16571 zeigt das Verfahren zur Datenschutzfolgenabschätzung (PIA) für RFID.
- Das Ein-/Aufbringen von Informations-Codierungen auf (meist kleine, handliche) Datenträger als ID-Karten (und deren Gestaltung), durch die sie ohne menschliches Zwischentreten ihre Information in direktem Kontakt an eine maschinelle Empfangsstelle übermitteln können, ist ausgearbeitet in der Normenreihe ISO/IEC 7810-7813, ISO/IEC 7501.
- Der Übergang von klassischen Dokumentationsformen durch Verzeichnisbücher (Konto-/Geschäftsbuch; Band-Katalog in der Bibliothek; Akten-/Registraturverzeichnis; Findbuch; Kartei-Kartenkatalog [in der Wiener Hofbibliothek seit 1821/1848];

---

9 https://iscc.codes/.

Personen-Namenskartei etc.) zu computerisierten Systemen bringt einen entscheidenden Wandel mit sich: Die zu erfassende Information wird jetzt weniger ganzheitlich, als zusammenhängende Abfolge eingetragen, sondern in einzelne, basale, modularisierte, möglichst nicht mehr teilbare Einheiten (Kategorien) zerlegt, verwendet für die entsprechenden Datenfelder vorgegebener Formulare und Datenbanken. Viele dieser Einzelkategorien kehren in verschiedenen Informationssystemen immer wieder, sind insofern sinnvoll standardisiert nutzbar und jeweils auch durch eine Definition oder Erläuterung klar zu umreißen. Für solche allgemein-übergreifenden Anwendungszwecke, und mit der Ausrichtung auf Anwendung in computerisierten Systemen/Datenbanken, wird die Normenreihe DIN 31631 Teil 1–7 entwickelt (Kategorienkatalog für Dokumente) (ISO 8459). Durch die ubiquitäre Verbreitung und den immer präziseren Ausbau der heutigen Datenbanken und Informationssysteme bedarf es der einleitenden, initialen Hilfestellung durch solche anregungshaft vorgebenden Normen nicht mehr immer; sie bleiben jedoch nützlich. Datenelementtypen für das industrielle Produkt Elektrische Betriebsmittel liefert DIN EN 61360-1.

- Eine wesentliche Rolle spielt – und bildet einen Ausgangspunkt – in der Normung für Informationsprodukte (wiss. Zeitschriften, Bücher, Formulare) die Normung der Gestaltung oder Erstellung von Publikationen, also ihres systematischen und gleichförmigen, dadurch leichter übertragbaren und erschließbaren Erscheinungsbildes; das ist im Internet, und beim Vordringen rein digitaler Dokumenterstellung, keinen Deut anders. Eine solche Normung/Einheitlichkeit und Klarheit von Publikationsgestaltung(en) ist nicht auf Druckpublikationen (Printmedien) beschränkt, sondern hat auch in der digitalen Kommunikation ihre Notwendigkeit. DIN 1422-1 (erste Ausgabe war 1952); dazu gehört DIN 1421/ISO 2145 Absatzgliederung; eine einheitlich festgelegte Form der Titelangabe, (von Schriftenreihen ISO 7275), die Einfügung eines Abstracts DIN 1426, ISO 214, ISO 5122, der Auf-/Eindruck der ISSN- oder ISBN-Nummer usw., Schrift-Laufrichtung für Titel auf Buchrücken (ISO 6357); ISO 5966 (zurückgezogen)/DIN 1422-4 Gestaltung wissenschaftlich-technischer Reports, wissenschaftlicher Zeitschriften (ISO 8, ISO 215), Dissertationen (ISO 7144), bibliographische Zitierleiste zum Aufdruck am Fuß eines Seite (ISO R 30, zurückgezogen).
- Umgang mit/Verwaltung von (digitalen) Dokumenten und Daten wird behandelt im Projekt ISO/AWI 4669, ISO 30302, ISO/AWI/TR 18128, ISO 24143 Information governance, ISO 12651 Electronic documents management Vocabulary (Begriffsnorm).
- Ein nächster, viraler Schritt im (intellektuellen, nicht nur physischen) Informationskreislauf ist die Bezugnahme, der Verweis auf andere Stellen, an denen sich Inhalte oder Dokumente finden, die zu einer intellektuellen Darlegung gehören, sie stützen, auf sie vorausweisen oder sonst mit ihr in Zusammenhang stehen. Dem wurde zunächst lange Zeit durch die Normen DIN 1505 Teil 1 (bibliographische Beschreibung gemäß Bibliotheksregeln/RAK) und Teil 2, 3 und 4 (Zitierregeln für Dokumente) Rechnung getragen (inzwischen zurückgezogen). Mittlerweile greift hier entscheidend die Grundnorm DIN ISO 690 Richtlinien für Titelangaben und Zitierung. Noch 1979 wurde in einer Umfrage der EASE (European Association of Science Editors) die Existenz von über 900 (!) verschiedenen Regeln/Codes für das Zitieren von und in wissenschaftlichen Zeitschriften ermittelt. Diese in vielen Fällen unnötig voneinander abweichende, Doppelarbeit und unnötigen Arbeitsaufwand beim Erstellen wie beim Identifizieren und Entziffern (= Weiterverarbeiten) verursachende Vielfalt – einem schnellen und reibungslosen Informationskreislauf eher abträglich – wird zwar heute z. T. durch spezielle Software aufgefangen, die ein automatisches Überführen der Elemente eines bibliographischen Zitats in verschiedene Formen ermöglicht, und

- einige Systeme (wie APA – American Psychological Association, MLA – Modern Language Association, Chicago Manual of Style) sind wesentlich weiter verbreitet als andere, dennoch ist hier für weitere Standardisierung/Normung durchaus noch Raum.
- Neben dieser bisher geschilderten formalen Organisation und Verzeichnung von Dokumenten und Information ist deren inhaltliche Erschließung und Nutzen Grundstandbein der Dokumentation. Auf den oben gezeigten Grundlagen der Terminologie(lehre) (DIN 2330) aufbauend finden sich als „Dokumentation" nun nun die Arbeitsvorgänge des Erschließens und der Inhaltswiedergabe von wissenschaftlichen Texten und Daten, der Indexierung (DIN 31623, ISO 5963) bis hin zur Register-(Index-)Erstellung (ISO 999, DIN 31630). Aus ihnen, ihnen zur Seite und gegenüberstehend entwickeln sich Thesauri und Klassifikationssysteme und die Normen zu ihrer Erstellung sowie des Mappings zwischen ihnen (DIN 1463, DIN 32705 Klassifikationssysteme, ISO 25964 [ehemals ISO 2788 und ISO 5964]), eine Ontologie im Kulturbereich bietet CIDOC-CRM (ISO 21127).
- Für technische Gegenstände bedeutet dies inhaltserschließende Erfassung von Merkmalen, die dann als Sachmerkmalleiste auf technischen Produktblättern und in Datenbanken festgehalten werden: DIN 4000-1.
- Denn Information und Dokumentation beschränkt sich keineswegs auf den Bereich bibliographischer Dokumentation, d. h. auf Schrifttexte und andere explizit Information übermittelnde Objekte. Mindestens ebenso große Bedeutung hat die Dokumentation technischer Objekte (u. a. im DIN-NATG): sowohl der Herstellung physischer Objekte und deren Merkmals-Beschreibung, als auch die Lagerhaltung und die Verbreitung technischer Objekte (Produkte) durch Warenumsatz, also Bestandslisten (DIN 24420), Einkaufslisten, Rechnungen, Finanzabwicklungen; DIN 77005-1 Lebenslaufakte für technische Anlagen; DIN EN 13460 Instandhaltungs-Dokumente; VDI 2890 Wartungs-/Inspektionspläne; ISO 13399-1 Informationsmodell für Werkzeug-Darstellung und Austausch; VDI 2770-1 Digitale Herstellerinformationen (für die Prozessindustrie). Technische Zeichnungen (TPD, DIN Tb 304, 351) und (Anforderungen an) die zugehörigen Unterlagen (DIN 6789, ISO 29845 Dokumentarten) spielen hier eine wesentliche Rolle in Dokumentation, im Informationskreislauf; sie dokumentieren und fixieren Sachverhalte mit grafischen statt überwiegend schriftsprachlichen Mitteln: DIN 30-10, Normenreihe DIN ISO 3098, DIN 6770 sowie DIN ISO 10209 (früher DIN 199) Begriffe für technische Zeichnungen (Begriffsnorm). Den Rahmen skizziert VDI 4500-1, -2 und -6 zum Verwalten und Publizieren (digitaler) technischer Dokumentation einschließlich benötigter Software.
- Für alle vorstehend beschriebenen Operationen entscheidend ist das Vorhandensein der passenden Datenträger (und ihrer Aufbewahrung) sowie die Festlegung von Eigenschaften für und Anforderungen an sie (Papier DIN Tb 118, DIN EN ISO 9706): Normenreihe ISO 6196 Begriffe der Mikrografie (Begriffsnorm), DIN 19058 Farbmikrofilm, DIN ISO 9923 Mikroplanfilm (ehemals DIN 19054), DIN ISO 6199 (ehemals DIN 19055), DIN 19059 Mikrofilme und Bildzeichen, ISO 18901, DIN ISO 18913 Haltbarkeit von Filmmaterial (ehemals DIN 19070 und DIN ISO 10602), ISO 18911 und 18918 Lagerungsbedingungen für Film und von Fotoplatten, DIN EN 17650 Digitale Erhaltung von Kinofilmen (CPP), ISO 12206 Handhabung und Aufbewahrung von magnetischen Tonaufzeichnungen, DIN 18932 Aufbringen von Papierbildern auf Unterlagen durch Kleben, DIN 19065/ISO 5126 COM Computer Output Microform (zurückgezogen), DIN Normenhandbuch *Analoge Kinefilme und Fotografien*, Längenmessung und Bestimmung von Bildfrequenz und Laufgeschwindigkeit von Kinefilmen (und Magnetbändern) nach DIN 15577/15578. Wenn nicht fixe Informationsdar-

stellung auf solidem Datenträger wie Papier vorliegt, sondern beispielsweise ein Bild auf eine Fläche projiziert wird, kommt DIN 108-1 für Diaprojektoren und Diapositive in Betracht. Planmäßige Vernichtung von Akten und Unterlagen nach Ablauf von Fristen: DIN 66399 (ehemals DIN 32757), DIN SPEC 66399-3, ISO/IEC 21964.

- Wechsel des Datenträgers: DIN 19057/ISO 4087 Mikrofilm von Zeitungen; DIN ISO 11906 von fortlaufenden Sammelwerken (zurückgezogen), DIN ISO 6428 Mikroverfilmung von technischen Zeichnungen, Projekt DIN 33910 Objektschonende Digitalisierung, ISO 13008 und ISO/TR 13028 für Konversion und Migration digitalen Schriftguts, ISO/TR 19263-1 (Fotografie – Digitalisierung von Kulturgütern).
- Zu den Datenträgern gehören die Normen der physischen Dokumenterhaltung/Konservierung (DIN Tb Bestandserhaltung in Bibliotheken und Archiven), DIN SPEC 67701 und 67702 für Umgebungs- und Aufbewahrungsbedingungen, DIN V 33901/33902,, zurückgezogen zugunsten von DIN ISO 11799 Aufbewahrung, ISO 18934 Lagerungsbedingungen für imaging materials, ISO/TR 19815; DIN ISO 11798, DIN ISO 16245 für Dokumentumhüllungen, DIN 15549 Aufbewahrungsmittel für traditionelle Fotografien, DIN ISO 18948 Fotobücher, DIN EN ISO 9706 für Alterungsbeständigkeit von Papier, DIN ISO 11800/ISO 16763 Bindematerial für Bücher.
- Gerade auch digitale (Informations-)Daten sollen umfangreich ausgetauscht/weitergeleitet werden. Hierzu ISO 25577 Festlegungen für Datenaustausch nach MARC, ISO 15836 Core data nach Dublin Core (DC), ISO 2709/DIN 1506 (Aufbau des digitalen bibliografischen Datensatzes für den Austausch), ISO 6156/DIN 2341 MATER Exchange format for terminological/lexicographical data (zurückgezogen) mit präziser Definition jeder Datenkategorie. Zu Festlegungen für Terminologiedatenbanken siehe ISO 12620 Festlegung von terminologischen Datenkategorien; ISO 12200 MARTIF-Format (zurückgezogen); ISO 26162-1, -2 Konzipierung und Software für terminologische Datenbanken; ISO 30042 TermBase eXchange (TBX); ISO 16642 Rahmenmodell für die Aufzeichnung terminologischer Daten. Im Bereich Wirtschaft/Industrie: VDI Handbuch Produktdatenaustausch.
- In den Zusammenhang von Speicherung und Austausch digitaler Daten gehört (digitale) Informationssicherheit, z. B. DIN Tb 408; DIN 31644 und 31645 Vertrauenswürdige digitale Archive und Informationsübernahme, DIN 31647 Beweiswerterhaltung, DIN 31646 persistente Identifikatoren, ISO 24760-1 Identitätsmanagement, DIN EN ISO/IEC 27000 Informationssicherheits-Systeme, ISO/IEC TR 29156 Biometrie und Datenschutz DIN EN 17799, DIN EN ISO/IEC 27001 und 27002, ISO/IEC 27003 bis 27011, ISO/IEC/DIS 27556 und 27557 und ISO/IEC/DIS 27559 (De-Identifizierung), DIN EN ISO/IEC 29100 und ISO/IEC 29151, DIN EN IEC 62919 Inhaltsmanagement: Überwachung von personenbezogenem digitalem Inhalt, Digitale Rechteverwaltung (DRM) ISO 19153, sowie die unerlässliche Langzeiterhaltung bzw. Langzeitarchivierung (LZA) digitaler Unterlagen (OAIS, ISO 14721), ISO/TR 18492, ISO/TS 21547, Web-Archiving ISO 14873, ECM Systeme ISO ISO/TR 22957.
- Anforderungen an Ergonomie und Prüfung der für die digitalen Systeme der Speicherung und des Austauschs genutzten/benötigten Software finden sich in der Normenreihe ISO 9241/DIN Tb 354/1 und 2.
- Was nun den Bereich einer Gesamtheit von Dokumenten betrifft, so gibt ISO 10324 Festlegungen zu Bestandsangaben von Bibliotheken, und für Dokumente und ihre Verfolgung durch ihren gesamten Lebenszyklus hindurch spielen Normen für Records Management (RM), die moderne Schriftgutverwaltung (im vor-archivischen Bereich), für Unternehmen und Verwaltungen heute eine große Rolle (ISO 15489, ISO 16175, ISO/TR 21946, ISO 23081, ISO 30300, Projekte: ISO/DTS 7126 Kapazitäts-

abschätzung, ISO/AWI TR 8344, ISO/TR 24332 Blockchain für autoritative Unterlagen). Diese müssen geordnet und revisionssicher, zugänglich und transparent über feste Fristen aufbewahrt werden. Ihre Normung geschieht in ISO/TC 46/SC 11.
- Bibliotheks-/Archiv-/Museumsstatistik sind ein bedeutender Bereich von Organisation und Management und der entsprechenden Wirklichkeitserfassung (für ihren Zweck benötigen sie auch einen hohen Anteil an Terminologie-Festlegungen): ISO 2789, ISO 9707, ISO 18461, ISO 24083; Leistungsmessung für Bibliotheken DIN ISO 11620 (zurückgezogen), ISO 11620/DIN Fachbericht ISO/TR 24083, ISO 16439. Projekt DIN 31640 Digital Audience Measurement (DAM) für Bibliotheken, Archive und Museen: Messverfahren für Art und Umfang der Nutzung ihrer digitalen/online-Angebote durch die Nutzenden.
- Normen für die Pflege und Erhaltung des kulturellen Erbes DIN Tb 409/410 sind: die Begriffsnorm DIN EN 15898, DIN EN CEN/TS 17135 Begriffe zu Veränderungen (Schäden) an Objekten des kulturellen Erbes, VDI 3798-1, DIN EN 16095 Zustandsaufnahme an beweglichen Objekten des Kulturerbes, DIN EN 16853 Entscheidungsprozesse im Conservation process, DIN EN 17492 Procurement of conservation work, DIN EN 17820 Management von Sammlungen des beweglichen Kulturerbes, DIN EN 15946 Verpackung für Objekte des Kulturerbes, DIN EN 16141 Schaudepot, DIN EN 15199-1 Schauvitrinen für Objekte des kulturellen Erbes, DIN EN 16448 Transportmethoden für Kulturobjekte, DIN EN 16893 und DIN EN 15759 Anforderungen an Magazinräume für Objekte des kulturellen Erbes, DIN EN 15759-2 Raumklima für Räume für Objekte des kulturellen Erbes, DIN EN 16790 Integrated Pest Management, DIN EN 17652 Prüfung und Überwachung archäologischer Lagerstätten, sowie etliche Analyse- und Prüfnormen zur Beschaffenheit solcher Objekte. Diese Normen betreffen den Umgang mit Objekten des kulturellen Erbes, (als physische, dreidimensionale Objekte), die als Einzelstücke (oft Unikate) bedeutungs- und damit informationstragend sind und insofern (einschließlich ihrer Verzeichnung) dem Bereich der Dokumentation zugehören.
- Projektwirtschaft, Netzplantechnik: DIN 69900/69901, ISO 19011, VDI 4060, DIN Tb 472, Qualitätsmanagement: ISO/TC 176: ISO 9000, ISO 10005, ISO 10013, ISO 10014; DIN-NQSZ: DIN 55350, DIN Tb 226 und 426, DIN EN ISO 19011 Auditierung von Managementsystemen.
- Zum Bibliotheksbau siehe DIN 67700, ISO/TR 11219. RAL RG 614 ist eine umfassende Spezifikation für Regale.
- Große, umfassende Informationssysteme entwickeln sich in vielen Bereichen des Lebens; Normen hierfür für den Gesundheitsbereich oder ISO 19101, 19103 – 19105, DIN EN 19118 Kodierung, DIN EN ISO 19135 Registrierung, 19136, 19157 (Datenqualität) für Geo-Informationssysteme. Und so wie Dokumentationsstellen, Bibliotheken und Archive jeweils ein eigenes, innerhäusliches Informationssystem darstellen und betreiben, so gilt dies natürlich auch beispielsweise für Wirtschaftsunternehmen: DIN ISO 9735 EDIFACT Elektronischer Datenaustausch für Verwaltung, Wirtschaft und Transport, ISO 7372 ist das Verzeichnis der Datenelemente für Handelsdatenaustausch (UNTDED), ISO 15000 ebXML Erweiterbare Auszeichnungssprache für das elektronische Geschäftswesen, DIN ISO 14533 Prozesse, Datenelemente und Dokumente in Handel, Industrie und Verwaltung. DIN EN 62656 (IEC) behandelt Übertragung von Produktontologien mittels Tabellen, DIN SPEC 27003 Terminologie für unternehmensübergreifende Produktinformationsnetzwerke der Konsumgüterwirtschaft und DIN EN 14943 bietet ein Glossar der Logistik. DIN SPEC 91329 liefert Vorgaben für die Darstellung aggregierter Produktionsereignisse im EPCIS-Ereignismodell.

- Normen für Dolmetscher und Übersetzungen: ISO/TS 11669, DIN ISO 20539, DIN 2347, DIN ISO 18841, DIN ISO 17100 (ehem. DIN EN 15038), ISO 12616-1, DIN ISO 20539 (Begriffsnorm), DIN Normenhandbuch „Normen für Übersetzer, Terminologen und technische Redakteure".
- Das ISO-Grundkomitee JTC 1 [10] (gegründet 1987 als Ersatz für das bereits seit 1960 bestehende ISO/TC 97 und IEC/TC 83) ist das Grundkomitee für IT und ihre Anwendungen und betreut im Februar 2022 532/3297 Normen sowie 513 neue Projekte. Die Arbeit erfolgt in den 22 Sub-Committees und 17 autonomen Arbeitsgruppen (AG).[11] Wesentliche Grundsysteme der digitalen Informationsarchitektur sind hier genormt worden: ISO/TR 9007 ist eine konzeptionelle Grundnorm für Erklärung und Schaffung von (digitalen) Informationssystemen, ISO 7498 legt OSI Open Systems Interconnection dar, ISO 1073 OCR, ISO/IEC 8613 ODA, ISO 8879 SGML, ISO/IEC 15445 HTML, XML, ISO 2022 Character extension, DIN SPEC 16597 Blockchain Terminology, ISO 24765 Software Vocabulary, ISO/IEC 15444-1 Bildkodierungssystem JPEG 2000, ISO/IEC 14496/ISO IEC 21000 MPEG, ISO 32000/19005 PDF, VDI/VDE 3690-1 XML in der Automation: Klassifikation ausgewählter Anwendungen. Zahlreiche Normierungen und Standardisierungen für die (technischen Grundlagen der) weltweiten Satelliten- und Telekommunikationsnetze werden auch durch die ITU (Internationale Fernmeldeunion) in Genf erarbeitet.

Die am Beginn dieser Übersicht stehenden ursprünglichen Dokumentations-Normen bildeten und bilden einen gewissen Gesamtbestand („einheitliches Normenwerk"). Er existierte in sehr ähnlicher Form auch als Bestand an Normen der DDR (TGL und, im COMECON, als NTV-IZWTI) (Mücke 2010), der osteuropäischen Länder und weltweit.

Normung und Standardisierung ist und bleibt ein wichtiges und ständig weiter zu entwickelndes Gebiet der Informationwissenschaft und -praxis und trägt in allen Bereichen vor allem der Wirtschaft zur effizienten verlässlichen Herstellung von Produkten und Verfahren und deren Anwendung bei Endnutzer*innen bei.

6 Literaturverzeichnis

Agte, Ralf (1981). *Der richtige Fachausdruck in der Druckindustrie. Beiträge zu einer klaren Fachsprache.* Polygraph Verlag.

Arntz, R. & Picht, H. & Schmitz, K. (2014). *Einführung in die Terminologiearbeit* (7. Aufl.). Olms-Verlag.

Baxmann-Krafft, E. & Ermert, A. (1990). Normung im Bereich Information und Dokumentation. In M. Buder & W. Rehfeld & T. Seeger (Hrsg.), *Grundlagen der praktischen Information und Dokumentation* (3. Aufl., S. 805–854). Saur.

Beling, G. (1975). Terminologie, [Lexikografie], Thesaurus, Klassifikation: Zusammenhänge und Unterschiede. In W. Kschenka (Hrsg.), *Information und Dokumentation im Aufbruch: Festschrift für Hans-Werner Schober* (S. 192–206). Verlag Dokumentation.

Buder, M. (1976). *Zum Verhältnis von Dokumentation und Normung von 1927–1940 in nationaler und internationaler Hinsicht*. Beuth.

DIN (Hrsg.) (1992). *75 Jahre DIN: Ein Haus mit Geschichte und Zukunft. Festschrift.* Beuth-Verlag.

Drewer, P. & Pulitano, D. & Schmitz, K. (2014). *Terminologiearbeit: Best Practices. Deutscher Terminologietag*. Springer-Verlag.

---

10 https://www.iso.org/committee/45020.html.
11 Siehe auch https://standards.iso.org/ittf/PubliclyAvailableStandards/index.html.

Drewer, P. & Schmitz, K. (2017). *Terminologiemanagement: Grundlagen – Methoden – Werkzeuge*. Springer-Verlag.

Dröge, K. (1978). *Die Fachsprache des Buchdrucks im 19. Jahrhundert*. Wagner.

Eckart, M. & Reinwelt, H. (2016). Qualität für Bildungsdienstleistungen + Qualitätscheckheft für Trainer (DIN ISO 9001 + DVWO). Beuth.

Ermert, A. (2008). Begriffsordnung und Terminologie – seit jeher ein Rückgrat der Dokumentation? – (A) KTS – ein DGI-Komitee: Tradition, Zukunft, Aufgaben. *IWP Information in Wissenschaft und Praxis*, 59 (4), 369–383.

Ermert, Axel (2016): Zwischen Katalogisierung und Inhaltserschließung: Codierung von Dokumentarten – eine offene oder versteckte Aufgabe in Dokumentationssystemen: Nachbemerkungen zu einem nach wie vor aktuellen Thema. *IWP Information in Wissenschaft und Praxis*, 67(4), 205–216.

Fluck, H. (1996). *Fachsprachen: Einführung und Bibliographie* (5.Aufl.) Francke.

Hahn, W. (Hrsg.) (1981). *Fachsprachen*. WBG.

Hartlieb, B. (2016). *Normung und Standardisierung*. Beuth. [Früher: *Systematische Zusammenhänge in der Normung*].

Herzog, G. (2011). 50 Jahre Normenausschuss Terminologie (NAT). *DIN Mitteilungen* 90(10), 15–19

Heusinger, L. (1989). *Marburger Informations-, Dokumentations- und Administrations-System (MIDAS). Handbuch*. Saur-Verlag.

Heyde, J. (1973). *Die Unlogik der sogenannten Begriffspyramide*. Heiderhoff.

Hoffmann, L. (1987). *Kommunikationsmittel Fachsprache: Eine Einführung*. (3. Aufl.). Akademie-Verlag.

Kuhlen, R. (1980). Linguistische Grundlagen. In K. Laisiepen, E. Lutterbeck & K. Meyer-Uhlenried (Hrsg.), *Grundlagen der praktischen Information und Dokumentation* (2.Aufl., S. 675–732). Verlag Dokumentation.

Küster, Marc Wilhelm (2006). *Geordnetes Weltbild. Die Tradition des alphabetischen Sortierens von der Keilschrift bis zur EDV. Eine Kulturgeschichte*. Niemeyer.

Luxbacher, G. (2017). *DIN von 1917 bis 2017. Normung zwischen Konsens und Konkurrenz im Interesse der technisch-wirtschaftlichen Entwicklung*. Beuth-Verlag.

Mücke, E. (2010). *TGL – Technische Regeln im Osten Deutschlands*. Beuth-Verlag

Muschalla, R. (1992). *Zur Vorgeschichte der technischen Normung*. Beuth-Verlag.

Ottmann, A. (2017). *Best Practices – Übersetzen und Dolmetschen. Ein Nachschlagewerk aus der Praxis für Sprachmittler und Auftraggeber*. BDÜ Fachverlag.

Ottmann, A. (2017). *Risikomanagement für Übersetzungen*. https://risikoscouts.de/.

Peth, A. & Schaeder, B. (1999). Die Fachlexikographie des Bibliothekswesens. Eine Übersicht. In L. Hoffmann, H. Kalverkämper & H. Wiegand (Hrsg.), *Fachsprachen. Languages for Special Purposes. Ein internationales Handbuch zur Fachsprachenforschung und Terminologiewissenschaft*. DeGruyter.

Pfeiffer-Rupp, R. (1979). *Handbuch des sprachwissenschaftlichen Typoskripts*. Buske.

Roelcke, T. (2020). *Fachsprachen* (4. Aufl.). Erich Schmidt Verlag.

Roschkowski, G. (2017). 90 Jahre DIN-NID Normenausschuss Information und Dokumentation. *DIN Mitteilungen* 96(Dezember), 14–17.

Wölker, Th. (1992). *Entstehung und Entwicklung des Deutschen Normenausschusses 1917–1925*. Beuth-Verlag.

Wright, S. E. (2020). Standards for the language, translation, and localization industry. In M. O'Hagen (Ed.), *The Routledge Handbook of Translation and Technology*. Abingdon-on-Thames. Routledge/Taylor and Francis.

Wüster, E. (1970). *Die internationale Sprachnormung in der Technik. Die nationale Sprachnormung und ihre Verallgemeinerung* (3.Aufl.). Bouvier Verlag. (Originalwerk veröffentlicht 1931).

Thomas Bähr
A 12 Langzeitarchivierung

1 Digitale Langzeitarchivierung

Die Aufgabe der digitalen Langzeitarchivierung (dLZA) ist die Bewahrung der Integrität, Authentizität und Interpretierbarkeit digitaler Objekte über lange Zeiträume hinweg. Sie umfasst technische, organisatorische, rechtliche, ethische, psychologische und gesellschaftliche Aspekte und bewegt sich im Spannungsfeld zwischen der Verantwortung für den Inhalt digitaler Objekte und deren Erhaltung und der Verantwortung gegenüber ihren heutigen und zukünftigen Nutzer*innen. Die dLZA liegt als Prozess sich wiederholender Maßnahmen über dem gesamten Lebenszyklus eines digitalen Objekts und beginnt (idealerweise) bereits während seiner Entstehung.

2 (Retro-)Digitalisierung

Um die Entstehungsbedingungen des Digitalisats auch später noch nachvollziehen und ggf. bei Migrationsprozessen berücksichtigen zu können, sollten Angaben über die eingesetzte Hard- und Software sowie andere Digitalisierungskriterien als verknüpfte Metadaten (bspw. TIFF-Tags[1]) abgelegt werden. Ebenso wichtig ist es, Angaben über den Erhaltungszustand und zu den Hintergründen der Entstehungsgeschichte der analogen Primärform in die Überlieferungshistorie des Digitalisats einzubeziehen.[2]

3 Modelle und Standards

3.1 OAIS

Die 1995 begonnene Entwicklung des Open Archival Information System (OAIS) durch das Consultative Committee for Space Data Systems (CCSDS) der NASA und die daraus entstandene ISO-Norm 14721:2012 waren wesentliche Schritte bei der Entwicklung von Standards in der dLZA. Der Erfolg von OAIS (CCSDS 2012; Nestor 2013) liegt u. a. darin begründet, dass es weder ein Anwendungsgebiet noch die Implementierung technischer Systeme vorgibt. Es dient vielmehr modellhaft als Grundlage für die Definition spezifischer Anforderungen an das eigene Archivierungssystem. Neben den Beziehungen zwischen den Datenproduzenten, dem Archiv und den Datennutzer*innen beschreibt OAIS die Rollen und Verantwortlichkeiten der einzelnen Prozessbeteiligten (Menschen und Systeme). Es formuliert Paketstrukturen für die Aufnahme (SIP), Archivierung (AIP) und

---

[1] Best Practice Anforderungen für Mindestsets von TIFF Tags. www.digitizationguidelines.gov/guidelines/TIFF_Metadata_Final.pdf; https://memory.loc.gov/ammem/about/techStandards.pdf.
[2] Bei Filmen etwa können Verwölbung, Essigsäuresyndrom und Verfärbungen Einfluss auf den Digitalisierungsprozess und damit auf das Digitalisat haben. https://github.com/TIB-Digital-Preservation/Film-ConservationMetadata.

Open Access. © 2023 Thomas Bähr, publiziert von De Gruyter. Dieses Werk ist lizenziert unter der Creative Commons Attribution 4.0 International Lizenz.
https://doi.org/10.1515/9783110769043-012

Ausgabe (DIP) von Objekten, deren Verständnis dabei hilft, Langzeitarchivierungssysteme von IT-Speichersystemen zu unterscheiden. OAIS definiert konzeptionell die notwendigen Organisationsstrukturen mit ihren Zielen, Verantwortlichkeiten und Prozessen wie auch eine funktionale Ebene mit ihrem Vokabular, Funktionsbereichen und Schnittstellen. Die Informationsebene – Informations- und Metadatentypen, Informationsflüsse und -abhängigkeiten – beschreibt die dauerhafte Interpretierbarkeit eines Objekts; zugrundeliegender Datenstrom und Repräsentationsbeschreibungen bilden ein Informationsobjekt. Zudem werden sog. Preservation Description Informations empfohlen, die Angaben zu Referenzen, Kontext, Provenienz und Persistenz, Zugriffsrechten sowie zusätzliche deskriptive Beschreibungen der Objekte umfasst. Im Funktionsmodell wird die Datenprozessierung mittels Ingest, Archival Storage, Datenmanagement, Administration und Access beschrieben, die Planung von Erhaltungsmaßnahmen im Preservation Planning.

3.2 DCC Curation Lifecycle Model

Das im Jahre 2008 eingeführte DCC – Curation Lifecycle Model[3] lehnt sich eng an das OAIS-Referenzmodell an und beschreibt sequentielle Aktivitäten zur Erhaltung digitaler Objekte. Seine Gestaltung ermöglicht einen niedrigschwelligen Zugang zu den Maßnahmen der Datenkuratierung und -archivierung und lässt sich auf unterschiedlichen Granularitätsebenen einsetzen. Anwender*innen können je nach Bedarf an für sie passenden Stellen in das Modell einsteigen. Während im OAIS-Modell lineare Prozesse beschrieben werden, wird im Curation Lifecycle-Modell die zyklische Abfolge von Handlungen dargestellt, was dem grundsätzlichen Ansatz der dLZA als eine sich wiederholende Abfolge von Prozessschritten entspricht. Außerdem werden hier auch Aktivitäten beschrieben, die außerhalb der eigentlichen Archivierungsprozesse stattfinden (bspw. Pre-Ingest). Über die Verbindung der Aufgabenbereiche Curation und Preservation verdeutlicht das Modell die gleichzeitige Verantwortung für beide Bereiche.

3.3 Three-legged stool model

Das Three-legged stool model wurde von Kenney & McGovern (2003) für die Digital Preservation Management Workshops in den Jahren 2003–2006 entwickelt.[4] Mit den drei Teilen Technologie, Organisation und Ressourcen beschreibt es die Voraussetzungen für den erfolgreichen und nachhaltigen Betrieb eines dLZA-Systems. Das Modell hilft bei der Bewertung der Entwicklung einer Organisation im Rahmen eines Reifegradmodells. Es besteht aus fünf aufeinanderfolgenden Stufen: Anerkennen, Handeln, Konsolidieren, Institutionalisieren und Externalisieren. Der Teil Organisation fragt nach den Anforderungen und Parametern der Organisation in Bezug auf die dLZA. Er dient als Basis für eine Bestandsaufnahme oder einen Anforderungskatalog und beschreibt die kontinuierliche Weiterentwicklung und strategische Ausrichtung der Organisation, etwa auf den Ebenen Politik und Strategie, Verfahren und Arbeitsabläufe, Dokumentation sowie Bewertung von Risiko und Nutzen. Wie die Organisation definierte Anforderungen erfüllen kann,

---

3 www.dcc.ac.uk/guidance/curation-lifecycle-model.
4 https://dpworkshop.org/dpm-eng/workshops/fiveday.html.

beleuchtet der Technologie-Teil. Es geht um einzusetzende Hard- und Software, die Systemumgebung und technische Infrastruktur sowie um Komponenten der IT-Sicherheit. Dazu gehören Updates, Wartungsarbeiten und die Fähigkeit zur Skalierung und Anpassung an den technologischen Wandel. Der Teil Ressourcen betrachtet für die Entwicklung und Aufrechterhaltung der dLZA momentan und dauerhaft notwendige Mittel, das sind Geschäftsmodelle, Budgetierung sowie eine nachhaltige Personalplanung und -entwicklung.

3.4 PREMIS

Preservation Metadata Implementation Strategies (PREMIS) ist der Name einer internationalen Arbeitsgruppe, die ein Data Dictionary und Informationen zu Langzeitarchivierungsmetadaten entwickelt hat. Das PREMIS Data Dictionary und die dazugehörige Dokumentation sind eine umfassende, praxisbezogene Ressource für die Implementierung von Metadaten in digitale Langzeitarchivierungssysteme. Das Data Dictionary basiert auf einem Datenmodell, das fünf Entitäten definiert: Umgebung, Objekte, Ereignisse, Rechte und Akteure. Die Library of Congress hat eine Reihe von PREMIS XML-Schemata zur Darstellung von Metadatenelementen im Data Dictionary veröffentlicht, mit Version 3.0 wurde eine umfassende Überarbeitung vorgelegt (PREMIS, 2015; dt. PREMIS, 2021).

3.5 METS

Das METS-Schema ist ein XML-basierter Standard für die Kodierung von beschreibenden, administrativen und strukturellen Objekt-Metadaten. Er geht auf eine Initiative der Digital Library Federation zurück und wird vom METS Board in Zusammenarbeit mit dem Network Development and MARC Standards Office der Library of Congress gepflegt.[5] METS wurde mit Bezug auf das Informationspaketkonzept des OAIS-Modells entwickelt und bietet die Möglichkeit, alle Objekt-Metadaten innerhalb eines Containers mit dem Objekt zu verknüpfen. Standardisierte Metadatenschemata erleichtern Austauschprozesse zwischen Repositorien erheblich. METS wurde entwickelt, um diese Interoperabilität zu gewährleisten und steigert die Effektivität beim Austausch digitaler Objekte deutlich.

4 Organisationsformen der dLZA

4.1 Ebenen

Jedes digitale Objekt besteht aus einem physischen, einem logischen und einem semantischen Objekt mit den dazugehörigen Eigenschaften. Für eine dauerhafte Bewahrung digitaler Objekte sind Erhaltungsmaßnahmen auf allen drei Ebenen notwendig. Auf der physischen Ebene geht es um Datenströme (Bitstream), die von einem Speichersystem

---

[5] www.loc.gov/standards/mets.

identifiziert und verwaltet werden. Die Bits sind auf dieser Ebene im Sinne einer inhaltlichen Interpretation nicht definiert. Ein logisches Objekt kann von einer Anwendungssoftware identifiziert und interpretiert werden. Dieses Erkennen erfolgt im Allgemeinen auf der Grundlage des Dateiformats, dessen Struktur und Regeln die digitale Repräsentation von Inhalten ermöglicht. Die Grundsätze, die das logische Objekt steuern, sind unabhängig davon, wie und auf welchem physischen Medium die Daten gespeichert sind. Semantische Objekte können von einer Person als sinnvolle Einheit erkannt und verstanden, teilweise von einer Computeranwendung erkannt und verarbeitet werden. Inhalt und Struktur eines semantischen Objekts müssen in irgendeiner Weise in einem (oder mehreren) logischen Objekt enthalten sein: Nur bei genügend deskriptiven Metadaten ist der ursprüngliche Kontext verstehbar. Derselbe semantische Inhalt kann in sehr unterschiedlichen digitalen Kodierungen dargestellt werden, die semantische Struktur sich erheblich von der Struktur des logischen Objekts unterscheiden.[6]

4.2 Erhaltungsprozesse

Bitstream Preservation beinhaltet die redundante Speicherung des Datenstroms in drei physisch voneinander unabhängigen Kopien an zwei geographisch getrennten Speicherorten. Die Speichertechnik sollte divers und die Speichermedien so gewählt sein, dass die erste Kopie einen schnellen Zugriff, die zweite und dritte Kopie einen mittleren bis langsamen Zugriff ermöglichen. Die Erhaltungsmaßnahmen umfassen die Trennung von Datenträger und digitalem Objekt (bspw. durch USB- oder CD-Imaging), die Überwachung der Datenintegrität mittels Hashwerten (CRC, MD5, SHA-256) und stellen sicher, dass die Speichermedien regelmäßig migriert werden. Zu den Medienmigrationsprozessen zählen das Refreshing, die Replikation, das Repacking und die Transformation. Da Repacking (bspw. Änderung des Packformats von ZIP zu TAR) und Transformation (Formatmigration) den Datenstrom verändern, sind sie kein reiner Medienmigrationsprozess, sondern haben ihn zur Folge (Ullrich 2009).

Logical Preservation stellt sicher, dass die Objekte unabhängig von technologischen Veränderungen auf der Dateiformatebene[7] in einer technisch verarbeitbaren (Ausführbarkeit) und lesbaren Form erhalten bleiben. Zu den Maßnahmen zählen
– die Dateiformatidentifizierung mit der Bestimmung des genauen Dateiformats (versionsgenau) und der Zuordnung eines eindeutigen Identifikators z. B. PUID. (Tools: DROID,[8] Siegfried,[9] FIDO,[10] File Format Registry PRONOM[11]),

---

6 www.clir.org/pubs/reports/pub107/thibodeau.
7 File Formats Assessments der British Library: https://wiki.dpconline.org/index.php?title=File_Formats_Assessments; Library of Congress Recommended Formats Statement: www.loc.gov/preservation/resources/rfs/index.html.
8 www.nationalarchives.gov.uk/information-management/manage-information/preserving-digital-records/droid.
9 www.itforarchivists.com/siegfried.
10 https://openpreservation.org/products/fido.
11 www.nationalarchives.gov.uk/PRONOM/Default.aspx.

- die Dateiformatvalidierung, bei der gegen einen Dateiformatstandard in Form einer Spezifikation und/oder ein durch die Institution definiertes Profil validiert wird (Tools: JHOVE[12], veraPDF[13], MediaConch[14], EpubCheck[15] u. a.) und
- die Extrahierung und Speicherung technischer Metadaten durch die Erfassung technischer Informationen, wie z. B. Erstellungshard und -software, das genutzte Komprimierungsverfahren, Auflösung, Videocodec in AV Container (Tools: JHOVE, veraPDF, MediaInfo,[16] NLNZ Metadata Extraction Tool,[17] exiftool[18] u. a.).

Semantic Preservation stellt die langfristige Verständlichkeit von Objekten und deren Interpretierbarkeit auf inhaltlicher Ebene sicher. Der Objekt-Kontext wird in begleitenden Metadaten (Representation Information) erfasst und regelmäßig auf Aktualität überprüft. Analog zur Migration auf der logischen Ebene können Metadaten auf der semantischen Ebene migriert und versioniert werden. Als Erhaltungsmaßnahme dient die Definition und Erfassung von deskriptiven Angaben (bspw. der Katalogeintrag), von rechtlichen Beschreibungen (bspw. Nutzungsrechte und Archivrechte) und von sog. Business-Rules (bspw. Zugriff, Sammlungszugehörigkeit). Die Erfassung der Metadaten und deren Ablage im Archiv erfolgt in standardisierten, homogenen Schemata (Dublin Core, METS und PREMIS). Diese Metadaten können durch sog. SourceMetadata beliebig ergänzt werden. Das so entstandene Paket ist selbstbeschreibend und ermöglicht eine Validierung gegen definierte Policies im System. Im Rahmen des Technology Watch werden die eingesetzten Metadatenstandards auf Veränderungen geprüft und bei Bedarf migriert oder angepasst (z. B. Änderungen der PREMIS Version). Über eine Erfassung der Metadaten in der Datenbank des Archivierungssystems lassen sich diese Prozesse größtenteils automatisieren.

4.3 Betriebsmodelle

Langzeitarchivierungssysteme sind Content-Management-Systeme mit spezifischen LZA-Funktionalitäten. Ihre Architektur dient als Framework, in das sich verschiedene LZA-spezifische Tools einbinden lassen (bspw. zur Identifizierung, Validierung, Extrahierung). Auf der Definitionsgrundlage von technischen und organisatorischen Anforderungen entscheidet sich, ob ein System oder ein Service zum Einsatz kommt bzw. ob die Lösung selbst entwickelt oder fertig eingekauft werden soll.

Selbstentwickelte Lösungen können gezielt auf die Bedürfnisse der Archivierung zugeschnitten werden, sind modular und transparent aufgebaut und lizenzkostenarm. Ihr Nachteil besteht in den Kosten für die Entwicklung und Implementierung, auch langfristig muss Personal für Entwicklung, Support und Weiterentwicklung des Systems sichergestellt sein. Bei fertigen (meist kommerziellen) Lösungen liegen die meisten dieser Kosten und Aufgaben beim Dienstleister. Der Einsatz einer End-to-End-Lösung von Beginn an ist ein weiterer Vorteil. Nachteilig sind dagegen die hohen Lizenzkosten, die Abhän-

---

12 https://jhove.openpreservation.org.
13 https://verapdf.org.
14 https://mediaarea.net/MediaConch.
15 https://github.com/w3c/epubcheck.
16 https://mediaarea.net/de/MediaInfo.
17 https://github.com/DIA-NZ/Metadata-Extraction-Tool.
18 https://exiftool.org.

gigkeit von einem Anbieter mit mehr oder weniger gutem Support und möglichen Einschränkungen beim Einbau von Drittsystemen und der Umsetzung spezieller Anforderungen.

Die Auswahl eines geeigneten Betriebsmodells hängt davon ab, ob die Institution ein eigenes Langzeitarchivierungssystem betreiben oder ein Preservation-as-a-Service (PaaS) Angebot[19] nutzen muss, kann oder will. Im ersten Fall ist die komplette Kontrolle über Prozesse und Daten, die Entscheidungshoheit über Erhaltungsmaßnahmen und die hohe Flexibilität in der Umsetzung der institutionellen/konsortialen Anforderungen von Vorteil. Nachteile sind die Implementierungszeit, der hohe Personalaufwand verbunden mit den Anforderungen an das Know-how sowie die Hard- und Softwarekosten. Dafür kann bei Serviceangeboten die Abgabe der Kontrolle über die Archivierungsprozesse und Daten (z. B. Zugriff nur in vordefinierten Fällen) als Nachteil empfunden werden, der allerdings durch den sehr niedrigen Ressourceneinsatz aufgewogen wird.

Einen Kompromiss zwischen Eigenbetrieb und PaaS-Angebot bietet der kooperative Betrieb in einem sog. Mandantenmodell. Bei dieser Dienstleistung arbeitet der Mandant im Rahmen bestimmter Regeln und Verantwortlichkeiten selbständig in einem LZA-System und behält die Verantwortung für seine Daten und Erhaltungsprozesse. Durch geeignete Personalressourcen (Qualität, Quantität) muss der Mandant ein selbständiges und eigenverantwortliches Agieren dauerhaft sicherstellen. Die Vorteile sind, dass Hardware, Software und Infrastruktur zentral bereitgestellt werden und gemeinsame Abstimmungs- und Austauschprozesse zu Archivierungs- und Erhaltungsmaßnahmen möglich sind.

Anbieter von LZA-Services sollten zwingend transparente und zertifizierte Systeme betreiben und über sehr gute Kommunikations- und Dokumentationsprozesse verfügen.

4.4 Zugriffskonzepte

Die Steuerung und Kontrolle des Zugriffs auf die Objekte des Langzeitarchivs hängt von der dLZA-Strategie der Institution, dem Mandat für die zu erhaltenden Objekte und der Rechtesituation des einzelnen Objekts ab. Beim sog. Dark Archive beschränkt das Archiv den Zugriff auf eine begrenzte Anzahl von berechtigten Personen, ein Zugriff durch die Öffentlichkeit ist ausgeschlossen. Sollte es zu einem Datenverlust beim Eigentümer kommen oder dessen Daten nicht mehr zugänglich sein, werden auf Anfrage des Eigentümers die Daten durch die berechtigten Personen über die Access-Funktionalität des Dark-Archives bereitgestellt. Von einem Light-Archive spricht man, wenn das Archivierungssystem sog. Access-Copies (physikalische Kopien des archivierten Masters) als Nutzungsobjekte der Öffentlichkeit über seine Access-Funktionalität zur Verfügung stellt. Im Dim-Archive stehen einer definierten Nutzergruppe die Daten unter definierten Bedingungen (Trigger Events) zur Verfügung. Der Begriff gilt auch, wenn das System Inhalte über Access-Copies nur in Teilen der Öffentlichkeit zur Verfügung stellt.

Eine Sonderform des Access von dLZA-Systemen ist der Exit. Obwohl es sich um eine Daueraufgabe handelt und die Systeme langfristig ausgerichtet sind, müssen mögliche Ausstiegs- bzw. Wechselszenarien von Beginn an vorbereitet werden. Verträge, Fristen sowie Übernahme- und Weiterführungsvereinbarungen schaffen die organisatorischen Voraussetzungen. Ebenso müssen die technische Umgebung wie auch das dLZA-

---

[19] www.tib.eu/de/forschung-entwicklung/wissens-und-technologietransfer/dienstleistungs-und-beratungsangebote-der-tib/digital-preservation-as-a-service.

System selbst in der Lage sein, die archivierten Objekte mit all ihren Metadaten, Versionen und einer genauen Beschreibung der Archivierungshistorie und -aktivitäten in einer Form auszugeben, die eine Rekonstruktion der Daten auch ohne Archivierungssoftware möglich macht.

4.5 Policies

Policies als wesentliches Element der dLZA werden auf unterschiedlichen Ebenen formuliert. Auf der institutionellen Ebene beschreiben sie die Ziele, Strategien, Leitlinien und Maßnahmen der Institution sowie ihr Selbstverständnis zur Erhaltung digitaler Objekte und woher sie ihren Auftrag ableitet. Sie dokumentieren auf der operativen Ebene, was, warum, von wem und wie archiviert wird, beschreiben Arbeitsabläufe und definieren Verantwortlichkeiten. Policies dienen der Prozessdokumentation, der transparenten Darstellung aller Aktivitäten in der dLZA nach innen und außen, sind verbindliche Arbeitsanweisungen und die Grundlage für Zertifizierungsprozesse.

4.6 Zertifizierungen

Gedächtnisorganisationen gelten seit Jahrhunderten als vertrauenswürdig. Es wäre fatal, diesen Vertrauensvorschuss per se auf die Kompetenz zur Archivierung digitaler Objekte zu übertragen. Die Komplexität, Volatilität und Dynamik digitaler Objekte verlangen nach neuen Strategien. Ein Grundprinzip in der dLZA ist es, ihre Elemente (Objekte, Formate, Strukturen, Metadaten) gegen bestehende Standards zu prüfen, um u. a. ihre Authentizität und Integrität sicherzustellen. Um einschätzen zu können, ob ein digitales Langzeitarchiv vertrauenswürdig ist, muss dieser Ansatz auf alle Komponenten des Archivs übertragen werden. Der Nachweis der Vertrauenswürdigkeit bedeutet, sich einer Evaluierung zu unterziehen und deren Ergebnis sowohl nach innen als auch nach außen transparent zu machen. Damit wird die Basis für die (externe) Beurteilung der Vertrauenswürdigkeit geschaffen. Wie die dLZA selbst sind diese Evaluierungsprozesse kein einmaliger Vorgang, sondern regelmäßig zu wiederholen. Zertifizierungen unterstützen diese Prozesse, indem sie normative Strukturen für eine systematische, angemessene und bewertbare Prüfung der einzelnen Elemente eines digitalen Langzeitarchivs vorgeben und einer externen Revision unterziehen. Einen Einstieg bietet das Core Trust Seal,[20] eine weiterreichende Zertifizierung das auf der DIN 31644 basierende nestor-Siegel.[21]

---

20 www.coretrustseal.org.
21 www.langzeitarchivierung.de/Webs/nestor/DE/Zertifizierung/nestor_Siegel/siegel.html.

5 Erhaltungsmaßnahmen

5.1 Signifikante Eigenschaften

Signifikante Eigenschaften zu erhaltender Objekte garantieren deren formatunabhängige Bewahrung in möglichst authentischem Zustand. Sie werden anhand der Anforderungen an das Langzeitarchiv und der Bedürfnisse der Nutzergruppen (Designated Community) durch die Institution definiert, dabei wird zwischen technischen und organisatorischen Eigenschaften unterschieden. Technische Eigenschaften bilden die aktuellen, strukturellen, funktionalen und inhaltlichen Charakteristika von digitalen Objekten ab. Sie sind in sog. Format Libraries definiert und können mit geeigneten Metadatenextraktoren als technische Metadaten extrahiert werden. Organisatorische Eigenschaften sind allgemeine Anforderungen an Bestandserhaltungsprozesse und müssen manuell überprüft werden. Sie können im Preservation-Planning-Prozess als alternative Evaluationskriterien definiert werden.[22]

5.2 Risiko-Management

Risiken[23] können technische oder administrative Eigenschaften, Prozessmetadaten oder Daten-Analyseergebnisse sein. Diese können institutionsspezifisch in der Format Library pro Dateiformat definiert werden. Das Risiko einer Obsoleszenz droht etwa, wenn Dateiformate mit keinem in der Format Library gelisteten Wiedergabeprogramm verknüpft sind. Eine fehlerhafte Formatspezifikation durch die Erstellungssoftware bildet ein weiteres Risiko. Risikoanalysen sind regelmäßig durchzuführende automatisierte oder manuelle Aufgaben, auf deren Basis die Institution über Bestandserhaltungsmaßnahmen entscheidet. Sie können auch ohne vorangegangene systemgesteuerte Risikoanalyse durchgeführt werden.[24]

5.3 Preservation Management

Preservation Management basiert sowohl auf der Beobachtung technologischer Veränderungsprozesse (Technology Watch) – insbesondere in der Formatcommunity – als auch auf den sich wandelnden Bedürfnissen der Nutzergruppen und deren Verhalten (Community Watch). Preservation Planning beginnt, wenn die beobachteten Veränderungen Auswirkungen auf die Objekte im Langzeitarchiv haben. Es basiert auf den definierten Risiken unter Berücksichtigung vorhandener Abhängigkeiten und besteht aus der Planung und den Tests von alternativen Erhaltungsmaßnahmen sowie der Dokumentation der Entscheidungswege.[25] Bei der Preservation Action werden anschließend die geplan-

---

22 https://wiki.tib.eu/confluence/display/lza/Signifikante+Eigenschaften.
23 https://wiki.opf-labs.org/display/TR/OPF+File+Format+Risk+Registry.
24 https://wiki.tib.eu/confluence/pages/viewpage.action?pageId=63768010#Erhaltungsplanung(PreservationManagement)-Risiko-Management.
25 www.ifs.tuwien.ac.at/dp/plato/docs/Plato_3_UserManual.pdf.

ten Erhaltungsmaßnahmen in der Regel als Formatmigration oder Emulation durchgeführt.

5.4 Formatmigration

Formatmigration bedeutet die Übertragung von Daten von einem Format in ein anderes (oder eine neue Version des gleichen Formattyps), wenn es veraltet oder risikobehaftet ist. Der (geistige) Inhalt der Datei darf dabei nicht verändert werden. Wie jeder digitale Eingriff ist die Formatmigration mit Risiken verbunden, bspw. unbeabsichtigte Veränderungen von Dateiinhalt oder -struktur, Verlust wesentlicher Informationen oder die Einführung neuer Fehler.[26] Umso wichtiger ist es, Formatmigrationen basierend auf den im Preservation Planning definierten Evaluationskriterien (bspw. signifikante Eigenschaften) durchzuführen und alle Prozessschritte zu dokumentieren und als Metadaten zu den Objekten abzulegen.

5.5 Emulation

Bei der Emulation bleibt das digitale Objekt (eine einzelne Datei oder das Abbild eines Datenträgers) unverändert. Es wird versucht, die ursprüngliche Nutzungsumgebung (Hardware, System-, Anwendungssoftware), in die das digitale Objekt eingebettet war, in einer aktuellen Computerumgebung mithilfe von Software nachzubilden.[27] Ein Anwendungsbeispiel für Emulation in der dLZA ist die Einbindung eines Emulation Framework (Emulation as a Service – EaaS)[28] als Viewer in ein Langzeitarchivierungssystem, wobei die Parameter für die Emulationsumgebung in den technischen Metadaten gespeichert werden. Beim Aufruf wird das entsprechende Objekt an das Emulation Framework geliefert und dort geladen.[29]

6 Literaturverzeichnis

CCSDS (2012). *Recommendation for space data system practices: Reference model for an open archival information system (OAIS)*. https://public.ccsds.org/pubs/650x0m2.pdf.
Kenney, A. R. & McGovern, N. Y. (2003). The five organizational stages of digital preservation. In P. Hodges, M. Bonn, M. Sandler & J. P. Wilkin (Hrsg.), *Digital Libraries: A Vision for the 21st Century*. Michigan Publishing, University of Michigan Library. doi: http://dx.doi.org/10.3998/spobooks.bbv9812.0001.001.
Nestor (2013). *Referenzmodell für ein Offenes Archiv-Informations-System* – Deutsche Übersetzung 2.0 (nestor-materialien 16). https://d-nb.info/104761314X/34.

---

[26] https://archives.govt.nz/manage-information/how-to-manage-your-information/digital/file-format-migration.
[27] https://nestor.sub.uni-goettingen.de/handbuch/artikel/nestor_handbuch_artikel_344.pdf.
[28] www.softwarepreservationnetwork.org/emulation-as-a-service-infrastructure.
[29] https://wiki.tib.eu/confluence/pages/viewpage.action?pageId=63768010#Erhaltungsplanung(PreservationManagement)-Risiko-Management.

PREMIS (2015). *PREMIS data dictionary for presercation metadata*, version 3.0. www.loc.gov/standards/premis/v3/premis-3-0-final.pdf.

PREMIS (2021). *PREMIS verstehen*. https://www.loc.gov/standards/premis/understandingPREMIS_-german_2021.pdf.

Ullrich, D. (2009). Bitstream preservation. In H. Neuroth, N.Lossau & A. Rapp (Hrsg.), nestor Handbuch. http://nestor.sub.uni-goettingen.de/handbuch/artikel/nestor_handbuch_artikel_346.pdf.

Teil B: **Methoden und Systeme der Inhaltserschließung, Wissensorganisation und Wissensrepräsentation**

Ulrich Reimer
B 1 Einführung in die Wissensorganisation

1 Rolle und Aufgabe der Wissensorganisation

Dieser Artikel beleuchtet die Rolle und Aufgabe der Wissensorganisation und gibt einen Überblick über Einsatzmöglichkeiten und Nutzen der verschiedenen Ansätze.

> **Definition:** Unter Wissensorganisation versteht man die Organisation der Ablage und die inhaltliche Charakterisierung von Informationsobjekten und dem durch sie repräsentierten Wissen, so dass sie leicht(er) auffindbar sind. Informationsobjekte können digitaler Natur (z. B. E-Book, gescanntes Foto, Video) oder physischer Natur sein (z. B. Buch, Fotografie).

Wissensorganisation benötigt mindestens die folgenden Bestandteile:
– ein Vokabular (auch Begriffssystem) für die inhaltliche Beschreibung der Informationsobjekte,
– Regeln der Inhaltserschließung, die bestimmen, nach welchen Grundsätzen die Zuordnung von Begriffen aus dem Vokabular zu den Informationsobjekten erfolgt.

Wir sprechen in diesem Artikel nur von unstrukturierten Informationsobjekten, wie Texten, Audio-, Bild- und Video-Objekten. Sie besitzen im Gegensatz zu strukturierten Informationsobjekten (z. B. Datenbankobjekten) kein vordefiniertes Schema von Beschreibungsmerkmalen, durch welche sie sich exakt charakterisieren und auffinden lassen.

Die Aufgabe der Wissensorganisation ist es nun, unstrukturierte Informationsobjekte leichter auffindbar zu machen, indem man sie um eine Beschreibungsstruktur ergänzt und
– geeignete Attribute zu ihrer Beschreibung vordefiniert (Metadatenschema – s. Kapitel B 6 Formale Erschließung und B 9 Metadaten) sowie
– für diese Attribute die möglichen Attributwerte festlegt (eine Systematik, ein Begriffssystem, ein kontrolliertes Vokabular).

Zu bemerken ist an dieser Stelle, dass die inhaltliche Beschreibung von Informationsobjekten im Rahmen der Wissensorganisation lediglich angibt, wovon diese handeln, aber nicht ihren tatsächlichen Inhalt. Letzteres wäre Gegenstand des Gebiets der Wissensrepräsentation (van Harmelen et al. 2008). Diese Unterscheidung ist analog zu der zwischen indikativen und informativen Abstracts (s. Kapitel B 8 Automatisches Abstracting).

Die weiteren Teile des Artikels behandeln die folgenden Themen: Abschnitt 2 diskutiert die Rolle von Metadaten und leitet die Notwendigkeit einer terminologischen Kontrolle her, für das ein kontrolliertes Vokabular (Abschn. 3) benötigt wird. Abschnitt 4 stellt die Paradigmen von Suche und Navigation gegenüber. Abschnitt 5 führt verschiedene Arten von Begriffssystemen für die terminologische Kontrolle ein, während Abschnitt 6 weitere Einsatzmöglichkeiten dieser Begriffssysteme diskutiert. Abschnitt 7 schließt mit einem Ausblick.

2 Metadaten

Zur Motivation des Einsatzes von Metadaten betrachten wir das Beispiel in Abbildung 1. Es illustriert eine typische Situation und zeigt, wieso relevante Textdokumente über eine Suchmaschine schwer zu finden sind. Eine Mitarbeiterin einer Rückversicherung sucht Dokumente zu Tankerunglücken im Mittelmeer. Von den gefundenen Dokumenten sind einige nicht relevant, obwohl beide Suchterme darin vorkommen, während ein anderes Dokument hochrelevant ist, aber nicht gefunden wird, weil es keines der Suchterme enthält. Die grundlegende Problematik liegt in der großen Variabilität, wie ein Sachverhalt in natürlicher Sprache formuliert sein kann. Entsprechend schwierig ist es, diese Variabilität in einer Suchfrage abzudecken, ohne dadurch zu viele irrelevante Dokumente zu erhalten (Precision-Recall-Problematik).

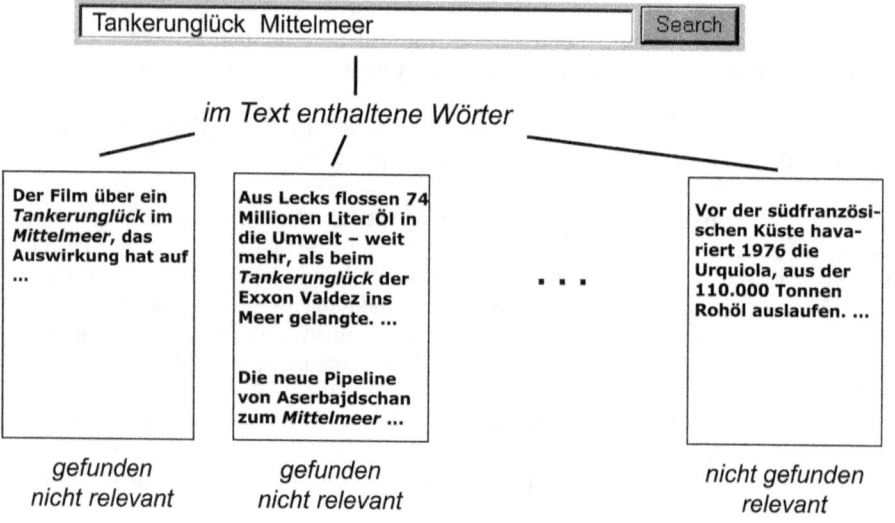

Abb. 1: Beispiel für die Schwierigkeit, relevante Dokumente zu finden

Ein klassischer Ansatz, diese Situation zu verbessern, ist der Einsatz von Metadaten (s. Kapitel B 9 Metadaten), wodurch unstrukturierten Informationsobjekten zusätzliche Beschreibungsmerkmale zugeordnet werden. Man unterscheidet
- formale Metadaten, z. B. zur Beschreibung der Autorenschaft, des Erscheinungsdatums und des Dokumenttyps;
- inhaltliche Metadaten für die inhaltliche Beschreibung von Informationsobjekten mittels Schlagwörtern.

Mit Hilfe der Schlagwörter kann der Inhalt eines Textdokuments oft präziser beschrieben werden als durch die Wörter, die im Text tatsächlich vorkommen. Dadurch wird die Auffindbarkeit von Dokumenten über eine Suchfrage verbessert. So wird in unserem Beispiel (Abbildung 1) das nicht gefundene Dokument durch entsprechend vergebene Schlagwörter auffindbar (s. Abbildung 2). Audio-, Bild- und Video-Objekte sind ohne

Schlagwörter gar nicht auffindbar, es sei denn mittels einer automatischen inhaltlichen Analyse (Tyagi 2017).

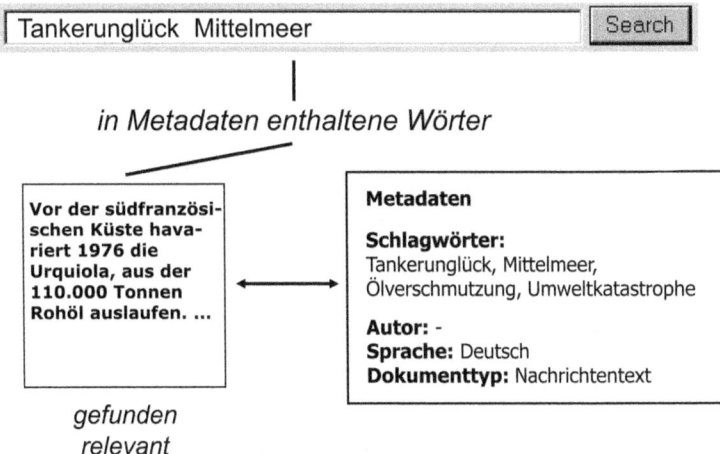

Abb. 2: Beschreibung von Dokumenten mittels Metadaten

3 Kontrolliertes Vokabular

Das Problem, dass relevante Dokumente nicht gefunden werden, weil die Suchfrage andere Wörter verwendet, als in den Dokumenten auftreten, können wir durch die Vergabe von inhaltlichen Metadaten zwar lindern, da sie über mehr Suchterme auffindbar werden, doch nicht wirklich lösen. Die Grundproblematik bleibt bestehen: In unserem Beispiel könnten einem Dokument z. B. die Schlagwörter Tankerunglück und Mittelmeer zugeordnet sein, und das Dokument wird trotzdem nicht gefunden werden, wenn nach Tankerhavarie und Ägäis gesucht wird. Das Problem lässt sich nur wirklich lösen, indem man sicherstellt, dass die Vergabe von Metadaten und die Formulierung von Suchfragen die gleichen Terme verwenden. Dies nennt man *terminologische Kontrolle*.

Terminologische Kontrolle benötigt ein kontrolliertes Vokabular, welches die vergebbaren Schlagwörter vorgibt. Werden nun sowohl bei der Zuordnung von Schlagwörtern zu einem Informationsobjekt als auch bei der Formulierung einer Suchfrage ausschließlich Begriffe aus dem kontrollierten Vokabular verwendet, passen Suchfragen und Schlagwortvergaben terminologisch zusammen (s. Abbildung 3).

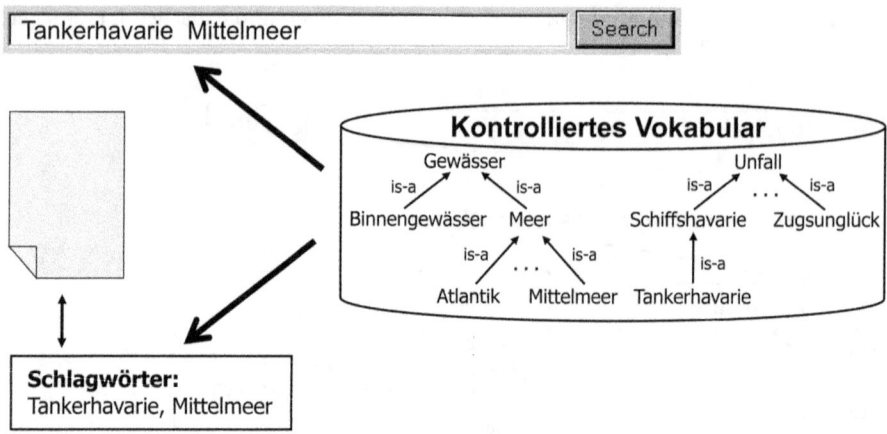

Abb. 3: Kontrolliertes Vokabular für Verschlagwortung und Anfrageformulierung

Die Verwendung eines kontrollierten Vokabulars für Metadaten geht allerdings einher mit einem erhöhten Aufwand für:
1. die Schlagwortvergabe, bei der die geeigneten Begriffe aus dem kontrollierten Vokabular zunächst identifiziert werden müssen;
2. die Suchformulierung, die ebenfalls auf das kontrollierte Vokabular Bezug nehmen muss;
3. die Pflege des kontrollierten Vokabulars, das es entsprechend der Bedürfnisse der Benutzer und der Weiterentwicklung eines Fachgebiets laufend anzupassen gilt.

Je größer das Vokabular und je seltener damit gearbeitet wird, desto aufwändiger wird es, die geeigneten Begriffe darin zu identifizieren. Hier haben wir einen inhärenten Zielkonflikt: Das Vokabular sollte einen möglichst kleinen Umfang haben, damit Benutzer sich leicht darin zurechtfinden, doch andererseits sollte es umfangreich sein, um eine möglichst reiche Verschlagwortung zu ermöglichen.

Für ein kontrolliertes Vokabular mit geringem Umfang reicht eine (alphabetisch sortierte) Liste von Begriffen aus, ansonsten sollten die Begriffe in einer Begriffshierarchie angeordnet sein, um ein schnelleres Auffinden relevanter Begriffe zu ermöglichen.

Die Einführung solcher Begriffshierarchien bringt jedoch die neue Schwierigkeit mit sich, dass trotz terminologischer Kontrolle ein vergebenes Schlagwort und ein Suchterm zwar inhaltlich zusammenpassen, aber unterschiedliche Begriffe sein können, z. B. wenn sie in der Begriffshierarchie übereinander liegen. Die folgenden beiden Situationen können auftreten:
- Es wurde das Schlagwort Tankerhavarie vergeben, in einer Suchfrage wird jedoch der allgemeinere Begriff Schiffshavarie verwendet. Das mit Tankerhavarie indexierte Objekt ist relevant und soll trotzdem gefunden werden. Dies löst man durch die zusätzliche Berücksichtigung aller Objekte, die ein Schlagwort (oder ein Wort im Text, falls das Objekt ein Textdokument ist) aufweisen, das ein Unterbegriff des Suchterms ist (Down-Posting). Dies erhöht den Recall.
- Es wurde das Schlagwort Schiffshavarie vergeben, in einer Suchfrage wird das spezifischere Schlagwort Tankerhavarie verwendet. Das Objekt ist nur möglicherweise relevant. Möglich ist ein Up-Posting – die Umkehr des Down-Postings. Damit werden

zusätzlich alle Objekte als relevant erachtet, die ein Schlagwort aufweisen, das ein Oberbegriff des Suchterms ist. Unter diesen Objekten können relevante, aber auch irrelevante sein. Die Precision dürfte deshalb sinken, der Recall steigen.

4 Suche vs. Navigation

Wir haben bislang die Vergabe von Metadaten unter dem Blickwinkel der verbesserten Suche von Informationsobjekten betrachtet. Neben der Suche ist die Navigation in Ablagestrukturen ein weiterer wichtiger Ansatz zur Organisation von Informationsobjekten (s. Kapitel B 5 Klassifikation). Zum raschen Auffinden relevanter Informationsobjekte kann Navigation der Suche überlegen sein, wenn nicht zu viele Objekte nach einigen wenigen Kriterien zu unterscheiden sind. So bleibt die Navigationshierarchie übersichtlich, und man findet sich leicht darin zurecht. Bei häufigerer Nutzung darf eine Navigationshierarchie komplexer sein als im Fall einer gelegentlichen Nutzung.

Eine Navigationshierarchie basiert letztlich immer auf einem kontrollierten Vokabular, auch wenn das beim Einrichten der Strukturen nicht immer bewusst so geplant sein mag. Die Knoten in der Hierarchie entsprechen den Begriffen, während ihre Verkettung auf einer Beziehung oder auch mehreren Typen von Beziehungen zwischen den Begriffen basiert, z. B. Ober-Unterbegriff- oder Teil-von-Beziehungen. Abbildung 4 skizziert eine Navigationsstruktur für Informationsobjekte über verschiedene Kraftwerke. Die Knoten in der Hierarchie entsprechen Ablageordnern, die jeweils durch einen Begriff aus dem kontrollierten Vokabular beschriftet sind. Die Hierarchie ist auf der oberen Ebene durch Begriffsspezialisierung gegeben, auf der zweiten Ebene durch den Kraftwerksstandort.

Die Zuordnung eines Schlagworts zu einem Informationsobjekt führt zur gleichen inhaltlichen Charakterisierung wie seine Ablage in einen Ordner, der mit diesem Schlagwort beschriftet ist. Im ersten Fall liegt eine objektzentrierte Sicht vor, wo das Informationsobjekt im Mittelpunkt steht und durch Schlagwörter beschrieben wird. Im zweiten Fall ist es eine ordnerzentrierte Sicht, in der einem Ordner alle Informationsobjekte zugeordnet sind, für die das Schlagwort, mit dem der Ordner beschriftet ist, relevant ist.

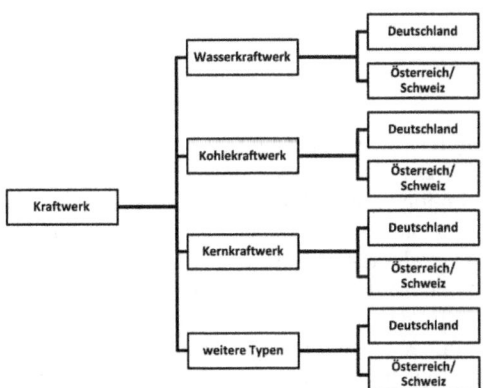

Abb. 4: Beispiel für eine Navigationshierarchie

Das Einfügen eines Objekts in einen Ablageordner entspricht somit der Vergabe des entsprechenden Schlagworts für das Objekt, so dass es nicht nur per Navigation, sondern auch über das Schlagwort mittels einer Suche gefunden werden kann, falls die eingesetzte Wissensorganisations-Software dies unterstützt. So wie ein Objekt mehrere Schlagwörter besitzen kann, kann es sich logisch auch in mehreren Ablageordnern befinden.

5 Begriffssysteme zur terminologischen Kontrolle

Ein kontrolliertes Vokabular kann auf unterschiedliche Weise definiert werden. Im Folgenden werden die wichtigsten Ansätze kurz charakterisiert und einander gegenübergestellt.

5.1 Thesauri

Das klassische Hilfsmittel zur terminologischen Kontrolle sind Thesauri, eine Zusammenstellung von Begriffen mit semantischen Beziehungen zwischen ihnen (Aitchison et al. 2000). Thesauri (s. Kapitel B 4 Thesauri) sehen nur eine fix vorgegebene Menge möglicher semantischer Beziehungen vor, darunter Begriffsspezialisierung (Abstraktionsrelation) sowie u. U. die Teil-von-Beziehung (Aggregationsrelation), die Äquivalenzrelation und eine nicht näher charakterisierte semantische Assoziation (Assoziationsrelation).

Ferner wird in Thesauri klassischerweise zwischen Deskriptoren und Nicht-Deskriptoren unterschieden und von den Nicht-Deskriptoren, die nicht als Schlagwörter zu verwenden sind, auf die zugehörigen Deskriptoren verwiesen. Beispielsweise könnte der Nicht-Deskriptor Tankerunglück auf den Deskriptor Tankerhavarie verweisen, so dass damit klar ist, welcher der beiden Begriffe als Schlagwort (und damit auch als Suchwort) zu verwenden ist. In modernen Informationssystemen macht die Unterscheidung zwischen Deskriptoren und Nicht-Deskriptoren nur noch wenig Sinn, weil für eine Suchfrage leicht sowohl ein Deskriptor als auch alle die ihm zugeordneten Nicht-Deskriptoren berücksichtigt werden können.

5.2 Ontologien

Ein neuerer Ansatz sind Ontologien (s. Kapitel B 10 Ontologien und Linked Open Data). Eine Ontologie ist ein innerhalb einer Gemeinschaft geteiltes, gemeinsames Verständnis eines Weltausschnitts, das durch die Beschreibung der relevanten Begriffe des Weltausschnitts beschrieben ist. Die Begriffsbeschreibungen liegen in einer für einen Computer verständlichen Form vor. Dazu haben die Ontologiesprachen, in denen Ontologien formuliert werden, eine formale, für den Computer interpretierbare Semantik. Durch Standardisierung der Ontologiesprachen sind Ontologien von jedem computergestützten System auf gleiche Weise interpretierbar. Sie können somit auch im World Wide Web hinterlegt und von verschiedenen Applikationssystemen unabhängig voneinander konsistent verwendet werden.

Die Unterschiede zwischen Ontologien und Thesauri sind vielfältig. Anders als Ontologien haben Thesauri traditionell keine mathematisch formalisierte Semantik. So ist u. a. die Bedeutung der Relationen zwischen Begriffen nicht formal festgelegt. Beispielsweise steht die Abstraktionsrelation manchmal nicht nur für Begriffsspezialisierung, sondern auch für weitergehende Sachverhalte. Es gibt mittlerweile jedoch Ansätze, die dies beheben: SKOS (Simple Knowledge Organization System) erlaubt die Erstellung Thesaurus-ähnlicher Strukturen mit einer formalen Semantik analog, wie dies für Ontologiesprachen der Fall ist (Baker et al. 2013; van Assem et al. 2006). Ferner können Ontologien beliebige domänenspezifisch relevante semantische Beziehungen einführen und verwenden, während die semantischen Beziehungen in einem Thesaurus fest vordefiniert sind. Darüber hinaus können Ontologien je nach Ausdrucksmächtigkeit der verwendeten Ontologiesprache Begriffe definieren, die in Thesauri nicht definierbar sind. Ein Beispiel dafür ist der Einsatz von Negation, um für alle Instanzen eines Begriffs die Nichtexistenz einer semantischen Beziehung festzulegen, z. B. die Definition des Begriffs Junggeselle als eine männliche Person, die keine Beziehung ist-verheiratet-mit zu einer anderen Person besitzt.

5.3 Topic Maps

Eine Topic Map besteht im Wesentlichen aus einem semantischen Netz, das Begriffe, Begriffsinstanzen und ihre Beziehungen untereinander beschreibt (ähnlich wie in einer Ontologie), sowie aus Informationsobjekten, welchen Begriffe bzw. Instanzen aus dem semantischen Netz als Schlagwörter zugewiesen sind (Smolnik 2006). Aus den Beziehungen zwischen den Begriffen und Instanzen im semantischen Netz leiten sich Beziehungen zwischen den Dokumenten ab, denen diese Begriffe als Schlagwörter zugewiesen sind. Diese kann man als Navigationspfade zwischen den Dokumenten verwenden. Topic Maps können wie Ontologien beliebige domänenspezifische Beziehungen vorsehen.

Es gibt Ansätze, Topic Maps auf eine standardisierte formale Basis zu stellen, wie das für Ontologiesprachen der Fall ist (z. B. Maicher et al. 2007), doch hat das Interesse an Topic Maps zugunsten von Ansätzen des Semantic Web wie OWL, RDF (Schema) und SKOS sowie der darauf basierenden semantischen Wikis stark nachgelassen (s. Kapitel B 10 Ontologien und Linked Open Data).

5.4 Taxonomien/Begriffshierarchien

Taxonomien sind hierarchische Einteilungen der Begriffe einer Anwendungsdomäne. In den meisten Fällen ist die Hierarchie durch Begriffsspezialisierung gegeben, dann ist eine Taxonomie eine Begriffshierarchie. Die zugrundeliegende Hierarchierelation kann aber auch anderer Natur sein, z. B. partitiv. Begriffshierarchien sind das elementare Grundkonstrukt für die Definition von Begriffen und finden sich in allen Begriffssystemen. Ein Thesaurus, eine Ontologie oder das semantische Netz einer Topic Map können im Prinzip lediglich aus einer Begriffshierarchie bestehen, falls alle anderen Ausdrucksmittel zur Begriffsdefinition nicht zum Einsatz kommen.

5.5 Folksonomien

Folksonomien sind durch Social Tagging aus einer Gemeinschaft von Benutzern heraus entstehende Begriffssysteme (s. Kapitel B 18 Folksonomies und Social Taggig). Eine Folksonomie ist die Sammlung aller innerhalb der Gemeinschaft vergebenen Schlagwörter. Die Schlagwortsammlung ist flach, d. h. die Schlagwörter sind nicht in einer Begriffshierarchie angeordnet und untereinander nicht relationiert. Da Social Tagging eine auf Crowdsourcing basierende Aktivität ist, gibt es keine zentrale Verantwortung für die Pflege des Vokabulars.

Social Tagging bedeutet, dass es kein kontrolliertes Vokabular gibt, und unterliegt damit der in Abschnitt 3 diskutierten Problematik, dass Suchfragen und Indexierung terminologisch auseinanderklaffen. Dem steht der Vorteil gegenüber, dass der Aufwand der Verschlagwortung auf viele Personen verteilt wird und das Vokabular viel aktueller ist, als wenn neue Begriffe erst von einer zentralen Instanz geprüft und in das Vokabular aufgenommen werden müssen. Zum Ausgleich für die fehlende terminologische Kontrolle können manche Social-Tagging-Systeme Vorschläge für zusätzlich oder alternativ zu vergebende bzw. in einer Suche zu verwendende Schlagwörter (Tags) generieren. Hierfür gibt es verschiedene Ansätze (Belém et al. 2017; Markines et al. 2009). Dies führt im Laufe der Zeit zu einer einheitlicheren Verwendung der Begriffe.

Interessant ist die Kombination von terminologischer Kontrolle auf Basis eines vorgegebenen Vokabulars mit Social Tagging: Man gibt die terminologische Kontrolle nicht auf, ermöglicht aber, dass sich verändernde Bedürfnisse der Benutzer durch die zusätzliche Vergabe von freien Schlagwörtern (rascher) abgedeckt werden. Schlagwörter (Tags) können nach einiger Zeit in das kontrollierte Vokabular aufgenommen werden, wenn sie eine gewisse Nutzungshäufigkeit aufweisen (Limpens et al. 2008; Mikroyannidis 2007; Passant 2007).

6 Verwendung von Begriffssystemen für die Wissensorganisation

Über die terminologische Kontrolle hinaus können Begriffssysteme weitere Aufgaben erfüllen.

6.1 Begriffssysteme als Unterstützung für die Klärung des Informationsbedarfs

Benutzer haben oft das als Anomalous States of Knowledge bezeichnete Problem (Belkin 1980) (s. auch Kapitel D 5 Informationsbedürfnis), dass sie nicht genau wissen,
- mit welchen Suchbegriffen sie ihren Informationsbedarf beschreiben sollen und
- wonach sie überhaupt suchen möchten.

Ein Begriffssystem erlaubt, die in einer Anwendungsdomäne relevanten Begriffe zu explorieren und herauszufinden, welche Begriffe sich am besten zur Beschreibung des Informationsbedarfs eignen. Gleichzeitig entwickelt sich dabei oft auch ein klareres Verständnis des eigentlichen Informationsbedarfs. Dies ist in der Regel ein iterativer Prozess, der mit einer ersten Suchfrage beginnt, gefolgt von einer Navigation im Vokabular, um angemessenere Suchbegriffe zu finden, sollte das Suchergebnis nicht zufriedenstellen.

Hilfreich ist, wenn die zugrundeliegende Suchmaschine automatisch entsprechend der verwendeten Suchbegriffe Ausschnitte des zugrundeliegenden Begriffssystems anzeigt, z. B. in Form einer Begriffswolke oder Tag Cloud. Moderne Suchmaschinen bieten zunehmend diese Möglichkeit (Doms & Schroeder 2005; Khusro et al. 2021; Lourdusamy et al. 2019).

6.2 Begriffssysteme als Basis für Navigationshierarchien

In Abschnitt 4 haben wir bereits die Verwendung von Begriffssystemen als Basis für Navigationshierarchien diskutiert. Ein Begriffssystem kann gleichzeitig als kontrolliertes Vokabular und als Basis für eine Navigationshierarchie verwendet werden, welche u. U. nur eine Teilmenge der Begriffe verwendet, damit sie nicht zu groß und unübersichtlich wird.

6.3 Begriffssysteme als Hintergrundwissen für semantisches Retrieval

Semantisches oder begriffsorientiertes Retrieval löst sich von den konkreten Suchbegriffen und erlaubt die automatische Hinzunahme weiterer Begriffe, die in einem für die Suchfrage relevanten Dokument vorkommen können. Das Beispiel in Abbildung 5 zeigt einen Ontologie-Ausschnitt, welcher der Suchmaschine als Hintergrundwissen dient, um die gestellte Suchfrage automatisch zu erweitern. Dabei bezieht die Suchmaschine die Semantik der Beziehungen zwischen den Begriffen ein. In dem Beispiel wird es somit egal, ob die Suchfrage den Term Tankerhavarie oder Tankerunglück enthält. Gefunden werden alle Dokumente, die den einen oder den anderen enthalten. Analog spielt es keine Rolle, ob in einem Dokument der Term Mittelmeer oder Adria auftritt, wenn nach Mittelmeer gesucht wird. Es resultiert eine gewisse Unabhängigkeit von den in einem Dokument verwendeten Wörtern bzw. ihm zugeordneten Schlagwörtern und Suchtermen einer Anfrage. Da diese Form des Retrieval auf Begriffen (das Gemeinte) statt auf Wörtern (das Gesagte) basiert, bezeichnet man es als semantisches oder begriffsorientiertes Retrieval. Semantisches Retrieval ist ein Kernelement des Semantic Web.

Somit reduziert sich mit semantischem Retrieval ein Stück weit die Notwendigkeit der aufwändigen manuellen Vergabe von Schlagwörtern mit Hilfe eines kontrollierten Vokabulars. Dass man auf Schlagwörter nicht gänzlich verzichten kann, illustriert das Dokument über die havarierte Urquiola in Abbildung 1. Damit das Dokument für die gegebene Suchfrage ohne zusätzliche, manuell vergebene Schlagwörter als relevant erkannt wird, wäre entweder ein textverstehendes System mit erheblicher Verstehenstiefe notwendig oder ein entsprechend trainiertes automatisches Indexierungssystem (s. Kapitel B 3 Automatisches Indexieren).

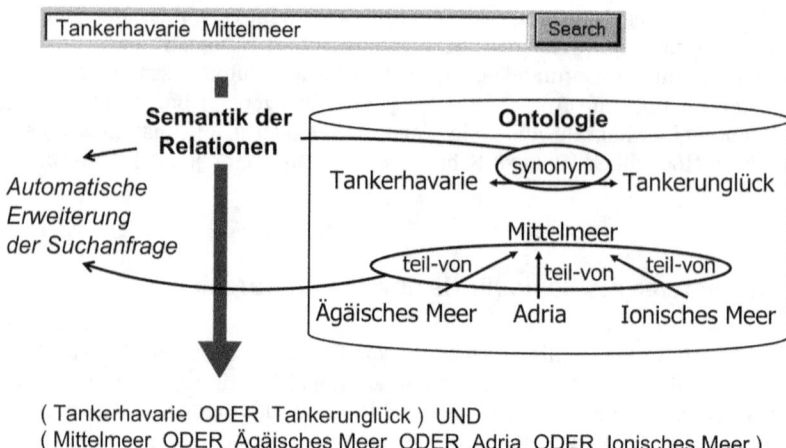

Abb. 5: Ontologie als Hintergrundwissen für semantisches Retrieval

7 Ausblick

Begriffssysteme spielen eine wichtige Rolle für die Wissensorganisation. Je nach Anwendungsszenario und abzudeckendem Fachgebiet können Begriffssysteme mit weniger als hundert Begriffen ausreichen, oder es werden Systeme – wie in der GeneOntology – mit mehreren zehntausend Begriffen benötigt (Doms & Schroeder 2005). Je nach Einsatzzweck reicht eine einfache Begriffshierarchie, in anderen Fällen werden vielfältige Typen semantischer Beziehungen zwischen den Begriffen benötigt.

Der Aufbau und die Pflege von Begriffssystemen sind in der Regel mit einem erheblichen intellektuellen Aufwand verbunden. Eine zumindest teilweise Automatisierung dieser Aufgabe ist deshalb wünschenswert. Es gibt Ansätze, Ontologien aus Texten zu lernen (Cimiano 2006; Lourdusamy & Abraham 2019). Nach wie vor ist dies eine extrem schwierige Aufgabe, da sie von den Computersystemen ein hohes Maß an Textverstehensfähigkeit verlangt, das in absehbarer Zeit kaum erreichbar sein wird.

Für eine automatische Anfrageerweiterung oder die Unterstützung von Nutzern bei der Klärung ihres Informationsbedarfs wird nicht zwingend ein Begriffssystem mit verschiedenen Typen semantischer Beziehungen benötigt. Stattdessen reicht auch ein einfaches Assoziationsnetz aus, das Begriffe semantisch assoziiert und die Stärke der Assoziation z. B. durch ein numerisches Gewicht zwischen 0 und 1 beschreibt, ohne die Art der Beziehung näher zu charakterisieren. Für die Generierung von Begriffswolken oder die automatische Erweiterung von Suchfragen werden mit Hilfe des Assoziationsnetzes Begriffe identifiziert, die mit den eingegebenen Suchbegriffen stark assoziiert sind (s. Abbildung 6).

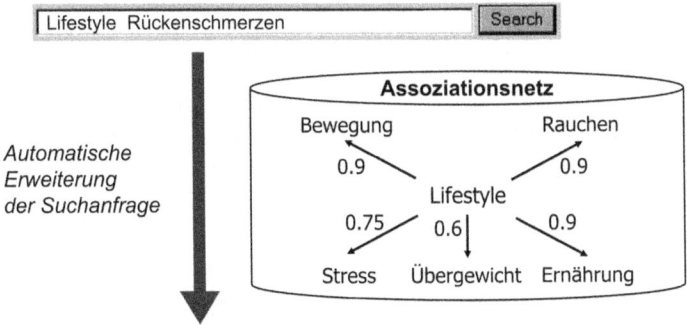

Abb. 6: Semantisches Retrieval mit Hilfe eines Assoziationsnetzes

Solche Assoziationsnetze lassen sich viel einfacher automatisch aus Textdokumenten lernen als Begriffshierarchien oder ganze Ontologien. Ansätze dafür haben eine lange Tradition (van Rijsbergen 1979) und reichen bis in die Gegenwart, wo neuere Technologien herangezogen werden (z. B. Kontostathis & Pottenger 2002; Reimer et al. 2011).

Die Zukunft dürfte einerseits eine kontinuierliche Verbesserung der Ansätze zum Lernen von Ontologien bringen, so dass sie den Menschen in dieser Aufgabe zumindest unterstützen können. Andererseits werden auch die Verfahren des automatischen Indexierens immer robuster. Von beidem wird das Gebiet der Wissensorganisation profitieren.

8 Literaturverzeichnis

Aitchison, J., Gilchrist, A. & Bawden, D. (2000). *Thesaurus Construction and Use. A Practical Manual* (4th ed.). Aslib IMI.

Baker, T., Bechhofer, S., Isaac, A., Miles, A., Schreiber, G. & Summers, E. (2013). Key choices in the design of Simple Knowledge Organization System (SKOS). *Journal of Web Semantics*, 20, 35–49. https://doi.org/10.1016/j.websem.2013.05.001.

Belém, F. M., Almeida, J. M. & Gonçalves, M. A. (2017). A Survey on Tag Recommendation Methods. *Journal of the Association for Information Science and Technology*, 68(4), 830–844. https://doi.org/10.1002/asi.23736.

Belkin, N. J. (1980). Anomalous States of Knowledge as a Basis for Information Retrieval. *Canadian Journal of Information Science*, 5, 133–143.

Cimiano, P. (2006). *Ontology Learning and Population from Text: Algorithms, Evaluation and Applications*. Springer.

Doms, A., & Schroeder, M. (2005). GoPubMed: Exploring PubMed with the Gene Ontology. *Nucleic Acids Research*, 33, W783–W786. https://doi.org/10.1093/nar/gki470.

Khusro, S., Jabeen, F. & Khan, A. (2021). Tag clouds: Past, Present and Future. *Proceedings of the National Academy of Sciences, India section A: Physical Sciences*, 91(2), 369–381.

Kontostathis, A. & Pottenger, W. M. (2002). Detecting Patterns in the LSI Term-Term Matrix. In *Proceedings ICDM'02 Workshop on Foundations of Data Mining and Discovery* (S. 243–248).

Limpens, F., Gandon, F. & Buffa, M. (2008). Bridging Ontologies and Folksonomies to Leverage Knowledge Sharing on the Social Web. A brief survey. In *Proceedings ASE Workshops at the 23rd IEEE/ACM International Conference on Automated Software Engineering* (S. 13–18). IEEE.

Lourdusamy, R. & Abraham, S. (2019). A Survey on Methods of Ontology Learning from text. In L. C. Jain, S.-L. Peng, B. Alhadidi & S. Pal (Eds.), *Intelligent Computing Paradigm and Cutting-edge Technologies: Proceedings of the First International Conference on Innovative Computing and Cutting-edge Technologies (ICICCT 2019), Istanbul, Turkey, October 30–31, 2019* (S. 113–123). Springer.

Maicher, L., Sigel, A. & Garshol, L. M. (2007). *Leveraging the Semantics of Topic Maps. Second International Conference on Topic Maps Research and Applications, TMRA 2006, Leipzig, Germany, October 11–12, 2006, Revised Selected Papers*. Springer.

Markines, B., Cattuto, C., Menczer, F., Benz, D., Hotho, A. & Stumme, G. (2009). Evaluating similarity measures for emergent semantics of social tagging. In *Proceedings of the 18th International Conference on World Wide Web* (S. 641–650). Association for Computing Machinery. https://doi.org/10.1145/1526709.1526796.

Mikroyannidis, A. (2007). Toward a Social Semantic Web. *Computer*, 40(11), 113–115.

Passant, A. (2007). Using Ontologies to Strengthen Folksonomies and Enrich Information Retrieval in Weblogs: Theoretical background and corporate use-case. In *Proceedings of the First International Conference on Weblogs and Social Media*. http://www.icwsm.org/papers/paper15.html.

Reimer, U., Maier, E., Streit, S., Diggelmann, T. & Hoffleisch, M. (2011). Learning a Lightweight Ontology for Semantic Retrieval in Patient-Centered Information Systems. *International Journal of Knowledge Management*, 7(3), 11–26.

Smolnik, S. (2006). *Wissensmanagement mit Topic Maps in kollaborativen Umgebungen: Identifikation, Explikation und Visualisierung von semantischen Netzwerken in organisationalen Gedächtnissen*. Shaker.

Tyagi, V. (2017). *Content-Based Image Retrieval: Ideas, Influences, and Current Trends*. Springer.

van Assem, M., Malaisé, V., Miles, A. & Schreiber, G. (2006). A Method to Convert Thesauri to SKOS. In Y. Sure & J. Domingue (Eds.), *Proceedings of third European Semantic Web Conference* (S. 95–109). Springer.

van Harmelen, F., Lifschitz, V. & Porter, B. (Eds.). (2008). *Handbook of Knowledge Representation*. Elsevier.

van Rijsbergen, C. J. (1979). *Information Retrieval* (2nd ed.). Butterworths.

Gerd Knorz

B 2 Intellektuelles Indexieren

Dieser Artikel aus der 5. Ausgabe der *Grundlagen* (2004) wurde von Rainer Kuhlen und Wolfgang Semar leicht überarbeitet und gekürzt.

1 Einleitung

Im Zeitalter der Suchmaschinen im Internet und Intranet scheinen dem inhaltsorientierten Zugriff auf Dokumente[1] kaum Schranken gesetzt zu sein. Über jedes inhaltstragende Wort können Texte und – bislang noch mit Einschränkungen – Objekte jeder medialen Art per Suchanfrage gefunden werden. Und dennoch: Selbst wenn wir uns genau an ein spezifisches Dokument erinnern, das wir neulich am Bildschirm überflogen oder gesehen haben, auch wenn wir genau wissen, dass die Suchmaschine das Dokument nachweisen sollte, erweist es sich oft als sehr schwierig und manchmal als praktisch unmöglich, es mit vertretbarem Aufwand wiederzufinden.

Eine gänzlich andere Ausgangssituation liegt vor, wenn beispielsweise papiergebundene Informationsbestände nicht als reale Objekte, sondern bibliographisch erschlossen als Surrogat zur Verfügung stehen. Wie soll man ein Buch *Feuer, Farben und Fontänen: Bilder aus der Welt der ruhelosen Berge* finden können, wenn man Material über Vulkane sucht?

Das Problem tritt beim Suchen auf, und ein Lösungsansatz liegt in der Entwicklung leistungsfähigerer Retrievalsysteme. Es liegt auf der Hand, dass geeignete Strategien bei der Erfassung des Objekts in ein maschinelles Retrievalsystem einen wirksamen Beitrag zur Verbesserung der Retrievalqualität leisten können. Es geht also um die Frage, wie Objekte so aufbereitet, inhaltlich erschlossen und in einem Retrievalsystem erfasst werden können, dass sie später zuverlässig gefunden werden können. Klassieren (s. Kapitel B 3 Klassifikation) und Indexieren sind solche Erschließungsstrategien, und insbesondere um Letzteres geht es in diesem Beitrag.

Wir wollen das Thema Indexieren an einem klassischen Beispiel einführen und diskutieren. Das Objekt, das indexiert werden soll, wird als dokumentarische Bezugseinheit (DBE) bezeichnet. Die Karteikarte bzw. der gespeicherte Datensatz mit den erfassten Daten, die stellvertretend für das Objekt in den Dokumentationsprozess eingehen, wird als Dokumentationseinheit (DE) bezeichnet. Die exemplarische DE, also das Surrogat des eigentlichen Objekts stammt aus dem Bereich der Informationswissenschaft (s. Abbildung 1). Mit diesem Beispiel wollen wir den Gegenstandsbereich dieses Kapitels aufzeigen.

Die Beschreibung des Dokuments in einer bibliographischen Datenbasis setzt sich aus verschiedenen Kategorien (Attributen) zusammen, von denen die meisten (formalen) Kategorien wie z. B. Titel, Abstract, Autor, Quelle, Publikationscodes, Sprache, Dokumentnummer, Dokumentart und Erscheinungsjahr im Folgenden nicht weiter interessieren (s. Kapitel B 6 Formale Erfassung). Stattdessen konzentrieren wir uns zunächst auf die Kategorien Deskriptoren und Fachgebiete.

---

[1] Im Folgenden sind mit „Dokumente" nicht nur Texte, sondern auch mediale Objekte jeder Art gemeint, der Fachbegriff hierfür lautet „dokumentarische Bezugseinheit".

Titel
Grundlagen der praktischen Information und Dokumentation. Handbuch zur Einführung in die Informationswissenschaft und -praxis. Basics of practical Information and documentation.

Deskriptoren
Informationswissenschaft; Informationsdienst; Dokumentation; Information Retrieval; information science; information service; documentation; information retrieval

Abstract
Seit vierzig Jahren vermittelt das Standardwerk Wissenschaftlern, Praktikern und Studierenden Grundlagen der professionellen, wissenschaftlich fundierten Informationsarbeit. Mit der 6., völlig neu gefassten Auflage reagieren die Herausgeber Rainer Kuhlen, Wolfgang Semar und Dietmar Strauch auf die erheblichen technischen, methodischen und organisatorischen Veränderungen auf dem Gebiet der Information und Dokumentation und tragen damit der raschen Entwicklung des Internets und der Informationswissenschaft Rechnung.

Autor
Kuhlen-R; Semar-W; Strauch-D

Quelle
2013 (696 Seiten, zahlr. Bilder, zahlr. Quellen)Zusatz Berlin, DE: de Gruyter Saur, (2013), 696 Seiten, zahlr. Bilder, zahlr. Quellen, Begründet von Klaus Laisiepen, Ernst Lutterbeck und Karl-Heinrich Meyer-Uhlenried, 6., völlig neu gefasste Ausg.

Publikationscodes
ISBN: 978-3-11-025822-6

Fachgebiete
3AAK Managementinformationssysteme, Wissensmanagement

Sprache
DE Deutsch

Dokumentnummer
201306I00852ST

Dokumentart
B Buch

Erscheinungsjahr
2013

Abb. 1: Dokumentationseinheit einer Informationswissenschaft-Datenbasis (Infodata)

Fachgebiete: Jedes Dokument wird in Klassen (s. Kapitel B 5 Klassifikation) eingeordnet, die durch eine formale Zeichenfolge, die Klassifikationsnotation bezeichnet werden (hier 3AAK). Das Feld Fachgebiete ist das Ergebnis des Klassierens, bei dem Elemente (hier: Dokumente) Klassen (hier: benannt durch Klassifikationsnotationen) zugeordnet werden.

Deskriptoren: Jedem Dokument werden nach den für die Datenbasis zuständigen Indexierungsregeln, hier Deskriptoren aus einem Thesaurus (s. Kapitel B 4 Thesauri) zugeordnet. Das Feld Deskriptoren ist das Ergebnis des Indexierens, bei dem Index Terms einer dokumentarischen Bezugseinheit nach einem vorgegebenem Indexierungsverfahren zugeordnet werden (Neveling & Wersig 1975, S. 307).

Drei Eigenschaften des hier gezeigten Deskriptoren-Feldes sind für das Weitere bemerkenswert:
– Die Index Terms, hier im vorliegenden Fall Deskriptoren, entstammen aus einem kontrollierten, verbindlichen Vokabular. Diese Deskriptoren können mit Wörtern im Text identisch sein, können aber entsprechend der Additionsmethode (s. Abschnitt 4.2) frei zugeteilt werden,

- Die zugeteilten Deskriptoren stehen offensichtlich völlig gleichrangig und ohne gegenseitige Bezüge nebeneinander (gleichordnende Indexierung – coordinate indexing).
- Die Deskriptoren können auch in einem zweistufigen Prozess zugeteilt werden: Ein Programm (s. Kapitel B 3 Automatisches Indexieren) analysiert Titel und Abstract und ermittelt auf der Grundlage eines umfangreichen Regel-Wörterbuchs die potenziell relevanten Deskriptoren. Eine Person (Indexer) kontrolliert die automatisch erzeugte Indexierung anhand des Originaldokumentes und modifiziert sie gegebenenfalls. Ziel dieses maschinell gestützten Vorgehens war die Verbesserung der Qualität sowohl rein automatischer als auch manueller Bearbeitung (Lück et al. 1992).

Die Zuteilung von den Inhalt eines Dokuments beschreibenden sprachlichen Einheiten kann auch gänzlich, also ohne korrigierenden menschlichen Einfluss maschinell vollautomatisch erfolgen (ausführlich dazu Kap. B 3 Automatisches Indexieren).

Die für diesen Artikel einschlägigen Normen sind die drei Teile von DIN 31623 (Deutsches Institut für Normierung [DIN] 1988a, 1988b, 1988c), auf die sich Terminologie und Darstellung im Folgenden ohne Zitierung im Einzelnen stützen. Die Lektüre dieser Norm wird den Leser*innen empfohlen, dazu Cleveland & Cleveland (2000), Franke-Maier et al. (2021), Fugmann (1992), Gaus (2003), Gödert et al. (2012), Ladewig (1997), Lepsky (n. d.), sowie auch Salton & McGill (1983/1987).

2 Indexieren als Problemlösung

Der schon seit etwa 40 Jahren vollzogene Übergang von bibliographischen Datenbanken zu Volltextdatenbanken und die umfassenden Angebote von Suchmaschinen haben den Stellenwert des intellektuellen Indexierens deutlich verändert. Die personalintensive Standard-Investition klassischer Informationsdienstleister wie Fachinformationssysteme steht unter Kosten-Nutzen-Gesichtspunkten in vielen Fällen auf dem Prüfstand.

Was heißt Indexieren genau und wann werden wir uns dafür entscheiden? Indexieren drückt den Inhalt einer dokumentarischen Bezugseinheit (DBE) mit den Mitteln einer Dokumentationssprache (Vokabular und Syntax) aus. Intellektuelles Indexieren ist demnach ein zentraler Teil der inhaltlichen Erschließung und erfordert ein analytisches Lesen des Dokumentes. Bei Fehlen ausreichender Fachkenntnisse sind nur oberflächliche und qualitativ minderwertige Ergebnisse zu erwarten. Gutes Indexieren erfordert Antworten auf folgende Fragen: Was sind die wesentlichen/wichtigen Themen des Dokumentes, wofür werden sich spätere Nutzer*innen interessieren, für welche Suchanfragen würden sie das Dokument als Treffer erwarten/wünschen. Indexierungsregeln können spezifische Fragenkataloge vorgeben. Beispielsweise: Was wird untersucht? Wer führt die Untersuchung durch? Welche Methoden werden angewandt? Welche Ergebnisse werden erreicht? Implizite Themen dürfen nicht übersehen werden, triviale randständige Themen sollten ausgeschlossen bleiben, um nicht bei der Recherche den Ballast zu produzieren, der typisch beim Freitextretrieval ist.

In einem zweiten Schritt müssen die selektierten Themen in die jeweilige Dokumentationssprache übersetzt werden. Dies kann bedeuten, die treffenden Begriffe einer Ontologie (s. Kapitel B 10 Ontologien und Linked Open Data), die passenden Deskriptoren aus einem Thesaurus, die zuständigen Notationen eines Klassifikationssystems auszuwählen oder ein einfaches oder zusammengesetztes Schlagwort zu formulieren. Anhand des verwendeten Ordnungssystems sollte dann überprüft werden, ob nicht vielleicht (noch) treffendere, spezifischere Index Terms zur Verfügung stehen, die stattdessen zu verwenden sind. Gegebenenfalls müssen anschließend die gefundenen lexikalischen zu komplexeren Einheiten weiterentwickelt werden.

Indexieren war und ist immer dann zumindest wünschenswert, wenn anderenfalls kaum ein inhaltsorientierter Zugriff auf Dokumente möglich ist, die später gefunden werden sollen. Dies gilt natürlich weiterhin für textuelle Objekte bibliographischer Datenbanken, auf die anderenfalls nur über formale Attribute und Titelstichwörter zugegriffen werden kann. Das gilt auch für alle weiteren Systeme mit multimedialen Objekten, die sich im Wesentlichen auf Metadaten abstützen.

Darüber hinaus bleibt intellektuelle Indexierung eine aufwendige, aber doch sinnvolle Option, wenn Recherchequalität einen ganz besonderen Stellenwert hat, wie etwa in der klinischen Dokumentation. Standard-Recherchemöglichkeiten genügen den Ansprüchen nicht, wenn:
- die Trefferquote zu gering ist, weil eine Reduktion auf das Wesentliche nicht möglich ist;
- die Vollständigkeit der Suchergebnisse mangelhaft ist, weil sich nicht vorhersehen lässt, wie die gesuchten Sachverhalte sprachlich ausgedrückt wurden oder weil das Thema aus den verwendeten Worten nicht in einfacher Weise hervorgeht.

Indexieren bietet sich auch dann an, wenn die Nutzerperspektive sehr speziell ist und das Retrievalsystem auf die zu erwartenden Anfragen zugeschnitten werden soll. In einem Intranet beispielsweise würde eine Auskunft über die Rückgabe von Bahnkarten in erster Linie unter dem Suchwort Dienstreise gesucht, auch wenn die originale Information diesen Kontext gar nicht hat.

Intellektuelles Indexieren lohnt sich für Retrievalzwecke nur dann, wenn nach der Additionsmethode gearbeitet wird (s. Abschnitt 4.2) oder aber eine syntaktische, besser strukturierte Indexierung benötigt wird (s. Abschnitt 4.3.2). Ohne ein Verständnis des Dokumentinhaltes, ohne ein Erkennen der für das Retrieval wesentlichen Sachverhalte und Themen kann auf (aufwendiges) intellektuelles Arbeiten zugunsten alternativer maschineller Verfahren in jedem Falle verzichtet werden. Die Tätigkeit des Indexierens mit dem (abschließenden) Aussuchen bzw. Formulieren passender Deskriptoren gleichzusetzen, wäre unzulässig verkürzt gesehen.

3 Indexieren ist von Anforderungen und Randbedingungen abhängig

Entscheidend für die Auslegung eines Indexierungsverfahrens, auch hinsichtlich der Entscheidung zwischen intellektueller und automatischer Indexierung, sind die Anforderungen, die an das aufzubauende Informationssystem gestellt werden:
- Welchen Stellenwert hat die Aktualität der nachgewiesenen Dokumente?
- Gibt es a priori Präferenzen hinsichtlich Toleranz gegenüber *Ballast* oder gegenüber unvollständigen Suchergebnissen?
- Gibt es spezielle Problemklassen für die Formulierung von Suchfragen? Beispielsweise schulenabhängige Begriffssysteme (wie etwa in der Politik-, aber auch in der Informationswissenschaft), sehr präzise definierte Sachverhalte, die auch entsprechend präzise selektiert werden sollen (wie in der Kernphysik oder der Chemie),

oder aber unscharf definierte Zielangaben (wie etwa bei der Recherche nach Namen, die nur lautsprachig bekannt sind).
- In welcher Weise geht das Retrievalsystem mit dem Ergebnis der Indexierung um? Welche Retrievaloperationen lässt es zu?

Wichtige Gesichtspunkte bei der Auswahl eines Indexierungsverfahrens liefern Eigenschaften der zugrundeliegenden (bzw. der zu erwartenden) Dokumentenmenge:
- Die Größe und vor allem die inhaltliche und formale Heterogenität der Sammlung: Sie bestimmt wesentlich die Trennschärfe, mit der bei der Indexierung gearbeitet werden muss. Mehrsprachigkeit und multimediale Dokumente erschweren die Suche und können Erschließungsaufwand notwendig machen.
- Der Stellenwert, den Probleme sprachlicher Benennungen in dem vorgegebenen Textmaterial haben: Homonymie, Polysemie, Wortformen-Varianten (z. T. sprachabhängig), Formulierungsvarianten, Abkürzungen (speziell: Ad-hoc-Abkürzungen!), implizite Darstellungen, verschleiernde Darstellungen (wie z. T. etwa im Patentbereich), besonders standpunktabhängige Beschreibungen (z. B. in den Sozialwissenschaften).
- Die Selbstständigkeit des einzelnen Dokuments: Bürodokumente oder WWW-Dokumente nehmen vielfach Bezug auf andere Dokumente.

Weiterhin ist nach den verfügbaren Ressourcen zu fragen:
- Sind qualifizierte Indexierer*innen vorhanden? Inwieweit ist eine intellektuelle Indexierung vom Zeitaufwand und der organisatorischen Einbettung her überhaupt möglich?
- Welche Werkzeuge (Ontologien, Thesauri, Klassifikationssysteme, Wortlisten) sind vorhanden?
- Inwieweit ist maschinelle Unterstützung (für Wörterbuchzugriff, Eingabe, Ergebniskontrolle, Vorbereitung der Indexierung) verfügbar?
- Welche Möglichkeiten automatischer Indexierung sind verfügbar? Welcher Aufwand für Einführung und Betrieb fällt an, welche Kosten und Qualität sind zu erwarten?

Die neben allen fachlichen Aspekten entscheidende Frage nach dem insgesamt akzeptierten Aufwand für Inhaltserschließung schließt den Kreis: Inhaltserschließung ist Mittel zum Zweck und wenn der resultierenden Informationsdienstleistung geringe Bedeutung zugemessen wird, kann beim Aufwand für den Input nur entsprechend knapp kalkuliert werden.

4 Entwurfsentscheidungen bei der Auslegung eines Indexierungsverfahrens

Welches sind nun die methodischen Freiheitsgrade, mit denen auf unterschiedliche Zweckbestimmungen und Ausgangsvoraussetzungen reagiert werden kann?

4.1 Prä- und Postkoordination

Die Benutzer*innen heutiger Suchsysteme versuchen, ihre Suchfrage als Kombination von einzelnen Index Terms auszudrücken. Damit setzen sie das komplexe Suchthema zum Retrievalzeitpunkt aus einfacheren Suchbegriffen zusammen: Postkoordination. Die Alternative ist, die einzelnen Index Terms bereits zum Indexierungszeitpunkt zu komplexen Themenbeschreibungen zusammenzusetzen: Präkoordination. Sind solche Themenbeschreibungen bereits im Vokabular verankert (als Komposita oder Nominalgruppen), so spricht man von Präkombination.

Ein Beispiel präkombinierter Systeme ist die Analytische Klassifikation, die in allen Fällen, in denen nachvollziehbare Einteilungsgesichtspunkte in einer natürlichen Reihenfolge gefunden werden können, durch ihre einfache und effiziente Struktur besticht. Beispiele für präkoordinierte Systeme sind Facettenklassifikationen oder auch komplexe Nominalgruppen zur Darstellung der in Dokumenten behandelten Themen. Der Weg von einer Suchfrage zu einer zugeteilten Nominalgruppe kann aber wegen der größeren Flexibilität und des größeren Variantenreichtums natürlicher Sprache nicht ganz so einfach sein wie der zu einer zugeteilten Klassifikationsnotation.

Das Prinzip der Postkoordination wurde in den frühen 1950er Jahren als Reaktion auf die damals gebräuchlichen Klassifikationssysteme und deren grundsätzliche Beschränkungen von Mortimer Taube eingeführt. Er entwickelte für Forschungsberichte der US ASTIA ein System von elementaren Basisbegriffen (Uniterms), von denen einem Dokument etwa 10 bis 20 zugeordnet wurden. Für Speicherung und spätere Postkoordination war ein spezielles Karteikartensystem notwendig. Dass der Rechner das geeignete Instrument für die Anwendung und Weiterentwicklung dieses Ansatzes war, liegt auf der Hand. Die Nachteile des puristischen Uniterm-Verfahrens sind ebenfalls leicht einzusehen: Eine auf elementaren Basiskonzepten beruhende Indexierung ohne zusätzliche syntaktische Ausdrucksmittel muss notwendigerweise bei steigender Dokumentenanzahl eine unzumutbare Zahl von Fehl-Koordinationen provozieren:

Maschine, Mensch, Indexierung, Anwendung, Test

lässt völlig offen, ob es um „die Anwendung intellektueller Indexierung und den Test automatischer Indexierung" oder um „Test und Anwendung einer maschinell gestützten Indexierung" geht. Weitere Interpretationen des Beispiels sind möglich.

4.2 Indexierungsverfahren

Bei der Extraktionsmethode werden die Index Terms direkt dem Text entnommen. Viele automatische Indexierungsverfahren arbeiten so. Intellektuelle Stichwortextraktion macht gegenwärtig nur noch in speziellen Anwendungskontexten Sinn. Sie kann leicht während der Texterfassung als zusätzliche Markierung von Textwörtern etwa zur Aufnahme in ein Register mit erledigt werden und enthält, im Gegensatz zu gängigen maschinellen Alternativen, eine tatsächliche dokumentbezogene Relevanzentscheidung. Ein für den Dokumentinhalt nebensächliches oder gar irreführendes Wort wird ein Mensch in keinem Fall indexieren: Beispiel *„Sackgasse"* in *„Autobahnen – eine Sackgasse der Verkehrspolitik?"*

Bei der Additionsmethode können die Index Terms direkt aus dem Text stammen, müssen es aber nicht. Die Schlagwörter, Deskriptoren, Klassifikationsnotationen werden also frei zugeteilt. Wenn von intellektueller Indexierung die Rede ist, wird normalerweise die Additionsmethode vorausgesetzt.

Lässt man dasselbe Dokument testweise unabhängig parallel indexieren, so ist Konsistenz zwischen konkurrierenden Extraktionsverfahren offensichtlich leichter sicherzustellen als zwischen Additionsverfahren. Dies wird (oft auch im Zusammenhang mit maschineller Indexierung) missverständlicherweise als Qualitätsargument vorgebracht. Zwar ist es richtig, dass schlechte Konsistenz (Aspekt: Vorhersehbarkeit) sich negativ beim Retrieval auswirken muss. Gute Konsistenz wirkt sich aber nur dann positiv auf das Retrieval aus, wenn damit gemeint ist, dass ähnliche Sachverhalte in verschiedenen Dokumenten konsistent indexiert sind. Ob die systembedingte gute Konsistenz bei Extraktionsverfahren dieses Ziel erreicht oder aber wegen der Fixierung auf den Sprachgebrauch des Autors/der Autorin eher verfehlt, kann nicht allgemein entschieden werden. Als die einfachere Methode hat das Extrahieren in jedem Fall den Vorteil der schnellen und nachvollziehbaren Bearbeitung für aktuelle Informationsdienste.

4.3 Art der Indexierungssprache

4.3.1 Indexierungsvokabular

Beim Vokabular einer Indexierungssprache ist ein kontrolliertes, verbindliches von einem offenen, freien Vokabular zu unterscheiden.

Ein kontrolliertes Vokabular, wie es etwa die Notationen eines Klassifikationssystems, die Begriffe einer Ontologie oder die Deskriptoren eines Thesaurus darstellen, vermeidet viele Probleme offener Systeme, die sich etwa der in den Dokumenten vorkommenden Fachbegriffe bedienen: Die Form der Benennung und die systembezogene Bedeutung kann grundsätzlich soweit erforderlich festgelegt werden. Andererseits muss jedes Mehr an Kontrolle (beispielsweise in Form einer Relationierung von Deskriptoren) mit recht hohem Aufwand für Erstellung und Pflege bezahlt werden. Die Analyse von Indexierungsfehlern zeigt, dass bei Verwendung umfangreicher Thesauri auch erfahrene und spezialisierte Indexierer*innen in keinem Falle ohne Nachschlagen auskommen. Die Nachteile aus fachlicher Sicht zeigen sich, wenn zur Indexierung eines Sachverhalts keine adäquaten Deskriptoren zur Verfügung stehen: Dies geschieht schon deshalb zwangsläufig, weil die fachliche Entwicklung eines Gebietes auch dem aktuellen (verbindlichen) Vokabular (mindestens) einen Schritt voraus ist. Es empfiehlt sich daher, neben verbindlichem Vokabular auch freies Vokabular ergänzend zuzulassen.

Bei einem freien Vokabular gilt es, je nach Erschließungstiefe zu entscheiden, ob mit weiten Schlagwörtern (z. B. Inhaltserschließung, Bibliothek, Gesetz) oder engen Schlagwörtern (automatische Indexierung, öffentliche Bibliothek, Studienguthabengesetz) gearbeitet werden soll. Bei unterteilten Schlagwörtern (mit Haupt- und Nebenschlagwort) kombiniert man Robustheit bei gleichzeitig größerer Detaillierung (Indexierung, automatische; Bibliothek, öffentliche). Detaillierte Richtlinien für die Begriffs- und Benennungsanalyse bei der Formulierung freier Deskriptoren sind in DIN 31623 (DIN 1988a, 1988b, 1988c) zu finden.

4.3.2 Indexierungssprachen-Syntax

Die *Syntax* (zur Darstellung syntagmatischer Beziehungen) ist bei den meisten Indexierungssprachen sehr schwach ausgeprägt. Der Einsatz syntaktischer Sprachmittel dient primär der präziseren Darstellung von Themen und damit (beim Retrieval) der Reduzierung von Ballast. Er erfordert ein tieferes Verständnis des Dokumentinhalts und eine besondere Sorgfalt, wenn ein in sich konsistentes Indexierungsergebnis erreicht werden soll, das den erhöhten Aufwand rechtfertigt.

- Bei der gleichordnenden Indexierung (coordinate indexing) fehlt jede Art von (syntagmatischen) Beziehungen zwischen Deskriptoren: Die Indexierung besteht aus einer Menge (im mathematischen Sinn) von gleichberechtigten Index Terms.
- Wenn durch eine Indexierung die Relationen zwischen den Index Terms nicht eindeutig sind, sollten syntaktische Mittel eingesetzt werden. Aus diesem Grund hat sich die unglückliche Bezeichnung syntaktische Indexierung etabliert, die nicht den Charakter des Gemeinten ausdrückt, sondern ein damit verbundenes Oberflächenphänomen. Als treffendere Bezeichnung könnte strukturierte Indexierung gewählt werden.
- Als strukturierte Indexierung der einfachsten Form kann bereits ein Text verstanden werden, der im „Freitext" unter Verwendung von Kontextoperatoren recherchierbar ist: Jedes bedeutungstragende Wort ist ein suchbares Stichwort, und so besteht die Indexierung aus einer *Folge* (Sequenz) von Index Terms. Die Nachbarschaftsbeziehungen der einzelnen Wörter bleiben erhalten und können bei der Suche berücksichtigt werden.

Eine andere Interpretation einer Reihung liegt vor, wenn Index Terms nach Wichtigkeit geordnet sind. Vor allem automatische Indexierungsverfahren ordnen Deskriptoren oft Gewichte zu, die eine weitere Differenzierung darstellen (s. Kapitel B 3 Automatische Indexierung).

Indexierung, Linguistisches Verfahren, Evaluierung
oder:
Indexierung (1.00), Linguistisches Verfahren (0.8), Evaluierung (0.4)

Genauso wie man in der natürlichen Sprache über die Neubildung zusammengesetzter Wörter (Präkombination) hinaus komplexe Begriffe als Nominalphrasen oder Teilsätze konstruieren kann, so können mehrere Index Terms durch syntaktische Mittel zu einer neuen Einheit zusammengesetzt werden, um den gemeinten Begriff präziser zu benennen:

Filter, Reinigung, Wasser als gleichordnende Indexierung lässt offen, ob es um „Filter zur Reinigung von Wasser" oder aber um „Wasser zur Reinigung von Filtern" geht. Mit einer Klammerstruktur, die die Abhängigkeitsstruktur nachzeichnet, lässt sich das Gemeinte klarlegen:

Filter ← (Reinigung ← Wasser) oder aber
Wasser ← (Reinigung ← Filter)

Diese Art der Darstellung gibt an, welcher Begriff durch welchen anderen Begriff spezifiziert wird. Sie geht bereits über solche einfachen Varianten hinaus, mit denen mittels so genannter Links (Verbindungsdeskriptoren, Kopplungsindikatoren) markiert wird, welche Index Terms inhaltlich zusammengehören, wenn in einer Dokumentationseinheit verschiedene, getrennte Sachverhalte behandelt werden:

Forschung (1), Evaluierung (1), automatisches Verfahren (1), Indexierung (1,2), Dokumentationseinrichtung (1,2), Wirtschaftlichkeit (2), intellektuelles Verfahren (2)

für

[Forschung, Evaluierung, automatisches Verfahren, Indexierung, Dokumentationseinrichtung] + [Indexierung, Dokumentationseinrichtung, Wirtschaftlichkeit, intellektuelles Verfahren]

In der Regel überschneiden sich die einzelnen Deskriptor-Teilmengen. Das (technische) Zusammenfassen und Abgrenzen verschiedener Teilmengen von Indexierungsergebnissen kann auf unterschiedliche Weise erfolgen: Durch separate Indexierungsfelder, durch andere Gliederungseinheiten des Retrievalsystems oder aber durch Nummern (Verbindungsdeskriptoren) wie im Beispiel (DIN 1988a, 1988b, 1988c).

Für die Präzisierung von Fällen wie „Reinigung durch Filter" vs. „Reinigung von Filtern" reichen Abhängigkeitsstrukturen nicht aus. Die natürliche Sprache, die sich hier der Präpositionen bedient, stellt das Problem der nahezu unerschöpflichen Formulierungsvarianten mit der Schwierigkeit, die Übereinstimmung bzw. semantische Nähe verschiedener Formulierungen formal bestimmen zu lassen (Filterreinigung, durch Filter gereinigtes Wasser, eine mittels Filter bewerkstelligte Reinigung, das zunächst grob gereinigte Filter, zur Reinigung der Anlage mit ihren Filtern wird etc.).

Das Problem lässt sich grundsätzlich durch entsprechend präkombinierter Deskriptoren lösen:

„Berillium (Target)"
Berillium als Target in einer Reaktion

„Berillium (Resultat)"
Berillium als Reaktionsergebnis

„Bestrahlung (Therapie)"
Bestrahlung als Therapie

„Bestrahlung"
Bestrahlung, möglicherweise als Krankheitsursache

In einem so stark präkombinierenden System wird allerdings die Auswahl der richtigen Index Terms (und damit sowohl Indexierung als auch Retrieval) immer schwieriger. Es gibt Bereiche, in denen es ausgeprägt auf differenzierte Darstellung ankommt, beispielsweise in der Chemie, für die eine Formelsprache (mit graphischer Repräsentation) nicht erst erfunden zu werden braucht, oder in der klinischen Dokumentation. In solchen Fällen empfiehlt sich als Alternative zur lexikalischen Präkombination die syntaktisch realisierte Präkoordination mittels Funktionsdeskriptoren (Rollenindikatoren, *roles*), die mit den anderen inhaltlichen Deskriptoren zu kombinieren sind: Beispielsweise *Target, Resultat, Therapie* (s. o.) oder *Ursache, Wirkung, Nebenwirkung*.

Der Einsatz strukturierender Indexierungssprachen führt zunehmend in Richtung einer Modellierung von Sachverhalten, die von der Idee gleichartig, allerdings im Erscheinungsbild ungewohnt im Kontext einer differenzierten Nutzung von Ontologien oder Wissensnetzen auftritt. Ein Dokument (oder ein anderes Objekt), das in ein Begriffsnetz eingebettet wird, kann durch unterschiedliche Relationstypen begrifflich eingebunden werden. Es ist offensichtlich, dass sich mittels Funktionsdeskriptoren und differenzierten Relationstypen dasselbe ausdrücken lässt.

4.3.3 Indexierungsregeln

Die Indexierungsregeln sind Bestandteil der Indexierungssprache. Sie sind ein wichtiges Instrument, die Indexierung für das Retrieval effektiv zu machen. Zu den allgemeinen Indexierungsregeln gehört, dass von mehreren konkurrierenden Index Terms stets der am stärksten spezifische auszuwählen ist und dass Deskriptoren nur für solche Themen zugeteilt werden, die im Dokument tatsächlich behandelt (nicht nur berührt oder nur erwähnt) werden.

Spezielle Indexierungsregeln müssen sich am systemspezifischen Bedarf ausrichten und legen fest, in welcher Weise Klassen von Sachverhalten durch Index Terms auszudrücken sind.

> Beispiel 1:
> Deskriptoren in der Rolle als Werkzeug sollen nicht indexiert werden.

> Beispiel 2:
> Namen von Firmen, zu deren Geschäftspolitik etwas gesagt wird, stets indexieren.

Für bestimmte Klassen von Dokumenten können Indexierungsregeln genau vorschreiben, welche Aspekte wie zu indexieren sind. Dies hilft insbesondere dahingehend, implizite oder versteckte, aber für Nutzer*innen wichtige Hinweise nicht zu übersehen.

Darüber hinaus werden die Behandlung spezieller Phänomene (Zahlenangaben, Formeln, Namen) geregelt, der Gebrauch von Werkzeugen, die Verwendung und Bildung freier Deskriptoren, Annahmen über den Informationsbedarf der Benutzer*innenn und organisatorische Maßnahmen zur Qualitätssicherung. Ziel ist es, die Konsistenz der Indexierung und damit die Vorhersehbarkeit und den Gebrauchswert bei der Benutzung zu erhöhen.

5 Qualität von Indexierung

Wenn Indexierungsergebnisse verbindlich bewertet werden sollen, kann es keinen anderen Maßstab geben als die damit zu erwartende Retrievalqualität. Wenn Indexierung den Inhalt eines Dokumentes oder anderer Objekte für das Retrieval erschließen soll, dann wird Vorhersehbarkeit und die Genauigkeit der Wiedergabe (mit den Mitteln der Dokumentationssprache) angestrebt.

Das Bewertungskriterium der Wiedergabegenauigkeit bzw. Indexierungstiefe ist allerdings nur schwer zu operationalisieren. Man betrachtet deshalb Indexierungstiefe als Kombination zweier unabhängiger Kriterien, die sich leichter fassen lassen: Indexierungsbreite und Indexierungsspezifität.

Indexierungsbreite ist das Ausmaß der Abdeckung des fachlichen Inhalts des Dokumentes. Üblicherweise wird als Indikator für die Indexierungsbreite die durchschnittliche Anzahl der vergebenen Index Termini pro Dokument verwendet. Eine Steigerung der Indexierungsbreite lässt einen Zuwachs an Recall beim Retrieval erwarten.

Eine hohe Indexierungstiefe liegt dann vor, wenn die vergebenen Index Termini die Themen des Dokumentes sehr spezifisch treffen. Als Indikator für Indexierungstiefe lassen sich die Dokumenthäufigkeit der Termini heranziehen (Anzahl der Dokumente in der Datenbasis mit diesem Index Term), die Anzahl der Lexeme einer komplexen Begriffsbenennung oder (sofern eine Ontologie oder ein Thesaurus vorliegt) das generische Niveau der indexierten Deskriptoren. Eine Steigerung der Indexierungstiefe lässt einen Zuwachs an Precision beim Retrieval erwarten.

Fazit: Angesichts der immer größer werdenden Textmengen im Internet, deren einzelne Informationsobjekte über Suchverfahren identifiziert und genutzt werden sollen, ist es unrealistisch, dafür Verfahren der intellektuellen Indexierung einzusetzen. Die durch Computerlinguistik und Künstlichen Intelligenz (Maschinelles Lernen) immer leistungsstärker gewordenen Verfahren auch der Inhaltsanalyse ersetzen hier die klassischen dokumentarischen Auswertungsverfahren. Aber in Spezialfällen mit hohen Genauigkeitsansprüchen und bei kleineren Textcorpora können Verfahren der intellektuellen inhaltlichen Erschließung weiter zum Einsatz kommen.

6 Literaturverzeichnis

Cleveland, D. B. & Cleveland, A. D. (2000). *Introduction to Indexing and Abstracting* (3rd edition). Greenwood.
Deutsches Institut für Normung (1988a). *Indexierung zur inhaltlichen Erschließung von Dokumenten: Begriffe, Grundlagen* (DIN 31623-1:1988-09). Beuth.
Deutsches Institut für Normung (1988b). *Indexierung zur inhaltlichen Erschließung von Dokumenten: Gleichordnende Indexierung mit Deskriptoren* (DIN 31623-2:1988-09). Beuth.
Deutsches Institut für Normung (1988c). *Indexierung zur inhaltlichen Erschließung von Dokumenten: Syntaktische Indexierung mit Deskriptoren* (DIN 31623-3:1988-09). Beuth.
Franke-Maier, M., Kasprzik, A., Ledl, A. & Schürmann, H. (Hrsg.). (2021). *Qualität in der Inhaltserschließung*. De Gruyter Saur. https://doi.org/10.1515/9783110691597.
Fugmann, R. (1992). *Theoretische Grundlagen der Indexierungspraxis*. Indeks.
Gaus, W. (2003). *Dokumentations- und Ordnungslehre. Theorie und Praxis des Information Retrieval* (4., überarbeitete und erweiterte Auflage). Springer.
Gödert, W., Lepsky, K. & Nagelschmidt, M. (2012). *Informationserschließung und Automatisches Indexieren: Ein Lehr- und Arbeitsbuch*. Springer. https://doi.org/10.1007/978-3-642-23513-9.
Lück, W., Rittberger, W. & Schwantner, M. (1992). Der Einsatz des Automatischen Indexierungs- und Retrieval-Systems (AIR) im Fachinformationszentrum Karlsruhe. In R. Kuhlen (Hrsg.), *Experimentelles und praktisches Information Retrieval* (S. 141–170). Universitätsverlag Konstanz.
Ladewig, C. (1997). *Grundlagen der inhaltlichen Erschließung*. Institut für Information und Dokumentation.
Lepsky, K. (n. d.) *Inhaltserschließung* [PowerPoint Folien]. Technische Hochschule Köln. https://ixtrieve.fh-koeln.de/lehre/s-020-inhaltserschliessung-02.pdf.
Neveling, U. & Wersig, G. (Hrsg.). (1975). *Terminologie der Information und Dokumentation* (DGD-Schriftenreihe, Band 4). Verlag Dokumentation.
Salton, G. & McGill, M. J. (1987). *Information Retrieval – Grundlegendes für Informationswissenschaftler* (W. von Keitz, Übers.). McGraw-Hill Company. (Originales Werk publiziert 1983).

Klaus Lepsky
B 3 Automatisches Indexieren

1 Begriffsklärung

Unter *Indexierung* versteht man die Zuordnung von inhaltskennzeichnenden Ausdrücken (Indextermen, Indexaten, Erschließungsmerkmalen) zu Dokumenten. Über die zugeteilten Indexterme soll ein gezieltes Auffinden der Dokumente ermöglicht werden. Indexterme können inhaltsbeschreibende Merkmale wie Notationen, Deskriptoren, kontrollierte oder freie Schlagwörter sein; es kann sich auch um reine Stichwörter handeln, die aus dem Text des Dokuments gewonnen werden. Eine Indexierung kann intellektuell, computerunterstützt oder automatisch erfolgen (Nohr 2005).

Die *intellektuelle Indexierung* (s. Kapitel B 2 Intellektuelle Indexierung) ist eine Teilaufgabe bei der inhaltlichen Erschließung von Dokumenten. *Inhaltserschließung* umfasst die Methoden und Verfahren, durch die Dokumentinhalte analysiert, beschrieben und für ein Information Retrieval bereitgestellt werden. Dazu wird zunächst eine Inhaltsanalyse für das Dokument vorgenommen, um auf der Basis des ermittelten Inhalts geeignete Indexterme festlegen bzw. auswählen zu können. Die Indexterme repräsentieren den begrifflichen Inhalt. Nur durch eine intellektuelle Indexierung ist es möglich, Dokumente gleichen Inhalts konsistent mit gleichen Indextermen zu versehen (innerhalb der Grenzen menschlicher Indexierungsfehler). Bei einer Suche ist es dadurch möglich, mit einem Indexterm tatsächlich alle Dokumente gleichen Inhalts zu finden. Der Preis für diese hohe Indexierungsqualität ist der Einsatz menschlicher Arbeitskraft – ein Preis, der heute oftmals als zu hoch angesehen wird.

Computerunterstützte Indexierungsverfahren kombinieren die intellektuelle Indexierung mit automatischen Vorarbeiten. In der Regel wird ein automatisch erstelltes Indexierungsergebnis einer intellektuellen Nachkontrolle unterzogen, um Fehler und Inkonsistenzen zu tilgen. Computerunterstützte Verfahren stellen einen Kompromiss dar zwischen den aufwändigen intellektuellen Verfahren und den automatischen Verfahren. Sie kommen zum Einsatz, wenn eine hohe Indexierungsqualität gewünscht und benötigt wird, diese aber durch eine rein automatische Indexierung nicht erzielt werden kann.

Bei der *automatischen Indexierung* werden die Indexterme automatisch aus dem Dokumenttext ermittelt und dem Dokument zugeordnet. Eine kognitive Inhaltsanalyse findet nicht statt. Datengrundlage für die Arbeitsweise der automatischen Indexierung sind alle Wörter im Dokument. Werden diese ohne weitere Behandlung und ohne jede Auswahl zu Indextermen, handelt es sich um eine sog. Volltextindexierung oder Vollinvertierung. In diesem Beitrag werden unter automatischer Indexierung solche Systeme verstanden, die auf den Zeichenketten des Dokuments aufsetzen, diese aber weiterverarbeiten. Die dem Dokument so zugeteilten Indexterme können von den ursprünglichen Zeichenketten abweichen, sie können eine Teilmenge der Zeichenketten im Dokument sein, sie können aber auch aus anderen Quellen als dem Dokumenttext stammen.

Automatische Indexierung bedient sich für die Verarbeitung der Zeichenketten im Dokument linguistischer und statistischer Verfahren.

2 Informationslinguistische Verfahren

Die *Informationslinguistik* setzt Verfahren zur Verarbeitung natürlicher Sprache ein, um die Qualität von Indextermen zu verbessern (s. Kapitel B 12 Automatische Sprachverarbeitung). Primär zu lösendes Problem ist dabei die Zusammenführung sprachlich verschiedener Formen eines Wortes. Für Indexierung und Retrieval ist diese Vereinheitlichung von Bedeutung, weil ein Retrievalprozess nur dann erfolgreich sein kann, wenn die Wörter der Suchanfrage mit dem Indexierungsvokabular übereinstimmen. Natürliche Sprache ist jedoch vielfältig und in ihrer Gestalt reich an Varianten, weshalb das Erreichen dieser Übereinstimmung keine triviale Aufgabe ist.

Die sprachlichen Phänomene auf der Ebene des Wortes werden durch die Morphologie (vereinfacht: Formenlehre der Wörter) als Teilbereich der Linguistik beschrieben. Für den Zusammenhang des Information Retrievals sind folgende Aspekte der Morphologie besonders interessant:

Bei der *Flexion* verändert sich die Form des Wortes in Abhängigkeit von seiner grammatikalischen Stellung im Satz. Ausgangspunkt für die durch Flexion verursachten Veränderungen ist die Grundform des Wortes, bei der für Retrievalzwecke wichtigsten Wortart, den Substantiven, der Nominativ Singular. In den meisten Fällen erfahren Substantive nur Veränderungen am Ende durch das Hinzufügen von Suffixen, es gibt allerdings auch unregelmäßige Formen, bei denen sich zusätzlich das Wortinnere ändert:

Grundform: Sprache
Flexion: Er spricht verschiedene Sprachen.

Grundform: Haus
Flexionen: Er ist ein Bewohner des Hauses. Den Häusern fehlt ein Anstrich.

Grundform: house
Flexion: Houses can be expensive.

Bei der *Derivation* entstehen Wörter durch Ableitung. Es handelt sich um einen Wortbildungsprozess, der auf dem Wortstamm aufsetzt:

Wortstamm: sprach
Substantiv: Sprache
Adjektiv: sprachlich

Wortstamm: retriev
Substantiv: retrieval
Verb: to retrieve

Im Deutschen besonders wichtig ist die *Komposition*, ebenfalls eine Form der Wortbildung. Dabei entstehen Wörter durch das Zusammenfügen mehrerer Wörter zu Komposita:

Ausgangswörter: Haus, Tür
Kompositum: Haustür

Ausgangswörter: fremd, Sprache
Kompositum: Fremdsprache
Flexion: Fremdsprachen

Ziel einer linguistisch basierten automatischen Indexierung ist es, die grammatikalischen Varianten auf eine einzige Form abzubilden, die als Indexterm die geeignete ist, z. B. Substantive auf die Singularform. Dazu werden Systeme eingesetzt, die über ein morphologisches Wissen verfügen, das es erlaubt, die Grammatik eines Wortes zu erkennen und die erwünschte Manipulation durchzuführen (z. B. eine Reduzierung auf die Grundform). Die Komplexität solcher Systeme ist von der Beschaffenheit der Grammatik einer Sprache abhängig. Eine stark regelhafte Sprache wie das Englische erlaubt den Einsatz deutlich einfacherer Verfahrensweisen als das Deutsche.

2.1 Stemming

Für das Englische mit seiner starken Regelhaftigkeit bei der Angleichung der Wörter eines Satzes an die Grammatik haben sich *Stemming*-Verfahren etabliert. Sie erzeugen aus Termen in Dokumenten regelbasiert, d. h. algorithmisch, Wortstämme oder Grundformen.

Stemming-Verfahren (*stem* – der Wortstamm) sind von einer einfachen Grundannahme geleitet: Falls die Veränderung eines Wortes, z. B. das Anhängen eines Suffixes, regelmäßig zu einer grammatikalischen Form führt und umgekehrt das Vorliegen dieser Veränderung bei einem Wort genau dieser grammatikalischen Form entspricht, dann ist es möglich, anhand des Suffixes auf die Grundform des Wortes zu schließen. So erfolgt die Pluralbildung von Substantiven im Englischen, die auf „y" enden, regelmäßig durch Tilgung des „y" und Anhängen von „ies":

family → families

Im Umkehrschluss ist das Vorliegen der Endung „ies" regelmäßig ein Hinweis auf die Pluralvariante eines Substantivs, dessen Grundform auf „y" endet. Für ein Stemming-Verfahren resultiert daraus die Regel, dass Wörter, die auf „ies" enden, durch Tilgung dieser Endung und Anhängen von „y" auf ihre Grundform gebracht werden können:

families
Tilgung „ies" → „famil"
Anhängen „y" → family

Gleichzeitig gibt es im Englischen nur eine überschaubare Zahl von Wörtern, die zwar auf „ies" enden, aber keine „y"-Substantive sind:

pie → pies
species

Die korrekte Behandlung der Ausnahmen lässt sich beispielsweise über eine Ausnahmeliste erreichen, die für jedes zu untersuchende Wort als erstes herangezogen wird: Steht das Wort in der Ausnahmeliste, ist dort auch die Grundform erfasst, steht es nicht in der Liste, gilt die *Stemming*-Regel.

Ein häufig eingesetzter *Stemming*-Algorithmus ist der sog. *Porter-Stemmer*, „an algorithm for suffix stripping" (Porter 1980), mit dem sich flektierte Wortformen durch das Abtrennen ihrer Endungen bis auf ihre Stammform reduzieren lassen. *Porter* betont, dass sich durch seinen Stemmer nicht immer linguistisch korrekte Stammformen erzeugen lassen, sondern dass hinter dem Verfahren allein ein pragmatischer Ansatz zur Steigerung der Retrievalleistung steht.

Kuhlen hat für das Englische einen einfachen Algorithmus für das Erzeugen von Grundformen entwickelt (Kuhlen 1977). Grundformen sind anders als Wortstämme vollständige Wörter, die als Indexterme sinnvoll gesucht werden können. Wortstämme im Index hingegen verhindern Wortklassen-spezifische Suchen nach substantivischen oder adjektivischen Formen. Sie erfordern zudem ein *Stemming* der Sucheingabe (in der Regel vollständige Wörter), um das *Matching*-Problem zwischen Suchbegriffen und Indextermen zu beheben.

Stemming-Verfahren wie von *Porter* oder *Kuhlen* werden immer auch fehlerhafte Resultate erzeugen, weil es z. B. Zeichenketten geben wird, die regelhaft bearbeitet werden, tatsächlich aber Ausnahmen darstellen. Grundsätzlich unterscheidet man zwei typische mögliche Fehler beim *Stemming*: das *Overstemming* und das *Understemming*.

Beim *Overstemming* werden verschiedene Wortformen falsch zusammengeführt, weil ein zu langes Suffix abgetrennt wird oder etwas für ein Suffix gehalten wird, das keines ist. Im folgenden Beispiel werden die unterschiedlichen Wörter „winner", „winning" und „wine" alle auf den Stamm „win" reduziert, weil der Stemmer für „wine" ein *Overstemming* durchführt (und dadurch einen falschen Stamm erzeugt):

winner → win/ner
winning → win/ning
wine → win/e

Understemming trennt demgegenüber zu kurze Suffixe ab und führt dadurch semantisch eigentlich zusammengehörige Wörter nicht auf einen gemeinsamen Stamm zurück:

divide → divid/e
dividing → divid/ing
division → divis/ion

2.2 Lemmatisierung

Für Sprachen, in denen es sehr viele Regeln bei gleichzeitig sehr vielen Ausnahmen gibt, wird die Erstellung regelbasierter linguistischer Systeme sehr aufwändig. Für solche Sprachen, so auch für das Deutsche, haben sich Verfahren etabliert, die statt mit Regeln und Ausnahmelisten mit Positivlisten arbeiten. Die Positivlisten enthalten in möglichst umfassender Form das Vokabular der zu verarbeitenden Sprache und mehr oder weniger ausführliche Informationen zur Grammatik der Wörter. Da solche Wortlisten Eigenschaften haben, die denen von Wörterbüchern entsprechen, werden diese Systeme auch wörterbuchbasierte oder lexikonbasierte Systeme genannt.

Lexikalische Verfahren zur automatischen Indexierung identifizieren anhand ihrer Wörterbucheinträge die Wörter im Dokumenttext und erzeugen die dazu gehörigen Grundformen (Lemmata). Dazu müssen sie über Techniken verfügen, Varianten zu identifizieren und diesen die richtige Grundform zuzuordnen. Das in den Positivlisten, Lexika oder Wörterbüchern vorhandene sprachliche Wissen über Grundformen kann dabei in Form von Vollformenwörterbüchern oder Grundformenwörterbüchern vorliegen.

Vollformenwörterbücher enthalten für die Identifizierung sowohl die Grundformen als auch die grammatikalisch möglichen Varianten. Zusätzlich können auch Angaben über die Grammatik hinterlegt sein, wie es z. B. im Wörterbuch des Indexierungssystems *EXTRAKT* der Fall ist (Stegentritt 2021):

    Abfall::Abfall+SUB;MAS;SG;AKK
    Abfall::Abfall+SUB;MAS;SG;DAT
    Abfall::Abfall+SUB;MAS;SG;NOM
    Abfalles::Abfall+SUB;MAS;SG;GEN
    Abfalls::Abfall+SUB;MAS;SG;GEN

Für die Grundformerzeugung werden die Wörter im Text mit den Einträgen des Lexikons verglichen. Ist die Grundform bzw. Variante enthalten, kann die zugehörige Grundform direkt ausgelesen werden. Indexierungssysteme mit Vollformwörterbüchern erzielen dadurch eine sehr hohe Arbeitsgeschwindigkeit.

Systeme mit *Grundformenwörterbüchern* enthalten nur die Grundformen der lexikalisierten Wörter und benötigen deshalb für die korrekte Identifizierung von Wortvarianten im Text zusätzlich Hinweise über die Varianten der Grundformen. Diese sind in Form von Regeln über das Flexionsverhalten der Grundformen im System hinterlegt. Die Regelbestandteile bestehen im einfachsten Fall lediglich aus einer Suffixliste für die verschiedenen Wortklassen des Deutschen, z. B. *Lingo* (Lepsky & Vorhauer 2006, Gödert, Lepsky & Nagelschmidt 2012), können aber auch ein komplexes Regelwerk zur Wortbildung des Deutschen umfassen, z. B. *IDX* (Lepsky 1994).

Das Grundformenwörterbuch von *Lingo* enthält Zeichenketten, mit denen ein Identifizierungsversuch erfolgt (Eintrag links vom Gleichheitszeichen, außer für unregelmäßige Formen identisch mit der Grundform) und die im Falle eines Matchings zu erzeugenden Grundformen (rechts vom Gleichheitszeichen) mit Angaben zu Wortart und ggf. Genus („s" für Substantive, „v" für Verben, „a" für Adjektive, „e" für Eigennamen, „m" für maskulin, „f" für feminin, „n" für neutrum):

    lahr=lahr #e.f
    laib=laib #s.m
    laichen=laichen #v
    laie=laie #s.m
    laienhaft=laienhaft #a
    laientum=laientum #s.n

Mit derartigen Einträgen kann die Identifizierung einer Wortvariante wie etwa „Laien" nur dann gelingen, wenn dem System bekannt ist, dass „n" eine zulässige Endung für die Grundform „laie" ist. Diese Angaben findet das System in einer Suffixliste für das Deutsche, hier für Substantive („s"):

    [s, "e en er ern es n s se sen ses"]

Die Identifizierung der Zeichenkette „Laien" gelingt über die im Wörterbuch enthaltene substantivische Grundform „laie" + Endung „n", die durch die Suffixliste verifiziert ist.

Im Rahmen der *Grundformerkennung* bzw. -erzeugung ist es möglich, Wortableitungen zu erkannten Grundformen zu bilden. Die *Wortableitung* erlaubt die Bereitstellung von zusätzlichen Indextermen in der bevorzugten grammatikalischen Form, für das Retrieval in der Regel die substantivische Form. Um dies wörterbuchbasiert zu leisten, ist die Ergänzung von Substantiven für adjektivische Grundformen nötig; der Lexikoneintrag „wirtschaftlich=wirtschaftlich #a wirtschaft #s" erzeugt die Grundformen „wirtschaftlich" und „wirtschaft", falls „wirtschaftlich" im Text steht.

Im Deutschen hat die Behandlung der Wortableitung für die Indexierung eine große Bedeutung, weil es grundsätzlich möglich ist, eine Aussage in verschiedenen inhaltsgleichen, grammatikalisch jedoch stark unterschiedlichen Varianten zu treffen: „Aufschwung der Wirtschaft" (Wortfolge mehrerer Substantive), „Wirtschaftsaufschwung" (Kompositum) und „wirtschaftlicher Aufschwung" (Adjektiv-Substantiv-Verbindung) sind als inhaltsgleiche Aussagen in Texten austauschbar, führen jedoch zu verschiedenen Indextermen. Durch die Wortableitung vom Adjektiv auf das Substantiv wird die Adjektiv-Substantiv-Verbindung inhaltlich identisch mit der Substantiv-Wortfolge („wirtschaftlicher Aufschwung" → „wirtschaft", „aufschwung"). Durch die Kompositumzerlegung wird das Kompositum auf der Ebene der Indexterme identisch mit der Substantiv-Wortfolge („Wirtschaftsaufschwung" → „wirtschaft", „aufschwung"). Sprachlich werden die verschiedenen Ausgangsformen im Index zusammengeführt.

Lexikalische Verfahren zur *Lemmatisierung* benötigen einen umfangreichen Wortschatz, um möglichst viele Wortformen im Text identifizieren zu können. Daraus muss sich nicht notwendigerweise auch ein Wissen über alle korrekten Wörter und Wortvarianten des Deutschen ergeben. *Lingo* zum Beispiel würde auch die Zeichenkette „Laieses" über die Grundform „laie" und das Suffix „ses" identifizieren und auf die Grundform „laie" bringen. Die Vollformenlexika von *EXTRAKT* verfügen, da sie ausschließlich zulässige Wortformen des Deutschen enthalten, über ein solch „positives" Sprachwissen. *IDX*, ebenfalls ein lexikalisches Indexierungssystem, erreicht dies mit einem Grundformenwörterbuch, in dem zu jeder Grundform nur die grammatikalisch zulässigen Endungen lexikalisiert werden, sodass Fehlidentifizierungen nahezu ausgeschlossen sind (Lepsky 1994). Derart mächtige Wörterbücher können auch für die wörterbuchbasierte Rechtschreibkontrolle von Texten eingesetzt werden.

2.3 Komposita

Für stark komponierende Sprachen wie das Deutsche ist bei der automatischen Indexierung eine Identifizierung und korrekte *Zerlegung von Komposita* (d. h. zusammengesetzten Wörtern mit mehreren inhaltlichen Komponenten) unverzichtbar. Aus Sicht des Retrievals haben Komposita die Eigenschaft, potenziell nützliche Indexterme in ihrem Inneren zu verbergen. Die Zerlegung macht die Bestandteile von Komposita als Indexterme suchbar. Ohne eine Zerlegung der Komposita, d. h. ohne eine Erkennung der Bestandteile von Komposita, ist es auch nicht möglich, flektierte Komposita auf die Kompositum-Grundform zu bringen. Während es zumindest theoretisch denkbar ist, alle Grundformen des Deutschen einigermaßen vollständig zu lexikalisieren, ist dies für Komposita nicht möglich, weil deren Menge fortwährend durch Neubildung vergrößert wird. Da Komposita aber aus bekannten Wörtern zusammengesetzt werden, kann über die Erkennung der im Kompositum enthaltenen Grundformen auch die Identifizierung des Kompositums erfolgen.

Das Kompositum „Informationswirtschaft" wird zum Beispiel mit *Lingo* über die beiden im Grundformenwörterbuch enthaltenen Einträge „information" und „wirtschaft" identifiziert. Das „s" zwischen beiden Bestandteilen ist eine sog. Fugung, die in der Suffixliste definiert ist. Die Identifizierung über Zerlegung wird von wörterbuchgestützten Indexierungssystemen mit großer Zuverlässigkeit auch für Komposita mit mehr als zwei Elementen geleistet. Unerwünschte, aber mögliche Zerlegungen lassen sich vermeiden, indem die betreffenden Komposita lexikalisiert werden: „wirtschaft" wird in das Wörterbuch aufgenommen, um eine Zerlegung in „wirt" und „schaft" zu verhindern. Für den Index stellt eine *Kompositumerkennung* sowohl die Grundform des Kompositums („Informationswirtschaft") als auch dessen Bestandteile („Information" und „Wirtschaft") bereit.

2.4 Mehrwortgruppen, Entitäten und Synonyme

Informationsextraktion entnimmt Dokumenten potenzielle Information in einer für eine Weiterverarbeitung in anderen Systemen, z. B. Datenbanksystemen oder Retrievalsystemen, geeigneten Form (Dengel 2012, 205–229). Typische Aufgabenstellungen für eine Informationsextraktion sind die Identifizierung von Fachterminologie und die Erkennung von Individualnamen (*Named entitiy recognition*), z. B. von Personen, Unternehmen, Produkten. Die Identifizierung der potenziellen Information sollte eindeutig und zuverlässig sein; eine Erkennung von Personennamen sollte auch für Varianten funktionieren und möglichst nicht mit anderen Bedeutungen verwechselt werden: „Albert Einstein", „Einstein, Albert", „Albert-Einstein-Straße", „Einstein-Turm", „Einstein-Konstante", „Einsteins politisches Engagement", „Einstein als Philosoph". Dazu ist ein Wissen darüber nötig, dass es unterschiedliche Typen von Bedeutungen gibt (Personennamen, Geografika, Eigennamen von Objekten, Sachbegriffe etc.), die zudem in verschiedenen Formen in Texten auftauchen können. Die eindeutige Zuordnung einer Bedeutung zu einem Typ löst häufig gleichzeitig das Problem der (potenziellen) Mehrdeutigkeit.

Eigennamen und fachsprachliches Vokabular bestehen häufig aus Mehrwortgruppen. Ist die zu identifizierende Terminologie bereits bekannt, weil sie z. B. aus verfügbaren Ressourcen stammt (Normdaten, Fachthesauri), kann diese im Rahmen einer lexikalischen *Mehrworterkennung* zuverlässig erkannt werden. Mit einem Mehrwortlexikon, das Mehrwortgruppen ausschließlich in Grundform enthält („zwei deutsch fernsehen") kann im Zusammenspiel mit der Grundformerzeugung und den Suffixinformationen jede mögliche Variante einer Mehrwortgruppe („des Zweiten Deutschen Fernsehens") erkannt werden.

Schwieriger ist die Situation, wenn die zu identifizierenden Mehrwortgruppen noch nicht bekannt sind. Dann müssen durch eine Analyse der Dokumente Hinweise auf das Vorhandensein von Mehrwortgruppen gewonnen werden. Ein Weg, dies zu erreichen, besteht in einer syntaktischen Analyse der Dokumenttexte. Dabei kommen *Parser* zum Einsatz, die algorithmisch die Satzstruktur analysieren und den einzelnen Wörtern ihre Funktion im Satz zuweisen (*Part-of-speech tagging – POS tagging*). Vor allem für die Identifizierung potenziell zusammengehöriger Wörter hat eine Syntaxanalyse großen Nutzen, indem sie etwa Adjektiv-Substantiv-Verbindungen (der „politische Einstein") als Satzelement identifiziert. Ein Parsing in Verbindung mit einfachen typisierten Wortlisten und einem vorangestellten *Stemming* ist für das Englische ein probates Instrument für die Erkennung bedeutungstragender Mehrwortgruppen (Sproat 1992). Auch die syntaktische Variation innerhalb der Mehrwortgruppe ist ein lösbares Problem, wenn die Parsing- bzw. Extraktionsalgorithmen in der Lage sind, Umstellungen innerhalb des Satzes zu erkennen und betroffene Mehrwortgruppen aufeinander abzubilden: „information retrieval" bzw. „retrieval of information" (Jacquemin 2001).

Im Prinzip strebt eine vollständige Syntaxanalyse von Sätzen jedoch mehr an, als für eine Informationsextraktion benötigt wird; die Identifizierung der im Satz wesentlichen Information genügt meist. Mit einem einfachen Wortklassen-Tagging auf der Basis erkannter Grundformen lassen sich auch mit einem wörterbuchbasierten System inhaltstragende Mehrwortgruppen identifizieren. So besteht z. B. in der Mathematik in vielen Fällen die Fachterminologie aus einer Abfolge von Adjektiven (A), Substantiven (S) und Eigennamen (E):

> nonlinear schrödinger equation (AES)
> algebraic riccati equation(AES)
> einstein-yang-mills-higgs equations (EEEES)

Auf der Basis eines Grundkatalogs solcher Tag-Muster kann mathematisches Fachvokabular (auch zuvor nicht bekanntes) mit hoher Zuverlässigkeit identifiziert und extrahiert werden (Gödert 2012).

Die Bereitstellung von Mehrwortgruppen für ein Retrieval erhöht in der Regel die Precision, weil semantisch zusammengehörige Terme gemeinsam gesucht werden können. Für die Erhöhung des Recalls wäre es zudem hilfreich, Terme mit gleicher Bedeutung zusammenzuführen, denn die fehlende Berücksichtigung synonymer Benennungen sorgt für unvollständige Suchergebnisse: eine Suche mit „Müllbeseitigung" findet keine Dokumente mit „Abfallbeseitigung" oder „Müllentsorgung" (Sachse, Liebig & Gödert 1998). Auch hier lassen sich vorhandene genormte Vokabulare (Fachthesauri) nutzen, um im Rahmen einer Synonymgenerierung die Terme in Äquivalenzklassen („Müllbeseitigung, Abfallbeseitigung, Müllentsorgung") zu verwenden und so zusätzliche Indexterme zu generieren. Wird ein Term aus einer Äquivalenzklasse im Dokument gefunden („Müllentsorgung"), werden die bekannten Synonyme als zusätzliche Indexterme generiert („Müllbeseitigung, Abfallbeseitigung"). Eine Suche auf jeden der drei Terme führt so zur gleichen Treffermenge.

Aufwändiger ist die Lösung der Synonymproblematik, wenn es keine verfügbaren Vokabularressourcen gibt. *Latent semantic indexing (LSI)* ist ein Verfahren, das auf die Erkennung semantischer Einheiten oder Konzepte in Dokumenten zielt (Deerwester et al. 1990). Es setzt auf dem Vektorraum-Retrievalmodell auf, in dem Dokumente über die in ihnen enthaltenen hochgewichteten Terme in einem n-dimensionalen Vektorraum repräsentiert werden. Im Vektorraum lässt sich über eine Ähnlichkeitsfunktion die Stärke der Beziehungen zwischen Dokumenten berechnen, wobei Dokumente mit gemeinsamen hochgewichteten Termen als ähnlich eingestuft werden (Spielarten sind möglich, so können z. B. auch ungewichtete Terme verwendet werden). Grundlage für die Berechnung ist eine Term-Dokument-Matrix für alle enthaltenen (oder berücksichtigten) Terme in allen Dokumenten (s. Kapitel C 2 Modelle des Information Retrieval).

Durch die Analyse der Beziehungen zwischen gemeinsam auftretenden Termen (Kookkurenzen) in ähnlichen Dokumenten lässt sich die Stärke der Beziehung zwischen Termen berechnen, was die Zusammenführung ähnlicher Terme zu Konzepten oder Themen erlaubt (Řehůřek & Sojka 2010). *LSI* löst u. a. das Synonymproblem, da in den Term-Clustern auch Synonyme vorhanden sein werden (in Abhängigkeit von ihrem hinreichend signifikanten Vorkommen in den Dokumenten).

3 Textstatistische Verfahren

Der älteste Ansatz automatischer Indexierung ist aus der Textstatistik hervorgegangen und basiert auf einer quantitativen Analyse von Texten und der plausiblen Überlegung, dass nicht alle Wörter eines Dokuments gleich wichtig sein können. *Zipf* gelang es schon in den 1930er und 1940er Jahren, eine konstante Beziehung zwischen der Auftretenshäufigkeit von Wörtern in Texten und dem Rang der Wörter in einer Häufigkeitsliste nachzuweisen (Zipf 1935). Diese Gesetzmäßigkeit wurde als *Zipfsches Gesetz* bekannt und ermöglichte es später *Luhn*, seine These über den Zusammenhang zwischen der Häufigkeit von Wörtern in Texten und dem Inhalt dieser Texte zu entwickeln (Luhn 1957).

Grundlage für die Ermittlung wichtiger Terme in Dokumenten ist die Berechnung der Worthäufigkeiten der Terme, die sich auf zwei Grundannahmen stützt:
- Je häufiger ein Term in einem Dokument vorkommt, desto wichtiger ist er für dessen Inhalt.
- Je häufiger ein Term in der gesamten Dokumentkollektion vorkommt, desto weniger wichtig ist er als Indexterm.

Die erste Annahme führt zu Berechnungsmodellen für die Auftretenshäufigkeit eines Terms in einem einzelnen Dokument. Die absolute oder einfache *Termhäufigkeit* (*term frequency – TF*) zählt die Häufigkeit, mit der ein Term in einem Dokument vorkommt. Ein Term, der in einem Dokument häufig vorkommt, erhält so ein höheres Termgewicht als ein seltener Term.

Die über *TF* ermittelten Termgewichte lassen sich zum Beispiel nutzen, um für Suchergebnisse ein *Relevance Ranking* der Treffermenge zu generieren. Dabei sortieren die Dokumente mit den höchsten Werten für *TF* an der Spitze der Liste. Bei einer solchen Nutzung wird kaum auffallen, dass die so ermittelten Termgewichte die höchsten Werte für Terme produzieren, die in nahezu allen Dokumenten mit großer Häufigkeit auftreten. Diese Terme, auch Hochfrequenzterme genannt, sind in der Regel für den Inhalt von Dokumenten unbedeutend, weil sie in erster Linie Satz-Funktionen haben: Artikel, Konjunktionen, Präpositionen etc. Eine nach Relevanz auf der Basis von Termgewichten sortierte Treffermenge stören sie selten, weil nach ihnen nicht gesucht wird.

Die zweite Grundannahme führt zur Berechnung der Häufigkeit eines Terms bezogen auf die gesamte Dokumentkollektion. Die *Dokumenthäufigkeit* (*document frequency – DF*) berechnet für einen Term die Zahl der Dokumente, in denen er vorkommt. Die Dokumenthäufigkeit ist dann am größten, wenn ein Term in vielen Dokumenten einer Kollektion vorkommt. Das häufig verwendete kollektionsbezogene Standardgewicht der *Inversen Dokumenthäufigkeit* (*inverse document frequency – IDF*) verrechnet Termhäufigkeit und Dokumenthäufigkeit zu einem Gesamtgewicht:

$$TF * IDF = TF / DF$$

Das so berechnete Termgewicht ergibt die besten Werte für Terme, die nur in wenigen Dokumenten vorkommen, dort jedoch relativ häufig sind. In der Praxis haben sich eine Reihe von deutlich komplexeren Varianten des *TF * IDF* etabliert (Stock 2007, S. 318 ff.), die oft die Verarbeitungsgrundlage für anspruchsvollere Indexierungsverfahren oder Retrievalsysteme sind. (Salton & McGill 1983; s. Kapitel C 2 Modelle des Information Retrieval)

4 Automatische Indexierung und Informationserschließung

Inhaltliches Erschließen und automatisches Indexieren von Dokumenten sind zwei grundsätzlich verschiedene Prozesse. Intellektuelle Erschließungsverfahren basieren auf dem Prinzip der Zuteilung. Der Erschließung geht immer eine Inhaltsanalyse voraus, die mit dem Kopf geleistet werden muss. Das Ergebnis der Inhaltsanalyse wird dann umgesetzt in Repräsentationen des Dokumentinhalts, die z. B. als Deskriptoren eines Thesaurus zugeteilt werden – ebenfalls ein intellektueller Prozess. Das Ziel der Erschließung besteht in einer Verdichtung, die sichtbar wird in der Relation zwischen wenigen zugeteilten Erschließungsmerkmalen und der hohen Zahl der in den Dokumenten enthaltenen Terme.

Beim automatischen Indexieren gibt es keine Inhaltsanalyse. Automatische Indexierungsverfahren basieren grundsätzlich auf dem Prinzip der Extraktion, insofern die in den Dokumenten vorhandenen Zeichenketten immer die Basis für die Verarbeitung darstellen (müssen).

Trotz dieser prinzipiellen Unterschiede wurden und werden mit automatischen Indexierungsverfahren auch Lösungen angestrebt, die den Ansprüchen einer inhaltlichen Erschließung genügen sollen, indem sie normiertes Vokabular in Form von Schlagwörtern oder Deskriptoren zuteilen. Dabei wurden rein linguistisch arbeitende Indexierungsverfahren eingesetzt, wie beispielsweise bei *JUDO* und *CTX* (Zimmermann 1979, 1983), aber auch die Kombination aus linguistischen und statistischen Verfahren wie im Projekt *KASCADE* (Lepsky & Zimmermann 2000). Die mögliche Leistungsfähigkeit einer solchen Kombination ist bereits im Rahmen des Forschungsprojekts *AIR/PHYS* in den 1980er Jahren gezeigt worden (Knorz 1994). Kern von *AIR/PHYS* war der Gedanke, aus einer großen Zahl bereits erschlossener Dokumente abzuleiten, mit welcher Wahrscheinlichkeit ein Deskriptor vergeben werden kann, wenn bestimmte Terme in der Dokumentbeschreibung vorkommen. Das daraus entwickelte regelbasierte Indexierungssystem strebte die algorithmische Simulation der in der Vergangenheit bereits erfolgten intellektuellen Erschließungsprozesse an.

AIR/PHYS ist gut dokumentiert und die mit dem System erzielten Ergebnisse sind in einem umfangreichen Retrievaltest überprüft worden. Dabei hat sich eine Indexierungsqualität bestätigt, die der intellektuellen Indexierung zumindest vergleichbar ist. Allerdings gab es bei *AIR/PHYS* viele Rahmenbedingungen, deren Einfluss auf das gute Ergebnis nur schwer einzuschätzen ist, insb. die fachliche Domain der Kollektion. In eine ähnliche Richtung gehen aktuelle Entwicklungen, die eine zuteilende automatische Indexierung mit Normvokabular anstreben. Die klassischen informationslinguistischen und textstatistischen Verfahren werden dabei in der Regel ergänzt um Methoden aus dem *machine learning* (wobei der Begriff zunehmend inflationär verwendet wird).

So hat die Deutsche Nationalbibliothek in mehreren Projekten die automatische Erschließung mit Normdaten aus der *GND* und die automatische Klassifizierung mit *DDC*-Notationen vorangetrieben (Mödden, Schöning-Walter & Uhlmann 2018). Das Leibniz-Informationszentrum Wirtschaft (ZBW) entwickelt im Projekt *AutoSE* ein System zur automatischen Erschließung mit Deskriptoren des *Standard-Thesaurus Wirtschaft* (*STW*) (Kasprzik 2020).

Gemeinsam ist den neueren Entwicklungen, dass sie einen Verfahrensmix präferieren, der stärker auf *machine learning*-Ansätze der natürlichen Sprachverarbeitung (*Natural language processing – NLP*) setzt (Golub 2021, s. Kapitel C 9 Sprachmodelle und neuronale Netze im Information Retrieval). Es wird sich erweisen müssen, ob die teilweise an großen Textmengen trainierten Systeme wie z. B. *BERT* (Devlin, Chang, Lee & Toutanova 2019) oder *GPT-3* (Tamkin, Brundage, Clark & Ganguli 2021) geeignet sind, den funktional im Prinzip eng umrissenen, aber gleichzeitig anspruchsvollen Einsatz im Rahmen einer automatischen Erschließung qualitativ voranzubringen.

Einiges deutet darauf hin, dass zukünftige Einsatzszenarien solcher Systeme eher als ein Element in einer computerunterstützten, auf Vorschlägen basierenden Inhaltserschließung liegen dürften (Beckmann et al. 2019); eine Erkenntnis, die übrigens auch schon am Ende des *AIR/PHYS*-Projekts stand.

Von einem Wandel von der intellektuellen Erschließung zur automatischen Erschließung zu sprechen, ist daher eindeutig noch verfrüht. Was sich jedoch sicher gewandelt hat, sind die Erwartungen, die an eine Dokumenterschließung gestellt werden. Und das hat wohl eher etwas mit der fehlenden Bereitschaft zu tun, für qualitätsvolle intellektuelle Erschließungsergebnisse auch weiterhin den erforderlichen Preis zu bezahlen, weniger mit der inzwischen hohen Qualität automatischer Erschließungssysteme.

5 Literaturverzeichnis

Beckmann, R., Hinrichs, I., Janßen, M., Milmeister, G. & Schäuble, P. (2019). Der Digitale Assistent DA-3: eine Plattform für die Inhaltserschließung. *o-bib. Das offene Bibliotheksjournal / Herausgeber VDB*, 6(3), 1–20. https://doi.org/10.5282/o-bib/2019H3S1-20.

Deerwester, S., Dumais, S. & Landauer, T. (1990). Indexing by latent semantic analysis. *Journal of the American Society for Information Science*, 41(6), 391–407.

Dengel, A. (Hrsg.). (2012). *Semantische Technologien: Grundlagen – Konzepte – Anwendungen*. Spektrum, Akademischer Verlag.

Devlin, J., Chang, M.-W., Lee, K. & Toutanova, K. (2019). BERT: pre-training of deep bidirectional transformers for language understanding. *arXiv:1810.04805 [cs]*. http://arxiv.org/abs/1810.04805.

Gödert, W. (2012). Detecting multiword phrases in mathematical text corpora. *arXiv:1210.0852 [cs]*. http://arxiv.org/abs/1210.0852.

Gödert, W., Lepsky, K. & Nagelschmidt, M. (2012). *Informationserschließung und Automatisches Indexieren: ein Lehr- und Arbeitsbuch*. Springer.

Golub, K. (2021). Automated subject indexing: an overview. *Cataloging & Classification Quarterly*. https://doi.org/10.1080/01639374.2021.2012311.

Jacquemin, C. (2001). *Spotting and discovering terms through natural language processing*. MIT Press.

Kasprzik, A. (2020). Putting research-based machine learning solutions for subject indexing into practice. In A. Paschke, C. Neudecker, G. Rehm, J. Al Qundus & L. Pintscher (Hrsg.), *Proceedings of the Conference on Digital Curation Technologies (Qurator 2020) Berlin, Germany, January 20th to 21st, 2020* (S. 9). RWTH Aachen. http://nbn-resolving.de/urn:nbn:de:0074-2535-7.

Knorz, G. (1994). Automatische Indexierung. In R.-D. Hennings, G. Knorz, H.-J. Manecke, W. Reinicke, & J. Schwandt (Hrsg.), *Wissensrepräsentation und Information Retrieval* (S. 138–196). Universität Potsdam.

Kuhlen, R. (1977). *Experimentelle Morphologie in der Informationswissenschaft*. Verlag Dokumentation.

Lepsky, K. (1994). *Maschinelle Indexierung von Titelaufnahmen zur Verbesserung der sachlichen Erschließung in Online-Publikationskatalogen*. Greven.

Lepsky, K. & Vorhauer, J. (2006). Lingo: ein open source System für die Automatische Indexierung deutschsprachiger Dokumente. *ABI-Technik, 26*, 18–29.

Lepsky, K. & Zimmermann, H. (2000). Katalogerweiterung durch Scanning und automatische Dokumenterschließung: Ergebnisse des DFG-Projekts KASCADE. *Zeitschrift für Bibliothekswesen und Bibliographie*, 47, 305–316.

Luhn, H.-P. (1957). A statistical approach to the mechanical encoding and searching of literary information. *IBM Journal of Research and Development*, 1, 309–317.

Mödden, E., Schöning-Walter, C. & Uhlmann, S. (2018). Maschinelle Inhaltserschließung in der Deutschen Nationalbibliothek: breiter Sammelauftrag stellt hohe Anforderungen an die Algorithmen zur statistischen und linguistischen Analyse. *BUB – Buch und Bibliothek*, 70(1), 30–35.

Nohr, H. (2005). *Grundlagen der automatischen Indexierung: ein Lehrbuch* (3. Aufl.). Logos.

Porter, M. F. (1980). An algorithm for suffix stripping. *Program*, 14(3), 130–137.

Řehůřek, R. & Sojka, P. (2010). Software framework for topic modelling with large corpora. *Proceedings of LREC 2010 Workshop New Challenges for NLP Frameworks*, 46–50. http://www.fi.muni.cz/usr/sojka/presentations/lrec2010-poster-rehurek-sojka.pdf.

Sachse, E., Liebig, M. & Gödert, W. (1998). *Automatische Indexierung unter Einbeziehung semantischer Relationen: Ergebnisse eines Retrievaltests zum MILOS-II-Projekt*. Fachhochschule Köln. http://ixtrieve.fh-koeln.de/lehre/sachse-1998-a.pdf.

Salton, G. & McGill, M. (1983). *Introduction to modern information retrieval*. McGraw-Hill. (dt.: Salton, G. & McGill, M. (1987). *Information Retrieval: Grundlegendes für Informationswissenschaftler*. McGraw-Hill.)

Sproat, R. (1992). *Morphology and computation*. MIT Press.

Stegentritt, E. (2021) *Linguistic engine EXTRAKT*. https://www.textec.de/extrakt/.

Stock, W. G. (2007). *Information Retrieval: Informationen suchen und finden*. Oldenbourg.

Tamkin, A., Brundage, M., Clark, J. & Ganguli, D. (2021). Understanding the capabilities, limitations, and societal impact of large language models. *ArXiv:2102.02503 [Cs]*. http://arxiv.org/abs/2102.02503.

Zimmermann, H. (1979). Ansätze einer realistischen automatischen Indexierung unter Verwendung linguistischer Verfahren. In R. Kuhlen (Hrsg.), *Datenbasen, Datenbanken, Netzwerke. Praxis des IR. Band 1, Aufbau von Datenbasen* (S. 311–338). K. G. Saur. http://scidok.sulb.uni-saarland.de/volltexte/2007/748/.

Zimmermann, H. H. (1983). Automatische Indexierung: Entwicklung und Perspektiven. In I. Dahlberg & M. Schader (Hrsg.), *Automatisierung in der Klassifikation: Proceedings der 7. Jahrestagung der Gesellschaft für Klassifikation e. V., Königswinter 5.–8. April 1983* (S. 14–32). Indeks.

Zipf, G. K. (1935). *The psycho-biology of language: an introduction to dynamic philology*. Houghton Mifflin.

Andreas Oskar Kempf
B 4 Thesauri

1 Einleitung

In der Informationswissenschaft stehen Thesauri für kontrollierte und strukturierte Vokabulare, in denen Begriffe, verstanden als geistige Einheiten, durch Bezeichnungen der natürlichen Sprache repräsentiert werden (International Organization for Standardization – ISO 2011, S. 12). Jedem Begriff werden eine Vorzugsbenennung, ein sog. Deskriptor, der bei der Inhaltserschließung als Schlagwort vergeben wird, und weitere bedeutungsgleiche oder -ähnliche Bezeichnungen, sog. Nicht-Deskriptoren, als Zugangsvokabular bzw. alternative Sucheinstiege zugewiesen. Dieser Art werden der Variabilität und der Mehrdeutigkeit natürlicher Sprache Rechnung getragen. Darüber hinaus werden zwischen Begriffen bzw. ihren Bezeichnungen spezifische, reziproke Relationen kenntlich gemacht (s. Abschnitt 1), die die Bedeutungsbeziehungen bzw. das „semantische Gefüge" zwischen den Begriffen aufzeigen (Deutsches Institut für Normierung – DIN 1987, S. 10). Diese Kernprinzipien dieser Wissensorganisationsmethode dienen sowohl auf Seiten der Inhaltserschließenden als auch auf Seiten der in einem Informationssystem Recherchierenden in unterschiedlicher Weise der Benutzerführung und Suchunterstützung. Als Grundlage für semantisches Retrieval etwa sorgen sie bei automatischer Erweiterung der Suchanfrage um die hinterlegten Nicht-Deskriptoren für eine erfolgreiche Suche weitgehend unabhängig vom konkreten Suchterm.

Dadurch, dass Begriffe bzw. Konzepte eines bestimmten Gegenstandsbereichs – häufig handelt es sich um eine bestimmte Fachdisziplin oder Wissensdomäne – die wesentlichen Bezugseinheiten eines Thesaurus darstellen, eignen sich Thesauri, anders als Klassifikationen, die oft eine Ressource auf einem relativ hohen Abstraktionsniveau beschreiben und vielfach als Instrument zur Aufstellung von Dokumentbeständen verwendet werden, für die inhaltliche Feinerschießung einer dokumentarischen Bezugseinheit (DBE). Notwendig wurde dies unter anderem dadurch, dass parallel zu dem weltweit zu verzeichnenden enormen Anstieg an Forschung und Entwicklung ab Mitte des 20. Jahrhunderts unselbständige Werke, wie etwa Zeitschriftenaufsätze, die häufig eine Vielzahl unterschiedlicher Aspekte und Perspektiven thematisierten, zunahmen und damit nach einer flexibleren und ausdrucksfähigeren Dokumentationssprache gesucht wurde (Bertram 2005, S. 217, 255–256).

In diesem Beitrag werden zunächst die wesentlichen Strukturprinzipien eines Thesaurus genauer vorgestellt. Da die Methodik im Kern unverändert geblieben ist, sei ergänzend auf das diesbezüglich ausführlichere Kapitel B 2 Thesaurus aus KSS-5 verwiesen (Burkart 2004). Anschließend wird ausgeführt, wie sich aufgrund geänderter Rahmenbedingungen und technischer Umgebungen oftmals der konkrete Anwendungskontext und damit auch der Bezugsrahmen von Thesauri geändert hat. Vor diesem Hintergrund werden abschließend zentrale Herausforderungen und zukünftige Aufgabenfelder für den Einsatz und die Weiterentwicklung von Thesauri angerissen.

2 Terminologische und begriffliche Kontrolle

Die Verwendung der natürlichen Sprache bei dieser Methode der Wissensorganisation macht es erforderlich, mit Mehrdeutigkeiten, der großen Variationsbreite sprachlicher Ausdrücke und dem Umstand, dass Bezeichnungen aus mehreren Bedeutungsbestandteilen zusammengesetzt sein können, umzugehen. Zusammengenommen wird der methodische Umgang damit als *terminologische Kontrolle* bezeichnet. Im Einzelnen handelt es sich dabei um die Kontrolle von Homonymen und Polysemen sowie um Synonym- und Zerlegungskontrolle. Vorab gilt es allerdings, im Zuge der sog. Normung einheitliche Festlegungen hinsichtlich der Ansetzung bzw. äußeren Form von Deskriptoren zu treffen. Dies betrifft etwa die Wortfolge, Wortart sowie Kasus, Numerus und Groß- und Kleinschreibung. Auch muss entschieden werden, ob etablierte Formulierungen aus anderen Sprachen, etwa dem Englischen, übernommen werden (Stock & Stock 2008, S. 244).

Bei der *Homonym- bzw. Polysemkontrolle* wird mehrdeutigen sprachlichen Ausdrücken eine eindeutige Bedeutung zugewiesen. Dies kann dadurch erfolgen, dass nur eine der Bedeutungen im Thesaurus aufgenommen und andere ausdrücklich ausgeschlossen werden, oder die mehrdeutige Bezeichnung durch eine alternative eindeutige Bezeichnung ersetzt wird. In anderen Fällen kann die Disambiguierung durch einen sog. Homonymzusatz in Klammern erfolgen, der verdeutlicht, mit welcher Bedeutung die Bezeichnung im Thesaurus verwendet wird, z. B. *Zug (Kanton)*.

Die *Synonymkontrolle* bezeichnet die Auswahl weiterer Bezeichnungen, die neben der Vorzugsbenennung ebenfalls den Begriff repräsentieren. Die ausgewählten Bezeichnungen zusammengenommen bilden die sog. Äquivalenzklasse. Für die geordnete Darstellung der Bezeichnungen und Begriffe gibt es genormte Relationenkürzel (siehe Tabelle 1). Neben bedeutungsgleichen können auch bedeutungsähnliche Bezeichnungen, sog. Quasi-Synonyme, darin enthalten sein. Des Weiteren kann es sich auch um spezifischere Bezeichnungen handeln, bei denen davon ausgegangen wird, dass sich ihre Aufnahme als Repräsentation für ein eigenes Konzept nicht lohnen würde, da in dem entsprechenden Informationssystem, in dem der Thesaurus eingesetzt wird, nicht genug Ressourcen zu einem Thema vorhanden sind (ISO 2011, S. 45–47).

Bei der *Zerlegungskontrolle* wird überprüft, inwiefern Mehrwortausdrücke, die aus unterschiedlichen Bedeutungsbestandteilen bestehen, präkombiniert oder postkoordiniert Eingang in das Thesaurusvokabular finden sollten. Ersteres meint, dass die Bedeutungsbestandteile zusammengesetzt bleiben (z. B. *Leiharbeitskräfte*). Letzteres steht dafür, dass die komplexe Benennung in einzelne Bedeutungsbestandteile zerlegt wird (z. B. *Leiharbeit + Arbeitskräfte*). Anders als bei einer morphologischen Zerlegung, die die Ausgangsbenennung in die einzelnen Wortbestandteile zerlegt (z. B. *Heimtextilien* in *Heim + Textilien*), handelt es sich im Rahmen der terminologischen Kontrolle um eine begriffsorientierte Zerlegung (für das Beispiel *Heimtextilien* z. B. *Haushalt + Textilien*). Dass Deskriptoren aus einer morphologischen Zerlegung hervorgehen, ist nur denkbar, wenn sie auch semantisch korrekt sind (z. B. *Fischereiprodukt – Fischerei + Produkt*). Bei der semantischen Zerlegung lässt sich des Weiteren zwischen einer disjunkten Zerlegung, bei der die Begriffe, in die zerlegt wurde, keine Bedeutungsüberschneidung aufweisen, und einer konjunkten Zerlegung, bei der dies der Fall ist, unterscheiden. Bertram (2005, S. 223) führt hierzu das Beispiel *Informationsbedarfsanalyse* an. Als disjunkte Zerlegung sei die Teilung in *Information* und *Bedarfsanalyse* denkbar. Eine konjunkte Zerlegung würde eine Zerlegung in *Informationsbedarf* und *Bedarfsanalyse* vorsehen. Auch wenn hierdurch Redundanzen erzeugt würden, beuge dies fehlerhaften Verknüpfungen vor.

Unterschiedliche Aspekte, deren Gewichtung je nach Gegenstandsbereich des Thesaurus variieren kann, sollten insbesondere aus Sicht der Nutzenden bei der Zerlegungskontrolle berücksichtigt werden. Einerseits hält eine Zerlegung den Thesaurus übersichtlich und schafft zusätzliche Einstiegspunkte, wodurch sich die Belegungshäufigkeit der einzelnen Deskriptoren allerdings erhöhen kann. Andererseits besteht die Gefahr fehlerhafter Verknüpfungen, die bei der Recherche Ballast erzeugen können. Stets, so Bertram (2005, S. 219), handele es sich um einen „Balanceakt". Je stärker zerlegt wird, desto größer sind der semantische Informationsverlust und die Gefahr einer sinnverfälschenden Zerlegung. Zu prüfen ist etwa, ob es sich bei einer komplexen Benennung um einen Fachausdruck handelt oder ob eine Benennung durch eine Kombination bereits bestehender Deskriptoren gebildet werden kann. Auch lässt sich für den Gegenstandsbereich des Thesaurus mitunter zwischen einem Kern- und einem Randbereich unterscheiden. In diesem Fall ist zu empfehlen, für den Kernbereich Inhalte tendenziell zu präkombinieren, um einen hohen Grad an Spezifität zu gewährleisten. In einem wirtschaftswissenschaftlichen Fachthesaurus das Teilgebiet Haushaltsökonomik zu zerlegen, ist vermutlich wenig sinnvoll, da die Verwendung der einzelnen Begriffskomponenten bei der Suche auch Rechercheergebnisse erzeugen kann, die sich nicht mit dieser Teildisziplin beschäftigen. Bei mehrsprachigen Thesauri kann bei der Abwägung zusätzlich der Aspekt eine Rolle spielen, inwiefern eine Bezeichnung auch in den weiteren Sprachen des Thesaurus etabliert ist. Je nach Anspruch und Zielgruppe sollte etwa auf Wortprägungen verzichtet werden, die lediglich für einen Sprachraum gelten (Stock & Stock 2008, S. 244–245).

Die *begriffliche Kontrolle* stellt das zweite wesentliche Strukturmerkmal eines Thesaurus dar. Sie steht für die Auszeichnung zentraler semantischer Beziehungen zwischen den Begriffen mit dem Ziel, die semantische Struktur des Begriffsumfelds kenntlich zu machen. Die sog. *Äquivalenzrelation* besteht zwischen den einzelnen Bezeichnungen der oben bereits erwähnten Äquivalenzklasse – es handelt sich hier folglich eigentlich um einen Relationstyp zwischen einzelnen Bezeichnungen und nicht zwischen Begriffen. Daneben gibt es *hierarchische Relationen* in einem Thesaurus, die zwischen den Begriffen angelegt werden können. Sie können entweder als einfache Ober- und Unterbegriffsrelationen oder weiter spezifiziert angelegt werden. In diesem Fall wird zwischen einer generischen bzw. Gattung-Art-Relation und einer partitiven bzw. Teil-Ganzes-Relation unterschieden. Bei der generischen Relation oder auch Abstraktionsrelation besitzt der untergeordnete alle Merkmale des übergeordneten Begriffs und zusätzlich mindestens noch ein weiteres Merkmal (z. B. *Bargeldloser Zahlungsverkehr – Elektronisches Geld*). Bei der partitiven Relation entspricht der übergeordnete Begriff einem Ganzen und der untergeordnete Begriff einem Bestandteil dieses Ganzen (z. B. *Schiffstechnik – Schiffsantrieb*). Für den Fall, dass ein Begriff mehrere Ober- oder Unterbegriffsrelationen aufweist, wird von einem polyhierarchischen Thesaurus gesprochen. Bei der Suche ermöglichen die hierarchischen Untergliederungen, die Suchanfrage allgemeiner oder präziser gefasst zu formulieren. Schließlich gibt es die *Assoziations-* oder auch *Verwandtschaftsrelation*. Ausschlaggebend für das Anlegen dieses Relationstyps sollte sein, dass sich Begriffe semantisch nah sind oder häufig gemeinsam auftreten, weswegen es für die Inhaltserschließung und Recherche aus dem Thesaurus heraus besonders wertvoll sein kann, sie aufzuführen. Eine Verwandtschaftsrelation ist etwa zwischen einem Wirtschaftszweig und einem entsprechenden Produkt (z. B. *Chemieindustrie – Chemikalie*) oder zwischen einer Fachdisziplin und ihrem Gegenstand (z. B. *Haushaltsökonomik – Privater Haushalt*) denkbar.

Home	**Wirtschaftsstruktur** EB
Alphabetische Liste der Deskriptoren	
Mappings	**Economic structure** (engl.)
Versionen	
Web Services	benutzt für: Sektorale Wirtschaftsstruktur, Branchenstruktur, Sectoral structure
Downloads	
Mehr zum STW	*Für die Struktur einer einzelnen Branche BENUTZE Marktstruktur*
▶ V Volkswirtschaft	
▶ B Betriebswirtschaft	*für die Struktur einer einzelnen Region BENUTZE Regionale Wirtschaftsstruktur*
▶ W Wirtschaftssektoren	
▶ P Produkte	Unterbegriffe
▶ N Nachbarwissenschaften	
▶ G Geographische Begriffe	▪ Agrarstruktur EB
▶ A Allgemeinwörter	▪ Beschäftigungsstruktur EB

- Betriebsgrößenstruktur EB
- Industriestruktur EB
- Marktstruktur EB
- Produktionsstruktur EB
- Regionale Wirtschaftsstruktur EB

Verwandte Begriffe

- Branchenklassifikation EB
- Input-Output-Analyse EB
- Mehrsektoren-Modell EB
- Mesoökonomie EB
- Strukturpolitik EB
- Strukturwandel EB

Thesaurus Systematik

- V.04.03 Wirtschaftsstruktur ▼
- W.00 Wirtschaftssektoren ▼

Links zu anderen Thesauri und Vokabularen

- = Wirtschaftsstruktur (aus GND)
- > Branchenstruktur (aus GND)
- > Kommunale Wirtschaftsstruktur (aus GND)
- > Sektorale Wirtschaftsstruktur (aus GND)
- ~ Produktionsweise (aus GND)
- ~ Strukturanpassung (aus GND)
- ~ Strukturkrise (aus GND)
- ~ Strukturberichterstattung (aus GND)
- = Wirtschaftsstruktur (aus Wikidata) W
- = Wirtschaftsstruktur (aus EuroVoc)
- = Wirtschaftsstruktur (aus TheSoz)
- > Monostruktur (aus TheSoz)
- = Wirtschaftsstruktur (aus AGROVOC)

Persistenter Identifier (für Bookmarks und zum Verlinken)

▪ http://zbw.eu/stw/descriptor/11782-3

Standard-Thesaurus Wirtschaft (v 9.12, 2021-10-15) • Anregungen und Kommentare an das Thesaurus Team •
Mailinglisten: stw-announce, stw-user
ZBW - Leibniz-Informationszentrum Wirtschaft - Impressum - Datenschutz

 Der Standard-Thesaurus Wirtschaft steht unter CC BY 4.0.

Abb. 1: Deskriptorsatz *Wirtschaftsstruktur* aus dem Standard-Thesaurus Wirtschaft inkl. Links zu anderen Thesauri und Vokabularen

Abbildung 1 zeigt die Web-Darstellung eines sog. Deskriptorsatzes aus dem Standard-Thesaurus Wirtschaft, einem bilingualen wirtschaftswissenschaftlichen Fachthesaurus. Als Vorzugsbenennung der jeweiligen Sprache, hier dick gedruckt, wird die jeweils gebräuchlichste Benennung verwendet. Ein Klick auf das EB-Icon daneben, stößt eine Recherche nach sämtlichen damit erschlossenen Ressourcen im Fachportal EconBiz an. Die Nicht-Deskriptoren unter „benutzt für" enthalten alternative Benennungen, deren Anzahl je nach Sprachgebrauch der jeweiligen Sprache variieren kann. In dieser Web-Ansicht, anders als für gewöhnlich in Print-Darstellungen, gibt es keine Nicht-Deskriptorsätze. Enthalten sind zwei Erläuterungen, auch Scope Notes genannt, die als kontextabhängige Erläuterung hier jeweils einen Verwendungshinweis auf einen anderen Deskriptor enthalten. Dem Deskriptor sind zwei Stellen in der Thesaurus-Systematik zugeordnet, die als weitere Kontextinformation verdeutlichen sollen, wo in der disziplinspezifischen Unterteilung in Fachteilgebiete der Deskriptor verortet ist. Auf der linken Seite findet sich die oberste Ebene dieser Systematik, entlang derer auch durch die einzelnen Teilgebiete des Thesaurus navigiert werden kann, etwa um sich einen Überblick über die im Thesaurus enthaltenen Themenbereiche zu verschaffen. Sinnvoll ist, sich hierbei an disziplinspezifischen Sachgebietsunterteilungen zu orientieren. Weiter unten sind Links zu anderen Thesauri und Vokabularen aufgeführt (s. Abschnitt 3). In der Web-Präsenz finden sich darüber hinaus weitere Menüpunkte, die die Verwendung erleichtern und ggf. auch die Nachnutzung des Thesaurus ermöglichen sollen. Diese beinhalten eine alphabetische Ansicht über die im Thesaurus enthaltenen Deskriptoren, sog. Mappings zu anderen Vokabularen (s. Abschnitt 3), die Möglichkeit des Downloads, die Anzeige früherer Versionen sowie Hintergrundinformationen u. a. zur Geschichte des Thesaurus. Ferner gibt es die Möglichkeit, mit dem Team bzw. der Thesaurus-Redaktion, etwa für Begriffsvorschläge, in Kontakt zu treten. Am Ende des Deskriptorsatzes findet sich eine Angabe zur Lizenz, unter der der Thesaurus nachgenutzt werden kann.

Neben den Strukturmerkmalen, die anhand des Beispiels veranschaulicht wurden, können weitere Bestandteile Eingang in die Darstellung von Thesauri finden (s. Tabelle 1). Denkbar ist, dass zusätzlich in Form einer Definition die kontextunabhängige lexikalische Bedeutung des Deskriptors angegeben ist, oder dass in einer sog. *History Note* Details zur Anzeige gebracht werden, wann ein Deskriptor aufgenommen oder zuletzt geändert wurde.

3 Thesaurusaufbau und -pflege unter Berücksichtigung informationsethischer Aspekte

Vor der eigentlichen Terminologiearbeit zur Erstellung eines Thesaurus sind zahlreiche grundsätzliche Fragen zu klären, die den Bezugsrahmen des Thesaurus hinsichtlich Gegenstandsbereich und Umfang sowie Nutzerschaft, zu erschließender Ressourcen und Erschließungstiefe betreffen. Daran entscheidet sich etwa, ob es sich um einen mehrsprachigen Thesaurus handeln und welchen Grad an Spezifität die Thesaurusbegriffe aufweisen sollten (Burkart 2004, S. 141). Hieran schließen sich die Auswahl geeigneter Quellen, wie Fachwörterbücher, Lehrbücher sowie relevante Teilausschnitte aus ggf. bereits existierenden sog. Makrothesauri, die thematisch meist relativ breit fachlich allerdings häufig eher allgemein gehalten aufgestellt sind, und die Sammlung von Wortmaterial daraus an. Auf Basis geeigneter Textkorpora lassen sich zunehmend auch Daten getriebene Verfahren, etwa aus dem Bereich des Text Mining (s. Kapitel. B 16 Text and Data Mining), für die Generierung von Kandidatenvokabular verwenden.

An dieser Stelle ist es lohnend, sich die Standortgebundenheit des dieser Art zusammengetragenen Wortguts und sich in einem nächsten Schritt die darin enthaltenen sozialen Implikationen dieser Wissensorganisationsmethode bewusst zu machen. Unter Berücksichtigung der zeitlichen Perspektive ist das Thesaurusvokabular einerseits in die Zukunft gerichtet, da es darum geht, zukünftige Suchanfragen zu antizipieren. Andererseits ist das in dieser Form akquirierte Vokabular sehr stark in zurückliegenden Diskursen, in denen es sich sukzessive etabliert hat, verankert (Buckland 2017, S. 96–98). Gerade in wissenschaftlichen Publikationsprozessen ist Sprache, die jeweils in ein spezifisches Diskursfeld eingebettet ist, stets eine wichtige Ressource im Kampf um wissenschaftliche Anerkennung (Barlösius 2012, S. 130). Legt man einen globalen Maßstab an, wird deutlich, wie sehr die Wissenschaftssysteme zahlreicher Länder und Regionen strukturell benachteiligt sind (Schmidt 2020). Für die Orientierung bei der Terminologiearbeit an der – bezogen auf den Gegenstandsbereich des kontrollierten Vokabulars – allgemeinen Gebräuchlichkeit wurde in der Informationswissenschaft das Konzept des sog. *literary warrant* (Barité 2018) geprägt, wonach ein Begriff erst dann eingeführt werden sollte, wenn er in der Literatur häufiger vorkommt bzw. in einschlägigen Referenzwerken verzeichnet ist. Damit wird auf der einen Seite zwar der Nutzerorientierung entsprochen. Unter Berücksichtigung informationsethischer Gesichtspunkte berge dies, laut Rösch (2021, S. 319), allerdings auch die Gefahr, dass dadurch „bestehende Stereotype, Bewertungen und Herrschaftsstrukturen terminologisch reproduziert" und damit Perspektiven einer Minderheit unterrepräsentiert würden. Tendenziell reproduzieren Thesauri somit eine Mehrheitsmeinung. Da Sprache stets in einen spezifischen zeitlich-kulturellen Kontext eingebettet ist, ist sie immer in gewisser Weise weltanschaulich befangen und verzerrt. Dies gälte es, so Rösch (2021, S. 317), sich bewusst zu machen, nach Kräften zu entschärfen und – wenn möglich – mit dem Ziel einer größeren Ausgewogenheit zu beseitigen. Neben der Termfindung und der sich daran anschließenden terminologischen Kontrolle, bei der das Prinzip der Gleichsetzung von Bezeichnungen bzw. der dahinterliegenden Sachverhalte zum Tragen kommt, birgt auch die begriffliche Kontrolle soziale und ethische Implikationen. So legen Thesauri nicht nur in Form der Äquivalenzrelation, sondern auch durch die hierarchischen Begriffsbeziehungen ein Ordnungssystem an die Welt an, das an den Bedarfen und Relevanzen des Gegenstandsbereichs, der durch den Thesaurus abgedeckt wird, ausgerichtet ist und gewisse Normvorstellungen transportieren kann. Bestimmte Perspektiven, so Olson (1997, S. 183, zitiert nach Rösch 2021, S. 319) unter Verweis auf die *Library of Congress Subject Headings*,[1] seien unterrepräsentiert und was den Normvorstellungen, die darin eingeschlossen seien, nicht entspreche, gelte als Abweichung. Am Beispiel der Gemeinsamen Normdatei (GND),[2] deren Sacherschließungsvokabular sukzessive zu einem Thesaurus ausgebaut werden soll, wurde dies in der Vergangenheit exemplarisch an der Ansetzung und Verortung des Deskriptors *Transsexualismus* deutlich, der lange als Unterbegriff zum Deskriptor *Geschlechtsidentitätsstörung* aufgeführt wurde. Entsprechend dem Nachschlagewerksprinzip der GND bezog man sich als Quelle unter anderem auf die zehnte Ausgabe der *International Statistical Classification of Diseases and Related Health Problems* (ICD-10). Als Transsexualismus in der darauffolgenden Ausgabe nicht mehr länger als Geschlechtsidentitätsstörung geführt wurde, wurde der Deskriptor in *Transsexualität* umbenannt

---

[1] https://id.loc.gov/authorities/subjects.html.
[2] https://www.dnb.de/DE/Professionell/Standardisierung/GND/gnd_node.html.

und als Oberbegriff der Deskriptor *Geschlechtsidentität* angegeben. Die ICD wird nicht mehr als Quelle genannt.[3]

Dieses Beispiel veranschaulicht, dass sprachliche Bezeichnungen nicht stabil sind. Der Wandel in der Sprache, der je nach Perspektive auf einen Gegenstandsbereich bzw. eine Fachdisziplin asynchron verlaufen kann, erfordert Aktualisierungen in der Terminologie. Gleichzeitig gilt es, zurückliegende dominante Ausdrucksformen, etwa für wissenschaftsgeschichtliche Fragestellungen, auffindbar zu halten. Der permanente Sprachwandel macht es erforderlich, dass ein Thesaurus kontinuierlich überprüft und weiterentwickelt wird. In der Regel ist dafür eine Redaktion eingesetzt, die bei Änderungen und Weiterentwicklungen die Bedarfe der Nutzenden sowie die Entwicklungen in der entsprechenden Wissensdomäne im Blick hat. Änderungsbedarfe können etwa die Zusammenlegung von bisher getrennt aufgeführten Deskriptoren oder aber die Aufspaltung eines bisher relativ breit angelegten Deskriptors in zwei oder mehr Deskriptoren betreffen. Ebenfalls denkbar ist die Einführung einer neuen Systematikstelle, etwa aufgrund zahlreicher Innovationen oder neuer Forschungsfelder in einem Fachteilgebiet. Im Zuge der zunehmenden (Teil-)Automatisierung der Sacherschließung durch prozessunterstützende Assistenzsysteme, wie den Digitalen Assistenten[4] (siehe auch Beckmann et al. 2019), gilt es, neben Begriffsvorschlägen von Inhaltserschließenden weitere Quellen für Kandidatenvokabular zu nutzen, um die Rückbindung an die Entwicklung des Fachwissens sicherzustellen, die für die Begriffsfindung und terminologische Arbeit unabdingbar ist. Denkbar ist etwa das maschinelle Clustering von Stichwörtern, die von Autorinnen und Autoren vergeben wurden, wodurch die terminologische Weiterentwicklung zusätzlich potentiell stärker an die Perspektive von Forschenden heranrücken könnte, oder die technisch unterstützte Analyse von Recherche-Logfiles der Nutzerinnen und Nutzer eines Informationssystems.

Das Thesaurusmanagement lässt sich durch den Einsatz von Software vereinfachen, die etwa das reziproke Anlegen von Relationen und Konsistenzchecks erlaubt (siehe ISO 2011, Kapitel 14 zu Anforderungen an Thesaurusmanagement-Software). Je nach Gesamtarchitektur des Informationssystems lässt sich zwischen anwendungsabhängiger bzw. integrierter Software, bei der gleichzeitig der Dokumentbestand mit gepflegt wird, und anwendungsunabhängiger bzw. autonomer Thesaurusmanagement-Software unterscheiden (Bertram 2005, S. 230–231). Neben kommerzieller Software stehen zunehmend auch Open-Source-Anwendungen zur Verfügung.

4 Öffnung des Bezugsrahmens von Thesauri

Den primären Bezugsrahmen eines Thesaurus stellte lange Zeit ein abgeschlossenes Informationssystem dar. Mittlerweile setzen sich Suchräume häufig aus verteilten Datenbanken zusammen und die inhaltsbeschreibenden Metadaten (s. Kapitel B 9 Metadaten) der in ihnen enthaltenen Informationsressourcen weisen oftmals eine große Heterogenität auf. Um etwa in Fachportalen eine Datenbank übergreifende Suche zu ermöglichen, gilt es, über Querverbindungen bzw. sog. Crosskonkordanzen oder Mapping-Relationen im Sinne von Synonym-, Ähnlichkeits- oder Hierarchie-Beziehungen die Begriffe der unterschiedlichen kontrollierten Vokabulare aufeinander abzubilden. In den Suchindex

---

3 https://d-nb.info/gnd/4185937-6.
4 https://www.eurospider.com/de/relevancy-produkt/digitaler-assistent-da-3.

aufgenommene Äquivalenzrelationen können so als zusätzliche Sucheinstiege genutzt werden (Kempf & Neubert 2016, S. 166–167). Im Deskriptorsatz als Links zur Anzeige gebracht (siehe Abbildung 1) können sie darüber hinaus als Brücke in weitere Rechercheportale dienen. Insbesondere der zweite Teil des ISO-Standards 25964 liefert Orientierung beim Aufbau derartiger Mapping-Relationen. Es wird zwischen verschiedenen Formen von Äquivalenz und unterschiedlichen Mapping-Modellen unterschieden. So können entweder uni- oder bidirektionale Direktverbindungen zwischen allen beteiligten Wissensorganisationssystemen aufgebaut oder eines der berücksichtigten Systeme als sog. *Hub* bzw. zentraler Knotenpunkt genutzt werden. Die beteiligten Wissensorganisationssysteme sind dann lediglich mit diesem direkt verbunden. Ein Beispiel für eine derartige Datendrehscheibe, mit deren Entitäten mittlerweile zahlreiche Thesauri verlinkt sind, ist die sog. Wissensdatenbank Wikidata.[5] Zu aktuellen Initiativen, die das Ziel verfolgen, die Infrastruktur zu Aufbau, Pflege und Nachnutzung von Mappings wirksam zu verbessern, zählen etwa coli-conc[6] und das Projekt GND-mul.[7]

Ein weiterer wesentlicher Schritt, wodurch sich der Bezugsrahmen von Thesauri deutlich erweitert hat, bildete die Verabschiedung des sog. SKOS-Standards – das Akronym steht für *Simple Knowledge Organization System* – zur Veröffentlichung von Thesauri und anderen kontrollierten Vokabularen im Web durch das *World Wide Web Consortium* (2009). Hierbei handelt sich um ein RDF-basiertes, maschinenlesbares Datenformat, das für das Semantic Web entwickelt wurde und auf das mittlerweile zahlreiche Linked-Data-Anwendungen zugreifen. Die Deskriptoren bzw. die in den Deskriptorsätzen enthaltenen semantischen Informationen – bei der Anzeige im Web werden sie über RDFa (*Resource Description Framework in attributes*) in die HTML-Webseiten eingebettet – werden durch persistente, im World Wide Web eindeutig referenzierbare Identifier (*Uniform Resource Identifier* – URI) repräsentiert. Ebenso wird es möglich, den Thesaurus in einem Download-Format anzubieten, das eine maschinelle Nachnutzung zulässt. Des Weiteren erlaubt es der Web-Standard für den Fall, dass Änderungen im Thesaurus in aufeinanderfolgenden eigenen Versionen veröffentlicht werden und jede publizierte URI persistent bleibt, diese Änderungen entlang der Versionen transparent zu machen. Indem die HTML/RDFa-Seiten älterer Versionen weiter online verfügbar gehalten werden, können durch sog. Linked-Data-basierte Änderungsberichte sämtliche Änderungen, die von einer auf die andere Version durchgeführt wurden, transparent gemacht und Unterschiede zwischen den Versionen maschinell ausgewertet, analysiert und dargestellt werden (Gastmeyer et al. 2016, S. 236).[8]

Darüber hinaus lassen sich mit Veröffentlichung des SKOS-Standards auch obige Mapping-Relationen zwischen Wissensorganisationssystemen im Web veröffentlichen. Fünf unterschiedliche Typen von Mapping-Relationen stehen zur Verfügung, um im Fall von Thesauri Deskriptoren aus unterschiedlichen Thesauri aufeinander abzubilden und dadurch semantische Interoperabilität herzustellen, die je nach Überlappung des Bedeutungsumfangs weiter ausdifferenziert werden kann. Darüber hinaus lassen sich je nach Eigenschaft der Relationen, die maschinell interpretiert werden können, automatisch Inferenzen ziehen (Hubrich 2018, S. 265). Die beiden sog. intersystemischen Relationstypen *skos:exactMatch* und *skos:closeMatch*, die von Bedeutungsgleichheit bzw. -ähnlichkeit

---

5 https://www.wikidata.org/wiki/Wikidata:Main_Page.
6 https://coli-conc.gbv.de/.
7 https://gnd.network/Webs/gnd/DE/Projekte/GNDmul/GNDmul_node.html.
8 Zum Vorgehen bei der maschinellen Auswertung unterschiedlicher Versionen eines Wissensorganisationssystems im SKOS-Format siehe auch https://github.com/jneubert/skos-history.

ausgehen, verfügen über die logische Eigenschaft der Symmetrie. *Skos:exactMatch* verfügt darüber hinaus über die logische Eigenschaft der Transitivität. Wenn Deskriptor D^A aus dem Thesaurus A über *skos:exactMatch* mit einem in dem Thesaurus B modellierten Deskriptor D^B verbunden ist und letzterer auch über *skos:exactMatch* mit einem in Thesaurus C modellierten Deskriptor D^C verlinkt ist, kann aufgrund der Transitivität der Relation der Rückschluss gezogen werden, dass auch Deskriptor D^A über *skos:exactMatch* mit Deskriptor D^C verbunden ist. Transitive Relationen, die sich insbesondere aus Mappings ziehen lassen, die dem obigen Mapping-Modell des *Hub* entsprechen, können für automatische Sucherweiterungen genutzt werden (Hubrich 2018, S. 266). Zusätzlich lassen sich Mapping-Relationen zwischen Deskriptoren aus unterschiedlichen Thesauri erstellen, die in einer hierarchischen oder assoziativen Beziehung zueinander stehen. Hierarchische intersystemische Beziehungen werden durch die als invers definierten Relationstypen *skos:narrowMatch* und *skos:broadMatch* zum Ausdruck gebracht, assoziative intersystemische Relationen durch den mit der logischen Eigenschaft der Symmetrie ausgezeichneten Relationstyp *skos:relatedMatch*.

Durch die Web-Veröffentlichung und die Anzeige von Links zu anderen Thesauri und Vokabularen wird der Thesaurus selbst zu einer Art Daten-Drehscheibe. Zum einen schlägt er innerhalb des Vokabulars eine Brücke zum Rechercheportal, in das er eingebunden ist. Zum anderen bündelt er Verknüpfungen zu anderen Datenbanken und Katalogen.

5 Ausblick

Verbunden mit den aufgezeigten veränderten Rahmenbedingungen und Anwendungskontexten ist die Diskussion um die Rolle von Thesauri in modernen Information Retrieval-Systemen längst eröffnet (Dextre Clarke 2016). Da Aufbau, Pflege und Weiterentwicklung von Thesauri mit einem hohen Ressourcenaufwand verbunden sind, wird es zunehmend darauf ankommen, sämtliche dieser Prozessschritte zusätzlich stärker datengetrieben auszurichten und auf (teil-)automatisierte Unterstützungsverfahren zu setzen, etwa bei der Generierung von Kandidatenvokabular oder bei dem Aufspüren von Bedeutungsveränderungen von Begriffen bzw. ihren sprachlichen Repräsentationen, etwa durch Auswertung ihrer textlichen Einbettung bzw. ihrer sog. *Word Embeddings*. Die Veröffentlichung von Thesauri in einem maschinenlesbaren Format und der Ausbau Web basierter maschinenlesbarer Vokabular-Mappings – ggf. zusätzlich angereichert mit semantischen Kontextinformationen – sowie der Aufbau nachhaltiger Mapping-Infrastrukturen bilden hierfür wichtige Ausgangs- und Rahmenbedingungen. Gleichzeitig kann der Auf- und Ausbau von Mapping-Relationen zu anderen Vokabularen wichtige Unterstützung dabei bieten, die Interoperabilität von Begriffsansetzungen zu schärfen, die mit zunehmender Vernetzung offen und anschlussfähig gestalteter Informationssysteme an Bedeutung gewinnt. Daneben können von der Ausweitung der Thesaurus-Methodik auf weitere Datentypen, etwa Forschungsdaten, und von den damit verbundenen Erschließungs- und Kuratierungsaufgaben wichtige Impulse für eine zukunftsorientierte Ausrichtung der Thesaurusmanagementprozesse ausgehen.[9]

---

[9] Als ein Projekt zur Thesaurus gestützten Erschließung von Forschungsdaten sei beispielhaft auf die Pilotstudie *Linked Open Research Data* (LORDpilot) verwiesen.

Schließlich wird es zukünftig weiterhin darum gehen, Thesauri optimal in moderne Information Retrieval-Anwendungen zu integrieren, um – zumeist quasi im Hintergrund – auf Basis von terminologischer und begrifflicher Kontrolle eine optimale Retrieval-Unterstützung, etwa bei Mehrsprachigkeit und Fremddatennutzung, zu erzielen. Der zweite Teil der ISO-Norm 25964 (ISO 2013) zur Interoperabilität von Thesauri mit anderen Vokabularen liefert hierzu wichtige Leitlinien. Denkbar ist die Einbindung der Thesaurus-Methodik in „hybride Wissensorganisationssysteme" (Dextre Clarke 2019, S. 453), etwa indem fachbezogene Ontologien oder Wissensgraphen um thesaurusspezifische Struktur- und Relationsbeziehungen ergänzt werden.

Tab. 1: Relationenkürzel und Erläuterungen zu Angaben in einem Deskriptorsatz (in Anlehnung an ISO 25964, 2011 und DIN 1463-1, 1987, DIN 1463-2, 1988)

Deutsch	Englisch	Erläuterung
Hinweise und Definitionen		
H Hinweis	SN Scope Note	Erläuterung
D Definition	D Definition	Definition
-	HN History Note	Hinweis zur Einführung von oder Änderung an einem Deskriptorsatz (in DIN 1463, 1987 ist keine Abkürzung enthalten)
Codes		
- Systematikstelle	SC Subject Category	Notation einer Systematik
C Begriffscode oder Notation	CC Concept Code or Notation	kodierte Bezeichnung aus anderen Systemen
Verweisungen		
BS Benutze Synonym / Quasisynonym	USE Use	Äquivalenz: ND – Deskriptor
BF Benutzt für Synonym / Quasisynonym	UF Used for	Äquivalenz: Deskriptor – ND
BK Benutze Kombination	USE...+ Use	partielle Äquivalenz: ND – mehrere Deskriptoren
KB Benutzt in Kombination	UF+ / UFC Used for combination	partielle Äquivalenz: Deskriptor – ND
Relationen		
TT Top Term	TT Top Term	oberster Begriff
OB Oberbegriff	BT Broader Term	übergeordneter Begriff
OA Oberbegriff	BTG Broader Term (generic)	Oberbegriff (Abstraktionsrelation)
-	BTI Broader Term (instantial)	Oberbegriff (Instanzrelation)
SP Verbandsbegriff	BTP Broader Term (partitive)	Verbandsbegriff (Bestandsrelation)
UB Unterbegriff	NT Narrower Term	untergeordneter Begriff
UA Unterbegriff	NTG Narrower Term (generic)	Unterbegriff (Abstraktionsrelation)
-	NTI Narrower Term (instantial)	Unterbegriff Instanzrelation (Individualbegriff)

Deutsch	Englisch	Erläuterung
TP Teilbegriff	NTP Narrower Term (partitive)	Teilbegriff
VB Verwandter Begriff	RT Related Term	Assoziationsrelation

6 Literaturverzeichnis

Barité, M. (2018). Literary warrant. *Knowledge Organization*, 45(6), 517–536. https://doi.org/10.5771/0943-7444-2018-6-517.

Barlösius, E. (2012). Wissenschaft als Feld. In S. Maasen, M. Kaiser, M. Reinhart & B. Sutter (Hrsg.), *Handbuch Wissenschaftssoziologie* (S. 125–135). Springer VS. https://doi.org/10.1007/978-3-531-18918-5_10.

Beckmann, R., Hinrichs, I., Janßen, M., Milmeister, G. & Schäuble, P. (2019). Der Digitale Assistent DA-3: Eine Plattform für die Inhaltserschließung. *o-bib. Das offene Bibliotheksjournal*, 6(3), 1–20. https://doi.org/10.5282/o-bib/2019H3S1-20.

Bertram, J. (2005). *Einführung in die inhaltliche Erschließung: Grundlagen – Methoden – Instrumente*. Ergon.

Buckland, M. (2017). *Information and Society*. The MIT Press. https://doi.org/10.7551/mitpress/10922.001.0001.

Burkart, M. (2004). Thesaurus. In R. Kuhlen, T. Seeger & D. Strauch (Hrsg.), *Grundlagen der praktischen Information und Dokumentation* (5. Aufl., S. 141–154). K. G. Saur. https://doi.org/10.1515/9783110964110.141.

Deutsches Institut für Normierung (1987). *Erstellung und Weiterentwicklung von Thesauri: Einsprachige Thesauri* (DIN 1463-1:1987-11). Beuth.

Deutsches Institut für Normierung (1988). *Erstellung und Weiterentwicklung von Thesauri: Mehrsprachige Thesauri* (DIN 1463-2:1988-12). Beuth.

Dextre Clarke, S. G. (2016). Origins and Trajectory of the Long Thesaurus Debate. *Knowledge Organization*, 43(3), 138–144. https://doi.org/10.5771/0943-7444-2016-3-138.

Dextre Clarke, S. G. (2019). The Information Retrieval Thesaurus. *Knowledge Organization*, 46(6), 439–459.

Gastmeyer, M., Wannags, M.-M. & Neubert, J. (2016). Relaunch des Standard-Thesaurus Wirtschaft: Dynamik in der Wissensrepräsentation. *Information. Wissenschaft & Praxis*, 67(4), 217–240. https://doi.org/10.1515/iwp-2016-0039.

Hubrich, J. (2018). Semantische Interoperabilität zwischen Klassifikationen und anderen Wissenssystemen. In H. Alex, G. Bee & U. Junger (Hrsg.) *Klassifikationen in Bibliotheken: Theorie – Anwendung – Nutzen* (S. 235–276). De Gruyter Saur. https://doi.org/10.1515/9783110299250-008.

International Organization for Standardization (2011). *Information and documentation – Thesauri and interoperability with other vocabularies – Part 1: Thesauri for information retrieval* (ISO Standard No. 25964-1:2011). https://www.iso.org/standard/53657.html.

International Organization for Standardization (2013). *Information and documentation – Thesauri and interoperability with other vocabularies – Part 2: Interoperability with other vocabularies* (ISO Standard No. 25964-2:2013). https://www.iso.org/standard/53658.html.

Kempf, A. O. & Neubert, J. (2016). The role of thesauri in an open web: A case study of the STW Thesaurus for Economics. *Knowledge Organization*, 43(3), 160–173. https://doi.org/10.5771/0943-7444-2016-3-160.

Olson, H. A. (1997). The feminist and the emperor's new clothes: Feminist deconstruction as a critical methodology for library and information studies. *Library & Information Science Research*, 19(2), 181–198. https://doi.org/10.1016/S0740-8188(97)90042-6

Rösch, H. (2021). *Informationsethik und Bibliotheksethik: Grundlagen und Praxis*. De Gruyter. https://doi.org/10.1515/9783110522396.

Schmidt, N. (2020). *The Privilege to Select: Global Research System, European Academic Library Collections, and Decolonisation*. Lund University. https://doi.org/10.5281/zenodo.4011295.

Stock, W. G. & Stock, M. (2008). *Wissensrepräsentation. Informationen auswerten und bereitstellen*. Oldenbourg.

World Wide Web Consortium. (2009). *SKOS Simple Knowledge Organization System Reference. W3C Recommendation*. Retrieved November 29, 2021, from http://w3.org/TR/skos-reference/.

Michael Kleineberg
B 5 Klassifikation

1 Einleitung

In einem weitgefassten Sinne bedeutet Klassifikation die Einteilung von Gegenständen in Gruppen bzw. Klassen aufgrund gemeinsamer Merkmale. Das Wort *Klassifikation* (aus lat. *classis* „Klasse, Abteilung, Auswahl" und lat. *facere* „machen, herstellen, anfertigen") bezeichnet seit dem 18. Jh. zunächst den Prozess der Klassenbildung und später auch dessen Ergebnis (Engelien 1971, S. 10). Bereits bei der kognitiven Wahrnehmung sowie in natürlichen Sprachen fungieren Klassifikationen als Hilfsmittel zur Ordnung von Dingen der Alltagswelt um Komplexität zu reduzieren (Iyer 2012, S. 40–59). In einer solchen pragmatischen Funktion spielen auch Klassifikationssysteme als strukturierte Darstellungen von Klassen und ihren Relationen in vielen Bereichen der Gesellschaft eine wichtige Rolle wie beispielsweise bei der Katalogisierung in Bibliotheken, der Eintragung von Patenten oder der Diagnose von Krankheiten. Aufgrund ihrer erkenntnisvermittelnden Funktion, die darin besteht, Zusammenhänge innerhalb eines Gegenstandsbereiches aufzuhellen, sind Klassifikationssysteme zudem von großer Bedeutung in der Wissenschaft bzw. für Sprachgemeinschaften, die sich mittels einer gemeinsamen Fachterminologie verständigen. Als Forschungsgegenstand sind Klassifikationen bzw. Klassifikationssysteme besonders relevant in der Anthropologie, Linguistik, Psychologie, Logik, Mathematik, Biologie sowie der Bibliotheks- und Informationswissenschaft (Parrochia & Neuville 2013; Pommerening & Bisang 2017).

Dieser Beitrag nimmt eine informationswissenschaftliche Perspektive ein und betrachtet das Phänomen der Klassifikation als Methode und System der Wissensorganisation. Ein Klassifikationssystem wird dabei als Wissensorganisationssystem (engl. *knowledge organization system*) verstanden, das vor allem im Bereich der Information und Dokumentation zum Einsatz kommt, um dokumentarische Bezugseinheiten (DBE) mit einem kontrollierten Vokabular zu beschreiben (s. Kapitel B 1 Einführung Wissensorganisation). Als eine solche Dokumentationssprache zeichnet sich ein Klassifikationssystem typischerweise durch seine systematische Ordnung aus und dient der inhaltlichen Groberschließung, eignet sich aber auch als Aufstellungssystematik und Hilfsmittel bei der Recherche wie etwa als systematischer Sucheinstieg oder thematischer Filter für Treffermengen. Beim Information Retrieval liegt die Stärke der klassifikatorischen Erschließung durch das hohe Abstraktionsniveau in Überblicks- und Vollständigkeitsrecherchen (Bertram 2005, S. 152).

Von anderen Wissensorganisationssystemen unterscheidet sich die Klassifikation im engeren Sinne durch die ausgeprägte Darstellung von Hierarchierelationen wie etwa im Gegensatz zu Schlagwortliste, Nomenklatur oder Folksonomy (s. Kapitel B 17 Folksonomies und Social Tagging), durch die Unabhängigkeit von natürlichen Sprachen mittels formaler Notationen wie etwa im Gegensatz zum Thesaurus (s. Kapitel B 4 Thesauri) sowie durch die Einsatzmöglichkeit in sowohl digitalen als auch nicht-digitalen Umgebungen wie etwa im Gegensatz zur Ontologie (s. Kapitel B 10 Ontologien und Linked Open Data). Die Klassifikation zählt zu den am weitesten verbreiteten Methoden und Systemen der Wissensorganisation und stützt sich auf Ordnungsprinzipien, die aus dem Alltag vertraut sind (Gaus 2005, S. 73). Klassifikationssysteme besitzen eine bis zur Antike reichende Tradition, finden weltweit Anwendung um Gegenstände (z. B. Objekte,

Sachgebiete, Prozesse, Regionen, Dokumente) in eine systematische Ordnung zu bringen und spielen eine wichtige Rolle bei der terminologischen Standardisierung. Bedeutende Beispiele sind die Dewey-Dezimalklassifikation (DDC), die Internationale Patentklassifikation (IPC) und die Internationale statistische Klassifikation der Krankheiten und verwandter Gesundheitsprobleme (ICD). Dieser Beitrag gibt nach einer grundbegrifflichen Klärung einen allgemeinen Überblick über Klassifikationssysteme hinsichtlich ihrer Grundstrukturen, Hauptfunktionen, Anwendungsbereiche und Evaluationskriterien.

2 Grundbegriffe zur Klassifikation

Aufgrund der multidisziplinären Perspektiven auf das Phänomen der Klassifikation sowie der vielfältigen Anwendungsbereiche besteht auch im informationswissenschaftlichen Diskurs oftmals kein einheitlicher Sprachgebrauch, weshalb zunächst eine grundbegriffliche Klärung erfolgen soll, die sich an einschlägigen nationalen und internationalen Normen orientiert (Deutsches Institut für Normierung – DIN 2019, 2021; International Organization for Standardization – ISO 2009, 2013). Die entsprechende Wortfamilie, die neben *Klassifikation* auch *Klassifizieren*, *Klassieren* und *Klassifikationssystem* umfasst, nimmt ihren Ausgang vom Stammwort *Klasse*, das eine Menge von Gegenständen mit gemeinsamen Merkmalen bezeichnet (ISO 2013, S. 10). Eine Klasse lässt sich sowohl extensional dem Umfang nach bestimmen durch die Menge der ihr zugehörigen Gegenstände als auch intensional dem Inhalt nach durch die Merkmale, die diesen Gegenständen gemeinsam sind (ISO 2009, S. 6). In diesem Sinne definiert die einschlägige DIN-Norm zur Erstellung und Weiterentwicklung von Klassifikationssystemen eine Klasse prägnant als die „Gesamtheit der Gegenstände, die unter einen Begriff fallen" (DIN 2021, S. 7). Dabei umfassen *Gegenstände* alles Wahrnehmbare oder Vorstellbare und können materiell, immateriell oder erdacht sein; während unter *Begriff* eine Denkeinheit verstanden wird, die aus einer Menge von Gegenständen durch Abstraktion gemeinsamer Merkmale gebildet wird. Jede Klasse korrespondiert also mit einem Begriff, weshalb Klassifikationssysteme auch *Begriffssysteme* darstellen (DIN 2019, S. 11; DIN 2021, S. 8). Es wird jedoch unterschieden zwischen *monothetischen Klassen*, bei denen jedes zugehörige Element das gleiche notwendige und hinreichende Merkmal bzw. Merkmalsbündel aufweist, und *polythetischen Klassen*, bei denen die zugehörigen Elemente zwar eine signifikante Anzahl von Merkmalen teilen, aber kein Merkmal auf alle Elemente zugleich zutreffen muss (Hjørland 2017, S. 114–115; Kleineberg 2022). Letztere wurden vor allem für die Alltagssprache durch Ludwig Wittgensteins Konzeption der *Familienähnlichkeiten* sowie für die natürliche Kognition durch Eleanor Roschs Konzeption der *Prototypen* aufgezeigt (Jacob 2004, S. 520–522).

Des Weiteren wird unter *Klassifizieren* die Bildung von Klassen verstanden, also die Bestimmung der Merkmale, nach denen Gegenstände gruppiert werden sollen; wohingegen *Klassieren* die Anwendung von Klassen meint, also die Zuordnung von Gegenständen zu bereits bestehenden Systemstellen eines Klassifikationssystems (Dahlberg 1974, S. 20). Abweichend wird jedoch *Klassifizieren* zum Teil auch in der Bedeutung von *Klassieren* gebraucht (Lorenz 1998, S. 22; Gaus 2005, S. 73).

Schließlich wird *Klassifikationssystem* definiert als „strukturierte Darstellung von Klassen und der zwischen ihnen bestehenden Begriffsbeziehungen" (DIN 2021, S. 7). Allgemein lassen sich hierarchische von nicht-hierarchischen Klassifikationssystemen unterscheiden (Expert Group on International Statistical Classification 2013, S. 5; Gaus

2005, S. 69), allerdings wird in Abgrenzung zu anderen Wissensorganisationssystemen das Vorhandensein von Hierarchierelationen auch als konstitutiv für Klassifikationen angesehen (Gödert 1987, S. 158; Buchanan 1989, S. 12; Stock & Stock 2008, S. 192; Lorenz 2018, S. 4). Einen Überblick zu unterschiedlichen Definitionen zur Klassifikation und verwandter Begriffe bietet Hjørland (2017, S. 98–102, 122–128), während Glushko et al. (2013, S. 273) eine Differenzierung vornehmen zwischen individuellen, kulturellen und institutionellen Kontexten von Klassifikationen. Dieser Beitrag fokussiert sich auf institutionelle Klassifikationssysteme, die von einem offiziellen Gremium erstellt und weiterentwickelt werden, und damit vor allem auf strukturierte Darstellungen von monothetischen Klassen mit ausgeprägten hierarchischen Relationen.

3 Strukturen von Klassifikationssystemen

3.1 Bestandteile: Klassen, Relationen, Bezeichnungen

Zu den Grundbestandteilen von Klassifikationssystemen gehören *Klassen* (synonym: *Begriffe*) als Systemstellen, die Darstellung von *Klassenrelationen* (synonym: *Begriffsbeziehungen*) sowie die *Klassenbezeichnungen* sowohl als verbale Benennungen als auch formale Notationen (DIN 2021, S. 8). Die Bildung der Klassen ist abhängig vom Anwendungsbereich und Zweck des Klassifikationssystems, orientiert sich aber in der Regel an monothetischen und disjunkten Klassen, um eine eindeutige Klassenzuordnung zu ermöglichen. In Dokumentationssprachen beziehen sich Klassen zumeist auf den Inhalt von dokumentarischen Bezugseinheiten (DBE), können als Formklassen aber auch auf den Typ des Mediums (z. B. Zeitschrift), die Art der Präsentation (z. B. Enzyklopädie), die literarische Gattung (z. B. Roman) oder die Sprache verweisen (Buchanan 1989, S. 120–121).

Die einzelnen Klassen stehen untereinander in einem systematischen Zusammenhang, der durch formale Relationen (z. B. Identität, Disjunktion, Inklusion, Intersektion) und materiale Relationen aufgrund inhaltlicher Merkmale bestimmt ist (DIN 2021, S. 10). Für Klassifikationssysteme besonders relevant ist hierbei die Hierarchierelation, die ein Inklusionsverhältnis darstellt zwischen einer übergeordneten Klasse und ihrer untergeordneten Klasse. Diese oftmals vertikal abgebildete Relation wird *klassifikatorische Leiter* (synonym: *Begriffsleiter, klassifikatorische Kette*; engl. *chain*) genannt und kann weitere Unterteilungen aufweisen. Beispiel: Tier–Hund–Dackel. Dagegen wird die entsprechend horizontal abgebildete Relation zwischen gleich- bzw. nebengeordneten Klassen als *klassifikatorische Reihe* (synonym: *Begriffsreihe*; engl. *array*) bezeichnet. Beispiel: Dackel–Pudel–Terrier. Besitzt eine Klasse genau eine direkt übergeordnete Klasse, handelt es sich um eine *Monohierarchie*, bei zwei oder mehreren entsprechend um eine *Polyhierarchie*.

Des Weiteren lässt sich die Hierarchierelation differenzieren in die Abstraktionsrelation und die Bestandsrelation. Bei der *Abstraktionsrelation* (synonym: *generische Relation, Genus-Spezies-Beziehung, Hyponymie*) spricht man von einer *Abstraktionsleiter*, die durch *Oberklasse* (synonym: *Oberbegriff*) und *Unterklasse* (synonym: *Unterbegriff*) gebildet wird. Sie zeichnet sich dadurch aus, dass bei gleichem Merkmalsbesitz die Unterklasse zusätzlich ein differenzierendes Merkmal aufweist und damit einen kleineren Klassenumfang. Beispiel: Baum–Kirschbaum. Die Besonderheit der Abstraktionsrelation ist die Merkmalsvererbung von Oberklassen auf alle ihre Unterklassen, wie man sie etwa in biologischen Taxonomien in der Tradition von Carl von Linnés *Systema Naturæ* finden kann (Hjørland 2017). Dagegen spricht man bei der *Bestandsrelation* (synonym: *partitive Relation, Teil-Ganzes-Beziehung, Meronymie*) von einer *Bestandsleiter*, die durch *Verbandsklasse* (synonym: *Verbandsbegriff*) und *Teilklasse* (synonym: *Teilbegriff*) gebildet wird. Beispiel: Automobil–Motor. Partitive und generische Hierarchierelationen stellen bei stringenten Unterteilungen transitive Ordnungen dar, die logisches Schließen (z. B. wenn A > B und B > C, dann A > C) ermöglichen und somit einzelne Systemstellen semantisch kontextualisieren (Kwasnik 1999, S. 25–26; Stock & Stock 2008, S. 70–72).

Neben den Hierarchierelationen für klassifikatorische Leitern stellen die Assoziationsrelationen für klassifikatorische Reihen weitere wichtige Ordnungsprinzipien dar. Dabei können diese nach einer Vielzahl von Kriterien bestimmt sein wie etwa zeitlich (z. B. chronologisch, entwicklungslogisch), räumlich (z. B. horizontal, vertikal, zirkulär), quantitativ (z. B. nach Anzahl), qualitativ (z. B. nach Komplexität), komplementär (z. B. Oppositionen), funktional (z. B. Mittel-Zweck), kausal (z. B. Ursache-Wirkung) oder kanonisch durch Tradition (Buchanan 1989, S. 42; ISO 2009, S. 17–18). Im Gegensatz zu Ontologien oder Topic Maps werden diese assoziativen Relationen aber nicht spezifiziert, sondern zeigen eine unspezifische semantische Verwandtschaft an.

Zur strukturierten Darstellung von Klassifikationen gehören schließlich auch die Bezeichnungen, die jede Klasse eindeutig bestimmen und von anderen unterscheiden. Das schließt zu einem gewissen Grad eine Terminologiekontrolle ein. Dabei werden einerseits Synonyme bzw. Quasisynonyme, die eine Äquivalenzrelation darstellen, mittels einer Vorzugsbezeichnung zusammengeführt und andererseits Polyseme bzw. Homonyme semantisch getrennt durch die Zuordnung zu verschiedenen Systemstellen. Während verbale Benennungen die Klassen allgemeinverständlich bezeichnen und gegebenenfalls um Anmerkungen mit Erläuterungen und Verweisen ergänzt werden, nutzen die meisten institutionellen Klassifikationssysteme zusätzlich die Vorteile von formalen Notationen. Diese bestehen vor allem darin, eine Kurzform für Klassenbezeichnungen darzustellen (z. B. für Signaturen und Verweise), eine mnemotechnische Funktion zu erfüllen, als Platzhalter für noch unbenannte Klassen zu fungieren sowie ein neutrales Medium bei Mehrsprachigkeit zu bieten (DIN 2021, S. 14–15). Notationen können alphabetisch aus Buchstaben, numerisch aus Ziffern oder alphanumerisch aus einer Kombination beider bestehen und weisen oft eine Reihe von Sonderzeichen auf wie etwa als Indikatoren für Klassenkombinationen oder zur optischen Gliederung bei längeren Zeichenketten. Beispielsweise erhält in bibliothekarischen Klassifikationssystemen die Klasse *Buddhismus* folgende unterschiedliche Notationen:

Bliss Bibliographic Classification (BC2):	PJ
Dewey Decimal Classification (DDC):	294.3
Library of Congress Classification (LCC):	BQ1-9800
Regensburger Verbundklassifikation (RVK):	BE 8450
Systematik für Bibliotheken (SfB):	Rel 165
Universal Decimal Classification (UDC):	24

Während *hierarchische Notationssysteme* strukturabbildend sind und die jeweilige Hierarchieebene erkennen lassen wie etwa durch die Dezimalstellen in der DDC-Hauptnotation, bleiben *sequentielle Notationssysteme* strukturell intransparent und geben lediglich die relative Lage der Systemstellen wieder wie etwa in der SfB-Notation. Als Mischformen zeichnen sich *hierarchisch-sequentielle Notationssysteme* dadurch aus, dass nur die oberen Hierarchieebenen strukturell abgebildet werden wie etwa durch die ersten beiden

Buchstaben in der LCC-Notation (DIN 2021, S. 16–17). Darüber hinaus bietet sich in manchen Fällen auch eine bildliche Darstellung als Klassenbezeichnung an, wie das Beispiel der olympischen Piktogramme für die unterschiedlichen Sportarten anschaulich belegt (vgl. DIN 2019, S. 26).

3.2 Typen: Enumerative Klassifikation und facettierte Klassifikation

Hinsichtlich ihrer Struktur werden enumerative und facettierte Typen von Klassifikationssystemen unterschieden. Die *enumerative Klassifikation* (synonym: *präkombinierte Klassifikation*, *hierarchische Klassifikation*) besitzt einen monohierarchischen Aufbau und folgt einem systematischen Ordnungsprinzip. Sämtliche für das Klassieren vorgesehenen Klassen werden dabei eigens aufgezählt und erhalten vordefinierte Systemstellen mit jeweils eigener Benennung bzw. Notation. Komplexe Sachverhalte werden hierbei von Anfang an durch die entsprechende hierarchische Anordnung der Klassen im System repräsentiert, weshalb man auch von *Präkombination* spricht. Beispielsweise stellt die typische Warenpräsentation in einem Schuhladen eine solche systematische Ordnung dar, wenn es zunächst eine räumliche Trennung von Damen-, Herren- und Kinderschuhen gibt, die dann jeweils weiter nach Zweck und dann nach Größe unterteilt werden, so dass für jede mögliche Kombination wie etwa „Herrensportschuhe in Übergröße" ein eigener Platz vorgesehen ist (vgl. Nohr 1996, S. 82; Bertram 2005, S. 171). Dabei wird jede hierarchische Unterteilung monodimensional nach nur einem Kriterium vorgenommen, damit eine eindeutige Zuordnung bei der Aufstellung möglich bleibt. Dementsprechend erfordert jedes einzelne Unterteilungskriterium (z. B. Träger, Zweck, Größe, Hersteller, Material, Preis) eine weitere Hierarchieebene, wobei die gleichen Unterteilungen in verschiedenen Bereichen vorgenommen werden müssen und sich die Anzahl der Systemstellen deutlich erhöht. Umfangreiche enumerative Klassifikationen neigen daher zur Unübersichtlichkeit und zu einer schwerfälligen Erweiterbarkeit.

Diese Herausforderungen werden durch die *facettierte Klassifikation* (synonym: *Facettenklassifikation*, *analytisch-synthetische Klassifikation*) adressiert, indem ein perspektivisches Ordnungsprinzip befolgt wird. Hierbei beruhen die für das Klassieren vorgesehenen Klassen auf einer überschaubaren Anzahl von *elementaren Klassen* (engl. *elemental classes*), die bei Bedarf miteinander kombiniert werden können (Buchanan 1989, S. 25, vgl. abweichende Übersetzung S. 18). Diese elementaren Klassen werden nach Kategorien bzw. den sogenannten *Facetten* gruppiert und stellen innerhalb einer Facette deren Ausprägungen bzw. *Foci* dar. Für das Beispiel mit den Schuhen würde also die Facette „Träger" ausgeprägt sein durch die Foci „Damen", „Herren" und „Kinder", während die Facette „Zweck" die Foci „im Haus", „auf der Straße" und „beim Sport" beinhalten könnte (Bertram 2005, S. 173). Der Vorteil einer solchen Facettierung besteht darin, dass die Vielzahl der potentiellen Klassenkombinationen aus unterschiedlichen Facetten bzw. Foci nicht von vornherein in einem starren System angeordnet werden muss, sondern dass Bezeichnungen für komplexe Sachverhalte flexibel aus den Teilnotationen der elementaren Klassen zusammengesetzt werden können. Dabei spricht man bei der Bildung von Facetten und Foci von *Analyse* sowie bei deren Verknüpfung von *Synthese*. Die Reihenfolge bei synthetischen Notationen aus zwei oder mehreren Teilnotationen wird hierbei von einer Citation Order bestimmt, da anders als bei der enumerativen Klassifikation die Hierarchieebenen nicht bereits vorgegeben sind. Bei der Colon-Klassifikation (CC), der ersten theoretisch begründeten facettierten Klassifikation für Bibliotheken, drückt sich diese Reihenfolge in der sogenannten PMEST-Formel (Personality, Matter, Energy, Space, Time) aus (Satija 2017, S. 293). Durch die Technik der Facettierung ist es möglich, polyhierarchische und polydimensionale Strukturen abzubilden, denn Klassen können sowohl mit mehreren direkt übergeordneten Klassen kombiniert werden als auch unterschiedlichen Kriterien bei hierarchischen Unterteilungen genügen. Aus diesem Grund eignet sich die facettierte Klassifikation kaum als Aufstellungssystematik, sondern entspricht eher der Logik von relationalen Datenbanken (Gaus 2005, S. 133), weshalb sie vor allem in digitalen Umgebungen Anwendung findet wie etwa bei der Suchfilterfunktion im Onlinehandel (z. B. bei der Auswahl von „Herrensportschuhen in Übergröße"), in Fachdatenbanken oder in bibliothekarischen Discovery-Systemen (Ullah, Khusro & Ullah 2017; Pfeffer & Schöllhorn 2018).

Allerdings treten beide Typen von Klassifikationssystemen selten in Reinform auf, da facettierte Klassifikationen oft durch Subfacetten eine grobe hierarchische Struktur aufweisen und enumerative Klassifikationen oft durch Schlüsselung über eine einfache Form der Facettierung verfügen (Nohr 1996, S. 19; Bertram 2005, S. 177). Unter Schlüsselung versteht man die Verknüpfung mit solchen Klassen, die für mehrere Bereiche im Klassifikationssystem relevant sind und daher nicht redundant aufgeführt werden sollten. Beispielsweise fungieren Formalschlüssel, geografischer Schlüssel, Personenschlüssel und Zeitschlüssel als Facetten zur Bildung synthetischer Notationen (Lorenz 2018, S. 24). Insofern gibt es insbesondere bei bibliothekarischen Klassifikationssystemen ein Spektrum, das von stark enumerativen Typen bis stark facettierten Typen reicht: LCC, DDC, UDC, BC2, CC (Batley 2014, S. 4).

3.3 Formale Gestaltung: Systematik, Register, Anleitung

Institutionelle Klassifikationssysteme werden in gedruckter oder digitaler Form veröffentlicht und verfügen idealerweise über einen systematischen Teil mit den Klassifikationssystemtafeln, kurz der *Systematik*, über einen alphabetischen Teil bzw. ein *Register* sowie über eine *Anleitung* zur Benutzung sowie zur Pflege und Weiterentwicklung (DIN 2021, S. 23). Die Systematik stellt den unverzichtbaren Teil dar und verfügt in der Regel über Haupttafeln mit der hierarchischen Grundstruktur des Klassifikationssystems, die gegebenenfalls um Hilfstafeln mit Facetten und Foci zur Schlüsselung ergänzt werden. Bei sehr umfangreichen Klassifikationssystemen kann es zudem Übersichtstafeln zur groben Orientierung geben oder auch gekürzte Fassungen. Die hierarchischen Klassenrelationen werden meist in Form einer Liste mit typografischen Mitteln (z. B. Schriftgröße, Schriftart, Hervorhebung, Einrückung) abgebildet, können aber auch durch grafische Mittel wie etwa Linien- bzw. Flächendiagramme dargestellt werden sowie durch ein strukturabbildendes Notationssystem. Entsprechende Konventionen werden in der Unified Modeling Language (UML) empfohlen wie beispielsweise das Wurzel- bzw. Fächerdiagramm für Abstraktionsrelationen oder das Klammerdiagramm für Bestandsrelationen (DIN 2019, S. 20). Neben den Klassenbenennungen und Notationen können auch Anmerkungen enthalten sein mit Erläuterungen zur semantischen Abgrenzung sowie mit Verweisen und Anweisungen (z. B. Hier auch, Klassiere in).

Das alphabetische Register bietet einen weiteren Sucheinstieg über Klassenbenennungen und kann in Sachregister, Personenregister oder auch geografisches Register unterteilt sein (Lorenz 1998). Es enthält oft zusätzliche Begriffe als Zugangsvokabular mit Verweisen auf Vorzugsbezeichnungen, womit die Verweisstruktur insgesamt neben Hierarchierelationen und Assoziationsrelationen auch Äquivalenzrelationen umfassen kann.

Zur formalen Gestaltung von Klassifikationssystemen gehört neben einem offiziellen Titel und gegebenenfalls Kurztitel auch eine allgemeine Einführung (z. B. Zweck, Anwendungsbereich, Nutzungsgruppen, Entstehungsgeschichte, verantwortliche Organisation, beteiligte Personen, berücksichtigte Normen, Interoperabilität) sowie eine Anleitung zur Benutzung (z. B. Aufbauprinzipien, Verweisstruktur, Anwendungsbeispiele) und zur Pflege und Weiterentwicklung (z. B. Revisionsregeln) (DIN 2021, S. 23). Der Umfang von Klassifikationssystemen variiert dabei sehr stark und kann insbesondere im Bibliothekswesen mehrere Tausend Druckseiten umfassen (Alex 2018).

4 Funktionen von Klassifikationssystemen

4.1 Anwendungsbereiche und Zwecke

Die Erstellung und Weiterentwicklung von Klassifikationssystemen sind nicht nur abhängig von den zu klassifizierenden Gegenständen, sondern maßgeblich bestimmt von den jeweiligen Anwendungsbereichen und Zwecken. Allgemein wird hinsichtlich der Art des Gegenstandes zwischen *Objektklassifikation* (engl. *entity classification, phenomenon-based classification*) und *Sachgebietsklassifikation* (engl. *aspect classification, discipline-based classification*) unterschieden sowie nach Umfang des Gegenstandsbereiches zwischen *Universalklassifikation* und *Spezialklassifikation* (DIN, 2021). Die wichtigsten Anwendungsbereiche von institutionellen Klassifikationssystemen sind in Tabelle 1 mit Beispielen aufgeführt (vgl. Bertram 2005, S. 189–206; Stock & Stock 2008, S. 211–219).

Tab. 1: Beispiele für Klassifikationssysteme nach Anwendungsbereichen

Anwendungsbereich	Klassifikationssystem
Bibliothekswesen	ASB – Allgemeine Systematik für Öffentliche Bibliotheken
	BBK – Bibliothekarisch-Bibliografische Klassifikation
	BC – Bliss Bibliographic Classification
	BK – Basisklassifikation
	CC – Colon Classification
	DDC – Dewey Decimal Classification
	GHBS – Gesamthochschulbibliotheken-Systematik
	KAB – Klassifikation für Allgemeinbibliotheken
	LCC – Library of Congress Classification
	ÖSÖB – Österreichische Systematik für öffentliche Bibliotheken
	RVK – Regensburger Verbundklassifikation
	SEB – Systematik für Evangelische Büchereien
	SfB – Systematik für Bibliotheken
	SKB – Sachbuch-Systematik für Katholische öffentliche Büchereien
	SKJ – Systematik für Kinder- und Jugendbibliotheken
	SSD – Systematik der Stadtbibliothek Duisburg
	UDC – Universal Decimal Classification

Anwendungsbereich	Klassifikationssystem
Fachinformation und Dokumentation	CCS – Computing Classification System (Informatik)
	MSC – Mathematics Subject Classification (Mathematik)
	PSYNDEX Terms (zur Klassifikation von Sachgruppen, Testinstrumenten und Methoden in der Psychologie)
Museumsdokumentation	Hessische Systematik (zur Klassifikation kulturgeschichtlicher Museumsobjekte)
	Hornbostel-Sachs-Systematik (zur Klassifikation von Musikinstrumenten)
	Iconclass (zur Klassifikation von Bildinhalten)
	OBG – Objektbezeichnungsdatei (zur Klassifikation kulturhistorischer Museumsobjekte)
Medizinische Dokumentation	DSM – Diagnostic and Statistical Manual of Mental Disorders
	ICD – International Statistical Classification of Diseases and Related Health Problems
	ICF – International Classification of Functioning, Disability and Health
	ICHI – International Classification of Health Interventions
	ICPM – International Classification of Procedures in Medicine
Pressedokumentation	IPTC Media Topics – International Press and Telecommunications Council Media Topics
Gewerblicher Rechtsschutz	IPC – International Patent Classification
	LOC – Locarno Classification (International Classification for Industrial Designs)
	NCL – Nice Classification (International Classification of Goods and Services for Registration of Marks)
	VCL – Vienna Classification (International Classification of the Figurative Elements of Marks)
Statistische Information	CEPA – Classification of Environmental Protection Activities and Expenditure
	FOS – Fields of Science and Technology
	ICCS – International Classification of Crime for Statistical Purpose
	ICS – International Classification for Standards
	ISCED – International Standard Classification of Education
	ISCO – International Standard Classification of Occupations
	ISIC – International Standard Industrial Classification
	NUTS – Nomenclature des Unités Territoriales Statistiques

Dabei dient die Klassifikation als Methode und System der Wissensorganisation unterschiedlichen Zwecken und fungiert insbesondere als Aufstellungssystematik, als standortfreie Systematik sowie als Dokumentationssprache (Lorenz 1998, S. 16; Bertram 2005, S. 164). Historisch steht insbesondere bei bibliothekarischen Klassifikationssystemen zunächst die *Funktion der Aufstellungssystematik* im Vordergrund, bei der es um die Bestandspräsentation als Mittel der inhaltlichen Erschließung geht (Šamurin 1977; Lorenz 2003).

Im Zuge kooperativer Inhaltserschließung durch Bibliotheksverbünde und durch den Einsatz von Klassifikationssystemen in digitalen Umgebungen wie etwa in Discovery-Systemen oder Fachdatenbanken wird die *Funktion der standortfreien Systematik* zunehmend wichtiger, da diese beispielsweise einrichtungsübergreifende bzw. bestandsunabhängige Anwendungen ermöglicht sowie durch die Technik der Facettierung optimiert werden kann (Gödert 1987, S. 158). Dementsprechend spricht sich Nohr (1996, S. 8) für eine klare funktionale Trennung von systematischer Aufstellung und systematischem Katalog etwa in Öffentlichen Bibliotheken aus.

Schließlich spielt die *Funktion der Dokumentationssprache* eine wichtige Rolle bei der Terminologiekontrolle, der Notationsvergabe, der Datenbankabfrage bzw. Mensch-Maschine-Interaktion in Informationssystemen, der Erstellung von Konkordanzen unterschiedlicher Wissensorganisationssysteme sowie der automatisierten Klassifikation (Glushko et al. 2013, S. 305–306; Ullah, Khusro & Ullah 2017, S. 50). In Anlehnung an Gaus (2005, S. 70) kann die Klassifikation als das einzige Wissensorganisationssystem gelten, bei dem alle drei Hauptfunktionen zugleich realisiert werden können.

4.2 Evaluationskriterien

Bei der Beurteilung von Klassifikationssystemen unterscheidet Spärck Jones (1970, S. 577–578) formale interne Kriterien und zweckbezogene externe Kriterien, die durchaus in einem Spannungsverhältnis stehen können (vgl. Ullah, Khusro & Ullah 2017; Umlauf 2018). Folglich muss zur Evaluation von Klassifikationssystemen der jeweilige Kontext berücksichtigt werden, wozu auch philosophische, soziokulturelle, technologische und ökonomische Einflussfaktoren zählen (Svenonius 1992; Olson 2009). Zu den formalen Kriterien gehören eine Systematik mit monothetischer und disjunkter Klassenbildung, monodimensionaler und transitiver Hierarchierelation, monohierarchischer Präkombination, Schlüsselung, Lückenlosigkeit in klassifikatorischen Leitern (alle Hierarchieebenen), Vollständigkeit in klassifikatorischen Reihen (Summe der Klassenextensionen entspricht Extension der übergeordneten Klasse), strukturabbildendem Notationssystem sowie ein Register und eine Anleitung. Zu den zweckbezogenen Kriterien zählen dagegen Sachgerechtheit, Zielgruppenorientierung, Funktionalität (z. B. Aufstellungssystematik mit angemessener Klassenbesetzung von 5 bis 30 dokumentarischen Bezugseinheiten, Gaus 2005, S. 72), Interoperabilität sowie Standardisierung.

Weitere wichtige Evaluationskriterien beziehen sich auf die Kultur- und Theorieabhängigkeit von Klassifikationssystemen. Beispielsweise betont Olson (2009), dass kulturelle Einflüsse sowohl die Inhalte als auch die Strukturen von Klassifikationssystemen prägen, und hinterfragt den Universalitätsanspruch der hierarchischen Klassifikation der aristotelischen Tradition, indem sie auf alternative Ordnungssysteme indigener oder historischer Kulturen verweist (Kleineberg 2012). Dabei werden Marginalisierungs- und Exklusionseffekte aufgezeigt wie etwa anhand diskriminierender Strukturen der DDC hinsichtlich von Ethnie, Sprache, Glaube oder Geschlecht (Bowker & Star 2000). In ähnlicher Weise wird auf den prägenden Einfluss von zum Teil nur impliziten theoretischen bzw. epistemologischen Grundannahmen sowie auf die Relativität jeglicher Klassifikationsversuche hingewiesen (Mai 2004; Hjørland 2017). Ansätze einer interdisziplinären Wissensorganisation versuchen eine solche Perspektivenvielfalt unter anderem durch die Erschließung von zugrunde liegenden Theorien und angewandten Methoden transparent und anschlussfähig zu machen (Szostak et al. 2016; Kleineberg 2021).

Zur weiterführenden Lektüre seien allgemeine Einführungen in die Theorie der Klassifikation als Methode und System der Wissensorganisation empfohlen (Buchanan 1989; Kiel & Rost 2002; Bertram 2005; Stock & Stock 2008; Lorenz 2018) sowie Einzeldarstellungen bedeutender Bibliotheksklassifikationen wie DDC (Alex 2018), UDC (Junger 2018), CC (Satija 2017) und RVK (Häusler & Werr 2018), schließlich auch die in der Fußnote[1] aufgeführten Webseiten mit weiteren einschlägigen institutionellen Klassifikationssystemen.

5 Literaturverzeichnis

Alex, H. (2018). Die Dewey-Dezimalklassifikation (DDC). In H. Alex, G. Bee & U. Junger (Hrsg.), *Klassifikationen in Bibliotheken: Theorie, Anwendung, Nutzen* (S. 65–110). De Gruyter Saur. https://doi.org/10.1515/9783110299250-003.
Batley, S. (2014). *Classification in Theory and Practice* (2nd edition). Chandos.
Bertram, J. (2005). *Einführung in die inhaltliche Erschließung: Grundlagen, Methoden, Instrumente*. Ergon.
Bowker, G. C. & Star, S. L. (2000). *Sorting Things Out: Classification and Its Consequences*. MIT Press.
Buchanan, B. (1989) *Bibliothekarische Klassifikationstheorie*. Saur.
Dahlberg, I. (1974). *Grundlagen universaler Wissensordnung: Probleme und Möglichkeiten eines universalen Klassifikationssystems des Wissens*. Verlag Dokumentation.
Deutsches Institut für Normierung (2019). *Begriffssysteme und ihre Darstellung* (DIN 2331:2019-12). Beuth.
Deutsches Institut für Normierung (2021). *Klassifikationssysteme: Erstellung und Weiterentwicklung von Klassifikationssystemen* (DIN 32705:2021-01 – Entwurf). Beuth.
Engelien, G. (1971). *Der Begriff der Klassifikation*. Buske.
Expert Group on International Statistical Classification (2013). *Best Practice Guidelines for Developing International Statistical Classifications*. United Nations Statistics Division, United Nations. https://unstats.un.org/unsd/classifications/bestpractices/Best_practice_Nov_2013.pdf.
Gaus, W. (2005). *Dokumentations- und Ordnungslehre: Theorie und Praxis des Information Retrieval* (5. Auflage). Springer.
Glushko, R. J., Hemerly, J., Petras, V., Manoochehri, M. & Wang, L. (2013). Classification: Assigning Resources to Categories. In R. J. Glushko (Ed.), *The Discipline of Organizing* (S. 273–316). MIT Press.
Gödert, W. (1987). Bibliothekarische Klassifikationstheorie und on-line-Kataloge. *Bibliothek. Forschung und Praxis*, 11(2), 152–166. https://doi.org/10.1515/bfup.1987.11.2.152.
Häusler, I. & Werr, N. (2018). Die Regensburger Verbundklassifikation (RVK). In H. Alex, G. Bee & U. Junger (Hrsg.), *Klassifikationen in Bibliotheken: Theorie, Anwendung, Nutzen* (S. 127–164). De Gruyter Saur. https://doi.org/10.1515/9783110299250-005.
Hjørland, B. (2017). Classification. *Knowledge Organization*, 44(2), 97–128. https://doi.org/10.5771/0943-7444-2017-2-97.
International Organization for Standardization (2009). *Terminology Work: Principles and Methods* (ISO 704:2009-11). Beuth.
International Organization for Standardization (2013). *Systems to Manage Terminology, Knowledge, and Content: Concept-Related Aspects for Developing and Internationalizing Classification Systems* (ISO 22274:2013-01). Beuth.
Iyer, H. (2012). *Classificatory Structures: Concepts, Relations, and Representation* (2nd edition). Ergon.

---

1 http://www.museumsvokabular.de/. https://bartoc.org/. https://dl.acm.org/ccs. https://ec.europa.eu/eurostat/ramon/. https://iptc.org/standards/. https://term.museum-digital.de/. https://unstats.un.org/unsd/classifications. https://www.gesis.org/missy/materials/MZ/klassifikationen. https://www.klassifikationsserver.de/. https://www.psyndex.de/ueber/inhalte-aufbau/schlagwoerter-klassifikationen/. https://www.who.int/standards/classifications/. https://www.wipo.int/classifications/en/. https://zbmath.org/classification/.

Jacob, E. K. (2004). Classification and Categorization: A Difference That Makes a Difference. *Library Trends*, 52(3), 515–540.

Junger, U. (2018). Basisinformation zur Universellen Dezimalklassifikation (UDK). In H. Alex, G. Bee & U. Junger (Hrsg.), *Klassifikationen in Bibliotheken: Theorie, Anwendung, Nutzen* (S. 111–126). De Gruyter Saur. https://doi.org/10.1515/9783110299250-004.

Kiel, E. & Rost, F. (2002). *Einführung in die Wissensorganisation: Grundlegende Probleme und Begriffe.* Ergon.

Kleineberg, M. (2012). Die elementaren Formen der Klassifikation: Ein strukturgenetischer Beitrag zur Informationsgeschichte. *Berliner Handreichungen zur Bibliotheks- und Informationswissenschaft*, 325, 1–145. https://doi.org/10.18452/2068.

Kleineberg, M. (2021). *Integrative Levels of Knowing: A Cognitive-Developmental Approach to Knowledge Organization* (Dissertation). Institut für Bibliotheks- und Informationswissenschaft, Humboldt-Universität zu Berlin. https://doi.org/10.18452/23212.

Kleineberg, M. (2022). Monothetic Classification and Polythetic Classification: A Cognitive-Developmental Perspective. In Marianne Lykke et al. (Hrsg.), *Knowledge Organization across Disciplines, Domains, Services and Technologies* (S. 159–171). Ergon.

Kwasnik, B. H. (1999). The Role of Classification in Knowledge Representation and Discovery. *Library Trends*, 48(1), 22–47.

Lorenz, B. (1998). *Klassifikatorische Sacherschließung: Eine Einführung.* Harrassowitz.

Lorenz, B. (2003). *Systematische Aufstellung in Vergangenheit und Gegenwart.* Harrassowitz.

Lorenz, B. (2018). Zur Theorie und Terminologie der bibliothekarischen Klassifikation. In H. Alex, G. Bee & U. Junger (Hrsg.), *Klassifikationen in Bibliotheken: Theorie, Anwendung, Nutzen* (S. 1–22). De Gruyter Saur. https://doi.org/10.1515/9783110299250-001.

Mai, J.-E. (2004). Classification in Context: Relativity, Reality, and Representation. *Knowledge Organization*, 31(1), 39–48.

Nohr, H. (1996). *Systematische Erschließung in deutschen Öffentlichen Bibliotheken.* Harrassowitz.

Olson, H. A. (2009). Social Influences on Classification. In M. J. Bates & M. N. Maack (Eds.), *Encyclopedia of Library and Information Sciences* (3rd edition, S. 4806–4813). CRC Press.

Parrochia, D. & Neuville, P. (2013). *Towards a General Theory of Classifications.* Birkhäuser.

Pfeffer, M. & Schöllhorn, K. (2018). Praktische Nutzung von Klassifikationssystemen. In H. Alex, G. Bee & U. Junger (Hrsg.), *Klassifikationen in Bibliotheken: Theorie, Anwendung, Nutzen* (S. 207–233). De Gruyter Saur. https://doi.org/10.1515/9783110299250-007.

Pommerening, T. & Bisang, W. (Eds.) (2017). *Classification from Antiquity to Modern Times: Sources, Methods, and Theories from an Interdisciplinary Perspective.* De Gruyter. https://doi.org/10.1515/9783110538779.

Šamurin, E. I. (1977). *Geschichte der bibliothekarisch-bibliographischen Klassifikation.* Verlag Dokumentation.

Satija, M. P. (2017). Colon Classification (CC). *Knowledge Organization*, 44(4), 291–307. https://doi.org/10.5771/0943-7444-2017-4-291.

Spärck Jones, K. (1970). Some Thoughts on Classification for Retrieval. *Journal of Documentation*, 26(2), 89–101.

Stock, W. G. & Stock, M. (2008). *Wissensrepräsentation: Information auswerten und bereitstellen.* Oldenbourg.

Svenonius, E. (1992). Classification: Prospects, Problems, and Possibilities. In N. J. Wiliamson & M. Hudson (Eds.), *Classification Research for Knowledge Representation and Organization* (S. 5–25). Elsevier.

Szostak, R., Gnoli, C. & López-Huertas, M. (2016). *Interdisciplinary Knowledge Organization.* Springer.

Ullah, A., Khusro S. & Ullah, I. (2017). Bibliographic Classification in the Digital Age: Current Trends and Future Directions. *Information Technology and Libraries*, 36(3), 48–77.

Umlauf, K. (2018). Klassifikationen in Öffentlichen Bibliotheken. H. Alex, G. Bee & U. Junger (Hrsg.), *Klassifikationen in Bibliotheken: Theorie, Anwendung, Nutzen* (S. 165–206). De Gruyter Saur. https://doi.org/10.1515/9783110299250-006.

Heidrun Wiesenmüller
B 6 Formale Erschließung

1 Allgemeines

1.1 Definition und Bedeutungsumfang

Bei der formalen Erschließung bzw. Formalerschließung, die auch als formale Analyse, formale Erfassung, Formalbeschreibung oder (Formal-)Katalogisierung bezeichnet wird, „werden Ressourcen gemäß festgelegten Regeln nach äußerlichen, formalen Kriterien beschrieben und auffindbar gemacht" (Wiesenmüller & Horny 2017, S. 3). Diese Ressourcen können alle Arten von physischen und digitalen Objekten sein, die z. B. in Bibliotheken, Archiven, Museen oder Dokumentationsstellen gesammelt oder verzeichnet werden. Formale Aspekte bei einem gedruckten Buch sind u. a. der*die Autor*in, der Titel, der Verlag, das Erscheinungsdatum, der Umfang und die ISBN. Bei einer Skulptur sind es u. a. der*die Künstler*in, das Entstehungsdatum, Werkstoff und Technik, die Maße und die Besitzgeschichte. Bei einem im Internet zur Verfügung gestellten digitalen Foto sind es u. a. der*die Fotograf*in, der Zeitpunkt der Aufnahme und die Koordinaten des Aufnahmeorts, technische Daten zur Aufnahme (z. B. Belichtungszeit), der Dateiname, das Dateiformat und die Dateigröße sowie die URL und ggf. ein Persistent Identifier (z. B. DOI oder URN).

Die Erschließungstiefe kann – in Abhängigkeit von den vorhandenen Kapazitäten und dem Zweck der Erschließung – unterschiedlich sein: Soll man z. B. eine Musik-CD nur als Ganzes erschließen oder auch die einzelnen Musikstücke? Bei Textdokumenten erschließen Universalbibliotheken traditionell nur Monografien und Periodika als Ganzes, Dokumentationsstellen und Spezialbibliotheken hingegen auch unselbständig erscheinende Literatur wie Aufsätze in Zeitschriften und Sammelbänden oder Zeitungsartikel.

Im Kontext der formalen Erschließung werden häufig nicht nur die Objekte selbst beschrieben, sondern auch andere Arten von Entitäten (Personen, Körperschaften), die mit ihnen in Beziehung stehen – beispielsweise als Autor*innen, Komponist*innen, Filmregisseur*innen, Übersetzer*innen, gefeierte oder herausgebende Körperschaften. Neben dem bevorzugten Namen und etwaigen Namensvarianten können dabei weitere Angaben angegeben werden. Bei einer Person sind dies beispielsweise die Lebensdaten, Geburts- und Sterbeort, Berufe, Affiliationen und akademische Titel; bei einer Körperschaft das Gründungsdatum, der Sitz und die URL der Homepage.

Ressourcen können auch nach inhaltlichen Kriterien – etwa den in einem Dokument behandelten Themen oder dem, was auf einem Foto abgebildet ist – beschrieben und auffindbar gemacht werden, z. B. mit Hilfe von Begriffen aus einem Thesaurus, Systemstellen aus einer Klassifikation oder einem Abstract. Dies wird als Inhaltserschließung, Sacherschließung oder Sachkatalogisierung bezeichnet und in anderen Kapiteln dieses Handbuchs erläutert. Die Ergebnisse der formalen und der inhaltlichen Erschließung derselben Ressource werden jedoch in der Regel gemeinsam zur Verfügung gestellt, auch wenn sie unter Umständen von unterschiedlichen Personen erstellt worden sind.

1.2 Ziele

Bei der Formalerschließung lassen sich zwei zentrale Ziele unterscheiden (Wiesenmüller & Horny 2017, S. 3–4). Das erste ist die angemessene Beschreibung der Ressource. Hier geht es zum einen darum, dass man diese eindeutig identifizieren und von anderen, möglicherweise sehr ähnlichen Ressourcen unterscheiden kann. Zum anderen bietet die Beschreibung eine Art Abbild bzw. Surrogat des jeweiligen Objekts, anhand dessen man sich ein gutes und genaues Bild davon machen kann. Entsprechend muss die Beschreibung einer Ressource einerseits korrekt und zutreffend, andererseits ausreichend ausführlich sein.

Das zweite Ziel ist es, das Auffinden bzw. Selektieren von Ressourcen gemäß bestimmten formalen Aspekten zu ermöglichen. Wird nach einem bereits bekannten Objekt gesucht (*known-item search*), soll man schnell und zuverlässig feststellen können, ob dieses vorhanden ist oder nicht. Ermöglicht werden soll aber auch die Recherche nach einer Gruppe von Objekten (*collocation search*), die ein oder mehrere formale Aspekte gemein haben – z. B. alle Bände in einer Schriftenreihe oder alle Werke einer Person. Solche Zusammenführungen werden oft mit besonderen Mechanismen unterstützt (Normierungen, Verlinkungen, Berücksichtigung von Varianten). Die erfassten Angaben können außerdem zum Sortieren (z. B. nach einem Datumsfeld), Browsing, Einschränken einer Ergebnisliste (z. B. über Facetten) oder Navigieren (z. B. von einer Ressource zu einer damit in Beziehung stehenden Person) genutzt werden.

1.3 Formale Erschließung im Metadaten-Kontext

Die bei der Formalerschließung erfassten Informationen sind ein Beispiel für sogenannte Metadaten, d. h. „structured information that describes, explains, locates, or otherwise makes it easier to retrieve, use, or manage an information resource. Metadata is often called data about data or information about information" (National Information Standards Organization – NISO 2004). Es werden Aussagen über die jeweilige Ressource getroffen, die immer aus einem Paar bestehen: dem Aspekt, zu dem etwas ausgesagt wird, und dem dafür erfassten Wert. Je nach Hintergrund sind für die Aspekte unterschiedliche Bezeichnungen üblich (Zeng & Qin 2016, S. 12–13): Im Kontext einer Datenbank spricht man von Datenfeldern, in einem Entitäten-Beziehungsmodell von Attributen, in einer Ontologie von Eigenschaften (Properties). Im Folgenden wird die Bezeichnung (Daten-)Element verwendet.

Bei der Beschreibung des vorliegenden Handbuchs könnte beispielsweise in einem Element „Titel" der Wert „Grundlagen der Informationswissenschaft" erfasst werden, im Element „Verlag" der Wert „De Gruyter Saur" und im Element „Inhaltstyp" der Wert „Text". Die Metadaten können entweder direkt bei der Ressource verankert sein (z. B. eingebettet in eine HTML- oder Bilddatei) oder getrennt von der Ressource, in separaten Erfassungs- und Recherchesystemen vorliegen. In der informationswissenschaftlichen Praxis werden sie meist als Datensätze (Records) in Katalogen und anderen Datenbanken umgesetzt.

1.4 Grundprinzipien

Um Objekte formal erschließen zu können, muss sowohl festgelegt sein, welche Elemente es gibt, als auch, wie diese zu befüllen sind. Beides ist nicht nur abhängig von der Art der Objekte und der Zielgruppe, an die sich die Erschließung richtet, sondern auch von den Funktionalitäten, die mit den Metadaten erfüllt werden sollen (Miller 2011, S. 252–255; Zeng & Qin 2016, S. 173–175). Angaben, für deren Erfassung kein Element vorgesehen ist, können weder angezeigt noch für die Suche zur Verfügung gestellt werden. Soll eine bestimmte Rechercheanfrage zu einem vollständigen Ergebnis führen, so muss nicht nur klar geregelt sein, in welchem Element die betreffende Angabe erfasst wird, sondern die Erfassung dieses Elements muss auch verpflichtend vorgeschrieben sein. In vielen Fällen ist es außerdem wichtig, dass die Elemente in einer einheitlichen Form erfasst werden: So muss beispielsweise ein Datum immer im selben Schema vorliegen, wenn danach sortiert werden soll, und ein Drill-down über Facetten funktioniert nur dann gut, wenn im entsprechenden Element normierte Begriffe verwendet werden.

Bei den Elementen wird üblicherweise unterschieden zwischen solchen, die verpflichtend zu erfassen sind, solchen, deren Erfassung empfohlen ist, und schließlich weiteren Elementen, die zusätzlich erfasst werden können. Für jedes Element sollte außerdem die Kardinalität festgelegt werden, d. h. ob es wiederholbar ist oder nicht (Miller 2011, S. 258–259).

Für die Erfassung der Elemente kommen unterschiedliche Methoden in Frage. So finden sich auf vielen Ressourcen Angaben, welche diese selbst beschreiben (Titel, Verantwortlichkeitsangaben, Verlag etc.) – z. B. auf der Titelseite eines Buchs oder auf dem Titelbildschirm und dem Abspann eines Streaming-Videos. Solche Angaben werden häufig übertragen, d. h. mehr oder weniger genau abgeschrieben. Dabei ist auch festzulegen, nach welchen Regeln übertragen wird (z. B. ob die Groß-/Kleinschreibung auf der Ressource exakt nachgebildet oder angepasst wird). Für andere Elemente, beispielsweise Anmerkungen, kann festgelegt sein, dass sie von den Erfassenden frei formuliert werden.

Bei manchen Elementen ist es sinnvoll, eine bestimmte Erfassungssyntax vorzuschreiben. Beispielsweise könnte festgelegt sein, dass Namen von Personen in der Form „Nachname, Vorname" oder Datumsangaben gemäß ISO 8601 (z. B. 2021-11-30) (International Organization for Standardization – ISO, 2019) zu erfassen sind. Vielfach dürfen in einem Element nur bestimmte Werte verwendet werden. So könnte etwa vorgegeben sein, dass die Sprache einer Ressource als Sprachcode nach ISO 639-2 (z. B. ger, eng, fre) angegeben wird (ISO, 1998) oder der Dateityp aus der Liste der Internet Media Types gewählt wird (z. B. image/jpeg, application/pdf).

Eine weitere wichtige Methode ist die Erfassung von Identifikatoren. Die Autorin dieses Beitrags könnte beispielsweise mit ihrer ORCID-ID 0000-0002-9817-5292 angegeben werden. Anstatt eines solchen systemgebundenen Identifikators wird in jüngerer Zeit oft ein global gültiger URI (Uniform Resource Identifier) bzw. IRI (Internationalized Resource Identifier) verwendet – im Beispiel https://orcid.org/0000-0002-9817-5292.

Neben Erfassungsmethoden sowie ggf. Erfassungssyntax und Werten sollte für jedes Element auch festgelegt werden, welche Informationsquellen dafür zu konsultieren sind und – wenn mehrere in Frage kommen können – in welcher Reihenfolge dies geschieht. Beispielsweise kann bei einem gedruckten Buch dessen Titelseite als bevorzugte Informationsquelle definiert sein oder bei einer Musik-CD der Aufdruck auf der CD selbst. Findet man die benötigte Information – etwa die Angabe des Verlags – nicht an dieser Stelle, so würde man im zweiten Schritt an anderen Stellen innerhalb der Ressource nachsehen (z. B. Rückseite der Titelseite bzw. CD-Hülle). Wird man auch dort nicht fündig, könnte man weitere Quellen wie Websites oder Nachschlagewerke heranziehen – wobei ggf. gekennzeichnet werden muss, wenn eine Angabe auf diese Weise ermittelt wurde.

2 Standards

Grundsätzlich ist es möglich, Regeln für die formale Erschließung von Objekten eigenständig festzulegen – unabhängig von bestehenden überregionalen Regelwerken und anderen Standards. Solche „Hausregeln" haben den Vorteil, dass sie exakt auf die jeweiligen Bedürfnisse und Anforderungen zugeschnitten werden können. Nachteile sind jedoch der hohe Aufwand für ihre Entwicklung und Pflege und die meist geringe Interoperabilität: Einerseits ist es schwierig, von anderen Produzenten erstellte Metadaten im eigenen System nachzunutzen. Andererseits können die gemäß der eigenen Regeln erstellten Metadaten häufig nur mit großem Aufwand in umfassende Plattformen (z. B. überregionale digitale Bibliotheken) integriert werden. Deshalb werden vielfach vorhandene Standards übernommen – entweder vollständig oder in modifizierter Form. In jedem Fall sollten die angewendeten Praktiken, d. h. sowohl die verwendeten Elemente als auch die Vorgaben für ihre inhaltliche Füllung, in ausreichender Form dokumentiert werden (Miller 2011, S. 261). Entsprechende Dokumentationen werden traditionell als Regelwerk oder Erfassungsrichtlinien bezeichnet. In der Metadaten-Terminologie spricht man von Anwendungsprofil (application profile) oder Datenwörterbuch (data dictionary).

2.1 Arten von Standards

Die einschlägigen Standards können in vier Typen untergliedert werden (Zeng & Qin 2016, S. 23–25): Ein Strukturstandard (Element Set, Metadaten-Vokabular) legt fest, welche Elemente für die Erfassung zur Verfügung stehen. Ein Inhaltsstandard trifft Aussagen darüber, wie die Elemente inhaltlich zu befüllen sind – besagt also beispielsweise, dass das Element „Titel" exakt abgeschrieben wird, das Element „Erscheinungsdatum" gemäß ISO 8601 zu erfassen ist und dass für das Element „Autor*in" vorzugsweise die ORCID-ID einzutragen ist. Ein Wertestandard gibt – wie es der Name schon sagt – Werte vor. Dies kann u. a. eine einfache Liste von Werten sein (z. B. die Sprachcodes nach ISO 639-2), eine Klassifikation (z. B. die Dewey Decimal Classification) oder eine Normdatei (z. B. die GND, s. Abschnitt 2.2.4). Ein Inhaltsstandard kann dann für ein Element festlegen, dass dieses mit Werten aus einem bestimmten Wertestandard zu befüllen ist. Schließlich gibt es als vierten Typ die Formate, d. h. Standards für die Dateneingabe, den Datenaustausch und/oder die Anzeige. Dabei handelt es sich häufig um proprietäre Formate (z. B. MARC, s. Abschnitt 2.2.1) oder um XML-basierte Standards (z. B. ONIX, s. Abschnitt 2.3.2).

Die Situation wird noch dadurch verkompliziert, dass ein Standard häufig nicht nur einen, sondern mehrere dieser vier Aspekte regelt: Beispielsweise wird das bibliothekarische Regelwerk RDA (s. Abschnitt 2.2.3) üblicherweise als Inhaltsstandard charakterisiert. RDA legt jedoch auch die zu verwendenden Elemente fest und ist damit zugleich ein Strukturstandard; auch beinhaltet es für einige Elemente eigene Wertelisten. In einer konkreten Anwendung werden zudem meistens mehrere Standards angewendet, die dann in einer bestimmten Art und Weise zusammenspielen.

Teilweise gibt es außerdem abstrakte konzeptionelle Modelle, die als theoretische Basis für konkrete Standards dienen (Zeng & Qin 2016, S. 160–171) – beispielsweise FRBR (s. Abschnitt 2.2.2).

2.2 Bibliothekarische Standards

In Bibliotheken ist der Grad an Standardisierung und Normierung bei der formalen Erschließung traditionell besonders hoch, weil die dort gesammelten Objekte – anders als in Archiven oder Museen – in der Regel keine Unikate sind, sondern in gleicher Weise in vielen Bibliotheken vorkommen. Dies ermöglicht einen hohen Grad an Rationalisierung auf regionaler, nationaler und sogar internationaler Ebene mit verschiedenen Formen der Nachnutzung (z. B. Übernahme von Fremddaten) und Arbeitsteilung (z. B. kooperative Katalogisierung in Verbundkatalogen). Die Voraussetzung dafür ist natürlich, dass sich alle an dieselben Regeln halten oder die angewendeten Standards zumindest zueinander kompatibel sind.

2.2.1 Ältere Standards

Bereits im frühen 19. Jahrhundert gab es mit den *Preußischen Instruktionen* (PI) ein Katalogisierungsregelwerk, das von wissenschaftlichen Bibliotheken in ganz Deutschland und Österreich angewendet wurde. Seit den 1960er Jahren entstand eine neue Generation von Regelwerken, u. a. die *Regeln für die alphabetische Katalogisierung* (RAK) und die *Anglo-American Cataloguing Rules* (AACR). Diese waren zwar national geprägt, besaßen jedoch bereits eine gemeinsame, international vereinbarte Grundlage (Wiesenmüller & Horny 2017, S. 4–5).

Neben dem als *Paris Principles* bezeichneten Grundsatzpapier von 1961 ist hier vor allem die *International Standard Bibliographic Description* (ISBD) für die Beschreibung von Ressourcen zu nennen. Diese erschien in ihrer ersten Fassung 1971 und wurde von allen nationalen Regelwerken rezipiert. Die derzeit gültige Fassung stammt von 2011 (ISBD Review Group 2011). Die ISBD ist einerseits ein Strukturstandard, der Elemente definiert und in Gruppen einteilt, und andererseits ein Anzeigestandard, der ihre Reihenfolge und Trennung voneinander durch bestimmte Deskriptionszeichen festlegt.

Ursprünglich für Zettelkarten in einem Kartenkatalog gedacht, diente die Strukturierung der ISBD aber auch als Ausgangsbasis für alle bibliothekarischen Datenformate. Hier ist insbesondere das 1969 an der Library of Congress entwickelte MARC-Format (*Machine-Readable Cataloging*) zu nennen; die wichtigste Variante ist MARC 21. Einige Jahre später entstand in Deutschland das *Maschinelle Austauschformat für Bibliotheken* (MAB). In der Version MAB2 von 1995 war es lange Zeit der Standard für den Austausch von bibliothekarischen Metadaten zwischen verschiedenen Systemen, welche meist eigene Formate besitzen.

2.2.2 FRBR

Die konzeptionelle Basis für eine zeitgemäße bibliothekarische Formalerschließung bildet das Modell der erstmals 1997 veröffentlichten *Functional Requirements for Bibliographic Records* (FRBR) (Study Group on the Functional Requirements for Bibliographic Records 2009). Im FRBR-Modell wird insbesondere festgelegt, welche für die Nutzer*innen relevanten Entitäten es gibt, welche Merkmale diese besitzen und was für Beziehungen zwischen diesen bestehen können.

Besonders wichtig ist die Unterscheidung in Werk, Expression, Manifestation und Exemplar als separate Entitäten – was zugleich verschiedene Ebenen definiert, auf denen die formale Erschließung erfolgen kann (Wiesenmüller & Horny 2017, S. 17–20). Ein Werk ist etwas ganz Abstraktes, das nur im Kopf der Person existiert, die es erschafft. Jedes Werk wird durch eine oder mehrere Expressionen realisiert. Beispielsweise sind die englische Originalfassung eines Romans und ihre deutsche Übersetzung zwei unterschiedliche Expressionen desselben Werks. Eine Manifestation wiederum ist die physische Verkörperung einer Expression – also etwa eine bestimmte Ausgabe. Ein Exemplar schließlich ist ein Einzelstück einer solchen Manifestation. Eine Verfilmung des Romans würde hingegen nicht als eine weitere Expression modelliert werden, sondern als ein neues, eigenständiges Werk – das freilich in einer Beziehung zum ursprünglichen Werk steht.

Werke, Expressionen, Manifestationen und Exemplare werden einerseits durch verschiedene Merkmale beschrieben (u. a. bevorzugter Titel beim Werk; Sprache und Inhaltstyp bei der Expression; Haupttitel, Verlagsname und Umfang bei der Manifestation). Andererseits stehen sie in Beziehungen zu Personen, Familien und Körperschaften, die z. B. als geistige Schöpfer*innen beim Werk oder als Mitwirkende bei der Expression fungieren und selbst wiederum mit ihren Elementen (Merkmalen und Beziehungen) erfasst werden.

Mittlerweile wurden FRBR und zwei damit eng verwandte Modelle zum *Library Reference Model* (LRM) (Riva, Le Bœuf & Žumer 2017) weiterentwickelt. Das LRM unterscheidet sich an vielen Stellen deutlich von seinem Vorgänger, auch wenn der oben beschriebene Kern von FRBR erhalten geblieben ist.

2.2.3 RDA

Der Nachfolger von AACR2 mit dem Titel *Resource Description and Access* (RDA) wurde 2010 online im sogenannten *RDA Toolkit* (RDA Steering Committee 2017) veröffentlicht. RDA war nicht mehr nur für den angloamerikanischen Raum gedacht, sondern wurde explizit als internationales Regelwerk geplant. Es wurde in mehrere Sprachen übersetzt (u. a. Französisch, Deutsch, Italienisch, Spanisch, Chinesisch) und wird mittlerweile in vielen Ländern weltweit angewendet.

RDA basiert auf dem FRBR-Modell und besitzt damit eine theoretische Fundierung. Während frühere bibliothekarische Regelwerke noch stark auf den Print-Bereich fixiert und für Zettelkataloge optimiert waren, sollte RDA für alle Arten von Ressourcen geeignet und an die Bedürfnisse des Semantic Web angepasst sein. Ein weiteres Ziel war eine möglichst große Offenheit und Flexibilität bei der Anwendung: So gibt es keine Festlegungen für die Darstellung der Metadaten, bei den Regeln stehen vielfach mehrere Optionen zur Auswahl und die Erschließungstiefe kann nach Bedarf gewählt werden. Man kann sowohl sehr knappe als auch sehr ausführliche Beschreibungen anlegen und dabei etwa beliebig viele beteiligte Personen berücksichtigen (Joint Steering Committee for Development of RDA 2009; Wiesenmüller 2012).

Ein weiteres Charakteristikum von RDA ist die sehr exakte Abbildung der Ressource beim Übertragen („Take what you see!"). Dies entspricht dem Prinzip der „representation" aus dem *Statement of International Cataloguing Principles* (ICP), das als Nachfolger der *Paris Principles* (s. Abschnitt 2.2.1) betrachtet werden kann: „Descriptions and controlled forms of names should be based on the way an entity describes itself." (Meetings of Experts on an International Cataloguing Code 2009, S. 2)

Auch im deutschsprachigen Raum entschied man sich dazu, von den nationalen auf internationale Standards zu wechseln – nicht zuletzt in der Hoffnung auf einen verbesserten internationalen Datenaustausch. Seit Ende 2015 wird RDA auf der Basis der deutschen Übersetzung und ergänzender deutschsprachiger Anwendungsrichtlinien in Deutschland, Österreich und der deutschsprachigen Schweiz angewendet. Parallel zum Regelwerksumstieg wechselte man beim Austauschformat von MAB2 auf MARC 21.

Zwischen 2016 und 2020 wurde RDA im *RDA Toolkit Restructure and Redesign (3R) Project* erheblich umgestaltet. Der Auslöser dafür war die nötige Anpassung an das LRM (s. Abschnitt 2.2.2). Darüber hinaus wollte man RDA weiter für das Semantic Web optimieren sowie maschinelle Methoden der Erschließung ermöglichen. Die neue Fassung bringt noch größere Freiheiten bei der Anwendung, da nunmehr sämtliche Regeln als optional gelten. Entsprechend benötigt man zwingend ein Anwendungsprofil (s. Abschnitt 2). Das komplett neu aufgesetzte *RDA Toolkit* (RDA Steering Committee 2018) ist als Werkzeug für die praktische Katalogisierung weniger gut geeignet. Deshalb wird derzeit ein Online-Erschließungshandbuch erarbeitet, das die RDA-Anwendung im deutschsprachigen Raum dokumentiert.

2.2.4 GND

Neben dem Umstieg auf RDA und MARC 21 war die wichtigste Entwicklung der jüngeren Vergangenheit die Einführung der *Gemeinsamen Normdatei* (GND) im Jahr 2012. Dabei handelt es sich um eine umfassende Normdatei für Personen (inkl. Familien), Körperschaften, Veranstaltungen (z. B. Konferenzen), Werke, Sachbegriffe und Geografika. Sie wird sowohl für die formale als auch die inhaltliche Erschließung im gesamten deutschsprachigen Raum genutzt. Mehrere ältere Normdateien wurden dafür in einem modernen, auf MARC 21 beruhenden Format zusammengeführt; zugleich wurden gemeinsame Erfassungsregeln vereinbart.

Die GND wird mittlerweile nicht mehr nur von Bibliotheken, sondern auch von anderen Gedächtniseinrichtungen genutzt (Balzer et al. 2019). Und die GND-Nummern sind zu wichtigen Identifikatoren geworden, die z. B. auch in Wikipedia-Artikeln erfasst sind und die vielfach zur Zusammenführung von Angaben zu einer Person, einem Ort etc. aus unterschiedlichen Datenquellen genutzt werden.

2.2.5 Katalogtechnische Umsetzung

In den Katalogdatenbanken des deutschsprachigen Raumes wird für die Ebenen von Werk, Expression und Manifestation (s. Abschnitt 2.2.2) eine sogenannte zusammengesetzte Beschreibung erstellt, d. h. alle Elemente werden in einem einzigen Titeldatensatz erfasst, der die katalogisierte Ressource in ihrer Gesamtheit repräsentiert. Informationen zum Exemplar (z. B. die Signatur in einer bestimmten Bibliothek) sind üblicherweise in einem damit verknüpften Lokal- oder Exemplardatensatz abgelegt.

Für Personen, Körperschaften und Familien werden häufig Normdatensätze in der GND (s. Abschnitt 2.2.4) erstellt und mit den Titeldatensätzen verknüpft. Darüber hinaus sind auch Verknüpfungen zwischen zwei Titeldatensätzen (z. B. zwischen einer Print- und der zugehörigen E-Book-Ausgabe) oder zwei Normdatensätzen möglich (z. B. zwischen zwei Körperschaften als Vorgänger/Nachfolger oder zwischen einer Person und dem Normdatensatz für ihren Geburtsort). Bibliothekarische Metadaten bilden somit ein komplexes Netzwerk von miteinander verknüpften Datensätzen.

2.3 Weitere Standards

Die Zahl der einschlägigen Standards aus unterschiedlichen Bereichen ist unüberschaubar, sodass nur einige wenige beispielhaft vorgestellt werden können. Typischerweise sind diese nicht ausschließlich für die formale Erschließung im engeren Sinne gedacht, sondern enthalten auch Elemente mit anderem Charakter, z. B. für die inhaltliche Erschließung, das Rechtemanagement oder die Langzeitarchivierung.

2.3.1 Regelwerk Mediendokumentation

Ein wichtiger dokumentarischer Standard ist das *Regelwerk Mediendokumentation* (REM) der Archive und Dokumentationsstellen bei den öffentlich-rechtlichen Rundfunkanstalten. Dieses liegt in mehreren Ausprägungen vor: für Musik-, Wort-, Presse- und Fernsehdokumentation. Als Beispiel dient hier das *Regelwerk Mediendokumentation – Fernsehen* (ARD, ORF & ZDF 2008). Es regelt die formale und inhaltliche Erschließung von Fernsehproduktionen und baut auf älteren Standards auf, die bis in die 1970er Jahre zurückreichen.

Die über 130 formalen Datenelemente sind in mehrere Bereiche (u. a. Titel; Urheberschaft, Produktion, Mitwirkung; Bild-/Tonträger) gruppiert und teilweise nochmals hierarchisch untergliedert. Jedes Element ist durch einen mnemotechnischen Buchstabencode gekennzeichnet, z. B. ORTI für „Originaltitel", ESD für „Sendedatum Erstsendung" und EQ für „Einschaltquote". Für viele Elemente sind Wertelisten definiert. Beispielsweise kann bei beteiligten Personen auch die Funktion in Form eines Schlüssels erfasst werden, z. B. INT für „Interviewer" oder KAM für „Kameraleitung".

2.3.2 ONIX

ONIX (ONline Information eXchange) ist eine Familie XML-basierter Standards für den Austausch von bibliografischen Daten zwischen verschiedenen Akteuren im Buchhandel (EDItEUR n. d.). Beispielsweise erhalten Bibliotheken von den Verlagen häufig E-Book-Metadaten im Format *ONIX for books* (aktuelle Version 3.0.8 vom Juni 2021), die sie in ihre Kataloge einspielen.

Ein ONIX-Datensatz stellt eine Nachricht dar und identifiziert deshalb Absender und Empfänger im Header. Danach kommen die Angaben zu einem oder mehreren Produkten, jeweils in bis zu sechs Blöcke strukturiert. Im Block für die Beschreibung des Produkts können u. a. Angaben zur Form, zum Titel, zu Beteiligten, zur Sprache, zum Umfang und zur Zielgruppe gemacht werden. Es gibt aber z. B. auch einen Block für Marketing-relevante Informationen und einen für Werbeveranstaltungen. Die zahlreichen Elemente können entweder mit einem langen Tag wie z. B. <EditionType> oder seinem kurzen Pendant (hier <x419>) gekennzeichnet werden. Charakteristisch sind außerdem die vielen Listen von Codes, sodass ONIX auch ein Wertestandard ist. Beispielsweise enthält die Code-Liste für die Art der Ausgabe knapp 40 mögliche Codes, u. a. REV für „revised edition" und SMP für „simplified language edition". In einem weiteren Element <EditionNumber> bzw. <b057> könnte man eine Auflagennummer angeben. Der folgende Ausschnitt aus einem ONIX-Datensatz würde eine 3., überarbeitete Auflage kennzeichnen:

```
<EditionType>REV</EditionType>
<EditionNumber>3</EditionNumber>
```

2.3.3 LIDO

Das XML-Schema *Lightweight Information Describing Objects* (LIDO) ist primär für den Austausch von Metadaten aus dem Museumsbereich gedacht und deckt die Bereiche Kunst, Architektur, Kulturgeschichte und Naturgeschichte ab (LIDO Working Group n. d.). Es wird beispielsweise bei der *Deutschen Digitalen Bibliothek* (n. d.) eingesetzt. Die erste Version stammt von 2010; aktuell ist Version 1.1 von 2020.

Die Angaben über ein Objekt sind in sieben Gruppen gegliedert, von denen drei administrativen Charakter besitzen (Angaben über den Datensatz, über Rechte und eine zugehörige digitale Ressource). Die beschreibenden Metadaten werden unterteilt in die Objektklassifikation (u. a. Objekttyp), die Objektbeschreibung (u. a. Titel, Maße, besitzende Institution), die Angabe von Ereignissen (*events*), an denen das beschriebene Objekt beteiligt war, sowie seinen Beziehungen zu Themen, visuellem Inhalt oder anderen Objekten. Ereignisse können z. B. die Erschaffung, Ausgrabung, Erwerbung, Ausstellung oder Restaurierung eines Objekts sein. Ereignis-Elemente sind u. a. Daten, Orte und die am Ereignis beteiligten Personen. Die Modellierung bestimmter Angaben als Ereignis stammt aus einem theoretischen Modell, dem *CIDOC Conceptual Reference Model* (Comité international pour la documentation – CIDOC n. d.). Für jede Gruppe sind im CIDOC CRM zahlreiche Elemente definiert, von denen jedoch nur ganz wenige verpflichtend sind.

LIDO ermöglicht eine mehrsprachige Erfassung von Elementen im selben XML-Datensatz. Auch können dieselben Angaben doppelt erfasst werden: einerseits kleinteilig strukturiert für eine optimale Indexierung und andererseits in einer für Menschen besser lesbaren Form, in sogenannten Display-Elementen. Das folgende Beispiel aus einem LIDO-Datensatz zeigt einen Ausschnitt aus dem Produktionsereignis eines Gemäldes. Man sieht das Display-Element – also das, was für Menschen angezeigt wird – für die angewendete Technik (displayMaterialsTech) auf Deutsch und Englisch:

```
<lido:displayMaterialsTech xml:lang="de">Öl auf Leinwand</lido:displayMaterialsTech>
<lido:displayMaterialsTech xml:lang="en">Oil on canvas</lido:displayMaterialsTech>
```

Zusätzlich sind die beiden Angaben (Öl/oil und Leinwand/canvas) im zugehörigen Indexierungs-Element (MaterialsTech) separat und mit normierten Begriffen erfasst, um es z. B. zum Filtern der Daten zu verwenden.

2.3.4 Dublin Core

Dublin Core (DC) ist primär für die Beschreibung beliebiger Dokumente und Objekte im Internet gedacht (Dublin Core Metadata Initiative n. d.). Das ursprüngliche *Dublin Core Metadata Element Set* (DCMES) trägt seinen Namen nach einem Workshop mit Teilnehmenden aus unterschiedlichen Bereichen (u. a. Bibliothek, Archiv, IT), der 1995 in Dublin (Ohio) stattfand (Zeng & Qin 2016, S. 42–49, 402–404).

Es handelt sich um einen sehr flexiblen, auch von Laien anwendbaren Strukturstandard von zunächst nur 15 Elementen (Simple Dublin Core) – u. a. „Creator", „Title", „Identifier", „Language", „Date", „Publisher", „Type" und „Format". Für die inhaltliche Füllung der Elemente gibt es keine genaueren Vorgaben, auch wenn an einigen Stellen zumindest die Verwendung von Standards empfohlen wird (z. B. ISO 8601 für Datumsangaben, ISO, 2019). Im Jahr 2000 wurden verschiedene Verfeinerungen ergänzt (Qualified Dublin Core), beispielsweise unterschiedliche Arten von Kalenderdaten (Date created, Date modified etc.). Später wurde der Standard weiter ausgebaut und unter dem Namen *DCMI Metadata Terms* für das Semantic Web optimiert (Zeng & Qin 2016, S. 72–80).

Die anfängliche Erwartung, dass Autor*innen bzw. Produzent*innen ihre Dokumente und Objekte selbst mit DC-Metadaten versehen würden, erfüllte sich nicht: zum einen, weil es bei der Zielgruppe wenig Interesse dafür gab; zum anderen, weil die Suchmaschinenbetreiber solche Informationen nicht auswerten wollten – das Risiko eines Missbrauchs mit irreführenden Metadaten war zu hoch. So wird der Standard heute in erster Linie von Informationsspezialist*innen verwendet. Nichtsdestoweniger handelt es sich um eine äußerst einflussreiche Entwicklung: DC ist nicht nur ein weltweit verbreiteter Standard, sondern stellt auch die Basis für viele mächtigere Metadaten-Vokabulare dar. Fast alle besitzen ein Mapping auf DC, sodass dieses eine Lingua franca für den Austausch von Metadaten geworden ist.

3 Herausforderungen

3.1 Datenqualität und Metadatenmanagement

Wichtige Beurteilungskriterien für die Qualität formaler Metadaten sind Vollständigkeit, Korrektheit und Konsistenz (Zeng & Qin 2016, S. 325–330). Zur Sicherung der Datenqualität ist zunächst eine vollständige und gut verständliche Dokumentation der Anwendungspraxis unabdingbar; auch sollte das Personal ausreichend geschult werden.

Bestimmte Fehler können mit technischen Hilfsmitteln bei der Eingabe abgefangen werden: So lässt sich über eine Validierung steuern, dass verpflichtend zu erfassende Datenfelder auch tatsächlich belegt werden oder dass in einem Feld nur bestimmte Werte erfasst werden können. Sinnvoll ist zudem eine automatische Dublettenprüfung beim Abspeichern eines Datensatzes.

Darüber hinaus gibt es komfortable Werkzeuge, mit denen größere Datensets geprüft, bereinigt oder verbessert werden können. Beispiele dafür sind die Open-Source-Tools *KNIME Analytics Platform* (KNIME AG n. d.) und *OpenRefine* (n. d.). Solche Tools sind auch für andere Aspekte des praktischen Metadatenmanagements nützlich – beispielsweise, wenn nach einer Änderung des angewendeten Standards die Altdaten maschinell möglichst gut an den neuen Stand angepasst werden sollen. Häufig müssen auch Metadaten anderer Produzenten in den eigenen Datenbestand integriert oder eigene Metadaten an andere Plattformen weitergegeben werden. Dies erfordert u. a. eine genaue Analyse der Datenbestände, Vorgaben für Mappings von Feldern und Feldinhalten sowie Formatänderungen, das eigentliche Processing, Dublettenprüfungen und Qualitätskontrollen.

In sehr vielen Fällen werden formale Metadaten intellektuell erstellt, nicht immer jedoch von Informationsspezialist*innen: So ist es in vielen Repositories üblich, dass die Autor*innen beim Hochladen ihrer Dokumente auch Metadaten dazu erfassen. Eine immer größere Rolle spielt auch die originär automatische Erstellung formaler Metadaten. In manchen Bereichen – z. B. bei technischen Angaben, die leicht maschinell ausgelesen werden können – ist dies unproblematisch. Bei beschreibenden Metadaten stellt die korrekte Extraktion jedoch auch in Zeiten des Machine Learning eine große Herausforderung dar (Zeng & Qin 2016, S. 100–107). Hilfreich kann eine Kombination intellektueller und maschineller Verfahren sein – z. B. in Form von automatisch erstellten Vorschlägen, die bei Bedarf korrigiert werden können.

3.2 Semantic Web

Traditionell wurden formale Metadaten als Datensätze verstanden, bei denen sich die Beschreibung einer Ressource aus der Gesamtheit der darin enthaltenen Datenfelder ergibt. In einer moderneren Sichtweise werden Metadaten hingegen als eine Menge von einzelnen Aussagen (Metadaten-Statements) über die jeweilige Ressource betrachtet. Derartige Statements kann man sich in der Form „Subjekt – Prädikat – Objekt" vorstellen. Die beschriebene Ressource ist dabei das Subjekt, das jeweilige Element das Prädikat und der erfasste Wert das Objekt, z. B.:

Aufsatz XY – (hat) Titel – „Formale Erschließung"
Aufsatz XY – (hat) Inhaltstyp – Text
Aufsatz XY – (hat) Verfasserin – https://orcid.org/0000-0002-9817-5292

Solche logischen Tripel entsprechen dem *Resource Description Framework* (RDF), einer der Schlüsseltechnologien für das Semantic Web und Linked Data (Miller 2011, S. 305–307). Einzelne Aussagen können leicht mit anderen, die in derselben Form vorliegen, zu einem sogenannten Graph kombiniert werden. Dieser kann in sehr flexibler Weise nach Informationen abgefragt werden und es lässt sich auch neues Wissen daraus ableiten.

Bibliotheken und andere Gedächtnisinstitutionen sind Vorreiter dabei, ihre Datensätze in Form von RDF-Tripeln als Linked Open Data im Internet anzubieten. Ein Beispiel dafür ist die vom Hochschulbibliothekszentrum des Landes Nordrhein-Westfalen betriebene Dateninfrastruktur lobid (Hochschulbibliothekszentrum des Landes Nordrhein-Westfalen – hbz n. d.). Metadaten aus der formalen (und inhaltlichen) Erschließung stellen also auch einen wichtigen Baustein für das Semantic Web dar.

4 Literaturverzeichnis

ARD, ORF & ZDF (2008). *Regelwerk Mediendokumentation – Fernsehen: Richtlinien für die Formalbeschreibung und Inhaltserschließung von Fernsehproduktionen* (Version 1.0). https://web.archive.org/web/20211204094619/https://www2.bui.haw-hamburg.de/pers/ulrike.spree/praesentation/regelwerk_fernsehen_komplett.pdf.

Balzer, D., Fischer, B. K., Kett, J., Laux, S., Lill, J. L., Lindenthal, J., Manecke, M., Rosenkötter, M. & Vitzthum, A. (2019). Das Projekt „GND für Kulturdaten" (GND4C). *o-bib. Das offene Bibliotheksjournal*, 6 (4), 59–97. https://doi.org/10.5282/o-bib/2019H4S59-97.

Comité international pour la documentation (n. d.). *CIDOC CRM: Conceptual reference model*. https://cidoc-crm.org/.

Deutsche Digitale Bibliothek (n. d.). *Deutsche Digitale Bibliothek: Kultur und Wissen online*. https://www.deutsche-digitale-bibliothek.de/.

Dublin Core Metadata Initiative (n. d.). *DCMI: Dublin Core*. https://www.dublincore.org/specifications/dublin-core/.

EDIteur (n. d.). *ONIX*. https://www.editeur.org/8/ONIX/.

Hochschulbibliothekszentrum des Landes Nordrhein-Westfalen (n. d.). *lobid: Dateninfrastruktur für Bibliotheken*. https://lobid.org/.

International Organization for Standardization (1998). *Codes for the representation of names of languages – Part 2: Alpha-3 code* (ISO Standard No. 639-2:1998). https://www.iso.org/standard/4767.html.

International Organization for Standardization (2019). *Date and time format* (ISO Standard No. 8601-1:2019). https://www.iso.org/standard/70907.html.

ISBD Review Group (2011). *ISBD: International Standard Bibliographic Description* (Consolidated edition). International Federation of Library Associations and Institutions. https://repository.ifla.org/handle/123456789/786.

Joint Steering Committee for Development of RDA (2009). *RDA: Resource description and access: prospectus*. http://rda-rsc.org/archivedsite/rdaprospectus.html.

KNIME AG (n. d.). *KNIME Analytics Platform*. https://www.knime.com/knime-analytics-platform.

LIDO Working Group (n. d.). *LIDO*. https://cidoc.mini.icom.museum/working-groups/lido/.

Meetings of Experts on an International Cataloguing Code (2009). *Statement of International Cataloguing Principles*. International Federation of Library Associations and Institutions. https://repository.ifla.org/handle/123456789/93.

Miller, S. J. (2011). *Metadata for Digital Collections: A How-To-Do-It Manual*. (How-to-do-it manuals, no. 179). Neil-Schumann.

National Information Standards Organization (2004). *Understanding Metadata*. NISO Press. https://www.lter.uaf.edu/metadata_files/UnderstandingMetadata.pdf.

OpenRefine (n. d.). https://openrefine.org/.

RDA Steering Committee (2017). *RDA Toolkit*. https://original.rdatoolkit.org.

RDA Steering Committee (2018). *RDA Toolkit*. https://access.rdatoolkit.org/.

Riva, P., Le Bœuf, P. & Žumer, M. (2017). *IFLA Library Reference Model: A Conceptual Model for Bibliographic Information* (as amended and corrected through December 2017). International Federation of Library Associations and Institutions. https://repository.ifla.org/handle/123456789/40.

Study Group on the Functional Requirements for Bibliographic Records (2009). *Functional Requirements for Bibliographic Records: Final Report* (as amended and corrected through February 2009). International Federation of Library Associations and Institutions. https://repository.ifla.org/handle/123456789/811.

Wiesenmüller, H. (2012). Das neue Regelwerk ‚Resource Description and Access' (RDA) – zwischen Wunsch und Wirklichkeit. In K. Niedermair (Hrsg.), *Die neue Bibliothek: Anspruch und Wirklichkeit. 31. Österreichischer Bibliothekartag Innsbruck 2011* (S. 274–282). Neugebauer. https://hdl.handle.net/11353/10.398554.

Wiesenmüller, H. & Horny, S. (2017). *Basiswissen RDA: Eine Einführung für deutschsprachige Anwender* (2. Aufl.). De Gruyter Saur. https://doi.org/10.1515/9783110544725.

Zeng, M. L. & Qin, J. (2016). *Metadata* (2nd ed.). Facet.

Jochen Fassbender
B 7 Register/Indexe

1 Einleitung

Der Fokus dieses Artikels liegt auf der Indexerstellung von Publikationen, d. h. der detaillierten Indexierung der Inhalte von Dokumenten statt der Indexierung auf Dokumentebene, welche sich auf das Gesamtthema von Dokumenten beschränkt. Zu letzterer zählen z. B. das Hauptthema von Artikeln, die Sachkatalogisierung von Büchern oder die Erschließung von Objekten in der Museumsdokumentation.

Die Worte Index und Register werden synonym benutzt. Das Wort Index ist nicht nur ein Homonym aus unterschiedlichen Bereichen (z. B. Finanzwesen, Mathematik), sondern auch ein Polysem im Publikationswesen, da es in romanischen Sprachen sowohl Inhaltsverzeichnis als auch Register meinen kann. Während im Finanzwesen, Mathematik u. a. die Pluralform Indizes benutzt wird, ist im bibliographischen Sinn Indexe der korrekte Plural (engl.: *indexes*), es sei denn, es geht um Indices zu alten Werken in lateinischer Sprache (*index rerum, index nominum, index verborum*). Etymologie, Bedeutung und Plural des Wortes Index erläutert Wellisch (1995, S. 199–210) ausführlich.

2 Definitionen

Was Definitionen und Erläuterungen der Fachterminologie angeht, sei auf International Organization for Standardization (ISO 1996, para. 3), Wellisch (2000), die Glossare in National Information Standards Organization (NISO 2021, S. 34–44) und Fugmann (1999, S. 213–223) sowie das multilinguale Wörterbuch-Projekt in sechs Sprachen in Fassbender (2021) verwiesen. Hjørland (2018) diskutiert Index-Definitionen, -Arten, -Theorien und -Parameter. Konkordanzen sind keine Indexe. Zwei Definitionen von Index sind:

Wellisch (1995, S. xvi): „An *alphanumerically* or otherwise systematically ordered arrangement of *entries*, different from the order of the *text* of the indexed *document*, and designed to enable its users to locate *information* in the document."

NISO (2021, S. 38): „A systematic guide to facilitate retrieval of content. [...] An index serves as a navigation aid to the text or documents it accompanies."

3 Index-Arten

Es lassen sich u. a. folgende Arten unterscheiden:
- Alphabetische vs. systematische Register: nach Sortierart der Einträge.
- Buchregister, Zeitschriftenregister, Website-Indexe u. a.: nach Art des Mediums.
- Gesamt- vs. mehrere Register: nach Registeranzahl. Ein alles umfassendes Register oder die Aufteilung in Sach-, Personen-, Orts- und andere Register.
- Band- vs. kumulierte Register: nach indexierter Band- bzw. Jahrgangsanzahl.

- Offene vs. abgeschlossene Register (*open* vs. *closed indexes*): nach Registerstatus. Erstere sind z. B. fortlaufende Zeitschriftenregister, letztere fertiggestellte Buchregister.
- Schlagwort- vs. Stichwortregister: nach Indexierungsart. Erstere sind per Zuteilung indexierte Sachverhalte und meistens kontrolliert, letztere bestehen nur aus aus dem Text extrahierte Wörter. Die in der Verlagswelt gern benutzte Bezeichnung Stichwortverzeichnis ist ungenau, da in der Praxis oft ein Sachregister gemeint ist.
- Als separate Datei erstellte vs. eingebettete Register (*stand-alone* vs. *embedded indexes*): Erstere werden am Ende der Manuskriptdatei eingefügt, letztere werden per Index-Marken im Text der Manuskriptdatei eingebettet.
- Mit den Fundstellen in den Inhalten verlinkte vs. nicht-verlinkte Register (*active* vs. *non-active indexes*): nach Klickbarkeit der Fundstellenangaben in elektronischen Publikationen.

4 Wichtige Parameter

Für den Indexierungsprozess ist die gewählte Indexierungstiefe (*depth of indexing*) wichtig, die aus Specificity und Exhaustivity besteht (Wellisch, 1995, S. 137–138). Erstere bezieht sich auf die Genauigkeit, mit der indexierte Sachverhalte bezeichnet werden, letztere auf die Vollständigkeit der Indexierung eines Dokumentes oder Dokumentsammlung. Ferner drückt die Granularity die Größe indexierbarer Einheiten (Satz, Absatz, Abschnitt) aus, was die Exhaustivity beeinflusst (Browne & Jermey 2007, S. 29). Für die Recherche in einem Index sind Precision und Recall bedeutend, die die Genauigkeit und Vollständigkeit der Suchergebnisse wiedergeben (Lancaster 1986, S. 131–138) und von Specificity und Exhaustivity bei der Indexierung abhängen.

5 Normen und Fachliteratur

Die umfangreichsten Index-Normen sind der Entwurf von *NISO Z39.4* (NISO 2021), die sowohl Print- als auch elektronische Indexe berücksichtigt und über ein Glossar und Index verfügt, sowie *ISO 999* (ISO 1996), ebenfalls mit Index. Die deutsche *DIN 31630* (Deutsches Institut für Normung – DIN 1988) wurde seitdem nicht aktualisiert. Weitere, für die Registererstellung relevante Normen betreffen die Sortierung (u. a. ISO 1996 und DIN 2005) und die Transliteration aus nicht-lateinischen Schriften (Übersicht in ISO 1996, S. 33).

Zu den ausführlichen Einführungswerken der führenden Fachliteratur gehören Knight (1979), Mulvany (1994, 2005), Wellisch (1995), Booth (2001) und Browne & Jermey (2007). Darüber hinaus gibt es Fachpublikationen zum Indexieren verschiedener Medien (z. B. Weaver 2002 zu Zeitschriften) und Fachgebiete (z.B. Blake et al. 2002 zu Medizin). Die beiden wichtigsten Fachzeitschriften sind *The Indexer* (Society of Indexers – SI, 1958–) und *Key Words* (American Society for Indexing – ASI 1994–).

Bedeutende und umfangreiche Style Guides mit eigenen Kapiteln über Registererstellung, die quasi einen Normcharakter angenommen haben, sind das *Chicago Manual of Style* (CMS 2017) sowie *New Hart's Rules* (2014). Für den spanischen Sprachraum gibt es die adaptierte Version des CMS von Torres Ripa (2013). Es existiert bisher kein vergleichbarer Style Guide in deutscher Sprache. Für deutschsprachige Register können fast alle Indexing-Techniken und -Konventionen aus diesen Fachbüchern und Style Guides übernommen werden.

6 Geschichte

Die ältesten Buchregister wurden gleich zu Beginn des Buchdruckes in den 1460er Jahren erstellt (Wellisch 1986). Konrad Gessner war im 16. Jahrhundert einer der ersten, der eine Anleitung zur Indexerstellung verfasste. Kunze (1992) geht auf die Geschichte der deutschsprachigen Registererstellung ein. Viele historische Aspekte finden sich zudem in der Fachzeitschrift *The Indexer* (SI 1958–, Subject Index section) und Duncan (2021).

7 Verbände

Henry B. Wheatley gründete 1877 einen ersten Indexerverband in Großbritannien; er gilt auch als Pionier der modernen Indexing-Szene. Zu den weltweit führenden Verbänden gehören:
- Society of Indexers (SI)[1]
- American Society for Indexing (ASI)[2]
- Indexing Society of Canada/Société canadienne d'indexation (ISC/SCI)[3]
- Australian and New Zealand Society of Indexers (ANZSI)[4]

Wellisch (1995, S. 432–439) geht auf die einzelnen Societies ein. Für den deutschsprachigen Raum ist das Deutsche Netzwerk der Indexer (DNI)[5] zuständig.

8 Bestandteile von Registern

In der Definition von Index in NISO (2021, S. 38) werden auch die Bestandteile aufgelistet: „Indexes include the following major components: (a) headings representing topics or features; (b) cross-references or other linking devices among synonymous, equivalent, broader, narrower, and other related terms; (c) locators."

Einträge (Mulvany 2005, S. 17–19) sind entweder Haupt- oder Untereinträge, die die Eintragsebene kennzeichnen. Im Deutschen gibt es keine terminologische Unterscheidung zwischen dem reinen Wortlaut eines Eintrags (*heading*) und dem Wortlaut, Fundstellenangaben sowie ggf. *siehe auch*-Querverweisen, die zusammen einen Eintrag (*entry*) bilden; daher kann mit Eintrag je nach Kontext Unterschiedliches gemeint sein (Fassbender 2021, S. 395). Nicht zu den Einträgen zählen *siehe*-Querverweise.

---

[1] www.indexers.org.uk.
[2] www.asindexing.org.
[3] https://indexers.ca.
[4] www.anzsi.org.
[5] https://d-indexer.org.

8.1 Haupteinträge

Haupteinträge sind die Haupteinstiegspunkte in einem Index. Sie sollen nach Cutter's Rule (Fugmann 2006, Absatz 82–88) so präzise wie möglich den Sachverhalt wiedergeben und werden meistens als Substantiv oder Adjektiv-Substantiv-Verbindung angesetzt. Im Gegensatz zu Wörterbüchern und Lexika können zählbare Sachverhalte im Plural stehen (Mulvany 1994, S. 80–81).

8.2 Untereinträge

Untereinträge stellen den Kontext zum Haupteintrag her und erleichtern damit die Suche. Sie sollten präzise und mit wenig Ballast formuliert sein. Präpositionen können am Anfang von Untereinträgen wichtig sein, da sie den Kontext weiter verdeutlichen oder differenzieren:

> Produktion
>   vor Industriezeitalter 12–17
>   in Metallbranche 320, 325–330
>   mit Robotern 57, 88–90, 92
>   von Robotern 98–101

Es gibt verschiedene Arten von Untereinträgen, die meisten haben einen nichthierarchischen Bezug zum Haupteintrag. Eine Typologie stellt Stauber (2004, S. 149–158) vor.

Untereinträge können eingerückt untereinander (*indented style*) oder fortlaufend im Absatzstil angeordnet werden (*run-in style*), wobei erstere übersichtlicher, letztere platzsparender sind (CMS 2017, Kapitel 16.24–16.28; ISO 1996, Kapitel 9.5). Meistens reicht eine Untereintragsebene aus, aber in manchen Registern können Unter-Untereinträge sinnvoll sein. Einen Hybrid-Stil zeigt z. B. der Index zum CMS (2017) mit eingerückten Untereinträgen und Unter-Untereinträgen im Absatzstil. In deutschsprachigen Registern werden statt Einrückungen oft noch Unterführungsstriche vor Untereinträgen gesetzt (Fassbender 2006, S. 80).

8.3 Querverweise

Querverweise (CMS 2017, Kapitel 16.15–16.23; ISO 1996, Kapitel 7.5; NISO 2021, Kapitel 8.4–8.7) sind Verbindungen innerhalb von Registern, entweder von alternativen Bezeichnungen zu Einträgen oder zwischen Einträgen. Mehrere Querverweise werden mit Semikolon getrennt hintereinander aufgelistet. Zu vermeiden sind blinde, zirkuläre und indirekte Querverweise. Es gibt zwei Hauptarten: *siehe* und *siehe auch*; die kursive Auszeichnung der Wörter *siehe* und *siehe auch* ist verbreitete Konvention.

8.3.1 *siehe*-Querverweise

Diese verweisen als zusätzliche Einstiegspunkte in den Index von alternativen Bezeichnungen (also diejenigen, die vor dem Querverweiswort *siehe* stehen) auf Einträge im Index. Die *siehe*-Querverweise weisen selbst keine Fundstellenangaben auf und können sowohl auf Haupt- als auch Untereintragsebene platziert werden.

Mulvany (1994, S. 101) beschreibt die Funktionen, Wellisch (1995, S. 122–123) die Vokabularkontrolle. Im Wesentlichen werden die äquivalenten Relationen a) bis g) sowie die hierarchischen Relationen j) bis l) kontrolliert, wobei bei letzteren im Gegensatz zu Thesauri in der Regel nur in eine Richtung vom Generellen zum Speziellen verwiesen wird: a) klassische Synonyme, b) Fachterminus, c) Namenswechsel, d) Pseudonym, e) Spitzname, f) Schreibweisenvarianten, g) Abkürzung/Vollform, h) Antonyme, i) Quasi-Synonyme, j) generische Hierarchie, k) partitive Hierarchie, l) Instanz-Hierarchie. Beispiele:

a) Müll *siehe* Abfall
b) Sternenkunde *siehe* Astronomie
c) Bombay *siehe* Mumbai
d) Clemens, Samuel *siehe* Twain, Mark
e) Jumbo-Jet *siehe* Boeing 747
f) Photographie *siehe* Fotografie
g) DFB *siehe* Deutscher Fußball-Bund
h) Gesundheit *siehe* Krankheiten
i) Beheizung *siehe* Heizungen
j) Musik *siehe* Rock-Musik
k) Räder *siehe* Speichen
l) Bundesländer *siehe* Bayern

Die *siehe*-Querverweise der Arten c), d) sowie h) bis l) können zu *siehe auch*-Querverweisen werden, falls die Einstiegspunkte Fundstellenangaben bekommen und damit zu Einträgen werden.

8.3.2 *siehe auch*-Querverweise

Diese werden eingesetzt, um Einträge mit hierarchisch spezielleren, assoziativen oder in einigen Fällen mit äquivalenten Einträgen zu verknüpfen. Bei einem hierarchischen *siehe auch* wird in der Regel nur auf die nächsttiefere Ebene, wie oben in Beispiel j), verwiesen. Assoziative Einträge werden gegenseitig mit *siehe auch* verbunden, ebenso äquivalente, falls ein Sachverhalt oder eine Person vor und nach einer Umbenennung bzw. Namenswechsel behandelt werden, siehe Beispiele c) und d). Platziert werden *siehe auch*-Querverweise meistens vor oder am Ende von Untereinträgen. Weitere Details in Mulvany (1994, S. 191–194) und Wellisch (1995, S. 126–130).

8.3.3 Pauschal-Querverweise

Pauschal-Querverweise können als *siehe*- und *siehe auch*-Querverweise vorkommen (CMS, 2017, Kapitel 16.23) und werden dann eingesetzt, falls die Mehrzahl oder alle hierarchisch engeren Haupteinträge eines hierarchisch höheren Haupteintrags bzw. Einstiegspunktes vorhanden und allgemein bekannt sind. Pauschalverweise werden nur als genereller Hinweis formuliert und kursiv ausgezeichnet, da platzsparend nicht auf konkrete Einträge verweisend:

Bundesländer *siehe einzelne Bundesländer*

Sind im Register aber nur wenige hierarchisch engere Haupteinträge vorhanden, sollen diese konkret aufgelistet werden:

Bundesländer *siehe* Bayern; Berlin; Hessen

8.4 Fundstellenangaben

Fundstellenangaben (*locators*) sind in Registern grundsätzlich hinter dem Wortlaut von Haupt- und Untereinträgen platziert und bestehen in der Regel aus auf Fundstellen hinweisende Zahlen oder alphanumerische Angaben.

Fundstellenangaben dienen der Auffindung von indexierten Begriffen. Sie führen aus dem Index heraus zu den Fundstellen im Inhalt eines oder mehrerer Dokumente, zu Einheiten einer Dokumentsammlung oder zu Lokalitäten in abgebildeten, virtuellen oder realen Welten. Prinzipiell sollten Fundstellenangaben den Anfang und das Ende einer Fundstelle wiedergeben (von/bis-Angabe), wobei in der Praxis bei kleineren Fundstellen innerhalb von Dokumenten lediglich der Anfang gekennzeichnet ist.

8.4.1 Seitenzahlen

Die Seite ist im Gegensatz z. B. zur Schriftrolle eine für das menschliche Gesichtsfeld praktische, gleichmäßige Unterteilung des Inhalts einer Publikation. Daher verwundert es nicht, dass die populärste und bekannteste Art von Fundstellenangabe arabische Seitenzahlen sind. Römische Seitenzahlen können im Vorspann von Büchern vorkommen. Ein historischer Vorgänger der Seitenzahl ist die Foliumnummer, die sich auf das Blatt und nicht die Seite bezieht.

Seitenzahlen kommen entweder einzeln oder als Bereichsangaben vor, wie diese insgesamt fünf Seitenangaben:

> 26, 36–38, 121–127, 155, 203–208

Bereichsangaben enthalten einen Halbgeviertstrich. Im Gegensatz zum deutschen Sprachraum sind im angloamerikanischen Publikationswesen zudem verkürzte Seitenbereichsangaben zumindest ab dreistelligen Zahlen üblich (CMS 2017, Kapitel 16.14):

> 26, 36–38, 121–27, 155, 203–8

Zu beachten ist zudem der Unterschied zwischen unterbrochenen Fundstellen desselben Themas und einer durchgehenden Behandlung eines Themas:

> 54, 55, 56 im Gegensatz zu 54–56.

Angedeutete Seitenbereichsangaben in der im deutschsprachigen Publikationswesen immer noch verbreiteten Form von f. und ff. oder das obsolete et seq. hinter einer einzelnen Seitenzahl sind laut ISO (1996, 7.4.3.1) wegen Ungenauigkeit ausdrücklich nicht empfohlen, ja aktuelle Style Guides verbieten diese sogar, z. B. CMS (2017, Kapitel 16.12). Dasselbe gilt für passim (verstreutes Vorkommen mehrerer kleiner Fundstellen) hinter einer Seitenbereichsangabe, siehe ISO (1996, Kapitel 7.4.3.2) und Wellisch (1995, S. 278–279).

Ein großer Nachteil von Seitenzahlen ist die Abhängigkeit vom Seitenumbruch. Eine konventionelle Registererstellung kann erst anfangen, wenn der Seitenumbruch stabil genug ist. Kommt es außerdem bei späteren Auflagen zu erheblichen Umbruchverschiebungen, sind die Seitenangaben im Register der Vorauflage nicht mehr zu gebrauchen. Zwar ermöglicht moderne Indexing-Software eine Neuberechnung von Seitenzahlen bei ganzen Seitenverschiebungen, nicht aber für die in der Praxis häufig vorkommenden asymmetrischen Verschiebungen. Ein weiterer Nachteil von Seitenzahlen ist deren Ungenauigkeit bei der Suche nach kleineren Fundstellen innerhalb einer Seite oder dem exakten Anfang eines Seitenbereiches.

Im Zusammenhang mit elektronischen Publikationen verliert die klassische Seitenzahl zudem an Bedeutung, wenn es um die Zitierfähigkeit von Fundstellen geht. Unterschiedliche Lesegeräte und Zoom-Faktoren lösen unterschiedliche Umbrüche aus. Zwar können in E-Books Kennzeichnungen des Seitenumbruchs der Printversion gesetzt werden; dennoch bleibt es ein Behelf einer für dieses Medium unpassenden Fundstellenangabenart. Völlig unangebracht sind Seitenzahlen in Werken, die nur als E-Book erscheinen. Ausnahmen bilden elektronische Publikationen, die ein identisches Abbild der Printversion sind (z. B. PDF-Format).

8.4.2 Seitenzahlen mit Zusatz zur verbesserten Lokalisierung

Hierzu zählen die heutzutage nicht mehr übliche Zeilennummer pro Seite sowie Indikatoren, die eine genauere Seiteneinteilung und damit eine verbesserte Auffindbarkeit auf der Seite ermöglichen (Wellisch 1995, S. 284–285), wie z. B. die waagerechte Einteilung mit Spaltenangaben (a, b, z. B. 21b–23a), die bereits im 15. und 16. Jahrhundert praktizierte senkrechte Einteilung der Seite mittels als Marginalie aufgeführte Buchstaben A, B, C, D, E, gedachte Quadranten (a = links oben, b = links unten, c = rechts oben, d = rechts unten) oder ähnliche Sektoren. Die präziseste Lokalisierung ermöglichen klassische Koordinaten in Karten und Atlanten.

All diesen Fundstellenangaben ist jedoch ebenfalls die Abhängigkeit vom Seitenumbruch gemein, da sie nur in Kombination mit, d. h. als Zusatz hinter der Seitenzahl eingesetzt werden können. Sämtliche Zusätze bedürfen zudem einer erläuternden Anmerkung am Anfang des Indexes.

8.4.3 Seitenzahlen mit Hinweis auf Gewichtung und Häufigkeit

Mit einer fetten Auszeichnung können Seitenangaben als wichtig hervorgehoben werden. Dies ist bei Vorliegen von Bereichsangaben aber eher überflüssig. Die Häufigkeit eines indexierten Themas innerhalb derselben Seite kann mit Zahlen, z. B. 23 (2) bzw. 23 (3), oder mit dem mittlerweile obsoleten Zusatz *bis* bzw. *ter*, z. B. 23 *bis* bzw. 23 *ter* angedeutet werden (Knight 1979, S. 107–108).

8.4.4 Umbruchunabhängige Fundstellenangaben

Derartige Fundstellenangaben haben eine hohe Resilienz gegen Änderungen im Inhalt von Publikationen und können daher auch viel eher in Registern zu Neuauflagen wiederverwendet werden.

Die einfache, über ein ganzes Werk fortlaufende Absatznummer hat den Vorteil, entweder als Marginalie oder am Anfang eines Absatzes parallel zum Text „mitzuschwimmen". Dadurch ist die Absatznummer immun gegen Verschiebungen des Seitenumbruches. Zudem unterteilen Absatznummern den Inhalt feiner als Seitenzahlen, da es in der Regel mehrere Absätze pro Seite gibt, was auch einer besseren Findability dient. Eine Absatznummer benötigt auch keine Bereichsangabe, falls sie durch einen Seitenumbruch unterbrochen wird. Man unterscheidet zwischen strikter Nummerierung von Textabsätzen und Nummerierung, die einen Sachverhalt umfasst, dabei aber aus mehr als einem Textabsatz bestehen kann.

Kommt es zu Verschiebung, Hinzufügung oder Löschung von Absätzen, kann dies durch Erweiterung oder Zusammenfassung von Absatznummern abgefangen werden. Fugmann (1999, S. 147, 2006, S. 49–50) erläutert dies (z. B. 10,5 eingeschoben zwischen 10 und 11 oder 135–137 nach Wegfall von 136 und 137) und hat Absatznummern in diesen Werken auch eingesetzt.

Eine noch elegantere Art ist die Kombination aus Kapitelnummer und Absatznummer, wobei die Absatznummer mit jedem neuen Kapitel bei 1 anfängt, so z. B. modellhaft zu sehen im CMS (2017) mit insgesamt über 2000, als Marginalie mitgeführten Kapitel-/Absatznummern verteilt auf 16 Kapitel und einem Anhang (z. B. 1.1 bis 1.125 für Kapitel 1). Falls es hier zu Änderungen in der Absatzfolge kommt, wirkt sich dies nur auf das betreffende Kapitel aus. Kapitel-/Absatznummern benötigen nur dann eine Bereichsangabe, falls mehrere hintereinanderliegende Absatznummern gemeint sind.

Ähnlich der Kapitel-/Absatznummer verhält sich die Abschnittsnummer, die den Inhalt in Haupt- und Unterabschnitte unterteilt (meistens in der Form von z. B. 3, 3.1, 3.2, 3.2.1, 3.2.2, 3.2.3, 3.3 etc.). Abschnittsnummern eignen sich aber nur dann als Fundstellenangaben für Register, falls die unterste Ebene in der Regel feiner als eine ganze Seite ist. Falls eine höhere Abschnittsnummer ein übergeordnetes Thema umfasst, können Bereichsangaben eingespart werden (z. B. 3.2 statt 3.2.1–3.2.3). Abschnittsnummern mit vier oder mehr Ebenen haben die Tendenz, schwieriger lesbar zu sein.

8.4.5 Fundstellenangaben mit Zusatz für unterschiedliche Inhaltsarten

Unterschiedliche Inhaltsarten können neben Fließtext Abbildungen (z. B. Fotos, Zeichnungen, Diagramme, Karten), Tabellen und Anmerkungen (Fuß- oder Endnoten) sein. Diese können als Zusatz in meist abgekürzter Form hinter der Fundstellenangabe stehen, z. B. bei Seitenzahlen: 35 Abb., 35 Tab., 35 Anm. bzw. mit Zählung: 35 Anm. 2 oder 35 Anm. 2–3. Im Englischen sind folgende Zusätze üblich: 35 fig. oder 35f, 35 tab. oder 35t, 35n bzw. 35n2 oder 35nn2–3 (CMS 2017, Kapitel 16.111, 16.116). Alternativ bieten sich insbesondere für Abbildungen auch ein Symbol oder eine Auszeichnung wie 35* oder *35* an bzw. die Indexierung als Untereintrag.

8.4.6 Mehrteilige Fundstellenangaben

Befinden sich Fundstellen in mehrbändigen Werken, in unselbstständig erschienenen Dokumenten (z. B. Artikeln) oder zu Kollektionen von Dokumenten, sind mehrteilige Fundstellenangaben notwendig, wie Band: Seite(n), z. B. III: 732, oder Jahrgang (Heft): Seite(n), z. B. 72 (5–6): 311–314 bzw. 5–6/2021: 311–314, oder Signatur, z. B. Geo 150. In

Zeitschriftenregistern mit mehr als einem indexierten Titel ist der (meistens abgekürzte) Zeitschriftentitel ein weiteres Element der Fundstellenangabe, z. B. IWP 72 (5–6): 311–314.

8.4.7 Fundstellenangaben in elektronischen Publikationen

Verlinkte Fundstellenangaben in Indexen zu E-Books oder Websites führen punktgenau an den durch eingebettete Index-Marke oder Anker markierten Anfang einer Fundstelle. Kommt das Thema eines Haupt- oder Untereintrags nur jeweils einmal vor, genügt die Verlinkung des Wortlautes derselben:

Produktion
    vor Industriezeitalter
    in Metallbranche

Gibt es mehr als eine Fundstelle pro Eintrag, können verlinkte Zahlen genutzt werden, wobei aber Umfang und Lokalität der Fundstelle im Werk nicht erkennbar sind:

Produktion
    vor Industriezeitalter 1
    in Metallbranche 1, 2

9 Indexumfang

Die Länge eines Indexes hängt von verschiedenen Faktoren ab: Art der Publikation, zur Verfügung stehender Platz, Seitenformat, Spaltenanzahl, Index-Layout, Schriftgröße, Indexierungstiefe. Ein übliches Maß des Indexumfangs bei Büchern ist der Anteil von Registerseiten im Verhältnis zur Anzahl der indexierten bzw. indexierbaren Seiten. Beispiel: Ein 15-seitiger und (standardmäßig) zweispaltiger Index in einem 330-seitigen Buch mit 300 indexierten Seiten hat einen Umfang von 5 %.

Mulvany (1994, S. 64–67) und Wellisch (1995, S. 272) erläutern unterschiedliche Längen von Registern zu verschiedenen Bucharten, von Ratgebern und Sachbüchern (2–5 %), über Fachbücher (5–8 %), bis hin zu sehr detaillierten Werken wie Handbücher und technische Dokumentationen (10–15 % oder mehr). Weitere Hinweise geben u. a. CMS (2017, Kapitel 16.118) und ISO (1996, Kapitel 6.2).

Um ein erstelltes Register an einen vorgegebenen Platz anzupassen, gibt es verschiedene Skalierungstechniken (z. B. Mulvany 1994, S. 233–234), u. a. satztechnische wie Reduzierung von Schriftgröße und Durchschuss, Eliminierung ungünstiger Zeilenumbrüche, Löschung von Untereinträgen bei Haupteinträgen mit wenigen Untereinträgen.

10 Indexierbare Teile von Werken

Sämtliche inhaltliche Seiten (Fließtext, Abbildungen, Tabellen, Anmerkungen), beginnend mit der Einleitung, werden prinzipiell indexiert (Wellisch 1995, S. 210–213). Anmerkungen werden insbesondere berücksichtigt, falls zusätzliche Informationen in diesen enthalten sind. Auch Anhänge und Glossar sind indexierbar. Meistens ausgeschlossen werden Widmung, Vorwort, Abstract und Bibliographie.

11 Sortierung

Die deutschsprachigen Sortierregeln sind in DIN (2005) festgelegt. Umlaute und andere Diakritika werden mit den Grundbuchstaben gleichgeordnet.

Die Grobreihenfolge nach Zeichenart ist laut DIN (2005, Kapitel 5.1–5.2): Symbole, Buchstaben, Buchstaben aus nichtlateinischen Alphabeten, römische Zahlen, arabische Zahlen. In englischsprachigen Registern: Symbole, Zahlen, Buchstaben. In manchen Disziplinen sind Besonderheiten zu beachten. So wird in medizinischen Registern die Sortierung chemischer Fachausdrücke mit speziellem Präfix in Form von Zahlen oder griechischen Buchstaben unter dem folgenden Wort erzwungen, z. B. α-Globulin unter G.

Es gibt zwei Arten alphabetischer Sortierung: wortweise (*word-by-word*) und buchstabenweise (*letter-by-letter*), siehe ISO (1996, Kapitel 8.2) und CMS (2017, Kapitel 16.58–16.61). Der wesentliche Unterschied ist, dass bei einer wortweisen Sortierung das Leerzeichen vor allen anderen Zeichen sortiert und dabei Zeichen wie der Bindestrich als Leerzeichen zählen, und bei der buchstabenweisen nur Buchstaben und Zahlen berücksichtigt werden. Beispiel:

Wortweise Sortierung:	Buchstabenweise Sortierung:
Neu, Friedrich	Neu, Friedrich
Neu-Ulm	Neukaledonien
Neukaledonien	Neu-Ulm
New York	Newark
Newark	New York

DIN (2005, Kapitel 5.2.1) kennt diesen Unterschied nicht und lässt nur den Vorrang des Leerzeichens zu.

Es ist Konvention, Präpositionen vor Untereinträgen nicht mitzusortieren (s. Beispiel unter 8.2).

In einem ansonsten alphabetischen Index können Untereinträge in bestimmten Fällen auch anders sortiert sein, wie chronologisch, z. B. Perioden (Trias, Jura, Kreide) oder räumlich, z. B. Planeten (Merkur, Venus, Erde).

12 Techniken

Der Prozess insbesondere der Sachregistererstellung, bestehend aus der Eingabe- und Endbearbeitungsphase, beinhaltet: a) Fundstelle wird mit einem oder mehreren Haupteinträgen indexiert, b) ggf. mit Untereintrag der Kontext hergestellt, c) die Fundstellenangabe eingegeben, d) ggf. um Querverweise ergänzt. Dabei sollen nicht nur Textwörter berücksichtigt werden, sondern auch implizit Gemeintes. Es ist effektiver, Untereinträge sofort statt nachträglich zu vergeben. Fundstellen können sich überlappen und unterschiedlichen Umfang aufweisen.

12.1 Umkehrung

Eine sehr wichtige Technik, und bei Schritt a) und b) zu berücksichtigen, ist die Umkehrung von Haupt- und Untereintrag. Jeder Untereintrag, der selbstständig auch als Haupteintrag stehen kann, wird zu einem Haupteintrag umgekehrt:

>Eisenbahnstrecken
>>in Großbritannien 110–115, 137

>Großbritannien
>>Eisenbahnstrecken 110–115, 137

Sind in einem Untereintrag mehr als ein aussagekräftiges Element enthalten, sind zwei oder mehr Umkehrungen nötig. Fassbender (2021, S. 397, 398) erläutert die Arten von Umkehrungen.

12.2 Limit der Anzahl der Fundstellenangaben

Eine lange Kette von undifferenzierten Fundstellenangaben hinter Haupt- oder Untereinträgen ist zu vermeiden. Üblich ist ca. ein halbes Dutzend als Limit (Mulvany 1994, S. 77; Wellisch 1995, S. 279–282), wobei Bereichsangaben als jeweils eine Angabe zählen.

Zu viele Fundstellenangaben hinter einem Haupteintrag müssen auf Untereinträge „heruntergebrochen" werden, und bei einem so überlasteten Untereintrag wird dieser entweder zu einem Haupteintrag mit eigenen Untereinträgen hochgestuft, oder es müssen Unter-Untereinträge gebildet werden.

12.3 Doppeleinträge

In abgeschlossenen Registern kann ein Doppeleintrag statt eines *siehe*-Querverweises eingesetzt werden, falls der Platzverbrauch nicht größer als der Querverweis ist. Doppeleinträge müssen identische Fundstellenangaben aufweisen. Beispiel: Abfall 25, 41 sowie Müll 25, 41.

12.4 Weitere Techniken

Mit Invertierung kann ein aussagekräftiges Element im Wortlaut eines Eintrags nach vorne positioniert werden. Qualifier werden zur Differenzierung von homonymen oder mehrdeutigen Einträgen als Ausdruck in Klammern hinter diese gesetzt. Beiläufige Erwähnungen (Fugmann 2006, Absatz 76–79), also die bloße Nennung eines Wortes oder Namens ohne weitere Ausführung, werden nicht indexiert. Ähnliche Untereinträge können durch Zusammenlegung verdichtet werden. Eine Überindexierung mit gleichen Fundstellenangaben in Untereinträgen desselben Haupteintrages ist durch Auflösung der Untereinträge zu vermeiden (Fassbender 2021, S. 397).

13 Spezielle Aspekte

In der Regel ist ein Gesamtregister vorzuziehen, aber es gibt Szenarien, wo eine Aufteilung in zwei oder mehr Register sinnvoll ist (Wellisch 1995, S. 314–317).

Die Übersetzung von Registern, die Seitenzahlen als Fundstellenangaben aufweisen, ist wegen der asymmetrisch unterschiedlichen Textlänge der Übersetzung nicht möglich. Eine Neuindexierung des übersetzten Werkes ist erforderlich.

Wie das Meta-Topic (das Hauptthema eines Werkes) im Register berücksichtigt werden kann, behandelt Stauber (2004, S. 9–29).

Die Indexierung von Eigennamen umfasst u. a. Personen-, Körperschafts- und geographische Namen. Spezielle Herausforderungen sind z. B. die Ansetzung von Personennamen aus der Übergangsphase vom Mittelalter zur Neuzeit, spanische und ostasiatische Namen. Namen in verschiedenen Sprachen werden ausführlich in Bridge (2012) und *The Indexer* (Centrepieces 1–4 und 6, 2006–2008 und 2011) (SI 1958–, Centrepieces section) behandelt.

14 Technische Durchführung und Tools

Die klassische Karteikarte wurde ab den 1980er Jahren durch Dedicated Indexing Software abgelöst, die über zahlreiche Eingabe-, Editier-, Formatier-, Sortier-, Kontroll- und Ausgabefunktionen verfügen. Das fertig ausgegebene Register wird vom Satz übernommen.

Ein anderer technischer Weg, der auch für das Cross-Publishing beschritten wird, ist das Embedded Indexing (Lamb 2005), bei dem Einträge als Index-Marken (*tags*) in die Textdateien von Text- und Layout-Programmen eingebettet und das Register durch diese generiert werden kann. Generell ist dies mit Einschränkungen und einem höheren Aufwand verbunden, falls nicht zusätzliche Software eingesetzt wird. Bei der Einbettung sind eigentlich stets Anfang und Ende einer Fundstelle zu markieren, was in der Praxis aber aus technischen Gründen oft vernachlässigt wird und so zu fehlenden Seitenbereichsangaben führt und den Vorteil der automatischen Seitenzuweisung kompromittiert. Zudem sind bei der vermeintlich trivialen Wiederverwendbarkeit eingebetteter Register für Neuauflagen oder neue Publikationen aus z. B. selektierten Kapiteln eines Werkes zahlreiche Faktoren und Probleme zu beachten (Johncocks, 2005). Eine weitere Einbettungsart ist die durch Unique IDs als Anker in Auszeichnungssprachen wie XML, mit denen die Fundstellenangaben verlinkt werden.

Eine umfangreiche Übersicht über Software-Arten und -Produkte gibt Schroeder (2003). Methoden und Tools für die Indexierung von Websites behandelt Hedden (2007), von E-Books Browne und Coe (2014). Die Indexes Working Group des International Digital Publishing Forum (IDPF 2012) wirkt bei den Spezifikationen zum EPUB-Format mit. Aktuelle Informationen finden sich bei der Digital Trends Task Force (DTTF) der ASI und der Publishing Technology Group (PTG) der SI, aktuelle Software-Versionen auf den Websites der Anbieter.

15 Literaturverzeichnis

American Society for Indexing (Eds.) (1994–). *Key Words: Journal of the American Society for Indexing*. https://www.asindexing.org/key-words/.
Blake, D.; Clarke, M.; McCarthy, A.; Morrison, J. (2002). *Indexing the Medical Sciences*. Society of Indexers.
Booth, P. F. (2001). *Indexing: the Manual of Good Practice*. Saur.
Bridge, N. (Ed.) (2012). *Indexing Names*. Information Today.
Browne, G. & Coe, M. (2014). Ebook Indexing. In E. L. Zafran (Ed.), *Index It Right! Advice from the Experts* (S. 29–45). Information Today.
Browne, G. & Jermey, J. (2007). *The Indexing Companion*. Cambridge University Press.
Chicago Manual of Style (17th edition). (2017). University of Chicago Press.
Deutsches Institut für Normung (1988). *Registererstellung: Begriffe, Formale Gestaltung von gedruckten Registern* (DIN 31630-1:1988-06). Beuth.
Deutsches Institut für Normung (2005). *Ordnen von Schriftzeichenfolgen – Teil 1: Allgemeine Regeln für die Aufbereitung (ABC-Regeln)* (DIN 5007-1:2005-08). Beuth.
Duncan, D. (2021). *Index, A History of the*. Penguin Books.
Fassbender, J. (2006). German indexing: some observations on typographical practice. *The Indexer*, 25(2), 79–82. https://doi.org/10.3828/indexer.2006.21
Fassbender, J. (2021). Dictionary of basic indexing terminology. *The Indexer*, 39(4), 389–422.
Fugmann, R. (1999). *Inhaltserschließung durch Indexieren: Prinzipien und Praxis*. Deutsche Gesellschaft für Dokumentation.
Fugmann, R. (2006). *Das Buchregister: Methodische Grundlagen und praktische Anwendung*. Deutsche Gesellschaft für Informationswissenschaft und Informationspraxis.
Hedden, H. (2007). *Indexing Specialties: Web Sites*. Information Today.
Hjørland, B. (2018). Indexing: concepts and theory. *Knowledge Organization*, 45(7), 609–639. http://www.isko.org/cyclo/indexing
International Digital Publishing Forum (2012). *EPUB 3 Indexes Charter*. http://idpf.org/charters/2012/indexes/.
International Organization for Standardization (1996). *Information and documentation – Guidelines for the content, organization and presentation of indexes* (ISO Standard No. 999:1996). https://www.iso.org/standard/5446.html.
Johncocks, B. (2005). The myth of the reusable index. *The Indexer*, 24(4), 213–217. https://doi.org/10.3828/indexer.2005.24.4.18.
Knight, G. N. (1979). *Indexing, The Art of*. Allen & Unwin.
Kunze, H. (1992). *Über das Registermachen* (4., erw. und verb. Aufl.). Saur.
Lamb, J. (2005). Embedded indexing. *The Indexer*, 24(4), 206–209. https://doi.org/10.3828/indexer.2005.24.4.16.
Lancaster, F. W. (1986). *Vocabulary Control for Information Retrieval* (2nd edition). Information Resources Press.
Mulvany, N. C. (1994). *Indexing Books* (1st edition). University of Chicago Press.
Mulvany, N. C. (2005). *Indexing Books* (2nd edition). University of Chicago Press.
National Information Standards Organization (2021). *Criteria for Indexes* (NISO Z39.4-202X, draft standard). https://groups.niso.org/apps/group_public/download.php/24766/NISO_Z39.4_Criteria_for_Indexes_Draft_For_Public_Comment.pdf.
New Hart's Rules: The Oxford Style Guide (2nd edition). (2014). Oxford University Press.
Schroeder, S. (Ed.) (2003). *Software for Indexing*. Information Today.
Society of Indexers (Eds.) (1958–). *The Indexer: The International Journal of Indexing*. https://www.theindexer.org.
Stauber, D. M. (2004). *Facing the Text: Content and Structure in Book Indexing*. Cedar Row Press.
Torres Ripa, J. (Ed.) (2013). *Manual de estilo Chicago-Deusto*. Universidad de Deusto.
Weaver, C. G. (2002). The Gist of Journal Indexing. *Key Words*, 10(1), 16–22. https://www.asindexing.org/sampling-of-articles/

Wellisch, H. H. (1986). The oldest printed indexes. *The Indexer*, 15(2), 73–82. https://doi.org/10.3828/indexer.1986.15.2.5.

Wellisch, H. H. (1995). *Indexing from A to Z* (2nd edition). H. W. Wilson.

Wellisch, H. H. (2000). *Glossary of Terminology in Abstracting, Classification, Indexing, and Thesaurus Construction* (2nd edition). Information Today.

Udo Hahn
B 8 Abstracting – Textzusammenfassung

1 Einleitung

Abstracts (hier als Sammelbegriff für jegliche Form meist schriftlicher Zusammenfassungen verstanden) beruhen auf der inhaltlichen *Informationsverdichtung* (*Kondensierung*) von längeren Quelltexten (etwa Zeitungs- oder Zeitschriftenartikel). Geht man von der Menge aller Aussagen eines Originaldokumentes (auch als Volltext bezeichnet) aus, soll ein Abstract – abhängig vom gewünschten Verdichtungsgrad – nur die *wichtigsten* Aussagen des Volltextes oder Generalisierungen davon in *redundanzfreier*, grammatikalisch *korrekter*, textuell *kohärenter* und *gut lesbarer* Form enthalten. Durch die Verdichtung – so die zentrale informationswissenschaftliche Annahme – gewinnt der Nutzer Übersicht über die in einem (oder mehreren) Dokument(en) behandelten Themen mit wesentlich geringerem (Zeit-)Aufwand als durch die Lektüre des Originaltextes. Es ist dabei unstrittig, dass jede Form der Kondensierung zu Informationsverlusten führt. Folglich gilt es, ein Optimum an Zeitgewinn und Informationsverlust anzustreben. *Abstracting*, der Prozess der Erstellung von Abstracts, selbst kann als Spezialisierung der allgemeineren Textzusammenfassung (TZF) aufgefasst werden, fokussiert jedoch primär auf Fach- und Sachtexte.

2 Typisierungen von Abstracts

Abstracts können funktional in drei Typen unterschieden werden. Die einfachste und zugleich verbreitetste Form sind *indikative* Abstracts, in denen der Inhalt des Originaltextes auf seinen thematischen Kern komprimiert wird, ohne auf feinteilige Details einzugehen. Damit besitzen solche Abstracts einerseits eine *Referenz*funktion für den Originaltext, andererseits haben sie eine *Orientierung*sfunktion für den Leser, da er damit die Auswahl relevanter aus einer großen Menge potenziell interessanter Texte steuern kann – ein indikatives Abstract erfüllt damit eine ähnliche Rolle wie die Indexterme für ein Dokument im klassischen Information Retrieval (IR), bindet diese Beschreibung jedoch in eine textuelle und damit lesbarere Form ein. *Informative* Abstracts enthalten dagegen (alle) wesentliche(n) faktische(n) Aussagen des Originaltextes und können damit (anders als indikative Abstracts) die Lektüre des Originaltextes im Idealfall ersetzen, haben also eine *Substitution*sfunktion für den Originaltext. Dieser Anspruch wird in eher seltenen Fällen durch *kritische* (*evaluative*) Abstracts sogar noch übertroffen. Hierbei handelt es sich um informative Abstracts, die grundlegende Hypothesen und methodische Positionen, die im Originaltext beschrieben werden, kritisch bewerten.

In der wissenschaftlichen Literatur ist es gängige Praxis, dass die Autoren eines Fachartikels diesem Text ein von ihnen verfasstes *Autoren-Abstract* zur inhaltlichen Orientierung voranstellen. Liegt es nicht vor oder weichen die Ansprüche eines Informationsdienstleisters an ein Abstract von denen des Autoren-Abstracts ab, müssen *Fremd-Abstracts* von menschlichen Informationsanalysten oder Rechnern erstellt werden – sie bilden den Schwerpunkt der nachfolgenden Betrachtungen. Ergänzend zu textuellen Autoren-Abstracts werden in einigen Publikationsorganen auch *strukturierte* Abstracts

(Ceol et al. 2008) auf der Grundlage vorgegebener Informations-Schemata (mit Kategorien wie Problemstellung, Hypothesen, Datensätze, Methodik, Ergebnisse) mit entsprechenden, dem Volltext entnommenen Angaben ebenfalls von den Autoren in einem semi-strukturierten Format manuell erstellt.

Gewöhnlich wenden sich Abstracts an einen heterogenen, eher diffus umrissenen Benutzerkreis. Solche *generischen* Abstracts sind von benutzertypzentrierten *perspektivischen* bzw. *personalisierten* Abstracts zu unterscheiden, die für eine klar definierte Benutzergruppe mit entsprechend gut einschätzbarem Hintergrundwissen und präzise artikulierten Informationspräferenzen bestimmt sind. Unter diesen Rahmenbedingungen verschieben sich die Kondensierungskriterien weg von textintrinsischen Merkmalen, die für generische Abstracts leitend sind, hin zu einem extrinsisch gesetzten Bias, der beispielsweise durch vom Benutzer formulierte Fragen, interaktiv akquirierte Benutzerpräferenzen oder vordefinierte Benutzermodelle explizit gemacht werden kann, um über solche Filter und Verstärker die Informationsbedürfnisse spezifischer Benutz(gruppen) angemessen zu befriedigen.

Eine weitere grundlegende Unterscheidung betrifft den Erstellungsmodus von Abstracts. Beim *Extracting* werden originale Passagen des Ursprungstextes (meist vollständige Sätze) direkt übernommen und zu einem neuen Text (Extract) zusammengefügt (Gupta & Lehal 2010). Als Sonderform des Extractings kann die sprachliche Vereinfachung (*Kompression*) von Sätzen betrachtet werden, die Ergänzungen zu den Kernaussagen jedes Satzes (diese sind etwa in Relativ- oder Adverbialsätzen enthalten) eliminiert. Mit diesen rein syntaktischen Transformationen können bereits Reduktionsquoten bis zu 50 % bezogen auf den Originaltext erzielt werden (Knight & Marcu 2002). Das Abstract als Ergebnis des *Abstractings* ist demgegenüber in seiner konkreten Versprachlichung überwiegend eine grundständige Neuformulierung von wesentlichen Inhalten des Originaltexts (Gupta & Gupta 2019). Während Extracting üblicherweise als ein IR-Problem charakterisiert (Relevanz-Ranking von Sätzen statt von Dokumenten) und mit entsprechenden Methoden behandelt wird (s. Kapitel C 2 Modelle des Information Retrieval) und die Satz-Kompression sich vor allem aus dem Arsenal der automatischen Syntaxanalyse (*Parsing*) und damit der computerlinguistischen (CL) Methodik äußerst selektiv bedient, verwendet das Abstracting als komplexeste der drei TZF-Formen die gesamte Breite von CL-Methoden (s. Kapitel B 12 Automatische Sprachverarbeitung).

Die *Kondensierungsrate* beschreibt den Grad der Verdichtung zwischen Abstract und zugehörigem Volltext – üblicherweise liegt sie bei 30 % und weniger des Volumens des Volltextes. Sie kann den Grad der Verkürzung in linear auftretenden Einheiten wie Buchstaben oder Wörtern angeben, aber auch auf Repräsentationsstrukturen bezogen sein – etwa als Quotient der im Abstract im Vergleich zum Volltext auftretenden quasi-logischen Aussagen (Propositionen oder Prädikate). Neben der rein quantitativen Verdichtung ist aber stets der Aspekt der qualitativen *Wichtigkeit* der auftretenden Inhalte zu beachten, einem zentralen, aber weithin unterdefinierten Konstrukt des Abstractings (Peyrard 2019).

Die Beschränkung auf die Zusammenfassung *eines* Dokuments wird in der *Multi-Dokumenten-Zusammenfassung* aufgehoben. Hier werden *mehrere* thematisch verwandte Dokumente (etwa zu einer Katastrophe oder einem Attentat) in *einem* Übersichtstext zusammengefasst (Radev & McKeown 1998). Dies geschieht unter Beachtung ihrer Chronologie, Vermeidung von Mitteilungsredundanzen, Identifikation von relevantem neuen Wissen und Erkennung von temporären Wissensinkonsistenzen (etwa sich ändernde Todeszahlen bei Katastrophen) sowie deren Auflösung durch Bezug auf die aktuellsten und verlässlichsten Mitteilungen.

Zu den besonderen methodischen Herausforderungen dieses Bereichs zählen neben Verfahren der Redundanzvermeidung Modelle für den *Neuigkeitswert* von Aussagen und das zeitliche Monitoring von sich rasch entwickelnden krisenhaften Szenarien mit hoher Situationsdynamik. Sie werden durch *Zeitlinien*-Zusammenfassungen thematisiert (Ghalandari & Ifrim 2020) und generieren für einzelne Epochen der Entwicklungsgeschichte eines komplexen Ereignisses konzise Zusammenfassungen für relevante Zeitpunkte bzw. -intervalle der Ereignishistorie.

Der ganz überwiegende Teil der Forschung zum automatischen Abstracting (AA) beschäftigt sich mit relativ kurzen Nachrichtentexten, die oft weniger als 1 000 Wörter enthalten. Studien zu längeren wissenschaftlichen Texten (wie Zeitschriftenartikel) mit mehreren 10 000 Wörtern oder gar zu *sehr* langen Dokumenten (Büchern) sind dagegen vergleichsweise selten, stellen aber grundlegend neue Herausforderungen an die AA-Analytik, etwa die Erkennung globaler Organisationsmuster in Texten (Teufel & Moens 2002). Zunehmend werden auch alternative Textgenres behandelt, z. B. E-Mails, Konferenz- und Diskussions-Protokolle, Tweets, Blogs oder Chats aus sozialen Medien (Carenini et al. 2011), von Kunden/Konsumenten angefertigte Produktbewertungen im Rahmen des e-Commerce (Angelidis & Lapata 2018) oder klinische Dokumente zu einzelnen Patienten (Pivovarov & Elhadad 2015).

TZF müssen nicht zwangsläufig aus natürlichsprachlichen Quellen generiert werden, sondern können etwa große Mengen *strukturierter* Information aus Datenbanken in natürlichsprachlicher Form komprimieren (Pivovarov & Elhadad 2015; Yu et al. 2007).

In *multilingualen* Zusammenfassungen findet neben der Kondensierung zugleich ein Sprachtransfer statt, der ein quellsprachliches Dokument in ein Abstract einer von der Quellsprache verschiedenen Zielsprache übersetzt (Zhang et al. 2016).

Verschriftlichte (monologische) Texte sind primärer Gegenstand von AA-Systemen, aber mit gesprochener Sprache in Dialogen (Liu & Liu 2013) oder in Mehr-Personen-Diskursen wie in Meetings (Shang et al. 2018) wird das *Modalitäts*spektrum von Zusammenfassungen grundlegend um sprachliche Audiodaten erweitert und durch Zusammenfassungen von Bildern (Pan et al. 2021) und Filmen bzw. Videos (Apostolidis et al. 2021) sogar um komplementäre Medien ergänzt. Die Integration thematisch verwandter Texte, Bilder, Audios und Videos in einer textuellen Zusammenfassung beschreiben Li et al. (2019), während Zhu et al. (2018) aus multimedialer Eingabe *multimediale* Zusammenfassungen erzeugen.

3 Manuelles Abstracting

Die manuelle Erstellung von Abstracts durch Informationsanalysten (ausführlich beschrieben in Kuhlen 2004) ist von zwei divergierenden Zielsetzungen geprägt: Einerseits versuchen menschliche Referierer, die zusammenfassungsrelevanten Inhalte eines Textes zu identifizieren und in eine informative, kompakte und verständliche Kurzform zu überführen. Andererseits unterliegen sie bei diesem Prozess einem immensen Zeitdruck, der eine vertiefte Lektüre ausschließt. Diese Rahmenbedingungen fließen in einen *normativen* Handlungsansatz ein, der in Leitlinien für „gutes" Abstracting niedergelegt ist (Borko & Bernier 1975; Cremmins 1996) und letztlich sogar zu Normenschriften geführt hat (American National Standards Institute – ANSI 1977; Deutsches Institut für Normung – DIN 1988). Sie enthalten detaillierte Hinweise, an welchen Textorten sog. *in-text*-Zusammenfassungen nach gängigen Schreibregeln vorkompiliert sind (etwa im Titel oder in Einführungs- und Schlusspassagen bei Fachtexten, im ersten Satz bei Zeitungstexten) oder mit welchen Ausdrucksmitteln zusammenfassende Bemerkungen ortsunabhängig verbal signalisiert werden (durch Schlüsselphrasen wie „zusammenfassend kann gesagt werden ..."). Neben solchen Direktiven werden Meta-Hinweise gegeben (keine eigenen Inhalte hinzuzufügen, keine relevanten Aussagen zu übersehen, neues Wissen hervorzuheben und bekanntes nicht über Gebühr zu erwähnen, redundanzfrei zu schreiben usw.) und sprachstilistische Ansprüche formuliert (grammatisch korrekte und verständliche Sprache zu verwenden). Solche Leitfäden haben nicht das Ziel, dass ein Text von einem Referierer in voller Tiefe gelesen und verstanden wird, sondern es werden handlungspraktische Hinweise gegeben, wie genau dies zu vermeiden ist, aber dennoch brauchbare, nach Relevanz gestaffelte TZF manuell erzeugt werden können.

Das manuelle Abstracting, in Gestalt von Fremd-Abstracts, hat als Informationsdienstleistung bis auf wenige Nischen eine eher geringe Zukunftsperspektive. Einerseits sind die zeitlichen und finanziellen Ressourcenaufwände für die manuelle Referaterstellung enorm, andererseits ist qualifiziertes Personal auch angesichts immer größerer Dokumentenmengen kaum mehr zu akquirieren. Zudem erwächst menschlichen Referierern mit den Fortschritten automatisierter Verfahren eine ernsthafte Konkurrenz.

4 Automatisches Abstracting

Die Entwicklung des automatischen Abstractings (Mani 2001; Nenkova & McKeown 2011; Torres-Moreno 2014; Mridha et al. 2021;) lässt sich in vier Phasen einteilen:

4.1 Oberflächenbezogene Textanalytik

In der ersten Phase des AA vom Ende der 1950er bis Mitte der 1970er Jahre konzentrierte sich die Analytik auf ein rein oberflächenbezogenes Vorgehen (Wyllys 1967; Mathis & Rush 1975). Ausgangspunkt waren – als Indikator für die Relevanz von Themen – Frequenzzählungen von Wörtern, wie es auch für das automatische Indexing in seiner Anfangsphase üblich war (s. Kapitel B 3 Automatisches Indexieren). Hieraus wurde ein Relevanz-Ranking berechnet, das Sätzen eines Volltextes mit besonders häufig vorkommenden Wörtern (stoppwortbereinigt) einen hohen Rangplatz zuwies. Sätze mit den höchsten Relevanzwerten bildeten dann ein Extract (Luhn 1958). Vergleichsexperimente mit von Menschen ausgewählten Sätzen für ein Extract zeigten, dass die Übereinstimmung mit dem automatischen Ansatz äußerst gering ausfällt (Rath et al. 1961). Verschärft wurden diese Befunde durch Folgeexperimente von Resnick (1961), der zeigte, dass es nicht eine ‚kanonische' Menge von repräsentativen Sätzen für ein Extract gibt, sondern eher viele, weithin äquivalente Mengen solcher Sätze.

Diese rein statistische Ausrichtung wurde zusehends ergänzt mit lexikalischen und textstrukturellen Zusatzindikatoren, die den Anweisungen für das manuelle Abstracting entsprachen: die Gewichtung des Textortes (Auftreten im ersten Absatz eines Einführungs- oder Schlusskapitels usw.) und das Auftreten sog. Schlüsselwörter (Indikatorphrasen wie „in conclusion", „this study shows"; Paice 1980). Diese Signale ergänzten in der Folge die Entscheidung, ob ein Satz für ein Extract relevant ist. Eine Linearkombination all dieser oberflächennahen Faktoren (Edmundson 1969; Hahn & Mani 2000) führt dann zu einem Gesamt-Ranking der für ein Extract (je nach Kondensierungsrate) auszuwählenden Sätze.

Edmundson (1969) vergleicht die mit diesem erweiterten Indikatorenset automatisch erzeugten Extracts mit denen von Menschen erzeugten und berichtet eine Übereinstimmung der ausgewählten Satzmengen von weniger als 50 %. Diese Daten liegen über denen von Resnick (1961) und weisen auf den Mehrwert der neu hinzugekommenen Kriterien hin. Aus der kontextlosen selektiven Aneinanderreihung von Originalsätzen des Volltextes in Extracts folgt auch, dass deren Lesbarkeit etwa durch unaufgelöste Anaphern (z. B. satzübergreifende Bezüge von Pronomen) nicht selten eingeschränkt ist (Paice 1990).

4.2 Wissensbasiertes Textverstehen

Ende der 1970er Jahre trat das AA in seine zweite Phase ein, die „tiefes" Sprachverstehen in den Mittelpunkt der Modellierungsbemühungen stellte (Alterman 1991). Dem liegt die Vorstellung zugrunde, dass Textverstehen sich in der Abbildung sprachlicher Äußerungen auf eine formalisierte inhaltliche Repräsentationsebene manifestiert, die die Bedeutung von Texten in direkten Bezug zu *a priori* verfügbaren Wissensstrukturen, unser Welt- bzw. Domänenwissen, setzt. Gleichzeitig rücken über Inferenzen gesteuerte Schlussfolgerungsprozesse in den Mittelpunkt, die die Dynamik und Kontextualität des Textverstehens durch den Aufbau „neuen" Wissens widerspiegeln.

Am Beginn dieser Entwicklung standen Vorschläge, die auf der Analogie zum menschlichen Textverstehen fußten und den Schulterschluss mit kognitionspsychologisch motivierten Wissensformaten wie Frames und Scripts (DeJong 1982) oder semantischen Netzwerken (Alterman & Bookman 1990) suchten. Sie wurden in der Folge komplettiert durch formal fundiertere Wissensrepräsentationssprachen aus dem Umfeld der Prädikaten- bzw. Beschreibungslogik (Hahn & Reimer 1999), später auch durch propositionale semantische Repräsentationssprachen (Liu et al. 2015). Damit war Abstracting als Transformationsprozess von Wissensrepräsentationsstrukturen eines Originaltextes in die eines Abstract-Textes definiert. In einem solchen stark formalisierten Kontext kann dann ein Abstract als von seinem Originaltext logisch inkludiert (*logical entailment*) betrachtet werden (d. h., alle Aussagen im Abstract können aus denen des korrespondierenden Volltextes formal abgeleitet werden), was die Hinzufügung neuen Wissens in einem Abstract und das Auftreten von Inkonsistenzen zwischen Abstract und Volltext, beides grundlegende Anforderungen an ein valides textuelles Kondensat, formal ausschließt (Li et al. 2018).

Die vorgeschlagenen Lösungen für das AA waren von der Existenz hochdifferenzierter Wissensbasen geprägt, die allesamt mit großem Entwicklungsaufwand manuell erstellt wurden und doch nur sehr eingeschränkte Domänenausschnitte abdeckten. Dieser Flaschenhals, aber auch Defizite bei der stringenten Systemevaluation hinderten den wissensbasierten Ansatz an einer robusten Skalierung über enge Domänengrenzen hinaus.

4.3 Maschinelles Lernen I – Feature Engineering

Mitte der 1990er Jahre wurde der wissensbasierte Ansatz des AA zusehends von Verfahren des maschinellen Lernens (ML) verdrängt. Sie lösten gleich zwei zentrale Probleme vorheriger Ansätze: Einerseits wurde manuelles Tuning einzelner Parameter durch maschinelle Optimierung abgelöst, andererseits wurden die Ergebnisse quantitativ solide evaluiert und auch durch die Verwendung gemeinsamer Datensätze vergleichbar.

In der klassischen Studie von Kupiec et al. (1995) ist dieser Ansatz exemplarisch ausgeführt. Die Autoren verfügten über ein paralleles Korpus, das sich aus zwei Teilkorpora zusammensetzte: Jedem Volltext war sein jeweiliges Abstract zugeordnet. Die Texte beider Korpora wurden durch tradierte Merkmale, etwa Indikator-Phrasen, Wortfrequenzen, Positionsindikatoren, charakterisiert (die Autoren orientieren sich explizit an Edmundson 1969 und Paice 1990). Diese (Meta-)Daten werden nun einem (Bayes'schen) Klassifikator – ein Algorithmus, der aus überzufälligen Auftritten dieser Merkmale in den Textpaaren ein statistisches Entscheidungsmodell zur Satzselektion aufbaut – übergeben, der für jeden Satz im Originaltext aufgrund des gelernten statistischen Modells entscheidet, ob er Bestandteil eines Extracts wird oder nicht. Systementwickler müssen somit nicht länger selbst Linearkombinationen von Faktoren (Merkmalen) manuell ausbalancieren, sondern dieser Prozess wird nun maschinell durchgeführt.

Dieses neue ML-basierte Methodenkonzept wurde in der Folge auch auf spezielle Fragestellungen des AA angewendet, etwa die Satzkompression (Knight & Marcu 2002), die Adaption von Abstracts an Benutzerinteressen (Mani & Bloedorn 1998) oder die rhetorische Klassifikation von Passagen wissenschaftlicher Fachartikel (Teufel & Moens 2002) als Grundlage für satzorientiertes Extracting. Methodisch kommen – wie im gesamten Bereich der CL (s. Kapitel B 12 Automatische Sprachverarbeitung und Kapitel C 9 Sprachmodelle und Machine Learning im Information Retrieval) – die üblichen merkmalsbasierten Klassifikationssysteme (Entscheidungsbäume, Bayes'sche und verdeckte Markoff-Modelle – HMM, *Conditional Random Fields* – CRF oder *Support Vector*-Maschinen – SVM) zum Einsatz.

4.4 Maschinelles Lernen II – Tiefes Lernen

Ein gravierender Nachteil der ersten Generation von ML-Verfahren ist das händische *feature engineering*. Systementwickler müssen bei der Parametrisierung von ML-Systemen „gute" von „schlechten" Merkmalen für die jeweilige Problemstellung unterscheiden, was bei stetig steigenden Größenordnungen von Hunderten bis mehreren Tausenden von Merkmalen (zu) aufwändig wird. Mit unterschiedlichen Architekturen von künstlichen neuronalen Netzwerken (NN) im Paradigma des Tiefen Lernens (*deep learning* (DL)) – *multi-layered feed-forward networks* (FFN), *recurrent/recursive neural networks* (RNN), *long short-term networks* (LSTM), *convolutional neural networks* (CNN) usw. – wurde dieses Problem durch automatische Selbstkalibrierung der NN gelöst (s. Kapitel B 12 Automatische Sprachverarbeitung und Kapitel C 9 Sprachmodelle und Machine Learning im Information Retrieval). Diese Phase beginnt um das Jahr 2015 und dominiert mittlerweile die aktuelle Forschung auch aufgrund massiver Performanzvorteile nahezu exklusiv.

Im Zentrum der Bedeutungsrepräsentation stehen bei NN sog. Worteinbettungen (*word embeddings*) – reellwertige Vektoren im Euklidischen Raum, die (im Unterschied zum *Bag-of-Words*-Modell des klassischen IR, das die Linearität von Wörtern im Text komplett auflöst) den distributionellen Kotext jeden Wortes, also die unmittelbare lexikalische Umgebung eines Wortes innerhalb einer festzulegenden Fensterbreite, repräsentieren. Einbettungen (des Originaldokuments) werden in unterschiedliche Architekturen von NN enkodiert, iterativ gefiltert, neu gewichtet und schließlich (als Abstract) dekodiert (Kedzie et al. 2018; s. Kapitel B 12 Automatische Sprachverarbeitung).

Unter diesen methodischen Prämissen werden die oben bereits diskutierten Spezialisierungen des AA mit unterschiedlichen NN-Architekturen, -Trainingsstrategien bzw. Lernschemata untersucht; erwähnt seien hier nur zentrale Anwendungen wie
- *Extracting* für einzelne Dokumente (Cheng & Lapata 2016; Nallapati et al. 2017),
- *Abstracting* für einzelne Dokumente (Rush et al. 2015; Nallapati et al. 2016; See et al. 2017),
- extraktive oder abstraktive *Multi-Dokumenten-Zusammenfassung* (Angelidis & Lapata 2018; Chu & Liu 2019).

Ein aus der Architektur von in diesem Ansatz häufig verwendeten sog. *sequence-to-sequence*-NN und den darin ablaufenden Verarbeitungsschritten herrührendes, neu auftretendes Problem betrifft die eingeschränkte Korrektheit von Fakten in *abstraktiven* TZF durch sog. Halluzinieren der NN (Maynez et al. 2020). Cao et al. (2018) behandeln dieses Phänomen vor dem Hintergrund, dass im Schnitt bis zu 30 % der generierten Fakten in Abstracts falsch sind. Dieses Korrektheitsproblem, aber auch die fatale Hinzufügung von im Originaltext nicht auftretenden Aussagen kann über *Entailment*-Tests, bei denen die logische Inklusion zwischen den Aussagen im Originaltext und denen im Abstract geprüft wird, angegangen werden (Li et al. 2018).

4.5 Evaluation

Die Evaluation von TZF (Lloret et al. 2018) ist durch die Tatsache, dass hierfür kein eindeutiger textueller Goldstandard bereitgestellt werden kann, eine große Herausforderung. Denn es ist ein bekanntes Phänomen, dass von Menschen verfasste TZF des gleichen Textes z. T. erheblich voneinander abweichen (Rath et al. 1961; Edmundson 1969; Salton et al. 1997) – dies gilt für Extracts, aber mehr noch für Abstracts.

Methodisch werden anfänglich auch aus diesem Grund zwei Formen von Evaluationen unterschieden. *Intrinsische* Evaluationen messen die Zusammenfassungsqualität eines Abstracts entlang der Achsen Informativität, sprachliche Korrektheit und Verständlichkeit. *Extrinsische* Evaluationen testen die Nützlichkeit von Abstracts für informationelles Handeln. Sie dienen der indirekten Bestimmung der Güte von Abstracts unter der Annahme, dass hohe Nützlichkeit mit hoher Güte korreliert.

Ein Beispiel für diesen *extrinsischen* Ansatz sind Experimente im Rahmen des *TIPSTER Text Summarization Evaluation* (SUMMAC)-Wettbewerbs (Mani et al. 1999). In SUMMAC wurden automatisch erzeugte Abstracts (mit unterschiedlichen Kondensierungsraten) mit ihren zugehörigen Volltexten u. a. in zwei Szenarien verglichen: 1.) Kann ein Text für eine vorgegebene Themensetzung mit vergleichbarer Genauigkeit als (ir)relevant klassifiziert werden, wenn statt des Volltextes nur ein Abstract verwendet wird?; 2.) Kann ein Text schneller in ein n-Kategoriensystem (n=5) korrekt eingeordnet werden, wenn statt des Volltextes nur ein Abstract verwendet wird? Wenn diese Fragen für Abstracts bejaht werden können (was für beide Szenarien zutraf), schließt man im Umkehrschluss auf eine hohe Güte der Abstracts. Fragestellungen der beschriebenen Art sind jedoch extrem grobgranular und zu sehr der Denkweise des klassischen IR verhaftet, als dass sie Aufschluss über „gutes" Abstracting geben könnten.

Dieser IR-Bias ändert sich im Kontext der *Document Understanding Conference* (DUC), der zweiten großen Evaluationskampagne zum AA (Harman & Over 2002). Ziel war hier die Generierung eines generischen Abstracts zu einem und zu mehreren thematisch zusammenhängenden Nachrichtentext(en) (Multi-Dokumenten-Zusammenfassung) und dessen *intrinsische* Bewertung unter den Gesichtspunkten der Zusammenfassungsqualität (Grammatikalität, Textorganisation) und adäquaten inhaltlichen Abdeckung des Abstracts relativ zu den Inhalten der jeweiligen Volltexte.

Intrinsische Evaluationen (wie in DUC) werfen das Problem einer adäquaten Messung der Güte von Abstracts durch entsprechende Metriken in besonderer Weise auf. Lin (2004) führte dazu die Rouge-Metriken ein (analog zu Bleu für die maschinelle Übersetzung, s. Kapitel B 14 Maschinelle Übersetzung), die das Evaluationsgeschehen bis zum heutigen Tag dominieren. Rouge ist eine Metrik-Familie, die das Ausmaß der Übereinstimmung zwischen *einem* automatisch erzeugten System-Abstract und *einem* intellektuell erzeugten, als Referenzstandard genutzten (Modell-)Abstract auf der Basis von n-Grammen (n aufeinanderfolgende Wörter) bestimmt. Das Maß ist rein zeichenkettenorientiert und weist trotz seiner einfachen Konstruktion hohe Übereinstimmung mit menschlichen Bewertungen auf (vor allem für Extracts). Rouge und seine Varianten wurden intensiv experimentell untersucht (Graham 2015), um Paraphrasen und lexikalische Variationen (ShafieiBavani et al. 2018b) und um die distributionellen semantischen Effekte von Worteinbettungen erweitert (Ng & Abrecht 2015).

Den konstruktiven Grundannahmen von Rouge entgegengesetzt ist die *Pyramiden*-Methode (Nenkova et al. 2007). Sie ersetzt reine Zeichenketten als Vergleichsmaßstab durch semantisch plausible Propositionen, zielt also direkt auf inhaltliche Aspekte des Textverstehens. Das Verfahren beruht auf dem semantischen Abgleich *mehrerer* alternativer TZF und priorisiert häufig auftretende gegenüber weniger häufig auftretenden Propositionen (letztere werden somit in die Spitze der Pyramide gehoben). Die damit einhergehende inhaltliche Abstraktion erlaubt eine stabilere Einschätzung der intrinsischen TZF-Qualität, wie die Anwendung dieser Methode im DUC-Kontext zeigt (Passonneau 2010). Die ursprünglich manuelle Propositionsanalyse der Pyramiden-Methode ersetzen Yang et al. (2016) durch einen automatischen Ansatz, der von Gao et al. (2019) weiter verfeinert wird.

Aufgrund der bekannten Probleme, die menschlich verfertigte TZF für intrinsische Evaluationen stellen, wird mittlerweile eine weitgehende Automatisierung des gesamten Evaluationsprozesses angestrebt, ohne auf menschliche Modelle und Bewertungen angewiesen zu sein. Dazu wird im Wesentlichen die semantische Ähnlichkeit zwischen Original- und Kurztext mit informationstheoretischen Metriken (etwa die Jensen-Shannon-Divergenz) oder vektoriellen Ähnlichkeitskriterien (wie Kosinus) (Louis & Nenkova 2013) bzw. unter Nutzung der distributionellen semantischen Ähnlichkeit von Worteinbettungen (ShafieiBavani et al. 2018a) adressiert. Dieses Vorgehen löst die *ad hoc* von Menschen vorgegebenen, fixen Referenz-Abstracts als Gütemaßstab ab zugunsten von abstrahierenden semantischen Rechenoperationen, die auf die Messung von thematischer Relevanz, Redundanz, Kohärenz und Neuigkeitswerten als Bewertungskriterien zielgenau ausgerichtet werden können und damit subjektive Einflüsse auf die Evaluation minimieren helfen.

5 Literaturverzeichnis

Alterman, R. (1991). Understanding and summarization. *Artificial Intelligence Review*, 5(4), 239–254.
Alterman, R. & Bookman, L. (1990). Some computational experiments in summarization. *Discourse Processes*, 13(2), 143–174.
American National Standards Institute (1977). American National Standard for writing abstracts. *IEEE Transactions on Professional Communication*, PC-20(4), 252–254.
Angelidis, S. & Lapata, M. (2018). Summarizing opinions: aspect extraction meets sentiment prediction and they are both weakly supervised. In E. Riloff, D. Chiang, J. Hockenmaier & J. Tsujii (Eds.), *EMNLP 2018: Proceedings of the 2018 Conference on Empirical Methods in Natural Language Processing* (S. 3675–3686). Association for Computational Linguistics.
Apostolidis, E., Adamantidou, E., Metsai, A., Mezaris, V. & Patras, I. (2021): Video summarization using deep neural networks: a survey. *Proceedings of the IEEE*, 109(11), 1838–1863.
Borko, H. & Bernier, C. (1975). *Abstracting Concepts and Methods*. Academic Press.
Cao, Z., Wei, F., Li, W. & Li, S. (2018). Faithful to the original: fact aware neural abstractive summarization. In S. A. McIlraith & K. Q. Weinberger (Eds.), *AAAI '18: Proceedings of the 32nd National Conference on Artificial Intelligence* (S. 4784–4791). AAAI Press.
Carenini, G., Murray, G. & Ng, R. (2011). *Methods for Mining and Summarizing Text Conversations*. Morgan & Claypool.
Ceol, A., Chatr-Aryamontri, A., Licata, L. & Cesareni, G. (2008). Linking entries in protein interaction database to structured text: the FEBS Letters experiment. *FEBS Letters*, 582(8), 1171–1177.
Cheng, J. & Lapata, M. (2016). Neural summarization by extracting sentences and words. In K. Erk & N. A. Smith (Eds.), *ACL 2016: Proceedings of the 54th Annual Meeting of the Association for Computational Linguistics* (Vol. 1: Long papers, S. 484–494). Association for Computational Linguistics.
Chu, E. & Liu, P. (2019). MEANSUM: a neural model for unsupervised multi-document abstractive summarization. In *ICML 2019: Proceedings of the 36th International Conference on Machine Learning* (S. 1223–1232). International Machine Learning Society.
Cremmins, E. (1996). *The Art of Abstracting*. Information Resources Press.
DeJong, G. (1982). An overview of the FRUMP system. In W. Lehnert & M. Ringle (Eds.), *Strategies for Natural Language Processing* (S. 149–176). L. Erlbaum.
Deutsches Institut für Normung (1988). *Inhaltsangaben von Dokumenten. Kurzreferate, Literaturberichte* (DIN 1426:1988-10). Beuth.
Edmundson, H. (1969). New methods in automatic extracting. *Journal of the ACM*, 16(2), 264–285.
Gao, Y., Sun, C. & Passonneau, R. (2019). Automated pyramid summarization evaluation. In M. Bansal & A. Villavicencio (Eds.), *CoNLL 2019: Proceedings of the 23rd Conference on Computational Natural Language Learning* (S. 404–418). Association for Computational Linguistics.
Ghalandari, D. & Ifrim, G. (2020). Examining the state-of-the-art in news timeline summarization. In D. Jurafsky, J. Chai, N. Schluter & J. Tetreault (Eds.), *ACL 2020: Proceedings of the 58th Annual Meeting of the Association for Computational Linguistics* (S. 1322–1334). Association for Computational Linguistics.
Graham, Y. (2015). Re-evaluating automatic summarization with BLEU and 192 shades of ROUGE. In L. Màrquez, C. Callison-Burch & J. Su (Eds.), *EMNLP 2015: Proceedings of the 2015 Conference on Empirical Methods in Natural Language Processing* (S. 128–137). Association for Computational Linguistics.
Gupta, S. & Gupta, S. K. (2019). Abstractive summarization: an overview of the state of the art. *Expert Systems with Applications*, 121, 49–65.
Gupta, V. & Lehal, G. (2010). A survey of text summarization extractive techniques. *Journal of Emerging Technologies in Web Intelligence*, 2(3), 258–268.
Hahn, U. & Mani, I. (2000). The challenges of automatic summarization. *IEEE Computer*, 33(11), 29–36.
Hahn, U. & Reimer, U. (1999). Knowledge-based text summarization: salience and generalization operators for knowledge base abstraction. In I. Mani & M. Maybury (Eds.), *Advances in automatic text summarization* (S. 215–232). MIT Press.
Harman, D. & Over, P. (2002). The DUC summarization evaluations. In M. Marcus (Ed.), *HLT 2002: Proceedings of the 2nd International Conference on Human Language Technology Research* (S. 44–51). Morgan Kaufmann.

Kedzie, C., McKeown, K. & Daumé III, H. (2018). Content selection in deep learning models of summarization. In E. Riloff, D. Chiang, J. Hockenmaier & J. Tsujii (Eds.), *EMNLP 2018: Proceedings of the 2018 Conference on Empirical Methods in Natural Language Processing* (S. 1818–1828). Association for Computational Linguistics.

Knight, K. & Marcu, D. (2002). Summarization beyond sentence extraction: a probabilistic approach to sentence compression. *Artificial Intelligence*, 139(1), 91–107.

Kuhlen, R. (2004). Informationsaufbereitung III: Referieren (Abstracts – Abstracting – Grundlagen). In R. Kuhlen, T. Seeger & D. Strauch (Hrsg.), *Grundlagen der praktischen Information und Dokumentation. Vol. 1: Handbuch zur Einführung in die Informationswissenschaft und -praxis* (S. 189–206). K. G. Saur.

Kupiec, J., Pedersen, J. & Chen, F. (1995). A trainable document summarizer. In E. A. Fox, P. Ingwersen & R. Fidel (Eds.), *SIGIR '95: Proceedings of the 18th International Conference on Research and Development in Information Retrieval* (S. 68–73). Association for Computing Machinery.

Li, H., Zhu, J., Ma, C., Zhang, J. & Zong, C. (2019). Read, watch, listen, and summarize: multi-modal summarization for asynchronous text, image, audio and video. *IEEE Transactions on Knowledge and Data Engineering*, 31(5), 996–1009.

Li, H., Zhu, J., Zhang, J. & Zong, C. (2018). Ensure the correctness of the summary: incorporate entailment knowledge into abstractive sentence summarization. In E. M. Bender, L. Derczynski & P. Isabelle (Eds.), *COLING 2018: Proceedings of the 27th International Conference on Computational Linguistics: Main Conference* (S. 1430–1441). Association for Computational Linguistics.

Lin, C. (2004). ROUGE: a package for automatic evaluation of summaries. In M.-F. Moens & S. Szpakowicz (Eds.), *Text Summarization Branches Out: Proceedings of the ACL-04 Workshop* (S. 74–81). Association for Computational Linguistics.

Liu, F., Flanigan, J., Thomson, S., Sadeh, N. & Smith, N. (2015). Toward abstractive summarization using semantic representations. In R. Mihalcea, J. Chai & A. Sarkar (Eds.), *NAACL-HLT 2015: Proceedings of the 2015 Conference of the North American Chapter of the Association for Computational Linguistics: Human Language Technologies* (S. 1077–1086). Association for Computational Linguistics.

Liu, F. & Liu, Y. (2013). Towards abstractive speech summarization: exploring unsupervised and supervised approaches for spoken utterance compression. *IEEE Transactions on Audio, Speech, and Language Processing*, 21(7), 1469–1480.

Lloret, E., Plaza, L. & Aker, A. (2018). The challenging task of summary evaluation: An overview. *Language Resources and Evaluation*, 52(1), 101–148.

Louis, A. & Nenkova, A. (2013). Automatically assessing machine summary content without a gold standard. *Computational Linguistics*, 39(2), 267–300.

Luhn, H. (1958). The automatic creation of literature abstracts. *IBM Journal of Research and Development*, 2(2), 159–165.

Mani, I. (2001). *Automatic Summarization*. J. Benjamins.

Mani, I. & Bloedorn, E. (1998). Machine learning of generic and user-focused summarization. In D. J. Mostow & C. Rich (Eds.), *AAAI '98: Proceedings of the 15th National Conference on Artificial Intelligence* (S. 821–826). AAAI-Press.

Mani, I., Firmin, T., Sundheim, B., House, D., Klein, G. & Hirschman, L. (1999). The TIPSTER SUMMAC Text summarization evaluation. In H. S. Thompson & A. Lascarides (Eds.), *EACL '99: Proceedings of the 9th Conference of the European Chapter of the Association for Computational Linguistics* (S. 77–85). Association for Computational Linguistics.

Mathis, B. & Rush, J. (1975). Abstracting, In J. Belzer, A. Holzman & A. Kent (Eds.), *Encyclopedia of Computer Science and Technology* (S. 102–142). M. Dekker.

Maynez, J., Narayan, S., Bohnet, B. & McDonald, R. (2020). On faithfulness and factuality in abstractive summarization. In D. Jurafsky, J. Chai, N. Schluter & J. Tetreault (Eds.), *ACL 2020: Proceedings of the 58th Annual Meeting of the Association for Computational Linguistics* (S. 1906–1919). Association for Computational Linguistics.

Nallapati, R., Zhai, F. & Zhou, B. (2017). SummaRuNNer: A recurrent neural network based sequence model for extractive summarization of documents. In S. P. Singh & S. Markovitch (Eds.), *AAAI '17: Proceedings of the 31st National Conference on Artificial Intelligence* (S. 3075–3081). AAAI-Press.

Nallapati, R., Zhou, B., Nogueira dos Santos, C., Gülçehre, Ç. & Xiang, B. (2016). Abstractive text summarization using sequence-to-sequence RNNs and beyond. In S. Riezler & Y. Goldberg (Eds.), *CoNLL 2016: Proceedings of the 20th Conference on Computational Natural Language Learning* (S. 280–290). Association for Computational Linguistics.

Mridha, M. F., Lima, A. A., Nur, K., Das, S. C., Hasan, M., & Kabir, M M. (2021). A survey of automatic text summarization: progress, process and challenges. *IEEE Access*, 9, 156043-156070.

Nenkova, A. & McKeown, K. (2011). Automatic summarization. *Foundations and Trends® in Information Retrieval*, 5(2–3), 103–233.

Nenkova, A., Passonneau, R. & McKeown, K. (2007). The pyramid method: incorporating human vontent selection variation in summarization evaluation. *ACM Transactions on Speech and Language Processing*, 4(2), Article 4.

Ng, J.-P. & Abrecht, V. (2015). Better summarization evaluation with word embeddings for ROUGE. In L. Màrquez, C. Callison-Burch & J. Su (Eds.), *EMNLP 2015: Proceedings of the 2015 Conference on Empirical Methods in Natural Language Processing* (S. 1925–1930). Association for Computational Linguistics.

Paice, C. D. (1980). The automatic generation of literature abstracts: an approach based on the identification of self-indicating phrases. In C. J. van Rijsbergen (Ed.), *SIGIR '80: Proceedings of the 3rd Conference on Research and Development in Information Retrieval* (S. 172–191). Butterworth & Co.

Paice, C. D. (1990). Constructing literature abstracts by computer: techniques and prospects. *Information Processing & Management*, 26(1), 171–186.

Pan, X., Tang, F., Dong, W., Ma, C., Meng, Y., Huang, F., Lee, T. & Xu, C. (2021). Content-based visual summarization for image collections. *IEEE Transactions on Visualization and Computer Graphics*, 27(4), 2298–2312.

Passonneau, R. (2010). Formal and functional assessment of the pyramid method for summary content evaluation. *Natural Language Engineering*, 16(2), 107–131.

Peyrard, M. (2019). A simple theoretical model of importance for summarization. In A. Korhonen, D. Traum & L. Màrquez (Eds.), *ACL 2019: Proceedings of the 57th Annual Meeting of the Association for Computational Linguistics*, (S. 1059–1073). Association for Computational Linguistics.

Pivovarov, R. & Elhadad, N. (2015). Automated methods for the summarization of electronic health records. *Journal of the American Medical Informatics Association*, 22(5), 938–947.

Radev, D. & McKeown, K. (1998). Generating natural language summaries from multiple on-line sources. *Computational Linguistics*, 24(3), 469–500.

Rath, G., Resnick, A. & Savage, T. (1961). The formation of abstracts by the selection of sentences. Part 1: sentence selection by men and machines. *American Documentation*, 12(2), 139–141.

Resnick, A. (1961). The formation of abstracts by the selection of sentences. Part II: The reliability of people in selecting sentences. *American Documentation*, 12(2), 141–143.

Rush, A. M., Chopra, S. & Weston, J. (2015). A neural attention model for abstractive sentence summarization. In L. Màrquez, C. Callison-Burch & J. Su (Eds.), *EMNLP 2015: Proceedings of the 2015 Conference on Empirical Methods in Natural Language Processing* (S. 379–389). Association for Computational Linguistics.

Salton, G., Singhal, A., Mitra, M. & Buckley, C. (1997). Automatic text structuring and summarization. *Information Processing & Management*, 33(2), 193–207.

See, A., Liu, P. & Manning, C. (2017). Get to the point: Summarization with pointer-generator networks. In C. Callison-Burch, R. Barzilay & M.-Y. Kan (Eds.), *ACL 2017: Proceedings of the 55th Annual Meeting of the Association for Computational Linguistics* (Volume 1: Long papers, S. 1073–1083). Association for Computational Linguistics.

ShafieiBavani, E., Ebrahimi, M., Wong, R. & Chen, F. (2018a). Summarization evaluation in the absence of human model summaries using the compositionality of word embeddings. In E. M. Bender, L. Derczynski & P. Isabelle (Eds.), *COLING 2018: Proceedings of the 27th International Conference on Computational Linguistics: Main conference* (S. 905–914). Association for Computational Linguistics.

ShafieiBavani, E., Ebrahimi, M., Wong, R. & Chen, F. (2018b). A graph-theoretic summary evaluation for ROUGE. In E. Riloff, D. Chiang, J. Hockenmaier & J. Tsujii (Eds.), *EMNLP 2018: Proceedings of the 2018 Conference on Empirical Methods in Natural Language Processing* (S. 762–767). Association for Computational Linguistics.

Shang, G., Ding, W., Zhang, Z., Tixier, A., Meladianos, P., Vazirgiannis, M. & Lorré, J. (2018). Unsupervised abstractive meeting summarization with multi-sentence compression and budgeted submodular Maximization. In I. Gurevych & Y. Miyao (Eds.), *ACL 2018: Proceedings of the 56th Annual Meeting of the Association for Computational Linguistics* (Volume 1: Long papers, S. 664–674). Association for Computational Linguistics.

Teufel, S. & Moens, M. (2002). Summarising scientific articles: experiments with relevance and rhetorical status. *Computational Linguistics*, 28(4), 409–445.

Torres-Moreno, J. (2014). *Automatic Text Summarization*. J. Wiley.

Wyllys, R. (1967). Extracting and abstracting by computer. In H. Borko (Ed.), *Automated Language Processing* (S. 127–179). J. Wiley.

Yang, Q., Passonneau, R. & de Melo, G. (2016). PEAK: Pyramid Evaluation via Automated Knowledge extraction. In D. Schuurmans, M. P. Wellman, P. Z. Yeh & J. Crawford (Eds.), *AAAI '16: Proceedings of the 30th National Conference on Artificial Intelligence* (S. 2673–2680). AAAI-Press.

Yu, J., Reiter, E., Hunter, J. & Mellish, C. (2007). Choosing the content of textual summaries of large time-series data sets. *Natural Language Engineering*, 13(1), 25–49.

Zhang, J., Zhou, Y. & Zong, C. (2016). Abstractive cross-language summarization via translation model enhanced predicate argument structure fusing. *IEEE/ACM Transactions on Audio, Speech, and Language Processing*, 24(10), 1842–1853.

Zhu, J., Li, H., Liu, T., Zhou, Y., Zhang, J. & Zong, C. (2018). MSMO: Multimodal Summarization with Multimodal Output. In E. Riloff, D. Chiang, J. Hockenmaier & J. Tsujii (Eds.), *EMNLP 2018: Proceedings of the 2018 Conference on Empirical Methods in Natural Language Processing* (S. 4154–4164). Association for Computational Linguistics.

Rolf Assfalg
B 9 Metadaten

1 Einführung

1.1 Daten und Metadaten

Bei der Betrachtung von Datensätzen in relationalen Datenbanksystemen, von Datenmengen im Kontext von Big Data, von Ausprägungen gängiger XML-Anwendungen oder von Referenzdatenbeständen im Bereich Information und Dokumentation (IuD), fällt eine wichtige Gemeinsamkeit auf: Diese Bestände benötigen eine Beschreibung ihrer inneren Struktur. Bei diesen Strukturbeschreibungen handelt es sich also sozusagen um „Daten über Daten" (McCarthy 1982, S. 234), und diese können kurz gefasst auch als *Metadaten* bezeichnet werden. Hierzu gehören Syntaxelemente und ggf. eine Spezifikation, wie diese Syntaxelemente angewendet werden.

Was als Metaebene oder Datenebene gelten soll, ist abhängig von der Betrachtungsperspektive. Abbildung 1 illustriert dies: So enthält ein klassisches Referenzretrievalsystem Verweise auf Literatur, die sich vielleicht im Bestand einer Bibliothek befinden. Für Nutzende, die dort nach Literatur suchen, sind diese Bibliotheksbestände dann als Datenmaterial anzusehen. Die Datensätze des Online-Katalogs sind aus Nutzersicht dann also Metadaten. Aus Betreiber- oder Entwicklersicht des Online-Katalogs sind die in deren Datenbank gespeicherten Datensätze keine Metadaten, sondern aus deren Perspektive befinden wir uns auf Datenebene. Dies setzt sich sinngemäß weiter fort. Folglich hängt es von der Betrachtungsperspektive ab, ob es sich um Daten oder um Metadaten handelt.

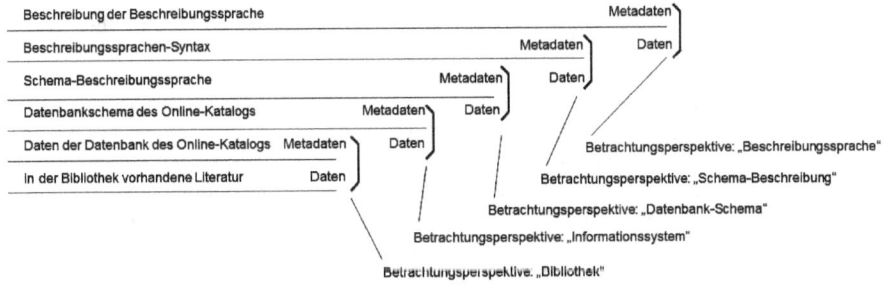

Abb. 1: Unterschiedliche Betrachtungsperspektiven ergeben jeweils spezifische Unterscheidungen zwischen Daten und Metadaten

1.2 Die Backus-Naur-Form (BNF) – Ein Beispiel für eine Metabeschreibungssprache

Die BNF wurde erstmals im Zusammenhang mit der formalen Beschreibung der Programmiersprache IAL von J. W. Backus (1959) eingesetzt, deren Weiterentwicklung kurze Zeit später zur Programmiersprache ALGOL 60 führte. Heutzutage ist die BNF im Gegenstandsbereich der informatikbezogenen Fächer die sicherlich am häufigsten verwendete Metasprache zur Darstellung kontextfreier Grammatiken. Z. B. ist der Aufbau von URIs, URNs und URLs in BNF definiert.

Neben einer grafischen Form gibt es die BNF auch in einer textuellen Aufschreibungsvariante, die wir anhand eines Beispiels einführen wollen. Gegeben sei ein einfaches Signatursystem für eine kleinere Bibliothek:

INF/43/a	Informatik->Programmiersprachen->Java
W/2a/a	BWL->Grundlagen (Nachschlagewerke) ->Recht
MB/3/m	Maschinenbau->Mechanik->Theoretische Mechanik
MB/3	Maschinenbau->Mechanik (allgemein)

Die Metadefinition dieses Signatursystems könnte dann in BNF wie folgt aussehen:

<Großbuchstabe>	::= A | B | C | ... | X | Y | Z
<Kleinbuchstabe>	::= a | b | b | ... | x | y | z
<Zahl>	::= 1 | 2 | 3 | ...
<Signatur>	::= <Hauptgruppe>"/"<Gruppe>["/"<Untergruppe>]
<Hauptgruppe>	::= <Großbuchstabe>[< Großbuchstabe >][< Großbuchstabe >]
<Gruppe>	::= <Zahl>[<Kleinbuchstabe>]
<Untergruppe>	::= <Kleinbuschstabe>

Der Operator „::=" ist als „ist definiert durch" oder „ergibt sich aus" zu lesen. Die Ausdrücke in spitzen Klammern sind metalinguistische Variablen bzw. Kategorienamen, die hier nicht mit XML-Tags verwechselt werden dürfen und die – einmal definiert – in weiteren nachfolgenden BNF-Ausdrücken wiederverwendet werden können. Der senkrechte Strich „|" ist als „oder" zu lesen. Feste Textanteile wie der Schrägstrich in unserem Beispiel, die als Literal direkt übernommen werden sollen, müssen in Hochkommas gesetzt sein. Teile mit optionaler Verwendung werden in eckige Klammern „[...]" gesetzt, und das Syntaxelement „{... }" drückt beliebig häufige Wiederholungen aus.

Aus obiger Backus-Naur-Definition ergeben sich nun folgende Eigenschaften unseres fiktiven Signatursystems: Die Hauptgruppen werden mit ein-, zwei- oder drei aufeinanderfolgenden Großbuchstaben bezeichnet. Eine Gruppe ist mit einer Zahl bezeichnet, die ggf. mit einem angehängten Kleinbuchstaben erweitert werden kann. Die Untergruppe kann weggelassen werden, wohingegen Hauptgruppe und Gruppe im Rahmen der Sacherschließung jeder Dokumentationseinheit zwingend festgelegt werden müssten. Untergruppen werden immer mit einem einzelnen Kleinbuchstaben bezeichnet.

Unbeschadet ihrer mathematischen Exaktheit sind BNF-Ausdrücke für Menschen gut lesbar. Die Definitionen können in einer Weise erweitert werden, dass bereits bestehende Daten gültig bleiben. Rückwärtskompatibilität lässt sich also explizit implementieren.

2 Beispiele für Ausprägungen von Metadaten in Informationssystemen

2.1 Taxonomien als Metadaten

Die Erfindung des Buchdrucks konfrontierte Bibliotheken mit einer erheblichen Mengenzunahme, und so entstand das Bedürfnis, den Nutzenden skalierbare Instrumente zur thematischen Suche an die Hand zu geben. G. W. Leibniz entwickelte am Ende des 17. Jahrhunderts in seiner Rolle als kurfürstlicher Hofhistograph für die Herzog-August-Bibliothek in Wolfenbüttel einen alphabetischen Katalog und vor allem eine erste Dezimalklassifikation, die als eine universelle Systematik zur Einteilung und Beschreibung von Wissen dient (s. Kapitel B 5 Klassifikation). Auf oberster Ebene gibt es zehn Grundkategorien, die jeweils in zehn weitere darunterliegende Kategorien verfeinert werden. Auch diese Unterkategorien können wieder in bis zu zehn weitere Unter-Unterkategorien verzweigt werden. Nach Schwed (2007, S. 112) handelt es sich um eine analytische Klassifikation, die vom Allgemeinen zum Speziellen verzweigt. Sie präkoordiniert das Wissen monohierarchisch, d. h. es gibt jeweils nur einen Oberbegriff. Die Notationen bestehen überwiegend aus Ziffern und Zeichen. Die Grundform der Dezimalklassifikation wurde Jahre 1876 von Dewey erweitert und ist vor allem im angloamerikanischen Sprachraum unter der Bezeichnung „Dewey-Dezimalklassifikation" (DDC) bekannt. Sie ist weiter in vielen Bibliotheken gebräuchlich und wird von Online Computer Library Center (OCLC) laufend weiterentwickelt (Schwed 2007, S. 112–113).

Ausgehend von dieser Grundidee sind bis heute Taxonomien entstanden, die teilweise globale Bedeutung erlangt haben. So z. B. umreißt die Internationale Patentklassifikation (IPC) den Wortschatz für Bereich der gewerblichen Schutzrechte und Patente, oder die International Classification of Deseases (ICD) unterteilt Diagnosen, Erkrankungen und Todesursachen.

Taxonomien haben folgende Eigenschaften:
- **Begriffliche Beharrung:** Einmal eingeführte Begriffe wandeln ihre Bedeutung, oder die betroffenen Themengebiete werden mit der Zeit anders bezeichnet. Ein Klassifikationssystem kann aber nicht ohne weiteres umgebaut werden.
- **Neue Begriffe fehlen zunächst:** Bei neu aufkommenden Kategorien vergeht meist eine gewisse Zeit, bis das Klassifikationssystem aktualisiert wird und diese berücksichtigt werden. Zwischenzeitlich vorgenommene Klassierungen verwenden dann noch ältere, weniger passende Kategorien, die somit suboptimal sind.
- **Unausgewogene Hierarchietiefe:** Nach längerem Gebrauch können sich starke Ungleichgewichte in der Anzahl neu eingerichteter Kategorien und deren Verzweigungstiefe ergeben.
- **Singulärer Kontext:** Die Einordnung in eine Kategorie verengt den Klassierungsgegenstand auf einen einzigen Kontext. Sind mehrere Kontexte zu berücksichtigen, kann dies nur durch dessen Mehrfacheinbettung bewältigt werden. Für Signatursysteme in Freihandbibliotheken könnte dies heißen, dass ein Buch mehrfach beschafft werden müsste, um es in mehreren Signaturbereichen gleichzeitig auffinden zu können.
- **Kompetenzen sind notwendig:** In der betrieblichen Praxis kommen häufig Ticketsysteme oder Werkzeuge zum Wissensmanagement wie z. B. das bekannte System Confluence von Altassian zum Einsatz (Loschwitz 2020). Wenn Endnutzer*innen

hier selbst Kategorien anlegen dürfen, besteht die Gefahr eines Wildwuchses, der zu redundanten und ungleichmäßig breit überdeckenden Kategorien führt.

2.2 Metadaten für bibliografische Inhalte

Über Metadaten im Kontext der Formalen Erschließung wird in Kapitel B 6 Formale Erschließung näher eingegangen, daher sei dieser Aspekt hier nur kurz erwähnt. Technische Umsetzungen, die auf der Idee der Textauszeichnung basieren, werden in den folgenden Abschnitten beschrieben. Mit Semantic Web können Metadaten von Dokumenten mit ontologischen Konstrukten detaillierter beschrieben werden (s. Kapptiel B 10 Ontologien und Linked Open Data).

2.3 Metadaten per Textauszeichnung

In den 1970er und 1980er Jahren ergab sich durch die zunehmende Informatisierung des Drucklegungsprozesses das Bedürfnis nach besseren Schnittstellen zwischen Autor*innen und Verlagen. Autor*innen sollen mit der Standard Generalized Markup Language (SGML) inmitten ihrer Texte makrotypografische Metainformation hinterlegen können. Per Textauszeichnung wird mit sogenannten Tags (wie z. B. „<b>" bzw. „</b>") Metainformation und Information im selben Dokument vereint. Hierzu ein Beispiel:

```
<h1>Kapitelüberschrift</h1>
<p>Dies ist ein erster Absatz in einem Kapitel.
Manche Wörter können <b>hervorgehoben</b> werden. </p>
<img src="/bild.jpg" alt="mein aktuelles Bild"/>
<p>Und nach dem Bild beginnt ein neuer Absatz... </p>
```

Hierbei steht <h1> für Heading ersten Grades, <p> steht für Paragraph und <b> für bold. Zur formalen Definition dieser Tags wurde die Document Type Definition entwickelt, die Metabeschreibungen für die Textauszeichnung in einer eigenständigen und einfachen Syntax ermöglicht. Die Text-Encoding-Inititiative (TEI) wendet die SGML-Konzepte mit dem Ziel an, so viele strukturelle Elemente unterschiedlicher Textsorten wie möglich in Document Type Definitions (DTDs) oder XML-Namespaces zu repräsentieren. Hier stehen vor allem geisteswissenschaftliche Textkodierungsprojekte im Vordergrund (Bruvik 2002).

2.4 HTML

Die Entwickler des World Wide Web entwarfen 1989 eine SGML-DTD zur Definition der Hypertext-Markup-Language (HTML). Leider hat sich die Vereinigung von Daten und Hypertext-Metadaten im selben Dokument nicht bewährt, da dies grundlegenden Hyptertext-Prinzipien entgegensteht. Design-Festlegungen und referenzielle Verknüpfungen können in HTML nicht als eigenständige und typisierte Objekte verwaltet werden, und nur mit aufwändigen Web-Content-Management-Systemen lassen sich größere Web-Corpora beherrschen. Dort werden HTML-Dokumente dynamisch und erst im Moment des Abrufs erzeugt. HTML ist hier kein Hypertext-Metadatenstandard mehr, sondern wurde de facto zum Transportformat umfunktioniert.

2.5 XML

Die Extensible Markup Language (XML) ist eine Nachfolgeentwicklung von SGML, in der essenzielle Teile wie z. B. die DTD von dort übernommen wurden. Die Idee der Textauszeichnung hatte mit dem Aufkommen des Internets neue Anwendungshorizonte, vor allem als Datenübertragungs- oder Speicherformat, erschlossen. Neue Bedürfnisse waren z. B., wie XML-Daten-Dateien auf mehrere Metabeschreibungen gleichzeitig Bezug nehmen können. Ein einzelnes XML-Tag ist dabei grundsätzlich einem Namespace zugeordnet. Gegeben sei folgendes *Tag*: <xs:attribute name="src" type="xs:string"/> Der Tagname „xs:attribute" ist durch den Doppelpunkt in den Namespace-Identifier-Präfix und den Tag-Namen innerhalb dieses mit xs benannten Namespace unterteilt. Auf diese Art können selbst zufällig namensgleiche *Tags* verschiedener Namespaces eindeutig ihren zuständigen Metabeschreibungen zugeordnet werden. Im Dokument-Kopf wird mit xmlns:xs="..." auf die Metabeschreibung für xs verwiesen. Damit ältere Dokumente aus der SGML-Zeit (z. B. HTML-Seiten) kompatibel zu XML bleiben, wurde für XML-Dokumente ein Default-Namespace ermöglicht, für die dann gewissermaßen eine Default-DTD herangezogen ist. In diesem Fall kann der Namespace-Präfix weggelassen werden und gängige HTML-Tags wie z. B. <html:body> können in XHTML wie schon 1989 immer noch als <body> niedergeschrieben werden.

Die einfache DTD-Syntax ist für die Textauszeichnung geeignet. Jedoch sind nach Harold & Means (2004, S. 5) Definitionen wie: „Dieses Element enthält eine Zahl" oder „diese Zeichenkette repräsentiert ein Datum zwischen 1974 und 2032" leider nicht möglich. Die W3C XML-Schema-Language erlaubt es als Nachfolger der DTD solche Einschränkungen zu spezifizieren (Harold & Means 2004, S. 5). Ein XML-Schema folgt im Unterschied zur DTD keiner eigenständigen Syntax, sondern ist selbst als XML-Dokument im Namespace xs niedergeschrieben. Damit kann XML als Metabeschreibung einer XML-Anwendung eingesetzt werden.

Bei Einhaltung der allgemeinen XML-Eigenschaften, also z. B. wenn die Tags richtig formuliert und korrekt geschachtelt sind, spricht man von Wohlgeformtheit. Die Namensgebung bestimmter Tags, z. B. Parametrierung, ist in den Metabeschreibungssprachen DTD oder XML-Schema (XS) definiert. Folgt ein wohlgeformtes XML-Dokument diesen Festlegungen auf Metadaten-Ebene, spricht man von Gültigkeit. Alle gültigen XML-Dokumente sind wohlgeformt, aber nicht alle wohlgeformten Dokumente sind gültig.

2.6 Metadaten für Webinhalte

Sematic Web verfolgt die Idee, Metadaten per XML auszudrücken. XHTML, der zwischen den Jahren 2000 und 2006 etablierte HTML-Standard, hätte Möglichkeiten geboten, Semantic-Web-Inhalte und Web-Dokumentinhalte zu integrieren. Jedoch hat die Einführung von HTML5 – das ist der Standard, der sich um das Jahr 2010 herum begann zu etablieren – dies eigentlich unmöglich gemacht hat, da nur noch diskrete XML-Namespaces für HTML und SVG gültig sind und HTML5 keinen offenen Standard mehr bildet. HTML-

Dokumente auf Webservern beginnen also z. B. nicht mehr mit einem <?xml version="1.0"?>, sondern seit HTML5 ist HTML-Dokumenten nur noch ein <!doctype html> vorangestellt. Zeitgleich wurden semantische Elemente in HTML eingeführt. Tags wie <summary>, <time>, <main>, <nav> usw. sollen zusätzliche Metadaten in Webdokumenten ermöglichen. Auf Ontologien basierende Semantic-Web-Inhalte für Metadaten können also nur noch in separaten XML-Dokumenten definiert werden. Eine einheitliche Beschreibungsform für Metadaten von Web-Inhalten ist mit HTML5 also faktisch in weite Ferne gerückt.

2.7 Die Dublin Core Metadata Initiative

Aus Sicht von Information und Dokumentation kommt den Metadaten vor allem die Rolle der inhaltlichen Erschließung zu, und daher soll der Standard der Dublin-Core-Metadata-Initiative (DCMI) näher dargestellt werden. Die Idee zu Dublin Core kam im Rahmen einer informellen Diskussion auf einem OCLC/NCSA Workshop Jahr 1995 in Dublin (DC 1) auf. Dort wurden zunächst 13 Eigenschaftselemente festgelegt: DC.Title, DC.Autor, DC.Subject, DC.Publisher, DC.OtherAgent, DC.Date, DC.Object, DC.Type, DC.Form, DC.Identifier, DC.Relation, DC.Source, DC.Coverage. Diese bilden den ursprünglichen Dublin Core Metadata Element Set, das kurze Zeit später durch Weibel et al. (1998) zum RFC-Standard vorgeschlagen wurde. So wurde Dublin Core zum ersten offiziellen Internet-Metadaten-Standard, der sich dann über die Folgejahre weiterentwickelte (Kunze & Baker,# 2007).

Auf HTML-Seiten können im Kopfbereich, also konkret im Bereich zwischen <Head> und </Head>, Meta-Tags untergebracht werden, die beispielsweise folgendermaßen aussehen können:

```
<meta name="DC.Publisher" content="Rolf Assfalg" >
```

Später wurde ein XML-Namespace definiert und auf 15 Kernelemente erweitert: Contributor, Coverage, Creator, Date, Description, Format, Identifier, Language, Publisher, Relation, Rights, Source, Subject, Title, Type (DCMI Usage Board 2012). Danach flossen Ideen des Semantic-Web, ein, wobei die DCMI Metadaten-Terme innerhalb von <rdf:Description> formuliert werden und als separate RDF-Dateien abgelegt sind. Folgendes Beispiel aus Johnston & Powell (2008) sei hierzu wiedergegeben, bei dem eine RDF-Datei eine Anwendungsdatei gleichen Namens inhaltlich auszeichnet, die nur dazu dient, den Dokumenttitel auszuweisen.

```
<?xml version="1.0" encoding="UTF-8" ?>
<rdf:RDF xmlns:rdf="http://www.w3.org/1999/02/22-rdf-syntax-ns#" xmlns:dc="http://purl.org/dc/elements/1.1/">
<rdf:Description rdf:about="">
<dc:title>Services to Government</dc:title>
</rdf:Description>
</rdf:RDF>
```

Dublin Core ist faktisch eine Metabeschreibungsmethode für Dokumente, die in ältern Dokumenten entweder mit dem Satz von Kernelementen oder aktuell mit den DCMI-Metadata-Terms (DCMI Usage Board 2020) in RDF-Dokumenten vorkommt. Der tatsächliche Umfang der Umsetzung einzelner Dublin-Core-Ideen und deren faktische Nutzung ist empirisch schwer zu quantifizieren.

2.8 Metadaten in Relationalen Datenbanken

Betrachten wir zunächst das folgende Diagramm in Abbildung 2. Hierbei handelt es sich um einen Schemaentwurf in Form eines Entity-Relationship-Diagramms, hier in der ursprünglichen Darstellungsform nach Peter Chen (1976), wo Entitätsmengen als Rechtecke- und Beziehungen (*relations*) als Rauten dargestellt sind. Das Beispiel impliziert insgesamt drei Datenbanktabellen und für die *lieferbar-von*-Beziehung noch eine Beziehungstabelle, die aus der n:m-Kardinalität der Beziehung resultiert. Die anderen Beziehungen sind als Fremdschlüsselverweise in den Datensätzen darstellbar. Das Diagramm ist eine Art makroskopischer Metabeschreibung der Daten eines Datenbanksystems, die bis heute intensiv genutzt wird.

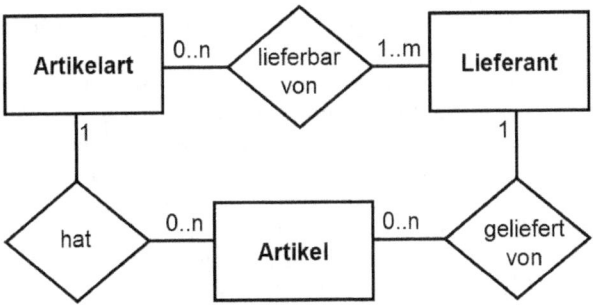

Abb. 2: Beispiel eines Datenbankschemas

Die in Datenbanktabellenfeldern gespeicherten Daten sind in nur sehr grobe Domänenbereiche wie ganze Zahlen (INTEGER), Zeichenketten (VARCHAR), Datum (DATE), usf. eingeteilt. Beispielsweise sei aus Sicht eines Datenbanksystems der Familienstand als Zeichenkette (VARCHAR) deklariert. Ein Data-Dictionary beschreibt die einzelnen Daten noch weit detaillierter. Das folgende BNF-Beispiel von Balzert (Balzert 2001) zeigt diese detailliertere, ebenfalls recht gebräuchliche Metabeschreibungsform als Auszug eines Data-Dictionary:

<Familienstand> ::= [ledig | verheiratet | geschieden | verwitwet]

2.9 Metadaten im Kontext der Datenanalyse, des Data-Mining und des Maschinellen Lernens

Für die Datenanalyse in klassischen Data-Warehouses müssen relationale Strukturen zu Star- bzw. Snowflake-Schemata umgebaut werden, damit gängige Werkzeuge für das Online-Analytical-Processing (OLAP) eingesetzt werden können. Hierfür wird eine Aufgliederung in mehrere verschiedenen Dimensionen vorgenommen, die einen sogenannten Hypercube bilden. Diese Dimensionen oder Teile davon werden später im Zuge der Analyse zueinander kombiniert, um diskrete Darstellungen wie Pivot-Tabellen bzw. grafische Darstellungen wie Linien- oder Balkendiagramme zu erhalten. Beispiele für typische Dimensionen sind: Produktart, Kundengruppierung, Zeit, Ort usf. Bei der Konstruktion dieser Dimensionen muss entschieden werden, wie diese untergliedert sind. Hierzu ein Beispiel, wie das bei der Dimension Ort aussehen könnte: Daten können Stadtteilen, Städten, Kreisen, Bundesstaaten, Ländern und schließlich Subkontinenten bzw. Kontinenten zugeordnet werden. Solche Schema-Normalisierungen, welche Daten in einen sog. Hypercube organisieren, fügen also implizit Metainformation hinzu. Häufig werden Daten aus Drittquellen benötigt, denn es kann gut sein, dass Wissen über die Untergliederung der Ortsdimension in Geschäftsdaten gar nicht vorhanden ist und dies müsste aus einem Datensatz mit geographischen Fakten gewonnen und hinzugesetzt werden (Köppen et al. 2014, S. 45–46).

Die im Machine-Learning (s. Kapitel B 12 Automatische Sprachverarbeitung) gängigen Datenformate sind Textkorpora, Mediale Objekte oder relational organisierte Bestände, also im Grunde Tabellen. Betrachten wir zunächst diese letztgenannten, tabellenorganisierten Daten: Hier ist es besonders bedeutsam, das Lernziel, also z. B. die Klasse, für die ein Modell gesucht werden soll, explizit zu markieren. Die Formate SPSS, ARFF oder XML-basierte Formate wie XRFF unterstützen dies mit Möglichkeiten zur Ergänzung von Metadaten, und es kann der Datentyp, der jeweiligen Attribute sowie deren Rolle hinterlegt sein. Am gängigsten ist jedoch das Comma-Separated-Value-Format (CSV), das vor allem zum Datenaustausch und als Speicherformat dient. In CSV ist es üblich, die Tabellenstruktur in der ersten Zeile mit einem Feld aus Spaltennamen zu beschreiben, die mit Kommas getrennt werden. Mehr Metaangaben gibt es hier leider nicht. Ab der zweiten Zeile enthalten CSV-Dateien zeilenweise ihre Daten, die der Strukturbeschreibung aus der ersten Zeile entsprechen und genauso mit Kommas getrennt sind. Hier der Beginn einer CSV-Datei mit der Kopfzeile und 4 Datenzeilen:

```
Sepallength,sepalwidth,petallength,petalwidth,class
5.1,3.5,1.4,0.2,Iris-setosa
4.9,3.0,1.4,0.2,Iris-setosa
4.7,3.2,1.3,0.2,Iris-setosa
4.6,3.1,1.5,0.2,Iris-setosa
```

Die Verwendungskontexte von Daten fordern i. d. R. eine Vorverarbeitung, bevor die Datenanalyse oder das Machine-Learning beginnen kann. Hier werden unnötige Daten gefiltert, Redundanzen beseitigt, große Zahlenbereiche skaliert, oder es ist z. B. notwendig, nominale Daten in Zahlen umzuwandeln.

Im Zuge der Vorverarbeitung können noch zusätzliche Daten aus der Transformation vorhandener Daten entstehen, welche implizit Metainformationen zu den in der Verarbeitung befindlichen Daten hervorbringen und die den Datensatz sinnvoll ergänzen. So werden oft verschiedene Attribute kombiniert, um ein neues Attribut zu erzeugen.

Dazu ein anschauliches Beispiel: In medizinischen Kontexten wird ein Maß für Bewertung des Körpergewichts eines Menschen in Relation zu seiner Körpergröße gebildet (Body-Mass-Index). Breitere Einsatzfelder haben Indikatoren für Entropie (Maß für „Unordnung" in Daten), Indikatoren für die Ungleichheit von Verteilungen (Gini-Indikator) oder Indikatoren für Kovarianz bzw. Korrelation zwischen Werten gegebener Spalten. Natürlich sind für gruppierte Daten auch gängige statistische Maße wie Durchschnitt, Median und Standardabweichung gebräuchlich. Der nächste Schritt ist die Modellbildung. Aus der Perspektive der Metaebene gesehen, ist das Modell eine Beschreibung der in den Daten enthaltenen verborgenen Zusammenhänge. In der Literatur wird dies auch als Knowledge Discovery in Databases (KDD) bezeichnet (Frochte 2020, S. 17).

Im Kontext der Bildverarbeitung, der Audioverarbeitung und des Natural-Language-Processing (NLP) (Srinivasa-Desikan 2018) gibt es ebenfalls eine Palette von Vorverarbeitungsschritten, die implizit Metainformation liefern und welche unabhängig von thematischen Kontexten sind. Um dies exemplarisch darzustellen, wollen wir kurz auf den Kontext des Natural-Language-Processing (NLP) näher eingehen, um die Erzeugung impliziter Metainformation zu demonstrieren: Mit Verfahren des Named-Entity-Recognition (NER) können beispielsweise Orte, Personen, Organisationen, Zeitangaben, Mengenangaben usw. automatisch in Texten erkannt werden. Topic-Models, ursprünglich von Blei (2003) erfunden, können aus größeren Textkorpora Dokumente in eine vorgegebene Anzahl von Themen gruppieren. Mit Methoden der Sentimentanalyse können Texte oder Textfragmente nach Stimmungen (z. B. positiv vs. negativ) oder nach Maßstäben der Objektivität (z. B. von subjektiv vs. objektiv) bewertet werden.

3 Heterogenität von Rahmenwerken für die Metabeschreibung von Forschungsdaten

Um zunächst Anwendungsspektrum und Themenverteilung von Forschungsdaten (s. Kapitel B17 Forschungsdaten) kennenzulernen, sei hier eine kleine Zusammenstellung, ausgehend von (Willis et al. 2012) und ergänzt um Angaben bzw. Empfehlungen einzelner Universitäten (Research Data Services 2021), wiedergegeben, die für eine Studie einer vergleichenden Betrachtung von Metabeschreibungsframeworks zusammengetragen wurde und die einen repräsentativen Querschnitt bietet – CIF: Experimentaldaten zur Kristallographie (Kristallstrukturen); Darwin Core: Unterstützung der Verteilung von Information im Kontext der Biodiversität; Data Document Initiative (DDI): Experimentalstudien, Empirische Studien und Statistische Studien im Sozialwesen. Das DDI-Codebook und der DDI-Lifecycle sind die zwei Hauptprodukte. Daneben gibt es ein kontrolliertes Vokabular, ein RDF und eine Standardsprache für Datentransformation (STDL). Beabsichtigt ist hier auch das Vordringen in weitere wissenschaftliche Gebiete; EML: Experimentalstudien und Empirische Studien in der Ökologie; MAGE, mmCIF und MINiML: Experimentelle Studien in Molekularbiologie (z. B. Molekülhäufigkeiten); NEML: Experimentelle Studien in Phylogenese (Phylogenetische Baumstrukturen); ThermoML: Experimentelle Studien zur Thermodynamik (Thermodynamische Eigenschaften). Es existieren auch Referenzverzeichnisse wie z. B. das Metadata Directory der Metadata Standards Directory Working Group[1].

---

1 http://rd-alliance.github.io/metadata-directory

Wie man sieht, reicht die Palette der Metadatenstandards von tabellarisch darstellbaren Daten über die statistische Analyse bis hin zu Strukturdaten, die als Graphen repräsentiert sind. Eine einheitliche Sicht auf die Metadatenebene ist also nicht gegeben. Aus diesem Grund schreibt auch die EU für Horizon-2020-Projekte (Horizon 2020, 2016) Metadatenstandards nicht explizit fest, sondern verweist vielmehr auf Fairness-Prinzipien im Zusammenhang mit der Bereitstellung von Forschungsdaten, wenn diese aus EU-Projekten hervorgehen:

- Daten sollen auffindbar und versioniert sein.
- Daten sollen öffentlich zugänglich sein (Open Access).
- Daten sollen interoperabel sein, damit sie zwischen Forschenden untereinander ausgetauscht werden. Hierzu wird eine Präferenz zur Verwendung von Standard-Datentypen formuliert.
- Vokabularien und Ontologien sollen auf gängige Begriffe bzw. auf gebräuchliche Ontologien abgebildet werden.

Das Metadatenmanagement soll in der Projektplanung berücksichtigt sein. Die Kosten einer längerfristigen Bereitstellung von Daten, sowie ethische Aspekte müssen berücksichtigt werden. Neben den bis jetzt genannten, recht aufwändigen Frameworks für Metabeschreibungen gibt es auch Web-Plattformen, die Datensätze aus allen möglichen Forschungskontexten zum Download bereitstellen. Kaggle (n. d.) enthält z. B. mehrere zehntausend Datensätze, die häufig aus wissenschaftlichen Kontexten stammen und die jeweils mit textueller Beschreibung, mit Angaben zu Attributen und mit Codebeispielen versehen sind. Hugging Face (n. d.) ist eine ähnliche Plattform, die auf den Bereich des Natural Language Processing spezialisiert ist. Auch hier gibt es in ähnlicher Weise Metabeschreibungen, Modelle, sowie Codebeispiele. Diese Such- und Download-Plattformen sind sehr bekannt, und entsprechen der Idee von Open Data. Aus der Sicht der Datenanalytikerinnen und Datenanalytiker verkörpern sie den aktuellen De-facto-Standard für Metabeschreibungen für Datensätze im Kontext des Data-Science.

4 Versionierung von Metadaten und Daten

Im Bereich der Softwareentwicklung sind Lösungen für die Versionierung von Code entstanden, die in größeren Softwareprojekten durchaus üblich sind. Man spricht hier von Verwaltetem Code. Änderungen bleiben nachvollziehbar, und es wird leichter möglich, die Arbeitsergebnisse kollaborierender Personen zu einem Ganzen zu kombinieren. Nicht selten kommt es vor, dass mehrere Entwickler an denselben Programmteilen Änderungen vornehmen müssen und hierbei Abhängigkeiten entstehen, die zuverlässig aufgelöst werden müssen. Geografische Verteilung und Asynchronität der kollaborativ Arbeitenden verschärfen Probleme dieser Art. Das wahrscheinlich bekannteste Versionsmanagementsystem ist GIT (detailliert in: Preißel & Stachmann 2019). Dieses System geht auf Linus Torvalds, dem Erfinder des Betriebssystems Linux zurück, der im Jahr 2005 eine Versionsverwaltung für die Weiterentwicklung von Linux selbst implementierte, um die Prozesse zur weltweit verteilten und asynchronen Weiterentwicklung des Linux Kernels zu regeln.

Auch im Bereich des Metadatenmanagements scheinen sich Versionierungslösungen langsam zu etablieren. Als Beispiele seien das Metadata Directory der Metadata Standards Directory Working Group oder das Repository des Darwin Core Maintenance

Interest Group. Letztere betreibt ein GIT-Repository für den im vorhergehenden Abschnitt bereits erwähnten Metadatenstandard Darwin Core, der zur Unterstützung der Verteilung von Information im Kontext der Biodiversität dient.

Selbstverständlich wäre die Versionskontrolle auch für die Datenebene interessant, deren Versionierungsstruktur auf Metaebene beschrieben werden könnte. Haftungsrechtliche Absicherungen (Stichwort *Veracity*) könnten zusätzlich per Blockchain-Technologie mit Non-Fungible Tokens (NFT) realisiert werden.

5 Ausblick

Als Ausblick erscheint das synergetische Zusammenwirken des bewährten informationswissenschaftlichen Methodenspektrums unter Berücksichtigung einer sorgfältigen Absicherung auf Metadatenebene vielversprechend. Ontologiebasierte Informationssysteme gehen diesen Weg und sind als elaborierte Variante von Taxonomien bzw. Thesauri unter Zugabe der bewährten objektorientierten Prinzipien zu verstehen. Sie setzen sich allerdings nur sehr langsam durch. Die Einführung von Versionierungskonzepten scheint machbar und könnte sich durchsetzen. Eine Normierung von Metadatenstandards ist leider noch nicht zu erkennen, wäre aber wünschenswert und sollte erfolgen.

6 Literaturverzeichnis

Backus, J. W. (1959). The Syntax and Semantics of the Proposed International Algebraic Language of the Zurich ACM-GAMM Conference. In *Proceedings of the International Conference on Information Processing* (S. 125–132). UNESCO.

Balzert, H. (2001). *Lehrbuch der Software-Technik*. (2. Auflage, Band 1). Elsevier.

Blei, D. M., Ng., A. Y. & Jordan, M. I. (2003). Latent Dirichlet Allocation. *The Journal of Machine Learning Research*, 3, 993–1022.

Bruvik, T. M. (2002). Yesterday's Information Tomorrow: Die Text Encoding Initiative (TEI). *Sichtungen online*. http://purl.org/sichtungen/bruvik-tm-1a.html.

Chen, P. P.-S. (1976). The Entity-Relationship Model: Toward a Unified View of Data. *ACM Transactions on Database Systems*, 1(1), 9–36. https://doi.org/10.1145/320434.320440.

Dublin Core Metadata Initiative Usage Board (2012). *Dublin Core Metadata Element Set*, (Version 1.1: Reference Description). Dublin Core Metadata Initiative – Recommendation. http://dublincore.org/documents/2012/06/14/dces/.

Dublin Core Metadata Initiative Usage Board (2020). *DCMI Metadata Terms*. Dublin Core Metadata Initiative – Recommendation. http://dublincore.org/specifications/dublin-core/dcmi-terms/2020-01-20/.

Frochte, J. (2020). *Maschinelles Lernen: Grundlagen und Algorithmen in Python* (3., überarbeitete und erweiterte Auflage). Carl Hanser. https://doi.org/10.3139/9783446463554.

Harold, E. R. & Means, S. (2004). *XML in a Nutshell: A Desktop Quick Reference* (3rd edition). O'Reilly.

Horizon 2020 (2016). *Guidelines on Data Management in Horizon 2020. The EU-Framework for Research and Innovation* (Version 3). European Commission.

Hugging Face. (n. d.). *Hugging Face: The AI community building the future*. https://huggingface.co/.

Johnston, P. & Powell, A. (2008). *Expressing Dublin Core metadata using HTML/XHTML meta and link elements*. Dublin Core Metadata Initiative – Recommendation. https://www.dublincore.org/specifications/dublin-core/dc-html/2008-08-04/.

Kaggle. (n. d.). *Kaggle: Your Machine Learning and Data Science Community*. https://www.kaggle.com/.

Köppen, V., Sattler, K.-U. & Saake, G. (2014). *Data Warehouse Technologien* (2. Auflage). mitp.

Kunze, J. & Baker, T. (2007). *The Dublin Core Metadata Element Set* (Request for Comments: 5013). Network Working Group. http://www.ietf.org/rfc/rfc5013.txt.

Loschwitz, M. G. (2020). Marktübersicht: Was Knowledge-Management-Systeme leisten. Wissen ist Macht. *iX*, 2, 68–79. https://www.heise.de/select/ix/2021/2/2028911453562760368.

McCarthy, J. L. (1982) Metadata Management for Large Statistical Databases. In *Proceedings of the 8th International Conference on Very Large Data Bases (VLDB)* (S. 234–243). Morgan Kaufmann.

Preißel, R. & Stachmann, B. (2019). *Git: Dezentrale Versionsverwaltung im Team. Grundlagen und Workflows* (5., aktualisierte und erweiterte Auflage). dpunkt.

Research Data Services (2021). *Metadata*. University of Wisconsin-Madison. https://researchdata.wisc.edu/metadata.

Srinivasa-Desikan, B. (2018). *Natural Language Processing and Computational Linguistics: A practical guide to text analysis with Python, Gensim, spaCy, and Keras*. Packt Publishing, Limited.

Schwed, G. (2007). *Konzeption und integrierte Formalisierung eines Referenzmodells für informationslogistische Agentensysteme* (Dissertation, Philosophische Fakultät der Universität des Saarlandes). Grin.

Weibel, S., Kunze, J, Lagoze, C. & Wolf, M. (1998). *Dublin Core Metadata for Resource Discovery* (Request for Comments: 2413). Network Working Group. http://www.ietf.org/rfc/rfc2413.txt.

Willis, C., Greenberg, J. & White, H. (2012). Analysis and synthesis of metadata goals for scientific data. *Journal of the American Society for Information Science and Technology*, 63(8), 1505–1520. https://doi.org/10.1002/asi.22683.

Heiko Rölke & Albert Weichselbraun
B 10 Ontologien und Linked Open Data

1 Einleitung

Der Begriff Ontologie stammt ursprünglich aus der Metaphysik, einem Teilbereich der Philosophie, welcher sich um die Erkenntnis der Grundstruktur und Prinzipien der Wirklichkeit bemüht. Ontologien befassen sich dabei mit der Frage, welche Dinge auf der fundamentalsten Ebene existieren, wie sich diese strukturieren lassen und in welchen Beziehungen diese zueinanderstehen.

In der Informationswissenschaft hingegen werden Ontologien verwendet, um das Vokabular für die Beschreibung von Wissensbereichen zu formalisieren. Ziel ist es, dass alle Akteure, die in diesen Bereichen tätig sind, die gleichen Konzepte und Begrifflichkeiten verwenden, um eine reibungslose Zusammenarbeit ohne Missverständnisse zu ermöglichen. So definierte zum Beispiel die Dublin Core Metadaten Initiative 15 Kernelemente, die zur Beschreibung von elektronischen Ressourcen und Medien verwendet werden können. Jedes Element wird durch eine eindeutige Bezeichnung (zum Beispiel identifier) und eine zugehörige Konzeption, welche die Bedeutung dieser Bezeichnung möglichst exakt festlegt, beschrieben. Ein Identifier muss zum Beispiel laut der Dublin Core Ontologie ein Dokument basierend auf einem zugehörigen Katalog eindeutig identifizieren. Je nach Katalog kämen daher zum Beispiel eine ISBN (Katalog von Büchern), ISSN (Katalog von Zeitschriften), URL (Web), DOI (Publikationsdatenbank) etc. als Identifier in Frage.

Ontologien kommen auch in der Informatik zur Anwendung, wo diese zusätzlich noch in strukturierter Form vorliegen müssen (Gruber 1995). Dies bedeutet, dass die Beschreibung des Wissensbereichs in einer Sprache verfasst werden muss, welche auch automatisiert durch einen Computer interpretierbar ist. Dies kann auf zwei verschiedenen Wegen erreicht werden:
1. Indem man die relevanten Begrifflichkeiten und deren Bedeutung fix in Computerprogramme integriert oder
2. indem man die Begrifflichkeiten und deren Beziehungen zueinander mittels Ontologiesprachen spezifiziert.

Die dadurch formalisierten Ontologien erlauben die Automatisierung von bisher manuellen Prozessen. So wird es zum Beispiel möglich, Kalendereinträge, wissenschaftliche Publikationen oder Adressen automatisch in die zugehörigen Applikationen zu übernehmen, wenn diese mit Metadaten aus geeigneten Ontologien versehen wurden und die Software das entsprechende Vokabular unterstützt. Auch maschinelle Lernverfahren können bei entsprechender Programmierung mittels Ontologien auf externalisiertes Wissen zugreifen, welches sie bei der Entscheidungsfindung unterstützt.

Dabei kommen je nach Aufgabenstellung die unterschiedlichsten Ontologien zur Anwendung, die bei Bedarf auch miteinander kombiniert werden können. Top-Level-Ontologien (*upper ontology*) stellen zum Beispiel Beschreibungen von allgemeiner Gültigkeit zur Verfügung, während Domänen-Ontologien (*domain ontology*) meist nur für einen spezifischen Anwendungsbereich (sprich eine Domäne) von Relevanz sind. Je nach Komplexität der Ontologien unterscheidet man zwischen leichtgewichtigen und schwergewichtigen Ontologien. Die erste Gruppe definiert in der Regel nur eine relativ geringe Anzahl von Beziehungen zwischen den in der Ontologie definierten Begrifflichkeiten (zum Beispiel eine Taxonomie, die nur hierarchische Beziehungen enthält), während schwergewichtige Ontologien eine wesentlich umfangreichere Beschreibung der Begrifflichkeiten enthalten. Diese kann zum Beispiel detaillierte Angaben zu Datentypen, möglichen Beziehungen zwischen den Elementen und Einschränkungen bei der Verwendung von Begrifflichkeiten enthalten.

Während Ontologien Begrifflichkeiten formalisieren, erlaubt es Linked Open Data frei verfügbare Datensätze – analog zu Webseiten – in einem maschinenlesbaren Format zu veröffentlichen, sodass diese von Dritten einfach weiterverwendet und referenziert werden können. Dabei wird in der Regel jenes Vokabular angewandt, das zuvor in Ontologien und offenen Standards definiert wurde.

2 Aufbau von Ontologien

Wie eben eingeführt ist eine gemeinsame Sprache die Grundvoraussetzung zum Teilen von Wissen. Ontologien stellen eine solche Sprache für einen vorgegebenen Ausschnitt der Welt dar. Unterschiedliche Probleme natürlicher Sprache müssen dafür überwunden werden, allem voran Mehrdeutigkeiten durch Synonyme, Homonyme usw.

Um dieses Ziel zu erreichen, definieren Ontologien eine Menge von Individuen, also alle Objekte, über die Aussagen getroffen werden können. Beispiele für solche Individuen wären einzelne, eindeutig zu identifizierende Personen, einzelne Dinge wie ein bestimmtes Buch in einer Bibliothek, ein einzelner Stift. Die Menge an Individuen ist oft nicht beschränkt, wichtig bei einer technischen Umsetzung ist daher immer, die Eindeutigkeit oder Einzigartigkeit jedes Individuums jederzeit garantieren zu können.

Um eine große Menge an Individuen verwalten und sinnvoll nutzen zu können, werden Abstraktionen eingeführt, die Individuen zusammenfassen. Diese Abstraktionen werden oft Klassen genannt, es sind Teilmengen der Gesamtmenge von Individuen. Klassen können sich überlappen oder auch leer sein. Beispiele wären Bücher, Bücher mit bestimmten Eigenschaften, wie einem festen Einband, Bücher, die in einer Bibliothek vorrätig sind oder Bleistifte der Härte H2 in grün.

Klassen können ebenfalls gruppiert und miteinander in Relation gesetzt werden. Dies ergibt sich meist aus den in den Klassen enthaltenen Individuen beziehungsweise wirkt sich auch darauf aus, welche Individuen in die Klassen aufgenommen werden dürfen. Die Klasse aller Bücher aus dem Beispiel von eben enthält auch alle Bücher mit einem festen Einband, potenziell aber auch noch weitere – falls solche Individuen in der Ontologie definiert sind. Weitergedacht werden den Klassen bestimmte Eigenschaften oder Einschränkungen mitgegeben, sogenannte Attribute und Axiome. Über die aktuell in Klassen vorhandenen Individuen hinaus können Klassen so definiert werden, dass bestimmte Enthaltenseins-Beziehungen *immer* gelten. In diesem Fall spricht man von Vererbung, da auch neu in die Klasse hinzukommende Individuen dieselben Eigenschaften aufweisen müssen und diese sich so von Klasse zu Klasse und von den Klassen auf ihre enthaltenen Individuen vererben.

2.1 Begrifflichkeiten

Klassen und ihre Beziehung untereinander sind Teil der sogenannten T-Box (*terminological component*, terminologische Komponente). Die T-Box beschreibt die verfügbaren Klassen und Relationen in der Ontologie. Demgegenüber steht die A-Box (*assertion component*, Festlegungskomponente), die festlegt, wie die Elemente der Terminologie auf die Individuen anzuwenden ist und welche Individuen es überhaupt gibt oder geben kann.

Daneben kann es noch weitere Bausteine geben: Attribute, Typen und Axiome. Attribute legen Eigenschaften von Klassen oder Instanzen fest, also beispielsweise den Verlag einer Buchreihe, die ISBN eines Buchs oder den Erhaltungszustand eines bestimmten Exemplars eines Buchs. Typen werden als Bezeichnung sowohl für die Beziehung zwischen Instanz und Klasse benutzt, die wir oben schon festgelegt haben, als auch für Datentypen von Attributen, die selbst keine eigenen Instanzen sind wie eine Zahl oder ein Name. Axiome beschreiben Aussagen, die in der Ontologie immer wahr sind (nicht notwendigerweise in der realen Welt!). Ein Buch hat immer mindestens einen Autor, oder eine Bibliothek verfügt über mindestens ein Buch.

2.2 Anforderungen an technische Umsetzungen von Ontologien

Gruber (1995) legt fünf Kriterien fest, nach denen jede technische Umsetzung von Ontologien bewertet werden kann. Die Kriterien können in der Praxis nicht alle gleichzeitig optimal erfüllt werden, so dass jede Ontologie letztlich einen Kompromiss darstellt. Beispielsweise kann die Klarheit mit ihrer Forderung nach rigider formaler Definition der Erweiterbarkeit im Wege stehen.

Die Kriterien:
1. **Klarheit** (*clarity*): Die Ontologie sollte klar und objektiv dargestellt werden. Wo möglich, sollte ein Rückgriff auf logische Axiome erfolgen, Einschränkungen und Definitionen sollten so genau wie möglich angeben werden.
2. **Kohärenz** (*coherence*): Axiome sollen widerspruchsfrei und logisch konsistent sein. Mit den Axiomen verträgliche Inferenzen sollten ableitbar sein.
3. **Erweiterbarkeit** (*extendibility*): Vokabular und Definitionen sollten Erweiterungen zulassen, um die Ontologie für spezialisierte Anwendungen nutzen zu können.
4. **Minimaler Einfluss der Darstellungsart** (*minimal encoding bias*): Die Art der Darstellung, also die Auswahl an Zeichen, Symbolen und anderen syntaktischen Einheiten sollten einen möglichst geringen Einfluss auf die in der Ontologie dargestellten Elemente haben.
5. **Minimale Vorbedingungen** (*minimal ontological commitment*): Eine Ontologie sollte so breit wie möglich einzusetzen und zu spezialisieren sein. Um dies zu ermöglichen, sollten möglichst wenige Vorbedingungen fest in der Repräsentation der Ontologie eingebaut sein.

3 Formale Darstellung von Ontologien

3.1 Grundlagen

Ontologien haben eine syntaktische und eine semantische Komponente. Die Syntax legt fest, wie die Elemente der Ontologie definiert beziehungsweise aufgeschrieben werden können. Dazu werden Zeichen und die Zusammensetzung der Zeichen definiert. Die Semantik bestimmt, welche Schlussfolgerungen innerhalb der Ontologie möglich sind. Dafür wird üblicherweise auf (mathematische) Logik zurückgegriffen. Je nach Mächtigkeit der Ontologie kommen unterschiedliche Logik-Fragmente zum Einsatz: Aussagenlogik oder Prädikatenlogik beispielsweise. Für die Syntax einer Ontologie kommen ganz unterschiedliche Repräsentationsformen zum Einsatz. Das weit verbreitete Ressource Description Framework (RDF)[1] ist vollständig aus Tripeln von Begriffen aufgebaut, die einem einfachen Satzaufbau in natürlicher Sprache folgen: Subjekt – Prädikat – Objekt. Das Subjekt steht in einer Relation mit dem Objekt, die Relation wird durch das Prädikat festgelegt. Subjekt und Objekt können ein Individuum oder eine Klasse sein, die Reihenfolge ist dabei relevant.

RDF hat mehrere gleichwertige Repräsentationen als Graph, rein textuell oder basierend auf abstrakten Sprachdefinitionen wie eXtensible Markup Language (XML). Beispielhaft sind hier die Repräsentationen als Graph und in der Turtle-Notation[2] dargestellt:

Abb. 1: Graphdarstellung von RDF: ein Buch ist eine Unterklasse einer Publikation (eigene Darstellung)

In Turtle werden die Bestandteile des RDF-Graphs der Reihenfolge nach als Tripel aufgeschrieben. Das Ende eines Tripels wird mit einem Punkt markiert, was die oben beschriebene Analogie zum Satzaufbau unterstreicht:

```
<Buch> rdfs:subClassOf <Publikation>.
```

Abb. 2: Turtle-Darstellung desselben Sachverhalts wie im Graph

---

1 https://www.w3.org/RDF/.
2 https://www.w3.org/TR/turtle/.

Mehrere Tripel werden in Turtle einfach hintereinandergeschrieben. Turtle erlaubt dabei abkürzende Schreibweisen, so dass Wiederholungen von Subjekten (dem ersten Tripel-Element) oder sogar der Kombination aus Subjekt und Prädikat vermieden werden können:

```
<Bibliothek#xy> rdfs:member <Buch#1>.
<Bibliothek#xy> rdfs:member <Buch#2>.
```

Ist gleichbedeutend mit:

```
<Bibliothek#xy> rdfs:member <Buch#1>;
                rdfs:member <Buch#2>.
```

Und sogar mit:

```
<Bibliothek#xy> rdfs:member <Buch#1>, <Buch#2>.
```

(Bibliothek XY hat in ihrer Sammlung Buch 1 und Buch 2.)

Turtle erlaubt noch weitere abkürzende Schreibweisen wie beispielsweise Schachtelungen mit Klammerstrukturen. Es erlaubt die textuelle Darstellung aller RDF-Graphen. Graphen sind für einfache Zusammenhänge gerade für Menschen sehr übersichtlich und gut lesbar. Bei umfangreicheren RDF-Sammlungen werden dagegen textuelle Darstellungen bevorzugt oder die Tripel gleich in speziellen Datenbanken gespeichert, den sogenannten Triplestores.

Logiken als formaler Hintergrund einer Ontologie erlauben die Ableitung neuen Wissens aus den vorhandenen Fakten. Je nach Mächtigkeit der verwendeten Logik können unterschiedlich komplexe Schlussfolgerungen getroffen werden, was jedoch auch mit steigendem Rechenaufwand einhergeht.

3.2 Ontologiesprachen

Ontologiesprachen ermöglichen es, Ontologien zu formalisieren, sprich diese in eine für Computer automatisiert interpretierbare Form zu bringen. Dafür werden die Konzepte der Ontologie (sprich deren Semantik) mittels eines eigens dafür entwickelten Vokabulars beschrieben und somit formalisiert. Als Syntax für diese Beschreibung kommt häufig RDF (zum Beispiel in der Turtle-Notation) zum Einsatz.

Als Vokabular für die Beschreibung der Ontologie kommen in der Praxis und Literatur oft entweder das Resource Description Framework Schema (RDFS) oder die Web Ontology Language (OWL) zur Anwendung.

3.2.1 Resource Description Framework Schema (RDFS)

RDFS bietet unter anderem Vokabular zur Beschreibung von Klassen (rdfs:Class, rdfs:subClassOf), Eigenschaften (rdf:Property, rdfs:subPropertyOf) und der Beziehung zwischen Klassen und Datentypen (rdfs:domain, rdfs:range) an. Weiters gibt es noch eine Reihe von Elementen, welche für die Angabe von Metadaten zur Ontologie (rdfs:label, rdfs:comment, rdfs:seeAlso) verwendet werden.

Das folgende Beispiel zeigt eine einfache Taxonomie, welche mittels RDFS-Vokabular für die Beschreibung von Publikationstypen definiert ist:

```
(1)    bib:Article          rdfs:subClassOf    bib:Publication.
       bib:InProceedings    rdfs:subClassOf    bib:Publication.
       bib:InCollection     rdfs:subClassOf    bib:Publication.
(2)    bib:Journal          rdfs:subClassOf    bib:Outlet.
       bib:Conference       rdfs:subClassOf    bib:Outlet.
       bib:Collection       rdfs:subClassOf    bib:Outlet.
(3)    bib:Outlet           rdfs:subClassOf    bib:Entry.
       bib:Publication      rdfs:subClassOf    bib:Entry.
```

Damit wird es möglich darzustellen, dass es sich bei einer bestimmten Ressource um einen Artikel (sprich eine Instanz der Klasse Artikel) beziehungsweise um ein Journal handelt.

Um Beziehungen zwischen den Instanzen zu beschreiben, müssen Eigenschaften definiert werden:

```
(4)    bib:publishedInJournal a                     rdf:Property.
(5)    bib:publishedInJournal rdfs:domain           bib:Article;
(6)                           rdfs:range            bib:Journal.
(7)    bib:publishedInJournal rdfs:subPropertyOf    bib:published.
```

Die Eigenschaft rdfs:domain (Zeile 6) in obigem Beispiel schränkt dabei die möglichen Werte für die Domäne ein, indem sie definiert, welche Klassen (in dem Beispiel bib:Article) Subjekt der bib:publishedInJournal Beziehung sein können. Analog dazu gibt rdfs:range an, welche Klassen als Objekte dieser Beziehung in Frage kommen.

Diese formale Darstellung einer Ontologie hat den Vorteil, dass sich mittels Logik weitere Aussagen ableiten lassen. So ist es zum Beispiel möglich, aus der Aussage

(8)   <https://weichselbraun.net/publications#weichselbraun2021> bib:publishedInJournal <https://www.springer.com/journal/12559>

automatisch die folgenden weiteren Schlüsse zu ziehen:
1. Bei <https://weichselbraun.net/publications#weichselbraun2021> handelt es sich um einen bib:Article (5), eine bib:Publication (1) und einen bib:Entry (3).
2. Die URL <https://www.springer.com/journal/12559> beschreibt ein bib:Journal (6), welches ein bib:Outlet (2) und wiederum ein bib:Entry (3) ist.
3. <https://weichselbraun.net/publications#weichselbraun2021> wurde in <https://www.springer.com/journal/12559> publiziert (7).

In der Praxis werden Vokabeln in der Ontologiedefinition zusätzlich mit Metadaten versehen. Dabei weist rdfs:label der Ressource eine Kurzbeschreibung zu, rdfs:comment kann zusätzlich Erläuterungen (zum Beispiel zur Konzeption) definieren und rdfs:seeAlso stellt Verknüpfungen zu anderen relevanten Ressourcen her:

(9) bib:publishedInJournal rdfs:label   "publiziert in Journal";
(10)   rdfs:comment   "Weist einem Artikel ein Journal zu.";
(11)   rdfs:seeAlso   "siehe bib:published".

3.2.2 Web Ontology Language

Die Web Ontology Language ermöglicht wie RDFS, Ontologien zu definieren, stellt dafür jedoch umfangreichere Konstrukte zur Verfügung, welche in Folge auch eine wesentlich komplexere Beschreibung des Vokabulars ermöglichen. So erlaubt OWL in seiner neuesten Version zum Beispiel die Definition von Identifiern, Kardinalitäten, funktionalen Abhängigkeiten, Eigenschaftsketten, umfangreichere Datentypen und erweiterte Möglichkeiten zur Annotation von Ontologien.

3.3 Linked Open Data

Besonders mächtig wird die Idee der Ontologien, wenn die Definition und Speicherung von Elementen nicht auf einen Ort beschränkt ist. Das kann erreicht werden, indem an unterschiedlichen Orten auf derselben Ontologie-Grundlage aufgebaut wird und diese einzelnen Ontologien miteinander verknüpft werden. Dann können an unterschiedlichen Orten erstellte und gespeicherte Datensammlungen wie eine große Ontologie behandelt werden. Eine naheliegende Verknüpfung ist die über das Internet, also mittels *hypertext transfer protocol* (HTTP).

Die oben genannte Einschränkung, dass auf derselben Ontologie-Grundlage aufgebaut werden soll, bedeutet dabei nicht, dass überall eine identische Ontologie verwendet werden muss. Was aber sichergestellt sein muss, ist, dass die verwendeten Ontologien interoperabel sind, also gemeinsam verwendet werden können und sich nicht widersprechen. Üblicherweise erreicht man dies durch eine einheitliche Ontologiesprache wie RDF und durch Bezeichner, die auf einem eindeutigen Namens-Präfix aufbauen. Dazu wird oft eine auch im Internet erreichbare URL verwendet, unter der weitere Daten zum Namensraum oder zur Ontologie abgelegt sind.

So können die vier Grundregeln für Linked Data erreicht werden (Berners-Lee 2006):
1. Benutze URIs als Namen für Dinge – *Use URIs as names for things.*
2. Benutze HTTP URIs, so dass diese Namen im Web erreicht werden können – *Use HTTP URIs so that people can look up those names.*
3. Unter dieser URI sollten nützliche Angaben in einem Standardformat (RDF, SPARQL) vorgehalten werden – *When someone looks up a URI, provide useful information, using the standards.*
4. Verwende Links zu anderen URIs, so dass weitere Dinge entdeckt werden können – *Include links to other URIs. so that they can discover more things.*

Für Berners-Lee war *linked data* gleichzeitig auch *open*, also für alle ohne Hürden erreichbar. Das Konzept lässt aber auch Zugangsprüfungen zu, so dass Inhalte bezahlt werden müssen oder nur für Berechtigte verfügbar sind.

Die Interoperabilität zwischen Ontologien an unterschiedlichen Orten wird stark durch die geteilte Verwendung gemeinsamer Ontologie-Bestandteile unterstützt. So ist es sinnvoll, nur sehr spezifische, nicht schon anderswo definierte Elemente und Beziehungen jeweils neu zu definieren. Linked-Data-Quellen verwenden daher oft eine Vielzahl getrennt definierter und aufeinander aufbauender Teil-Ontologien. Beispiele dafür sind das allgemein verwendbare Simple Knowledge Organization System (SKOS)[3] oder das spezifisch für den Publikationsbereich entwickelte Dublin Core[4].

Häufig benutzte Quellen für Linked Open Data (LOD) sind die auf dem Online-Lexikon Wikipedia aufbauende DBpedia[5] oder das auf Bezeichnungen von Orten und Regionen spezialisierte GeoNames.[6] Abbildung 3 zeigt einen Screenshot der DBpedia-Beschreibung der Stadt Chur in der Schweiz. Neben einer textuellen Beschreibung sind weitere Fakten enthalten, beispielsweise die Höhe und die Fläche.

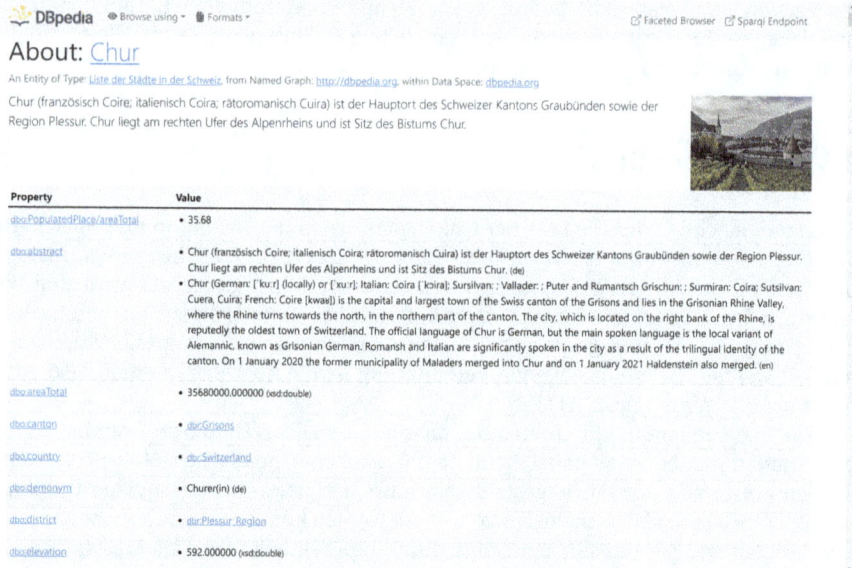

Abb. 3: Ausschnitt aus Screenshot von About: Chur (dbpedia.org, vom 24.6.2022)

---

3 https://www.w3.org/2004/02/skos/intro.
4 https://dublincore.org/.
5 https://www.dbpedia.org/.
6 http://www.geonames.org/.

3.4 Abfragesprachen

Mittels Abfragesprachen können Anwender*innen die für sie relevanten Aussagen aus Ontologien und Wissensgraphen extrahieren. In der Regel müssen dafür die entsprechenden Graphen (Ontologien, Linked Open Data etc.) in einem Triplestore gespeichert werden, welcher – analog zu einer Datenbank – Wissensgraphen verwaltet und über standardisierte Abfrageschnittstellen zugänglich macht. Je nach Triplestore können dabei zusätzlich zu den gespeicherten Aussagen auch Aussagen, die durch logisches Schlussfolgern (Deduktion) abgeleitet wurden, zurückgegeben werden.

Als Abfragesprache für Wissensgraphen hat sich die SPARQL Protocol and RDF Query Language (kurz SPARQL) bewährt, die Abfragen über eine SQL-ähnliche Syntax ermöglicht.

So gibt zum Beispiel die Abfrage

```
PREFIX bib: <https://weichselbraun.net/ontology/giw2022#>
SELECT ?article ?year WHERE {
?article bib:publishedInJournal <https://www.springer.com/journal/12559>;
bib:year ?year.
}
```

eine Tabelle aus, welche alle Artikel mit zugehörigem Publikationsdatum enthält, die in dem genannten Journal publiziert wurden.

4 Anwendungen

Der folgende Abschnitt stellt vier populäre Anwendungsgebiete von Ontologien vor und schließt mit einer kurzen Zusammenfassung des Potenzials dieser Technologie.

4.1 Semantische Annotationen im Web

Technisch baut das für Menschen nutzbare Web hauptsächlich auf der Auszeichnungssprache HTML auf. Um dies durch semantische Daten zu ergänzen, werden oft in das HTML eingebettete Annotationen genutzt. Ein wichtiger Vertreter dieser Ontologienotationen ist das auf RDF basierende RDF in Attributes (RDFa)[7]. RDFa unterstützt neben HTML auch XML und ist damit eine weitere Möglichkeit, RDF formal zu notieren. Alternativen zu RDFa sind JSON-LD[8] und Microformats.[9] Da die semantische Annotation von Webinhalten neben anderen Vorteilen immense Fortschritte in der Genauigkeit von Ergebnissen von Suchmaschinenabfragen bietet, beteiligen sich einige kommerzielle Unternehmen wie Google und Microsoft mit eigenen Entwicklungen an der Weiterentwicklung von Ontologien und insbesondere technischen Repräsentationen von Ontologien. Durch die große Marktmacht, aber auch durch ein Augenmerk auf niedrige technische

---

[7] https://www.w3.org/TR/2012/REC-rdfa-core-20120607/.
[8] https://json-ld.org/.
[9] http://microformats.org/.

Hürden, werden die so definierten Techniken oft schnell auf breiter Front eingesetzt. Wichtigstes Beispiel dafür ist die Ontologie schema.org.[10]

4.2 Common Knowledge und Commonsense Knowledge

Maschinelle Lernverfahren werden in der Regel mittels entsprechender Beispieldatensätze trainiert. In der Praxis führt dies dazu, dass diese Verfahren oft elementare Zusammenhänge nur mangelhaft erkennen können, da diese in den Trainingsdaten nicht oder nur unzureichend abgebildet waren. Ontologien und Linked Open Data bieten eine Mitigationsstrategie für diese Problematik an, indem sie externalisiertes Wissen in maschinell lesbarer Form zur Verfügung stellen.

Hierbei wird zwischen zwei Arten von Wissen unterschieden:
1. Allgemeinwissen (*common knowledge*), welches Fakten zu den unterschiedlichsten Sachverhalten umfasst und zum Beispiel auf DBpedia und Wikidata publiziert wird;
2. Wissen, das unter der Bezeichnung Hausverstand (*common sense*) subsumiert wird. Dieses enthält Aussagen zu grundlegenden Konzepten und Zusammenhängen (zum Beispiel, dass ein Auto vier Räder hat oder dass ein Lebewesen isst, um seinen Hunger zu stillen), welche für einen Menschen trivial, für maschinelle Lernverfahren jedoch extrem schwierig herleitbar sind, da sie aufgrund ihrer Einfachheit in den üblichen Wissensquellen meist keine Erwähnung finden. Populäre Quellen für Commonsense-Wissen sind zum Bespiel ConceptNet (Speer et al. 2017), welches über 21 Millionen elementare Aussagen umfasst, ATOMIC (Sap et al. 2019), welches über 877 000 Wenn-Dann-Aussagen (zum Beispiel: Wenn gilt X mag Y, dann: X fühlt sich gut) und OntoSenticNet 2 (Dragoni et al. 2021), welches umfangreiche Details zu Emotionen enthält.

Anwendung finden diese formalisierten Wissensquellen vor allem in Verfahren, die ein Verständnis von Sprache voraussetzen oder an zwischenmenschlichen Interaktionen partizipieren sollen (Purohit et al. 2020). So werten zum Beispiel Unternehmen die Benutzerinteraktion in elektronischen Medien maschinell aus, um Dienstleistungen und Produkte zu optimieren und um im Rahmen von Public Relations Aktivitäten die eigenen Anliegen optimal im Diskurs zu platzieren (Biswal 2020). Im Finanzwesen werden diese Techniken verwendet, um Aktienkurse zu prognostizieren (Sagala et al. 2020), und in der Medizin, um im Rahmen der Pharmakovigilanz Wirkungen und Nebenwirkungen von Medikamenten zu verfolgen (Convertino et al. 2018).

4.3 Domänenspezifische Wissensgraphen

Der Einsatz von Ontologien und Linked Data hat sich vor allem in den Gebieten der Life Sciences (der sogenannte Lebenswissenschaften: Medizin, Biologie, auch Teile der Chemie) stark durchgesetzt, da hier die Vorteile des Datenteilens besonders offenkundig

---

[10] https://schema.org/.

sind. Ontologien helfen dabei, getrennte Wissenschaftsbereiche und entfernte Forschendengruppen mit eigenem Vokabular und Forschungstraditionen besser kooperieren und gegenseitig von Erkenntnissen profitieren zu lassen. Dies hat dazu geführt, dass der Bereich Life Science ein wesentlicher Treiber der Weiterentwicklung von Standards und Tools für Ontologien geworden ist. Das manifestiert sich auch in der Visualisierung des weltweiten LOD.[11]

Zwei Beispiele sollen kurz vorgestellt werden: Gene Ontology und SNOMED CT.

Die Gene Ontology[12] ist nach eigenen Angaben die weltweit größte Datenquelle zur Gen-Funktionalität. Sie dient mit menschen- und maschinenlesbaren Daten zur Unterstützung molekularbiologischer und bio-medizinischer Forschung. Die Gene Ontology enthält sowohl Ontologien zur Biologie insgesamt (Molekularfunktionen, Zell-Funktionen, genetische Prozesse) als auch zu Forschungsergebnissen zur Wirkweise einzelner Gene und kausalen Abhängigkeiten.

Stärker im Alltagsbereich der Medizin angesiedelt ist SNOMED CT.[13] SNOMED steht für *Systematized Nomenclature of Medicine* also systematisierte Nomenklatur der Medizin, CT für *Clinical Terms*, also klinische Fachausdrücke. Als Weiterentwicklung des ursprünglichen Ziels einer Nomenklatur ist die aktuelle Version ein umfassender und weltweit eingesetzter Ontologiestandard in der Medizin.

4.4 Proprietäre Wissensgraphen

Im industriellen Umfeld konnten sich Wissensgraphen in unterschiedlichsten Anwendungsgebieten bewähren. So setzen zum Beispiel Facebook, Google und Bing Wissensgraphen ein, um ihre Suchalgorithmen zu verbessern und um Suchergebnisse zu kontextualisieren (Noy et al. 2019). Sowohl der Wissensgraph von Bing als auch jener von Google enthält umfangreiche Aussagen zu Entitäten (Personen, Orte, Filme, etc.) und Aktionen („Video kaufen", „abspielen" etc.). Dies ermöglicht es, unter anderem Infoboxen zu erkannten Entitäten anzuzeigen. So liefert zum Beispiel eine Suche nach einem Kinofilm u. a. Metadaten zu Erscheinungsdatum, Länge, Handlung und Schauspielern sowie Verknüpfungen zu relevanten Aktionen („Jetzt ansehen", „Schon gesehen", „Merkliste" etc.).

Ebenfalls aus dem Hause Microsoft stammt der LinkedIn Graph, welcher Wissen zu über 756 Millionen LinkedIn Mitgliedern, 57 Millionen Firmen, 15 Millionen Jobs, 38 000 Fähigkeiten und 120 000 Bildungsinstitutionen formalisiert (LinkedIn 2021).

eBay, das einen der größten Online-Marktplätze betreibt, setzt ebenfalls auf Ontologien. So hat der Händler unter anderem eine Produktontologie im Einsatz, die semantisches Wissen über Produkte, Entitäten und deren Beziehungen formalisiert. Dies wiederum ermöglicht es, Produkte richtig einzuordnen und darzustellen, da das System kompatibles Zubehör und Produktvarianten erkennt, verbundene Produkte (zum Beispiel Modekollektionen, Produktpakete) entsprechend darstellen kann und auch Unterschiede zwischen scheinbar ähnlichen Artikeln (zum Beispiel ein generischer Fußball versus einem Fußball, welcher von Diego Maradona handsigniert wurde) erkennt.

---

11 https://lod-cloud.net/.
12 http://geneontology.org/.
13 https://www.snomed.org/#.

Allen diesen Anwendungen gemeinsam ist die klare Abkehr vom ursprünglichen offenen Bottom-Up Ansatz des semantischen Webs hin zu geschlossenen Plattformen, welche in erster Linie nur den entsprechenden Unternehmen zugänglich sind.

5 Potenzial und Herausforderungen

Ontologien und Wissensgraphen haben in den letzten Jahren deutlich an Bedeutung gewonnen. Auslöser hierfür waren signifikante Fortschritte auf dem Gebiet der Künstlichen Intelligenz und auch die zunehmende kommerzielle Bedeutung dieser Technologien.

Ontologien stellen maschinenlesbare explizite Formalisierungen von Wissensbereichen zur Verfügung und komplementieren damit Deep-Learning-Verfahren, die Semantik implizit aus umfangreichen Dokumentensammlungen ableiten. Daher kommen Ontologien – wie im Abschnitt 4.3 dargestellt – in maschinellen Lernverfahren oft zum Einsatz, um Hintergrundwissen für die jeweiligen Aufgabenstellungen zur Verfügung zu stellen.

Auch zur Strukturierung von Domänen werden Ontologien seit Jahren erfolgreich eingesetzt. Beispiele dafür sind die Gene Ontology sowie SNOMED CT, welche in der Biochemie und Medizin Anwendung finden. Parallel zu diesen wissenschaftlichen Anwendungen konnten Ontologien auch in der Industrie erfolgreich eingesetzt werden. Die bekanntesten Beispiele dafür sind Wissensgraphen, die u. a. in Suchmaschinen, Handelsplätzen und sozialen Netzwerken zur Anwendung kommen.

Der Erfolg von kommerziellen Wissensgraphen (Noy et al. 2019) verdeutlicht aber auch die essenzielle Rolle tragbarer Geschäftsmodelle für die Adoption von neuen Technologien. Ontologien wurden, so wie viele andere Anwendungen des semantischen Webs, als offene Bottom-Up Ansätze entwickelt, mit dem Ziel, dass möglichst heterogene Interessengruppen Ontologien publizieren und anwenden können. In Folge werden essenzielle Teile der Linked Open Data Infrastruktur wie zum Beispiel DBpedia und Wikidata von Forschungseinrichtungen, Behörden und NPOs erstellt und betrieben, welche im Vergleich zu großen kommerziellen Unternehmen oft nur über begrenzte Ressourcen verfügen. In der Praxis führt dies oft zu einer geringeren Aktualität und Verfügbarkeit der entsprechenden Wissensgraphen. Ein weiteres Problem, gerade im Kontext von Linked Open Data, sind Datensätze, die publiziert, jedoch nicht mehr regelmäßig aktualisiert werden. So finden sich zum Beispiel im Datenportal der Europäischen Union[14] sowie im Linked Data Service der Schweizerischen Eidgenossenschaft[15] auch verwaiste Datensätze, deren Anwendung unter Umständen problematisch sein könnte.

Ebenfalls herausfordernd sind Anwendungen und Ressourcen, welche im Rahmen von zeitlich begrenzten Forschungsprojekten entwickelt wurden. Diese können sich gerade für Neueinsteiger*innen als problematisch erweisen, da die entsprechenden Ressourcen und Ansätze unter Umständen nicht mehr aktiv gepflegt werden.

Diese Probleme sollen jedoch nicht darüber hinwegtäuschen, dass es sowohl in der Industrie als auch in der Wissenschaft eine Vielzahl von Bereichen gibt, in denen sich mittels Ontologien signifikante Vorteile realisieren lassen. Parallel dazu zeigen auch die aktuellen Entwicklungen im Bereich der Künstlichen Intelligenz klar das Potenzial von Ontologien auf, da viele Anwendungen, wie zum Beispiel Sprachassistenten, automati-

---

14 data.europa.eu.
15 lindas.admin.ch.

sche Faktenchecks und Systeme zur automatischen Bearbeitung von Kundenanfragen signifikant von formalisierten Wissensquellen profitieren (Fensel et al. 2020, Kapitel 4).

6 Literaturverzeichnis

Berners-Lee, T. (2006). „Linked Data": Design Issues. World Wide Web Consortium. https://www.w3.org/DesignIssues/LinkedData.html.

Biswal, S. K. (2020). The Space of Artificial Intelligence in Public Relations: The Way Forward. In A. J. Kulkarni & S. C. Satapathy (Eds.), *Optimization in Machine Learning and Applications* (S. 169–176). Springer. https://doi.org/10.1007/978-981-15-0994-0_11.

Convertino, I., Ferraro, S., Blandizzi, C. & Tuccori, M. (2018). The usefulness of listening social media for pharmacovigilance purposes: a systematic review. *Expert Opinion on Drug Safety*, 17(11), 1081–1093. https://doi.org/10.1080/14740338.2018.1531847.

Dragoni, M., Donadello, I. & Cambria, E. (2021). OntoSenticNet 2: Enhancing Reasoning within Sentiment Analysis. *IEEE Intelligent Systems*, 36(5), 103–110.

Fensel, D., Şimşek, U., Angele, K., Huaman, E., Kärle, E., Panasiuk, O., Toma, I., Umbrich, J. & Wahler, A. (2020). *Knowledge Graphs: Methodology, Tools and Selected Use Cases*. Springer International. https://doi.org/10.1007/978-3-030-37439-6.

Gruber, T. R. (1995). Toward principles for the design of ontologies used for knowledge sharing. *International Journal of Human-Computer Studies*, 43(5–6), 907–928. https://doi.org/10.1006/ijhc.1995.1081.

LinkedIn. (2021). *LinkedIn's Economic Graph: A digital representation of the global economy* (September 3, 2021). https://economicgraphchallenge.linkedin.com/.

Noy, N., Gao, Y., Jain, A., Narayanan, A., Patterson, A. & Taylor, J. (2019). Industry-scale knowledge graphs: Lessons and challenges. *Communications of the ACM*, 62(8), 36–43. https://doi.org/10.1145/3331166.

Purohit, H., Shalin, V. L. & Sheth, A. P. (2020). Knowledge Graphs to Empower Humanity-Inspired AI Systems. IEEE Internet Computing, 24(4), 48–54. https://doi.org/10.1109/MIC.2020.3013683.

Sagala, T. W., Saputri, M. S., Mahendra, R. & Budi, I. (2020). Stock Price Movement Prediction Using Technical Analysis and Sentiment Analysis. In *Proceedings of the 2020 2nd Asia Pacific Information Technology Conference* (S. 123–127). Association for Computing Machinery. https://doi.org/10.1145/3379310.3381045.

Sap, M., Bras, R. L., Allaway, E., Bhagavatula, C., Lourie, N., Rashkin, H., Roof, B., Smith, N. A. & Choi, Y. (2019). ATOMIC: An atlas of Machine Commonsense for If-Then Reasoning. *Proceedings of the AAAI Conference on Artificial Intelligence*, 33(1), 3027–3035. https://doi.org/10.1609/aaai.v33i01.33013027.

Speer, R., Chin, J. & Havasi, C. (2017). ConceptNet 5.5: An Open Multilingual Graph of General Knowledge. *Proceedings of the AAAI Conference on Artificial Intelligence*, 31(1), 4444–4451. https://ojs.aaai.org/index.php/AAAI/article/view/11164.

Isabelle Dorsch & Stefanie Haustein
B 11 Bibliometrie

1 Einleitung

Erstmals genannt wird der Term Bibliometrie 1934 im Französischen vom belgischen Dokumentar Paul Otlet, der im *Traité de documentation* die Quantifizierung von Büchern vorschlägt: „La ‚Bibliométrie' sera la partie définie de la Bibliologie qui s'occupe de la mesure ou quantité appliquée aux livres" (Otlet 1934, S. 14). Ohne Kenntnis von Otlets Werk, definiert Pritchard Bibliometrie 35 Jahre später als „the application of mathematics and statistical methods to books and other media of communication" (Pritchard 1969, S. 349). Er machte den Begriff der Bibliometrie international bekannt und etablierte sie als Methode, um wissenschaftliche Disziplinen und deren Wachstum statistisch zu beschreiben. Die Bibliometrie ist eine sozialwissenschaftliche Disziplin, die historisch gesehen auf drei Entwicklungen fußt: die positivistisch-funktionalistische Philosophie, soziale Fakten objektiv untersuchen zu können; die Entwicklung von Zitationsindizes und -analyse, um Forschungsleistung zu messen; und die Entdeckung mathematischer Gesetzmäßigkeiten, die die Anwendung von Indikatoren in der Wissenschaftsevaluation ermöglichen (De Bellis 2014).

Neben dem Begriff der Bibliometrie entwickeln sich auch die Begriffe der Szientometrie und der Informetrie. Der Begriff der Szientometrie wird zunächst auf Russisch als *Naukometriya* (Наукометрия) von Nalimov (1966) als quantitative Methoden von Forschung eingeführt. Der Begriff Informetrie wird zum ersten Mal im deutschsprachigen Raum von Blackert und Siegel (1979) sowie von Nacke (1979) vorgeschlagen und bezeichnet die quantitative Analyse von Informationen in jeglicher Form (Tague-Sutcliffe 1992). Damit ist die Informetrie ein Oberbegriff und umfasst die Teildisziplinen Szientometrie und Bibliometrie und die später eingeführten Spezialbegriffe Webometrie oder Altmetriken (Björneborn & Ingwersen 2004; Haustein 2016).

Auch wenn es per Definition Unterschiede gibt (Rousseau et al. 2018), werden die Begriffe Bibliometrie und Szientometrie in der Praxis oft synonym genutzt, und die Abgrenzung der Anwendungsgebiete ist nicht immer genau. Wie bereits anhand des Titels zu erkennen, werden wir hauptsächlich den allgemein bekannteren Begriff Bibliometrie verwenden, meinen damit aber das gesamte Forschungs- und Anwendungsfeld, das sich mit der quantitativen Analyse wissenschaftlichen Outputs und deren Einfluss auseinandersetzt. Der folgende Abschnitt hat zum Ziel die Grundlagen und Methoden von Bibliometrie vorzustellen und einen kritischen Überblick über die quantitative Wissenschaftsevaluation zu geben.

2 Publikation und Zitation als Grundeinheiten

Forschungsergebnisse werden in den Naturwissenschaften, der Medizin und den Sozialwissenschaften in der Regel in Fachzeitschriften (*Journals*) veröffentlicht. Zeitschriftenartikel können somit als Indikator für wissenschaftlichen Fortschritt angesehen werden. Eine Zitation markiert, dass ein Dokument in einem anderen zitiert, d. h. in der Referenzliste gelistet wird. Der*die zitierende Autor*in macht dadurch den intellektuellen Einfluss des*der zitierten Autors*in (bzw. zitierten Dokuments) auf seine*ihre Arbeit sichtbar. Die zitierende und zitierte Publikation stehen durch diesen Verweis in Relation miteinander. Der Soziologe Robert Merton bezeichnet Zitationen als „pellets of peer recognition" (Merton 1988, S. 620) und damit als eine Art Währung wissenschaftlichen Einflusses. Seine Arbeit zu normativen Strukturen in der Wissenschaft war grundlegend für die Entwicklung der Bibliometrie.

Als Grundeinheiten der Bibliometrie gelten Publikationen als Indikator für Produktivität und Zitationen als Maßeinheit für Einfluss (*impact*), häufig fälschlicherweise als Qualitätsmerkmal interpretiert. Die ersten bibliometrischen Studien wurden bereits am Anfang des 20. Jahrhunderts durchgeführt. Zu dem Zeitpunkt noch als *statistical bibliography* bezeichnet, befassten sie sich mit der Quantifizierung des Wachstums wissenschaftlicher Fachbereiche oder der Verwaltung von Bibliotheksbeständen. So analysierten beispielsweise Cole und Eales (1917) das Publikationsaufkommen in der Anatomie und legten den Grundstein für bibliometrische Studien, indem sie Produktivität mit der Anzahl von Veröffentlichungen gleichsetzen. Die erste Zitationsanalyse führten Gross und Gross (1927) auf Ebene von Zeitschriften durch, um mit Hilfe objektiver Methoden – der Anzahl der Zitationen im *Journal of the American Chemical Society* – zu entscheiden, welche Chemie-Journale sie für ihre Bibliothek abonnieren sollten.

An Popularität gewannen bibliometrische Studien allerdings erst mit der Entwicklung des *Science Citation Index (SCI)* durch Eugene Garfield am *Institute for Scientific Information (ISI)* in den 1960er Jahren. Garfield plante ein *Information Retrieval*-Werkzeug zur Bewältigung der Informationsflut wissenschaftlicher Publikationen mit Hilfe von Zitationsindexierung, der automatischen Verlinkung ähnlicher Artikel auf Grundlage der Verbindung zwischen zitierender und zitierter Publikation, die er als die überlegene Methode gegenüber intellektueller Indexierung ansah (Garfield 1955). Die Einführung des SCI, heute als Web of Science (WoS) bekannt, stellte eine Revolution in der Literaturrecherche dar. Sie ermöglichte auch großangelegte bibliometrische Analysen, wodurch sie maßgeblich für die Entwicklung der Bibliometrie und der quantitativen Wissenschaftsevaluation verantwortlich war (De Bellis 2014).

Die Basis bibliometrischer Analysen bilden *bibliographische Metadaten* (s. Kapitel B 9 Metadaten). Während bibliometrische Daten auf individuellen Dokumenten und Zitationen basieren, lässt sich die Indikatorik mit Hilfe der Metadaten zu Autorenschaft, Publikationsjahr oder Publikationsquelle auf verschiedene Aggregationsebenen anwenden. Die Nanoebene zwischen zitierender und zitierter Publikation kann auf mehreren Mikro- (z. B. Autor*innen), Meso- (z. B. Institutionen) und Makroebenen (z. B. Länder) aggregiert werden, um Aussagen zu Produktivität und Impact der jeweiligen Einheiten zu treffen (Haustein & Larivière 2015; Rousseau et al. 2018). Obwohl oft statistisch am problematischsten, sind bibliometrische Indikatoren auf Autor*innenebene die populärsten und finden oft Anwendung in Berufungsverfahren, der Vergabe wissenschaftlicher Preise oder der Subventions- und Mittelvergabe (de Rijcke et al. 2016).

Neben den Aggregationsebenen lassen sich auch verschiedene Analysearten unterscheiden. Die bereits oben genannten Publikations- und Zitationsanalysen sind die bekanntesten. Darüber hinaus befasst sich die Koautor*innenanalyse mit wissenschaftlicher Zusammenarbeit auf der Basis gemeinsam verfasster Publikationen. Auf der Nanoebene bedeutet dies, dass zwei (oder mehrere) Wissenschaftler*innen im bibliometrischen Sinne messbar zusammenarbeiten, wenn sie gemeinsam eine Veröffentlichung geschrieben haben. Auf der Meso- und Makroebene wird auf Grundlage von Koautorschaft auch wissenschaftliche Zusammenarbeit zwischen Forschungsgruppen, Universitäten und Ländern untersucht (Rousseau et al. 2018).

Zitationen und Referenzen werden auch genutzt, um die Ähnlichkeit zwischen zwei Einheiten auf Nano-, Mikro-, Meso- oder Makroebene zu ermitteln. Diese Ähnlichkeitsanalysen basieren auf der Annahme, dass zwei Dokumente inhaltlich verwandt sind, wenn sie entweder dieselben Dokumente zitieren (*bibliografische Kopplung*) oder von denselben Dokumenten zitiert werden (*Kozitationen*). Kozitationen und bibliografische Kopplung werden meist in Netzwerkanalysen als Netzwerkgraphen visualisiert. Ein Beispiel ist die *UCSD Map of Science*, die wissenschaftliche Disziplinen und Fachbereiche auf Grundlage von Kozitationen und bibliografischer Kopplung zwischen Zeitschriften kartografiert hat (Börner et al. 2012).

3 Regelmäßigkeiten und Trends in der wissenschaftlichen Kommunikation

Die Bibliometrie basiert auf einigen Regelmäßigkeiten, die das Verhalten von (wissenschaftlicher) Kommunikation statistisch beschreiben. Hier sind vor allem die Potenzgesetze von Lotka, Bradford und Garfield und die Arbeit von Price zu nennen.

Lotkas, Bradfords und Garfields Gesetze sind Skalengesetze ähnlich der Pareto-Funktion. Lotkas Gesetz befasst sich mit der Verteilung von Publikationen per Autor*in und besagt, dass die Anzahl der Autor*innen mit n Artikeln proportional zu n^{-2} ist (Lotka 1926). Das heißt, dass die große Mehrheit von Autor*innen sehr wenige Publikationen veröffentlichen und sehr wenige Autor*innen besonders viel publizieren (Lotka 1926). Bradfords Gesetz (*Bradford's law of scattering*) beschreibt, dass sich die Mehrzahl von Artikeln zu einem bestimmten Thema auf eine geringe Anzahl von Zeitschriften verteilt (Bradford 1934). Die Artikel können dabei in drei relativ gleich große Gruppen aufgeteilt werden, wobei die Zeitschriften, in denen sie publiziert werden, sich im Verhältnis $1:n:n^2$ auf die drei Gruppen verteilen. Die erste und kleinste Gruppe enthält dabei die Kernzeitschriften eines Fachgebiets. Der Bradford-Multiplikator n unterscheidet sich nach Fachbereich, aber die Regelmäßigkeit des Bradford'schen Gesetzes ermöglicht es, ein Themengebiet mit einer geringen Auswahl von Journalen relativ gut abzudecken. Diese Gesetzmäßigkeit half nicht nur im Zeitschriftenerwerb in Bibliotheken, sondern galt auch als grundlegendes Prinzip für den SCI. Garfield wandte Bradfords Gesetz auf Zitationen pro Zeitschrift an und entwickelte das Garfield'sche Gesetz (*Garfield's law of concentration*). Dieses besagt, dass über alle wissenschaftlichen Fachbereiche hinweg eine geringe Anzahl von ca. 500 bis 1000 Journalen 80 % aller Referenzen beinhalten. Dies ermöglichte es Garfield, den SCI ökonomisch mit einer geringen Anzahl von Zeitschriften zu entwickeln (Garfield 1972).

Neben den Gesetzen von Lotka und Bradford war auch die Arbeit von Derek J. De Solla Price grundlegend für die Entwicklung der Bibliometrie. Price (1963) beschreibt in seinem Buch *Little Science – Big Science* die Wachstumsprozesse in der Wissenschaft. Er zeigte auf, dass sowohl die Anzahl an Wissenschaftler*innen als auch die Anzahl wissenschaftlicher Publikationen sich bis in die 1960er alle 10 bis 15 Jahre verdoppelt hatten und damit exponentiell wuchsen. Price sagte einen logistischen Wachstumsprozess voraus, bei dem die exponentielle Zunahme letztendlich abebben würde.

Mit der Verfügbarkeit des SCI und später anderer Zitationsdatenbanken, nahm auch die Anzahl bibliometrischer Studien schlagartig zu. Viele Studien zeigen internationale Trends, wie das Wachstum bestimmter Fachbereiche oder Länder, oder die Zunahme interdisziplinärer Arbeiten oder Publikationsgewohnheiten für bestimmte wissenschaftliche Disziplinen auf. Bibliometrische Analysen weisen aber auch die Zunahme von Open Access (Piwowar et al. 2018) oder das Geschlechtergefälle in der Wissenschaft (Larivière et al. 2013) nach. Mit der Diversifizierung wissenschaftlichen Outputs und zunehmender Datenverfügbarkeit werden auch andere Publikationsformate – zum Beispiel Bücher (Zuccala et al. 2015), Blogbeiträge (Fausto et al. 2012) oder Forschungsdaten (Peters et al. 2016) – zum Objekt bibliometrischer Studien.

4 Indikatorik

Ein Indikator ist ein mathematischer Ausdruck, der auf numerische Daten angewendet wird und in einem Zahlenwert resultiert, der die Richtung oder das Leistungsniveau einer Einheit aufzeigt (Rousseau et al. 2018; Thelwall 2017). In der Bibliometrie kann die absolute Anzahl von Publikationen oder Zitationen, aber auch das Ergebnis einer mathematischen Formel, wie zum Beispiel eine durchschnittliche Zitationsrate oder der *Journal Impact Factor* (JIF), ein Indikator sein.

Wenn wir uns mit der Frage auseinandersetzen, ob ein Indikator auch das misst, was er vorgibt zu messen, sprechen wir von *Validität*. *Fairness* beschreibt, ob ein Indikator frei von jeglicher Verzerrungen ist. *Nützlichkeit* beschreibt inwieweit ein Indikator wesentliche Informationen produzieren kann. Im Sinne der Reproduzierbarkeit gibt die *Zuverlässigkeit* an, ob der Indikator unter vergleichbaren Umständen immer zu ähnlichen Ergebnissen kommt. Indikatoren sind nicht zwingend exakte Messinstrumente, sondern zeigen Tendenzen auf, um Beurteilungen durch Experten zu unterstützen. Bei der Nutzung und Interpretation ihrer Werte sollte beachtet werden, dass sie oft gezielt oder auch unabsichtlich als Stellvertreter-Variablen, für etwas dienen, was sie nicht messen (Rousseau et al. 2018).

4.1 Populäre Indikatoren

Paradebeispiel für die falsche Anwendung bibliometrischer Indikatoren ist der JIF. Gemeinsam mit dem *Hirsch-Index* (h-Index) gehört er zu den bekanntesten, meist genutzten und meist diskutierten bibliometrischen Indikatoren. Der JIF ist ein Zitationsindikator für wissenschaftliche Zeitschriften und wird häufig als Platzhalter für den Impact von individuellen Publikationen oder Autor*innen missbraucht (Seglen 1997). Entwickelt wurde der JIF von Garfield, um für den SCI die meistzitierten Zeitschriften eines Fachbereiches zu identifizieren. Garfield benötigte einen Zitationsindikator, der unabhängig von der Zeitschriftengröße – d. h. der Anzahl der Publikationen – war, und definierte den JIF als Anzahl der Zitationen im laufenden Jahr geteilt durch die Anzahl der Publikationen der zwei vorangegangenen Jahre (Garfield 1955, 1972).

Der JIF hat einige Probleme, die auf seine Ad-hoc-Entwicklung in den 1960er Jahren zurückzuführen sind. Hierzu zählen das kurze Zitationsfenster, die Asymmetrie zwischen Zähler und Nenner und die Nutzung des arithmetischen Mittels. Auch wenn Garfield (1972) feststellte, dass Artikel die meisten Zitate innerhalb der ersten zwei Jahre nach Veröffentlichung erhalten, ist dieses kurze Zitationsfenster in vielen Disziplin nicht ausreichend. Die Folge ist eine Verzerrung, bei der Disziplinen mit schnellen Publikations- und somit auch Zitationsfenstern von einem hohen JIF profitieren (Seglen 1997). Trotz der im *Journal Citation Report* zusätzlich eingeführten Version mit 5-Jahres-Zitationsfenster im Jahr 2007, ist der originale JIF immer noch mit Abstand am populärsten (Haustein & Larivière 2015). Ein weiteres Problem stellt die Asymmetrie in der Berechnung des JIF dar. Der Zähler in der Formel enthält Zitationen für alle Dokumenttypen, aber der Nenner ist begrenzt auf „zitierbare Dokumente" (*citeable items;* Forschungs- und Übersichtsartikel). Nicht-zitierbare Dokumente wie Editorials oder Briefe an den*die Editor*in werden aber durchaus zitiert und können so den JIF künstlich erhöhen, was einige Zeitschriften ausnutzen. Darüber hinaus ist die Nutzung des arithmetischen Mittels problematisch, da Zitationen nicht normalverteilt sind (Seglen 1997).

Der h-Index ist ein Indikator auf Autor*innenebene, der Publikationen und Zitationen miteinander vereint: „A scientist has index h if h of his or her N_p papers have at least h citations each and the other $(N_p - h)$ papers have $\leq h$ citations each" (Hirsch 2005, S. 16569). Hat eine Person einen h-Index von 6 bedeutet dies, dass sie mindestens 6 Publikationen hat, die jeweils mindestens 6-mal zitiert wurden. Die Anzahl der Publikationen ist die dominante Variabel, weswegen der h-Index niemals die Anzahl der Publikationen übersteigen kann. Der h-Index erhöht sich nicht, wenn eine Publikation im h-Kern (*h core*; Publikationen mit $\geq h$ Zitationen) weitere Zitationen erhält. Wegen seiner Zeitabhängigkeit ist der h-Index ungeeignet, um die Wirkung von Nachwuchswissenschaftler*innen zu ermitteln. Wie der JIF ist er außerdem abhängig von disziplinspezifischem Publikationsverhalten und kann daher nicht genutzt werden, um Wissenschaftler*innen verschiedener Fachbereiche miteinander zu vergleichen (Costas & Bordons 2007). Durch die willkürliche Kombination von Publikationen und Zitationen ist es fraglich, was genau der h-Index misst. Zusätzlich hat er eine Reihe inkonsistenter Eigenschaften, so dass er nicht als geeigneter Indikator angesehen werden kann (Waltman & van Eck 2012). Trotz dieser Vielzahl an Problemen ist der h-Index nach wie vor weit verbreitet und findet auch in Berufungsverfahren und Mittelvergabe Anwendung.

4.2 Normalisierte Zitationsraten

Da sich die Publikationsgewohnheiten zwischen wissenschaftlichen Disziplinen unterscheiden – Mediziner*innen publizieren beispielsweise häufiger als Mathematiker*innen oder Geisteswissenschaftler*innen – bedarf es relativer Indikatoren, um Forschende und Universitäten auch über Disziplingrenzen hinaus vergleichen zu können. Normalisierte Zitationsindikatoren versuchen, diese Unterschiede auszugleichen. Eine vollständige Normalisierung ist aufgrund der Komplexität der wissenschaftskommunikativen Prozesse allerdings nicht möglich (Haustein & Larivière 2015).

Die am häufigsten verwendeten normalisierten Zitationsraten basieren auf der *a posteriori*-Methode (*cited side normalisation*), bei der die Anzahl der Zitationen eines Artikels mit dem disziplinspezifischen Benchmark verglichen wird (Glänzel et al. 2011). Der Benchmark stellt den für den jeweiligen Fachbereich durchschnittlich erwarteten Zitationswert dar. Er berechnet sich als Zitationsrate auf Grundlage aller im selben Fachgebiet und Jahr (und teilweise Dokumententyp) veröffentlichten Artikel. Die normalisierte (oder relative) Zitationsrate eines Artikels ist die absolute Anzahl von Zitationen dividiert durch die durchschnittliche Zitationsrate. Eine relative Zitationsrate größer 1 besagt, dass ein Artikel (oder eine Einheit aggregiert auf Mikro-, Meso- oder Makroebene) über dem Weltdurchschnitt zitiert wurde. Ein*e Autor*in mit einer relativen Zitationsrate von 1,4 wird im Durchschnitt 40 % häufiger zitiert als erwartet, ein*e Autor*in mit einer Rate von 0,8 hingegen 20 % weniger. Da die *a posteriori*-Normalisierung den Benchmark pro Fachbereich berechnet, unterscheidet sich die relative Zitationsrate je nach zugrundeliegendem Klassifikationssystem (s. Kapitel B 5 Klassifikation) und Datenbank. Eine Alternative zur *a posteriori*- ist die *a priori*-Normalisierung (*citing side normalization*).

4.3 Perzentile

Obwohl normalisierte Zitationsraten versuchen, Unterschiede zwischen Disziplinen auszugleichen, beruhen sie genau wie der JIF auf dem arithmetischen Mittel. Da Zitationen pro Publikationen nicht normalverteilt sind, sondern einer rechtsschiefen bzw. Pareto-Verteilung folgen, ist eine durchschnittliche Zitationsrate basierend auf dem arithmetischen Mittel kein guter Indikator für den Impact einer durchschnittlichen Publikation (Glänzel & Moed 2013). Der Median ist weniger anfällig für Ausreißer, ist daher allerdings auch nicht in der Lage sehr hoch zitierte Artikel abzubilden. Perzentile bzw. Perzentilränge wie das 99. oder 95. Perzentil (top 1 % bzw. 5 % *highly cited*) berücksichtigen die schiefen Verteilungen und können widerspiegeln, inwieweit Autor*innen, Universitäten oder Länder häufig zitierte Arbeiten veröffentlichen. Bei Anwendung pro Forschungsfeld normalisieren perzentilbasierte Indikatoren auch disziplinspezifische Unterschiede (Glänzel & Moed 2013).

4.4 Altmetriken

Altmetriken (*altmetrics*) erweitern das Repertoire bibliometrischer Analysen auf ein breites Spektrum wissenschaftlichen Outputs (z. B. Blogbeiträge, Datensätze) und Impacts (z. B. Tweets, Nennung in Nachrichtenmedien). Die Motivation ist, Forschungseinfluss über Zitationen hinaus, z. B. auf die Gesellschaft zu messen (Priem 2014). Die Diskussionen von wissenschaftlichen Publikationen auf Sozialen Medien standen dabei zunächst im Mittelpunkt, aber mittlerweile beruhen Altmetriken auf einem sehr heterogenen Set an Online-Aktivitäten, welches oft auf die Verfügbarkeit von Daten, meist via Programmierschnittstellen (APIs), zurückgeht (Haustein 2016). Der Datenanbieter Altmetric sammelt Nennungen wissenschaftlicher Publikationen in Sozialen Medien wie Twitter, Facebook und Blogs, aber auch in Nachrichtenbeiträgen oder Strategiepapieren. Obwohl die Daten interessant sind, um die Reichweite mancher Publikationen zu demonstrieren, ist die Eignung von Altmetriken als Indikatoren – besonders willkürlich gewichtete Metriken wie der *Altmetric Attention Score* – in der Forschungsevaluation zum jetzigen Zeitpunkt fragwürdig.

5 Produzent*innen und Nutzer*innen bibliometrischer Daten

Obwohl bibliometrische Analysen auch auf manuell erstellten Publikations- und Zitationslisten basieren können, sind die meisten Studien auf globale Zitationsdatenbanken angewiesen. Zu den bekannten Datenanbietern zählen WoS, Scopus, Google Scholar, Dimensions und Microsoft Academic (inzwischen OpenAlex), die sich im Hinblick auf Abdeckung (z. B. Publikationssprache, -quelle oder Dokumenttyp), Qualität der Metadaten und Analysefunktionen unterscheiden. Neben diesen kommerziellen Datenanbietern, setzen sich die *Initiative for Open Citations* (I4OC) und Crossref dafür ein, dass Zitationsdaten als offene Daten uneingeschränkt zur Verfügung stehen.

Genutzt werden bibliometrische Daten vor allem in der Wissenschaftsforschung und -evaluation, aber auch im *Information Retrieval* und im Bestandsmanagement in Bibliotheken. Als Metawissenschaft liefert die Bibliometrie Erkenntnisse über wissenschaftliche Kommunikation und Zusammenarbeit und ermöglicht beispielsweise Einblicke in die Entwicklung neuer Forschungsfelder. In der Praxis finden bibliometrische Methoden in der Forschungsevaluation Anwendung. Hier kann man zwischen großangelegten professionellen Studien und Laiennutzung unterscheiden. Letztere findet oft auf der Ebene individueller Wissenschaftler*innen statt, basiert meist auf schnell verfügbaren, aber unangemessenen Indikatoren (z. B. h-Index, JIF) und resultiert in Rankings. Notwendige Normalisierungen und Datenbereinigung fehlen meist. Professionelle bibliometrische Studien werden von Institutionen oder Forschungsförderorganisationen, wie z. B. der Europäische Kommission, in Auftrag gegeben und von Bibliometriker*innen durchgeführt. Sie zeichnen sich durch intensive Datenbereinigung und gezielte Auswahl geeigneter Metriken aus und setzen eine Reihe von verschiedenen, sich ergänzenden Indikatoren und Visualisierungsmethoden ein, um komplexe Sachverhalte adäquat darzustellen. In bestimmten Fällen werden bibliometrische Daten auch zur Vergabe von Forschungsgeldern hinzugezogen. Dies sollte aber stets nur ergänzend zu qualitativen Verfahren geschehen (Sugimoto & Larivière 2018).

6 Missbrauch und nachteilige Auswirkungen der Bibliometrie

Im Zuge bibliometrischer Auswertungen ist es wichtig, darüber informiert zu sein, wie Indikatoren funktionieren, welche Informationen man mit ihnen generieren kann, aber auch wo ihre Grenzen liegen und wofür sie nicht geeignet sind. Wie bereits aufgezeigt, haben bibliometrische Verfahren und Indikatoren Probleme und Schwächen. Datenbasis und Indikatorik sind entsprechend ihres Anwendungsfalls sorgfältig auszuwählen und zu interpretieren. Die Popularität einzelner, oft fehlerhafte Indikatoren und Rankings hat nachteilige Auswirkungen auf die Wissenschaft. Nach Campbell (1979) verzerrt und korrumpiert jeder Indikator jene sozialen Prozesse, die er abbilden soll, je mehr er zur Entscheidungsfindung genutzt wird. Die Popularität von Zitationsanalysen und insbesondere dem JIF hat daher direkte Auswirkungen auf den wissenschaftlichen Kommunikationsprozess. In vielen Fachbereichen hat sich das Publikationsverhalten von Wissenschaftler*innen dahingehend verändert, dass immer mehr in internationalen und englischsprachigen Zeitschriften veröffentlicht wird, die in Zitationsdatenbanken indexiert sind. Seitdem sich der JIF zum Synonym für Prestige entwickelt hat, versuchen Wissenschaftler*innen in „Top-Zeitschriften" mit hohem JIF zu publizieren. Dies führt dazu, dass Veröffentlichungen in der Landessprache und zu regionalen Themen rückläufig sind (Engels et al. 2012).

Im schlimmsten Fall resultiert die missbräuchliche Anwendung bibliometrischer Indikatoren in unethischem Verhalten, das der Wissenschaftsgemeinschaft schadet. Das Zählen von Publikationen hat dazu geführt, dass Wissenschaftler*innen versuchen die Anzahl ihrer Veröffentlichungen zu steigern, um produktiver zu wirken. Dies geschieht in Form des sogenannten *„Salami-Publishing"*, das gezielte Publizieren von Ergebnissen verteilt auf mehrere Dokumente, oder aber auch durch Ehrenautorschaft, Ghostwriting oder im Extremfall gekaufte Autorschaft (Haustein & Larivière 2015). Das „Salami-Publishing" trägt zur Verstärkung der Informationsflut bei und bringt oft Selbstplagiate mit sich. Dies verzerrt den Fortschritt und verschwendet Zeit und Ressourcen der wissenschaftlichen Gemeinschaft. Jedoch stellt nicht jede Teilpublikation einen Missbrauch dar. Die Grenze zwischen akzeptablem Verhalten und inakzeptablem Verhalten ist fließend (Martin 2013).

Die künstliche Erhöhung der Zitationsrate erfolgt über Selbstzitationen bzw. in extremen Fällen über Zitationskartelle. Selbstzitationen gehören zwar zum wissenschaftlichen Kommunikationsprozess, doch übermäßige Selbstzitationen gelten als unethisches Verhalten und verzerren den Einfluss der Arbeit (Glänzel et al. 2006). In Zitationskartellen sprechen sich Autor*innen bzw. Zeitschriften untereinander ab, um gegenseitig gezielt ihre Publikationen zu zitieren und dadurch Indikatoren wie den h-Index oder den JIF zu steigern. Zitationskartelle zwischen individuellen Autor*innen sind gar nicht oder nur sehr schwer aufdeckbar, auf Ebene von Zeitschriften haben sie allerdings bereits zur Suspendierung aus dem WoS geführt (Van Noorden 2013).

Je mehr bibliometrische Indikatoren in den Mittelpunkt von Forschungsevaluation rücken und qualitative Verfahren ersetzen, desto mehr Druck entsteht, diese zu optimieren, wodurch unethisches Verhalten zunimmt (Haustein & Larivière 2015). Um dem entgegenzuwirken, existieren Initiativen zur verantwortungsvollen Nutzung bibliometrischer Indikatoren. Initiativen wie die *Declaration on Research Assessment* (DORA) widmen sich der verantwortungsvollen Forschungsevaluation mit besonderem Fokus darauf, die Nutzung des JIF einzuschränken (DORA 2012). Das von Bibliometrikern verfasste *Leiden Manifesto* basiert auf zehn Prinzipien für verantwortungsvolle Forschungsevaluation (Hicks et al. 2015). Die *Hong Kong Principles* thematisieren die Grundsätze von verantwortungsvoller Forschungspraxis und offener Wissenschaft (*Open Science*, s. Kapitel E 9 Open Science) (Moher et al. 2020). Die *Humane Metrics Initiative (HuMetricsHSS)* richtet sich explizit an die Geistes- und Sozialwissenschaften.

7 Ausblick

Die Bibliometrie ist eine objektive, quantitative Methode, die verschiedene Facetten der wissenschaftlichen Kommunikation abbilden kann. Ihre Anwendung auf globaler Ebene macht sie zu einem hilfreichen Werkzeug, das qualitative Methoden und Peer-Review ergänzen kann. Seit der Einführung des ersten Zitationsindex in den 1960ern hat sich die Abdeckung und Datenqualität durch *Persistent Identifier* wie DOI, ORCID und ROR stark verbessert und die Landschaft von Zitationsdatenbanken, die lange Zeit von der Monopolstellung von WoS und Scopus geprägt wurde, hat sich durch neue kommerzielle (z. B. Dimensions) und offenen Datenanbieter (z. B. I4OC, Crossref, OpenAlex) verändert. Leider sind fälschliche Anwendung und Missbrauch bibliometrischer Indikatoren nach wie vor weit verbreitet und ziehen negative Auswirkungen nach sich, die der Wissenschaftsgemeinschaft schaden. Eine Faire und verantwortungsvolle Nutzung und Aufklärung über die Grenzen bibliometrischer Indikatoren sollte daher an erster Stelle stehen.

8 Literaturverzeichnis

Björneborn, L. & Ingwersen, P. (2004). Toward a basic framework for webometrics. *Journal of the American Society for Information Science and Technology, 55*(14), 1216–1227. https://doi.org/10.1002/asi.20077.
Blackert, L. & Siegel, S. (1979). Ist in der wissenschaftlich-technischen Information Platz für die Infometrie? *Wissenschaftliche Zeitschrift der TH Ilmenau, 25*(6), 187–199.
Börner, K., Klavans, R., Patek, M., Zoss, A. M., Biberstine, J. R., Light, R. P., Larivière, V. & Boyack, K. W. (2012). Design and update of a classification system: The UCSD map of science. *PLoS ONE, 7*(7), Article e39464. https://doi.org/10.1371/journal.pone.0039464.
Bradford, S. C. (1934). Sources of information on specific subjects. *Engineering, 137*, 85–86.
Campbell, D. T. (1979). Assessing the impact of planned social change. *Evaluation and Program Planning, 2*(1), 67–90. https://doi.org/10.1016/0149-7189(79)90048-X.
Cole, F. J. & Eales, N. B. (1917). The history of comparative anatomy. Part 1: a statistical analysis of the literature. *Science Progress, 11*(43), 578–596.
Costas, R. & Bordons, M. (2007). The h-index: Advantages, limitations and its relation with other bibliometric indicators at the micro level. *Journal of Informetrics, 1*(3), 193–203. https://doi.org/10.1016/j.joi.2007.02.001.
De Bellis, N. (2014). History and evolution of (biblio)metrics. In B. Cronin & C. R. Sugimoto (Hrsg.), *Beyond Bibliometrics: Harnessing Multidimensional Indicators of Scholarly Impact* (S. 23–44). MIT Press.
de Rijcke, S., Wouters, P. F., Rushforth, A. D., Franssen, T. P. & Hammarfelt, B. (2016). Evaluation practices and effects of indicator use: A literature review. *Research Evaluation, 25*(2), 161–169. https://doi.org/10.1093/reseval/rvv038.
DORA. (2012). *San Francisco Declaration on Research Assessment.* https://sfdora.org/read/.
Engels, T. C. E., Ossenblok, T. L. B. & Spruyt, E. H. J. (2012). Changing publication patterns in the social sciences and humanities, 2000–2009. *Scientometrics, 93*(2), 373–390. https://doi.org/10.1007/s11192-012-0680-2.
Fausto, S., Machado, F. A., Bento, L. F. J., Iamarino, A., Nahas, T. R. & Munger, D. S. (2012). Research blogging: Indexing and registering the change in science 2.0. *PLoS ONE, 7*(12), Article e50109. https://doi.org/10.1371/journal.pone.0050109.
Garfield, E. (1955). Citation indexes for science: A new dimension in documentation through association of ideas. *Science, 122*(3159), 108–111. https://doi.org/10.1126/science.122.3159.108.
Garfield, E. (1972). Citation analysis as a tool in journal evaluation: Journals can be ranked by frequency and impact of citations for science policy studies. *Science, 178*(4060), 471–479. https://doi.org/10.1126/science.178.4060.471.
Glänzel, W., Debackere, K., Thijs, B. & Schubert, A. (2006). A concise review on the role of author self-citations in information science, bibliometrics and science policy. *Scientometrics, 67*(2), 263–277. https://doi.org/10.1007/s11192-006-0098-9.
Glänzel, W. & Moed, H. F. (2013). Opinion paper: thoughts and facts on bibliometric indicators. *Scientometrics, 96*(1), 381–394. https://doi.org/10.1007/s11192-012-0898-z.
Glänzel, W., Schubert, A., Thijs, B. & Debackere, K. (2011). A priori vs. a posteriori normalisation of citation indicators. The case of journal ranking. *Scientometrics, 87*(2), 415–424. https://doi.org/10.1007/s11192-011-0345-6.
Gross, P. L. K. & Gross, E. M. (1927). College libraries and chemical education. *Science, 66*(1713), 385–389. https://doi.org/10.1126/science.66.1713.385.
Haustein, S. (2016). Grand challenges in altmetrics: heterogeneity, data quality and dependencies. *Scientometrics, 108*(1), 413–423. https://doi.org/10.1007/s11192-016-1910-9.
Haustein, S. & Larivière, V. (2015). The use of bibliometrics for assessing research: Possibilities, limitations and adverse effects. In I. M. Welpe, J. Wollersheim, S. Ringelhan & M. Osterloh (Hrsg.), *Incentives and Performance* (S. 121–139). Springer International. https://doi.org/10.1007/978-3-319-09785-5_8.
Hicks, D., Wouters, P., Waltman, L., de Rijcke, S. & Rafols, I. (2015). Bibliometrics: The Leiden Manifesto for research metrics. *Nature, 520*(7548), 429–431. https://doi.org/10.1038/520429a.

Hirsch, J. E. (2005). An index to quantify an individual's scientific research output. *Proceedings of the National Academy of Sciences, 102*(46), 16569–16572. https://doi.org/10.1073/pnas.0507655102.

Larivière, V., Ni, C., Gingras, Y., Cronin, B. & Sugimoto, C. R. (2013). Bibliometrics: Global gender disparities in science. *Nature, 504*(7479), 211–213. https://doi.org/10.1038/504211a.

Lotka, A. J. (1926). The frequency distribution of scientific productivity. *Journal of the Washington Academy of Sciences, 16*(12), 317–323.

Martin, B. R. (2013). Whither research integrity? Plagiarism, self-plagiarism and coercive citation in an age of research assessment. *Research Policy, 42*(5), 1005–1014. https://doi.org/10.1016/j.respol.2013.03.011.

Merton, R. K. (1988). The Matthew Effect in science, II. Cumulative advantage and the symbolism of intellectual property. *Isis, 79*(4), 606–623.

Moher, D., Bouter, L., Kleinert, S., Glasziou, P., Sham, M. H., Barbour, V., Coriat, A.-M., Foeger, N. & Dirnagl, U. (2020). The Hong Kong Principles for assessing researchers: Fostering research integrity. *PLOS Biology, 18*(7), Article e3000737. https://doi.org/10.1371/journal.pbio.3000737.

Nacke, O. (1979). Informetrie. Ein neuer Name für eine neue Disziplin. *Nachrichten für Dokumentation, 30*(6), 219–226.

Nalimov, V. V. (1966). Kolichestvennye metody issledovaniya protsesa razvitiya nauki (Quantitative methods of research of scientific evolution). *Voprosy Filisofii, 12*, 38–47.

Otlet, P. (1934). *Traité de documentation. Le Livre sur le Livre: Théorie et Pratique*. Editions Mundaneum. https://archive.org/details/OtletTraitDocumentationUgent.

Peters, I., Kraker, P., Lex, E., Gumpenberger, C. & Gorraiz, J. (2016). Research data explored: an extended analysis of citations and altmetrics. *Scientometrics, 107*(2), 723–744. https://doi.org/10.1007/s11192-016-1887-4.

Piwowar, H., Priem, J., Larivière, V., Alperin, J. P., Matthias, L., Norlander, B., Farley, A., West, J. & Haustein, S. (2018). The state of OA: a large-scale analysis of the prevalence and impact of open access articles. *PeerJ, 6*, Article e4375. https://doi.org/10.7717/peerj.4375.

Price, D. J. D. S. (1963). *Little Science, Big Science*. Columbia University Press. https://doi.org/10.7312/pric91844.

Priem, J. (2014). Altmetrics. In B. Cronin & C. R. Sugimoto (Hrsg.), *Beyond Bibliometrics: Harnessing Multidimensional Indicators of Scholarly Impact* (S. 263–287). MIT Press.

Pritchard, A. (1969). Statistical bibliography or bibliometrics? *Journal of Documentation, 25*(4), 348–349.

Rousseau, R., Egghe, L. & Guns, R. (2018). *Becoming Metric-Wise: A Bibliometric Guide for Researchers*. Chandos.

Seglen, P. O. (1997). Why the impact factor of journals should not be used for evaluating research. *BMJ, 314*(7079), 497–497. https://doi.org/10.1136/bmj.314.7079.497.

Sugimoto, C. R. & Larivière, V. (2018). *Measuring Research: What Everyone Needs to Know*. Oxford University Press.

Tague-Sutcliffe, J. (1992). An introduction to informetrics. *Information Processing & Management, 28*(1), 1–3. https://doi.org/10.1016/0306-4573(92)90087-G.

Thelwall, M. A. (2017). *Web Indicators for Research Evaluation: A Practical Guide*. Morgan & Claypool.

Van Noorden, R. (2013). Brazilian citation scheme outed. *Nature, 500*(7464), 510–511. https://doi.org/10.1038/500510a.

Waltman, L. & van Eck, N. J. (2012). The inconsistency of the h-index. *Journal of the American Society for Information Science and Technology, 63*(2), 406–415. https://doi.org/10.1002/asi.21678.

Zuccala, A., Guns, R., Cornacchia, R. & Bod, R. (2015). Can we rank scholarly book publishers? A bibliometric experiment with the field of history. *Journal of the Association for Information Science and Technology, 66*(7), 1333–1347. https://doi.org/10.1002/asi.23267.

Udo Hahn
B 12 Automatische Sprachverarbeitung

1 Einleitung

Dieses Kapitel gibt eine Übersicht über die maschinelle Verarbeitung natürlicher Sprachen (wie das Deutsche oder Englische; *natural language* – NL) durch Computer. Grundlegende Konzepte der automatischen Sprachverarbeitung (*natural language processing* – NLP) stammen aus der Sprachwissenschaft (s. Abschnitt 2) und sind in zunehmend selbstständiger Weise mit formalen Methoden und technischen Grundlagen der Informatik in einer eigenständigen Disziplin, der *Computerlinguistik* (CL; s. Abschnitte 3 und 4), verknüpft worden (Carstensen et al. 2010; Eisenstein 2019; Manning & Schütze 1999; Zhang & Teng 2021). Natürlichsprachliche Systeme (NatS) mit anwendungsbezogenen Funktionalitätsvorgaben bilden den Kern der informationswissenschaftlich geprägten NLP, die häufig als *Sprachtechnologie* oder im Deutschen auch (mittlerweile veraltet) als Informationslinguistik (Hahn 2013) bezeichnet wird (s. Abschnitt 5).

2 Linguistische Grundlagen

Natürliche Sprachen werden in der Sprachwissenschaft (Linguistik) entlang von grundlegenden Beschreibungseinheiten (Laut – Wort – Satz – Diskurs) und daraus abgeleiteten Teilgebieten charakterisiert (Dipper et al. 2018; Fromkin et al. 2018):

2.1 Laut

Die *Phonologie* beschreibt die idealen lautlichen Primitive der gesprochenen Sprache (wie Vokale, Konsonanten, Tonhöhen und -längen) und ihre funktionale Rolle im Sprachsystem, wohingegen die *Phonetik* konkrete physikalische Eigenschaften und Prozesse der lautlichen Signalrealisierung beim Sprechen zum Gegenstand hat. Diese lautliche Seite der NL ist primär und wurde erst mit großer evolutionärer Verzögerung durch Symbolinventare für die Verschriftlichung von Sprachen, dem Gegenstand der *Graphematik*, in Form von Buchstaben oder anderen Zeichen (in Alphabeten wie dem Lateinischen, Kyrillischen oder Arabischen) bzw. logographischen Schriftsystemen (wie Mandarin) ergänzt.

2.2 Wort

Das *Lexikon* (Wörterbuch) beschreibt das Vokabular einer NL auf der Wortebene. Seine Einträge (*Lexeme*) können u. a. Angaben zur Wortart (Syntax), zum Flexionsschema (Morphologie) oder zur Wortbedeutung (Semantik) enthalten. Fachsprachliche Lexika (etwa für die Medizin) werden *Terminologien* bzw. *Thesauri* genannt; sie beschreiben Lexeme häufig nur durch semantische Relationen (etwa Ober-/Unterbegriffe, s. Kapitel B 4 Thesauri). Einzelsprachspezifische Lexika sind zu unterscheiden von sprachunabhängig gestalteten, semantisch relationierten, meist formalisierten Begriffssystemen, sog. *Ontologien* (s. Kapitel B 10 Ontologien).

2.3 Satz

Die *Syntax* beschreibt die Regeln zur Bildung von grammatikalisch korrekten Sätzen aus Lexemen des jeweiligen Lexikons. Syntaktische Beschreibungen fügen der linearen Folge von Wörtern in einem Satz eine hierarchische Struktur hinzu, die die Anwendung dieser Regeln widerspiegelt und damit grammatische Abhängigkeiten zwischen Wörtern bzw. Wortgruppen (sog. Phrasen) unter unterschiedlichen Modellannahmen (etwa der Konstituenz/Phrasenstruktur oder Dependenz; Baumgärtner 1970) repräsentieren. So werden grammatisch zusammengehörige Teilketten eines Satzes syntaktisch in Form von Phrasen gruppiert (etwa als Nominalphrasen mit Nomen als grammatisch dominierendem Kopf-Element). Innerhalb der Phrasen werden einzelne Wörter aufgrund grammatischer Dominanz morphologisch modifiziert oder selektiert (wie im Fall der Kongruenz bei „der$_{mask}$ grün-e Baum$_{mask}$" und der Anforderung des maskulinen Artikels „der" durch „Baum").

Die *Morphologie* bildet das Scharnier auf der Wortebene zwischen Lexikon und Syntax. Mit den Mitteln der *Flexion* werden grammatisch motivierte Flektive mit dem jeweiligen Lexem konkateniert („-e" in „grün-e"). Mit den Mitteln der *Derivation* werden semantische Verschiebungen realisiert („grün" ist semantischer Kern von „grün-lich" oder „begrün-en") und mit den Mitteln der *Komposition* werden Nominalphrasen lexikalisiert („Archiv für Zeitungen" <–> „Zeitung-s-archiv").

Jedes Lexem, das bei der Bildung von Sätzen ausgewählt wird, bringt seine individuelle(n) *lexikalische(n) Bedeutung*(en) ein, die lokal mehrdeutig (ambig) sein können („Krebs" als Tier oder Krankheit). Unter Beachtung der grammatischen Abhängigkeiten, die durch die Syntaxregeln determiniert werden, werden diese lexikalischen Einzelbedeutungen im Standardfall der *kompositionellen Semantik* zu Phrasen- bzw. *Satzbedeutungen* zusammengesetzt. Die *Semantik* erstreckt sich somit einerseits auf die lexikalischen Bedeutungen (wirkt also in die Konstruktion des Lexikons mit ein), andererseits stellt sie Regeln für die Berechnung der Satzbedeutung, die sog. *semantische Interpretation*, bereit. Gängige semantische Beschreibungsformate sind logikbasiert (Prädikatenlogik, Typenlogik usw.), netzwerkbasiert (im Sinne semantisch relationierter Netze) oder schemabasiert (etwa objektzentrierte Frames) (s. Kapitel B 1 Einführung Wissensorganisation).

2.4 Diskurs

Die Ebene des *Diskurses* beschreibt die Konnektivität von Äußerungen in *Dialogen* – verbale Interaktionen mehrerer, mindestens aber zweier Redepartner, meist in Form gesprochener, zunehmend aber auch, wie in sozialen Medien, geschriebener Sprache – oder *Texten* (verschriftlichte Monologe). Jenseits der Satzgrenze greifen in Diskursen allgemeingültige Mechanismen, die einzelne Sätze mittels Kohäsion und Kohärenz inhaltlich miteinander in Beziehung setzen. *Kohäsion* resultiert beispielsweise aus dem mikrotextuellen Zusammenhang, der durch referenzielle Bezüge auf einzelne Diskursobjekte mittels *Anaphern* (pronominal: „das Unternehmen" ... „es", lokal: „im Südwesten" ... „dort", temporal: „1954" ... „damals" usw.) oder durch *lexikalische Kohäsion/Ketten* über das kotextuelle Auftreten von Lexemen mit einem gemeinsamen semantischen (häufig partonomischen) Nenner hergestellt wird (z. B. „Bremse" – „Schaltung" – „Sattel" –> „Fahrrad"). Auch die *inferenzielle* Verknüpfung zwischen im Diskurs gemachten Aussagen dient dem Aufbau von Kohäsion. Hierbei handelt es sich um Schlussfolgerungsprozesse, die auf der Grundlage einer explizit vorgegebenen, also bekannten Aussagenmenge neue, bislang nur implizite, also im strengen Sinne unbekannte Aussagen unter Anwendung von *logischen Inferenzregeln* ableiten (so wird der Text „Helena öffnete den Safe. Sie kannte den Code." dann kohäsiv, wenn die Inferenzregel „Safes können mit einem Code geöffnet werden" zur Anwendung kommt). Auf der makrotextuellen Ebene der *Kohärenz* sind textsortenspezifische Gruppierungsschemata größerer Textblöcke (wie die Untergliederung eines Textes in Kapitel, Unterkapitel und Absätze), Argumentationsmuster, rhetorische Stilmittel usw. angesiedelt, die kohäsive Passagen auf einer diskursstrukturell noch abstrakteren Ebene inhaltlich untereinander strukturieren.

Diskurse stehen meist auch in einem handlungsbezogenen Zusammenhang, der auf Aspekte wie Informativität, Relevanz und Prägnanz von Aussagen oder die Kooperationsbereitschaft sowie Glaubwürdigkeit, also verbreiteten Annahmen über die jeweiligen Diskurspartner, beruhen. Diese Aspekte der *Pragmatik* werden im Rahmen der Sprechakttheorie bzw. in Theorien zu Annahmesystemen (*belief systems*), die Sprecher und Hörer in Diskurse *a priori* einbringen, u. ä. thematisiert.

3 Paradigmen der Computerlinguistik

Die oben eingeführten sprachwissenschaftlichen Unterscheidungen finden naturgemäß auch in der Computerlinguistik Verwendung (s. Abschnitt 4). Jedoch lockert sich die anfänglich noch starke Bindung zwischen Linguistik und Computerlinguistik zusehends, während die Anbindung an die Informatik, methodisch wie technisch, rasant zunimmt. Dieser Prozess lässt sich in drei Phasen gliedern.

Die erste Phase der CL ist – noch streng linguistischer Tradition folgend – durch die manuell-intellektuelle Erstellung von *Regelsystemen* für die überwiegend morphologische und syntaktische, seltener semantische Beschreibung einer NL geprägt. Sie beginnt im Gefolge der von Noam Chomsky vor 1960 initialisierten Formalisierung von Grammatiksystemen (für formale Sprachen) und der Einbettung von NL in die Hierarchie formaler Sprachen (Chomsky 1959). Sie endet in den 1980er Jahren mit der Entwicklung von merkmalsbasierten Unifikationsgrammatiken (Francez & Wintner 2012), die formale Grammatiken durch Regeln mit komplexen morphologischen, syntaktischen und semantischen Merkmalsbündeln und ihre Unifikation bei der Prozessierung anreichern. Es überwiegt hierbei das Interesse an diversen Varianten von Grammatik*formalismen* gegenüber der Beschreibung konkreter sprachlicher Phänomene. Bei der Grammatikdeskription herrschen exemplarische Tiefenanalysen vor, überwiegend ohne Einbettung in ein gemeinsam akzeptiertes Grammatiksystem für eine NL. Die fast schon inflationäre Vielfalt von grammatiktheoretischen Entwürfen hat zur Folge, dass es an einer breiten Abdeckung (*coverage*) vielfältiger sprachlicher Konstruktionen in einem kohärenten Formalismus mangelt. Diese Geringschätzung der eigentlichen Grammatik*deskription* hat unmittelbare Konsequenzen für die Systementwicklung in der Computerlinguistik, die schnell an die Grenzen der eher schmalen Abdeckung verfügbarer Grammatikfragmente bei der Verwendung realer, nicht vorselektierter Sprachdaten stößt. Versuche einer breitbandigen Skalierung grammatischer Spezifikationen „ins Große" scheitern einerseits an der von Menschen schwer zu erfassenden strukturellen Variabilität von NL, andererseits an der mangelnden Beherrschbarkeit der zunehmend komplexer werdenden Beschreibungsformalismen selbst durch versierte (computer)linguistische Entwickler und technisch bedingte, kaum kontrollierbare Interaktions- und Reihenfolgeeffekte zwischen Regeln, die dem regelbasierten Ansatz inhärent sind.

Die CL ändert in der zweiten Phase zu Beginn der 1990er Jahre ihre Sicht auf die Rolle von Sprachdaten grundlegend, um die angesprochenen Defizite zu beheben. Es wurden zunächst (nach damaligen Maßstäben große) *Sprachkorpora* aufgebaut, also Sammlungen von Daten gesprochener oder geschriebener Sprache (etwa ganze Jahrgänge von Tageszeitungen). Diese Rohdaten wurden anschließend mit linguistischen Metadaten manuell annotiert – prototypisch und stilbildend hierfür stehen die Penn Treebank (Marcus et al. 1993) und die Penn PropBank (Palmer et al. 2005) mit syntaktischen bzw. semantischen Annotationen für die englische Sprache. Für die *Annotation* (Pustejovsky & Stubbs 2012) wird das tradierte Kategorieninventar der Linguistik verwendet (etwa Wortarten, Phrasentypen, thematische Rollen usw.). Solche mit linguistischen Metadaten versehenen Korpora dienen zweierlei Zwecken: als „Gold"-Daten sind sie einerseits Grundlage für die Evaluation von NLP-Systemen, andererseits dienen sie als Trainingsbasis für (semi-)überwachtes maschinelles Lernen (ML). Hinter der Wahl von ML steht die Überlegung, dass die durch die Annotation verfügbaren großen Mengen von linguistischen Metadaten induktiv zum *automatischen Regellernen* genutzt werden können. Die Regelakquisition wird folglich vom Menschen an die Maschine delegiert – eine fundamentale methodische Konsequenz aus den zuvor beschriebenen Skalierungsproblemen.

Zwischen 1990 und 2010 beherrschten Systeme wie Entscheidungsbäume, Bayes'sche und verdeckte Markoff-Modelle (HMM), *Conditional Random Fields* (CRF) oder *Support Vector*-Maschinen (SVM) diese erste ML-Welle in der CL (Zhang & Teng 2021). Sofern ein annotiertes Korpus vorlag, konnte ein merkmalsorientierter Klassifikator „von der Stange" (etwa aus Software-Bibliotheken wie Weka[1] oder Mallet[2]) die im Korpus kumulierten Sprach(meta)daten innerhalb quantifizierbarer Fehlermargen automatisch verarbeiten, d. h. nach vorangegangenem Training auf den Golddaten statistische Sprachmodelle ableiten und damit bislang ungesehene Sprachdaten segmentieren, parsen oder semantisch interpretieren. Die Brücke zur Linguistik blieb insofern bestehen, als linguistisch erprobte Merkmalstypen (etwa Genus, Numerus, Kasus, Wortarten- und Phrasentypen) in die ML-Verfahren Eingang fanden. Sie wurde aber hier schon brüchig, weil sich Linguisten zwar von der Datenorientierung inspirieren ließen und mit der *Korpuslinguistik* ein entsprechender neuer Arbeitszweig entstand (Lemnitzer & Zinsmeister 2015), eine weitergehende Adaption an die methodischen Rahmenbedingungen der ML seitens der Linguistik jedoch ausblieb.

Nach einer ersten Blütephase mit substanziellen Fortschritten durch ML-Verfahren konnten darüberhinausgehende Performanzgewinne aber nur noch durch eine experimentell intensive Bestimmung für das jeweilige Klassifikationsproblem „guter" und die Elimination „schlechter" Merkmale erzielt werden (sog. *feature engineering*). Diese Auf-

---

1 https://www.cs.waikato.ac.nz/ml/weka/
2 https://mimno.github.io/Mallet/index

gabe erwies sich bei stetig steigenden Größenordnungen von Hunderten bis mehreren Tausenden von Merkmalen als (zu) aufwändig.

Die Lösung dieses Dilemmas führt in die dritte und aktuelle Phase der NLP. Sie ist von (künstlichen) *neuronalen Netzwerken* (NN) geprägt, die mit unterschiedlichen Architekturen (*multi-layered feed-forward networks* – FFN, *recurrent/recursive neural networks* – RNN, *long short-term networks* – LSTM, *convolutional neural networks* – CNN usw.) im Kontext des *Tiefen Lernens (deep learning* – DL; Goodfellow et al. 2016) die derzeitige Methodenbasis in der CL dominieren (Goldberg 2017; Zhang & Teng 2021). In ihrer allgemeinsten Form kann man sie wie folgt beschreiben: Eingangssignale (Wörter, Teilwörter oder selbst Einzelbuchstaben) werden in ein NN eingeleitet und diese entsprechend einer festgelegten Netzwerktopologie mit Gewichtsänderungen zwischen direkt verknüpften Neuronen über mehrere (verdeckte) Ebenen (daher auch der Name *deep learning*) an Ausgangssignale propagiert – je nach Anwendung können dies syntaktische Strukturbeschreibungen (*Parse*-Bäume), semantische Interpretationen (Prädikat-Argument-Strukturen), inhaltliche Kategorien (Klassifikation), Antworten auf Fragen, Textzusammenfassungen usw. sein (s. u.). Dieses Ausgangssignal wird mit einem üblicherweise von Menschen bestimmten Idealwert aus dem Gold-Standard (im Fall des überwachten Lernens) abgeglichen. Bei zu großem Abstand beider Werte wird das Netzwerk solange iterativ durchlaufen und werden damit die Gewichte von Neuronen bei jedem neuen Durchlauf durch das NN modifiziert, bis die Fehlerdistanz akzeptabel ist. Durch ihre auf Selbstadaption (durch Gewichtsmodifikation der Neuronen) ausgelegte Lern-Architektur wird das manuelle *feature engineering* aus der ersten ML-Generation obsolet, das NN optimiert sich faktisch selbstständig, ohne externe Intervention von Menschen.

Auf diese Weise generierte Sprachmodelle können mehrere Milliarden von Parametern besitzen (wie das von OpenAI über eine API bereitgestellte GPT-3; Brown et al. 2020)[3], die in die nicht mehr transparente Konfiguration von NN eingehen. Solche Systeme werden zwar über externe Kriterien (sog. Hyperparameter) und Performanzmetriken getunt, ihre interne Struktur ist jedoch eine *black box*, aus der keine Erklärungen für „gute" gegenüber „schlechten" Lösungen direkt ablesbar sind. Dieses Problem der mangelnden *Interpretierbarkeit* für Menschen, aber auch die diesen Berechnungen zugrundeliegende, stark numerisch geprägte Mathematik sowie die massiven Ressourcenanforderungen an Rechner bei der Experimentdurchführung kappen die Verbindung zur Linguistik endgültig. Dafür kommt es zum engen Schulterschluss mit anderen informatischen Anwendungsgebieten wie der Bilderkennung oder der Audiodatenverarbeitung (gesprochene Sprache): Sie verwenden für diese (aus Rechnersicht) gleichermaßen „unstrukturierten" Daten (Texte, Bilder, Videos, Sprachsignale) dieselben NN-basierten Analysemethoden und distanzieren bei Performanzmessungen (nahezu) durchgängig ML-Systeme der 1. Generation unabhängig von der ins Auge gefassten Anwendungsklasse.

4 Computerlinguistische Grundlagen

Generell werden zwei Richtungen bei der Verarbeitung von NL unterschieden, die unabhängig vom gewählten Äußerungsmodus (gesprochen oder geschrieben) gelten: Bei der *Sprachanalyse* von NL wird von einer linearen sprachlichen Äußerung (Satz, Diskurs, ge-

---

[3] https://github.com/openai/gpt-3

sprochene Sprache usw.) auf eine strukturierte repräsentationssprachliche Ebene abgebildet. Beispielsweise wird beim Parsing eine syntaktische Strukturbeschreibung in Form eines Parse-Baums oder bei der semantischen Interpretation eine semantische Repräsentation in Form eines (quasi-)logischen Ausdrucks mit einem Prädikat und seinen zugeordneten Argumenten erzeugt. Die *Synthese* von NL (*Sprachgenerierung*) verläuft umgekehrt von einer repräsentationssprachlichen Ebene auf eine lineare, verbalisierte Ausgabekette.

4.1 Laut

Das Gebiet der automatischen Erkennung und Interpretation *gesprochener* Sprache hat sich methodisch früh von der auf verschriftlichte Sprache fokussierten CL entkoppelt. Dies hatte auch seine Gründe darin, dass die Vorverarbeitung gesprochener Sprache ein tieferes Verständnis physikalischer Eigenschaften akustischer Signale voraussetzt und die Erkennung von Laut-, Silben- und Wortgrenzen in kontinuierlich gesprochener Sprache durch statistische Sprachmodelle (Jelinek 1997; Schukat-Talamazzini 1995) ein frühes methodologisches Schisma provozierte, das heute überwunden ist.

Die Verarbeitung *geschriebener* Sprache gestaltet sich demgegenüber mit der Festlegung eines Alphabets bei verschriftlichten Äußerungen einfacher (eine Ausnahme bilden hier historische Quellen und ihre Digitalisierung durch OCR-Software; Lyu et al. 2021) – sieht man vom Sonderproblem der *Handschrifterkennung* (Plamondon & Srihari 2000) ab, das eine unerwartete Renaissance durch Anwendungen für iPads und Tablets bei der Dokumentation persönlicher Notizen gefunden hat. Eine demgegenüber viel bedeutendere Rolle spielt die Erkennung und Korrektur von *Schreibfehlern* (Näther 2020), da deren Nichtbehandlung analytische NLP-Prozesse (etwa den Lexikonzugriff) in einer frühen Phase komplett blockiert.

4.2 Wort

Die Bereitstellung großer digitaler Lexika gehört zu den hervorstechendsten Leistungen der ressourcen-orientierten CL. Kristallisationspunkt dieser Arbeiten ist die Entwicklung von WordNet,[4] ein manuell erstelltes Lexikon der englischen Sprache mit derzeit ca. 160 000 Lexem-Einträgen, die durch diverse semantische Relationen (Synonymie, Ober-/Unterbegriffe – Taxonomie, Teil-Ganzes-Beziehungen – Partonymie usw.) analog einem semantischen Netz gegliedert sind. Sein deutschsprachiges Pendant GermaNet[5] teilt nicht nur diese Organisationsprinzipien, sondern auch die breite lexikalische Abdeckung (195 000 Lexeme; Stand Nov. 2021) des Deutschen. Mittlerweile haben sich auch alternative Lexikonsysteme etabliert, die vergleichbare Größenordnungen aufweisen, aber doch auch abweichende Schwerpunkte (etwa Multilingualität) setzen, wie Wiktionary[6] oder Wortschatz Leipzig.[7]

---

4 https://wordnet.princeton.edu/
5 https://uni-tuebingen.de/en/142806
6 https://de.wiktionary.org/wiki/Wiktionary:Deutsch
7 https://wortschatz.uni-leipzig.de/de

4.3 Satz

Bei der syntaktischen Analyse (*Parsing*) überführt ein *Parser* eine lineare Kette von Wörtern (üblicherweise ein Satz) in eine Graphen-Struktur (meist Bäume), deren hierarchischer Aufbau syntaktische Abhängigkeiten zwischen einzelnen Phrasen/Wörtern repräsentiert (Naumann & Langer 1994); umgekehrt erzeugen *Generatoren* aus syntaktischen oder semantischen Repräsentationsstrukturen lineare sprachliche Äußerungsketten (Gatt & Krahmer 2017). Anfänglich spielten hierbei Konstituentenstruktur-Grammatiken (auch als Phrasenstruktur-Grammatiken – PSG bezeichnet) eine dominierende Rolle, die überwiegend Parsing-Algorithmen aus der formalen Analyse von Programmiersprachen verwendeten (Earley, Cocke-Younger-Kasami etc.). Darauf folgte die Blüte der Unifikationsgrammatiken, deren gemeinsamer Kern die Unifikation von Merkmalen in großen Merkmalsmatrizen war und die Parsing als logisches Beweisproblem interpretierten.

Die aktuelle NLP-Forschung reduziert Syntaxmodelle mittlerweile wieder auf weniger expressive Formalismen. Dabei spielen *Dependenzgrammatiken* (DG; Kübler et al. 2009) wegen ihrer intuitiv gut nachvollziehbaren syntaktischen Strukturbeschreibungen eine dominierende Rolle, wohingegen PSG zunehmend in den Hintergrund rücken. Eine DG besteht nur aus Wortknoten (PSG operieren zusätzlich auch mit Phrasenknoten wie „NP" für Nominalphrasen) mit dem Verb als zentraler Organisationsinstanz des Satzes und funktional-syntaktischen Abhängigkeitsbeziehungen (wie Subjekt, (in)direktes Objekt) zwischen den Wortknoten; gleichzeitig beschreiben DG im Vergleich zu PSG wesentlich flachere Abhängigkeitsbeziehungen, die strukturell bereits große Nähe zu semantischen Repräsentationsformaten, etwa Prädikat-Argument-Strukturen (s. u.), aufweisen, was die sich an das Parsing anschließende semantische Interpretation erleichtert.

Die automatische *semantische Interpretation* von sprachlichen Äußerungen war – von der Semantiktheorie der Linguistik vorgeprägt – auch in der CL lange Zeit vom sog. symbolischen Ansatz beeinflusst, der in zwei Linien zerfällt. Die erste ist durch *semantische Relationen* zwischen Lexemen gekennzeichnet – für diese Form der lexikalischen Semantik stehen WordNet sowie semantische Netze und Frames als Repräsentationsformate (Reimer 1991; s. Kapitel B 1 Einführung Wissensorganisation). Die zweite Linie ist stark von der formalen Logik geprägt und beschreibt *semantische Interpretationsregeln*, die syntaktische Konstituenz- bzw. Dependenzstrukturen als Eingabe haben und daraus *logische* Aussagen, etwa Prädikate mit ihren Argumenten (Hirst 1988) oder terminologische Wissensrepräsentationsstrukturen (Romacker et al. 1999), ableiten. Ähnlich wie in der Syntax werden derzeit auch im Bereich der semantischen Analytik Repräsentationssprachen mit moderater Expressivität favorisiert – die *Abstract Meaning Representation* (Bos 2016) verwendet beispielsweise im Kern lediglich Konzepte und ca. 100 Relationen (prädikatsähnliche thematische Rollen) zwischen ihnen.

Im Gegensatz zu dieser symbolischen Linie hat sich im Zuge der DL-Ausrichtung der CL eine *geometrische Semantik*-Variante auf der Basis von Vektorräumen entwickelt (Turney & Pantel 2010; s. Kapitel C 9 Sprachmodelle und Machine Learning im Information Retrieval). Sie überwindet das einfache *Bag-of-Words*-Modell des traditionellen Information Retrieval (IR) – die vollständige Auflösung der linearen Reihenfolgeinformation von Wörtern in Texten und deren arbiträre Anordnung in Vektoren – durch die *distributionelle Semantik-Hypothese*: Lexeme mit ähnlichen Kotexten (also mit einer ähnlichen Distribution – Kookkurrenz – mit anderen Lexemen) haben ähnliche Bedeutung (Sahlgren 2008). Diese Intuition wird in NN-Ansätzen zur semantischen Analyse über sog. Worteinbettungen (*word embeddings*) implementiert, die die lexikalische Nachbarschaft eines

Ziellexems (ebenfalls repräsentiert in Form von Vektoren) in großen Dokumentkollektionen über ein fixes Fenster von Hunderten bis Tausenden benachbarter Lexeme, Subwörter oder Buchstaben als Ausgangsdatenstruktur für die Generalisierung dieser Kotextinformationen darstellen und semantische Ähnlichkeit mit räumlicher Nähe im Vektorraum (etwa via Kosinusberechnung) geometrisch gleichsetzen. Die Generalisierung der Kotextinformationen vollzieht sich in Mehrebenen-Netzwerken durch Gewichtsadaption der Neuronen auf der Grundlage der Netzwerktopologie bzw. NN-Architektur und des jeweiligen Berechnungsmodells für Matrizen (sie repräsentieren die jeweiligen Vektorräume). Bedeutung wird somit vektoriell repräsentiert, mit Neuronen (Vektorkomponenten) als *subsymbolischen* Bedeutungsträgern (Camacho-Collados & Pilehvar 2018).

4.4 Diskurs

Symbolische Textstrukturmodelle (wie etwa das *Centering*-Modell; Strube & Hahn 1999) führen zur Analyse der Textkohäsion textstrukturbezogene Datenbereiche ein, in denen Diskursobjekte verwaltet und mittels informationsstruktureller Regeln zugegriffen, resolviert und refokussiert werden. Diese Modelle für die Anaphernresolution spielen jedoch bei den aktuellen, neuronal geprägten Analytiken keine tragende Rolle mehr, da die DL-Verfahren offenbar bereits immanent über große Mengen an einzelnen Kontextinformationen verfügen und darüber so gut generalisieren können, dass eine eigene diskursbezogene Modellierungsschicht nicht mehr nötig ist. Das mag auch für die Ersetzung ursprünglich für die Textkohärenz entwickelter Textmodelle (wie die *Rhetorische Strukturtheorie*, Mann & Thompson 1988, als Grundlage des Diskurs-Parsings, Marcu 2000) gelten, obwohl hier die Befunde noch nicht konklusiv sind.

Im Bereich der Diaiouganalyse wird besonderes Augenmerk auf die Erkennung von Intentionen der Sprecher in Form von *Dialogakten* (angelehnt an die in der Linguistik formulierte Sprechakttheorie) gelegt (Cohen et al. 1990), um die Interaktion mit Dialogsystemen (wie Chatbots) besonders natürlich erscheinen zu lassen (Gao et al. 2019). Große Aufmerksamkeit hat auch die Analyse von *Argumentationsstrukturen* (*argumentation mining*) in (Mehr-Personen-)Diskussionen gefunden (Lawrence & Reed 2019), die die strukturelle Plausibilität oder Brüche von Argumentationsverläufen nachvollziehen. Ein weiterer Schwerpunkt pragmatischer Analytik gilt der Analyse *bewertender* Aussagen. Sie transportieren – statt objektivem Wissen (wie bei der Informationsextraktion, s. u.) – subjektive Meinungen, Einstellungen, Gefühle usw. und spielen mittlerweile eine bedeutende Rolle im wirtschaftlichen Kontext (etwa bei der Produktbewertung durch Kunden; Ullah et al. 2016) oder in der Alltagskommunikation in sozialen Netzwerken wie Twitter, Facebook oder Instagram (bei der Identifikation von Hasssprache, Beleidigungen und Diskriminierungen; Fortuna & Nunes 2018).

Die großen Entwicklungssprünge, die NLP in den vergangenen Dekaden vollzogen hat, zeigen sich auch darin, dass Systementwicklungen nicht mehr nur mit lokal entwickelten Daten- und Software-Ressourcen vorangetrieben werden, sondern dass sich ein Bestand von global verfügbaren, stabilen Entwicklungswerkzeugen und Komponentenbibliotheken aufgebaut hat, der *open source* auf Daten- und Software-Plattformen wie GitHub[8] oder Zenodo[9] frei verfügbar ist und damit die einfache Wiederverwendung die-

---

[8] https://github.com/
[9] https://zenodo.org/

ser Ressourcen erlaubt. Den Anfang dieser Entwicklung kann man aus Komponentensicht bei der freien Distribution des englischen WordNets ansetzen, aus Systemsicht bei der Informationsextraktions-Shell GATE[10] und bei der von IBM angestoßenen Entwicklung der Middleware-Plattform UIMA.[11] Viel genutzte NLP-Frameworks sind aktuell NLTK,[12] OpenNLP,[13] Stanford CoreNLP,[14] spaCy,[15] AllenNLP[16] oder Stanza.[17] Sie decken eine breite Palette von linguistischen Analysekomponenten (von Tokenizern, Satz-Splittern, Stemmern/Lemmatizern, POS-Taggern, Parsern, Koreferenzauflösern bis hin zu Named-Entity-Taggern und Relationsextraktoren) ab – für das Englische durchgängig, mittlerweile auch für das Deutsche.

5 Sprachtechnologie – Natürlichsprachliche Systeme

Natürlichsprachliche Systeme verwenden die oben angesprochenen CL-Komponenten, um die NLP-Basisanalytik durchzuführen, und erweitern ein solches Kernsystem um funktionale sprachtechnologische Applikationen, die zur Lösung konkreter sprachbezogener Informations- und Kommunikationsprobleme beitragen.

Die direkte Interaktion eines Benutzers mit einem Informationssystem unter Verwendung von NL ist Gegenstand natürlichsprachlicher *Dialogsysteme*. Deren Entwicklung reicht zurück zur Forderung nach benutzerfreundlichen Zugangsformen zu Datenbanken, um formale Datenbankabfragesprachen (wie SQL, SPARQL) durch einen rein natürlichsprachlichen Zugang zu strukturierten Daten zu ersetzen bzw. zu ergänzen (Affolter et al. 2019). Mittlerweile umfassen die Hintergrunddaten solcher Dialogsysteme auch das World Wide Web (WWW), also auch semi-strukturierte und stark verrauschte Daten. Durch den Wandel hin zu mobilen Endgeräten hat sich auch der Schwerpunkt von der Bearbeitung ausschließlich schriftlich formulierter Anfragen hin zu gesprochenen verschoben (Çelikyilmaz et al. 2018). Dies wird auch deutlich an der Verbreitung sog. *Chatbots* als persönliche Assistenzsysteme (Alexa, Cortana, Siri, Meena usw.; Tulshan & Dhage 2019), also NatS zur Abwicklung von Alltagskommunikation (Terminplanung, Buchung, Bestellung, Navigation usw.) mithilfe von Rechnern. Eines der aktuell großen methodischen Probleme dieser Systemklasse ist die Sicherung der *Natürlichkeit* der Kommunikation. Diese Anforderung umfasst strukturelle Aspekte von Dialogen, wie die Wahrung der Dialogkohäsion und -kohärenz (etwa durch natürlich anmutende Referenzkettenbildung), aber auch dialogpragmatische, wie die adäquate Erkennung der Intentionen und Bedürfnisse des Fragers oder die Verfolgung und Änderung von lokalen und globalen Dialogzuständen (Gao et al., 2019) entsprechend dem Verlauf einer Konversation. Einen Bogen zur Textanalytik spannt das aktuell prosperierende Gebiet des *machine reading*, in dem Anfragen an ein Dialogsystem gestellt werden, Texte in einem geschlossenen Korpus (eventuell auch im offenen WWW) auf mögliche Antworten mit Ver-

---

10 https://gate.ac.uk/
11 https://uima.apache.org/
12 https://www.nltk.org/
13 https://opennlp.apache.org/
14 https://stanfordnlp.github.io/CoreNLP/
15 https://spacy.io/
16 https://allennlp.org/
17 https://stanfordnlp.github.io/stanza/

fahren der Informationsextraktion (s. u.) durchsucht und inferenziell interpretiert werden, um die plausibelste und informativste Antwort zurückzugegeben (Zeng et al. 2020).

Die automatische Verarbeitung verschriftlichter *Texte* kennt in der Informationswissenschaft zwei Traditionslinien: Die ältere zielt auf die *thematisch* ausgerichtete, semantisch eher *flache* Analyse, deren Ziel es ist, entweder Einzeldokumente durch Schlagwörter (Indexterme) oder Klassifikationscodes grob inhaltlich zu beschreiben oder inhaltlich heterogene Dokumentkollektionen über Termähnlichkeiten zwischen einzelnen Dokumenten in inhaltlich homogene Subklassen zu gruppieren (*Clustering*), um auf der Basis dieser Informationen ein Ranking relevanter Dokumente beim *Text-Retrieval* zu berechnen. (Dieser Analyseansatz wird in den Kapiteln B 3 Automatisches Indexieren, B 16 Text und Data Mining und C 2 Modelle des Information Retrieval näher beschrieben.)

Solche, auf Dokumente lediglich referenzierende-Verfahren werden zunehmend durch eine neue Generation von *faktenorientierten* Ansätzen zur *tieferen* semantischen Analyse von Texten ergänzt. Entsprechende Systeme zur *Informationsextraktion* zielen auf die Erkennung *expliziter* („objektiver") Fakten (Propositionen, Aussagen, Behauptungen). Sie gliedern sich feiner in Systeme zur Erkennung von Instanzen semantischer Typen (sog. *named entity recognition* – NER) (Goyal et al. 2018; Li et al. 2022) und semantischen Relationen zwischen diesen Instanzen, die große Ähnlichkeit zu linguistischen Prädikat-Argument-Strukturen besitzen (Smirnova & Cudré-Mauroux 2019; Xiang & Wang 2019). Einen über die Erkennung expliziter Fakten hinausgehenden Anspruch formuliert das *Text Mining*. Es dient der Entdeckung *impliziter* bzw. potenziell assoziierter Fakten aus Dokumenten (also "neuem" Wissen), deren empirische Gültigkeit durch nachgeordnete Experimente erst noch gezeigt werden muss. Oft wird dieser Ansatz heuristisch verwendet, um „interessante" Hypothesen durch Textanalytik zu finden (Sebastian et al. 2017; s. Kapitel C 2 Modelle im Information Retrieval).

Systeme zur *maschinellen Übersetzung* (s. Kapitel B 14 Maschinelle Übersetzung und C 7 Cross-Language Information Retrieval) eröffnen Benutzern Zugänge zu Informationen, die in einer von ihnen nicht beherrschten NL (oder einem Fachjargon) formuliert sind. Dabei liegt das Augenmerk auf einer inhaltstreuen *Paraphrase* zwischen dem Quelltext und dem Zieltext der Übersetzung. Das automatische *Abstracting* ist ein Ansatz der Textanalytik, der auf die Zusammenfassung der wesentlichen Inhalte eines oder mehrerer Dokumente und damit auf die *Informationsverdichtung* des Quelltextes im Zieltext (Abstract) zielt. Eine vertiefte Darstellung hierzu findet sich in Kapitel B 8 Abstracting – Textzusammenfassung.

Ein zentrales Anliegen aller CL-Methodenentwicklungen und funktionalen Anwendungen in NatS ist die *Evaluation* der Leistungsfähigkeit (Performanz) einzelner Systeme bzw. Komponenten unter Verwendung etablierter Benchmarks (s. Kapitel C 8 Evaluierung im Information Retrieval). Diesen Anspruch verfolgen in der CL und NLP eine Fülle wettbewerblich organisierter *shared tasks*, die einem stets gleichen Muster folgen: Es wird ein Goldstandard-Korpus für eine Problemklasse (etwa Fragebeantwortung) aufgebaut, das von Menschen annotierte Golddaten (beispielsweise korrekte Antworten auf eine Frage) enthält. Den Teilnehmern der *shared task* (es gibt keinerlei Ausschlusskriterien) wird dann der Zugang zu einem Teil dieser Golddaten als Trainingsmaterial eingeräumt. Anschließend werden für einen kurzen Zeitraum (meist < 72 Std.) die (bislang ungesehenen) Testdaten für die Teilnehmer freigeschaltet, die von einer oder mehreren Versionen ihres lokalen Systems analysiert werden. Die Ergebnisse jedes einzelnen Systemlaufs auf diesen Testdaten werden nach deren Verschluss gegen den Goldstandard abgeglichen und auf der Basis von vorab definierten Performanzmetriken (im IR etwa *precision*, *recall* und *f-score*, s. Kapitel C 8 Evaluierung im Information Retrieval) quantitativ bewertet und darauf aufbauend eine Rangfolge der „besten" Systeme aufgestellt. Im Nachhinein legen die Top-Performer ihre methodischen Konzepte berichtlich offen, um so die Methodenwahlen transparent zu machen. Dieses Evaluationskonzept, das sich auch nachträglich für jedes neu entwickelte NLP-System im gleichen Funktionalitätsbereich reproduzieren lässt, und die fast schon unüberschaubare Fülle von *shared tasks* sind zu einem wesentlichen Treiber des wissenschaftlichen Fortschritts in der CL geworden (Nissim et al. 2017).

6 Literaturverzeichnis

Affolter, K., Stockinger, K. & Bernstein, A. (2019). A comparative survey of recent natural language interfaces for databases. *The International Journal on Very Large Data Bases*, 28(5), 793–819.

Baumgärtner, K. (1970). Konstituenz und Dependenz. Zur Integration der beiden grammatischen Prinzipien. In H. Steger (Hrsg.), *Vorschläge für eine strukturale Grammatik des Deutschen*, (S. 52–77). Wissenschaftliche Buchgesellschaft.

Bos, J. (2016). Expressive power of Abstract Meaning Representations. *Computational Linguistics*, 42(3), 527–535.

Brown, T. B., Mann, B., Ryder, N., Subbiah, M., Kaplan, J. D., Dhariwal, P., Neelakantan, A., Shyam, P., Sastry, G., Askell, A., Agarwal, S., Herbert-Voss, A., Krueger, G., Henighan, T., Child, R., Ramesh, A, Ziegler, D., Wu, J., Winter, C., Hesse, C., Chen, M., Sigler, E., Litwin, M., Gray, S., Chess, B., Clark, J., Berner, C., McCandlish, S., Radford, A., Sutskever, I., & Amodei, D. (2020). Language models are few-shot learners. In H. Larochelle, M. Ranzato, R. Hadsell, M.-F. Balcan, H.-T. Lin (Eds.), *Advances in Neural Information Processing Systems 33 – NeurIPS 2020. Proceedings of the 34th Annual Conference on Neural Information Processing Systems* (S. 1876–1900). Curran Associates, Inc.

Camacho-Collados, J. & Pilehvar, M. (2018). From word to sense embeddings: A survey on vector representations of meaning. *Journal of Artificial Intelligence Research*, 63, 743–788.

Carstensen, K., Ebert, C., Endriss, C., Jekat, S., Klabunde, R. & Langer, H. (Hrsg.) (2010). *Computerlinguistik und Sprachtechnologie. Eine Einführung* (3. Aufl.). Spektrum Akademischer Verlag.

Çelikyilmaz, A., Deng, L. & Hakkani-Tür, D. (2018). Deep learning in spoken and text-based dialog systems. In L. Deng & Y. Liu (Eds.), *Deep Learning in Natural Language Processing* (S. 49–78). Springer.

Chomsky, N. (1959). On certain formal properties of grammars. *Information and Control*, 2(2), 137–167.

Cohen, P., Morgan, J. & Pollack, M. (Eds.). (1990). *Intentions in Communications*. MIT Press.

Dipper, S., Klabunde, R. & Mihatsch, W. (Hrsg.). (2018). *Linguistik: Eine Einführung (nicht nur) für Germanisten, Romanisten und Anglisten*. Springer.

Eisenstein, J. (2019). *Introduction to Natural Language Processing*. MIT Press.

Fortuna, P. & Nunes, S. (2018). A survey on automatic detection of hate speech in text. *ACM Computing Surveys*, 51(4), Article 85.

Francez, N. & Wintner, S. (2012). *Unification Grammars*. Cambridge University Press.

Fromkin, V., Rodman, R. & Hyams, N. (2018). *An Introduction to Language* (11th ed.). Wadsworth Cengage Learning.

Gao, J., Galley, M. & Li, L. (2019). Neural approaches to conversational AI. Question answering, task-oriented dialogues and social chatbots. *Foundations and Trends® in Information Retrieval*, 13(2–3), 127–298.

Gatt, A. & Krahmer, E. (2017). Survey of the state of the art in natural language generation: core tasks, applications and evaluation. *Journal of Artificial Intelligence Research*, 61, 65–170.

Goldberg, Y. (2017). *Neural Network Methods for Natural Language Processing*. Morgan & Claypool.

Goodfellow, I., Bengio, Y. & Courville, A. (2016). *Deep Learning*. MIT Press.

Goyal, A., Gupta, V. & Kumar, M. (2018). Recent named entity recognition and classification techniques: a systematic review. *Computer Science Review*, 29, 21–43.

Hahn, U. (2013). Methodische Grundlagen der Informationslinguistik. In R. Kuhlen, W. Semar & D. Strauch (Eds.), *Grundlagen der praktischen Information und Dokumentation. Handbuch zur Einführung in die Informationswissenschaft und -praxis* (S. 252–271). Walter de Gruyter.

Hirst, G. (1988). Semantic interpretation and ambiguity. *Artificial Intelligence*, 34(2), 131–177.

Jelinek, F. (1997). *Statistical Methods for Speech Recognition*. MIT Press.

Kübler, S., McDonald, R. & Nivre, J. (2009). *Dependency Parsing*. Morgan & Claypool.

Lawrence, J. & Reed, C. (2019). Argument mining: a survey. *Computational Linguistics*, 45(4), 1–54.

Lemnitzer, L. & Zinsmeister, H. (2015). *Korpuslinguistik. Eine Einführung*. G. Narr.

Li, J., Sun, A., Han, J. & Li, C. (2022). A survey on deep learning for named entity recognition. *IEEE Transactions on Knowledge and Data Engineering*, 34(1), 50–70.

Lyu, L., Koutraki, M., Krickl, M. & Fetahu, B. (2021). Neural OCR post-hoc correction of historical corpora. *Transactions of the Association for Computational Linguistics*, 9, 479–493.

Mann, W. & Thompson, S. (1988). Rhetorical Structure Theory: toward a functional theory of text organization. *Text*, 8(3), 243–281.

Manning, C. & Schütze, H. (1999). *Foundations of Statistical Natural Language Processing*. MIT Press.

Marcu, D. (2000). The rhetorical parsing of unrestricted texts: a surface-based approach. *Computational Linguistics*, 26(3), 395–448.

Marcus, M., Santorini, B. & Marcinkiewicz, M. (1993). Building a large annotated corpus of english: the Penn Treebank. *Computational Linguistics*, 19(2), 313–330.

Näther, M. (2020). An in-depth comparison of 14 spelling correction tools on a common benchmark. In N. Calzolari, F. Béchet, P. Blache, K. Choukri, C. Cieri, T. Declerck, S. Goggi, H. Isahara, B. Maegaard, J. Mariani, H. Mazo, A. Moreno, J. Odijk & S. Piperidis (Eds.) LREC 2020 – *Proceedings of the 12th International Conference on Language Resources and Evaluation* (S. 1849–1857). The European Language Resources Association.

Naumann, S. & Langer, H. (1994). *Parsing. Eine Einführung in die maschinelle Analyse natürlicher Sprache*. B. G. Teubner.

Nissim, M., Abzianidze, L., Evang, K., van der Goot, R., Haagsma, H., Plank, B. & Wieling, M. (2017). Sharing is caring: the future of shared tasks. *Computational Linguistics*, 43(4), 897–904.

Palmer, M., Gildea, D. & Kingsbury, P. (2005). The Proposition Bank: An Annotated Corpus of Semantic Roles. *Computational Linguistics*, 31(1), 71–106.

Plamondon, R. & Srihari, S. (2000). On-line and off-line handwriting recognition: a comprehensive survey. *IEEE Transactions on Pattern Analysis and Machine Intelligence*, 22(1), 63–84.

Pustejovsky, J. & Stubbs, A. (2012). *Natural Language Annotation for Machine Learning. A Guide to Corpus-Building for Applications*. O'Reilly Media.

Reimer, U. (1991). *Einführung in die Wissensrepräsentation. Netzartige und schema-basierte Repräsentationsformen*. B. G. Teubner.

Romacker, M., Markert, K. & Hahn, U. (1999). Lean semantic interpretation. In *IJCAI '99 – Proceedings of the 16th International Joint Conference on Artificial Intelligence* (S. 868–875). Morgan Kaufmann.

Sahlgren, M. (2008). The distributional hypothesis. *Italian Journal of Linguistics*, 20(1), 33–54.

Schukat-Talamazzini, E. (1995). *Automatische Spracherkennung. Grundlagen, statistische Modelle und effiziente Algorithmen*. Vieweg.

Sebastian, Y., Siew, E. & Orimaye, S. (2017). Emerging approaches in literature-based discovery: techniques and performance review. *The Knowledge Engineering Review*, 32, Article e12.

Smirnova, A. & Cudré-Mauroux, P. (2019). Relation extraction using distant supervision: a survey. *ACM Computing Surveys*, 51(5), Article 106.

Strube, M. & Hahn, U. (1999). Functional centering: grounding referential coherence in information structure. *Computational Linguistics*, 25(3), 309–344.

Tulshan, A. & Dhage, S. (2019). Survey on virtual assistant: Google Assistant, Siri, Cortana, Alexa. In S. M. Thampi, O. Marques, S. Krishnan, K.-C. Li, D. Ciuonzo, & M. H. Kolekar (Eds.), *SIRS 2018 – Revised Selected Papers of the 4th International Symposium on Signal Processing and Intelligent Recognition Systems* (S. 190–201). Springer.

Turney, P. & Pantel, P. (2010). From frequency to meaning: vector space models of semantics. *Journal of Artificial Intelligence Research*, 37, 141–188.

Ullah, R., Amblee, N., Kim, W. & Lee, H. (2016). From valence to emotions: exploring the distribution of emotions in online product reviews. *Decision Support Systems*, 81, 41–53.

Xiang, W. & Wang, B. (2019). A survey of event extraction from text. *IEEE Access*, 7, 173111–173137.

Zeng, C., Li, S., Li, Q., Hu, J. & Hu, J. (2020). A survey on machine reading comprehension: tasks, evaluation metrics and benchmark datasets. *Applied Sciences*, 10(21), Article 7640.

Zhang, Y. & Teng, Z. (2021). *Natural Language Processing: A Machine Learning Perspective*. Cambridge University Press.

Hans-Christian Jetter

B 13 Informationsvisualisierung und Visual Analytics

1 Einführung

Die Visualisierung digitaler Datenbestände mit dem Computer ist heute alltäglich geworden. Spätestens seit der COVID-19-Pandemie sind computergenerierte Datenvisualisierungen und deren Interpretation durch den Menschen nicht mehr nur Expert*innen für Statistik und Datenanalyse vorbehalten. Stattdessen sind interaktive Visualisierungen zur Darstellung von Trends, Mustern oder Vergleichen in Daten zu festen Bestandteilen unseres medialen Alltags geworden, ob im (Daten-)Journalismus (DeBold & Friedman 2015), in den sozialen Medien (Bostock 2022) oder bei der Kommunikation von Behörden mit der Bevölkerung (Robert Koch-Institut – RKI 2022). Wie bereits von Reiterer und Jetter (2013) in einer früheren Auflage dieses Beitrags thematisiert wurde, bietet dieser Trend zur interaktiven und narrativen Visualisierung in den Massenmedien den Benutzer*innen neue Möglichkeiten des datenbasierten Erkenntnisgewinns. Seitdem popularisiert zusätzlich die Vielzahl verfügbarer „Tracker"-Apps mit dem Ziel der Verhaltensoptimierung (z. B. im Bereich Fitness oder Energiekonsum) die interaktive Visualisierung und Analyse persönlicher und privater Daten. Auch im beruflichen Alltag haben sich einstige Nischenwerkzeuge, wie z. B. die Visualisierungssoftware Tableau, in äußerst populäre Anwendungen verwandelt und sind zum Gegenstand zweistelliger Milliardeninvestitionen geworden (Clark 2019), insbesondere für die Visualisierung und Analyse von Geschäftsdaten (Perkhofer et al. 2019). Im Lichte dieser Entwicklungen soll dieser Beitrag daher im Folgenden einerseits grundlegende Begriffe und Konzepte der *Informationsvisualisierung* vermitteln, andererseits auch Alltagsformen und Zukunftstrends wie *Visual Analytics* thematisieren.

2 Was ist Informationsvisualisierung?

Die Fachdisziplin Informationsvisualisierung (*information visualization* oder kurz *InfoVis*) hat sich aus der älteren Fachdisziplin der wissenschaftlichen Visualisierung (*scientific visualization*, kurz *SciVis*) entwickelt. Beide Disziplinen verfolgen das Ziel, durch eine computerbasierte Generierung visueller Darstellungen aus Daten Betrachter*innen zu neuen Einsichten und Erkenntnissen zu verhelfen. Die resultierenden Bilder sind dabei kein ästhetischer Selbstzweck, sondern ein Mittel zur effizienten Vermittlung oder neuen Erschließung handlungsrelevanten Wissens aus den dargestellten Daten. Entsprechend lautet ein bekanntes Credo der Visualisierung auch: „The goal of visualization is insight and not pictures." (Card et al. 1999, S. 6)

Der wesentliche Unterschied zwischen SciVis und InfoVis besteht im Gegenstand der Visualisierung. Die wissenschaftliche Visualisierung steht vor der Aufgabe, umfangreiche sensorische Daten oder Simulationsergebnisse mit meist räumlichem Charakter (z. B. Erdbeobachtungsdaten von Satelliten, Daten aus bildgebenden Tomografieverfahren in der Medizin, aerodynamische Simulationen von Bauteilen) so zu visualisieren, dass die Nutzer*innen aus der Fülle der Daten die für ihre jeweilige Fragestellung relevanten Schlüsse ziehen können (z. B. Identifikation von „Hotspots" der CO_2-Konzentration in der Atmosphäre, Lokalisierung krankhafter Gewebestrukturen in einem menschlichen Körper, Lokalisierung von Quellen unerwünschter Luftwirbel an einem Bauteil). Die Darstellung erfolgt in der Regel dreidimensional und bildet einen räumlichen Ausschnitt aus der realen Welt ab. Die SciVis wird daher auch als enge Verwandte der Computergrafik betrachtet, da algorithmische Verfahren für die effiziente Berechnung, Darstellung und Speicherung umfangreicher 3D-Modelle eine wichtige Rolle spielen.

In der InfoVis sind die Ausgangsdaten dagegen in der Regel abstrakte, nicht-räumliche Daten (z. B. Infektions- oder Verkaufszahlen im zeitlichen Verlauf; Kennzahlen technischer oder wirtschaftlicher Prozesse; Metadaten von Dokumenten, Mediendateien oder Suchtreffern; Baum- oder Netzwerkstrukturen aus Dokumentenbeständen, sozialen Netzwerken oder Lieferketten). Diese können erst durch ihre visuelle Darstellung überhaupt einer gegenständlichen Betrachtung durch den Menschen zugeführt werden. Die besondere Herausforderung der InfoVis besteht also darin, diese abstrakten Daten durch geeignete visuelle Strukturen, welche durch den Computer automatisch gezeichnet und nach Interaktionen durch die Benutzer*innen aktualisiert werden, zunächst für das menschliche Auge wahrnehmbar und in weiterer Folge für die menschliche Interpretation zugänglich zu machen. Dabei dient die Visualisierung als Unterstützung und Verstärker menschlicher Kognition (Card et al. 1999, Kap. 1), da sie den Einsatz der hohen Bandbreite der menschlichen visuellen Wahrnehmung und derer Mustererkennung für das Verständnis großer Datenmengen ermöglicht (Thomas & Cook 2005). Sie vereinfacht damit die schnelle Erkennung von Mustern, Anhäufungen, Lücken und Ausreißern in großen Datenmengen (Shneiderman 1996).

3 Beispiele für Visualisierungs- und Interaktionsformen

Ein klassisches Beispiel der interaktiven Visualisierung ist die *Zeitreihenvisualisierung* mit der die Veränderung eines oder mehrerer Werte (z. B. Börsenkurse, Temperaturen, Inzidenzen) über die Zeit dargestellt wird. Dem Beispiel in Abbildung 1 kann auf einen Blick entnommen werden, dass hier ein sich in ähnlicher Form wiederholendes Muster mit einem leichten Aufwärtstrend dargestellt wird. Dabei ist eine der möglichen Interaktionsmöglichkeiten mit der Visualisierung die Auswahl von Datenpunkten mit dem Mauspfeil, um damit sprechblasenähnliche „Tooltips" mit genauen X- und Y-Werten einzublenden (Abbildung 1). Weiterhin existieren Möglichkeiten zur Navigation bzw. zum Zoomen auf der Zeitachse, da die dargestellten Daten im oberen Hauptbereich (der *detail view*) durch Mausinteraktion mit der Miniaturdarstellung am unteren Rand (der *overview*) kontrolliert werden können. Gerade bei großen Datenmengen spielen solche sogenannten „Overview+Detail"-Techniken mit kompakten Überblicksdarstellungen für die Navigation in großen Detaildarstellungen eine zentrale Rolle (Friedl et al. 2021).

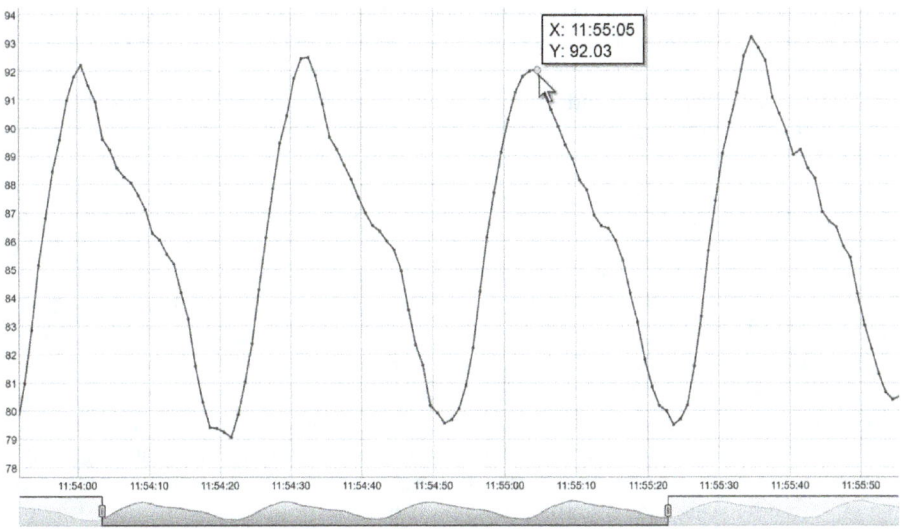

Abb. 1: Zeitreihenvisualisierung mit Tooltip und „Overview+Detail"

Das interaktive *Sankey-Diagramm* in Abbildung 2 ist dagegen eine bislang weniger eingesetzte Darstellungsform in der Informationsvisualisierung (Hofer et al. 2018). Das Beispiel stellt für eine Gesamtmenge (hier Weinbestellungen bei 20 Weinhändlern im Gesamtumfang von 232 600 Flaschen) entlang mehrerer Dimensionen (z. B. Weinhändler, Rebsorte, Herkunftskontinent und -land) die jeweiligen Ausprägungen, deren Häufigkeit und deren Zusammenhänge dar. So lässt sich anhand der Höhe der gelben vertikalen Balken bei Rebsorte bzw. „GrapeVariety" erkennen, dass Rotwein gegenüber Weißwein einen größeren Anteil an den Bestellungen hat und die Verbindungen nach rechts zeigen, dass die Mehrheit der Rotweine aus Nordamerika und ausschließlich aus den USA stammt.

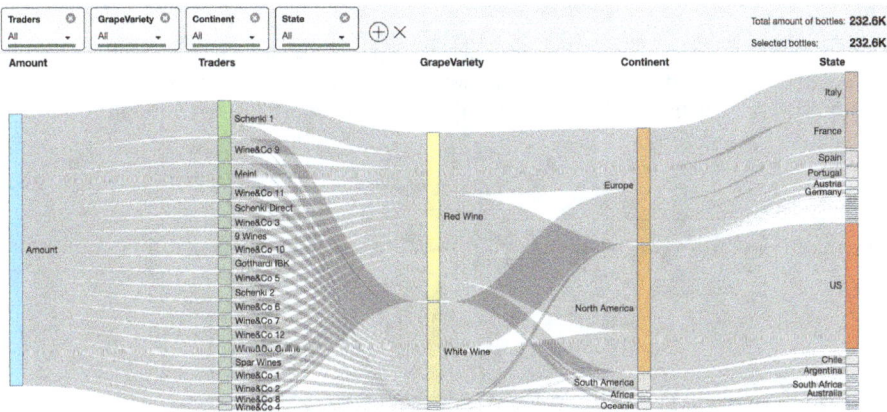

Abb. 2: Ein interaktives Sankey-Diagramm mit Bestelldaten für Weine

Durch Mausinteraktionen lassen sich einzelne Balken auswählen und bewegen, um deren Beziehung zu anderen Dimensionen optisch hervorzuheben. Außerdem können am oberen Bildschirmrand neue Dimensionen (z. B. Versandkosten oder Nutzerbewertungen) ein- oder ausgeblendet und deren Reihenfolge verändert werden, so dass Benutzer*innen die Darstellung je nach aktuellem Informationsbedürfnis anpassen und komplexe Analysen einfach mit der Maus durchführen können. Der Funktionsumfang einer solchen Visualisierung ist dabei mit komplexen Werkzeugen für die Datenanalyse wie z. B. Pivot-Tabellen vergleichbar, kann aber auch von Nicht-Expert*innen schnell erfasst und erlernt werden.

Für eine erfolgreiche Informationsvisualisierung sind solche Interaktionsmöglichkeiten genauso entscheidend wie die Visualisierungen an sich. Die Möglichkeit zur Interaktion grenzt die InfoVis dabei deutlich von statischen Datenvisualisierungen oder *Infografiken* ab (Steele & Iliinsky 2011). Solche Infografiken, z. B. Schaubilder, Karten, Diagramme, sind typischerweise durch Informationsdesigner*innen manuell gestaltete, zweckgebundene statische Grafiken für Print- und Online-Medien. Sie sind inhaltlich klar auf wenige Aussagen fokussiert, ästhetisch sehr ausgereift, aber in der Regel eher datenarm. Die Visualisierungen der InfoVis werden dagegen als interaktive Komponenten in Apps oder Webseiten integriert und durch zuvor sorgfältig implementierte und parametrisierte Algorithmen automatisch gezeichnet. Daher können sie auch sich verändernde Daten korrekt darstellen und ermöglichen so verschiedenste Interaktions-, Filter- und Interpretationsmöglichkeiten. Die visuelle Darstellung wird je nach Interaktionen der Benutzer*innen (z. B. Zoomen, Filtern, Bewegungen in der Zeit, Veränderung der Achsenbelegung, Austausch der Datengrundlage) sofort aktualisiert, was einen explorativen und analytischen Dialog zwischen Mensch und visualisierten Daten erst ermöglicht. Die Redensart „Ein Bild sagt mehr als tausend Worte" wird so durch die InfoVis um den Satz „und eine Benutzungsschnittstelle sagt mehr als tausend Bilder" erweitert (Shneiderman 2001). Diese Interaktivität und Flexibilität führt aber auch dazu, dass Informationsvisualisierungen im Vergleich zu Infografiken visuell eher minimalistisch und ästhetisch roh erscheinen (Steele & Iliinsky 2011).

4 Referenzmodell der Visualisierung

An dem zentralen Modell der Informationsvisualisierung, dem *Referenzmodell der Visualisierung* von Card et al. (1999, Kap. 1), lassen sich die wesentlichen Fragestellungen und methodischen Vorgehensweisen der Fachdisziplin sehr gut erläutern (Abbildung 3).

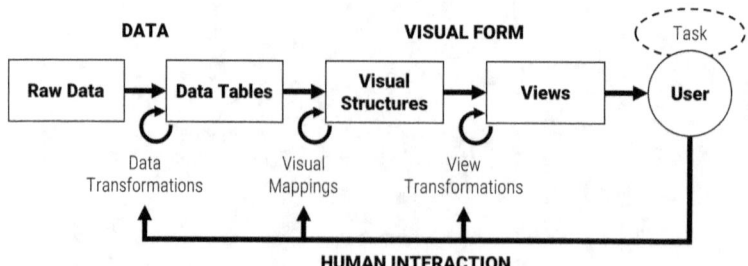

Abb. 3: Referenzmodell der Visualisierung (nach Card et al. 1999, S. 17)

4.1 Benutzer*innen, Aufgaben und Interaktionsmöglichkeiten

Bei der Gestaltung einer interaktiven Informationsvisualisierung steht zunächst die zu bewältigenden Aufgabe oder der „Task" der Benutzer*innen im Zentrum (Abbildung 3, rechts). Anhand dieses Informationsbedürfnisses und den Charakteristika der Benutzer*innen, z. B. ob sie eher Gelegenheitsbenutzer*innen oder Expert*innen sind, kann entschieden werden, welchen Zweck die Visualisierung erfüllen muss und welche Komplexität sie dabei haben darf. Gleichzeitig müssen auch die Art und Menge der Daten berücksichtigt werden. Aufgaben und Daten haben beide maßgeblichen Einfluss auf die Gestaltung des InfoVis-Systems und der grundsätzlichen Interaktionsmöglichkeiten (*human interaction*) durch die Benutzer*innen, z. B. ihrer Möglichkeiten zur Auswahl verschiedener Visualisierungsformen und der darzustellenden Daten über geeignete Filter- und Interaktionselemente. Deshalb gibt es bei der Gestaltung der InfoVis enge inhaltliche Querbezüge zu der Fachdisziplin Mensch-Computer-Interaktion (s. Kapitel D 3 Mensch-Computer-Interaktion).

4.2 Datentransformationen: Von den Rohdaten zu Datentabellen

Ausgangspunkt aller Visualisierungen sind die Rohdaten (*raw data*), wie beispielsweise Kollektionen von Textdokumenten, Büchern oder Waren, die zeitliche Abfolge von Messwerten oder die Kommunikations- und Transportinteraktionen zwischen Personen oder Firmen. Diese Rohdaten können zu Beginn noch verteilt über analoge oder digitale Bestände vorliegen und werden erst durch Datentransformationen (*data transformations*) in die Form klar definierter und strukturierter digitaler Datentabellen (*data tables*) gebracht. Typischerweise enthalten die Reihen solcher Tabellen jeweils einen einzelnen Datensatz (z. B. ein Buch, eine Messung, ein Ereignis, einen Tag) und die Spalten dessen charakterisierende Merkmale oder Ausprägungen (z. B. Titel, Messwert, Name, Datum, Erscheinungsjahr, Schlagworte). Diese Daten in den Spalten werden nicht nur durch manuelle Sacherschließung gewonnen, sondern können auch direkt aus technischen Protokollen (z. B. Logfiles oder Sensordaten) oder Datenbanken mit Anwendungs- und Geschäftsdaten importiert oder berechnet werden (z. B. Häufigkeit der Nutzung oder Bestellung eines Buchs, Minimum/Maximum/Mittelwert eines Messwerts während eines Zeitraums). Teilweise können sie auch von Benutzer*innen während der Nutzung selbst generiert werden, beispielsweise durch Eingabe neuer Artikel oder von Bewertungen, Rezensionen oder „Tags" zur Verschlagwortung.

4.3 Visuelle Zuordnungen: Von den Datentabellen zu visuellen Strukturen

Aufgabe der visuellen Zuordnungen (*visual mappings*) ist es zunächst, für die darzustellenden Daten geeignete visuelle Strukturen (*visual structures*) auszuwählen. Dafür stehen unterschiedliche Visualisierungsarten bzw. Archetypen der Visualisierung zur Auswahl, welche die grundsätzliche Art der Informationsdarstellung definieren, beispielsweise einfache Geschäftsgrafiken (z. B. Zeitreihenvisualisierungen, Torten- oder Balkendiagramme) oder speziellere Darstellungsformen wie Sankey-Diagramme (Abbildung 2) oder Punktdiagramme (Abbildung 4). Eine umfassendere Vorstellung verschiedenster

Visualisierungsarten findet sich in einer früheren Auflage dieses Beitrags (Reiterer & Jetter 2013).

In einem nächsten Schritt wird dann in detaillierteren visuellen Zuordnungen definiert, welche Spalten aus den Daten welchen visuellen Variablen der Visualisierungen zugeordnet werden. Beispielsweise wird in Abbildung 1 die Spalte „Zeit" auf die horizontale Position eines Datenpunktes abgebildet, der dazugehörige Messwert aus der Spalte „Wert" auf die vertikale Position. In Abbildung 4 wird das Erscheinungsjahr eines Films der horizontalen Position, die Popularität des Films der vertikalen Position und das Filmegenre der Farbe eines Datenpunkts zugeordnet. Die Auswahl von expressiven und effektiven visuellen Strukturen und Zuordnungen ist die große konzeptionelle Herausforderung bei der Erstellung von InfoVis-Systemen. Dabei ist es die Aufgabe der Systemgestalter*innen bereits von Anfang an aufgaben- und benutzergerechte Visualisierungen anzubieten. Somit können Benutzer*innen im Idealfall auf einem Blick erkennen, ob es in den Datenbeständen für sie interessante Sachverhalte gibt.

Durch weitere Interaktionen können die Benutzer*innen im Dialog mit dem System noch genauer spezifizieren, welche visuellen Strukturen sie weiterhin verwenden und verbessern wollen, welche Zuordnungen sie dazu verändern möchten und welche bislang unsichtbaren Daten visualisiert werden sollen. Diese Möglichkeiten zur dynamischen Auswahl und Manipulation visueller Strukturen und Zuordnungen sind essenziell für den Erkenntnisgewinn. Sie begründen die große Bedeutung der interaktiven InfoVis für die Exploration und Analyse von Daten im Gegensatz zu statischen Infografiken und Diagrammen, deren inhaltliche Ausrichtung und visuelle Form bereits durch die Gestalter*innen im Vorfeld fest vorgegeben ist.

4.4 Ansichtstransformationen: Dynamische Ansichten für Benutzer*innen

Ansichtstransformationen (*view transformations*) geben den Benutzer*innen zusätzlich die Möglichkeit, ihre erhaltenen Ansichten (*views*) der gezeichneten visuellen Strukturen durch Interaktionen dynamisch zu verändern, z. B. durch eine Zoom-Funktion, die es erlaubt, einen bestimmten Ausschnitt eines Diagramms oder einer Karte im Detail zu betrachten. Diese Steuerung von Ansichten vereinfacht insbesondere das Eintauchen in die Details der Daten. Ausgehend von hochaggregierten Übersichtsdarstellungen, die den Gesamtumfang und den Charakter eines gesamten Datenbestands auf einen Blick darstellen, werden Detailansichten kleiner Teilmengen erlaubt, die einen tiefen Einblick in wenige ausgewählte Objekte (z. B. ausgewählte Dokumente oder Medieninhalte, Cluster von Messpunkten) bieten. Dieses für die InfoVis typische Muster der Fokussierung vom Ganzen auf das Detail ist auch als *visual information seeking mantra* bekannt und wird wie folgt zusammengefasst: „Overview first, zoom and filter, then details on demand." (Shneiderman 1996, S. 337).

Der wegweisende Film Finder von Ahlberg & Shneiderman (1994) demonstrierte dies besonders eindrucksvoll (Abbildung 4). Der Film Finder nutzte dabei ein XY-Punktdiagramm als visuelle Struktur, in der alle Filme einer Filmdatenbank als Datenpunkte erschienen und anhand der gewählten Achsen (z. B. Jahr und Popularität) platziert wurden. Die Kontrollelemente rechts und unten erlaubten die direkte Manipulation von Filterkriterien, um die Informationsmenge einzugrenzen und eine Detailbetrachtung ausgewählter Filme zu ermöglichen. Die Auswirkungen der Filter wurden dabei sofort im Diagramm sichtbar und erlaubten die Formulierung komplexer Analysekriterien bzw. Suchanfragen mittels einfacher Mausinteraktionen (Ahlberg & Shneiderman 1994).

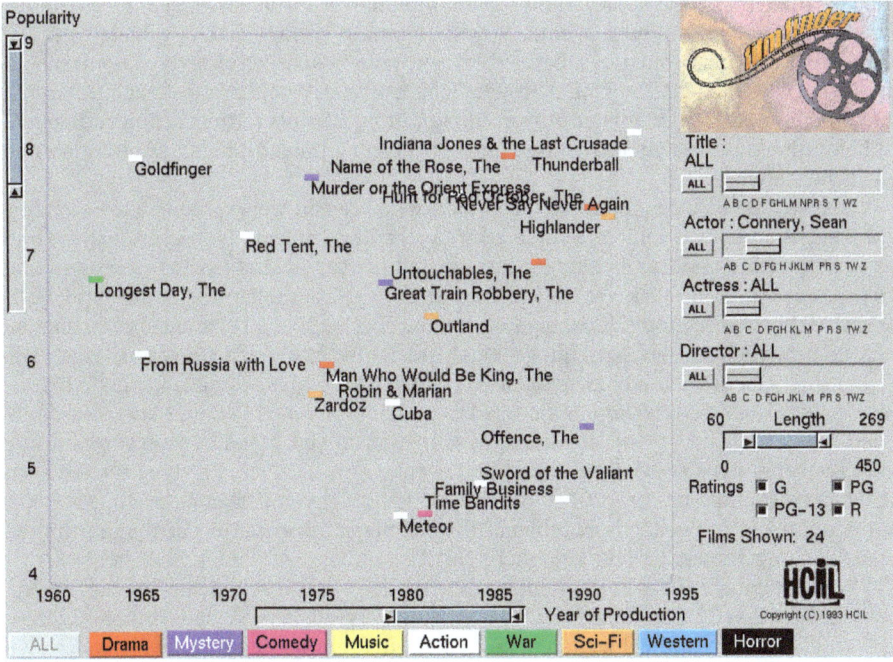

Abb. 4: Film Finder von Ahlberg und Shneiderman (1994)

Solche *dynamic queries* sind als besonders mächtige Werkzeuge bei der Interaktion mit Visualisierungen hervorzuheben. Sie erlauben Benutzer*innen eine interaktive Filterung der dargestellten Daten nach bestimmten Ausprägungen oder Wertebereichen, die mit einfachen Interaktionselementen wie Schiebereglern und Auswahlboxen gewählt werden. Jede kleinste Änderung dieser Kriterien führt dabei zu einer sofortigen Aktualisierung der Visualisierung, so dass der Eindruck einer engen Kopplung und direkten Manipulation der Visualisierung mit den Interaktionselementen entsteht. Dies erlaubt einen engen Dialog zwischen Benutzer*innen und Visualisierung und ein Gefühl von flüssiger und direkter Interaktion mit den Daten, so dass ein motivierendes und emotional ansprechendes Erlebnis bei der interaktiven Datenexploration begünstigt wird (Elmqvist et al. 2011).

5 Heutige Werkzeuge, Praktiken und Barrieren für die Informationsvisualisierung

Für viele Jahrzehnte waren fortgeschrittenen Programmierkenntnisse und eine tiefgehende Auseinandersetzung mit den Grundlagen von Computergrafik, Visualisierungsalgorithmen und Datenbankprogrammierung für die Realisierung eigener Informationsvisualisierungen unabdingbar. Heute existieren aber neben leistungsfähigen Visualisierungsbibliotheken für Entwickler*innen (z. B. D3.js, Plotly.js) insbesondere auch populäre Anwendungsprogramme (z. B. Tableau, Microsoft Power BI, Qlik), die als „Self-service Visualization Tools" die Realisierung eigener interaktiver Visualisierungen nach dem Referenzmodell aus Abbildung 3 ohne Programmierung ermöglichen. Sie bieten gut bedienbare grafische Benutzungsoberflächen, um mittels konfigurierbarer Datentransformationen verschiedene Datenquellen wie Tabellen oder Datenbanken anzubinden und zu handhabbaren Datentabellen zusammenzuführen. Oftmals reichen schon rudimentäre Kenntnisse über Datenbanken aus, um damit eigene Datenbestände anzubinden und zu visualisieren.

Als visuelle Strukturen bieten diese Werkzeuge neben weit verbreiteten Geschäftsgrafiken, wie Balken-, Linien-, Punkt- oder Tortendiagrammen, auch spezialisierte und sehr leistungsfähige Visualisierungen zur Darstellung von abstrakten Sachverhalten und komplexen Daten an, z. B. geografische Karten, Visualisierungen für Baum- und Netzwerkstrukturen oder multidimensionale Daten. Solche Visualisierungsformen fanden sich ursprünglich nur als Forschungsergebnisse in der InfoVis-Fachliteratur, aber viele davon sind jetzt auch in kommerziellen Werkzeugen verfügbar. Oftmals können auch eigene neue Visualisierungsformen mittels Programmierung in HTML und JavaScript integriert werden. Trotzdem ist die Nutzung von innovativen Visualisierungsformen, die über konventionelle Geschäftsgrafiken hinausgehen, in der Praxis bislang immer noch schleppend (Perkhofer et al. 2019). Als Gründe identifizieren Perkhofer et al. (2019) vor allem anfängliche Verständnisprobleme der Benutzer*innen bei bislang unbekannten Visualisierungsformen und die zögerliche Nutzung unbekannter Interaktionstechniken.

Eine besondere Rolle in der heutigen Praxis der Visualisierung spielen sogenannte *Dashboards* (Few 2013). Dashboards kombinieren verschiedene Visualisierungen mit tagesaktuellen Daten und Echtzeitdaten auf einem Bildschirm, damit so idealerweise eine Gesamtsituation oder ein Lagebild auf einen Blick erfasst und überwacht werden kann. Dashboards finden heute vielfach Verwendung in sogenannten Managementcockpits oder Unternehmensleitständen sowie zur Kommunikation von Lagebildern in Krisensituationen, z. B. das COVID-19-Dashboard des Robert Koch Instituts im World Wide Web (RKI 2022). Oftmals ermöglichen solche Dashboards dabei nicht nur die passive Betrachtung der Visualisierungen zur Gesamtlage, sondern sie erlauben durch Interaktionen auch das visuelle Eintauchen in die Daten, um sich inhaltlich auf besondere Themen, Orte oder Zeiträume zu fokussieren und dortige Details oder Zusammenhänge aufzudecken.

6 InfoVis, InfoWiss und Visual Analytics

Sowohl die Informationswissenschaft (InfoWiss) als auch die InfoVis teilen das Interesse an Systemen, die es Benutzer*innen erlauben, aus großen, abstrakten Datenmengen handlungsrelevantes Wissen für ihren jeweiligen Nutzungskontext zu extrahieren. Die InfoVis kann in diesem Transformationsprozess von Daten zur Information eine wichtige und hilfreiche Rolle für die InfoWiss spielen, beispielsweise in Bibliothekssystemen, indem sie Muster und Zusammenhänge in Beständen für Benutzer*innen visuell erfahrbar macht (z. B. „Welche Dokumente sind thematisch ähnlich, aber aktueller?", „Welche Autor*innen stechen aufgrund vielfacher Zitationen heraus?", „Was sind die populärsten russischen Bücher seit 1945?"). Es ist daher kein Zufall, dass sich Ben Shneiderman als einer der Begründer und Vordenker der Fachdisziplin InfoVis viele Jahre intensiv mit Fragestellungen aus dem Bereich der *Information Science* beschäftigt hat (z. B. Unterstützung der Recherche in digitalen Bibliotheken der Library of Congress) und daraus maßgebliche Inspirationen zur Entwicklung interaktiver Visualisierung erfahren hat, z. B. für den Film Finder aus Abbildung 4. Derartige visuelle Recherchesysteme spielen auch heute noch eine wichtige Rolle in der InfoVis und haben sicher den unmittelbarsten Bezug zur InfoWiss.

Im Zuge von *Big Data* und *Data Science* (Mayer-Schönberger & Cukier 2014) setzt die InfoVis heute aber auf einen erweiterten Begriff von Informationsvisualisierung, der als *Visual Analytics* bezeichnet wird (Thomas & Cook 2005). Sie folgt damit dem allgemeinen Trend zur interdisziplinären Forschung und kombiniert Erkenntnisse aus Disziplinen wie Künstliche Intelligenz, Data Science und Wahrnehmungspsychologie, um den Erkenntnisgewinn der Benutzer*innen bei der Visualisierung durch eine neue Art von Systemen fundamental zu verbessern. Seit der Jahrtausendwende haben sich die Visual Analytics als sehr einflussreiche Strömung etablieren können, die von Keim et al. (2008) als eine Kombination von automatischen Datenanalysetechniken mit interaktiven Visualisierungen charakterisiert wird, mit der ein effektives Verstehen, Schließen und Entscheiden auf der Basis sehr großer und komplexer Datenbestände ermöglicht wird.

Anders als bei der klassischen InfoVis werden bei den Visual Analytics die sehr großen Datenmengen nicht direkt visualisiert, da solche Visualisierungen aufgrund ihres Umfangs weder technisch noch kognitiv beherrschbar wären. Stattdessen werden die Daten zunächst mit Techniken der künstlichen Intelligenz bzw. des maschinellen Lernens oder Data Minings analysiert und so relevante Objekte im Vorfeld identifiziert und kategorisiert. Zum Beispiel können automatisierte Textanalysen eine sehr große Zahl von Textnachrichten (z. B. Tweets, WhatsApp-Nachrichten) nach gehäuft auftretenden Begriffen, Ortsangaben oder Emotionen durchsuchen, um im Katastrophenfall ein ortsgenaues Lagebild über die Art und den Umfang des Hilfebedarfs bei Bewohner*innen einer Großstadt zu ermitteln. Durch die Visualisierung solcher Daten auf Karten und Zeitstrahlen können dann von menschlichen Expert*innen Muster, Trends oder Extremfälle identifiziert werden (z. B. Orte oder Straßen mit besonderem Hilfebedarf), um so fundierte Entscheidungen über Maßnahmen und Hilfeleistungen zu treffen (Jeitler et al. 2019).

Anders als bei traditionellen Analysesystemen, werden bei den Visual Analytics die Modelle für die vorgelagerten Analysen und Kategorisierungen aber nicht vor den Benutzer*innen verborgen und ohne menschliche Beteiligung automatisiert im Hintergrund angewandt, sondern mittels Visualisierungen interaktiv zugänglich gemacht. Auf diese Weise können Benutzer*innen entsprechend ihres bisherigen Erkenntnisgewinns aus den Visualisierungen (z. B. typische Arten und geografische Muster des Hilfebedarfs) die Ausrichtung des zugrundeliegenden automatisierten Analyseprozesses verändern und dessen Parameter und Funktionsweisen dahingehend optimieren. Die Visualisierung wird so zum Medium eines halbautomatischen analytischen Prozesses, mit dem Mensch und Maschine unter Verwendung ihrer jeweiligen Stärken bzw. Expertisen kooperieren (Keim et al. 2008).

Mit dieser Fortentwicklung zu den Visual Analytics ist es der InfoVis gelungen, einerseits mit der Informationsgewinnung aus Daten eines der klassischen Themen der Informationswissenschaft erfolgreich aufzugreifen, andererseits neueste Analyseverfahren der Informatik zu integrieren, die gerade in Bezug auf die jüngsten Fortschritte im Bereich des maschinellen Lernens bzw. der künstlichen Intelligenz hochrelevant sind. Somit kombinieren die Visual Analytics auf eindrucksvolle Weise die Stärken der menschlichen und künstlichen Intelligenz und stellen ein ausgesprochen vielversprechendes Modell für die Zukunft digitaler Wissensarbeit für ein datenbasiertes Handeln dar.

7 Literaturverzeichnis

Ahlberg, C. & Shneiderman, B. (1994). Visual information seeking using the FilmFinder. In C. Plaisant (Ed.), *CHI '94: Conference Companion on Human Factors in Computing Systems* (S. 433–434). Association for Computing Machinery. https://doi.org/10.1145/259963.260431

Bostock, M [@mbostock]. (2022). *Time to extend the scale domain on the COVID bubble map* [Image attached] [Tweet] (January 6, 2022). Twitter. https://twitter.com/mbostock/status/1478929027406577665.

Card, S. K., Mackinlay, J. D. & Shneiderman, B. (1999). *Readings in Information Visualization: Using Vision To Think*. Morgan Kaufmann.

Clark, D. (2019). *Making Data Coherent Drives Salesforce's $15.3 Billion Deal for Tableau*. The New York Times (June 10, 2019). https://www.nytimes.com/2019/06/10/technology/salesforce-tableau-deal.html.

DeBold, T. & Friedman, D. (2015). *Battling Infectious Diseases in the 20th Century: The Impact of Vaccines*. Wall Street Journal (February 11, 2015). http://graphics.wsj.com/infectious-diseases-and-vaccines.

Elmqvist, N., Moere, A. V., Jetter, H.-C., Cernea, D., Reiterer, H. & Jankun-Kelly, T. (2011). Fluid interaction for information visualization. *Information Visualization*, 10(4), 327–340. https://doi.org/10.1177/1473871611413180.

Few, S. (2013). *Information Dashboard Design: Displaying Data for At-a-Glance Monitoring* (2nd ed.). Analytics Press.

Friedl, J., Zimmer, B., Perkhofer, L., Zenisek, J., Hofer, P. & Jetter, H.-C. (2021). An Empirical Study of Task-Specific Limitations of the Overview+Detail Technique for Interactive Time Series Analysis. *Procedia Computer Science*, 180, 628–638. https://doi.org/10.1016/j.procs.2021.01.285.

Hofer, P., Walchshofer, C., Eisl, C., Mayr, A. & Perkhofer, L. (2018). Sankey, Sunburst & Co. Interaktive Big Data Visualisierungen im Usability Test. In L. Nadig & U. Egle (Hrsg.), *Konferenzband CARF Luzern 2018: Controlling.Accounting.Risiko.Finanzen*, (S. 92–112). Verlag IFZ – Hochschule Luzern.

Jeitler, A., Türkoglu, A., Makarov, D., Jockers, T., Buchmüller, J., Schlegel, U. & Keim, D. A. (2019). Rescue-Mark: Visual Analytics of Social Media Data for Guiding Emergency Response in Disaster Situations: Award for Skillful Integration of Language Model. In R. Chang, D. Keim & R. Maciejewski (Eds.), *2019 IEEE Conference on Visual Analytics Science and Technology* (S. 120–121). Institute of Electrical and Electronics Engineers. https://doi.org/10.1109/VAST47406.2019.8986898.

Keim, D., Andrienko, G., Fekete, J.-D., Görg, C., Kohlhammer, J. & Melançon, G. (2008). Visual Analytics: Definition, Process, and Challenges. In A. Kerren, J. T. Stasko, J.-D. Fekete & C. North (Eds.), *Information Visualization: Human-Centered Issues and Perspectives* (S. 154–175). Springer. https://doi.org/10.1007/978-3-540-70956-5_7.

Mayer-Schönberger, V. & Cukier, K. (2014). *Big Data: A Revolution That Will Transform How We Live, Work, and Think*. Eamon Dolan, Houghton Mifflin Harcourt.

Perkhofer, L. M., Hofer, P., Walchshofer, C., Plank, T. & Jetter, H.-C. (2019). Interactive visualization of big data in the field of accounting: A survey of current practice and potential barriers for adoption. *Journal of Applied Accounting Research*, 20(4), 497–525. https://doi.org/10.1108/JAAR-10-2017-0114.

Reiterer, H. & Jetter, H.-C. (2013). Informationsvisualisierung. In R. Kuhlen, W. Semar & D. Strauch (Hrsg.), *Grundlagen der praktischen Information und Dokumentation, Handbuch zur Einführung in die Informationswissenschaft und -praxis* (6., völlig neu gefasste Ausg., S. 192–206). De Gruyter Saur. https://doi.org/10.1515/9783110258264.192.

Robert Koch-Institut (2022). *Robert Koch-Institut: COVID-19-Dashboard*. ArcGIS. https://experience.arcgis.com/experience/478220a4c454480e823b17327b2bf1d4.

Shneiderman, B. (1996). The Eyes Have It: A Task by Data Type Taxonomy for Information Visualizations. In *Proceedings: IEEE Symposium on Visual Languages* (S. 336–343). IEEE Computer Society Press. https://doi.org/10.1109/VL.1996.545307.

Shneiderman, B. (2001). Supporting Creativity with Advanced Information: Abundant User Interfaces. In R. A. Earnshaw, R. A. Guedj, A. van Dam & J. A. Vince (Eds.), *Frontiers of human-centered computing, online communities and virtual environments* (S. 469–480). Springer. https://doi.org/10.1007/978-1-4471-0259-5_34.

Steele, J. & Iliinsky, N. (2011). *Designing Data Visualizations: Representing Informational Relationships* (Illustrated Edition). O'Reilly Media.

Thomas, J. J. & Cook, K. A. (2005). *Illuminating the Path: The Research and Development Agenda for Visual Analytics*. National Visualization and Analytics Center.

Melanie Siegel
B 14 Maschinelle Übersetzung

1 Einleitung

Die maschinelle Übersetzung von Sprache ist ein Menschheitstraum, an dem nunmehr schon fast hundert Jahre geforscht wird. Maschinelle Übersetzung ermöglicht im Idealfall den Erhalt der diversen Sprachkulturen bei der gleichzeitigen Möglichkeit einer interkulturellen Verständigung.[1] Die Forschung zur maschinellen Übersetzung ist dabei von Brüchen geprägt.

Bis in die 60er Jahre des 20. Jahrhunderts ging man davon aus, dass ein großes bilinguales Lexikon ausreichen würde, um Sprache zu übersetzen. Die Misserfolge dieser ersten Experimente führten dazu, dass lange kein Geld mehr für Forschung im Bereich der maschinellen Übersetzung verfügbar war. In den 1980er und 1990er Jahren begann man erneut mit der Forschung und nutzte formale Darstellungen von Grammatik, um die Semantik der Sprache zu analysieren. Mit der Jahrtausendwende verwarf die Forschung die Linguistik und setzte auf die Statistik. Man arbeitete zunächst vollkommen ohne linguistische Analyse und ohne Lexika nur mit Auftretenswahrscheinlichkeiten von Wörtern. Die Grundlage dafür waren nun in großer Menge verfügbar gewordene parallele Texte, also Texte, die in übersetzter Form elektronisch vorliegen. Mithilfe dieser parallelen Texte konnten die Wahrscheinlichkeiten berechnet werden. In den Jahren danach entwickelten sich diese Methoden weiter. Einerseits wuchs durch die öffentliche Verfügbarmachung (z. B. mit google translate) und die Mitarbeit der Nutzenden (Bewertung und Korrektur der Übersetzungen) die Datenbasis für statistische Methoden in enorme Höhen und andererseits entstanden hybride Systeme, in denen statistische und linguistische Methoden miteinander interagierten. Mit dem Aufkommen der Idee des Deep Learnings wurde die Methodik der maschinellen Übersetzung wieder komplett umgeworfen. Es standen noch einmal größere Datenmengen zur Verfügung. Die Sprachverarbeitung setzt aktuell fast ausschließlich auf neuronale Netze, und die Idee der Word Embeddings führte zu einer neuen Qualität der übersetzten Texte.

Das Feld der maschinellen Übersetzung ist in hohem Maße interdisziplinär. Neben der Linguistik beteiligen sich die Übersetzungswissenschaft, die Mathematik, die Informatik und die KI-Forschung daran mit ihren unterschiedlichen Methoden.

Dieser Artikel stellt die grundlegenden Problemstellungen der maschinellen Übersetzung und die verschiedenen Herangehensweisen der Forschung dar. Die Methoden werden dabei auf einer konzeptuellen und allgemein verständlichen Ebene erklärt, ohne in die wissenschaftlich-technische Tiefe zu gehen.

---

1 Tatsächlich aber wurden die ersten Forschungsarbeiten vom US-amerikanischen Militär gefördert und hatten weniger die Völkerverständigung im Blick als die Möglichkeit der besseren Überwachung vor allem russischsprachiger Kommunikation.

2 Grundlagen der maschinellen Übersetzung

Die Aufgabe der maschinellen Übersetzung ist die Übertragung eines Texts in eine andere Sprache, wobei die Bedeutung (die Semantik) des Texts erhalten bleibt. Da Sprache aber selten eindeutig ist, da immer auch Kontext- und oft Weltwissen eine Rolle spielen und da Sprache in hohem Maße variabel ist, ist diese Aufgabe einerseits äußerst komplex und andererseits äußerst interessant. Maschinelle Übersetzung ist eine der komplexesten Aufgaben der Informatik. Die zunächst naheliegende Idee, dass eine genügend große Liste von Wörtern und ihren Übersetzungen ausreichen könnte, erweist sich auf den zweiten Blick als nicht zielführend. Das Kompositionalitätsprinzip nach Frege (Löbner 2015) zeigt schon, dass die Bedeutung eines aus Teilausdrücken zusammengesetzten Ausdrucks durch die Bedeutungen seiner Teile sowie die Art ihrer Zusammenfügung bestimmt ist. Relevant ist also auch z. B. die Reihenfolge der Wörter im Satz. So hat „Peter grüßt Maria" eine andere Bedeutung als „Maria grüßt Peter".

2.1 Vokabular

Schon der Umgang mit dem Vokabular ist eine komplexe Aufgabe. Sprache ist wandlungsfähig und kreativ. Ständig entstehen neue Wörter, wie z. B. die Neologismen im Zusammenhang mit der Corona-Pandemie, die vom IDS Mannheim gelistet werden.[2] Auch im Bereich der Namen ist es unmöglich, sämtliche Ausdrücke zu listen und Übersetzungen dafür zu finden. Trainingsdaten für Lernverfahren findet man unter Umständen nicht für alle Ausdrücke, vor allem nicht für neue Ausdrücke. Die dem System unbekannten Wörter nennt man „Out-of-Vocabulary Words" (OOV-Wörter), und eine maschinelle Übersetzung muss eine Strategie entwickeln, mit diesen Wörtern umzugehen.

2.2 Ambiguität und maschinelle Übersetzung

Sprache ist oft mehrdeutig. Lexikalische Ambiguität lässt sich oft noch im Satzkontext noch auflösen („Sie bringt ihr Geld zur Bank" vs. „Sie sitzt auf der Bank"). Wenn die Interpretation aber über die Satzgrenze hinaus gehen muss, können auch nicht alle heutigen Übersetzungssysteme die Ambiguität auflösen:
- Deutsch: „Sie geht zur Bank. Dann setzt sie sich darauf."
- (google translate, 10.10.2021): „She goes to the bank. Then she sits down on it."
- (deepl, 10.10.2021): „She goes to the bench. Then she sits down on it."

Syntaktische Ambiguität muss bei einigen Sprachpaaren wie Englisch und Deutsch gar nicht aufgelöst werden:
- „Sie sah den Mann mit dem Fernrohr."
- „She saw the man with the telescope."

Bei einer Übersetzung z. B. ins Japanische ist die Auflösung für eine korrekte Übersetzung aber notwendig.

---

[2] https://www.owid.de/docs/neo/listen/corona.jsp.

Ein anderes Problem sind Anaphern, die meist über Satzgrenzen hinweg gehen, wie im folgenden Beispiel, das auch noch mit der flexiblen Wortstellung im Deutschen und Weltwissen spielt:
- Deutsch: „Sie hat die Katze geimpft. Die nächste impft die Arzthelferin."
- (DeepL, 10.10.2021): „She vaccinated the cat. The next vaccinates the doctor's assistant."

2.3 Maschinelle Übersetzung strukturell unterschiedlicher Sprachen

Ein wichtiges Problem der maschinellen Übersetzung tritt auf, wenn in den beteiligten Sprachen unterschiedliche Aussagen kodiert sind. Dies kommt vor allem bei strukturell sehr unterschiedlichen Sprachen vor. In Siegel (2017) wird für das Sprachpaar Deutsch – Japanisch gezeigt, welche Schwierigkeiten bei der automatischen Übersetzung bestehen:

> Japanisch und Deutsch haben ein unterschiedliches pronominales System, eine unterschiedliche Syntax mit differierendem Informationsgehalt, ein unterschiedliches Schriftsystem, ein unterschiedliches Tempussystem und eine unterschiedliche Art der Steuerung der interpersonalen Beziehung in der Sprache. (Siegel 2017, S. 208)

Bond (2005) beschreibt, wie die Information über Numerus und Definitheit in der Übersetzung aus dem Japanischen (das nur selten Artikel enthält) ins Englische mit komplexen heuristischen Methoden mühsam hinzugefügt werden muss. Der Satz „本を持っています" kann im Deutschen mit „Ich habe ein Buch", „Ich habe Bücher" oder auch „Ich habe das Buch" übersetzt werden. Weitergehend steht auch kein Pronomen im Satz, sodass auch „Sie hat ein Buch" eine mögliche Übersetzung wäre. Die Information ergibt sich aus dem Kontext, in dem der Satz geäußert wird.

3 Klassische Ansätze

Der Neustart der Forschung an maschineller Übersetzung in den 1980er Jahren ging von der Linguistik aus, die mit der Informatik das interdisziplinäre Fachgebiet der Computerlinguistik entwickelte. Die Methoden der regelbasierten maschinellen Übersetzung entstanden daraus und sollen hier skizziert werden. Mit der Jahrtausendwende kamen die Mathematiker ins Spiel, die statistische Methoden auf großen Datenmengen nutzten – ein vollkommen anderer Ansatz, das Problem zu lösen.

3.1 Regelbasierte maschinelle Übersetzung

Die regelbasierte maschinelle Übersetzung erfordert für die Entwicklung sehr viel Wissen über die beteiligten Sprachen: Wissen über die linguistischen Eigenschaften von Quell- und Zielsprache, Wissen über die Beziehung zwischen Quell- und Zielsprache, Wissen über das Sachgebiet der Übersetzungsaufgabe und Wissen über kulturelle und soziale Konventionen in den Kulturen der beteiligten Sprachen. Dieses Wissen muss für die Übersetzung identifiziert und so repräsentiert werden, dass es für die maschinelle Übersetzung verarbeitbar ist.

Die grundlegende Idee dabei ist, den Text der Ausgangssprache auf seine Semantik zu analysieren und diese in einer Repräsentation darzustellen. Die semantische Repräsentation wird dann mit sogenannten Transferregeln in eine semantische Repräsentation der Zielsprache überführt, die anschließend in einen Text überführt wird. Die Systeme bestehen daher aus drei Phasen: Analyse, Transfer und Generierung. Bond et al. (2005) geben ein Beispiel dafür:

ビールを三つきて下さい
(biiru-wo mittsu motte kite kudasai)

sollte übersetzt werden in: „Please bring three beers"

Die semantische Repräsentation des japanischen Satzes im Format der Minimal Recursion Semantics nach (Copestake et al. 2005):

```
< h1,{h1: imp_m(h3)
h4: biiru_n(x1),
h6: udef_q(x1,h7,h8),
h9: card(u1,x1,"3"),
h11: motsu_v(e1,u2,x1),
h11: kuru_v(e2,u3),
h15: kudasaru_v(e3,u4,u5,h17),
h17: proposition_m(h18) },
{h3 =q h15, h7 =q h4, h18 =q h11} >
```

Um diese semantische Repräsentation zu erreichen, muss der japanische Satz zunächst tokenisiert werden, sodass die einzelnen Wörter identifiziert werden. Der nächste Schritt ist die syntaktische Information, also z. B. die Information, dass das Wort „biiru" (Bier) ein Nomen ist. Dann wird die morphologische Information analysiert, z. B. die Imperativform des Verbs „kudasai" und die Akkusativfunktion der Partikel „wo". Diese linguistischen Angaben werden dann mithilfe einer Grammatik, die die Strukturen der Sprache kennt, analysiert und damit die semantische Analysestruktur aufgebaut. Bond et al. (2005) geben auch die semantische Repräsentation des englischen Satzes:

```
< h0,{h0: please_a(e3,h1)
h1: imp_m(h3),
h2: pronoun_q(x0,h7,h8),
h4: pron(x01{2nd}),
h5: bring_v(e2,x0,x1),
h4: beer_n(x1),
h6: udef_q(x1,h10,h8),
h11: card(u1,x1,"3") },
{h3 =q h5, h7 =q h4, h10 =q h11} > (Bond et al. 2005, S. 18)
```

Transferregeln übertragen die semantische Struktur des Ausgangssatzes in die semantische Struktur des Zielsatzes. Dabei wird z. B. das japanische Verb „kudasai" in das englische Adverb „please" übertragen, wobei der Skopus erhalten bleibt.

Diese Vorgehensweise erfordert sehr viel linguistisches Wissen und sehr viel Arbeit beim Aufbau der Grammatiken und der Regeln und ist sehr aufwändig zu implementieren. Gleichzeitig ist die Implementierung nicht sehr robust in Bezug auf Sprachwandel, sehr komplexe Sprachstrukturen und Fehler in den zu übersetzenden Texten. In der Anwendung ist ein Pre-Editing der Texte der Ausgangssprache sinnvoll, um besonders komplexe Formulierungen zu vereinfachen. Dieses Pre-Editing kann auch zum Teil automatisiert erfolgen (Siegel 2013).

Die regelbasierte Übersetzung war das vorherrschende Paradigma in der Forschung von ca. 1980 bis 2005 und in der Industrie bis ca. 2010.

3.2 Statistische maschinelle Übersetzung

Mit der zunehmenden allgemeinen Verfügbarkeit großer Mengen übersetzter Texte kam die Idee auf, mit statistischen Verfahren Übersetzungen aus diesen Daten zu lernen. Ein Beispiel für einen solchen Textkorpus, den Europarl-Korpus, beschreibt Koehn (2005). Texte, die in mehreren Sprachen parallel vorliegen, nennt man in Englisch „aligned". Bei der Parallelität kann es sich um ein Alignment auf Dokument-Basis, auf Absatz-Basis oder auf Satz-Basis handeln. Der Europarl-Korpus liegt in einer Form vor, in der Sätze parallelisiert („aligned") sind. Eine umfassende Beschreibung der Methoden der statistischen maschinellen Übersetzung gibt Philipp Koehn (2010), hier geben wir nur einen kleinen Einblick:

Zwar hatte man nun eine große Menge an parallelen Sätzen zur Verfügung, dennoch ist es eher unwahrscheinlich, dass genau der Satz, der nun neu übersetzt werden muss, auch in der Datenbank vorhanden ist.[3] Daher betrachtet man kleinere Einheiten, im ersten Schritt Wörter. Das lernende System soll die Frage beantworten, wie wahrscheinlich es ist, dass ein Wort der Ausgangssprache zusammen (in einem parallelen Satz) mit einem Wort der Zielsprache auftritt. Dazu kommen die Angaben über die Positionen der Wörter im Satz und der Satzlängen, also die Anzahl aller Wörter im Satz. Aus dem Textkorpus wird also inferiert – um ein Beispiel von Koehn (2010) aufzugreifen –, dass die wahrscheinlichste Übersetzung des deutschen Wortes „Haus" das englische „house" ist, einfach weil diese beiden Wörter am häufigsten miteinander in parallelen deutsch-englischen Sätzen vorkommen. Die zweithäufigste Übersetzung ist „building". In einem Satz werden so die wahrscheinlichsten Übersetzungen der Wörter zusammengefügt. Im nächsten Schritt müssen die Wörter im Satz der Zielsprache neu sortiert werden, um den Regeln der Wortstellung der Zielsprache zu genügen. Nicht immer wird auch ein Wort in der Ausgangssprache auch in ein Wort der Zielsprache übersetzt: „klitzeklein" wird zu „very small". Daher muss der Algorithmus beim Lernen aus den Textkorpora auch die Satzlänge mit beachten, wenn die parallelen Sätze nicht genau dieselbe Anzahl an Wörtern haben.

Im nächsten Schritt versucht man, auf etwas größere Einheiten zu gehen als Wörter: Phrase-Based Statistical Machine Translation (PBSMT). Wörter allein lassen sich ohne Kontext oft nicht gut übersetzen. Koehn (2010) gibt als Beispiel die deutsche Präposition „am", die z. B. in der Phrase „Spaß am" mit „with the" übersetzt wird, aber in der Phrase „am Donnerstag" mit „on". Diese Phrasen, die nicht unbedingt linguistische Phrasen sind, werden aus dem Textkorpus extrahiert, indem man schaut, welche Wortketten regelmäßig miteinander auftreten.

---

[3] Eine Ausnahme davon sind Translation-Memory-Systeme, die genau darauf bauen, dass in einem sehr engen Kontext wie der technischen Dokumentation innerhalb einer Firma durchaus immer wieder dieselben Sätze geschrieben werden.

Der Vorteil dieser statistischen Methode liegt darin, dass man nur wenig linguistisches Wissen und wenige linguistische Ressourcen benötigt. Mit Statistiken über große Mengen an parallelen Daten lassen sich recht schnell Übersetzungssysteme für verschiedene Sprachen bauen. Durch die zunehmende Nutzung von Translation-Memory-Systemen durch professionelle Übersetzer*innen wurden in kurzer Zeit weitere parallele Daten erstellt, die zum Training genutzt werden können. Aus diesem Grund war die statistische Übersetzung das vorherrschende Paradigma vom Jahr 2000 bis ca. 2016.

Es gibt aber auch Nachteile der Methode: PBSMT funktioniert recht gut bei strukturell ähnlichen Sprachen, ist aber deutlich schlechter bei strukturell stark unterschiedlichen Sprachen, wie in Abschnitt 2.3 beschrieben wurde. Durch den Fokus auf Phrasen geht der Satzzusammenhang verloren, was schon mal dazu führen kann, dass z. B. der Negationsskopus nicht richtig übersetzt und damit das falsche Verb im Satz negiert wird, oder dass ein „nicht" gar nicht übersetzt wird. Schwierig wird es auch bei Sprachen mit reicher Morphologie, bei denen nicht alle Wortformen in den Trainingsdaten auch zu finden sind. Dadurch, dass der Text in Phrasen aufgeteilt wird, die einzeln übersetzt werden, können Abhängigkeiten über größere Einheiten nicht berücksichtigt werden. Das führt zu Fehlern, z. B. mit falschen Genus-Übereinstimmungen (Yang et al. 2020). Z. B. werden die deutschen Wörter „Haus" und „Häuser" als komplett unterschiedliche Einheiten betrachtet, ohne jeden Zusammenhang dazwischen.

Um diese offensichtlichen Nachteile zu vermeiden, wurde nach und nach wieder linguistisches Wissen in die Übersetzungs-Pipeline einbezogen, wie Way (2020) feststellte:

> While it was already the case that the dominant paradigm was SMT, a performance ceiling was reached relatively quickly, such that for the past ten years or so, MT system developers have been 'smuggling in' linguistic information in order to improve performance as demonstrated by both automatic and human evaluation. (Way 2020, S. 311)[4]

4 Neuronale maschinelle Übersetzung

Die Einsicht, dass der Kontext, in dem Wörter und Phrasen stehen, für die Übersetzung in hohem Maße relevant ist, führte zu einem erneuten Paradigmenwechsel, zur neuronalen maschinellen Übersetzung (NMT) (Van Genabith 2020). Die neuronalen Netze haben sich in der Bilderkennung und der Erkennung gesprochener Sprache bewährt und wurden nun auch auf das Problem der maschinellen Übersetzung übertragen. Die Idee dabei ist, das Sprachmodell zu verbessern, also die Wahrscheinlichkeit, dass ein Wort oder eine Phrase in einer Sprache in einem bestimmten Kontext auftritt, mit einzubeziehen. Auch diese Verfahren benötigen kein linguistisches Wissen außer dem, das automatisch aus den Trainingsdaten inferiert werden kann.

Die klassische Struktur eines NMT-Systems besteht aus Encoder und Decoder. Encoder und Decoder sind zwei miteinander verbundene neuronale Netze. Der Text der Ausgangssprache wird bei der Übersetzung in einen Vektor umgewandelt (Encoder). Für diesen Vektor wird dann in der Zielsprache ein Satz gesucht (Decoder). Wenn ein Wort generiert wird, dann wird die Information darüber, welche Wörter im Ausgangssatz

---

4 Deutsch: Während SMT bereits das vorherrschende Paradigma war, wurde relativ schnell eine Leistungsgrenze erreicht, so dass die Entwickler von MÜ-Systemen in den letzten zehn Jahren linguistische Informationen „eingeschmuggelt" haben, um die Leistung zu verbessern, wie die automatische und menschliche Bewertung zeigt. (übersetzt mit DeepL, 23.05.2022).

stehen, zusammen mit der Information darüber, welches Wort davor generiert wurde, genutzt. Das führt dazu, dass Sprachmodell und Übersetzungsmodell in Kombination vorliegen.

4.1 Encoder

Neuronale Netze benötigen als Input Zahlenwerte. Die Kodierung der Sprachdaten in sogenannten Word Embeddings geht auf Mikolov et al. (2013) zurück. Zunächst wird ein Vektor aufgestellt, der (zumindest theoretisch) so viele Stellen hat, wie unterschiedliche Wörter im Textkorpus sind.[5] Jedes unterschiedliche Wort im Text bekommt eine Nummer, die für die Position im Vektor steht. An dieser Position bekommt das Wort eine 1 für den eigenen Vektor. Nun wird geschaut, welche Wörter rechts und links von diesem Wort auftreten können. Das Fenster dafür bilden normalerweise zwei Wörter rechts und zwei Wörter links. An der Position für diese Wörter bekommt der Vektor des Wortes einen Zahlenwert für die Wahrscheinlichkeit, dass sie zusammen mit diesem Wort auftreten. Diese Berechnung wird für alle Wörter im Trainingskorpus durchgeführt und als Word Embeddings gespeichert. Word Embeddings kodieren alle Wörter und ihren Kontext im Satz. Dadurch wird der gesamte Satz bei der Übersetzung berücksichtigt und nicht – wie bei SMT – eine Folge von Phrasen (Van Genabith 2020; Yang et al. 2020). Die Struktur der beteiligten Sprachen wird dadurch gelernt, ohne dass sie aufwändig kodiert werden muss.

Das Training von Word Embeddings dauert extrem lange und benötigt viele Ressourcen. Dafür können diese Word Embeddings in verschiedenen Anwendungen immer wieder verwendet werden, weil sie zunächst nur ein Modell der jeweiligen Sprache darstellen.

4.2 Decoder

Grundlage für das Training von NMT sind – ebenso wie bei SMT – parallele Sätze und die Word Embeddings der beteiligten Sprachen. Die Maschinelle Übersetzung wird dabei als ein Sprachmodell des Zielsprachen-Satzes angesehen, das durch das Sprachmodell des Ausgangssprachen-Satzes bedingt ist. Die Wahrscheinlichkeit für ein Wort der Zielsprache wird dabei unter Berücksichtigung des Wortes davor und der gesamten Wörter des Ausgangssprachen-Satzes berechnet. Dabei bleibt der gesamte Kontext erhalten, wobei die SMT eher lokale Entscheidungen trifft. Im Ergebnis führt das zu deutlich besseren und auch flüssigeren Übersetzungen (Koehn 2020).

4.3 Attention-Mechanismus

Ein Problem der NMT-Modelle ist, dass die Qualität der Übersetzung von der Länge der zu übersetzenden Sätze abhängig ist. Das liegt daran, dass die Wortvektoren eine fixe Länge haben. Sehr lange Sätze können daher schlechter übersetzt werden. Um dieses

---

5 Tatsächlich werden die Vektoren in der Praxis auf eine bestimmte Länge reduziert.

Problem zu adressieren, wurde der Attention-Mechanismus erfunden. Die Idee dabei ist, zunächst zu berechnen, welche Wörter und Phrasen besonders relevant für die Übersetzung sind und diese dann zuerst zu übersetzen. Van Genabith (2020) gibt ein Beispiel: Der Satz „Sie hat das Buch übersetzt" soll ins Englische mit „She translated the book" übersetzt werden. Wenn die Wort-für-Wort-Übersetzung bei „hat" ist, kann „translated" nicht gut erkannt werden. Im Satz sind „Buch" und „übersetzt" relevanter als „Sie" und „hat". Der Attention-Mechanismus sucht bei der Generierung des zweiten Wortes „translated" zunächst, welches Wort im Ausgangssatz dafür am relevantesten ist, also welcher Vektor ähnlich ist.

Way (2020) gibt ein Beispiel für ein Problem des Attention-Mechanismus, das sich in DeepL und Google Translate nachvollziehen lässt (Test am 29.06.2021):
- Deutscher Satz: „Die Volkswirtschaftslehre (auch Nationalökonomie, wirtschaftliche Staatswissenschaften oder Sozialökonomie, kurz VWL) ist ein Teilgebiet der Wirtschaftswissenschaft."
- DeepL: „Economics (also national economics, economic state science or social economics, in short VWL) is a branch of economic science."
- Google Translate: „Economics (also political economy, economic political science or social economy, economics for short) is a branch of economics."

Transformer-Modelle, die aktuell Stand der Forschung sind, arbeiten ausschließlich mit dem Attention-Mechanismus. Texte können durch Transformer auch bidirektional eingelesen werden (also von links-nach-rechts und rechts-nach-links gleichzeitig). Dadurch wird mehr Kontext als bei normalen Word Embeddings einbezogen. Google stellte 2018 das Transformer-Modell BERT vor, das die Sprachtechnologie erheblich beeinflusste. Seitdem gibt es kaum ein wissenschaftliches Paper auf einer Sprachtechnologie-Konferenz, das nicht mit BERT arbeitet (Devlin et al. 2019). OpenAI stellten 2020 das Transformer-Modell GPT-3 vor, das ein Sprachmodell mit 175 Milliarden Parametern ist (Brown et al. 2020).

5 Maschinelle Übersetzung und komplexe (offene) Probleme

Ein Problem der SMT, aber auch der NMT-Modelle war zu Beginn, dass kein Sprachmodell der Zielsprache eingesetzt wurde, sodass die Texte der Zielsprache nicht „flüssig" genug waren. Zu den parallelen Trainingskorpora werden nun einsprachige Textkorpora hinzugezogen. Diese sind in extrem großem Maße verfügbar. Um die Qualität der übersetzten Texte zu erhöhen, werden die einsprachigen Texte der Zielsprache zunächst automatisch in die Ausgangssprache übersetzt. Das Ergebnis wird als paralleler Korpus genutzt. Die Qualität der zielsprachlichen Texte (*fluency*) steigt dadurch, denn es sind ja natürliche Texte in großer Menge, die hier zum Training genutzt werden. Diese Methode nennt sich Backtranslation (Van Genabith 2020).

Bei allen Verfahren ist die Größe des Vokabulars, das übersetzt werden kann, beschränkt. Der Grund dafür ist bei der NMT, dass mehr Wörter auch zu größeren Vektoren und daher zu mehr Rechenzeit führen. 50 000 bis 80 000 Wörter sind normalerweise durch ein Modell abgedeckt. Die Entscheidung über die Wörter, die einbezogen werden, fällt normalerweise anhand der Frequenz. Sehr seltene Wörter können also nicht einfach übersetzt werden. Daher ist ein wichtiger Faktor für die Performanz eines MT-Systems, wie man mit sogenannten *Out-of-Vocabulary Words* n (OOV-Wörter) umgeht. Frühe MT-

Systeme haben OOV-Wörter einfach in die Zielsprache kopiert, sodass z. B. ein deutsches Wort in der englischen Übersetzung auftaucht. In den Fällen, in denen das OOV-Wort ein Name ist, ist das auch richtig. Aber Sprache ist äußerst kreativ, ständig entstehen neue Wörter und etablieren sich ungewöhnliche Schreibformen (s. Abschnitt 2.1). Die Forschung versuchte daher, auf eine Ebene unter das Wort zu gehen und z. B. die häufigsten Kookkurrenzen von Buchstaben im Datensatz als „Wort" zu analysieren. Dadurch erkennt man zumindest neue Wortformen und kann mit Wörtern sowie auch mit Sub-Word-Einheiten arbeiten (Van Genabith 2020).

Viele professionelle Anwender*innen müssen eine spezialisierte Terminologie verwenden und Fachwörter oder auch firmenspezifische Wörter in der Übersetzung verwenden. Bei den statistischen Verfahren (SMT und NMT) ist dafür aber ein neues Training auf großen spezialisierten Datenmengen erforderlich, das dennoch keine Garantie für korrekte Verwendung der Terminologie bietet. Die Systeme bieten zwar an, ein eigenes Glossar zu pflegen, allerdings werden die Wörter bisher einfach automatisch ersetzt und es kann zu grammatischen Fehlern kommen (Winter & Zielinski 2020).

Probleme der Ambiguität (s. Abschnitt 2.2) und der Übersetzung stark unterschiedlicher Sprachen (s. Abschnitt 2.3) sind in den aktuellen Systemen weitgehend ungelöst.

Die großen Mengen an parallelen Daten, die für ein Training benötigt werden, liegen nur für einen Bruchteil der möglichen Sprachpaare der ca. 7 000 Sprachen in dieser Welt vor. Eine Taktik, die verfolgt wird, ist, den Text in einer Sprache zunächst ins Englische und dann von da aus in die Zielsprache zu übersetzen. Das ist für Sprachen möglich, für die es parallele englische Daten gibt. Ein anderer Versuch ist, Sprachmodelle für ähnliche Sprachen zu trainieren.

6 Schlussbemerkungen

Maschinelle Übersetzung ist eins der komplexesten Probleme der automatischen Verarbeitung natürlicher Sprache. Gleichzeitig hat die maschinelle Übersetzung hohe Relevanz für die Anwendung und wird heutzutage von vielen Menschen selbstverständlich genutzt. In der Forschungsgeschichte der maschinellen Übersetzung gibt es eine Reihe von Brüchen und Neuanfängen. Auch die NMT ist noch nicht das Ende, es gab schon viele Paradigmen, und es wird weitergehen. Wir haben in diesem Kapitel einen Überblick über Verfahren der regelbasierten, der statistischen und der auf neuronalen Netzen basierten maschinellen Übersetzung gegeben.

Eine Reihe von Problemen ist noch ungelöst: Die Übersetzung sehr langer Sätze, die Übersetzung von OOV-Wörtern, Ambiguität, Relationen über Satzgrenzen hinweg, die Übersetzung von Sprachen mit wenig Datenmaterial. In diesem interessanten Forschungsgebiet gibt es noch viel zu tun.

7 Literaturverzeichnis

Bond, F. (2005). *Translating the Untranslatable: A Solution to the Problem of Generating English Determiners*. CSLI Publications.

Bond, F., Oepen, S., Siegel, M., Copestake, A. & Flickinger, D. (2005). Open source machine translation with DELPH-IN. In *Proceedings of the open-source machine translation workshop at machine translation summit X* (S. 15–22).

Brown, T. B., Mann, B., Ryder, N., Subbiah, M., Kaplan, J., Dhariwal, P., Neelakantan, A., Shyam, P., Sastry, G., Askell, A., Agarwal, S., Herbert-Voss, A., Krueger, G., Henighan, T., Child, R., Ramesh, A., Ziegler, D. M., Wu, J., Winter, C. & Amodei, D. (2020). Language Models are Few-Shot Learners. In H. Larochelle, M. Ranzato, R. Hadsell, M. F. Balcan & H. Lin (Eds.), *Advances in Neural Information Processing Systems* (vol. 33, S. 1877–1901). Curran Associates. https://proceedings.neurips.cc/paper/2020/file/1457c0d6bfcb4967418bfb8ac142f64a-Paper.pdf.

Copestake, A., Flickinger, D., Pollard, C. & Sag, I. A. (2005). Minimal Recursion Semantics: An Introduction. *Research Language Computation*, 3(2), 281–332.

Devlin, J., Chang, M.-W., Lee, K. & Toutanova, K. (2019). BERT: Pre-training of Deep Bidirectional Transformers for Language Understanding. In J. Burstein, C. Doran & T. Solorio (Eds.), *Proceedings of the 2019 conference of the North American Chapter of the Association for Computational Linguistics: Human Language Technologies* (vol. 1, S. 4171–4186). Association for Computational Linguistics. http://dx.doi.org/10.18653/v1/N19-1423.

Koehn, P. (2005). Europarl: A Parallel Corpus for Statistical Machine Translation. *Conference Proceedings: the tenth Machine Translation Summit* (p./pp. 79–86), Phuket, Thailand: AAMT.

Koehn, P. (2010). *Statistical Machine Translation*. Cambridge University Press.

Koehn, P. (2020). *Neural Machine Translation*. Cambridge University Press.

Löbner, S. (2015). *Semantik*. De Gruyter.

Mikolov, T., Sutskever, I., Chen, K., Corrado, G. S. & Dean, J. (2013). Distributed Representations of Words and Phrases and their Compositionality. In C. J. C. Burges, L. Bottou, M. Welling, Z. Ghahramani & K. Q. Weinberger (Eds.), *Advances in Neural Information Processing Systems* (vol. 26, S. 3111–3119). Curran Associates.

Siegel, M. (2013). Authoring Support for Controlled Language and Machine Translation. *Translation: Computation, Corpora, Cognition*, 3(1), 49–60.

Siegel, M. (2017). Maschinelle Übersetzung strukturell unterschiedlicher Sprachen: Japanisch und Deutsch. In J. Porsiel (Hrsg.), *Maschinelle Übersetzung: Grundlagen für den professionellen Einsatz* (S. 207–223). BDÜ Weiterbildungs- und Fachverlagsgesellschaft mbH.

Van Genabith, J. (2020). Neural Machine Translation. In J. Porsiel (Hrsg.), *Maschinelle Übersetzung für Übersetzungsprofis* (S. 59–115). BDÜ Weiterbildungs- und Fachverlagsgesellschaft mbH.

Way, A. (2020). Machine translation: Where are we at today? In E. Angelone, M. Ehrensberger-Dow & G. Massey (Eds.), *The Bloomsbury Companion to Language Industry Studies* (S. 311–332).

Winter, T. & Zielinski, D. (2020). Terminologie in der neuronalen maschinellen Übersetzung. In J. Porsiel (Hrsg.), *Maschinelle Übersetzung für Übersetzungsprofis* (S. 210–233). BDÜ Weiterbildungs- und Fachverlagsgesellschaft mbH.

Yang, S., Wang, Y. & Chu, X. (2020). *A Survey of Deep Learning Techniques for Neural Machine Translation*. arXiv. https://arxiv.org/abs/2002.07526.

Ulrich Herb
B 15 Verfahren der wissenschaftlichen Qualitäts-/Relevanzsicherung/Evaluierung

1 Peer Review

Traditionell erfolgt die Qualitätssicherung wissenschaftlicher Publikationen (ex ante, vor der Publikation) durch die als Peer Review bezeichnete Expertenbegutachtung. Die vormals vor allem in Journalen im STM-Bereich (*Science, Technology, Medicine*) verbreitete Peer Review findet immer stärkere Verbreitung und entwickelte sich zu einem Standardverfahren der Qualitätssicherung wissenschaftlicher Texte. Swanson & McCloskey (1982, S. 75) beschreiben Peer Review als Prozess, der Expert*innen zur Bewertung eines Manuskripts einsetzt. Diese werden meist durch die Publikationsverantwortlichen (meist Journal-Herausgeber*innen) bestimmt. Die letztliche Entscheidung über die Annahme der Einreichung zur Publikation (ggf. unter Überarbeitungsauflagen) liegt jedoch bei diesen Publikationsverantwortlichen, die den einreichenden Autor*innen auch Gründe für die eventuelle Ablehnung ihres Textes mitteilen. Laut des Diskussionspapiers *Peer Review and the Acceptance of new scientific Ideas* dient diese der Bewertung von „competence, significance and originality, by qualified experts who research and submit work for publication in the same field (peers)" (Brown 2004, S. 7).

Weingart beschreibt die Wortherkunft und den Zweck des Verfahrens wie folgt:

> Peer-Review steht für die Begutachtung und Bewertung von Publikationen und Forschungsanträgen, das heißt wissenschaftlicher Wissensbehauptungen durch die dazu allein kompetenten Kollegen (,peers'). Die Begutachtung, die Kritik und möglicherweise den Zwang zur Korrektur beinhaltet, ist die Voraussetzung der Zertifizierung des solcherart geprüften Wissens. [...] Sie [die wissenschaftliche Erkenntnis] bedarf [...] der Überprüfung und Lizenzierung durch die Gemeinschaft der kompetenten Kollegen, um als anerkannt und sicher zu gelten. (Weingart 2001, S. 285)

Fröhlich (2006, S. 198, 2009, S. 254) hingegen legt nahe, den Begriff Peer nicht von gleichrangigen Kolleg*innen abzuleiten, sondern von „Adeliger", da z. B. die gemeinhin als erstes wissenschaftliches Journal betrachteten *Philosophical Transactions*, deren erstes Issue 1665 erschien, ausschließlich als Kommunikationsmittel „interessierter Geistesaristokraten" (Oevermann 2005, S. 36) galt – bis Wissenschaft professionalisiert wurde, sollte es noch bis ins 19. Jahrhundert dauern (Oevermann 2005, S. 36).

Wurden früher einzig Einreichungen für wissenschaftliche Journale durch Peer Review bewertet, fand das Verfahren peu à peu Anwendung auf weitere Objekte im Forschungsprozess, etwa Anträge auf Forschungsförderung bei Drittmittelgebern. Mit Aufkommen von Open Science (s. Kapitel E 9 Open Science) und dem Gebot der Verfügbarmachung möglichst aller Produkte des Forschungszyklus werden allerdings immer weitere Publikationen (z. B. Bücher) und andere Objekttypen (Daten, Software) dem Peer Review unterzogen (Herb 2015, S. 160–163, 169–187, 238–240).

Ein Report des *Science and Technology Commitee* (2011, S. 10) des *House of Commons* stellt den Ablauf der Review prototypisch wie in Abbildung 1 dar.

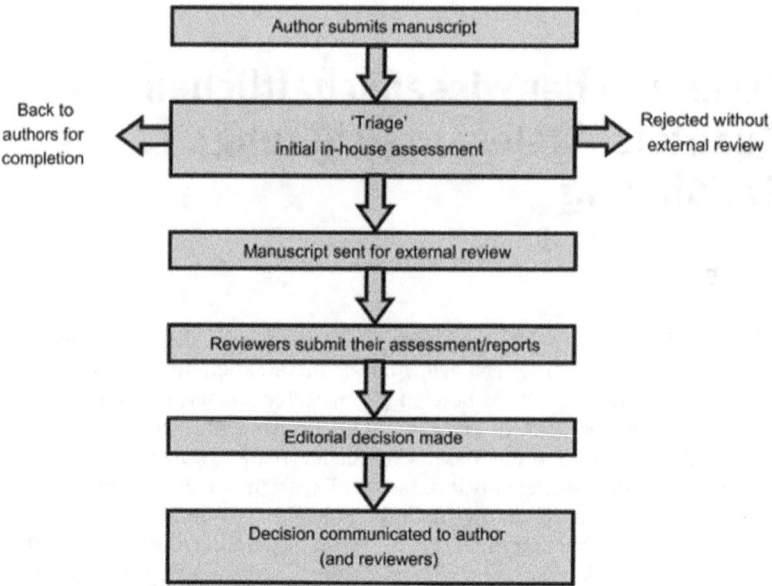

Abb. 1: Prototyper Ablauf der Peer Review (aus Science and Technology Commitee 2011, S. 10)

Die *editorial decision* der Publikationsverantwortlichen kann zur Ablehnung der Einreichung, zur Aufforderung zur Überarbeitung (mit *minor* oder *major revions*) oder zur sofortigen Annahme ohne Überarbeitungsauflagen führen.

Auch wenn die Kriterien der Begutachtung unterschiedlich ausfallen, lassen sich die Funktionen kursorisch bezeichnen als: Überprüfung der Solidität der Forschung (wurde sie nach angemessenen Standards durchgeführt, sodass die Ergebnisse und Schlussfolgerungen als gültig angesehen werden können?), Verbesserung der Qualität der Forschung bzw. deren Präsentation in der Publikation, Bewertung von Originalität, Bedeutung und Relevanz, Bewertung der Passung zwischen einer Einreichung und der Zeitschrift (Johnson et al. 2018, S. 49).

Abgesehen von den Ansprüchen der Zertifizierung und Qualitätssicherung wissenschaftlicher Inhalte weist Peer Review wenig Standarisierung auf, dies betrifft zuallererst die *Anonymität*, die meist den Reviewer*innen zugestanden wird, um sie im Falle eines kritischen Reviewing vor akademischer Rache der Begutachteten oder einem beschädigen beruflichen Verhältnis zu diesen zu schützen. Gängig ist *Single Blind Review*, bei der die einreichenden Wissenschaftler*innen den Gutachter*innen bekannt sind, umgekehrt jedoch Anonymität herrscht. Beim ebenfalls verbreiteten *Double Blind Review* hingegen sind die einreichenden Personen und die Gutachter*innen einander formal wechselseitig unbekannt. Gerade in kleinen Communities ist diese Anonymität jedoch trügerisch, da die Gutachter*innen in der Regel Autor*innen anhand deren Forschungsthematik identifizieren können, dies kann ebenso oft anhand der Sichtung der Referenzen geschehen, da gerade eine fortgeschrittene Forschungshistorie einer Person oft zu Selbstzitationen führt. Neben diesen beiden Verfahren existieren noch exotischere Varianten, wie *Triple Blind Review*, bei der die Einreichenden sogar den Herausgeber*innen unbekannt sind. *Open Review* hingegen öffnet den Begutachtungsprozess und ist in sich wiederum kein standardisiertes Verfahren, denn das Ausmaß der Öffnung kann sehr stark variieren

(Herb 2015, S. 187–193): Teils werden allein die Einreichungen und Reviews offen publiziert, teils gilt dies zudem für die Namen der Autor*innen oder Gutachter*innen (teils ist die Offenlegung von Namen obligatorisch, teils liegt dies in der Entscheidung der betroffenen Personen). Als Minimalanforderung an Open Review wird gemeinhin verstanden, dass Gutachten zu Einreichungen für jedermann entgeltfrei einsehbar online gestellt werden. Sowohl der Versuch, maximale Anonymität beim Triple Blind Review herzustellen als auch die Öffnung des Reviewing sollen die Begutachtung von sozialen Verzerrungen befreien, denn deren Integrität kann durch eine Vielzahl von Biases beeinträchtigt werden. Dazu zählen (Fröhlich 2003, S. 35–36; Science and Technology Committee 2011, S. 15–19; Weller 2001, S. 208–209, 247–293): Bevorzugung von renommierten Wissenschaflter*innen oder solchen mit renommierten Affiliationen (sei es durch die Gutachter*innen oder aber Herausgeber*innen, die entsprechend wohlwollende oder kritische Reviewer*innen auswählen, bei zweiterem verspricht Triple Blind Abhilfe), unsachlich wohlwollende oder kritische Begutachtung von wissenschaftlichen Freund*innen oder Konkurrent*innen, geschlechterspezifische (Gutachterinnen reviewen geschlechterindifferent, Gutachter beurteilen Einreichungen von Kolleginnen strenger), Alters- (jüngere Gutachter*innen urteilen rigoroser als ältere) oder Methoden-Biases (bei denen Reviewer*innen ohne wissenschaftliche Rechtfertigung bestimmte Methoden gegenüber anderen bevorzugen). Zuweilen werden gar Fälle von Plagiarismus berichtet, wenn Artikel oder Forschungsanträge von Gutachter*innen abgelehnt und unter eigenem Namen an anderer Stelle eingereicht werden. Gerade gegen Letzteres versprechen Open-Review-Varianten einen Ausweg. Allerdings kann Open Review prinzipiell eine neue Form der sozialen Verzerrung provozieren, zumindest in Fällen, in denen Gutachter*innen ihre Identität offenlegen, denn hier sind Gefälligkeitsgutachten denkbar durch Verfassen von positiven Reviews, um später Vorteile daraus ziehen zu können. Trotz der oben genannten Biases und Manipulationsmöglichkeiten attestierten Wissenschaftler*innen, dass Peer Review, Lesbarkeit und Qualität von Veröffentlichungen verbessert sowie die Genauigkeit, die angemessene Methodik, die Neuartigkeit und die Relevanz für die Zeitschrift kritisch überprüft (Rowley & Sbaffi 2018, S. 649).

Neben der Eigenschaft der Anonymität unterscheiden sich Review-Verfahren auch nach dem *Publikationsstatus*. Auch wenn es üblich ist, die Begutachtung in der Prä-Publikationsphase durchzuführen, existieren auch Post-Publication-Review-Modelle, die teils ergänzend zur Begutachtung vor der Publikation durchgeführt werden (Johnson et al. 2018, S. 52–53) oder diese gar ersetzen sollen und einem Publish-first-filter-later-Prinzip folgen (Kohle 2015).

Weiterhin existieren Variationen nach der *Anzahl der beteiligten Reviewer*innen* Bei den Verfahren Single und Double Blind kommen, auch wenn die Zahl der Reviewer*innen pro Einreichung variiert, meist zwei zum Einsatz. Ware & Monkman (2008, S. 46–47) ermittelten einen Durchschnittswert von 2,3, wobei 65 % der Herausgeber*innen angaben, zwei Reviewer*innen einzusetzen, 25 % setzten drei ein, 6 % eine*n Gutachter*in, die restlichen verteilten sich auf den Einsatz von keinem oder von vier und mehr Reviewer*innen. Ähnliche Werte sind auch für Triple Blind und meist auch Open Review anzunehmen. Allerdings existiert auch Collaborative Review, bei der mehrere Personen Kommentare zu einem Text abgeben können. Diese Variante findet oft Anwendung im Anschluss an ein blindes oder offenes Verfahren, z. B. beim Verlag Frontiers, dessen kollaborative Begutachtungsphase einen Austausch zwischen Autor*innen, Gutachter*innen, zuständigem/zuständiger Editor*in und gegebenenfalls Specialty Chief Editor*in und Redakteur*innen in einem direkten Online-Dialog zusammenbringt, der schnelle Iterationen ermöglicht und eine Konsensfindung erleichtert (Frontiers n. d.). Das Journal

Atmospheric Chemistry and Physics, dessen Herausgeberschaft pionierhaft bei der Anwendung von Open Review wirkte (Pöschl 2006), setzt die kollaborative Phase, anders als Frontiers, nicht nach dem Reviewing durch ausgewählte Reviewer*innen an, sondern lässt beide parallel stattfinden: „During this phase interactive comments can be posted by nominated referees (anonymous or named) and by interested members of the scientific community (named)." (Atmospheric Chemistry and Physics n. d.).

2 Evaluierung

Neben dem zumeist in der Prä-Publikationsphase stattfindenden Peer Review, existieren auch Bewertungen wissenschaftlicher Leistungen ex post, nach der Publikation (hier in der Regel von Texten), durch Ratings und Rankings.

Ein besonders relevantes Ranking stellen in den STM-Fächern die Journal Citation Reports (JCR) dar. Diese Datenbank listet, verkürzt gesagt, Journale basierend auf ihrer Zitationsrate, dem Journal Impact Factor (s. Kapitel B 11 Bibliometrie), der vergangenen zwei Jahre. Andere Rankings verfahren, wenn auch mit gewissen methodischen Anpassungen, ähnlich, z. B. der kostenlos nutzbare Scimago Journal & Country Rank (SJR). Neben diesen beiden multidisziplinären Rankings existieren auch rein fachliche wie das Handelsblatt-Ranking der Zeitschriften aus der Volkswirtschaftslehre oder auch auf Wissenschaftler*innen ausgelegte Rankings, wie z. B. das Forscher*innen-Ranking der Betriebswirtschaftslehre (ebenfalls ein Produkt des Handelsblatts). Von den Rankings zu unterscheiden sind Ratings: Während

> Ranking im engeren Sinne [...] in der Bildung von Ranglisten [münden], auf denen jedem Objekt ein bestimmter Rangplatz zugewiesen wird [...] [,] werden die bewerteten Objekte bei Ratings nicht auf Rangplätzen verortet, sondern mit Bewertungen nach einer vorgegebenen (Noten) Skala versehen. (Lange 2010, S. 322)

Das Journal-Rating der Wirtschaftsuniversität Wien ist Beispiel eines institutionell-fachlichen Ratings, das mit einer Gratifikationsfunktion verbunden ist: Wer in einem Journal mit Star-Rating publiziert, erhält eine Prämie von aktuell 3 000 Euro.[1]

Neben solchen auf quantitativen Methoden (in diesem Fall meist Zitationszählungen) basierenden Rankings und Ratings existieren auch solche, die auf qualitativen (oder einer Mischung aus quantitativen und qualitativen) Indikatoren basieren.

Eine Übersicht über internationale Ratings und Rankings wissenschaftlicher Journale bietet Anne-Wil Harzings (2022) Journal Quality List, die mehrmals jährlich Updates unterzogen wird. In den Geisteswissenschaften sind sowohl Ratings als auch Rankings weithin verpönt. Hier gilt als Qualitätsindikator eher die Indexierung eines Journals in einer kuratierten Datenbank oder Journalliste, z. B. im European Reference Index for the Humanities (ERIHPlus-Index)[2] oder im Directory of Periodicals der Modern Language Association.[3] Neben diesen auf Verlage, Journale oder Personen zielenden Ratings und Rankings existieren auch Verfahren, die ganze Hochschulen oder Länder erfassen, z. B.

---

[1] https://www.wu.ac.at/mitarbeitende/infos-fuer-forschende/wu-journalratings-leistungspraemien/.
[2] https://kanalregister.hkdir.no/publiseringskanaler/erihplus/.
[3] https://www.mla.org/Publications/MLA-International-Bibliography/About-the-MLA-International-Bibliography/MLA-Directory-of-Periodicals.

das Ranking deutscher Hochschulen des Centrum für Hochschulentwicklung (CHE) bzw. international das Academic Rankings of World Universities (ARWU) bzw. Shanghai Ranking und das Times Higher Education World Univerity Rankings (THE-Ranking). In die letztgenannten Rankings fließen auch Zitationsindikatoren, z. B. aus den JCR ein.

Die am 16. Dezember 2012 verabschiedete *Declaration on Research Assessment* (DORA[4]) diagnostiziert „a pressing need to improve the ways in which the output of scientific research is evaluated by funding agencies, academic institutions, and other parties" (DORA 2012). Sie richtet sich vor allem gegen die Nutzung journalbasierter Kennziffern, wie z. B. des Journal Impact Factors, von Ratings oder Rankings zur Beurteilung der wissenschaftlichen Leistung einzelner Personen oder des Gehalts einzelner Artikel innerhalb dieser Journale. Zudem fordert DORA auch andere Parameter als Publikationen oder Drittmitteleinwerbung bei der Evaluierung wissenschaftlicher Leistungen miteinzubeziehen und nennt z. B. Daten, Reagenzien und Software oder die Qualität der Ausbildung. Als unerlässlich bezeichnet DORA die überlegte Auswahl der in der Evaluierung zu berücksichtigenden Attribute, deren exakte Messung und die Transparenz und öffentliche Zugänglichkeit der bei der Ermittlung von Kennziffern genutzten Daten. Mitte Januar 2022 haben 20 970 Personen und Organisationen in 153 Ländern die Erklärung unterzeichnet.

Bezieht man metrische (kennziffernbasierte) Bewertung von Wissenschaft in Open-Science-Szenarien mit ein, muss man an Open Metrics folgende Kriterien anlegen (Herb 2016, S. 69):
– die logisch begründete und offen dokumentierte Auswahl an Objekten, für welche Impact-Werte berechnet werden, sowie an Datenquellen, mithilfe derer die Impact-Werte berechnet werden
– Bereitstellung der Daten, die der Berechnung der Impact-Scores zugrunde liegen, unter einer offenen Lizenz
– Möglichkeit, die Daten und die daraus ermittelten Werte automatisiert abzufragen, z. B. über ein Application Programming Interface (API)
– logische, wissenschaftliche und dokumentierte Begründung, anhand welcher Formel oder Parameter die Werte berechnet wurden
– Bereitstellung der Software unter Open-Source-Bedingungen, mittels derer Daten ausgewertet und Scores berechnet werden.

Die Auswahl der Objekte und Datenquellen sollte wissenschaftlichen Communities überlassen sein und könnte daher je nach Fach divergieren.

3 Herausforderungen und Entwicklungen

3.1 Review in Mega Journals

Johnson et al. diagnostizierten 2018 (S. 5), dass die Zahl der jährlich veröffentlichten Artikel und die Anzahl der Zeitschriften seit mehr als zwei Jahrhunderten stetig gewachsen ist, um etwa 3 % bzw. 3,5 % pro Jahr, mit jedoch höheren Steigerungsraten innerhalb der letzten Jahre vor Publikation ihres Beitrags: In diesen hatte sich das Wachstum auf

---

[4] https://sfdora.org/read/.

4 % pro Jahr für Artikel und über 5 % für Zeitschriften beschleunigt. Dieser Anstieg bedeutet auch, dass zusehends mehr Artikel dem Review unterzogen werden müssen. Da zudem das beim Review angelegte Kriterium der Originalität verhindert, dass etwa Replikationsstudien publiziert werden, die jedoch zur Bewertung der Reliabilität, Replizierbarkeit oder Reproduzierbarkeit originärer Befunde sehr wichtig sind, streichen manche Journale Kriterien wie Originalität oder Relevanz der Forschung aus ihrem Bewertungskatalog, etwa das Journal PLOS ONE. PLOS ONE (n. d.) nennt als Kriterien der Begutachtung: Die Publikation ist das Ergebnis von Primärforschung (keine Sekundäranalyse) und noch nicht anderer Stelle publiziert, Qualität der Methodik, angemessene und verständliche Darstellung der Ergebnisse, Berücksichtigung ethischer Standards und Offenlegung von Daten (PLOS ONE n. d.). Geradezu spezialisiert auf diese Art der Review haben sich die sogenannten Mega-Journals, deren Charakteristik Björk & Solomon (2014, S. 21) zufolge eine sehr weit gefasste thematische Abdeckung ist, ein Überprüfungsverfahren, das sich ausschließlich darauf konzentriert, ob die Methodik solide ist und ob die Forschung und Veröffentlichung akzeptablen ethischen Standards folgen, ohne Rücksicht auf die Bedeutung des Forschungsthemas oder der Ergebnisse und ein beschleunigtes Überprüfungs- und Veröffentlichungsverfahren.[5]

3.2 Review-Dauer als Marketing-Element

Laut einer 2016 publizierten Studie gaben befragte Autor*innen eine durchschnittliche Begutachtungszeit von etwa drei Monaten an. Im Durchschnitt betrachteten die Autor*innen allerdings nur Zeiten von bis zu 30 Tagen als akzeptabel, nach drei Monaten sank die Zufriedenheit massiv, weniger als 10 % waren mit Begutachtungszeiten von mehr als 6 Monaten zufrieden (Johnson et al. 2018, S. 57). Laut einer Untersuchung der Nature Publishing Group (NPG) aus dem Jahr 2014 waren Forschende frustriert durch die lange Dauer der Review-Prozesse (Scheer 2015). Neben den Mega Journals versuchen daher auch andere Journale bzw. Verlage von dem Bedürfnis nach schnelleren Begutachtungen zu profitieren. Während die NPG ihre als Fast Track Peer Review bezeichnete Option, die Begutachtung gegen Zahlung einer Gebühr zu beschleunigen (Jump 2015), nach Druck von Journalherausgeber*innen (Cressey 2015) zurücknahm, bietet z. B. das *Journal of Medical Internet Research* (2022) ein beschleunigtes Reviewing gegen Zahlung von 450 US-Dollar an (Journal of Medical Internet Research Publications 2022). Die NPG machte es damals möglich, im Journal Scientific Reports gegen Zahlung von 750 US-Dollar die Review-Dauer auf drei Wochen zu verkürzen. Ein schnelles Reviewing kann ein Wettbewerbsvorteil am Publikationsmarkt sein, da eine möglichst kurze Zeitspanne zwischen der Einreichung von Manuskripten und deren Veröffentlichung ein Journal als Publikationsort attraktiv erscheinen lässt (Deutsche Forschungsgemeinschaft 2005, S. 62).

Wie groß der Effekt eines schnellen Publikationsprozesses und einer dazu notwendig raschen Review ist, belegt das Wachstum des Verlages Multidisciplinary Digital Publishing Institute (MDPI): Ausgehend von Daten aus der Datenbank SJR rangierte MDPI 2015 gemessen am Artikeloutput auf Platz 17 der Verlage, im Jahr 2019 lag der Verlag auf Platz fünf und war zugleich, noch vor Springer Nature, der größte Open Access Publisher, allein zwischen 2017 und 2018 wuchs der Output um über fast 80 % (Petrou

---

[5] Eine Liste solcher Journale findet sich unter: https://en.wikipedia.org/wiki/Mega_journal#List_of_mega_journals.

2020). Dieses Wachstum wird u. a. von Petrou (2020) mit der kurzen Zeitspanne zwischen Submission und Publikationen und daher notwendigerweise einer raschen Review in Verbindung gebracht. Laut MPDI (2020 S. 6) verkürzte sich die Zeit zwischen Einreichung und Publikation im Median von 68 Tagen im Jahr 2016 auf 39 Tage 2018/2019. Der Haupttreiber der Beschleunigung liegt in den kürzeren Review-Zeitfenstern, die von 28 Tagen im Median 2016 auf 19 Tage 2018/2019 schrumpften.

3.3 Predatory Publishing

Sogenannte räuberische Verlage oder Predatory Publishers leisten i. d. R. keinen Beitrag zur Wissenschaftskommunikation und ignorieren gängige wissenschaftliche Redaktions- und Veröffentlichungspraktiken, in allererster Linie die Peer Review, um wirtschaftlichen Gewinn zu erwirtschaften (Grudniewicz et al. 2019). Es gibt zahlreiche unterschiedliche und sich weiterentwickelnde Praktiken der Predatory Publishers (in Übersicht Deinzer & Herb 2020), denen jedoch zumeist gemeinsam ist, dass sie für die Publikation einer Einreichung eine Gebühr verlangen und nur angeblich Qualitätssicherung durch Peer Review durchführen. Die Gebühren sind in aller Regel gering (zwischen 100 und 800 US-Dollar), die Artikel in diesen Journalen stammen zumeist von Autor*innen aus Afrika und Asien. Der Marktanteil der Predatory Publisher betrug 2014, gemessen am Umsatz, 0,68 % (C. Shen & Björk 2015). Da Artikel in Predatory Journals signifikant weniger häufig zitiert werden als in ihren seriösen Pendants publizierte (Björk et al. 2020), scheint deren Einfluss auf den wissenschaftlichen Diskurs geringer als womöglich befürchtet. Überdies sind längst nicht alle Autor*innen Opfer des Betrugs, sondern nutzen Predatory Publishers bewusst, z. B. wenn sie aufgrund der in ihren Ländern herrschenden Bewertungskultur faktisch gezwungen sind, in Peer-Review-geprüften Journalen zu veröffentlichen – allerdings aufgrund von Sprachbarrieren in den angesehensten Journalen kaum eine Chance auf Publikation ihrer Inhalte haben (Deinzer & Herb 2020, S. 28; C. Shen & Björk 2015, S. 14). Dennoch wird Predatory Publishing im Lichte der medial präsenten Diskussion um Fake Science (als Verunglimpfung valider wissenschaftlicher Resultate) als Gefahr für die Glaubwürdigkeit der Wissenschaft betrachtet (Hopf et al. 2019). Um dem Phänomen Einhalt zu gebieten, werden verschiedene Maßnahmen vorgeschlagen (Deinzer & Herb 2020, S. 30–33): z. B. die Nutzung von kontrollierten Listen qualitätsgeprüfter Journale (als Spielart davon auch die Prüfung, ob Journale in anerkannten Datenbanken indiziert sind, s. dazu auch den Punkt *Evaluierung*), die Nutzung von Negativ-Listen mit des Predatory Publishings verdächtigten Journalen (z. B. Cabells' Predatory Reports), die Bereitstellung der Gutachten (s. o. Open Review) und der zugrundeliegenden Forschungsdaten zusammen mit publizierten Artikeln.

3.4 Paper Mills und Forschungsdaten

Eine weitere und neuere Entwicklung unseriöser Praktiken stellen die sogenannten Paper Mills dar. Anders als Predatory Publishers bieten die Paper Mills Wissenschaftler*innen einen Komplettservice, der das Verfassen eines wissenschaftlichen Papers, dessen Überarbeitung unter Berücksichtigung der Review-Kommentare und der Fabrikation von Daten, auf den das Paper fußt, umfasst. Gemeinsam ist den Paper Mills und Predatory

Publishers jedoch, dass beide von einem auf Publikationsoutput basierenden wissenschaftlichen Reputationssystem profitieren (Schneider & Herb 2020). Die Royal Society of Chemistry (RSC) führt als Reaktion auf das Aufkommen der Paper Mills strengere Überprüfungen von Einreichungen durch: Redakteur*innen müssen beispielsweise Rohdaten anfordern und man will Mitarbeiter*innen speziell zur Überprüfung von Grafiken abstellen, da diese meist einen Hinweis auf fabrizierte Daten geben (Else & Van Noorden 2021). Im Januar 2020 veröffentlichten Elisabeth Bik, eine Expertin in der intellektuellen Identifikation gefälschter Resultate anhand von Grafiken (H. Shen 2020), weitere, unter Pseudonymen tätige, Wissenschaftler*innen und Leonid Schneider eine Liste von mehr als 400 veröffentlichten Arbeiten, die ihrer Meinung nach wahrscheinlich von einer Paper Mill produziert wurden (Schneider 2020). Bis März 2021 hatten sie insgesamt mehr als 1300 Artikel aufgelistet, die laut Nature möglicherweise aus Paper Mills stammten (Else & Van Noorden 2021). Neben den intellektuellen Verfahren, wie von Bik und RSC praktiziert, werden auch automatisierte Verfahren der Bild-Analyse zur Entdeckung von Manipulationen bzw. zur Qualitätssicherung erprobt, die Mustererkennung, künstliche Intelligenz und maschinelles Lernen anwenden (Beck 2021).

4 Ausblick

Peer Review galt und gilt als das Verfahren zur Zertifizierung wissenschaftlicher Journalartikel schlechthin, auch, wenn sie weder Qualität garantieren, noch Missbrauch verhindern kann. Während ihre Varianten lange Zeit überschaubar waren (Single und Double Blind Review), entwickelten sich mit Triple Blind, Open und Post Publication sowie Collaborative Review neue Spielarten, gleichzeitig findet sie Anwendung auf immer weitere Objektarten (Bücher, Daten, Software). Auch die Ex-Post-Bewertung von wissenschaftlicher Arbeit durch Ratings und Rankings unterliegt durch die Open Science und die Forderungen nach offenen Verfahren der Bewertung von Wissenschaft einem Wandel. Durch steigende Publikationszahlen und das auf Publikationskennziffern beruhende Reputationssystem der Wissenschaften entwickeln sich neue Marketingstrategien wissenschaftlicher Verlage, allerdings entstehen auch Gefahren für die Wahrnehmung der Wissenschaft, speziell ihrer Glaubwürdigkeit, die z. B. das verlagsseitige Vortäuschen einer Qualitätsprüfung oder die industrialisierte Produktion fingierter Daten- und Texte umfassen. Als qualitätssichernd können hier neben maschinellen Verfahren, z. B. in der Erkennung gefälschter Grafiken und Daten, vor allem Open-Science-Ansätze wie die Anwendung von offenem Review oder der offenen Bereitstellung von Forschungsdaten gelten.

5 Literaturverzeichnis

Atmospheric Chemistry and Physics. (n. d.). *Interactive review process*. European Geosciences Union. https://www.atmospheric-chemistry-and-physics.net/peer_review/interactive_review_process.html.
Beck, T. S. (2021). Image manipulation in scholarly publications: are there ways to an automated solution? *Journal of Documentation*, ahead-of-print. https://doi.org/10.1108/JD-06-2021-0113.
Björk, B. C. & Solomon, D. (2014). *Developing an Effective Market for Open Access Article Processing* Charges (Final report). https://web.archive.org/web/20140602195247/http://www.wellcome.ac.uk/stellent/groups/corporatesite/%40policy_communications/documents/web_document/wtp055910.pdf.

Björk, B. C., Kanto-Karvonen, S. & Harviainen, J. T. (2020). How Frequently Are Articles in Predatory Open Access Journals Cited. *Publications*, 8(2), Article 17. https://doi.org/10.3390/publications8020017.

Brown, T. (2004). *Peer Review and the Acceptance of New Scientific Ideas*. Sense About Science.

Cressey, D. (2015). *Concern raised over payment for fast-track peer review* (March 27, 2015). Nature. https://doi.org/10.1038/nature.2015.17204.

Deinzer, G. & Herb, U. (2020). Scheinverlage in der wissenschaftlichen Kommunikation. Verbreitung von Predatory Publishing und Lösungsansätze. Zeitschrift für Bibliothekswesen und Bibliographie, 67(1), 25–37. https://doi.org/10.3196/186429502067147.

Deutsche Forschungsgemeinschaft (2005). Publikationsstrategien im Wandel? Ergebnisse einer *Umfrage zum Publikations- und Rezeptionsverhalten unter besonderer Berücksichtigung von Open Access*. Wiley-VCH. https://www.dfg.de/download/pdf/dfg_im_profil/geschaeftsstelle/publikationen/studien/studie_publikationsstrategien_bericht_dt.pdf.

DORA. (2012). *San Francisco declaration on research assessment* (Dezember 16, 2012). https://sfdora.org/read/.

Else, H. & Van Noorden, R. (2021). The fight against fake-paper factories that churn out sham science. *Nature*, 591(7851), 516–519. https://doi.org/10.1038/d41586-021-00733-5.

Fröhlich, G. (2003). Anonyme Kritik: Peer Review auf dem Prüfstand der Wissenschaftsforschung. *medizin – bibliothek – information*, 3(2), 33–39.

Fröhlich, G. (2006). „Informed Peer Review": Ausgleich der Fehler und Verzerrungen? In: *Von der Qualitätssicherung der Lehre zur Qualitätsentwicklung als Prinzip der Hochschulsteuerung?* (S. 193–204). Hochschulrektorenkonferenz HRK. http://eprints.rclis.org/8838/.

Fröhlich, G. (2009). Die Wissenschaftstheorie fordert Open Access. *Information – Wissenschaft & Praxis*, 60(5), 253–258.

Frontiers. (n. d.). *Collaborative Peer Review*. https://www.frontiersin.org/about/review-system.

Grudniewicz, A., Moher, D., Cobey, K. D., Bryson, G. L., Cukier, S., Allen, K., Ardern, C., Balcom, L., Barros, T., Berger, M., Ciro, J. B., Cugusi, L., Donaldson, M. R., Egger, M., Graham, I. D., Hodgkinson, M., Khan, K. M., Mabizela, M., Manca, A. & Lalu, M. M. (2019). Predatory journals: No definition, no defence. *Nature*, 576(7786), 210–212. https://doi.org/10.1038/d41586-019-03759-y.

Harzing, A.-W. (2022). *Journal Quality List* (69th edition). https://harzing.com/resources/journal-quality-list.

Herb, U. (2015). *Open Science in der Soziologie: Eine interdisziplinäre Bestandsaufnahme zur offenen Wissenschaft und eine Untersuchung ihrer Verbreitung in der Soziologie*. Werner Hülsbusch. https://doi.org/10.5281/zenodo.31234.

Herb, U. (2016). Impactmessung, Transparenz & Open Science. *Young Information Scientist*, 1, 59–72. https://doi.org/10.25365/yis-2016-1-5.

Hopf, H., Krief, A., Mehta, G. & Matlin, S. A. (2019). Fake science and the knowledge crisis: Ignorance can be fatal. Royal Society Open Science, 6(5), Article 190161. https://doi.org/10.1098/rsos.190161.

Johnson, R., Watkinson, A. & Mabe, M. (2018). *The STM Report: An overview of scientific and scholarly publishing* (Fifth edition). International Association of Scientific, Technical and Medical Publishers. https://www.stm-assoc.org/2018_10_04_STM_Report_2018.pdf.

Journal of Medical Internet Research Publications (2022). *How to fast-track (expedite) a paper and what are the benefits?* https://support.jmir.org/hc/en-us/articles/115001310127-How-to-fast-track-expedite-a-paper-and-what-are-the-benefits-.

Jump, Paul. (2015). *Nature journal ‚playing with fire' over fee for fast-track review* (April 23, 2015). Times Higher Education. https://www.timeshighereducation.com/news/nature-journal-playing-with-fire-over-fee-for-fast-track-review/2019810.article.

Kohle, H. (2015). Publish first – filter later. Über den Prozess der Qualitätsbewertung im Open Access. *Archäologische Informationen*, 38, 109–112. https://doi.org/10.11588/AI.2015.1.26154.

Lange, R. (2010). Benchmarking, Rankings und Ratings. In D. Simon, A. Knie & S. Hornbostel (Hrsg.), *Handbuch Wissenschaftspolitik* (S. 322–333). VS. https://doi.org/10.1007/978-3-531-91993-5_22.

Multidisciplinary Digital Publishing Institute (2020). *Annual report 2019*. https://res.mdpi.com/data/2019_web.pdf.

Oevermann, U. (2005). Wissenschaft als Beruf. Die Professionalisierung wissenschaftlichen Handelns und die gegenwärtige Universitätsentwicklung. Die Hochschule: Journal für Wissenschaft und Bildung, 14 (1), 15–51. https://doi.org/10.25656/01:16464.

Petrou, C. (2020). *MDPI's Remarkable Growth* (August 10, 2020). The Scholarly Kitchen. https://scholarly-kitchen.sspnet.org/2020/08/10/guest-post-mdpis-remarkable-growth/.

PLOS ONE (n. d.). *Accelerating the publication of peer-reviewed science*. https://journals.plos.org/plosone/s/reviewer-guidelines.

Pöschl, U. (2006). Open Access & Collaborative Peer Review: Öffentliche Begutachtung und interaktive Diskussion zur Verbesserung von Kommunikation und Qualitätssicherung in Wissenschaft und Gesellschaft. In S. Hornbostel & D. Simon (Hrsg.), *Wie viel (In-) Transparenz ist notwendig? Peer Review revisited* (iFQ-Working Paper 1, S. 43–46). Institut für Forschungsinformation und Qualitätssicherung.

Rowley, J. & Sbaffi, L. (2018). Academics' attitudes towards peer review in scholarly journals and the effect of role and discipline. *Journal of Information Science*, 44(5), 644–657. https://doi.org/10.1177/0165551517740821.

Scheer, R. (2015). Further experiments in peer review. *Of Schemes and Memes: Nature.com Blogs* (March 27, 2015). http://blogs.nature.com/ofschemesandmemes/2015/03/27/further-experiments-in-peer-review.

Schneider, L. (2020). The full-service paper mill and its Chinese customers. For Better *Science* (January 24, 2020). https://forbetterscience.com/2020/01/24/the-full-service-paper-mill-and-its-chinese-customers/.

Schneider, L. & Herb, U. (2020). *Das wissenschaftliche Publikations- und Reputationssystem ist gehackt* (April 15, 2020). Telepolis. https://heise.de/-4701388.

Science and Technology Committee (2011). Peer Review in scientific publications. (Eighth report of session 2010–12. Volume I: Report, together with formal minutes, oral and written evidence). House of Commons.

Shen, C. & Björk, B. C. (2015). ‚Predatory' open access: a longitudinal study of article volumes and market characteristics. *BMC Medicine*, 13, Article 230. https://doi.org/10.1186/s12916-015-0469-2.

Shen, H. (2020). Meet this super-spotter of duplicated images in science papers. *Nature*, 581(7807), 132–136. https://doi.org/10.1038/d41586-020-01363-z.

Swanson, E., & McCloskey, J. C. (1982). The Manuscript Review Process of Nursing Journals. *Image*, 14(3), 72–76. https://doi.org/10.1111/j.1547-5069.1982.tb01618.x.

Ware, M. & Monkman, M. (2008). Peer Review in Scholarly Journals: Perspective of the Scholarly Community – an International Study. Publishing Research Consortium.

Weingart, P. (2001). *Die Stunde der Wahrheit? Zum Verhältnis der Wissenschaft zu Politik, Wirtschaft und Medien in der Wissensgesellschaft*. Velbrück.

Weller, A. C. (2001). *Editorial Peer Review: Its Strengths and Weaknesses* (2nd edition). Information Today.

Thomas Mandl
B 16 Text Mining und Data Mining

1 Einleitung und Definitionen

Text und Data Mining sind ein Bündel von Technologien, die eng mit den Themenfeldern Statistik, Maschinelles Lernen und dem Erkennen von Mustern verbunden sind. Die üblichen Definitionen beziehen eine Vielzahl von verschiedenen Verfahren mit ein, ohne eine exakte Grenze zu ziehen.

Data Mining bezeichnet die Suche nach Mustern, Regelmäßigkeiten oder Auffälligkeiten in stark strukturierten und vor allem numerischen Daten. „Any algorithm that enumerates patterns from, or fits models to, data is a *data mining algorithm*. " (Fayyad 1997, S. 5). Numerische Daten und Datenbankinhalte werden als strukturierte Daten bezeichnet. Dagegen gelten Textdokumente in natürlicher Sprache als unstrukturierte Daten: „Text mining is the art of data mining from text data collections. The goal is to discover knowledge (or information, patterns) from text data, which are unstructured or semi-structured. " (Cai & Sun 2009).

Text Mining überträgt Data Mining Verfahren auf Texte. Dazu werden Wörter zunächst in numerische Daten überführt, so dass sie anschließend verarbeitet werden können. Beispielsweise kann die Frequenz von Wörtern in Texten ausgewertet werden und dadurch entstehen numerische Daten.

Text Mining bezeichnet die Ableitung von neuen Erkenntnissen aus vielen Texten. Dafür werden Muster gebildet, wie häufig bestimmte Gruppen von Wörtern in verschiedenen Textkollektionen vorkommen. Daraus kann geschlossen werden, wie bestimmte Sachverhalte und Themen in einer Textmenge behandelt werden. Die neu gewonnenen Erkenntnisse können nicht aus einem einzelnen Text abgelesen werden, sondern nur aus der Gesamtschau auf sehr viele Texte und die Verteilung der Häufigkeit von Begriffen in diesen Texten entstehen. Text und Data Mining erkennen Muster in großen Mengen von Daten. Die mit dem Begriff des Mining verbundene Metapher des Bergbaus führt eher in die Irre, denn es geht nicht um das Finden einiger wertvoller Elemente, sondern um den Blick auf sehr viele Dokumente bzw. auf neue Erkenntnisse auf einmal.

Im Verlauf des Text-Mining-Prozesses gewinnen Benutzer*innen durch die Interaktion mit entsprechenden Werkzeugen Muster. Diesen Aspekt betont die folgende Definition: „Text Mining can be broadly defined as a knowledge-intensive process in which a user interacts with a document collection over time by using a suite of analysis tools." (Feldman & Sanger 2007, S. 1)

Die Verarbeitung natürlicher Sprache erfordert angemessene Verfahren zum Umgang mit Vagheiten und heterogenen Darstellungsformen. Diesen Aspekt stellt die folgende Definition in den Mittelpunkt: *Text Mining*

> refers generally to the process of extracting interesting information and knowledge from unstructured text. [...] Text Mining aims at disclosing the concealed information by means of methods which on the one hand are able to cope with the large number of words and structures in natural language and on the other hand allow to handle vagueness, uncertainty and fuzziness. (Hotho et al. 2005, S. 19)

Sowohl beim Data Mining als auch beim Text Mining stehen häufig Klassifikation und Clustering im Mittelpunkt (Cleve & Lämmel 2020). Klassifikation meint die automatische Zuordnung von Elementen in vordefinierte Klassen. Beispielsweise könnten Texte in verschiedene Unterklassen einsortiert und damit beispielsweise thematisch geordnet werden (*text classification*). Clustering dagegen ordnet Elemente ohne eine vorgegebene Struktur nach ihren Eigenschaften. Dabei werden ähnliche Elemente in gleichen Clustern (oder Gruppen) gesammelt, während untereinander nicht ähnliche Elemente in unterschiedliche Cluster einsortiert werden.

2 Basisoperationen des Data Mining

Data Mining befasst sich mit der Suche nach Mustern in großen Mengen von Zahlen: „Diese Suche nach Mustern oder Zusammenhängen in den Daten ist Gegenstand des Data Mining. [...] Data Mining sucht nach unbekannten Mustern und Abhängigkeiten in den gegebenen Daten." (Cleve & Lämmel 2020). Auch wenn Muster noch kein Wissen sind, wird dafür auch häufig der Begriff *Knowledge Discovery* genutzt.

2.1 Grundlagen

Die Grundlagen des Data Mining liegen in der Statistik. Die Statistik liefert grundlegende Methoden wie den Satz von Bayes, der den Zusammenhang zwischen den Wahrscheinlichkeiten bestimmter Ereignisse beschreibt. Damit könnte man beispielsweise die Wahrscheinlichkeit für das Auftreten einer Erkrankung angesichts eines Symptoms wie Halsweh berechnen. Für viele Krankheiten wäre das ein eher wenig spezifisches Symptom.

Ein wichtiges Grundprinzip stellt die Ähnlichkeit zwischen Entitäten dar, die durch numerische Eigenschaften beschrieben werden. Konzepte wie Abstand und Ähnlichkeit spielen auch in der menschlichen Wahrnehmung eine bedeutende Rolle. Wenn wir beim Vergleichen von mehreren Personen oder Objekten übereinstimmende bzw. nahezu identische Merkmale erkennen, dann sprechen wir davon, dass sie einander ähneln. Je höher der qualitative Übereinstimmungsgrad zwischen den betrachteten Personen oder Objekten dabei in Bezug auf ein oder mehrere Eigenschaften ist, umso größer ist die festgestellte Ähnlichkeit. Zur Messung von Ähnlichkeit konkurrieren zwei Modelle. Das erste betrachtet den Abstand von Objekten auf der Grundlage eines geometrischen Raumes. Die Distanzen lassen sich anhand von Achsen berechnen, wobei jede Eigenschaft eine Achse in einem n-dimensionalen Raum bildet. Angenommen, ein Farbraum hat drei Achsen und wird somit aus drei Werten gebildet, so lässt sich die Ähnlichkeit zwischen zwei Objekten anhand ihrer Distanz im Farbraum bestimmen (Goldstone & Sun 2005).

Alternativ findet das Eigenschaftsmodell Anwendung, das gemeinsame und unterschiedliche Eigenschaften verschieden gewichtet. So kann zwischen dem Objekt „Apfel" und dem Objekt „Birne" je nach Perspektive eine andere Ähnlichkeit bestehen (Goldstone & Sun 2005). Das gemeinsame Auftreten von Eigenschaften wird auch unter dem Begriff Assoziationen behandelt.

Heute bildet das Maschinelle Lernen den Kern, und inzwischen wird längst auch von *Data Science* gesprochen, wenn große Datenmengen analysiert werden (Larose 2019). Zunehmend entstehen riesige Sammlungen von Daten, die analysiert werden können. Dazu zählen beispielsweise Wetter- und Klima-Daten, Kunden- oder Gesundheitsdaten. In diesen Domänen sind Vorhersagen relevant und so sollen Data-Mining-Verfahren aus bestehenden Daten Modelle erzeugen, welche auch neue und unbekannte Situationen einschätzen können. Ähnlich einer Regressionsanalyse sollen Messungen z. B. in die Zukunft projiziert werden.

Maschinelles Lernen beschäftigt sich mit Computerprogrammen, die fähig sind, nach entsprechenden Eingaben neue Erkenntnisse zu extrahieren. Auch beim Maschinellen Lernen geht es um die Anpassung von Verhalten, also dem Output eines Systems an die Umwelt. Je nach Lernkontext (Erfahrung) reagiert ein automatisches System nach dem Lernen anders. Es liefert also einen anderen und meist besseren Output als zuvor. Verfahren des Maschinellen Lernens erstellen oft schrittweise Regeln, welche die Ausgaben an den gewünschten Output anpassen (Russell & Norvig 2002). Damit steht Maschinelles Lernen im Kontext von Künstlicher Intelligenz, wobei dieser Begriff inzwischen sehr allgemein und umfassend für fortgeschrittene Informations-Technologien genutzt wird.

2.2 Klassifikation

Bei der Klassifikation (s. Kapitel B 5 Klassifikation) soll ein Algorithmus Objekte in vorgegebene Klassen einordnen. Dazu werden ihm durch positive und negative Beispiele vorgegeben, aus denen er Anhaltspunkte für die Klassenzugehörigkeit ableiten muss. Klassifikationsverfahren benötigen Wissen über die Objekte. Nach den gleichen Kriterien werden in einem zweiten Schritt auch unbekannte Objekte klassifiziert. Symbolische Verfahren betonen Regeln und die logische Nachvollziehbarkeit des gelernten Wissens. Eine wichtige Ausprägung dieser Algorithmen sind beispielsweise Entscheidungsbäume und Klassifikationsregeln (Witten & Frank 2000).

Entscheidungsbäume suchen nach binären Aufteilungen des Merkmalsraums, bei denen möglichst viele Elemente einer Klasse zusammenfallen. So könnte ein Algorithmus beispielsweise erkennen, dass die meisten Objekte mit bei einem Eigenschaftswert größer x in eine bestimmte Klasse fallen, während die mit geringeren Werten als x mehrheitlich in andere Klassen gehören. Im Entscheidungsbaum zur Entscheidung über die Zugehörigkeit bisher unbekannter Objekte wird somit zunächst überprüft, ob der entsprechende Eigenschaftswert kleiner x ist.

Lineare Regressionsverfahren errechnen die Wahrscheinlichkeit für die Zugehörigkeit zu einer Klasse aus einer linearen Kombination der Werte eines Objekts. Aus den Eigenschaftswerten und beim Lernen bestimmter Parameter werden Produkte gebildet, die zum Klassenwert addiert werden. Auch dieses Verfahren erlauben es Nutzer*innen retrospektiv noch, die Auswirkungen einzelner Ausprägungen von Eigenschaften zu analysieren und ist insgesamt transparent.

Allerdings lassen sich Fragestellungen angesichts großer Datenmengen nicht leicht anhand von eindeutigen Regeln formalisieren. Auch Fachleuten fällt es oft schwer, ihr intuitives Wissen in Regeln zu gießen, sie haben es meist durch Erfahrung anhand vieler Beispiele erworben. Durch das Analysieren von Beispielen können sie es auch wieder für Systeme zugänglich machen.

Komplexe nicht-lineare Modelle dagegen, nehmen die Einteilung in die Klassen ebenfalls auf Basis der positiven und negativen Beispiele vor, sind jedoch nicht transparent. Warum ein Objekt einer Klasse zugeteilt wird, lässt sich nicht sagen. Allerdings sind diese Verfahren meist mächtiger, können also schwierigere Klassifikationsaufgaben lösen, bei denen keine linearen Abhängigkeiten zwischen Ausprägung von Eigenschaften und Klassenzugehörigkeit vorliegen. Dazu gehören beispielsweise *Support Vector*-Maschinen (Moreira et al. 2019), die während des Lernens ein Gerüst für komplexe Funktionen mit sehr vielen Parametern zur Verfügung bieten. Diese Parameter werden in vielen Schritten so eingestellt, dass die gewünschte Funktion immer besser getroffen wird.

Für die Evaluation der Einordnung in Klassen liegen etablierte Maße vor wie beispielsweise Recall, Precision und F-Maß pro Klasse. Wichtig ist, dass die Abbildung mit einer anderen Menge gelernt und getestet wird. Diese Trennung der Daten in Trainings- und Testmenge gibt einen realistischeren Einblick in die Qualität des gelernten Modells, da die Leistung mit bisher nicht gesehenen Objekten gemessen wird.

2.3 Clustering

Als *Clustering* bezeichnet man das Ordnen von Objekten in bisher unbekannte Gruppen und damit das Finden einer Einteilung. Wie bei der Klassifikation liegen für die Objekte Werte ihrer Eigenschaften numerisch oder in Kategorien vor. Clusteranalysen beruhen meist auf einer Ähnlichkeitsmatrix. Dazu wird im ersten Schritt die Ähnlichkeit zwischen den Objekten berechnet und anschließend werden die ähnlichsten Objekte in Cluster zusammengefasst. Manche Verfahren bestimmen zudem, wie hoch die optimale Anzahl der Cluster ist, während andere als Vorgabe die Anzahl der zu erzielenden Cluster erfordern (Moreira et al. 2019).

Die Evaluation von Clustern erfolgt meist anhand der Berechnung der Clustergüte. Diese bestimmt die Homogenität der Lösung. Die Qualität des Clusterings ist aus pragmatischer Sicht im Rahmen eine Anwendung schwer zu bestimmen und hängt stark vom Einsatzzweck ab.

2.4 Prozess des Data Mining

Data Mining stellt den Anspruch, neben dem eigentlichen Maschinellen Lernen den gesamten Prozess zu betrachten, also auch Sammlung und Pflege der Daten, über ihre Auswertung bis hin zur Anwendung der Ergebnisse zu behandeln. Zu diesem Zweck wurden zahlreiche Prozessmodelle entwickelt (Kantardzic 2002). Ein Beispiel ist das *Cross-industry standard process for data mining* (CRISP-DM). Es ist phasenorientiert und umfasst die folgenden Schritte (Moreira et al. 2019):
1. *Business understanding*: Ein Verständnis für das Problem soll entwickelt und die Geschäftsinteressen sollen analysiert werden.
2. *Data understanding*: Die notwendigen Daten sollen gesammelt und zusammen mit ihren Eigenschaften analysiert werden.
3. *Data preparation*: Die Daten werden aufbereitet und für die eigentlichen Algorithmen vorbereitet.
4. *Modeling*: Die eigentlichen Algorithmen werden angewandt und optimiert.
5. *Evaluation*: Eine anwendungsorientierte Bewertung der Ergebnisse zeigt, ob sie in der Praxis einsetzbar sind.
6. *Deployment*: Die Modelle und das Vorgehen werden in bestehende Systemarchitekturen und den Alltagsbetrieb integriert.

Auch Benutzungsschnittstellen und insbesondere Verfahren zur benutzergerechten Visualisierung von Ergebnissen sind von Interesse, wenn sie auch oft weniger beachtet werden als Algorithmen. Interessante Muster erkennt ein Mensch in visuellen Daten häufig besser als ein System und somit bilden geeignete Darstellungen eine wichtige Grundlage (s. Kapitel B 13 Informationsvisualisierung).

3 Basisoperationen des Text Mining

Grundsätzlich nutzen die Methoden des Text Mining verschiedene Ansätze, um Wörter in den Texten in numerische Daten umzuformen und dann Algorithmen des Data Mining darauf anzuwenden. Häufig berücksichtigt Text Mining auch die Metadaten von Texten, so dass es dann dem Data Mining nahekommt. Zu den Metadaten zählen z. B. das Datum, Verfasser/Verfasserin oder die Sprache eines Dokuments (s. Kapitel B 9 Metadaten).

3.1 Lexikalische Operationen

Texte enthalten Wörter in unterschiedlichen Formen. Zuerst müssen Wörter und ihre Grenzen erkannt werden (Tokenisierung) und häufig ist die Zusammenführung von Wörtern zu einer gemeinsamen Grundform ein weiterer Schritt. Dies ist bei Verben der Infinitiv und bei Substantiven und Adjektiven die Form des Nominativ Singular (s. Kapitel B 3 Automatisches Indexieren). Während die Worttrennung in ostasiatischen Sprachen schwierig ist, weil dort keine Leerzeichen als Kennzeichen gesetzt werden, stellt die Grundformreduktion in stark flektierenden Sprachen wie beispielsweise dem Finnischen eine große Herausforderung dar. Diese Grundformreduktion oder Stammformreduktion (*stemming*) bildet die Grundlage vieler Repräsentationen und kommt auch im Information Retrieval zum Einsatz (s. Kapitel B 3 Automatisches Indexieren; C 2 Modelle des Information Retrieval).

Bei Eigennamen kann diese Zusammenführung aller Formen aufwendig sein und die Erkennung von Abkürzungen und verschiedenen Schreibweisen beinhalten (z. B. Frau Merkel, Kanzlerin Merkel, Angela Merkel).

Die verbleibenden Wörter werden gezählt und ihre Häufigkeit in jedem Text und im Gesamtkorpus wird ermittelt. Aus den Häufigkeiten werden oft wie im Information Retrieval Gewichte berechnet, welche die Wichtigkeit eines Wortes für einen Text ausdrücken. Hier weichen Text-Mining-Verfahren jedoch auch schon häufig voneinander ab. Gleichwohl ist die Vektorraum-Repräsentation eine bedeutende Grundlage. Der Vektorraum wird als Matrix ausgedrückt, in welcher Wörter die Spalten und Dokumente die Zeilen bilden. Jede Zeile gibt also an, welche Gewichte die Wörter in einem Dokument besitzen und bildet somit numerisch ab, welche Begriffe wie häufig vorkommen. Ein solcher Vektorraum repräsentiert damit auch grob den Inhalt des Dokuments. Gewichtungsverfahren, welche die Häufigkeiten des Wortes in der Kollektion und die Länge der Dokumente einbeziehen, verbessern diese Repräsentationen weiter (Roelleke 2013).

3.2 Konzepte als Wortsammlungen

Text Mining untersucht meist das Vorkommen von Gruppen von Wörtern, die in einem Zusammenhang stehen. Eine Gruppe kann z. B. ein Konzept wie „Bundesregierung" sein, welches dann weitere Wörter wie „Regierung" und „Kanzlerin", aber ebenso die Namen der Minister*innen umfassen kann.

Konzepte im Text Mining bestehen häufig aus Sammlungen von Begriffen, die manuell erstellt oder aus Begriffssammlungen (s. Kapitel B 4 Thesauri) oder Ontologien (s. Kapitel B 10 Ontologien und Linked open Data) extrahiert werden. Teilweise werden sie mit verschiedenen Verfahren auch automatisiert oder semi-automatisch gewonnen oder ergänzt.

Somit kann die Häufigkeit eines Konzepts bestimmt werden, indem alle Vorkommen der Begriffe des Konzepts addiert werden. Dies öffnet bereits Möglichkeiten für Analysen. Beispielsweise könnte die Häufigkeit eines Konzepts „Korruption" in einem Nachrichtenkorpus bestimmt werden. In einem weiteren Schritt kann die Häufigkeit des Konzepts einer bestimmten Partei bestimmt werden. Damit lässt sich dann die Häufigkeit des gemeinsamen Auftretens eines Parteinamens im Kontext mit Korruption berechnen.

Durch das Einbeziehen der Dimension Zeit werden Trend-Analysen möglich. Für das obige Beispiel könnte das gemeinsame Auftreten des Konzepts „Korruption" und eines Parteinamens über einen längeren Zeitraum aufgezeichnet werden und für Zeitschritte wie Monate oder Jahre abgebildet werden. Somit lässt sich die zeitliche Entwicklung des Phänomens Korruption und Partei darstellen.

Bei der Häufigkeit des Auftretens von Konzepten ist es wichtig, dies zum normalen und erwartbaren Auftreten in Bezug zu setzen. Am obigen Beispiel lässt sich auch dies zeigen. So kann es sein, dass ein bestimmter Parteiname sehr selten vorkommt. Daraus könnte man vorschnell den Schluss ziehen, dass er eben auch selten im Zusammenhang mit Korruption auftritt. Zu klären bleibt also, wie häufig andere Parteinamen relativ im Zusammenhang mit dem Konzept stehen.

3.3 Entdecken von Konzepten

Das gemeinsame Auftreten von Begriffen kann auf deren inhaltliche Ähnlichkeit hinweisen und damit ein Indikator für die Zugehörigkeit zu einem gemeinsamen Konzept sein (s. Kapitel B 12 Automatische Sprachverarbeitung). Ähneln sich im Vektorraum-Modell die Terme, tauchen also Wörter sehr häufig gemeinsam in Dokumenten auf, dann kann es sich um Synonyme oder anderweitig verwandte Begriffe handeln. In der Dokument-Term-Matrix wird dazu nach ähnlichen Termvektoren gesucht. Solche Assoziationen identifizieren Wortpaare, die gemeinsam häufiger auftreten als ihre Einzelhäufigkeit vermuten lässt. Da sich die Wahrscheinlichkeit des Vorkommens von Wörtern sehr stark voneinander unterscheidet, sind hier entsprechende statistische Verfahren notwendig. Die Assoziationsmaße können als statistische Tests interpretiert werden, welche die Abweichungen vom Standard messen. Im Information Retrieval haben sich ähnliche Vorgehensweise als Language Model etabliert (Roelleke 2013).

3.4 Word Embeddings als verteilte Merkmalsräume

Repräsentationen im Text Mining werden oft als *one hot encoding* bezeichnet. Dies signalisiert, dass aus dem gesamten umfangreichen Vokabular einer Textkollektion für ein einzelnes Dokument nur die vorhandenen Wörter (also die inhaltstragenden Merkmale) markiert sind bzw. ein Gewicht erhalten. Alle anderen Stellen des Vektors sind mit Nullen besetzt und zeigen an, dass das entsprechende Wort nicht im Dokument enthalten ist.

Ebenso kommen auch verteilte semantische Repräsentationen zum Einsatz, die sehr viel kürzere Vektoren benötigen. Anders als bei *one hot encodings* können die Dimensionen aber nicht einem Wort oder überhaupt irgendeiner Bedeutung zugeordnet werden. Damit schreiten Systeme von symbolischen Repräsentationen zur subsymbolischen Ebene, bei der interne Strukturen nicht mehr eindeutig interpretiert werden können (Smolensky 1988). Dokumente werden also durch eine Reihe von Zahlen repräsentiert, die sich nicht interpretieren lassen. Die Werte werden zufällig initialisiert und dann so lange modifiziert, bis ähnliche Dokumente auch ähnliche Vektoren aufweisen. Dazu kommen als Verfahren des Maschinellen Lernens künstliche neuronale Netze zum Einsatz, die wie ihr natürliches Vorbild aus zahlreichen einfachen, miteinander verknüpften Prozessoren bestehen. Über die Verknüpfungen tauschen diese Prozessoren oder Neuronen numerische Informationen in Form von Aktivierung aus (Kruse et al. 2011). Die Verknüpfungen haben Werte, die ihre Durchlässigkeit bestimmen und die Veränderung dieser Werte bildet die Grundlage für das Maschinelle Lernen (s. Kapitel C 9 Sprachmodelle und Machine Learning im Information Retrieval).

Erhebliche Fortschritte bei der Repräsentation der Bedeutung von Wörtern brachten die sogenannten *Word Embeddings*. Ein Wort bedeutet für *Word Embeddings* eine Abfolge von meist 300 Zahlen. Ein Klassifikations-Algorithmus versucht dabei, die sequentielle Abfolge von Wörtern zu erlernen. Dazu werden aus jedem Satz mehrere Trainingsbeispiele erzeugt. Beispielsweise könnte ein neuronales Netz versuchen, von drei Wörtern das mittlere vorherzusagen (s. Kapitel C 9 Sprachmodelle und Machine Learning im IR). Treten im Kontext der beiden Eingabewörter häufig die gleichen Wörter auf, so werden diese im Lernprozess sehr ähnliche Vektoren erhalten.

Während eine Ähnlichkeit von Wörtern im oben beschriebenen Vektorraum-Modell nur durch das gemeinsame Auftreten in Dokumenten erfasst wird, modellieren Word Embeddings die Ähnlichkeit aus der Sequenz von Texten. Wörter, die meist in ähnlicher Nachbarschaft auftreten, konvergieren dann zu ähnlichen Vektoren. Nicht unbedingt weisen gegensätzliche Begriffe wie „alt" und „neu" eine niedrige Ähnlichkeit auf. Dies ist plausibel, da sie oft in ähnlichen Kontexten auftreten und die *Word Embeddings* aus den Wortsequenzen trainiert werden.

3.5 Neuronale Sprachmodelle für Sätze

Allerdings fehlt *Word Embeddings* noch für Fähigkeit, mehrere Wörter als Satz oder Dokument repräsentieren zu können. Dazu müssen alle Vektoren der einzelnen Wörter zu einem neuen Vektor oder *Sentence Embedding* zusammengefasst werden. Als einfacher Ansatz kann hierzu eine Mittelwertbildung aller Wort-Vektoren erfolgen.

Eine bessere Variante bieten rekursive Sprachmodelle. Die Grundidee rekurrenter neuronaler Netze ist schon länger bekannt. Mit moderner Hardware und großen Datenmengen können sie aber ihr Potential erst seit wenigen Jahren entfalten. Das neuronale Netzwerk lernt die Abbildung aus dem aktuellen Wort auf das nächste. Es erhält zusätzlich als Input aber noch den bisherigen Kontext des Satzes, indem die versteckte Schicht als zweiter Input ins Netzwerk eingeht. Ziel-Output ist immer das folgende Wort, bzw. dessen Word-Embedding-Vektor. Jedes Wort wird zu einem Trainingsbeispiel. So baut sich in der versteckten Schicht eine Repräsentation der Semantik des gesamten Satzes auf (Kruse et al. 2011).

Inzwischen wurde die Grundidee der Rekursion in komplexeren Architekturen weiterentwickelt. Dazu zählen etwa die *Long-Short Term Memory* Systeme (LSTM) oder sogenannte Transformer wie das Modell Bidirectional Encoder Representations from Transformers (BERT) (Paaß & Hecker 2020).

4 Anwendungsbeispiele für Text Mining

Im Folgenden sollen einige Anwendungsbeispiele für das Text Mining vorgestellt werden, um die Bandbreite der Einsatzgebiete zu veranschaulichen.

4.1 Clustering in Nachrichten-Portalen

Die Strukturierung von Nachrichten in Diensten wie Google News oder dem European News Monitor[1] stellt eine typische Anwendung von Clustering dar. Artikel aus zahlreichen Nachrichten-Portalen werden zunächst gesammelt und vorverarbeitet. Das System fasst dann ähnliche Artikel zusammen, ohne dass vorher die Anzahl oder der Inhalte der Gruppen bekannt sind. So gelingt es, den Nutzenden alle Artikel zu einem Thema zu präsentieren. Diese Strukturierung bietet einen Mehrwert gegenüber einzelnen Portalen oder den Web-Angeboten von Tageszeitungen. Die Zusammenfassung der Artikel zu einem Ereignis innerhalb dieser Gruppen kann dem Zweck dienen, Nutzenden die Möglichkeit zu geben, sehr viele Texte zu einem Thema zu lesen oder eben im Gegenteil, für jedes Thema nur wenige Text auszuwählen.

Zusätzlich sortieren solche News Aggregation Services die Themen auch in Klassen, die den Sparten einer Tageszeitung entsprechen wie beispielsweise Sport, Wirtschaft oder Politik. Dazu nutzen sie Techniken der Klassifikation.

4.2 Erkennung problematischer Online Inhalte

In sozialen Netzwerken treten aufgrund der wenig stark ausgeprägten Moderation häufig problematische Inhalte auf. Viele Nutzer*innen posten Hassbotschaften, aggressive Äußerungen, Beschimpfungen oder Desinformation. Diese können im Einzelnen Straftaten darstellen und für andere Nutzer*innen sehr negative Folgen haben. Aufgrund der schieren Menge können problematische Nachrichten nur noch automatisch erkannt werden und dafür werden Methoden des Text Mining und insbesondere der Klassifikation eingesetzt (Jaki & Steiger 2023).

Gerade Hassrede lässt sich nicht leicht und eindeutig identifizieren. Hassbotschaften können sowohl explizit als auch implizit auftreten. Bei impliziter *Hate Speech* treten keine leicht als Beleidigungen oder Beschimpfungen erkennbaren Wörter auf, so dass eine ausschließliche Fokussierung der Erkennung auf der lexikalischen Ebene keinen Erfolg verspricht. Algorithmen suchen demnach nicht mehr nach einzelnen Wörtern oder anhand von nachvollziehbaren Regeln nach sprachlichen Mustern, sondern bauen aus vielen Beispielen Klassifikationsverfahren auf.

---

[1] emm.newsbrief.eu.

Methoden des Text Mining dienen dem Training und der Klassifikation von Hassbotschaften. Diese Trainingsdaten bestehen aus Beispielen für unangemessene und akzeptable Inhalte, so dass Systeme ähnliche Muster identifizieren können. Da die Themen innerhalb der hasserfüllten Inhalte äußerst heterogen sein können, sollten sie möglichst breit durch Trainingsdaten abgedeckt sein. Die für das Training verwendeten Texte und die Entscheidungen dazu sind für die Entwicklung der Detektionssysteme entscheidend. Dazu werden echte Tweets oder Posts aus sozialen Netzwerken systematisch gesammelt und zunächst von Menschen in zwei oder mehrere Klassen kategorisiert. Ein Beispiel hierfür sind die Testkollektionen im Rahmen der Initiative *Hate Speech and Offensive Content Identification* (HASOC), die Sammlungen für mehrere Sprachen erstellt hat (Mandl et al. 2021). Auch Desinformation stellt ein erhebliches Problem dar, gegen das die Politik schon länger mögliche Gegenmaßnahmen vorsieht (Kettemann 2019). Für die Erkennung von Desinformation gibt es ebenfalls Datenkollektionen zum Vergleich von Klassifikationssystemen (Nakov et al. 2021). (s. Kapitel F 6 Informationspathologien)

Die Anwendung von Text Mining für die Bewertung von menschlichen Texten rückt die ethische Dimension in den Fokus. Der schmale Grat zwischen Meinungsfreiheit und Zensur wird in liberalen Gesellschaften laufend ausgehandelt. Ein Einsatz von Systemen hierfür erfordert, dass diese Systeme nachvollziehbar agieren und der politischen Regulierung unterliegen. Jedoch gestaltet sich dies sehr schwierig, da die Vorstellungen, welche Inhalte problematisch sind, schon zwischen Personen sehr stark variieren und moderne und leistungsfähige Verfahren wenig transparent sind.

4.3 Autor*innen-Identifikation und Plagiats-Erkennung

Die zunehmend leichte Verfügbarkeit von technischen Methoden zum Kopieren von Texten verführt sehr zur Verwendung von Plagiaten (s. Kapitel F 5 Plagiat). Diese automatische zu erkennen, stellt eine Herausforderung für Linguistik und Text Mining dar, insbesondere dann, wenn die Texte noch abgeändert oder gar übersetzt wurden.

Die Plagiats-Erkennung nutzt weitere Anhaltspunkte für die Analyse als nur die bisher vorgestellten und stark auf den Inhalt bezogenen Eigenschaften. Sie muss auch den Stil eines Textes berücksichtigen und wertet Satzstruktur, die Häufigkeit von Wortarten, den Wortschatz sowie dessen Variationen aus. Im Rahmen der PAN-Initiative für Plagiats-Erkennung entstehen für die Evaluierung Korpora aus verschiedenen Formen von Plagiaten (Bevendorff et al. 2020).

Zur *Plagiarism Detection* werden Text-interne und Text-übergreifende Verfahren vorgestellt (s. Kapitel F 5 Plagiat). Die Text-internen Verfahren verarbeiten ausschließlich den vorliegenden Text und versuchen, den Stil von Autor*innen zu erkennen und auf Brüche hinzuweisen, an denen ein Plagiat eingebaut sein könnte. Text-übergreifende Verfahren nutzen auch weitere Texte des gleichen Autors/der gleichen Autorin sowie der anderer Autor*innen, um diese zu kontrastieren und Klassifikationsverfahren dafür zu trainieren

5 Werkzeuge

Der Markt an Werkzeugen für das Data Mining und das Maschinelle Lernen ist sehr groß. An dieser Stelle sollen einige heterogene Werkzeuge angesprochen werden, die frei zugänglich sind und einen Einstieg in die Thematik erlauben.

Das online Werkzeug *EP Full-text search* für die Suche nach Patenten in der EU erlaubt neben einer sehr ausgefeilten Suche auch die Analyse der Ergebnismenge (European Patent Office – EPO 2021). Nutzer*innen können die Patente zu einem Thema oder die Patente eines Unternehmens recherchieren und direkt Statistiken erstellen lassen. So ermöglicht das Werkzeug beispielsweise die Auswertung des Portfolios eines Unternehmens durch die Abbildung aller Patente auf die Klassen der Patent-Klassifikation.

Die Open-Source-Bibliothek Weka bietet für das Data Mining zahlreiche Clustering und Klassifikations-Algorithmen an (Weka n. d.). Diese können auch über eine graphische Benutzungsschnittstelle eingesetzt und parametrisiert werden. Weka besitzt ein offenes Format für die Dateneingabe, mit dem eigene Daten importiert werden können. Zudem bietet es Ansätze für die Unterstützung des Data-Mining-Prozesses an wie die Exploration der Daten und eine Automatisierung der Durchführung von zahlreichen Experimenten mit den Algorithmen.

Die Voyant-Tools (Voyant 2021) bieten eine Online-Umgebung für die detaillierte Analyse von Texten, die auch das Hochladen eigener Texte erlaubt. Die Suite liefert statistische Auswertungen mit den häufigsten Begriffen, Phrasen, die Kontexte von Begriffen und Korrelationen von Begriffen. Sie segmentiert den Text in zehn gleich große Segmente und zeigt die Unterschiede zwischen diesen an. Voyant eignet sich z. B. für Textexplorationen in den Digitalen Geisteswissenschaften.

Die Systeme ElasticSearch und Kibana bieten zusammen eine mächtige Unterstützung für das Text Mining an. ElasticSearch (ES) ist eine Open-Source-Suchmaschine auf Basis der Java-Bibliothek Apache Lucene. Das Programm sucht und indexiert Dokumente verschiedener Formate. Diese werden auch über eine Webschnittstelle zugänglich (s. ElasticSearch B. V. 2019). ElasticSearch bietet Grundfunktionen wie das *Stemming* für zahlreiche Sprachen an.

Nach dem Einlesen in das Elastic-Stack können die Ergebnisse mit Hilfe des Systems Kibana visuell aufbereitet und betrachtet werden. Kibana kann auf einen vorher erstellten Index zugreifen. So lassen sich eine Vielzahl von Visualisierungen kreieren, welche Eigenschaften der Texte und der Metadaten darstellen. Diese Visualisierungen lassen sich in einem Dashboard zusammenstellen und beliebig konfigurieren (z. B. Sontheimer et al. 2020).

6 Ausblick

Der Zugriff auf große Mengen von numerischen Daten und Texten zum automatischen Auswerten durch Ansätze des Mining wirft Fragen zum Urheberrecht auf. Durch die neue Regulierung für Text und Data Mining TDM in der EU ist nun geregelt, dass „für Zwecke der wissenschaftlichen Forschung" diese innovativen Verfahren erlaubt sind, „sofern sie nicht kommerzielle Zwecke verfolgen" bzw. „sämtliche Gewinne in die wissenschaftliche Forschung reinvestieren" (§ 60d UrhG), ohne dass dafür eine gesonderte Vergütung an die Rechteinhaber notwendig ist (Kuhlen 2020).

Riesige Sammlungen von Daten umfassen häufig auch personenbezogene Daten, die dem Text und Data Mining zugeführt werden. Dies wirft erhebliche ethische Fragen auf, denn durch moderne Sammlungen und Verfahren lassen sich auch psychologische Profile von Nutzer*innen erstellen (Youyou et al. 2015). Der Datenschutz schützt derzeit nicht ausreichend vor weitgehenden Folgen für die Bürger*innen. Modelle können leicht zur Einordnung von Individuen in vermeintlich problematische oder risikobehaftete Gruppen führen, was erhebliche gesellschaftliche Folgen haben kann. Diese können von der Verweigerung eines Kredits bis zur Einordnung als psychisch Kranken reichen.

Ein häufig genanntes Problem von Text Mining und insbesondere von mächtigen *Deep Learning*-Verfahren besteht in der mangelnden Nachvollziehbarkeit der Entscheidungen. Verfahren können ihre Ergebnisse nicht erklären und sehen sich daher dem Vorwurf der fehlenden Transparenz ausgesetzt. Ein eigener Forschungszweig unter der Bezeichnung Explainable Artificial Intelligence (XAI) befasst sich mit Möglichkeiten, solche Erklärungen zu generieren und Systeme so besser verständlich zu machen. Ein Überblick über das Thema zeigt, dass es gerade für die Erklärung von Entscheidungen für die Text-Klassifikation im Vergleich zur Bilderkennung nur sehr wenige Ansätze gibt (Guidotti et al. 2018). Hier besteht also für die kommenden Jahre ein erheblicher Forschungsbedarf.

7 Literaturverzeichnis

Bevendorff, J., Ghanem, B., Giachanou, A., Kestemont, M., Manjavacas, E., Markov, I. & Zangerle, E. (2020). Overview of PAN 2020: Authorship Verification, Celebrity Profiling, Profiling Fake News Spreaders on Twitter, and Style Change Detection. In A. Arampatzis, E. Kanoulas, T. Tsikrika, S. Vrochidis, H. Joho, C. Lioma, C. Eickhoff, A. Névéol, L. Cappellato & N. Ferro (Eds.), *Experimental IR Meets Multilinguality, Multimodality, and Interaction: 11th International Conference of the CLEF Association, CLEF 2020, Thessaloniki, Greece, September 22–25, 2020, Proceedings* (S. 372–383). Springer. https://doi.org/10.1007/978-3-030-58219-7_25.

Cai, Y. & Sun, J. T. (2009). Text Mining. In L. Liu & M. T. Özsu (Eds.), *Encyclopedia of Database Systems* (S. 3061–3065). Springer. https://doi.org/10.1007/978-0-387-39940-9_418.

Cleve, J. & Lämmel, U. (2020). *Data Mining*. De Gruyter Oldenbourg. https://doi.org/10.1515/9783110676273.

European Patent Office (2021): *Patent Information services for experts*. https://data.epo.org/expert-services/.

Fayyad, U. (1997). Editorial. *Data Mining and Knowledge Discovery*, 1(1), 5–10.

Feldman, R. & Sanger, J. (2007). *The Text Mining Handbook: Advanced approaches in analyzing unstructured data*. Cambridge University Press.

Goldstone, R. & Sun, J. Y. (2005). Similarity. In K. J. Holyoak & R. G. Morrison (Eds.), *The Cambridge Handbook of Thinking and Reasoning* (S. 13–36). Cambridge University Press.

Guidotti, R., Monreale, A., Ruggieri, S., Turini, F. Giannotti, F. & Pedreschi, D. (2018). A Survey of Methods for Explaining Black Box Models. *ACM Computing Surveys*, 51(5), 1–42. https://doi.org/10.1145/3236009.

Hotho, A., Nürnberger, A. & Paaß, G. (2005). A Brief Survey of Text Mining. *LDV Forum*, 20(1), 19–62.

Jaki, S. & Steiger, S. (2023). *Digitale Hate Speech: Interdisziplinäre Perspektiven auf Erkennung, Beschreibung und Regulation*. Springer.

Kantardzic, M. (2002). *Data Mining: Concepts, Models, Methods, and Algorithm*. Wiley.

Kruse, R., Borgelt, C., Braune, C., Klawonn, F., Moewes, C. & Steinbrecher, M. (2011). *Computational Intelligence: Eine methodische Einführung in Künstliche Neuronale Netze, Evolutionäre Algorithmen, Fuzzy-Systeme und Bayes-Netze*. Springer.

Kuhlen, R. (2020). *Die Transformation der Informationsmärkte in Richtung Nutzungsfreiheit*. De Gruyter Saur.

Larose, C. (2019). *Data Science Using Python and R*. Wiley.

Mandl, T., Modha, S. Shahi, G. K., Madhu, H., Satapara, S. Majumder, P., Schäfer, J., Ranasinghe, T., Zampieri, M., Nandini D. & Jaiswal, A. K. (2021, December 13–17). *Hate Speech and Offensive Content Identification in English and Indo-Aryan Languages* [Overview of the HASOC subtrack]. Working Notes of FIRE 2021 – Forum for Information Retrieval Evaluation, CEUR, online. http://ceur-ws.org.

Moreira, J., Carvalho, A. & Horvath, T. (2018). *A General Introduction to Data Analytics*. John Wiley & Sons.

Nakov, P., Da San Martino, G., Elsayed, T., Barrón-Cedeño, A., Míguez, R., Shaar, S., Alam, F., Haouari, F., Hasanain, M., Mansour. W., Hamdan, B., Ali, Z. S., Babulkov, N., Nikolov, A., Shahi, G. K., Struß, J. M., Mandl, T., Kutlu, M. & Kartal, Y. S. (2021). Overview of the CLEF–2021 CheckThat! Lab on Detecting Check-Worthy Claims, Previously Fact-Checked Claims, and Fake News. In K. S. Candan, B. Ionescu, L. Goeuriot, B. Larsen, H. Müller, A. Joly, M. Maistro, F. Piroi, G. Faggioli & N. Ferro (Eds.), *Experimental IR Meets Multilinguality, Multimodality, and Interaction : 12th International Conference of the CLEF Association, CLEF 2021, Virtual Event, September 21–24, 2021, Proceedings* (S. 264–291). Springer. https://doi.org/10.1007/978-3-030-85251-1_19.

Paaß, G. & Hecker, D. (2020). *Künstliche Intelligenz*. Springer Vieweg. https://doi.org/10.1007/978-3-658-30211-5.

Roelleke, T. (2013). Information Retrieval Models: Foundations and Relationships. *Synthesis Lectures on Information Concepts, Retrieval, and Services*, 5(3), 1–163. https://doi.org/10.2200/S00494ED1V01Y201304ICR027.

Russell, S. & Norvig, P. (2002). *Artificial Intelligence: A Modern Approach*. Prentice Hall.

Smolensky, P. (1988). On the proper treatment of connectionism. *Behavioral and Brain Sciences*, 11(1) 1–23.

Sontheimer, L., Kölle R. & Mandl, T. (2020). Datenexploration für Kryptowährungen. *Information. Wissenschaft & Praxis*, 71(2–3), 107–114.

Voyant (2021). *Voyant: See through your text*. https://voyant-tools.org/.

Weka (n. d.). *Weka 3: Machine Learning Software in Java*. https://www.cs.waikato.ac.nz/ml/weka/.

Witten, I. & Frank, E. (2000). *Data Mining: Practical Machine Learning Tools and Techniques with JAVA Implementations*. Morgan Kaufman.

Youyou, W., Kosinski, M. & Stillwell, D. (2015). Computer-based personality judgments are more accurate than those made by humans. *Proceedings of the National Academy of Sciences*, 112(4), 1036–1040. https://doi.org/10.1073/pnas.1418680112.

Heike Neuroth
B 17 Forschungsdaten

1 Definition und Bedeutung

Der Begriff Forschungsdaten wird mittlerweile völlig selbstverständlich in verschiedenen Kontexten genutzt, trotzdem ist es schwierig, eine einheitliche und abgestimmte Definition zu finden.

In den *Leitlinien zum Umgang mit Forschungsdaten* der Deutschen Forschungsgemeinschaft (DFG 2015) findet sich eine umfassende Beschreibung, welche Forschungsobjekte Gegenstand der wissenschaftlichen Tätigkeit sein können und als Forschungsdaten gelten:

> Forschungsdaten sind eine wesentliche Grundlage für das wissenschaftliche Arbeiten. Die Vielfalt solcher Daten entspricht der Vielfalt unterschiedlicher wissenschaftlicher Disziplinen, Erkenntnisinteressen und Forschungsverfahren. Zu Forschungsdaten zählen u. a. Messdaten, Laborwerte, audiovisuelle Informationen, Texte, Surveydaten, Objekte aus Sammlungen oder Proben, die in der wissenschaftlichen Arbeit entstehen, entwickelt oder ausgewertet werden. Methodische Testverfahren, wie Fragebögen, Software und Simulationen können ebenfalls zentrale Ergebnisse wissenschaftlicher Forschung darstellen und sollten daher ebenfalls unter den Begriff Forschungsdaten gefasst werden. (S. 1)

Bei dieser Beschreibung wird deutlich, dass jede Fachkultur ein anderes Verständnis über Forschungsdaten hat und diese Vielfalt nicht in einer prägnanten Definition umfassend abgedeckt werden kann. Hinzu kommen Fragestellungen und Forschungsobjekte im Rahmen von (inter-)nationalen Projekten sowie interdisziplinäre Fragestellungen, die den Fokus auf Forschungsdaten verschieben können. Je nach Forschungsfragen, Forschungsobjekten als Untersuchungsgegenstände sowie verwendeter Methode variieren die Daten, die erhoben, bereinigt, prozessiert oder angereichert werden und aus ehemals heterogen verteilten Rohdaten ergeben sich hoch aggregierte Forschungsdaten, die mittels digitaler, wissenschaftlicher Werkzeuge und Dienste in andere Umgebungen überführt werden. Gemeinsam ist all diesen Forschungsdaten, dass sie in digitaler Form repräsentiert sind und das Aufkommen an digitalen Daten mit zunehmender Digitalisierung der Forschungsprozesse rasant wächst. Diese Digitalisierung erreicht mehr und mehr Fachdisziplinen: Während zu Beginn die Naturwissenschaften durch die gemeinsame Nutzung teurer Großgeräte eher gezwungen waren, diese Daten größeren Forschungsverbünden z. T. auch aus benachbarten (Teil-)Disziplinen zur Verfügung zu stellen, haben die Geisteswissenschaften z. B. mit der Neugründung der Disziplin Digital Humanities[1] 2013 der zunehmenden Digitalisierung ebenfalls Rechnung getragen.

Mit der wachsenden Bedeutung von Forschungsdaten für die Wissenschaft, aber auch für die Gesellschaft[2] hat die DFG konsequenterweise auch die förderpolitischen Rahmenbedingungen für Projektanträge deutlich präzisiert. So sind Angaben zum Umgang mit Forschungsdaten mittlerweile integraler Bestandteil eines jeden Förderantrags. Es wird deutlich gemacht, dass die Ausführungen zum Umgang mit Forschungsdaten Teil der Begutachtung und Teil der Berichtspflicht nach Abschluss des Projekts sind (DFG 2022).

---
1 https://dig-hum.de/ueber-dhd.
2 Dies wird in der heutigen Zeit eindrucksvoll durch die Corona-Pandemie belegt.

Eine von der DFG bereitgestellte *Checkliste zum Umgang mit Forschungsdaten* (DFG 2021a) umfasst die Bereiche „Datenbeschreibung", „Dokumentation und Datenqualität", „Speicherung und technische Sicherung während des Projektverlaufs", „Rechtliche Verpflichtungen und Rahmenbedingungen", „Datenaustausch und dauerhafte Zugänglichkeit der Daten" sowie „Verantwortlichkeiten und Ressourcen". Es wird darauf hingewiesen, dass diese Checkliste bereits mit der Planung eines Forschungsvorhabens angewendet werden sollte. Dies ist ein klarer Paradigmenwechsel im Vergleich zu früheren Zeiten, wo Forschungsdaten – wenn überhaupt – erst mit dem Ende eines Projekts (vielleicht) in einen wie auch immer gearteten Fokus gerieten.

Noch deutlicher wird dieser Paradigmenwechsel mit der Veröffentlichung des DFG-Kodex *Leitlinien zur Sicherung guter wissenschaftlicher Praxis* in Version 1.0 (DFG 2019) bzw. in Version 1.1 (DFG 2021b). Zum ersten Mal zielen die Standards der guten wissenschaftlichen Praxis (GwP) nicht nur auf die Publikation von Artikeln ab und mahnen ein wissenschaftliches Fehlverhalten z. B. bei Plagiaten an, sondern inkludieren alle am Forschungsprozess beteiligten Personen (s. u.), Objekte (Forschungsdaten), Werkzeuge (digitale Tools, Dienste) und Software bzw. Code. So heißt es in den Erläuterungen zu der Leitlinie 7 „Phasenübergreifende Qualitätssicherung":

> Die Herkunft von im Forschungsprozess verwendeten Daten, Organismen, Materialien und Software wird kenntlich gemacht und die Nachnutzung belegt; die Originalquellen werden zitiert. Art und Umfang von im Forschungsprozess entstehenden Forschungsdaten werden beschrieben. Der Umgang mit ihnen wird, entsprechend den Vorgaben im betroffenen Fach, ausgestaltet. Der Quellcode von öffentlich zugänglicher Software muss persistent, zitierbar und dokumentiert sein. (DFG 2021b, S. 14–15)

Bezüglich aller am Forschungsprozess beteiligten Personen berücksichtigt der Kodex in Leitlinie 14 „Autorschaft" explizit auch Beteiligte, die einen „genuinen, nachvollziehbaren Beitrag zu dem Inhalt einer wissenschaftlichen Text-, Daten- oder Softwarepublikation geleistet [haben]" (DFG 2021b, S. 19). Dies umfasst auch einen Beitrag zu „der Entwicklung und Konzeption des Forschungsvorhabens", „der Erarbeitung, Erhebung, Beschaffung, Bereitstellung der Daten, der Software, der Quellen", „der Analyse/Auswertung oder Interpretation der Daten, Quellen und an den aus diesen folgenden Schlussfolgerungen" oder ein Beitrag „am Verfassen des Manuskripts" (DFG 2021b, S. 20). Auch hier wird deutlich, dass Forschungsdaten ins Zentrum gerückt sind und alle Personen, die sich in erheblicher Weise um auch nur einen Aspekt im Lebenszyklus der Forschungsdaten wissenschaftlich verdient gemacht haben, ein Recht auf Nennung bei einer (Daten-)Publikation haben.

Abschließend werden in der Leitlinie 17 „Archivierung" die Eckpunkte genannt, die sich dezidiert mit Forschungsdaten befassen und verdeutlichen, welche Bedeutung Forschungsdaten gewonnen haben und dass die archivierten Daten einen Wert an sich darstellen, also nicht nur bloßes Beiwerk zu Artikelpublikationen sind. Die Regel ist, die Forschungsdaten zu sichern und in Ausnahmefällen zu begründen, warum dies nicht möglich ist:

> Wissenschaftlerinnen und Wissenschaftler sichern öffentlich zugänglich gemachte Forschungsdaten beziehungsweise Forschungsergebnisse sowie die ihnen zugrunde liegenden, zentralen Materialien und gegebenenfalls die eingesetzte Forschungssoftware, gemessen an den Standards des betroffenen Fachgebiets, in adäquater Weise und bewahren sie für einen angemessenen Zeitraum auf. Sofern nachvollziehbare Gründe dafür existieren, bestimmte Daten nicht aufzubewahren, legen die Wissenschaftlerinnen und Wissenschaftler dies dar. Hochschulen und außerhochschulische Forschungseinrichtungen stellen sicher, dass die erforderliche Infrastruktur vorhanden ist, die die Archivierung ermöglicht. (DFG 2021b, S. 22)

2 FAIRe Forschungsdaten

Parallel zur Selbstverpflichtung der Wissenschaft zur Sicherung der guten wissenschaftlichen Praxis, die im DFG-Kodex (s. o.) festgehalten ist, gibt es weitreichende internationale Diskussionen, Initiativen und Entwicklung, die maßgeblich zur Stärkung der Transparenz, Reproduzierbarkeit (Bollen et al. 2015) und Nachnutzbarkeit von Forschungsdaten auch im Sinne von Open Science (s. Kapitel E 9 Open Science) beitragen sollen. Angesichts weltweit rasant wachsender digitaler Datenmengen bei gleichzeitig steigender Heterogenität der Datenarten kommt dem Auffinden qualitätsgeprüfter Daten und der rechtssicheren sowie einfachen Nachnutzung von Daten eine große Bedeutung zu. Die FAIR-Prinzipien (FORCE11 2016; Wilkinson et al. 2016) mit den 15 FAIR-Kriterien bilden international die Basis für ein gemeinsames Verständnis über den Umgang mit Forschungsdaten und verdeutlichen, dass Forschungsdaten (zukünftig) auffindbar (**F**indable), zugänglich (**A**ccessible), interoperabel (**I**nteroperable) und wiederverwendbar (**R**eusable) sein sollen. Sie bilden die Grundlage für eine disziplinen- und länderübergreifende Nachnutzung der Daten und folgen dem Motto „As open as possible, as closed as necessary" (Landi et al., 2020). Die FAIR-Prinzipien beziehen alle digitalen Daten, die im Zuge wissenschaftlicher Prozesse entstehen, ein und berücksichtigen dabei auch die Metadaten, Algorithmen, Werkzeuge und Software. FAIRe Daten müssen dabei – im Gegensatz zu Open Data (s. Kapitel E 11 Open Data) – nicht automatisch sofort und kostenfrei verfügbar sein, sondern erlauben eine dokumentierte Zugangsbeschränkung. Die FAIR-Prinzipien betonen nicht nur die intellektuelle Nachnutzung der Daten, sondern legen auch besonderen Wert auf die Maschinenlesbarkeit, d. h. der (teil-)automatischen Nachnutzung im Sinne der Weiterverarbeitung der Daten. Publisso (n. d.) gibt einen guten Überblick über die vier Säulen der FAIR-Prinzipien in deutscher Sprache:

Auffindbarkeit (to be Findable):

Daten und Metadaten sollten sowohl von Menschen als auch von Maschinen leicht zu finden sein. Grundlegende, maschinenlesbare und beschreibende Metadaten ermöglichen die Entdeckung interessanter Datensätze. Um dies zu gewährleisten sollten die Forschungsdaten durch Metadaten erläutert werden, z.B. durch einen Titel, den Autor, eine Inhaltsangabe oder die Erhebungsmethode. Die Vergabe eines persistenten Identifikators für die (Meta-) Daten trägt ebenfalls in hohem Maße zur Auffindbarkeit von Daten bei. Ein Beispiel hierfür ist der Digital Object Identifier (DOI).

Zugänglichkeit (to be Accessible):

Daten und Metadaten sollten verfügbar gemacht und langzeitarchiviert werden, sodass sie leicht von Menschen und Maschinen heruntergeladen und genutzt werden können. Dies erfolgt über Standard-Kommunikationsprotokolle wie zum Beispiel https. Eine weitere Bedingung für die Zugänglichkeit ist, dass die Metadaten verfügbar sind, auch wenn die eigentlichen Forschungsdaten beispielsweise aus Gründen des Datenschutzes nicht direkt abrufbar sind.

Interoperabilität (to be Interoperable):

Die Daten sollten derart vorliegen, dass sie mit anderen Datensätzen von Menschen und Maschinen verknüpft werden können. Dies wird dadurch erreicht, dass z.B. Ontologien oder Thesauri wie Medical Subject Headings (MESH) oder der AGROVOC bzw. maschinenlesbare Formate für Metadaten wie XML verwendet werden. Wird in den Metadaten mittels des persistenten Identifikators auf andere Datensätze verwiesen, indem beispielsweise Angaben wie „ist Teil von" oder „ist eine Version von" erfolgen, trägt dies ebenfalls zur Verknüpfbarkeit von Datensätzen bei.

Wiederverwendbarkeit (to be Reusable):

Zur Wiederverwendbarkeit trägt eine Beschreibung der Datensätze über Metadaten bei, sodass sie für weitere Forschungen nachnutzbar und mit anderen Datensätzen vergleichbar sind. Dabei spielt die Entstehungsgeschichte (Provenienz) eine wichtige Rolle: welche Methoden oder Geräte wurden für die Datengenerierung benutzt? Ein ordnungsgemäßes Zitieren der Daten muss möglich sein, in der Regel durch Nutzung des persistenten Identifikators wie dem Digital Object Identifier DOI. Außerdem sollte eine eindeutige Lizenz (z.B. eine Creativ Commons Lizenz) die Bedingungen für die Nachnutzung für Menschen und Maschinen eindeutig kenntlich machen.

Abb. 1: Forschungsdaten referenzierbar und auffindbar machen (nach Publisso n. d.)

Die 15 FAIR-Prinzipien werden sehr anschaulich in deutscher Sprache bei Kraft (2017) und in englischer Sprache bei der Förderorganisation der Schweiz (Swiss National Science Foundation – SNF n. d.) erklärt. Dabei werden nicht nur die einzelnen Kriterien erläutert, sondern auch die jeweiligen Konsequenzen sowohl für die Forschenden als auch die Betreibenden von Forschungsdaten-Repositorien abgeleitet.

Die FAIR-Prinzipien sollen helfen, den folgenden Herausforderungen zu begegnen, die nicht nur auf Grund der vermehrten Bedeutung von digitalen Daten insgesamt aufkommen, sondern auch darin begründet sind, dass Daten nicht mehrfach erhoben werden müssen:
– Wo finde ich geeignete Forschungsdaten für meine Fragestellung?
– Woher weiß ich, wie diese Daten entstanden sind und erhalte notwendige Kontextinformationen (z. B. Erhebung, Weiterverarbeitung, Anreicherung)?
– Wie kann ich diesen Daten bzw. der Quelle vertrauen?
– Darf ich diese Daten in meinem Kontext rechtssicher nachnutzen?
– Kann ich die Daten in meine (virtuelle) Forschungsumgebung automatisiert einlesen und dort weiterprozessieren?

Gleichzeitig tragen die Kriterien dazu bei, die Nachvollziehbarkeit (DFG 2021b, S. 17–18) – inklusive Validität, Objektivität, Reliabilität bzw. Reproduzierbarkeit – von Forschungsergebnissen zu erhöhen, indem sowohl Zwischenergebnisse als auch publizierte Ergebnisse (DFG 2021b, S. 18–19), bezogen auf den gesamten Forschungsprozess, nachvollziehbar dokumentiert und reproduzierbar sind. 1997 ereignete sich einer der bis heute größten Forschungsskandale Deutschlands: Dem Krebsforscher Friedhelm Herrmann wurde systematische Datenmanipulation in mehreren Fällen angelastet. Ihm (und einigen Mitarbeitenden) wurden nicht nur freie Erfindung von Daten ohne zugrunde liegende Laborversuche vorgeworfen, sondern auch die Fälschung von Daten. Die DFG veröffentlichte nach dem Einsetzen einer 2-jährig arbeitenden Untersuchungskommission im Juni 2000 eine Pressemitteilung,[3] nach der von insgesamt 347 untersuchten Veröffentlichungen in 94 Fällen konkrete Hinweise auf Datenmanipulation vorlagen. Auch wenn in Zukunft die Manipulation von Forschungsdaten sicherlich nie ganz ausgeschlossen werden kann, erhöht die Anwendung der FAIR-Kriterien die Transparenz der Entstehungsgeschichte dieser Daten und trägt somit zur weiteren wissenschaftlichen Integrität bei.

Im Kontext der FAIR-Prinzipien entstanden in den letzten Jahren zahlreiche Initiativen, deren wichtigste im Folgenden genannt werden.

Die *Nationale Forschungsdateninfrastruktur* (NFDI): Die Bundesregierung und die Regierungen der Länder haben durch die Gemeinsame Wissenschaftskonferenz (GWK) die 10-jährige Förderung der NFDI im November 2018 beschlossen (GWK 2018). Startend mit der ersten Ausschreibung im Jahr 2019 und wissenschaftsgeleitet durch die DFG, sollen im Endausbau bis zu 30 Fach-Konsortien FAIRe Daten anbieten und entsprechende Dienste aufbauen. Dazu wurde im Oktober 2020 auch der NFDI Verein[4] gegründet, der die Ziele formuliert, wertvolle Datenbestände von Wissenschaft und Forschung systematisch zu erschließen und nutzbar zu machen, Forschungsdatenmanagement (s. u.) nach FAIRen Kriterien zu etablieren und sich international zu vernetzen.[5] Die NFDI wird als deutscher Beitrag zur European Open Science Cloud (s. u.) verstanden.

---

3 https://www.dfg.de/service/presse/pressemitteilungen/2000/pressemitteilung_nr_26/index.html.
4 https://www.nfdi.de/.
5 https://www.nfdi.de/verein/.

Die *European Open Science Cloud* (EOSC): Im November 2018 erfolgte die offizielle Auftaktveranstaltung zum Start der EOSC, die von der Europäischen Kommission mit dem Ziel initiiert wurde, u. a. den europäischen Forschenden eine föderierte und multidisziplinäre Umgebung zur Verfügung zu stellen, in der Daten, Dienste und Werkzeuge veröffentlicht und nachgenutzt werden können.[6] Auch hier spielen die FAIR-Prinzipien eine entscheidende Rolle, da die zuverlässige Nachnutzung von Forschungsdaten und allen anderen digitalen Objekten, die entlang des Forschungslebenszyklus entstehen (z. B. Methoden, Software und Publikationen), als zentrales Vorhaben im Sinne eines „Web of FAIR Data and Services" betont werden.

GAIA-X[7] wurde 2019 von den Bundesministerien für Wirtschaft und Energie (BMWi) und dem Bundesministerium für Bildung und Forschung (BMBF) initiiert. Mittlerweile handelt es sich um ein europäisches Projekt mit Vertreter*innen aus Wirtschaft, Politik und Wissenschaft. Ziel ist eine föderierte und sichere Dateninfrastruktur, welche auch die Öffentlichkeit adressiert und die Datenhoheit gewährleistet. Die Architektur von GAIA-X basiert auf dem Prinzip der vernetzten Dezentralisierung, folgt also nicht dem Cloud-Prinzip. Heute ist GAIA-X eine gemeinnützige Organisation nach belgischem Recht,[8] der über 300 weltweite Mitglieder[9] angehörten (Stand Februar 2022).

Die *GO FAIR Initiative*[10] ist ein bottom-up getriebener Ansatz, in dem sich Deutschland, Frankreich und die Niederlande gemeinsam zum Ziel gesetzt haben, die EOSC im Bereich der FAIRen Daten und Dienste zu unterstützen (Linne et al. 2021). In drei Säulen gliedert sie sich in GO Change (kulturellen Wandel), GO Train (Aus- und Weiterbildung) sowie GO Build (interoperable und föderierte Dateninfrastrukturen).

In der internationalen *Research Data Alliance* (RDA)[11] haben sich derzeit mehr als 12 000 Expertinnen und Experten aus 145 Ländern versammelt, um in über 100 sog. Working Groups und Interest Groups (RDA 2022) (fach-)spezifische Themen zu bearbeiten und als eine Art Quasi-Standard zu verabschieden. So hat z. B. die FAIR Data Maturity Model Working Group Empfehlungen mit dem *FAIR Data Maturity Model – core criteria to assess the implementation level of the FAIR data principles*[12] (RDA FAIR Data Maturity Model Working Group 2020) vorgelegt, die einen gemeinsamen Satz von Kernbewertungskriterien für die Bewertung der FAIRness in Form von Leitlinien und einer Checkliste für die Umsetzung der Indikatoren beinhalten. Das geförderte BMBF-Projekt EcoDM[13] hat diese Empfehlungen 2021 in die deutsche Sprache übersetzt (RDA FAIR Data Maturity Model Working Group 2021), um die Verbreitung von FAIRness in den Bereichen Wissenschaft, Wirtschaft, Verwaltung und Qualifizierung in Deutschland zu erhöhen. Mit RDA-DE gibt es seit 2017 auch einen Verein[14] für die deutsche RDA Community, die sich mindestens einmal jährlich zu einer großen Konferenz[15] inklusive Workshops und Schulungen zusammenfindet.

---

6 https://ec.europa.eu/info/research-and-innovation/strategy/strategy-2020-2024/our-digital-future/open-science/european-open-science-cloud-eosc_en.
7 https://www.data-infrastructure.eu/.
8 https://www.gaia-x.eu/who-we-are/association.
9 https://gaia-x.eu/members.
10 https://www.go-fair.org/.
11 https://www.rd-alliance.org/.
12 https://www.rd-alliance.org/group/fair-data-maturity-model-wg/outcomes/fair-data-maturity-model-specification-and-guidelines-0.
13 https://www.ecodm.de/.
14 https://www.rda-deutschland.de/.
15 2022: https://www.rda-deutschland.de/events/rda-de-2022.

Das EU-Projekt Fostering Fair Data Practices in Europe (*FAIRsFAIR*)[16] zielt darauf ab, praktikable und nutzbare Lösungen zur Umsetzung der FAIR-Prinzipien im gesamten Lebenszyklus von Daten zur Verfügung zu stellen. Besonderer Fokus liegt auf der Förderung einer FAIRen Datenkultur, unterstützt durch die Veröffentlichung von Best Practices im Bereich der Nutzung und Umsetzung der FAIR-Prinzipien. Dazu gehören auch das aktuell erschienene Handbuch für die Qualifizierung im Bereich der FAIRen Datenkultur (Engelhardt et al. 2022).

Im Januar 2021 veröffentlichte die Bundesregierung ihre Datenstrategie (*Datenstrategie Bundesregierung*) mit dem Ziel, die „Datenbereitstellung und Datennutzung insbesondere in Deutschland und Europa signifikant [zu] erhöhen – in der Wirtschaft, der Wissenschaft, der Zivilgesellschaft und der Verwaltung" (Bundeskanzleramt 2021). Über 240 Maßnahmen (Bundeskanzleramt 2021, S. 64–103), zum Teil (zukünftig) mit konkreten Förderprogrammen unterlegt, sollen den Aufbau von Dateninfrastrukturen, die Steigerung der Datennutzung, den Ausbau von Datenkompetenz und Datenkultur sowie die Digitalisierung der öffentlichen Verwaltungen unterstützen.

Das Registry of Research Data Repositories (*re3data*)[17] ist ein internationales Nachweissystem für (fachspezifische) Forschungsdatenrepositorien, in denen (standardisierte) Beschreibungen zu Datensammlungen dauerhaft gespeichert und mittels (persistenter) Identifikatoren hinterlegt werden können. Das 2012 von der DFG geförderte Projekt ist mittlerweile unter dem Dach von DataCite[18] angesiedelt, einer Non-Profit-Organisation im Bereich von Persistenten Identifikatoren (DOI). Re3data weist mit Stand Februar 2022 mehr als 2 700 Forschungsdatenrepositorien aus fast 100 Ländern nach, wobei aus Deutschland über 460 Repositorien beschrieben sind. In re3data ist es möglich, die Suche nach zertifizierten Repositorien einzuschränken, wobei das Zertifikat eine Art Gütesiegel darstellt. Das international bekannteste Zertifikat ist das CoreTrustSeal,[19] welches klare Anforderungen für die Vergabe definiert (CoreTrustSeal 2019a).

3 Forschungsdatenmanagement und Datenmanagementpläne

Forschungsdatenmanagement (FDM) bezeichnet einen aktiven Prozess (Neuroth et al. 2018) und nicht etwa eine einmalige Verwaltungsaktivität. Kindling & Schirmbacher definieren bereits 2013:

> Der gesamte Prozess, der die Allokation, die Generierung, die Bearbeitung und Anreicherung, die Archivierung und Veröffentlichung von digitalen Forschungsdaten selbst oder von einer entsprechenden klassischen Textproduktion unterstützt, wird inzwischen meist unter dem Begriff „Forschungsdatenmanagement" zusammengefasst […]. (Kindling & Schirmbacher S. 130)

FDM ist ein wesentlicher Baustein für die langfristige Nachnutzung von Forschungsdaten und unterstützt die wissenschaftliche Integrität[20] (DFG 2019) maßgeblich.

---

16 https://www.fairsfair.eu/.
17 https://www.re3data.org/.
18 https://datacite.org/.
19 https://www.coretrustseal.org/.
20 https://wissenschaftliche-integritaet.de/.

Datenmanagementpläne (DMP) sind ein wichtiges Instrument, um Forschungsdatenmanagement konkret umzusetzen. Als zentrales Dokument zu den Forschungsdaten beschreibt ein DMP den Umgang mit diesen Daten und zwar sowohl vor, während als auch nach dem Forschungsvorhaben (Leendertse et al. 2019). Wichtig ist, dass der DMP entlang des Forschungsdatenlebenszyklus (Baur 2021) stets aktualisiert wird und somit systematisch wichtige Prozessschritte von der Planung, Erhebung bzw. Nachnutzung über die Weiterverarbeitung bis hin zur Publikation der Daten inklusive rechtliche Zugangsinformationen, die zugrunde liegenden Methoden und die Verwendung bestimmter Software, Algorithmen etc. festgehalten werden. Erst diese Dokumentation der Genese der Forschungsdaten erlaubt eine vertrauensvolle Nachnutzung der Daten, da Fragen wie „of what to keep and why [...] of who, how, why, for whom and how long [...]" (Borgman 2015, S. 271) beantwortet werden können. Mittlerweile gibt es zahlreiche Leitfäden (z. B. Forschungsdaten.info n. d.; Universität Hannover 2020) und Checklisten (DFG 2021a) für die Erstellung von DMPs.

International gibt eine Reihe von digitalen *Werkzeugen*, die bei der Erstellung und Aktualisierung von DMPs unterstützen. Beispiele im anglo-amerikanischen Raum sind das DMPTool[21] der California Digital Library (CDL)[22] oder DMPonline[23] des Digital Curation Centers (DCC).[24] Beide Werkzeuge bieten strukturierte Fragenkataloge und ermöglichen das kollaborative Arbeiten über Institutions- und Ländergrenzen hinweg. Auch ist es möglich, eigene, dem jeweiligen Projekt angepasste Fragenkataloge zu hinterlegen. Bei Open Science FAIR[25] wird der Data Stewardship Wizard[26] angeboten, dem ein fachspezifisches und erweiterbares Wissensmodell inklusive Validierung[27] zugrunde liegt. In Deutschland hat sich, ausgehend von einem DFG-gefördertem Projekt, der Research Data Management Organiser (RDMO)[28] durchgesetzt, der ein aktives FDM unterstützt. Während in den letzten Jahren der Fokus all dieser Werkzeuge darin lag, einen intellektuell lesbaren DMP zu generieren, liegt der Fokus nun vermehrt auf der Maschinenlesbarkeit der DMPs (Miksa et al. 2019). Dies ermöglicht z. B. die (teil)automatische Generierung bestimmter Bereiche von DMPs, die Integration in eigene Arbeitsumgebungen, den Austausch über Systemgrenzen hinweg und minimiert somit den Aufwand bei der Erstellung von DMPs.

Insgesamt ist zu beobachten, dass Forschungsdatenmanagement und Datenmanagementpläne in den letzten Jahren nicht nur international, sondern auch in Deutschland als Thema und neues Aufgabenspektrum deutlich sichtbarer geworden sind und sich auch in die Breite bzw. Fläche ausgeweitet haben. Beigetragen[29] dazu haben u. a.:
– die Verabschiedungen *institutioneller* Policies (z. B. Hiemenz & Kuberek 2019) oder Richtlinien (z. B. Universität Osnabrück 2021; Freie Universität Berlin 2021), Strategien (z. B. Universität Potsdam 2020) und Handreichungen (z. B. Arbeitsgruppe Forschungsdaten 2018; Hausen et al. 2018),

---

[21] https://dmptool.org.
[22] https://cdlib.org/.
[23] http://www.dcc.ac.uk/dmponline.
[24] https://dcc.ac.uk/.
[25] https://www.opensciencefair.eu/.
[26] https://ds-wizard.org.
[27] https://github.com/ds-wizard/ds-km.
[28] https://rdmorganiser.github.io.
[29] Vgl. Übersicht bei: https://www.forschungsdaten.org/index.php/Data_Policies.

- *fachspezifische* Stellungnahmen und Empfehlungen von Fachgesellschaften, die in Fachkollegien der DFG Verwendung finden[30] und damit auch Grundlage für Begutachtungsverfahren sind (z. B. für die Psychologie: Gollwitzer et al. 2020),
- das Bewusstsein zahlreicher *Bundesländer*, FDM strategisch auf Landes- und Hochschulebene zu adressieren (z. B. Wissenschaftliche Kommission Niedersachsen 2021),
- die Etablierung von *Landesinitiativen* zu Forschungsdatenmanagement (z. B. Brandenburg,[31] Nordrhein-Westfalen[32]),
- die zunehmende Angebotspalette[33] im Bereich *Schulungen, Workshops, Materialien* (z. B. Train2Dacar[34] bzw. Lonati et al. 2018; Train-the-Trainer Konzept[35] bzw. Biernacka et al. 2021),
- die Veröffentlichung von *Handbüchern* (z. B. Putnings et al. 2021) oder spezifischen Ratgebern z. B. zu Rechtsfragen[36] (Baumann et al. 2021),
- *Studiengänge* im Bereich (Forschungs-)Datenmanagement wie z. B. der Weiterbildende Masterstudiengang Digitales Datenmanagement (DDM)[37] (Petras et al. 2019),
- erste *Handreichungen für Studierende* zum Umgang mit Forschungsdaten im Kontext von Abschlussarbeiten, inklusive Template eines DMPs und einem ausgefüllten Beispiel,[38] angeboten von der Humboldt-Universität zu Berlin seit Dezember 2021.

Auch wenn diese zahlreichen Aktivitäten vielversprechend sind und das Fundament für den Paradigmenwechsel im Bereich der digitalen Transformation darstellen sowie der Digitalisierung der Wissenschaftsdisziplinen mit ihrer rasant steigenden Anzahl an Forschungsdaten und deren Nachnutzungspotenzialen Rechnung tragen, so gibt es im Bereich der Etablierung neuer Berufsfelder mit verlässlichen Karrierewegen noch signifikante Defizite. Zwar scheinen sich die Begriffe Data Steward und Data Stewardship (CoreTrustSeal 2019b) mehr und mehr durchzusetzen (Scholtens et al. 2019) und z. B. in den Niederlanden (Teperek & Plomp 2019) oder Dänemark (Wildgaard 2020) als feste Berufsbezeichnungen mit definierten Verantwortungs- und Tätigkeitsbeschreibungen zu etablieren, in Deutschland dagegen gibt es noch einigen Nachholbedarf zur Professionalisierung der Tätigkeiten im Umfeld von Forschungsdaten. Dabei gilt, was bereits die Expertengruppe FAIR Data der europäischen Kommission 2018 in ihrem Bericht geschrieben hat:

> New job profiles need to be defined and education programs put in place to train the large cohort of data scientists and data stewards required to support the transition to FAIR. Since the skillsets required for data science and data stewardship are varied and rapidly evolving, multiple formal and

---

[30] https://www.dfg.de/foerderung/grundlagen_rahmenbedingungen/forschungsdaten/empfehlungen/index.html.
[31] https://fdm-bb.de/.
[32] https://www.fdm.nrw/.
[33] Vgl. z. B. Materialsammlung der UAG Schulungen/Fortbildungen der DINI/nestor AG Forschungsdaten, https://rs.cms.hu-berlin.de/uag_fdm/.
[34] http://campus.hesge.ch/id_bilingue/projekte/train2dacar/.
[35] https://www.fdm.nrw/index.php/veranstaltungen/train-the-trainer-workshop-zum-forschungsdatenmanagement/.
[36] https://www.ajbd.de/publikationen/arbeitshefte/ah-28-baumann-krahn-lauber%E2%80%90roensberg-forschungsdatenmanagement-und-recht/.
[37] https://www.ddm-master.de/.
[38] https://www.ibi.hu-berlin.de/de/studium/rundumdasstudium/fdm-fuer-studierende.

informal pathways to learning are required. (European Commission, Directorate-General for Research and Innovation 2018, S. 13)

Auch die Empfehlungen des Rats für Informationsinfrastrukturen (RfII) rund um die „Köpfe", die mit den vermehrt auftretenden Stellenausschreibungen nicht nur im Kontext der NFDI adressiert werden, haben bisher nicht an Bedeutung verloren (RfII 2016, S. 3).

4 Literaturverzeichnis

Arbeitsgruppe Forschungsdaten (2018). *Forschungsdatenmanagement. Eine Handreichung.* Schwerpunktinitiative „Digitale Information" der Allianz der deutschen Wissenschaftsorganisationen. https://doi.org/10.2312/allianzoa.029.

Baumann, P., Krahn, P. & Lauber-Rönsberg, A. (2021). *Forschungsdatenmanagement und Recht. Datenschutz-, Urheber- und Vertragsrecht.* W. Neugebauer.

Baur, J. (2021). FDM erklärt – Was ist eigentlich ein Daten-Lebenszyklus? (16. April 2021). *RWTH Blog.* https://blog.rwth-aachen.de/forschungsdaten/2021/04/16/fdm-erklaert-was-ist-eigentlich-ein-daten-lebenszyklus/.

Biernacka, K., Buchholz, P., Danker, S. A., Dolzycka, D., Engelhardt, C., Helbig, K., Jacob, J., Neumann, J., Odebrecht, C., Petersen, B., Slowig, B., Trautwein-Bruns, U., Wiljes, C. & Wuttke, U. (2021). *Train-the-Trainer Konzept zum Thema Forschungsdatenmanagement.* (Version 4.0). https://doi.org/10.5281/zenodo.5773203.

Bollen, K., Cacioppo, J. T., Kaplan, R. M., Krosnick, J. & Olds, J. L. (2015). *Social, Behavioral, and Economic Sciences Perspectives on Robust and Reliable Science.* Subcommittee on Replicability in Science Advisory Committee to the National Science Foundation Directorate for Social, Behavioral, and Economic Sciences. https://www.nsf.gov/sbe/AC_Materials/SBE_Robust_and_Reliable_Research_Report.pdf.

Borgman, C. L. (2015). *Big Data, Little Data, No Data: Scholarship in the Networked World.* The MIT Press.

Bundeskanzleramt (2021). *Datenstrategie der Bundesregierung: Eine Innovationsstrategie für gesellschaftlichen Fortschritt und nachhaltiges Wachstum* (Kabinettfassung, 27. Januar 2021). https://www.bundesregierung.de/breg-de/suche/datenstrategie-der-bundesregierung-1845632.

CoreTrustSeal Standards and Certification Board. (2019a), *CoreTrustSeal Trustworthy Data Repositories Requirements 2020-2022.* https://doi.org/10.5281/zenodo.3638211.

CoreTrustSeal Standards and Certification Board. (2019b). *CoreTrustSeal Trustworthy Data Repositories Requirements: Glossary 2020–2022.* https://doi.org/10.5281/zenodo.3632563.

Deutsche Forschungsgemeinschaft (2000). *Task Force legt Abschlußbericht vor* (Pressemitteilung Nr. 26). https://www.dfg.de/service/presse/pressemitteilungen/2000/pressemitteilung_nr_26/index.html.

Deutsche Forschungsgemeinschaft (2015), *Leitlinien zum Umgang mit Forschungsdaten.* https://www.dfg.de/download/pdf/foerderung/antragstellung/forschungsdaten/richtlinien_forschungsdaten.pdf.

Deutsche Forschungsgemeinschaft (2019). *Leitlinien zur Sicherung guter wissenschaftlicher Praxis. Kodex* (Version 1.0). https://doi.org/10.5281/zenodo.3923602.

Deutsche Forschungsgemeinschaft (2021a), *Umgang mit Forschungsdaten: Checkliste für Antragstellende zur Planung und zur Beschreibung des Umgangs mit Forschungsdaten in Forschungsvorhaben.* https://www.dfg.de/download/pdf/foerderung/grundlagen_dfg_foerderung/forschungsdaten/forschungsdaten_checkliste_de.pdf.

Deutsche Forschungsgemeinschaft (2021b). *Leitlinien zur Sicherung guter wissenschaftlicher Praxis. Kodex* (Version 1.1). https://www.dfg.de/download/pdf/foerderung/rechtliche_rahmenbedingungen/gute_wissenschaftliche_praxis/kodex_gwp.pdf.

Deutsche Forschungsgemeinschaft (2022). *Umgang mit Forschungsdaten.* https://www.dfg.de/foerderung/grundlagen_rahmenbedingungen/forschungsdaten/.

Engelhardt, C., Biernacka, K., Coffey, A., Cornet, R., Danciu, A., Demchenko, Y., Downes, S., Erdmann, C., Garbuglia, F., Germer, K., Helbig, K., Hellström, M., Hettne, K., Hibbert, D., Jetten, M., Karimova, Y.,

Kryger H., Karsten, K., Mari, E. & Zhou, B. (2022). *How to be FAIR with your data. A teaching and training handbook for higher education institutions.* (V1.2 DRAFT). https://doi.org/10.5281/zenodo.5905866.

European Commission, Directorate-General for Research and Innovation (2018), *Turning FAIR into reality: Final report and action plan from the European Commission expert group on FAIR data.* Publications Office of the European Union. https://data.europa.eu/doi/10.2777/54599.

FORCE11 (2016). *The FAIR Data Principles.* https://www.force11.org/group/fairgroup/fairprinciples.

Forschungsdaten.info (n. d.). *Der Datenmanagementplan: Eine Wegbeschreibung für Daten.* https://www.forschungsdaten.info/themen/informieren-und-planen/datenmanagementplan/.

Freie Universität Berlin (2021). *Forschungsdaten-Policy der Freien Universität Berlin.* http://dx.doi.org/10.17169/refubium-30560.

Gemeinsame Wissenschaftskonferenz (2018). *Bund-Länder-Vereinbarung zu Aufbau und Förderung einer Nationalen Forschungsdateninfrastruktur vom 26. November 2018* (BAnz AT 21.12.2018 B10). https://www.gwk-bonn.de/fileadmin/Redaktion/Dokumente/Papers/NFDI.pdf.

Gollwitzer, M., Abele-Brehm, A., Fiebach, C., Ramthun, R., Scheel, A. M., Schönbrodt, F. D. & Steinberg, U. (2020). *Management und Bereitstellung von Forschungsdaten in der Psychologie: Überarbeitung der DGPs-Empfehlungen.* https://doi.org/10.31234/osf.io/hcxtm.

Hausen, D., Trautwein-Bruns, U. & von der Ropp, S. (2018). Handreichung zur Beratung im Kontext des Forschungsdatenmanagements an der RWTH Aachen University. *Bausteine Forschungsdatenmanagement*, 1, 43–49. https://doi.org/10.17192/bfdm.2018.1.7815.

Hiemenz, B. & Kuberek, M. (2019). *Strategischer Leitfaden zur Etablierung einer institutionellen Forschungsdaten-Policy.* http://dx.doi.org/10.14279/depositonce-8412.

Kindling, M. & Schirmbacher, P. (2013). „Die digitale Forschungswelt" als Gegenstand der Forschung. *Information: Wissenschaft & Praxis*, 64(2–3), 127–136. https://doi.org/10.1515/iwp-2013-0017.

Kraft, A. (2017). Die FAIR Data Prinzipien für Forschungsdaten (12. September 2017). *TIB Blog.* https://blogs.tib.eu/wp/tib/2017/09/12/die-fair-data-prinzipien-fuer-forschungsdaten/.

Landi, A., Thompson, M., Giannuzzi, V., Bonifazi, F., Labastida, I., Olavo Bonino da Silva Santos, L. & Roos, M. (2020). The „A" of FAIR – As Open as Possible, as Closed as Necessary. *Data Intelligence*, 2 (1–2), 47–55. https://doi.org/10.1162/dint_a_00027.

Leendertse, J., Mocken, S. & von Suchodoletz, D. (2019). Datenmanagementpläne zur Strukturierung von Forschungsvorhaben. *Bausteine Forschungsdatenmanagement*, 2(4–9), 4–9. https://doi.org/10.17192/bfdm.2019.2.8003.

Linne, M., Drefs, I., Dörrenbächer, N., Siegers, P. & Bug, M. (2021). GO FAIR und GO CHANGE: Chancen für das deutsche Wissenschaftssystem. In M. Putnings, H. Neuroth & J. Neumann (Hrsg.), *Praxishandbuch Forschungsdatenmanagement* (S. 215–238). De Gruyter Saur. https://doi.org/10.1515/9783110657807-013.

Lonati, S. S., Sommet, M. & Pugin, L. (2018). *Kursbuch Forschungsdatenmanagement.* Hochschule für Technik und Wirtschaft Chur.

Miksa, T., Simms, S., Mietchen, D. & Jones, D. (2019). Ten Principles for Machine-Actionable Data Management Plans. *PLOS Computational Biology*, 15(3), Article e1006750. https://doi.org/10.1371/journal.pcbi.1006750.

Neuroth, H., Engelhardt, C., Klar, J., Ludwig, J. & Enke, H. (2018). Aktives Forschungsdatenmanagement, *ABI Technik*, 38(1), 55–64. https://doi.org/10.1515/abitech-2018-0008.

Petras, V., Kindling, M., Neuroth, H. & Rothfritz, L. (2019). Digitales Datenmanagement als Berufsfeld im Kontext der Data Literacy. *ABI Technik*, 39(1), 26–33. https://doi.org/10.1515/abitech-2019-1005.

Publisso. (n. d.). *Die FAIR-Prinzipien für Forschungsdaten.* Open-Access-Publikationsportal für die Lebenswissenschaften. https://www.publisso.de/forschungsdatenmanagement/fair-prinzipien/.

Putnings, M., Neuroth, H. & Neumann, J. (Hrsg.) (2021). *Praxishandbuch Forschungsdatenmanagement.* De Gruyter Saur. https://doi.org/10.1515/9783110657807.

Rat für Informationsinfrastrukturen (2016). *Leistung aus Vielfalt: Empfehlungen zu Strukturen, Prozessen und Finanzierung des Forschungsdatenmanagements in Deutschland.* http://www.rfii.de/?p=1998.

Research Data Alliance (2022). *RDA Groups.* https://www.rd-alliance.org/groups.

Research Data Alliance FAIR Data Maturity Model Working Group (2020). *FAIR Data Maturity Model: Specification and Guidelines.* https://doi.org/10.15497/rda00050.

Research Data Alliance FAIR Data Maturity Model Working Group (2021). *Das FAIR Data Maturity Model. Spezifikation und Leitlinien*. https://doi.org/10.5281/zenodo.5834115.

Scholtens, S., Jetten, M., Böhmer, J., Staiger, C., Slouwerhof, I., van der Geest, M. & van Gelder, C. W. G. (2019). *Final report: Towards FAIR data steward as profession for the lifesciences. Report of a ZonMw funded collaborative approach built on existing expertise* (Version 3). https://doi.org/10.5281/zenodo.3474789.

Swiss National Science Foundation (n. d.). *Explanation of the FAIR data principles*. http://www.snf.ch/SiteCollectionDocuments/FAIR_principles_translation_SNSF_logo.pdf.

Teperek, M. & Plomp, E. (2019). *The role and value of data stewards in Universities: A TU Delft case study on data stewardship*. https://doi.org/10.5281/zenodo.2684278.

Universität Hannover (2020). *Leitfaden zur Erstellung eines Datenmanagementplans* (Version 2.3). https://www.fdm.uni-hannover.de/fileadmin/fdm/Dokumente/Leitfaden_DMP_LUH_v2.3.pdf.

Universität Osnabrück (2021). *Richtlinie für das Forschungsdatenmanagement an der Universität Osnabrück („Forschungsdaten-Policy")* (Amtliches Mitteilungsblatt der Universität Osnabrück, 05/2021). https://www.ub.uni-osnabrueck.de/fileadmin/documents/public/Startseite/4_Publizieren_und_Archivieren/4_4_Forschungsdaten/UOS_AmtlMitteilungen_Nr05-2021_FDM_Policy.pdf.

Universität Potsdam (2020). *Forschungsdatenstrategie 2019–2022*. Universitätsverlag Potsdam. https://doi.org/10.25932/publishup-44436.

Wildgaard, L. (2020). *Reframing Data Stewardship Education in Denmark and abroad*. https://doi.org/10.5281/zenodo.3628375.

Wilkinson, M. D., Dumontier, M., Aalbersberg, I. J., Appleton, G., Axton, M., Baak, A., Blomberg, N., Boiten, J-W., da Silva Santos, L. B., Bourne, P. E., Bouwman, J., Brookes, A. J., Clark, T., Crosas, M., Dillo, I., Dumon, O., Edmunds, S., Evelo, C. T., Finkers, R. & Mons, B. (2016). The FAIR Guiding Principles for scientific data management and stewardship. *Scientific Data, 3*, Article 160018. https://doi.org/10.1038/sdata.2016.18.

Wissenschaftliche Kommission Niedersachsen (2021). *Forschungsdatenmanagement in Niedersachsen. Bericht der Arbeitsgruppe*. https://www.wk.niedersachsen.de/download/177260.

Isabella Peters
B 18 Folksonomies & Social Tagging

1 Einleitung

Die Erforschung und der Einsatz von Folksonomies und Social Tagging als nutzerzentrierte Formen der Inhaltserschließung und Wissensrepräsentation haben in den 10 Jahren ab ca. 2005 ihren Höhenpunkt erfahren (Peters 2009). Motiviert wurde dies durch die Entwicklung und Verbreitung des Social Web und der wachsenden Nutzung von Social-Media-Plattformen (s. Kapitel E 8 Social Media und Social Web). Beides führte zu einem rasanten Anstieg der im oder über das World Wide Web auffindbaren Menge an potenzieller Information und generierte eine große Nachfrage nach skalierbaren Methoden der Inhaltserschließung (Mathes 2004).

Folksonomies erlauben es den Nutzenden von dokumentarischen Bezugseinheiten (DBE), selbst als Indexierende aktiv zu werden – eine Tätigkeit, die den professionell Indexierenden als Vermittlungsinstanz zwischen Wissensordnung (z. B. Thesaurus oder Nomenklatur) und DBE oder den Autor*innen (z. B. bei Volltext- oder Zitationsindexierung) vorbehalten war (Weller et al. 2011). Mehr noch: Durch die besondere Gestaltung der Tagging-Systeme werden die Nutzenden als Teil der Dokumentationseinheit (DE) sichtbar und können z. B. als Browsing-Einstieg genutzt werden (siehe Abbildung 1 links).

Auch wenn die von den Nutzenden erstellten Schlagworte (Tags) heutzutage als Hashtags (gekennzeichnet durch ein Rautenzeichen #) eine Renaissance erfahren haben, in vielen nutzergenerierten Posts auf Social-Media-Plattformen weit verbreitet sind und sich damit der Bedarf nach Strukturierungs- oder Indexierungsfunktionen in digitalen Umgebungen bestätigt hat und großer Beliebtheit erfreut (Bruns et al. 2016), scheint sich die informationswissenschaftliche und -praktische Beschäftigung mit dem Thema abgekühlt zu haben.

Dennoch sind Social Tagging und Folksonomies wichtige Formen nutzergenerierter Inhaltserschließung, die die traditionelle Wissensrepräsentation (s. Kapitel B Methoden und Systeme der Wissensorganisation und Wissensrepräsentation) um die Dimension der Nutzenden erweitert und produktiv ergänzt.

2 Folksonomies und Social Tagging: Definition

Social Tagging findet u. a. auf Social-Media-Plattformen statt und erlaubt es den Nutzenden, eigene Ressourcen, d. h. DBE, wie Videos bei YouTube, Fotos bei Instagram oder eigene Produkte bei Etsy, fremde Ressourcen wie Webseiten bei Bibsonomy oder vom System bereitgestellte Ressourcen wie DE im Bibliothekskatalog (Spiteri 2006) oder im Museum (Trant 2009) mit frei ausgewählten Tags zu indexieren. Durch das Social Tagging entsteht eine sog. Folksonomy für die Social-Media-Plattform, eine Wortneuschöpfung aus *folk* und *taxonomy* (Vander Wal 2007). Der Wortbestandteil *taxonomy* ist dabei nicht korrekt, da die Tags nur syntagmatisch in Beziehung stehen.

Social Tagging und Folksonomies sind untrennbar mit den Social-Media-Plattformen verbunden, bei denen sie eingesetzt werden. Die Plattformen stellen die Tagging-

Funktionalität bereit, die Nutzenden müssen sich meistens registrieren, um taggen zu können, und die eingegebenen Tags verbleiben auf den Servern der Plattformen. Tags sind nicht transportabel, da zwischen den Social-Media-Plattformen kein Austausch stattfindet. Praktisch bedeutet dies für die Nutzenden, dass sie dieselbe Ressource in unterschiedlichen Plattformen mehrfach taggen müssen. Auch die Ressourcen bzw. die Nutzerschaft als Ganzes profitiert nicht von einer höheren Indexierungsqualität durch das mehrfache plattformübergreifende Tagging, obwohl erste Ansätze zum cross-linking von z. B. OCLC-Deskriptoren und Tags von del.icio.us (eine nicht mehr im Betrieb befindliche Social-Bookmarking-Plattform) vielversprechende und kosteneffiziente Ergebnisse erzielen konnten (Yu & Chen 2020). Das Öffnen der Tag- bzw. Metadaten-Silos aus Social Media und Bibliotheken würde zu einem produktiveren Wissensaustausch und effektiveren Informationssuchverhalten auf beiden Seiten führen.

Während des Social Tagging entsteht ein Tripartite-Graph (siehe Abbildung 1 links), der charakteristisch für Folksonomies ist und formal wie folgt beschrieben werden kann:

$F := (U, T, R, Y)$

U stellt dabei die Menge aller Nutzenden, T die Menge aller Tags, R die Menge der Ressourcen und Y die Tagging-Aktionen dar.

Es gilt $Y \subseteq U \times T \times R$ (Hotho et al. 2006a). Die Folksonomy eines Tagging-Systems wird aus allen indexierten Ressourcen, den Tags und Nutzenden gebildet. U, T und R können jeweils als Browsing-Einstieg genutzt werden, da $U \times T \times R$ meistens öffentlich (d. h. sichtbar für alle eingeloggten Nutzenden des Tagging-Systems) erfolgt; daher auch die Bezeichnung Social Tagging. Ausgehend von einer Ressource können Nutzende auf alle Tags zugreifen, die für diese Ressource vergeben worden sind, sowie auf alle Nutzenden, die diese Ressource auch gespeichert haben.

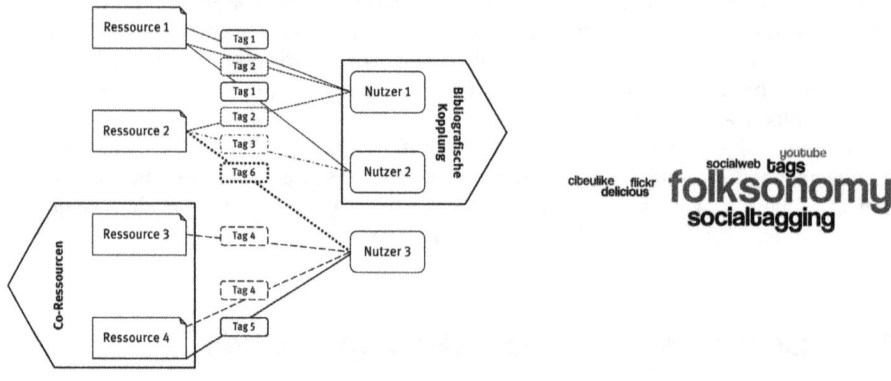

Abb. 1: Links: Social Tagging erzeugt einen tripartite-Graph. Jedes Element dieser Folksonomy dient als Retrieval-Einstieg, um die jeweils beiden anderen Elemente aufzufinden. Rechts: Tag Cloud. Eine typische Form der Folksonomy-Visualisierung

Je nachdem welcher Browsing-Einstieg gewählt wird, zerfällt die Folksonomy in kleinere Graphen: In eine *Personomy* für bestimmte Nutzende U (Hotho et al. 2006b) oder in eine *Docsonomy* für eine bestimmte Ressource R (Peters et al. 2012). Der tripartite Zusammenhang zwischen Tags, Nutzenden und Ressourcen erlaubt es, die Konzepte der bibliographischen Kopplung (Kessler 1963) und Co-Zitation (Small 1973) anzuwenden und damit weitere Retrievaloptionen zu ermöglichen (z. B. Vorschlagsysteme für Ressourcen, Tags oder Nutzende im Information Retrieval oder im Wissensmanagement, Heck et al. 2011; s. Kapitel C 12 Empfehlungssysteme).

3 Arten von Folksonomies

Ein Merkmal zur Unterscheidung von Folksonomies liegt in den Tagvergaberechten auf Seiten der Nutzenden vor (Marlow et al. 2006; Vander Wal 2005). In *Broad Folksonomies* kann jede*r Nutzer*in eigene Tags zu jeder Ressource hinzufügen, wobei auch das mehrmalige Hinzufügen gleicher Tags erlaubt ist (häufig bei Social-Bookmarking-Systemen anzutreffen). In *Narrow Folksonomies* ist nur dem/der Besitzer*in der Ressource das Hinzufügen von Tags erlaubt, sodass jeder Tag auch nur einmal für diese Ressource verzeichnet wird (wie bei Instagram, Twitter oder, übertragen auf die Bibliothekswelt, beim Bibliothekskatalog). Eine Mischform stellt die *Erweiterte Narrow Folksonomy* dar, die es, wie bei Bibsonomy, nur autorisierten Personen (z. B. Freunden, registrierte Nutzende) erlaubt, neue Tags zu einer Ressource hinzuzufügen (Peters 2009). Die kleinste Bandbreite an unterschiedlichen Tags wird aufgrund der begrenzten Indexierungskapazität des Besitzers/der Besitzerin in *Narrow Folksonomies* zu erwarten sein, die größte in *Broad Folksonomies*.

4 Potential von Taghäufigkeitsverteilungen

Broad Folksonomies nutzen die kollektive Intelligenz der Nutzenden (Surowiecki 2007) für die Erschließung der Ressourcen aus und unterstützen produktiv Wissensrepräsentation und Information Retrieval. Die Nutzenden in Broad Folksonomies fügen der Ressource über die Tags gleichzeitig folgende drei Informationen hinzu, was in dieser Art einmalig in der Praxis der Inhaltserschließung ist:
1. Semantische Information: Jeder einzelne Tag beschreibt die Ressource aus der Sicht des/der Nutzer*in. Der Tag kann inhaltsbeschreibend, persönlich oder wertend sein. Die semantische Information korrespondiert mit dem Konzept der Indexierungsspezifität der traditionellen Inhaltserschließung und hat direkten Einfluss auf die *Precision* von Suchergebnissen.
2. Relevanzinformation: Die Vergabehäufigkeit eines Tags reflektiert seine Relevanz für die Ressource aus Nutzersicht. Häufig genutzte Tags spiegeln den Inhalt der Ressource, nach Meinung der Nutzenden, am besten wider (Peters et al. 2012). Diverse Studien konnten zeigen, dass die Form der Taghäufigkeitsverteilungen nach einer gewissen Menge an Tagging-Aktivitäten stabil bleibt, Tags auf den vorderen Rangplätzen nur wenigen Rangplatzvertauschungen unterworfen sind und sich populäre Tags damit zur Weiterverarbeitung und auch persistenten Indexierung von Ressourcen eignen (u. a. Golder & Huberman 2006; Wagner et al. 2014).
3. Deskriptive Information: Wird eine Ressource von vielen unterschiedlichen Nutzenden mit ihren verschiedenen Sichtweisen indexiert, wird wahrscheinlich eine große Bandbreite an unterschiedlichen Tags dafür verwendet. Dies erhöht die Zugriffsoptionen auf die Ressourcen (und kann von Erweiterten Narrow Folksonomies nur bedingt und bei Narrow Folksonomies überhaupt nicht erfüllt werden). Die deskriptive

Information greift das Konzept der Indexierungsbreite aus der Inhaltserschließung auf und hat direkten Einfluss auf den *Recall* von Suchanfragen.

Vor allem die Relevanzinformation zu Tags lässt sich in vielen Anwendungsgebieten der Informationswissenschaft und -praxis einsetzen. Während der Indexierung können die am häufigsten annotierten Tags einer Ressource genutzt werden, um die Nutzersicht in die DE zu integrieren sowie die zur traditionellen Indexierung genutzte Wissensordnung über die vergebenen Tags zu aktualisieren und z. B. Sprachwandel abzubilden (Garcia-Silva et al. 2012). Auch die automatische Indexierung von Ressourcen mittels der meistgenutzten Tags je Ressource ist denkbar. Taghäufigkeitsverteilungen auf Plattformebene lassen Rückschlüsse auf paradigmatische Relationen zwischen Tags zu, die wiederum bei der Aktualisierung der Wissensordnung genutzt werden können (Peters & Weller 2008a). In der Szientometrie können Taghäufigkeiten bei der Inhaltsanalyse von Zeitschriften oder Wissenschaftsdomänen sowie bei der Charakterisierung von Autor*innen eingesetzt und somit zum Teil von *Altmetrics* werden (Haustein & Peters 2012; s. Kapitel B 11 Bibliometrie).

Das Ausnutzen von Taghäufigkeitsverteilungen sollte nur in Kenntnis des eingesetzten Tagging-Systems erfolgen, um einen sinnvollen und ertragreichen Einsatz von Folksonomies sicherzustellen. Einige Tagging-Systeme arbeiten mit Tag-Vorschlägen, die die Nutzenden während der Indexierung unterstützen und entweder die bereits am häufigsten verwendeten Tags der Plattform und/oder der Ressource zur erneuten Indexierung empfehlen. Dieser Mechanismus kann zum einen das natürliche Indexierungsverhalten der Nutzenden derart beeinflussen, dass sie ihre Meinung oder Beschreibung der Ressource zugunsten der populären Tags aufgeben und damit nicht mehr wirklich von einer kollektiven Intelligenz bei der Inhaltserschließung gesprochen werden kann (Dellschaft & Staab 2012). Zum anderen kann der Matthäus-Effekt (Merton 1968) eintreten und häufig genutzte Tags noch populärer machen, was im Information Retrieval zu einer mangelnden Diskriminierungsstärke der Tags führt (Munk & Mørk 2007). Es wird zudem kritisiert, dass eine Vergabe von Tags basierend auf ausschließlich statistischen Ansätzen, die häufig in automatischen Verfahren genutzt werden, zu einer Unterdrückung von marginalisierten Ansichten von Minderheiten zugunsten der Mehrheit führt (Bullard 2019).

5 Folksonomy-Visualisierungen

Taghäufigkeitsverteilungen können nicht nur als Graphen oder Tabellen dargestellt werden, sondern auch als Tag Clouds (s. Abbildung 1 rechts). In den Tag Clouds werden häufig genutzte Tags in einer größeren Schriftgröße angezeigt als weniger oft verwendete Tags. Die Tags sind anklickbar, wodurch eine Stichwort-Suche nach dem Tag innerhalb der Plattform ausgelöst wird. Die Tags in den Tag Clouds sind oft alphabetisch sortiert, obwohl die meisten Nutzenden dies nicht wahrnehmen (Sinclair & Cardew-Hall 2008). Vorteilhaft an Tag Clouds ist, dass sie gleichzeitig die semantischen, deskriptiven und Relevanzinformationen zu der indexierten Ressourcensammlung transportieren. Die Nutzenden erkennen auf einen Blick, welche Themen auf der Plattform oder in der einzelnen Ressource angesprochen werden (über den textuellen Inhalt der Tags) und zudem wie wichtig die einzelnen Themen sind (über die Größe der Tags). Sollen Tag Clouds auch für einzelne Ressourcen angezeigt werden können, muss bei der Entwicklung von

Tagging-Systemen darauf geachtet werden, dass eine Broad Folksonomy eingesetzt wird.

6 Tag-Typen und Tag-Funktionen

Im Information Retrieval bilden Tags, neben Volltext und anderen Metadaten (s. Kapitel B 9 Metadaten), zusätzliche Zugangsmöglichkeiten zu Ressourcen und machen sie auf vielfältige Weise wiederauffindbar. Bei nicht-textuellen Ressourcen wie Videos oder Fotos sind Tags eine wichtige Ergänzung in der Inhaltserschließung und spielen dort ihre Stärken aus (Rasmussen Neal 2012). Ähnliches gilt für die Kombination aus Social Tagging und Linked Open Data (Spiteri & Pennington 2018). Ein Großteil der vergebenen Tags hat einen beschreibenden Charakter und bezieht sich auf den Inhalt der Ressource (Price & Robinson 2021), womit sie sich gar nicht so stark von dem kontrollierten Vokabular aus Wissensorganisationssystemen unterscheiden (Voorbij 2012).

Dennoch sind Tags nutzergenerierte Schlagwörter und dienen damit in erster Linie dem persönlichen Wissens- und Ressourcenmanagement der Nutzerschaft. Dies wird deutlich in der verbreiteten Nutzung von Tag-Neuschöpfungen, wie z. B. „todo", „to-read" oder „me", die nur wenig Sinn für dritte Nutzende tragen (Kipp 2006). Gleiches gilt für Nutzergruppen, die Ressourcen unter einem gemeinsam genutzten Tag sammeln, um die Ressourcen schneller auffinden zu können (z. B. Literaturlisten einer Lehrveranstaltung via „wismasy0809"). Eine altruistische Bereitstellung von Tags zum Wohle der Nutzerschaft (und im Sinne des effektiven Information Retrievals) lässt sich wohl für die meisten Nutzenden nicht bestätigen. Stattdessen ist der Anteil an deskriptiven Tags in einer Folksonomy stark von der Motivation der Nutzenden abhängig, d. h. ob sie eher *describers* oder *categorizers* sind (Strohmaier et al. 2010). *Categorizers* stellen weniger deskriptive Tags zur Verfügung und sind sich in der Beschreibung von Ressourcen zudem weniger einig als *describer*, die sich stärker am Inhalt der Ressource ausrichten und darüber einen Konsens erzielen.

Zunehmend wird die strategische Nutzung von Tags als Tool zur Steuerung der Aufmerksamkeit sichtbar. Tags lenken die Aufmerksamkeit (und den Kaufwillen) der Nutzerschaft (oder Kundschaft) auf eine Ressource, z. B. einen Tweet, ein Produkt auf Etsy (Blanchflower & Hodges 2015) oder einen Post auf Tumblr (Bourlai 2018). Eine besondere Rolle scheint dabei Hashtags zuzukommen, die angefangen bei dem *Microblogging*-Dienst Twitter nun auf verschiedenen Plattformen eingesetzt werden und teilweise sogar herkömmliche Tags verdrängt zu haben scheinen, z. B. bei YouTube. Die Gestaltung des Hashtags bleibt auch den Nutzenden überlassen, nur die Raute ist zwingend notwendig (z. B. *#metoo*), um den Hashtag vom textuellen Inhalt der Ressource unterscheiden zu können. Denn Hashtags sind in der Ressource selbst eingebettet, z. B. im Tweet oder in der Bildbeschreibung, und finden sich nicht in einem separaten Feld, wie es bei den Tags eines Tagging-Systems der häufigste Fall ist.

Diese Einbettung erlaubt die Nutzung von Hashtags als diskursive Mittel, um z. B. eine Meinung auszudrücken (z. B. *stupid*), andere Personen zu adressieren und Ressourcen zu empfehlen (z. B. *@Tim*) oder um weiteren *Paratext* unterzubringen, ähnlich zu Fußnoten und Randbemerkungen (Bourlai 2018). Es wird in diesem Zusammenhang die außergewöhnliche Rolle von (Hash-)Tags betont und dass sie nie ausschließlich als einfache Wörter angesehen werden sollten (Monnin et al. 2010). Solche Tag-Variationen verdeutlichen den starken Zusammenhang zwischen Tag-Nutzung und Funktionalitäten des Tagging-Systems: Weil die Tagging-Systeme nur bestimmte Funktionalitäten anbieten, die Nutzerschaft aber weitere spezielle kommunikative Bedürfnisse hat, werden bestehende Funktionalitäten entsprechend umgedeutet und (Hash-) Tags zum Füllen der Lücke kreativ genutzt.

In einem strengen Sinn sind Tags in Folksonomies ausschließlich nutzergenerierte Schlagwörter zur Beschreibung der Ressource. Da die technischen Geräte zur Herstellung nutzergenerierten *Contents*, welcher dann in Tagging-Systemen gespeichert und indexiert wird, aber häufig selbst Schlagwörter für eine Ressource produzieren, sollen die so entstandenen Tags nicht unerwähnt bleiben. Geo-Tags (z. B. „52.519191, 13.398986") entstehen bei Foto- oder Videoaufnahmen mit Geräten mit eingebautem GPS und können an Fotosharing-Plattformen übermittelt werden. Gleiches gilt für Kamera-Tags (z. B. „Nikon D3S"), die in den EXIF-Daten einer Fotokamera enthalten sind und Hinweise zu den Einstellungen und Charakteristika der Kamera geben. Sowohl mit Geo-Tags als auch mit Kamera-Tags kann nach Ressourcen gesucht und dadurch u. a. virtuelle Stadtrundgänge erstellt werden (Kennedy et al. 2007).

7 Folksonomies und terminologische Kontrolle

Da Social Tagging und Folksonomies als nutzerzentrierte Erschließungsmethoden unabhängig von Regelwerken funktionieren, wurde trotz der Dynamik im Social Web (s. Kapitel E 8 Social Media und Social Web) die Vorteile einer terminologischen Kontrolle (s. Kapitel B 4 Thesauri) bzw. einer Strukturierung von Folksonomies erkannt (oder: es wurde zunehmend ein Bedarf formuliert).

Grundsätzlich bleiben die Tags in einem Tagging-System wie von den Nutzenden eingegeben bestehen, d. h. das System arbeitet Term-basiert. Dies hat zur Folge, dass Groß- und Kleinschreibung nicht vereinheitlicht, Synonyme nicht zusammengefasst und Homonyme nicht getrennt, Singular und Pluralformen der Nomen, Verben und Adjektive sowie fremdsprachige und fehlerhafte Wörter gleichberechtigt als Tags erfasst und formelle und inhaltsbeschreibende Tags sowie verschiedene Indexierungsebenen und -tiefen nicht unterschieden werden. Hinzu kommt, dass die meisten Tagging-Systeme nur Ein-Wort-Tags erlauben, so dass Phrasen über Sonderzeichen oder Zusammenschreibung gebildet werden müssen und dadurch eine Vielzahl an Schreibvarianten entsteht (z. B. SocialTagging, social_tagging, social-tagging etc.). Dies kann dazu führen, dass die Menge an (unterschiedlichen) Tags in einem System riesig wird (Yi & Cahn 2009) und insgesamt zu einer niedrigen Indexierungsqualität der Ressourcen führt (Garcia-Silva et al. 2012). Dieses Vokabularproblem (Furnas et al. 1987), bekannt aus dem Volltext-Retrieval, hat vor allem Auswirkungen auf den Recall, denn eine vollständige Treffermenge würde nur durch eine Suche nach allen (Schreib-) Varianten eines Begriffs erzielt. Die wenigen Studien (z. B. Wu et al. 2016), die die Indexierungsqualität von Folksonomies mit anderen Wissensordnungen verglichen haben, zeigten, dass z. B. nur 9 % der Tags auf LibraryThing, einer Tagging-Plattform für Bücher, so außergewöhnlich waren, dass sie sich nicht mit normalen Deskriptoren vergleichen ließen (Voorbij 2012). Die Indexierungsqualität der Tags ist erfreulich hoch (Manzo et al. 2015).

Nutzende, die viele Tags vergeben, stellen häufig fest, dass sie den Überblick über vergebene Tags verlieren und erstellen Kategorien, vereinfachen oder spezialisieren ihren Tag-Wortschatz. Viele Social-Media-Plattformen haben Funktionen integriert, die Nutzende bei der Organisation ihrer Tagging-Aktivitäten unterstützen. Beschreiben lassen sich diese Re-Organisations- und Strukturierungsbemühungen mit der Metapher des *Tag Gardening* (Peters & Weller 2008b): Tags, die einem wilden überwucherten Garten ähneln, werden durch entsprechende Arbeiten und Werkzeuge wieder in Form gebracht. Zum Beispiel können Nutzende eigene Rechtschreibfehler verbessern oder ihre Tags verfeinern, da sie aufgrund der Häufigkeit der damit indexierten Ressourcen nicht mehr diskriminierend für eine Recherche sind. Diese von den Nutzenden selbst initiierten „Aufräumarbeiten" können durch die Social-Web-Plattform vorausschauend schon bei der Erstellung von Tags antizipiert werden, indem eine Rechtschreibkontrolle angeboten bzw. auf die Vergabehäufigkeit bestimmter Tags hingewiesen wird (Syn & Spring 2013).

Eine weitere Möglichkeit der Strukturierung von Tags sind die mittlerweile sehr verbreiteten Tag-Vorschläge der Plattformen. Diese weisen Nutzende nicht nur auf die korrekte Schreibweise hin, sondern kreieren durch die Empfehlung häufig auftretender bzw. populärer Tags oder gar Deskriptoren (Golub et al. 2014) eine Homogenität in der Schreibweise sowie in der verwendeten Terminologie. Nutzende wählen wahrscheinlicher einen vorgeschlagenen Term aus einer Liste aus anstatt eines entsprechenden Synonyms. Dies vereinheitlicht das Vokabular und kann – wie kontrollierte Vokabulare – zu mehr Recall im Retrieval führen (aber auch zum Matthäus-Effekt, s. Abschnitt 4).

Die Kategorisierung bzw. die Aggregation von Tags in sog. *Tag Clustern* oder Klassen ermöglicht die Verknüpfung von verwandten Tags in Gruppen, was nicht nur eine Synonymkontrolle erlaubt, sondern auch eine Suche nach verwandten Objekten im Tripartite-Folksonomy-Graph. Bibsonomy[1] erlaubt seinen Nutzenden, über die sog. „Concepts", Verbindungen zwischen Tags herzustellen.

Die Frage nach der Skalierbarkeit der nutzergetriebenen Strukturierung von Folksonomies stellt sich an dieser Stelle erneut und wird auch in der Literatur intensiv diskutiert (z. B. Yi & Chan 2009; Yoo et al. 2013; Zhitomirsky-Geffet et al. 2016). Von der Verbindung aus maschinellen Ansätzen des Tag Gardenings und einer Kuratierung der Tags und der Folksonomy durch eine menschliche Hand wird sich viel versprochen (Bullard 2019). Verschiedene Plattformen (z. B. Stackoverflow, LibraryThing und archiveofourown, die Fandom-Plattform AO3) können als Vorbild dienen und zeigen, dass das gleiche System, das einen Wildwuchs an Tags kreiert, gleichzeitig erfolgreiches Tag Gardening betreiben kann (vorausgesetzt es stehen entsprechende Funktionalitäten zur Verfügung). LibraryThing lässt die Nutzerschaft ihre eigenen Tags weiter im persönlichen Informationsmanagement nutzen, vereinheitlicht sie aber im Hintergrund, um das Information Retrieval plattformweit zu verbessern. Stackoverflow vereinheitlicht mit Hilfe von ausgewählten Nutzenden alle Tags, um den Austausch zwischen den Fragenden und den Expert*innen sicherzustellen und um damit die Aufmerksamkeit effektiv zu relevanten Inhalten zu lenken. AO3 arbeitet mit menschlichen Kurator*innen aus der Nutzerschaft (*tag wranglers*) zusammen, um die Folksonomy zu vereinheitlichen und zu strukturieren. Die Tag Wrangler setzen sich freiwillig für die AO3-Community ein und müssen eine Schulung absolvieren, bevor sie in den Dienst eintreten und autonom Tags organisieren dürfen. Hier wird deutlich, dass die eingesetzten Tag Gardening-Maßnahmen mit den Zielen und der Funktion der Plattform übereinstimmen muss (z. B. persönliches Informationsmanagement vs. Sicherstellung von Informationsaustausch). Außerdem muss u. a. vorab geklärt werden, welche Personen in die Tag-Organisation einbezogen werden, z. B. alle Nutzenden oder nur Nutzende mit speziellen Kenntnissen oder besonderer Reputation wie bei AO3 oder Stackoverflow (Bullard 2019).

---

[1] http://www.bibsonomy.org/concepts.

8 Diskussion & Ausblick

Wie lassen sich Folksonomies und Social Tagging für die Informationswissenschaft und -praxis kritisch würdigen? Ein großer Vorteil von Folksonomies und Social Tagging besteht in ihrer Skalierbarkeit (Bullard 2019). Social Tagging teilt die Last der Indexierung auf viele Schultern auf und ist daher besonders dort einsatzfähig, wo die Menge der zu indexierenden Ressourcen zu groß ist oder wo sie zu schnell wächst, z. B. im Web, um sie mit herkömmlichen Formen der Wissensorganisation zu bearbeiten. Im Gegensatz zu Verfahren, die auf den Einsatz von Wissensordnungen setzen (sei es manuell oder maschinell), sind Folksonomies so flexibel, dass sie schnell auf Änderungen in der Terminologie und den Bedürfnissen der Nutzenden reagieren können. Potentiell erlauben sie die Vergabe von unendlich vielen, frei definierbaren Tags und damit auch ebenso viele Optionen, Ressourcen wieder aufzufinden oder über Browsing zu erreichen. An dieser Stelle sind Folksonomies den Suchmaschinen oder Bibliothekskatalogen überlegen.

Abseits von aufwändigen Nutzerstudien ermöglichen Folksonomies es, Rückschlüsse auf das Informationsverhalten und Informationsbedarfe von Nutzenden zu ziehen (Price & Robinson 2021), die u. a. zur (computergestützten) Weiterentwicklung von Wissensordnungen und anderen kontrollierten Vokabularen genutzt werden können (z. B. bei der Überarbeitung von Deskriptoren; Garcia-Silva et al. 2012; Syn & Spring 2013; Yoo et al. 2013). Zudem kann Social Tagging als Mittel zur Bindung und zum *Engagement* der Nutzenden eingesetzt werden (Manzo et al. 2015).

Rein nutzerzentrierte Erschließungsverfahren sind allerdings mit zwei wichtigen Herausforderungen konfrontiert. Zum einen wird nur erschlossen, was auch tatsächlich genutzt wird (wenn man die Autor*innen-basierte Indexierung ausnimmt). Dies kann etwas, muss aber nichts über die tatsächliche Relevanz einer Ressource aussagen. Lösen lässt sich dieses Kaltstartproblem z. B. über sog. „Games with a Purpose" (Von Ahn 2006), in denen Spieler*innen Ressourcen taggen und bei übereinstimmenden Tags Punkte erhalten. Zum anderen ist die sprachliche Flexibilität der Folksonomy zugleich ihre größte Stärke und Schwäche. Verfahren der terminologischen Kontrolle und des Tag Gardening können hier Abhilfe schaffen (s. Abschnitt 7). Eine wichtige Hürde bei der Implementierung von Folksonomies und Social Tagging stellen auch die *Information Professionals* dar, die sich oft zögerlich hinsichtlich ihres produktiven Einsatzes zeigen oder nicht im Umgang mit ihnen geübt sind (Clements & Liew 2016).

Im Hinblick auf den Nutzwert von Folksonomies scheint gerade ein Perspektivwechsel stattzufinden: Weg von „fix the folksonomy" zu „what can we learn from user voices for future knowledge organization" (Bullard 2019). Zunehmend wird Folksonomies und Social Tagging eine große Relevanz bei der selbstkritischen Reflektion und Weiterentwicklung von Methoden und Ergebnissen der Wissensrepräsentation und -organisation zugesprochen, z. B. hinsichtlich „notions of power, accountability, and the possibility to represent a plurality of voices" (Bullard 2019, S. 644).

9 Literaturverzeichnis

Blanchflower, T. M. & Hodges, N. N. (2015). Understanding Etsy: Social Media and Marketing within a Community of Sellers. In Kubacki K. (Ed.), *Ideas in Marketing: Finding the New and Polishing the Old* (S. 818–821). Springer. https://doi.org/10.1007/978-3-319-10951-0_297.

Bourlai, E. E. (2018). ‚Comments in Tags, Please!': Tagging practices on Tumblr. *Discourse, Context & Media, 22*, 46–56.

Bruns, A., Moon, B., Paul, A. & Münch, F. (2016). Towards a typology of hashtag publics: a large-scale comparative study of user engagement across trending topics. *Communication research and Practice*, 2 (1), 20–46.

Bullard, J. (2019). Curated folksonomies: Three Implementations of Structure through Human Judgment. *Knowledge Organization*, 45(8), 643–652.

Clements, L. & Liew, C. L. (2016). Talking about tags: An exploratory study of librarians' perception and use of social tagging in a public library. *The Electronic Library*, 34(2), 289–301.

Dellschaft, K. & Staab, S. (2012). Measuring the influence of tag recommenders on the indexing quality in tagging systems. In *HT '12: Proceedings of the 23rd ACM Conference on Hypertext and Social Media* (S. 73–82). Association for Computing Machinery. https://doi.org/10.1145/2309996.2310009.

Furnas, G., Landauer, T., Gomez, L. & Dumais, S. (1987). The vocabulary problem in human-system communication. *Communications of the ACM*, 30(11), 964–971.

Garcia-Silva, A., Corcho, O., Alani, H. & Gomez-Perez, A. (2012). Review of the state of the art: Discovering and associating semantics to tags in folksonomies. *The Knowledge Engineering Review*, 27(1), 57–85. https://doi.org/10.1017/S026988891100018X.

Golder, S. & Huberman, B. A. (2006). Usage patterns of collaborative tagging systems. *Journal of Information Science*, 32(2), 198–208.

Golub, K., Lykke, M. & Tudhope, D. (2014). Enhancing social tagging with automated keywords from the Dewey Decimal Classification. *Journal of Documentation*, 70(5), 801–828.

Haustein, S. & Peters, I. (2012). Using social bookmarks and tags as alternative indicators of journal content description. *First Monday*, 17(11). https://doi.org/10.5210/fm.v17i11.4110.

Heck, T., Peters, I. & Stock, W. G. (2011). Testing Collaborative Filtering against Co-Citation Analysis and Bibliographic Coupling for Academic Author Recommendation. In B. Mobasher, R. Burke, D. Jannach & G. Admomavicius (Eds.), *Proceedings of the 3rd ACM RecSys' 11 Workshop on Recommender Systems and the Social Web* (S. 16–23). ACM. https://www.phil-fak.uni-duesseldorf.de/fileadmin/Redaktion/Institute/Informationswissenschaft/stock/3Heck.pdf.

Hotho, A., Jäschke, R., Schmitz, C. & Stumme, G. (2006a). Information Retrieval in Folksonomies: Search and ranking. In Y. Sure & J. Domingue (Eds.), *The Semantic Web: Research and Applications. ESWC 2006* (S. 411–426). Springer. https://doi.org/10.1007/11762256_31.

Hotho, A., Jäschke, R., Schmitz, C. & Stumme, G. (2006b). Bibsonomy: A Social Bookmark and Publication Sharing System. In A. de Moor, S. Polovina & H. Delugach (Eds.), *Proceedings of the Conceptual Structures Tool Interoperability Workshop at the 14th International Conference on Conceptual Structures* (S. 87–102). Aalborg University Press. https://amor.cms.hu-berlin.de/~jaeschkr/pdf/hotho2006bibsonomy.pdf.

Kennedy, L., Naaman, M., Ahern, S., Nair, R. & Rattenbury, T. (2007). How Flickr helps us make sense of the world: Context and content in community-contributed media collections. In *MM '07: Proceedings of the 15th ACM International Conference on Multimedia* (S. 631–640). Association for Computing Machinery. https://doi.org/10.1145/1291233.1291384.

Kessler, M. M. (1963). Bibliographic coupling between scientific papers. *American Documentation*, 14(1), 10–25.

Kipp, M. E. I. (2006). @toread and Cool: Tagging for Time, Task, and Emotion [Conference poster] (November 4, 2006), SIG-CR Workshop Poster, ASIST Annual Meeting, Austin, TX, USA. http://eprints.rclis.org/13909/.

Manzo, C., Kaufman, G., Punjasthitkul, S. & Flanagan, M. (2015). "By the People, For the People": Assessing the Value of Crowdsourced, User-Generated Metadata. *Digital Humanities Quarterly*, 9(1). http://www.digitalhumanities.org/dhq/vol/9/1/000204/000204.html#p27.

Marlow, C., Naaman, M., Boyd, D. & Davis, M. (2006). HT06, tagging paper, taxonomy, Flickr, academic article, to read. In *Proceedings of HT'06 seventeenth ACM conference on hypertext and hypermedia* (S. 31–40). Association for Computing Machinery. https://doi.org/10.1145/1149941.1149949.

Mathes, A. (2004). *Folksonomies – Cooperative Classification and Communication Through Shared Metadata*. https://adammathes.com/academic/computer-mediated-communication/folksonomies.html.

Merton, R. (1968). The Matthew Effect in Science. *Science*, 159(3810), 56–63.

Monnin, A., Limpens, F., Gandon, F. & Laniado, D. (2010). Speech acts meet tagging: NiceTag ontology. In A. Paschke, N. Henze & T. Pellegrini (Eds.), *Proceedings of the 6th international conference on se-*

mantic systems (Article 31). Association for Computing Machinery. https://doi.org/10.1145/1839707.1839746.

Munk, T. B. & Mørk, K. (2007). Folksonomy, The Power Law & The Significance of the Least Effort. *Knowledge Organization*, 34(1), 16–33.

Peters, I. (2009). *Folksonomies: Indexing and retrieval in Web 2.0*. De Gruyter Saur.

Peters, I. & Weller, K. (2008a). Paradigmatic and Syntagmatic Relations in Knowledge Organization Systems. *Information – Wissenschaft & Praxis*, 59(2), 100–107.

Peters, I. & Weller, K. (2008b). Tag Gardening for Folksonomy Enrichment and Maintenance. *Webology*, 5(3), Article 58. https://www.webology.org/data-cms/articles/20200515042257pma58.pdf.

Peters, I., Schumann, L. & Terliesner, J. (2012). Folksonomy-basiertes Information Retrieval unter der Lupe. *Information – Wissenschaft & Praxis*, 63(4), 273–280.

Price, L. & Robinson, L. (2021). Tag analysis as a tool for investigating information behaviour: Comparing fan-tagging on Tumblr, Archive of Our Own and Etsy. *Journal of Documentation*, 77(2), 320–358.

Rasmussen Neal, D. (Ed.) (2012). *Indexing and Retrieval of Non-Text Information*. De Gruyter Saur.

Sinclair, J. & Cardew-Hall, M. (2008). The folksonomy tag cloud: When is it useful? *Journal of Information Science*, 34(1), 15–29.

Small, H. (1973). Co-Citation in the Scientific Literature: A New Measure of the Relationship Between Two Documents. *Journal of the American Society for Information Science and Technology*, 24(4), 265–269.

Spiteri, L. (2006). The Use of Folksonomies in Public Library Catalogues. *The Serials Librarian*, 51(2), 75–89.

Spiteri, L. & Pennington, D. (Eds.) (2018). *Social Tagging for Linked Data Across Environments: A new approach to discovering information online*. Facet Publishing.

Strohmaier, M., Körner, C. & Kern, R. (2010). Why do Users Tag? Detecting Users' Motivation for Tagging in Social Tagging Systems. In M. Hearst, W. Cohen & S. Gosling (Eds.), *Proceedings of the fourth International AAAI Conference on Weblogs and Social Media* (S. 339–342). Association for the Advancement of Artificial Intelligence. https://www.aaai.org/ocs/index.php/ICWSM/ICWSM10/paper/viewPaper/1497.

Surowiecki, J. (2007). *Die Weisheit der Vielen: Warum Gruppen klüger sind als Einzelne*. Goldmann.

Syn, S. Y. & Spring, M. B. (2013). Finding subject terms for classificatory metadata from user-generated social tags. *Journal of the American Society for Information Science and Technology*, 64(5), 964–980.

Trant, J. (2009). Tagging, Folksonomy and Art Museums: Early Experiments and Ongoing Research. *Journal of Digital Information*, 10(1). https://journals.tdl.org/jodi/index.php/jodi/article/view/270.

Vander Wal, T. (2007). *Folksonomy: Folksonomy Coinage and Definition*, (February 2, 2007). http://www.vanderwal.net/folksonomy.html.

Vander Wal, T. (2005). *Explaining and Showing Broad and Narrow Folksonomies* (February 21, 2005). http://www.vanderwal.net/random/entrysel.php?blog=1635.

Von Ahn, L. (2006). Games with a Purpose. *Computer*, 39(6), 92–94.

Voorbij, H. (2012). The value of LibraryThing tags for academic libraries. *Online Information Review*, 36(2), 196–217.

Wagner, C., Singer, P., Strohmaier, M. & Huberman, B. (2014). Semantic Stability and Implicit Consensus in Social Tagging Streams. *IEEE Transactions on Computational Social Systems*, 1(1), 108–120.

Weller, K., Peters, I. & Stock, W. G. (2011). Folksonomy: The collaborative Knowledge Organization System. In *Virtual Communities: Concepts, Methodologies, Tools and Applications* (S. 877–891). IGI Global.

Wu, D., Xu, X. & Yu, W. (2016). Comparing collaborative annotations on books between libraries and social community sites: A case study. *The Electronic Library*, 34(2), 178–195.

Yi, K. & Chan, L. M. (2009). Linking folksonomy to Library of Congress subject headings: An exploratory study. *Journal of Documentation*, 65(6), 872–900.

Yoo, D., Choi, K., Suh, Y. & Kim, G. (2013). Building and evaluating a collaboratively built structured folksonomy. *Journal of Information Science*, 39(5), 593–607.

Yu, W. & Chen, J. (2020). Enriching the library subject headings with folksonomy. *The Electronic Library*, 38(2), 297–315.

Zhitomirsky-Geffet, M., Kwaśnik, B. H., Bullard, J., Hajibayova, L., Hamari, J. & Bowman, T. (2016). Crowdsourcing approaches for knowledge organization systems: Crowd collaboration or crowd work? In

Proceedings of the Association for Information Science and Technology, 53(1), 1–6. https://doi.org/10.1002/pra2.2016.14505301013.

Teil C: Information Retrieval

Christa Womser-Hacker

C 1 Informationswissenschaftliche Perspektiven des Information Retrieval

1 Information Retrieval: ein interdisziplinäres Gebiet

Mit Information Retrieval (IR) sind in Forschung und Entwicklung in unterschiedlicher Breite und aus verschiedenen Perspektiven mehrere Disziplinen befasst. Die verschiedenen Ausrichtungen sind wichtig, da nur in ihrer Verknüpfung eine Gesamtschau des IR vermittelt werden kann.

Die Informatik verfolgt einen stärker systemgetriebenen, technologischen Ansatz des IR und stellt Algorithmen und Implementationen in den Vordergrund, während für die Informationswissenschaft die Benutzer*innen in ihren vielschichtigen Kontexten den Schwerpunkt bilden. Deren Eigenschaften (fachlicher Hintergrund, Domänenzugehörigkeit, Expertise etc.) und Zielsetzungen, die durch das IR verfolgt werden, spielen im Interaktionsprozess zwischen Mensch und System eine zentrale Rolle. Auch wird intensiv der Frage nachgegangen, wie sich Benutzer*innen in diesen Prozessen verhalten und aus welchen Gründen sie verschiedene Systeme in Anspruch nehmen. Da ein Großteil des heutigen Wissens nach wie vor in Texten repräsentiert ist, ist eine weitere Disziplin – nämlich die Computerlinguistik/Sprachtechnologie für das IR von Bedeutung (s. Schütze 2010). Zusätzlich kommen aber auch visuelle und auditive Wissensobjekte immer stärker zum Tragen und werden aufgrund ihrer anwachsenden Menge immer wichtiger für das IR. Ein neues Fachgebiet ist die Data Science, die auf altbekannten Konzepten aus Statistik und Wahrscheinlichkeitsrechnung aufsetzt, auf den Daten operiert und auch traditionelles IR-Wissen für die Zusammenführung von strukturierten Fakten und unstrukturierten Texten nutzt (s. Frommholz et al. 2020).

Hier soll die informationswissenschaftliche Perspektive im Vordergrund stehen. Das bedeutet, dass die Systemseite zwar eine wichtige Rolle bei der Informationssuche übernimmt, dass sie aber immer zusammen mit den Auswirkungen auf die Nutzenden gesehen wird. Idealiter werden die Systeme entlang der menschlichen Bedarfe entwickelt und optimiert.

Auch methodisch werden – bedingt durch die Interdisziplinarität – unterschiedliche Verfahren eingesetzt, um IR-Systeme oder -Komponenten zu entwickeln und zu evaluieren oder das Informationsverhalten verschiedener Nutzergruppen zu analysieren. Während der analytische Forschungsbereich eher auf Methoden aus der empirischen Sozialforschung setzt (s. Kapitel A 4 Methoden in der Informationswissenschaft), finden sich im konstruktiven Bereich Entwicklungsansätze, die – gerade aus informationswissenschaftlicher Perspektive – darauf achten, Nutzer*innen und ihr Umfeld einzubeziehen. Hier sind das sog. *user-centered design* sowie die partizipatorische, iterative Systemgestaltung zu nennen (s. Still & Crane 2017), und es spielen auch die Benutzungsoberflächen, über die die Interaktion abläuft, eine nicht zu unterschätzende Rolle.

Um also einen holistischen Ansatz wiederzugeben, findet sich in diesem Teil C zum Information Retrieval eine Kombination der verschiedenen Sichtweisen wieder.

2 Historie des Information Retrieval

Das IR, wie wir es heute kennen, ist ein facettenreiches Gebiet (Markov & de Rijke 2018), das einerseits in der Computer Science verwurzelt ist, zum anderen in der Library & Information Science (Järvelin 2018). Obwohl das Auffinden von Information ohne elektronische Hilfsmittel schon viel früher thematisiert wurde (Katalogisierung, Klassifikation, Thesaurus-Entwicklung, Verschlagwortung etc.), werden oftmals die Cranfield-Experimente ab Ende der 1950er Jahre, die zunächst ihr Augenmerk auf die Datenbankerstellung und die verschiedenen Indexierungsansätze richteten, mit den Anfängen des IR in Verbindung gebracht (Cleverdon 1970). Als statistische Maßzahlen zur Effektivitätsbewertung wurden mit vergleichender Zielsetzung *recall* und *precision* eingeführt und es kam die Forderung nach größeren Testkollektionen (Sparck Jones & Van Rijsbergen 1976; s. Kapitel C 8 Evaluation im Information Retrieval). Erst viele Jahre später konnte diese durch die Text REtrieval Conference (TREC) eingelöst werden (Smeaton & Harman 1997), wobei der Fokus nun auf der Erstellung möglichst umfangreicher, realistischer Testkollektionen lag. TREC hatte die Booleschen IR-Modelle bereits hinter sich gelassen und befasste sich von Anfang an mit sog. *partial match*-Systemen, für die alternative Gewichtungs- und Ranking-Verfahren zum Einsatz kamen. Viele weitere Optimierungsstrategien wie Relevance Feedback, Anfrageexpansion, Gewichtungs- und Ähnlichkeitsberechnung etc. wurden im Laufe der Zeit entwickelt und evaluiert. Die kritische Auseinandersetzung mit der Relevanz führte zu einer Kritik an den Cranfield-Tests (s. Robertson & Hancock-Beaulieu 1992), deren Relevanzurteile nicht von „echten" Benutzer*innen kamen. Die Diskussion löste ein erhöhtes Interesse an der Integration von Benutzer*innen und ihrem Verhalten aus (Beaulieu 2000). Seither findet sich neben dem IR auch Information Seeking als sehr nahes Thema (s. Kapitel D 6 Information Seeking Behaviour), und es kam zu einer immer engeren Verknüpfung von konstruktiver und analytischer Sicht.

Den größten Wandel, aber auch den intensivsten Anschub erfuhr das IR mit der Entstehung der Websuchmaschinen, die – genutzt von unterschiedlichsten Endnutzer*innen – die Weite des Internets durchsuchen (s. Kapitel C 3 Suchmaschinen). Daran schlossen sich viele Studien an, die u. a. das Vorgehen der Benutzer*innen bei der Websuche zum Thema machten (Broder 2002; Lewandowski & Kammerer 2021).

Im Zentrum der aktuellen informationswissenschaftlichen Forschung stehen die interaktiven Komponenten des IR (s. Kapitel C 4 Interaktives Information Retrieval). Diese hängen stark mit den Erkenntnissen aus der Forschung zum Informationsverhalten zusammen, da sie diese als Grundlage der Operationalisierung verwenden. Somit wird nicht das System allein betrachtet, sondern die Interaktion mit Benutzer*innen. Die Analyse des Verhaltens von Benutzer*innen gibt wichtige Hinweise für die Gestaltung und Optimierung von IR-Systemen. Bei dieser Verknüpfung besteht noch Nachholbedarf, da trotz einer soliden Basis noch Domänen existieren, die nicht auf aktuellem Stand sind, wie z. B. der Bereich der Patentinformation, in der nach wie vor meist Boolesches Retrieval Anwendung findet. Dies liegt daran, dass generelle Ranking- und Gewichtungsverfahren mit den Zielsetzungen und Relevanzvorstellungen der Expert*innen nicht immer im Einklang stehen. Seit einigen Jahren kommen neuere IR-Entwicklungen durch die Künstliche Intelligenz (KI) dazu, die maschinelle Lernverfahren (z. B. Rekursive Neuronale Netze) zum Einsatz bringt (s. Kapitel C 9 Sprachmodelle und Neuronale Netze im IR). Besonders interessant erscheinen in diesem Zusammenhang Forderungen nach der Erklärbarkeit von Ergebnissen, die durch Methoden der KI geliefert wurden (Vilone &

Longo 2021). Hier bahnt sich wieder eine neue Art von Interaktion zwischen System und Benutzer*in an.

3 Definition und Eingrenzung

In dem vorliegenden Handbuch zu den Grundlagen der Informationswissenschaft ist es eine Herausforderung, die besprochenen Gebiete aus der Perspektive der Informationswissenschaft darzustellen, gleichzeitig aber mit anderen Disziplinen zu verknüpfen. Deshalb erfolgt hier zwar die Selektion wichtiger Komponenten aus informationswissenschaftlichem Blickwinkel, eine strikte Zugehörigkeit gibt es aber nicht. In der Informationswissenschaft findet sich eine Mischung aus konstruktiven Entwicklungsansätzen und analytischen Vorgehensweisen, um z. B. verschiedene Benutzereigenschaften sowie ihr Verhalten zu untersuchen und die gewonnenen Erkenntnisse für das IR nutzbar zu machen. Die Methoden und Systeme der Inhaltserschließung werden in Teil B behandelt und das IR in Teil C. Dennoch werden diese beiden Gebiete als zusammengehörig und als die das IR formierenden Grundpfeiler der Erschließung und Wiedergewinnung betrachtet.

Gemeinhin werden in der Informationswissenschaft die Erschließung und Aufbereitung von externalisiertem Wissen und die Suche nach Information als kombinierte Folge in einem größeren Zusammenhang betrachtet. Dies liegt daran, dass die Informationswissenschaft starke Bezüge sowohl in die Library & Information Science als auch in die Computer Science aufweist, wobei vielleicht im Vergleich zur Informatik in der Informationswissenschaft eine etwas stärkere Fokussierung auf die vorgeschaltete Erschließung vorgenommen wird. Auch heute spricht man häufig noch von „Dokumenten", wenn man die Einheiten (*records*) im IR bezeichnet. Klassische Dokumente bezeichneten Objekte in materieller, textueller Form. Der Wandel hat sich seit langem in eine digitale, multimediale Form vollzogen. Alternative Begriffe sind Informationseinheiten oder Wissensobjekte.

Zunächst beschränkte man sich auf eine funktionale Definition von IR, wie wir sie z. B. bei Salton & McGill (1983) finden: „An information retrieval system is an information system that is [...] used to store items of information that need to be processed, searched, retrieved, and disseminated to various user populations." (Salton & McGill 1983, S. XI). Die beiden Autoren zählten auf, welche Funktionen ein IR-System umfasst, aber es wurde auch bereits auf die Diversität der Benutzer*innen hingewiesen, was im Laufe der Zeit immer stärkere Bedeutung gewann. Als zentrale Wissensobjekte wurden Texte angesehen. Für die Abgrenzung innerhalb der Informationssysteme betonte Greengrass (2000, S. 6) die „Unstrukturiertheit" dieser Wissensobjekte, da Texten, die in natürlicher Sprache formuliert sind, keine formale Ordnungsstruktur zugrunde liegt. Dies ist bei Faktenwissen (z. B. Adressdateien) anders. D. h., es kommt hier ein weiterer wichtiger Aspekt hinzu, den Greengrass (2000, S. 8) mit *aboutness* bezeichnet. Ein IR-System gibt keine unmittelbaren Antworten, sondern es liefert Ergebnisse, die sich mit dem in der Anfrage formulierten Thema befassen. Den Benutzer*innen bleibt die Aufgabe überlassen, die entscheidenden Antworten aus den Texten selbst herauszufiltern. Heutzutage ist mit den großen Suchmaschinen auch Question-Answering möglich.

Die Wende zur stärkeren Einbeziehung von Nutzer*innen und Kontext führte zu „alternativen" Standpunkten im IR-Verständnis (s. Belkin 1980; Ingwersen & Järvelin 2005). Der sog. *cognitive turn* manifestierte die Integration der kognitiven, benutzerbezogenen Seite in vielen Publikationen. IR wurde dabei als Kommunikationsprozess interpretiert, wobei das IR-System zwischen den Teilnehmenden an diesem Prozess vermittelt. Meadows (1991, S. 2) zeigte auf, dass hier Autor*innen von Texten mit deren späteren Leser*innen kommunikativ in Verbindung stehen. Wenn zwischen der Produktion der Texte und der Suche danach eine große Zeitspanne liegt, kann das den IR-Prozess – insbesondere den Abgleich zwischen Suchanfragen und den Dokumenten im System – erschweren, weil sich z. B. die Terminologie geändert hat.

Aus diesen Versuchen, IR zu fassen, wird deutlich, dass sich die frühen Definitionen wandelten und die verschiedenen Autor*innen unterschiedliche Schwerpunkte setzten. Zentral für die informationswissenschaftliche Perspektive ist der *cognitive turn*, durch den den Benutzer*innen eine immer wichtigere Rolle zukommt.

4 Informationswissenschaftliche Modelle des IR

Die informationswissenschaftliche Perspektive soll im Folgenden aus dem systemorientierten Kern des IR aufgebaut und anschließend um die wichtige kognitive, Benutzer*innen- und kontextorientierte Sicht erweitert werden.

4.1 Systemorientiertes Grundmodell des IR

Das systemorientierte Grundmodell des IR zeigt die Verknüpfung zwischen Erschließung, Suche und der vom System berechneten Ergebnisliste (s. Abbildung 1):

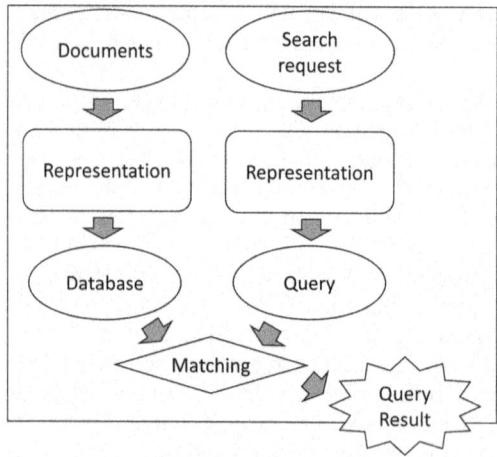

Abb. 1: Labormodell des Information Retrieval (nach Ingwersen & Järvelin 2005, S. 115)

Unstrukturierte Wissensobjekte (meist Texte) (s. Kapitel A 1 Information) werden durch Analysealgorithmen in Form einer invertierten Liste in der Datenbank repräsentiert. D. h., dass die Indexterme als Ergebnisse der Inhaltserschließung zusammen mit ihren

Positionsangaben aus den Dokumenten alphabetisch angeordnet werden. Die Anfrage wird mit der gleichen Repräsentationsform behandelt, sodass ein Match zwischen beiden Repräsentationen möglich ist. Die Ergebnisliste ist im Fall von Booleschen Systemen eine unsortierte Menge der Texte, die die Bedingungen der Anfrage exakt erfüllen, oder eine nach Systemrelevanz sortierte Liste (s. Kapitel C 2 Modelle im Information Retrieval).

4.2 *Anomalous State of Knowledge* (ASK)

Die weitere Theoriebildung auf dem Gebiet des Information Retrieval wurde insbesondere durch die ASK-Hypothese angestoßen und beeinflusst, die auf der Basis empirischer Studien im Bereich einer Universitätsbibliothek von Belkin formuliert wurde (Belkin 1980). Sie besagte, dass die Problembeschreibungen in der Vorstellung von Informationssuchenden oft ziemlich vage und ohne klare Zielrichtungen sind, die Entwicklung einer adäquaten Anfrageformulierung trotz eines unzureichenden Wissensstands aber ein zentrales Erfordernis erfolgreichen Retrievals ist. Aufgrund dieses Defizits sind Benutzer*innen nur eingeschränkt in der Lage, genau und systemspezifisch auszudrücken, was zur Problemlösung gebraucht wird.

Best match-Systeme setzen Repräsentationen von Anfragen voraus, die mit textuellen Repräsentationen von Dokumenten korrespondieren. D. h., dass nur in der Anfrage zum Ausdruck kommende Konzepte oder Relationen als signifikant angesehen werden können. Dies setzt wiederum voraus, dass Benutzer*innen in der Lage sind, ihr Informationsbedürfnis umfassend und präzise zu formulieren, damit das System hochwertige Ergebnisse erzielen kann. Belkin et al. (1982, S. 64) kamen zu dem Schluss, dass Dokumente zwar einen kohärenten Wissensstand eines oder mehrerer Autor*innen abbilden, die aus einer Wissenslücke heraus formulierte Anfrage jedoch einen sog. ASK repräsentiert. Als Reaktion auf diese Erkenntnis entstanden in den 1980er Jahren Ansätze des assoziativen Information Retrieval und des Relevance Feedback, die nachweislich eine bessere Performanz erzielten (s. Harman 1992). Dennoch gingen diese Ansätze von den unzureichenden Benutzerformulierungen aus. Belkin et al. (1982, S. 65) schlugen ein konzeptionelles Information-Retrieval-System vor, das dynamisch ist, um z. B. den Veränderungen im Wissensstand der Benutzer*innen gerecht zu werden. Sie forderten höchst iterative und interaktive Systemkomponenten, die in die verschiedenen Zyklen Bewertungen der Benutzer*innen einbeziehen und diese durch Wortassoziationen etc. unterstützen.

Dieses Phänomen unterstreicht die paradoxe Situation: Ein Wissensdefizit soll in einer Suchanfrage begrifflich genau beschrieben werden, obwohl man sich in einem mit Unsicherheit behafteten Wissensstand befindet, was durch die Inanspruchnahme eines Suchsystems belegt wird. Eine konkrete Umsetzung erfuhren derartige Konzepte erst im Interaktiven Information Retrieval (s. Kapitel C 4 Interaktives Information Retrieval).

4.3 Relevanz

Ein entscheidendes Konzept im IR ist die Relevanz (s. Kapitel A 1 Information, Abschnitt 5.2.1). Der Relevanzbegriff ist seit langem ein intensiv diskutiertes Thema, über das unterschiedliche Sichtweisen bestehen. Oft wird von „relevanten Dokumenten" gesprochen, wenn eine Beurteilung und positive Auswahl aus der Ergebnisliste getroffen wurde. Hier ist dann die Relevanzeinschätzung der Benutzer*innen gemeint. Das IR-System ordnet die Ergebnisse in Ranking-Systemen auch nach Relevanz, allerdings handelt es sich hier um die „Systemrelevanz" als Ergebnis einer Ähnlichkeitsberechnung. Bereits 1960 bezeichneten Maron & Kuhns die Relevanz als „key concept in the theory of information retrieval" (Maron & Kuhns 1960, S. 216). Saracevic nahm in seinen vielen Publikationen zu diesem Thema seit den 1970er Jahren die Relevanzdiskussion immer wieder auf: „Relevance is an intensely human notion. It is a people thing. Relevant information is a human assessment, a judgment, a drawing of connection between given information and a given context or problem at hand." (Saracevic 2016 S. XIX). Diese Einordnung von Relevanz als ausschließlich menschliche Aktivität bedingt, dass Relevanzbewertungen unterschiedlicher Benutzer*innen verschieden ausfallen können, dass Relevanz dynamisch ist, sich ändern kann und von unterschiedlichen Kontextfaktoren abhängt (Saracevic 2016, 17 f.).

Huuskonen & Vakkari (2006, S. 15) sprechen von *Situational Relevance*, was die von den Nutzenden wahrgenommene „Nützlichkeit" bezeichnet. Hier wurde die individuelle Benutzer-*Task* einbezogen – egal, ob es um Faktenabfragen oder um komplexe Aufgaben geht. Weiterhin wurde der Frage nachgegangen, zu welchem Ausmaß ein Dokument zum Gesamtergebnis beiträgt und wie dies gemessen werden kann. Saracevic (2016) betonte immer wieder den Zusammenhang von Relevanz und Kognition und schuf damit die Grundlage für ein erweitertes IR-Modell, das als kognitives Modell bezeichnet wird.

4.4 Kognitives IR

Das in Abbildung 1 dargestellte Grundmodell stellt nur den systemischen Kern einer Suchmaschine dar. Aus informationswissenschaftlicher Perspektive wird es eingebettet in den Kontext von kognitivem, nutzerorientiertem Retrieval und muss ergänzt werden durch entsprechende Modelle, die die Interaktion mit Nutzer*innen und deren Eigenschaften, Zielsetzungen etc. integrieren und abbilden.

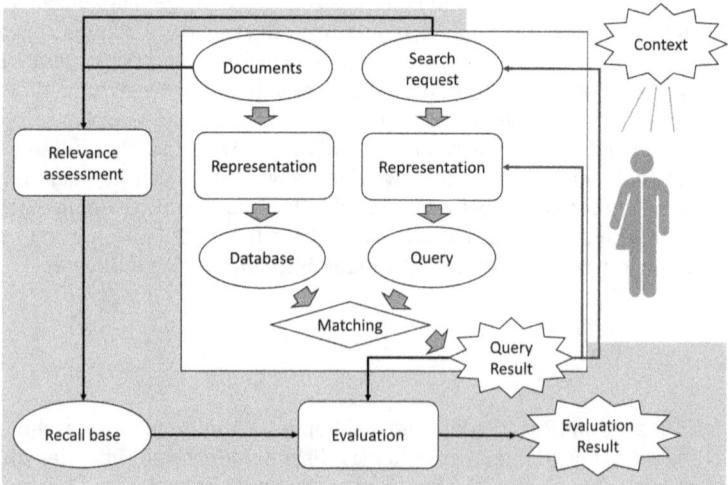

Abb. 2: Erweiterung des Labormodells um die nutzerbezogene Sicht (nach Ingwersen & Järvelin 2005, S. 115).

Während in der frühen Zeit die Rolle des (menschlichen oder künstlichen) *Intermediary* bzw. Informationsvermittlers sehr großes Interesse erweckte und das Informationsbedürfnis in seiner objektiven und subjektiven Form untersucht wurde, wandelte sich die wissenschaftliche Auseinandersetzung hin zu einer umfassenden Sicht des kognitiven Information Retrieval, das nun alle Bereiche umfasste, in denen Interaktivität und menschliche Beteiligung gegeben sind. In den 1990er Jahren erfolgte eine intensive Auseinandersetzung mit dem Konzept *Information*, das nun als subjektiv und an den menschlichen Träger und dessen Kognition gebunden interpretiert wurde (s. Kapitel A 1 Information). Die Orientierung an der Aufgabe (nicht mehr an einer einzelnen Anfrage), die informationelles Handeln auslöst (*information task*), wird als Basis für die Einlösung des Informationsbedürfnisses angesehen. Wichtig sind hier der Typ und die Komplexität der Aufgabe (s. Byström & Järvelin 1995; Byström & Hansen 2005). Die parallel dazu verlaufende Entwicklung von Booleschen Systemen zu sog. *Best match*-Systemen löste eine neue Auseinandersetzung über das Verständnis von Relevanz aus. Hinzu kam die Interaktivität zwischen Mensch und System, die z. B. durch die benutzergerechte Gestaltung von Schnittstellen oder durch die Visualisierung eine neue Dimension gewann. Insgesamt wurde das IR in einen holistischen Kontext eingebettet, der alle Akteur*innen, Komponenten, Strukturen und die Beziehungen zwischen ihnen umfasst.

Als grundlegendes Modell des Kognitiven Information Retrieval kann das Konzept von Ingwersen (1994) angesehen werden. Die Abbildung 3 zeigt auf der linken Seite ein Information-Retrieval-System, die Kollektion der Informationsobjekte und die Anfrage, über die eine Verbindung zum Informationssuchenden und dessen kognitiven Raum hergestellt wird. Der/die individuelle Benutzer*in stellt den Mittelpunkt dar. Dessen/deren Eigenschaften werden im Modell beschrieben und in einen sozialen und organisatorischen Kontext eingebunden. Letzterer bezieht das wissenschaftliche oder professionelle Fachgebiet mit bestimmten Präferenzen, Strategien und Aufgaben ein, welche den aktuellen kognitiven Zustand des Benutzers/der Benutzerin beeinflussen.

Kognitive Eigenschaften sowie sozial-organisatorisches Umfeld können wiederum in Submodellen abgebildet werden. Der Schwerpunkt des Modells liegt auf der Interaktivität der kognitiven Strukturen.

Ingwersen & Järvelin (2005, 197 ff.) führten Wilson (1999) und Kuhlthau (1991) als Wegbereiter der kognitiven Information Retrieval-Modellierung an (s. Kapitel D 6 Information Seeking Behaviour). Insbesondere stellten sie die Aufgabenorientierung (*task orientation*) heraus, die informationelle Prozesse immer an eine bestimmte Situation, eine bestimmte Person, die es nutzt, bindet und in einen konkreten Kontext stellt. Aufgaben können dabei aus einer beruflichen oder privaten Perspektive entstehen, aber auch allgemeine Alltagsaufgaben oder Interessen umfassen. Das Kuhlthau-Modell integrierte eine emotional-affektive Ebene und erweiterte die Phasen des Informationssuchprozesses um subjektive Komponenten (s. Kapitel D 4 Information und Emotion). Die angeführten Modelle wurden von anderen Autor*innen, wie z. B. Spink et al. (2002), Fidel & Pejtersen (2004), Pharo (2004), aufgegriffen und in Bezug auf andere Faktoren erweitert.

Eine besondere Bedeutung erlangte das *Integrated IS & R Research Framework* (s. Abb. 3 und Ingwersen & Järvelin 2005, Kapitel 6), welches das Ziel verfolgte, die verschiedenen Stränge dieser kognitiven, aufgabenbasierten Perspektive auf Information Seeking und Retrieval (IS & R) in einem holistischen Framework zusammenzufassen. Dieses Modell ist von hoher Komplexität; fünf umfassende Kategorien und neun Variablenklassen interagieren nach Ingwersen & Järvelin (2005, S. 313) miteinander. Es ist empirisch motiviert und stellt eine individuelle Person in den Mittelpunkt, die durch vielfältige Kontexte präzisiert wird. Auf der Basis empirischer Analysen können daraus Erkenntnisse zur Hypothesengenerierung und Theoriebildung gewonnen werden. Die zentralen Komponenten des Frameworks sind – wie die Abbildung 3 zeigt – die Informationstechnologie, die Kollektion der Informationsobjekte, die Informationssuchenden und die Schnittstellen – alle eingebunden in soziale, kulturelle und organisatorische Kontexte. Individuen und Kontexte unterliegen einer zeitlichen Entwicklung und sind wechselseitig komplementär. Zwischen den Komponenten gibt es viele Beziehungen, was dem Framework eine hohe Flexibilität verleiht. Ingwersen & Järvelin (2005) haben das Framework einer Evaluation unterzogen. Außerdem wurden die einzelnen Dimensionen feiner granuliert und durch Operationalisierungsvorschläge ergänzt (s. Ingwersen & Järvelin 2005, Kapitel 7).

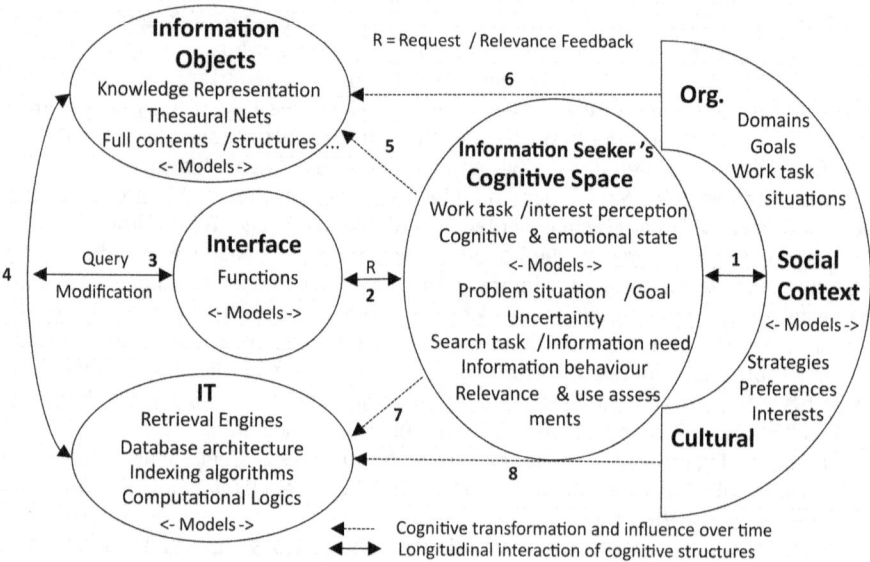

Abb. 3: Modell aus Ingwersen (1994, S. 103) und in modifizierter Form als Cognitive Framework of IS & R (aus Ingwersen & Järvelin 2005, S. 274)

Wie die o. g. Ansätze gezeigt haben, versammeln sich verschiedene Charakteristika und Phänomene unter dem Dachbegriff des Kognitiven Information Retrieval, der Information Seeking und Information Retrieval zusammenführt. Zentral ist die Fokussierung auf die nutzende Person von IR-Systemen sowie auf ihre diversen Eigenschaften und Umgebungen. Auch zeigt sich eine Verschiebung auf die Individualität dieser Person, sodass an verschiedenen Stellen subjektive Ausprägungen der Eigenschaften einbezogen werden (s. Kapitel C 10 Modellierung von Benutzer*innen, Kontextualisierung, Personalisierung). Dennoch bleibt dies eine offene Fragestellung, da der Kontext nicht als geschlossenes System angesehen werden kann. Auch die Vorschläge, wie Kontexte und Benutzereigenschaften empirisch erfasst, modelliert und operationalisiert werden können, befinden sich weiterhin in der Entwicklung.

5 Wo steht die IR-Forschung heute?

Am Anfang dieses Kapitels wurde auf die Interdisziplinarität des IR hingewiesen und aufgezeigt, dass sich schon immer mehrere Disziplinen mit dem IR auseinandersetzten. Die heutige IR-Landschaft macht deutlich, dass sich die Disziplinen stärker aufeinander zubewegt haben, was sich vor allem auf einschlägigen Konferenzen wie der SIGIR (s. z. B. Croft 2019; Frommholz et al. 2020), der ECIR (s. z. B. Hiemstra et al. 2021) und insbesondere der CHIIR (s. Elsweiler et al. 2022) zeigt. Die systemseitige Ausrichtung von IR und die benutzerorientierte stehen sich nicht als isolierte Paradigmen gegenüber und die Interaktion zwischen Mensch und System (s. Croft 2019) bzw. Nutzer*in und Information wird als Schlüsselkonzept angesehen (s. Belkin 2015), wobei der Kontext als entscheidender Faktor betont wird (s. Järvelin 2018).

Croft (2019) fordert eine Rollenverteilung zwischen System und Benutzer*in, die den Benutzer*innen Last abnimmt; er stellt jedoch fest, dass die Systemrolle passiver ausgerichtet ist als die menschliche. Als Beispiele für Systemhilfen nennt er die automatische Anfrageerweiterung durch Termvorschläge und die Vervollständigung der Anfrage, was noch viele innovativere Aktivitäten offenlässt.

Marchionini (2006) legt mit seinem Exploratory Search Model (s. Abbildung 4) die Grundlage für größer angelegte Forschungsbereiche wie z. B. Information Discovery, Searching as Learning, Investigation etc. Hier wird dem IR wesentlich mehr zugesprochen, als „nur" Information zu finden (s. Vakkari 2016; Hansen & Rieh 2016). Im explorativen Modell können Lernprozesse und umfangreiche Studien kooperativ in bestimmten sozialen Umgebungen durchgeführt werden.

Shah (2012) widmet sich dem Bereich der kollaborativen Suche und verbindet dabei mehrere Benutzer*innen in einem System, das über verschiedene Zusatzfunktionen (z. B. Planungs-, Diskussions- und Bewertungskomponenten) für eine gemeinsame Suche verfügt (s. Kapitel C 10 Modellierung von Benutzer*innen, Kontextualisierung, Personalisierung).

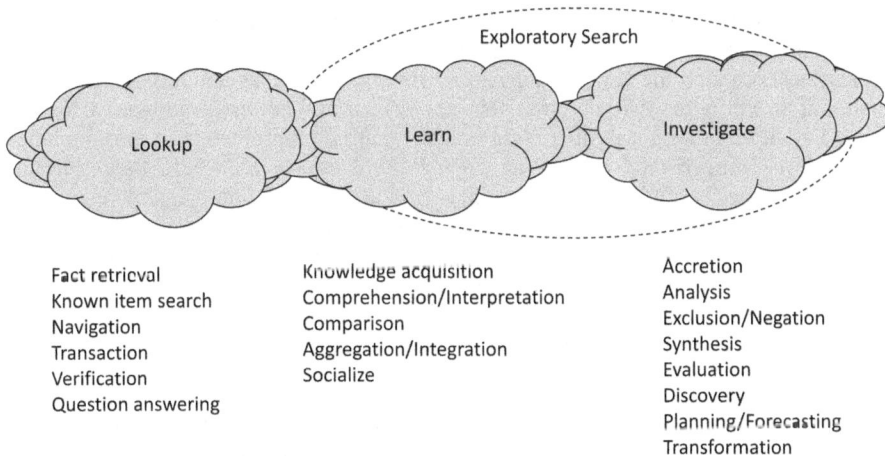

Abb. 4: Exploratory Search (Marchionini 2006, Abbildung 1)

Obwohl sich die konstruktive und analytische Ausrichtung des IR nicht mehr als unterschiedliche Pole darstellen, ist eine vollständige Integration noch nicht gelungen. Wir sehen uns vielen Ansätzen und Modellen gegenüber, die bereits prototypische Lösungen kleineren Umfangs vorschlagen. Die Ergebnisse aus dem Nutzerverhalten, unmittelbar mit den Systemen zu integrieren, steckt immer noch in den Kinderschuhen. Ein besonderes Problem stellt sich ein, wenn es um Innovationen gehen soll, die noch auf kein vorhandenes Vorgehenskonzept aufbauen können.

6 Fazit und Ausblick

Während die frühen Ansätze des kognitiven Information Retrieval die Erweiterung um benutzerorientierte Perspektiven noch recht allgemein postulierten, finden sich in den aktuelleren Arbeiten konkrete Vorschläge, die in prototypischen Systemen operationalisiert und durch empirische Studien evaluiert wurden. Dennoch sind – nicht zuletzt aufgrund des Zusammentreffens verschiedener Disziplinen – die Grenzen des kognitiven Information Retrieval fließend: „There are many possibilities of representing information space in cognitively different ways." (Larsen et al. 2006, S. 92).

Die IR-Forschung setzt sich in einer Reihe von Publikationen damit auseinander, wohin die Reise des IR geht, und richtet ihren Blick auf verschiedene Gebiete. Nicht nur die veränderten Technologien, sondern auch neue Formen des Informationsverhaltens und der Informationsnutzung tragen zur Dynamik bei. Gerade die Digitalisierung in fast allen Bereichen von Arbeit und Freizeit kann dazu führen, neue Verhaltensmuster zu provozieren.

Benutzer*innen sind in vielen Studien untersucht worden und haben nach wie vor eine sehr zentrale Position, aber immer mehr steht die Forderung im Raum, dass sie als handelnde Akteure bei der Interaktion mit Systemen und Information betrachtet werden sollten und nicht nur als Nutzende von Information und entsprechenden Information Services (Järvelin 2018, S. 61). Järvelin (2018, S. 53) rüttelt an einem weiteren Grundverständnis, dass Information und eine umfassende Suche nach ihr immer vorteilhaft und erstrebenswert ist. Er nennt dies „IR-rationalism" (Järvelin 2018, S. 53). In diesem Paradigma bewegen sich die Nutzer*innen in einem von den Systemen vorgegebenen Rahmen und ihr Verhalten wird dadurch als *vorhersehbar* und *normativ* angesehen. Realistisches Verhalten bewegt sich aber nicht immer innerhalb dieser Grenzen und die möglichen Abweichungen sind schwer zu greifen. So kann es z. B. sein, dass relevante Information absichtlich ignoriert wird, um verfolgte Ziele und Strategien nicht zu untergraben oder auch um wichtige Information nicht zur Kenntnis nehmen zu müssen. Damit haben sich Arbeiten zur Informationsvermeidung (*information avoidance*) und Nicht-Nutzung von Information auseinandergesetzt. Empirische Studien dazu finden sich z. B. in Fuertes et al. (2020) und Soroya et al. (2021). Järvelin (2018, S. 53) stellt in folgendem Zitat heraus, dass die Informationswissenschaft diesen Wandel berücksichtigen muss:

> "Such influences gradually shifted the focus of Information Science toward the role of information services in the life of people. They also contributed to the transformation of Information Science *from an institution focus*, or system focus, to a *person in context focus*." (Järvelin 2018, S. 53)

7 Literaturverzeichnis

Beaulieu, M. (2000). Interaction in Information Searching and Retrieval. *Journal of Documentation*, 56(4), 431–439. https://doi.org/10.1108/EUM0000000007122.

Belkin, N. J. (1980). Anomalous states of knowledge as a basis for information retrieval. *Canadian journal of information science*, 5(1), 133–143.

Belkin, N. J., Oddy, R. N. & Brooks, H. M. (1982). ASK for Information Retrieval: Part I. Background and Theory, *Journal of Documentation*, 38(2), 61–71.

Belkin, N. J. (2015). Salton award lecture: People, interacting with information. In R. Baeza-Yates, M. Lalmas, A. Moffat & B. A. Ribeiro-Neto (Hrsg.), *Proceedings of the 38th International ACM SIGIR Conference on research and development in information retrieval* (S. 1–2). ACM.

Broder, A. (2002). A taxonomy of web search. *SIGIR Forum*, 36(2), 3–10. https://doi.org/10.1145/792550.792552.

Byström, K. & Järvelin, K. (1995). Task complexity affects information seeking and use. *Information Processing & Management*, 31(2), 191–213. https://doi.org/10.1016/0306-4573(95)80035-R.

Byström, K. & Hansen, P. (2005). Conceptual Framework for Tasks in Information Studies. *Journal of the American Society for Information Science and Technology*, 56(10), 1050–1061. https://doi.org/10.1002/asi.20197.

Cleverdon, C. W. (1970). *The Effect of Variations in Relevance Assessments in Comparative Experimental Tests of Index Languages*. Cranfield Institute of Technology.

Croft, W. B. (2019). The Importance of Interaction for Information Retrieval. In B. Piwowarski, M. Chevalier, É. Gaussier, Y. Maarek, J.-Y. Nie & F. Scholer (Hrsg.), *Proceedings of the 42nd International ACM SIGIR Conference on Research and Development in Information Retrieval* (S. 1–2). ACM. https://doi.org/10.1145/3331184.3331185.

Elsweiler, D., Kruschwitz, U. & Ludwig, B. (Hrsg.) (2022). *CHIIR '22: ACM SIGIR Conference on Human Information Interaction and Retrieval*. ACM.

Fidel, R. & Pejtersen, A. M. (2004). From information behaviour research to the design of information systems: the Cognitive Work Analysis Framework. *Information Research*, 10(1), Artikel 210. http://InformationR.net/ir/10-1/paper210.html.

Frommholz, I., Liu, H. & Melucci, M. (2020). BIRDS-bridging the gap between information science, information retrieval and data science. In J. Huang, Y. Chang, X. Cheng, J. Kamps, V. Murdock, J.-R. Wen, Y. Liu (Hrsg.), *Proceedings of the 43rd International ACM SIGIR Conference on Research and Development in Information Retrieval* (S. 2455–2458). ACM. https://doi.org/10.1145/3397271.3401463.

Fuertes, M. C. M., Jose, B. M. D., Nem Singh, M. A. A., Rubio, P. E. P. & De Guzman, A. B. (2020). The moderating effects of information overload and academic procrastination on the information avoidance behavior among Filipino undergraduate thesis writers. *Journal of Librarianship and Information Science*, 52(3), 694–712. https://doi.org/10.1177%2F0961000619871608.

Greengrass, E. (2000). Information Retrieval: A Survey. https://www.csee.umbc.edu/csee/research/cadip/readings/IR.report.120600.book.pdf

Hansen, P. & Rieh, S. Y. (2016). Recent advances on searching as learning: An introduction to the special issue. *Journal of Information Science*, 42(1), 3–6. https://doi.org/10.1177%2F0165551515614473.

Harman, D. (1992). Relevance feedback revisited. In N. J. Belkin, P. Ingwersen & A. M. Pejtersen (Hrsg.), *Proceedings of the 15th annual international ACM SIGIR conference on Research and development in information retrieval* (S. 1–10). ACM. https://doi.org/10.1145/133160.133167.

Hiemstra, D., Moens, M. F., Mothe, J., Perego, R., Potthast, M. & Sebastiani, F. (Hrsg.). (2021). *Advances in Information Retrieval: 43rd European Conference on IR Research, ECIR 2021, Virtual Event, March 28–April 1, 2021, Proceedings, Part I* (Vol. 12656). Springer Nature.

Huuskonen, S. & Vakkari, P. (2006). Situational relevance and task outcome. In I. Ruthven (Hrsg.), *Proceedings of the 1st international conference on Information interaction in context* (S. 15–19). ACM. https://doi.org/10.1145/1164820.1164826.

Ingwersen, P. (1994). Polyrepresentation of information needs and semantic entities: elements of a cognitive theory for information retrieval interaction. In W. B. Croft & C. J. van Rijsbergen (Hrsg.), *Proceedings of the 17th annual international ACM SIGIR conference on Research and development in information retrieval (SIGIR '94)* (S. 101–110). Springer.

Ingwersen, P. & Järvelin, K. (2005). *The Turn. Integration of Information Seeking and Retrieval in Context*. Springer. https://doi.org/10.1007/1-4020-3851-8.

Järvelin, K. (2018). Salton Award Keynote: Information Interaction in Context. *ACM SIGIR Forum*, 52(2), S. 52–63). ACM. https://doi.org/10.1145/3308774.3308782.

Kuhlthau, C. C. (1991). Inside the search process: information seeking from the user's perspective. *Journal of the American Society for Information Science*, 42(5), 361–371. https://doi.org/10.1002/(SICI)1097-4571(199106)42:5%3C361::AID-ASI6%3E3.0.CO;2-%23.

Larsen, B., Ingwersen, P. & Kekäläinen, J. (2006). The Polyrepresentation Continuum in IR. In I. Ruthven (Hrsg.), *Proceedings of the 1st International Conference on Information Cnteraction inContext* (S. 88–96). ACM Press. https://doi.org/10.1145/1164820.1164840.

Lewandowski, D. & Kammerer, Y. (2021). Factors influencing viewing behaviour on search engine results pages: a review of eye-tracking research. *Behaviour & Information Technology*, 40(14), 1485–1515. https://doi.org/10.1080/0144929X.2020.1761450.

Marchionini, G. (2006). Exploratory search: from finding to understanding. *Communications of the ACM*, 49(4), 41–46. https://doi.org/10.1145/1121949.1121979.

Markov, I. & de Rijke, M. (2018). What should we teach in Information Retrieval? *ACM SIGIR Forum*, 52(2), 19–39. https://doi.org/10.1145/3308774.3308780.

Maron, M. E. & Kuhns, J. L. (1960). On Relevance, Probabilistic Indexing and Information Retrieval. *Journal of the ACM*, 7(3), 216–244. https://doi.org/10.1145/321033.321035.

Meadows, A. J. (1991). *Knowledge and communication: Essays on the information chain*. Library Association Publishing.

Pharo, N. (2004). A new model of information behaviour based on the Search Situation Transition schema, *Information Research*, 10(1), Artikel 203. http://InformationR.net/ir/10-1/paper203.html.

Qu, C., Yang, L., Croft, W. B., Zhang, Y., Trippas, J. R. & Qiu, M. (2019). User intent prediction in information-seeking conversations. In L. Azzopardi, M. Halvey, I. Ruthven, H. Joho, V. Murdock & P. Qvarfordt (Hrsg.), *Proceedings of the 2019 Conference on Human Information Interaction and Retrieval* (S. 25–33). ACM. https://doi.org/10.1145/3295750.3298924.

Robertson, S. E. & Hancock-Beaulieu, M. M. (1992). On the evaluation of IR systems. *Information Processing & Management*, 28(4), 457–466. https://doi.org/10.1016/0306-4573(92)90004-J.

Salton, G. & McGill, M. J. (1983). *Introduction to Modern Information Retrieval*. McGraw-Hill.

Saracevic, T. (1996). Relevance reconsidered '96. In P. Ingwersen & N. O. Pors (Hrsg.), *Proceedings CoLIS 2: Second International Conference on Conceptions of Library and Information Science: Integration in perspective* (S. 201–218). Royal School of Librarianship Copenhagen.

Saracevic, T. (2016). *The Notion of Relevance in Information Science. Everybody knows what Relevance is. But what is it really?* Morgan & Claypool Publishers. https://doi.org/10.2200/S00723ED1V01Y201607ICR050.

Schütze H. (2010). IR, NLP, and Visualization. In C. Gurrin, Y. He, G. Kazai, U. Kruschwitz, S. Little, T. Roelleke, S. Rüger & K. van Rijsbergen (Hrsg.), *Advances in Information Retrieval. ECIR 2010*. Springer. https://doi.org/10.1007/978-3-642-12275-0_3.

Shah, C. (2012). *Collaborative Information Seeking. The Art and Science of Making the Whole greater than the sum of all*. Springer. https://doi.org/10.1007/978-3-642-28813-5.

Smeaton, A. F. & Harman, D. (1997). The TREC experiments and their impact on Europe. *Journal of Information Science*, 23(2), 169–174. https://doi.org/10.1177/016555159702300208.

Soroya, S. H., Farooq, A., Mahmood, K., Isoaho, J. & Zara, S. E. (2021). From information seeking to information avoidance: Understanding the health information behavior during a global health crisis. *Information processing & management*, 58(2), Artikel 102440. https://doi.org/10.1016/j.ipm.2020.102440.

Sparck Jones, K. & Van Rijsbergen, C. J. (1976). Information Retrieval Test Collections, *Journal of Documentation*, 32(1), 59–75. https://doi.org/10.1108/eb026616.

Spink, A., Wilson, T. D., Ford, N., Foster, A. & Ellis, D. (2002). Information-seeking and mediated searching. Part 1. Theoretical framework and research design. *Journal of the American Society for Information Science and Technology*, 53(9), 695–703. https://doi.org/10.1002/asi.10081.

Still, B. & Crane, K. (2017). *Fundamentals of user-centered design: A practical approach*. CRC press. https://doi.org/10.4324/9781315200927.

Vakkari, P. (2001a). A theory of the task-based information retrieval process: a summary and generalization of a longitudinal study. *Journal of Documentation*, 57(1), 44–60. https://doi.org/10.1108/EUM0000000007075.

Vakkari, P. (2001b). Changes in search tactics and relevance judgments in preparing a research proposal: A summary of findings of a longitudinal study. *Information Retrieval*, 4(3/4), 295–310. https://doi.org/10.1023/A:1016089224008.

Vakkari, P. (2016). Searching as learning: A systematization based on literature. *Journal of Information Science*, 42(1), 7–18. https://doi.org/10.1177%2F0165551515615833.

Vilone, G. & Longo, L. (2021). Notions of explainability and evaluation approaches for explainable artificial intelligence. *Information Fusion*, 76(2), 89–106. https://doi.org/10.1016/j.inffus.2021.05.009.

Wang, P. & Soergel, D. (1998). A cognitive model of document use during a research project: Study I: Document selection. *Journal of the American Society for Information Science*, 49(2), 115–133. https://doi.org/10.1002/(SICI)1097-4571(199802)49:2<115::AID-ASI3>3.0.CO;2-T.

Wilson, T. D. (1999). Models in information behaviour research. *Journal of Documentation*, 55(3), 249–270. https://doi.org/10.1108/eum0000000007145.

Norbert Fuhr
C 2 Modelle im Information Retrieval

1 Einführung

Information-Retrieval-Modelle -(IR-Modelle) spezifizieren, wie zu einer gegebenen Anfrage die Antwortdokumente aus einer Dokumentenkollektion bestimmt werden. Ausgangsbasis jedes Modells sind dabei zunächst bestimmte Annahmen über die *Wissensrepräsentation* (s. Teil B Methoden und Systeme der Inhaltserschließung) von Fragen und Dokumenten. Hier bezeichnen wir die Elemente dieser Repräsentationen als *Terme*, wobei es aus der Sicht des Modells egal ist, wie diese Terme aus dem Dokument (und analog aus der von Benutzenden eingegebenen Anfrage) abgeleitet werden: Bei Texten werden hierzu häufig computerlinguistische Methoden eingesetzt, aber auch komplexere automatische oder manuelle Erschließungsverfahren können zur Anwendung kommen. Repräsentationen besitzen ferner eine bestimmte Struktur. Ein *Dokument* wird meist als Menge oder Multimenge von Termen aufgefasst, wobei im zweiten Fall das Mehrfachvorkommen berücksichtigt wird. Diese *Dokumentrepräsentation* wird wiederum auf eine sogenannte *Dokumentbeschreibung* abgebildet, in der die einzelnen Terme gewichtet sein können. Im Folgenden unterscheiden wir nur zwischen ungewichteter (Gewicht eines Terms ist entweder 0 oder 1) und gewichteter Indexierung (das Gewicht ist eine nichtnegative reelle Zahl). Analog dazu gibt es eine *Fragerepräsentation*; legt man eine natürlichsprachige Anfrage zugrunde, so kann man die o. g. Verfahren für Dokumenttexte anwenden. Alternativ werden auch grafische oder formale Anfragesprachen verwendet, wobei aus Sicht der Modelle insbesondere deren logische Struktur (etwa beim Booleschen Retrieval) relevant ist. Die Fragerepräsentation wird dann in eine *Fragebeschreibung* überführt.

Neben der Definition von Frage- und Dokumentbeschreibung (sowie der Vorschrift, wie diese aus den jeweiligen Repräsentationen abzuleiten sind) spezifiziert ein Retrievalmodell auch eine *Retrievalfunktion*, die aus dem Vergleich von Frage- und Dokumentbeschreibung ein *Retrievalgewicht* berechnet. Zu einer gegebenen Anfrage werden dann die Dokumente nach fallenden Werten dieses Gewichts geordnet. Ein einfaches Beispiel für ein Retrievalmodell ist der *Coordination Level Match*, der sowohl Fragen als auch Dokumente als Mengen von Termen repräsentiert und beschreibt; die Retrievalfunktion zählt dann einfach, wie viele Terme Frage- und Dokumentbeschreibung gemeinsam haben.

Im Folgenden verwenden wir zur genaueren Beschreibung der einzelnen Modelle eine Reihe von Bezeichnungen:

T bezeichnet die Menge aller Terme des Indexierungsvokabulars,
q eine Frageformulierung,
Q die Menge aller erlaubten Anfragen des jeweiligen Retrievalmodells,
d ein Dokument,
d $= (d_1, \ldots, d_n)$ bezeichnet die Beschreibung des Dokumentes d als Vektor von Indexierungsgewichten, wobei d_i das Gewicht von d für den Term t_i angibt.

2 Boolesches und Fuzzy-Retrieval

Beim *Booleschen Retrieval* sind die Frageterme ungewichtet und durch Boolesche Operatoren miteinander verknüpft. Die Dokumente haben eine ungewichtete Indexierung. Die Menge Q der möglichen Anfragen kann man wie folgt definieren:
1. Jeder Term t_i ist eine Anfrage.
2. Ist q eine Anfrage, so ist auch ‚NOT q' eine Anfrage.
3. Sind q_1 und q_2 Anfragen, so ist auch ‚q_1 AND q_2' eine Anfrage.
4. Sind q_1 und q_2 Anfragen, so ist auch ‚q_1 OR q_2' eine Anfrage.

Die Retrievalfunktion $r(q,d)$, die das Retrievalgewicht des Dokumentes d für die Anfrage q berechnet, kann dann analog zu dieser Struktur wie folgt definiert werden:
1. $t_i \in T \Rightarrow r(t_i,\mathbf{d}) := d_i$
2. $r(q_1 \text{ AND } q_2) := \min(r(q_1,\mathbf{d}), r(q_2,\mathbf{d}))$
3. $r(q_1 \text{ OR } q_2) := \max(r(q_1,\mathbf{d}), r(q_2,\mathbf{d}))$
4. $r(\text{NOT } q,\mathbf{d}) := 1 - r(q,\mathbf{d})$

Aufgrund der ungewichteten Indexierung der Dokumente liefert Boolesches Retrieval nur Retrievalgewichte von 0 und 1. Diese scharfe Trennung zwischen gefundenen und nicht gefundenen Dokumenten ignoriert die dem Information Retrieval immanente Vagheit und Unsicherheit und ist daher nur von Vorteil, wenn man mittels des AND-Operators zusätzliche formale Kriterien spezifiziert (z. B. die Suche in einer bestimmten Zeitschrift oder Einschränkung auf eine Website). Der OR-Operator erlaubt das Aufzählen von synonymen Termen und ist auch häufig bei anderen Modellen zugelassen, die Gewichtung berücksichtigen (z. B. bei der Websuche). Der NOT-Operator bezieht sich auf das Nicht-Vorkommen von Termen, obwohl man logisch wohl eher nach dem negierten Term suchen möchte, was aber in der Regel nicht unterstützt wird: Will man z. B. nach Mobiltelefonen ohne Vertragsbindung suchen, könnte man „handy NOT vertrag" eingeben; damit wird aber eine Webseite mit dem Text „Wir bieten Handys ohne Vertrag" nicht gefunden.

Das generelle Problem des Booleschen Retrieval ist die fehlende Gewichtung, so dass man keine Rangordnung der Antwortdokumente erzeugen kann. Zudem sind die meisten Endnutzer*innen mit der Verwendung der Booleschen Logik überfordert. Weit verbreitet ist dieses Modell aber noch bei der Patentsuche, weil die professionellen Rechercheur*innen hierdurch eine bessere Kontrolle über die gefundene Dokumentmenge haben.

Fuzzy Retrieval verwendet die gleiche Struktur der Anfragen, allerdings in Kombination mit gewichteter Indexierung (wobei die Indexierungsgewichte aber auf das Intervall [0,1] beschränkt sind). Meist wird dieselbe Retrievalfunktion wie oben beim Boolesches Retrieval verwendet. Als Retrievalgewichte ergeben sich daher Gewichte aus dem Intervall [0,1], wodurch eine echte Rangordnung der Dokumente entsteht.

Als Beispiel nehmen wir ein Dokument d mit folgenden Indexierungsgewichten an: 0.9 Alpen, 0.5 Rodeln, 0.8 Abfahrtsski, 0.3 Skilanglauf. Für die Anfrage q=‚Alpen AND (Rodeln OR Skilanglauf)' ergibt sich dann $r(q,d)=\min(0.9,\max(0.5,0.3))=0.5$. Hätte in diesem Dokument der Term ‚Alpen' nur das Gewicht 0.5, so würde sich immer noch das gleiche Retrievalgewicht für unsere Anfrage ergeben. Dies ist intuitiv nicht einsichtig und führt auch praktisch zu relativ schlechten Retrievalergebnissen. Man kann allerdings durch andere Definitionen der Retrievalfunktion zu etwas besseren Resultaten kommen.

3 Vektorraummodell

Dem Vektorraummodell (Salton 1971) liegt eine geometrische Interpretation zugrunde, bei der Dokumente und Anfragen als Punkte in einem Vektorraum aufgefasst werden, der durch die Terme der Kollektion aufgespannt wird.

Anfragen besitzen somit eine lineare Struktur, wobei die Frageterme aber gewichtet sein können (meist geht man hierzu von einer natürlichsprachigen Anfrage aus, auf die man das gleiche Indexierungsverfahren wie für die Dokumente anwendet). Die Anfrage wird somit als Vektor **q** = $(q_1,...,q_n)$ dargestellt, wobei q_i das Fragetermgewicht von q für den Term t_i angibt.

Als Retrievalfunktion kommen Vektor-Ähnlichkeitsmaße zur Anwendung, im einfachsten Fall das Skalarprodukt:

$r(\mathbf{q},\mathbf{d}) = \Sigma_i \, q_i \, d_i$ (1)

Betrachten wir hierzu eine Suche nach einem Wintersportort in den Alpen, der Rodeln und Skilanglauf bietet, aber möglichst keinen Heli-Ski. Tabelle 1 zeigt einen möglichen Fragevektor sowie vier Beispieldokumente mit ihren Indexierungsgewichten und den zugehörigen Retrievalgewichten. Entsprechend den Retrievalgewichten werden die Dokumente in der Reihenfolge d_3, d_1, d_4, d_2 ausgegeben.

Tab. 1: Beispiel zum Skalarprodukt im Vektorraum

t_i	q_i	d_{1i}	d_{2i}	d_{3i}	d_{4i}
Rodeln	2	1	0.5	1	1
Skilanglauf	2	1	1	1	1
Wintersportort	1	1		1	
Alpen	1		1	1	0.5
Heli-Ski	-2		1		
$r(q,d_m)$		5	2	6	4.5

Es bleibt die Frage, wie man die Indexierungs- und Fragetermgewichte bestimmt. Hierzu wurden im Laufe der Zeit verschiedene heuristische Formeln entwickelt, die alle die Vorkommenshäufigkeit eines Terms in Dokument- bzw. Fragetext sowie die (inverse) Dokumenthäufigkeit in der Kollektion berücksichtigen. Dies wird auch als *tf-idf-Gewichtung* bezeichnet (*term frequency–inverse document-frequency*). Ein konkretes Beispiel hierfür geben wir weiter unten im Zusammenhang mit dem BM25-Modell an (Abschnitt 4.3 BM25). Häufig werden Dokument- und Fragevektoren auch normiert, so dass sie alle die Länge 1 haben (wodurch lange Dokumente beim Retrieval nicht mehr bevorzugt werden).

4 Probabilistisches Retrieval

4.1 Probabilistisches Ranking-Prinzip

Die bislang beschriebenen Retrievalmodelle berechnen unterschiedliche Arten von Ähnlichkeiten zwischen Frage- und Dokumentbeschreibungen. Dabei wird jedoch innerhalb der Modelle keine Aussage darüber gemacht, inwieweit die jeweilige Vorschrift zur Berechnung des Retrievalwertes das angestrebte Ziel erfüllt, eine hohe Retrievalqualität zu erreichen. Man kann nur durch experimentelle Untersuchungen feststellen, in welchem Maße dies jeweils zutrifft.

Im Unterschied dazu kann für probabilistische Retrievalmodelle theoretisch gezeigt werden, dass ein solcher Zusammenhang zwischen Modell und Retrievalqualität tatsächlich existiert. Probabilistische Modelle schätzen die *Relevanzwahrscheinlichkeit* $P(R|q,d)$, dass das Dokument d auf die Frage q als relevant beurteilt wird, und ordnen die Dokumente nach dieser Wahrscheinlichkeit. Diese Vorgehensweise bezeichnet man als *probabilistisches Ranking-Prinzip*. Unter der Annahme, dass die Relevanz der Dokumente unabhängig voneinander ist, kann man nun zeigen, dass eine solche Rangordnung zu optimaler Retrievalqualität führt (Robertson 1977). Hierzu wird angenommen, dass Benutzer*innen die Dokumente der Rangliste nacheinander anschauen und irgendwann abbrechen; für jeden Abbruchpunkt sind dann Recall und Precision maximal. Eine alternative Rechtfertigung basiert auf der Annahme von unterschiedlichen Kosten für relevante und irrelevante Dokumente: Bezeichne C_R die Kosten für das Retrieval eines relevanten Dokumentes und C_N die Kosten für ein irrelevantes Dokument, wobei $C_R < C_N$. Wenn wir nun ein Verfahren zur Schätzung der Relevanzwahrscheinlichkeit $P(R|q,d)$ haben, so können wir auch den Erwartungswert der Kosten berechnen, die durch das Retrieval des Dokumentes d entstehen würden:

$$EC(q,d) = C_R\, P(R|q,d) + C_N\, (1 - P(R|q,d)) \quad (2)$$

Führt ein*e Benutzer*in Retrieval durch und bricht das sequenzielle Durchschauen der Dokumente der Rangliste an beliebiger Stelle ab, so sollen die Gesamtkosten aller angeschauten Dokumente minimiert werden. Dies ist offensichtlich dann der Fall, wenn wir die Dokumente nach absteigenden Erwartungswerten für die Kosten ordnen: Wenn $EC(q,di) < EC(q,dj)$, dann muss di vor dj ausgegeben werden; da $C_R < C_N$, ist diese Bedingung äquivalent zu $P(R|q,di) > P(R|q,dj)$, also eine Rangordnung nach fallender Relevanzwahrscheinlichkeit.

4.2 Retrievalmodell mit binärer Unabhängigkeit

Es gibt eine ganze Reihe von probabilistischen Retrievalmodellen, die dem probabilistischen Ranking-Prinzip genügen. Hier soll nur das bekannteste davon kurz vorgestellt werden. Das Retrievalmodell mit binärer Unabhängigkeit (Robertson & Sparck Jones 1976) basiert auf folgenden Annahmen:
1. Eine Anfrage besteht aus einer Menge von Termen (lineare Anfragestruktur).
2. Dokumente haben eine ungewichtete (binäre) Indexierung.
3. Die Verteilung der Indexierungsterme in den relevanten und den irrelevanten Dokumenten wird jeweils als unabhängig angenommen.

Anstelle der Relevanzwahrscheinlichkeit berechnet das Modell die Chancen $O(R|q,d)$, dass d zu q relevant ist, wobei die Chancen als Quotient von Wahrscheinlichkeit und Gegenwahrscheinlichkeit definiert sind: $O(R|q,d)=P(R|q,d)/(1-P(R|q,d))$.

Im Folgenden steht q^T für die Menge der Frageterme und d^T für die Menge der im Dokument d vorkommenden Terme; t_i bezeichnet das Ereignis, dass der Term im Dokument vorkommt, und $\neg t_i$ das Gegenteil. Analog bezeichnet $\neg R$ das Ereignis, dass ein Frage-Dokument-Paar als nicht relevant beurteilt wird. Dann berechnen sich die Chancen, dass d relevant zu q ist, wie folgt:

$$O(R|q,d) = O(R|q) \prod_{t_i \in q^T \cap d^T} \frac{P(t_i|R,q)}{P(t_i|\neg R,q)} \prod_{t_i \in q^T - d^T} \frac{P(\neg t_i|R,q)}{P(\neg t_i|\neg R,q)} \qquad (3)$$

Hierbei läuft das erste Produkt über alle Terme, die Frage und Dokument gemeinsam haben, und das zweite Produkt bezieht sich auf alle Frageterme, die nicht im Dokument vorkommen.

In dieser Formel kommen folgende Parameter vor:

$O(R|q)$ bezeichnet die Chancen, dass ein zufälliges Dokument der Kollektion relevant ist. Da dieser Faktor konstant ist für alle Dokumente zu einer Anfrage, wird er für bloßes Ranking der Antwortdokumente nicht benötigt.

$P(t_i|R,q)$ ist die Wahrscheinlichkeit, dass der Term in einem (zufälligen) relevanten Dokument vorkommt; $P(\neg t_i|R,q) = 1-P(t_i|R,q)$ ist die Wahrscheinlichkeit, dass der Term nicht in einem solchen Dokument vorkommt.

$P(t_i|\neg R,q)$ bezeichnet die Wahrscheinlichkeit, dass der Term in einem (zufälligen) irrelevanten Dokument vorkommt; $P(\neg t_i|\neg R,q) = 1-P(t_i|\neg R,q)$ ist die Wahrscheinlichkeit, dass der Term nicht in einem solchen Dokument vorkommt.

Obige Formel lässt sich in eine einfache log-lineare Form überführen, wenn man nur die Dokument-abhängigen Faktoren berücksichtigt. Sei $u_i = P(t_i|R,q)$ und $v_i = P(t_i|\neg R, q)$, dann erhält man

$$r(q,d) = \sum_{t_i \in q^T \cap d^t} \log \frac{u_i(1-v_i)}{v_i(1-u_i)} \qquad (4)$$

Die einzelnen Summenglieder kann man als Fragetermgewichte auffassen. Für ein einzelnes Dokument muss man also nur die Gewichte der darin vorkommenden Frageterme aufsummieren, um das Retrievalgewicht zu berechnen.

Es bleibt das Problem der Schätzung der Parameter u_i und v_i. Letzteren kann man ohne Relevanzinformation wie folgt schätzen: Sei N die Anzahl der Dokumente in der Kollektion und n_i die Anzahl derjenigen Dokumente, in denen t_i vorkommt. Da in der Regel nur sehr wenige Dokumente der Kollektion relevant zu einer Anfrage sind, nimmt man näherungsweise an, dass alle Dokumente irrelevant sind, und schätzt v_i durch die relative Dokumenthäufigkeit ab: $v_i = P(t_i|R,q) \approx n_i/N$. Bei fehlender Relevanzinformation kann man für u_i einen konstanten Wert annehmen, wobei sich für $u_i = 0{,}5$ die diesbezüglichen Faktoren in Zähler und Nenner gegenseitig aufheben, so dass man eine Gewichtung entsprechend der inversen Dokumenthäufigkeit (*inverse document frequency* – idf) erhält:

$$r_{idf} = \sum_{t_i \in q^T \cap d^T} \log \frac{1-\frac{n_i}{N}}{\frac{n_i}{N}} = \sum_{t_i \in q^T \cap d^T} \log \frac{N-n_i}{n_i} \approx \sum_{t_i \in q^T \cap d^T} \log \frac{N}{n_i} \quad (5)$$

Diese Formel lässt sich somit für die initiale Anfrage anwenden. Beurteilen Benutzer*innen dann einige der Antwortdokumente bezüglich ihrer Relevanz, dann kann man die Parameter wie folgt schätzen: Sei r die Anzahl der als relevant beurteilten Dokumente, von denen r_i den Term t_i enthalten, dann kann man $u_i = P(t_i|R,q) \approx r_i/r$ als die relative Häufigkeit des Terms in den relevanten Dokumenten abschätzen. Experimente haben gezeigt, dass aufgrund der kleinen Stichproben diese Schätzungen systematisch falsch sind und sich bessere Resultate mit der Schätzung $u_i = (r_i+0,5)/(r+1)$ ergeben.

Tabelle 2 zeigt ein Beispiel für die Anwendung des Retrievalmodells mit binärer Unabhängigkeit bei einer Frage mit zwei Termen t_1 und t_2, wobei allerdings die unmodifizierten Schätzformeln angewandt wurden (also u_i und v_i als relative Häufigkeiten der Terme in den relevanten bzw. irrelevanten Dokumenten). Man erhält hier $u_1 = 8/12$, $v_1 = 3/8$, $u_2 = 7/12$ und $v_2 = 4/8$. Zusammen mit $O(R/q)=12/8$ ergeben sich dann aus Formel 3 und über die Beziehung $P(x)=O(x)/(1+O(x))$ die Relevanzwahrscheinlichkeiten für die vier verschiedenen Dokumentklassen (je nachdem, welche der beiden Frageterme im Dokument vorkommen): Für Dokumente, mit beiden Termen erhält man $P(R/q,(1,1))=0.76$, Dokumente mit nur dem ersten Term liefern $P(R/q,(1,0))=0.69$, für nur den zweiten Term ergibt sich $P(R/q,(0,1))=0.48$ und für solche ohne Vorkommen eines der Frageterme bekommt man $P(R/q,(0,0))=0.4$. Somit würden zuerst alle Dokumente ausgegeben, die beide Anfrageterme enthalten, dann alle, in denen nur t_1 vorkommt, dann alle mit t_2 und zum Schluss diejenigen, die keinen der beiden Anfrageterme enthalten.

Tab. 2: Beispiel für das Retrievalmodell mit binärer Unabhängigkeit

d_i	1 2 3 4 5	6 7 8 9 10 11	12 13 14 15 17 17	18 19 20
t_1	1 1 1 1 1	1 1 1 1 1 1	0 0 0 0 0 0	0 0 0
t_2	1 1 1 1 1	0 0 0 0 0 0	1 1 1 1 1 1	0 0 0
$b(q,d_i)$	R R R R I	R R R R I I	R R R I I I	R I I

In der bisherigen Darstellung des Retrievalmodells mit binärer Unabhängigkeit haben wir angenommen, dass nur die Terme aus der Anfrage (q^T) berücksichtigt werden. Durch Frageerweiterung um die in den relevanten Dokumenten vorkommenden Terme kann man die Retrievalqualität noch verbessern. Hierzu gibt es verschiedene Strategien, wie viele Terme man aus den relevanten Dokumenten berücksichtigt und nach welchen Kriterien man diese auswählt. Eine Variante hierzu ist *Pseudo-Relevanz-Feedback*, wobei man in Ermangelung von tatsächlichen Relevanzurteilen annimmt, dass die ersten k Dokumente der initialen Rangliste alle relevant sind und daraus die Fragetermgewichte berechnet. Diese Methode hilft aber nicht bei Anfragen, die zunächst nur irrelevante Dokumente liefern.

4.3 BM25

Das obige Beispiel illustriert zugleich eine wesentliche Beschränkung des BIR-Modells: Es ist nicht möglich, zwischen verschiedenen Dokumenten mit gleicher Termmenge $q^T \cap d^T$ weiter zu differenzieren, da das Modell nur mit binärer Indexierung arbeitet. Das BM25-Modell (Robertson et al. 1995) stellt eine heuristische Erweiterung des BIR-Modells auf gewichtete Indexierung dar. Hierzu wird die Vorkommenshäufigkeit der Terme im Dokument berücksichtigt: Für einen Term t_i bezeichne tf_{mi} dessen Vorkommenshäufigkeit im Dokument d_m, das insgesamt l_m laufende Wörter enthält. Die durchschnittliche Dokumentlänge der Kollektion sei al. Zusätzlich beinhaltet die Formel noch zwei Parameter, die an die jeweilige Kollektion angepasst werden müssen: b steuert den Einfluss der Längennormalisierung (mit $0 \leq b \leq 1$), und k kontrolliert die Gewichtung der Vorkommenshäufigkeit.

Damit berechnet man zunächst die Längennormalisierung $B = ((1 - b) + b\, l_m/al)$, woraus sich die normalisierte Vorkommenshäufigkeit zu $ntf_{mi} = tf_{mi} / B$ ergibt. Das BM25-Indexierungsgewicht wird wie folgt berechnet:

$$u_{mi} = \frac{ntf_{mi}}{k+ntf_{mi}} = \frac{tf_{mi}}{k\big((1-b)+b\cdot l_m/al\big)+tf_{mi}} \qquad (6)$$

Die vollständige Retrievalfunktion lautet dann

$$r_{BM25}(q, d_m) = \sum_{t_i \in d_m^t \cap q^T} u_{mi} c_i \qquad (7)$$

BM25 ist derzeit die populärste Retrievalfunktion und wird insbesondere gerne als Bezugspunkt verwendet, wenn man versucht, bessere Modelle zu entwickeln. Eine theoretisch besser fundierte Indexierungsgewichtung wurde auf der Basis neuerer Sprachmodelle entwickelt (s. Kapitel C 9 Sprachmodelle und Neuronale Netze).

4.4 Logik-basiertes Retrieval: unsichere Inferenz

Als eine Erweiterung der probabilistischen Modelle hat van Rijsbergen (1986) eine logische Sicht auf IR-Systeme vorgeschlagen. Analog zur logischen Sicht auf Datenbanken wird hier (zunächst ohne Berücksichtigung von Unsicherheit) angenommen, dass man beim Retrieval nach Dokumenten sucht, die die Anfrage logisch implizieren, also die Formel $d \rightarrow q$ gilt. Ein einfaches Beispiel für Boolesches Retrieval möge diese Sichtweise verdeutlichen: Nehmen wir an, wie hätten ein Dokument d_1, das mit den Termen ‚Rodeln', ‚Abfahrtsski', ‚Skilanglauf' und ‚Alpen' indexiert sei, und die Anfrage q_1 laute ‚Rodeln AND Skilanglauf'. Betrachtet man das Dokument nun als logische Konjunktion der darin enthaltenen Terme, so ist klar, dass das Dokument die Anfrage impliziert: Wenn die Formel ‚Rodeln AND Abfahrtsski AND Skilanglauf AND Alpen' wahr ist, dann ist natürlich auch ‚Rodeln AND Skilanglauf' wahr, also $d_1 \rightarrow q_1$. Der Vorteil der logischen Sichtweise wird klar, wenn man zusätzliche Wissensquellen berücksichtigen möchte. Lautet unsere Anfrage q_2 etwa ‚Wintersport AND Alpen', dann würde das Dokument zunächst nicht gefunden. Steht aber ein Thesaurus zur Verfügung, so kann man die darin enthaltenen hierarchischen Beziehungen als logische Implikationen auffassen, also etwa ‚Rodeln → Wintersport'. Mit diesem zusätzlichen Wissen impliziert das Dokument auch die neue Anfrage.

Das in Ontologien (s. Kapitel B 10 Ontologien und Linked Open Data) gespeicherte Wissen lässt sich ebenfalls als Menge logischer Formeln repräsentieren; daher können diese ihre Stärke erst im Zusammenspiel mit logikbasierten Retrievalmodellen ausspielen. Um aber die Beschränkungen (und die bescheidene Qualität) von Booleschem Retrieval zu überwinden, muss man unsichere Inferenz zulassen. Nehmen wir etwa an, ein Dokument d_2 sei nur mit dem Term ‚Wintersport' indexiert, und die Anfrage q_3 laute ‚Abfahrtsski'. Auch wenn der Frageterm nicht direkt im Dokument vorkommt, so besteht dennoch eine gewisse Wahrscheinlichkeit, dass das Dokument auf die Anfrage relevant ist. Daher sollte man auch unsichere Inferenz berücksichtigen, etwa als probabilistische Implikation $P(\text{Wintersport} \rightarrow \text{Abfahrtsski}) = 0.5$. Mit solchem unsicheren Wissen würde das Dokument wieder die Anfrage (unsicher) implizieren: $P(d_2 \rightarrow q_3) = 0.5$.

5 Verfeinerungen der Basismodelle

Die bisher beschriebenen Modelle basieren alle auf der Repräsentation eines Dokumentes als (Multi-)Menge von Termen. Zudem bleiben Abhängigkeiten zwischen Dokumenten in der erzeugten Rangliste unberücksichtigt, ebenso wie interaktives Retrieval.

5.1 Modelle für strukturierte Dokumente

Strukturierte Dokumente wurden in der Information-Retrieval-Forschung lange Zeit nur am Rande diskutiert, weswegen es nur wenige Modelle in diesem Bereich gibt.

5.1.1 Lineare Strukturen

Dokumente bestehen aus einer festen Menge von Feldern (wovon einige auch leer sein können). Solche Strukturen sind in der Dokumentationspraxis schon lange im Gebrauch. Aus Sicht des IR geht es dabei darum, die einzelnen Felder bei der Freitextsuche unterschiedlich zu gewichten (also z. B. dem Vorkommen eines Terms im Titel ein höheres Gewicht zu geben als in der Kurzfassung). Das bekannteste Modell hierfür ist BM25F (Robertson et al. 2004), eine Erweiterung des o. g. BM25-Modells. Hierbei werden in der tf-Komponente die Vorkommen in den Feldern unterschiedlich gewichtet, indem jedes Feld mit einem Gewichtungsfaktor versehen wird, mit dem die Termvorkommen in diesem Feld multipliziert werden (zusätzlich muss man noch die Berechnung der Dokumentlänge an diese Gewichtung anpassen).

5.1.2 Baumförmige Strukturen

Volltext-Dokumente sind i. a. immer hierarchisch strukturiert. Bei der Suche will man für eine gegebene Anfrage den hierzu relevanten Teil des Dokumentes lokalisieren. Dieses

Problem bezeichnet man auch als *fokussiertes Retrieval* (Lalmas 2009). Dabei verfolgt man das Ziel, den kleinsten Ausschnitt aus dem Dokument-‚Baum' zu bestimmen, der die Frage beantwortet. Im Falle von Booleschem Retrieval sind diese minimalen Teilstrukturen relativ einfach zu bestimmen. Bei den Modellen mit Gewichtung ergibt sich aber ein Tradeoff zwischen der Größe einer Antwort und ihrem Retrievalgewicht. Daher führt man einen zusätzlichen Gewichtungsfaktor ein, der kleinere Dokumentteile belohnt.

5.1.3 Graph-Strukturen

Die bekannteste Graph-Struktur ist das Web: Dokumente stellen die Knoten des Graphen dar, und die Links dazwischen sind die gerichteten Kanten des Graphen. Man möchte nun anhand der Struktur zwischen wichtigen und weniger wichtigen Knoten/Dokumenten unterscheiden. Das populärste Modell hierzu ist PageRank (Page et al. 1998). Hierbei verteilt ein Knoten sein Gewicht gleichmäßig über alle ausgehenden Kanten, und umgekehrt ist das Gewicht (PageRank) eines Knotens gleich der Summe der Gewichte der eingehenden Kanten. Der PageRank geht dann beim *learning to rank* (s. u.) als ein Element des Merkmalsvektors in die Berechnung des Retrievalgewichts ein.

5.2 Diversitäts-Ranking

Alle bislang beschriebenen Modelle betrachten jeweils nur Frage-Dokument-Paare, ignorieren also mögliche Abhängigkeiten zwischen den Dokumenten der Rangliste. Beim Diversitäts-Ranking wird nun versucht, solche Abhängigkeiten durch Betrachtung der Ähnlichkeit von Dokumenten zu modellieren. Der Retrievalwert eines Dokumentes berechnet sich dann nicht mehr allein aus dem Vergleich zwischen Frage- und Dokumentbeschreibung, sondern es werden zusätzlich die Ähnlichkeiten des betrachteten Dokumentes mit allen schon zuvor ausgegebenen einbezogen. Als nächstes wird dann jeweils das Dokument ausgewählt, das möglichst unähnlich zu den ausgegebenen Dokumenten ist und zugleich einen hohen Retrievalwert besitzt.

Diese Grundidee lässt sich noch verfeinern, wenn man die verschiedenen Aspekte einer Anfrage berücksichtigt: Gibt man z. B. bei einer Web-Suchmaschine den Namen eines Popstars ein, so kann man dessen neuestes Album kaufen wollen, sich das zugehörige Video anschauen, Tickets für das nächste Konzert erwerben, den neuesten Klatsch erfahren oder sich gar nur allgemein über diese Person informieren wollen. Daher ist es Ziel der Suchmaschine, möglichst viele verschiedene Aspekte einer Anfrage durch die obersten Antworten abzudecken. Hierzu wird die Ähnlichkeit der Dokumente in der Rangliste in Bezug auf die Abdeckung der Frageaspekte berechnet, so dass das jeweils nächste Dokument bislang unzureichend abgedeckte Dokumente behandeln sollte. Ein Beispiel für einen solchen Ansatz ist das probabilistische Modell aus Santos et al. (2012).

5.3 Learning to rank

Die bisher in diesem Kapitel beschriebenen Verfahren gehen alle von recht einfachen Repräsentationen für Fragen und Dokumente aus. Häufig hat man aber sowohl über die

Dokumente als auch über die Anfrage detailliertere Informationen zur Verfügung, als man in den beschriebenen Modellen berücksichtigen kann. Hier lassen sich dann maschinelle Lernverfahren einsetzen, um diese Frage- und Dokument-Merkmale angemessen zu repräsentieren und daraus einen Retrievalwert zu berechnen.

Dies entspricht einer Generalisierung der probabilistischen Retrievalmodelle, bei denen das System aus Relevanzurteilen des Benutzers lernt (Fuhr 1992), um daraus die Relevanzwahrscheinlichkeit weiterer Frage-Dokument-Paare zu schätzen. Während diese Modelle aber immer Parameter lernen, die auf einzelne Fragen, Dokumente oder Terme bezogen sind, abstrahiert man beim *Learning to Rank* (LTR) von diesen Elementen, indem man deren Merkmale betrachtet. Die Merkmale werden typischerweise in Anlehnung an populäre Retrievalfunktionen definiert, die man ggfs. durch anwendungsspezifische Attribute ergänzt. Beispielsweise könnte man für Web-Dokumente BM25-Gewichte gesondert für den Dokumenttitel, den Body und die Ankertexte berechnen, ebenso den Anteil der jeweils vorkommenden Frageterme oder den minimalen Abstand der Frageterme im Dokumenttext. Bei Internet-Suchmaschinen (wo LTR heute Standard ist, s. Kapitel C 3 Suchmaschinen) definiert man oft hunderte von Merkmalen.

Hat man nun für eine Menge von Frage-Dokument-Paaren sowohl die Merkmalsvektoren als auch die zugehörigen Relevanzurteile, dann kann man maschinelle Lernverfahren (s. Kapitel C 9 Sprachmodelle und Neuronale Netze) einsetzen, um Relevanzwahrscheinlichkeiten für Merkmalsvektoren zu berechnen. Das Gelernte lässt sich dann auf beliebige weitere Frage-Dokument-Paare anwenden und die Antworten zu neuen Anfragen ranken.

Dieser Ansatz wird auch als punktweises LTR bezeichnet, da man das Retrievalgewicht eines einzelnen Antwortdokumentes isoliert berechnet. Aus Nutzersicht interessiert meist nur das Ranking, daher kann man auch stattdessen Dokumentpaare in Bezug zur Anfrage betrachten und deren relative Position optimieren, indem das relevantere der beiden als erstes ausgegeben wird. Dieses Vorgehen wird paarweises LTR genannt. Allerdings wiegt hier eine falsche Reihenfolge der Dokumente auf Rang 19 und 20 genauso schwer wie das Vertauschen der Ränge 1 und 2. Dies vermeidet man durch listenweises LTR, bei dem man die Antwortrangliste in Bezug auf ein vorgegebenes Retrievalmaß wie z. B. DCG (s. Kapitel C 8 Evaluation im Information Retrieval) optimiert. Einen guten Überblick über LTR-Verfahren gibt Liu (2011).

5.4 Interaktives Retrieval

In diesem Abschnitt wurde nur eine einzelne Anfrage in Bezug auf eine Dokumentkollektion betrachtet, und die einzige Benutzeraktion ist das Durchschauen der Antwortliste. Da Retrieval aber ein interaktiver Prozess ist, braucht es Verfahren, die alle im System möglichen Benutzeraktionen berücksichtigen und auch die komplette Retrievalsitzung modellieren. Dies ist das Thema von Kapitel C 4 Interaktives Information Retrieval.

6 Literaturverzeichnis

Fuhr, N. (1992). Probabilistic models in information retrieval. *The Computer Journal*, 35(3), 243–255. https://doi.org/10.1093/comjnl/35.3.243.

Lalmas, M. (2009). *Xml retrieval*. Morgan & Claypool Publishers. https://doi.org/10.2200/S00203ED1V01Y200907ICR007.
Liu, T. Y. (2011). *Learning to rank for information retrieval*. Springer. https://doi.org/10.1007/978-3-642-14267-3.
Nie, J. (1988). An outline of a general model for information retrieval systems. In Y. Chiaramella (Ed.), *Proceedings of the 11th international conference on research & development in information retrieval* (S. 495–506). Presses Universitaires de Grenoble. https://doi.org/10.1145/62437.62493.
Page, L., Brin, S., Motwani, R. & Winograd, T. (1998). *The PageRank citation ranking: Bringing order to the web* (Tech. Rep.). Stanford Digital Library Technologies Project. http://ilpubs.stanford.edu:8090/422/.
Robertson, S. E. (1977). The probability ranking principle in IR. *Journal of Documentation*, 33, 294–304.
Robertson, S. E. & Sparck Jones, K. (1976). Relevance weighting of search terms. *Journal of the American Society for Information Science*, 27, 129–146. https://doi.org/10.1002/asi.4630270302
Robertson, S. E., Walker, S., Jones, S. & Hancock-Beaulieu, M. M. (1995). Okapi at TREC-3. In D. K. Harman (Ed.), *Proceedings of the 3rd text retrieval conference (trec-3)* (S. 109–126). NTIS.
Robertson, S. E., Zaragoza, H. & Taylor, M. J. (2004). Simple BM 25 extension to multiple weighted fields. In L. Gravano (Ed.), *CIKM* (S. 42–49). ACM.
Salton, G. (Ed.) (1971). *The SMART retrieval system – experiments in automatic document processing*. Prentice Hall.
Santos, R., Macdonald, C. & Ounis, I. (2012). On the role of novelty for search result diversification. *Information Retrieval*, 15(5), 478–502. https://doi.org/10.1007/s10791-011-9180-x.
van Rijsbergen, C. J. (1986). A non-classical logic for information retrieval. *The Computer Journal*, 29(6), 481–485. https://doi.org/10.1093/comjnl/29.6.481.

Dirk Lewandowski
C 3 Suchmaschinen

1 Einleitung

Eine Suchmaschine (auch: Web-Suchmaschine, Universalsuchmaschine) ist ein Computersystem, das Inhalte aus dem World Wide Web (WWW) mittels *Crawling* erfasst und über eine Benutzerschnittstelle durchsuchbar macht, wobei die Ergebnisse in einer nach systemseitig angenommener Relevanz geordneten Darstellung aufgeführt werden. Dies bedeutet, dass Suchmaschinen im Gegensatz zu anderen Informationssystemen nicht auf einem klar abgegrenzten Datenbestand aufbauen, sondern diesen aus den verstreut vorliegenden Dokumenten des WWW zusammenstellen. Dieser Datenbestand wird über eine Benutzerschnittstelle zugänglich gemacht, die so gestaltet ist, dass die Suchmaschine von Laien problemlos genutzt werden kann. Die zu einer Suchanfrage ausgegebenen Treffer werden so sortiert, dass den Nutzenden die aus Systemsicht relevantesten Dokumente zuerst angezeigt werden. Dabei handelt es sich um komplexe Bewertungsverfahren, denen zahlreiche Annahmen über die Relevanz von Dokumenten in Bezug auf Suchanfragen zugrunde liegen.

Aufgrund ihrer massenhaften Nutzung und ihrer Vorreiterrolle für andere Systeme sind Suchmaschinen ein besonders interessanter Anwendungsfall des Information Retrieval. Während frühe Suchmaschinen sich noch sehr stark an konventionellen Information-Retrieval-Systemen orientierten, kommen viele der wesentlichen Entwicklungen des Information Retrieval inzwischen entweder direkt von den bekannten Suchmaschinenanbietern oder entstehen in Kooperation mit ihnen. Andere Informationssysteme orientieren sich vor allem in Hinblick auf die Benutzerführung und die Trefferanordnung und -darstellung am Vorbild der Suchmaschinen. Nutzende anderer Information-Retrieval-Systeme erwarten oft den gleichen Komfort und ein vergleichbar treffsicheres Ranking von diesen Systemen.

1.1 Die Bedeutung der Suchmaschinen

Suchmaschinen sind das wichtigste Mittel für die Informationsbeschaffung im Web (Lewandowski 2021, Kapitel 2). Zwar beziehen Nutzer*innen Informationen aus dem Web auch über andere Dienste – hier sind an erster Stelle Messenger und Social Media zu nennen (Beisch & Koch 2021) –, allerdings sind die allgemeinen Suchmaschinen wie Google die nahezu einzige Anlaufstelle, wenn es um die aktive Informationssuche geht.

Suchmaschinen werden massenhaft genutzt: Pro Jahr werden mehr als 3,3 Billionen Suchanfragen allein an Google gestellt (zu diesen und den im Folgenden genannten Marktzahlen s. Lewandowski 2021). Suchmaschinen werden auf allen Gerätetypen genutzt; die Mehrzahl der Suchanfragen wird auf Mobilgeräten gestellt. Der Suchmaschinenmarkt wird von einem einzigen Anbieter, Google, dominiert. Diese Suchmaschine hat in Europa einen Marktanteil von über 90 %. Weitere Suchmaschinen sind vergleichsweise abgeschlagen, allerdings ist hier zu bedenken, dass auch geringe Marktanteile noch eine hohe Anzahl von Suchanfragen bedeuten können, sodass auch solche Suchmaschinen durchaus profitabel wirtschaften können.

Googles Dominanz besteht seit vielen Jahren; die Entwicklung zu einer immer stärkeren Nutzung von Mobilgeräten hat diesen Trend noch verstärkt. Dies liegt auch daran, dass die Google-Suche in Android, Googles Betriebssystem für Mobilgeräte, fest eingebunden ist. Suchmaschinen werden für die Nutzer*innen zunehmend „unsichtbar" (Haider & Sundin 2019). Dies liegt daran, dass Suchmaschinen immer häufiger in Infrastruktur wie Betriebssysteme und Browser integriert werden. Das hat zur Folge, dass sie mehr als Selbstverständlichkeit innerhalb der Infrastruktur denn als eigenständige Dienste wahrgenommen werden.

1.2 Arten von Suchmaschinen

Zu unterscheiden ist zwischen Suchmaschinen, die einen eigenen Datenbestand nutzen, und solchen, die auf den Index eines Partners zurückgreifen und dadurch eigentlich nicht als eigenständige Suchmaschinen bezeichnet werden können (Lewandowski 2021). Prominentestes Beispiel hierfür ist Yahoo, welches seine eigene Suchmaschine im Jahr 2009 zugunsten einer Kooperation mit Bing aufgegeben hat. Yahoo zeigt seitdem Ergebnisse von Bing an, allerdings in eigenem Design und mit eigenem Label. In Deutschland greifen Portale wie T-Online, Web.de und GMX auf Ergebnisse von Google zurück. Damit kann unterschieden werden zwischen einem Markt für Suchmaschinen und einem Markt für Web-Indexe. Suchmaschinen sind dann Produkte, die sich an den Endkunden wenden – und oft nicht viel mehr sind als ein Suchinterface, das auf einen der bekannten Indexe zurückgreift. Bei Web-Indexen handelt es sich um die den Suchmaschinen zugrundeliegenden Datenbestände, die von den großen Anbietern wie beschrieben an Suchportale vermarktet werden. Metasuchmaschinen (Bsp. MetaGer) greifen auf mehrere Suchmaschinen zu und bringen die Ergebnisse in eine eigene Reihenfolge. Dieser Ansatz war vor allem in der Frühphase der Suchmaschinen populär, hat heute jedoch nur noch eine geringe Bedeutung.

Aus dieser kurzen Beschreibung des Suchmaschinenmarkts ergibt sich die Frage nach alternativen Suchmaschinen und deren Rolle. Wenn eine Suchmaschine auf den Index eines der führenden Suchmaschinenanbieter (das sind in der Regel Google oder Bing) zurückgreift, kann man zumindest hinsichtlich der Ergebnisse nicht von einer echten Alternative sprechen. Allerdings können auch andere Gründe für die Nutzung einer solchen Alternative ausschlaggebend sein, zum Beispiel das Versprechen, keine Daten der Nutzenden zu sammeln (z. B. Startpage) oder die Investition von erzielten Gewinnen in Umweltprojekte (z. B. Ecosia). Echte Alternativen, die einen eigenen Index aufbauen, sind selten und erreichen keine den großen Suchmaschinen vergleichbaren Datenbestände.

Von den bisher beschriebenen allgemeinen Suchmaschinen sind sog. Spezialsuchmaschinen zu unterscheiden, die sich thematisch oder anhand formaler Dokumentenmerkmale (Bsp. Dateityp) beschränken. Beispiele hierfür sind Nachrichtensuchmaschinen und Bildersuchmaschinen. Dieser Typ von Suchmaschine spielt vor allem durch die Einbindung in die allgemeinen Suchmaschinen (sog. *Universal Search*; s. Abschnitt 3) eine Rolle.

1.3 Anfragetypen

Mit einer Suchanfrage können unterschiedliche Intentionen verbunden sein (s. auch Kapitel D 5 Information Need). Von Andrei Broder (2002) stammt die maßgebliche Unterscheidung nach informations-orientierten (*informational*), navigationsorientierten (*navigational*) und transaktionsorientierten (*transactional*) Suchanfragen:
- Mit navigationsorientierten Anfragen soll ein Dokument (wieder)gefunden werden, das der nutzenden Person bereits bekannt ist oder von dem sie annimmt, dass es existiert. Ein typisches Beispiel ist die Suche nach der Website eines Unternehmens. Solche Anfragen haben in der Regel ein einziges richtiges Ergebnis. Das Informationsbedürfnis ist befriedigt, sobald die gewünschte Seite gefunden wird.
- Bei informationsorientierten Anfragen ist das Informationsbedürfnis meist nicht durch ein einziges Dokument zu befriedigen. Die suchende Person möchte sich stattdessen über ein Thema informieren und liest deshalb mehrere Dokumente. Informationsorientierte Anfragen zielen auf statische Dokumente; nach dem Aufruf des Dokuments ist keine weitere Interaktion auf der Website nötig, um an die gewünschten Informationen zu gelangen.
- Mit transaktionsorientierten Anfragen wird eine Website gesucht, auf der anschließend eine Transaktion stattfindet, etwa der Kauf eines Produkts oder die Recherche in einer Datenbank.

Die Angaben über die Anteile der Anfragetypen an der Gesamtmenge der Suchanfragen schwanken, da Studien, die sich mit diesem Thema beschäftigen, nicht auf einer gemeinsamen Datenbasis beruhen und sich hinsichtlich verwendeter Suchmaschine, Zeitraum und Klassifikationsmethode unterscheiden (Lewandowski et al. 2012). Allerdings sind sich die Studien einig, dass alle drei Anfragetypen einen nennenswerten Anteil der Anfragen ausmachen. Insbesondere der hohe Anteil der navigationsorientierten und der einfachen informationsorientierten Anfragen legt die Vermutung nahe, dass sich die Zufriedenheit der Nutzer*innen mit den Suchmaschinen zu einem großen Teil durch die erfolgreiche Beantwortung dieser Suchanfragen erklären lässt.

2 Aufbau von Suchmaschinen

Suchmaschinen sind komplexe technische Systeme. Eine vereinfachte Darstellung ihrer Kernkomponenten wurde von Risvik & Michelsen (2002) erstellt und besteht aus den Elementen Datenbasis (*local store*), Crawler, Indexer und Searcher (s. Abbildung 1).

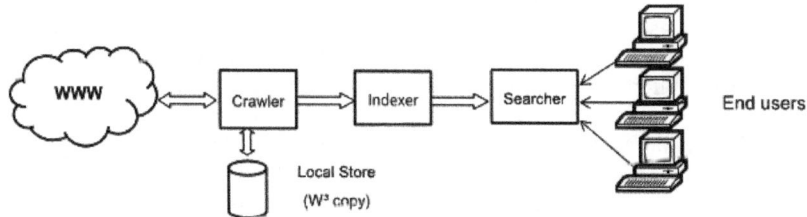

Abb. 1: Aufbau einer Web-Suchmaschine (nach Risvik & Michelsen 2002)

2.1 Datenbasis

Als Datenbasis dienen den Suchmaschinen in erster Linie die Inhalte des Webs, die eigenständig aufgefunden werden müssen. Dazu kommen weitere Inhalte wie beispielsweise Kartendaten, die nicht direkt im Web vorliegen und vom Suchmaschinenbetreiber erstellt oder zugekauft werden. Der Gesamtprozess der Aggregation von Inhalten für eine Suchmaschine wird als *content acquisition* bezeichnet. Vaidhyanathan (2011) teilt entsprechend die Dienste von Google in drei Bereiche ein, die auch auf andere Suchmaschinen übertragbar sind:
1. *Scan and link*: Fremde Inhalte werden erfasst, aggregiert und zur Suche zur Verfügung gestellt (Beispiel: Websuche).
2. *Host and serve*: Von den Nutzer*innen selbst erstellte Inhalte werden auf der eigenen Plattform gesammelt und gehostet (Beispiel: Youtube).
3. *Scan and serve*: Dinge aus der echten Welt werden in die digitale Welt überführt (Beispiele: Google Books, Google Street View).

Von den allgemeinen Suchmaschinen, die vordergründig nur den ersten Punkt bedienen, wird erwartet, dass sie in allen drei Bereichen aktiv sind. Aus dem eigenen Erstellen und/oder Hosten von Inhalten ergibt sich der Vorteil, dass umfangreiche Metadaten (von der Autorenverifikation bis zu Nutzungsdaten) anfallen und die den Dienst betreibende Suchmaschine exklusiv über diese zusätzlichen Daten verfügt. Im Folgenden wird in erster Linie auf die Erfassung der im Web vorliegenden Inhalte eingegangen; eine ausführliche Darstellung der *content acquisition* findet sich in Lewandowski (2021, Kapitel 3).

Web-Suchmaschinen haben den Anspruch, einen möglichst hohen Anteil des gesamten Web zu erfassen und für die Suche verfügbar zu machen. Da die Inhalte im Web verteilt vorliegen, kann eine Vollständigkeit des Datenbestands, der im Idealfall eine aktuelle und vollständige *lokale Kopie des Webs* ist, nicht gewährleistet werden. Die damit verbundenen Schwierigkeiten werden deutlich, wenn man die Menge der im Web vorhandenen Dokumente betrachtet. Diese kann zwar nicht exakt ermittelt werden, und eine solche Zahl wäre aufgrund der nahezu beliebigen automatischen Kombinierbarkeit von Inhalten zu immer neuen Dokumenten auch nicht aussagekräftig, aber Suchmaschinen sehen sich doch vor der Herausforderung, einen Index aus vielen Milliarden Dokumenten zusammensetzen zu müssen. Deren Erfassung und Erschließung ist nicht nur ressourcenintensiv und kostspielig, sondern wird durch zwei Faktoren erschwert: Zum einen muss der Index kontinuierlich aktuell gehalten werden, zum anderen müssen sog. Spam-Dokumente aus dem Index ausgeschlossen werden. Dabei handelt es sich um von der Suchmaschine nicht erwünschte Dokumente, vor allem um solche, die einzig und allein zu dem Zweck erstellt wurden, Suchmaschinen und Suchende über ihre tatsächliche Intention zu täuschen (s. Kapitel F 6 Informationspathologien – Desinformation).

Während Suchmaschinen früher einen einzigen Index (den sog. Web-Index) aufbauten, aus dem alle Suchanfragen bedient wurden, haben sich inzwischen verschiedene Standard-Indexe etabliert, aus denen eine Web-Suchmaschine besteht. Dazu gehören neben dem Web-Index unter anderem ein Nachrichten-, ein Bilder- und ein Video-Index. Während es der Anspruch des Web-Index ist, das Web möglichst vollständig abzudecken, fokussieren die Spezialsuchen (sog. vertikale Indexe) auf bestimmte Themen und werden aus begrenzten Quellenmengen zusammengestellt, welche vorab ausgesucht wurden.

2.2 Crawling

Die Aufgabe des Crawlers ist es, neue Dokumente aufzufinden, indem Links innerhalb bereits bekannter Dokumente verfolgt werden. Da das Web keine zentrale Struktur hat und damit auch nicht auf eine bestimmbare absolute Menge von Dokumenten zugegriffen werden kann, müssen Suchmaschinen neue und aktualisierte Dokumente auf diesem Weg finden. Als Basis des Crawlings dient eine Ausgangsmenge (*seed set*) bekannter Webseiten. Die in diesen enthaltenen Links werden verfolgt, die so gefundenen Dokumente indexiert und wiederum die darin enthaltenen Links verfolgt. Auf diese Weise sollen möglichst alle im Web vorhandenen Dokumente gefunden werden. Der Crawling-Vorgang muss kontinuierlich stattfinden, da das Web dynamisch ist und beständig neue Dokumente hinzukommen sowie alte gelöscht oder verändert werden. Aufgrund der überwältigenden Masse von Dokumenten im Web können nicht alle Dokumente bzw. Websites mit der gleichen Frequenz gecrawlt werden. Suchmaschinen priorisieren die zu besuchenden Dokumente (deren URLs bereits bekannt sind und in einer Warteschlange, der sog. *crawler queue*, zwischengespeichert werden) beispielsweise nach Popularität (gemessen in der Regel anhand der Verlinkungsstruktur, aber auch anhand von Zugriffen) oder nach Aktualisierungsintervall (häufig aktualisierte Websites wie beispielsweise Nachrichten-Websites werden häufiger auf Aktualisierungen und neue Dokumente geprüft).

Für den Aufbau spezieller Kollektionen haben die Suchmaschinen jeweils eigene Crawler entwickelt, die bestimmte Datenbestände abfragen. So ist beispielweise ein Crawler, der Nachrichteninhalte für die *News*-Suche abfragen soll, anders eingestellt als der allgemeine Web-Crawler. Da die Nachrichtensuche nur eine recht beschränkte Menge ausgesuchter Quellen umfasst, ist es hier möglich, diese in sehr kurzen Abständen auf neue und veränderte Inhalte zu prüfen.

Crawler können nur die Inhalte des Webs erreichen, die über Links zugänglich sind. Dabei handelt es sich um das sog. *Surface Web* (Oberflächenweb), im Gegensatz dazu bezeichnet das *Deep Web* (auch: *Invisible Web*) diejenigen Inhalte, auf die die Suchmaschinencrawler nicht zugreifen können. Gründe hierfür sind vor allem eine fehlende Verlinkung, eine Abschottung der Inhalte hinter Passwort-Abfragen und dynamische Inhalte, die erst im Moment einer Abfrage aus Datenbanken generiert werden (Bergman 2001; Devine & Egger-Sider 2014).

2.3 Indexer

Die Aufgabe des Indexers ist es, die vom Crawler gelieferten Dokumente so zu zerlegen und aufzubereiten, dass sie in der Suche effizient verarbeitet werden können. Die Dokumente werden in indexierbare Einheiten (einzelne Wörter, Wortstämme oder N-Gramme) zerlegt und das Vorkommen dieser Einheiten wird in einem sog. invertierten Index verzeichnet. Dieser vermerkt für jede indexierte Einheit diejenigen Dokumente, in denen sie vorkommt. So wird in der Suche ein schneller Zugriff ermöglicht, da nicht alle Dokumente durchsucht werden müssen, sondern nur anhand der Suchbegriffe abgeglichen werden muss, in welchen Dokumenten sie vorkommen. Ein Nachteil des Verfahrens liegt darin, dass Informationen, die in diesem Prozess nicht berücksichtigt werden (beispielsweise vom Betreiber einer Website erstellte, umfangreiche Metadaten), später auch nicht recherchiert werden können. Die Indexierung ist größtenteils nicht suchmaschinenspezifisch und wird in Kapitel B 2 Intellektuelles Indexierenausführlich behandelt.

2.4 Searcher

Gibt eine suchende Person eine Suchanfrage ein, so wird der Index abgefragt. Das Anfragemodul (*searcher* oder *query module*) setzt die eingegebene Suchanfrage in eine weiterverarbeitbare Form um. Dabei werden beispielsweise besondere Befehle und Operatoren so aufgelöst, dass die Indexe entsprechend abgefragt werden können. Die Ergebnisse werden aus dem Index gelesen und für die suchende Person aufbereitet, indem sie in eine Reihenfolge und grafische Darstellung gebracht werden (s. Abschnitt 4).

3 Ergebnispräsentation

Als Standard für die Präsentation von Ergebnissen in Web-Suchmaschinen hat sich die Listendarstellung etabliert. Diese wird jedoch durch die Einstreuung von weiteren Ergebnissen gebrochen. Die Integration der Ergebnisse aus den unterschiedlichen Kollektionen erfolgt mittels des sog. Universal-Search-Ansatzes. Hierbei wird an der konventionellen Ergebnisdarstellung in Form einer sortierten Liste festgehalten; allerdings werden die Ergebnisse aus den vertikalen Indexen (sofern solche vorhanden sind) an geeigneter Position in die Ergebnispräsentation eingestreut.

Auf den Suchergebnisseiten (*search engine result pages* – SERPs) werden unterschiedliche Typen von Ergebnissen präsentiert (ausführlich s. Lewandowski 2021, Kapitel 7):

- Organische Ergebnisse: Dabei handelt es sich um die aus dem Web-Index mittels Algorithmen generierten Ergebnisse, wobei die Algorithmen alle Dokumente im Index gleich behandeln. Diese Ergebnisse sind zwar von außen beeinflussbar, allerdings nicht direkt käuflich.
- Werbetreffer: Hierbei handelt es sich um kontextbasierte Textanzeigen, die passend zu einer Suchanfrage angezeigt werden und in ihrer Darstellung organischen Treffern ähneln (Titel, Beschreibung, URL-Angabe). Die Platzierung der Werbetreffer erfolgt nach einem Auktionsverfahren zwischen den Werbetreibenden, die pro getätigtem Klick auf die Werbung bezahlen (Jansen 2011).
- Universal-Search-Ergebnisse: Hierunter sind Treffer zu verstehen, die nicht aus dem allgemeinen Web-Index kommen, sondern aus gesondert aufgebauten Kollektionen. Solche Treffer werden in der Regel innerhalb der Liste der organischen Treffer platziert. Die Trefferdarstellung weicht in der Regel von der der organischen Ergebnisse ab und ist auf die jeweilige Kollektion angepasst. So werden beispielsweise Video-Ergebnisse mit einem Vorschaubild präsentiert.
- Antworten und Fakteninformationen: Suchmaschinen zeigen zunehmend direkte Antworten zu geeigneten Suchanfragen an. Diese reichen von der simplen Beantwortung von Faktenfragen (Beispiel: „Wie hoch ist die Zugspitze?") über die Einbindung von *Faktencontainern* (Beispiel: Wetter Hamburg) bis hin zur Zusammenstellung aggregierter Informationen zu Entitäten wie Städten oder Personen (Beispiel: Google Knowledge Graph).

4 Ranking

Eine Kernkomponente jeder Suchmaschine ist das Ranking, welches auf die gefundene Treffermenge angewendet wird. Aufgabe des Rankings ist, die zu einer Suchanfrage gefundenen Dokumente in eine Reihung zu bringen, die die potentiell relevantesten Dokumente bevorzugt anzeigt, was der nutzenden Person einen schnellen Zugriff auf diese relevanten Dokumente ermöglicht. Dabei ist allerdings zu bedenken, dass der Begriff Relevanz komplex ist und unterschiedliche Formen von Relevanz zu unterscheiden sind (Haider & Sundin 2019; Sundin et al. 2021): So ergibt sich ein großer Unterschied für das Ranking, ob das als besonders relevant angesehen wird, was den nutzenden Personen gefällt – was dann durchaus auch Falschinformationen sein können – oder ob eine Suchmaschine die Expertise stärker gewichtet – was dann besonders vertrauenswürdige Quellen bevorzugen würde, auch wenn andere Quellen vielleicht besser zum Thema passende Dokumente anbieten.

Ein Kernproblem des Rankings in Suchmaschinen ist, dass Suchanfragen oft nur aus einem Wort oder wenigen Wörtern bestehen. Daher reichern Suchmaschinen die Suchanfragen durch Kontext- und Nutzerinformationen an, sodass sie besser interpretiert werden können. Man spricht hier von Kontextualisierung bzw. Personalisierung (White 2016). Von dieser Anreicherung der Suchanfragen ist es nur noch ein kleiner Schritt zur automatischen Generierung von Suchanfragen auf der Basis von antizipierten Nutzerbedürfnissen und Kontextinformationen (*user modeling*, s. Guha et al. 2015) und Kapitel C 10 Modellierung von Benutzer*innen, Kontextualisierung, Personalisierung). Bekannte Beispiele sind etwa der Hinweis, dass man schon früher zur Arbeit aufbrechen solle, da die aktuelle Verkehrslage die Fahrtzeit verlängern würde, oder die Empfehlung eines passenden Restaurants am aktuellen Ort zur üblichen Mittagessenszeit einer Person. Solche Empfehlungen werden als prädiktive Suche (*predictive search*) bezeichnet und sind beispielsweise in Anwendungen wie Google Assistant zu finden. Mit der steigenden Bedeutung der prädiktiven Suche wachsen Suche und Empfehlungssysteme (s. Kapitel C 12 Empfehlungssysteme) noch stärker zusammen.

4.1 Rankingfaktoren

Oft ist die Rede davon, dass Suchmaschinen mehrere hundert (oder gar tausend) Rankingfaktoren verwenden. Diese Zahl ist jedoch abhängig davon, wie kleinteilig man zählt und was man tatsächlich als Rankingfaktor bezeichnen möchte. Unabhängig von dieser Frage haben sich aber Gruppen von Rankingfaktoren herausgebildet, die helfen, das Ranking von Suchmaschinen grundsätzlich zu verstehen (s. Lewandowski 2021, Kapitel 5):

1. *Textspezifische* Faktoren werden verwendet, um die Suchanfrage mit den im Index vorhandenen Dokumenten abzugleichen. Dabei wird berücksichtigt, wie häufig und an welcher Position die Suchbegriffe in den Dokumenten vorkommen.
2. Die *Popularität* von Dokumenten kann über die Verlinkung von Dokumenten oder über die Anzahl der Aufrufe (Klicks) gemessen werden. Sie ist das bei den Suchmaschinen bestimmende Maß für die Qualität von Dokumenten und Quellen.
3. Die *Aktualität* der Dokumente fließt in das Ranking ein, um dem oft vorhandenen Bedürfnis der Nutzenden nach aktueller Information Rechnung tragen zu können.
4. *Lokalität* bezieht sich auf den aktuellen Standort einer Person, um Dokumente anzuzeigen, die sich auf deren Umgebung beziehen. Diese kann von der direkten

Nachbarschaft bspw. bei der Suche nach Restaurants bis zu einem Land oder Sprachraum reichen.
5. Mit der *Personalisierung* wird die Reihenfolge der Dokumente individuell an die suchende Person angepasst.
6. Unter *technischen Rankingfaktoren* versteht man grundlegende technische Eigenschaften von Websites bzw. Servern, die für das Ranking ausgenutzt werden. Beispielsweise kann die Geschwindigkeit, mit der eine Seite vom Server geladen wird, eine Rolle spielen.

Das tatsächliche Ranking zu einer Suchanfrage ergibt sich aus einem Zusammenspiel von Faktoren aus den genannten Bereichen. Unterschiede zwischen verschiedenen Suchmaschinen bestehen meist nicht darin, dass sie tatsächlich unterschiedliche Faktoren(gruppen) verwenden, sondern in der unterschiedlichen Gewichtung dieser Faktoren.

4.2 Bedeutung des Rankings

Es ist offensichtlich, dass in Rankings (bzw. in allen Listendarstellungen) von den Nutzenden die zuerst angezeigten Ergebnisse bevorzugt werden. Damit hat das Ranking nicht nur einen Einfluss auf das, was von den Nutzenden wahrgenommen wird bzw. überhaupt in deren engere Auswahl gelangt, sondern auch auf Entscheidungen, die auf der Basis der in Suchmaschinen gefundenen Information getroffen werden.

In verschiedenen Studien wurde die Verteilung von Quellen in den Top-Suchergebnissen kommerzieller Suchmaschinen untersucht. Dabei wurden Verzerrungen (*biases*) gefunden, die sich unter anderem auf Geschlecht, Rasse oder kommerzielle Motivation beziehen (u. a. Lewandowski & Sünkler 2019; Noble 2018; Otterbacher et al. 2017). In einem Experiment, in dem die Reihenfolge der Suchergebnisse manipuliert wurde, konnte gezeigt werden, dass diese Reihung einen Einfluss auf die Entscheidung von Personen für die Wahl eines politischen Kandidaten bzw. einer politischen Kandidatin haben kann (Epstein & Robertson 2015), was insbesondere vor dem Hintergrund einer möglichen Polarisierung von Suchergebnissen Anlass zur Sorge gibt.

Die Ursachen solcher Verzerrungen werden oft dem Suchmaschinenbetreiber zugeschrieben, der für das Ranking der Suchergebnisse allein verantwortlich sei. Allerdings steht das Ranking auch im Zusammenhang mit den überhaupt im Web verfügbaren Inhalten. Dazu kommt, dass Nutzende durch ihre Interaktionen mit aufgefundenen Inhalten zu Verzerrungen beitragen; auch, wenn sie als Autor*innen Material für ihre Werke im Web recherchieren (Baeza-Yates 2018). Weiterhin nehmen externe Akteur*innen mittels Suchmaschinenoptimierung und Suchmaschinenwerbung Einfluss auf die Suchergebnisse (s. Abschnitt 5).

Durch die Zusammenstellung von Suchergebnissen aus unterschiedlichen Quellen auf einer einzigen Suchergebnisseite (*Universal Search*) ergibt sich für Nutzende ein im Vergleich zur einfachen Listendarstellung noch undurchsichtigeres Bild der Anordnung der Suchergebnisse. Insbesondere ist hier für viele Nutzende unklar, bei welchen Ergebnissen es sich um bezahlte Werbung handelt und welche aufgrund gleicher Bewertungsgrundlage der potentiell relevanten Inhalte angezeigt werden (Lewandowski et al. 2018). Suchmaschinenbetreiber haben durch die Ergebnisanordnung und -darstellung einen erheblichen Einfluss auf die Wahrnehmung und die Auswahl bestimmter Inhalte.

Sofern Rankings personalisiert werden, ergibt sich das Problem der mangelnden Vergleichbarkeit der Ergebnisse mit denen anderer Nutzender. Unter den Bezeichnungen

Filter Bubble bzw. Echo Chambers wird diskutiert, dass Personalisierung zu einer Verengung der von individuellen Nutzenden aufgenommenen Informationen führt, wobei diese Verengungen den Nutzenden nicht bewusst sind und vom System nicht benannt werden. Während dieses Phänomen in Social-Media-Diensten offensichtlich auftritt, haben empirische Studien zu Suchmaschinen bislang kaum Hinweise auf Filter Bubbles geliefert (Stark et al. 2021).

5 Einflüsse auf die Ergebnisse von Suchmaschinen

Das Ranking der Suchergebnisse entsteht aus einem komplexen Zusammenspiel von Suchmaschinenbetreiber, Nutzenden und Inhalteanbietern. Letztere bedienen sich außerdem der Dienste von Suchmaschinenoptimierern und Agenturen für die Buchung von kontextbasierten Anzeigen. Alle genannten Akteursverbünde haben einen Einfluss auf die Suchergebnisse, wenn auch in unterschiedlichem Ausmaß (Röhle 2010). Der Einfluss der Suchmaschinenbetreiber ist dabei offensichtlich: Sie entscheiden durch die Aufnahme von Inhalten in ihren Datenbestand, die Gestaltung der Rankingalgorithmen und die Ergebnispräsentation, welche Inhalte die Nutzenden zu sehen bekommen. Allerdings haben auch die Nutzenden Einfluss auf die Suchergebnisse, indem ihr Verhalten (Klicks, Dokumentsichtungen) von den Suchmaschinen ausgewertet und für Voraussagen künftiger Nutzerinteressen und -verhalten verwendet wird. Die Einflussnahme der Inhalteanbieter wird unter dem Begriff Suchmaschinenmarketing (s. Kapitel E 6 Online-Marketing) gefasst und gliedert sich in die Bereiche Suchmaschinenoptimierung (*search engine optimization* – SEO) und Suchmaschinenwerbung (*search engine advertising* – SEA).

5.1 Suchmaschinenoptimierung (SEO)

Eine Besonderheit von Suchmaschinen ist, dass ihre Datenbestände nicht in gleichem Maße kontrolliert sind wie die anderer Information-Retrieval-Systeme. Der Standardfall im Information Retrieval ist, dass ein klar abgegrenzter Datenbestand aufgebaut und in das System eingespeist wird. Suchmaschinen hingegen haben keinen solch klar abgegrenzten Datenbestand: Sie indexieren erst einmal alles, was sie im Web auffinden können. Zwar findet eine Qualitätskontrolle auf der Ebene des Ausschlusses von Spam-Dokumenten statt, die eigentliche Qualitätsbewertung folgt aber erst später im Ranking. Der relativ freie Zugang zu den Indexen der Suchmaschinen für Inhalteanbieter sorgt nicht nur dafür, dass Suchmaschinen eine große Menge von Dokumenten geringer Qualität erschließen, sondern eröffnet den Inhalteanbietern auch Möglichkeiten der Beeinflussung der Suchmaschinen.

Diese Maßnahmen werden unter dem Begriff Suchmaschinenoptimierung (SEO) gefasst (einführend s. z. B. Erlhofer 2020). Darunter versteht man alle Maßnahmen, die dazu geeignet sind, die Position von Webseiten im Ranking der Suchmaschinen zu verbessern. Die Maßnahmen reichen von einfachen technischen Maßnahmen, die dabei helfen, die Dokumente überhaupt für Suchmaschinen indexierbar zu machen, bis hin zu komplexen Manipulationen der Verlinkungsstruktur der Seiten, die auf zu optimierenden Dokumente verweisen. SEO steht im Spannungsfeld zwischen einer Hilfeleistung, auch für die Suchmaschinen, und deren Manipulation. Im positiven Sinne leistet SEO einen Beitrag zur Erschließung der Inhalte durch Suchmaschinen, im negativen Sinne kann sie eine Manipulation der Ergebnislisten darstellen. Während die SEO mittlerweile eine etablierte Branche ist und kaum ein kommerzielles Unternehmen ohne ihre Dienste auskommt, ist der Einfluss der SEO auf die Informationsrecherche noch wenig erforscht. Erste Ergebnisse zeigen, dass SEO einen erheblichen Einfluss auf die in kommerziellen Suchmaschinen präsentierten Ergebnisse hat und Nutzende nur wenig über diese Einflüsse wissen (Lewandowski et al. 2021; Schultheiß & Lewandowski 2021).

5.2 Kontextbasierte Werbung (SEA)

Suchmaschinen sind nicht zuletzt auch Instrumente zur Generierung unternehmerischer Gewinne. Werbetreffer generieren den weit überwiegenden Umsatz der Suchmaschinenbetreiber, andere Erlöse spielen nur eine untergeordnete Rolle (s. bspw. Alphabet Inc. 2021). Werbung in Suchmaschinen ist so erfolgreich, weil sie kontextbasiert ist, d. h. auf Suchanfragen hin ausgegeben wird. Gibt ein*e Nutzer*in eine Suchanfrage ein, offenbart dies bereits ein Interesse, zu dem passende Werbung angezeigt werden kann. Damit können auch die Werbetreffer relevant zu einer Suchanfrage sein. Während die Werbetreffer als eigene Liste in der Regel oberhalb der Liste der eigentlichen, sogenannten organischen Ergebnisse angezeigt werden, kennen viele Nutzende den Unterschied zwischen diesen beiden Listen nicht (Lewandowski et al. 2018). Dies führt dazu, dass Werbung in der Annahme, es handle sich um organische, also aus Sicht der Nutzenden „neutrale" Suchergebnisse, ausgewählt wird.

5.3 Eigeninteressen der Suchmaschinenbetreiber

Neben den externen Einflüssen mittels Suchmaschinenoptimierung und -werbung sind auch die Eigeninteressen der Suchmaschinenbetreiber, hier vor allem Google als der dominierenden Suchmaschine, zu nennen. Durch die Art der Ergebnisdarstellung lassen sich Nutzerströme so lenken, dass Nutzende auf den vom Suchmaschinenbetreiber selbst betriebenen Angeboten landen. Das können beispielsweise vertikale Suchen sein, in denen der Suchmaschinenbetreiber wiederum mit Werbung Geld verdienen kann, oder eigene Inhaltsangebote (Bsp. YouTube als Tochter von Google). Der bekannteste Fall ist hier sicherlich das Kartellverfahren der Europäischen Kommission gegen Google, in dem Google zu einer Strafe von 2,4 Milliarden Euro verurteilt und gezwungen wurde, seine Darstellung der Shopping-Ergebnisse zu verändern (European Commission 2017).

6 Ausblick

Suchmaschinen stellen die wichtigsten Werkzeuge dar, um an die im Web vorhandenen Informationen zu gelangen. Der Suchmaschinenmarkt wird von einem einzigen kommerziellen Anbieter, Google, dominiert, wodurch diese Suchmaschine einen erheblichen Einfluss darauf hat, welche Inhalte Nutzende zu sehen bekommen. Die Forschung und Entwicklung zur technischen Weiterentwicklung der Suchmaschinen erfolgt weitgehend bei den Suchmaschinenbetreibern selbst, da sie vor allem aufgrund der von ihnen gesammelten Daten zu Nutzerinteraktionen einen bedeutenden Vorteil gegenüber der akademischen Forschung haben. Gerade in Hinblick auf das Verhalten der Nutzenden und die gesellschaftlichen Auswirkungen der massenhaften Suchmaschinennutzung ergeben sich jedoch für die informationswissenschaftliche Forschung erhebliche Potentiale, die noch kaum ausgeschöpft sind. Die Forschung zu Suchmaschinen ist über mehrere Disziplinen verstreut; die Ergebnisse werden trotz des offensichtlichen Nutzens eines interdisziplinären Austauschs leider oft gegenseitig kaum wahrgenommen.

Innerhalb der Informationswissenschaft findet sich Forschung zu Suchmaschinen zwar in einem durchaus nennenswerten Umfang, allerdings ist ein explizit auf Suchmaschinen ausgerichtetes Forschungsprogramm im Fach bislang nicht zu finden. Dies ist verwunderlich, wenn man die große Bedeutung kommerzieller Suchmaschinen für den Wissenserwerb in der Gesellschaft bedenkt. Dabei würde gerade die Beschäftigung mit Suchmaschinen der Informationswissenschaft ein enorm relevantes und aktuelles Betätigungsfeld erschließen, in dem das Fach nicht nur seinen Kernfokus auf Informations(such)prozesse und das menschliche Informationsverhalten einbringen und für andere Fächer fruchtbar machen könnte, sondern sich als Fach auch für den Transfer in die Praxis (Politik, Verbraucherschutz, usw.) attraktiv machen könnte.

7 Literaturverzeichnis

Alphabet Inc. (2021). *Annual Report 2020*. https://abc.xyz/investor/static/pdf/2020_alphabet_annual_report.pdf?cache=8e972d2

Baeza-Yates, R. (2018). Bias on the web. *Communications of the ACM*, 61(6), 54–61. https://doi.org/10.1145/3209581.

Beisch, N. & Koch, W. (2021). 25 Jahre ARD / ZDF-Onlinestudie: Unterwegsnutzung steigt wieder und Streaming / Mediatheken sind weiterhin Treiber des medialen Internets. *Media Perspektiven*, 52(10), 486–503.

Bergman, M. K. (2001). The Deep Web: Surfacing hidden value. *Journal of Electronic Publishing*, 7(1), 1–17.

Broder, A. (2002). A taxonomy of web search. *ACM SIGIR Forum*, 36(2), 3–10. https://doi.org/10.1145/792550.792552.

Devine, J. & Egger-Sider, F. (2014). *Going beyond Google again: Strategies for using and teaching the invisible web*. Facet Publishing.

Epstein, R. & Robertson, R. E. (2015). The search engine manipulation effect (SEME) and its possible impact on the outcomes of elections. *Proceedings of the National Academy of Sciences*, 112(33), E4512–E4521. https://doi.org/10.1073/pnas.1419828112.

Erlhofer, S. (2020). *Suchmaschinen-Optimierung: das umfassende Handbuch* (10. Aufl.). Rheinwerk Computing.

European Commission (2017). *Antitrust: Commission fines Google €2.42 billion for abusing dominance as search engine by giving illegal advantage to own comparison shopping service – Factsheet*. http://europa.eu/rapid/press-release_MEMO-17-1785_en.htm.

Guha, R., Gupta, V., Raghunathan, V. & Srikant, R. (2015). User Modeling for a Personal Assistant. In *WSDM 2015: Proceedings of the Eighth ACM International Conference on Web Search and Data Mining* (S. 275–284). https://doi.org/10.1145/2684822.2685309.

Haider, J. & Sundin, O. (2019). *Invisible Search and Online Search Engines*. Routledge.

Jansen, J. (2011). *Understanding sponsored search: Core elements of keyword advertising*. Cambridge University Press.

Lewandowski, D. (2021). *Suchmaschinen verstehen* (3.Aufl.). Springer Berlin Heidelberg. https://doi.org/10.1007/978-3-662-63191-1.

Lewandowski, D., Drechsler, J. & Mach, S. (2012). Deriving query intents from web search engine queries. *Journal of the American Society for Information Science and Technology*, 63(9), 1773–1788. https://doi.org/10.1002/asi.22706.

Lewandowski, D., Kerkmann, F., Rümmele, S. & Sünkler, S. (2018). An empirical investigation on search engine ad disclosure. *Journal of the Association for Information Science and Technology*, 69(3), 420–437. https://doi.org/10.1002/asi.23963.

Lewandowski, D. & Sünkler, S. (2019). What does Google recommend when you want to compare insurance offerings? *Aslib Journal of Information Management*, 71(3), 310–324. https://doi.org/10.1108/AJIM-07-2018-0172.

Lewandowski, D., Sünkler, S. & Yagci, N. (2021). The influence of search engine optimization on Google's results. *13th ACM Web Science Conference 2021*, 12–20. https://doi.org/10.1145/3447535.3462479.

Noble, S. U. (2018). *Algorithms of Oppression: How Search Engines Reinforce Racism*. New York University Press.

Otterbacher, J., Bates, J. & Clough, P. (2017). Competent Men and Warm Women. In G. Mark, S. Fussell, C. Lampe, M. C. Schraefel, J. P. H. Iowa, C. Appert & D. Wigdor (Eds.), *Proceedings of the 2017 CHI Conference on Human Factors in Computing Systems – CHI '17* (S. 6620–6631). ACM Press. https://doi.org/10.1145/3025453.3025727.

Risvik, K. M. & Michelsen, R. (2002). Search engines and web dynamics. *Computer Networks*, 39(3), 289–302.

Röhle, T. (2010). *Der Google-Komplex: Über Macht im Zeitalter des Internets*. Transcript.

Schultheiß, S. & Lewandowski, D. (2021). Misplaced trust? The relationship between trust, ability to identify commercially influenced results and search engine preference. *Journal of Information Science*, 016555152110141. https://doi.org/10.1177/01655515211014157

Stark, B., Magin, M. & Jürgens, P. (2021). Maßlos überschätzt. Ein Überblick über theoretische Annahmen und empirische Befunde zu Filterblasen und Echokammern. In M. Eisenegger, R. Blum, P. Ettinger & M. Prinzing (Hrsg.), *Digitaler Strukturwandel der Öffentlichkeit: Historische Verortung, Modelle und Konsequenzen* (S. 303–321). Springer VS.

Sundin, O., Lewandowski, D. & Haider, J. (2021). Whose relevance? Web search engines as multisided relevance machines. *Journal of the Association for Information Science and Technology*, asi.24570. https://doi.org/10.1002/asi.24570

Vaidhyanathan, S. (2011). *The Googlization of Everything (and why we should worry)*. University of California Press.

White, R. W. (2016). *Interactions with Search Systems*. Cambridge University Press.

David Elsweiler & Udo Kruschwitz
C 4 Interaktives Information Retrieval

1 Einleitung

Die Information-Retrieval-Literatur (IR-Literatur) konzentriert sich in der Regel auf Systemaspekte, wie z. B. Retrievalmodelle oder Effizienz (s. Kapitel C 2 Modelle im IR und C 3 Suchmaschinen). Der Grund, warum wir Suchsysteme entwickeln, ist jedoch, dass wir *Menschen* dabei helfen möchten, Information zu finden. Das bedeutet, dass wichtige Ziele der IR-Forschung darin bestehen zu verstehen, wie sich Suchende verhalten (s. Kapitel D 4 Emotionen im Information Seeking), interaktive Komponenten von Suchsystemen zu entwickeln und diese Komponenten zu evaluieren, um zu verstehen, wie sie das Verhalten der Suchenden beeinflussen, und sie bei der Erfüllung von Suchaufgaben zu unterstützen.

Interaktives Information Retrieval (IIR) zielt darauf ab, die komplexen Interaktionen zwischen Nutzer*innen und Systemen im IR zu verstehen. Es gibt umfangreiche Literatur zu Themen wie der formalen Modellierung des Suchverhaltens (z. B. Pirolli und Card 1999), der Simulation der Interaktion (z. B. Balog et al. 2006), den interaktiven Funktionen zur Unterstützung des Suchprozesses und der Evaluierung interaktiver Suchsysteme. Dabei ist die interaktive Unterstützung nicht allein auf die Suche beschränkt, sondern hat ebenso die Hilfe bei Navigation und Exploration zum Ziel (z. B. Alhindi et al. 2015; White 2016).

Da viele der genannten Facetten des IIR an anderer Stelle in diesem Buch beschrieben werden, konzentrieren wir uns in diesem Kapitel auf die wichtigsten Ideen und verweisen in unserer Diskussion auf einschlägige Quellen.

2 Definitionen und Kontext

Um IIR zu kontextualisieren, muss man zunächst die verschiedenen Traditionen innerhalb der IR-Forschung verstehen. Das interaktive IR-Spektrum (Kelly 2009) stellt das Feld mit systemorientierter Forschung an einem Ende und nutzerorientierter Forschung am anderen Ende dar. Cranfield-Studien (s. Kapitel C 8 Evaluation im IR) sind systemorientierte Experimente, die Suchende, ihre Informationsbedürfnisse und ihr Verhalten zu einer Abfrage und einer nach der vorhergesagten Relevanz geordneten Liste abstrahieren. Sie zeichnen sich dadurch aus, dass sie reproduzierbar sind und waren ein enormer Motor für den Fortschritt im IR (Harman 2019). Das Paradigma nimmt jedoch an, dass Informationsbedürfnisse statisch, Abfrage- und Relevanzurteile repräsentativ für eine gesamte Population, und Relevanzurteile unabhängig sind.

Auf der anderen Seite des Spektrums konzentrieren sich Studien zum Informationssuchverhalten auf den breiteren Kontext menschlicher Informationsaktivitäten (Byström et al. 2004; s. Teil D Informationsverhalten) und verwenden in der Regel qualitative Methoden, die ein umfassendes Verständnis des Nutzerverhaltens ermöglichen und dieses Verständnis im sozialen und kulturellen Kontext verankern (s. z. B. Savolainen 1995). Der Nachteil ist die mangelnde Reproduzierbarkeit und Verallgemeinerbarkeit dieser Studien.

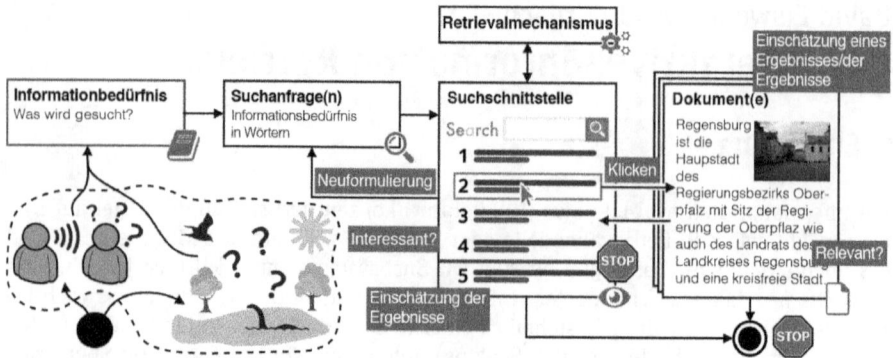

Abb. 1: Ein visueller Überblick über IIR (nach Maxwell 2019, Abb. 2.8)

IIR geht nicht von den Annahmen der Cranfield-Studien aus und bietet gleichzeitig die Möglichkeit für reproduzierbare Studien. Es stützt sich auf die Tatsache, dass das Suchen von Natur aus interaktiv ist, dass die Informationsbedürfnisse dynamisch sind und sich ändern, während Suchende Informationen konsumieren (s. z. B. Bates 1989). Suchende können auf viele verschiedene Arten mit einem Suchsystem interagieren, z. B. indem sie Abfragen variieren. Eine einzige Suchanfrage kann nicht repräsentativ für alle Anfragen sein, da die gestellte Anfrage auf der Grundlage von z. B. Fachwissen, Persönlichkeit, verfügbarer Zeit und Motivation einer Person variiert. IIR bietet die Möglichkeit, die Auswirkungen solcher Variablen zu isolieren und zu untersuchen, sowie die Gestaltung und Bewertung von Aspekten einzubeziehen, die eine erfolgreiche Interaktion fördern. Abbildung 1 stellt dar, dass die Suche über die Suchmechanik hinaus in hohem Maße interaktiv ist, und dass es zahlreiche Punkte im Suchprozess gibt, bei denen Suchende unterstützt werden können.

3 Interaktive Unterstützung der Suche

3.1 Unterstützung der Abfrageerstellung

Suchvorgänge beginnen oft mit der Eingabe einer Suchanfrage, in der Regel in natürlicher Sprache und in Form von Schlüsselwörtern. Die Erstellung einer guten Anfangsanfrage ist von entscheidender Bedeutung, da sie die Sucheffizienz und die Zufriedenheit der Suchenden erhöhen kann (Belkin et al. 2003). Es ist jedoch allgemein bekannt, dass Suchende Schwierigkeiten haben, ihre Informationsbedürfnisse zu kommunizieren (Kelly & Fu 2007). Taylor (1968) beschreibt eine Reihe von Phasen, die Suchende durchlaufen. Um erfolgreiche Anfragen zu erstellen, müssen Suchende daher unter anderem das Informationsbedürfnis feststellen und passendes Vokabular identifizieren (Bennett 1972). Viele interaktive Lösungen wurden entwickelt, um Suchenden bei diesen Herausforderungen zu helfen und die Darstellung der Informationsbedürfnisse zu verbessern, mit denen Systeme arbeiten müssen. Der folgende Abschnitt bietet einen kurzen Überblick über diese Studien.

IR-Systeme können eine bessere Beschreibung des Informationsbedürfnisses erreichen, indem sie explizit nach bestimmten Details fragen. Das I3R-System bot Suchenden die Möglichkeit, Begriffe und Konzepte anzugeben, die sie für wichtig hielten, und Beziehungen zwischen diesen Begriffen und anderen Konzepten in der Domäne zu ermitteln (Croft & Thompson 1987). Kelly & Fu (2007) haben Erklärungsformulare verwendet, um Suchenden zusätzliche Informationen über den Suchkontext zu entlocken, welche sich als hilfreich erwiesen, um eine bessere Suchleistung zu erzielen.

Eine zweite Technik besteht darin, den Suchenden zu helfen, ihre eigenen Suchanfragen iterativ zu verbessern, indem sie zusätzliche, vom System vorgeschlagene Wörter hinzufügen können. Dies verleiht den Suchenden Kontrolle über den Suchprozess und wird als *Interactive Query Expansion* (IQE) bezeichnet. Obwohl IQE die Leistung verbessern kann (Koenemann & Belkin 1996), hat sich gezeigt, dass Suchende Schwierigkeiten haben, die Wörter zu identifizieren, die ihre Anfragen optimieren könnten (Ruthven 2003).

Relevanz-Feedback-Systeme sind ein weiteres Mittel zur Erweiterung von Suchanfragen, ohne dass Suchende explizit Begriffe auswählen müssen (Salton & Buckley 1990). Stattdessen werden Relevanzurteile zu den zurückgegebenen Dokumenten eingeholt, und diese Informationen werden zur algorithmischen Bestimmung zusätzlicher Suchbegriffe und Gewichtungen verwendet. Pseudorelevanz-Feedback macht menschliche Eingaben überflüssig, indem es davon ausgeht, dass hochrangige Ergebnisse als relevant markiert wären (Xu & Croft 2017).

Neben der Erweiterung von Suchanfragen wurde die Leistung von Systemen untersucht, die ähnliche oder verwandte Suchanfragen vorschlagen (z. B. Smyth et al. 2004). Empfehlungen können auch verwendet werden, um Suchenden bei der Auswahl von Anfragen zu helfen, indem sie Auswahlmöglichkeiten zur Vervollständigung von teilweise eingegebenen Suchanfragen bieten. Sogenannte *Automatic Query Completion Systems* arbeiten in der Regel mit zuvor eingegebenen Suchanfragen aus Suchprotokollen und haben sich als wirksam erwiesen (z. B. Cai et al. 2016; Mitra & Craswell 2015). Zu den Nachteilen dieses Ansatzes gehört, dass anstößige und schädliche Anfragen auftauchen können und dass eine schlechte Leistung verstärkt werden kann (Hiemstra 2020). Die Empfehlung kann weitergeführt werden, um Anfragen gänzlich zu umgehen. Anfragelose Suchsysteme (z. B. Rhodes & Maes 2000) nutzen Kontext, um proaktiv Just-in-Time-Informationen bereitzustellen. Dieser Ansatz ähnelt Empfehlungssystemen in vielerlei Hinsicht (s. Kapitel C 12 Empfehlungssysteme).

3.2 Präsentation der Ergebnisse

Nach der Eingabe einer Suchanfrage listet das System in der Regel Ergebnisse auf als Teil einer Suchergebnisseite (*Search Engine Result Page* – SERP). Die Art und Weise, wie Suchende mit diesen Ergebnissen interagieren und sie bewerten, ist ein wichtiger Aspekt der Suche. Dokumente werden oft durch einen Dokumententitel, eine kurze Zusammenfassung und Metadaten wie z. B. Bilder dargestellt.

Die Qualität der Zusammenfassungen ist sehr wichtig, wenn es darum geht, wie genau Suchende die Relevanz vorhersagen können (Vechtomova et al. 2006), aber dies hängt auch von den persönlichen Eigenschaften der Person ab, die die Bewertung vornimmt. Einige Suchende zögern, Einschätzungen zu treffen, und Unterschiede im Wissensstand der Suchenden können zu sehr schlechten Einschätzungen führen (Ruthven et al. 2007). Suchende müssen nicht nur die Relevanz beurteilen, sondern auch verschiedene Anhaltspunkte aus den Zusammenfassungen einbeziehen, um die Glaubwürdigkeit der Ergebnisse zu beurteilen. Die gewählten Anhaltspunkte und die Art und Weise, wie diese interpretiert werden, können zu sehr unterschiedlichen Urteilen führen (Kattenbeck & Elsweiler 2019).

3.3 Direkte Antworten und *Featured Snippets*

Im Zuge der Entwicklung von Suchsystemen haben sich die Erwartungen der Suchenden geändert, so dass sie nicht mehr die Bereitstellung relevanter Webseiten, sondern die direkte Ausgabe von Antworten wünschen (Stamou & Efthimiadis 2010). Die Bereitstellung direkter Antworten kann zur Befriedigung des Informationsbedürfnisses führen, ohne dass eines der präsentierten Ergebnisse geklickt werden muss (Chuklin & Serdyukov 2012; Williams et al. 2016a). Daher wurde untersucht, welche Arten von Antworten angezeigt werden sollen (Chilton & Teevan 2011; Williams et al. 2016b; Zhao et al. 2019) und wie diese am besten präsentiert werden können (Wu et al. 2020; Zhao et al. 2019). Direkte Antworten führen jedoch zu einem Kompromiss „between convenience and user experience on the one hand, and accuracy and retrievability on the other" (Potthast et al. 2021, S. 10), und manche Situationen passen für diese Lösung besser als andere. So eignen sich z. B. faktenorientierte Fragen besser für direkte Antworten (Potthast et al. 2021).

Durch die Bereitstellung von Antworten interagieren Suchende auf andere Art und Weise mit dem System und nehmen diese Interaktion auch anders wahr. Es hat sich gezeigt, dass die gegebenen Antworten das von Nutzer*innen wahrgenommene Sucherlebnis verbessern (Bernstein et al. 2012; Wu et al. 2020), die Zeit für die Erledigung von Aufgaben verkürzen (Wu et al. 2020) und die Auseinandersetzung der Suchenden mit der SERP verringern können (Chilton & Teevan 2011).

3.4 Unterstützung von Exploration und Lernen

Einige Suchsysteme zielen darauf ab, zum Wissenszuwachs beizutragen. Ein Beispiel hierfür ist die über eine reine Rangliste hinausgehende Strukturierung der Ergebnisse. Durch die Gruppierung von Ergebnissen mit manuell zugewiesenen Kategorien (Kategorisierung, z. B. Chen & Dumais 2000) oder algorithmisch bestimmten Resultatsgruppen/Clustern (Clustering, z. B. Roussinov & Chen, 2001) können Beziehungen zwischen Elementen besser verstanden oder die Orientierung in einem Informationsraum erleichtert werden.

Andere Systeme kombinieren Suchanfragen mit Verzeichniskategorien (z. B. Toms 2002, Dumais et al. 2001). Studien deuten darauf hin, dass Suchende unterschiedliche Schnittstellen für verschiedene Suchaufgaben bevorzugen. So präferierten Toms' Testpersonen beispielsweise die Verwendung von Kategorien für die Suche nach Reisen oder Einkäufen, während bei Informationsrecherchen vorwiegend Anfragen gewählt wurden. Die Ergebnisse legen auch nahe, dass Kategorien für schwierigere Suchvorgänge besser geeignet sind (Chen & Dumais 2000; Dumais et al. 2001).

Cluster können eine Form von Surrogat haben, um die Gruppierung zu kennzeichnen und den Suchenden das Verständnis der Gruppierung zu erleichtern (Roussinov & Chen 2001). Die Visualisierung von Clustern scheint die Suche zu vereinfachen, indem sie z. B. eine schnellere Suche und ein besseres Verständnis der Ergebnisse ermöglicht (Hoeber & Yang 2006; Roussinov & Chen 2001).

Suchschnittstellen, die den Suchprozess transparenter machen und die den Suchenden Kontrolle verleihen, verbessern die Nutzererfahrung bei der Erledigung von Suchaufgaben. In einer Studie von di Sciascio et al. (2020) wurde die Kontrolle über einen visuellen, interaktiven Abfragemechanismus hergestellt, bei dem Suchende Begriffe hinzufügen oder entfernen und ihre Gewichtung anpassen konnten. Die Transparenz wurde durch die Ergänzung der Ergebnisse mit farbcodierten, gestapelten Balken erreicht, die den Beitrag der Schlüsselwörter zur Gesamtbewertung widerspiegeln. Unterschiedliche Ausprägungen dieser Idee wurden vorgeschlagen, um ein besseres Verständnis der Relevanz zu fördern, z. B. (Hearst 1995; Hoeber & Yang 2009). In Hearst (2009) wird dies ausführlicher diskutiert.

4 Mehr als interaktive Suche

Viele der oben beschriebenen Beiträge verwischen die Grenze zwischen der Schlüsselwort-Suche und anderen, eher explorativen Formen der Interaktion. Hier werden verschiedene Arten der Suche erörtert, wobei (a) zwischen Browsen und Suche unterschieden wird und (b) Systeme betrachtet werden, die eine natürliche Form der Kommunikation mit einem Suchsystem in Form einer Konversation bieten.

4.1 Browsen oder Suchen

Browsen und Suchen scheinen unterschiedliche Paradigmen des Informationszugangs zu sein. Wie die anfängliche Kontextualisierung des IIR gezeigt hat, können wir jedoch auch Browsen/Navigation/Erkunden und Suche als zwei Endpunkte eines Spektrums betrachten. Aus praktischer Sicht sollten IR-Systeme idealerweise beide Modi unterstützen (Morville & Rosenfeld 2006).

Im Grunde genommen wird das Browsen und Erkunden einer Sammlung immer noch viel weniger unterstützt als die Suche (White 2016). Es wurden verschiedene Ansätze vorgeschlagen, um dieses Ungleichgewicht zu beheben. Systeme, wie von Hearst (2006) und Schraefel et al. (2006) beschrieben, fördern Exploration, indem sie herkömmliche Suchtechniken durch ein facettenbasiertes Navigationssystem (*faceted navigation*) ergänzen, das es Suchenden ermöglicht, die Suchergebnisse durch Anwendung mehrerer Filter auf der Grundlage einer facettierten Klassifizierung der Elemente einzugrenzen. Eine andere Idee besteht darin, die Interessen, den Hintergrund, frühere Suchanfragen und andere Profilinformationen der Suchenden mit Hilfe eines Modells zu erfassen, das dann verwendet werden kann, um Suchende bei der interaktiven Erkundung von Dokumentensammlungen anzuleiten (s. z. B. Alhindi et al. 2015). Angesichts der wachsenden Zahl personalisierter Sammlungen, z. B. E-Mail-Repositories (Bendersky et al. 2021), sind die Erfassung und Nutzung von persönlichen Wissensgraphen eine Möglichkeit, um IIR zu unterstützen (Balog & Kenter 2019). In Kapitel C 10 Modellierung von Benutzer*innen, Kontextualisierung, Personalisierung wird die Personalisierung im IR ausführlicher dargestellt.

4.2 Dialogbasierte Suche

Die jüngsten Fortschritte im Bereich des maschinellen Lernens haben das Fachgebiet des IR verändert (Lin 2019; Mitra & Craswell 2018). Die Einführung von transformatorbasierten Sprachmodellen ist vielleicht die bedeutendste Entwicklung in dieser Hinsicht und stellt einen Paradigmenwechsel in diesem Bereich dar (Devlin et al. 2019). Diese Entwicklung hat dazu geführt, dass sich die beiden Forschungsgemeinschaften der Verarbeitung natürlicher Sprache (*natural language processing* – NLP) und des IR einander angenähert haben (s. Kapitel C 9 Sprachmodelle und Neuronale Netze im IR), was zu einem sehr aktiven Forschungsbereich rund um die dialogbasierte Suche (*conversational search*) geführt hat (Radlinski & Craswell 2017). Diese Art von Suche profitiert von den Erkenntnissen der IIR und einer langen Tradition von Dialogsystemen, z. B. Jurafsky & Martin (2022, Kapitel 24). Um die Suche ansprechender und benutzungsfreundlicher zu gestalten, müssen Suchsysteme unter anderem Fragen des Gesprächsstils (Thomas et al. 2020) und der Suchstrategien (Aliannejadi et al. 2021) berücksichtigen.

5 Von der Theorie zur Praxis

Der Brückenschlag von einer rein akademischen Diskussion des Themas zu realen Anwendungsfällen verdeutlicht die Bedeutung der Interaktion im Suchprozess, eine Interaktion, die weit über IR hinausgeht und von Fragen der Benutzererfahrung (*user experience* – UX) (z. B. Morville & Rosenfeld 2006) bis zur Einbeziehung psychologischer Modelle bei der Interaktion mit Informationssystemen (z. B. Lex et al. 2021) reicht.

In praktischen Suchanwendungen stellt IIR ein geeignetes Paradigma dar, um den Suchenden mehr Kontrolle zu verleihen. Russell-Rose & Tate schlagen die Analogie der *Search as a journey* vor, bei der der Suchprozess eine fortlaufende Erkundung ist. Ihre Motivation ist diese Beobachtung: „[S]earch tasks of any complexity require an iterative approach, involving the creation and reformulation of queries." (Russell-Rose & Tate 2013, S. 123) Ebenso argumentieren Morville & Callander (2010), dass nutzerzentrierte Suchanwendungen die Suchenden bei der Erkundung des Suchraums unterstützen müssen, indem sie diese Erkundung in Gang bringen und dann aktiv begleiten („keep them moving with facets, features and intriguing branches").

Man sollte auch nicht vergessen, dass es bei Suchanwendungen um viel mehr geht als nur um die Websuche, z. B. um die Suche in kleineren Sammlungen mit wenig Redundanz, die vielleicht nur ein einziges übereinstimmendes Dokument für eine Anfrage haben. Ein Paradebeispiel für eine solche Anwendung ist die unternehmensweite Suche (*enterprise search*) (Kruschwitz & Hull 2017). Hier bietet sich das IIR als natürliche Lösung für ein praktisches Problem an.

Zusammenfassend lässt sich sagen, dass das IIR auf eine lange multidisziplinäre Geschichte zurückblicken kann und dass die jüngsten Entwicklungen dieses Gebiet in den Mittelpunkt der Forschungsgemeinschaft gerückt und zu einer breiten Palette kommerzieller Anwendungen geführt haben. Es handelt sich um ein spannendes Forschungsgebiet, das ohne Frage weiterhin florieren wird.

6 Literaturverzeichnis

Alhindi, A., Kruschwitz, U., Fox, C. & Albakour, M.-D. (2015). Profile-Based Summarisation for Web Site Navigation. *ACM Transactions on Information Systems*, 33(1), Artikel 4. https://doi.org/10.1145/2699661.

Aliannejadi, M., Azzopardi, L., Zamani, H., Kanoulas, E., Thomas, P. & Craswell, N. (2021). Analysing Mixed Initiatives and Search Strategies during Conversational Search. In G. Cong & M. Ramanath (Eds.), *CIKM 2021: Proceedings of the 30th ACM International Conference on Information & Knowledge Management* (S. 16–26). https://doi.org/10.1145/3459637.3482231.

Balog, K., Azzopardi, L. & De Rijke, M. (2006). Formal models for expert finding in enterprise corpora. In E. N. Efthimiadis, S. T. Dumais, D. Hawking & K. Järvelin (Eds.), *SIGIR '06: Proceedings of the 29th annual international ACM SIGIR conference on Research and development in information retrieval* (S. 43–50). https://doi.org/10.1145/1148170.1148181.

Balog, K. & Kenter, T. (2019). Personal Knowledge Graphs: A Research Agenda. In Y. Fang, Y. Zhang, J. Allan, K. Balog, B. Carterette & J. Guo (Eds.), *ICTIR '19: Proceedings of the 2019 ACM SIGIR International Conference on Theory of Information Retrieval* (S. 217–220). https://doi.org/10.1145/3341981.3344241.

Bates, M. J. (1989). The design of browsing and berrypicking techniques for the online search interface. *Online review*, 13(5), 407–424.

Belkin, N. J., Kelly, D., Kim, G., Kim, J.-Y., Lee, H.-J., Muresan, G., Tang, M.-C., Yuan, X.-J. & Cool, C. (2003). Query length in interactive information retrieval. In C. L. A. Clarke, G. V. Cormack, J. Callan, D. Hawking & A. F. Smeaton (Eds.), *SIGIR 2003: Proceedings of the 29th Annual International ACM SIGIR Conference on Research and Development in Information Retrieval* (S. 205–212). ACM.

Bendersky, M., Wang, X., Najork, M. & Metzler, D. (2021). Search and Discovery in Personal Email Collections. *Foundations and Trends in Information Retrieval*, 15(1), 1–133. https://doi.org/10.1561/1500000069.

Bennett, J. L. (1972). The user interface in interactive systems. *Annual Review of Information Science and Technology*, 7, 159–196.

Bernstein, M. S., Teevan, J., Dumais, S., Liebling, D. & Horvitz, E. (2012). Direct Answers for Search Queries in the Long Tail. In J. A. Konstan, E. H. Chi & K. Höök (Eds.), *CHI '12: Proceedings of the SIGCHI Conference on Human Factors in Computing Systems* (S. 237–246). ACM. https://doi.org/10.1145/2207676.2207710.

Byström, K., Limberg, L., Pejtersen, A. M., Pharo, N., Sundin, O., Belkin, N. J. & Kuhlthau, C. (2004). Conceptions of Task as a Methodological Issue: Scandinavians on Information Seeking and Retrieval Research (SIG USE). *Proceedings of the American Society for Information Science and Technology*, 41(1), 577–579. https://doi.org/10.1002/meet.1450410185.

Cai, F., Liang, S. & de Rijke, M. (2016). Prefix-adaptive and time-sensitive personalized query auto completion. *IEEE Transactions on Knowledge and Data Engineering*, 28(9), 2452–2466. https://doi.org/10.1109/TKDE.2016.2568179.

Chen, H. & Dumais, S. (2000). Bringing order to the web: Automatically categorizing search results. In T. Turner & G. Szwillus (Eds.), *Proceedings of the SIGCHI Conference on Human Factors in Computing Systems* (S. 145–152). ACM.

Chilton, L. B. & Teevan, J. (2011). Addressing People's Information Needs Directly in a Web Search Result Page. In S. Srinivasan, K. Ramamritham, A. Kumar, M. P. Ravindra, E. Bertino & R. Kumar (Eds.), *WWW '11: Proceedings of the 20th international conference on World Wide Web* (S. 27–36). ACM. https://doi.org/10.1145/1963405.1963413.

Chuklin, A. & Serdyukov, P. (2012). Good Abandonments in Factoid Queries. *WWW '12 Companion: Proceedings of the 21st International Conference on World Wide Web*, 483–484. https://doi.org/10.1145/2187980.2188088.

Croft, W. B. & Thompson, R. H. (1987). I3R: A new approach to the design of document retrieval systems. *Journal of the American Society for Information Science and Technology*, 38(6), 389–404.

Devlin, J., Chang, M.-W., Lee, K. & Toutanova, K. (2019). BERT: Pre-training of Deep Bidirectional Transformers for Language Understanding. In J. Burstein, C. Doran & T. Solorio (Eds.), *Proceedings of the 2019 Conference of the North American Chapter of the Association for Computational Linguistics: Hu-*

man Language Technologies, Volume 1 (S. 4171–4186). Association for Computational Linguistics. https://doi.org/10.18653/v1/N19-1423.

di Sciascio, C., Veas, E., Barria-Pineda, J. & Culley, C. (2020). Understanding the effects of control and transparency in searching as learning. In F. Paternò, N. Oliver, C. Conati, L. D. Spano & N. Tintarev (Eds.), *IUI '20: Proceedings of the 25th International Conference on Intelligent User Interfaces* (S. 498–509). ACM. https://doi.org/10.1145/3377325.3377524.

Dumais, S., Cutrell, E. & Chen, H. (2001). Optimizing search by showing results in context. In J. A. Jacko & A. Sears (Eds.), *CHI '01: Proceedings of the SIGCHI Conference on Human Factors in Computing Systems* (S. 277–284). ACM. https://doi.org/10.1145/365024.365116.

Harman, D. (2019). Information Retrieval: The Early Years. *Foundations and Trends in Information Retrieval*, 13(5), 425–577. https://doi.org/10.1561/1500000065.

Harvey, M., Hauff, C. & Elsweiler, D. (2015). Learning by example: training users with high-quality query suggestions. In R. Baeza-Yates, M. Lalmas, A. Moffat & B. A. Ribeiro-Neto (Eds.), *SIGIR '15: Proceedings of the 38th International ACM SIGIR Conference on Research and Development in Information Retrieval* (S. 133–142). ACM. https://doi.org/10.1145/2766462.2767731.

Hearst, M. (1995). Tilebars: Visualization of term distribution information in full text information access. In I. R. Katz, R. L. Mack, L. Marks, M. B. Rosson & J. Nielsen (Eds.), *CHI '95: Proceedings of the SIGCHI Conference on Human Factors in Computing Systems* (S. 59–66). ACM Press, Addison-Wesley. https://doi.org/10.1145/223904.223912.

Hearst, M. (2006). Design recommendations for hierarchical faceted search interfaces. *ACM SIGIR Workshop on Faceted Search*, 1–5.

Hearst, M. (2009). *Search user interfaces*. Cambridge University Press. https://doi.org/10.1017/CBO9781139644082.

Hiemstra, D. (2020). Reducing misinformation in query autocompletions. *OSSYM 2020*, 1–4.

Hoeber, O. & Yang, X. D. (2009). HotMap: Supporting visual exploration of Web search results. *Journal of the American Society for Information Science and Technology*, 60(1), 90–110.

Hoeber, O. & Yang, X.-D. (2006). Visually exploring concept-based fuzzy clusters in web search results. *Advances in Web Intelligence and Data Mining* (S. 81–90). Springer.

Jurafsky, D. & Martin, J. (2022). Speech and Language Processing (third draft) (12. Januar 2022). https://web.stanford.edu/~jurafsky/slp3/.

Kattenbeck, M. & Elsweiler, D. (2019). Understanding credibility judgements for web search snippets. *Aslib Journal of Information Management*, 71(3), 368–391. https://doi.org/10.1108/AJIM-07-2018-0181.

Kelly, D. (2009). Methods for evaluating interactive information retrieval systems with users. *Foundations and Trends in Information Retrieval*, 3(1–2), 1–224. https://doi.org/10.1561/1500000012.

Kelly, D. & Fu, X. (2007). Eliciting better information need descriptions from users of information search systems. *Information Processing and Management; an International Journal*, 43(1), 30–46. https://doi.org/10.1016/j.ipm.2006.03.006.

Koenemann, J. & Belkin, N. J. (1996). A case for interaction: A study of interactive information retrieval behavior and effectiveness. In B. A. Nardi, G. C. van der Veer & M. J. Tauber (Eds.), *CHI '96: Proceedings of the SIGCHI Conference on Human Factors in Computing Systems* (S. 205–212). ACM. https://doi.org/10.1145/238386.238487.

Kruschwitz, U. & Hull, C. (2017). Searching the Enterprise. *Foundations and Trends in Information Retrieval*, 11(1), 1–142. https://doi.org/10.1561/1500000053.

Lex, E., Kowald, D., Seitlinger, P., Tran, T. N. T., Felfernig, A. & Schedl, M. (2021). Psychology-informed Recommender Systems. *Foundations and Trends in Information Retrieval*, 15(2), 134–242. https://doi.org/10.1561/1500000090.

Lin, J. (2019). The neural hype, justified!: a recantation. *SIGIR Forum*, 53(2), 88–93. https://doi.org/10.1145/3458553.3458563.

Maxwell, D. (2019). *Modelling Search and Stopping in Interactive Information Retrieval* (Diss.). University of Glasgow, Scotland. https://doi.org/10.5525/gla.thesis.41132.

Mitra, B. & Craswell, N. (2015). Query auto-completion for rare prefixes. In J. Bailey, A. Moffat, C. C. Aggarwal, M. de Rijke, R. Kumar, V. Murdock, T. K. Sellis & J. X. Yu (Eds.), *CIKM '15: Proceedings of the 24th ACM International on Conference on Information and Knowledge Management* (S. 1755–1758). ACM. https://doi.org/10.1145/2806416.2806599.

Mitra, B. & Craswell, N. (2018). An Introduction to Neural Information Retrieval. *Foundations and Trends in Information Retrieval*, 13(1), 1–126. https://doi.org/10.1561/1500000061.

Morville, P. & Callander, J. (2010). *Search Patterns*. O'Reilly.

Morville, P. & Rosenfeld, L. (2006). *Information Architecture for the World Wide Web*. O'Reilly Media, Inc. https://doi.org/10.5860/choice.36-1007.

Pirolli, P. & Card, S. (1999). Information foraging. *Psychological review*, 106(4), 643. https://doi.org/10.1037/0033-295X.106.4.643.

Potthast, M., Hagen, M. & Stein, B. (2021). The Dilemma of the Direct Answer. *SIGIR Forum*, 54(1). https://doi.org/10.1145/3451964.3451978.

Radlinski, F. & Craswell, N. (2017). A Theoretical Framework for Conversational Search. In R. Nordlie, N. Pharo, L. Freund, B. Larsen & D. Russel (Eds.), *CHIIR '17: Proceedings of the 2017 Conference on Conference Human Information Interaction and Retrieval* (S. 117–126). ACM. https://doi.org/10.1145/3020165.3020183

Rhodes, B. J. & Maes, P. (2000). Just-in-time information retrieval agents. *IBM Systems journal*, 39(3.4), 685–704. https://doi.org/10.1147/sj.393.0685.

Roussinov, D. G. & Chen, H. (2001). Information navigation on the web by clustering and summarizing query results. *Information Processing & Management*, 37(6), 789–816. https://doi.org/10.1016/S0306-4573%2800%2900062-5.

Russell-Rose, T. & Tate, T. (2013). *Designing the Search Experience: The Information Architecture of Discovery*. Elsevier.

Ruthven, I. (2003). Re-examining the potential effectiveness of interactive query expansion. In C. L. A. Clarke, G. V. Cormack, J. Callan, D. Hawking & A. F. Smeaton (Eds.), *SIGIR '03: Proceedings of the 26th annual international ACM SIGIR conference on Research and development in information retrieval* (S. 213–220). ACM. https://doi.org/10.1145/860435.860475.

Ruthven, I., Baillie, M. & Elsweiler, D. (2007). The relative effects of knowledge, interest and confidence in assessing relevance. *Journal of Documentation*, 63(4), 482–504. https://doi.org/10.1108/00220410710758986.

Salton, G, & Buckley, C (1990). Improving retrieval performance by relevance feedback. *Journal of the American Society for Information Science and Technology*, 41(4), 288–297.

Savolainen, R. (1995). Everyday life information seeking: Approaching information seeking in the context of „way of life". *Library & information science research*, 17(3), 259–294. https://doi.org/10.1016/0740-8188(95)90048-9.

Schraefel, mc., Wilson, M., Russell, A. & Smith, D. A. (2006). mSpace: improving information access to multimedia domains with multimodal exploratory search. *Communications of the ACM*, 49(4), 47–49. https://doi.org/10.1145/1121949.1121980.

Smyth, B., Balfe, E., Freyne, J., Briggs, P., Coyle, M. & Boydell, O. (2004). Exploiting query repetition and regularity in an adaptive community-based web search engine. *User Modeling and User-Adapted Interaction*, 14(5), 383–423. https://doi.org/10.1007/s11257-004-5270-4.

Stamou, S. & Efthimiadis, E. N. (2010). Interpreting User Inactivity on Search Results. Advances in Information Retrieval. In C. Gurrin, Y. He, U. Kruschwitz, S. Little & S. M. Rüger (Eds.), *Proceedings of the 32nd European Conference on IR Research* (S. 100–113). Springer. https://doi.org/10.1007/978-3-642-12275-0_12.

Taylor, R. S. (1968). Question-negotiation and information seeking in libraries. *College & Research Libraries*, 29(3), 178–194.

Thomas, P., McDuff, D. J., Czerwinski, M. & Craswell, N. (2020). Expressions of Style in Information Seeking Conversation with an Agent. In J. Huang, Y. Chang, X. Cheng, J. Kamps, V. Murdock, J.-R. Wen & Y. Liu (Eds.), *SIGIR '20: Proceedings of the 43rd International ACM SIGIR Conference on Research and Development in Information Retrieval* (S. 1171–1180). ACM. https://doi.org/10.1145/3397271.3401127.

Toms, E. G. (2002). Information interaction: Providing a framework for information architecture. *Journal of the American Society for Information Science and Technology*, 53(10), 855–862. https://doi.org/10.1002/asi.10094.

Vechtomova, O., Karamuftuoglu, M. & Robertson, S. E. (2006). On document relevance and lexical cohesion between query terms. *Information Processing and Management*, 42(5), 1230–1247. https://doi.org/10.1016/j.ipm.2006.01.008.

White, R. W. (2016). *Interacting with Search Systems*. Cambridge University Press.

Williams, K., Kiseleva, J., Crook, A. C., Zitouni, I., Awadallah, A. H. & Khabsa, M. (2016a). Detecting Good Abandonment in Mobile Search. In J. Bourdeau, J. Hendler, R. Nkambou, I. Horrocks & B. Y. Zhao (Eds.), *Proceedings of the International World Wide Web Conference (WWW '16)* (S. 495–505).

Williams, K., Kiseleva, J., Crook, A. C., Zitouni, I., Awadallah, A. H. & Khabsa, M. (2016b). Is This Your Final Answer? Evaluating the Effect of Answers on Good Abandonment in Mobile Search. In R. Perego, F. Sebastiani, J. A. Aslam, I. Ruthven & J. Zobel (Eds.), *SIGIR '16: Proceedings of the 39th International ACM SIGIR conference on Research and Development in Information Retrieval* (S. 889–892). ACM. https://doi.org/10.1145/2911451.2914736.

Wu, Z., Sanderson, M., Cambazoglu, B. B., Croft, W. B. & Scholer, F. (2020). Providing Direct Answers in Search Results: A Study of User Behavior. S. Conrad & I. Tiddi (Eds.), *CIKM '20: Proceedings of the 29th ACM International Conference on Information & Knowledge Management* (S. 1635–1644). ACM. https://doi.org/10.1145/3340531.3412017.

Xu, J. & Croft, W. B. (2017). Query expansion using local and global document analysis. *ACM SIGIR Forum*, 51(2), 168–175. https://doi.org/10.1145/3130348.3130364.

Zhao, Y., Zhang, J., Xia, X. & Le, T. (2019). Evaluation of Google question-answering quality. *Library Hi Tech.*, 37(2), 308–324. https://doi.org/10.1108/LHT-10-2017-0218.

Thomas Mandl & Sebastian Diem
C 5 Bild- und Video-Retrieval

1 Einleitung und Begriffsklärungen

Digitale Bildverarbeitung hat längst den Alltag erreicht: Automatisierte Passkontrollen, Gesichtserkennung auf dem Mobiltelefon und Apps zum Bestimmen von Pflanzen anhand von Fotos sind nur einige Beispiele für den Einsatz dieser Technologie. Digitale Bildverarbeitung zur Analyse der Inhalte von Bildern kann den Zugang zu Wissen verbessern und ist somit relevant für die Informationswissenschaft. Häufig greifen Systeme bei der Suche nach visueller Information nach wie vor auf beschreibende Metadaten zu, weil diese sprachbasierten Methoden für Massendaten meist robust funktionieren. Der Fokus liegt in diesem Beitrag auf automatischer Inhaltsanalyse von Bildern (*content based image retrieval*) und nicht auf reinen Metadaten-Systemen, welche Wörter für die Beschreibung von Bildern nutzen (s. Kapitel B 9 Metadaten) und somit letztlich Text-Retrieval ausführen (*concept based image retrieval*) (s. Kapitel C 1 Informationswissenschaftliche Perspektiven des Information Retrieval).

Das menschliche Auge erfasst Bilder sehr schnell und kann Objekte darin gut erkennen. Es ist den automatisierten Verfahren noch immer überlegen, selbst wenn KI-Systeme bereits erstaunliche Leistungen erzielen und bei einzelnen, isolierten Aufgaben schon besser abschneiden als Expert*innen. Trotz aller Fortschritte besteht nach wie vor der *Semantic Gap*: die formale Beschreibung bzw. Repräsentation eines Bildes durch einen Algorithmus weicht stark von der menschlichen Perspektive auf den Inhalt ab (Enser & Sandom 2003).

Einfache Gegenstände können in ihrem Aussehen geringfügige Unterschiede aufweisen. So können beispielsweise Äpfel verschiedene Farbnuancen und leichte Formabweichungen besitzen, die sich allgemeingültig kaum mit Regeln beschreiben lassen. Zum Einsatz kommen daher Bildverarbeitung (auch als maschinelles Sehen oder Computer Vision bezeichnet) und maschinelles Lernen, wobei durch Training auf der Basis bekannter Beispiele, in denen bestimmte Objekte zu sehen sind, unbekannte Bilder erschlossen und Objekte darin erkannt werden können. So wurden für zahlreiche Objekte oder Konzepte schon sehr gute Ergebnisse erzielt. Derzeit werden hierbei v. a. sogenannte Deep-Learning-Ansätze genutzt. Dies gilt ebenso für Videos, die vereinfachend als Abfolge von Bildern betrachtet werden.

2 Basisoperationen der Bildanalyse

Ein digitales Bild besteht aus einer Menge von einzelnen Bildpunkten. Diese Pixel besitzen Werte für i. d. R. drei grundlegende Farbwerte, welche zusammengesetzt den sichtbaren Farbwert bestimmen. Die Informationsmenge eines Bildes ergibt sich also zunächst aus der Anzahl der Pixel und damit der Größe des Bildes, der Anzahl der Farbkanäle und der Genauigkeit, mit der die Farben kodiert sind. Die zuletzt genannte Farbtiefe bestimmt, wie viele Nuancen dargestellt werden können. Dateiformate speichern jedoch meist nicht jeden Pixelwert exakt, um eine Komprimierung zu erreichen (Eibl 2011).

Open Access. © 2023 Thomas Mandl & Sebastian Diem, publiziert von De Gruyter. Dieses Werk ist lizenziert unter der Creative Commons Attribution 4.0 International Lizenz.
https://doi.org/10.1515/9783110769043-035

Die Analyse der Farben stellt einen ersten wichtigen Schritt dar. Pixel mit der gleichen oder einer sehr ähnlichen Farbe werden dabei gezählt. Ein Bild kann durch ein Histogramm charakterisiert werden, welches den Anteil einzelner Farben angibt. So lassen sich Bilder mit ähnlichen Farbverteilungen finden. Die Analyse lässt sich auch für einzelne Regionen des Bildes durchführen, sodass Suchende mit einer derartigen Repräsentation ihr Ziel genauer spezifizieren können. So könnte beispielsweise nach Bildern mit hohem Anteil an „hellblau" in der oberen Hälfte gesucht werden, um Fotos von Szenen im Freien zu identifizieren. Neben Farben wurden in den 1990er Jahren Textur und Formen als wichtige Indexierungsmerkmale etabliert (del Bimbo 1999). Zusammenliegende Pixel mit ähnlichen Farbwerten können als Flächen zusammengefasst werden, aus denen in weiteren Schritten Objekte erkannt werden können.

Vor allem Veränderungen bei den Farben sind für das Verständnis des Bildinhalts wichtig. Die menschliche Wahrnehmung verstärkt Kanten, um Objekte gut zu erkennen und setzt dazu die laterale Hemmung ein. Dabei wirkt ein eingehendes Signal in der nächsten Schicht der Verarbeitung nicht nur verstärkend oder aktivierend auf die folgende Zelle, sondern auch hemmend auf Nachbarzellen in der Folgeschicht. So werden Unterschiede in der Helligkeit und damit Kanten verstärkt (Ansorge & Leder 2017).

In der Bildverarbeitung gibt es mehrere Methoden, um Kanten und daraus abgeleitet interessante Regionen im Bild zu identifizieren. Eine Basisoperation ist das Anwenden eines Filters, welcher der lateralen Hemmung sehr ähnelt. Ein Filter besteht aus einer quadratischen Matrix, welche eine Rechenvorschrift darstellt. Beispielsweise kann ein Filter (Filterkern, oft als *Kernel* bezeichnet) aus einer Matrix der Größe 5x5 bestehen. Dieser Filter läuft über das gesamte Bild und für jedes Pixel wird ein neuer Wert berechnet. Die Pixel-Werte werden mit den jeweiligen Werten aus der Matrix des Filterkerns multipliziert und addiert. Durch die Gestaltung der Filter können verschiedene Effekte erzielt werden wie beispielsweise Weichzeichnen oder Kontrastschärfen (Shapiro & Stockman 2001). Dieser Prozess wird als *Convolution* bezeichnet und bildet eine Vorstufe für viele weitere Verfahren.

Bei der Methode *Scale-invariant feature transform* (SIFT) wird das Bild mit einem Gaußschen Filter immer stärker auf die wesentlichen Kanten reduziert. Dazu werden unterschiedliche Filter für die Kontrastverringerung angewandt und mehrere Versionen des Ausgangsbildes erzeugt. Dieses Verfahren wird auch auf drei verkleinerte Versionen des Bildes angewandt und am Ende werden die Differenzen zwischen den verschieden stark transformierten Bildern berechnet. Mehrfach erkannte Punkte bleiben erhalten und das Verfahren hält diese Keypoints für besonders inhaltstragende Punkte im Bild (Lindeberg 2015). Anschließend wird für die Keypoints die Umgebung betrachtet. Die Richtung der stärksten Farbveränderung wird jeweils bestimmt und als Gradient bezeichnet. Die 360° rund um den Keypoint herum werden in 36 Winkel-Bereiche aufgeteilt. Die Richtungen dieser 36 Vektoren werden gesammelt und in einem Histogramm zusammengefasst. Anschließend werden auch Gradienten von weiteren Punkten in der Umgebung des Keypoints betrachtet (Lowe 2004).

Das Verfahren *Histograms of oriented gradients* (HOG) arbeitet ohne Keypoints und nutzt sehr einfache Filter. HOG teilt das Bild in gleich große Teile auf und berechnet darin die Gradienten für jedes Pixel, was der Anwendung eines einfachen Filters entspricht, der die Richtung der intensivsten Farbänderung bestimmt. Für jeden Teil des Bildes werden die Gradienten wieder in einem Histogramm zusammengefasst, das zeigt, in welche Richtung die meisten Kanten in diesem Bereich laufen (Dalal & Triggs 2005).

Die genannten Verfahren werden oft mit der Metapher der *Visual Words* bezeichnet und so in die Nähe des text-basierten Information Retrieval gerückt. So wie Textdokumente für die Analyse beim Retrieval in ihre Bestandteile, die Wörter, zerlegt werden, so werden Bilder in kleinere Einheiten zerlegt. Die *Visual Words* sollen Merkmale darstellen, welche einzelne kleinere Bestandteile (in diesem Fall die Pixel) zusammenfassen. *Visual Words* können ähnliche lokale Histogramme oder Keypoints mit ähnlichen Eigenschaften sein. Sie treten in leicht abgewandelten Varianten auf, so wie auch Wörter in verschiedenen Formen auftreten (Singular, Plural). Die Häufigkeit der Merkmale in den Bildern kann dann für das Ranking verwendet werden (Shekhar & Jawahar 2012). Die Metapher stößt allerdings auch an Grenzen, da Wörter eine inhärente Semantik besitzen, während *Visual Words* grundlegende Muster darstellen, die ein Mensch nicht interpretieren kann.

3 Neuronale Netze für die Bildanalyse

Die Bildanalyse profitiert vom maschinellen Lernen und insbesondere den Fortschritten bei neuen Architekturen für neuronale Netze. Neuronale Netze beruhen auf dem Vorbild des menschlichen Gehirns und bestehen aus zahlreichen kleinen Prozessoren oder Neuronen, zwischen denen gewichtete Verbindungen liegen. Jedes Neuron sendet und empfängt Impulse. Neuronen werden zu Schichten zusammengefasst, welche die Architektur eines Systems definieren. Beim maschinellen Lernen wird meist ein Muster als Input-Aktivierung eingegeben und ein Output-Vektor errechnet, der mit dem gewünschten Vektor verglichen wird. Der Fehler wirkt dann auf die Änderung der Gewichtungen der Verbindungen, so dass die Abbildung beim nächsten Versuch besser erreicht wird (s. Kapitel C 9 Sprachmodelle und Neuronale Netze im Information Retrieval).

3.1 Convolutional Neural Networks (CNNs)

Neuronale Netzwerke haben sich in den letzten Jahren stark weiterentwickelt. Die sogenannten Deep-Learning-Ansätze erkennen selbst, welche relevanten Eigenschaften aus Bildern extrahiert werden sollten, um die jeweilige Aufgabe gut zu lösen.

Besonders die aus vielen Schichten bestehenden *Convolutional Neural Networks* (CNNs) (Aggarwal 2018) weisen bei vielen Benchmarks hervorragende Werte auf. CNNs nutzen wieder sehr einfache Filter für das Zusammenfassen benachbarter Pixel, welche über das gesamte Bild gleiten. Diese Filter (*kernel*) funktionieren wie oben beschrieben. Sie sind einfache Matrizen aus Zahlen und fassen mehrere Pixel zu einem neuen Wert zusammen. Dazu werden die Werte der Pixel rund um den aktuell betrachteten Bildpunkt sowie dieser selbst mit den Werten in der Matrix multipliziert. Diese Ergebnisse werden summiert und stellen den Wert des Pixels in der folgenden Schicht dar.

CNNs setzen parallel mehrere unterschiedliche Filter ein. Jeder dieser Filter erzeugt für jedes Pixel einen neuen Wert. So entsteht für jeden Filter ein neues Bild (bzw. *activation map*) in der folgenden Schicht. Welcher Filter das beste Ergebnis liefert, bestimmt das System durch den Fehler bei den Klassifikationsversuchen und optimiert dann die Werte der Filter. Anstatt also wie beim SIFT-Algorithmus auf einen bestimmten Filter zu setzen und darauf aufzubauen, werden die Werte der Filter im Lernprozess angepasst, sodass findet das System selbst die geeigneten Filter findet.

Nach einer *Convolution*-Schicht folgt in der Regel eine Auswahl der besonders wichtigen Muster. Dazu wird von z. B. vier Signalen nur das stärkste weiterverwendet (*Max*

Pooling). Nach mehreren Abfolgen von *Convolution-* und *Max Pooling*-Schichten entsteht eine bestimmte Menge von Werten, welche das Bild repräsentiert. Diese Repräsentation geht dann in ein überwachtes Lernverfahren ein, welches z. B. anhand von Beispielen für das Vorkommen eines Objekts die dafür typischen Muster erlernt (Aggarwal 2018, S. 315–371).

CNNs kombinieren oft zahlreiche Schichten oder Blöcke aus je einer *Convolution-*Schicht und einer *Max Pooling*-Schicht, wobei Architekturen mit über 100 Schichten realisiert wurden. Andere Architekturen nutzen mehrere parallele Blöcke, die Filter verschiedener Größe verwenden (Szegedy et al. 2015). In der Regel umfassen die Filter 3x3 oder 4x4 Pixel große Blöcke, wobei auch etwas größere Filter vorkommen.

Solche Netzwerke können mit großen Mengen von Fotos für bestimmte Aufgaben optimiert werden. Auf CNNs basiert z. B. das Objekt-Klassifikations-Werkzeug Yolo, das bereits mit zahlreichen Beispielen trainiert wurde (z. B. Redmon et al. 2016). Yolo kann aufgrund des Trainings viele verschiedene Objekte erkennen und markiert diese mit einem Rechteck. Neben dem eigentlichen CNN für das gesamte Bild verfügt es also auch über Komponenten, welche interessante Regionen als Kandidaten für die weitere Klassifikation vorschlagen. Für andere Aufgaben können solche Systeme nachjustiert werden. Wurde ein Objekt in einem Bild erkannt, so kann dies den Metadaten hinzugefügt werden und steht dann für die Suche zur Verfügung.

3.2 Transformer-Architekturen

In der Sprachverarbeitung haben sich seit ungefähr 2019 Architekturen auf der Basis sogenannter Transformer durchgesetzt (s. Kapitel C 9 Sprachmodelle und Machine Learning im IR). Ihre Vorgänger, die Rekurrenten Neuronalen Netze, haben aus dem aktuellen Wort in einem Satz das folgende Wort vorhergesagt und dazu den bisherigen Kontext berücksichtigt. Im Kern stecken dabei ein Encoder, der das Wort in einen komprimierten Vektor überführt, sowie ein Decoder, welcher wieder ein Wort erzeugt. Die Transformer leisten dies nun unter Berücksichtigung des Kontexts des gesamten Satzes. Vor allem das System *Bidirectional Encoder Representations from Transformers* (BERT) hat diese Architektur populär gemacht (Paaß & Hecker 2020). Am Ende des Verfahrens steht ein Vektor von Zahlen, der den Satz beschreibt. Dabei werden ähnliche Sätze in ähnliche Vektoren überführt.

Im Jahr 2020 wurden erste Modelle entwickelt, die versuchten, das Potential von Transformern auch im Bereich der Bildverarbeitung zu etablieren. Bilder werden wie Sätze als Sequenzen behandelt, um Transformer-Architektur zu nutzen. Der Visual Transformer (ViT) verarbeitet ein Bild als Abfolge von kleinen Teilen und gibt dem System zusätzlich die Information, an welcher Stelle sich dieser Teil befindet. Diese Teile können beispielsweise 14x14 Pixel groß sein.

Das System generiert einen Vektor aus Zahlen für jeden Teil des Bildes (Patch) und lernt, die Abfolge dieser Teile zu bestimmen. Zusätzlich zu den Vektoren werden auch Informationen für eine Klassenzugehörigkeit integriert, welche später als Input für Klassifikationsaufgaben dienen. Das am Ende generierte Embedding des Transformers kann als Repräsentation des Bildes betrachtet werden und ähnelt damit dem Output eines CNNs. Dieses kann nun mit einem weiteren neuronalen Netzwerk darauf trainiert werden, bestimmte Klassifikationsaufgaben zu lösen. Beispielsweise könnte aus vielen Trainingsdaten gelernt werden, welche Zahlen-Vektoren (*Embeddings*) bestimmte Objekte enthalten (Dosovitskiy et.al. 2020).

4 Interaktionen beim Bild-Retrieval

Die oben aufgeführten Technologien extrahieren unterschiedliche Repräsentationsformate aus Bildern. In Suchsystemen können alle diese Varianten eingesetzt und durch diverse Eingaben angesprochen werden. Die Eingabe-Modalität für Anfragen kann sowohl textuell als auch visuell sein.

Anfragen in Form von Wörtern sind auch im Bild-Retrieval üblich. Die Nutzer*innen geben Suchbegriffe ein und erwarten passende Bilder. Die Eingabe von Begriffen stellt keine große kognitive Hürde dar und erfordert keine konkrete visuelle Vorstellung. Für derartige Suchen ist bei den tiefen neuronalen Netzwerken allerdings die Vorhersage oder Klassifikation von Inhalten nach der Erstellung der Repräsentation notwendig. Bei multimodalen Verfahren, die im Abschnitt 5 vorgestellt werden, stehen Wörter und Bilder schon in einem gemeinsamen Vektorraum, so dass dieser Schritt entfällt. Es können einfach die ähnlichsten Bilder zu einem Wort als Treffer angeboten werden.

Ebenso sinnvoll ist die visuelle Eingabe. Dabei können Bilder als Eingabe vorgegeben werden (*query by example*) und das System sucht dann ähnliche Bilder. Zudem sind Änderungen bei der Modalität verbreitet. Nach einer Suche über Text erhalten Nutzer*innen in der Regel eine kleine Vorschau der Ergebnisbilder. Die schnelle kognitive Verarbeitung von Bildern erlaubt schnelleres Scannen und Bewerten der Ergebnisse als bei Textdokumenten. Deshalb bieten viele Systeme die Interaktion mit den Ergebnissen an. Besonders die Suche nach weiteren ähnlichen Bildern zu einem der Treffer ist verbreitet. Der Wechsel von der textuellen zur visuellen Modalität erscheint dabei natürlich.

Browsen auf der Basis von Ähnlichkeit ist ebenso bei der Eingabe eines Bildes als erster Schritt möglich. Neben dem Hochladen ist auch das Erstellen einer einfachen Skizze möglich (*Sketch-based image retrieval*) (Yelamarthi et al. 2018).

5 Multimodalität

Für die gemeinsame Verarbeitung von Bild und Text liegen noch deutlich weniger Arbeiten vor. Meist werden Verfahren gewählt, die beide Modalitäten parallel verarbeiten und vor der Klassifikation oder dem letzten Schritt die Repräsentationen der beiden spezifischen Verarbeitungssysteme zusammenführen (*Late fusion*). So kann die Mächtigkeit der bestehenden Systeme für Text und Bild genutzt werden, die Beziehungen untereinander werden aber besser durch *Early fusion*-Systeme ausgenutzt.

Außerhalb der aktuell dominierenden Deep-Learning-Verfahren gibt es auch Modelle. So kombiniert ein Ansatz für Patente die Textteile, welche sich vermutlich auf das Bild beziehen, sowie die SIFT-Vektoren für die jeweilige Abbildung im Patent (Park et al. 2017).

Eine beispielhafte Anwendung für die Abbildung von einem Modus auf den anderen ist das sogenannte *Captioning*, bei dem für ein Bild ein kurzer Text erzeugt wird, der etwa als Beschriftung dienen könnte (z. B. WideEyes o. J.). Dabei wird ein beschreibender, extrahierter Vektor (Embedding) in einen anderen überführt. Die Abbildung zwischen Text und Bild wird durch zahlreiche Beispiele in einer Trainingsmenge erlernt (Hossain et al. 2019).

Im Bereich der *early fusion* haben sich auch Systeme etabliert, die unmittelbar ein gemeinsames Embedding erzeugen. Diese können z. B. mit Daten aus dem Web trainiert werden, wobei Bilder und dazugehöriger Text gesammelt werden. Dafür eignen sich

z. B. Bildunterschriften oder auch Text aus dem Umfeld des Bildes. Tiefe Lernverfahren wie Repräsentationen aus CNNs und ähnliche Verfahren für Texte ermöglichen dabei, dass Bilder nicht nur über die Wörter gefunden werden, die in ihrer Umgebung stehen. So entstand das System VisualBERT (Li et al. 2019), welches wie BERT für Texte auf einer Transformer-Architektur beruht. Durch die *self-attention* lernt das System über mehrere Schichten, welche Teile der Muster für die Abbildung in einem bestimmten Kontext jeweils wichtig sind.

6 Video-Retrieval

Ein Video besteht aus einzelnen Bildern (*frames*), die aufeinander folgen. Video-Retrieval kann vereinfacht als Bild-Retrieval aufgefasst werden. Die Auswahl von wichtigen Frames und die Integration von zeitlichen Informationen sind wichtige Forschungsfragen. Video-Retrieval nutzt neben der visuellen Information auch den gesprochenen Text. Dieser kann aus dem Audio-Signal extrahiert werden (s. Kapitel C 6 Audio- und Musik-Retrieval) oder als Untertitel zur Verfügung stehen.

Video-Formate codieren für viele Frames nur die Veränderungen gegenüber den vorherigen und teilweise auch den folgenden Frames. So lassen sich die Übertragungsraten stark reduzieren. Dynamische Phänomene wie Bewegungen sind also teils schon in den grundlegenden Daten enthalten (z. B. MPEG-Standard; Heyna et al. 2003). Wichtige Aufgaben in der Video-Analyse bestehen in der Szenen- und Schnitt-Erkennung, der Aktivitäten-Erkennung sowie der Personen-Erkennung (Vrigkas et al. 2015). Aktuelle Verfahren wie das CLIP2TV-System nutzen visuelle Transformer, um wichtige Frames zu repräsentieren (Gao et al. 2021).

Video-Retrieval-Systeme können z. B. für das Finden von Lehrvideos genutzt werden, die gerade während der Corona-Pandemie entstanden sind (Lee et al. 2021). Eine umfangreiche Evaluierung von Video-Retrieval-Systemen findet im Rahmen der TRECVID-Initiative statt, die unter anderem folgende Ziele hat: Erstellung von Video-Zusammenfassungen, die Analyse von Videos zu Katastrophen und typische Aufgaben für die Video-Überwachung. Eine Ad-hoc-Suche nach Videos umfasste u. a. die folgenden Anfragen: „Find shots of people dancing or singing while wearing costumes outdoors" und „Find shots of people or cars moving on a dirt road" (Awad et al. 2021).

7 Anwendungsbeispiele

Generelle Websuchmaschinen wie Google und Bing bieten bereits die Suche nach visuell ähnlichen Bildern zu einem Anfrage-Bild an. Auch Dienste wie GettyImages oder Pinterest verfügen über diese Suchmöglichkeit. Ein häufig genannter Einsatzbereich von Bildsuchen ist das Aufdecken von Urheberrechtsverletzungen durch die nicht autorisierte Verwendung von Bildern (z. B. TinEye o. J.).

In den letzten Jahren wurden Bildverarbeitungsverfahren auch zunehmend auf Quellen aus den Geisteswissenschaften und der Kunstgeschichte angewandt (Bullin & Henrich 2020). Oft werden dabei Gemälde in den Blick genommen und anhand ihrer visuellen Eigenschaften untersucht (Elgammal et al. 2018). So könnten Suchmaschinen auch Kunstwerke mit einem ähnlichen Stil finden. Suchverfahren für Objekte in historischen Drucken (Mitera et al. 2021) sind ebenso in Entwicklung wie Verfahren zur Suche nach historischen Druckverfahren (Kim et al. 2021).

Eine Ähnlichkeitssuche der Bayerischen Staatsbibliothek München (BSB 2019) mit dem Suchverfahren *Query by example* bietet die Online-Recherche in mehreren Millionen Bildern an. In zahlreichen Digitalisaten kann nach Rubriken wie Menschen, Pflanzen, Wappen und Architektur gesucht werden (Brantl et al. 2017). Erste Projekte setzen bereits Verfahren des tiefen Lernens ein (Springstein et al. 2021).

8 Ausblick

In der Bildanalyse gibt es einen rasanten Fortschritt. Wichtige Forschungsgebiete wie das autonome Fahren und die Bildanalyse in der Medizin fördern das Interesse. Inzwischen sind Stiländerungen und die Generierung von Bildern möglich (*Deep Fakes*). Dies wirft ethische Fragen auf, wie z. B. bei der fortgeschrittenen Suchmaschine TinEye (TinEye o. J.), welche auf Basis eines Fotos zahlreiche Informationen zu einer Person finden kann. So ist es denkbar, dass mit einem Foto, das jemand unbemerkt in der Öffentlichkeit macht, die Social-Media-Profile der fotografierten Person gefunden werden.

Die bessere Zugänglichkeit von visuellen Daten durch den Fortschritt bei der Bildanalyse öffnet erhebliche Chancen für Informationseinrichtungen. Bestehende Bestände mit visuellen Anteilen können aufbereitet und zu neuen Diensten entwickelt werden. Ein wichtiges Forschungsfeld der Zukunft liegt in der Analyse des Informationsverhaltens (s. Kapitel D 6 Information Seeking Behaviour) bei der Suche nach Bildern (Cho et al. 2021).

9 Literaturverzeichnis

Aggarwal, C. C. (2018). *Neural Networks and Deep Learning: A Textbook*. Springer. https://doi.org/10.1007/978-3-319-94463-0.

Ansorge, U. & Leder, H. (2017). Visuelle Wahrnehmung: Farbe und Kontrast. In *Wahrnehmung und Aufmerksamkeit. Basiswissen Psychologie* (S. 85–100). Springer. https://doi.org/10.1007/978-3-658-12912-5_7.

Awad, G., Asad, A, Butt, A., Curtis, K., Fiscus, J., Godil, A., Lee, Y., Delgado, A., Zhang, J., Godard, E., Chocot, B., Diduch, L., Liu, J., Graham, Y., Jones G. J. F. & Quenot, G. (2021). Evaluating Multiple Video Understanding and Retrieval Tasks at TRECVID 2021. *Proceedings of TRECVID 2021*. NIST. https://trecvid.nist.gov/trecvid.citation.html.

Del Bimbo, A. (1999). *Visual Information Retrieval*. Kaufmann.

Brantl, M., Ceynowa, K., Meiers, T. & Wolf, T. (2017). Visuelle Suche in historischen Werken. *Datenbank-Spektrum*, 17(1), 53–60. https://doi.org/10.1007/s13222-017-0250-0.

BSB (2019). *Bildähnlichkeitssuche der Bayerischen Staatsbibliothek*. https://bildsuche.digitale-sammlungen.de.

Bullin, M. & Henrich, A. (2020). Die inhaltsbasierte Bildsuche und Bilderschließung: Ansätze und Problemfelder. In C. Haslik & P. Hegel (Hrsg.), *Bilddaten in den Digitalen Geisteswissenschaften* (S. 11–34). Harrassowitz Verlag. https://doi.org/10.13173/9783447114608.001.

Chhabra, P., Garg, N. K. & Kumar, M. (2020). Content-based image retrieval system using ORB and SIFT features. *Neural Computing and Applications*, 32(7), 2725–2733. https://doi.org/10.1007/s00521-018-3677-9.

Cho, H., Pham, M. T., Leonard, K. N. & Urban, A. C. (2021). A systematic literature review on image information needs and behaviors. *Journal of Documentation*. Online-Vorabpublikation. https://doi.org/10.1108/JD-10-2020-0172.

Dalal, N. & Triggs, B. (2005). Histograms of oriented gradients for human detection. In *IEEE computer society conference on computer vision and pattern recognition (CVPR'05)* (Vol. 1, S. 886–893). IEEE. https://doi.org/10.1109/CVPR.2005.177.

Dosovitskiy, A., Beyer, L., Kolesnikov, A., Weissenborn, D., Zhai, X., Unterthiner, T., Dehghani, M., Minderer, M., Heigold, G., Gelly, S., Uszkoreit, J. & Neil Houlsby, N. (2020). An Image is Worth 16x16 Words: Transformers for Image Recognition at Scale. *arXiv*. https://arxiv.org/abs/2010.11929.

LeCun, Y., Bengio, Y. & Hinton, G. (2015). Deep Learning. *Nature*, 521 (2015), 436–444. https://doi.org/10.1038/nature14539.

Eibl, M. (2011). *Dynamische Medien*. W3L Verlag.

Elgammal, A., Liu, B., Kim, D., Elhoseiny, M. & Mazzone, M. (2018). The shape of art history in the eyes of the machine. *Proceedings of the AAAI Conference on Artificial Intelligence*, 32(1), SEITEN. https://ojs.aaai.org/index.php/AAAI/article/view/11894.

Enser, P. & Sandom, C. (2003). Towards a Comprehensive Survey of the Semantic Gap in Visual Image Retrieval. In P. Enser, Y. Kompatsiaris, N. E. O'Connor, A. F. Smeaton & A. W. M. Smeulders (Eds.), *Image and Video Retrieval. Third International Conference on Image and Video Retrieval (CIVR)* (S. 291–299). Springer. https://doi.org/10.1007/3-540-45113-7_29.

Gao, Z., Liu, J., Chen, S., Chang, D., Zhang, H. & Yuan, J. (2021). CLIP2TV: An Empirical Study on Transformer-based Methods for Video-Text Retrieval, *arXiv*. https://arxiv.org/abs/2111.05610.

Heyna, A., Briede, M. & Schmidt, U. (2003). *Datenformate im Medienbereich*. Fachbuchverl. Leipzig im Carl-Hanser-Verlag.

Hossain, M. Z., Sohel, F., Shiratuddin, M. F. & Laga, H. (2019). A comprehensive survey of deep learning for image captioning. *ACM Computing Surveys (CsUR)*, 51(6), 1–36. https://doi.org/10.1145/3295748.

Kim, Y., Mandl, T. & Im, C. (2021). Deep Learning for Historical Books: Classification of Printing Technology for Digitized Images. *Multimedia Tools and Applications*. https://doi.org/10.1007/s11042-021-11754-7.

Krizhevsky, A., Sutskever, I. & Hinton, G. E. (2012). ImageNet classification with deep convolutional neural networks. *Advances in Neural Information Processing Systems*, 25, 1097–1105. https://doi.org/10.1145/3065386.

Lee, H., Liu, M., Scriney, M. & Smeaton, A. F. (2021). Usage-Based Summaries of Learning Videos. In T. De Laet, R. Klemke, C. Alario-Hoyos, I. Hilliger & A. Ortega-Arranz (Eds.), *European Conference on Technology Enhanced Learning* (S. 414–418). Springer. https://doi.org/10.1007/978-3-030-86436-1_46.

Li, L. H., Yatskar, M., Yin, D., Hsieh, C. J. & Chang, K. W. (2019). VisualBERT: A simple and performant baseline for vision and language. *arXiv*. https://arxiv.org/abs/1908.03557.

Li, W. H., Yang, S., Wang, Y., Song, D. & Li, X. Y. (2021). Multi-level similarity learning for image-text retrieval. *Information Processing & Management*, 58(1), 102432. https://doi.org/10.1016/j.ipm.2020.102432.

Lindeberg, T. (2015). Image matching using generalized scale-space interest points. *Journal of Mathematical Imaging and Vision* 52(1), 3–36. https://doi.org/10.1007/s10851-014-0541-0.

Lowe, D. G. (2004). Distinctive image features from scale-invariant keypoints. *International Journal of Computer Vision*, 60(2), 91–110. https://doi.org/10.1023/B:VISI.0000029664.99615.94.

Mitera, H., Im, C., Mandl, T. & Womser-Hacker, C. (2021). Objekterkennung in historischen Bilderbüchern: Eine Evaluierung des Potenzials von Computer-Vision-Algorithmen. In *BildWissen–KinderBuch: Historische Sachliteratur für Kinder und Jugendliche und ihre digitale Analyse* (S. 137–150). JB Metzler. https://doi.org/10.1007/978-3-476-05758-7.

Paaß, G. & Hecker, D. (2020). Erfassung der Bedeutung von geschriebenem Text. *Künstliche Intelligenz*, 167–248. https://doi.org/10.1007/978-3-658-30211-5_6.

Park, J. B., Mandl, T. & Kim, D. W. (2017). Patent Document Similarity Based on Image Analysis Using the SIFT-Algorithm and OCR-Text. *International Journal of Contents*, 13 (4), 70–79. https://doi.org/10.5392/IJoC.2017.13.4.070.

Redmon, J., Divvala, S., Girshick, R. & Farhadi, A. (2016). You only look once: Unified, real-time object detection. In B. Leibe, J. Matas, N. Sebe & M. Welling (Eds.), *Proceedings IEEE Conference on Computer*

Vision and Pattern Recognition (S. 779–788). Springer. https://doi.org/10.1007/978-3-319-46493-0_32.
Shapiro, L. & Stockman, G. (2001). *Computer Vision*. Prentice-Hall.
Shekhar, R. & Jawahar, C. V. (2012). Word image retrieval using bag of visual words. In M. Blumenstein, U. Pal, & S. Uchida, *10th IAPR International Workshop on Document Analysis Systems* (S. 297–301). IEEE. https://doi.org/10.1109/DAS.2012.96.
Springstein, M., Schneider, S., Rahnama, J., Hüllermeier, E., Kohle, H., & Ewerth, R. (2021). iART: A Search Engine for Art-Historical Images to Support Research in the Humanities. In *Proceedings of the 29th ACM International Conference on Multimedia* (S. 2801–2803). ACM. https://doi.org/10.1145/3474085.3478564.
Szegedy, C., Liu, W., Jia, Y., Sermanet, P., Reed, S., Anguelov, D., Erhan, D., Vanhoucke, V. & Rabinovich, A. (2015). Going deeper with convolutions. In *Proceedings of the IEEE Conference on Computer Vision and Pattern Recognition* (S. 1–9). IEEE. https://doi.org/10.1109/CVPR.2015.7298594.
TinEye (o. J.). https://tineye.com/.
Vrigkas, M., Nikou, C., & Kakadiaris, I. A. (2015). A review of human activity recognition methods. *Frontiers in Robotics and AI*, 2(28). https://doi.org/10.3389/frobt.2015.00028.
WideEyes (o. J.). https://wideeyes.ai/.
Yelamarthi, S. K., Reddy, S. K., Mishra, A. & Mittal, A. (2018). A zero-shot framework for sketch based image retrieval. In V. Ferrari, M. Hebert, C. Sminchisescu & Y. Weiss (Eds.), *Proceedings of the European Conference on Computer Vision (ECCV)* (S. 300–317). Springer. https://doi.org/10.1007/978-3-030-01225-0_19.

Maximilian Eibl, Josef Haupt, Stefan Kahl, Stefan Taubert & Thomas Wilhelm-Stein

C 6 Audio- und Musik-Retrieval

1 Einleitung

Das Gebiet Audio-Retrieval kann grob in drei Bereiche unterteilt werden: Musik-Retrieval, Retrieval gesprochener Sprache und Retrieval akustischer Ereignisse. Alle drei Bereiche gehen i. d. R. vom Audiosignal als Quelle aus, welches über eine Signalanalyse, meist eine Spektralanalyse über eine Fouriertransformation, weiterverarbeitet und in eine für das Retrieval geeignete Beschreibung gebracht wird. Dabei gibt es auch alternative Ansätze, wie z. B. die Nutzung der hier nicht diskutierten MIDI-Codierung im Musik-Retrieval, die ohne ein akustisches Signal auskommt und bereits eine für das Retrieval geeignete Form der Kodierung als Grundlage hat.

2 Musik-Retrieval

Musik-Retrieval wird mittlerweile in kommerziellen Produkten genutzt. Es besteht aber nach wie vor Forschungsbedarf. Dafür verantwortlich ist allein schon die große Menge an Musikstücken, die jedes Jahr zusätzlich auf den Markt kommt. Aber auch die Art der Fragestellungen verfeinert sich zunehmend. Musik-Retrieval geht zunächst von folgenden Aspekten aus: der Tonheit (*pitch*, gemessen in *mel*), der Lautstärke (*loudness*, gemessen in *dB* oder *sone*), der zeitlichen Abfolge und Dauer, dem Zusammenspiel, also der Harmonie, und der Klangfarbe (*timbre*). Die Verarbeitung von Audioströmen erfolgt dabei i. d. R. unterteilt in künstliche Abschnitte (*frame*), für die jeweils eine Einzelanalyse durchgeführt wird. Hinzukommen das gesamte Stück oder Werk umfassende editorische Aspekte, wie Angaben zu Tempi, ggf. gesungener Text, der üblicherweise als Transkript genutzt wird und nicht durch automatische Spracherkennung ermittelt werden kann, und schließlich bibliographische Metadaten wie Werktitel, Komponist, etc.

Stärker als beim Text-Retrieval muss bei der Analyse bereits auf die Realisierung der Suchmöglichkeiten geachtet werden, vor allem, wenn nicht in Textdaten wie Transkriptionen von Liedern oder bibliographischen Daten gesucht werden soll, sondern bspw. nach Melodien. Bekannte Verfahren sind dabei *Query by Humming* (QbH) (Kotsifakos et al. 2012), also die Anfrage als „Vorsummen" einer Melodie, oder *Query by Example* (QbE), also das Vorspielen eines Ausschnittes eines Musikstücks. Eine spezielle Codierung, die das Vorsummen oder Vorsingen durch eine Tastatureingabe ersetzt, ist der sog. Parsons Code, entwickelt bereits 1975 von Denys Parsons für ein gedrucktes Verzeichnis von ca. 15 000 Melodien mit dem Ziel, die Suche auch für musikalische Laien zu ermöglichen (Parsons 1975). Dazu werden die Melodien durch die Buchstaben U (für *up* – höher), D (für *down* – niedriger) und R (für *repeat* – gleichbleibende Tonhöhe) ersetzt. Der Beginn einer Melodie wird mit einem Stern * markiert. Das bekannte Stück *Für Elise* sieht als Parsons Code wie folgt aus: *dududddduuuduuudududududd. Werden Melodien in solche Codes umgewandelt, können sie mit den Mitteln des Text-Retrieval (z. B. N-Grammen) behandelt werden.

Google hat 2017 eine lokale Suche auf dem eigenen Smartphone Pixel 2 ermöglicht. Dabei wurden mit Hilfe von Deep-Learning-Verfahren Fingerprints aus acht Sekunden langen Lied-Sequenzen erstellt. Diese wurden zunächst in sieben Sequenzen von je zwei Sekunden Dauer, die sich jeweils eine Sekunde überlappten, aufgeteilt, um anschließend einen möglichst niedrigdimensionalen Vektor daraus zu erstellen (Lyon 2018). Um die Suche lokal durchführen zu können, musste eine Datenbank mit Fingerprints der aktuell beliebtesten Songs auf das Smartphone geladen werden. Das Verfahren eignete sich so gut, dass es mit kleineren Optimierungen für die Google Sound Search im Online-Betrieb adaptiert wurde. Der zu Apple gehörende Dienst Shazam[1] arbeitet ähnlich. Die Open Music Encyclopedia musipedia[2] nutzt fünf verschiedene Anfragemodi und basiert auf der Analyse von MIDI-Dateien, die anders als die hier besprochenen Verfahren Noten und ihre Syntheseinformation abspeichern und keinen Audiostrom.

Musikauswahl und menschliche Stimmung sind eng miteinander verbunden: So bestimmt die Stimmungslage eines Menschen, welche Musik er im Augenblick bevorzugt und umgekehrt kann Musik Stimmungslagen bei Menschen verändern. Daher hat sich eine eigene Forschungslinie etabliert, die versucht, menschliche Emotionen zu definieren und zu erfassen und sie in Verbindung mit musikalischer Stimmung zu bringen. Dabei ist bereits die notwendige Kategorisierung eine bislang nicht gelöste Herausforderung der Psychologie. Die meisten Publikationen nutzen hier die Definitionen von Ekman (z. B. Ekman 2003), der bei seinen Studien zu Mikromimik *happiness, surprise, anger, disgust, sadness* und *fear* vorschlägt. Allerdings lassen sich diese Kategorien nur bedingt auch auf neuronaler Ebene identifizieren. Andere Studien kategorisieren deutlich mehr und andere emotionale Zustände. Russel (1980) schlägt das *Circumplex Model of Affect* vor, welches auf den beiden Dimensionen Erregung (*arousal*) und Valenz basiert. Chaturvedi et al. (2021) zeigen in einer Metastudie die verschiedenen Ansätze zu Emotionskategorisierung und Versuche, die Musikstimmung (*music mood*) darauf abzustimmen, wobei sie auch einen umfassenden Überblick über die für die Forschung nutzbaren Datensets geben.

Eine besondere Herausforderung ist die Berücksichtigung von eigentlich gleichen Musikstücken, die unterschiedlich interpretiert werden. Im einfachsten Fall ist der Unterschied in erster Linie über die Dauer auszumachen, der bei Sinfonien beispielsweise durchaus eine Viertelstunde ausmachen kann, abhängig vom Dirigenten. Dabei ist die Streckung der Dauer nicht linear. Hier wird *Dynamic Time Warping* (DTW) eingesetzt, um Längenunterschiede auszugleichen (Kruskal & Liberman 1983). Etwas komplizierter wird es bei sog. Coversongs, wenn eine Band einen Song einer anderen Band völlig neu interpretiert, ggf. vielleicht sogar das Musikgenre wechselt.

Die *Music Information Retrieval*-Community unterhält mit *Music Information Retrieval Evaluation eXchange* (MIREX)[3] eine Austauschplattform, auf der jährlich Kampagnen zu aktuellen Forschungsfragen aufgesetzt und entsprechende Daten bereitgestellt werden. Die *Million Song Dataset Challenge* wurde 2011 initiiert und ist inzwischen auf Kaggle[4] etabliert. Sie betrachtet die Audioanalyse von Musikstücken aus der Perspektive von Recommender Systemen. Die *International Society for Music Information Retrieval* (ISMIR) führt seit dem Jahr 2000 jährlich eine internationale Konferenz an wechselnden Or-

---

1 https://www.shazam.com
2 https://www.musipedia.org
3 https://www.music-ir.org/mirex/
4 https://www.kaggle.com/c/msdchallenge

ten durch. Die Beiträge sind online als Open Access einsehbar.[5] Einen breiten Überblick über aktuelle Studien und Themen des Music Information Retrieval bieten Murthy & Srinivasa (2018) und Chaturvedi et al. (2021).

3 Retrieval gesprochener Sprache

Bei einem Sprach-Retrievalsystem wird Sprache in eine kompakte, ausdrucksvolle und computerverarbeitbare Form gebracht, um sie durchsuchbar zu machen (Mitrović et al. 2010). Am relevantesten ist hierbei das Transkript des Gesprochenen (Spracherkennung), aber auch Aspekte wie ausgedrückte Emotionen (Emotionserkennung) oder Identität der sprechenden Person (Sprechererkennung) spielen häufig eine Rolle im Retrieval. Für einige dieser Schritte ist eine Vorverarbeitung notwendig, z. B. müssen für die Spracherkennung die Sprache identifiziert (Sprachidentifikation) und für die Sprechererkennung alle Sprecher*innen separiert (Sprecher-Diarization) werden. In diesem Kapitel wird für jeden dieser Bereiche ein kurzer Überblick über Aufbau, Evaluationsmethoden, eingesetzte Datensätze und verfügbare Verfahren gegeben.

Bei allen im Folgenden beschriebenen Verfahren werden zuerst Features aus dem Audiosignal extrahiert. Meist handelt es sich dabei um phonotaktische, prosodische oder artikulatorische Features. Mel-Frequenz-Cepstrum-Koeffizienten (*Mel-frequency cepstrum coefficients* – MFCCs) werden aus zuvor erzeugten Log-Mel-Spektrogrammen berechnet und stellen das am häufigsten verwendete Feature dar. Viele der Verfahren basierten zunächst auf *Hidden Markov Models* (HMM) und Gaußschen Mischungsmodellen (*Gaussian Mixture Models* – GMM). In den letzten Jahren hat sich der Fokus jedoch stark auf hybride und rein neuronale Ansätze verschoben, da letztere weniger Parameter benötigen, weniger Sprachdomänen-Expertenwissen notwendig machen und bessere Ergebnisse liefern (Li et al. 2019). Zur Evaluation der Verfahren werden häufig Standardmetriken wie Korrektklassifikationsrate (*accuracy*), Genauigkeit (*precision*), Trefferquote (*recall*) und F1 verwendet. Der F1-Wert gibt dabei das harmonische Mittel aus Genauigkeit und Trefferquote an. Die Robustheit gegenüber akustischer Variabilität (bspw. Hintergrundgeräusche oder Akzente) ist bei allen Verfahren besonders wichtig (Yu & Deng 2016), weshalb die Aufnahmen meist vorverarbeitet werden (z. B. zur Rauschentfernung) und bei der Verfahrensentwicklung und Evaluation neben einem hochqualitativen Datensatz meistens auch Aufnahmen in niedriger Qualität und mit Störgeräuschen genutzt werden.

Sprecher-Diarisierung (SD) beschäftigt sich mit der Frage „Wer sprach wann?" innerhalb eines Audio-Samples. Anzahl oder Identität der Sprecher*innen sind im Vorhinein nicht bekannt. In der SD wird üblicherweise eine Reihe von Schritten durchgeführt, um die Sprecher*innen voneinander zu unterscheiden. Zunächst wird der Audiostrom in homogene Sprecher-Abschnitte mit Überlappung segmentiert. Aus diesen Abschnitten werden Repräsentationen erstellt, welche mittels Clustering den verschiedenen Sprecher*innen zugeordnet werden können. Als Repräsentation des Gesprochenen werden Feature- oder Embedding-Vektoren aus dem rohen Audiosignal berechnet. Durch Clustering können die Repräsentationen nach Sprecher*in gelabelt werden. Es wird allerdings vorausgesetzt, dass innerhalb eines jeden Segments nur eine Person spricht, was für die meisten natürlichen Unterhaltungen nicht realistisch ist. Der *End-to-End Neural Diariza-*

---

[5] https://ismir.net/.

tion–Ansatz (EEND-Ansatz) soll das Überlappungsproblem mittels Deep Learning lösen. Ein Neuronales Netz (NN) erhält als Eingabe die Features eines Audio-Frames und gibt die Aktivität aller Sprecher*innen innerhalb des Frames aus. Die beiden Ansätze sind komplementär und werden auch in Kombination verwendet (Horiguchi et al. 2020). Die vorherrschende Metrik der SD ist die *Diarization Error Rate* (DER). Ein beliebter Datensatz ist der *CALLHOME American English Transcripts*-Datensatz (Kingsbury et al. 1997). Unter Verwendung des d-Vektors errechnen Wang et al. (2018) eine DER von 12 % auf dem CALLHOME-Datensatz. Unter Kombination der beiden Ansätze erreichen Kinoshita et al. (2021) ebenfalls eine DER von 12 %.

Sprechererkennung (*Speaker Recognition* – SR) beschäftigt sich mit der Identifikation der sprechenden Person, basierend auf deren eindeutigen akustischen Eigenschaften. Die SR wird in Front- und Back-End unterteilt. Nach der Vorverarbeitung extrahiert das Front-End wesentliche Features aus der Aufnahme und transformiert so das rohe Audiosignal in einen Feature-Vektor. Im Back-End-Modul wird anschließend die Distanz bzw. Ähnlichkeit des extrahierten Vektors zu einer Menge von bekannten Sprecher*innen berechnet, sodass ein Sample zur sprechenden Person mit der geringsten Abweichung zugeordnet werden kann. Tiefe NN können diese beiden Stufen innerhalb eines Ende-zu-Ende-Modells vereinen. Die Standard-Metrik zum Vergleich von SR ist, neben Korrektklassifikationsrate und Präzision, die *Equal Error Rate* (EER). Das moderne Ende-zu-Ende Netzwerk *RawNet* erreicht bspw. eine EER von 4 % (Jung et al. 2019). Viele Sprachdatensätze mit unterschiedlichen Sprecher*innen können für das Training von SR verwendet werden. Oft genutzt werden vor allem *NIST SRE* (Przybocki & Martin 2001) oder *VoxCeleb2* (Chung et al. 2018).

Bei der Sprachidentifikation (*Language Identification* – LID) wird die Sprache einer unbekannten sprechenden Person identifiziert (Muthusamy et al. 1994). Dafür werden zuerst Sprachfeatures extrahiert und anschließend wird durch HMMs/GMMs oder NN die Klassifikation vorgenommen. Neben den Standardmetriken wird wie bei der Sprechererkennung die EER zur Evaluation genutzt. Aktuelle Korrektklassifikationsraten liegen je nach Sprache und Datensatz bei über 95 % (Garain et al. 2021). Verwendete Datensätze sind bspw. das *5M LID Corpus* von Google (Lopez-Moreno et al. 2014) oder das *Common Voice Corpus* von Mozilla (Ardila et al. 2020). Beispiele für aktuelle Verfahren sind *CapsNet* (Verma & Buduru 2020) und *FuzzyGCP* (Garain et al. 2021).

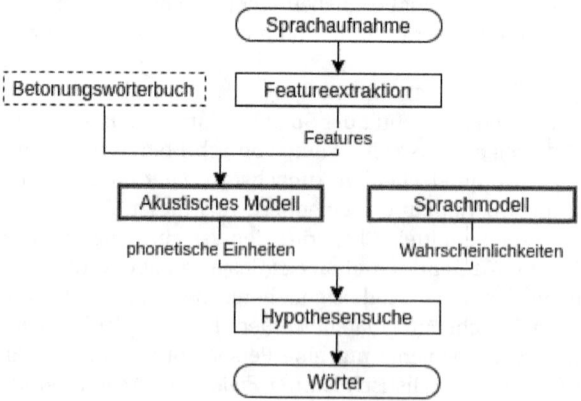

Abb. 1: Klassischer Aufbau eines Spracherkennungssystems

Bei der automatischen Spracherkennung (*Automatic Speech Recognition* – ASR) werden gesprochene Wörter zu Text transkribiert (Rabiner & Juang 1993). Abbildung 1 zeigt den klassischen Aufbau von Spracherkennungssystemen. Diese bestehen aus einem akustischen Modell, welches mit HMMs/GMMs oder NN die Verbindung zwischen Audiosignal und phonetischen Einheiten anhand zuvor extrahierter Audiofeatures (Featureextraktion) modelliert und einem Sprachmodell, welches Wahrscheinlichkeiten für hypothetische Wortanreihungen berechnet. Dazu werden Modelle basierend auf Grammatiken, statistischen Modellen unter Benutzung von n-Grammen oder ebenfalls NN eingesetzt. Zuletzt wird mit Hilfe beider Modelle die wahrscheinlichste Wortanreihung zurückgegeben (Hypothesensuche). In älteren Ansätzen benötigt das akustische Modell zusätzlich ein Betonungswörterbuch, welches zu jedem Wort die entsprechende phonetische Transkription enthält. In neueren Ansätzen werden alle Bestandteile in einem Ende-zu-Ende System kombiniert.

Zur Evaluation werden verschiedene Metriken anhand der zu erkennenden und erkannten Wörter berechnet. Die Wörter lassen sich zum einen isoliert voneinander betrachten und zum anderen können sie aneinander ausgerichtet werden, um Einfügungen, Löschungen und Ersetzungen zu identifizieren und in Metriken einfließen zu lassen. Die Wortfehlerrate (*Word Error Rate* – WER) ist die dabei am häufigsten verwendete Metrik und liegt je nach Sprache bei Menschen etwa bei 4 bis 6 % (Amodei et al. 2016) und bei Spracherkennungssystemen bei bis zu 2 bis 3 % (Kriman et al. 2020). Häufig eingesetzte Korpora sind das *LibriSpeech Corpus* (Panayotov et al. 2015) oder Datensätze vom LDC (Linguistic Data Consortium o. J.). *QuartzNet* (Kriman et al. 2020) und *Deep Speech 2* (Amodei et al. 2016) sind Beispiele für Spracherkennungssysteme.

In der Emotionsklassifikation (*Speech Emotion Recognition* – SER) werden ausgedrückte Emotionen wie Fröhlichkeit, Ängstlichkeit, Wut oder Neutralität im Gesprochenen identifiziert (El Ayadi et al. 2011). Dafür werden wie bei der Sprachidentifikation zuerst Sprachfeatures extrahiert und anschließend Emotionen mit HMMs/GMMs bzw. mit NN klassifiziert. Datensätze sind bspw. die *Berlin Database of Emotional Speech* (Emo-DB) (Burkhardt et al. 2005) oder der *Speech Under Simulated and Actual Stress*-Datensatz (SUSAS) (Hansen 1999).

4 Retrieval akustischer Ereignisse

Im Jahr 1953 begann Colin Cherry mit der empirischen Erforschung der Verhaltenskonzepte, die hinter der menschlichen Fähigkeit stehen, selektiv auf die Stimme eines Sprechers in einem Gemisch verschiedener Sprachsignale zu achten, bekannt als das Cocktailparty-Problem (Cherry 1953). Der Bereich der computergestützten Trennung von Schallquellen entwickelte sich auf der Grundlage der Annahme, dass der Mensch eine auditive Szenenanalyse durchführt, um die Geräusche verschiedener Quellen in separate mentale Repräsentationen umzuwandeln (Bregman 1994). Die Trennung von sich überlappenden akustischen Signalen ist für die automatische Spracherkennung über große Entfernungen in unterschiedlichen Umgebungen von besonderer Bedeutung – insbesondere unter Berücksichtigung der Probleme von Nachhall und additivem Hintergrundrauschen (Barker et al. 2013). Menschliche Sprache ist jedoch nur eine Modalität der Informationskodierung. Mit der Einführung intelligenter Geräte, die „hören" können (z. B. Smartphones oder Roboter), sind auch andere Schallquellen und Ereignisse von Interesse, da sie zusätzliche Informationen übertragen können, die in der Sprache nicht enthalten sind (Stowell et al. 2015). Die Erkennung und Klassifizierung von akustischen Ereignissen ist somit ein Teilbereich der computergestützten auditorischen Szenenanalyse (Wang & Brown 2006), bei der wahrgenommene Geräuschen Klassen und Labels zugeordnet werden. Eingesetzt werden Systeme zur Erkennung akustischer Ereignisse häufig *beim Ambient-Assisted Living* (z. B. Vacher et al. 2011), im Bereich der zivilen Sicherheit (z. B. Clavel et al. 2005), in der Bioakustik (z. B. Kahl, Denton et al. 2021), aber auch zur Metadatenanreicherung von großen audiovisuellen Korpora (z. B. Berger et al. 2015).

Die automatisierte Erkennung akustischer Events teilt sich dabei in mehrere Bereiche, die sich im Wesentlichen durch den Detailgrad der Analyseergebnisse unterscheiden. Bei der automatisierten Szenenklassifikation (*acoustic scene classification*) wird einer Audio-Aufnahme genau ein Label aus einer vorgegebenen Menge Kategorien zugeordnet (z. B. Bar, Wald, Theater). Dabei spielen Häufigkeit und Salienz bestimmter akustischer Ereignisse eine untergeordnete Rolle, da lediglich der Gesamteindruck bewertet wird. Bei der Verschlagwortung von akustischen Szenen (*acoustic scene tagging* oder *audio tagging*) können einer Szene dagegen mehrere Schlagwörter (*tags*) einer fest vorgegebenen Menge von Kategorien zugeordnet werden. Dabei werden Tags basierend auf den detektierten akustischen Events vergeben, allerdings unabhängig von deren Vorkommenshäufigkeit. Das bietet den Vorteil, auch bei geringem Recall eine recht genaue Einordnung der Szene zu ermöglichen, da die Erkennung einer Instanz eines Events ausreicht, um einen Tag zu vergeben. Gleichzeitig kann die Präzision erhöht werden, indem man das Vorkommen mehrerer Instanzen eines akustischen Events zur Voraussetzung der Vergabe eines Tags macht (z. B. müssen mehrere Instanzen vorbeifahrender Autos erkannt werden, um auf eine stark befahrene Straße schließen zu können). Die Menge an akustischen Events einer Kategorie kann ebenso eine semantische Zuordnung erlauben. So kann z. B. die Anzahl an Vogelstimmen in einer Audiodatei auf Habitat und Zeitpunkt der Aufnahme schließen lassen.

Voraussetzung für die Vergabe von Kategorien und Tags ist i. d. R. die Klassifikation einzelner, isolierter akustischer Ereignisse. Dabei unterscheidet man hier zwei Stufen der Erkennung: die eigentliche Entdeckung eines Events (*acoustic event detection* – AED) mit Start- und Endzeitmarke und die anschließende Kategorisierung dieses Events (*acoustic event classification* – AEC).

Die Betitelung von Audioaufnahmen (*audio captioning*) ist ein an die Generierung von Bildunterschriften (*image captioning*) angelehntes Forschungsgebiet, bei dem anstatt einzelner Labels semantische Beschreibungen auf Basis einer Folge von akustischen Ereignissen erzeugt wird. Dabei werden bspw. nicht nur die Kategorien „Tür" und „Knall" für eine Aufnahme vergeben, sondern stattdessen eine Beschreibung der Art „Schwere Holztür, die mit lautem Knall ins Schloss fällt" generiert.

Die Klassifikation erfolgt nach der Merkmalsextraktion i. d. R. schrittweise im sog. *Sliding Window*-Ansatz. Dabei wird in bestimmten Abständen ein wenige Millisekunden bis mehrere Sekunden langes Kontextfenster über eine Audioaufnahme gelegt, die Merkmale für dieses Fenster bestimmt und der Teilabschnitt anschließend einer Kategorie zugeordnet. Bei komplexen akustischen Ereignissen mit hoher Klassenheterogenität gehören heute *Convolutional Neural Networks* (CNN), die Spektrogramme als Input-Daten verarbeiten, zum State-of-the-Art der Audioklassifikation (Xia et al. 2019).

Aktuelle Forschung konzentriert sich auf die Problemfelder sich überlappender Ereignisse, die Trennung von Schallquellen im analysierten Audiosignal und der Erkennung von seltenen akustischen Ereignissen mit sehr wenigen Trainingsbeispielen. Besonderes Augenmerk gilt hier der akustischen Lücke zwischen Trainings- und Testdaten, bei der durch Augmentation die Unterschiede zwischen qualitativ hochwertigen (Studio-)

Aufnahmen und Aufnahmen mit schlechtem Signal-Rausch-Verhältnis (*signal noise ratio* – SNR) ausgeglichen werden sollen.

Da es sich bei der Erkennung von akustischen Events oft um die Zuweisung genau einer Kategorie handelt, werden i. d. R. bekannte Klassifikationsmetriken wie die *Top-1 Accuracy* eingesetzt. Ebenso sind F-Maße bestehend aus *Precision* und *Recall* gängige Metriken. Im Falle von Multi-Label Klassifikation bei mehreren, gleichzeitig vorkommenden Events, wird oft auf Ranking-Metriken wie die *Mean Average Precision* zurückgegriffen. Da akustische Events in Spektrogrammen auch als *Bounding Box* mit Ausdehnung in Frequenz und Zeit annotiert sein können, finden auch Überlappungsmetriken aus der Objekterkennung wie die *Intersection over Union* Verwendung. Bekannte Evaluationskampagnen sind DCASE (Stowell et al. 2015) und BirdCLEF (Kahl, Wood et al. 2021). Oft verwendete Datensets schließen das *Google AudioSet* (Gemmeke et al. 2017) und auf dem Freesound.org-Archiv basierende Sammlungen von akustischen Events (Freesound 2021) ein.

5 Fazit

Audio- und Musik-Retrieval ist ein heute gut beforschtes Themengebiet. Zum Teil existieren bereits auch sehr erfolgreiche kommerzielle Produkte. Dennoch lassen sich in Tiefe und Breite zahlreiche offene Forschungsfragen identifizieren.

6 Literaturverzeichnis

Amodei, D., Ananthanarayanan, S., Anubhai, R., Bai, J., Battenberg, E., Case, C., Casper, J., Catanzaro, B., Cheng, Q., Chen, G., Chen, J., Chen, J., Chen, Z., Chrzanowski, M., Coates, A., Diamos, G., Ding, K., Du, N., Elsen, E., Zhu, Z. et al. (2016). Deep Speech 2: End-to-End Speech Recognition in English and Mandarin. In M. F. Balcan & K. Q. Weinberger (Eds.), *Proceedings of the 33rd International Conference on Machine Learning* (Vol. 48, S. 173–182). PMLR. https://proceedings.mlr.press/v48/amodei16.html.

Ardila, R., Branson, M., Davis, K., Kohler, M., Meyer, J., Henretty, M., Morais, R., Saunders, L., Tyers, F. & Weber, G. (2020). Common Voice: A Massively-Multilingual Speech Corpus. *Proceedings of the 12th Language Resources and Evaluation Conference*, 4218–4222. https://aclanthology.org/2020.lrec-1.520.

Barker, J., Vincent, E., Ma, N., Christensen, H. & Green, P. (2013). The PASCAL CHiME speech separation and recognition challenge. *Computer Speech & Language*, 27(3), 621–633. https://doi.org/10.1016/j.csl.2012.10.004.

Berger, A., Ritter, M., Eibl, M., Heinich, S., Herms, R., Kahl, S., Kürsten, S., Kurze, A., Manthey, R., Rickert, M. & Ritter, M. (2015). ValidAX-Validierung der Frameworks AMOPA und XTRIEVAL. *Chemnitzer Informatik-Berichte CSR-15-01*. https://nbn-resolving.org/urn:nbn:de:bsz:ch1-qucosa-158977

Bregman, A. S. (1994). *Auditory scene analysis: The perceptual organization of sound.* MIT press. https://doi.org/10.7551/mitpress/1486.001.0001.

Burkhardt, F., Paeschke, A., Rolfes, M., Sendlmeier, W. & Weiss, B. (2005). A database of German emotional speech. *9th European Conference on Speech Communication and Technology*, 5, 1517–1520. https://doi.org/10.21437/Interspeech.2005-446.

Chaturvedi, V., Kaur, A. B., Varshney, V., Garg, A., Chhabra, G. S. & Kumar, Munish (2021). Music mood and human emotion recognition based on physiological signals: a systematic review. *Multimedia Systems*, 28, 21–44. https://doi.org/10.1007/s00530-021-00786-6.

Cherry, E. C. (1953). Some experiments on the recognition of speech, with one and with two ears. *The Journal of the acoustical society of America*, 25(5), 975–979. https://doi.org/10.1121/1.1907229.

Chung, J. S., Nagrani, A. & Zisserman, A. (2018). VoxCeleb2: Deep Speaker Recognition. *Proceedings of Interspeech 2018*, 1086–1090. https://doi.org/10.21437/Interspeech.2018-1929.

Clavel, C., Ehrette, T. & Richard, G. (2005). Events detection for an audio-based surveillance system. In *2005 IEEE International Conference on Multimedia and Expo* (S. 1306–1309). IEEE. https://doi.org/10.1109/ICME.2005.1521669.

Ekman, P. (2003). *Emotions revealed: Recognizing faces and feelings to improve communication and emotional life.* Times Books/Henry Holt and Co.

El Ayadi, M., Kamel, M. S. & Karray, F. (2011). Survey on speech emotion recognition: Features, classification schemes, and databases. *Pattern Recognition*, 44(3), 572–587. https://doi.org/10.1016/j.patcog.2010.09.020.

Freesound.org lab datasets (2021). *Freesound.org*. http://labs.freesound.org/datasets/.

Garain, A., Singh, P. K. & Sarkar, R. (2021). FuzzyGCP: A deep learning architecture for automatic spoken language identification from speech signals. *Expert Systems with Applications*, 168, 114416. https://doi.org/10.1016/j.eswa.2020.114416.

Gemmeke, J. F., Ellis, D. P., Freedman, D., Jansen, A., Lawrence, W., Moore, R. C., Plakal, M. & Ritter, M. (2017). Audio set: An ontology and human-labeled dataset for audio events. In *2017 IEEE International Conference on Acoustics, Speech and Signal Processing (ICASSP)* (S. 776–780). IEEE.

Hansen, J. H. L. (1999). *SUSAS LDC99S78*. https://doi.org/10.35111/x4at-ff87.

Horiguchi, S., Fujita, Y., Watanabe, S., Xue, Y. & Nagamatsu, K. (2020). End-to-End Speaker Diarization for an Unknown Number of Speakers with Encoder-Decoder Based Attractors. *Proceedings of Interspeech 2020*, 269–273. https://doi.org/10.21437/Interspeech.2020-1022.

Jung, J.-W., Heo, H.-S., Kim, J.-H., Shim, H.-J. & Yu, H.-J. (2019). RawNet: Advanced End-to-End Deep Neural Network Using Raw Waveforms for Text-Independent Speaker Verification. *Proceedings of Interspeech 2019*, 1268–1272. https://doi.org/10.21437/Interspeech.2019-1982.

Kahl, S., Denton, T., Klinck, H., Glotin, H., Goëau, H., Vellinga, W. P., Planqué, R. & Joly, A. (2021). Overview of BirdCLEF 2021: Bird call identification in soundscape recordings. In G. Faggioli, N. Ferro, A. Joly, M. Maistro & F. Piroi (Eds.), *Proceedings of the Working Notes of CLEF 2021* (S. 1437–1450). http://ceur-ws.org/Vol-2936/#paper-123.

Kahl, S., Wood, C. M., Eibl, M. & Klinck, H. (2021). BirdNET: A deep learning solution for avian diversity monitoring. *Ecological Informatics*, 61, 101236.

Kingsbury, P., Strassel, S., McLemore, C. & McIntyre, R. (1997). *CALLHOME American English Transcripts LDC97T14*. Linguistic Data Consortium. https://doi.org/10.35111/z1z4-ep76.

Kinoshita, K., Delcroix, M. & Tawara, N. (2021). Advances in integration of end-to-end neural and clustering-based diarization for real conversational speech. *arXiv*:2105.09040.

Kotsifakos, A., Papapetrou, P., Hollmén, J., Gunopulos, D. & Athitsos, V. (2012). A Survey of Query-By-Humming Similarity Methods. In F. Makedon (Ed.), *Proceedings of the 5th International Conference on PErvasive Technologies Related to Assistive Environments*. ACM. https://doi.org/10.1145/2413097.2413104.

Kriman, S., Beliaev, S., Ginsburg, B., Huang, J., Kuchaiev, O., Lavrukhin, V., Leary, R., Li, J. & Zhang, Y. (2020). QuartzNet: Deep Automatic Speech Recognition with 1D Time-Channel Separable Convolutions. *ICASSP 2020 – 2020 IEEE International Conference on Acoustics, Speech and Signal Processing (ICASSP)*, 6124–6128. https://doi.org/10.1109/ICASSP40776.2020.9053889.

Kruskal, J. B., Liberman, M. (1983). The symmetric time warping algorithm: From continuous to discrete. In D. Sankoff & J. B. Kruskall (Eds.), *Time Warps, String Edits and Macromolecules: the Theory and Practice of Sequence Comparison* (S. 125–161). Addison-Wesley.

Li, J., Lavrukhin, V., Ginsburg, B., Leary, R., Kuchaiev, O., Cohen, J. M., Nguyen, H. & Gadde, R. T. (2019). Jasper: An End-to-End Convolutional Neural Acoustic Model. *Proceedings of Interspeech 2019*, 71–75. https://doi.org/10.21437/Interspeech.2019-1819.

Linguistic Data Consortium (o. J.). *LDC catalog by year*. Abgerufen 26. November 2021, von https://catalog.ldc.upenn.edu/byyear.

Lopez-Moreno, I., Gonzalez-Dominguez, J., Plchot, O., Martinez, D., Gonzalez-Rodriguez, J. & Moreno, P. (2014). Automatic language identification using deep neural networks. *2014 IEEE International Conference on Acoustics, Speech and Signal Processing (ICASSP), 5337–5341. https://doi.org/10.1109/ICASSP.2014.6854622.

Lyon, J. (2018). *Google's Next Generation Music Recognition*. Google AI Blog (14. September 2018). https://ai.googleblog.com/2018/09/googles-next-generation-music.html.

Mitrović, D., Zeppelzauer, M. & Breiteneder, C. (2010). Chapter 3 – Features for Content-Based Audio Retrieval. In Zelkowitz, M. (Ed.), *Advances in Computers: Improving the Web* (Vol. 78, S. 71–150). Elsevier. https://doi.org/10.1016/S0065-2458(10)78003-7.

Murthy, Y. V. Srinivasa; Koolagudi, Shashidhar G. (2018). Content-Based Music Information Retrieval (CBMIR) and Its Applications toward the Music Industry: A Review. *ACM Computing Surveys*, 51(3), Artikel 45. https://doi.org/10.1145/3177849.

Muthusamy, Y., Barnard, E. & Cole, R. (1994). Reviewing automatic language identification. *IEEE Signal Processing Magazine*, 11(4), 33–41. https://doi.org/10.1109/79.317925.

Panayotov, V., Chen, G., Povey, D. & Khudanpur, S. (2015). Librispeech: An ASR corpus based on public domain audio books. *2015 IEEE International Conference on Acoustics, Speech and Signal Processing (ICASSP)*, 5206–5210. https://doi.org/10.1109/ICASSP.2015.7178964.

Parsons, Denys (1975). *The Directory of Tunes and Musical Themes*. S. Brown.

Przybocki, Mark & Martin, A. (2001). *2000 NIST Speaker Recognition Evaluation LDC2001S97*. Linguistic Data Consortium. https://doi.org/10.35111/ex24-j205.

Rabiner, L. & Juang, B.-H. (1993). *Fundamentals of speech recognition*. PTR Prentice Hall.

Russell, J. (1980). A circumplex model of affect. *Journal of Personality and Social Psychology*, 39(6), S. 1161–1178. https://psycnet.apa.org/doi/10.1037/h0077714.

Stowell, D., Giannoulis, D., Benetos, E., Lagrange, M. & Plumbley, M. D. (2015). Detection and classification of acoustic scenes and events. *IEEE Transactions on Multimedia*, 17(10), 1733–1746. https://doi.org/10.1109/TMM.2015.2428998.

Vacher, M., Portet, F., Fleury, A. & Noury, N. (2011). Development of audio sensing technology for ambient assisted living: Applications and challenges. *International Journal of E-Health and Medical Communications (IJEHMC)*, 2(1), 35–54.

Verma, M. & Buduru, A. B. (2020). Fine-grained Language Identification with Multilingual CapsNet Model. *2020 IEEE Sixth International Conference on Multimedia Big Data (BigMM)*, 94–102. https://doi.org/10.1109/BigMM50055.2020.00023.

Wang, D. & Brown, G. J. (2006). *Computational auditory scene analysis: Principles, algorithms, and applications*. Wiley-IEEE press.

Wang, Q., Downey, C., Wan, L., Mansfield, P. A. & Moreno, I. L. (2018). Speaker Diarization with LSTM. *2018 IEEE International Conference on Acoustics, Speech and Signal Processing (ICASSP)*, 5239–5243. https://doi.org/10.1109/ICASSP.2018.8462628.

Xia, X., Togneri, R., Sohel, F., Zhao, Y. & Huang, D. (2019). A survey: neural network-based deep learning for acoustic event detection. *Circuits, Systems, and Signal Processing*, 38(8), 3433–3453.

Yu, D. & Deng, L. (2016). *Automatic Speech Recognition: A Deep Learning Approach*. Springer London.

Zhao, J., Mao, X. & Chen, L. (2019). Speech emotion recognition using deep 1D & 2D CNN LSTM networks. *Biomedical Signal Processing and Control*, 47, 312–323. https://doi.org/10.1016/j.bspc.2018.08.035.

Christa Womser-Hacker

C 7 Cross-Language Information Retrieval (CLIR)

1 Motivation und Herausforderungen

Durch die ständig wachsende internationale Vernetzung ist auch bei der Suche nach Information seit langem eine intensive Entwicklung in Richtung Mehrsprachigkeit feststellbar. Diese wird meist von den Systemen und Technologien her betrachtet. Im informationellen Kontext ist auch die Seite der Nutzer*innen hinzuzuziehen, die etwa in Hinblick auf ihre Mehrsprachigkeit sehr unterschiedlich einzuschätzen sind. Kompetenzen in verschiedenen Sprachen sind eher die Regel als reiner Monolingualismus, der heute nur sehr selten vorzufinden ist. Die Nutzer*innen unterscheiden sich in den Niveaus ihrer Sprachkompetenz, die von rudimentärem Sprachverständnis bis hin zu muttersprachlichen Fähigkeiten reichen. Es wird zunehmend zur Gewohnheit und auch zur Notwendigkeit, auf multilinguale Kollektionen zuzugreifen und nach Information nicht nur in der Muttersprache zu suchen. Oft hängt dies auch davon ab, ob in beruflichen oder privaten Umgebungen mit entsprechenden Zielsetzungen gesucht wird. Information bleibt Information, auch wenn verschiedene Sprachen aufeinandertreffen, was z. B. für verschiedene mediale Formen von Informationsobjekten wie z. B. Bilder gilt.

Da die Systeme im Bereich des Information Retrieval (IR) auch in der heutigen Zeit in erster Linie textuelle Objekte verarbeiten, spielen die Sprachen, in denen die Texte abgefasst sind, eine entscheidende Rolle. Zentral ist das Ziel, Nutzer*innen die in den Texten enthaltene Information bereitzustellen. Um dies zu ermöglichen, muss das sprachliche Problem überbrückt werden. Einige Suchmaschinen und Retrievalsysteme haben sich diesen Anforderungen bereits angepasst und mit CLIR-Angeboten die Last des Übersetzens von den Benutzer*innen genommen.

Historisch setzt Grefenstette (1998) den Beginn von CLIR mit dem *Workshop on Cross-Linguistic Information Retrieval* auf der SIGIR'96 (Konferenz der Special Interest Group Information Retrieval) gleich. Einen großen Antrieb erhielt CLIR zunächst durch die *Text Retrieval Conference* TREC-8 (Braschler et al. 1999) sowie durch das *Cross-Language Evaluation Forum* und die dort entstandene CLEF-Evaluierungsinitiative, die sich insbesondere mit CLIR-Systemen für europäische Sprachen befasste (s. Peters et al. 2002; Kapitel C 8 Evaluation im Information Retrieval).

In diesem Beitrag soll zunächst eine begriffliche Einordnung (Abschnitt 2) vorgenommen werden, bevor die CLIR-Systeme (in den Abschnitten 3 und 4) zur Sprache kommen. Stellvertretend für verschiedene Evaluierungsinitiativen, die Mehrsprachigkeit in den Blick nehmen, widmet sich Abschnitt 5 CLEF. In Abschnitt 6 wird kurz auf einige Ergebnisse/Studien eingegangen, die die Nutzerperspektive einbeziehen, und zum Schluss findet sich ein kurzes Fazit.

2 Definition und begriffliche Abgrenzung

Mit dem Term *Cross-Language* oder CLIR ist im Allgemeinen die Überbrückung der Sprachbarriere bei der Suche nach Information gemeint, d. h. durch den gemeinsamen

Einsatz von Retrieval-Technologien und Maschineller Übersetzung (MÜ) kann der Zugriff auf Information in verschiedenen Sprachen erfolgen. Im engeren Sinn zeichnet sich CLIR durch die sprachliche Unterschiedlichkeit von Dokument- und Anfragesprache aus, d. h. die Sprachen der Dokumente und die der Anfragen von Nutzer*innen weichen voneinander ab.

Eine entsprechende Definition von CLIR geben Sun & Duh: „Cross-Lingual Information Retrieval (CLIR) is a retrieval task in which search queries and candidate documents are written in different languages." (Sun & Duh 2020, S. 4160) Zhou et al. liefern den Bezug zur Information mit: „CLIR engines provide a mechanism through which information can be accessed regardless of the language in which it is authored." (Zhou et al. 2012, S. 1–2) Grefenstette als einer der ersten Wegbereiter definiert CLIR folgendermaßen:

> Information retrieval systems should provide help in searching for information across language boundaries. This situation has given rise to a new research area called Cross Language Information Retrieval, at the intersection of Machine Translation and Information Retrieval. (Grefenstette 1998, S. 1)

Eine begriffliche Abgrenzung wird mittlerweile zwischen *multilingualem IR* und *cross-lingualem IR* vollzogen. Multilinguales IR bezeichnet mehrere parallel geschaltete monolinguale Systeme, wobei sich die Anfrage- und Objektsprache nicht unterscheidet. Es wird also z. B. mit französischen Termen ausschließlich auf französische Texte zugegriffen. CLIR hingegen kann auf eine Anfrage in einer bestimmten Sprache (z. B. L1) Informationsobjekte aus anderen Sprachen (L2 oder L3) liefern (s. Abbildung 1).

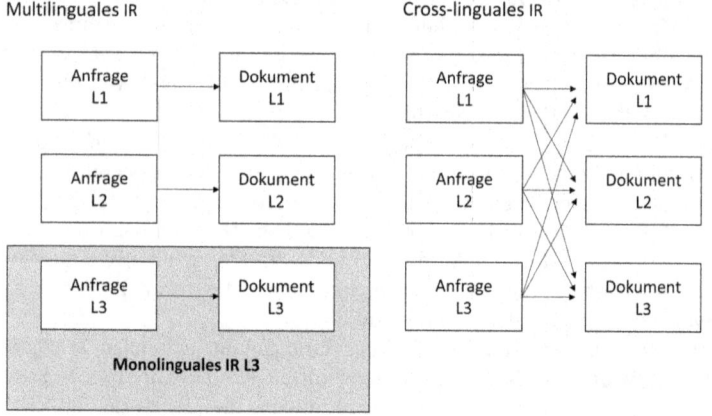

Abb. 1: Multilinguales und cross-linguales IR

3 Traditionelle Ansätze des CLIR

Wie generell im IR geht es auch im CLIR darum, in einer großen Datenmenge Informationsobjekte aufzufinden, die dem Informationsbedürfnis der Nutzer*innen – repräsentiert durch eine Suchanfrage – entsprechen. Im CLIR kann es aber der Fall sein, dass

Anfrage und Ergebnisdokumente in unterschiedlichen Sprachen verfasst sind. Die Suchanfrage kann monolingual sein oder aus multilingualen Termen bestehen.

CLIR-Systeme bedürfen einer gewissen Vorverarbeitung der textuellen Objekte. Anfängliche Herausforderungen auf der Erschließungsseite bestehen zunächst in der Erkennung des Zeichensatzes und der Sprachidentifikation, um herauszufinden, welche Werkzeuge zur Repräsentation des sprachlich codierten Wissens eingesetzt werden müssen. Gottron & Lipka (2010) beschreiben die verschiedenen Ansätze zur Sprachidentifikation und fokussieren sich dabei auf die Seite der Anfragen, bei denen die Problematik aufgrund ihrer Kürze verstärkt ist.

Bei längeren Texten ist zu beachten, dass sie in verschiedenen Sprachen abgefasst sein können und die Sprachidentifikation auch innerhalb der Texte ansetzen muss (Fenstertechnik). Ist die Sprache identifiziert, können die sprachlich gebundenen Indexierungswerkzeuge wie z. B. Stemmer, Stoppwortlisten, Kompositaanalyse oder Eigennamenerkennung zum Einsatz kommen (s. Kapitel B 3 Automatisches Indexieren).

3.1 Einsatz von Maschineller Übersetzung

Generelle CLIR-Ansätze führen IR und MÜ zusammen. Dabei wurde meist zuerst das Übersetzungsproblem bearbeitet, um dann Instanzen von monolingualem Retrieval durchführen zu können.

Die Variation besteht darin, welche Übersetzungswerkzeuge zum Einsatz kommen und an welcher Stelle des CLIR-Workflows die Übersetzung eingreift: bei den Dokumenten, beim Index oder bei der Suchanfrage. Im CLIR ist nicht das Ziel, eine vollkommen akkurate Übersetzung von höchster Qualität (s. Heid 2013, S. 302) zu liefern, sondern den Zugriff auf mehrsprachige Information zu ermöglichen, d. h., dass manche linguistischen Phänomene z. B. aus der Pragmatik eine geringere Rolle spielen, im Gegensatz z. B. zu der Problematik der Ambiguität sprachlicher Ausdrücke. Auch sind bestimmte Wortarten wie Nomen von höherer Bedeutung im CLIR, da sie in Anfragen häufiger vorkommen als z. B. Verben. Abbildung 2 zeigt das IR-Grundmodell und die Positionen für Übersetzung im CLIR.

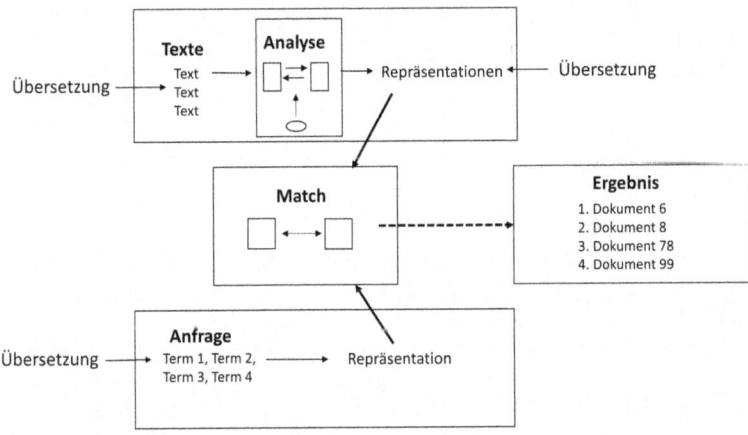

Abb. 2: Übersetzungsoptionen im CLIR

Da die komplette Übersetzung der Dokumente in großen Kollektionen zu umfangreich ist, setzt man meist auf die wesentlich effizientere Übersetzung der Anfragen, obwohl den Nutzer*innen dadurch natürlich die vollständige Bewertung der Antwortdokumente nicht immer möglich ist. Jedoch können die Resultate oder ein gewähltes Subset gezielt übersetzt werden, um es den Nutzer*innen zugänglich zu machen und eine genaue Prüfung zu ermöglichen. Hier können die Systeme von der Sprachkompetenz der Nutzer*innen profitieren. Denn der Ausschluss von nicht-relevanten Dokumenten ist oft auch ohne intensive Sprachkenntnisse möglich.

Die MÜ muss in den Ablauf des IR eingepasst werden, was an mehreren Stellen Entscheidungen bzgl. der Systemarchitektur verlangt. Beispielsweise stellen kurze Anfragen oft ein Problem für die Übersetzung dar und werden zunächst systemseitig z. B. um Synonyme oder ähnliche Terme erweitert, um bessere Ergebnisse zu erzielen. Im Fall von CLIR ist zu entscheiden, ob die Anfrageexpansion vor oder nach der Übersetzung erfolgen soll. In der Ergebnisliste müssen die Dokumente dann fusioniert und angeordnet werden, was die Auswahl geeigneter Fusions- und Rankingalgorithmen erfordert (s. Abbildung 3).

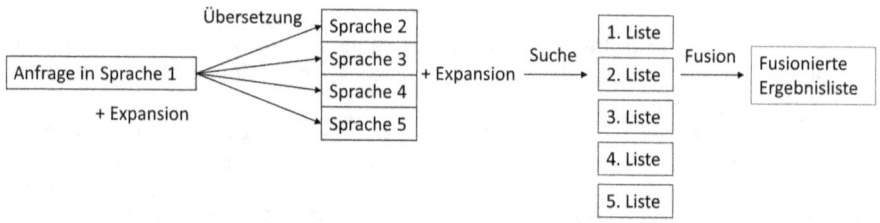

Abb. 3: CLIR-Workflow

Neben Homonymie und Polysemie führen oftmals Eigennamen zu Problemen bei der Übersetzung. Dies ist im IR-Kontext von besonderer Bedeutung, weil sich gerade die Eigennamen als gute „Anker" für das Retrieval herausgestellt haben (s. Mandl & Womser-Hacker 2004). Damit ist gemeint, dass man sich durch das Identifizieren von Eigennamen meist in einem relevanten Bereich befindet. Auch das sog. *Out of Vocabulary*-Problem (d. h., ein Term ist nicht im Suchindex vorhanden) führt das CLIR z. T. an seine Grenzen, da in Kombination mit kurzen Anfragen die informationelle Ausgangsbasis stark reduziert wird.

3.2 Ressourcen

Die MÜ ist auf vielfältige Ressourcen angewiesen, wie z. B. elektronische Wörterbücher, semantische Netze wie WordNet[1] etc. So können z. B. für die Übersetzung der Anfrage bilinguale Wörterbücher, Korpora oder entsprechende Übersetzungswerkzeuge verwendet werden (s. Kapitel B 14 Maschinelle Übersetzung). Da die Verfügbarkeit derartiger Tools nicht für alle Sprachen gleichermaßen gegeben ist, muss in manchen Fällen ein „Umweg" genommen werden. Meist kommt hier das Englische, für das viele Ressourcen

---

[1] wordnet.princeton.edu.

und Werkzeuge zur Verfügung stehen, als *Pivot*-Sprache zum Einsatz, was bedeutet, dass es die Rolle einer Vermittlungsinstanz übernimmt. Interlingua-basierte Systeme, die eine Generalisierung über viele Sprachen bieten, spielen in CLIR-Anwendungen wegen ihrer geringen Verfügbarkeit eine untergeordnete Rolle (s. Heid 2013, S. 306).

Auch parallele Korpora (Abusalah et al. 2005, S. 176) werden für Übersetzungszwecke verwendet. Sie enthalten Texte in verschiedenen Sprachen, deren Bestandteile (Wörter, Sätze, Phrasen etc.) durch Alignment-Verfahren zur Erzeugung von Äquivalenzpaaren miteinander in Beziehung gesetzt werden. Oftmals finden nicht nur vollkommen parallele Korpora Verwendung, deren Einzeldokumente Übersetzungen voneinander sind, sondern auch solche, die bzgl. des Inhalts „ähnlich" oder „vergleichbar" sind. Dafür werden sog. Ankerpunkte (s. Heid 2013, S. 308) wie Eigennamen, Datumsangaben etc. genutzt. Eine reiche Quelle bilden in diesem Zusammenhang z. B. Rechtstexte der Europäischen Union (EUR-Lex). Auch das europäische Infrastrukturprojekt Common Language Resources and Technology Infrastructure (CLARIN) stellt hier umfangreiches Material zur Verfügung (s. Hinrichs & Trippel 2017).

Ein Beispiel für Multilinguale Thesauri ist Eurovoc, der mehrsprachige Thesaurus der Europäischen Union. Für geographische Eigennamen stehen sog. Gazetteers zur Verfügung, die z. B. Ortsnamen und ihre Übersetzungen enthalten.

Mehrfach wurde auch die Online-Enzyklopädie Wikipedia als Ressource für CLIR verwendet, indem die dort vorhandene große Vielfalt an Sprachen und die hohe Anzahl an Dokumenten genutzt wurde, um Relevanzzusammenhänge der monolingualen Daten auf andere Sprachen zu übertragen (s. Sorg & Cimiano 2012; Sun & Duh 2020).

Eigennamenerkenner identifizieren Eigennamen in Texten und ordnen sie in eine bestimmte Klasse (Personennamen, Firmennamen, geographische Eigennamen etc.) ein. Eigennamen verhalten sich in mehrsprachigen Kontexten nicht regelhaft. Sie werden manchmal übersetzt, manchmal nicht und es gibt keine Regel, die hier 100%ig greift. Sie stehen nicht in Fremdwörterlexika und stellen außerdem eine offene Klasse dar, d. h., es können immer wieder neue Eigennamen gebildet werden.

So wird z. B. München übersetzt → *Munich* (engl.), *Múnich* (span.), *Monaco* (ital.), *Munich* (frz.), Hildesheim dagegen nicht. Auch manche Personennamen erfahren eine Transliteration oder Übersetzung: *Pippi Langstrumpf* → *Fifi Brindacier* (frz.), *Pippi Longstocking* (engl.), *Pippi Calzaslargas* (span.).

4 Machine-Learning-Ansätze im CLIR

In den letzten Jahren wurden auch Machine-Learning-Ansätze verwendet, um das CLIR zu unterstützen (s. Kapitel C 11 Informationsrecherche und B 12 Automatische Sprachverarbeitung NLP). Jiang et al. (2020, S. 26) nennen zwei Formen von Ansätzen:

Die erste Gruppe nutzt in großen Korpora vortrainierte *word embeddings* wie z. B. word2vec (s. Mikolov et al. 2017) oder GloVe (Pennington et al. 2014) zur CLIR-Optimierung. Zum Einsatz kommen meist Kookkurrenz-Statistiken, die die zugrundeliegenden Verteilungsstrukturen modellieren. Auch bilinguale Embeddings werden verwendet, die Anfragen und Dokumente in verschiedenen Sprachen abbilden und anschließend das Ranking durchführen. Mit word2vec können auch Termgewichte der Anfragen gelernt werden (s. Kapitel C 9 Sprachmodelle und Neuronale Netze im IR).

In der zweiten Sparte von Ansätzen werden *deep neural networks* benutzt, die große Mengen von Anfrage-Dokument-Paaren mit annotierter Relevanzinformation zugrunde legen. Hier ist anzumerken, dass Relevanzannotationen oft nicht verfügbar sind. Ein vortrainiertes Modell ist BERT (s. Devlin et al. 2019), das z. B. bei Jiang et al. (2020) zum Einsatz kam (s. Kapitel C 9 Sprachmodelle und Neuronale Netze im IR).

Kurz erwähnt werden sollen hier Machine-Learning-Ansätze, die Zusammenhänge von Wortsequenzen z. B. aus Korpora lernen. Zbib et al. (2019) setzten beispielsweise Neuronale Netze ein, um die beste Übersetzungsalternative zu selektieren.

5 Evaluierungsansätze und -initiativen

Obwohl in TREC CLIR bereits eine Rolle spielte, hat sich dennoch das Cross-Language Evaluation Forum (CLEF) als zentrale Initiative zur Bewertung von CLIR-Systemen in erster Linie in Bezug auf die europäischen Sprachen etabliert und hier sehr viel Pionierarbeit geleistet. Auch mit anderen Initiativen wie z. B. NTCIR, FIRE etc. bestehen gute Kooperationen (s. Kapitel C 8 Evaluation im IR).

Die Forschung zur Maschinellen Übersetzung (s. Kapitel B 14 Maschinelle Übersetzung) hat sich ebenso mit Fragestellungen der Evaluierung auseinandergesetzt und z. B. das Verfahren *Bilingual Evaluation Understudy* (BLEU) vorgeschlagen (s. Heid 2013, S. 310). Im vorliegenden Kapitel liegt der Schwerpunkt jedoch auf Evaluierungsansätzen für CLIR.

Peters beschreibt die Ziele von CLEF folgendermaßen:

> The objective of the Cross-Language Evaluation Forum (CLEF) is to develop and maintain an infrastructure for the testing and evaluation of information retrieval systems operating on European languages, and to create test-suites of reusable data that can be employed by system developers for benchmarking purposes. (Peters 2002, S. 1).

Durch die Umstrukturierung, die CLEF nach 2013 erfuhr, trat die Mehrsprachigkeit etwas in den Hintergrund, und es wurde Raum geschaffen für Multimodalität und Multimedialität. Insbesondere ImageCLEF mit dem Schwerpunkt auf visuellen Medien nimmt seither eine dominante Rolle ein.

CLEF stellt Kollektionen in verschiedenen Sprachen zur Verfügung: sog. Topics als realistische Suchaufgaben, Zeitungskorpora in verschiedenen Sprachen und Relevanzbewertungen menschlicher Juror*innen. Hinzu kommt ein einheitliches Inventar von Metriken und Maßen, um Vergleichbarkeit zu gewährleisten.

In den ersten CLEF-Runden setzte man in erster Linie auf die Übersetzung (Systeme und Ressourcen) und die Gewichtungs- und Fusionswerkzeuge. Manchmal lag der Schwerpunkt auch auf verschiedenen, als besonders wichtig geltenden Sprachkombinationen. Letztendlich wurden auch Verfahren erprobt, die das Fehlen eines Werkzeugs kompensieren sollten. So wurden z. B. formal-statistische Ansätze mit N-Grammen eingesetzt, um fehlendes Stemming zu kompensieren (s. McNamee & Mayfield 2005). Falls Sprachpaare nicht kompatibel waren, kamen sog. Pivot-Sprachen zum Einsatz (z. B. Übersetzung Finnisch → Englisch → Russisch). Die Systeme verbesserten sich fortlaufend und ließen sich wieder auf neue Herausforderungen ein, z. B. CLIR von Patenten (CLEF-IP) oder die mehrsprachige Suche in Sozialen Netzwerken zur Identifikation psychischer Erkrankungen (eRisk).

Über die Jahre hinweg haben sich viele Systeme an der CLEF-Initiative beteiligt. Die Disziplinen (bilinguale, multilinguale, domänenspezifische Suche etc.) haben sich von Jahr zu Jahr verändert, und neue Sprachen, Domänen und Forschungsteams kamen hinzu. Während im Jahr 2002, dem zweiten Jahr von CLEF, fünf verschiedene Dokumentsprachen (Englisch, Französisch, Deutsch, Italienisch und Spanisch) verfügbar waren, hatte sich im Jahr 2010 die Anzahl der Sprachen mehr als verdreifacht. Gleiches gilt für die Gruppen, die sich Jahr für Jahr an den Evaluierungsrunden beteiligten. Zu den Grunddisziplinen kamen ständig neue *tracks* hinzu, wie z. B. interaktive CLIR-Systeme oder Web CLIR.

CLEF hat nicht nur eine solide Evaluierungsmethode entwickelt und wertvolle Materialien zur Verfügung gestellt, sondern auch viele Arbeitsgruppen entstehen lassen, die sich mit der CLIR-Thematik auseinandersetzten und die Forschung auf diesem Gebiet voranbrachten (s. Kapitel C 8 Evaluation im IR). Insgesamt wurden zahlreiche populäre Ressourcen entwickelt, die vielfach zum Einsatz kommen (s. z. B. Savoy 2006).

6 Studien zum Benutzer*innenverhalten in mehrsprachigen Kontexten

In diesem Abschnitt steht das Interesse der Nutzer*innen von CLIR im Vordergrund, denn der optimale Einsatz von CLIR-Systemen ist auch von den Ausgangsbedingungen und Umgebungen der Nutzer*innen abhängig. Menschliche Einschränkungen (z. B. durch geringe Sprachkompetenz) sollten durch das System kompensiert werden.

Im letzten Jahrzehnt sind viele Studien durchgeführt worden, die untersuchen, wie sich Nutzer*innen während der mehrsprachigen Informationssuche verhalten (s. Kapitel D 6 Information Seeking Behaviour).
- Chu et al. (2012 und 2015) haben zunächst das Suchverhalten von Personen in verschiedenen Sprachen untersucht und dann auf den Personenkreis fokussiert, der nicht Englisch als Muttersprache hatte. Wenn die Proband*innen nicht in ihrer Muttersprache suchten, verwendeten sie meist englische Suchbegriffe. Die Suche in der Nicht-Muttersprache erforderte insgesamt mehr Zeit und Anfragen wurden häufiger umformuliert, aber weniger Ergebnisdokumente überprüft, wobei sich die Anfragegestaltung als kognitiv und zeitlich aufwändiger erwies (Chu et al. 2012, S. 320). Die Ergebnisbeurteilung war insofern suboptimal, als die Proband*innen meist weniger mit den Quellen vertraut waren.
- Wang & Komlodi (2018) untersuchten, wann und unter welchen Umständen bei der Suchformulierung ein Sprachwechsel (*code switching*) passiert. Sie fanden heraus, dass in eine Fremdsprache gewechselt wurde, wenn zu wenige oder qualitativ zu wenig hochwertige Dokumente in der Muttersprache verfügbar waren.
- Chu & Komlodi (2017) haben die Qualität der Suche mit Persönlichkeitsfaktoren in Verbindung gebracht bezogen auf die Muttersprache und bei Nicht-Muttersprachler*innen. Es hat sich herausgestellt, dass die Strategien oft aus der Muttersprache mitgenommen wurden.
- Al-Wreikat et al. (2015) verglichen cross-linguales Informationsverhalten auf Englisch und Arabisch und zeigten die Unterschiede auf.

Bei diesen Studien kamen auch verschiedene, meist qualitative Methoden zum Einsatz. In einigen Studien wurde Eye Tracking genutzt; Komlodi & Hercegfi (2010) untersuchten das Suchverhalten mit psychophysiologischen Methoden.

Zusammengefasst ist zu sagen, dass CLIR-Systeme durch die Anpassung an die Eigenschaften ihrer Nutzer*innen ein gewisses Optimierungspotenzial ausschöpfen können. In der Praxis eingesetzte Systeme stellen ihren Nutzer*innen z. B. Übersetzungstools oder Termvorschläge in verschiedenen Sprachen zur Verfügung, die bei Bedarf ausgewählt werden können.

7 Fazit

In einer Zeit der wachsenden Internationalisierung sind CLIR-Systeme nicht mehr wegzudenken. Sie ermöglichen es ihren Nutzer*innen, ohne großen eigenen Aufwand mehrsprachig nach Information zu suchen. Dabei kombinieren sie IR- und MÜ-Werkzeuge sowie weitere computerlinguistische Ressourcen. In praktischen Anwendungen werden mehrsprachige Suchen bereits häufig eingesetzt (z. B. bei den Suchmaschinen), was verschiedene Studien aus dem Bereich der *Information Seeking*-Forschung bestätigt haben. Dennoch besteht hier weiteres Optimierungspotenzial. Insgesamt zeigen CLIR-Systeme mittlerweile in alltäglichen Anwendungssituationen eine recht gute Performanz. Sobald allerdings zusätzliche Herausforderungen dazukommen, wie in einer schwierigen Domäne wie z. B. der Patentinformation, wird der Einsatz problematisch und die Qualität nimmt ab. Durch die CLEF-Initiative ist das Augenmerk auf die Bedeutung von CLIR-Systemen gelenkt worden und es sind viele neue Ressourcen und Werkzeuge auch für kleine Sprachen entstanden. Dennoch besteht weiterhin der Bedarf, die Forschung auf diesem Gebiet voranzutreiben.

8 Literaturverzeichnis

Abusalah, M., Tait, J. & Oakes, M. (2005). Literature Review of Cross Language Information Retrieval. In C. Ardil (Ed.), *The Second World Enformatika Conference, WEC'05* (S. 175–177) [CDROM]. Enformatika.
Al-Wreikat, A., Rafferty, P. & Foster, A. (2015). Cross-language information seeking behaviour English vs Arabic. *Library Review*, 64(6–7), 446–467. https://doi.org/10.1108/LR-04-2015-0044.
Braschler, M., Schäuble, P. & Peters, C. (1999). Cross-Language Information Retrieval (CLIR) Track Overview. In E. Voorhees & D. Harman (Eds.), *The Eighth Text Retrieval Conference (TREC-8)*, NIST Special Publication 500–246 (S. 25–34). U. S. Dept. of Commerce, Technology Administration, National Institute of Standards and Technology.
Chu, P. & Komlodi, A. (2017). Transearch: A Multilingual Search User Interface Accomodating User Interaction and Preference. In G. Mark, S. R. Fussell, C. Lampe, M. C. Schraefel, J. P. Hourcade, C. Appert & D. Wigdor (Eds.), *Proceedings of the 2017 CHI conference on human factors in computing systems, Extended Abstracts* (S. 2466–2472). ACM.
Chu, P., Komlodi, A. & Rozsa, G. (2015). Online Search in English as a Non-native Language, *Proceedings of the Annual Meeting of the American Society for Information Science and Technology*, 52(1), 1–9.
Chu, P., Józsa, E., Komlodi, A. & Hercegfi, K. (2012). An Exploratory Study on Search Behavior in Different Languages. In J. Kamps, W. Kraaj & N. Fuhr (Eds.), *Proceedings of the 4th Information Interaction in Context Symposium* (S. 318–321). ACM.
Devlin, J., Chang, M., Lee, K. & Toutanova, K. (2019). Bert: Pre-training of deep bidirectional transformers for language understanding. arXiv:1810.04805v2.
Gottron, T. & Lipka, N. (2010). A Comparison of Language Identification Approaches on Short, Query-Style Texts. In C. Gurrin, Y. He, G. Kazai, U. Kruschwitz, S. Little, T. Roelleke, S. Rüger & K. van Rijsbergen (Eds.), *Advances in Information Retrieval. 32nd European Conference on IR Research, ECIR 2010, Milton Keynes, UK, March 28–31, 2010* (S. 611–614). Springer.

Grefenstette, G. (1998). The Problem of Cross-Language Information Retrieval. In G. Grefenstette (Ed.), *Cross-Language Information Retrieval* (S. 1–9). Springer. https://doi.org/10.1007/978-1-4615-5661-9_1.

Heid, U. (2013). Maschinelle Übersetzung. In R. Kuhlen, W. Semar & D. Strauch (Hrsg.), *Grundlagen der praktischen Information und Dokumentation. Handbuch zur Einführung in die Informationswissenschaft und -praxis* (S. 302–312). De Gruyter Saur. https://doi.org/10.1515/9783110258264.

Hinrichs, E. & Trippel, T. (2017). CLARIN-D: eine Forschungsinfrastruktur für die sprachbasierte Forschung in den Geistes- und Sozialwissenschaften. *BIBLIOTHEK – Forschung und Praxis 2017*, 41(1), 45–54. https://doi.org/10.1515/bfp-2017-0015.

Jiang, Z., El-Jaroudi, A., Hartmann, W., Karakos, D. & Zhao, L. (2020). Cross-lingual Information Retrieval with BERT. In K. McKeown, D. W. Oard, E. Boschee & R. Schwartz (Eds.), *Proceedings of the Cross-Language Search and Summarization of Text and Speech Workshop* (S. 26–31). Language Resources and Evaluation Conference (LREC 2020). http://www.lrec-conf.org/proceedings/lrec2020/index.html.

McNamee P. & Mayfield J. (2005). Cross-Language Retrieval Using HAIRCUT at CLEF 2004. In C. Peters, P. Clough, J. Gonzalo, G. J. F. Jones, M. Kluck & B. Magnini (Eds.), *Multilingual Information Access for Text, Speech and Images, 5th Workshop of the Cross-Language Evaluation Forum, CLEF 2004* (S. 50–59). Springer. https://doi.org/10.1007/11519645_5.

Mandl, T. & Womser-Hacker, C. (2004). How do Named Entities Contribute to Retrieval Effectiveness. In C. Peters, P. Clough, J. Gonzalo, G. J. F. Jones, M. Kluck & B. Magnini (Eds.), *Multilingual Information Access for Text, Speech and Images, CLEF 2004* (S. 833–842). Springer. https://doi.org/10.1007/11519645_81.

Mikolov, T., Grave, E., Bojanowski, P., Puhrsch, C. & Joulin, A. (2017). *Advances in Pre-Training Distributed Word Representations*. arXiv:1712.09405.

Pennington, J., Socher, R. & Manning, C. (2014). GloVe; Global vectors for word representation. In A. Moschitti, B. Pang & W. Daelemans (Eds.), *Proceedings of the 2014 Conference on Empirical Methods in Natural Language Processing (EMNLP)* (S. 1532–1543). Association for Computational Linguistics.

Peters, C., Braschler, M., Gonzalo, J. & Kluck, M. (Eds.) (2002). *Evaluation of Cross-Language Information Retrieval Systems: Second Workshop of the Cross-Language Evaluation Forum, CLEF 2001, Darmstadt, Germany, September 3–4, 2001 Revised Papers*. Springer. https://doi.org/10.1007/3-540-45691-0.

Peters C. (2002). Introduction. In C. Peters, M. Braschler, J. Gonzalo & M. Kluck (Eds.), *Evaluation of Cross-Language Information Retrieval Systems. Second Workshop of the Cross-Language Evaluation Forum, CLEF 2001 Darmstadt, Germany, September 3–4, 2001 Revised Papers* (S. 1–5). Springer.

Princeton University (o. D.). *WordNet. A Lexical Database for English*. https://wordnet.princeton.edu/.

Savoy, J. (2006). Light Stemming Approaches for the French, Portuguese, German and Hungarian Languages. In H. Haddad (Ed.), *Proceedings of the 2006 ACM Symposium on Applied Computing* (S. 1031–1035). ACM.

Sorg, P. & Cimiano, P. (2012). Exploiting Wikipedia for Cross-Lingual and Multi-Lingual Information Retrieval. *Data & Knowledge Engineering*, 74, 26–45. https://doi.org/10.1016/j.datak.2012.02.003

Sun, S. & Duh, K. (2020). CLIRMatrix: A massively large collection of bilingual and multilingual datasets for Cross-Lingual Information Retrieval. In B. Webber, T. Cohn, Y. He & Y. Liu (Eds.), *Proceedings of the 2020 Conference on Empirical Methods in Natural Language Processing* (S. 4160–4170). Association for Computational Linguistics.

Wang, J. & Komlodi, A. (2018). Switching Languages in Online Searching: A Qualitative Study of Web Users' Code-Switching Search Behaviors. In C. Shah, N. J. Belkin, K. Byström, J. Huang & F. Scholer (Eds.), *Proceedings of the 2018 Conference on Human Information Interaction & Retrieval* (S. 201–210). ACM.

Zbib, R., Zhao, L., Karakos, D., Hartmann, W., DeYoung, J., Huang, Z., Jiang, Z., Rikvin, N., Zhang, L., Schwartz, R. & Makhoul, J. (2019). Neural-network lexical translation for cross-lingual IR from text and speech. In B. Piwowarski, M. Chevalier, É. Gaussier, Y. Maarek, J.-Y. Nie & F. Scholer (Eds.), *Proceedings of the 42nd International ACM SIGIR Conference on Research and Development in Information Retrieval* (S. 645–654). ACM, https://doi.org/10.1145/3331184.3331222.

Zhou, D., Truran, M., Brailsford, T., Wade, V. & Ashman, H. (2012). Translation Techniques in Cross-Language Information Retrieval. *ACM Computing Surveys*, 45(1), Artikel 1. https://doi.org/10.1145/2379776.2379777.

Vivien Petras & Christa Womser-Hacker

C 8 Evaluation im Information Retrieval

1 Ziel und Zweck der Evaluation

Das Ziel einer Evaluation ist die Überprüfung, ob bzw. in welchem Ausmaß ein Informationssystem die an das System gestellten Anforderungen erfüllt. Informationssysteme können aus verschiedenen Perspektiven evaluiert werden. Für eine ganzheitliche Evaluation (als Synonym wird auch Evaluierung benutzt), die unterschiedliche Qualitätsaspekte betrachtet (z. B. wie gut ein System relevante Dokumente rankt, wie schnell ein System die Suche durchführt, wie die Ergebnispräsentation gestaltet ist oder wie Suchende durch das System geführt werden) und die Erfüllung mehrerer Anforderungen überprüft, empfiehlt es sich, sowohl eine perspektivische als auch methodische Triangulation (d. h. der Einsatz von mehreren Ansätzen zur Qualitätsüberprüfung) vorzunehmen. Verschiedene Evaluationsansätze und deren Kriterien zur Qualitätsmessung wurden von Saracevic (2000) und Zhang (2010) gut zusammengefasst.

Im Information Retrieval (IR) konzentriert sich die Evaluation auf die Qualitätseinschätzung der Suchfunktion eines Information-Retrieval-Systems (IRS), wobei oft zwischen systemzentrierter und nutzerzentrierter Evaluation unterschieden wird. Dieses Kapitel setzt den Fokus auf die systemzentrierte Evaluation, während andere Kapitel dieses Handbuchs andere Evaluationsansätze diskutieren (s. Kapitel C 4 Interaktives Information Retrieval, C 7 Cross-Language Information Retrieval und D 1 *Information Behavior*). Für ausführlichere Darstellungen zu Methoden, Maßzahlen und Testkollektionen im IR siehe Buckley & Voorhees (2005), Sanderson (2010), Harman (2011) und Voorhees (2019).

Der systemzentrierte Ansatz der IR-Evaluation hat ein wesentliches Ziel: Die Feststellung, ob eine bestimmte Systemfunktionalität die Nutzerbedürfnisse, mit denen Menschen an das System herantreten, befriedigen kann. In der Evaluation werden dabei entweder unterschiedlichen Systemversionen (z. B. verschiedene Varianten eines Algorithmus) oder mehrere unterschiedliche Systeme miteinander verglichen.

Durch die Variabilität der Anwendungen im IR sind eine Vielzahl von Evaluationsszenarien entstanden, die sich durch die vier Komponenten Informationsbedürfnisse, Systemresultate, Konfigurationsvariationen und Evaluationskriterien beschreiben lassen. Informationsbedürfnisse (s. Kapitel D 5 Information Need, Informationsbedarf und -bedürfnis) lassen sich nicht nur anhand des Recherche- oder Aufgabenziels differenzieren, sondern insbes. anhand der gesuchten Medienarten (z. B. Text, Bilder, Sound, Video, 3D-Objekte), der Dokumenttypen (z. B. bibliographische Metadaten, Webseiten, Patente, Volltexte, chemische Formeln) und Anwendungsgebiete (z. B. Wissenschaft, Sport, Unterhaltung). Tabelle 1 skizziert häufig evaluierte Szenarien. Für einen Überblick über IR-Algorithmen und Konfigurationen sind die Kapitel C 1 Informationswissenschaftliche Perspektiven des Information Retrieval, C 5 Bild- und Video-Retrieval, C 6 Audio- und Musik-Retrieval) empfohlen.

Tab. 1: Evaluationsszenarien in der systemzentrierten IR-Evaluation

Szenario	Rechercheziel	Resultat
Ad-hoc Information Retrieval	Finde die relevantesten Dokumente auf eine Anfrage im System.	Eine Liste von nach Relevanz sortierten (gerankten) Dokumenten.
Question Answering	Finde die konkrete Antwort auf eine Frage im System.	Ausschnitt aus einem Dokument, welches die Antwort enthält.
Filtering / Routing	Basierend auf einem Nutzerprofil, entscheide, ob ein ankommendes Dokument relevant für das Profil ist.	Relevanzentscheidung bzw. Klassifikation für ein Dokument

2 Evaluationskriterien und Maßzahlen

Ein Evaluationskriterium definiert den Systemaspekt bzw. das Ziel, anhand dessen ein Informationssystem bewertet wird. Eine Maßzahl stellt einen kalkulierbaren oder schätzbaren Wert dar, der das Evaluationskriterium für die Bewertung operationalisierbar macht, z. B. eine Zahl, mit deren Hilfe man das Evaluationskriterium für zwei Systeme miteinander vergleichen kann. Es kommen auch qualitative Indikatoren zum Einsatz (z. B. Zufriedenheit); hierfür muss die Vergleichsbasis auf einer Skala sichergestellt werden. Als wichtigste Evaluationskriterien im IR werden Effizienz, Effektivität und Usability unterschieden, auch wenn viele weitere Kriterien möglich sind (s. Ingwersen & Järvelin 2005; Järvelin 2012).

Während Effektivität bewertet, wie gut ein IRS darin ist, die relevanten Dokumente zu finden und gleichzeitig den Ballast (d. h. die nicht-relevanten Dokumente) zurückzuhalten, konzentriert sich Effizienz auf den Ressourceneinsatz (wie schnell oder sparsam ein System die Dokumente recherchiert) und Usability auf die Nutzungsfreundlichkeit (s. Kapitel D 3 Mensch-Computer-Interaktion, Usability und User Experience).

Effizienz ist oft eine Frage der Systemarchitektur, welche dem IRS unterliegt (z. B. Speicherung) und wird genauso wie Usability, die stark von der Gestaltung der graphischen Benutzungsoberfläche abhängt, von anderen Forschungsbereichen untersucht. Das Kapitel konzentriert sich daher im Folgenden auf die Evaluation der Effektivität als Kernproblem im systemzentrierten IR.

Das Rechteck in Abbildung 1 repräsentiert alle Dokumente in einem IRS. Die Menge A repräsentiert die gefundenen Dokumente für eine Anfrage, Menge B die relevanten Dokumente. Menge C ist die Schnittmenge/Überlappung von A und B, also die gefundenen relevanten Dokumente. In einem optimal effektiven System würden sich die Mengen A und B komplett überlappen (A = B = C).

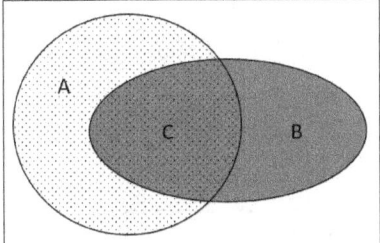

Abb. 1: Dokumentmengen im IR-Prozess
A = gefundene Dokumente für eine Anfrage; B = relevante Dokumente; C = gefundene und relevante Dokumente

Entscheidend für jede Evaluation der Sucheffektivität eines IRS ist das Konzept der Relevanz. Das Identifizieren und Präsentieren von relevanten Objekten ist das Hauptziel zur Erfüllung der Nutzerinformationsbedürfnisse im IR. Relevanz ist ein stark diskutiertes Konzept der Informationswissenschaft (Überblicke in Schamber 1994; Mizzaro 1997; Saracevic 2016), welches eine konkrete Definition nur in einem bestimmten IR-Kontext erhält und damit für jede Evaluation definiert werden muss. In vielen theoretischen Diskussionen wird zwischen einer thematischen oder objektiven Relevanz (Dokument bezieht sich thematisch auf das Informationsbedürfnis) und einer kontextbezogenen bzw. subjektiven Relevanz (Dokument ist nützlich für den aktuell Suchenden) unterschieden.

Die Anzahl der relevanten Dokumente im IRS sowie in der Ergebnismenge sind ebenfalls zentrale Faktoren, nach denen sich unterschiedliche Maßzahlen der Effektivität unterscheiden lassen. Precision und Recall repräsentieren zwei wichtige – aber gegenläufige – Ziele für ein Suchszenario. Precision kalkuliert den Anteil der gefundenen relevanten Dokumente bezogen auf die Ergebnismenge (Menge C/Menge A in Abbildung 1). Recall misst den Anteil der gefundenen relevanten Dokumente bezogen auf die Menge aller relevanten Dokumente im IRS (Menge C/Menge B in Abbildung 1). Während Precision auf die Genauigkeit der Ergebnismenge fokussiert (keine irrelevanten Ergebnisse), konzentriert sich der Recall auf die Vollständigkeit (keine verpassten relevanten Dokumente). Die meisten IRS optimieren auf die Precision, weil Suchende selten wirklich alle relevanten Dokumente benötigen. In den aktuellen IR-Evaluationen finden sich daher precisionorientierte Maßzahlen, die meist über eine Anzahl von Anfragen gemittelt werden.

Unterschiedliche Maßzahlen verfolgen unterschiedliche Ziele, die ebenfalls auf ihre Stabilität bezüglich unterschiedlichen Suchszenarien und Messfehlern analysiert werden (Buckley & Voorhees 2017). *Precision@k* (k bezeichnet die Anzahl der berücksichtigten Trefferpositionen; meist Precision@10) ist eine einfache Maßzahl, die die Genauigkeit einer Ergebnismenge innerhalb der ersten k Ergebnisdokumente gemittelt über die evaluierten Anfragen misst. *Mean Average Precision* (MAP) kalkuliert die Precision nach jedem relevanten Dokument in einer Ergebnismenge und mittelt diese erst für eine individuelle Anfrage und dann über alle Anfragen. MAP ist eine der am häufigsten benutzten und stabilsten Maßzahlen im IR. Während die Reihenfolge der relevanten Dokumente bei *Precision@k* keine Rolle und bei MAP nur eine indirekte Rolle spielt, konzentriert sich *Mean Reciprocal Rank* (MRR) nur auf das erste gefundene relevanteDokument und kann so gut den Fall des sog. *Known-Item*-Retrievals (ein relevantes Dokument ist bekannt) abbilden. *Normalized Discounted Cumulated Gain* (NDCG) (Järvelin & Kekäläinen 2017) berücksichtigt sowohl die Rangreihenfolge der relevanten Dokumente und kann – anders als die anderen genannten Maße – außerdem zwischen verschiedenen Graden der

Relevanz (von wenig relevant bis sehr relevant) unterscheiden. Dies kommt den meisten Nutzeranforderungen am nächsten. Tabelle 2 gibt einen Überblick über die wichtigsten Maßzahlen und deren Berechnungsprinzipien.

Tab 2: IR-Maßzahlen

Maßzahl	Berechnungsprinzip
Precision@k	Precision nach k Ergebnissen
Mean Average Precision (MAP)	Durchschnitt der Precision nach jedem relevanten Dokument gemittelt über die Anfrage
Mean Reciprocal Rank (MRR)	Precision am ersten gefundenen relevanten Dokument gemittelt über alle Anfragen
Normalized Discounted Cumulated Gain (NDCG)	Precision gewichtet anhand des Rankplatzes und des Relevanzgrades normalisiert anhand eines optimalen Rankings

Da unterschiedliche Nutzerbedürfnisse unterschiedliche Ziele bedingen, werden im IR auch immer wieder neue Maßzahlen entwickelt, die diese widerspiegeln. Clarke et al. (2008) beschreiben z. B. Maßzahlen, die auf den Neuigkeitswert bzw. die Diversität einer Resultatsmenge fokussieren. Weitere Maßzahlen werden von Demartini & Mizzaro (2006) verglichen.

In einem methodisch so standardisierten Fachgebiet wie der systemzentrierten IR-Evaluation spielen Aspekte wie die Validierung der Ergebnisse, Reliabilität von Testkollektionen und Maßzahlen sowie Reproduzierbarkeit eine wichtige Rolle (Ferro et al. 2016). Da die Unterschiede zwischen Systemen oder Systemkonfigurationen oft klein sind, wird auf statistische Signifikanztests großen Wert gelegt (s. Sanderson 2010 für eine Einführung). Auch wenn schon früh nachgewiesen wurde, dass die benutzten Testkollektionen und Maßzahlen verlässliche Resultate liefern (Voorhees 2000), ist es dennoch entscheidend, die korrekten Vergleiche anzustellen (Armstrong et al. 2009).

3 Das Cranfield-Paradigma und TREC

Die lange Evaluierungstradition im IR setzt meist bei den Forschungsaktivitäten von Cyril Cleverdon am College of Aeronautics in Cranfield in den 1960er Jahren an. Obwohl die Forschungsfragen anders ausgerichtet waren (z. B. ging es um automatische Verfahren der Erschließung), bestand ein zentrales Ziel darin, kontrollierbare experimentelle Umgebungen zu schaffen, um Unterschiede zwischen Systemen genau zuweisen zu können. Das Forschungsdesign wurde unter der Bezeichnung Cranfield-Paradigma bekannt. Ein Cranfield-Experiment umfasst: eine Testkollektion (Menge von Dokumenten), eine Menge von Topics als Ausdruck von Nutzerbedürfnissen (z. B. Anfragen) sowie Relevanzurteile, die bestimmen, welche Dokumente für welche Topics als relevant gelten.

Obwohl die Cranfield-Experimente in den 1960er Jahren nur eine kleine Menge von 1400 Dokumenten und 225 Anfragen umfassten (Cleverdon 1967, 1991), standen sie Pate für viele Evaluierungsinitiativen, da sie ein Setting vorgaben, das es ermöglichte, IRS in einem Labortest miteinander zu vergleichen.

Im Jahr 1991 begann das National Institute of Standards and Technology (NIST) in den USA mit dem Aufbau großer Testkollektionen für verschiedene Evaluationsszenarien gemäß dem Cranfield-Paradigma. Begleitet wurde die Entwicklung der Testgrundlagen durch eine jährliche Konferenz, die Text Retrieval Conference (TREC).[1] In den Anfangsjahren stellte TREC pro Jahr bis 1 Million Dokumente (Zeitungsartikel, kurze Depeschenmeldungen, Regierungsberichte, Patente etc.) und 50 *Topics* für die vergleichende IR-Evaluation zur Verfügung (Voorhees 2007). Bei der Zusammenstellung achtete man darauf, dass eine große Breite von Dokumenteigenschaften vertreten war und die *Topics* auf natürlichen Informationsbedürfnissen basierten. Pro Szenario (*track*) wurden die Ergebnisse mehrerer Retrieval-Läufe (*runs*) an NIST zurückgesandt und einer Relevanzbewertung mittels der Pooling-Methode unterzogen. In den zu bewertenden Pool gehen die von den verschiedenen Systemen jeweils 100–200 erstgerankten Dokumente pro Topic ein, da nicht alle Dokumente relevanzbewertet werden können. Alle unbewerteten Dokumente werden als nicht relevant angesehen.

Im Laufe der Zeit kamen zu den zentralen Ad-hoc- und Routing-Szenarios (s. Tabelle 1) weitere Tracks hinzu, die sich auf Web Retrieval, Question Answering, Natural Language Processing, Cross-Language IR u. v. m. spezialisierten. Das große Verdienst von TREC besteht in der Bereitstellung einer wiederverwendbaren Infrastruktur (umfangreiche Testkollektionen, menschliche Juror*innen, Relevanzurteile für die Systemoptimierung, einheitliche Messverfahren), in der Förderung der Entwicklung von IR-Technologien und im Aufbau und der Zusammenführung einer Community von IR-Forschenden aus aller Welt.

Neben den kleinen Testmengen weisen die frühen Cranfield-Tests zum Zweck der strikten Kontrollierbarkeit eine starke Abstraktion der Retrieval-Realität auf. Nutzer*innen und ihre Informationsbedürfnisse wurden ausgeblendet und die Relevanzbewertung wurde von „objektiven Juror*innen" erstellt. Voorhees (2019) nennt außerdem den Fokus auf thematische Relevanz, der die Dynamik von Nutzerbedürfnissen ausblendet und die Tatsache, dass nur ein*e Juror*in jeweils ein Topic bewertet, als weitere Aspekte, die der Rechercherealität (s. Kapitel C 11 Informationsrecherche) widersprechen.

Die Evaluation von IRS unter realen Nutzungsbedingungen stellt nach wie vor ein schwieriges wissenschaftliches Problem dar. Vor allem die Einbeziehung von realen Nutzer*innen, die über die Qualität der Systeme entscheiden, ist als große Herausforderung für die Evaluierungsforschung zu sehen. Bzgl. der Zufriedenheit hat sich gezeigt, dass viele Komponenten wie z. B. der jeweilige Kontext bzw. die Umgebung der Nutzer*innen, die Profession, das soziale und organisatorische Umfeld, die Benutzungsschnittstelle, die Geschwindigkeit, die Übersichtlichkeit, die Adaptivität des Systems, aber auch die aktuelle Gefühlslage der Nutzer*innen die Bewertung eines IRS beeinflussen können.

Aufgrund der Komplexität liegen vielen Forschungsdesigns in der IR-Evaluation Bedingungen zugrunde, die von bestimmten Einflussfaktoren abstrahieren und so die Wirkung bestimmter Systemaspekte besser bewerten können. Trotz der Vorbehalte, dass der Nutzerkontext nicht komplett repräsentiert wird, muss der Ertrag von Cranfield-Tests hervorgehoben werden. Da die Systeme mit identischen Kollektionen arbeiten, sind Systemvergleiche auf der Basis von gesetzten Standards innerhalb dieses abgesteckten Rahmens möglich und reproduzierbar.

---

[1] http://trec.nist.gov

4 Weitere Evaluierungsinitiativen

Neben TREC wurden weitere Evaluierungsinitiativen gegründet, die sich auf verschiedene IR-Szenarien spezialisieren.

4.1 Cross-Language Evaluation Forum (CLEF)

Da sich TREC nur sehr rudimentär auf mehrsprachiges Retrieval bezog, wurde als europäische Initiative das Cross-Language Evaluation Forum[2] (CLEF) (Peters 2001; Peters et al. 2002) ins Leben gerufen. Zentrales Ziel von CLEF war, IRS für IR in anderen Sprachen zu evaluieren. Ausgehend von den europäischen Kernsprachen Englisch, Französisch, Italienisch, Spanisch und Deutsch wurde die Menge der Sprachen beständig erweitert. Eine Schlüsselrolle nahm der Topic-Generierungsprozess ein, der jede Sprache beteiligte. D. h., es wurden Topics in jeder Sprache formuliert, in einem iterativen Verfahren mit allen beteiligten Sprachgruppen diskutiert und in die jeweiligen Zielsprachen übersetzt. Im Laufe der Zeit wurde CLEF um weitere Aufgabengebiete angereichert, wie z. B. interaktives IR, *Spoken Document Retrieval*, Bild-Retrieval, Patent-Retrieval, *Question Answering* etc., so dass heute der Mehrsprachigkeitsaspekt eher eine untergeordnete Rolle spielt. Seit 2010 ist das Cross-Language Evaluation Forum in sog. *Evaluation Labs* (Forner et al. 2012), die die Evaluierungsaktivitäten betreuen, und eine internationale Konferenz (Catarci et al. 2012) aufgeteilt.

4.2 *NII Test Collection for IR Systems* (NTCIR)

Ähnliche Ziele wie TREC und CLEF verfolgt seit Ende 1997 das japanische Projekt NTCIR[3] (Kando 1999, 2002), das durch das National Institute of Informatics (NII) in Tokyo betrieben wird. Auch hier soll in erster Linie eine Infrastruktur für Retrieval-Evaluationen in umfassendem Rahmen zur Verfügung gestellt werden. Der Schwerpunkt liegt auf den ostasiatischen Sprachen wie Japanisch, Chinesisch und Koreanisch, die IRS im Vergleich zu den europäischen Sprachen aufgrund ihrer unterschiedlichen Struktur vor andere Herausforderungen stellen. Auch Englisch wurde als *Pivot*-Sprache (d. h. als Vermittlungsinstanz) zwischen den asiatischen und europäischen Sprachen mit einbezogen. Die im Abstand von 18 Monaten stattfindenden NTCIR Workshops befassen sich mit Szenarien wie Cross-Language Information Retrieval, Patent-Retrieval, Retrieval von mathematischen Ausdrücken, *Question Answering*, *Spoken Document* Retrieval, *Text Summarization*, Erkennen von textuellen Inferenzen und Web IR. Hinsichtlich Format und Struktur unterscheiden sich Topics und Testkollektionen kaum von TREC und CLEF, allerdings erhält bei NTCIR die domänenspezifische Fachinformation (z. B. Einbeziehung von Patenten, Politik, Mathematik) einen größeren Stellenwert.

---

2 www.clef-initiative.eu
3 http://research.nii.ac.jp/ntcir/index-en.html

4.3 Forum for Information Retrieval Evaluation (FIRE)

Die FIRE-Initiative[4] hat das Ziel, IR-Technologien für die indischen Sprachen voranzutreiben und die wissenschaftliche Community auf dem indischen Subkontinent zusammenzuführen (Harman et al. 2010; Majumder et al. 2010). Der Schwerpunkt liegt auf der Mehrsprachigkeit mit einem Fokus auf den südasiatischen Sprachen (komplementär zu NTCIR). Ressourcen wie Korpora zu Bengali, Gujarati, Hindi, Marathi und Tamil wurden entwickelt. In den letzten Jahren zeigen sich auch bei FIRE Spezialisierungen wie z. B. durch das Retrieval von *Hate Speech*, *Fake News Detection* in Urdu, Sentiment-Analyse und IR in Katastrophen-Microblogs.

4.4 Andere Information-Retrieval-Evaluationsansätze

Um eine Evaluation zu ermöglichen, die sich an den realistischen Suchkontexten der Nutzer*innen orientiert, haben sich die Ansätze in den letzten Jahrzehnten verstärkt auf die Analyse von realen Nutzerdaten bzw. Produktionssystemen konzentriert, die neben der systemzentrierten Effektivitätsmessung auch nutzerzentrierte Evaluationskriterien einbeziehen. Hier wird unterschieden zwischen Ansätzen, die Nutzer-System-Interaktionen beobachten und solchen, die mittels gezielter Steuerung in die Interaktionen eingreifen.

Interaktive IR-Experimente (s. Kapitel C 4 Interaktives IR) evaluieren die Effektivität und Nutzerfreundlichkeit von IRS, indem der Umgang der Nutzer*innen mittels vorbereiteter Aufgaben mit dem System analysiert wird. Hierfür kann ein Forschungsdesign wie das Cranfield-Paradigma mit den entsprechenden standardisierten Maßzahlen verwandt werden, häufig werden aber auch andere Indikatoren benutzt, die ebenso in der Usability-Forschung angewandt werden. Dazu gehören der subjektiv wahrgenommene oder objektive Sucherfolg (Werner 2018), Lernzuwachs (Collins-Thompson et al. 2017), Engagement (O'Brien & Toms 2010) oder auch die Zufriedenheit der Nutzenden.

Beobachtende Verfahren, die die Nutzer*innen nicht steuern oder beeinflussen, basieren meist auf Logdateianalysen (Jansen 2009). Logdateien enthalten die dokumentierten Nutzeraktionen auf einer Website, z. B. angeklickte Seiten, und bieten reichhaltiges Analysematerial zum Nutzerverhalten, u. a. die Verweildauer, das Klickverhalten und insbes. die gestellten Anfragen an ein IRS (Silvestri 2010). Für die IR-Evaluation werden Logdateianalysen benutzt, um echte Nutzeranfragen zu extrahieren oder auch Relevanzbewertungen abzuschätzen (Joachims et al. 2005). Eine Herausforderung ist dabei die Verfügbarkeit von Logdateien von IRS im Produktivbetrieb (Di Nunzio et al. 2011), da diese oft sehr viel Informationen über Nutzer*innen preisgeben (Korolova 2009). Die Evaluation von Nutzerinteraktionen, die einen Einblick in reale Kontexte ermöglichen, muss dabei immer Bedingungen des Schutzes der Privatsphäre und des Datenschutzes beachten (Tamine & Daoud 2018).

Die meisten Evaluationsansätze sind sog. Offline-Verfahren, bei denen das gesamte System oder einzelne Konfigurationen unter Laborbedingungen untersucht werden, um den Einfluss von externen Faktoren, die nicht evaluiert werden sollen, stabil zu halten. Es sind aber gerade die vielen verschiedenen kontextuellen Faktoren in einem Produktionssystem, die die Effektivität beeinflussen können. Im sog. Online-Verfahren des A/B-

---

[4] http://fire.irsi.res.in/.

Testing werden Tests in live webbasiert operierende Systeme integriert, um Systemkonfigurationen zu evaluieren (Kohavi et al. 2009). Dazu wird einem Teil der Nutzer*innen nicht das gewohnte System A gezeigt, sondern eine sich möglichst nur in einem Konfigurationsdetail unterscheidende Systemvariante B. Gemessen wird dabei die Veränderung einer Maßzahl, die die Effektivität der Systemvariante B repräsentieren soll, wie z. B. Klickrate, Umsatzrate oder Verweildauer. Um Vergleiche von IR-Konfigurationen innerhalb von Evaluationsinitiativen bzw. Forschungsvorhaben zu ermöglichen, wurden *Living Labs* (Balog et al. 2014; Hopfgartner et al. 2019) entwickelt. *Living Labs* werden für IR-Forschende bereitgestellt, um ihre Systemkonfigurationen per A/B-Testing in Live-Produktionssystemen zu testen und miteinander zu vergleichen.

5 Ausblick

Seit Etablierung des Cranfield-Paradigmas haben sich viele Variationen des Forschungsdesigns herausgebildet, die insbes. die realitätsfernen Aspekte wie eine fehlende konkrete Nutzerintegration und die einfachen Indikatoren verbessern möchten. Die Testkollektionen sind größer, die Suchszenarien variabler und die Maßzahlen komplexer geworden. Nach vielen Jahren Evaluierungsinitiativen gibt es trotzdem noch intensive Diskussionen bzgl. der Validität der Evaluierungsmethoden in Bezug auf das Evaluationsziel. Sie kreisen im Wesentlichen um die Zuverlässigkeit von Relevanzurteilen, die Pooling-Methode (Buckley et al. 2006), die Reliabilität und Generalisierbarkeit von Ergebnissen sowie die Größenordnung im Bereich der Kollektionen und Topic Sets. Die Relevanzbewertung ist der kostspieligste Teil der Evaluation (Moffat et al. 2007). Deshalb wird weiterhin nach alternativen Methoden gesucht, z. B. mittels automatischer Methoden (Asadi et al. 2011) oder Crowdsourcing (Alonso et al. 2008).

In der benutzerorientierten Evaluation wird nicht nur der Kern des IRS (operationalisiert durch die Güte der Ergebnisliste) einbezogen, sondern es kommen viele Faktoren hinzu, die in die Bewertung einfließen. Das Ziel erweitert sich und ist nicht mehr exakt zu fassen, da es durch die Erfüllung der aktuellen Benutzeraufgabe konturiert ist. Damit fallen Möglichkeiten zur Standardisierung und Kontrolle von Variablen weg und eröffnen Interpretationsspielräume. Der IR-Kontext wird durch das individuelle Suchverhalten der Nutzer*innen und evtl. sozio-organisatorischen und kulturellen Kontext erweitert, was über die reine Effektivitätsbewertung weit hinausreicht (Järvelin 2011) und für die IR-Evaluation nach wie vor eine immense Herausforderung bedeutet.

6 Literaturverzeichnis

Alonso, O., Rose, D. E. & Stewart, B. (2008). Crowdsourcing for relevance evaluation. *SIGIR Forum*, 42(2), 9–15. https://doi.org/10.1145/1480506.1480508.

Armstrong, T. G., Moffat, A., Webber, W. & Zobel, J. (2009). Improvements that don't add up: Ad-hoc Retrieval Results since 1998. In D. W.-L. Chung, I.-Y. Song, W. W. Chu, X. Hu & J. Lin (Eds.), *Proceedings of the 18th ACM Conference on Information and Knowledge Management* (S. 601–610). ACM. https://doi.org/10.1145/1645953.1646031.

Asadi, N., Metzler, D., Elsayed, T. & Lin, J. (2011). Pseudo test collections for learning web search ranking functions. In W.-Y. Ma, J.-Y. Nie, R. Baeza-Yates, T.-S. Chua & W. B. Croft (Eds.), *Proceedings of the*

34th international ACM SIGIR conference on Research and development in Information Retrieval (S. 1073–1082). ACM. https://doi.org/10.1145/2009916.2010058.
Balog, K., Elsweiler, D., Kanoulas, E., Kelly, L. & Smucker, M. D. (2014). Report on the CIKM Workshop on Living Labs for Information Retrieval Evaluation. *SIGIR Forum*, 48(1), 21–28. https://doi.org/10.1145/2641383.2641388.
Buckley, C., Dimmick, D., Soboroff, I. & Voorhees, E. (2006). Bias and the limits of pooling. In E. N. Efthimiadis, S. T. Dumais, D. Hawking & K. Järvelin (Eds.), *Proceedings of the 29th annual international ACM SIGIR conference on Research and development in information retrieval* (S. 619–620). ACM. https://doi.org/10.1145/1148170.
Buckley, C. & Voorhees, E. (2017). Evaluating Evaluation Measure Stability. *SIGIR Forum*, 51(2), 235–242. https://doi.org/10.1145/3130348.3130373.
Buckley, C. & Voorhees, E. M. (2005). Retrieval System Evaluation. In E. M. Voorhees & D. K. Harman (Eds.), *TREC: experiments and evaluation in information retrieval* (S. 53–75). MIT Press.
Catarci, T., Forner, P., Hiemstra, D., Peñas, A. & Santucci, G. (Eds.) (2012). *Information Access Evaluation. Multilinguality, Multimodality, and Visual Analytics Third International Conference of the CLEF Initiative* (CLEF 2012). Springer.
Clarke, C. L., Kolla, M., Cormack, G. V., Vechtomova, O., Ashkan, A., Büttcher, S. & MacKinnon, I. (2008). Novelty and Diversity in Information Retrieval Evaluation. In S.-H. Myaeng, D. W. Oard, F. Sebastiani, T.-S. Chua & M.-K. Leong (Eds.), *Proceedings of the 31st annual international ACM SIGIR conference on Research and development in information retrieval (SIGIR '08)* (S. 659–666). ACM. https://doi.org/10.1145/1390334.1390446.
Cleverdon, C. W. (1967). The Cranfield Tests on Index Language Devices. *Aslib Proceedings*, 19(6), 173–194.
Cleverdon, C. W. (1991). The significance of the Cranfield tests on index languages. In A. Bookstein, Y. Chiaramella, G. Salton & V. V. Raghavan (Eds.), *Proceedings of the 14th annual international ACM SIGIR conference on Research and development in information retrieval* (S. 3–12). ACM.
Collins-Thompson, K., Hansen, P. & Hauff, C. (Hrsg.) (2017). Search as Learning (Dagstuhl Seminar 17092). *Dagstuhl Reports*, 7(2), 135–162. https://doi.org/10.4230/DagRep.7.2.135.
Demartini, G. & Mizzaro, S. (2006). A Classification of IR Effectiveness Metrics. In M. Lalmas, A. MacFarlane, S. Rüger, A. Tombros, T. Tsikrika & A. Yavlinsky (Eds.), *Advances in Information Retrieval. 28th European Conference on IR Research, ECIR 2006, London, UK, April 10–12, 2006* (S. 488–491). Springer. https://doi.org/10.1007/11735106_48.
Di Nunzio, G. M., Leveling, J. & Mandl, T. (2011). Multilingual Log Analysis: LogCLEF. In P. Clough, C. Foley, C. Gurrin, G. F. Jones, W. Kraaij, H. Lee & V. Murdoch (Eds.), *Advances in Information Retrieval. 33rd European Conference on IR Research, ECIR 2011, Dublin, Ireland, April 18–21, 2011* (S. 675–678). Springer. https://doi.org/10.1007/978-3-642-20161-5_68.
Ferro, N., Fuhr, N, Järvelin, K., Kando, N., Lippold, M. & Zobel, J. (2016). Increasing Reproducibility in IR: Findings from the Dagstuhl Seminar on „Reproducibility of Data-Oriented Experiments in e-Science". *SIGIR Forum*, 50(1), 68–82. https://doi.org/10.1145/2964797.2964808.
Forner, P., Karlgren, J. & Womser-Hacker, C. (Eds.) (2012). *CLEF 2012. Evaluation Labs and Workshop. Abstracts – Working Notes Papers*. http://ceur-ws.org/Vol-1178/.
Harman, D. K., Kando, N., Majumder, P., Mitra, M. & Peters, C. A. (2010). Introduction to the Special Issue on Indian Language Information Retrieval. Part I. *ACM Transactions on Asian Language Information Processing*, 9(3), Artikel 9.
Harman, D. (2011). Information Retrieval Evaluation. *Synthesis Lectures on Information Concepts, Retrieval, and Services*, 3(2), 1–119. https://doi.org/10.2200/S00368ED1V01Y201105ICR019.
Hopfgartner, F., Balog, K., Lommatzsch, A., Kelly, L., Kille, B., Schuth, A. & Larson, M. (2019). Continuous Evaluation of Large-Scale Information Access Systems: A Case for Living Labs. In N. Ferro & C. Peters (Eds.), *Information Retrieval Evaluation in a Changing World* (S. 511–543).Springer. https://doi.org/10.1007/978-3-030-22948-1_21.
Ingwersen, P. & Järvelin, K. (2005). *The Turn: Integration of Information Seeking and Retrieval in Context*. Springer.
Joachims, T., Granka, L., Pan, B., Hembrooke, H. & Gay, G. (2005). Accurately Interpreting ClickthroughData as Implicit Feedback. In R. A. Baeza-Yates, N. Ziviani, G. Marchionini, A. Moffat & J. Tait (Eds.), *28th*

Annual International ACM SIGIR Conference on Research and Development in Information Retrieval, SIGIR 2005 – Salvador, Brazil (S. 154–161). ACM. https://doi.org/10.1145/1076034.1076063.

Järvelin, K. (2011), Evaluation. In I. Ruthven & D. Kelly (Eds.) (2011), *Interactive Information Seeking, Behaviour and Retrieval* (S. 113–138). Facet Publishing.

Järvelin, K. (2012). IR Research: Systems, Interaction, Evaluation and Theories. *SIGIR Forum*, 45(2), 17–31. https://doi.org/10.1145/2093346.2093348.

Järvelin, K. & Kekäläinen, J. (2017). IR evaluation methods for retrieving highly relevant documents. *ACM SIGIR Forum*, 51(2), 243–250. https://doi.org/10.1145/3130348.3130374.

Jansen, B. J. (2009). Understanding User-Web Interactions via Web Analytics. *Synthesis Lectures on Information Concepts, Retrieval, and Services*, 1(1), 1–102. https://doi.org/10.2200/S00191ED1V01Y200904ICR006.

Kando, N. (Ed.) (1999). *NTCIR Workshop 1. Proceedings of the First NTCIR Workshop on Research in Japanese Text Retrieval and Term Recognition*. http://research.nii.ac.jp/~ntcadm/workshop/OnlineProceedings/.

Kando, N. (2002). CLIR system evaluation at the second NTCIR workshop. In C. Peters, M. Braschler, J. Gonzalo & M. Kluck (Eds.), *Evaluation of cross-language information retrieval systems, second workshop of the Cross-Language Evaluation Forum (CLEF 2001), Revised Papers* (S. 371–388). Springer.

Kohavi, R., Longbotham, R., Sommerfield, D. & Henne, R. M. (2009). Controlled experiments on the web: survey and practical guide. *Data Mining and Knowledge Discovery*, 18, 140–181. https://doi.org/10.1007/s10618-008-0114-1.

Korolova, A., Kenthapadi, K., Mishra, N. & Ntoulas, A. (2009). Releasing search queries and clicks privately. In J. Quemada, G. León, Y. S. Maarek & W. Nejdl (Eds.), *Proceedings of the 18th International Conference on World Wide Web (WWW '09)* (S. 171–180). ACM. https://doi.org/10.1145/1526709.1526733.

Majumder, P., Mandar, M., Dipasree, P., Ayan, B., Samaresh, M., Sukomal, P., Deboshree, M. & Sucharita, S. (2010). The FIRE 2008 Evaluation Exercise. *ACM Transactions on Asian Language Information Processing*, 9(3), Artikel 10.

Mizzaro, S. (1997). Relevance. The Whole History. *Journal of the American Society for Information Science*, 48(9), 810–832. https://doi.org/10.1002/(SICI)1097-4571(199709)48:9%3C810::AID-ASI6%3E3.0.CO;2-U.

Moffat, A., Webber, W. & Zobel, J. (2007). Strategic System Comparisons via Targeted Relevance Judgments. In W. Kraaij, A. P. de Vries, C. L. A. Clarke, N. Fuhr & N. Kando (Eds.), *Proceedings of ACM SIGIR 2007* (S. 375–382). ACM. https://doi.org/10.1145/1277741.1277806.

O'Brien, H. L. & Toms, E. G. (2010). The development and evaluation of a survey to measure user engagement. *Journal of the American Society for Information Science*, 61(1), 50–69. https://doi.org/10.1002/asi.21229.

Peters, C. (Ed.) (2001). *Cross-Language Information Retrieval and Evaluation. Workshop of the Cross-Language Evaluation Forum, CLEF 2000, Lisbon, Portugal, September 21–22*. Springer.

Peters, C., Braschler, M., Gonzalo, J. & Kluck, M. (Eds.) (2002). *Evaluation of Cross-Language Information Retrieval Systems. Second Workshop of the Cross-Language Evaluation Forum, CLEF 2001), Darmstadt, Germany, September 3–4*. Springer.

Saracevic, T. (2016). The Notion of Relevance in Information Science: Everybody knows what relevance is. But, what is it really? *Synthesis Lectures on Information Concepts, Retrieval, and Services*, 8(3), i–109. https://doi.org/10.2200/S00723ED1V01Y201607ICR050.

Saracevic, T. (2000). Digital Library Evaluation. Toward an Evolution on Concepts. Library Trends, 49(2), 350–369. https://hdl.handle.net/2142/8343.

Sanderson, M. (2010). Test collection based evaluation of information retrieval systems. *Foundations and Trends in Information Retrieval*, 4(4), 247–375. https://doi.org/10.1561/1500000009.

Schamber, L. (1994). Relevance and information behavior. *Annual Review of Information Science and Technology (ARIST)*, 29, 3–48.

Silvestri, F. (2010). Mining query logs: Turning search usage data into knowledge. *Foundations and Trends in Information Retrieval*, 4(1–2), 1–174. https://doi.org/10.1561/1500000013.

Tamine, L. & Daoud, M. (2018). Evaluation in Contextual Information Retrieval: Foundations and Recent Advances within the Challenges of Context Dynamicity and Data Privacy. *ACM Computing Surveys*, 51 (4), 1–36. https://doi.org/10.1145/3204940.

Voorhees, E. M. (1998): Variations in relevance judgements and the measurement of retrieval effectiveness. In W. B. Croft, A. Moffat, C. J. van Rijsbergen, R. Wilkinson & J. Zobel (Eds.), *Proceedings of ACM SIGIR '98* (S. 315–323). https://doi.org/10.1145/290941.291017.

Voorhees, E. M. (2007). TREC: Continuing information retrieval's tradition of Experimentation. *Communications of the ACM*, 50(11), 51–54.

Voorhees, E. M. (2019). The evolution of Cranfield. In N. Ferro & C. Peters (Eds.) *Information retrieval evaluation in a changing world* (S. 45–69). Springer. https://doi.org/10.1007/978-3-030-22948-1_2.

Voorhees, E. M. (2000). Variations in Relevance Judgments and the Measurement of Retrieval Effectiveness. *Information Processing and Management*, 36(5), 697–716. https://doi.org/10.1016/S0306-4573(00)00010-8.

Werner, K. (2018). *Benutzererwartungen: Eine interaktive Information Retrieval Studie zur Wahrnehmung von Suchergebnissen*. [Dissertation, Univ. Hildesheim.] https://doi.org/10.18442/016.

Womser-Hacker, C. (2013). Evaluierungsverfahren im Information Retrieval. In R. Kuhlen, W. Semar & D. Strauch (Hrsg.), *Grundlagen der praktischen Information und Dokumentation* (S. 396–410). De Gruyter. https://doi.org/10.1515/9783110258264.396.

Zhang, Y. (2010). Developing a Holistic Model for Digital Library Evaluation. *Journal of the American Society for Information Science & Technology*, 61(1), 88–110. https://doi.org/10.1002/asi.21220.

Philipp Schaer
C 9 Sprachmodelle und neuronale Netze im Information Retrieval

1 Einleitung

In den letzten Jahren haben Sprachmodelltechnologien unterschiedlichster Ausprägungen in der Informationswissenschaft Einzug gehalten. Diesen Sprachmodellen, die unter den Bezeichnungen GPT, ELMo oder BERT bekannt sind, ist gemein, dass sie dank sehr großer Webkorpora auf eine Datenbasis zurückgreifen, die bei vorherigen Sprachmodellansätzen undenkbar war. Gleichzeitig setzen diese Modelle auf neuere Entwicklungen des maschinellen Lernens, insbesondere auf künstliche neuronale Netze.

Diese Technologien haben auch im Information Retrieval (IR) Fuß gefasst und bereits kurz nach ihrer Einführung sprunghafte, substantielle Leistungssteigerungen erzielt. Neuronale Netze haben in Kombination mit großen vortrainierten Sprachmodellen und kontextualisierten Worteinbettungen dazu geführt, dass u. a. Lin et al. (2021) von nicht weniger als einem Paradigmenwechsel in der natürlichen Sprachverarbeitung (NLP) und dem IR sprechen. Wurde in vergangenen Jahren immer wieder eine stagnierende Retrievalleistung beklagt, die Leistungssteigerungen nur gegenüber „schwachen Baselines" aufwies (Armstrong et al. 2009; Yang et al. 2019), so konnten mit diesen technischen und methodischen Innovationen beeindruckende Leistungssteigerungen in Aufgaben wie dem klassischen Ad-hoc-Retrieval, der maschinellen Übersetzung oder auch dem *Question Answering* erzielt werden (Trabelsi et al. 2021).

In diesem Kapitel soll ein kurzer Überblick über die Grundlagen der Sprachmodelle und der NN gegeben werden, um die prinzipiellen Bausteine zu verstehen, die hinter aktuellen Technologien wie ELMo oder BERT stecken, die die Welt des NLP und IR im Moment beherrschen.

2 Sprachmodelle und deren Anwendung

Sprachmodelle sind mathematische Modelle, die Wortfolgen Wahrscheinlichkeiten zuweisen und genutzt werden können, um bspw. vorherzusagen, welche Wörter auf eine gegebene Wortsequenz am wahrscheinlichsten folgen. Diese Modelle werden aus vorhandenen Texten abgeleitet und sind daher je nach Trainingskorpus unterschiedlich, z. B. in Bezug auf Sprache oder Vokabulargröße. Sprachmodelle fassen also a-priori-Kenntnisse über Sprache und deren Verwendung zusammen und können Auskunft darüber geben, wann welche Wörter in einer bestimmten Situation genutzt werden und wie wahrscheinlich diese Nutzung ist. Traditionell gibt es zwei Herangehensweisen an die Erstellung von Sprachmodellen: statistische und wissensbasierte Verfahren. Bei den statistischen Verfahren wird ein Textkorpus ausgezählt und so die Wahrscheinlichkeit des Auftretens bestimmter Wörter ermittelt. Bei den wissensbasierten Sprachmodellen wird auf Expertenwissen zurückgegriffen, z. B. in der Form grammatikalischen Wissens.

2.1 N-Gramme

Sprachmodelle der einfachsten Form sind sog. n-Gramme, also eine Folge von n Wörtern (Jurafsky & Martin 2021, Kapitel 3). N-Gramm-Modelle können verwendet werden, um die Wahrscheinlichkeit des letzten Wortes eines n-Gramms in Abhängigkeit von den vorangegangenen Wörtern zu schätzen und auch, um ganzen Wortketten oder -sequenzen Wahrscheinlichkeiten zuzuweisen. Beispielhaft am Satz „Ich studiere in Köln Informationswissenschaft" lauten die entsprechenden n-Gramme:

Unigramme: <Ich>, <studiere>, <in>, <Köln>, <Informationswissenschaft>
Bigramme: <Ich studiere>, <studiere in>, <in Köln>, <Köln Informationswissenschaft>
Trigramme: <Ich studiere in>, <studiere in Köln>, <in Köln Informationswissenschaft>

Mit Hilfe großer Webkorpora, können sehr umfangreiche Sprachmodelle aufgebaut[1] und berechnet werden, welches das wahrscheinlichste Folgewort für eine gegebene Wortfolge ist. Vereinfachend kann man hierbei annehmen, dass die Wahrscheinlichkeit eines Wortes nicht von allen vorangegangenen, sondern näherungsweise nur von den letzten k-1 Wörtern abhängt. Bei einem Bigramm-Sprachmodell wird basierend auf dem vorherigen Wort w_{k-1} berechnet, wie hoch die Wahrscheinlichkeit eines Wortes w_k wäre, anstatt die gesamt vorherige Wortfolge zu betrachten:

$$P(w_k|w_1...w_{k-1}) \approx P(w_k|w_{k-1}) \quad (1)$$

Auf n-Grammen basierende Sprachmodelle haben die grundlegende Schwäche, dass nur der k Wörter umfassende Kontext erfasst wird und dieser in der Praxis meist nur wenige Wörter einbezieht. Gleichzeitig sind solche Sprachmodelle stark abhängig von den zugrundeliegenden Textkorpora, auf denen diese trainiert wurden. Passen die Trainingstexte z. B. hinsichtlich des verwendeten Vokabulars nicht zum Anwendungsfall, ist die zu erwartende Systemleistung gering.

2.2 *Bag of Words*

Im *Bag of Words*-Modell (BOW), das sowohl im NLP wie IR zur Anwendung kommt, werden Texte als sog. Multimenge verstanden. Im Gegensatz zur gewöhnlichen Menge aus der Mengenlehre können die Elemente einer Multimenge mehrfach vorkommen. Die Elemente sind unsortiert und jegliche Informationen über Grammatik oder Satzstellung werden ignoriert. Jedes Dokument kann so als Vektor dargestellt werden, der pro Term einen Eintrag enthält. Die einzelnen Dokumentvektoren können nun genutzt werden, um mit Hilfe geeigneter Maßzahlen Eigenschaften der Dokumente zu beschreiben, z. B. die Anzahl der jeweiligen Terme pro Dokument (die Termfrequenz TF, s. Kapitel C 2 Modelle im IR).

Termfrequenzen sind aber nicht die einzige und auch nicht zwangsläufig die sinnvollste Art der Repräsentation, da hierbei alltägliche, aber bedeutungsleere Terme überproportional häufig auftreten. Um dieses Problem zu umgehen, werden die Termhäufig-

---
[1] Siehe z. B. das Web 1T 5-gram Korpus, https://catalog.ldc.upenn.edu/LDC2006T13.

keiten oft normalisiert, z. B. durch den Einsatz des TF-IDF-Gewichtungsverfahrens (s. Kapitel B 3 Automatisches Indexieren).

Die Einträge in der Term-Dokument-Matrix können nun genutzt werden, um z. B. Dokumente miteinander zu vergleichen (um ähnliche Dokumente zu identifizieren) oder um eine Anfrage, die als Pseudo-Dokument repräsentiert wird, mit den vorhandenen Dokumentvektoren abzugleichen.

Typischerweise wird im BOW nur mit einzelnen Termen gearbeitet, es ist aber prinzipiell auch möglich, das gleiche Modell mit n-Grammen zu befüllen. Die n-Gramme tragen dann eine gewisse Kontext-Information über die benachbarten Terme. Ein Problem des BOW und der Darstellung als Term-Dokument-Matrix ist, dass die besagte Matrix dünn besetzt ist und mit steigender Vokabulargröße |V| viele leere Einträge enthält.

Mit Blick auf das IR haben die bisher beschriebenen Ansätze das Problem, dass es zu einer fehlenden Überschneidung von Anfrage- und Dokumenttermen kommen kann und somit das Retrieval scheitert. Furnas et al. (1987, S. 964) nennen dies das „vocabulary problem". Zur Lösung dieses Problems wird üblicherweise versucht, die Dokument- oder die Anfragerepräsentation zu erweitern, z. B. durch die Anwendung von Anfrageerweiterungen mit Hilfe kontrollierter Vokabulare und Thesauri wie WordNet (Miller 1995) oder korpusbasierter Statistiken wie z. B. Term-Autoren-Beziehungen (Schaer 2013). Diese Erweiterungen sind automatisch, z. B. in Form des Pseudo-Relevanz-Feedbacks (Cao et al. 2008), oder interaktiv, z. B. in Form von Vorschlagslisten (Hienert et al. 2011), möglich. Das zugrundeliegende Problem der terminologischen Nichtübereinstimmung wird dabei aber nicht grundlegend gelöst.

Mitra & Craswell (2018) beschreiben eine Reihe statistischer Funktionen, die im IR genutzt werden, um Verteilungsinformationen zu Termen bzw. Dokumenten als Grundlage für Anfragen an ein Retrievalsystem zu verwenden. Neben dem Vektorraummodell setzt auch das probabilistische Retrievalmodell BM25 auf TF-IDF auf (s. Kapitel C 2 Modelle im IR). Eine Alternative ist das Language-Model-Retrievalmodell (Zhai 2007). Jeder dieser Ansätze schätzt die Relevanz eines Dokuments zu einer Anfrage auf der Grundlage von Termhäufigkeiten und der Ähnlichkeit zu den Anfragetermen. Die Positionen der Terme im Dokument und deren semantische Beziehung werden allerdings ignoriert. Zwar gibt es Erweiterungen der Modelle, die mit der Nähe zwischen Termen (proximity) arbeiten können (Metzler 2011), jedoch führten diese Ansätze nicht zu durchschlagenden Erfolgen.

2.3 Word Embeddings

Worteinbettungen (*word embeddings*) sind kurze, bzw. dichte Wortrepräsentationen in Form von Vektoren, die im Vergleich zu den dünn besetzten Vektoren nicht für jeden Eintrag im Vokabular oder pro Dokument eine Dimension umfassen, sondern meist mit wenigen Hundert Dimensionen auskommen. Worteinbettungen repräsentieren dabei das ursprüngliche Wort in einem neuen Vektorraum, wobei aber die Eigenschaften des Wortes und seine Verbindungen zu anderen Wörtern bestmöglich bewahrt werden. Goodfellow et al. (2016) beschreiben, dass das Ziel einer Einbettung darin besteht, eine einfachere Darstellung zu erzeugen, wobei Vereinfachung eine Verringerung der Anzahl der Dimensionen bzw. eine knappere Darstellung und eine Entzerrung der Hauptkomponenten des Vektorraums oder eine Kombination dieser Ziele bedeuten kann.

Die Einträge dieser neuen Vektoren sind meist reelle Zahlen. Man spricht daher auch von *Continuous Bag of Words* (CBOW), das eines der Verfahren beschreibt, um Worteinbettungen zu generieren. Während die Interpretation der einzelnen Dimensionen selbst nicht mehr möglich ist, so zeigt sich doch in vielen NLP- und IR-Anwendungen eine deutliche Leistungssteigerung durch den Einsatz von Worteinbettungen (Ganguly et al. 2015). Obwohl noch nicht wirklich klar ist, warum diese Leistungssteigerungen messbar sind, so ist zu vermuten, dass dies mit den wesentlich geringeren Lernaufwänden und einem kleineren Parameterraum zusammenhängt, was folglich auch Probleme wie *Overfitting* vermeidet (Jurafsky & Martin 2021, Abschnitt 6.8). Vorteilhaft, z. B. für das Retrieval, ist die Nutzung der Vektorsemantik in Worteinbettungen, die bspw. Synonymen ähnliche Vektorrepräsentationen zuweist.

Eine der bekannteren Formen von Worteinbettungen ist unter dem Verfahren Word2Vec bekannt (Mikolov et al. 2013). Word2Vec basiert auf der Grundidee, dass wir nicht das gleichzeitige Auftreten eines Wortes w_1 in der Nähe eines anderen Wortes w_2 zählen (wie z. B. in den Term-Term-Matrizen), sondern dass ein binärer Klassifikator trainiert wird, um einzuschätzen, ob w_1 und w_2 gemeinsam auftreten. Der Klassifikator wird hierbei auf großen Textmengen trainiert und kommt dabei ohne manuelle Annotationen aus, da das tatsächliche gleichzeitige Auftreten von Wörtern im Text als korrekte Annotation gewertet wird. Word2Vec gestaltet diesen Lernprozess, der unter der Bezeichnung *Skip-gram* bekannt wurde, wie folgt: Zunächst werden ein Wort w_1 und ein benachbartes Wort w_2 als positive Beispiele ausgewählt. Gleichzeitig werden andere Wörter aus dem Vokabular ausgewählt und dienen als negative Beispiele. Mit Hilfe logistischer Regression wird zwischen dem positiven und den negativen Beispielen ein binärer Klassifikator trainiert, dessen gelernte Gewichtungsfaktoren dann als Worteinbettungen verwendet werden. Diese Wordeinbettungen sind statisch, d. h. die o. g. Methode lernt eine feste Einbettung für jedes Wort im Vokabular. Word2Vec setzt folglich auf dem alten Ansatz von Firth auf: „You shall know a word by the company it keeps!" (Firth 1957, S. 11).

Neben Word2Vec ist auch das Verfahren GloVe verbreitet (Pennington et al. 2014). Während bei Word2Vec nur der lokale Kontext eines Wortes betrachtet wird, wird bei GloVe eine globale Textkorpusstatistik verwendet (daher auch der Name GloVe, der für *Global Vectors* steht). Da die Worteinbettungen vortrainiert werden können, können auch die Ergebnisse dieses Trainingsprozesses weitergegeben werden, sodass diese für viele Sprachen heruntergeladen und direkt nachgenutzt werden.[2]

2.4 Vektor-Semantik

Die Darstellung als Vektor erlaubt uns sowohl mit den hochdimensionalen, dünnbesetzten Vektoren, die auf beobachtbaren Eigenschaften basieren (wie z. B. Termhäufigkeiten oder -kookkurrenzen), als auch den dichten Vektoren der Worteinbettungen Distanzmaße zu bestimmen. Diese Distanzmaße können genutzt werden, um z. B. mit Hilfe einfacher Term-Statistik Retrieval durchzuführen. Der Retrievalprozess sieht nun einen Vergleich von Dokumentvektoren v_1 und Anfrage-Vektoren v_2 vor, bei dem bspw. auf die Kosinusähnlichkeit zurückgegriffen wird:

---

[2] Die Open-Source-NLP-Bibliothek FastText beinhaltet z. B. 157 vortrainierte Modelle: https://fasttext.cc.

$$cosine(v_1, v_2) = \frac{v_1 \cdot v_2}{|v_1| \cdot |v_2|} \quad (2)$$

Die Grundannahme hierbei ist, dass ähnliche Dokumente durch ähnliche Vektoren repräsentiert werden, da ähnliche Dokumente auch meist ähnliche Begriffe verwenden, wobei dieser Gedanke auf den Vergleich von Anfrage und Dokument analog übertragen wird.

Anstelle der zuvor beschriebenen Term-Dokument-Matrix lässt sich auch eine Term-Term-Matrix aufstellen. Hier wird für einen gegebenen Kontext das gemeinsame Auftreten zweier Terme hinterlegt. Ein Kontext kann z. B. das gemeinsame Auftreten innerhalb eines Dokumentes oder eines Satzes sein. Üblicherweise wird auch nur ein Fenster von n Wörtern im Text betrachtet, also n Wörter vor und nach dem jeweiligen Wort. Anstelle der Ähnlichkeit von Anfrage-Dokumentpaaren kann mit der o. g. Kosinusähnlichkeit auch die Ähnlichkeit von Termen bestimmt werden. Auch hier ist die Grundannahme, dass ähnlich Wörter ähnliche Term-Vektoren besitzen, da sie in einem ähnlichen Kontext auftreten.

Ein Beispiel hierzu ist in Abbildung 1 zusammengefasst. Für die Beispieldokumente aus Tabelle 1 werden sowohl eine Term-Dokument-, wie auch eine Term-Term-Darstellung gewählt. Die Term-Term-Darstellung basiert auf einer Kookkurrenz-Analyse, die auf der Auswertung des gleichzeitigen Auftretens von Termen im gleichen Dokument oder z. B. in der Form von n-Grammen basiert. Diese Art der Darstellung erlaubt es u. a., die Ähnlichkeit von Termen zu untersuchen, die nicht zwangsläufig im gleichen Dokument vorkommen. Die Vektor-Semantik erlaubt folgenden algebraischen Schluss: „Effzeh" – „Köln" + „Düsseldorf" = „Fortuna", da sich aus dieser einfachen Rechnung die größte Ähnlichkeit zwischen dem Ergebnisvektor und dem Vektor für den Term „Fortuna" ergibt.

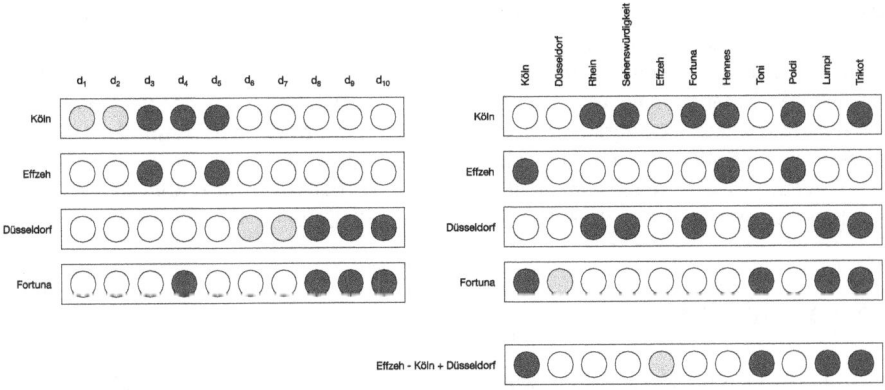

Abb. 1: Unterschiedliche Darstellung für die vier Term-Vektoren „Köln", „Effzeh", „Düsseldorf" und „Fortuna", einmal als Term-Dokument- (links) und als Term-Term-Darstellung (rechts): Hellgraue Kreise zeigen Werte an, die nicht Null sind und dunkelgraue Kreise solche, die zusätzlich auch in anderen Vektoren vorkommen

Tab. 1: Beispielkorpus bestehend aus kurzen Dokumenten

d_1	Köln Sehenswürdigkeiten	d_6	Düsseldorf Sehenswürdigkeiten
d_2	Köln Rhein	d_7	Düsseldorf Rhein
d_3	Effzeh Köln Hennes	d_8	Fortuna Düsseldorf Toni
d_4	Fortuna Köln Trikot	d_9	Fortuna Düsseldorf Trikot
d_5	Effzeh Köln Poldi	d_{10}	Fortuna Düsseldorf Lumpi

3 Neural IR – Deep Learning im Information Retrieval

Neben den angewandten Sprachmodellen in Form von Worteinbettungen sind in den letzten Jahren besonders Verfahren mit NN im IR populär geworden, die die Grundlage für das sog. Deep Learning bilden (Mitra & Craswell 2018). Neuronale IR-Modelle setzen auf eine Vektordarstellung der Dokumente und werden meist über sehr viele Parameter optimiert, wobei für das dort verwendete maschinelle Lernen und die hohe Anzahl an Parametern große Mengen von Trainingsdaten vorteilhaft und notwendig sind. Im Gegensatz zu maschinellen Lernverfahren in Form von *Learning to Rank* (s. Kapitel C 2 Modelle im IR), die auf einer großen Menge an händisch-definierten Eigenschaften (*features*) basieren, können aktuelle neuronale IR-Ansätze ohne solches Feature-Engineering auskommen und rein mit den Anfrage- und Dokumenttexten arbeiten. Zum Erlernen der passenden Vektordarstellungen benötigen diese Ansätze dafür aber sehr große Mengen an Trainingsdaten (Mitra et al. 2017). Hierfür können entweder überwachte oder unüberwachte Lernverfahren eingesetzt werden, also solche Verfahren, die mit entsprechenden ausgezeichneten Anfrage-/Dokumentpaaren arbeiten oder ohne diese auskommen und dann nur auf den Anfragen und/oder Dokumenten aufsetzen. Hier zeigen sich Gemeinsamkeiten zu *Latent Semantic Analysis* (Deerwester et al. 1990), in der Vektordarstellungen für Terme und Dokumente mit Hilfe der Singulärwertzerlegung bestimmt werden. Neuronale Ansätze erweitern diese Grundidee mit modernen Ansätzen und damals nicht verfügbaren Datenmengen und Rechenkapazitäten. Das Hauptziel der neuronalen Ansätze ist es, bessere Textdarstellungen (im Vergleich zu bekannten dünn besetzten Termvektoren) zu finden, die unempfindlicher sind gegen Störfaktoren wie unterschiedliche Textlängen, große Mengen von nicht-relevanten Textpassagen und den allgegenwärtigen Diskrepanzen in den Anfrage- und Dokumentvokabularen.

3.1 Neuronale Netze

Neuronale Netze für Informationssysteme basieren auf der Funktionsweise biologischer neuronaler Netze bzw. deren Bestandteilen, den Neuronen. Da hier das biologische Vorbild nachgeahmt wird, spricht man auch üblicherweise von künstlichen neuronalen Netzen (KNN). Die zum Netz gehörenden Neuronen lernen über eine Trainingsphase hinweg, indem Gewichte von Neuronen abgeändert werden oder Schwellenwerte zur Aktivierung eines Neurons angepasst werden (Goldberg 2017). Durch immer wieder erneutes Durchlaufen des Netzes mit Trainingsdaten können iterativ oder rekursiv die Parameter des KNN angepasst bzw. gelernt werden, damit sie bestmöglich den erwarteten Ausgabewerten entsprechen. Die Neuronen selbst haben meist nur sehr einfache Funktionen und die Mächtigkeit eines KNN ergibt sich aus der Verknüpfung und dem Zusammenspiel sehr vieler dieser kleinen Bauteile und deren Verknüpfung.

KNN können in unterschiedlichen Strukturen aufgebaut werden. Hierbei ist zum einen von Bedeutung, wie viele Neuronen sich auf wie vielen sog. Schichten befinden, und wie diese miteinander verbunden sind. Die Schichten (*layers*) sind dabei das häufigste Modell der Neuronenanordnung. Diese werden hintereinander angeordnet und sequentiell abgearbeitet. Es gibt einschichtige Netze (wie beispielhaft in Abbildung 3 zu sehen) und mehrschichtige Netze. Die jeweils trainierbaren Schichten, die vor der Ausgabeschicht liegen, werden als verdeckte Schichten bezeichnet. Mit genug Neuronen pro Schicht können selbst einfache, einschichtige KNNs sehr komplexe Aufgaben lösen. KNN, die nun eine bestmögliche Vektordarstellung für ein Retrievalproblem erarbeiten sollen, werden üblicherweise mit einem dünn besetzen Term-Eingabe-Vektor oder vorberechneten Worteinbettungen versorgt und lernen so Schritt für Schritt, welche neue Vektorrepräsentation für Anfragen und Dokumente am besten geeignet ist.

3.2 Deep Learning

Tiefe neuronale Netze (*deep neural networks* – DNN) bestechen durch ihre große Anzahl von Schichten (teilweise mehrere Tausend, s. Trabelsi et al. 2021) und einer entsprechend großen Anzahl an Parametern, die im Trainingsprozess gelernt werden können. Bei kleinen Datensätzen kann *Overfitting* hierbei ein Problem darstellen, weshalb eine Ausgewogenheit zwischen Trainingsdaten und zu trainierender Parameter beachtet werden sollte (Goodfellow et al. 2016).

Im IR bestehen Trainingsdatensätze üblicherweise aus Dokumenten, Anfragen und idealerweise Relevanzurteilen. Während die ersten beiden Entitäten meist in ausreichendem Umfang vorhanden sind, sind große Relevanzdatensätze (oder zumindest indirekte Relevanzsignale, wie Klickdaten) nur im industriellen Umfeld verfügbar. Wie Mitra und Craswell (2018) beschreiben, bestimmt die Menge an verfügbaren Dokumenten und Anfragen den Grad und die Art des Trainingprozesses des DNN. Liegen keine Relevanzurteile vor, werden die ungelabelten Dokumente (bzw. analog die Anfragen) verwendet, um passende Vektordarstellungen zu erlernen. Diese werden dann in bestehende Retrievalmodelle oder Ähnlichkeitsmetriken zum Abgleich von Anfragen und Dokumenten integriert. Sollte eine kleine Menge an gelabelten Daten zur Verfügung stehen, können diese genutzt werden, um ein Retrievalmodell mit wenigen Parametern zu trainieren, das wiederum Vektordarstellungen verwendet, die auf einem größeren, nicht gelabelten Korpus vortrainiert wurden. Einen sehr guten Überblick über aktuelle Deep Learning-Ansätze mit IR-Bezug findet sich bei Goldberg (2017).

3.3 Neuronale Retrieval-Modelle

Es gibt nun verschiedene Möglichkeiten, KNN für das Retrieval bzw. zum Berechnen der Ähnlichkeit von Anfrage und Dokument einzusetzen: repräsentationsorientierte Modelle, interaktionsorientierte Modelle und gemischte Modelle (Fan et al. 2021). Repräsentationsorientierte Modelle (Huang et al. 2013) konzentrieren sich auf das unabhängige Lernen dichter Vektordarstellungen von Anfragen und Dokumenten. Anschließend werden

Metriken wie die Kosinusähnlichkeiten verwendet, um die Ähnlichkeit zwischen Anfragen und Dokumenten zu berechnen. Bei den interaktionsorientierten Modellen (Guo et al. 2016) werden die sog. Interaktionen zwischen Anfragen und Dokumenten erfasst, die in einer Anfrage-Dokument-Matrix festgehalten werden. Jeder Eintrag der Matrix enthält den Ähnlichkeitswert von Worteinbettungen der jeweiligen Suchterme und den Worteinbettungen der Dokumentterme. Nachdem diese Matrix erstellt wurde, werden weitere Merkmale extrahiert, die zur Berechnung der Ähnlichkeit von Suchanfragen und Dokumenten verwendet werden können. Es gibt auch Mischformen beider Ansätze (MacAvaney et al. 2019).

4 Kontextualisierte Sprachmodelle im IR

Während mit Methoden wie Word2Vec oder GloVe bis dato erfolgreich semantische Beziehungen zwischen Wörtern dargestellt und z. B. Synonyme gut gefunden werden konnten, wurde in den folgenden Jahren deutlich, dass dies nicht ausreicht, um das Phänomen Sprache ausreichend abzubilden. Word2Vec lässt sich zwar auf Satz- oder Dokumentebene erweitern, jedoch gestaltet sich hier die Ähnlichkeitsbestimmung als schwierig. Die Unterschiedlichkeit der Sätze und Dokumente ist einfach zu groß. Durch die Möglichkeiten, die Deep Learning und große vortrainierte Sprachmodelle bieten, konnte man sich in den Folgejahren auf das Problem der Kontextualisierung (Smith 2020) fokussieren. Hierbei wird versucht, Wörter durch ihren jeweiligen semantischen und syntaktischen Kontext genauer zu erschließen (s. Abbildung 2). Der Fokus auf die Entwicklung von tiefen, kontextsensitiven Einbettungen führte zu Modellen wie GPT, ELMo oder BERT, die auf großen Mengen an ungelabelten Daten trainiert werden und bei verschiedenen NLP- und IR-Aufgaben sehr hohe Leistungen erzielen.

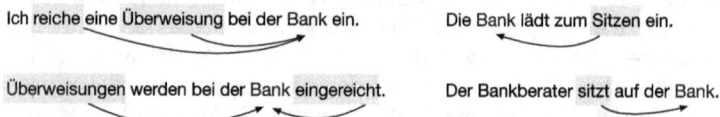

Abb. 2: Unterschiedliche Bedeutungen des Wortes Bank, die sich erst durch den Kontext erschließen

4.1 BERT

Bidirectional Encoder Representations from Transformers (BERT) ist ein Sprachmodell, das sowohl den linken als auch den rechten Kontext eines Wortes nutzt (Devlin et al. 2019). BERT setzt hierbei auf die sog. Transformer-Architektur und den Attention-Mechanismus (Vaswani et al. 2017). BERT wird typischerweise für zwei Aufgaben trainiert: (1) *Masked Language Model* (MLM), bei dem einzelne Wörter im Text ausgeblendet bzw. „maskiert" werden und vom System korrekt rekonstruiert werden sollen, sowie (2) die *Next Sentence Prediction* (NSP), bei der das System Satzpaare als Eingabe erhält und lernt vorherzusagen, ob der zweite Satz im Paar der nachfolgende Satz im Originaldokument ist.

Zum Training des MLM werden in der ursprünglichen Implementierung von BERT[3] 15 % aller Wörter maskiert und die entsprechenden Textsequenzen durch das Encoder-Modul eines Transformers geschickt. So wird die Vorhersage der maskierten Wörter gelernt, und nicht nur das folgende Wort:

Eingabe: Die Studierenden saßen in der [MASKIERUNG-1] und grübelten über die [MASKIERUNG-2] zu BERT.
Label: [MASKIERUNG-1] = Klausur; [MASKIERUNG-2] = Aufgabe

Analog wird für das Training der NSP eine große Menge an Sätzen aus beliebigen Textmengen extrahiert und es werden jeweils Paare A und B als „IsNextSentence" oder „NotNextSentence" ausgezeichnet.

Satz A: Die Studierenden saßen in der Klausur.
Satz B: Sie grübelten über die Aufgabe zu BERT.
Label: IsNextSentence

Satz A: Die Studierenden saßen in der Klausur.
Satz B: Ohne Modeste ist der Effzeh einfach nicht der Gleiche.
Label: NotNextSentence

In der Standardimplementierung bestehen Transformermodelle aus zwei separaten Mechanismen, einem Encoder, der die Texteingabe liest, und einen Decoder, der eine Vorhersage für die Aufgabe erstellt. BERT setzt hierbei jedoch nur den Encoder-Mechanismus um. Im Gegensatz zu Modellen, die den eingegebenen Text nur sequentiell von links nach rechts (oder von rechts nach links) lesen, kann ein Transformer mit seinem Encoder einen ganzen Satz (oder eine andere Textsequenz) auf einmal lesen. Dies ermöglicht es den Transformern und somit auch BERT, den Kontext eines Wortes auf der Grundlage seiner gesamten Umgebung und somit den Kontext zu lernen. Im Gegensatz zu ELMo oder GPT wird so eine noch realistischere Sprachverarbeitung ermöglicht, die den Kontext eines Wortes besser einbinden kann.

BERT wird in vortrainierter Form zum Download und zur Nutzung in Standardbibliotheken wie PyTorch oder Tensorflow angeboten. Eine große Stärke liegt in der Möglichkeit, BERT für eigene Datensätze und Aufgaben nachzutrainieren (Devlin et al. 2019, S. 4171, sprechen hier von „fine-tuning").

4.2 Dokument-(Re-)Ranking mit BERT

Kontextualisierte Sprachmodelle wie BERT lassen sich auf unterschiedlichen Wegen für das Dokumentenretrieval einsetzen. Der häufigste Ansatz ist die sog. MultiStage-Architektur (MSA), die darauf basiert, zunächst mit Hilfe traditioneller Verfahren wie BM25 eine Top-k-Liste von Kandidaten zu ermitteln, die danach von einem BERTReranker weiterverarbeitet werden (Lin et al. 2021). In Abbildung 3 ist dieser Ablauf schematisch dargestellt. Die erste Stufe der MSA liefert neben dem Kandidatendokument auch einen Relevanz-Score pro Dokument, der später weiterverwendet werden kann. Im zweiten

---

[3] https://github.com/google-research/bert.

Schritt wird mit Hilfe von BERT und etwaiger Feinabstimmungen eine erneute Berechnung der Relevanz-Scores durchgeführt und die aus Schritt 1 übernommenen Kandidatendokumente neu gerankt. BERT wird also als sog. Reranker eingesetzt. Bekannt wurde dieser Ansatz durch Nogueira et al. (2019), die ihren Reranker MonoBERT nannten. Die Leistungsfähigkeit in Bezug auf die Precision dieser MSA-Ansätze basiert zu großen Teilen auf den kontextsensitiven Fähigkeiten BERTs, wird in der Praxis aber kaum durch die prinzipiell Recall-kritische termbasierte Kandidatensuche über BM25 in Schritt 1 ausgebremst. Tatsächlich besteht hier aber immer noch das Problem, dass durch BERT natürlich nur Kandidaten neu gerankt werden können, die auch zuvor gefunden wurden. Da hier wieder die ursprünglichen *vocabulary mismatches* ins Spiel kommen, wird der Schritt 1 auch gerne mit den in Abschnitt 2.2 genannten Lösungsansätzen wie z. B. Anfrageerweiterungen angereichert.

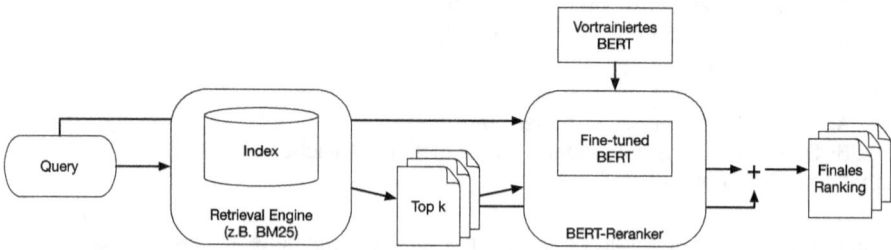

Abb. 3: Multi-Stage-Architektur für das Reranking mit Hilfe von BERT

5 Zusammenfassung

Zusammenfassend lässt sich sagen, dass traditionelle Retrievalmodelle, bei allem Aufwand dies zu kompensieren, auf einer möglichst *exakten Überschneidung* von Anfrage und Dokumenttermen basieren, wohingegen neuronale Retrievalansätze auf eine *semantische Überschneidung* setzen. Neuronale Retrievalsysteme definieren kein festes Regelwerk, sondern nutzen vortrainierte Sprachmodelle, um dichte Vektorrepräsentationen der Texte mit wenigen Dimensionen zu erlernen. Diese Ansätze sind robuster gegenüber Rauschen, lassen sich einfach erweitern und skalieren in der Regel gut. Jedoch sind die Systeme und die Entscheidungswege selbst schlechter nachvollziehbar und die notwendige Menge an Trainingsdaten und die damit verbundene Rechenleistung ist nicht zu unterschätzen (Fan et al. 2021). Mit Hilfe vortrainierter, kontextualisierter Sprachmodelle wie BERT lassen sich leistungsfähige Multi-Stage-Architekturen für das Information Retrieval aufsetzen.

6 Literaturverzeichnis

Armstrong, T. G., Moffat, A., Webber, W. & Zobel, J. (2009). Improvements that don't add up: Ad-hoc retrieval results since 1998. *Proceeding of the 18th ACM conference on information and knowledge management*, 601–610. https://doi.org/10.1145/1645953.1646031.

Cao, G., Nie, J.-Y., Gao, J. & Robertson, S. (2008). Selecting good expansion terms for pseudo-relevance feedback. *Proceedings of the 31st Annual International ACM SIGIR Conference on Research and Development in Information Retrieval – SIGIR '08*, 243–250. https://doi.org/10.1145/1390334.1390377.

Deerwester, S. C., Dumais, S. T., Landauer, T. K., Furnas, G. W. & Harshman, R. A. (1990). Indexing by Latent Semantic Analysis. *Journal of the American Society for Information Science*, 41(6), 391–407. https://doi.org/10.1002/(SICI)1097-4571(199009)41:6<391::AID-ASI1>3.0.CO;2-9.

Devlin, J., Chang, M.-W., Lee, K. & Toutanova, K. (2019). BERT: Pre-training of Deep Bidirectional Transformers for Language Understanding. In J. Burstein, C. Doran & T. Solorio (Eds.), *Proceedings of the 2019 Conference of the North American Chapter of the Association for Computational Linguistics: Human Language Technologies, NAACL-HLT 2019, Minneapolis, MN, USA, June 2–7, 2019, Volume 1 (Long and Short Papers)* (S. 4171–4186). Association for Computational Linguistics. https://doi.org/10.18653/v1/n19-1423.

Fan, Y., Xie, X., Cai, Y., Chen, J., Ma, X., Li, X., Zhang, R., Guo, J. & Liu, Y. (2021). Pre-training Methods in Information Retrieval. *arXiv:2111.13853 [cs]*. http://arxiv.org/abs/2111.13853.

Firth, J. R. (1957). A synopsis of linguistic theory 1930–55. *Studies in Linguistic Analysis (special volume of the Philological Society), 1952–59*, 1–32.

Furnas, G. W., Landauer, T. K., Gomez, L. M. & Dumais, S. T. (1987). The Vocabulary Problem in Human-System Communication. *Commun. ACM*, 30(11), 964–971.

Ganguly, D., Roy, D., Mitra, M. & Jones, G. J. F. (2015). Word Embedding based Generalized Language Model for Information Retrieval. *Proceedings of the 38th International ACM SIGIR Conference on Research and Development in Information Retrieval*, 795–798. https://doi.org/10.1145/2766462.2767780.

Goldberg, Y. (2017). *Neural network methods for natural language processing*. Morgan & Claypool Publishers. https://doi.org/10.2200/S00762ED1V01Y201703HLT037.

Goodfellow, I., Bengio, Y. & Courville, A. (2016). *Deep Learning*. MIT Press.

Guo, J., Fan, Y., Ai, Q. & Croft, W. B. (2016). A Deep Relevance Matching Model for Ad-hoc Retrieval. *Proceedings of the 25th ACM International on Conference on Information and Knowledge Management*, 55–64. https://doi.org/10.1145/2983323.2983769.

Hienert, D., Schaer, P., Schaible, J. & Mayr, P. (2011). A Novel Combined Term Suggestion Service for Domain-Specific Digital Libraries. In S. Gradmann, F. Borri, C. Meghini & H. Schuldt (Eds.), *TPDL* (Vol. 6966, S. 192–203). Springer.

Huang, P.-S., He, X., Gao, J., Deng, L., Acero, A. & Heck, L. (2013). Learning deep structured semantic models for web search using clickthrough data. *Proceedings of the 22nd ACM International Conference on Conference on Information & Knowledge Management – CIKM '13*, 2333–2338. https://doi.org/10.1145/2505515.2505665.

Jurafsky, D. & Martin, J. H. (2021). *Speech and Language Processing (3rd ed. Draft)*. https://web.stanford.edu/~jurafsky/slp3/ed3book_sep212021.pdf.

Lin, J., Nogueira, R. & Yates, A. (2021). Pretrained Transformers for Text Ranking: BERT and Beyond. *arXiv:2010.06467 [cs]*. http://arxiv.org/abs/2010.06467.

MacAvaney, S., Yates, A., Cohan, A. & Goharian, N. (2019). CEDR: Contextualized Embeddings for Document Ranking. *Proceedings of the 42nd International ACM SIGIR Conference on Research and Development in Information Retrieval*, 1101–1104. https://doi.org/10.1145/3331184.3331317.

Metzler, D. (2011). *A Feature-Centric View of Information Retrieval* (Bd. 27). Springer.

Mikolov, T., Sutskever, I., Chen, K., Corrado, G. S. & Dean, J. (2013). Distributed Representations of Words and Phrases and their Compositionality. In C. J. C. Burges, L. Bottou, Z. Ghahramani & K. Q. Weinberger (Eds.), *Advances in Neural Information Processing Systems 26: 27th Annual Conference on Neural Information Processing Systems 2013. Proceedings of a meeting held December 5–8, 2013, Lake Tahoe, Nevada, United States* (S. 3111–3119). Neural Information Processing Systems Foundation, Inc. (NIPS). https://proceedings.neurips.cc/paper/2013/hash/9aa42b31882ec039965f3c4923ce901b-Abstract.html.

Miller, G. A. (1995). WordNet: A lexical database for English. *Communications of the ACM*, 38(11), 39–41. https://doi.org/10.1145/219717.219748.

Mitra, B. & Craswell, N. (2018). An Introduction to Neural Information Retrieval. *Foundations and Trends® in Information Retrieval*, 13(1), 1–126. https://doi.org/10.1561/1500000061.

Mitra, B., Diaz, F. & Craswell, N. (2017). Learning to Match using Local and Distributed Representations of Text for Web Search. *Proceedings of the 26th International Conference on World Wide Web*, 1291–1299. https://doi.org/10.1145/3038912.3052579.

Nogueira, R., Yang, W., Cho, K. & Lin, J. (2019). Multi-Stage Document Ranking with BERT. *arXiv:1910.14424 [cs]*. http://arxiv.org/abs/1910.14424.

Pennington, J., Socher, R. & Manning, C. D. (2014). Glove: Global Vectors for Word Representation. In A. Moschitti, B. Pang & W. Daelemans (Eds.), *Proceedings of the 2014 Conference on Empirical Methods in Natural Language Processing, EMNLP 2014, October 25–29, 2014, Doha, Qatar, A meeting of SIGDAT, a Special Interest Group of the ACL* (pp. 1532–1543). ACL. https://doi.org/10.3115/v1/d14-1162.

Schaer, P. (2013). Applied Informetrics for Digital Libraries: An Overview of Foundations, Problems and Current Approaches. *Historical Social Research*, 38(3), 267–281.

Smith, N. A. (2020). Contextual word representations: Putting words into computers. *Communications of the ACM*, 63(6), 66–74. https://doi.org/10.1145/3347145.

Trabelsi, M., Chen, Z., Davison, B. D. & Heflin, J. (2021). Neural ranking models for document retrieval. *Information Retrieval Journal*, 24(6), 400–444. https://doi.org/10.1007/s10791-021-09398-0.

Vaswani, A., Shazeer, N., Parmar, N., Uszkoreit, J., Jones, L., Gomez, A. N., Kaiser, L. & Polosukhin, I. (2017). Attention is All you Need. In I. Guyon, U. von Luxburg, S. Bengio, H. M. Wallach, R. Fergus, S. V. N. Vishwanathan & R. Garnett (Eds.), *Advances in Neural Information Processing Systems 30: Annual Conference on Neural Information Processing Systems 2017, December 4–9, 2017, Long Beach, CA, USA* (S. 5998–6008). Neural Information Processing Systems Foundation, Inc. (NIPS). https://proceedings.neurips.cc/paper/2017/hash/3f5ee243547dee91fbd053c1c4a845aa-Abstract.html.

Yang, W., Lu, K., Yang, P. & Lin, J. (2019). Critically Examining the „Neural Hype": Weak Baselines and the Additivity of Effectiveness Gains from Neural Ranking Models. *Proceedings of the 42nd International ACM SIGIR Conference on Research and Development in Information Retrieval*, 1129–1132. https://doi.org/10.1145/3331184.3331340.

Zhai, C. (2007). Statistical Language Models for Information Retrieval A Critical Review. *Foundations and Trends in Information Retrieval*, 2(3), 137–213. https://doi.org/10.1561/1500000008.

Stefanie Elbeshausen

C 10 Modellierung von Benutzer*innen, Kontextualisierung, Personalisierung

1 Einleitung

Informationssysteme, deren Reichweite und Nutzung sind mittlerweile allgegenwärtig und ein Alltag ohne sie scheint kaum mehr vorstellbar. Die Anwender*innen unterscheiden sich in Hinblick auf ihre Computererfahrung, ihr technisches Verständnis, ihre Motivation sowie die Aufgaben, die mit der Nutzung bewältigt werden sollen. So muss ein Smartphone der Teenagerin die Möglichkeit bieten zu chatten, aber auch dem Vater den nächstgelegenen Spielplatz zu finden, der Managerin die schnellste Route zum Bahnhof zu ermitteln oder dem Senior den Yogakurs zu buchen. Deutlich wird schon anhand dieser Minimalbeispiele die Notwendigkeit für Informationssysteme, die an die Bedürfnisse und Voraussetzungen der vielfältigen Nutzenden angepasst sind.

Ziel aus Sicht der Informationswissenschaft ist es, eine möglichst einfache und effiziente Nutzung zu ermöglichen. Darüber hinaus sollten Systeme idealerweise adaptiv gestaltet sein und den Anwender*innen die Möglichkeit zur Adaptierbarkeit bieten. Aus diesem Spannungsfeld ergibt sich die Notwendigkeit für die Modellierung von Benutzer*innen, die Personalisierung und die Kontextualisierung.

2 Modellierung von Benutzer*innen

Modelle von Benutzer*innen sollen dazu beitragen, Informationssysteme entwickeln zu können, die auf die Bedarfe der Anwender*innen abgestimmt sind. Unter einem solchen Modell versteht man dabei üblicherweise die in einem System hinterlegten Informationen über die Nutzerin oder den Nutzer (Kobsa 2011, S. 299). Ein einfaches Beispiel hierfür sind die Modelle *Anfänger*in*, *Fortgeschrittene*r* und *Expert*in*. Möglich sind aber auch Modellierungen oder Rollen, die spezielles Vorwissen, Fähigkeiten oder Ziele berücksichtigen.

Hierfür müssen zunächst Informationen über die Anwender*innen gesammelt werden. Kobsa et al. (2001, S. 6–14) nennen als primäre Gruppen *Daten über die Nutzenden selbst*, *Benutzungsdaten* und *Umgebungsdaten*. *Daten über die Nutzenden* umfassen etwa demographische Angaben, Wissen, Können, Interessen, Präferenzen und Ziele. Zu den *Benutzungsdaten* zählen beispielsweise das zeitliche Nutzungsverhalten, das heißt, wann oder wie lange mit dem System interagiert wird, oder auch die Benutzungshäufigkeit. Relevante *Umgebungsdaten* beziehen sich auf den weiteren Kontext der Suche, unter anderem die verwendete Hard- und Software, den Aufenthaltsort des Nutzers oder der Nutzerin und die damit einhergehenden Möglichkeiten und Beschränkungen. Die Sammlung dieser Daten kann entweder durch die Anwender*innen selbst erfolgen oder durch das System.

Auf Seite der Nutzenden findet die Sammlung durch explizite Abfragen satt. So können etwa spezifische Eigenschaften erfragt werden, welche dann als Modell im System hinterlegt sind. Der Vorteil liegt unter anderem in der Transparenz eines solchen Vorgehens: Nutzer*innen wissen, welche Information verarbeitet wird. Auf der anderen Seite ist die Bereitschaft für die Beteiligung an einem solchen Vorgehen oft gering (Kobsa 2011, S. 299).

Systemseitig erfolgt die Datenerhebung anhand der Beobachtung der Interaktion. Ein Ansatz ist, mittels Regeln Schlüsse zu ziehen, mit deren Hilfe von der Interaktion auf Eigenschaften der Anwender*innen geschlossen werden kann. Der Stereotypenansatz (Rich 1979) zielt darauf ab, die Nutzer*innen in spezifische, vorab identifizierte Gruppen einzuordnen, die ähnliche Eigenschaften wie die Nutzenden aufweisen. Durch Verfahren des Maschinellen Lernens wird versucht, Regularitäten im Verhalten zu identifizieren (Mahmoud 2018; Daee et al. 2018). Anhand der ermittelten Muster können dann Vorhersagen des zukünftigen Verhaltens erfolgen. Mithilfe kollaborativer Filterung (*Collaborative Filtering*) ist es möglich, die Nutzer*innen zu ermitteln, die die größte Ähnlichkeit in Bezug auf das Nutzungsverhalten aufweisen. So lassen sich, basierend auf den Verhaltensmustern innerhalb der jeweiligen Gruppe, Aussagen zu deren voraussichtlichem Verhalten treffen (s. Kapitel C 12 Empfehlungssysteme).

Auch wenn die Sammlung von Daten über die Anwender*innen letztendlich zur einfacheren Nutzung beitragen kann, ist dieser Punkt datenschutzrechtlich sensibel. Zum einen kann das Sammeln dieser Informationen mit Datenschutzgesetzen in Konflikt stehen, zum anderen können auch auf Seiten der Nutzenden Bedenken oder eine ablehnende Haltung vorhanden sein. Sinnvoll ist demnach eine Schnittstelle, die über Datenschutzkonsequenzen, aber auch über Vorteile aufklärt, sodass die Nutzenden auf dieser Basis ihre Entscheidung zur Einwilligung oder Ablehnung treffen können.

3 Personalisierung

Allgemein lässt sich unter Personalisierung die Anpassung an Benutzer*innen und ihre Bedürfnisse verstehen. Das kann in diversen Bereichen stattfinden, etwa bei personalisierter Werbung, die an die Vorlieben der Kund*innen angepasst ist, bei E-Learning-Anwendungen, die den Wissensstand der Lernenden berücksichtigen oder generell bei Informationssystemen, die spezifische Information für bestimmte Benutzer*innen anzeigen.

Im Kontext von Informationssystemen ist hierunter die Anpassung von Benutzungsoberflächen (BOF), Systemen und der dargestellten Information an Nutzer*innen zu verstehen. Grundlegende Idee ist, dass die Anwendung vereinfacht wird und sich die Anwender*innen, im Sinne des informationswissenschaftlichen Paradigmas, effektiver und effizienter ihren Kernaufgaben widmen können. Beispiele hierfür sind etwa adaptive Lernsysteme oder Empfehlungssysteme in Online-Shopping-Portalen oder Bibliotheken (s. Kapitel C 12 Empfehlungssysteme).

Grundlegende Voraussetzung, um Personalisierung zu realisieren, ist die Möglichkeit, die Nutzenden unterscheiden zu können. Dafür ist, wie vorhergehend erläutert, das Sammeln von Daten über die Benutzer*innen erforderlich. Innerhalb von Informationssystemen ist in der Regel das Login notwendig, um eine eindeutige Zuordnung zum Profil zu ermöglichen. Allerdings können entsprechende Daten auch mithilfe von Cookies gespeichert und beim erneuten Besuch einer Website oder der Nutzung des Browsers aktiviert werden. Hieran wird deutlich, dass Personalisierung sowohl nutzendengesteuert (adaptierbar) als auch automatisch (adaptiv) realisiert werden kann (Loitsch & Weber 2012, S. 136; Kobsa 2011, S. 299).

Zu unterscheiden sind die *formale* oder *regelbasierte* Personalisierung einerseits und die *inhaltliche* Personalisierung andererseits, wobei auch Kombinationen möglich sind.

Formal bezieht sich auf die Informationsumgebung selbst, etwa die Schriftgröße, die Farbgebung des Systems oder die Anordnung von Schaltflächen. In Information-Retrieval-Systemen können beispielsweise Navigationshilfen so personalisiert sein, dass sie bei der Erreichung der individuellen Zielsetzung unterstützen. Das kann etwa in Form von optional angebotener Systemhilfe erfolgen, wenn anhand des Interaktionsmusters deutlich wird, dass Probleme bei der Nutzung auftreten.

Auch die Benutzungsoberfläche kann durch Personalisierungsmaßnahmen optimiert werden, etwa in Bezug auf das Layout. Denkbar sind hierbei Maßnahmen auf ästhetischer Ebene, etwa eine individuelle Farbgebung der Oberfläche. So kann das System mit mehr Freude (*Joy of Use*; s. Kapitel D 3 Mensch-Computer-Interaktion) genutzt werden oder spezifische Elemente durch die veränderte Farbgebung hervorgehoben werden. Die Interaktion lässt sich somit erleichtern, da der kognitive Aufwand bei der Nutzung reduziert wird. Personalisierung kann auch bei Einschränkungen oder Besonderheiten der Nutzenden unterstützen, beispielsweise indem Objekte für Nutzende mit eingeschränktem Sehvermögen größer dargestellt werden.

Inhaltliche Personalisierung bezieht sich auf die dargestellte Information und deren Anpassung an die Bedürfnisse der Nutzenden. So kann Information gefiltert werden, um den Anwender*innen nur jene Inhalte anzuzeigen, welche für die jeweilige Zielsetzung, also zur Erfüllung des eigenen Informationsbedürfnisses, relevant sind. Beispiele hierfür sind etwa angezeigte Dokumente basierend auf bereits gelesenen vs. unbekannten Inhalten, Informationen in bestimmten Sprachen oder basierend auf Vorlieben und Interessen des oder der Nutzer*in.

4 Kontextualisierung

Information Retrieval (IR) lässt sich unter anderem anhand der Teildisziplinen Algorithmisches IR auf der einen und Interaktives IR auf der anderen Seite kategorisieren (s. Kapitel C 1 Einführung in das Information Retrieval und Kapitel C 4 Interactive Information Retrieval). Ersteres fokussiert primär auf Suchalgorithmen, die dem IR-Prozess zugrunde liegen und damit auf die Systeme selbst (Ingwersen & Järvelin 2005, S. 113). Interaktives IR hingegen bezieht sich im Wesentlichen auf den interaktiven Austausch zwischen Nutzenden und System. Das heißt, neben der Systemseite werden auch die menschlichen Handelnden und deren Kontext einbezogen. Dazu zählen etwa der sozio-organisationale Kontext, das Interface, das IT-Setting und der Informationsraum (Ingwersen & Järvelin 2005, S. 21). Anders ausgedrückt lässt sich auch zwischen dem systemorientierten und dem kognitiven Ansatz unterscheiden. Der kognitive Ansatz, analog zum Interaktiven IR, fokussiert die Nutzenden und deren Kontext. Entscheidend ist, dass Information hierbei als subjektiv und an einen spezifischen Kontext gebunden betrachtet wird. Dabei steht die Relevanz der Information für die Suchenden im Mittelpunkt. Kontextualisierung bedeutet hier also, dass Information allgemein und IR im engeren Sinne in Beziehung zu anderen Inhalten gesetzt und im Zusammenhang miteinander betrachtet wird.

Kontext umfasst unterschiedliche Variablen und bezieht sich im Kern auf die umgebenden Faktoren, mit denen IR in Zusammenhang steht. Ein Beispiel hierfür ist die konkrete Aufgabe (*task*), in welche die Suche eingebettet ist. Je nach Task ist der Informationsbedarf (*information need*) unterschiedlich und erfordert damit spezifische Herangehensweisen, das Heranziehen unterschiedlicher Informationsquellen sowie die Nutzung diverser Systeme. Mit der Rolle der Aufgabe innerhalb der Informationssuche hat sich u. a. Byström (1999) eingehend auseinandergesetzt und durch ihre Forschungsarbeit deren Relevanz verdeutlicht. Der Kontext der jeweiligen Aufgabe hat demnach Einfluss auf weitere Variablen, die wiederum in Wechselwirkung zueinanderstehen. Verdeutlicht wird das im Modell von Ingwersen und Järvelin (2005, S. 322), welches die unterschiedlichen Ebenen von Kontext für aufgabenbasiertes (*task-based*) Information Seeking und Retrieval (IS&R) darstellt.

Knapp zusammengefasst bildet das Modell folgende Zusammenhänge ab: im Kern eingebettet den Retrieval-Kontext (*IR context*), den umgebenden Kontext der Suche (*seeking context*), den übergeordneten Zusammenhang der Arbeitsaufgabe (*work task context*) und schließlich die sozialen, organisatorischen und kulturellen Umgebungsfaktoren (*socio-organizational & cultural context*).

Anhand der Darstellung wird deutlich, dass die einzelnen Bereiche, Ingwersen & Järvelin (2005) zufolge, nicht losgelöst voneinander betrachtet werden können. Das heißt, die Kultur und das System, in dem eine Person eine Suche durchführt, beeinflussen die im Modell eingebetteten Bereiche, demnach sowohl die Rahmenbedingungen der Arbeitsaufgabe, als auch jene der Suche nach Information.

Entsprechend kann, um die Gesamtheit der Auswirkungen und des Prozesses zu erfassen, auch keine isolierte Evaluation erfolgen. Anders ausgedrückt werden Systeme, Werkzeuge und Quellen nie isoliert genutzt und sollten dementsprechend auch nicht isoliert entwickelt oder evaluiert werden.

Auch in nachfolgendem Modell (Abbildung 1) wird die Relevanz des Einbezugs der Umgebungsfaktoren von IS&R verdeutlicht. Im *Cognitive Framework of (longitudinal) IS&R* sind der Kognitionsraum der suchenden Person, der informationsverarbeitende Rahmen und die damit in Zusammenhang stehenden Kontextfaktoren abgebildet. Deutlich wird der Einfluss der Umgebungsvariablen auf den Kognitionsraum (*cognitive space*): Sowohl kulturelle, als auch organisationale und soziale Faktoren beeinflussen, dem Modell zufolge, die Informationsverarbeitung. Hinzu kommen die herangezogene Informationstechnik, die Schnittstelle zwischen Nutzer*in und Technik (Interface) und die Informationsobjekte selbst.

In weiteren IS&R-Modellen, die an dieser Stelle nicht ausführlich beleuchtet werden können, wird die Bedeutung des Kontextes ebenfalls verdeutlicht. So beispielsweise bei Wilson (1999), indem intervenierende Variablen, etwa psychologische, demographische, rollenspezifische oder interpersonale, die Informationssuche und Verarbeitung beeinflussen (Wilson 1999, S. 257). In einem weiteren Modell stellt Pharo (2002, 2004) die informationssuchende Person, ihr Wissen etwa hinsichtlich der Aufgabe oder des Systems, ihre Umgebung, die generelle und spezifische Aufgabe und weitere Aspekte, welche sich aus der Interaktion zwischen Mensch und Maschine ergeben, in Zusammenhang.

Weiterhin finden sich auch Forschungsarbeiten und Modelle zu spezifischen Kontextfaktoren. Heinström (2003, 2005) untersuchte beispielsweise den Einfluss der Persönlichkeit auf das Informationsverhalten und konnte so drei unterschiedliche Rollen von Informationssuchenden ermitteln: *Fast Surfers*, *Broad Scanners* und *Deep Divers*. Diese zeichnen sich durch unterschiedliches Verhalten bei der Informationssuche und spezifische Lernstile aus. Irle (2017) befasste sich mit dem Einfluss von Emotionen auf die Informationssuche. In ihrer Arbeit erforschte sie das Gefühlserleben als einen Kontextfaktor bei der Suche nach Information im Internet (s. Kapitel D 4 Information und Emotion).

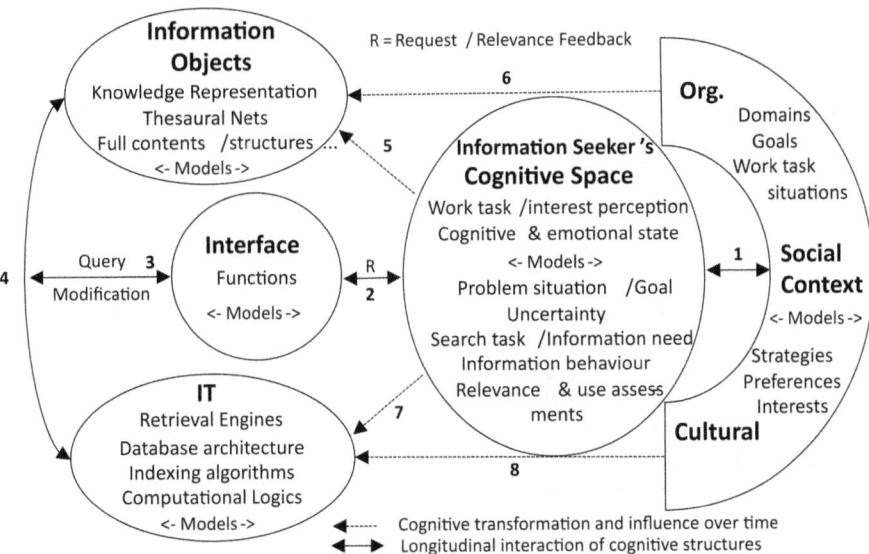

Abb. 1: *Cognitive Framework of (longitudinal) IS&R* (Ingwersen und Järvelin 2005, S. 274)

5 Modellierung von Benutzer*innen für die Systementwicklung

Um den Anforderungen des menschenzentrierten Designs (s. Kapitel D 3 Mensch-Computer-Interaktion) gerecht zu werden, haben sich unterschiedliche Methoden etabliert (s. Kapitel D 3 Mensch-Computer-Interaktion, Usability und User Experience). Dazu gehören neben Analysemethoden wie Interview, Fragebogen, Beobachtung oder Entwurfsmethoden wie dem Prototyping auch Evaluationsmethoden wie Benutzer*innentest oder -modellierung. Dadurch soll die notwendige Informationsgrundlage zu Eigenschaften der Zielgruppe eruiert werden. Die erhobenen Daten können Aufschluss über Erwartungen und Eigenschaften der Befragten geben, sind allerdings eher abstrakt und stellen noch kein greifbares Modell dar. Um den Entwickler*innen ein möglichst konkretes Bild der zukünftigen Anwender*innen eines Systems zu geben, hat sich insbesondere die Methode *Persona* (Cooper 1999) etabliert.

Eine Persona steht „prototypisch" für eine Gruppe von Nutzer*innen und bildet recht konkret deren Eigenschaften und das Nutzungsverhalten ab. Dafür wird zunächst analysiert, welche Personengruppen die geplante Anwendung später nutzen sollen. Mithilfe empirischer Erhebungen werden anschließend charakteristische Eigenschaften, auch in Bezug auf das Nutzungsverhalten, ermittelt. Typisch sind hierfür qualitative Verfahren wie Interviews oder Beobachtungen (Mulder & Yaar 2007, S. 43). Aus den gewonnenen Daten wird in einem weiteren Schritt ermittelt, wie viele Muster oder Modelle es gibt, d. h. wie viele typische Benutzer*innen sich ableiten lassen. Für jedes dieser Modelle wird schließlich eine Persona entwickelt, um so möglichst alle Zielgruppen abzudecken.

Grundlegend besitzt eine Persona einen Vor- und Nachnamen und ein Foto. Weitere Merkmale, die in die Modellierung einfließen, sind abhängig davon, was für die Nutzung des Systems relevant ist (Cooper et al. 2014, S. 81–92), etwa (Fach-)Expertise oder Computerkenntnisse.

Für die Entwickler*innen liegt der Vorteil dieser Modelle darin, dass die Eigenschaften und Bedürfnisse konkret abgebildet werden. Diese können dann beim Entwurf und der Umsetzung des Systems berücksichtigt werden und es lassen sich mithilfe der Personas unterschiedliche Anwendungsszenarien durchspielen. Die Entwickler*innen können nun während des Designprozesses anhand der konkreten, theoretischen Anwender*innen besser nachvollziehen, ob die jeweiligen Aufgaben erfolgreich ausgeführt werden können.

Neben der typischen Darstellung in Form von Steckbriefen, finden sich in der Forschung weitere Umsetzungsideen. Nieters et al. (2007) führten beispielsweise ein Projekt durch, bei dem es nicht gelang, die Aufmerksamkeit der Entwickler*innen auf die Personas zu lenken. Daraufhin entschlossen sie sich, eine andere Darstellungsform zu erproben und setzten Actionfiguren zur Visualisierung ein. In einem interkulturellen Projekt verwendete ein schwedischer Usability Consultant lebensgroße Pappaufsteller als Darstellungsform, auf der Rückseite waren die jeweiligen Steckbriefe der Personas angebracht (Gudjonsdottir 2010). Diese Formen der Darstellung können das Erinnern der Inhalte erleichtern und dabei helfen, sich in die Persona hineinzufühlen.

Generell stellt die Anwendung der Persona-Methode in Projekten mit diverseren Zielgruppen eine besondere Herausforderung dar. Im Kontext der Globalisierung sind beispielsweise internationale Softwareprojekte bedeutsam. Es existiert jedoch wenig Forschung zur Umsetzung der Persona-Methode in diesem Kontext, ein knapper Überblick findet sich bei Elbeshausen et al. (2013).

Andere Modellierungen für evaluative Zwecke sind häufig weniger greifbar, eher formal orientiert und greifen zur Beschreibung der Nutzenden und ihres Verhaltens primär auf Modellierungssprachen zurück. Vorteil kann jedoch sein, dass diese wenig Interpretationsspielraum zulassen und objektiv verständlich sind. Beispiele hierfür sind die *Goals, Operators, Methods and Selection Rules*-Modellierung (GOMS-Modellierung; Card, Moran & Newell 1983; Kieras 2007) wobei das Ziel primär ist, anhand des mentalen Modells der Nutzenden Schlüsse über Qualitäts- und Leistungsmerkmale eines interaktiven Systems ziehen zu können (Kieras 1988). Im Kontext von Information Retrieval stellten Muresan & Bai (2007) einen integrierten Ansatz für das Design von Schnittstellen und die Interaktionsanalyse vor, in dem u. a. GOMS genutzt wird.

GOMS stellt primär ein Verhaltens- und Problemlösungsmodell dar. Konkrete Eigenschaften, Attribute, Fähigkeiten, Einschränkungen und Wünsche der Benutzer*innen finden keine Berücksichtigung. Entsprechend verbleibt diese Modellierung auf einer abstrakten Ebene.

Weitere Methoden sind etwa die *Command Language Grammar*-Modellierung (CLG-Modellierung; Moran 1981), die *Cognitive Complexity Theory*-Modellierung (CCT; Kieras & Polson 1985) oder die *Task Action Grammars*-Modellierung (TAG-Modellierung; Payne & Green 1983). Eine zusammenfassende Darstellung dieser Verfahren findet sich bei Herczeg (2018, S. 257–262).

6 Modellierung von Benutzer*innen für kollaborative Suchen

Die Modellierung von Nutzer*innen im Kontext der kollaborativen Informationssuche (*Collaborative Information Seeking* – CIS oder *Collaborative Information Retrieval* – CIR; s. Kapitel D 1 Information Behaviour, Informationsverhalten) bringt besondere Herausforderungen mit sich, da mehrere Personen gemeinsam an einer Aufgabe arbeiten.

Für diesen speziellen Bereich ist es ebenfalls notwendig, Daten über die Nutzenden, Benutzungsdaten und Umgebungsdaten zu erheben, um diese nachfolgend als Modelle der Anwender*innen im System hinterlegen oder für evaluative Zwecke nutzen zu können. Anspruchsvoll ist hierbei, dass die Beteiligten unterschiedliche Erwartungen haben können und vielfältige Eigenschaften mitbringen. Übergeordnetes Ziel ist auch hier, den Nutzenden eine effiziente und kognitiv möglichst wenig belastende Zusammenarbeit zu ermöglichen. Beispiele für Modellierungen im Kontext von CIR und CIS werden nachfolgend vorgestellt.

Golovchinsky et al. (2009) untersuchten Rollen, welche bei der gemeinsamen Suche eingenommen werden. Die Modellierung erfolgt dabei primär vorab anhand des Vorwissens der Beteiligten, entweder in Bezug auf die Suche (*Search Expert/Search Novice*) oder in Bezug auf das Fachgebiet (*Domain Expert/Domain Novice*). Die Rolle *Peer* verweist auf Beteiligte mit ähnlicher Expertise. Ein System, welches auf dem Modell *Peer* aufbaut, ist bspw. SearchTogether (Golovchinsky et al. 2009), in dem alle Beteiligten *Queries* bestimmen und Ergebnisse prüfen können. Im Falle von *Prospector/Miner* wird die Zuordnung nicht anhand des Vorwissens vorgenommen, sondern durch das konkrete Verhalten während der Suche. *Prospector* führen eine breite Suche durch, bei der eine große Menge an Suchanfragen generiert wird, um möglichst alle Dokumente in der Kollektion zu erfassen. Relevanzbewertungen erfolgen nicht oder nur oberflächlich. *Miner* wiederum betrachten die Ergebnisse genauer und erstellen detailierter Relevanzbewertungen für aufgefundenen Dokumente.

Soulier et al. (2014) stellten einen neuen Ansatz für das Identifizieren und Unterstützen der von Golovchinsky et al. (2009) entwickelten Rollen vor: den *User-Driven-System-Mediated-Approach* (etwa: Nutzendengesteuerter-Systemvermittler-Ansatz).

Tamine & Soulier (2015) fanden in ihrer Untersuchung heraus, dass sich Rollen während des Suchprozesses ändern können. Das stellt die Forschung noch einmal vor neue Herausforderungen, da Systeme auf solche Änderungen entsprechend reagieren sollten, um eine ideale Unterstützung der Anwender*innen zu ermöglichen.

Elbeshausen (2019) untersuchte Rollen, die im Kontext von längerfristigen gemeinsamen Suchen auftreten. In diesem Zusammenhang sollte die von Hansen & Widén (2017) postulierte *Embeddedness of CIS* Berücksichtigung finden. Kollaborative Suche ist demzufolge eine Aktivität, die in den Kontext der übergeordneten Aufgabe eingebettet ist und nicht davon losgelöst betrachtet werden kann und sollte. Entsprechend müssen Modellierungen von Benutzer*innen für längerfristige gemeinsame Suchen sowohl das Such- als auch das Teamverhalten berücksichtigen. Die identifizierten Muster berücksichtigen dabei die individuellen Teamrollen der Beteiligten nach Belbin (2010 a, b) sowie das Suchverhalten innerhalb einer komplexeren, längerfristigen Aufgabe. Die identifizierten Rollenmuster *Facilitator*, *Compiler*, *Pathfinder*, *Implementer* und *Observer/Editor* nehmen unterschiedliche Aufgaben während der Suche wahr und zeigen spezifisches Verhalten im Kontext der Zusammenarbeit in der Gruppe.

Systeme, welche die aufgeführten Modellierungen integrieren, können so zu einer effektiveren und effizienteren Zusammenarbeit und Suche beitragen, indem Stärken und

Fähigkeiten der Beteiligten Berücksichtigung finden und Schwächen durch entsprechende Systemmediation ausgeglichen werden.

7 Fazit und Ausblick

Die Ausführungen in diesem Kapitel machen deutlich, dass die Modellierung von Benutzer*innen, Personalisierung und Kontextualisierung in engem Zusammenhang stehen. Um Personalisierung sinnvoll umsetzen zu können, ist die Modellierung der zukünftigen Anwender*innen der Systeme notwendig. Aufbauend auf den Modellen lassen sich dann Ableitungen für Personalisierungsmaßnahmen treffen. Für beide Bereiche ist der Kontext relevant, der, wie in den vorhergehenden Abschnitten erläutert, verschiedene Dimensionen umfasst. Um Informationssysteme entwickeln zu können, die die Nutzenden bei ihren Aufgaben möglichst effizient, effektiv und zufriedenstellend unterstützen, ist die Systemperspektive allein nicht ausreichend. Wer das System nutzt, wann und unter welchen Bedingungen, welche Aufgabe bearbeitet werden muss, welche Information benötigt wird, welche Zugriffsbeschränkungen ggf. vorliegen und weitere Variablen, beeinflussen die Gestaltung von Systemen. Die jüngere Forschung zeigt, dass auch spezifische Faktoren wie etwa Emotionen oder Persönlichkeit die Suche beeinflussen können.

Mithilfe von geeigneten Personalisierungsmaßnahmen können auch individuelle Bedarfe innerhalb von Nutzendengruppen berücksichtigt werden. Bedacht werden müssen hierbei jedoch der Datenschutz und Vorbehalte bei den Anwender*innen.

Die fortschreitende Digitalisierung verdeutlicht die Notwendigkeit für bedarfsgerechte Systeme und damit für menschenzentrierte Forschung in diesem Bereich. Das betrifft auch Anwendungen, welche die gemeinsame Suche und Zusammenarbeit unterstützen sollen. Hierbei sind die Herausforderungen zu beachten, welche die Beteiligung mehrerer Personen mit sich bringt. Unter anderem muss bedacht werden, dass nur ein Teil der Kontextfaktoren bei der gemeinsamen Suche für alle Mitglieder der Gruppe identisch oder ähnlich ist.

Wie eingangs aufgeführt, müssen unterschiedliche Nutzer*innen die Möglichkeit haben, Informationssysteme zielgerichtet nutzen können. Und mehr noch: sie sollten sich dabei ihrer Kernaufgabe widmen können, ohne durch die Herausforderungen der Systeminteraktion abgelenkt zu werden.

Insgesamt wird aus dem Zusammenspiel der in diesem Kapitel beleuchteten Variablen, die Komplexität der Anforderungen zur Entwicklung von nutzendengerechten Systemen deutlich, aber auch die Notwendigkeit der Umsetzung, um Menschen sinnvoll bei der Informationssuche unterstützen zu können.

8 Literaturverzeichnis

Byström, K. (1999). *Task complexity, information types and information sources: examination of relationships*. Tampere University Press.
Belbin, R. M. (2010a), *Management Teams: Why they succeed or fail*. Butterworth-Heinemann.
Belbin, R. M. (2010b). *Team roles at work*. Butterworth-Heinemann.
Card, S. K., Moran, T. P. & Newell, A. (1983). *The Psychology of Human-Computer Interaction*. Lawrence Erlbaum Associates.

Cooper, A. (1999). *The Inmates are Running the Asylum. Why High-Tech products Drive US Crazy & How to Restore the Sanity*. SAMS.

Cooper, A., Reimann, R., Cronin, D. & Noessel, C. (2014). *About face: the essentials of interaction design*. Wiley.

Daee, P., Peltola, T., Vehtari, A. & Kaski, S. (2018). User Modelling for Avoiding Overfitting in Interactive Knowledge Elicitation for Prediction. In *23rd International Conference on Intelligent User Interfaces (IUI '18)* (S. 305–310). ACM. https://doi.org/10.1145/3172944.3172989.

Elbeshausen, S., Mandl, T., Werner, K., Womser-Hacker, C. & Wilhelm, T. (2013). Personas als Usability Methode in internationalen Software-Projekten. In H.-C. Hobohm (Hrsg.), *Informationswissenschaft zwischen virtueller Infrastruktur und materiellen Lebenswelten. Tagungsband des 13. Internationalen Symposiums für Informationswissenschaft (ISI 2013)* (S. 310–322). Verlag Werner Hülsbusch.

Elbeshausen, S. (2019). *Collaborative Information Seeking: integrierte Prozessmodellierung für die Ableitung systembasierter Unterstützungsmaßnahmen*. Universitätsverlag Hildesheim.

Golovchinsky, G., Qvarfordt, O. & Pickens, J. (2009). Collaborative information seeking. *IEEE Computer Society*, 42(3), 47–51.

Gudjonsdottir, R. (2010). Personas and Scenarios in Use. KTH. https://urn.kb.se/resolve?urn=urn:nbn:se:kth:diva-12834

Hansen, P. & Widén, G. (2017). The embeddedness of collaborative information seeking in information culture. *Journal of Information Science*, 43(4), 554–566. https://doi.org/10.1177/0165551516651544.

Heinström, J. (2003). Five personality dimensions and their influence on information behaviour, *Information Research 2003*, 9(1). http://informationr.net/ir/9-1/paper165.html.

Heinström, J. (2005). Fast surfing, broad scanning and deep diving: The influence of personality and study approach on students' information-seeking behavior, *Journal of Documentation*, 61(2), 228–247. https://doi.org/10.1108/00220410510585205.

Herczeg, M. (2018). *Software-Ergonomie: Theorien, Modelle und Kriterien für gebrauchstaugliche interaktive Computersysteme*. De Gruyter Oldenbourg. https://doi.org/10.1515/9783110446869.

Ingwersen, P. & Järvelin, K. (2005). *The turn: Integration of information seeking and retrieval in context*. Springer.

Irle, G. J. (2017). *Gefühlserleben bei der Informationssuche im Internet: eine qualitative Studie zur Individualität und Alltäglichkeit der Sucherfahrung*. Werner Hülsbusch.

Kieras, D. & Polson, P. G. (1985). An approach to the formal analysis of user complexity. *International journal of man-machine studies*, 22(4), 365–394.

Kieras, D. (2007). Model-Based Evaluation. In A. Sears & J. Jacko (Eds.), *The Human Computer Interaction Handbook. Fundamentals, Evolving Technologies and Emerging Applications* (S. 1191–1208). CRC Press Inc.

Kieras, D. E. (1988). Towards a practical GOMS model methodology for user interface design. In M. Helander (Ed.), Handbook of human-computer interaction (S. 135–157). Elsevier.

Kobsa, A., Koenemann, J. & Pohl, W. (2001). Personalised hypermedia presentation techniques for improving online customer relationships, *The knowledge engineering review*, 16(2), 111–155. https://doi.org/10.1017/S0269888901000108.

Kobsa, A. (2011). B 15 Adaptive Verfahren – Benutzermodellierung. In R. Kuhlen, T. Seeger & D. Strauch (Hrsg.), *Grundlagen der praktischen Information und Dokumentation: Band 1: Handbuch zur Einführung in die Informationswissenschaft und -praxis* (S. 299–302). K. G. Saur. https://doi.org/10.1515/9783110964110.299.

Loitsch, C. & Weber, G. (2012). Barrierefreiheit durch Personalisierung und Kollaboration, *Workshop Gemeinschaften in Neuen Medien (GeNeMe) 2012*, 135–143.

Mahmoud, D. S. (2018). SUM-IML: Dynamic Scrutable User Modeling utilizing Interactive Machine Learning. In T. Mitrovic, J. Zhang, L. Chen & D. Chin (Eds.), *Adjunct Publication of the 26th Conference on User Modeling, Adaptation and Personalization (UMAP '18)* (S. 195–197). ACM. https://doi.org/10.1145/3213586.3213589.

Moran, T. P. (1981). The Command Language Grammar: a representation for the user interface of interactive computer systems. *International Journal of Man-Machine Studies*, 15(1), 3–50. https://doi.org/10.1016/S0020-7373(81)80022-3.

Mulder, S. & Yaar, Z. (2007). *The user is always right. A practical guide to creating and using personas for the web*. New Riders Press.

Muresan, G. & Bai, B. (2007). Exploring interactive information retrieval: an integrated approach to interface design and interaction analysis. In *Large Scale Semantic Access to Content (Text, Image, Video, and Sound) (RIAO '07)* (S. 712–718). Le Centre de hautes etudes internationals d'informatique documentaire, Paris. https://dl.acm.org/doi/10.5555/1931390.1931458.

Nieters, J. E., Ivaturi, S. & Ahmed, I. (2007). Making personas memorable. In M. B. Rosson & D. J. Gilmore (Eds.), *CHI '07 extended abstracts on human factors in computing systems* (S. 1817–1824). ACM. https://doi.org/10.1145/1240866.1240905.

Payne, S. J., & Green, T. R. (1986). Task-action grammars: A model of the mental representation of task languages. *Human-computer interaction*, 2(2), 93–133. https://doi.org/10.1207/s15327051hci0202_1.

Pharo, N. (2002). *The SST method schema: a tool for analysing work task-based Web information search processes*. Tampere University Press. https://urn.fi/urn:isbn:951-44-5355-7.

Pharo, N. (2004). A new model of information behaviour based on the Search Situation Transition schema. *Information Research*, 10(1). http://InformationR.net/ir/10-1/paper203.html.

Rich, E. (1979). User Modeling via Stereotypes. *Cognitive Science* 3(4), 329–354. https://doi.org/10.1016/S0364-0213(79)80012-9.

Soulier, L., Shah, C. & Tamine, L. (2014). User-driven system-mediated collaborative information retrieval. In S. Geva, A. Trotman, P. Bruza, C. L. A. Clarke & K. Järvelin (Eds.), *Proceedings of the 37th international ACM SIGIR conference on Research & development in information retrieval – SIGIR '14* (S. 485–494). ACM. https://doi.org/10.1145/2600428.2609598.

Tamine, L. & Soulier, L. (2015). Understanding the Impact of the Role Factor in Collaborative Information Retrieval. In J. Bailey, A. Moffat, C. C. Aggarwal, M. de Rijke, R. Kumar, V. Murdock, T. K. Sellis & J. X. Yu (Eds.), *Proceedings of the 24th ACM International Conference on Information and Knowledge Management – CIKM'15* (S. 43–52). ACM. https://doi.org/10.1145/2806416.2806481.

Wilson, T. D. (1999). Models in information behaviour research. *Journal of Documentation*, 55(3), 249–270. https://doi.org/10.1108/EUM0000000007145.

Ragna Seidler-de Alwis
C 11 Informationsrecherche

1 Einleitung

Bei der Informationsrecherche z. B. für einen Vortrag, eine bestimmte Fragestellung oder bei der Einarbeitung in ein neues Aufgabengebiet etc. kann man schnell durch die endlose Informationsflut überfordert sein. Daher braucht es ein methodisches und strukturiertes Vorgehen, um relevante und verlässliche Informationen zu erhalten. Der Informationsrecherchevorgang beinhaltet, zuerst den Informationsbedarf zu erkennen und eine entsprechende Suchstrategie zu entwickeln. Das bedeutet eine sinnvolle Themeneingrenzung, Suchbegriffe festzulegen und auch die Art und Form der Informationen zu bestimmen. Bei der elektronischen Informationsbeschaffung gilt es zunächst, die Sucheingabe zu optimieren, z. B. über eine Stichwort- oder Schlagwortsuche und mit Hilfe der Verwendung von Filtern, Booleschen Operatoren, Trunkierungszeichen und anderen Suchfunktionen. Für die Qualitätssicherung in der Informationsrecherche, vor allem bei der Auswahl, Nutzung und Bewertung von Informationsressourcen, sind Quellenkenntnis, Quellenauswahl und Quellenbewertung zentrale Themen, denen sich dieser Beitrag in der Hauptsache widmet.

Der Informationsrechercheprozess ist in der wissenschaftlichen Literatur schon vielfach mit verschiedenen theoretischen Positionen und unterschiedlichen Modellen beschrieben und erklärt worden, wie z. B. bei Wilson, Ellis und Kuhlthau u. a. (Wilson 1999, S. 250–257, s. a. Kapitel D 6 Information Seeking Behaviour). Im Folgenden soll das zeitgemäße, gut nachvollziehbare und praktisch anwendbare Modell des Informationsrechercheprozesses von Kuhlthau, Maniotes & Caspari (2012, S. 2) vorgestellt werden (s. a. Abbildung 1).

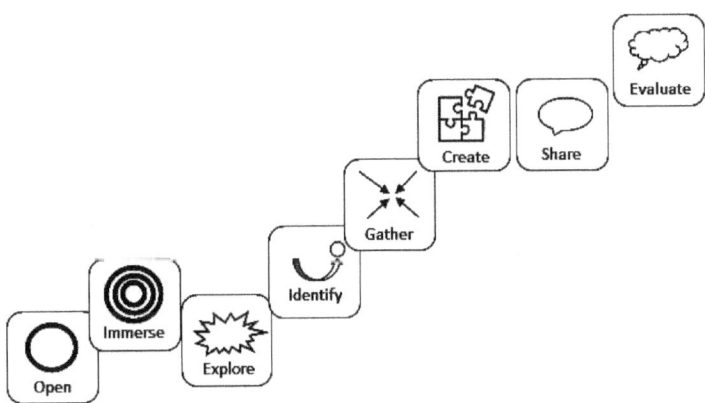

Abb. 1: *Model of the Information Search Process* von Kuhlthau, Maniotes & Caspari (Kuhlthau 2013, S. 96)

Kuhlthau hat sich schon in den 1980er Jahren mit dem *Information Search Process* (ISP) (s. Kapitel D 6 Information Seeking Behaviour) beschäftigt. Später hat sie diesen linearen Informationsprozess um die Faktoren Gefühle, Erkenntnisse und Handeln (affektive, kognitive und physische Faktoren) ergänzt und diese Faktoren den einzelnen Arbeitsschritten des Prozesses zugeordnet. In der Weiterentwicklung des Modells mit Maniotes und Caspari wurde ein iterativer Prozess entwickelt, der aus den Phasen *Open, Immerse, Explore, Identify, Gather, Create, Share* und *Evaluate* besteht und der aufzeigt, dass sich diese Stufen im Informationsrechercheprozess rekursiv und asynchron verhalten. Eingeleitet (*open*) wird dieser Informationsrechercheprozess mit der Ausgangsfrage, danach taucht (*immerse*) der oder die Recherchierende in den Selektionsprozess ein, immer ausgestattet mit dem individuellen Hintergrundwissen zur Fragestellung und einer Bandbreite an Informationsquellen und unter dem Gesichtspunkt, interessante Ideen und Gedanken zu erkunden und zu erschließen (*explore*) sowie entsprechende Informationen zu identifizieren (*identify*). Unter Zuhilfenahme und Sichtung einer Vielzahl von Quellen werden Informationen zur entsprechenden Frage gesammelt (*gather*), um daraus Antworten hervorzubringen (*create*) und diese dann mit anderen zu teilen (*share*). Am Ende des Prozesses werden diese gewonnenen Informationen dann evaluiert (*evaluate*). Kuhlthau stellt heraus, dass dieser kreative und konstruktive Informationsrechercheprozess keinem starren Konzept folgt und sich fortwährend im Verlauf der Informationsrecherche ändern kann. Des Weiteren ist dieser Prozess stark abhängig vom Vorwissen der Recherchierenden und der Bandbreite der Informationsquellen, die sie kennen und auf die sie zugreifen können. Nach Kuhlthau ist dieser dynamische Prozess von Phasen der Unsicherheit gekennzeichnet, die immer wieder und nicht nur zu Beginn der Recherche auftreten können (Kuhlthau 2013, S. 94–96).

1.1 Ziel von Informationsrecherchen

Die Deutsche Gesellschaft für Informationswissenschaft und Informationspraxis (2006, S. 38 u. 75) definiert den Rechercheprozess als einen Prozess, der Daten, Informationen und Wissen identifiziert, selektiert und beschafft. Als Information wird hier die Verringerung von Ungewissheit verstanden. Ungewissheit meint dabei den Zustand einer Person, die bezüglich einer Fragestellung oder eines Themas einen Mangel an belastbaren Antworten hat. Daten, die dekodiert und verstanden werden und geeignet sind, diesen Mangel abzustellen, sind Informationen. Wenn Daten und Informationen Anwendung finden, entsteht Wissen. Informationsrecherchen dienen somit der Wissensvermehrung, der Generierung neuen Wissens oder dienen auch als Bestätigung von Vorkenntnissen oder als Verifizierung und Beantwortung von Fragen und somit der Überprüfung von Wissen. Sie verbessern damit u. a. die Qualität von Entscheidungen (Pioch 2016, S. 54–55). Informationsrecherchen sind nötig, um sich in der exponentiell wachsenden Informationsvielfalt orientieren zu können, mittels einfacher oder komplexerer Strategien bei der gezielten Suche nach relevanten Informationen (Lux & Sühl-Strohmenger 2004, S. 38).

1.2 Rahmenbedingungen und Einflussfaktoren von Informationsrecherchen

Die systematische Erforschung der Informationsrecherche hat verschiedene Bereiche untersucht und vielfältigste Ergebnisse hervorgebracht. Im Folgenden sollen sowohl Parameter und Einflussfaktoren für die Informationsrecherchen als auch Suchtypen bei der Informationsrecherche vorgestellt werden.

Unabhängig vom Inhalt der Fragestellung gibt es einige Parameter, die die Recherche und die Zufriedenheit mit dem Rechercheergebnis beeinflussen. Diese Rahmenbedingungen sollten idealerweise vor der Recherche geklärt sein, unabhängig davon, ob die Fragestellung oder das Thema für eigene Zwecke oder einen Auftraggeber bearbeitet wird. Nach Goemann-Singer, Graschi & Weissenberger (2004, S. 5–6) lauten die Parameter Zeitraum, Budget, Form und Umfang der Ergebnisse und Prioritätensetzung bei umfangreichen Fragestellungen. Der Zeitraum oder die Deadline für das Rechercheergebnis steckt den groben Rahmen ab und man sollte vorab prüfen, ob dieser Zeitrahmen realistisch ist. Die Quellenauswahl ist auch vom Budget abhängig, so können Quellen wie Marktstudien ggf. aus Kostengründen nicht beschafft werden oder auch bestimmte Quellen, wie Datenbanken zu detaillierten Finanz- und Unternehmensinformationen von kommerziellen Anbietern aus Kostengründen nicht genutzt werden. Bibliotheken bieten hier oft Hilfe, weil sie u. a. diese kostspieligen Datenbanken lizensieren und ihren Nutzer*innen zur Verfügung stellen. Form der Ergebnisse meint z. B., dass vorab klar sein muss, in welcher Sprache die Informationen recherchiert werden müssen oder ob nur bibliographische Informationen oder schon die Volltexte oder Fakteninformationen zur Verfügung stehen sollen. Des Weiteren muss geklärt sein, ob Fakteninformationen (Statistiken, Zeitschriftenartikel, Tabellen etc.) dann noch weiter aufbereitet, zusammengefasst, visualisiert oder analysiert werden sollen. In engem Zusammenhang zur Form steht der Umfang der Rechercheergebnisse. Bei dem Umfang sollte vorab geklärt sein, ob es eine Vorgabe für die Anzahl der Seiten, der Artikel etc. gibt und ob Originaldaten als Hintergrundinformationen mitgeliefert werden sollen. Die Prioritätensetzung bei umfangreichen Fragestellungen ist ein Parameter, der in engem Zusammenhang mit der Aufgabenkomplexität der Informationsrecherche steht und nur inhalts- und fachbezogen beantwortet werden kann. Die Aufgabenkomplexität und die Abschätzbarkeit der Fragestellung bzw. des Themas ist also ein wichtiger Faktor, der maßgeblichen Einfluss auf die Informationsrecherche ausübt, so wenn z. B. benötigte Informationen im Vorfeld nicht näher nach Quantität und Qualität bestimmt werden können und somit auch der eigentliche Informationsrechercheprozess nicht präzise abgeschätzt werden kann (Wollschläger-Tigges 2015, S. 6). Ein weiterer Komplex sind typische Verhaltensmuster bei der Informationsrecherche. Heinström (2002) hat Rechercheure entsprechend ihres Suchverhaltens und auf Grund von bestimmten Persönlichkeitsmerkmalen unterschieden und eine Einteilung in *Fast Surfer*, *Broad Scanner* und *Deep Diver* vorgenommen. Das Rechercheverhalten von *Fast Surfern* ist oberflächlich und hat das Ziel, die Informationsrecherche möglichst schnell fertigstellen anstatt verstehen zu wollen. Fast Surfer zeigen Schwierigkeiten bei der Relevanzbewertung der Informationsergebnisse und werden als fahrig, unachtsam und wenig offen für Neues charakterisiert (Heinström 2002, S. 157). *Broad Scanner* recherchieren dagegen breit und gründlich und nutzen Denkanregungen aus verschiedensten Quellen. Broad Scannern fällt der Umgang mit Informationen leicht und sie werden als offen für neue Erfahrungen und Perspektiven charakterisiert. Broad Scanner hinterfragen Informationsergebnisse, messen aber auch zufällig recherchierten Informationen eine Bedeutung zu (Heinström 2002, S. 173). Das Rechercheverhalten der *Deep Divers* beschreibt Heinström als sehr gründlich und sehr tief, mit dem Ziel, sich umfassend und gründlich zu informieren, gepaart mit einem strukturierten Vorgehen. Deep Diver nutzen nur verlässliche Informationsquellen und sind an Informationen von herausragender Qualität interessiert. Deep Diver wollen Zusammenhänge durchdringen und verstehen und werden als verantwortungsbewusst charakterisiert (Heinström 2002,

S. 180). Es wird deutlich, dass die individuellen Verhaltensmuster zu unterschiedlichen Rechercheroutinen führen.

Diese Ergebnisse werden von Untersuchungen von Leichner et al. (2013) gestützt, die über die *Knowledge in Pieces*-Theorie versuchen zu erklären, warum bei gleicher Aufgabenstellung unterschiedliche Recherchen durchgeführt und unterschiedliche Ergebnisse erzeugt werden. Diese Theorie geht davon aus, dass verschiedene Wissensstände hinsichtlich des fachlichen Vorwissens zu einer Fragestellung oder einem Thema in Kombination mit dem individuellen Handlungswissen zum Recherchieren wichtige Einflussfaktoren bei der Informationsrecherche sind, die somit zu sehr unterschiedlichen Recherchestrategien und Rechercheergebnissen führen können (Leichner et al. 2013, S. 304–305). Des Weiteren haben Zhang & Jansen (2009) herausgefunden, dass die persönliche Haltung des Rechercheurs einen Einfluss auf die Informationsrecherche hat. Recherchierende mit einer positiven Einstellung formulieren ihre Suchen weiter und nehmen ein breiteres Suchergebnis in Kauf, während Rechercheure mit einer eher negativen Einstellung dazu neigen, Suchen enger zu formulieren, um schlankere Suchergebnisse verarbeiten zu können (Wollschläger-Tigges 2015, S. 5).

2 Qualitätssicherung in der Informationsrecherche

Die Recherche nach Informationen umfasst einfache und komplexere Kenntnisse, Fähigkeiten und Fertigkeiten beim Umgang mit Medien und Informationsressourcen. Dazu gehören die Orientierung in großen Mengen vielfältiger Informationen, die Auswahl geeigneter Suchinstrumente und der dazugehörigen Strategie zur gezielten, effizienten Recherche nach Informationen und deren Auswahl und Bewertung. Das beinhaltet auch IT-Kompetenzen, die Fähigkeit zu kritischem Denken und kommunikative Fähigkeiten (Hanke & Sühl-Strohmenger 2016, S. 54). Zur Qualitätssicherung in der Informationsrecherche gehört auch die kritische Beleuchtung der Aufgabenstellung bzw. des Themas. In vielen Fällen ist ein allgemeiner Klärungsbedarf vor dem Beginn der Informationsrecherche offensichtlich, manchmal wird er erst im Laufe der Recherche deutlich, wenn Hintergrundinformationen oder erste Ergebnisse vorliegen. Klärungsbedarf kann es geben, wenn Suchbegriffe oder Termini nicht eindeutig oder Zusammenhänge nicht logisch sind. Zudem sollten die Parameter der Rahmenbedingungen geklärt sein (s. Abschnitt 1.2) und was mit den Informationen erreicht werden soll (Goemann-Singer et al. 2004, S. 3). Um bei komplexen Recherchen einen roten Faden zu behalten, sollte ein Rechercheplan aufgesetzt werden, der das Vorgehen bei der Informationsrecherche strukturiert und Meilensteine sowie zeitliche Vorgaben enthält.

Bei der Informationsrecherche beginnt der Sucheinstieg meist im Internet. Der entscheidende Vorteil aus Sicht der Recherchierenden ist die schnelle Verfügbarkeit, unabhängig von Zeit und Ort, und die Vermeidung von Medienbrüchen. In der Untersuchung von Siegfried & Flieger (2011) von der Zentralbibliothek der Wirtschaftswissenschaften (ZBW) kommt zu Tage, dass der Sucheinstieg über eine Suchmaschine erfolgt, mehrheitlich Google oder Google Scholar, wenn es sich um Literaturrecherchen handelt. Unabhängig von der genutzten Suchmaschine erfolgt die Suche in der Regel durch die Eingabe eines Suchwortes in den Suchschlitz. Suchoperatoren und Funktionen der erweiterten Suche werden wenig genutzt. In der Untersuchung wird auch deutlich, dass besonders bei der Literaturrecherche die Suchstrategie von der Erfahrung der abhängt. Erst nach der Recherche über eine Suchmaschine erfolgt, wenn überhaupt, die Nutzung einer Datenbank (Siegfried & Flieger 2011, S. 5–7). Der starke Anstieg der Informationsmenge und die damit einhergehende Vielfalt an Quellen führt dazu, dass sich Recherchierende bei der Informationsrecherche häufig überfordert fühlen, sich auch bei der Bewertung der Verlässlichkeit und Qualität von Informationen und deren Quellen schwertun und relevante Informationen in der Informationsfülle nicht identifizieren können (Wollschläger-Tigges 2015, S. 9). Wang & Strong (1996) benennen unterschiedliche Qualitätsmerkmale für die Bewertung von Daten und Informationen, die der Qualitätssicherung dienen und ordnen diese vier Gruppen zu: Glaubhaftigkeit, Genauigkeit, Objektivität und Reputation sind intrinsische Qualitätsmerkmale. Mehrwert, Relevanz, Aktualität, Vollständigkeit und Datenmenge sind Qualitätsmerkmale, die helfen, den Kontext einzuschätzen. Die Interpretierbarkeit, Verständlichkeit, Konsistenz und Prägnanz von Daten und Informationen sind als repräsentative Qualitätsmerkmale von Bedeutung. Qualitätsmerkmale, die sich mit dem Zugriff auf Daten und Informationen befassen, sind zunächst die Verfügbarkeit von Daten und Informationen und deren Zugriffssicherheit (Naumann 2007, S. 29; Wang & Strong 1996, S. 20).

2.1 Quellen und Quellenkenntnisse

Vertiefendes Wissen über Informationsressourcen und Quellen ist eine wichtige Voraussetzung für verlässliche und relevante Ergebnisse in der Informationsrecherche. Das beinhaltet auch konkretes Wissen zu einzelnen Quellen, wie z. B. Quellen zu Patentinformationen, Finanzkennzahlen von Unternehmen, gesamtwirtschaftliche Rahmendaten und vieles mehr. Um einen ersten Überblick zu einem unbekannten Thema oder einer Fragestellung zu erhalten, kann eine Informationsrecherche in einer Suchmaschine beginnen. Riesige Treffermengen als Antworten, vom Suchmaschinenanbieter priorisierte und zum Teil unstrukturierte oder auch wenig seriöse oder verlässliche Treffer und Antworten machen deutlich, dass die Nutzung von fachspezifischen Quellen unumgänglich ist und dementsprechend gute Quellenkenntnisse unabdingbar.

Diese Quellenkenntnisse sollten sich, auch auf Grund der wachsenden Menge an Quellen und Informationsmitteln, auf Fachbereiche oder eine Gruppe von Fächern konzentrieren, aber auch allgemeine Informationsressourcen wie virtuelle Bibliotheken, Discovery-Systeme, Repositorien etc. sollten für fachbezogene Informationsrecherchen in Betracht gezogen werden. Zu fachspezifischen Informationsquellen zählen virtuelle Fachbibliotheken, spezifische Websites von Verbänden, Behörden und Organisationen, fachspezifische Volltextdatenbanken und Faktendatenbanken etc. Viele dieser aufwändig aufbereiteten Datenbanken werden von Verlagen, Hosts und anderen Informationsdienstleistern kostenpflichtig angeboten (Lauber-Reymann 2010, S. 311–312). Informationsquellen umfassen Informationen zum allgemeinen Gebrauch, aufgabenorientierte Informationen, Fakteninformationen und personengebundene Informationen. Der Zugang zu fachspezifischen Informationsquellen wird von teils speziellen Einrichtungen aus dem öffentlichen, dem halböffentlichen oder privaten Bereich, wie Bibliotheken, Wirtschafts- und Forschungsinstituten, Fachgesellschaften, Pressearchiven oder auch von Firmen, Verbänden, Messen und Verlagen bereitgestellt. Während bei Bibliotheken der Aufbau und die Benutzung der eigenen und lizenzierten Informationsressourcen im Vordergrund stehen, erstellen andere Organisationen, wie z. B. Forschungseinrichtungen oder Fachinformationsstellen die Informationen grundsätzlich unabhängig von der Frage der Zugänglichkeit, wobei die Verfügbarkeit schon häufig dokumentiert wird. Ein Zeichen der Güte ist es, wenn Quellen formal und inhaltlich erschlossen sind und für die

Recherche in Datenbanken mit zusätzlichen Filtern, Thesauri etc. aufbereitet werden. Auch die Zitationsanalyse ist ein Aspekt der Tiefenerschließung.

2.2 Quellenauswahl und Quellenbewertung

Ein wichtiger Baustein in der Informationsrecherche ist die konkrete Auswahl bzw. die Entscheidung für eine bestimmte Quelle und die Evaluierung dieser Quelle. Informationsrecherche und Informationsbeschaffung können sowohl über primäre als auch über sekundäre Quellen erfolgen. Primäre Quellen bzw. Primärerhebungen sind z. B. selbst durchgeführte Untersuchungen, die durch Befragungen, Beobachtungen oder Experimente zur Informationsgewinnung führen. Vorteile von Primärquellen sind z. B. Exklusivität und Aktualität. Sekundärquellen werden in der Informationsrecherche weit häufiger genutzt und können amtliche Statistiken, Fachzeitschriften, Geschäftsberichte, Unternehmensreports, Marktstudien, Monographien und vieles mehr sein. Die richtige Auswahl dieser Sekundärquellen ist weitaus schwieriger, da Kenntnisse über die Glaubwürdigkeit und Objektivität dieser Quellen vorhanden sein müssen (Pioch 2016, S. 63). Die Auswahl bzw. der Ausschluss von Quellen wird zu Beginn einer Informationsrecherche nicht allein vom Inhalt der Fragestellung bestimmt (s. a. Abschnitt 1.2 Rahmenbedingungen und Einflussfaktoren). So kann eine Kosten-Nutzen-Analyse dazu führen, dass eine auf den ersten Blick kostspielige Quelle kostengünstiger ist als das zeitaufwendigere Zusammentragen dieser Daten und Informationen aus vielen unterschiedlichen, noch nicht aggregierten Quellen (Goemann-Singer et al. 2004, S. 6).

Durch unterschiedliche Untersuchungen, wie von der ZBW (Siegfried & Flieger 2011) oder Heinström (2002), wurde bestätigt, dass die Informationsevaluierung häufig als nicht ganz einfach erlebt wird und neben belastbaren Fakten oftmals auch auf intuitiven Einschätzungen auf Basis bisheriger Erfahrungen beruht. Das gilt insbesondere bei der Auswahl von Zeitschriften und indirekt auch für die zur Informationsrecherche herangezogenen Datenbanken. Die Aktualität eines Beitrags ist bei der Quellenauswahl und Quellenbewertung ein wichtiger Qualitätsindikator (Siegfried & Flieger 2011, S. 6–7). Grundsätzlich wird Monographien und Zeitschriften als Quellen ein großes Vertrauen entgegengebracht und man schätzt diese als verlässliche Quellen ein. Bei der genauen Auswahl der Zeitschriften halten sich die Recherchierenden an die im jeweiligen Fachbereich bekannten und üblicherweise genutzten Quellen (Heinström 2002, S. 181–182, 190). Bei Internetquellen ist den Recherchierenden bewusst, dass ein Qualitäts-Check besonders notwendig ist. Kriterien für die Qualitätsbestimmung sind Bekanntheit der Autor*innen, wer Herausgeber*in dieser Internetquellen ist, die Objektivität der Aussagen und ob das Dokument auch in gedruckter Version vorliegt (Heinström 2002, S. 204–206).

Um die Glaubhaftigkeit und Verlässlichkeit von recherchierten Informationen zu verifizieren, sollten mittels einem *Cross Checking* mehrere Quellen genutzt werden, um unterschiedliche Ergebnisse richtig einzuordnen und zu überprüfen. Bei der Quellenbewertung helfen ein Quellen-Check und ein Plausibilitätscheck. Der Quellen-Check sollte herausfinden, ob es sich um eine belastbare Quelle handelt. Sind die Autor*innen bzw. Herausgeber*innen der Quelle bekannt bzw. haben diese eine gute Reputation im entsprechenden Fachbereich? Gibt es weitere oder abweichende Quellen, die genutzt werden können und wurde in Originalquellen recherchiert? Beim Plausibilitätscheck wird überprüft, ob die Daten oder Informationen so stimmen können und ob es ähnliche Ergebnisse aus anderen Quellen gibt. Wie sieht die Datengrundlage aus? Ist der Kontext stimmig, werden Fachbegriffe richtig genutzt, werden Thesen auch korrekt eingeordnet und belegt? (Pioch 2016, S. 130–131) Der Plausibilitätscheck und der Quellen-Check lassen sich umso einfacher durchführen, je mehr Fachwissen bei dem oder der Recherchierenden vorhanden ist. In einem datengetriebenen Zeitalter und einer sich stetig ändernden Umwelt mit zunehmender Komplexität und Vernetzung auf allen Ebenen wird deutlich, wie wichtig strukturierte und methodisch korrekte Informationsrecherchen sind, um Verlässlichkeit, Korrektheit und Objektivität von Informationen sicherzustellen.

3 Literaturverzeichnis

Deutsche Gesellschaft für Informationswissenschaft und Informationspraxis (DGI) (2006). *Terminologie der Information und Dokumentation*. DGI.
Goemann-Singer, A., Graschi, P. & Weissenberger, R. (2004). *Recherchehandbuch Wirtschaftsinformationen*. Springer.
Hanke, U. & Sühl-Strohmenger, W. (2016). *Bibliotheksdidaktik – Grundlagen zur Förderung von Informationskompetenz*. De Gruyter.
Heinström, J. (2002). *Fast surfers, broad scanners and deep divers – personality and information seeking behaviours* [Dissertation]. Åbo Akademi University Press.
Kuhlthau, C. (2013). Rethinking the 2000 ACRL Standards: Some things to consider. *Communications in Information Literacy*, 7(2), 92–97. https://doi.org/10.15760/comminfolit.2013.7.2.139.
Kuhlthau, C., Maniotes, L., & Caspari, A. (2012). *Guided inquiry design: A framework for inquiry in your school*. Libraries Unlimited.
Lauber-Reymann, M. (2010). *Informationsressourcen: Ein Handbuch für Bibliothekare und Informationsspezialisten*. De Gruyter.
Leichner, N., Peter, J., Mayer, A.-K. & Krampen, G. (2013). Erfassen von Wissen über Informationsrecherchen: Konzeptuelle Überlegungen und empirische Befunde. *B. I. T. Online*, 16(4), 298–306.
Lux, C. & Sühl-Strohmenger, W. (2004). *Teaching Library in Deutschland*. Dinges & Frick.
Naumann, Felix (2007). Datenqualität. *Informatik Spektrum*, 30(1), S. 27–31.
Pioch, S. (2016). *Startup-Intelligence*. Verl. Dr. Kovac.
Siegfried, D. & Flieger, E. (2011). *World Wide Wissenschaft – Wie professionell Forschende im Internet arbeiten*. ZBW Leibniz-Informationszentrum Wirtschaft. https://www.zbw.eu/fileadmin/pdf/ueber-uns/world-wide-wissenschaft-zbw-studie.pdf.
Wang, R. Y. & Strong, D. M. (1996). Beyond accuracy: What data quality means to data consumers. *Journal for the Management of Information Systems*, 12(4), 5–34. http://www.jstor.org/stable/40398176.
Wilson, T. D. (1999). Models in Information Behaviour Research. *Journal of Documentation*, 55(3), 249–269.
Wollschläger-Tigges, M. (2015). Informationssuchverhalten als Grundlagen für die Gestaltung von Veranstaltungen zum Erwerb von Informationskompetenz. *Informationspraxis*, 1(2), 1–17. https://doi.org/10.11588/ip.2015.2.19391.

Ulrich Reimer
C 12 Empfehlungssysteme

1 Motivation und Überblick

Mit der wachsenden Informationsflut steigen die Anforderungen an Informationssysteme, aus der Menge potenziell relevanter Information die in einem bestimmten Kontext relevanteste zu selektieren. *Empfehlungssysteme* spielen hier eine besondere Rolle, da sie personalisiert – d. h. kontextspezifisch und benutzerindividuell – relevante Information herausfiltern können.

> **Definition:** Ein *Empfehlungssystem* empfiehlt einem *Benutzer* bzw. einer *Benutzerin*[1] in einem definierten *Kontext* aus einer gegebenen Menge von *Empfehlungsobjekten* eine Teilmenge als relevant. Empfehlungssysteme machen Benutzer auf Objekte aufmerksam, die sie möglicherweise nie gefunden hätten, weil sie nicht danach gesucht hätten oder sie in der schieren Menge an insgesamt relevanter Information untergegangen wären.

Empfehlungsobjekte können unterschiedliche Dinge sein, wie Informationsobjekte (z. B. Dokumente, Bilder, Videos), Produkte in einem Online-Shop, Personen (z. B. Experten, Communities), Dienstleistungen oder Schlagwörter wie beim Social Tagging (s. Kapitel E 6 Online-Marketing). In diesem Beitrag werden wir allgemein von *(Empfehlungs-)Objekten* sprechen und von der konkreten Art der Objekte abstrahieren.

Für Bibliotheken wurden schon früh Empfehlungssysteme entwickelt (s. z. B. Mönnich & Spiering 2008). In Archiven spielen sie praktisch keine Rolle, weil die Nutzungshäufigkeit dort in der Regel sehr gering und die Bestimmung relevanter Inhalte komplex ist. Überblicke über verschiedene Ansätze und Anwendungen von Empfehlungssystemen finden sich in Aggarwal (2016), Ricci et al. (2011), Singh et al. (2021).

> **Beispiel:** Die Mitarbeiterin eines Unternehmens benötigt Artikel über verhaltensökonomische Ansätze zur Förderung von Energiesparen. Sie sucht und navigiert dazu im Online-Katalog einer Bibliothek. Im Verlauf der Navigation stößt sie auf einige vielversprechende Artikel, die sie anklickt, um das Abstract zu lesen. Nach einiger Zeit, in der sie mehrere Artikel näher angeschaut und einige heruntergeladen hat, empfiehlt ihr das Online-Katalogsystem weitere Artikel.

Diese Empfehlungen können auf unterschiedliche Weise zustande kommen:
a) Die empfohlenen Artikel sind zu den angeklickten und heruntergeladenen Artikeln ähnlich. Die Bestimmung von Empfehlungsobjekten aufgrund ihrer Ähnlichkeit zu bisher vom Benutzer als relevant erachteten Objekten nennt man *inhaltsbasierte Filterung (content-based filtering)*.
b) Es werden Artikel, die von ähnlichen Benutzern des Online-Katalogs heruntergeladen wurden, empfohlen. Dieser Ansatz, der die Präferenzen anderer, ähnlicher Benutzer einbezieht, wird *kollaborative Filterung (collaborative filtering)* genannt.
c) *Hybride Ansätze* generieren Empfehlungen durch eine Kombination von a) und b).

---

[1] Die Lesbarkeit des Textes würde durch die ständige Verwendung der männlichen und der weiblichen Form ziemlich leiden. Im Folgenden wird deshalb immer nur eine Form benutzt, die generisch für alle Geschlechter steht.

Open Access. © 2023 Ulrich Reimer, publiziert von De Gruyter. Dieses Werk ist lizenziert unter der Creative Commons Attribution 4.0 International Lizenz.
https://doi.org/10.1515/9783110769043-042

Die Ansätze der kollaborativen Filterung lassen sich weiter untergliedern (Abschnitt 3), zudem gibt es neuere Ansätze, die auf Data-Mining-Verfahren beruhen (Abschnitt 4).

Unabhängig vom konkreten Ansatz können zusätzlich Daten über den aktuellen Benutzerkontext herangezogen werden, um möglichst relevante Empfehlungen zu geben. Hierunter fallen Ort, Zeit, benutztes Endgerät (mobil, stationär, Betriebssystem etc.), Prozess- und Aufgabenkontext (Adomavicius et al. 2011). So kann der geografische Ort oder die Spracheinstellung des Endgeräts ein Indikator für die Sprache der benutzenden Person sein. Verwenden Benutzer ein mobiles Endgerät, können Empfehlungen auch ortsbezogen sein (Kapitel 9 in Aggarwal 2016), wie Informationen zu einem Ausstellungsstück, vor dem der Benutzer in einem Museum steht, oder Informationen zu Sehenswürdigkeiten im Rahmen einer Stadtführung (Krüger et al. 2007).

Die weiteren Ausführungen gliedern sich in die Behandlung der inhaltsbasierten (Abschnitt 2) und der kollaborativen Ansätze (Abschnitt 3) sowie auf Data Mining basierende Verfahren (Abschnitt 4). Anschließend werden die Vor- und Nachteile inhaltsbasierter und kollaborativer Ansätze diskutiert und kurz auf hybride Ansätze eingegangen (Abschnitt 5). Ein kurzer Ausblick schließt den Artikel ab (Abschnitt 6).

2 Inhaltsbasierte Filterung

Inhaltsbasierte Filterung (Kapitel 3 in Ricci et al. 2011; Kapitel 4 in Aggarwal 2016) betrachtet die vom aktuellen Benutzer bislang als relevant erachteten Objekte und empfiehlt diejenigen Objekte, die zu diesen am ähnlichsten sind. Im Prinzip ist das eine im Hintergrund, ohne Zutun des Nutzers ablaufende Suchanfrage, die automatisch aus den bisher relevanten Objekten konstruiert wird.

Die verschiedenen Verfahren der inhaltsbasierten Filterung unterscheiden sich darin,
1. aus welchen Daten die Benutzerpräferenzen ermittelt werden,
2. welche Beschreibungsmerkmale die Empfehlungsobjekte aufweisen und in die Ähnlichkeitsberechnung einfließen,
3. wie die Berechnung der Ähnlichkeit zwischen zwei Objekten erfolgt.

2.1 Ermittlung der Benutzerpräferenzen

Die Präferenzen der einzelnen Benutzer können im einfachsten Fall über eine direkte Rückmeldung, wie z. B. eine Bewertung, im System hinterlegt werden. Befragt ein Empfehlungssystem Benutzer explizit nach ihren Präferenzen, z. B. welche der vom System angezeigten Objekte (wie) relevant sind, ist dies ähnlich zum Ansatz des Relevanz-Feedbacks (s. Kapitel C 2 Modelle im Information Retrieval).

Benutzerpräferenzen lassen sich auch indirekt aus der Analyse des Such- und Navigationsverhaltens ableiten, beispielsweise welche Objekte wie detailliert angeschaut werden, die Verweildauer bei einem Objekt, welche Objekte erworben, d. h. heruntergeladen oder gekauft werden. Aus dem Interaktionsverhalten abgeleitete Präferenzen können mit explizit gesetzten Benutzerbewertungen kombiniert werden.

2.2 Beschreibungsmerkmale der Empfehlungsobjekte

In die Ähnlichkeitsberechnung fließen diejenigen Merkmale der Empfehlungsobjekte ein, welche am aussagekräftigsten sind bzgl. der Ähnlichkeit zweier Objekte. Im Falle eines Fachartikels sind beispielsweise der Volltext des Artikels, die Sprache und eventuell vorhandene Schlagwörter interessant, weniger jedoch der Verlag, die Länge des Artikels und das Dokumentformat wie PDF oder Word. Im Falle eines Films dürften vor allem das Genre, der Regisseur und eine Inhaltsbeschreibung relevant sein, aber weniger Filmlänge, Bildformat und Titel.

2.3 Ähnlichkeitsberechnung

Die Ähnlichkeit zwischen zwei Empfehlungsobjekten bestimmt sich aus der Aggregierung der paarweisen Ähnlichkeit der Objektmerkmale, in der Regel ist dies der gewichtete Mittelwert über alle paarweisen Ähnlichkeiten. Die einzelnen Merkmale können je nach Relevanz unterschiedlich gewichtet werden, so dass für die Ähnlichkeit wichtigere Merkmale stärker einfließen. Die Ähnlichkeiten zwischen den Merkmalen sind alle auf Werte zwischen 0 (keine Ähnlichkeit) und 1 (äquivalent) skaliert und somit untereinander vergleichbar.

Durch Hinzunahme von Hintergrundwissen, z. B. in Form von *Ontologien* oder Thesauri (s. Kapitel B 10 Ontologien und Linked Open Data), lassen sich Objektbeschreibungen semantisch anreichern, so dass Ähnlichkeiten zwischen Objekten nicht von der Verwendung konkreter Wörter (z. B. bei den Metadaten) abhängen, sondern von den dahinter stehenden *Begriffen*. Beispielsweise werden zwei Fachartikel – der eine mit dem Schlagwort „Lumbago", der andere mit „Hexenschuss" charakterisiert – bzgl. dieses Merkmals nicht als unterschiedlich, sondern als gleich angesehen, wenn in einer hinterlegten Ontologie beide Begriffe als synonym vermerkt sind.

Nach Bestimmung der Objekte, die am ähnlichsten zu den vom Benutzer bislang präferierten Objekten sind, werden diese mit der Stärke der jeweiligen Präferenz gewichtet, um ihre *Relevanz* und damit ihre Eignung für eine Empfehlung zu bestimmen. Von der Grundidee her ergibt sich die Relevanz $relevanz(b,o)$ eines für den aktuellen Benutzer b zu empfehlenden Objekts o aus seiner Ähnlichkeit $sim(o,o')$ mit einem vom Benutzer präferierten Objekt o' multipliziert mit der Präferenz $pref(b,o')$ des Benutzers für o':

relevanz $(b,o) = sim\ (o,o')\ pref\ (b,o')$

Betrachtet man die Ähnlichkeit von o mit allen Objekten o', für die eine Präferenz (oder Bewertung) vorliegt, ergibt sich die folgende Situation:

$$relevanz(b,o) = k \sum_{o' \in O \setminus \{o\}} sim(o,o')\, pref(b,o') \quad (1)$$

Hierbei dient k der Normalisierung der Werte, so dass die Summe der Ähnlichkeiten mit k multipliziert den Wert 1 ergibt:

$$k = \frac{1}{\sum_{o' \in O \setminus \{o\}} sim(o, o')}$$

Eine Schwäche der inhaltsbasierten Ansätze liegt darin, dass sie auf das Vorliegen geeigneter Beschreibungsmerkmale für die Empfehlungsobjekte angewiesen sind. Oftmals liegen solche Merkmale jedoch nicht vor. Beim Ansatz der *kollaborativen Filterung* tritt diese Problematik nicht auf, da Empfehlungsobjekte nicht aufgrund ihrer Beschreibungsmerkmale, sondern aufgrund ihrer Bewertungen durch verschiedene Benutzer weiterempfohlen werden.

3 Kollaborative Filterung

Kollaborative Filterung (Sarwar et al. 2001) basiert auf der Bestimmung der von anderen, ähnlichen Benutzern präferierten Objekte. Ähnliche Benutzer können aus demselben Informationssystem stammen oder (zusätzlich) aus dem Beziehungsnetz in einem sozialen Medium (Burke et al. 2011; Carrer-Neto et al. 2012).

Kollaborative Filterung lässt sich in drei unterschiedliche Ansätze untergliedern:
1. Im *benutzerbezogenen Verfahren* (Abschnitt 3.1) werden zunächst Benutzer bestimmt, die dem aktuellen Benutzer ähnlich sind, und anschließend die von ihnen präferierten bzw. hoch bewerteten Objekte weiterempfohlen. Dies entspricht dem Befragen einer Person mit ähnlichen Interessen.
2. Im *elementbasierten Verfahren* (Abschnitt 3.2) werden wie bei der inhaltsbasierten Filterung ähnliche Objekte bestimmt, wobei die Ähnlichkeit nun aber auf den vergebenen Benutzerbewertungen basiert.
3. Während die benutzerbezogenen und die elementbasierten Verfahren direkt auf der gesamten Datenbasis aller Benutzer und Objekte operieren (*speicherbasierte Verfahren*), leiten *modellbasierte Ansätze* (Abschnitt 3.3) daraus ein generalisiertes Modell ab, das sie für Empfehlungen verwenden.

3.1 Kollaborative Filterung: Benutzerbezogene Verfahren

Das Grundprinzip der benutzerbezogenen Verfahren ist einfach:
1. Bestimme Benutzer, die zum aktuellen Benutzer ähnlich sind.
2. Empfehle diejenigen Objekte, die die ähnlichsten Benutzer am relevantesten fanden.

Die Zuordnung von Benutzern zu ihren Präferenzen lässt sich in einer *Matrix* darstellen. Jede Zeile in der Matrix steht für einen Benutzer, die Spalten stehen für die Empfehlungsobjekte (s. Tab. 1) – analog zu einer Dokument-Term-Matrix (s. Kapitel C 2 Modelle im Information Retrieval). Die Werte in der Matrix geben die Präferenzen der Benutzer für die einzelnen Objekte an. Die Werte können binär sein (1 für präferiert, 0 für nicht präferiert) oder ein numerischer Wert, der sich aus verschiedenen Daten über die nutzende Person ableitet (Kauf-, Download- und Klickverhalten, etc.). Jeder Benutzer ist somit durch eine Zeile in der Matrix als ein *Vektor* dargestellt. Zur Berechnung der ähnlichsten Benutzer kommt z. B. das *Cosinus-Maß* zur Anwendung – das am häufigsten verwendete

Maß für die Ähnlichkeit zweier Vektoren. Der Cosinus des Winkels zwischen zwei Vektoren ist 1, wenn beide in dieselbe Richtung zeigen, also maximal ähnlich sind, und ist 0, wenn sie rechtwinklig zueinander stehen, also keine Gemeinsamkeiten aufweisen.

Nach Bestimmung der ähnlichsten Benutzer wird berechnet, wie relevant die von ihnen präferierten Objekte für den aktuellen Benutzer sind. Dazu wird pro Objekt die gewichtete Summe aller Benutzerpräferenzen für das Objekt gebildet, wobei als Gewicht die Ähnlichkeit des jeweiligen Benutzers zum aktuellen Benutzer herangezogen wird. So fließen die Präferenzen der ähnlichsten Benutzer stärker ein. Nach einer Normalisierung (Faktor k in Formel (2) unten) ergeben sich daraus schließlich die zu empfehlenden Objekte und ihre Relevanz. Es werden nur die relevantesten Objekte tatsächlich empfohlen. Formel (2) veranschaulicht dies, wobei *pref(b´,o´)* für die Präferenz steht, die der Benutzer *b'* aus der Menge aller Benutzer *B* für das Objekt *o* hat, und *b* den aktuellen Benutzer bezeichnet, dem Objekte empfohlen werden:

$$relevanz(b, o) = k \sum_{b' \in B \setminus \{b\}} sim(b, b') \, pref(b', o) \quad (2)$$

Dabei dient k wiederum der Normalisierung der Werte:

$$k = \frac{1}{\sum_{b' \in B \setminus \{b\}} sim(b, b')}$$

Tabelle 1 zeigt ein simples Beispiel für die Empfehlung von Filmen. Danach wird dem Benutzer Tom der Film *Heat* empfohlen, da die zu ihm ähnlichsten Benutzer Anna und Oliver diesen Film mögen. Die Matrix enthält in diesem Beispiel nur binäre Werte (1 für präferiert, 0 für nicht präferiert, „?" für keine Bewertung).

Tab. 1: Beispiel für kollaborative Filterung – benutzerbezogenes Verfahren

	Alien	Inception	Heat	Contact
Tom	0	1	?	1
Karl	?	0	0	0
Anna	0	1	1	?
Oliver	0	1	1	1

3.2 Kollaborative Filterung: Elementbasierte Verfahren

Elementbasierte Verfahren bestimmen Empfehlungsobjekte, indem sie wie bei der inhaltsbasierten Filterung ähnliche Objekte bestimmen, nun aber auf Basis der Benutzerpräferenzen und nicht auf Basis der Objektmerkmale. Die Darstellung von Benutzerpräferenzen erfolgt analog zu den benutzerbezogenen Verfahren in einer Matrix, nur werden jetzt Ähnlichkeiten zwischen den Spaltenvektoren, die für die Empfehlungsobjekte stehen, berechnet (s. Tabelle 2). Die Idee ist, dem Benutzer noch nicht bekannte Objekte zu empfehlen, die über die anderen Benutzer hinweg eine ähnliche Vergabe der Präferenzen aufweisen wie Objekte, die der aktuelle Benutzer schätzt.

Empfehlungen werden nach folgendem Schema generiert:

1. Bestimme für jedes Empfehlungsobjekt, für das der aktuelle Benutzer noch keine Bewertung aufweist, die dazu ähnlichsten Objekte (z. B. mittels Cosinus-Maß – s. o.). Die Ähnlichkeit zwischen zwei Objekten bestimmt sich dadurch, wie gleichartig (egal ob positiv oder negativ) sie über alle Benutzer hinweg bewertet sind. Die Ähnlichkeitsberechnung zwischen zwei Objekten bezieht nur solche Nutzer ein, die für beide Objekte eine Bewertung aufweisen.
2. Anschließend wird die Relevanz der zu empfehlenden Objekte bestimmt. Dazu wird für jedes potenzielle Empfehlungsobjekt die Summe der Bewertungen, die der aktuelle Benutzer für die dazu ähnlichen Objekten vergeben hat, berechnet. Hat er sie hoch bewertet, dürfte auch das potenzielle Empfehlungsobjekt für ihn relevant sein. Jede Bewertung wird mit der Ähnlichkeit zum potenziellen Empfehlungsobjekt gewichtet:

$$relevanz(b, o) = k \sum_{o' \in O \setminus \{o\}} sim(o, o') \, pref(b, o') \quad (3)$$

Dabei ist O die Menge aller Objekte, o das für den Benutzer b potenziell zu empfehlende Objekt, und k dient wiederum der Normalisierung der Werte:

$$k = \frac{1}{\sum_{o' \in O \setminus \{o\}} sim(o, o')}$$

Man beachte die Analogie der obigen Formel (3) zur Formel (2) für benutzerbezogene Verfahren sowie zur Formel (1) für inhaltsbasierte Filterung.

Tabelle 2 zeigt ein einfaches Beispiel. Sollen dem Benutzer Tom die Filme *Terminator* und *Titanic*, die er noch nicht kennt, empfohlen werden? *Terminator* ist ähnlich bewertet wie die Filme *Alien* und *Inception*. Tom mochte diese, so dass geschlossen wird, dass Tom auch den Film *Terminator* mag. *Titanic* ist dagegen am ähnlichsten zum Film *Heat*, den Tom gar nicht mag, so dass *Titanic* nicht empfohlen wird.

Tab. 2: Beispiel für kollaborative Filterung – elementbasiertes Verfahren

	Alien	Inception	Heat	Terminator	Titanic
Tom	5	6	2	?	?
Karl	4	4	1	5	2
Anna	1	2	5	1	6
Oliver	5	5	3	6	1
Petra	2	2	5	2	5

3.3 Kollaborative Filterung: Modellbasierte Verfahren

Das benutzerbezogene und das elementbasierte Verfahren operieren auf der gesamten Datenbasis von Benutzerpräferenzen. Bei entsprechend großer Datenbasis führt das zu Effizienzproblemen. Eine Möglichkeit, dem zu begegnen, besteht darin, die Datenbasis zu einem Modell zu verdichten und die Berechnungen auf dem Modell durchzuführen (s. Kapitel 2 und 3 in Aggarwal 2016).

Ein möglicher Ansatz ist die Zusammenfassung ähnlicher Benutzer in *Cluster*, derart dass alle Benutzer in einem Cluster ähnliche Präferenzen haben (Ungar & Foster 1998). Anschließend können Empfehlungen generiert werden, indem Benutzern ihnen noch unbekannte Objekte empfohlen werden, die von den anderen Nutzern im selben Cluster hoch bewertet sind.

Die modellbasierten Verfahren erfordern eine regelmäßige Neuberechnung der Modelle, um Veränderungen in der Datenbasis zu berücksichtigen (neue und weggefallene Empfehlungsobjekte, Benutzer, Benutzerbewertungen).

4 Data-Mining-Ansätze

Neben den oben behandelten, klassischen Ansätzen kommen in der Praxis zunehmend Data-Mining-Verfahren zum Einsatz (Kapitel 2 in Ricci et al. 2011). So lassen sich Verfahren, die für die *Warenkorbanalyse* entwickelt wurden, anwenden, um herauszufinden, welche Objekte signifikant häufig gemeinsam (oder kurz hintereinander) erworben, heruntergeladen oder angeschaut wurden. Das Ergebnis sind Assoziationsregeln, die Objekte miteinander assoziieren und entsprechend der Assoziationsstärke zur Generierung von Empfehlungen verwendet werden (Shaw et al. 2010).

Einige Ansätze basieren auf dem Konzept der *Matrixfaktorisierung* (Kapitel 3 in Aggarwal 2016; Koren et al. 2009), ähnlich wie der Ansatz des *Latent Semantic Indexing* im Information Retrieval. Die Matrix von Empfehlungsobjekten und Nutzern (s. Abschnitt 3) wird in einen Vektorraum mit einer geringeren Anzahl Dimensionen abgebildet. Dadurch werden die weniger relevanten Zusammenhänge zwischen Nutzern und Objekten weggefiltert, die stärksten Zusammenhänge bleiben erhalten. Dies erhöht die Qualität der Empfehlungen, solange die Dimensionsreduktion nicht zu stark ist.

Weitere Ansätze verwenden *neuronale Netze* bzw. *Deep Learning* (Elkahky et al. 2015; Zhang et al. 2019). Ansätze des Deep Learning benötigen jedoch eine große Menge an Trainingsdaten und eignen sich deshalb nicht für alle Einsatzgebiete. Einen tieferen Einblick in den Einsatz von Deep Learning bei Netflix gibt (Steck et al. 2021).

5 Hybride Verfahren: Kombination von inhaltsbasierten und kollaborativen Ansätzen

Inhaltsbasierte Verfahren weisen im Vergleich zu kollaborativer Filterung folgende Schwierigkeiten auf:

Notwendigkeit von Objektbeschreibungen:

Inhaltsbasierte Verfahren benötigen aussagekräftige Objektbeschreibungen. Dagegen basieren Empfehlungen kollaborativer Verfahren auf Benutzerpräferenzen, so dass inhaltliche Beschreibungen der Empfehlungselemente nicht benötigt werden. Kollaborative Verfahren können deshalb auch dort eingesetzt werden, wo inhaltsbasierte Verfahren aufgrund fehlender inhaltlicher Beschreibungen nicht anwendbar sind.

Beschränkung auf gleichartige Objekte:

Da inhaltsbasierte Verfahren nur gleichartige Objekte (mit gleichen Merkmalstypen) miteinander vergleichen können, lassen sich nur Empfehlungen innerhalb einer Objektart generieren, beispielsweise nur Buchempfehlungen auf der Basis bislang präferierter Bücher, aber keine Musiktitel. Kollaborative Verfahren weisen diese Einschränkung nicht auf, da die Präferenzen ähnlicher Benutzer neben Büchern auch Musiktitel, Filme und andere Objekte umfassen können, die sich dann ebenfalls weiterempfehlen lassen.

Überspezialisierung:

Inhaltsbasierte Verfahren empfehlen Objekte, die eine hohe Ähnlichkeit mit vom Benutzer präferierten Objekten haben, und können deshalb dazu tendieren, den Kreis der empfohlenen Objekte zu sehr einzuengen. Andersartige Objekte haben geringe Chancen, empfohlen zu werden. So wird ein Benutzer, der bislang nur Klassik-CDs gekauft hat, kaum Empfehlungen zu Jazz-CDs erhalten. Dieses Problem lässt sich lösen, indem man z. B. zufällig gesteuert auch Objekte mit niedrigerer Relevanz empfiehlt oder untersucht, welche Objektbereiche in bisherigen Empfehlungen systematisch unterrepräsentiert waren und daraus zusätzliche Empfehlungen ableitet (Abbassi et al. 2009). Kollaborative Ansätze haben diese Schwierigkeit nicht.

Umgekehrt weist die kollaborative Filterung eine Reihe von Schwierigkeiten auf, die inhaltsbasierte Verfahren nicht haben:

Kaltstart-Problem:

Zu Beginn gibt es in einem Empfehlungssystem noch kaum Benutzerpräferenzen, weshalb sich erst nach entsprechend langer Zeit hochwertige Empfehlungen generieren lassen. Inhaltsbasierte Verfahren haben dieses Problem naturgemäß nicht.

Problem mit neuen Benutzern:

Ähnlich wie beim Kaltstart-Problem liegen für neue Benutzer noch zu wenig Präferenzen vor, weshalb es kaum möglich ist, für sie Empfehlungen zu generieren. Bei inhaltsbasierten Verfahren ist dieses Problem geringer, da sie schon nach sehr wenigen Benutzerpräferenzen ähnliche Objekte vorschlagen können.

Problem mit neuen Objekten:

Auch neue Objekte besitzen noch keine Bewertungen und können deshalb nicht empfohlen werden. Inhaltsbasierte Verfahren haben dieses Problem nicht, da Objekte aufgrund ihrer Merkmale und nicht aufgrund ihrer Bewertungen vorgeschlagen werden.

Geringe Datendichte (*data sparsity*):

Viele Empfehlungssysteme operieren auf sehr großen Datenbeständen und einer sehr großen Zahl an Benutzern. So haben selbst bei intensiver Nutzung des Systems die meisten Objekte keine Bewertung und können nicht vorgeschlagen werden. Inhaltsbasierte Systeme haben dieses Problem nicht.

Lemming-Effekt:

Wird ein Objekt oft positiv bewertet, taucht es entsprechend häufig in Empfehlungen auf, wodurch es bevorzugt weitere positive Bewertungen erhält. Dadurch werden vor allem populäre Objekte empfohlen. Je grösser die Anzahl an Benutzern, je heterogener die Benutzer und je grösser die Menge an Empfehlungsobjekten, desto schwächer ist der Lemming-Effekt.

Es zeigt sich deutlich, dass kollaborative Ansätze eine Reihe von Nachteilen aufweisen, die inhaltsbasierte Ansätze nicht haben und umgekehrt. Es liegt nahe, kollaborative Verfahren mit inhaltsbasierten zu sogenannten *hybriden Verfahren* zu kombinieren, um so die Stärken beider zu vereinen (s. Kapitel 22 in Ricci et al. 2011 sowie Kapitel 6 in Aggarwal 2016).

6 Ausblick

Empfehlungssysteme sammeln eine große Anzahl an Daten über das konkrete Verhalten der Benutzer sowie ihre Vorlieben und Abneigungen. Informationssysteme, die eine Empfehlungskomponente einsetzen, müssen deshalb besonderes Augenmerk auf *Datensicherheit* legen, damit die Benutzerdaten nicht in falsche Hände gelangen (s. Kapitel 8.3.12 in Ricci et al. 2011). Ferner ist es wichtig, dass für die Nutzer transparent ist, welche Daten über sie im System gespeichert werden, so dass sie entscheiden können, ob ihnen der Mehrwert von Empfehlungen dies wert ist (Kobsa 2007). Möchten sie die Empfehlungskomponente nicht nutzen, sind sie allerdings in der Regel auch von der Nutzung des betreffenden Informationssystems ausgeschlossen.

Die Entwicklung von Verfahren für Empfehlungssysteme ist ein aktives Forschungsfeld mit vielfältigen Ansätzen und Anwendungsfeldern. Aktuelle Überblicke geben Jannach et al. 2021; Jesse & Jannach 2021; Kuanr & Mohapatra 2021; Singh et al. 2021.

7 Literaturverzeichnis

Abbassi, Z., Amer-Yahia, S., Lakshmanan, L. V. S., Vassilvitskii, S. & Yu, C. (2009). Getting recommender systems to think outside the box. In *Proceedings of the third ACM conference on Recommender systems*. ACM. https://doi.org/10.1145/1639714.1639769.

Adomavicius, G., Mobasher, B., Ricci, F. & Tuzhilin, A. (2011). Context-Aware Recommender Systems. *AI Magazine*, 32(3), 67–80. https://doi.org/10.1609/aimag.v32i3.2364.

Aggarwal, C. C. (2016). *Recommender systems*. Springer. https://doi.org/10.1007/978-3-319-29659-3.

Burke, R. D., Gemmell, J., Hotho, A. & Jäschke, R. (2011). Recommendation in the Social Web. *AI Magazine*, 32(3), 46–56. https://doi.org/10.1609/aimag.v32i3.2373.

Carrer-Neto, W., Hernández-Alcaraz, M. L., Valencia-García, R. & García-Sánchez, F. (2012). Social Knowledge-Based Recommender System. Application to the Movies Domain. *Expert Systems with Applications*, 39(12), 10990–11000. https://doi.org/10.1016/j.eswa.2012.03.025.

Elkahky, A. M., Song, Y. & He, X. (2015). A multi-view deep learning approach for cross domain user modeling in recommendation systems. In M. Rowe, M. Stankovic & A.-S. Dadzie (Eds.), *Proceedings of the 24th international conference on world wide web*. https://doi.org/10.1145/2736277.2741667.

Jannach, D., Pu, P., Ricci, F. & Zanker, M. (Eds.). (2021). Recommender Systems [Sonderheft]. *AI Magazine*, 42(3). https://doi.org/10.1609/aimag.v42i3.18139.

Jesse, M. & Jannach, D. (2021). Digital nudging with recommender systems: Survey and future directions. *Computers in Human Behavior Reports*, 3, 100052. https://doi.org/10.1016/j.chbr.2020.100052.

Kobsa, A. (2007). Privacy-Enhanced Personalization. *Communications of the ACM*, 50, 24–33. https://doi.org/10.1145/1278201.1278202.

Koren, Y., Bell, R. & Volinsky, C. (2009). Matrix factorization techniques for recommender systems. *Computer*, 42(8), 30–37. https://doi.org/10.1109/MC.2009.263.

Krüger, A., Baus, J., Heckmann, D., Kruppa, M. & Wasinger, R. (2007). Adaptive Mobile Guides. In P. Brusilovsky, A. Kobsa & W. Nejdl (Eds.), *The Adaptive Web* (S. 521–549). Springer.

Kuanr, M. & Mohapatra, P. (2021). Recent Challenges in Recommender Systems: A Survey. In C. R. Panigrahi, B. Pati, P. Mohapatra, R. Buyya & K.-C- Li (Eds.), *Progress in Advanced Computing and Intelligent Engineering* (S. 353–365). Springer. https://doi.org/10.1007/978-981-15-6353-9_32.

Mönnich, M. & Spiering, M. (2008). Adding Value to the Library Catalog by Implementing a Recommendation System. *D-Lib Magazine*, 14(5/6). https://doi.org/10.1045/may2008-monnich.

Ricci, F., Rokach, L., Shapira, B. & Kantor, P. B. (Eds.). (2011). *Recommender Systems Handbook*. Springer. https://doi.org/10.1007/978-0-387-85820-3.

Sarwar, B., Karypis, G., Konstan, J. & Riedl, J. (2001). Item-Based Collaborative Filtering Recommendation Algorithms. In V. Y. Shen, N. Saito, M. R. Lyu & M. E. Zurko (Eds.), *WWW 10, Proceedings of the 10th International Conference on World Wide Web* (S. 285–295). ACM. https://doi.org/10.1145/371920.372071.

Shaw, G., Xu, Y. & Geva, S. (2010). Using Association Rules to Solve the Cold-Start Problem in Recommender Systems. In M. J. Zaki, J. X. Yu, B. Ravindran & V. Pudi (Eds.), *PAKDD'10, Proceedings of the 14th Pacific-Asia Conference on Advances in Knowledge Discovery and Data Mining – Volume Part I* (S. 340–347). Springer. https://doi.org/10.1007/978-3-642-13657-3_37.

Singh, P. K., Pramanik, P. K. D., Dey, A. K. & Choudhury, P. (2021). Recommender systems: an overview, research trends, and future directions. *International Journal of Business and Systems Research*, 15(1), 14–52.

Steck, H., Baltrunas, L., Elahi, E., Liang, D., Raimond, Y. & Basilico, J. (2021). Deep learning for recommender systems: A Netflix case study. *AI Magazine*, 42(3), 7–18. https://doi.org/10.1609/aimag.v42i3.18140.

Ungar, L. & Foster, D. (1998). Clustering Methods for Collaborative Filtering. In *Proceedings of the Workshop on Recommendation Systems at the 15th National Conference on Artificial Intelligence* (S. 114–129). AAAI Press.

Zhang, S., Yao, L., Sun, A. & Tay, Y. (2019). Deep learning based recommender system: A survey and new perspectives. *ACM Computing Surveys*, 52(1), 1–38. https://doi.org/10.1145/3285029.

Teil D: Informationsverhalten

Elke Greifeneder & Kirsten Schlebbe
D 1 Information Behaviour

1 Einleitung

Information Behaviour (IB) bezeichnet die verschiedenen Formen der Interaktionen von Menschen und Information. Der Begriff wird außerdem auch als Oberbegriff für das Forschungsfeld verwendet, das Informationsverhalten erhebt, analysiert und interpretiert. Als Drittes wird der Begriff für eine auf das Individuum fokussierte Forschungsperspektive innerhalb der Information-Behaviour-Forschung verwendet.

Wie dieser Artikel zeigt, ist Information Behaviour ein verhältnismäßig junges Forschungsfeld, das in einer digitalisierten Welt eine wichtige Rolle einnimmt. Der Beitrag zeigt aber auch, dass viele Themen noch wenig oder nicht ausreichend beforscht und viele Begriffe nicht eindeutig definiert sind (Savolainen 2021). Daher liegt hier der Schwerpunkt auf einer Darstellung der Vielfalt der Begriffsdefinitionen, Theorien und Modelle der Informationsverhaltensforschung.

Im deutschsprachigen Raum gibt es die heutige IB-Forschung als Forschungsfeld erst seit etwa 20 Jahren und damit erst 30 Jahre später als in den Information-Behaviour-Hochburgen wie den USA, Schweden, Dänemark, Finnland, Norwegen oder Kanada. Davor dominierte im deutschsprachigen Raum die Benutzer*innenforschung, welche sich insbesondere in Studien zur Zufriedenheit und zur Nutzung von Bibliotheken und Museen manifestierte.

Dieser Artikel definiert zuerst den Begriff Information Behaviour und stellt ein generalisierendes Modell der Informationsverhaltensforschung vor. Im Anschluss werden Formen der Interaktion mit Information und zentrale Entwicklungen des Forschungsfeldes beschrieben. Der Beitrag endet mit einem Einblick in die Information Behaviour Community.

2 Definition

Marcia Bates definiert Information Behaviour als die zahlreichen Möglichkeiten, wie Menschen mit Informationen umgehen, insbesondere die Art und Weise, wie Menschen Informationen suchen und nutzen (Bates 2017, S. 2074). Tom Wilson bezeichnet Informationsverhalten als die Gesamtheit des menschlichen Verhaltens in Bezug auf Informationsquellen und -kanäle, einschließlich der aktiven und passiven Informationssuche und der Informationsnutzung (Wilson 2000, S. 49). Beide Definitionen zeigen die drei wichtigsten Charakteristiken von Informationsverhalten auf: (1) Information als „roter Faden", (2) Interaktionen mit Information und (3) die Breite des Forschungsfeldes.

Information ist der „rote Faden", der die IB-Forschung von thematisch ähnlichen Bereichen abgrenzt: Psychologie, Human-Computer-Interaction, Sozialwissenschaften oder Ethnologie untersuchen ebenso menschliches Verhalten, aber ihr Fokus liegt nicht zwingend darauf, wie Menschen mit Information interagieren. Die IB-Forschung beforscht Verhalten „with the purpose of understanding information creation, seeking, and use. We do not just study people in general" (Bates 1999, S. 1048).

Die IB-Forschung untersucht Interaktionen mit Information: Wie suchen Menschen nach Information, welche Suchstrategien werden verwendet (vgl. auch Kapitel D 6 Information Seeking Behaviour), wie vermeiden Menschen Informationen, welche Formen der Informationsnutzung nehmen sie wahr, wie werden Informationen organisiert oder geteilt? All dies sind Formen der menschlichen Interaktion mit Information und von Forschungsinteresse im Fachbereich Information Behaviour. Auch Motivationen als Treiber für Informationsinteraktionen (vgl. auch Kapitel D 5 Information Need, Informationsbedarf und -bedürfnis) und der Kontext der Informationsnutzung sind wichtige Forschungsbereiche.

Bates und Wilson machen in ihren zuvor aufgeführten Definitionen deutlich, dass IB ein weites Feld ist. Sie beschreiben es als „die zahlreichen Möglichkeiten" oder „die Gesamtheit menschlichen Verhaltens". Diese Breite wird besonders in einem der ersten Modelle von Tom Wilson deutlich, das als Nested Model (Wilson 1999) bekannt ist. Wilson nimmt in diesem Modell eine dogmatische Abgrenzung zwischen zwei Modi der Informationssuche vor: Im innersten Kreis des Modells findet sich der Forschungsbereich Information Searching. Wilson versteht hierunter die Informationssuche mittels computergestützter Informationssysteme. Im zweiten Kreis, welcher Information Searching einbezieht, findet sich Information Seeking wieder, welches alle Aktivitäten der menschlichen Informationssuche beinhaltet. Dazu gehört die Suche mittels computergestützter Informationssysteme, aber eben auch alle anderen Formen der strukturierten und unstrukturierten oder zufälligen Informationssuche. Der allumfassende dritte Kreis beschreibt schließlich Information Behaviour als übergeordneten Begriff des Information Searching und Information Seeking. In diesem Kreis finden sich auch alle Formen der Interaktionen, die über die Suche hinausgehen, wie die Informationsvermeidung, die Weitergabe oder das Organisieren von Informationen. Das Nested Model von Wilson (1999) gehört immer noch zu den bekanntesten allgemeinen Modellen der IB-Forschung, zeigt jedoch aus heutiger Perspektive ein stark vereinfachtes Bild der existierenden Modi der Informationsinteraktion, da es auf Searching und Seeking fokussiert.

Zeitweise wurde für die Bezeichnung des Forschungsfeldes der ausführlichere Begriff Human Information Behaviour (HIB) diskutiert, um deutlich zu machen, dass hierbei die menschliche Interaktion mit Information im Fokus steht. Eine breit angewandte Umbenennung fand jedoch nie statt (Bates 2017). Auch dieser Beitrag verwendet daher den kürzeren Begriff Information Behaviour.

Das deutsche Pendant zum Begriff Information Behaviour lautet Informationsverhalten; Information Behaviour Research wird mit Informationsverhaltensforschung übersetzt. Im Deutschen gibt es keine sprachliche Unterscheidung zwischen der Informationssuche aka Searching und der Informationssuche aka Seeking, daher werden in der Regel die englischen Termini als Fachbegriffe verwendet. Für den englischen Begriff des Information Need gibt es wiederum im Deutschen zwei gebräuchliche Termini (vgl. auch Kapitel D 5 Information Need, Informationsbedarf und -bedürfnis). Diese Übersetzungsschwierigkeiten mögen der Grund dafür sein, dass sich in der deutschsprachigen Community der Begriff Information Behaviour und nicht der Begriff Informationsverhalten durchgesetzt hat.

3 Das Forschungsfeld Information Behaviour

Wer neu in ein Forschungsfeld einsteigt, ist angesichts der Menge an Fachbegriffen und Theorien leicht erschlagen und versucht zu verstehen, wie die Dinge zusammengehören. Modelle als idealtypische Visualisierungen der Realität helfen, diese Ordnung im Kopf herzustellen und Beziehungen nachzuvollziehen. Abbildung 1 illustriert das Forschungsfeld Information Behavior und stellt die Beziehungen und Hierarchien zwischen verschiedenen Formen des Informationsverhaltens dar. So gehört der Forschungsbereich Information Seeking (als Teil des *Intentional Discovery*) thematisch in den Bereich *Information Discovery* welcher wiederum dem Oberbegriff *Information Use* zugeordnet werden kann. Information Seeking ist demnach eine Form der Informationsnutzung.

Dabei ist, wie bei allen Modellen, zu beachten, dass es sich um eine idealtypische Darstellung handelt. Tatsächlich erfolgt die Zuordnung der Formen des Informationsverhaltens nicht immer so eindeutig hierarchisch wie dargestellt. Der Begriff des Information Use wird beispielsweise von einigen Forscher*innen als Oberbegriff für verschiedene Formen der Interaktion mit Information betrachtet, von anderen jedoch als Aktivität, die nachgelagert zum Information Discovery erfolgt, also auf gleicher Ebene anzusiedeln sei (Kari 2010). Auch sind die genannten Bereiche nicht vollständig, sondern repräsentieren nur eine Auswahl der existierenden und zukünftigen Themen.

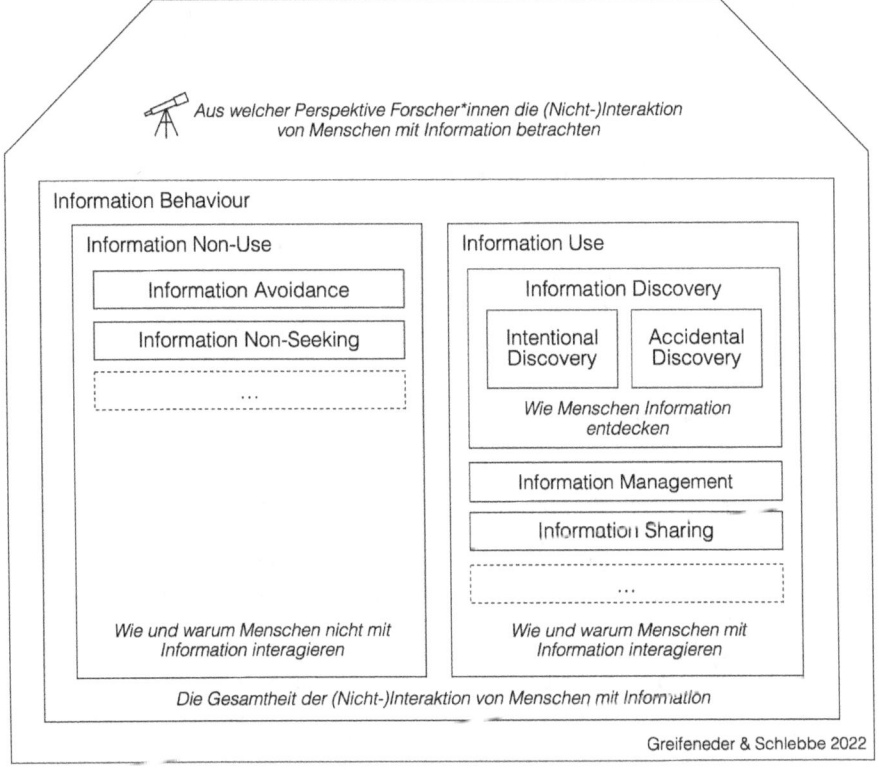

Abb. 1: Das Forschungsfeld Information Behaviour

Die in Abbildung 1 visualisierten unterschiedlichen Formen von Informationsverhalten werden nicht von allen Forscher*innen aus derselben Perspektive betrachtet, sondern unterschiedlich konzeptualisiert. Drei derzeit vorherrschende, parallel existierende Perspektiven auf Informationsverhalten sind Information Behaviour, Information Practices sowie Information Experiences.

Die im Abschnitt 5 vorgestellten zentralen Wendepunkte entsprechen ebenfalls Perspektiven auf Informationsverhalten, die allerdings nicht immer so allumfassend wie die drei Metaperspektiven Information Behaviour, Information Practices und Information Experiences sind. Während man die meisten Modelle und Theorien ziemlich eindeutig einer der drei großen Perspektiven zuordnen kann, ist dies bei den zentralen Wendepunkten teilweise schwieriger. Dies liegt einerseits daran, dass die Wendepunkte ein theoretisches Konstrukt sind, das nachträglich auf Theorien und Modelle angewendet wurde. Es liegt aber auch daran, dass sich manche Ansätze, wie zum Beispiel das Sense-Making, über die Zeit verändert haben und mehreren Wendepunkten zugeordnet werden können.

Die älteste Forschungsperspektive, Information Behaviour, fokussiert auf die Interaktionen des Individuums und seine Motivationen und Bedürfnisse (Bates 2017). Die Information Practices legen den Fokus hingegen auf Menschen in Situationen, deren Kontext sowie soziale und kulturelle Einflüsse, welche das Informationsverhalten beeinflussen (McKenzie 2003; Savolainen 2007). Die Perspektive der Information Experiences existiert schon länger, ist aber als explizit benanntes theoretisches Konstrukt noch in der Entwicklung. Diese Perspektive konzeptualisiert Informationsverhalten als Erfahrungen, die Menschen im Umgang mit Information machen (Bruce et al. 2014; Gorichanaz 2017).

4 Formen von Information Behaviour

Der Bereich Information Behaviour in Abbildung 1 repräsentiert das IB-Forschungsfeld, welches sich ganz grob in die Bereiche Information *Non-Use* und *Information Use* unterscheiden lässt. Im Bereich **Information Non-Use**, also der Nicht-Nutzung von Information, gibt es einen großen Bedarf an Forschung durch IB-Wissenschaftler*innen, da bisher Forschung aus anderen Disziplinen, insbesondere der Psychologie und den Wirtschaftswissenschaften, dominiert. Am besten beforscht ist die Information Avoidance, die definiert wird als die gewollte Vermeidung von relevanter Information (Golman 2007). In den Bereich Information Non-Use fällt auch das Thema Information Non-Seeking Behaviour (Manheim 2014).

Information Use, Informationsnutzung, beinhaltet hingegen alle Aktivitäten der Nutzung von Information. Der Begriff wird vielfach als generisches Konzept verwendet, das eine Vielzahl von Verhaltensformen umfasst. Kari (2010) berichtet von sieben verschiedenen Verwendungen des Begriffs Information Use in IB-Publikationen. Am häufigsten wird dabei das Information Discovery als Teil von Information Use erforscht. Deutlich seltener untersucht die IB-Forschung die Themen Information Sharing, Information Management oder andere Formen der Informationsnutzung.

Information Sharing, das Teilen von Information, nimmt insbesondere seit der zunehmenden Nutzung von Social Media eine immer wichtigere Rolle ein. In der IB-Forschung sind hier die Information Grounds (Fisher et al. 2007) hervorzuheben, die als Framework helfen, zu untersuchen, wie Informationsorte beschaffen sein müssen, damit ein Informationsaustausch entsteht. Auch die Funktionsweise von Datencommunities (Friedrich 2021) ist ein wachsendes Forschungsfeld. Ein großer Teil der Information-Sharing-Forschung in Sozialen Netzwerken findet jedoch außerhalb der IB-Community im Bereich Interactive Information Retrieval, in den Wirtschaftswissenschaften oder der Szientometrie statt (z. B. Osatuyi 2013; Ranzini et al. 2020).

Information Management als Thema der IB-Forschung findet sich vor allem im Forschungszweig Personal Information Management (PIM) wieder. Beim PIM untersuchen Forscher*innen, wie Menschen Informationen schaffen, finden, speichern, organisieren und wiederfinden (Jones 2010). Die Definition zeigt deutlich, dass PIM viele Themen der Informationsnutzung wie Information Creation, Information Sharing oder Information Discovery vereint. Obwohl es sich bei den Leitfragen des PIM somit klar um IB-Themen handelt, wird das Thema bis auf wenige Ausnahmen (z. B. Hartel, 2010) meist von Wissenschaftler*innen außerhalb der IB-Community bearbeitet. Im Fokus der Forschung stehen daher vor allem Fragen der Wissensorganisation (für eine Übersicht siehe Dinneen & Julien 2020) oder zur Typisierung von Verhaltensweisen.

Die am häufigsten untersuchte Form innerhalb der IB-Community ist **Information Discovery**, das Entdecken von Information (Greifeneder 2014; Julien et al. 2011). Hierunter fallen unter anderem auch die klassischen Themen wie Information Searching und Information Seeking. Der Bereich Information Discovery in Abbildung 1 zeigt nach Wilson (2022) die Forschungsschwerpunkte, die diesem Bereich untergeordnet werden können (siehe auch Abbildung 2). Information Discovery ersetzt hierbei Information Seeking als Oberbegriff, da Information Seeking immer einen Information Need voraussetzt, dieser jedoch zum Beispiel beim zufälligen Entdecken von Information erst später erkennbar wird.

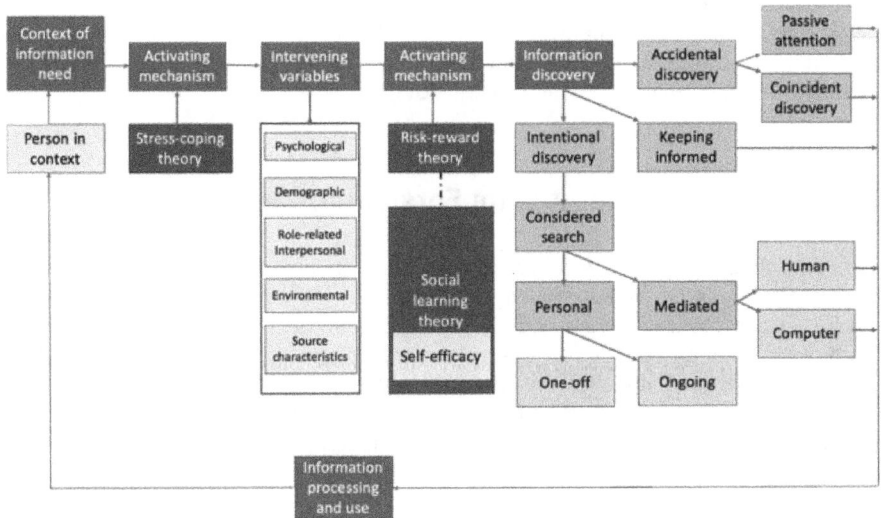

Abb. 2: Erweitertes Modell des Information Discovery Prozesses (Wilson 2022, Fig. 4.7: An expanded model)

Abbildung 2 zeigt ein erweitertes Modell des Information-Discovery-Prozesses nach Wilson (2022), welches das frühere Modell von Wilson (1999, Abb. 7) mit einem Fokus auf dem Prozess des Entdeckens von Information erweitert. Das Modell visualisiert, welche Faktoren beim Studium von Informationsverhalten wichtig sein können. Dabei nimmt das Modell, wie alle Modelle, eine spezifische Perspektive auf Information Discovery ein; alternative Modelle gewichten andere Elemente des Prozesses stärker. Eine gute Übersicht zu den bekanntesten Modellen zur Informationssuche findet sich bei Case und Given (2016) oder Gorichanaz (2019).

Wilson (2022) unterteilt den Forschungsbereich Information Discovery in drei Bereiche: das bewusste Entdecken von Information, das zufällige Entdecken von Information und das Informiert bleiben. Damit differenziert er sein früheres Modell (Wilson 1997) deutlich.

Intentional Discovery, als das bewusste Entdecken von Information, beschreibt die Forschungsrichtung, die davon ausgeht, dass zu Beginn einer Suche ein Information Need vorhanden ist und Suche aktiv betrieben wird. Dabei wird unterschieden nach einer Informationssuche durch die Person mit einem Information Need, oder einer vermittelten Suche (Mediated Search), bei der die Informationssuche eine andere Person oder eine Maschine übernimmt.

Monitoring oder, wie Wilson es nennt, Keeping Informed, befasst sich mit der bewussten Nachverfolgung von Geschehnissen in einem Bereich von Interesse (Ellis 1989). Dieser Bereich ist weniger forschungsstark, findet aber zunehmend als Dienstleistung von Informationsspezialist*innen Einzug in die Bibliotheks- und Dokumentationscommunity.

Das **zufällige Entdecken von Information** wird dem Bereich der unstrukturierten oder ungeplanten Suche zugeordnet und meint die zufällige, aber nützliche Entdeckung von etwas, das man nicht direkt gesucht hat. Wilson unterscheidet hierbei zwischen passiver Aufmerksamkeit und zufälliger Entdeckung. Die drei bekanntesten Konzepte in diesem Bereich sind Information Encountering, Incidental Information Discovery und Serendipity (für einen Überblick siehe Agarwal 2015).

5 Zentrale Entwicklungen im Forschungsfeld

In Anlehnung an Hartel (2019) sollen im Folgenden die historischen Entwicklungen im Forschungsfeld anhand von zentralen Wendepunkten (*turns*) dargestellt werden. Während Hartel sich in ihrem Beitrag auf die gesamte bibliotheks- und informationswissenschaftliche Forschung bezieht, fokussiert sich der folgende Abschnitt auf die Vorstellung zentraler Theorien und Modellen der Information-Behaviour-Forschung.

Unter einem *Turn* versteht Hartel (2019) ein intellektuelles Projekt, bei dem Wissenschaftler*innen eines Feldes sich neuen theoretischen, methodologischen oder inhaltlichen Grundsätzen zuwenden, die in der Regel den bisherigen Status Quo der Forschung in Frage stellen. *Turns* markieren somit den Beginn einer neuen Phase der Forschung. Dies bedeutet jedoch nicht, dass bisherige Forschungsschwerpunkte nicht weiterverfolgt werden. Stattdessen können *Turns* als Ansätze betrachtet werden, die in Ergänzung zu bestehenden Forschungsgebieten entstehen und dann parallel zu diesen verlaufen.

Die Ursprünge der Information-Behaviour-Forschung werden meist in den frühen Jahrzehnten des 20. Jahrhunderts verortet. Häufig wird beispielsweise eine Untersuchung zur Bibliotheksnutzung von Eliot (1902) als älteste dokumentierte Studie der Informationsverhaltensforschung bezeichnet. Im Rahmen von *Use Studies* wurde in der ersten Hälfte des 20. Jahrhunderts verstärkt das Informationsverhalten von Wissenschaftler*innen oder Berufstätigen untersucht. Der Fokus der Forschung lag dabei lange Zeit eher auf den genutzten Informationsquellen und -systemen als auf den Nutzer*innen (Wilson 2000). Erst in den 1960er und 1970er Jahren begann eine verstärkte Auseinandersetzung mit den menschlichen Informationsbedürfnissen (vgl. auch Kapitel D 5 Information Need, Informationsbedarf und -bedürfnis), die zu einem Fokus der Forschung auf den oder die Nutzer*in und somit zum ersten hier vorgestellten *Turn* führte.

5.1 *Cognitive Turn*

In den 1980er Jahren kam es zum *Cognitive* oder auch *User-Centered Turn*, der das Interesse der informationswissenschaftlichen Forschung stärker auf die Nutzer*innen und deren Information Needs lenkte. Als bekannte Vertreter*innen dieses Turns können unter anderem Nicholas Belkin, Tom Wilson oder Brenda Dervin genannt werden.

Als Mitbegründer des sogenannten *Cognitive Viewpoint* entwickelte Belkin zusammen mit seinen Kollegen Ende der 1970er Jahre das Konzept des *Anomalous State of Knowledge* (ASK). Unter anderem unter Bezug auf Taylors (1968) Klassifikation von Information Needs, gingen Belkin, Oddy und Brooks (1982) davon aus, dass ein abweichender oder unvollständiger Wissensstand, das ASK, zur Entstehung eines Information Needs führen und somit eine Informationssuche motivieren kann. Auch Wilson (1981) stellte den Menschen und seine Informationsbedürfnisse ins Zentrum eines seiner frühen Modelle zur Informationssuche. Eine alternative Perspektive auf das menschliche Suchverhalten entwickelte Dervin im Rahmen ihres *Sense Making*-Ansatzes. Dervin (1983) argumentierte unter anderem, dass Menschen keine statischen Elemente seien, sondern Subjekte, die sich in Raum und Zeit bewegen. Sie kritisierte zudem, dass Menschen in bestehenden Theorien wie ein „Eimer" (*people bucket*) konzeptioniert seien, in den Informationen wie „Backsteine" (*information bricks*) hineingeworfen werden und plädierte stattdessen für ein Verständnis von Wissen als etwas, das intern konstruiert wird (Dervin 2015).

5.2 *Affective Turn*

Aufgrund des verstärkten Fokus auf die Nutzer*innen rückten mit dem bald nachfolgenden *Affective Turn* auch deren Affekte, Emotionen und Stimmungen ins Interesse der Forschung. Als Begründerin des *Affective Turn* gilt Constance Mellon, die mittels eines *Grounded Theory*-Ansatzes zum Thema Bibliotheksangst forschte (Mellon 1986). Im Bereich Information Behaviour können vor allem die Arbeiten von Carol Kuhlthau als wegweisend betrachtet werden. Im Rahmen von empirischen Untersuchungen mit Schüler*innen entwickelte sie das sogenannte *Information Search Process*-Modell (ISP-Modell) (1991; 1993). Das Modell sieht das Gefühl der Unsicherheit als Motivator der Informationssuche an und unterteilt den Suchprozess in verschiedene Phasen, die für die Nutzer*innen mit der Empfindung von unterschiedlichen Emotionen verbunden sind (vgl. auch Kapitel D 4 Information und Emotion). Die Arbeiten von Elfreda Chatman zum Informationsverhalten von marginalisierten Nutzer*innengruppen wie Frauen im Ruhestand (1992) oder weiblichen Häftlingen (1999) können ebenfalls als Beispiele für den *Affective Turn* betrachtet werden.

5.3 Socio-Cognitive Turn

Während in den bisherigen Untersuchungen vor allem der Mensch als Individuum im Zentrum der Überlegungen stand, rückten in den 1990er Jahren nach und nach auch seine Umgebung und vor allem soziale Aspekte in den Fokus der Information Behaviour Forschung. Der *Socio-Cognitive Turn* (auch: *Collectivism*) setzt eine sozial organisierte Welt voraus, in der Verhalten durch die Umwelt definiert wird. Geprägt wurde dieser *Turn* unter anderem durch Birger Hjørlands Arbeiten zur *Domain Analysis* (Hjørland & Albrechtsen 1995; Hjørland 2002). Im Zusammenhang mit disziplinspezifischem Informationsverhalten wandte Huvila (2006) unter anderem die Technik der Information Horizon Maps nach Sonnenwald et al. (2001) an, um aufzuzeigen, wie sich das Informationsverhalten von Archäolog*innen in Abhängigkeit von spezifischen Arbeitsaufgaben unterscheidet.

Infolge des *Socio-Cognitive Turns* entstand zudem in den 2000er Jahren eine wachsende Forschungscommunity zum kollaborativen Informationsverhalten (Reddy & Jansen 2008), bei dem nicht die Bedürfnisse und Handlungen eines Individuums, sondern die Information Needs und Aktivitäten einer Gruppe von Menschen betrachtet werden. In der deutschsprachigen Forschungscommunity sind hier insbesondere die Arbeiten von Stefanie Elbeshausen (2019) zur kollaborativen Informationssuche zu nennen.

5.4 Everyday Life Turn

Ebenfalls in den 1990er Jahren kam es zum *Everyday Life Turn*, für den Reijo Savolainens *Everyday Life Information Seeking* (ELIS) als Meilenstein der Forschung gelten kann (Savolainen 1995). Auch wenn es bereits in den Jahrzehnten zuvor Ansätze gab, das alltägliche Leben im Kontext der Information-Behaviour-Forschung zu betrachten, konzentrierte sich ein Großteil der Studien auf Informationsaktivitäten im beruflichen oder akademischen Kontext. Dies änderte sich durch Savolainens ELIS und den *Everyday Life Turn*, der dazu führte, dass unter anderem das Informationsverhalten von Hobbyköch*innen (Hartel 2010) oder erstgebärenden Frauen (Loudon et al. 2016) untersucht wurde.

Parallel zu einer wachsenden Berücksichtigung des alltäglichen Verhaltens in der Information-Behaviour-Forschung, forderten Forscher*innen zuletzt, unter anderem unter Bezug auf die Arbeiten von Henri Lefebvre, auch eine verstärkte theoretische Auseinandersetzung mit dem Konzept des Alltäglichen (Ocepek 2018).

5.5 Social-Constructionist Turn

Nach der Jahrtausendwende kam es zum *Social-Constructionist Turn*, der als kritische Alternative zum kognitiven Behaviour-Ansatz diskutiert wird. Als frühe Vertreterin des Ansatzes fokussierte sich beispielsweise Karen Fisher mit ihrer Theorie der *Information Grounds* auf die sozialen und kollaborativen Aspekte des Informationsverhaltens. *Information Grounds* werden dabei als Umgebungen definiert, in der durch die soziale Interaktion von Menschen eine Atmosphäre entsteht, die den spontanen und zufälligen Austausch von Information fördert (Pettigrew 1999).

Als eine der bekanntesten Vertreter*innen des Information-Practice-Ansatzes gilt Pamela McKenzie, deren Modell die informationsbezogenen Praktiken von Menschen in ihrem sozialen Kontext betrachtet (McKenzie 2003). Die Konzentration auf Informationspraktiken statt auf das Informationsverhalten verlagert die Analyse vom kognitiven in den sozialen Bereich (McKenzie 2003). Während die Behaviour-Forschung die Interaktion mit Information in erster Linie als durch Bedürfnisse und Motive ausgelöst betrachtet, betont der Ansatz der Information Practices die Kontinuität und Habitualisierung von Aktivitäten, die durch soziale und kulturelle Faktoren beeinflusst werden (Savolainen 2007). Ein weiteres populäres Beispiel für den sozialkonstruktionistischen Ansatz stellen die Arbeiten von Sanna Talja dar, die unter anderem eine Diskursanalyse zu Perspektiven auf Musikbibliotheken durchführte (Talja 2001).

5.6 *Embodied Turn*

Nach den Foki der Forschung auf der menschlichen Kognition und Emotion begann Mitte der 2000er Jahre schließlich der sogenannte *Embodied Turn*, der den menschlichen Körper in die Erforschung von Informationspraktiken einbezog und nach Hartel (2019) ein holistisches Verständnis der menschlichen Information Experience anstrebt. Als besonders einflussreich für diesen *Turn* können die Arbeiten von Annemaree Lloyd, Michael Olsson und Kolleg*innen bezeichnet werden, die sich unter anderem mit dem Zusammenhang von Embodiment und Informationspraktiken bei Einsatzkräften der Feuerwehr (Lloyd 2005), Pflegefachkräften (Bonner & Lloyd 2011), Theaterfachleuten (Olsson 2010) oder Archäolog*innen (Olsson 2016) beschäftigt haben.

Die Darstellung der *Turns* nach Hartel (2019), zeigt auf, wie sich die Forschung im Information-Behaviour-Bereich in den letzten Jahrzehnten weiterentwickelt und diversifiziert hat. Es stellt sich abschließend die Frage, welche zentralen Wendepunkte in Zukunft folgen und wie sich bisherige Ansätze weiterentwickeln werden. Möglicher Kandidat für den nächsten *Turn* sind unter anderem die Ansätze der *Critical Theory*, die sich vor allem in der einflussreichen nordamerikanischen Community bereits durchsetzen konnten.

6 Die Information-Behaviour-Community

Informationsverhalten wird von einer Vielzahl von Forscher*innen in der ganzen Welt untersucht. Sie finden sich in Forschungsbereichen wie Internet Studies, Mensch-Maschine-Interaktion, Social Computing oder Museum Studies. Die eigentliche Kern-Community der IB-Forschung ist dagegen im disziplinären Vergleich recht klein und umfasst ungefähr 300 Forscher*innen weltweit. Die Fachtagung *Information Seeking in Context Conference* (ISIC) findet alle zwei Jahre statt. Sie wird von einem internationalen Steering Committee organisiert und die Konferenzbeiträge werden in der Zeitschrift *Information Research* veröffentlicht. Neben der ISIC-Konferenz ist auch das *Annual Meeting* der *Association for Information Science & Technology* (ASIS&T) relevant, weil sich hier die SIG-USE Community trifft. Daneben gibt es eine Vielzahl an Konferenzen, bei denen IB eine zentrale Rolle einnimmt, die sich aber nicht wie die ISIC ausschließlich auf IB fokussieren. Zu diesen Konferenzen gehören in alphabetischer Reihenfolge CHIIR, CoLIS, iConference, ISI und JCDL.

Die Open Access Zeitschrift *Information Research*, die über Jahrzehnte von Tom Wilson herausgegeben wurde, ist auch das wichtigste Publikationsorgan, auf deren Website man gezielt nach Schlagwörtern der IB-Forschung suchen kann. Im *Journal of Documentation* (JDoc), finden sich viele der hier zitierten Studien. Vor allem konzeptionelle IB-Studien haben seit einigen Jahren verstärkt eine Publikations-Heimat in JDoc gefunden. Mit einem hohen Impact Factor gehört das *Journal of the Association of Information Science and Technology* (JASIST) ebenfalls zu den wichtigen Fachzeitschriften für IB. Relevant ist hier insbesondere die retrospektive Spezialausgabe zu IB, die 2021 erschien (Willson, Julien & Allen 2021).

Das Handbuch *Looking for Information* von Case & Given (2016) fehlt in keinem Bücherregal von IB Forscher*innen, ebenso die *Theories of Information Behavior* (Fisher 2005). Einen sehr persönlichen Einstieg in Information Behaviour bietet Wilson (2022). Für eine Methodenübersicht lohnen sich Connaway & Radford (2021), Goodman et al. (2012) oder Umlauf et al. (2013).

7 Literaturverzeichnis

Agarwal, N. K. (2015). Towards a definition of serendipity in information behaviour. *Information Research*, 20(3), Paper 675. http://informationr.net/ir/20-3/paper675.html.

Bates, M. J. (1999). The invisible substrate of information science. *Journal of the American Society for Information Science*, 50(12), 1043–1050.

Bates, M. J. (2017). Information Behavior. In J. D. McDonald & M. Levine-Clark (Hrsg.), *Encyclopedia of Library and Information Science* (4. Aufl., S. 2074–2085). CRC Press.

Belkin, N. J., Oddy, R. N. & Brooks, H. M. (1982). ASK for information retrieval: Part I. Background and theory. *Journal of Documentation*, 38(2), 61–71. https://doi.org/10.1108/eb026722.

Bonner, A. & Lloyd, A. (2011). What information counts at the moment of practice? Information practices of renal nurses. *Journal Advanced Nursing*, 67(6), 1213–1221. https://doi.org/10.1111/j.1365-2648.2011.05613.x.

Bruce, C., Davis, K., Hughes, H., Partridge, H. & Stoodley, I. (2014). Information experience: new perspectives and research directions. In C. Bruce, K. Davis, H. Hughes, H. Partridge & I. Stoodley (Hrsg.), *Information Experience: Approaches to Theory and Practice* (Library and Information Science, Bd. 9, S. 315–320). Emerald.

Case, D. O. & Given, L. M. (2016). *Looking for information. A survey of research on information seeking, needs, and behavior* (4. Aufl.). Emerald.

Chatman, E. A. (1992). *The information world of retired women*. Greenwood Press.

Chatman, E. A. (1999). A Theory of Life in the Round. *Journal of the American Society for Information Science and Technology*, 50(3), 207–217.

Connaway, L. S. & Radford, M. L. (2021). *Research Methods in Library and Information Science* (7. überarb. Aufl.). Libraries Unlimited.

Dervin, B. (1983). *An overview of sense-making research: concepts, methods, and results to date* [Paper Präsentation] (26.–30. Mai 1983). International Communication Association Annual Meeting, May 1983, Dallas, Texas, USA.

Dervin, B. (2015). Dervin's Sense-Making Theory. In M. N. Al-Suqri & A. S. Al-Aufi (Hrsg.), *Information Seeking Behavior and Technology Adoption: Theories and Trends* (Advances in Knowledge Acquisition, Transfer, and Management, Bd. 13, S. 59–80). IGI Global.

Dinneen, J. D. & Julien, C. A. (2020). The ubiquitous digital file: a review of file management research. *Journal of the Association for Information Science and Technology*, 71(1), E1–E32. https://doi.org/10.1002/asi.24222.

Elbeshausen, S. (2019). *Collaborative Information Seeking. Integrierte Prozessmodellierung für die Ableitung systembasierter Unterstützungsmaßnahmen* (Dissertation, Universität Hildesheim). Hildesheim: Universitätsverlag Hildesheim. http://dx.doi.org/10.18442/020.

Eliot, C. W. (1902). The division of a library into books in use, and books not in use, with different storage methods for the two classes of books. *Library Journal*, 27, 51–56.

Ellis, D. (1989). A behavioural model for information retrieval system. *Journal of Information Science*, 15 (4–5), 237–247. https://doi.org/10.1177/016555158901500406.

Fisher, K. E., Erdelez, S. & McKechnie, L. (Hrsg.) (2005). *Theories of Information Behavior*. Information Today.

Fisher, K. E., Landry, C. F. & Naumer, C. (2007). Social spaces, casual interactions, meaningful exchanges: 'information ground' characteristics based on the college student experience. *Information Research*, 12(2), Paper 291. http://informationr.net/ir/12-2/paper291.html.

Friedrich, T. (2020). *Looking for data: Information seeking behaviour of survey data users* (Dissertation, Humboldt-Universität zu Berlin). https://doi.org/10.18452/22173.

Golman, R., Hagmann, D. & Loewenstein, G. (2017). Information Avoidance. *Journal of Economic Literature*, 55(1), 96–135. https://doi.org/10.1257/jel.20151245.

Goodman, E., Kuniavsky, M. & Moed, A. (2012). *Observing the user experience. A practitioner's guide to user research* (2. Aufl.). Morgan Kaufmann.

Gorichanaz, T. (2017). Information and experience, a dialogue. *Journal of Documentation*, 73(3), 500–508. https://doi.org/10.1108/JD-09-2016-0114.

Gorichanaz, T. (2019). Information creation and models of information behaviour: grounding synthesis and further research. *Journal of Librarianship and Information Science*, 51(4), 998–1006. https://doi.org/10.1177/0961000618769968.

Greifeneder, E. (2014). Trends in information behavior research. *Proceedings of ISIC, the Information Behaviour Conference, Part 1*, Paper isic13. http://InformationR.net/ir/19-4/isic/isic13.html.

Hartel, J. (2010). Managing documents at home for serious leisure. A case study of the hobby of gourmet cooking. *Journal of Documentation*, 66(6), 847–874.

Hartel, J. (2019). Turn, turn, turn. *Proceedings of CoLIS, the Tenth International Conference on Conceptions of Library and Information Science, Ljubljana, Slovenia. Information Research*, 24(4), Paper colis1901. http://InformationR.net/ir/24-4/colis/colis1901.html.

Hjørland, B. & Albrechtsen, H. (1995). Toward a new horizon in information science: Domain-analysis. *Journal of the American Society for Information Science*, 46(6), 400–425. https://doi.org/10.1002/(SICI)1097-4571(199507)46:6<400::AID-ASI2>3.0.CO;2-Y.

Hjørland, B. (2002). Domain analysis in information science: Eleven approaches – traditional as well as innovative. *Journal of Documentation*, 58(4), 422–462. https://doi.org/10.1108/00220410210431136.

Huvila, I. (2006). *The ecology of information work: a case study of bridging archaeological work and virtual reality based knowledge organisation* (Dissertation, Åbo Akademi University). Åbo Akademi University Press.

Jones, W. (2010). Personal Information Management (PIM). In M. J. Bates & M. N. Maack (Hrsg.), *Encyclopedia of Library and Information Sciences* (3. Aufl., S. 4137–4147). CRC Press.

Julien, H., Pecoskie, J. & Reed, K. (2011). Trends in information behavior research, 1999–2008: A content analysis. *Library & Information Science Research*, 33(1), 19–24. https://doi.org/10.1016/j.lisr.2010.07.014.

Kari, J. (2010). Diversity in the conceptions of information use. *Information Research*, 15(3), colis709. http://informationr.net/ir/15-3/colis7/colis709.html.

Kuhlthau, C. C. (1991). Inside the search process: information seeking from the user's perspective. *Journal of the American Society for Information Science*, 42(5), 361–371. https://doi.org/10.1002/(SICI)1097-4571(199106)42:5<361::AID-ASI6>3.0.CO;2-%23.

Kuhlthau, C. C. (1993). A principle of uncertainty for information seeking. *Journal of Documentation*, 49(4), 339–355. https://doi.org/10.1108/eb026918.

Lloyd, A. (2005). Information literacy: different contexts, different concepts, different truths? *Journal of Librarianship and Information Science*, 37(2), 82–88. https://doi.org/10.1177/0961000605055355.

Loudon, K., Buchanan, S. & Ruthven, I. (2016). The everyday life information seeking behaviours of first-time mothers. *Journal of Documentation*, 72(1), 24–46.

Manheim, L. (2014). Information non-seeking behaviour. *Information Research*, 19(4), 210–220. http://www.informationr.net/ir/19-4/isic/isic18.html#.WtXuYNRubcs.

McKenzie, P. (2003). A model of information practices in accounts of everyday-life information seeking. *Journal of Documentation*, 59(1), 19–40. https://doi.org/10.1108/00220410310457993.

Mellon, C. A. (1986). Library Anxiety: a Grounded Theory and its development. *College & Research Libraries*, 47(2), 160–65.

Ocepek, M. G. (2018). Bringing out the everyday in everyday information behaviour. *Journal of Documentation*, 74(2), 398–411. https://doi.org/10.1108/JD-10-2016-0119.

Olsson, M. (2010). All the world's a stage – the information practices and sense-making of theatre professionals. *Libri*, 60, 241–252. https://doi.org/10.1515/libr.2010.021.

Olsson, M. (2016). Making sense of the past: the embodied information practices of field archaeologists. *Journal of Information Science*, 42(3), 410–419. https://doi.org/10.1177/0165551515621839.

Osatuyi, B. (2013). Information sharing on social media sites. *Computers in Human Behavior*, 29(6), 2622–2631. https://doi.org/10.1016/j.chb.2013.07.001.

Pettigrew, K. E. (1999). Waiting for chiropody: contextual results from an ethnographic study of the information behavior among attendees at community clinics. *Information Processing and Management*, 35(6), 801–817. https://doi.org/10.1016/S0306-4573(99)00027-8.

Ranzini, G., Newlands, G. & Lutz, C. (2020). Sharenting, Peer Influence, and Privacy Concerns: A Study on the Instagram-Sharing Behaviors of Parents in the United Kingdom. *Social Media + Society*, 1–13. https://doi.org/10.1177/2056305120978376.

Reddy, M. C. & Jansen, B. J. (2008). A model for understanding collaborative information behavior in context: a study of two healthcare teams. *Information Processing & Management*, 44(1), 256–273. https://doi.org/10.1016/j.ipm.2006.12.010.

Savolainen, R. (1995). Everyday life information seeking: approaching information seeking in the context of „way of life". *Library & Information Science Research*, 17(3), 259–294. https://doi.org/10.1016/0740-8188(95)90048-9.

Savolainen, R. (2007). Information Behavior and Information Practice: Reviewing the "Umbrella Concepts" of Information-Seeking Studies. *The Library Quarterly*, 77(2), 109–132. https://doi.org/10.1086/517840.

Savolainen, R. (2021). Levels of critique in models and concepts of human information behaviour research. *Aslib Journal of Information Management*, 73(5), 772–791. https://doi.org/10.1108/AJIM-01-2021-0028.

Sonnenwald, D. H., Wildemuth, B. M. & Harmon, G. L. (2001). A research method to investigate information seeking using the concept of Information Horizons: an example from a study of lower socio-economic students' information seeking behavior. *The New Review of Information Behavior Research*, 2, 65–86.

Talja, S. (2001). *Music, culture, and the library: an analysis of discourses*. The Scarecrow Press.

Taylor, R. S. (1968). Question-negotiation and information seeking in libraries. *College and Research Libraries*, 29(3), 178–194.

Umlauf, K., Seadle, M. S. & Fühles-Ubach, S. (Hrsg.) (2013). *Handbuch Methoden der Bibliotheks- und Informationswissenschaft. Bibliotheks-, Benutzerforschung, Informationsanalyse*. De Gruyter Saur.

Willson, R., Julien, H. & Allen, D. (2021). Retrospective special issue 7 – Information behavior. *Journal of the Association for Information Science and Technology*. https://doi.org/10.1002/asi.24557.

Wilson, T. D. (1981). On user studies and information needs. *Journal of Documentation*, 37(1), 3–15.

Wilson, T. D. (1997). Information behaviour. An interdisciplinary perspective. *Information Processing & Management*, 33(4), 551–572. https://doi.org/10.1016/S0306-4573(97)00028-9.

Wilson, T. D. (1999). Models in information behaviour research. *Journal of Documentation*, 55(3), 249–270. https://doi.org/10.1108/EUM0000000007145.

Wilson, T. D. (2000). Human Information Behavior. *Informing Science*, 3(2), 49–55. https://doi.org/10.28945/576.

Wilson, T. D. (2022). *Exploring Information Behaviour: An Introduction*. T. D. Wilson. http://informationr.net/ir/bonusbook.html.

Nicola Döring
D 2 Computervermittelte Kommunikation

1 Einleitung

Der vorliegende Beitrag erklärt, wie computervermittelte Kommunikation definiert ist (Abschnitt 2) und wo sie eingesetzt wird (Abschnitt 3). Anschließend wird der aktuelle Forschungsstand umrissen (Abschnitt 4). Der Schwerpunkt des Beitrags liegt auf der Darstellung zentraler Theorien der computervermittelten Kommunikation (Abschnitt 5).

2 Definition

Unter *Computervermittelter Kommunikation* (CvK) bzw. *Computer-Mediated Communication* (CMC) versteht man ganz allgemein interpersonelle Kommunikation, die mithilfe von Computern realisiert wird (Kimmerle & Hesse 2021; Yao & Ling 2020). Man spricht auch von interpersonaler *Online-* oder *Mobilkommunikation*. Genauer gesagt geht es um die Kommunikation zwischen Einzelpersonen oder in Gruppen, die mittels unterschiedlicher Digitalgeräte (z. B. PC, Notebook, Tablet, Smartphone, Smartwatch, Smartglasses) sowie entsprechender Dienste oder Apps über digitale Netzwerke (z. B. Internet, Mobilfunknetz, WLAN) vermittelt wird (z. B. Kommunikation per E-Mail oder Messenger, in Online-Foren oder auf Social-Media-Plattformen, per sozialen Robotern oder in immersiven Systemen der Virtual Reality – VR – und Augmented Reality – AR).

Die computervermittelte Kommunikation wird im Alltag und in der Forschung oft der unvermittelten oder direkten Kommunikation gegenübergestellt (Kimmerle & Hesse, 2021). Diese findet als sogenannte *Face-to-Face-Kommunikation* (FtF-, F2F-Kommunikation) statt, wenn sich die Kommunizierenden zur selben Zeit am gleichen Ort befinden (physische Kopräsenz; Zhao 2003). Bei computervermittelter Kommunikation dagegen ist räumliche und oft auch zeitliche Distanz gegeben. Somit entsteht die Frage, wie über Distanz hinweg computervermittelt dennoch der Eindruck erzeugt werden kann, dass der entfernte Kommunikationspartner technisch vermittelt vor Ort anwesend sind (Telepräsenz) oder dass man sich gemeinsam in einer virtuellen Umgebung trifft (virtuelle Kopräsenz; Zhao 2003). Damit verbunden ist die Frage, wie computervermittelt eine möglichst ganzheitliche Wahrnehmung des Gegenübers sowie eine zielführende verbale und nonverbale Kommunikation unterstützt werden kann.

Oft wird vermutet und beklagt, dass es bei der computervermittelten Kommunikation zu einem eingeschränkten Erleben der Sozialen Präsenz des Gegenübers kommt, dass die Informationsübermittlung reduziert oder gestört ist, so dass vermehrt Missverständnisse aufkommen und der persönliche Bezug zueinander verlorengeht. Inwiefern derartige Befürchtungen sich empirisch bestätigen oder widerlegen lassen und wie sie theoretisch zu begründen sind, ist Gegenstand der CvK-Forschung.

3 Einsatzkontexte

Computervermittelte Kommunikation gehört heute in vielen Ländern der Welt zum Alltag. So kommunizieren in Deutschland knapp ein Drittel der Bevölkerung täglich mittels E-Mail (30 %) und Social-Media-Plattformen (31 %) sowie gut zwei Drittel mittels Messenger-Diensten (71 %; Beisch & Koch 2021, S. 9, 11, 13). Der Einsatz computervermittelter Kommunikation ist in allen gesellschaftlichen Bereichen zur Normalität geworden: im Arbeitsleben, in Bildung und Forschung, in der Politik, in der Gesundheitsversorgung sowie im Freizeitbereich, etwa beim Online-Gaming oder Online-Dating. Der Vorteil der computervermittelten Kommunikation liegt darin, dass Menschen miteinander reden, arbeiten, lernen oder spielen können, auch wenn in der jeweiligen Situation gerade keine physische Kopräsenz möglich oder gewünscht ist.

Gleichzeitig wird aber auch davor gewarnt, dass CvK gegenüber der FtF-Kommunikation Defizite aufweist, die den Kommunikationserfolg im jeweiligen Einsatzkontext gefährden können (Döring 2019): Sind nicht Teams, die virtuell zusammenarbeiten, im Hintertreffen gegenüber Teams, die Face-to-Face kommunizieren und kollaborieren, etwa weil der Informationsfluss unzureichend ist? Kommt es nicht beim Online-Dating viel häufiger als beim Offline-Kennenlernen zur gezielten Übermittlung falscher Informationen in Form von Identitätstäuschung bis hin zu kriminellem Betrug? Sind nicht Online-Lehre und Online-Therapie letztlich ineffizienter als ihre Offline-Pendants, weil computervermittelt weniger Motivation und Vertrauen aufgebaut werden?

Einsatzkontexte computervermittelter Kommunikation lassen sich indessen nicht nur kritisch, sondern auch konstruktiv hinterfragen: Was könnte man tun, um virtuelle Teamarbeit, Online-Therapie oder Online-Lehre trotz möglicher Einschränkungen durch fehlende physische Kopräsenz mit geeigneten technischen Merkmalen zu verbessern und inklusiver zu gestalten? Und ist nicht auch davon auszugehen, dass es Konstellationen gibt, in denen die Online-Kommunikation der Offline-Kommunikation überlegen ist, etwa indem sie die oft ignorierten Grenzen und Probleme der Face-to-Face-Kommunikation mit technischen Mitteln überwindet? Zu den Grenzen und Problemen der Face-to-Face-Kommunikation gehören beispielsweise Teilnahmehürden durch räumliche Distanz, Machtasymmetrien, Diskriminierung aufgrund des körperlichen Erscheinungsbildes sowie soziale Ängste und Schüchternheit. Von daher gibt es diverse anekdotische Berichte und empirische Daten, die zeigen, dass computervermittelte Kommunikation (z. B. per Chat) einen gleichberechtigteren, offeneren und persönlicheren Kontakt ermöglichen kann als eine Face-to-Face-Situation, wenn diese als einschüchternd oder bedrohlich erlebt wird (Döring 2016a, 2019).

Nicht zuletzt ist zu bedenken: Auch wenn die CvK immer wieder mit der FtF-Kommunikation kontrastiert wird, so stehen beide Kommunikationsformen in der Praxis heutzutage meist *nicht* in einem Konkurrenz-, sondern eher in einem Ergänzungsverhältnis. Denn in vielen Situationen und interpersonalen Beziehungen – sei es am Arbeitsplatz, im Freundeskreis oder in der Familie – finden unvermittelte sowie computervermittelte Kommunikationsakte im Wechsel bzw. in Kombination mit *denselben* Personen statt (Döring 2019; Manago et al. 2020).

4 Forschungsstand

Um kontrovers diskutierte Fragen zu den Merkmalen sowie den negativen und positiven Effekten computervermittelter Kommunikation in verschiedenen Einsatzkontexten zu beantworten, werden seit den 1980er Jahren – also dem Aufkommen der ersten Desktop-Computer und öffentlichen Computernetzwerke – zahlreiche empirische Studien durchgeführt (Döring 2003, 2019; Rice & Love 1987). Die Forschung zur interpersonellen computervermittelten Kommunikation findet dabei in ganz unterschiedlichen Fachdisziplinen statt: Involviert sind unter anderem sozial- und technikwissenschaftliche Grundlagendisziplinen wie die Psychologie, die Soziologie, die Kommunikationswissenschaft, die Linguistik und die Informatik, aber auch Forschungsfelder wie die Arbeits-, Freizeit-, Familien-, Bildungs- und Gesundheitsforschung. Somit hat sich die interpersonal orientierte CvK- oder Online-Forschung als transdisziplinäres Forschungsgebiet etabliert mit eigenen Konferenzreihen, Fachzeitschriften (z. B. *Journal of Computer-Mediated Communication*) und wissenschaftlichen Fachgesellschaften (z. B. Deutsche Gesellschaft für Online-Forschung – DGOF; Association of Internet Researchers – AoIR).

Angesichts der Vielfalt der Forschungsfragen rund um computervermittelte Kommunikation und angesichts der Heterogenität der disziplinären Perspektiven auf den Untersuchungsgegenstand ist klar, dass auch sehr unterschiedliche Forschungsdesigns, Datenerhebungsmethoden und Datenanalyseverfahren zum Einsatz kommen (Döring 2023): Vertreten sind qualitative Studien (z. B. offene Interviewstudien) ebenso wie quantitative Studien (z. B. standardisierte Fragebogen- und Tagebuchstudien), die jeweils mit Selbstauskunftsdaten arbeiten (z. B. Manago et al. 2020). Teilweise werden auch die computervermittelt ausgetauschten Botschaften einer manuellen oder automatischen Inhaltsanalyse unterzogen. Weiterhin werden Erkenntnisse über CvK mittels psychophysiologischer Messungen oder Beobachtungsmethodik gesammelt, etwa im Rahmen neurowissenschaftlicher und ethnografischer Studien. Nicht zuletzt werden experimentelle Studien realisiert, in deren Verlauf Versuchspersonen unter verschiedenen Bedingungen computervermittelt kommunizieren, wobei CvK-Merkmale und/oder CvK-Effekte gemessen werden (z. B. Rains et al. 2017).

In Anbetracht des großen Forschungsinteresses verwundert es nicht, dass bereits eine Reihe von Forschungssynthesen vorliegen, welche die Themen, Methoden, Theorien und/oder Ergebnisse früherer CvK-Studien in Form systematischer Reviews und Meta-Analysen zusammenfassen (z. B. Blacksmith et al. 2016; Ruppel et al. 2017; Yang 2020; Ziegler 2016).

In der Gesamtschau lässt sich der aktuelle Forschungsstand dahingehend zusammenfassen, dass computervermittelte Kommunikation in vielen Einsatzkontexten weit verbreitet ist und sich vielfach als *nützlich und hilfreich* erweist, etwa in Partnerschafts-, Freundschafts- und Familienbeziehungen, für psychosoziale Unterstützung oder im Zuge internationalen Arbeitens und Lernens (Boyle & O'Sullivan 2016; Manago et al. 2020; Wagg et al. 2018; Ziegler 2016). Gleichzeitig birgt CvK diverse *Nachteile und Risiken* wie Verzerrungen in der Eindrucksbildung, Enttäuschungen, Cyberkriminalität oder eine Verstärkung sozialer Ungleichheiten, etwa wenn beim computervermittelten Unterricht Kinder mit schlechterer Computerausstattung und fehlender elterlicher Unterstützung eher abgehängt werden als im Präsenzunterricht (Ağlamaz & Rodríguez-Menés 2021; Blacksmith et al. 2016; Whitty 2013). Oftmals erleben Menschen computervermittelte Kommunikation daher als *ambivalent*. Denn sie ist weder immer nachteilig noch immer vorteilhaft, sondern muss kontextspezifisch beurteilt werden. Nicht zuletzt ist als wichtiger Befund hervorzuheben, dass die Forschung auch immer wieder *große Ähnlich-*

keiten zwischen FtF-Kommunikation und CvK zeigt, etwa hinsichtlich Emotionsausdruck (Derks et al. 2008) oder der Erkennbarkeit von verbalen Lügen (Eskritt et al. 2021).

5 Theorien

Eine einheitliche Theorie der computervermittelten Kommunikation liegt nicht vor. Dazu sind die CvK-Formen und -Einsatzkontexte zu stark ausdifferenziert. Denn wie ein computervermittelter Kommunikationsakt im Einzelnen abläuft und welche kurzfristigen Effekte und ggf. auch langfristigen Folgen er hat, hängt unter anderem davon ab, welche Personen(gruppen) beteiligt sind, welche Computertechnologien zum Einsatz kommen und welche Ziele in welchem Einsatzszenario verfolgt werden. Daher existiert ein ganzes Bündel theoretischer Modelle der computervermittelten Kommunikation (kurz: *CvK-Modelle* bzw. *CvK-Theorien*).

Gemäß dem *medienökologischen Rahmenmodell* (Döring 2003, Kapitel 3) lassen sich die gängigen CvK-Modelle in drei Blöcke gruppieren: Theorien zur Medienwahl, Theorien zu Medienmerkmalen und Theorien zum medialen Kommunikationsverhalten (siehe Abbildung 1). Der medienökologische Ansatz begreift dabei die genutzten digitalen Kommunikationstechnologien nicht einfach als neutrale Kanäle, sondern berücksichtigt, dass verschiedene Medien als *Kommunikationsumwelten* bzw. -ökologien fungieren, die durch jeweils spezifische Nutzergruppen und Normen geprägt sind. Die gängigen CvK-Theorien treffen teilweise sehr unterschiedliche Voraussagen darüber, unter welchen Bedingungen computervermittelte Kommunikation positive oder negative kurzfristige Effekte und langfristige Folgen hat.

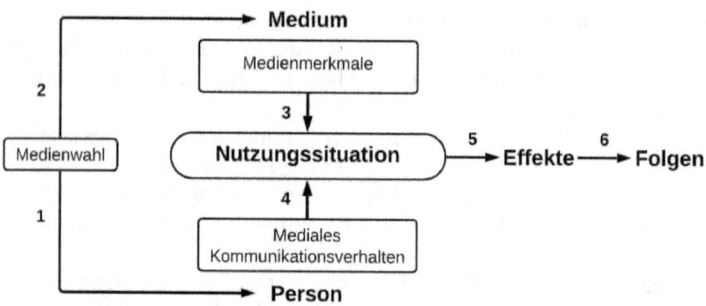

Abb. 1: Medienökologisches Rahmenmodell (Döring 2003, S. 190)

5.1 CvK-Theorien der Medienwahl

CvK-Theorien der Medienwahl machen deutlich, dass der computervermittelten Kommunikation immer eine Entscheidung für ein vernetztes Computermedium (z. B. Online-Videokonferenz per Zoom oder Skype) bzw. gegen ein klassisches Kommunikationsmedium (z. B. Festnetz-Telefon) vorausgeht. Solche Entscheidungen werden aufgrund rationalen Kalküls, sozialer Normen oder interpersonaler Abstimmungen getroffen, sofern es sich eben nicht um unreflektierte Gewohnheiten handelt. Computervermittelte Kommunikation kann, so die Grundannahme aller CvK-Theorien der Medienwahl, eine Hilfe und Bereicherung im Privat- oder Berufsleben darstellen, sofern Medienwahlen angemessen getroffen werden.

5.1.1 Modell der rationalen Medienwahl

Das Modell der rationalen Medienwahl geht davon aus, dass Menschen mit vielfältigen Kommunikations- und Kooperationsaufgaben konfrontiert sind (z. B. Gehaltsverhandlung versus Terminverschiebung), die sowohl auf sachlich-inhaltlicher als auch auf sozial-emotionaler Ebene unterschiedlich anspruchsvoll sind. Gleichzeitig stehen dafür diverse Kommunikationsmedien zur Verfügung, die sich in eine Rangreihe bringen lassen, wenn man betrachtet, wie hoch jeweils der Komplexitätsgrad der übermittelten Informationen, d. h. die mediale Reichhaltigkeit, ist (*Media Richness Theory*; Daft & Lengel 1986; Ishii et al. 2019; Sheer & Chen 2004) bzw. wie viel persönliche Nähe und Lebendigkeit, also Soziale Präsenz, während der Kommunikation empfunden werden (*Social Presence Theory*; Oh et al. 2018; Short et al. 1976, S. 64–66).

An der Spitze der Medienhierarchie steht gemäß dem Modell der rationalen Medienwahl die Face-to-Face-Kommunikation mit der höchsten medialen Reichhaltigkeit bzw. Sozialen Präsenz, gefolgt von zeitlich synchronen Medien wie Videokonferenz, Audio-Konferenz und Chat-Konferenz. Am unteren Ende der Hierarchie steht die textbasierte und asynchrone (zeitversetzte) E-Mail-Kommunikation. Eine rationale Medienwahl wird immer dann getroffen, wenn man in einer konkreten Situation genau das Medium wählt, das den sachlichen und sozialen Anforderungen der Kommunikationsaufgabe am besten gerecht wird, so dass man sich im *Bereich effektiver Kommunikation* bewegt (Reichwald et al. 1998). Weder sollte auf ein Medium mit zu geringer noch mit zu hoher Reichhaltigkeit zurückgegriffen werden, da sich beides negativ auf den Kommunikationserfolg auswirken kann.

Das *Technology Acceptance Model* (TAM) sagt vorher, dass wir Kommunikationsmedien auswählen in Abhängigkeit davon, wie nützlich (*perceived usefulness*) und wie benutzerfreundlich (*perceived ease of use*) wir sie einschätzen (Venkatesh & Bala 2008). Je nach Gewichtung dieser Kriterien könnte es auch passieren, dass ein Medium mit suboptimaler Reichhaltigkeit gewählt wird, weil es leichter bedienbar ist. Die *Media Synchronicity Theory* (MST) (Dennis et al. 2008) betrachtet rationale Medienwahl im zeitlichen Verlauf eines kollaborativen Arbeitsprozesses und unterscheidet Arbeitsphasen, in denen eine stärkere oder schwächere Synchronisierung der Beteiligten notwendig und somit unterschiedliche Kommunikationsmedien jeweils optimal geeignet sind.

5.1.2 Modell der normativen Medienwahl

Auf die Grenzen rationaler Nutzenkalkulationen weist das Modell der normativen Medienwahl hin (Fulk et al. 1990). Gerade im organisationalen Kontext sind Medienwahlen durch *soziale Normen* stark beeinflusst und können somit durchaus nicht-rational ausfallen: Aus Prestigegründen (etwa um innovativ zu wirken) wird zuweilen ein modernes Medium mit zu hoher Reichhaltigkeit genutzt (z. B. VR-Umgebung statt Telefonat oder E-Mail). Aufgrund von Vorurteilen (z. B. irrationalen Datenschutzbedenken) wird ein Medium mit optimaler Sozialer Präsenz (z. B. Videokonferenz) gemieden.

Die *Unified Theory of Acceptance and Use of Technology* (UTAUT) als Weiterentwicklung des TAM besagt, dass wir uns bei Medienwahlen im Arbeitskontext nicht nur an der Nützlichkeit (*perceived usefulness/performance expectancy*) und Benutzerfreundlichkeit (*perceived ease of use/effort expectancy*) eines Mediums orientieren, sondern auch an *sozialen Normen* (*social influence*) und erleichternden Bedingungen (*facilitating conditions*) (Venkatesh et al. 2003).

5.1.3 Modell der interpersonalen Medienwahl

Individuelle Medienwahl-Entscheidungen müssen nicht nur mit den sozialen Normen der Bezugsgruppe harmonieren (sofern eine solche relevant ist, wie z. B. Kollegen am Arbeitsplatz), sondern gemäß dem Modell der interpersonalen Medienwahl (Höflich 1996) vor allem auch auf das konkrete Gegenüber abgestimmt sein. So kann das Gegenüber sich unseren *individuellen Medienpräferenzen* entziehen (z. B. E-Mails nicht regelmäßig lesen) oder uns umgekehrt bestimmte Medienwahlen aufdrängen (z. B. penetrantes Hinterher-Telefonieren). Der Erfolg medialer Kommunikation ist also auch davon abhängig, wie einvernehmlich die Beteiligten ihre jeweiligen Medienpräferenzen miteinander aushandeln. Diese Aushandlungen werden mit der wachsenden Zahl an computervermittelten Kommunikationsmöglichkeiten komplexer.

Dass Menschen individuelle Medienpräferenzen haben, die von rationaler Medienwahl abweichen können, wird damit erklärt, dass *Persönlichkeitsdispositionen* (z. B. Schüchternheit) und *soziodemografische Merkmale* (z. B. Alter), aber auc*h *Medienerfahrungen* (z. B. viel oder wenig Erfahrung mit einem bestimmten Online-Dienst) sowie die individuelle Technikausstattung (z. B. Verfügbarkeit von Smartglasses für die Interaktion in einem VR- oder AR-System) die Bewertung und Akzeptanz unterschiedlicher Formen der computervermittelten Kommunikation bedingen, indem sie beispielsweise beeinflussen, wie nützlich und benutzerfreundlich wir eine digitale Kommunikationstechnologie empfinden (Venkatesh et al. 2008).

5.2 CvK-Theorien zu Medienmerkmalen

Ist die Medienwahl-Entscheidung zugunsten einer bestimmten Form von computervermittelter Kommunikation gefallen (z. B. E-Mail, Videokonferenz, AR-System), so stellt sich die Frage, von welchen spezifischen Medienmerkmalen der folgende Kommunikationsprozess dann in welcher Weise besonders beeinflusst wird. CvK-Theorien zu Medienmerkmalen weisen teils auf Nachteile, teils aber auch auf Vorteile der CvK im Unterschied zur Face-to-Face-Kommunikation hin. Gerade wenn man Medienmerkmale in den Blick nimmt, sind pauschale Aussagen über „die CvK" meist zu ungenau. Vielmehr sollte nach einzelnen digitalen Kommunikationstechnologien differenziert werden.

5.2.1 Kanalreduktions-Modell

Das kultur- und technikkritische Kanalreduktions-Modell geht davon aus, dass bei computervermittelter Kommunikation im Unterschied zur FtF-Situation die meisten Sinneskanäle und Handlungsmöglichkeiten fehlen und dieser allgemeine Informations- und

Aktionsverlust den zwischenmenschlichen Austausch verarmt (z. B. Mettler-von Meibom 1994), etwa durch Enträumlichung, Entzeitlichung, Entsinnlichung, Entemotionalisierung, Entwirklichung oder sogar Entmenschlichung. Gemäß Kanalreduktions-Modell greifen wir wegen äußerer Zwänge, unreflektierter Gewohnheiten und diverser Kommunikationspathologien auf technische Kommunikationsmedien zurück, obwohl wir diese zugunsten der als ganzheitlich gelobten Face-to-Face-Kommunikation lieber meiden sollten.

5.2.2 Filter-Modell

Während das Kanalreduktions-Modell implizit das Vorhandensein möglichst vieler Sinneskanäle für den Kommunikationserfolg fordert, konzentriert sich das Filter-Modell (*Reduced Social Cues RSC Approach*: Kiesler et al. 1984; *Cues Filtered Out Approach*: Culnan & Markus 1987; zusammenfassend: Döring 2016a) auf die konkrete Bedeutung der übermittelten Informationen. Gerade bei textbasierter medialer Kommunikation werden Hinweise auf soziale Kategorien wie Geschlecht, Alter, Ethnizität oder sozialen Status (*social cues*) z. B. durch fehlende Sichtbarkeit des Gegenübers und Anonymisierung herausgefiltert. Der Schutz vor Identifizierbarkeit sowie das Herausfiltern von markanten Gruppenzugehörigkeiten führen gemäß Filter-Modell zu *kommunikativer Enthemmung*. Diese kommunikative Enthemmung kann laut Filter-Modell sowohl positive als auch negative Effekte haben:

– Im positiven Fall führt die Enthemmung durch das Herausfiltern der Hintergrundinformation zum Abbau von Machtasymmetrien und Vorurteilen (also zu *Egalisierung*), gleichzeitig zu mehr sozialer Unbefangenheit und verstärkter Selbstoffenbarung. Der Kommunikationsstil wird somit gleichberechtigter, offener und emotionaler. Im computervermittelten Austausch zählen allein die Inhalte und somit kommen Menschen miteinander ins Gespräch, die sich sonst nicht treffen würden, und werden Themen offen angesprochen, die Face-to-Face oft ausgespart bleiben.
– Im negativen Fall kann die Enthemmung in Regellosigkeit (*Anomie*), Egozentrismus, Feindseligkeit bzw. Aggression umschlagen. Denn wenn die soziale Hintergrundinformation über das Gegenüber fehlt, besteht die Gefahr, dass man die Menschen hinter den computervermittelten Botschaften buchstäblich aus den Augen verliert und weniger auf die Wirkungen der eigenen Äußerungen achtet. Ungebremste individuelle und kollektive Online-Attacken auf das Gegenüber kommen unter anderem zum Ausdruck im *Flaming*, beim *Online-Mobbing*, in Form von *Online-Hassrede* oder bei sogenannten *Shitstorms*.

Während das Filter-Modell CvK-Effekte auf die Aufhebung von Gruppennormen zurückführt, bietet die sozialpsychologische *Social Identity and Deindividuation (SIDE) Theory* eine gegenteilige Erklärung (Döring 2016b; Reicher et al. 1995). Dementsprechend orientiert man sich bei der Online-Kommunikation wegen fehlender umfassender sozialer Hinweisreize umso stärker an den wenigen erkennbaren Gruppenmerkmalen und Gruppennormen. Phänomene wie sexistische, rassistische oder homophobe *Online-Hassrede* und *Online-Mobbing* gehen dementsprechend laut SIDE-Modell gerade nicht auf Anomie und Regellosigkeit zurück, sondern darauf, dass bestehende Vorurteile gegenüber bestimmten Personengruppen online besonders vehement zum Ausdruck gebracht werden, wenn Menschen denken, dass diese Gruppen eine Abwertung verdienen.

5.2.3 Digitalisierungs-Modell

Das Digitalisierungs-Modell konzentriert sich auf das technische Datenformat (Döring 2003). Erst das digitale Datenformat erlaubt es in umfassender Weise, Informationen kostengünstig und bequem in großer Geschwindigkeit über weite Strecken an vielfältige Teilnehmerkreise zu verbreiten, Dokumente automatisch zu archivieren, zu modifizieren und zu verknüpfen, Dienste parallel und kombiniert zu nutzen.

Diese digitale Verarbeitung geht im Kontext interpersoneller computervermittelter Kommunikation mit einer Reihe von genuin neuen Kommunikationseffekten einher, die oftmals in ihren sozialen Folgen *ambivalent* und angesichts der rasanten technologischen Entwicklung für die Beteiligten auch schwer absehbar sind: Schnellere und ortsunabhängige Erreichbarkeit kann soziale Bindungen stärken, andererseits aber auch zu Überlastung und Stress führen. Digitale Datenverarbeitung vergrößert einerseits unsere Kontrolle über das Kommunikationsgeschehen (z. B. Filterung des eigenen E-Mail-Verkehrs), erhöht gleichzeitig aber auch das Risiko einer Fremdkontrolle und Überwachung (z. B. automatische Gesichtserkennung auf Fotos im Internet).

5.3 CvK-Theorien zum medialen Kommunikationsverhalten

Theorien zum medialen Kommunikationsverhalten konzentrieren sich darauf, wie die Beteiligten während der CvK agieren: Wie verarbeiten sie die zur Verfügung stehenden Informationen, welche Fantasien und kreativen Selbstentwürfe kommen ins Spiel, wenn man einander nicht sieht oder hört, und inwieweit orientiert man sich an spezifischen Kommunikationsnormen der Netzkultur? Auch diese Modelle weisen teils auf positive, teils auf negative Effekte der CvK hin.

5.3.1 Das Modell der sozialen Informationsverarbeitung

Das Modell der sozialen Informationsverarbeitung (*Social Information Processing Theory SIPT*; Pang et al. 2018; Walther 1992) geht nicht davon aus, dass computervermittelte Kommunikation notgedrungen mit einem allgemeinen oder spezifischen Informationsverlust einhergeht und deswegen entweder ganz gemieden (Kanalreduktions-Modell) oder allenfalls für einfache Kommunikationsaufgaben gewählt werden sollte (Modell der rationalen Medienwahl). Stattdessen betont das Modell, dass mediale Einschränkungen durch das Nutzungsverhalten *kompensierbar* sind. Dementsprechend sind bei textbasierter computervermittelter Kommunikation nicht etwa Emotionen ausgeblendet, Gruppenzugehörigkeiten herausgefiltert oder individuelle Besonderheiten eliminiert (wie z. B. das Filter-Modell behauptet), vielmehr werden diese Informationen einfach anders dargestellt (z. B. häufigere verbale Explizierung von Gedanken und Gefühlen, Verwendung von Emoticons und Emojis, Gestaltung umfangreicher öffentlicher Selbstdarstellungen in Online-Profilen auf *Social-Networking-Sites*).

Umgekehrt ergeben sich auch neue Möglichkeiten, Informationen über eine Person aktiv einzuholen (z. B. Google-Recherche, bei der man oft mehr erfährt als bei einer FtF-Begegnung). Gemäß der *Identity Warranting Theory* (Walther & Parks 2002; Walther et al. 2009) sind dabei solche Online-Informationen besonders glaubwürdig, die nicht beliebig von der Person selbst lanciert, sondern von Dritten überprüft und bereitgestellt werden (z. B. kann anhand des Online-Profils auf der Website des Arbeitgebers überprüft werden, ob die Person tatsächlich aktuell dort arbeitet und dies nicht nur behauptet).

5.3.2 Das Modell der Virtualisierung

Das Modell der Virtualisierung zielt darauf ab, dass sich durch CvK neue Gestaltungsmöglichkeiten ergeben, welche die der FtF-Kommunikation übertreffen. Dabei ist zu beachten, dass Virtualität *nicht* das Gegenteil von Realität ist. Denn das Gegenteil des Realen ist das Fiktionale, also das Erfundene. Eine E-Mail-Freundschaft beispielsweise ist keine rein ausgedachte (also fiktive) Freundschaft, sondern sie existiert tatsächlich (real). Allerdings ist eine E-Mail-Freundschaft insofern virtuell, als sie primär oder ausschließlich auf computervermittelten Kontakten basiert und somit andere Adressaten, Themengebiete, Ausdrucksweisen usw. ermöglicht als eine klassische Freundschaft ohne Online-Kommunikation, die primär von FtF-Kommunikation getragen wird. Eine E-Mail-Freundschaft zwischen Deutschland und Neuseeland beispielsweise ist insofern Ausdruck von Virtualisierung (im Sinne von Vermöglichung) als die Computertechnologie einen schnellen und kostengünstigen Austausch über diese große Distanz hinweg erst ermöglicht. Das Gegenstück zur Virtualität ist die Aktualität als Gesamtheit der bislang tatsächlich ausgeschöpften und ohne CvK verfügbaren Optionen (Thiedeke 2001). In der Aktualität (also ohne CvK-Technologien) wäre es kaum möglich, eine enge Freundschaft nach Neuseeland aufzubauen und zu erhalten, erst durch CvK-Technologien findet eine Virtualisierung von Freundschaften statt und bislang unmögliche Freundschaftsverbindungen können entstehen.

Prinzipiell birgt *jedes* neue Kommunikationsmedium auch neue Gestaltungsmöglichkeiten des sozialen Miteinanders. Im Fall des Internet – als einer komplexen medialen Infrastruktur mit einer Vielzahl von Diensten und Anwendungen und riesigen, heterogenen Inhalten und Nutzerkreisen – ist der Zugewinn an Handlungsmöglichkeiten *besonders groß*. So kann man in der Online-Kommunikation ganz neue Identitäten annehmen (z. B. Geschlechtertausch) oder im Alltag verheimlichte Selbstaspekte (z. B. Homosexualität) erstmals ehrlich ausleben (McKenna & Bargh 1998). Unsere Imagination kann im Zuge computervermittelter Wahrnehmung anderer Personen die soziale Wirklichkeit produktiv aufwerten. So sagt das *Modell der hyperpersonalen Interaktionen und Beziehungen* (*Hyperpersonal Model*; Pang et al. 2018; Walther 1996) vorher, dass im Falle angenehmer Online-Kommunikation das Gegenüber ganz besonders sympathisch und attraktiv wirkt, weil es dann mehr positive Projektionen auf sich zieht als in der FtF-Kommunikation.

5.3.3 Das Modell der Netzkultur

Das Modell der Netzkultur (Wetzstein et al. 1995) beschreibt und erklärt Besonderheiten bei der CvK auch als Resultat der Interessen, Werte und Wissensbestände der jeweiligen Beteiligten. Das Netzkultur-Modell geht einen Schritt weiter als das Modell der normativen Medienwahl und adressiert neben Normen zur Medienwahl auch soziale Verabredungen hinsichtlich der Kommunikationsregeln, ihrer Sanktionierung sowie der präferierten Kommunikationsinhalte. So sind diverse Merkmale der CvK (z. B. Emoticons, Emojis, Akronyme, Netiquetten, politisches Bekenntnis zur Informationsfreiheit, Ökonomie des Schenkens und Tauschens) in Internet- und Mailbox-basierten nicht-kommerziellen Kulturräumen entstanden und geprägt von den Spezialkulturen dominanter Nutzergruppen. Ein Beispiel für die Bedeutung der Netzkultur ist die kollektive Online-Enzyklopädie Wikipedia. Hier können im Prinzip alle Internetnutzenden jederzeit ganz niedrigschwellig mitwirken. Doch in der Praxis ist die Gemeinschaft der überwiegend männlichen „Wikipedianer" durch Hierarchien, Insider-Jargon und einen teilweise harschen Tonfall geprägt, so dass die Teilnahme an der computervermittelten Kommunikation rund um das Wikipedia-Projekt in der Praxis eben doch nicht allen Menschen gleichermaßen offensteht und beispielsweise Frauen sich häufiger ausgegrenzt fühlen (Lir 2021).

6 Fazit

Die Bedeutung computervermittelter Kommunikation und somit auch das zugehörige Feld der CvK-Forschung haben in den letzten Dekaden stark an Bedeutung gewonnen. Damit hat sich die Evidenzlage ausdifferenziert: Die kontextspezifischen Stärken und Schwächen von CvK im Vergleich zur FtF-Kommunikation werden inzwischen immer nuancierter empirisch herausgearbeitet. Im Bereich der CvK-Modelle zeigt sich, dass etablierte Theorien wie die Social-Presence-Theorie oder das Filter-Modell nach wie vor eingesetzt werden. Gleichzeitig wächst die Vielfalt der Theoriemodelle. Insbesondere besteht die Notwendigkeit, neue Kommunikationstechnologien und deren Einsatzszenarien angemessen theoretisch abzubilden, etwa eine computervermittelte Kommunikation, an der Instanzen künstlicher Intelligenz mitwirken (*AI-Mediated Communication*; Hancock et al. 2020), oder auch eine Social-Media-Kommunikation, die zwischen interpersonaler und Massenkommunikation changiert (*Masspersonal Communication*; O'Sullivan & Carr, 2018). Eine zukunftsfähige CvK-Forschung muss darüber hinaus auch von konkreten Technologien abstrahieren und erforschen, was genau unter der technischen „Vermittlung" (*Mediation*) zwischenmenschlicher Kommunikation zu verstehen ist (Carr 2020): Welche Prozesse, Rollen und Effekte gehen mit einer solchen Vermittlung einher?

6 Literaturverzeichnis

Ağlamaz, F. S. & Rodríguez-Menés, J. (2021). Offline and online communities: Differences and consequences for social inequalities. *Poetics*, 89, Article 101565. Advance online publication. https://doi.org/10.1016/j.poetic.2021.101565.
Beisch, N. & Koch, W. (2021). 25 Jahre ARD/ZDF-Onlinestudie: Unterwegsnutzung steigt wieder und Streaming/Mediatheken sind weiterhin Treiber des medialen Internets. *Media Perspektiven*, 10, 486–503.
Blacksmith, N., Willford, J. C. & Behrend, T. S. (2016). Technology in the employment interview: A meta-analysis and future research agenda. *Personnel Assessment and Decisions*, 2(1), Article 2. https://doi.org/10.25035/pad.2016.002.
Boyle, A. M. & O'Sullivan, L. F. (2016). Staying connected: Computer-mediated and face-to-face communication in college students' dating relationships. *Cyberpsychology, Behavior, and Social Networking*, 19(5), 299–307. https://doi.org/10.1089/cyber.2015.0293.
Carr, C. T. (2020). CMC is dead, long live CMC! Situating computer-mediated communication scholarship beyond the digital age. *Journal of Computer-Mediated Communication*, 25(1), 9–22. https://doi.org/10.1093/jcmc/zmz018.

Culnan, M. J. & Markus, M. L. (1987). Information technologies. In F. M. Jablin, L. L. Putnam, K. H. Roberts & L. W. Porter (Eds.), *Handbook of organizational communication: An interdisciplinary perspective* (S. 420–443). Sage.

Daft, R. L. & Lengel, R. H. (1986). Organizational information requirements, media richness and structural design. *Management Science*, 32(5), 554–571. https://doi.org/10.1287/mnsc.32.5.554.

Dennis, A. R., Fuller, R. M. & Valacich, J. S. (2008). Media, tasks, and communication processes: A theory of media synchronicity. *MIS Quarterly*, 32(3), 575–600. https://doi.org/10.2307/25148857.

Derks, D., Fischer, A. H. & Bos, A. E. (2008). The role of emotion in computer-mediated communication: A review. *Computers in Human Behavior*, 24(3), 766–785. https://doi.org/10.1016/j.chb.2007.04.004.

Döring, N. (2003). *Sozialpsychologie des Internet. Die Bedeutung des Internet für Kommunikationsprozesse, Identitäten, soziale Beziehungen und Gruppen* (2., vollständig überarbeitete und erweiterte Auflage). Hogrefe.

Döring, N. (2016a). Reduced social cues / cues filtered out approach. In N. Krämer, S. Schwan, D. Unz & M. Suckfüll (Hrsg.), *Medienpsychologie. Schlüsselbegriffe und Konzepte* (2., überarbeitete und erweiterte Auflage, S. 339–347). Kohlhammer.

Döring, N. (2016b). Social identity and deinviduation effects (SIDE). In N. Krämer, S. Schwan, D. Unz & M. Suckfüll (Hrsg.), *Medienpsychologie. Schlüsselbegriffe und Konzepte* (2., überarbeitete und erweiterte Auflage, S. 348–356). Kohlhammer.

Döring, N. (2019). Sozialkontakte online: Identitäten, Beziehungen, Gemeinschaften. In W. Schweiger & K. Beck (Hrsg.), *Handbuch Online-Kommunikation* (2., vollständig überarbeitete Auflage, S. 167–194). Springer.

Döring, N. (2023). *Forschungsmethoden und Evaluation in den Sozial- und Humanwissenschaften* (6. Auflage). Springer.

Eskritt, M., Fraser, B. & Bosacki, S. (2021). Did you just lie to me? Deception detection in face to face versus computer mediated communication. *The Journal of Social Psychology*. https://doi.org/10.1080/00224545.2021.1933884.

Fulk, J., Schmitz, J. & Steinfield, C. W. (1990). A social influence model of technology use. In J. Fulk & C. W. Steinfield (Eds.), *Organizations and Communication Technology* (S. 117–140). Sage.

Hancock, J. T., Naaman, M. & Levy, K. (2020). AI-mediated communication: definition, research agenda, and ethical considerations. *Journal of Computer-Mediated Communication*, 25(1), 89–100. https://doi.org/10.1093/jcmc/zmz022.

Höflich, J. (1996). *Technisch vermittelte interpersonale Kommunikation. Grundlagen, organisatorische Medienverwendung, Konstitution „virtueller Gemeinschaften"*. Westdeutscher Verlag.

Ishii, K., Lyons, M. M. & Carr, S. A. (2019). Revisiting media richness theory for today and future. *Human Behavior and Emerging Technologies*, 1(2), 124–131. https://doi.org/10.1002/hbe2.138.

Kiesler, S., Siegel, J., & McGuire, T. W. (1984). Social psychological aspects of computer-mediated communication. *American Psychologist*, 39(10), 1123–1134. https://doi.org/10.1037/0003-066X.39.10.1123.

Kimmerle, J., & Hesse, F. (2021). Computervermittelte Kommunikation. In M. A. Wirtz (Hrsg.), *Dorsch – Lexikon der Psychologie* (20., überarbeitete Auflage, S. 381). Hogrefe.

Lir, S. A. (2021). Strangers in a seemingly open-to-all website: The gender bias in Wikipedia. *Equality, Diversity and Inclusion*, 40(7), 801–818. https://doi.org/10.1108/EDI-10-2018-0198.

Manago, A. M., Brown, G., Lawley, K. A. & Anderson, G. (2020). Adolescents' daily face-to-face and computer-mediated communication: Associations with autonomy and closeness to parents and friends. *Developmental Psychology*, 56(1), 153–164. https://doi.org/10.1037/dev0000851.

McKenna, K. Y. A. & Bargh, J. A. (1998). Coming out in the age of the Internet: Identity "demarginalization" through virtual group participation. *Journal of Personality and Social Psychology*, 75(3), 681–694. https://doi.org/10.1037/0022-3514.75.3.681.

Mettler-von Meibom, B. (1994). *Kommunikation in der Mediengesellschaft: Tendenzen, Gefährdungen, Orientierungen*. Ed. Sigma.

O'Sullivan, P. B. & Carr, C. T. (2018). Masspersonal communication: A model bridging the mass-interpersonal divide. *New Media & Society*, 20(3), 1161–1180. https://doi.org/10.1177/1461444816686104.

Oh, C. S., Bailenson, J. N. & Welch, G. F. (2018). A systematic review of social presence: Definition, antecedents, and implications. *Frontiers in Robotics and AI*, 5, Article 114. https://doi.org/10.3389/frobt.2018.00114.

Pang, A., Shin, W., Lew, Z. & Walther, J. B. (2018). Building relationships through dialogic communication: Organizations, stakeholders, and computer-mediated communication. *Journal of Marketing Communications*, 24(1), 68–82. https://doi.org/10.1080/13527266.2016.1269019.

Rains, S. A., Brunner, S. R., Akers, C., Pavlich, C. A. & Goktas, S. (2017). Computer-mediated communication (CMC) and social support: Testing the effects of using CMC on support outcomes. *Journal of Social and Personal Relationships*, 34(8), 1186–1205. https://doi.org/10.1177/0265407516670533.

Reicher, S. D., Spears, R. & Postmes, T. (1995). A social identity model of deindividuation phenomena. *European Review of Social Psychology*, 6(1), 161–198. https://doi.org/10.1080/14792779443000049.

Reichwald, R., Möslein, K., Sachenbacher, H., Englberger, H. & Oldenburg, S. (1998). *Telekooperation: Verteilte Arbeits- und Organisationsformen*. Springer.

Rice, R. E. & Love, G. (1987). Electric emotion: Socioemotional content in a computer-mediated communication network. *Communication Research*, 14(1), 85–108. https://doi.org/10.1177/009365087014001005.

Ruppel, E. K., Gross, C., Stoll, A., Peck, B. S., Allen, M. & Kim, S. Y. (2017). Reflecting on connecting: Meta-analysis of differences between computer-mediated and face-to-face self-disclosure. *Journal of Computer-Mediated Communication*, 22(1), 18–34. https://doi.org/10.1111/jcc4.12179.

Sheer, V. C. & Chen, L. (2004). Improving media richness theory: A study of interaction goals, message valence, and task complexity in manager-subordinate communication. *Management Communication Quarterly*, 18(1), 76–93. https://doi.org/10.1177/0893318904265803.

Short, J., Williams, E. & Christie, B. (1976). *The social psychology of telecommunications*. Wiley.

Thiedeke, U. (2001). Fakten, Fakten, Fakten. Was ist und wozu brauchen wir Virtualität. *DIE Zeitschrift für Erwachsenenbildung*, 3, 21–24.

Venkatesh, V., & Bala, H. (2008). Technology acceptance model 3 and a research agenda on interventions. *Decision Sciences*, 39(2), 273–315. https://doi.org/10.1111/j.1540-5915.2008.00192.x.

Venkatesh, V., Brown, S. A., Maruping, L. M. & Bala, H. (2008). Predicting different conceptualizations of system use: The competing roles of behavioral intention, facilitating conditions, and behavioral expectation. *MIS Quarterly*, 32(3), 483–502. https://doi.org/10.2307/25148853.

Venkatesh, V., Morris, M. G., Davis, G. B. & Davis, F. D. (2003). User acceptance of information technology: Toward a unified view. *MIS Quarterly*, 27(3), 425–478. https://doi.org/10.2307/30036540.

Wagg, A. J., Callanan, M. M. & Hassett, A. (2018). The use of computer mediated communication in providing patient support: A review of the research literature. *International Journal of Nursing Studies*, 82, 68–78. https://doi.org/10.1016/j.ijnurstu.2018.03.010.

Walther, J. B. (1992). Interpersonal effects in computer-mediated interaction: A relational perspective. *Communication Research*, 19(1), 52–90. https://doi.org/10.1177/009365092019001003.

Walther, J. B. (1996). Computer-mediated communication: Impersonal, interpersonal, and hyperpersonal interaction. *Communication Research*, 23(1), 3–43. https://doi.org/10.1177/009365096023001001.

Walther, J. B. & Parks, M. R. (2002). Cues filtered out, cues filtered in: Computer-mediated communication and relationships. In M. L. Knapp & J. A. Daly (Eds.), *Handbook of Interpersonal Communication* (3. Aufl., S. 529–563). Sage.

Walther, J. B., Van Der Heide, B., Hamel, L. M. & Shulman, H. C. (2009). Self-generated versus other-generated statements and impressions in computer-mediated communication: A test of warranting theory using Facebook. *Communication Research*, 36(2), 229–253. https://doi.org/10.1177/0093650208330251.

Wetzstein, T. A., Dahm, H., Steinmetz, L., Lentes, A., Schampaul, S. & Eckert, R. D. (1995). *Die Kultur der Computernetze*. Westdeutscher Verlag.

Whitty, M. T. (2013). The scammers persuasive techniques model: Development of a stage model to explain the online dating romance scam. *The British Journal of Criminology*, 53(4), 665–684. https://doi.org/10.1093/bjc/azt009.

Yang, Q. (2020). Understanding computer-mediated support groups: A revisit using a meta-analytic approach. *Health Communication*, 35(2), 209–221. https://doi.org/10.1080/10410236.2018.1551751.

Yao, M. Z., & Ling, R. (2020). „What is computer-mediated communication?": An introduction to the special issue. *Journal of Computer-Mediated Communication*, 25(1), 4–8. https://doi.org/10.1093/jcmc/zmz027.

Zhao, S. (2003). Toward a taxonomy of copresence. *Presence: Teleoperators and Virtual Environments*, 12 (5), 445–455. https://doi.org/10.1162/105474603322761261.

Ziegler, N. (2016). Synchronous computer-mediated communication and interaction: A meta-analysis. *Studies in Second Language Acquisition*, 38(3), 553–586. https://doi.org/10.1017/S027226311500025X.

Hans-Christian Jetter
D 3 Mensch-Computer-Interaktion, Usability und User Experience

1 Einleitung

Die Interaktion mit Computern ist heute alltäglich. Sie ist tief in unsere physische und soziale Umgebung vorgedrungen, z. B. durch Smartphones, Personal Computer oder vernetzte Geräte im *Smart Home* von Fernseher bis Rauchmelder. Waren Computer einst hochtechnologische Kuriositäten in Rechenzentren, die pro Gerät von Hunderten Personen geteilt werden mussten, interagieren wir in der heutigen Ära der ubiquitären (also allgegenwärtigen) Computer tagtäglich mit Hunderten sichtbarer oder unsichtbarer Computer bei der Bewältigung unseres Alltags (Harper et al. 2008). Die Interaktion mit Computern ist somit zu einem festen Bestandteil unseres Alltags geworden, der zunehmend die Rolle einer Kulturtechnik einnimmt.

Trotz dieser großen Relevanz entzieht sich der Begriff Mensch-Computer-Interaktion (MCI) bzw. *Human-Computer Interaction* (HCI) bislang einer kompakten und eindeutigen Definition. Es existieren unterschiedliche Interpretationen, die im folgenden Beitrag vorgestellt werden. Außerdem werden die beiden zentralen Qualitätskriterien der MCI erläutert: *Usability* bzw. Gebrauchstauglichkeit (siehe DIN EN ISO 9241-11) und *User Experience* (UX) bzw. Benutzererlebnis (siehe DIN EN ISO 9241-210). Abschließend wird die Relevanz der MCI für die Informationswissenschaft diskutiert.

2 MCI als Teil des Alltags

Im ursprünglichen Sinne bezeichnet Mensch-Computer-Interaktion die aktive Verwendung eines Computersystems durch einen Menschen. Eine wechselseitige Interaktion zwischen Mensch und Computer entsteht, weil der Mensch ein bestimmtes Ziel durch die Interaktion mit dem System erreichen will bzw. er das System in einen gewünschten Systemzustand überführen möchte. Dazu nimmt er Handlungen als Systemeingaben vor (z. B. Drücken einer Taste, Bewegung einer Maus, Spracheingabe) und interpretiert die Systemausgaben des reagierenden Systems (z. B. grafische Ausgaben, Sprachausgabe, Vibration) vor dem Hintergrund seines angestrebten Ziels (Abbildung 1).

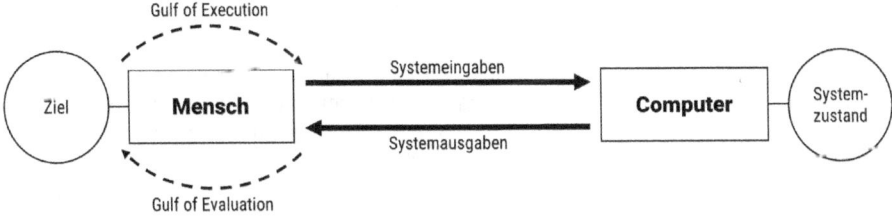

Abb. 1: Mensch-Computer-Interaktion als Kreislauf von Ein- und Ausgabe (Adaptiert von Norman 1988; Norman und Draper 1986)

Nach einem zentralen Modell von MCI-Pionier Donald Norman (1988) findet dabei durch den Menschen ein kontinuierlicher Abgleich zwischen dem über die Systemausgaben wahrgenommenen Systemzustand und dem angestrebten Ziel statt: Ist der digitale Text jetzt wie gewünscht formatiert? Wird die gewünschte Information aus dem World Wide Web angezeigt? Hat sich eine Spielfigur an die gewünschte Position bewegt? Norman bezeichnet diesen kognitiven Prozess der Interpretation und des Abgleichs als *gulf of evaluation*. Ist der Wunschzustand noch nicht erreicht, werden durch den Menschen Entscheidungen über die nächsten Schritte und Systemeingaben getroffen und ausgeführt. Dieser entgegengesetzte kognitive Prozess wird als *gulf of execution* bezeichnet. Der gesamte Kreislauf aus Systemeingaben, Veränderung des Systemzustands, Systemausgaben und deren Interpretation wird so lange vorgenommen, bis das gewünschte Ziel erreicht ist (Abbildung 1).

Vielfach ist dokumentiert, wie sehr die MCI dabei unsere kognitiven Ressourcen im Alltag überfordern kann. Regelmäßig werden interaktive Produkte als nicht benutzerfreundlich oder sogar unbedienbar erlebt. Für viele ist es im Alltag nicht möglich, die mentale Übersetzung zwischen den eigenen Zielen und Alltagserfahrungen und der abstrakten, technisch-mathematischen Logik bzw. Gestaltung eines Computersystems zu leisten. In der MCI-Fachliteratur wurden diese hohen Anforderungen an Benutzer*innen oft kritisiert: So wird z. B. ein Ende der „mentalen Gymnastik", zu der Benutzer*innen bei der Verwendung von Computern gezwungen seien, herbeigesehnt (Weiser 1991, S. 89). Die grafische Benutzungsoberfläche für Personal Computer sei „labyrinthartig" und wirke, als ob sie bewusst Verwirrung stiften solle (Raskin 2000, S. 152). Der Prozess mehrere Geräte und Netzwerke einzurichten sei „schmerzhaft" und „mühsam" (Greenberg et al. 2011, S. 44). Computertechnologien wirkten wie eine „vielschichtige Agglomeration von Verbindungen und Daten, verteilt über das Physikalische und Digitale, die keinen erkennbaren Leitprinzipien folgt" (Oulasvirta, 2008, S. 6). Die Bedienung fühle sich daher nicht „natürlich" (H.-C. Jetter et al. 2014, S. 1139) an oder Systeme wirkten sogar „unausstehlich" (Ju und Leifer 2008, S. 72).

3 MCI als gestalterische Praxis: *User-Centered Design* (UCD)

Schon seit den 1970er Jahren wird daher an neuen Ansätzen oder Prozessen für die bessere Gestaltung interaktiver Systeme gearbeitet. Erste Versuche „idiotensichere interaktive Programme" (Wasserman 1973) zu garantieren setzten zunächst auf eher triviale und wenig fundierte Faustregeln, die von Programmierer*innen für Programmierer*innen aufgestellt wurden. Durch den zunehmenden Einfluss der Psychologie auf die MCI in den 1980er Jahren wurde aber die Forderung nach einem umfassenderen Lösungsansatz laut: *User-Centered Design* (UCD), also ein benutzerzentrierter Gestaltungsprozess (Norman und Draper 1986).

Beim UCD stehen die Benutzer*innen von Beginn an im Zentrum der Technologieentwicklung, d. h. ihre spezifischen Aufgaben und Ziele, ihr sozialer und physischer Kontext, ihre Fähigkeiten und Kenntnisse sowie die Grenzen ihrer kognitiven Leistungsfähigkeit. Die Gestaltung eines interaktiven Produkts muss sich diesem Fokus unterordnen und daran messen lassen, ob der Mensch in der Lage ist, dieses erfolgreich zu nutzen – ganz unabhängig davon, welche technische Leistungsfähigkeit oder Funktionalität rein prinzipiell vorhanden wäre. Es zählt nur, was in der Praxis durch Benutzer*innen mit vertretbarem Aufwand verwendbar ist.

Das UCD hat sich inzwischen vielfach in der Praxis bewährt und etabliert. Die Prinzipien des UCD wurden in internationale Normen für die Technologieentwicklung aufgenommen (z. B. DIN EN ISO 9241-210). Ebenfalls sind viele Elemente des heute in der Wirtschaft propagierten Design Thinking direkt auf Ideen des UCD zurückzuführen (UID 2016). In der MCI-Fachliteratur stellt UCD einen unverzichtbaren Prozess für die gute Gestaltung interaktiver Produkte dar (Hartson & Pyla 2019; Richter & Flückiger 2016; Sharp et al. 2019). Dabei wird UCD in der Regel als ein vierphasiger Prozess charakterisiert, dessen Phasen mehrfach in Iterationen durchlaufen werden (Abbildung 2). Mindestanforderung ist ein einmaliger Durchlauf jeder Phase. In der Regel wird jedoch der gesamte Prozess oder einzelne Phasen mehrfach durchlaufen oder es finden Rücksprünge zu vorherigen Phasen statt, um neue Erkenntnisse in den Prozess einfließen zu lassen.

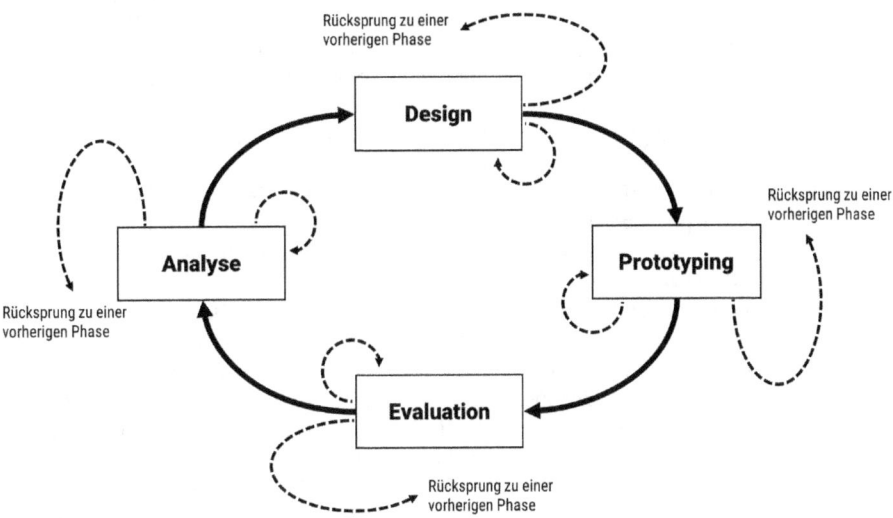

Abb. 2: Die vier Phasen des UCD (Adaptiert von Hartson & Pyla 2019, S. 31)

1. Die Analyse-Phase dient dazu, den Nutzungskontext zu erforschen, um Anforderungen für die Gestaltung des Systems abzuleiten. Viele entscheidende Faktoren des Nutzungskontexts sind erfahrungsgemäß nur durch die Beobachtung und Interviews vor Ort im realen Kontext mit echten Benutzer*innen zu ermitteln. Solch eine unmittelbare Erforschung des Nutzungskontexts, wie sie z. B. durch das *contextual design* gefordert wird (Holtzblatt & Beyer 2016), wird in der MCI durch eine Vielzahl von qualitativen Forschungsmethoden wie Beobachtung, Interviews oder Fokusgruppen unterstützt (Blandford et al. 2016). Daraus entstand das zunehmend eigenständige MCI-Berufsbild des User Researcher oder UX Researcher, das vor allem durch die Anwendung qualitativer Forschungsmethoden und enge Arbeit mit realen Benutzer*innen geprägt ist. Folgende Faktoren werden dabei besonders betrachtet und dokumentiert:
   - Typische Benutzer*innen, deren Rollen, Motive, demografische Daten und Ausbildung in der Form von Personas (siehe Kapitel C 10 Benutzer*innenmodellierung, Kontextualisierung, Personalisierung)

- Typische Aufgaben, vorhandene Arbeitsprozesse und deren sozialer Kontext in der Form von *user journeys*, textuellen Szenarien oder Storyboards (Hartson & Pyla 2019)
- Die physische Umgebung und deren Einfluss auf Interaktionsmöglichkeiten, z. B. Licht- und Lärmverhältnisse, Les-/Sichtbarkeit von Ausgaben, Beschränkung auf berührungslose Interaktion wegen paralleler beidhändiger Aufgaben oder Hygienevorschriften (z. B. Chirurgie) (Holtzblatt & Beyer 2016)

2. Die Design-Phase dient dazu Designvorschläge zu erarbeiten, z. B. modellhafte Abläufe des Informationsaustauschs zwischen Mensch und System, die Abfolge und das Layout von Bildschirmseiten oder -dialogen, physische oder virtuelle Bedienelemente, Gesten- und Sprachkommandos. Historisch war diese Phase durch User-Interface-Designer*innen und visuelles Design geprägt (z. B. die Gestaltung von Piktogrammen und Seitenlayouts) und durch Usability-Engineers, die sich mit Aufgaben, Zielen, Prozessen und Fähigkeiten der Benutzer*innen auseinandersetzten. Erst später wurde die wechselseitige Abhängigkeit zwischen effizienter Bedienung, emotionaler Wirkung und attraktiver visueller und physischer Gestaltung in Brückenrollen wie Interaktionsdesigner*innen oder UX-Designer*innen berücksichtigt.

Dies spiegelt sich auch in den verwendeten Methoden wider, insbesondere im Sketching, das durch Bill Buxton (2007) aus dem Produktdesign in die MCI eingeführt wurde. Buxton propagiert darin den Einsatz einfacher, zeichnerischer Methoden, um mit möglichst geringem Aufwand eine Vielzahl verschiedenster Designideen bzw. Interaktionsvarianten zu skizzieren. Anhand dieser Sketches werden wiederum neue Ideen und Sketches generiert und kritisch reflektiert. Erklärtes Ziel ist es dabei, sich nicht zu früh auf bestimmte Ideen zu versteifen und diese dann zu aufwändig und detailliert als digitale Prototypen auszuarbeiten. Stattdessen soll vorher aus einer Vielzahl konkurrierender Ideen, die als Sketches zeichnerisch in verschiedenste Richtungen weiterentwickelt wurden, die besten Designlösungen herausdestilliert und vereint werden. Dabei beruft sich Buxton auf die zentrale Rolle, die das Sketching seit langem in anderen kreativen Disziplinen spielt. Sketching hat sich inzwischen als Standardmethode in MCI-Lehrbüchern etabliert, z. B. in (Hartson & Pyla 2019; Richter & Flückiger 2016; Sharp et al. 2019), und ergänzt die stark prozess- und modell-fokussierten Methoden traditioneller Usability-Engineers um kreative Designlösungen.

3. In der Prototyping-Phase werden die Designs in erlebbare und testbare Prototypen verwandelt. Dabei können bereits einfache, papier-basierte Prototypen eingesetzt werden, um grundsätzliche Aspekte des Designs im Frühstadium zu diskutieren oder mit Testbenutzer*innen zu evaluieren. Solche Papierprototypen können bereits überraschend effektiv im Aufdecken potentieller Designmängel sein (Hartson & Pyla 2019, S. 419).

Danach werden mithilfe digitaler Prototyping-Werkzeuge (z. B. Adobe XD, Axure RP, Sketch) die Designs in interaktiver Form realisiert. Je nach Projektanforderung können dabei unterschiedliche Grade von Wirklichkeitstreue bzw. *fidelity* eingesetzt werden, z. B. *low-fidelity* Prototypen mit einfachen, statischen Abbildungen einzelner Bildschirmseiten oder Dialoge, die über Hyperlinks verknüpft sind. Oder *high-fidelity* Prototypen, die über echte Bedienelemente und Skripte bereits interaktiv und dynamisch auf unterschiedliche Systemeingaben reagieren können und in ihrer Bedienung dem Endprodukt bereits sehr nahekommen (Hartson & Pyla 2019).

Entscheidendes Ziel der Prototypenerstellung ist dabei immer, den Aufwand für die digitale Entwicklung so klein wie möglich zu halten. Nach dem *economic principle of prototyping* der MCI ist der beste Prototyp derjenige, der auf die einfachste und effizienteste Art und Weise die Möglichkeiten und Limitationen einer Designidee sichtbar und messbar macht (Lim et al. 2008).

4. In der Evaluations-Phase werden die erstellten Prototypen durch MCI-Expert*innen oder Testbenutzer*innen auf Designmängel und potentielle Bedienprobleme überprüft. Man unterscheidet dabei grundsätzlich zwischen (a) analytischer vs. empirischer Evaluation sowie (b) formativer vs. summativer Evaluation.

    a) Analytische Evaluationen erfolgen durch die systematische Analyse des Prototyps durch MCI-Expert*innen. Dabei kommen entweder Heuristiken für gutes Interaktionsdesign als Checklisten zum Einsatz, siehe *heuristic evaluation* (Nielsen 1993), oder es werden schrittweise anhand der Aufgaben der Benutzer*innen ihre kognitiven Herausforderungen simuliert und analysiert, siehe *cognitive walkthrough* (Lewis et al. 1990).
    Empirische Evaluationen erfolgen dagegen mit Testpersonen, die eigenhändig mit dem zu evaluierenden Prototyp interagieren und deren Verhalten, Äußerungen und subjektive Eindrücke qualitativ und quantitativ analysiert werden. Typischerweise werden dafür durch die Auswahl möglichst repräsentativer Testpersonen und Testaufgaben realistische Testbedingungen geschaffen (Hartson & Pyla 2019).

    b) Die Unterscheidung zwischen formativer und summativer Evaluation erfolgt anhand des Ziels und des Zeitpunkts der Evaluation. *Formative* Evaluationen dienen dazu, das Design zu formen und sollen helfen, mögliche Designmängel frühzeitig in der Entwicklung zu identifizieren und sofort zu verbessern. Sie erheben nicht den Anspruch einer wissenschaftlichen Studie, sondern sind pragmatische Maßnahmen der Qualitätssicherung während des Designs. Sie basieren meist auf der Aufzeichnung und qualitativer Analyse der Interaktionen von wenigen Testpersonen, ihrer mündlichen Erläuterungen während der Verwendung (*think aloud*) sowie Interviews nach der Benutzung (Hartson & Pyla 2019, S. 438).
    Summative Evaluationen finden dagegen eher zum Ende der Entwicklung statt und summieren die Wirkung des Designs auf, d. h. sie erlauben eine abschließende Bewertung des Designs, oftmals mit einem direkten Vergleich zu einer vorigen Version oder zu einem alternativen Design. Dazu werden kontrollierte Laborstudien durchgeführt, um quantitative Daten zu erheben. Beispielsweise werden der Erfüllungsgrad und die Bearbeitungszeit der Aufgaben im Labor für verschiedene Varianten als objektive Maße für deren Effektivität und Effizienz gemessen. Die subjektive Wirkung, z. B. der Eindruck, wie attraktiv oder belastend die Benutzung einer Variante war, wird über standardisierte Fragebögen quantitativ erfasst und verglichen (Hartson & Pyla 2019, S. 438). Dabei ist der wissenschaftliche Anspruch an summative Evaluationen deutlich größer als bei formativen Evaluationen. Für valide Vergleiche sollten die Anzahl der Testpersonen, das Studiendesign und die statistische Auswertung den Ansprüchen psychologischer oder sozialwissenschaftlicher Experimente genügen.

Neben diesen klassischen Evaluationsformen der MCI haben sich heute auch neue Paradigmen etabliert: Um die Validität und Relevanz des UCD zu steigern, finden sogenannte *in the wild*-Evaluationen bewusst außerhalb des Labors und im realen Nutzungskontext mit echten Benutzer*innen und unter echten Benutzungsbedingungen statt, oftmals auch in Verbindung mit Längsschnittstudien, um Veränderungen über die Zeit zu beobachten (Rogers & Marshall 2017). Für diesen aufwändigen Schritt sind allerdings deutlich ausgereiftere Prototypen notwendig, die in Funktionalität und Stabilität typische Laborprototypen übertreffen müssen.

Weiterhin sind heute sogenannte a/b-Tests von wirtschaftlich sehr großer Bedeutung. Diese ursprünglich von Amazon entwickelten Evaluationen vergleichen zwei oder mehr leicht unterschiedliche Designs (z. B. Design a und b) während des Realbetriebs (Sauro & Lewis 2016). In großen Online-Angeboten oder populären Apps wird dazu den Benutzer*innen eine von mehreren Designvarianten zugelost. Während sie unwissentlich das jeweils zugeloste Design nutzen, werden im Hintergrund typische Leistungsindikatoren des Online-Marketings (z. B. Verweildauer, Konversionsrate bzw. Kaufabschlüsse) je nach Variante erhoben. Nachdem eine ausreichend große Zahl von Benutzer*innen jeweils eine der Varianten genutzt hat, werden dann statistische Vergleiche dieser quantitativen Daten verwendet, um die erfolgreichste Designvariante zum künftigen Standard zu erheben. Durch viele a/b-Tests kann so das Design während des Realbetriebs auf der Basis tausender oder hunderttausender Verwendungen kontinuierlich und iterativ weiterentwickelt werden.

4 MCI als interdisziplinäre Forschungsdisziplin

Mit MCI wird heute nicht mehr allein die Verwendung eines Computersystems durch einen Menschen bezeichnet, sondern auch eine weltweit aktive Forschungsdisziplin. Der letzte Versuch einer umfassenden Definition findet sich bei der Special Interest Group Computer-Human Interaction (SIGCHI) der Association for Computing Machinery (ACM). Dort wurde MCI als eine Disziplin definiert, die sich mit dem Design, der Evaluation und der Implementation von interaktiven Computersystemen für den menschlichen Gebrauch beschäftigt und mit der Untersuchung wichtiger Phänomene, die diese umgeben (Hewett et al. 1992). Die Vielgestaltigkeit dieser Phänomene hat dazu geführt, dass die MCI in ihrer Geschichte zunehmend interdisziplinär wurde. Dies wird oft anhand von drei Paradigmen oder auch Wellen beschrieben (Harrison et al. 2007):

(1.) Eine durch die Informatik sowie die Arbeits- und Ingenieurwissenschaften geprägte Welle mit einem pragmatischen Fokus auf effiziente Bedienung und Fehlervermeidung,

(2.) eine durch die Psychologie geprägte Welle mit einem Fokus auf kognitive Prozesse bei der Verwendung und Gestaltung von Computern sowie

(3.) eine durch das Design und die Sozialwissenschaften geprägte Welle mit dem Fokus auf Gestaltung und Wirkung von spezifischen Computertechnologien in verschiedensten sozialen Kontexten.

Diese schrittweise Expansion der MCI führte unter ihrem Dach zur Koexistenz verschiedenster Wissenschaftsbegriffe, welche die Disziplin entscheidend bereichert haben, aber auch zu vielen unterschiedlichen Interpretationen des Fachgebiets führen. Ein konsistentes Theoriegebäude oder eine vereinigte Theorie der MCI existiert nicht und wird auch nicht aktiv verfolgt. Sichtbar wird dies unter anderem anhand der Vielfalt von Beiträgen auf der von der ACM SIGCHI seit 1982 jährlich ausgerichteten Konferenz Conference on Human Factors in Computing Systems (CHI), die mit bis zu 3 800 Teilnehmer*innen als das weltweit führende Publikationsorgan der MCI gilt. Im deutschsprachigen Raum existiert auch seit Anfang der 1980er die jährliche Tagung Mensch und Computer (früher: Software-Ergonomie) mit bis zu 1 000 Teilnehmer*innen, die insbesondere durch die Kooperation mit dem Berufsverband der Deutschen Usability und

User Experience Professionals (German UPA) den Dialog mit der wirtschaftlichen Praxis fördert.

5 Usability und User Experience

Ein großer Verdienst der MCI ist die klare Definition von Usability als zentralem Qualitätskriterium. Diese Definition zähmt mit ihrem Fokus auf pragmatische Zielerreichung die ansonsten schwer operationalisierbaren Begriffe wie z. B. benutzerfreundlich oder intuitiv in unserer Umgangssprache. *Usability* bzw. Gebrauchstauglichkeit besteht nach DIN EN ISO 9241-11 aus drei Faktoren: *Effektivität, Effizienz* und *Zufriedenstellung*. Vereinfacht ausgedrückt bedeutet Effektivität, dass eine Person mit dem System eine bestimmte Aufgabe grundsätzlich bewältigen kann. Effizienz bedeutet, dass der Aufwand dafür (z. B. zeitlich, mental, körperlich) angemessen ist. Zufriedenstellung bedeutet, dass es dabei keine starken Beeinträchtigungen des subjektiven Wohlbefindens (z. B. Verärgerung) gibt. Beispielsweise ist die Verwendung einer Smartphone-App für das Schreiben eines Buches zwar grundsätzlich effektiv (es ist prinzipiell möglich), aber sicherlich nicht effizient (es ist schwierig und langwierig Texte einzugeben und zu bearbeiten) und nicht zufriedenstellend (es ist mental belastend und zeitweise ermüdend und ärgerlich). Für diese Aufgabe hat die Smartphone-App also keine gute Usability.

Spätestens mit der dritten Welle der MCI wurde jedoch deutlich, dass die pragmatische Zielerreichung nur einen kleinen Ausschnitt der relevanten Wirkungen von interaktiven Produkten auf den Menschen darstellt (H.-C. Jetter 2006). Während Usability für die Büroarbeit am PC erfolgskritisch sein mag, gibt es bei einer privat genutzten Smartphone-App für soziale Medien, Gesundheit oder Spiele ganz andere Faktoren und Phänomene, welche die Wirkung des Systems auf den Menschen beeinflussen und dabei die Usability dominieren können, z. B. Attraktivität, Freude, Motivation, das Gefühl von Zugehörigkeit oder Ausgrenzung, Vertrauen in Datenqualität und Datenschutz. Der alleinige Fokus auf Usability wurde in der MCI daher zunehmend durch einen Fokus auf *User Experience* (UX) bzw. das Benutzererlebnis ergänzt oder ersetzt, das nach DIN EN ISO 9241-210 „sämtliche Emotionen, Vorstellungen, Vorlieben, Wahrnehmungen, physiologischen und psychologischen Reaktionen, Verhaltensweisen und Leistungen, die sich vor, während und nach der Nutzung ergeben", umfasst.

Die Konsequenzen aus diesem neuen Fokus der MCI sind mannigfaltig. Zum einen hat sich die MCI gegenüber neuen Disziplinen und Methoden öffnen müssen, z. B. gegenüber dem Produktdesign und Sketching (Buxton 2007). Zum anderen mussten neue psychologische Konstrukte und deren empirische Messung berücksichtigt werden, wobei gerade im Bereich Attraktivität oder Freude mit Hassenzahls hedonischer Qualität und dem AttrakDiff-Fragebogen entscheidende Pionierarbeit geleistet wurde (Diefenbach & Hassenzahl 2017). Die heutige Popularität von UX gegenüber Usability in der Praxis (z. B. in Stellenausschreibungen) verdeutlicht, wie sehr diese Erweiterung die praktische Relevanz der MCI vergrößert hat. Dies ist auch darin begründet, dass der Begriff UX gegenüber Usability nicht mehr nur die Ziele und Werte der Benutzer*innen, sondern auch die der Anbieter*innen interaktiver Produkte berücksichtigt (C. Jetter & Gerken 2007).

6 MCI und Informationswissenschaft

Wie von Reiterer & Geyer (2013) bereits thematisiert wurde, sind die MCI und die Informationswissenschaft durch ihren gemeinsamen Fokus auf die Benutzer*innen und die Erzielung von Mehrwerten für den Menschen eng verbunden. Das Gestaltungsziel Usability der MCI und die Erzielung von Mehrwerten durch Informationsaufbereitung sind in vielen Bereichen deckungsgleich. Außerdem nahm die Informationswissenschaft durch die von Kuhlen geforderte Berücksichtigung des „Kontexts", der „subjektiven Benutzerinteressen" und der „objektiven Situationserfordernisse" entscheidende Entwicklungen der zweiten und dritten Welle der MCI vorweg (Kuhlen 1989, S.16). Diese enge Verwandtschaft ermöglicht den Austausch wichtiger Konzepte und Ideen. Auch wenn sich die heutige MCI nicht als konsistentes Theoriegebäude präsentiert, kann sie daher der Informationswissenschaft auch zukünftig wichtige Impulse und Einsichten über die individuellen Interaktionen und Beziehungen zwischen Mensch und Computer in einer digitalisierten Gesellschaft liefern, die über Fragen reiner Bedienbarkeit weit hinaus gehen.

7 Literaturverzeichnis

Blandford, A., Furniss, D. & Makri, S. (2016). Qualitative HCI Research: Going Behind the Scenes. *Synthesis Lectures on Human-Centered Informatics*, 9(1), 1–115. https://doi.org/10.2200/S00706ED1V01Y201602HCI034.

Buxton, B. (2007). *Sketching User Experiences: Getting the Design Right and the Right Design* (Illustrated edition). Morgan Kaufmann.

Diefenbach, S. & Hassenzahl, M. (2017). *Psychologie in der nutzerzentrierten Produktgestaltung: Mensch-Technik-Interaktion-Erlebnis* (1. Aufl. 2017 edition). Springer.

Greenberg, S., Marquardt, N., Ballendat, T., Diaz-Marino, R. & Wang, M. (2011). Proxemic interactions: The new ubicomp? *Interactions*, 18(1), 42–50. https://doi.org/10.1145/1897239.1897250.

Harper, R., Rodden, T., Rogers, Y. & Sellen, A. (2008). *Being Human: Human Computer Interaction in 2020*. Microsoft Research Ltd.

Harrison, S., Tatar, D. & Sengers, P. (2007). The three paradigms of HCI. *Alt. Chi. Session at the SIGCHI Conference on human factors in computing systems San Jose, California, USA*, 1–18.

Hartson, R. & Pyla, P. S. (2019). *The UX Book: Agile UX Design for a Quality User Experience* (2nd edition). Morgan Kaufmann.

Hewett, T. T., Baecker, R., Card, S., Carey, T., Gasen, J., Mantei, M., Perlman, G., Strong, G. & Verplank, W. (1992). *ACM SIGCHI Curricula for Human-Computer Interaction* [Technical Report]. Association for Computing Machinery.

Holtzblatt, K. & Beyer, H. (2016). *Contextual Design: Design for Life* (2nd edition). Morgan Kaufmann.

Jetter, C. & Gerken, J. (2007). A Simplified Model of User Experience for Practical Application. *NordiCHI 2006, Oslo: The 2nd COST294-MAUSE International Open Workshop „User eXperience – Towards a unified view."*, 106–111.

Jetter, H.-C. (2006). Die MCI im Wandel: User Experience als die zentrale Herausforderung? In A. M. Heinecke & H. Paul (Hrsg.), *Mensch und Computer 2006: Mensch und Computer im Strukturwandel* (S. 65–72). Oldenbourg Verlag.

Jetter, H.-C., Reiterer, H. & Geyer, F. (2014). Blended Interaction: Understanding natural human–computer interaction in post-WIMP interactive spaces. *Personal and Ubiquitous Computing*, 18(5), 1139–1158. https://doi.org/10.1007/s00779-013-0725-4.

Ju, W. & Leifer, L. (2008). The Design of Implicit Interactions: Making Interactive Systems Less Obnoxious. *Design Issues*, 24(3), 72–84. https://doi.org/10.1162/desi.2008.24.3.72.

Kuhlen, R. (1989). *Pragmatischer Mehrwert von Information. Sprachspiele mit informationswissenschaftlichen Grundbegriffen* (Universität Konstanz/Informationswissenschaft: Bericht; 89,1).

Lewis, C., Polson, P. G., Wharton, C. & Rieman, J. (1990). Testing a walkthrough methodology for theory-based design of walk-up-and-use interfaces. *Proceedings of the SIGCHI Conference on Human Factors in Computing Systems*, 235–242. https://doi.org/10.1145/97243.97279.

Lim, Y.-K., Stolterman, E. & Tenenberg, J. (2008). The anatomy of prototypes: Prototypes as filters, prototypes as manifestations of design ideas. *ACM Transactions on Computer-Human Interaction*, 15(2), 7:1-7:27. https://doi.org/10.1145/1375761.1375762.

Nielsen, J. (1993). *Usability Engineering*. Academic Press.

Norman, D. A. (1988). *The Psychology of Everyday Things*. Basic Books.

Norman, D. A. & Draper, S. W. (1986). *User Centered System Design; New Perspectives on Human-Computer Interaction*. L. Erlbaum Associates Inc.

Oulasvirta, A. (2008). When users „do" the Ubicomp. *Interactions*, 15(2), 6–9. https://doi.org/10.1145/1340961.1340963.

Raskin, J. (2000). *The Humane Interface. New Directions for Designing Interactive Systems*. Addison-Wesley.

Reiterer, H. & Geyer, F. (2013). Mensch-Computer-Interaktion. In R. Kuhlen, W. Semar & D. Strauch (Hrsg.), *Grundlagen der praktischen Information und Dokumentation: Handbuch zur Einführung in die Informationswissenschaft und -praxis* (6. Aufl., S. 431–440). De Gruyter Saur.

Richter, M. & Flückiger, M. D. (2016). *Usability und UX kompakt: Produkte für Menschen* (4. Aufl. 2016). Springer Vieweg.

Rogers, Y. & Marshall, P. (2017). Research in the Wild. *Synthesis Lectures on Human-Centered Informatics*, 10(3), i–97. https://doi.org/10.2200/S00764ED1V01Y201703HCI037.

Sauro, J. & Lewis, J. R. (2016). *Quantifying the User Experience: Practical Statistics for User Research* (2. Aufl.). Morgan Kaufmann.

Sharp, H., Preece, J. & Rogers, Y. (2019). *Interaction Design: Beyond Human-Computer Interaction* (5. Auflage). Wiley.

User Interface Design GmbH (2016). *Design Thinking – die neue alte Kreativität*. UID (de). https://www.uid.com/de/aktuelles/hcd-design-thinking.

Wasserman, A. I. (1973). The design of „idiot-proof" interactive programs. *AFIPS '73: Proceedings of the June 4–8, 1973, national computer conference and exposition*, m34–m38. https://doi.org/10.1145/1499586.1499779.

Weiser, M. (1991). The Computer for the 21 st Century. *Scientific American*, 265(3), 94–105.

Gabriele Irle
D 4 Emotionen im Information Seeking

1 Einführung

In der Informationswissenschaft wurden Emotionen im Zuge des *Affective Turn* als zentraler Bestandteil des Forschungsinteresses anerkannt (Hartel 2019; vgl. Kapitel D 1 Information Behaviour, Informationsverhalten). Die Relevanz der Emotionsforschung ergibt sich durch ihre Bedeutung für eine wirksame und ganzheitliche Unterstützung der Suchenden. Die vier Bereiche, in denen die Emotionsforschung gemäß Hudlicka (2003) bei der Mensch-Maschine-Interaktion dienen kann, können auf das Information Seeking übertragen werden:
1. Systeme erkennen Affekt beim Suchenden,
2. Systeme passen ihre Funktionalität, wie zum Beispiel die Bedienelemente der Suchmaschine, an menschlichen Affekt an,
3. Systeme drücken Affekt aus, beispielsweise mit Avataren,
4. Menschlicher oder maschineller Affekt wird modelliert.

Emotionsforschung hat somit vielfältigen Nutzen in der Informationswissenschaft und -praxis. Fourie & Julien (2014) kritisieren, dass in der Informationswissenschaft trotzdem weiterhin um Affekt und Emotionen „herumgetanzt" wird, anstatt sich ihnen mit konzeptueller Klarheit und kontinuierlich zu widmen.

Im vorliegenden Kapitel werden Emotionen im Rahmen des Information Seeking Behaviour behandelt. Zunächst wird dargestellt, wie man Emotionen definieren und erheben kann. Anschließend wird aufgezeigt, wodurch im Informationssuchprozess Emotionen ausgelöst werden können und wie Emotionen den Suchprozess in verschiedenen Funktionen beeinflussen. Die folgenden Erläuterungen finden sich in ausführlicherer Fassung bei Irle (2017).

2 Definition und Modellierung von Emotionen im Informationsverhalten

In der Emotionspsychologie gibt es verschiedene Theorien zur Entstehung von Emotionen: biologische, kognitive (*appraisal theories*) und konstruktivistische Theorien. Sie unterscheiden sich insbesondere in ihren Aussagen zur Universalität beziehungsweise Kulturabhängigkeit von Emotionen sowie in der Frage, ob Emotionen zwangsläufig auf einer kognitiven Bewertung basieren (Rothermund & Eder 2011). Wie sich bereits erahnen lässt, ist eine einhellig akzeptierte Definition von Emotionen nicht existent und auch innerhalb der Informationswissenschaft gibt es keinen Konsens darüber (Fourie & Julien 2014). An dieser Stelle werden zwei Definitionen vorgestellt, die die Abgrenzung des Emotionsbegriffs vornehmen und die Komplexität einer Emotion anhand ihrer fünf Komponenten verdeutlichen.

Rund um Emotionen gibt es mehrere verwandte Begriffe: Affekt, Temperament und Motivation. Laut der Definition von Rothermund & Eder (2011, S. 166) sind Emotionen „objektgerichtete, unwillkürlich ausgelöste affektive Reaktionen, die mit zeitlich befristeten Veränderungen des Erlebens und Verhaltens einhergehen". Emotionen unterscheiden sich von Affekt, Temperament und Motivation demnach durch eine begrenzte Dauer und durch das vorhandene Bezugsobjekt bzw. -ereignis, das sowohl in der Zukunft als auch in der Vergangenheit liegen kann. Auf die Zukunft ausgerichtete Emotion ist der Motivation sehr ähnlich.

Um die Komplexität einer Emotion zu erfassen, ist die Ausdifferenzierung anhand eines Komponentenmodells hilfreich. Gemäß dem Komponenten-Prozess-Modell von Scherer (2005) umfasst eine Emotion die Komponenten Kognition, Physiologie, Motivation, Ausdruck und Erleben (d. h. Gefühl). Scherer definiert Emotion als eine Episode von Veränderungen in allen oder zumindest der Mehrheit dieser fünf Elemente, die als Reaktion auf einen bedeutsamen externen oder internen Reiz auftritt.

Das einflussreichste Modell zu Emotionen im Informationsverhalten wurde 1993 von Kuhlthau (1993, 2004) entwickelt. Ihr Modell des Informationssuchprozesses ist ein Meilenstein im Zuge des *Affective Turn* (vgl. Kapitel D 1 Information Behaviour, Informationsverhalten). Es basiert auf empirischer Forschung seit 1983 und bezieht sich hauptsächlich auf die Suche in Bibliotheken. In dem Modell ordnet Kuhlthau Gefühle als eine von drei Ebenen neben Gedanken und Handlungen an, um dann alle Ebenen parallel während den sechs Phasen eines Suchprozesses zu beschreiben. Diese Darstellungsform lädt dazu ein, alle drei Ebenen als integrative Bestandteile des Suchprozesses zu sehen, bei dem es nicht nur um physisches Auffinden, sondern auch um intellektuelle Verarbeitung und Nutzung der Information geht. Kuhlthau fordert mit dem *Principle of Uncertainty* dazu auf, Informationssuche auch als teilweise verunsichernd und chaotisch zu begreifen. Insbesondere in der herausfordernden Explorationsphase, in der ein intellektueller Zugang zur Information gefunden werden muss, ist es bedeutsam, dass negative Emotionen ausgehalten werden. Denn nur dann ist es möglich, neue Sachverhalte und Zusammenhänge zu entdecken, die unter Umständen auch den eigenen bisherigen Konstrukten widersprechen, und aus der Exploration heraus in eine Fokussierung zu kommen. Ist dieser Übergang geschafft und ein Fokus gefunden, kommt Zuversicht auf und verstärkt sich und das Interesse am Thema steigt. Neuere Publikationen wie die von Savolainen (2015) bestätigen die weiterhin hohe Relevanz von Kuhlthaus Modell.

Das sozial-biologische Modell der Informationstechnologie von Nahl (2007) betont den ganzheitlichen Rahmen aus menschlicher Biologie, Technologie und sozialen Strukturen, in dem Informationsverhalten erforscht werden sollte. Emotionen sind in diesem Modell zuständig für die Bewertung im Zuge der Informationsaufnahme und für die Motivation im Kontext der Informationsnutzung. Die Zentralität der Gefühle resultiert gemäß Nahl daraus, dass sie es sind, die bestimmen, wie Information bewertet und genutzt werden. Sie plädiert daher dafür, den Stellenwert des affektiven Paradigmas in der Forschung weiter auszubauen.

Lopatovska (2014) postuliert ein Modell zu den Beziehungen zwischen primären Emotionen (d. h. Basisemotionen wie Überraschung, die ohne kognitive Bewertung entstehen) und sekundären Emotionen (d. h. Emotionen wie Hoffnung, die auf Bewertungen basieren) sowie Stimmung und dem Suchprozess. Anders als Kuhlthau geht sie nicht von den verschiedenen Phasen des Suchprozesses aus, sondern differenziert die Suche in Suchhandlungen, -performanz, -ergebnisse und die persönliche Beurteilung. Basierend auf ihren empirischen Daten stellt sie enge Beziehungen zwischen Suchhandlungen und den primären Emotionen, die über den Gesichtsausdruck erfasst wurden, sowie zwischen der individuellen Beurteilung und den sekundären Emotionen, die in Interviews erfragt wurden, fest. Zusammenhänge zwischen Suchergebnissen und primären Emotionen und Stimmung hat sie nicht gefunden. Mit dem Modell wird vorgeschlagen, zukünftig auch den weiteren Kontext und die emotionale Wahrnehmung von Informationssystem und Suchinteraktion als Variablen zu untersuchen.

3 Methodische Herangehensweisen zur Erfassung von Emotionen

Eng verknüpft mit der Definition und Modellierung von Emotionen ist die Frage, welche Methoden zur Erfassung von Emotionen geeignet sind. Die bevorzugten Methoden zur Emotionserhebung variieren in Abhängigkeit von den oben erwähnten Emotionstheorien. Auch die Wahl zwischen natürlichen und künstlichen Settings der Informationssuche sollte bei diesem Forschungsgegenstand mit Bedacht entschieden werden. Eine synchrone Erhebung aller fünf Komponenten einer Emotion (Kognition, Physiologie, Motivation, Ausdruck und Erleben) ist nicht umsetzbar, da die Zusammenhänge der Komponenten untereinander nicht stark ausgeprägt sind (Scherer 2005). Emotionen lassen sich durch die im Folgenden vorgestellten Optionen der Selbstauskünfte, Verhaltensbeobachtungen und die Verwendung physiologischer Sensoren erfassen. Ausführlicher werden die methodischen Aspekte in Mauss & Robinson (2009), Lopatovska & Arapakis (2011) und Irle (2014, 2017) erläutert.

3.1 Selbstauskunft

Die subjektive Komponente einer Emotion, d. h. das Gefühl, kann über Selbstauskünfte erfasst werden. Fragebögen mit verbalen oder bildlichen Verfahren, Interviews, aber auch Dokumente wie beispielsweise Zeichnungen geben Einblicke in das subjektive Erleben einer Emotion. Derartige Selbstauskünfte umfassen neben dem Gefühlten selbst immer auch die Gedanken und Bewertungen, die rund um eine Emotion reflektiert werden (Nielsen & Kaszniak 2007). Bei der Analyse von Selbstauskünften sollte beachtet werden, dass sie durch Faktoren wie soziale Erwünschtheit, die Fähigkeit zur Umschreibung von Emotionen und die Sensibilität für die eigenen Emotionen beeinflusst werden (Nielsen & Kaszniak 2007).

3.2 Verhaltensbeobachtung

Der Ausdruck einer Emotion kann in Mimik, Gestik (z. B. Körperhaltung, Handbewegungen) und Stimme (z. B. Stimmhöhe, Lautstärke) beobachtet werden. Der Ausdruck von Emotionen ist allerdings individuell unterschiedlich und auch von Aspekten wie kultureller Prägung abhängig (Mauss & Robinson 2009).

3.3 Physiologische Sensoren

Physiologische Variablen können folgendermaßen kategorisiert werden (Vossel & Zimmer 2009): Elektrodermale Aktivität, kardiovaskuläre Aktivität, elektrische Muskelaktivität und Gehirnaktivität. Besondere Vorteile dieser Erfassung sind, dass physiologische Variablen frei von sozialer Erwünschtheit gemessen und sprachfrei erfasst werden können. Die Verwendung von Sensoren kann jedoch Nervosität bei den Studienteilnehmenden auslösen (Lazar, Feng & Hochheiser 2017).

4 Entstehung von Emotionen im Kontext des Information Seeking

Im Zuge der Informationssuche reagieren nicht alle Personen mit gleicher Empfindsamkeit auf mögliche Emotionsauslöser (Flavián-Blanco, Gurrea-Sarasa & Orús-Sanclemente 2011). Allgemein sind die Auslöser von Emotionen bei der Informationssuche nach ihrem Bezug zu unterscheiden: Stimuli können im Informationsbedürfnis selbst oder im Verlauf der Suche liegen (mit Bezug zur Suchaktivität oder zum Suchthema) sowie ohne Bezug zur Suche sein.

4.1 Emotionen als Bestandteil des Informationsbedürfnisses

Das Informationsbedürfnis, das die Suche auslöst, wird von Emotionen begleitet (vgl. Kapitel D 5 Informationsbedarf, Informationsbedürfnis). Emotionen, die vor Beginn der Suche entstehen, werden beispielsweise davon beeinflusst, ob es sich um eine Faktensuche, eine explorative Suche oder eine Aufgabe mit hoher Komplexität handelt (Poddar & Ruthven 2010). Teilweise handelt es sich auch um ein Emotionsbedürfnis (*emotion need*; Moshfeghi 2012), wenn aus dem Wunsch nach einer bestimmten Emotion eine Suche getätigt wird.

4.2 Emotionen, die bei der Durchführung der Informationssuche ausgelöst werden

In Verbindung mit der eigenen Suchaktivität entstehen Emotionen, die jedoch oft nicht stark ausgeprägt sind (Lopatovska 2014; Irle 2017). Emotionen können beispielsweise durch Aspekte wie Aufgabenschwierigkeit (Arapakis, Jose & Gray 2008), die Interaktion mit der Suchmaschine (Feild, Allan & Jones 2010) oder die Anstrengung während der Suche (Flavián-Blanco, Gurrea-Sarasa & Orús-Sanclemente 2011) entstehen. Wesentliche Determinante für die Ausprägung von Emotionen nach der Suche ist der Such(miss)erfolg (Flavián-Blanco, Gurrea-Sarasa & Orús-Sanclemente 2011).

Während der Suche treten außerdem Emotionen auf, die in Verbindung mit dem Thema bzw. den Themen der Informationssuche stehen (Irle 2017). Diese Emotionen sind meist nicht Teil des Forschungsinteresses. Sie sollten beim Studiendesign dennoch beachtet werden, mit dem Ziel sie von Emotionen rund um die Suchaktivität unterscheiden und Verzerrungen in den Daten vermeiden zu können.

4.3 Emotionen ohne Zusammenhang mit der Suche

Das Erleben der Informationssuche wird auch durch Emotionen geprägt, die nicht in direktem Zusammenhang mit dem Suchprozess stehen. So kann bspw. die Begleitung durch die Wissenschaftler*innen Emotionen auslösen (Bilal & Bachir 2007) oder die Kollaboration mit anderen Menschen (González-Ibáñez, Shah & Córdova-Rubio 2011).

5 Emotionen als funktionale Elemente des Information Seeking

Emotionen dienen als Motivatoren, Informanten und Aufmerksamkeitslenker (Reisenzein 2021). Im Informationssuchprozess zeigt sich das beispielsweise darin, dass bei González-Ibáñez & Shah (2016) ausgerechnet diejenigen Personen, die zuvor kritisiert worden waren und dadurch mit negativem Affekt starteten, die meisten korrekten Antworten bei den Suchen erzielten. Hingegen führte das vorherige Lob dazu, dass weniger systematische und weniger detaillierte Informationsverarbeitungsstrategien gewählt wurden. Savolainen (2014) gibt einen Überblick dazu, wie Emotionen dazu motivieren, das Information Seeking zu beginnen und zu erweitern, zu begrenzen und zu beenden oder es sogar gänzlich zu vermeiden.

6 Ausblick

Abschließend ist festzustellen, dass Emotionen gemäß den oben aufgezeigten Modellen einen zentralen Aspekt des Benutzerverhaltens bilden. Wie Savolainen (2015) mutmaßt, sind Emotionen und Affekt zum einen aufgrund der vorherrschenden kognitiven Ausrichtung und zum anderen aufgrund der herausfordernden Erhebung jedoch weiterhin nicht ausreichend im Fokus der Informationswissenschaft. Fourie & Julien (2014) schlagen in ihrer Agenda viele Aspekte vor, die zukünftige Forschung anregen können: Emotionen und Affekt im Informationsverhalten an verschiedenen physischen und virtuellen Orten, mit unterschiedlichen Medien, in Gruppierungen und Rollen, als Stimuli und Folgen des Informationsverhaltens, über mehrere Situationen und längere Zeitspannen hinweg. Bei dieser Vielfalt wird deutlich, wie viele Einflüsse, Folgen und Funktionen von Emotionen noch unklar sind. Gerade deshalb könnte es besonders reizvoll und lohnenswert sein, Emotionen im Information Seeking für Modellierungen und für praktische Umsetzungen besser zu erforschen.

7 Literaturverzeichnis

Arapakis, I., Jose, J. M. & Gray, P. D. (2008). Affective feedback: an investigation into the role of emotions in the information seeking process. *Proceedings of the 31st Annual International ACM SIGIR Conference on Research and Development in Information Retrieval*, 395–402. https://doi.org/10.1145/1390334.1390566.

Bilal, D. & Bachir, I. (2007). Children's interaction with cross-cultural and multilingual digital libraries. II. Information seeking, success, and affective experience. *Information Processing & Management*, 43 (1), 65–80. https://doi.org/10.1016/j.ipm.2006.05.008.

Feild, H. A., Allan, J. & Jones, R. (2010). Predicting searcher frustration. *Proceedings of the 33rd International ACM SIGIR Conference on Research and Development in Information Retrieval*, 34–41. https://doi.org/10.1145/1835449.1835458.

Flavián-Blanco, C., Gurrea-Sarasa, R. & Orús-Sanclemente, C. (2011). Analyzing the emotional outcomes of the online search behavior with search engines. *Computers in Human Behavior*, 27(1), 540–551. https://doi.org/10.1016/j.chb.2010.10.002.

Fourie, I. & Julien, H. (2014). Ending the dance: a research agenda for affect and emotion in studies of information behaviour. *Information Research* 19(4), Paper isic09. http://InformationR.net/ir/19-4/isic/isic09.html.

González-Ibáñez, R., Shah, C. & Córdova-Rubio, N. (2011). Smile! Studying expressivity of happiness as a synergic factor in collaborative information seeking. *Proceedings of the American Society for Information Science and Technology*, 48(1), 1–10. https://doi.org/10.1002/meet.2011.14504801171.

Hartel, J. (2019). Turn, turn, turn. *Information Research*, 24(4). http://InformationR.net/ir/24-4/colis/colis1901.html.

Hudlicka, E. (2003). To feel or not to feel: The role of affect in human–computer interaction. *International Journal of Human-Computer Studies*, 59(1–2), 1–32. https://doi.org/10.1016/S1071-5819(03)00047-8.

Irle, G. (2014). Vom „Ah!" und „Oh!" der Informationssuche: Einblicke in Emotionsforschung und -messung in der Informationswissenschaft. *Mitteilungen der Vereinigung Österreichischer Bibliothekarinnen und Bibliothekare* 67(3/4), 362–373. http://eprints.rclis.org/24432/.

Irle, G. (2017). *Gefühlserleben bei der Informationssuche im Internet: Eine qualitative Studie zur Individualität und Alltäglichkeit der Sucherfahrung*. Hülsbusch.

Kuhlthau, C. C. (1993). A principle of uncertainty for information seeking. *Journal of Documentation*, 49(4), 339–355. https://doi.org/10.1108/eb026918.

Kuhlthau, C. C. (2004). *Seeking meaning: A process approach to library and information services* (Bd. 2). Libraries Unlimited.

Lazar, J., Feng, J. H. & Hochheiser, H. (2017). *Research methods in human-computer interaction* (2. Aufl.). Morgan Kaufmann.

Lopatovska, I. (2014). Toward a model of emotions and mood in the online information search process. *Journal of the Association for Information Science and Technology*, 65(9), 1775–1793. https://doi.org/10.1002/asi.23078.

Lopatovska, I. & Arapakis, I. (2011). Theories, methods and current research on emotions in library and information science, information retrieval and human-computer interaction. *Information Processing & Management* 47(4), 575–592. https://doi.org/10.1016/j.ipm.2010.09.001.

Nahl, D. (2007). The centrality of the affective in information behavior. In D. Nahl & D. Bilal (Hrsg.), *Information and emotion: The emergent affective paradigm in information behavior research and theory* (S. 3–37). Medford, NJ: Information Today.

Nielsen, L. & Kaszniak, A. W. (2007). Conceptual, theoretical, and methodological issues in inferring subjective emotion experience: Recommendations for researchers. In J. A. Coan & J. J. B. Allen (Hrsg.), *Handbook of emotion elicitation and assessment* (S. 361–375). Oxford University Press.

Poddar, A. & Ruthven, I. (2010). The emotional impact of search tasks. *Proceedings of the Third Symposium on Information Interaction in Context*, 35–44. https://doi.org/10.1145/1840784.1840792.

Reisenzein, R. (2021). Emotionen, Funktionen. In M. A. Wirtz (Hrsg.), *Dorsch – Lexikon der Psychologie*. https://dorsch.hogrefe.com/stichwort/emotionen-funktionen.

Rothermund, K. & Eder, A. B. (2011). *Motivation und Emotion: Lehrbuch*. VS Verlag für Sozialwissenschaften.

Savolainen, R. (2014). Emotions as motivators for information seeking: A conceptual analysis. *Library & Information Science Research*, 36(1), 59–65. https://doi.org/10.1016/j.lisr.2013.10.004.

Savolainen, R. (2015). Approaching the affective factors of information seeking: the viewpoint of the information search process model. *Information Research* 20(1), Paper isic28. http://InformationR.net/ir/20-1/isic2/isic28.html.

Saracevic, T. (2007). Relevance: A review of the literature and a framework for thinking on the notion in information science. Part II: nature and manifestations of relevance. *Journal of the American Society for Information Science and Technology*, 53(13), 1915–1933. https://doi.org/10.1002/asi.20682.

Scherer, K. R. (2005). What are emotions? And how can they be measured? *Social Science Information*, 44 (4), 695–729. https://doi.org/10.1177/0539018405058216.

Vossel, G. & Zimmer, H. (2009). Psychophysiologie. In V. Brandstätter & J. H. Otto (Hrsg.), *Handbuch der allgemeinen Psychologie: Motivation und Emotion* (S. 501–510).Hogrefe.

Kirsten Schlebbe & Elke Greifeneder

D 5 Information Need, Informationsbedarf und -bedürfnis

1 Einleitung

Das Bedürfnis, mehr über den nächsten Urlaubsort zu erfahren, Informationen über ein bestimmtes Produkt zu erhalten oder sich Kenntnisse zum Begriff des Information Need anzueignen: All diese Situationen haben gemeinsam, dass ein Bedürfnis nach Information besteht, in der Informationsverhaltensforschung oftmals als Information Need bezeichnet. Für Bibliotheks- und Informationswissenschaftler*innen ist die Untersuchung von Informationsbedürfnissen unter anderem im Rahmen der Nutzer*innenforschung ein Kernthema. Der Begriff des Information Need ist daher eines der meist diskutierten aber zugleich auch kontroversesten Konzepte der Forschung zum menschlichen Informationsverhalten (Borlund & Ruthven 2020).

In diesem Beitrag sollen die terminologischen Debatten, historischen Hintergründe und Forschungsentwicklungen im Zusammenhang mit dem Konzept dargestellt werden. Der nachfolgende Abschnitt beschäftigt sich mit den Begriffen Bedürfnis und Information, bevor im Anschluss das Konzept der Information Needs sowie verwandte Ansätze im Detail vorgestellt werden. Es folgt eine kurze Auseinandersetzung mit den deutschsprachigen Begriffen Informationsbedarf und Informationsbedürfnis. Weiterhin werden Forschungstrends sowie methodische Ansätze zur Erforschung von Information Needs präsentiert. Der Beitrag schließt mit einer kritischen Reflexion und einem Ausblick auf mögliche Entwicklungen im Forschungsfeld.

2 Bedürfnis und Information

Der Begriff des Information Need setzt sich aus zwei zentralen Begriffen zusammen, dem Begriff Information und dem Begriff Bedürfnis (*need*). Ein *Need* wird häufig als innerer Motivationszustand bezeichnet, der Reaktionen und Handlungen hervorrufen kann (Case & Given 2016; nach Grunig 1989). Eines der bekanntesten theoretischen Modelle im Zusammenhang mit dem Begriff des Bedürfnisses ist die Bedürfnishierarchie nach Maslow (1943), die visuell häufig als Pyramide umgesetzt wird und menschlichen Bedürfnissen eine Rangfolge zuordnet: Physiologische Bedürfnisse wie Nahrung, Wasser oder Schlaf werden dabei als Grundbedürfnisse angesehen, gefolgt von Sicherheitsbedürfnissen, sozialen Bedürfnissen, Individualbedürfnissen sowie dem Bedürfnis nach Selbstverwirklichung.

Gleichermaßen steckt im Begriff des Information Need auch der Begriff der Information. Die Mehrdeutigkeit dieses Begriffes im informationswissenschaftlichen Kontext setzt sich auch im Bereich der Forschung zu Information Needs fort. Die meisten Forschungsansätze, die im nächsten Abschnitt genauer betrachtet werden, haben aber gemeinsam, dass Information Needs in der Regel als Konsequenz einer Wissenslücke, eines unzureichenden Wissensstandes oder einer empfundenen Unsicherheit verstanden werden. (Fehlende) Information ist also ein essenzieller Bestandteil des Konzeptes.

Bates argumentiert, dass der „red thread of information in the social texture of people's lives" (Bates 1999, S. 1048) die Eingrenzung des Forschungsinteresses im Bereich der Information-Behaviour-Forschung bestimmt. Dieser „rote Faden" der Information lässt sich auch auf die Erforschung von Information Needs übertragen: Während beispielsweise viele Menschen ein Bedürfnis nach günstigen Mietkosten empfinden, entspricht dies nicht automatisch einem Informationsbedürfnis. Erst wenn das Bedürfnis nach günstigen Mietkosten dazu führt, dass ein Bedürfnis nach Information entsteht, zum Beispiel zu der Frage, wie bestehende Mietkosten verringert werden können oder in welchem Stadtviertel eine günstige Wohnung gefunden werden kann, zeigt sich der „rote Faden" der Information und man spricht von einem Information Need.

In seinem viel zitierten Beitrag identifiziert Green (1990) im Zusammenhang mit der Suche nach Information vier Charakteristiken von Bedürfnissen: (1) Diese sind immer instrumental, dienen also dem Erreichen eines gewünschten Zieles. (2) Bedürfnisse sind, anders als Wünsche (*wants*), anfechtbar. Man kann niemandem den Wunsch nach Information absprechen, ob ein tatsächliches Bedürfnis besteht, kann man aber diskutieren. Eine entsprechende terminologische Debatte zur Unterscheidung vom Begriff des Need von anderen Begriffen wie Wunsch (*want*) oder Nachfrage (*demand*) entwickelte sich bereits in den 1970er Jahren (Line 1974; Roberts 1975). Green (1990) definiert weiterhin, dass (3) Bedürfnisse im Zusammenhang mit dem Konzept der Notwendigkeit (*necessity*) stehen, was zu der Debatte führt, ob es sich bei Information Needs um primäre oder sekundäre Bedürfnisse handelt. Unter Bezug auf eine psychologische Kategorisierung des Need-Begriffs sprach Wilson (1981) sich in seinem wegweisenden Beitrag *On User Studies and Information Needs* gegen die Existenz von spezifischen Information Needs aus und stellte die These auf, dass Informationssuche stattfindet, um physiologische, affektive oder kognitive menschliche Bedürfnisse zu befriedigen. Auch wenn die Zurückweisung des Begriffes der Information Needs sich in der Folge in der Information-Behaviour-Forschung nicht durchsetzen konnte, besteht mittlerweile ein genereller Konsens darüber, dass die Beschaffung von Information kein Selbstzweck ist, sondern der Befriedigung anderer Bedürfnisse dient (Bawden 2006). Wilson (1999) selbst hielt später dazu fest, dass Information Needs zu den sekundären Bedürfnissen zu zählen sind, die aus primären Bedürfnissen entstehen. Abschließend definiert Green (1990), dass (4) ein Bedürfnis nicht zwingend ein bewusster Zustand ist. Menschen sind sich ihrer Informationsbedürfnisse also möglicherweise nicht immer bewusst. Diese Argumentation verfolgten unter anderem auch Taylor (1968) und Derr (1983), der davon ausging, dass Information Needs auch unerkannt oder unerwünscht sein können.

3 Information Needs und verwandte Konzepte

Bereits in den ersten Jahrzehnten des 20. Jahrhunderts beschäftigten sich Forscher*innen mit den Informationsbedürfnissen von Menschen wie zum Beispiel Bibliotheksnutzer*innen (Berelson 1949) oder Wissenschaftler*innen (Voigt 1959). Eine formale wissenschaftliche Auseinandersetzung mit dem Konzept der Information Needs begann allerdings erst in den 1960er Jahren.

Als zentral kann hier die Forschung von Taylor (1968) betrachtet werden, der sich mit dem Konzept der Information Needs im Zusammenhang mit dem Auskunftsdienst in Bibliotheken beschäftigte. Taylor entwickelte eine Typologie, die zwischen vier Stufen eines Information Need unterscheidet: (1) dem *Visceral Need*, einem bewussten oder unbewussten, unausgesprochenen Bedürfnis nach Information, welches Taylor auch als „a vague sort of dissatisfaction (...) probably inexpressible in linguistic terms" (Taylor 1968, S. 254) beschreibt, (2) dem *Conscious Need*, der bewussten geistigen Beschreibung eines Bedürfnisses, (3) dem *Formalized Need*, einem formalen Statement des Bedürfnisses, sowie (4) dem *Compromised Need*, der formulierten Anfrage an ein Informationssystem (Taylor 1968). Eine wichtige Implikation dieser Überlegungen ist die mögliche Differenz zwischen dem innerlich wahrgenommenen Bedürfnis, einem kommunizierten Statement und einer formulierten Frage an ein Informationssystem – ein Aspekt, der im Bereich von Information-Retrieval-Systemen von zentraler Bedeutung ist und später unter anderem von Ingwersen (2000) weiterverfolgt wurde.

In den 1970er und 1980er Jahren entwickelten Forscher*innen diverse Ansätze, um die Motivationen für die Suche nach Information näher zu untersuchen. Während einige dabei auf den Begriff des Information Need zurückgriffen, erarbeiteten andere Forscher*innen alternative Konzepte. So entwickelten Belkin und seine Kollegen (Belkin 1980; Belkin, Oddy & Brooks 1982) den Begriff des *Anomalous State of Knowledge* (ASK), um das Konzept des Bedürfnisses nach Information zu beschreiben. Nach Belkin beschreibt das ASK eine Situation, in der ein Individuum feststellt, dass eine Lücke, Unsicherheit oder Inkohärenz in Bezug auf seinen Wissensstand existiert. Diesen Zustand versucht das Individuum dann durch Information zu reduzieren. Auch beim *Information Seeking Process*-Modell (ISP) von Kuhlthau (1988) steht das Gefühl der Unsicherheit am Beginn der Informationssuche. Dabei unterteilt sie den Suchprozess in verschiedene Phasen. Besonderen Einfluss erlangte Kuhlthaus Arbeit durch die Berücksichtigung der Rolle von Affekt und Emotion im Suchprozess (s. a. Kapitel D 4 Information und Emotion).

Ein weiterer alternativer Ansatz, das Konzept von Informationsbedürfnissen zu erklären, findet sich bei Dervin, die in den 1970er und 1980er Jahren den *Sense-Making*-Ansatz entwickelte. Dieser geht davon aus, dass Menschen im Zusammenhang mit fehlender Information eine Lücke (*gap*) wahrnehmen, die sie füllen möchten (Dervin 1983). Diese Lücke des *Sense-Making*-Ansatzes kann als Synonym für das Information-Need-Konzept verstanden werden (Kari 1998).

Die nutzerzentrierten Ansätze von Belkin, Kuhlthau, Dervin und anderen in den 1970er und 1980er Jahren führten bereits ein, was in den 1990er Jahren stärker in den Mittelpunkt der Forschung zu Information Needs wie auch der Information-Behaviour-Forschung rücken sollte: der Einfluss des Kontexts der Informationssuche (Naumer & Fisher 2017). In Chatmans (1991) *Small Worlds*-Theorie, Savolainens (1995) *Everyday Life Information Seeking*-Modell (ELIS) oder den *Information-Grounds*-Studien von Fisher (u. a. Fisher 2005; Fisher et al. 2007) spielen beispielsweise soziale Aspekte in Bezug auf Information Needs eine zentrale Rolle.

Seit den 2000er Jahren haben sich Forscher*innen mit verschiedenen theoretischen Aspekten des Information-Need-Konzeptes beschäftigt. Bei den Beiträgen handelt es sich beispielsweise um kritische Auseinandersetzungen (Godbold 2006; Niedźwiedzka 2003), vergleichende Analysen (Savolainen 2017) oder Weiterentwicklungen (Cole 2012; Ruthven 2019) der Ansätze von Wilson, Taylor, Belkin und anderen. Unter anderem konnte Savolainen (2017) eine Unterscheidung zwischen der Konzeptualisierung von Information Needs als Auslöser (*trigger*) beziehungsweise Treiber (*driver*) der Informationssuche im Rahmen von früheren Studien feststellen. Diese verstärkte theoretische Auseinandersetzung mit dem Information-Need-Konzept kann als positives Zeichen für eine fortschreitende Verfestigung der theoretischen Grundlagen im Bereich der Forschung zu Informationsbedürfnissen gewertet werden.

4 Informationsbedarf und Informationsbedürfnis

In der deutschsprachigen Forschung wird sowohl der Begriff des Informationsbedarfs als auch der Begriff des Informationsbedürfnisses verwendet. Hierbei wird in der wirtschaftswissenschaftlichen Forschung häufig eine Unterscheidung zwischen dem objektiven und dem subjektiven Informationsbedarf getroffen. Letzterer wird zum Teil auch als Informationsbedürfnis bezeichnet. Ein objektiver Informationsbedarf wird definiert als „die Art, Menge und Beschaffenheit von Information, die zur Erfüllung einer Aufgabe benötigt wird" (Heinrich et al. 2011, S. 178), unabhängig von einer konkreten Person, die diese Aufgabe zu erledigen hat. Ein subjektives Informationsbedürfnis wird hingegen definiert als „die Art, Menge und Qualität der Informationen, welches ein konkretes Subjekt (Aufgabenträger) zur Bewältigung einer konkreten Aufgabe als notwendig erachtet" (Taschner 2013, S. 17). Diese begriffliche Unterscheidung wird teilweise auch in der deutschsprachigen bibliotheks- und informationswissenschaftlichen Forschung verwendet und findet sich beispielsweise im fachspezifischen Lexikon von Strauch & Rehm (2007) wieder.

In zahlreichen deutschsprachigen Publikationen, unter anderem in den Erziehungswissenschaften (z. B. Kloos 2010), der Psychologie (z. B. Krampen et al. 2004) und dem Gesundheitsbereich (z. B. Walther et al. 2015) wird, teilweise auch synonym zum wirtschaftswissenschaftlichen Begriff des subjektiven Informationsbedürfnisses, mehrheitlich der Begriff des Informationsbedarfs verwendet. Aus diesem Grund kann die Nutzung des Begriffes des Informationsbedürfnisses unter Umständen zu einer Separierung der informationswissenschaftlichen Forschung von diesen weiteren Disziplinen führen. Im Rahmen von interdisziplinären Forschungsprojekten kann es sich daher für eine bessere Sichtbarkeit anbieten, den Begriff des Informationsbedarfs zu nutzen.

Auch das Verhältnis des englischsprachigen Konzeptes des Information Need gegenüber den beiden deutschsprachigen Begriffen Informationsbedarf sowie Informationsbedürfnis ist bisher nicht klar definiert. Während einige informationswissenschaftliche Forscher*innen im Zusammenhang mit Modellen zum Informationsverhalten den Begriff des Informationsbedarfs verwenden (z. B. Merz 2016), nutzen andere in diesem Zusammenhang den Begriff des Informationsbedürfnisses (z. B. Irle 2017) oder auch beide Begriffe alternierend (z. B. Knäusl 2014). Dies dürfte unter anderem durch die multiperspektivische Definition des Begriffes Information Need bedingt sein. Während eine psychologische Perspektive, zum Beispiel in Anlehnung an die zuvor erwähnte Bedürfnishierarchie nach Maslow, für eine Verwendung des Begriffes des Informationsbedürfnisses spricht, würde eine Position, die einen Information Need dezidiert als objektiven Zustand sieht, eher für eine Verwendung des Begriffes des Informationsbedarfs argumentieren.

Der vorliegende Beitrag hat sich, neben einer mehrheitlichen Nutzung des englischsprachigen Information-Need-Begriffes, für die Verwendung des deutschsprachigen Begriffes des Informationsbedürfnisses entschieden. Zusammenfassend lässt sich aber festhalten, dass die Verwendung der deutschsprachigen Begriffe Informationsbedarf und Informationsbedürfnis immer kontext- und disziplinspezifisch betrachtet werden muss, da sich bisher keine einheitliche und fachübergreifende Definition der Begriffe durchgesetzt hat, speziell auch in Bezug auf die Darstellung des englischsprachigen Konzeptes des Information Need.

5 Forschung zu Information Needs

Eine größere Anzahl an Übersichtsarbeiten zur Forschung im Bereich *Information Needs and Uses* ermöglicht einen guten Überblick über die thematischen und methodischen Trends der letzten Jahrzehnte im Zusammenhang mit dem Begriff des Information Need. Fasst man die Analysen zur Forschung seit den 1970er Jahren zusammen, lässt sich festhalten, dass ein Großteil der frühen Studien einen systemorientierten statt eines nutzerorientierten Ansatzes verfolgte. Dies änderte sich durch einen Paradigmenwechsel in der Forschung (Dervin & Nilan 1986), der durch die bereits beschriebene theoretische Auseinandersetzung mit den zentralen Begriffen des Feldes durch Wilson, Dervin und andere vorangetrieben wurde, und der den bzw. die Nutzer*in verstärkt in den Fokus der Untersuchungen rückte (Hewins 1990). Während die Forschung der 1980er und 1990er Jahre eher wenig fachübergreifend angelegt war, zeigte sich in den 2000er Jahren zudem eine verstärkte Interdisziplinarität der Forschung, die als positives Zeichen für die Entwicklung des Feldes gewertet wurde (Julien 1996; Julien & Duggan 2000; Julien et al. 2011).

Die am häufigsten untersuchten Nutzer*innengruppen im Forschungsfeld waren bis in die 2000er Jahre Studierende, Wissenschaftler*innen und Berufstätige (Julien et al. 2011), wobei Vakkari (2008) ein zunehmendes Interesse an der Untersuchung des alltäglichen Informationsverhaltens feststellte. Vakkari (2008) zeigte weiterhin auf, dass der Fokus der Studien im Feld der Informationsverhaltensforschung sich vermehrt auf den Prozess des Information Seeking konzentrierte, während das Konzept der Information Needs im Jahr 2008 relational weniger häufig im Zentrum der Untersuchungen stand als noch 1996. Die Anzahl der Studien zum Information Seeking übertraf auch in einer Analyse der Fachliteratur von 2012 bis 2014 (Greifeneder 2014) bei weitem die Anzahl der Studien zum Thema Information Needs. Als besonders häufig adressierte Zielgruppen der Information-Behaviour-Forschung konnten in diesem Zeitraum der Gesundheitssektor, *Digital Youth* und marginalisierte Gruppen identifiziert werden. Verstärkt wurde weiterhin das Verhalten in sozialen Medien und anderen digitalen Umgebungen untersucht (Greifeneder 2014).

Auch in den letzten Jahren zeigt sich, neben der bereits oben erwähnten theoretischen Auseinandersetzung mit dem Konzept der Information Needs, inhaltlich ein verstärkter Fokus auf spezifische Kontexte und Nutzer*innengruppen sowie Fragestellungen aus dem Gesundheits- und Digitalbereich. Als anschauliches Beispiel kann hier die Mischung an Studien betrachtet werden, die 2020 in einer *Special Section* des Journals *Information Processing & Management* zum Thema Information Need publiziert wurden. Neben einer Auseinandersetzung mit Taylors Konzept des *Visceral Information Need* (Cole 2020) finden sich hier unter anderem Studien zu den Information Needs von jungen Vätern (Mniszak et al. 2020) oder Drogenkonsument*innen (Haasio et al. 2020) sowie zur Untersuchung von Information Needs im Gesundheitsbereich (Pian et al. 2020).

Methodisch lassen sich bezüglich der Forschung zu Information Needs in den letzten Jahrzehnten klare Entwicklungen erkennen. Während die Studien bis in die 1980er Jahre stark quantitativ geprägt waren (Dervin & Nilan 1986), kam es im Rahmen des bereits erwähnten Paradigmenwechsels hin zur nutzerzentrierten Forschung auch zur Forderung nach einer verstärkten Anwendung von qualitativen Methoden (Wilson 1981). Diverse Analysen konnten zeigen, dass seit den 1980er Jahren Fragebögen und Interviews die am häufigsten genutzten Methoden der Datenerhebung sind (Greifeneder 2014; Julien 1996; Julien & Duggan 2000; Julien et al. 2011), wobei die Verwendung von qualitativen Methoden und die Methodenvielfalt weiter zugenommen haben (Afzal 2017; Vakkari

2008). Die Forschung der letzten Jahre hat sich explizit auch mit methodischen Fragestellungen bezüglich der Untersuchung von Information Needs auseinandergesetzt. So beschäftigte Borlund (2016) sich mit der Simulation von Information Needs für den Einsatz im Rahmen von experimentellen Studien. Barefoot (2018) nutzt hingegen den Ansatz des Storytelling, um für die Identifikation von Information Needs zu sensibilisieren, gerade im Zusammenhang mit marginalisierten Nutzer*innengruppen. Für eine relativ neue methodische Herangehensweise an die Untersuchung von Information Needs steht weiterhin die Forschung von Moshfeghi et al. (2019), die neurowissenschaftliche Methoden nutzt, um den Zusammenhang zwischen der Realisierung von Information Needs und Signalen des menschlichen Gehirns zu erkunden. Anhand von bildgebenden Verfahren wie der funktionellen Magnetresonanztomographie (fMRT) wird dabei die Gehirnaktivität von Menschen bei der Durchführung von Suchprozessen untersucht. Die Ergebnisse der Forschung zeigen unter anderem, dass es möglich ist, das Bestehen eines Information Needs anhand der Hirnaktivität zu prognostizieren (Moshfeghi et al. 2019).

6 Kritische Reflexion und Ausblick

Das Konzept der Information Needs wird seit seiner Entstehung von Kritik begleitet. Forscher*innen stellten unter anderem in Frage, ob Information Needs als eigenständige Bedürfnisse existieren (Wilson 1981) oder ob diese, anders als geäußerte Wünsche oder gestellte Fragen, überhaupt identifizierbar sind (Derr 1983). Doch auch wenn viele terminologische und theoretische Fragen bezüglich des Information-Need-Konzeptes weiterhin nicht gelöst sind (Naumer & Fisher 2017) und Aspekte der Operationalisierung und wissenschaftlichen Untersuchung weiter offen diskutiert werden (Afzal 2017): Die Untersuchung von menschlichen Bedürfnissen nach Information stellt nach wie vor einen Schwerpunkt der informationswissenschaftlichen Forschung dar.

Es stellt sich daher die Frage, wie sich zukünftige Entwicklungen auf das Forschungsgebiet auswirken werden. Webangebote, speziell im Bereich der Sozialen Medien, setzen schon jetzt massiv auf das Entdecken von Informationen, ohne dass diese konkret gesucht wurden. So beschreibt Google den Zweck seines personalisierten Feeds *Discover* mit den folgenden Worten: „Even when you don't have a specific query in mind, you still may want to be inspired by the things you care most about." (Google 2021). Das *Discover*-Feature arbeitet daher, anders als die klassische Google-Suche, nicht mit Suchanfragen, sondern präsentiert der nutzenden Person, basierend auf persönlichen Einstellungen und bisherigen Webaktivitäten, Informationen, die ihren Interessen entsprechen sollen. Zur erfolgreichen Umsetzung eines solchen Services wird es einerseits für die Anbieter immer wichtiger werden, die Information Needs der Nutzenden möglichst treffend zu analysieren, um sie mit den zur Verfügung gestellten Inhalten zufrieden zu stellen. Andererseits könnten sich Angebote dieser Art auch auf die Entstehung von Informationsbedürfnissen der Nutzer*innen auswirken und diese beeinflussen. Eine Untersuchung der Erstellung von automatisierten Empfehlungen sowie der Auswirkungen dieser auf menschliche Informationsbedürfnisse stellt daher ein relevantes Gebiet für zukünftige Forschung dar.

Auch falls also der Begriff des Information Need in Zukunft durch andere Begriffe ersetzt werden sollte und seine Erforschung sich inhaltlich und methodisch weiterentwickeln wird: Es ist davon auszugehen, dass die Untersuchung von Informationsbedürfnissen ein Kernthema der Informationswissenschaft bleiben wird.

7 Literaturverzeichnis

Afzal, W. (2017). Conceptualisation and measurement of information needs: a literature review. *Journal of the Australian Library and Information Association*, 66(2), 116–138. https://doi.org/10.1080/24750158.2017.1306165.

Barefoot, M. R. (2018). Identifying information need through storytelling. *Reference Services Review*, 46(2), 251–263. https://doi.org/10.1108/RSR-02-2018-0009.

Bates, M. J. (1999). The invisible substrate of information science. *Journal of the American Society for Information Science*, 50(12), 1043–1050. https://doi.org/10.1002/(SICI)1097-4571(1999)50:12<1043::AID-ASI1>3.0.CO;2-X.

Bawden, D. (2006). Users, user studies and human information behaviour: a three-decade perspective on Tom Wilson's „On user studies and information needs". *Journal of Documentation*, 62(6), 671–679. https://doi.org/10.1108/00220410610714903.

Belkin, N. J. (1980). Anomalous states of knowledge as a basis for information retrieval. *Canadian Journal of Information Science*, 5, 133–143.

Belkin, N. J., Oddy, R. N. & Brooks, H. M. (1982). ASK for information retrieval: Part I. Background and theory. *Journal of Documentation*, 38(2), 61–71. https://doi.org/10.1108/eb026722.

Berelson, B. (1949). *The library's public*. Columbia University Press.

Borlund, P. (2016). Framing of different types of information needs within simulated work task situations: an empirical study in the school context. *Journal of Information Science*, 42(3), 313–323. https://doi.org/10.1177/0165551515625028.

Borlund, P. & Ruthven, I. (2020). Information need: introduction to the special issue. Information Processing and Management, 57(2), Artikel 102103. https://doi.org/10.1016/j.ipm.2019.102103.

Case, D. O. & Given, L. M. (2016). *Looking for information. A survey of research on information seeking, needs, and behavior* (4. Aufl.). Emerald.

Chatman, E. A. (1991). Life in a small world: applicability of gratification theory to information-seeking behavior. *Journal of the American Society for Information Science*, 42(6), 438–449. https://doi.org/10.1002/(SICI)1097-4571(199107)42:6<438::AID-ASI6>3.0.CO;2-B.

Cole, C. (2012). *Information need: a theory connecting information search to knowledge formation*. Information Today.

Cole, C. (2020). Taylor's Q1 „visceral" level of information need: what is it? *Information Processing & Management*, 57(2), Article 102101. https://doi.org/10.1016/j.ipm.2019.102101.

Derr, R. L. (1983). A conceptual analysis of information need. *Information Processing & Management*, 19(5), 273–278. https://doi.org/10.1016/0306-4573(83)90001-8.

Dervin, B. (1983). *An overview of sense-making research: concepts, methods, and results to date* (Paper Präsentation) (26.–30. Mai 1983). International Communication Association Annual Meeting, May 1983, Dallas, Texas, USA.

Dervin, B. & Nilan, M. (1986). Information needs and uses. *Annual Review of Information Science and Technology*, 21, 3–33.

Fisher, K. E. (2005). Information Grounds. In K. E. Fisher, S. Erdelez & L. McKechnie (Hrsg.), *Theories of information behavior* (S. 185–190). Information Today.

Fisher, K. E. (2007). Social spaces, casual interactions, meaningful exchanges: ‚information ground' characteristics based on the college student experience. *Information Research*, 12(2), Paper 291. http://informationr.net/ir/12-2/paper291.html.

Godbold, N. (2006). Beyond information seeking: towards a general model of information behaviour. *Information Research*, 11(4), Paper 269. http://InformationR.net/ir/11-4/paper269.html.

Google (2021). *Helpful features*. https://www.google.com/search/howsearchworks/features/.

Green, A. (1990). What do we mean by user needs? *British Journal of Academic Librarianship*, 5(2), 65–78.

Greifeneder, E. (2014). Trends in information behavior research. *Proceedings of ISIC, the Information Behaviour Conference, Part 1*, Paper isic13. http://InformationR.net/ir/19-4/isic/isic13.html

Grunig, J. E. (1989). Publics, audience and market segments: segmentation principles for campaigns. In C. T. Salmon (Hrsg.), *Information campaigns: balancing social values and social change* (S. 191–215). Sage.

Haasio, A., Harviainen, J. T. & Savolainen, R. (2020). Information needs of drug users on a local dark Web marketplace. *Information Processing and Management*, 57(2), Artikel 102080. https://doi.org/10.1016/j.ipm.2019.102080.

Heinrich, L. J., Heinzl, A. & Riedl, R. (2011). *Wirtschaftsinformatik. Einführung und Grundlegung* (4. überarb. u. erw. Aufl.). Springer.

Hewins, E. T. (1990). Information need and use studies. *Annual Review of Information Science and Technology*, 25, 145–172.

Ingwersen, P. (2000). Users in context. In M. Agosti, F. Crestani & G. Pasi (Hrsg.), *Lectures on Information Retrieval. ESSIR* (S. 157–178). Springer.

Irle, G. J. (2017). *Gefühlserleben bei der Informationssuche im Internet: Eine qualitative Studie zur Individualität und Alltäglichkeit der Sucherfahrung* (Dissertation, Universität Hildesheim; Schriften zur Informationswissenschaft, 72). Verlag Werner Hülsbusch. https://hildok.bsz-bw.de/frontdoor/index/index/docId/752.

Julien, H. (1996). A content analysis of the recent information needs and uses literature. *Library & Information Science Research*, 18(1), 53–65. https://doi.org/10.1016/S0740-8188(96)90030-4.

Julien, H. & Duggan, L. J. (2000). A longitudinal analysis of the information needs and uses literature. *Library & Information Science Research*, 22(3), 291–309. https://doi.org/10.1016/S0740-8188(99)00057-2.

Julien, H., Pecoskie, J. L. & Reed, K. (2011). Trends in information behavior research, 1999–2008: a content analysis. *Library & Information Science Research*, 33(1), 19–24. https://doi.org/10.1016/j.lisr.2010.07.014.

Kari, J. (1998). *Making sense of Sense-Making: from metatheory to substantive theory in the context of paranormal information seeking* (Paper Präsentation) (12.–15. November 1998). Nordis-Net workshop (Meta)theoretical stands in studying library and information institutions: individual, organizational and societal aspects, Oslo, Norway, November 12–15 1998.

Kloos, N. (2010). Orientierungs- und Informationsbedarf von Eltern. *Medien + Erziehung*, 54(4), 38–44.

Knäusl, H. (2014). *Situationsabhängige Rezeption von Information bei Verwendung der Wikipedia* (Dissertation, Universität Regensburg). https://doi.org/10.5283/epub.31041.

Krampen, G., Becker, R., Labouvie, Y. & Montada, L. (2004). *Internet-Ressourcen für die Psychologie sowie Informationsbedarf und Informationsverhalten von BDP-Mitgliedern*. Trier: Leibniz-Zentrum für Psychologische Information und Dokumentation. http://hdl.handle.net/20.500.11780/3574.

Krikelas, J. (1983). Information-seeking behavior: patterns and concepts. *Drexel Library Quarterly*, 19(2), 5–20.

Kuhlthau, C. C. (1988). Developing a model of the library search process: cognitive and affective aspects. *Reference Quarterly*, 28(2), 232–242.

Line, M. B. (1974). Draft definitions: information and library needs, wants, demands and uses. *Aslib Proceedings*, 26(2), 87. https://doi.org/10.1108/eb050451.

Maslow, A. H. (1943). A theory of human motivation. *Psychological Review*, 50(4), 370–396. https://doi.org/10.1037/h0054346.

Merz, A.-K. (2016). *Information Behaviour bei der Erstellung systematischer Reviews. Informationsverhalten von Information Professionals bei der Durchführung systematischer Übersichtsarbeiten im Kontext der evidenzbasierten Medizin* (Dissertation, Universität Regensburg). URN: urn:nbn:de:bvb:355-epub-363313.

Mniszak, C., O'Brien, H. L., Greyson, D., Chabot, C. & Shoveller, J. (2020). „Nothing's available": young fathers' experiences with unmet information needs and barriers to resolving them. *Information Processing and Management*, 57(2), Artikel 102081. https://doi.org/10.1016/j.ipm.2019.102081.

Moshfeghi, Y., Triantafillou, P. & Pollick, F. (2019). Towards predicting a realisation of an information need based on brain signals. In L. Liu & R. White (Hrsg.), *The World Wide Web Conference* (S. 1300–1309). ACM. https://doi.org/10.1145/3308558.3313671.

Naumer, C. & Fisher, K. E. (2017). Information Needs. In J. D. McDonald & M. Levine-Clark (Hrsg.), *Encyclopedia of Library and Information Sciences* (4. Aufl., S. 2452–2458). CRC Press. https://doi.org/10.1081/E-ELIS4.

Niedźwiedzka, B. (2003). A proposed general model of information behaviour. *Information Research*, 9(1) Paper 164. http://InformationR.net/ir/9-1/paper164.html.

Pian, W., Song, S. & Zhang, Y. (2020). Consumer health information needs: a systematic review of instrument development. *Information Processing and Management*, 57(2), Article 102077. https://doi.org/10.1016/j.ipm.2019.102077.

Roberts, N. (1975). Draft definitions: information and library needs, wants, demands and uses. A comment. *Aslib Proceedings*, 27(7), 308–313. https://doi.org/10.1108/eb050518.

Ruthven, I. (2019). The language of information need: differentiating conscious and formalized information needs. *Information Processing & Management*, 56(1), 77–90. https://doi.org/10.1016/j.ipm.2018.09.005.

Savolainen, R. (1995). Everyday life information seeking: approaching information seeking in the context of „way of life". *Library & Information Science Research*, 17(3), 259–294. https://doi.org/10.1016/0740-8188(95)90048-9.

Savolainen, R. (2017). Information need as trigger and driver of information seeking: a conceptual analysis. *Aslib Journal of Information Management*, 69(1), 2–21. https://doi.org/10.1108/AJIM-08-2016-0139.

Strauch, D. & Rehm, M. (2007). *Lexikon Buch – Bibliothek – Neue Medien* (2. aktual. u. erw. Aufl.). K. G. Saur.

Taschner, A. (2013). *Management Reporting. Erfolgsfaktor internes Berichtswesen.* Springer.

Taylor, R. S. (1968). Question-negotiation and information seeking in libraries. *College and Research Libraries*, 29(3), 178–194.

Vakkari, P. (2008). Trends and approaches in information behavior research. *Information Research*, 13(4), Paper 361. http://InformationR.net/ir/13-4/paper361.html.

Voigt, M. J. (1959). The researcher and his sources of scientific information. *Libri*, 9(3), 177–193.

Walther, A. L., Pohontsch, N. J. & Deck, R. (2015). Informationsbedarf zur medizinischen Rehabilitation der Deutschen Rentenversicherung – Ergebnisse eines Online-Surveys mit niedergelassenen Ärzten. *Gesundheitswesen*, 77(5), 362–367. https://doi.org/10.1055/s-0034-1377034.

Wilson, T. D. (1981). On user studies and information needs. *Journal of Documentation*, 37(1), 3–15. https://doi.org/10.1108/eb026702.

Wilson, T. D. (1999). Models in information behaviour research. *Journal of Documentation*, 55(3), 249–270. https://doi.org/10.1108/EUM0000000007145.

Dirk Lewandowski & Christa Womser-Hacker
D 6 Information Seeking Behaviour

1 Einleitung

Die Vielzahl der Publikationen zeigt, dass Information Seeking Behaviour (ISB) bzw. Informationssuchverhalten in der informationswissenschaftlichen Forschung als relevantes Thema angesehen wird. ISB versteht sich als Unterkategorie von Information Behaviour (IB) bzw. Informationsverhalten, das jegliches menschliches Verhalten mit Bezug zu Wissen und Information umfasst, also z. B. auch Informationsvermeidung oder passives Informationsverhalten. ISB hingegen wurde anfänglich meist als bewusster Prozess verstanden, um sich aufgrund einer festgestellten Wissenslücke Information zu beschaffen (Case & Given 2016, S. 91 f.). Information Seeking wird als eine alltägliche Aktivität angesehen, die meist dann auftritt, wenn eine informationell unterbestimmte Handlung durchgeführt werden soll (vgl. Case & Given 2016, S. 6). Case & Given (2016, S. 92 f.). diskutieren verschiedene Begriffsdarstellungen und geben folgendes Resümee:

> In summary, information seeking is a taken-for-granted concept, a catchall phrase that encompasses a variety of behaviors seemingly motivated by the recognition of 'missing' information. Although it is the most common term in use, information seeking is typically defined strictly in terms of active and intentional behavior, which limits its applicability to the broad range of research currently being conducted on human use of information.

Sutcliffe und Ennis (1998) gliedern ISB in vier Hauptaktivitäten: 1.*Problem identification*, 2. *Articulation of information need*, 3. *Query formulation*, 4. *Results evaluation*. Andere Autoren wie z. B. Erdelez und Makri (2020) verstehen unter ISB nicht nur aktives Suchen mit entsprechenden Suchanfragen, sondern auch passives Verhalten ohne zielgerichtete Suchintention (Information Encountering/Serendipity) kann darunter subsumiert werden. Weitere Ausführungen und definitorische Einordnungen des komplexen Phänomens ISB/IB finden sich bei Savolainen (2019), bei Wilson (2020) und in Kapitel D 1 Information Behaviour.

Die Erhebung von ISB verfolgt meist das Ziel, Modelle des Informationssuchverhaltens abzuleiten, die den Problemzusammenhang beschreiben (sowie meist auch visualisieren) und Ursachen und Konsequenzen von Aktivitäten und Zuständen in vereinfachter Form und in Relation zueinander darstellen.

2 ISB-Modelle

2.1 Nutzen, Ziele und Einteilung von Modellen

In der informationswissenschaftlichen Forschung haben sich verschiedene Arten herauskristallisiert, um Information Seeking zu modellieren. Modelle haben den Vorteil, dass sie komplexe Sachverhalte und Prozesse der Wirklichkeit reduzieren, beschreiben (deskriptive Modelle) und ggf. erklären (explanative Modelle) können. Bates (2005, S. 3) schreibt den Modellen große Bedeutung bei der Entwicklung von Theorien zu, da sie als eine Art *proto-theory* den Weg zu einer voll elaborierten Theorie ebnen (s. a. Kapitel A 3 Theorien in der Informationswissenschaft).

Die Forschung zu ISB verfolgt verschiedene Ziele: Natürlich geht es zunächst darum, die Nutzer*innen und ihr Verhalten zu beschreiben und zu verstehen, aber auch als praktisches Ziel, die Systeme und Services daran auszurichten und zu verbessern.

Zu den ISB-Modellen liegen neben den klassischen Modellierungen neuere Publikationen vor: Fisher et al. (2005) haben in mehr als 70 kurzen Kapiteln Theorien, Modelle und Hypothesen zusammengetragen. Marton & Choo (2012) befassen sich mit theoretischen ISB-Modellen, wobei der besondere Fokus auf der Gesundheitsinformation liegt, die aus dem World Wide Web (WWW) gewonnen wird. Kundu (2017) legt eine vergleichende Studie zu generischen ISB-Modellen von großem Bekanntheitsgrad vor (s. Kundu 2017, S. 402).

Zur Unterscheidung von Modellen fanden die folgenden Kriterien Anwendung (s. a. Case & Given 2016, 6):

Reichweite der Modelle: Manche Modelle beziehen sich nur auf einen spezifischen Teil des IS-Prozesses und modellieren diesen sehr ausführlich, andere nehmen einen holistischen Blickwinkel auf den gesamten IS-Prozess ein. Wiederum andere fokussieren auf eine integrative Modellierung, um Ähnlichkeiten, Unterschiede und Wechselwirkungen mit benachbarten Phänomenen wie z. B. *information use* oder *information sharing* aufzudecken (z. B. Savolainen 2019).

Anwendungsbereiche von Modellen: Die meisten Modelle berücksichtigten bisher professionelle Zusammenhänge (*work tasks*), aber auch Lernen (Kuhlthau 2004) oder das Verhalten bei mehrsprachiger Suche (s. Kapitel C 7 Cross-Language Information Retrieval), Freizeitgestaltung (Hartel 2006) oder gesundheitsbezogene Kontexte (Hertzum & Simonsen 2019; Marton & Choo 2012) kommen hinzu. Einige Modelle beziehen sich auf ganz konkrete Bereiche wie z. B. Soziale Netzwerke oder Diskussionsforen, in denen die Suche nach Information und die Bereitstellung von Wissen eine Rolle spielen. Auch bestimmte ISB-Strategien (s. Abschnitt 4) werden bei der Modellierung berücksichtigt.

Auch **Entwicklungsmethode und Überprüfbarkeit** spielen eine Rolle: Erfolgt die Entwicklung empiriegeleitet oder konzeptuell? Sind die Modelle geeignet, um quantitative Studien an ihnen festzumachen oder bieten sie die Grundlage, um bestimmte Phänomene qualitativ zu explorieren?

Auch **vergleichende Perspektiven zwischen den Modellen** wurden eingenommen, um ihre Stärken und Schwächen herauszustellen (Savolainen 2019, S. 519). Zu beachten sind auch visuelle Abbildungen von Modellen; diese tragen oftmals zum Verständnis bei (Dörk et al. 2011, Case & Given 2016, 141–175).

2.2 Klassische ISB-Modelle

Als Ausgangspunkt für die Modellierung von ISB sind die grundlegenden frühen Arbeiten von Wilson, Dervin, Taylor, Bates, Ellis, Kuhlthau u. a. zu sehen.

Bates schlägt den sog. *Berrypicking*-Ansatz vor, der die iterative Vorgehensweise bei der Informationssuche in den Vordergrund rückt. Dabei steht nicht mehr eine einzelne Anfrage im Zentrum, sondern ein gesamter Suchprozess, was stärker an der realistischen Vorgehensweise von Suchenden orientiert ist. Es werden verschiedene Facetten in die Suche einbezogen, wobei jeder Schritt und jedes „Stück gewonnene Information" neue Ideen generieren kann (z. B. neue, adäquatere Suchterme), so dass sich die Suche Schritt für Schritt entwickelt und *pieces of information* aufsammelt (Bates 1989).

Wilsons *Nested Model* von 1999 ordnet ISB zwischen dem weiteren Bereich des Information Behaviour und dem engeren Information Search Behaviour ein (s. dazu Kapitel D 1 Information Behaviour). Sein Modell von 1981 (s. Abb. 1) ist mehr als zyklischer Ablauf von Information Seeking denn als Modell zu sehen. Ausgehend vom Informationsbedarf führt der/die Benutzer*in unter Nutzung verschiedener Endgeräte Handlungen durch, um Information zu finden, die von Erfolg gekrönt sein können oder nicht. Im positiven Fall kann das Problem gelöst werden, im negativen werden weitere Zyklen durchlaufen. Dabei können mehrere Personen in diesen Prozess involviert sein.

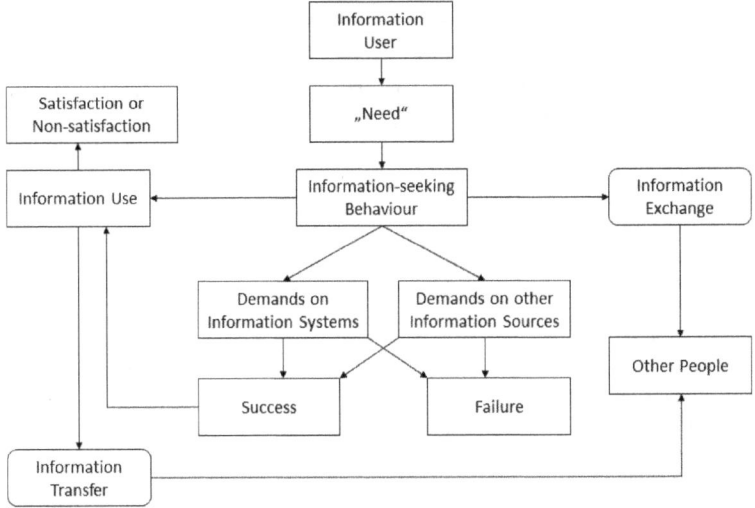

Abb. 1: *Wilson's Model of information behaviour* (Wilson 1999, S. 251)

Das Modell ähnelt Dervins *Sense making*-Modell aus dem Jahr 1998, das von einer situationsgebundenen *information need* ausgeht. Der Informationssuchende „spürt" die Wissenslücke und identifiziert ein Informationsbedürfnis (s. a. Kap. D 5 Information Need). Das Modell nimmt direkten Bezug auf Ellis' empiriebasiertes Modell aus dem Jahr 1989, in dem die verschiedenen Teilbereiche von ISB beschrieben werden. Nach dem *Start* (Quellenauswahl, Sichtung der vorhandenen Materialien etc.) werden die Informationseinheiten vernetzt und Bezüge und Referenzen ausgewertet (*Chaining*). Potentiell interessante Bereiche wie Inhaltsverzeichnis, Überschriften, Autorennamen werden überflogen (*Browsing*) und nach Qualität, Aktualität und Brauchbarkeit bewertet (*Differentiating*). Es findet eine Identifizierung der relevanten Informationseinheiten statt, die durch die Nutzer*innen systematisch bearbeitet und in das vorhandene Wissen eingebunden werden (*Extracting*). Ebenso wird auf Korrektheit und Zuverlässigkeit überprüft (*Verifying*), bevor die Informationseinheiten zusammengeführt werden und die Suche abgeschlossen und beendet wird (*Ending*) (s. Ellis 1989).

Ellis' Modell bleibt auf einem statischen Level. Es werden weder Zusammenhänge zwischen den Phasen formuliert, noch nimmt er eine explizite sukzessive Anordnung vor. Erst Wilson modifiziert Ellis' Modell in Richtung eines Prozessmodells und ordnet die einzelnen Schritte in ihrer wahrscheinlichsten Abfolge an (Wilson 1999, S. 255). Er zeichnet durch die Beschreibung der unterschiedlichen Aktivitäten, die Wissenschaftler*innen zur Informationsgenerierung durchführen, ein detailliertes Bild des taskbasierten Information Seeking, welches die kognitive Perspektive stark mitgeprägt hat.

Ebenso wie das Modell von Ellis basiert auch das Information Search Process Model (ISP) von Carol Kuhlthau aus dem Jahr 1991 auf vielen Benutzerstudien (z. T. auch Langzeitstudien), anhand derer ihr Modell angepasst und verifiziert wurde. Kuhlthau schlägt ähnliche Elemente wie Ellis – allerdings als Zustände – vor und fügt diesen weitere Ebenen hinzu: Emotionen, Gedanken und Handlungen (Tabelle 1).

Tab. 1: Kuhlthaus Modell des Information Search Process (Kuhlthau 1991, S. 367)

Stages in ISP		Feelings Common to Each Stage	Thoughts Common to Each Stage	Actions Common to Each Stage	Appropriate Task According to Kuhlthau Model
1. Initiation	Anfang eines Informationsprozesses, bei welchem sich die handelnde Person einer Wissenslücke oder eines Verständnisproblems bewusst wird und dadurch Unsicherheit auftritt	Uncertainty	General/ Vague	Seeking Background Information	Recognize
2. Selection	Identifizierung und Auswahl des Untersuchungsbereichs; Versuch, die Unsicherheit zu reduzieren	Optimism			Identify
3. Exploration	Gefühle der Verwirrtheit und Unsicherheit können auftreten, bedingt durch die vielen neuen Wissensbestandteile, das eigene Wissen sowie die schwierige Verknüpfung	Confusion/ Frustration/ Doubt		Seeking Relevant Information	Investigate
4. Formulation	Sog. *Turning Point*, aus der bestehenden Übersicht wird ein Fokus ausgewählt, wobei die Unsicherheit einem Gefühl der Zuversicht weicht	Clarity	Narrowed/ Clearer		Formulate
5. Collection	Die Suche wird abgeschlossen und die Information, die für den Untersuchungsgegenstand relevant ist, geordnet	Sense of Direction / Confidence	Increased Interest	Seeking Relevant or Focused Information	Gather

Stages in ISP		Feelings Common to Each Stage	Thoughts Common to Each Stage	Actions Common to Each Stage	Appropriate Task According to Kuhlthau Model
6. Presentation	Zusammenfassung der Suche, Nutzung der gesammelten Information, die Bewertung des erreichten Ergebnisses	Relief/ Satisfaction or Dissapointment	Clearer or Focused		Complete

Kuhlthaus Modell stellt also die affektiven Komponenten des Information Seeking in den Mittelpunkt (ausführlicher dazu in Kapitel D 4 Information und Emotion). und bezieht Aktivitäten und Stufen des Informationssuchprozesses ein. Das Modell gibt zwar auf der einen Seite Einblick in die Emotionen, die beim Suchenden auftreten können (z. B. Gefühle wie Zufriedenheit, Frustration, Zweifel oder Verwirrung), auf der anderen Seite werden Informationsquellen, Aufgaben sowie der weiterführende Kontext weitgehend ausgeblendet.

Marchionini (1995) untersucht das Informationssuchverhalten speziell in elektronischen Umgebungen und entwickelt daraus sein Modell, das auf die Subprozesse des Information Seeking ausgerichtet ist (Abbildung 2).

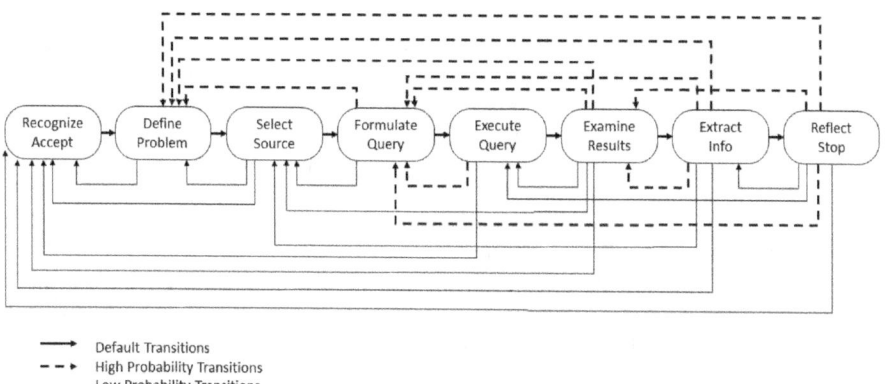

Abb. 2: Subprozesse des Information Seeking (Marchionini 1995, S. 50)

Die einzelnen Schritte weisen starke Überschneidungen mit den vorher dargestellten Modellen auf; interessant ist die Durchbrechung der statischen Anordnung. Manche Phasen (z. B. die *define problem*-Phase) können während des gesamten Information-Seeking-Prozesses aktiv bleiben und parallel zu anderen Phasen ablaufen. Als Konsequenz aus seinen Untersuchungen zum Suchverhalten mündet Marchioninis Forschung in die Entwicklung interaktiver Systeme, welche das menschliche Verhalten berücksichtigen und den Zugang zu elektronischen Informationssystemen unterstützen.

Abschließend soll auf die Erweiterung des Wilsonschen Modells (Wilson 1996) eingegangen werden, das Anleihen aus verschiedenen Disziplinen (*Stress/Coping Theory, Risk/Reward Theory*) nimmt (Abbildung 3).

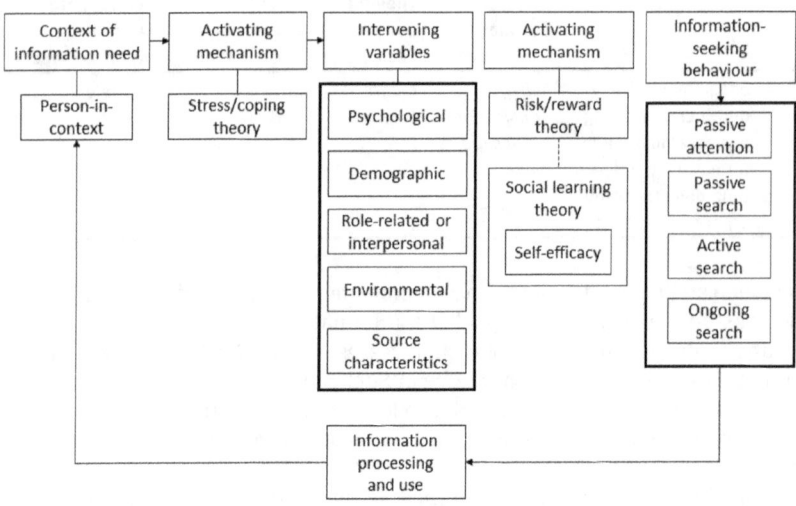

Abb. 3: Wilsons Modell aus dem Jahr 1996 (Wilson 1999, S. 257)

Hier bilden der *Information User* und sein Kontext des Informationsbedürfnisses die Schlüsselelemente, die als Ausgangspunkt dienen. Die informationshandelnde Person steht in einem Kontext und wird von verschiedenen Aktivierungsmechanismen und Variablen beeinflusst, die ihr Informationsverhalten steuern.

Zwei weitere Modellierungsansätze sollen hier noch kurz zur Sprache kommen, die z. B. zu Bates *Berrypicking Model* oder Fosters nicht-linearem Modell Ähnlichkeiten aufweisen: Modelle, die das Phänomen der *serendipity* einbeziehen, was das zufällige Treffen auf Information bezeichnet, (dazu Kapitel D 1 Information Behaviour) und sog. *Foraging* Modelle (s. z. B. Pirolli & Card 1999).

Das *Information Foraging*-Modell ist besonders interessant aufgrund seiner Metapher. IS wird hier verglichen mit der Futtersuche von Tieren. Informationssuchende durchwandern den Informationsraum von einer Ansammlung potentieller Informationsobjekte (*patches*) zur nächsten – ähnlich dem Vorgehen, wie Tiere ihre Futterplätze auswählen und aufsuchen. Sog. *information scents* (Fährten/Duftmarken) lotsen sie in die richtige Richtung. Im menschlichen IS können das interessante Begriffe, Namen oder Titel sein, die diese Funktion des Einschätzens des Werts der Information übernehmen.

Pirolli & Card (1999) entwickelten aus dem Blickwinkel der Cognitive & Neural Science ein komplexes Prozessmodell, das verschiedene Submodelle einbezieht: *information patch models, information scent models, information diet models*, etc. Dabei ist die Ausgangshypothese die, dass Menschen ihre Strategien und Vorgehensweisen im IS dynamisch anpassen, um die Rate der Informationsgewinnung zu maximieren (Pirolli & Card 1999, S. 2). Ein möglicher Gewinn wird gegen Aufwand und Energieeinsatz abgewogen und es wird entschieden, ob eine bestimmte Fährte verfolgt werden soll.

Neben den hier dargestellten Modellen zum Information Seeking existieren noch weitere, die sich auf bestimmte Facetten spezialisieren oder näher an der Forschung zum interaktiven Information Retrieval liegen. Hervorzuheben sind die Modelle von Byström & Järvelin (1995), Leckie et al. (1996), Saracevic (1997) und Vakkari (2001). Hierzu s. Kapitel C 4 Interaktives Information Retrieval.

3 Strategien des Information Seeking

Bei Strategien handelt es sich um geplantes Verhalten, das dazu dient, ein Ziel zu erreichen. Dies impliziert, dass es nicht nur eine Möglichkeit gibt, das Ziel zu erreichen, sondern aus mehreren Möglichkeiten ausgewählt werden kann. Für das Information Seeking bedeutet dies, dass zum einen Menschen unterschiedliche Strategien einsetzen können, um das gleiche Ziel zu erreichen; zum anderen, dass in den Fällen, in denen es eine besonders effiziente Strategie gibt, diese gelehrt werden kann (s. Kapitel D 8 Informationskompetenz und D 9 Informationsdidaktik). Von Strategien zu unterscheiden sind Suchtaktiken (Bates 1979; Smith 2012), die auf einer kleinteiligeren Ebene angesiedelt sind. Während eine Strategie sich auf die grundlegende Herangehensweise an die Befriedigung eines Informationsbedürfnisses bezieht, werden innerhalb der gewählten Strategie verschiedene Taktiken eingesetzt. Eine Strategie kann beispielsweise sein, gezielt mit Suchbegriffen in einer Suchmaschine zu suchen; zugehörige Taktiken beziehen sich zum Beispiel dann auf die Formulierung und Verfeinerung von Suchanfragen und die Auswahl geeigneter Suchfilter (s. Kapitel C 11 Informationsrecherche).

Unterschiedliche Strategien können zum gleichen Ergebnis führen; zum Beispiel kann dieselbe Information durch eine gezielte Suche oder durch Stöbern in einem Datenbestand gefunden werden. Damit wären die beiden Strategien gleich effektiv (das Ziel wird erreicht). Allerdings kann die Verwendung unterschiedlicher Strategien auch zu unterschiedlichen Ergebnissen führen. Dabei ist weiter zu unterscheiden, ob diese unterschiedlichen Ergebnisse qualitativ gleichwertig sind (also bei dem/der Nutzenden zum gleichen Wissenszuwachs führen) oder ob sie sich in ihrer Qualität unterscheiden. Nur im letztgenannten Fall ist es wichtig, die für die Rechercheaufgabe richtige/passende Strategie zu wählen. Allerdings gibt es über die Qualität des Ergebnisses hinausgehende Kriterien für die Wahl einer Strategie, bspw. die benötigte Zeit oder die Kosten, um zu dem gewünschten Ergebnis zu gelangen.

Ford (2015, S. 54 ff.) unterscheidet fünf Strategien des Information Seeking, die von der „Standardstrategie" der aktiven und gezielten Suche abgegrenzt werden können: (1) Browsing und Monitoring, (2) breite und enge Strategien (*broad and narrow strategies*), (3) tiefgehende und oberflächliche Ansätze (*deep and shallow approaches*), (4) nichtlineare Informationssuche (*non-linear information seeking*) und (5) Easy-Win-Strategien. Wir folgen dieser Einteilung und stellen die Strategien im Folgenden vor.

3.1 Browsing und Monitoring

Beim *Browsing* handelt es sich um den Vorgang des (nicht notwendigerweise systematischen) Sichtens von Dokumenten oder Dokumentbeständen, also beispielsweise das Durchsehen eines Buchbestands in einem Bibliotheksregal. Charakteristisch für das Browsen ist die Tatsache, dass es sich nicht um eine gezielte Suche wie bspw. die Suche nach eine einem bestimmten Buch handelt. Browsing als Strategie erlaubt es Nutzenden, ohne die konkrete Formulierung von Suchanfragen neue Informationen aufzufinden. Browsing erzielt oft breiter gestreute Ergebnisse als (oft eng gefasste) Ad-hoc-Suchen.

Das *Monitoring* ähnelt dem Browsen insofern, dass von der informationssuchenden Person keine konkrete Suche (Ad-hoc-Suche) durchgeführt wird. Vielmehr erreichen neue Informationen diese Person. Dazu kann vorab wie in einer Ad-hoc-Suche eine Suchanfrage formuliert und abgespeichert worden sein, allerdings kann beispielsweise auch das Inhaltsverzeichnis jeweils neu erschienener Hefte einer bestimmten Zeitschrift abonniert worden sein. In beiden Fällen werden den Nutzenden jeweils aktuelle Dokumente zugeschickt. Browsing und Monitoring unterscheiden sich in der Aktivität der Nutzer*in: Beim Browsing handelt es sich um einen aktiven Vorgang, beim Monitoring bleibt der/die Nutzer*in passiv (Bates 2002).

3.2 Breite und enge Strategien

Mit Bezug auf Pasks Lerntheorie stellt Ford (2015, S. 56 f.) heraus, dass Information Seeking kein Zweck an sich ist, sondern vielmehr dem Ziel dient, einen Sachverhalt zu verstehen bzw. etwas zu lernen. Hier zeigt sich, dass Informationssuche kein abgeschlossener Prozess ist, der vor der Verarbeitung/Nutzung der gefundenen Dokumente steht, sondern Suche und Nutzung innerhalb eines Lernprozesses ineinandergreifen und immer wieder abwechseln können. In Pasks Lerntheorie wird zwischen *description building* und *procedure building* unterschieden; dabei geht es zum einen darum, die grundlegende Struktur eines Themengebiets zu verstehen, zum anderen aber auch darum, das Thema in seinen Details zu erfassen. Daran knüpfen die breiten und engen Recherchestrategien an: Bei dem Ansatz, zuerst in die Breite zu gehen, wird ein Themenfeld zuerst in seiner grundlegenden Struktur erschlossen und das so entstehende Bild wird später mit den Details „aufgefüllt". Der gegenläufige Ansatz besteht darin, zuerst eine große Menge von recht detaillierten Informationen zu recherchieren und daraus den Überblick in einem zweiten Schritt zu entwickeln. Ford betont, dass keiner der beiden Ansätze per se dem anderem überlegen ist, allerdings die Verwendung nur eines dieser Ansätze zu suboptimalen Ergebnissen führt. Um ein umfassendes Bild zu einem Thema zu gewinnen – d. h. um alle Informationen zu finden, die für ein solches Bild nötig sind – braucht es sowohl die breite als auch die enge Strategie. Wendet man nur eine an, erhält man entweder ein oberflächliches Bild oder verliert sich in den Details, ohne das große Ganze zu erkennen.

3.3 Tiefgehende und oberflächliche Ansätze

Bei den oberflächlichen Ansätzen (*shallow approaches*) handelt es sich tatsächlich um nicht (oder nur bedingt) zielführende Strategien. Oft führen sie zu einem größeren Problem als dem, nichts zu finden, nämlich zu der Annahme, eine Suche erfolgreich abgeschlossen zu haben, dabei allerdings Wesentliches nicht berücksichtigt zu haben, weil man nicht in die Tiefe gegangen ist. Mansourian & Ford (2007) unterteilen die Strategien anhand der beiden Dimensionen Aufwand (*effort*) und Ausmaß (*extent*) der potentiell verpassten Information. Daraus ergeben sich vier Strategien, die sich auf die Qualität des zu erwartenden Rechercheergebnisses und damit letztlich auf das mittels dieser Informationen erreichbaren Verständnisses des Sachverhalts beziehen: oberflächlich (*perfunctory*), minimalistisch (*minimalist*), fahrig (*nervous*) und umfassend (*extensive*).

3.4 Nichtlineare Informationssuche

Schon in der Beschreibung von Bates' *Berrypicking*-Modell in Abschnitt 2 wurde klar, dass die Informationssuche nicht immer linear verläuft. Vielmehr beeinflusst gefundene

Information die weitere Recherche, indem die suchende Person beispielsweise auf neue Suchbegriffe kommt, in einer aufgefundenen Informationssammlung stöbert oder die Suchstrategie wechselt. Diese nichtlinearen Strategien der Informationssuche zeigen, dass für eine erfolgreiche Recherche in vielen Fällen ein Wechsel zwischen Strategien bzw. die Kombination von Strategien notwendig ist.

3.5 Easy-Win-Strategien

Suchende Personen setzen darauf, mit einfachen Recherchestrategien innerhalb kurzer Zeit einige gute Ergebnisse zu erreichen; eine tiefergehende Recherche findet dann nicht mehr statt (Ford 2015, S. 63 f.). Dieses Verhalten wird oft aus dem Prinzip des geringsten Aufwands (*principle of least effort*; Zipf 1949) erklärt: Menschen tendieren dazu, Aufgaben unter Anwendung des geringstmöglichen Aufwands zu erledigen; dies führt in vielen Fällen dazu, dass nur so lange gesucht wird, bis ein passendes Ergebnis gefunden wurde (sog. *satisficing*). Aber auch, wenn mehrere Dokumente zusammengestellt und gesichtet werden, wird häufig ein nur suboptimales Ergebnis erreicht – meist, ohne dass sich die suchende Person dessen bewusst ist.

4 Einflussfaktoren auf das Information Seeking Behaviour

Das Informations(such)verhalten wird durch verschiedene Faktoren beeinflusst. Diese können in Einflüsse, die innerhalb der suchenden Person liegen und Einflüsse der Situation unterschieden werden. Generell ist das Verhalten einer Person in einem bestimmten Moment sowohl von den Eigenschaften dieser Person als auch von der Situation geprägt. Die Kenntnis von Einflussfaktoren und die Messung ihres jeweiligen Einflusses auf das Information Seeking dient dazu, Nutzende gruppieren und in ihrem individuellen Verhalten vergleichen zu können. Letztlich können Systeme dann an die Verhaltensweisen dieser Gruppen angepasst werden.

Wilson (2021, S. 24) führt eine Vielzahl von Personfaktoren auf, die ihr Informationsverhalten beeinflussen. Neben typischen Personeneigenschaften wie Persönlichkeit und demographischen Faktoren zählen dazu der soziale Kontext, aber beispielsweise auch Umweltfaktoren und Einstellungen. Ford (2015) unterscheidet nach internen und externen Faktoren. Interne Faktoren können dabei feststehende Persönlichkeitseigenschaften wie Alter und Geschlecht sein, aber auch zumindest längerfristig veränderbare psychologische Faktoren wie Selbstwirksamkeitserwartungen, kognitive Stile und Persönlichkeit. Zudem zählt Ford mit den Gefühlen einer Person auch kurzfristig veränderbare Faktoren bei den internen Faktoren auf. Externe Faktoren sind dagegen beispielsweise Arbeitsumfeld, Freizeit und soziale Beziehungen. Sowohl interne wie auch externe Faktoren beeinflussen das Verhalten in einer konkreten Situation. O'Brien et al. (2017) gruppieren die individuellen Unterschiede im ISB in drei Gruppen: Persönlichkeit, Demographie und kognitive Faktoren.

Am häufigsten werden Personfaktoren untersucht; beliebt ist dabei unter anderem die Verwendung von Persönlichkeitsinventaren zur Messung beispielsweise der *Big Five*, also der fünf wichtigen (und über die Zeit recht stabilen) Persönlichkeitsmerkmale. Diese sind Offenheit für Erfahrungen, Gewissenhaftigkeit, Extraversion, Verträglichkeit und

Neurotizismus. Persönlichkeitsmerkmale werden in Studien häufig mit der Messung anderer der bereits genannten Faktoren kombiniert.

Heinström (2005) verwendet die *Big Five* und weitere Inventare, um aus Korrelationen zwischen Eigenschaften und (von den Personen selbst berichtetem) Verhalten mittels statistischer Analyse unterschiedliche Typen von Suchenden abzuleiten. Dies sind in ihrem Fall *fast surfers* (Personen, die nur oberflächlich suchen), *broad scanners* (die sich ein Thema breit und gründlich erschließen) und *deep divers* (die sich ein Thema tief und strategisch erschließen). Heinström kann mit ihrer Studie zeigen, dass Personfaktoren die Informationssuche beeinflussen, allerdings nicht dadurch determiniert wird. Vielmehr bilden die Personfaktoren einen Rahmen bzw. die Grenzen des Verhaltens in konkreten Situationen (Heinström 2005, S. 244). Neben den als relativ starr angenommenen Persönlichkeitseigenschaften (zu einer Kritik s. Bawden & Robinson 2012, S. 202) können auch „weichere", auf die Person und konkret das ISB bezogene Faktoren verwendet werden; Bawden & Robinson (2012) sprechen hier von *information styles*.

Viele weitere Studien haben den Ansatz verfolgt, Unterschiede im ISB durch Personenmerkmale zu erklären. Allerdings ist zu berücksichtigen, dass ISB keineswegs unabhängig von der Situation ist. Es mag zwar der Fall sein, dass eine Person typischerweise sehr tiefgehend nach Informationen recherchiert. Wenn allerdings die Zeit knapp ist und dringend eine informationsbasierte Entscheidung getroffen werden muss, wird wohl auch diese Person andere Strategien anwenden, die in der Forschung u. U. als Personfaktoren betrachtet werden. So kann ein *deep diver* schnell zum *fast surfer* werden. Dies deutet darauf hin, dass Informationssysteme nicht nur an unterschiedlichen Personenmerkmalen, sondern auch an Situationsmerkmalen ausgerichtet werden sollten. Das kann beispielsweise die konkrete Arbeitssituation mit ihren Anforderungen sein (bspw. Recherche nach Presseartikeln vs. Recherche nach Patenten), aber auch eine Kontextualisierung bzw. Personalisierung innerhalb einer konkreten Situation bedeuten (White 2016; s. Kapitel Kap. C 10 Modellierung von Benutzer*innen, Kontextualisierung, Personalisierung).

Weiterhin stellt sich bei Studien, die Personeneigenschaften mit Verhaltensweisen korrelieren, stets die Frage nach der theoretischen Gültigkeit, auch wenn die gefundenen Effekte statistisch signifikant sind. Hier stellt sich die Frage nach der Voraussage- und Erklärungskraft der Befunde (s. Kapitel 1.3 Methoden). Zusammenfassend lässt sich sagen, dass die Forschung zu Einflussfaktoren auf das ISB bislang ein uneinheitliches Bild liefert (O'Brien et al. 2017), was auch mit den verwendeten Samples (hauptsächlich Studierende) und Samplegrößen zusammenhängt (s. Kapitel 1.3 Methoden).

5 Methodische Ansätze

Bei der Analyse des Informationssuchverhaltens stehen empirisch-qualitative Methoden (im Sinne der deskriptiven Forschung) im Vordergrund (s. Vakkari 2008), da quantitative oder gar prüfstatistische Methoden (Formulierung und Testen von Hypothesen) aufgrund der Komplexität und Heterogenität des Forschungsfeldes sowie der unzureichenden Datenlage oft nicht adäquat eingesetzt werden können (s. Kapitel A 4 Methoden in der Informationswissenschaft; Greifeneder 2014). Die zählbaren Fakten wie Bibliotheksbesuche, Anzahl der ausgeliehenen Bücher, Anzahl der relevanten Treffer, Dauer der Auseinandersetzung mit Dokumenten etc. sind alleine zu oberflächlich, um über das eigentliche ISB Aufschluss zu geben. Am häufigsten finden sich Datenerhebungen in Form von Interviews oder Fragebögen, die z. B. durch eine qualitative Inhaltsanalyse (z. B. Mayring 2019) kategorisiert und analysiert werden. Auch Mischmethoden aus qualitativer und quantitativer Betrachtung, die z. B. erhobene Zählungen einordnen und interpretieren, finden immer mehr Anwendung und etablieren sich als Ansätze, die synergetisch ineinandergreifen und voneinander profitieren.

Insgesamt zeigt sich bei den Methoden ein hoher Anteil empiriegeleiteter Methoden sowie die Dominanz des (subjektiven) kognitivistisch-orientierten Ansatzes, bei dem das Handeln auf der Basis von Information – primär getragen von den Bedürfnissen und Motiven – im Vordergrund steht. Ganz aktuell sind ethnologische Feldforschungsmethoden, die ein intensives „Eintauchen" in das jeweilige (objektive) soziale und kulturelle Umfeld der Informationsarbeit vorsehen (cf. Schindler 2012; Savolainen 2007).

6 Fazit

ISB ist nach wie vor ein zentrales und wichtiges Forschungsgebiet der Informationswissenschaft. Greifeneder (2014) stellt dar, dass es das Hauptthema im Bereich Information Behaviour bildet. Im Laufe der Zeit haben sich die Ziele weiterentwickelt. Während die Erhebung von ISB in früherer Zeit meist in beschreibende (seltener in explanative) Modelle mündete, trägt die Analyse des Information-Seeking-Verhaltens von Nutzer*innen heute zum Verständnis von Strategien und Vorgehensweisen bei und wird auch für die Gestaltung und Optimierung von Systemen benutzt. Auch werden die Modelle spezifischer und erfassen einen weiteren Kontext und mehr Details über Personen oder Domänen. Die ISB-Strategien von Nutzer*innen wurden kategorisiert und konnten dadurch besser verstanden werden, sodass sich erfolgreiche Verfahren für bestimmte Zielsetzungen herauskristallisierten. Insgesamt trägt ISB bei zu einer genuin informationswissenschaftlichen Forschungsperspektive, die die Nutzenden unter Berücksichtigung der zahlreichen subjektiven, einflussnehmenden Faktoren in den Mittelpunkt rückt.

7 Literaturverzeichnis

Al-Wreikat, A., Rafferty, P. & Foster, A. (2015). Cross-language information seeking behaviour English vs Arabic. *Library Review*, 64(6–7), 446–467. https://doi.org/10.1108/LR-04-2015-0044.
Bates, M. J. (1979). Information search tactics. *Journal of the American Society for Information Science*, 30 (4), 205–214. https://doi.org/10.1002/asi.4630300406.
Bates, M. J. (1989). The design of browsing and berrypicking techniques for the online search interface. *Online review*, 13(5), 407–424. https://doi.org/10.1108/eb024320.
Bates, M. J. (2002). Toward an integrated model of information seeking and searching. *The New Review of Information Behaviour Research*, 3(1), 1–15. http://pages.gseis.ucla.edu/faculty/bates/articles/info_SeekSearch-i-030329.html
Bawden, D. & Robinson, L. (2012). *Introduction to Information Science*. Facet Publishing.
Becks, D., Görtz, M. & Womser-Hacker, C. (2010). Understanding Information Seeking in the patent Domain and its Impact on the Interface Design of IR Systems. *Proceedings of the HCIR 2010 Workshop in Conjunction with IIiX 2010*, 87–90.
Byström, K. & Järvelin, K. (1995). Task complexity affects information seeking and use. *Information Processing and Management*, 31(2), 191–213. https://doi.org/10.1016/0306-4573(95)80035-R.
Byström, K. (2007). Approaches to „task" in contemporary information studies. *Information Research*, 12 (4), Paper colis26. http://informationr.net/ir/12-4/colis/colis26.html.

Case, D. O. & Given, L. M. (2016). *Looking for Information: A survey of research on information seeking, needs, and behavior* (4. Auflage). Emerald Group Publishing Limited.

Dörk, M., Carpendale, S. & Williamson, C. (2011). The Information Flaneur: A Fresh Look at Information Seeking. *Proceedings of the SIGCHI Conference on Human Factors in Computing Systems*, 1215–1224. https://doi.org/10.1145/1978942.1979124.

Dervin, B. (1998). Sense-making theory and practice: an overview of user interests in knowledge seeking and use. *Journal of Knowledge Management*, 2(2), 36–46. https://doi.org/10.1108/13673279810249369.

Elbeshausen, S. (2019). *Collaborative Information Seeking. Integrierte Prozessmodellierung für die Ableitung systembasierter Unterstützungsmaßnahmen*. Hildesheim: Universitätsverlag Hildesheim. https://doi.org/10.18442/020.

Ellis, D. A. (1989). A behavioural approach to information retrieval design. *Journal of Documentation*, 45(3), 171–212. https://doi.org/10.1108/eb026843.

Ellis, D., Cox, D. & Hall, K. A. (1993). A comparison of the information seeking patterns of researchers in the physical and social sciences. *Journal of Documentation*, 49(4), 356–369. https://doi.org/10.1108/eb026919.

Erdelez, S. & Makri, S. (2020). Information encountering re-encountered: A conceptual re-examination of serendipity in the context of information acquisition. *Journal of Documentation*, 76(3), 731–751. https://doi.org/10.1108/JD-08-2019-0151.

Fisher, K. E., Erdelez, S. & McKechnie, L. (Hrsg.) (2005). *Theories of Information Behavior*. Information Today.

Ford, N. (2015). *Introduction to Information Behaviour*. Facet Publishing.

Foster, A. (2004). A nonlinear model of information-seeking behavior. *Journal of the American society for information science and technology*, 55(3), 228–237. https://doi.org/10.1002/asi.10359.

Greifeneder, E. (2014). Trends in information behaviour research. *Information Research*, 19(4), http://informationr.net/ir/19-4/isic/isic13.html#.Yoxxei-21pQ.

Hansen, P. (2011). *Task-based Information Seeking and Retrieval in the Patent Domain. Processes and Relationships*. Dissertation. Universität Tampere. Acta Universitatis Tamperensis 1631.

Heinström, J. (2003). Five personality dimensions and their influence on information behaviour. *Information Research*, 9(1), Paper 165.

Heinström, J. (2005). Fast surfing, broad scanning and deep diving. *Journal of Documentation*, 61(2), 228–247. https://doi.org/10.1108/00220410510585205.

Hertzum, M. & Simonsen, J. (2019). How is professionals' information seeking shaped by workplace procedures? A study of healthcare clinicians. *Information Processing & Management*, 56(3), 624–636. https://doi.org/10.1016/j.ipm.2019.01.001.

Ingwersen, P., Järvelin, K. (2005). *The Turn. Integration of Information Seeking and Retrieval in Context*. Springer. https://doi.org/10.1007/1-4020-3851-8.

Krampen, G., Fell, C. & Schui, G. (2011). Psychologists' research activities and professional information-seeking behaviour: Empirical analyses with reference to the theory of the Intellectual and Social Organziation of the Sciences. *Journal of Information Science*, 37(4), 439–450. https://doi.org/10.1177%2F0165551511412148.

Kuhlthau, C. C. (1991). Inside the search process: information seeking from the user's perspective. *Journal of the American Society for Information Science*, 42(5), 361–371. https://doi.org/10.1002/(SICI)1097-4571(199106)42:5%3C361::AID-ASI6%3E3.0.CO;2-%23

Kuhlthau, C. C., Heinström, J. & Todd, R. J. (2008). The 'information search process' revisited: is the model still useful? *Information Research*, 13(4), Paper 355. http://InformationR.net/ir/13-4/paper355.html.

Kundu, D. K. (2017). Models of Information Seeking Behaviour: a Comparative Study. *International Journal of Library and Information Studies*, 7(4), 393–405.

Leckie, G. L., Pettigrew, K. E. & Sylvain, C. (1996). Modeling the Information Seeking of Professionals: A General Model Derived from Research on Engineers, Health Care Professionals, and Lawyers. *The Library Quarterly*, 66(2), 161–193.

Mansourian, Y. & Ford, N. (2007). Search persistence and failure on the web: a „bounded rationality" and „satisficing" analysis. *Journal of Documentation*, 63(5), 680–701. https://doi.org/10.1108/00220410710827754.

Marchionini, G. (1995). *Information Seeking in electronic environments*. Cambridge: Cambridge University Press.
Marton, C. & Choo, C. W. (2012). A review of theoretical models of health information seeking on the web. *Journal of Documentation*, 68(3), 330–352.
Mayring, P. (2019). Qualitative Inhaltsanalyse–Abgrenzungen, Spielarten, Weiterentwicklungen. *Forum Qualitative Sozialforschung/Forum: Qualitative Social Research*, 20(3), Art. 16.
McCrae, P. R. & Costa, P. T. (1996). Toward a new generation of personality theories: theoretical contexts for the Five-Factor model. In J. S. Wiggins (Hrsg.), *The Five-Factor Model of personality. Theoretical perspectives* (S. 51–87). Guilford Press.
Meho, L. I. & Tibbo, H. R. (2003). Modeling the Information-Seeking Behavior of Social Scientists: Ellis's Study Revisited. *Journal of the American Society for Information Science & Technology*, 54(6), 569–586.
O'Brien, H. L., Dickinson, R. & Askin, N. (2017). A scoping review of individual differences in information seeking behavior and retrieval research between 2000 and 2015. *Library and Information Science Research*, 39(3), 244–254. https://doi.org/10.1016/j.lisr.2017.07.007.
Pettigrew, K. E., Fidel, R. & Bruce, H. (2001). Conceptual Frameworks in Information Behavior. *Annual Review of Information Science and Technology (ARIST)*, 35, 43–78.
Pirolli, P. & Card, S. (1995). Information foraging in information access environments. In *Proceedings of the SIGCHI conference on Human factors in computing systems* (S. 51–58). ACM Press/Addison-Wesley Publishing Co. https://doi.org/10.1145/223904.223911.
Pirolli, P. & Card, S. (1999). Information foraging. *Psychological Review*, 106(4), 643–675. https://doi.org/10.1037/0033-295X.106.4.643.
Pirolli, P. (2007). *Information Foraging Theory: Adaptive Interaction with Information*. Oxford, New York: Oxford University Press.
Pharo, N. (2002). *The SST Method Schema: a Tool for Analysing Work Task-Based Web Information Search Processes*. Dissertation. Universität Tampere. Acta Universitatis Tamperensis 871.
Saracevic, T. (1997). The stratified Model of Information Retrieval Interaction: Extension and Applications. *Proceedings of the American Society for Information Science*, 34, 313–327.
Savolainen, R. (2007). Information Behavior and Information Practice: Reviewing the „umbrella concepts" of information-seeking studies. *Library Quarterly*, 77(2), 109–132.
Savolainen, R. (2019). Modeling the interplay of information seeking and information sharing. A conceptual analysis. *Aslib Journal of Information Management*, 71(4), 518–534. https://doi.org/10.1108/AJIM-10-2018-0266.
Schindler, C. (2012). *Informationspraxen in der Bildungsforschung – Ethnographische Informationsforschung über Forschungsumgebungen, Apparaturen und Forschungsdaten in Interaktion*. Dissertation. Universität Hildesheim.
Shah, C. (2014). Collaborative information seeking. *Journal of the Association of Information Science & Technology*, 65(2), 215–236. https://doi.org/10.1002/asi.22977.
Shah, C. (2010). *A framework for supporting User-Centric collaborative Information Seeking* (Dissertation, University of North Carolina at Chapel Hill).
Smith, A. G. (2012). Internet search tactics. *Online Information Review*, 36(1), 7–20. https://doi.org/10.1108/14684521211219481.
Spink, A., Danby, S., Mallan, K. & Butler, C. (2010). Exploring young children's web searching and technoliteracy, *Journal of Documentation*, 66(2), 191–206. https://doi.org/10.1108/00220411011023616.
Toms, E. G. (2011). Task-based information searching and retrieval. In I. Ruthven & D. Kelly (Hrsg.), *Interactive Information Seeking, Behaviour and Retrieval* (S. 43–59). Facet Publishing.
Vakkari, P. (2001). A theory of task-based information retrieval process: a summary and generalisation of a longitudinal study. *Journal of Documentation*, 57(1), 44–60. https://doi.org/10.1108/EUM0000000007075.
Vakkari, P. (2008). Trends and approaches in information behavior research, *Information Research*, 13(4), http://informationr.net/ir/13-4/paper361.html.
Wang, P. (2011). Information behavior and seeking. In I Ruthven & D. Kelly (Hrsg.) (2011), *Interactive Information Seeking, Behaviour and Retrieval* (S. 15–41). Facet Publishing.
White, R. W. (2016). *Interactions with Search Systems*. Cambridge University Press.

Wilson, T. D. (1999). Models in information behaviour research. *Journal of Documentation*, 55(3), 249–270. https://doi.org/10.1108/EUM0000000007145.
Wilson, T. D. (2000). Recent trends in user studies: action research and qualitative methods. *Information Research*, 5(3), Paper 76. http://informationr.net/ir/5-3/paper76.html.
Wilson, T. D. (2020). *Exploring Information Behaviour: an introduction*. Preliminary edition. http://informationr.net/ir/bonusbook.html.
Zipf, G. K. (1949). *Human Behaviour and the Principle of Least Effort*. Addison-Wesley Press.

Wolfgang Semar
D 7 Informations- und Wissensmanagement

1 Einleitung

In der Literatur wird Informations- und Wissensmanagement oft zusammen und in dieser Reihenfolge betitelt. In der Tat handelt es sich aber um zwei eigenständige Themenbereiche, die sich ergänzen. Ausgangspunkt muss jedoch zunächst das Wissen von Menschen sein, damit man ihnen anschließend die für sie relevante Information zukommen lassen kann. Hierdurch sind bereits die Aufgaben der beiden Bereiche festgelegt. Im Wissensmanagement geht es um das gezielte Organisieren von Wissen, das in den Köpfen der Menschen vorhanden ist. Dadurch, dass Wissen in der Zwischenzeit unbestritten eine der wichtigsten Ressourcen eines Unternehmens bzw. jeglicher Formen einer Organisation ist, steht das Managen des Wissens aller Mitarbeitenden im Vordergrund. Beim Informationsmanagement geht es um das gezielte Organisieren von Information, damit die Mitarbeitenden jederzeit über das relevante Wissen verfügen, um ihre Aufgabe erfüllen zu können. Wissen ist somit etwas Internes, im Kopf der Menschen, während Information von außen kommt, also etwas Externes ist. Die Kulturaspekte und die Fokussierung auf die Mitarbeitenden als Wissensträger stehen im Vordergrund des Wissensmanagements, während beim Informationsmanagement die Informationsversorgung und die dafür notwendige technische Infrastruktur im Vordergrund stehen. Gemäß diesem Konzept gehen wir im Folgenden zunächst auf das Wissensmanagement und anschließend auf das Informationsmanagement ein.

2 Wissensmanagement

Das Management von Wissen ist in Anbetracht der Rahmenbedingungen wie hohe Innovationsfähigkeit und Globalisierung bereits seit der Jahrtausendwende zu einem zentralen Faktor für Organisationen geworden. Seit dieser Zeit ist die Bedeutung der Ressource Wissen erheblich gestiegen und somit der Bedarf an einem funktionierenden Management dieser Ressource.

Für eine ausführliche Beschäftigung mit den begrifflichen und theoretischen Grundlagen des Wissensmanagements wird hier auf die Lehrbücher Probst et al. (2012), Lehner (2014) oder Hasler Roumois (2013) verwiesen. Ebenfalls verweisen wir für die Definition der Konzepte Daten, Information und Wissen auf Kuhlen (s. Kapitel A 1 Information – Ein Konstrukt mit Folgen). In diesem Beitrag beschränken wir uns auf folgende Festlegung des Konzepts Wissen: Wissen ist die Gesamtheit der Kenntnisse, Erfahrungen, Fähigkeiten, Fertigkeiten und Wertvorstellungen von Individuen.

Das Wissensmanagement beschäftigt sich in Organisationen sowohl mit explizitem als auch mit implizitem Wissen. Während beim expliziten Wissen ein Bewusstsein über das eigene Wissen vorhanden ist und dies über den Weg der Kodifizierung in Dokumenten, Datenbanken oder elektronischen Plattformen gespeichert werden kann, ist beim impliziten Wissen einer Person nicht klar, dass sie überhaupt über dieses Wissen verfügt (Nonaka 1994, S. 16). Gerade das implizite Wissen wird als besonders wichtig angesehen, da es noch an Personen gebunden ist. Sollten diese Personen die Organisation verlassen,

ə Open Access. © 2023 Wolfgang Semar, publiziert von De Gruyter. Dieses Werk ist lizenziert unter der Creative Commons Attribution 4.0 International Lizenz.
https://doi.org/10.1515/9783110769043-049

ist somit auch dieses Wissen nicht mehr vorhanden. Explizites und implizites Wissen zusammen wird als die organisationale Wissensbasis bezeichnet; sie setzt sich zusammen aus Komponenten der organisationalen Ebene (Routinen, Prozesse), Mitarbeiterebene (Mensch als Wissensträger) und technischer Ebene (verschiedenste elektronische Systeme). Somit wird deutlich, dass ein umfassendes Wissensmanagement sich mit den drei Handlungsebenen Technik, Organisation und Mensch (TOM-Modell) (Reinmann-Rothmeier et al. 2000) beschäftigen muss. Barrieren für ein erfolgreiches Wissensmanagement ergeben sich häufig aus unternehmenskulturellen Ursachen. Erfolgreiches Wissensmanagement lebt von einer offenen, zum Wissensaustausch anregenden Unternehmenskultur. Infolgedessen setzt sich modernes Wissensmanagement fokussiert mit dem Austausch von internalisiertem, personalem Wissen und der damit notwendigen Kultur auseinander.

Gerade der Einbezug des Menschen als Wissensträger ist wichtig und wird in einer modernen Betrachtung des Begriffs Wissensmanagement fokussiert. Die Verbreitung des Wissens erfolgt durch Interaktion der Mitarbeitenden, es geht also auch darum, die richtigen Wissensträger zu identifizieren und zu vernetzen. Anders als beim expliziten Wissen kann dies nicht mittels technischer Datenbanklösungen abgedeckt werden.

Konkret lassen sich für das Wissensmanagement folgende Kernaufgaben definieren (Franken & Franken 2011, S. 26):
– Gewährleistung der effektiven Nutzung des vorhandenen Wissens.
– Beschaffung von gefordertem Wissen.
– Individuelles Wissen der Mitarbeitenden in die Unternehmung transferieren und verfügbar machen.
– Bereitstellung und Repräsentation des verfügbaren Wissens sicherstellen.
– Geeignetes Controlling der Wissensmanagementaktivitäten und der Wissensziele der Organisation.

In der Literatur werden die Aufgaben differenziert zwischen der operativen Umsetzungsebene und der strategischen Ebene. Die Identifikation des Wissensbedarfs, des damit verbundenen Zeithorizonts, die Speicherung sowie der geregelte Zugriff sind Aufgaben des operativen Wissensmanagements. Die strategischen Aufgaben geben die Rahmenbedingungen für das Wissensmanagement vor, sie definieren die Wissensziele und die damit verbundene Erfolgsmessung (Mertins et al. 2016, S. 34). Es gilt in der Unternehmung ein Umfeld und entsprechende Rahmenbedingungen zu schaffen, die den Wissenstransfer fördern, mit dem Ziel, die Institution zu einer lernenden Organisation zu entwickeln.

2.1 Wissensmanagement-Modell nach Probst, Raub und Romhardt

Ausgehend von praxisbezogenen Problemstellungen entwickelten Probst et al. bereits 1997 ein auf „Bausteinen" basierendes, integriertes Konzept des Wissensmanagements. Die acht miteinander in Beziehung stehenden Bausteine sind auf die wissensbezogenen Aktivitäten ausgelegt und transferieren so die Herausforderungen und Probleme des Managements in Wissensprobleme. Dieses Modell (Abbildung 1) zeichnet sich durch die Identifizierung und Anordnung verschiedener operativer Ebenen (die sechs Bausteine des inneren Kreislaufs) und einer strategischen Ebene (äußerer Kreislauf) aus.

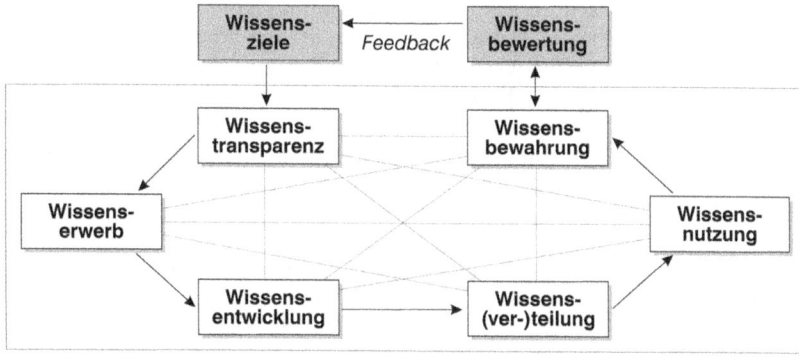

Abb. 1: Bausteine des Wissensmanagements (Probst et al. 2012, S. 34)

Die strategische Ebene des Modells wird durch die Bausteine *Wissensziele* und *Wissensbewertung* abgedeckt. Dabei geht es bei den Wissenszielen um die Identifikation der Fähigkeiten, die aufzubauen sind, und die Festlegung, auf welcher Ebene dies passieren soll. Die Ausrichtung von Wissenszielen auf die Kernkompetenzen kann einen kontinuierlichen Ausbau der Stärken eines Unternehmens sichern und damit den Erhalt von Wettbewerbsvorteilen. Die Wissensziele werden in die drei Ebenen normativ, strategisch und operativ unterteilt. (Probst et al. 2012, S. 37). Die normative Ebene ist die Voraussetzung für die Umsetzung der strategischen und operativen Ziele. Wie auch andere Leistungsziele im Unternehmen müssen die Ziele des Wissensmanagements regelmäßig überprüft und bewertet werden, sinnvollerweise mit einem bereits in der Organisation eingesetzten Instrument des Controllings (Sauter & Scholz 2015, S. 14). Dabei muss beachtet werden, dass eine Rückkopplung auf die Unternehmensstrategie insgesamt stattfindet. Ohne diese Messung würde das Wissensmanagement an Relevanz verlieren und die Gefahr bestünde, dass die Bestrebungen nicht auf die gesamte Organisation übertragen werden können. Allerdings bedarf es hier vor allem der Kollaborations- und Lernbereitschaft der Mitarbeitenden.

Auf der operativen Ebene wird beim Baustein der *Wissensidentifikation* Transparenz über das bereits existierende Wissen geschaffen, dies kann sowohl externes als auch internes Wissen sein. Extern geht es mehrheitlich um das Wissensumfeld der Institution. Internes Wissen umfasst die Analyse der vorhandenen Wissensträger*innen und Wissensressourcen. Das identifizierte Wissen wird in sogenannten Wissenslandkarten dargestellt. Nach Eppler (2004) sind Wissenslandkarten graphische Verzeichnisse von Wissensträgern, Wissensbeständen, Wissensquellen, Wissensstrukturen oder Wissensanwendungen. Mit dem Einsatz von Wissenslandkarten werden das Auffinden von Wissensträger*innen oder -quellen und das Einordnen von neuem Wissen wesentlich erleichtert.

Der Baustein *Wissenserwerb* umfasst die Beschaffung des intern nicht bereits vorhandenen Wissensbedarfs. Dieser Wissenserwerb kann durch Kooperationen, Netzwerkpflege, den Einsatz von Expert*innen oder auch durch Übernahme anderer Firmen vollzogen werden. Ergänzend zum Wissenserwerb ist der Baustein Wissensentwicklung, bei dem es um die organisationsinterne Aneignung und Schaffung von Wissen und Fähigkeiten durch Weiterbildung und eigene Forschung geht (Probst et al. 2012, S. 31, S. 115).

Um das vorhandene Wissen für die gesamte Institution greifbar zu machen, ist der Baustein *Wissensverteilung* essenziell. Hier geht es darum, den Prozess der Wissensverteilung effizient zu gestalten. Meist werden hierzu technische Kommunikationssysteme eingesetzt, aber gerade der persönliche Wissensaustausch muss hier besondere Beachtung finden (Probst et al. 2012, S. 145, S. 152).

Die *Wissensnutzung*, also der tatsächliche Einsatz und die Anwendung des Wissens ist Hauptzweck des Wissensmanagements. Die produktive Anwendung des Wissens ist zentral, hier fließen die Bestrebungen des Wissensmanagements direkt in den Geschäftsprozess der Unternehmung ein (Probst et al. 2012, S. 32).

Die *Wissensbewahrung*, die langfristige Zugänglichkeit von externalisiertem Wissen, stellt das Gedächtnis der Unternehmung dar. Durch eine effiziente, aktuell gehaltene Speicherung des externalisierten Wissens kann ein wichtiger Erfahrungsschatz geschaffen werden, der den Verlust von Wissensträgern, Personen, die das Unternehmen verlassen, abschwächt (Probst et al. 2012, S. 32).

Das Modell von Probst et al. wird in der Literatur umfassend diskutiert und als etabliert für die Umsetzung des Wissensmanagements in Organisationen beschrieben. Die Verbindung von strategischen Zielsetzungen mit der operativen Umsetzungs- und Implementierungsebene ist eine große Stärke des Modells. Auch die Vernetzung der verschiedenen Bausteine wird als besonders geeignet hervorgehoben (Helm et al. 2007, S. 229). Kritisiert wird das Modell für den rein praxisorientierten Ansatz der Modellierung und die dadurch mangelhaften theoretischen Grundlagen (Willke 2001, S. 78). Sauter & Scholz (2015, S. 12) wünschen sich eine verstärkte Sichtweise auf die kulturellen Aspekte, welche sie durch das Modell nur bedingt berücksichtigt sehen.

2.2 Das SECI-Modell von Nonaka und Takeuchi

Das SECI-Modell ist geprägt von der japanischen Arbeitskultur und dem Fokus auf das implizite Wissen der Mitarbeitenden. Es differenziert sich durch den Aufbau als spiralförmiger, dynamischer Prozess der Wissensbeschaffung im Unternehmen. Das Modell unterscheidet vier Formen der Wissenstransformation (Nonaka & Takeuchi 1997, S. 71). SECI steht dabei für:
- *Socialization*: Implizites Wissen teilen
- *Externalization*: Implizites explizit machen
- *Combination*: Neues und vorhandenes explizites Wissen verknüpfen
- *Internalization*: Learning by Doing

Voraussetzung für den Erfolg der Wissensspirale ist die entsprechende Kultur. Im westlichen Geschäftsumfeld gilt oft noch der Grundsatz „Wissen ist Macht", wodurch oft keine Bereitschaft besteht, das eigene Wissen zu teilen. Dies lässt sich mit der Wissensspirale nicht lösen. Das Modell der Wissensspirale wird zudem dafür kritisiert, dass es schwierig ist, den Prozess zu messen (Glisby & Holden 2003). Zudem hat die Praxis gezeigt, dass es auch implizites Wissen gibt, welches nicht in explizites transformierbar ist (McAdam & McCreedy 1999, S. 96), und der gesamte Prozess der Wissensumwandlung sehr komplex ist.

2.3 Neuere Ansätze des Wissensmanagements

In der neueren Literatur werden vermehrt kompetenz- und prozessorientierte Ansätze diskutiert. Das Ziel des kompetenzorientierten Wissensmanagements ist der Wissensaufbau und die Nutzung des Wissens durch die Mitarbeitenden selbst. Das Grundkonzept beruht auf einer Selbstorganisation der Mitarbeitenden. Wissen wird dann erlernt oder in den Arbeitsalltag integriert, wenn es nachgefragt wird. Die Betrachtung solcher Modelle ist dahingehend spannend, weil diese Modelle die kulturellen Voraussetzungen, Werte und Normen mit der Handlungsebene und dem Erfahrungswissen verknüpfen (Sauter & Scholz 2015, S. 14). Für die selbstgesteuerte Entwicklung von Kompetenzen wird vorausgesetzt, dass diese aktiv gefördert werden und somit bereits eine entsprechende Wissenskultur vorhanden ist. Mit dem Aspekt der Selbstorganisation wird zudem eine Brücke zur neu geforderten Agilität geschlagen. Inspiriert durch die Denkanstöße von Nonaka & Takeuchi wurde die bekannte Scrum-Methode entwickelt. Der Begriff „Scrum" stammt bereits von Nonaka & Takeuchi, die damit das Gedränge (*scrum*) im Rugby als Analogie für außergewöhnlich erfolgreiche Produktentwicklungsteams beschrieben. Diese Teams arbeiten als kleine, selbstorganisierte Einheiten und bekommen von außen nur eine Richtung vorgegeben, bestimmen aber selbst die Taktik, wie sie ihr gemeinsames Ziel erreichen. Diese ist kein spezifisches Wissensmanagementmodell, sondern eine Methode zur agilen Software- und Produktentwicklung. Der Ansatz soll kreativere Vorgehensweisen und eine selbstorganisierte Arbeitsmethodik fördern. Scrum vernachlässigt jedoch die Dokumentation der Ergebnisse und das dadurch entstandene Wissen. Es fehlt an der Nachvollziehbarkeit und die Gefahr besteht, dass Wissen nicht erweitert, sondern komprimiert wird. Prozessorientiertes Wissensmanagement orientiert sich an den bestehenden operativen Tätigkeiten. Die Modellierung eines prozessorientierten Wissensmanagements kann vier verschiedene Perspektivansätze verfolgen: Die Aktivierungsperspektive, die Rollenperspektive, die Kommunikationsperspektive und die Wissensperspektive. Die Abhandlung ist noch wenig praxiserprobt, zeigt aber umfassend auf, welche Möglichkeiten und Werkzeuge für die Modellierung zur Verfügung stehen (Remus 2002, S. 300).

2.4 Die Umsetzung des Wissensmanagements

Studien zu den Erfolgsfaktoren für Wissensmanagement zeigen, dass der Erfolg auf einer entsprechenden Unternehmenskultur basiert. Faktoren wie Verantwortlichkeit der Mitarbeitenden, klare Kommunikation der Wissensziele und Aufgaben, offene Kommunikation und die dafür zur Verfügung gestellten zeitlichen Ressourcen sind nicht nur für Karabag (2015, S. 155) für den Erfolg des Wissensmanagementkonzeptes verantwortlich. Die Verantwortlichkeiten für das Wissensmanagement sind durch die Unternehmensleitung zu regeln. Zentral sind hier die Führungskräfte. Sie sind in der Rolle als Entscheidungsträger*innen Vorbilder. Damit liegen die meisten Erfolgsfaktoren auf der organisationalen Ebene. Allerdings sind auf der technischen Seite Faktoren wie die Benutzerfreundlichkeit der eingesetzten Systeme ebenfalls ausschlaggebend. Nicht zuletzt dürfen die menschlichen Aspekte nicht vergessen werden. Dazu zählen die Akzeptanz des Wissensmanagements durch die Mitarbeitenden sowie deren persönliche Interaktion. Darum müssen vor allem das kulturelle Umfeld für die Entwicklung und Transformation von Wissen gefördert und oft eine Kulturänderung hin zur „Lernenden Organisation" vorangetrieben werden.

Wichtig für die Schaffung einer Wissenskultur ist die Akzeptanz von Fehlern, gemeinsames Feiern von Leistungen, eine aktive Feedbackkultur, die Wertschätzung der Mitarbeitenden und damit verbunden der offene Umgang mit Fehlern als Chance für alle Mitarbeitenden, daraus zu lernen. Die Mitarbeitenden sind somit in mehrfacher Funktion ein entscheidender Faktor. Einerseits sind sie Träger*innen und andererseits Anwender*innen des Wissens.

Ein entsprechendes Verhalten der Mitarbeitenden ist abhängig von ihrer Motivation. Zur gezielten Beeinflussung der Motivation werden oft Anreizsysteme eingesetzt. Hierbei ist aber darauf zu achten, dass sie der Unternehmung und den definierten Wissenszielen entsprechen und individualisierbar sind. Anreize können finanzieller oder immaterieller Natur sein. Die Problematik der meist auf extrinsischer Motivation basierten Anreize ist, dass diese dem Prinzip des Grenznutzens unterliegen. Dies bedeutet, dass die Zunahme des Nutzens beim Konsum einer zusätzlichen Einheit eines (materiellen) Gutes durch den gestiegenen Konsum dieses Gutes immer mehr abnimmt. Empfohlene Anreize für Wissenstätigkeiten sind Anerkennung, Feedback als Orientierung, Partizipation in der Entscheidungsfindung und der Ausgestaltung des eigenen Arbeitsbereichs. Die wichtigste Anforderung an solche Anreizsysteme ist allerdings deren Transparenz (Semar 2004, S. 261).

Betrachtet man die Bausteine Wissensverteilung und Wissensspeicherung, so kommen hierfür in der Regel technische Systeme zum Einsatz, wobei man bei der Wissensverteilung auch auf Elemente wie Kaffee- oder Teeküchen, also Orte, an denen sich die Mitarbeitenden treffen und ungezwungen kommunizieren können, zurückgreifen sollte. Dennoch werden überwiegend technische Systeme eingesetzt, meist sogar unterschiedliche Systeme innerhalb einer Organisation, was wiederum das gezielte Auffinden von externalisiertem Wissen erschwert. Ein erfolgreiches Einführen von Wissensmanagement in Unternehmen scheitert häufig an der Integration der drei Handlungsebenen Organisation, Mensch und Technik.

3 Informationsmanagement

Krcmar definiert Informationsmanagement (IM) als das

> Management der Informationswirtschaft, der Informationssysteme, der Informations- und Kommunikationstechniken sowie der übergreifenden Führungsaufgaben. Das Ziel des IM ist es, den im Hinblick auf die Unternehmensziele bestmöglichen Einsatz der Ressource Information zu gewährleisten. IM ist sowohl Management- wie Technikdisziplin und gehört zu den elementaren Bestandteilen der Unternehmensführung. (Krcmar 2011, S. 11)

Somit ist Informationsmanagement eine zentrale Führungsaufgabe und umfasst technische, wirtschaftliche und kommunikationsspezifische Ebenen. Informationsmanagement setzt voraus, dass Wissen bereits explizit gemacht wurde und in Form von Dokumenten (gedruckt oder elektronisch) vorhanden ist. Daraus folgt, dass Aspekte wie Datenbankmanagement, Suchen und Finden von Daten und Dateien, Informationstechnik sowie die strategische Planung und Umsetzung dem Informationsmanagement zuzuordnen sind. Organisationsweit gesehen muss somit das Informationsmanagement als Teil eines umfassenden Wissensmanagements betrachtet werden.

Die Informationswissenschaft entwickelte früh ein eigenes Verständnis des Informationsmanagements. Der Ursprung der informationswissenschaftlichen Ansätze liegt in den Bereichen Informations- und Dokumentationsstellen, organisationsinterne Spezialbibliotheken, Archive und Records Management, die in größeren Organisationen vorhanden sind. Dabei werden als Bezugsobjekte vor allem die fachlich sogenannten Informationsobjekte betrachtet. Im Zentrum dieses Verständnisses steht das Management dieser Informationsobjekte, also die Beschaffung, Organisation, Distribution und Nutzung dieser Ressourcen zur organisationalen Aufgabenerfüllung.

Das verbindende Element der informationswissenschaftlichen sowie der umfassenderen Sichtweise von Krcmar ist aber am Ende die Betrachtung des Umgangs mit Information im organisationalen Kontext. Informationsmanagement stellt also den Umgang mit der Ressource Information in Organisationen ins Zentrum. Die informationswissenschaftliche Sichtweise ist somit nur ein Teilaspekt des Informationsmanagements, der sich mit der Beschaffung, Aufbereitung und Nutzung von Information beschäftigt, während sich ein gesamtheitliches, integrierendes Informationsmanagement darüber hinaus mit Aspekten wie Zielen, Strategie und der Informationsinfrastruktur sowohl technisch als auch personell beschäftigt.

3.1 Modell des integrierten Informationsmanagements nach Krcmar

Zur Erklärung der Zusammenhänge im IM hat vor allem das Modell von Krcmar eine große Verbreitung gefunden. Dieses Modell wird hier in seinen Grundzügen vorgestellt. Für eine ausführliche Betrachtung wird auf die Originalliteratur verwiesen. In Anlehnung an Wollnik (1988) und Szyperski & Winand (1989) hat Krcmar ein auf Ebenen basiertes Referenzmodell entwickelt (Abbildung 2). Demnach stellt das IM eine auf drei Ebenen verteilte Managementaufgabe dar, die sich auf die potenziell relevante Information (Informationswirtschaft) selbst, die Anwendungen (Informationssysteme) und die Technik (Informations- und Kommunikationstechnik) als Basis bezieht. Da aber auch Aufgaben existieren, die auf jeder Ebene anfallen oder nicht ausschließlich auf eine Ebene zu beziehen sind, werden diese in der Ebene der Führungsaufgaben des IM zusammengefasst.

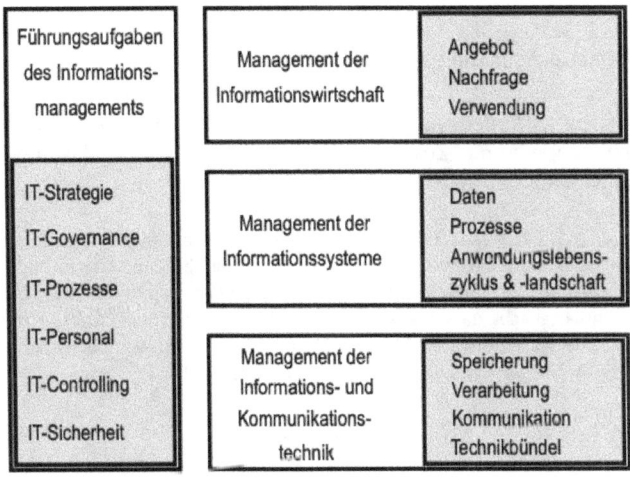

Abb. 2: Referenzmodell des Informationsmanagements (Krcmar 2015, S. 107)

3.1.1 Management der Informationswirtschaft

Es wird inzwischen allgemein akzeptiert, dass Information eine wichtige unternehmerische Ressource ist. Dies hat wiederum dazu geführt, dass die Produktion von Informationsprodukten zu einem bedeutenden Wirtschaftsfaktor und Industriesektor geworden ist. Dieses Informationsangebot mit den im Unternehmen vorhandenen Informationsbedürfnissen in Einklang zu bringen, ist Hauptaufgabe des Managements der Informationswirtschaft. Darüber hinaus müssen die Informationsprodukte erworben und für die Nutzenden so aufbereitet werden, dass sie (meist in elektronischen Systemen) gesucht und gefunden werden können.

Für die Deckung des Informationsbedarfs der Mitarbeitenden durch das auf dem Markt oder in den Organisationen bereits vorhandene Angebot hat Krcmar (2015, S 118) folgenden Zyklus vorgeschlagen:

1. Management von Informationsnachfrage und -bedarf:
   Festlegung des tatsächlichen Informationsbedarfs gemäß dem Informationsbedarfsmodell (s. Kapitel D 5 Informationsbedarf).
2. Management der Informationsquellen:
   Information Professionals suchen und finden relevante Informationsobjekte (auf primärem und sekundärem Informationssektor, s. Kapitel A 1 Information und Informationswissenschaft), die noch nicht im unternehmensinternen Informationssystem abgespeichert sind.
3. Management der Informationsressourcen:
   Die gefundenen Informationsobjekte werden verifiziert, erschlossen, erfasst (s. Kapitel B 1 Einführung in die Wissensorganisation) und im (elektronischen) Informationssystem zur intellektuellen Verwendung abgespeichert.
4. Management des Informationsangebotes und der Informationsbereitstellung:
   Die im System abgespeicherten Informationsressourcen werden durch professionelle Informationsarbeit (s. Kapitel A 1 Information – Ein Konstrukt mit Folgen) so aufbereitet, dass das Informationsbedürfnis der Nachfragenden tatsächlich gedeckt wird. Gleichzeitig wird das fertige Informationsprodukt idealerweise direkt an die Informationssuchenden (elektronisch) übermittelt.

3.1.2 Management der Informationssysteme

Unter einem Informationssystem wird nicht nur die technische Komponente verstanden, sondern ebenso die menschliche, also das Zusammenspiel von Mensch und Maschine. Ein Informationssystem (IS) ist nach Gabriel

> im engeren Sinne (und so wird es i. d. R. verstanden) ein computergestütztes Anwendungssystem zur Ausführung betrieblicher Aufgaben. Informationssysteme unterstützen somit die Sammlung, Strukturierung, Verarbeitung, Bereitstellung, Kommunikation und Nutzung potenzieller Information. Um dies zu erreichen, muss gewährleistet sein, dass die Anwendungsprogramme in jedem Prozessschritt auch die richtigen Daten verarbeiten. Daraus folgt, dass das Management der Daten, der Prozesse und des Anwendungslebenszyklus zu den Kernaufgaben gehören. (Gabriel 2022)

Nach Krcmar (2015, S. 172–302) lassen sich die folgenden Aufgaben des IS-Managements nennen:
1. Management der Daten (DM)
   Ziel ist, die Bereitstellung und Nutzung sowohl der strukturierten als auch der unstrukturierten Daten im Unternehmen sicherzustellen. Hierzu muss zunächst eine unternehmensweite DM-Strategie festgelegt werden, welche Daten für welche Systeme und Aufgaben auf welche Art und Weise zur Verfügung zu stellen sind. Dabei sind Aspekte der Richtigkeit, Konsistenz und Aktualität der Daten, sowie der adäquate Einsatz von Datenbanken und Anwendungssystemen zu berücksichtigen.
2. Management der Prozesse
   Hier besteht die Aufgabe darin, Geschäftsprozesse zu identifizieren, zu modellieren, zu gestalten und zu unterstützen. Um dies zu gewährleisten, müssen alle relevanten Geschäftsprozesse analysiert, modelliert und elektronisch umgesetzt werden. Zur Modellierung stehen verschiedene Hilfsmittel wie z. B. die Architektur integrierter Informationssysteme (ARIS) von Scheer (1993) zur Verfügung. Als Ergebnis entsteht die Struktur des gesamten Informationssystems eines Unternehmens, die als Grundlage für die zentrale Steuerungs- und Managementfunktion des betrieblichen IS angesehen wird.
3. Management des Anwendungslebenszyklus
   Auf dieser Ebene müssen entlang des Anwendungslebenszyklus von der Idee, Entwicklung, Schulung, Nutzung bis zum Ersatz oder der Überarbeitung alle Aspekte betrachtet werden. Ebenso müssen Entscheidungen über den Einsatz von Standard-Software oder Eigenentwicklung sowie der Einsatzzeit der Anwendungen getroffen werden.
4. Management der Systemintegration
   Ziel ist es, alle verteilt laufenden Einzelanwendungen in das gesamte Unternehmenssystem sinnvoll zu integrieren. Das Management der gesamten Systemintegration muss sich also mit der Standardisierung der heterogenen Technik beschäftigen und die Systemlandschaft zukunftsfähig gestalten.

3.1.3 Management der Informations- und Kommunikationstechnik (IKT)

Ziel ist es, durch den Einsatz der bestehenden und der zukünftigen IKT einen Beitrag zur Verbesserung der Effizienz und der Profitabilität eines Unternehmens zu leisten. Das Management der IKT umfasst die Bereitstellung und Verwaltung der technischen Infrastruktur sowie die Planung und Anpassung der eingesetzten Systeme im Unternehmen. Hierfür ist es notwendig, den komplexen IKT-Markt mit seinen Produkten zu kennen, die Produkte zu bewerten und die Technik im Unternehmen implementieren zu können, entweder selbst oder durch Dritte. Dabei müssen technische Aspekte wie Systemart, Umfang und Zeitpunkt beachtet sowie ökonomische Entscheidungen getroffen werden.

Nach Krcmar (2015, S. 317–384) lassen sich die folgenden Aufgaben des IKT-Managements nennen:
1. Management der Speicherung
   Die Speicherung von Daten und elektronischen Dokumenten beschäftigt sich mit dem sinnvollen Einsatz der Speichertechnik. Dabei müssen Aspekte wie die Art der Datenhaltung (im Unternehmen oder in Cloud-Speicherdiensten) und damit verbunden auch Datenschutz und -sicherheit berücksichtigt werden.
2. Management der Verarbeitung
   Verarbeitung bedeutet, gezielt im Aufgabenzusammenhang eine Aggregation oder

Transformation der Daten durchführen zu können. Dies findet in dafür notwendigen Datenbankmanagementsystemen statt. Hierbei muss darauf geachtet werden, dass ein angemessener Ausgleich zwischen den tatsächlichen Verarbeitungsanforderungen wie Aktualität, dezentrale oder lokale Verarbeitung oder Speichermenge der Daten und den Möglichkeiten der technologischen Umsetzung vorhanden ist.

3. Management der Kommunikation
Unter Kommunikation wird hier die Kommunikation zwischen Menschen mit Hilfe der Computertechnologie verstanden. Diese basiert darauf, dass die Computersysteme ebenfalls miteinander „kommunizieren" können. Um diese technische Kommunikation zu gewährleisten, sind Kenntnisse über die Kommunikationsinfrastruktur wie z. B. Kommunikationsprotokolle, Bandbreiten und Netzwerktopologien sowie die absehbaren zukünftigen, technischen Entwicklungen notwendig.

4. Management von Technikbündeln
Unter Technikbündel versteht man die sinnvolle Kombination von Basistechnologien (Hard- und Software zur Speicherung, Verarbeitung und Kommunikation), um damit standardisierte Applikationen wie z. B. einfache E-Mail- oder komplexe *Enterprise Resource Planning*-Systeme (ERP-Systeme) implementieren zu können. Das Management von Technikbündeln hängt direkt mit dem Management der Applikationen zusammen. Gemeinsames Ziel ist es, die Anzahl verschiedener Basistechniken innerhalb eines Unternehmens auf ein Minimum zu reduzieren.

3.1.4 Führungsaufgaben des Informationsmanagements

Die bisher aufgeführten drei Ebenen brauchen eine Koordinations- und Führungsebene, die in der Unternehmensführung verankert ist. Die Aufgabe dieser Führungsebene ist es, das Informationsmanagement so zu organisieren, dass die vorgegebene Unternehmensstrategie durch die eingesetzten IS erreicht wird. In der Regel ist hierfür ein Chief Information Officer (CIO) verantwortlich. In dieser Funktion geht es darum, die strategische und operative Führung des Informationsmanagements auszuüben. Aufgabe eines CIO ist es, den erwarteten strategischen Beitrag durch die Informationstechnik (IT) durch eine effiziente und effektive Ressourcenverwendung zu erreichen, sowie die Überprüfung deren Einhaltung. Um dies zu erreichen, unterteilt Krcmar (2015, S. 393–577) die Führungsaufgaben in folgende Teilbereiche ein:

1. IT-Strategie
Die eingesetzten IS stehen in engem Zusammenhang mit der Strategie eines Unternehmens. Die Unternehmensstrategie wird zum einen durch die IS sinnvoll unterstützt und kann zum anderen neue strategische Optionen eröffnen. Aufgabe der Führung ist es, anhand der strategischen Grundhaltung des Unternehmens die IT zu planen und umzusetzen. Die IKT-Entwicklung muss als eine Komponente im Gesamtkontext einer Unternehmung gesehen werden.

2. IT-Governance
Zur Abstimmung des Informationsmanagements mit der Unternehmensstrategie bedarf es zentral vorgegebener Richtlinien. Unter dem Begriff IT-Governance versteht man die Entwicklung, Umsetzung und Überwachung dieser Richtlinien. Nach Weill & Ross (2004) definiert die IT-Governance, wer welche Entscheidungsrechte und Verantwortlichkeiten besitzt. Die Gestaltung dieser Richtlinien hängt von Faktoren wie z. B. Unternehmenstyp, -kultur, ökonomische Situation und dem Reifegrad der IT ab.

3. IT-Prozesse
   Der Einsatz der IT muss sich an den Abläufen der Unternehmensprozesse orientieren. Es muss gewährleistet sein, dass die relevanten Daten zur richtigen Zeit am richtigen Ort im richtigen Format zur Weiterverarbeitung zur Verfügung stehen. Um dies sicherzustellen, müssen die Unternehmensprozesse genau aufgenommen, für den Einsatz in der IT modelliert und gegebenenfalls optimiert werden, bevor sie implementiert werden.
4. IT-Personal
   Für ein erfolgreiches Management der IT-Mitarbeitenden muss das IM eng mit der Personalabteilung des Unternehmens zusammenarbeiten. Es müssen geeignete Mitarbeitende ausgewählt und eingestellt werden. Generell braucht es IT-Fachkräfte, IT-Manager und IT-Anwender, die jeweils auf unterschiedlichen Ebenen des IM tätig sind.
5. IT-Controlling
   Das IT-Controlling ist ein umfassendes Steuerungs- und Koordinationskonzept zur Unterstützung der Führungsverantwortlichen bei der ergebnisorientierten Planung und Umsetzung der IT. Durch das Controlling im IM sollen die Effizienz und Effektivität, aber auch Qualität und Funktionalität der technischen Systeme sichergestellt werden. Die größte Herausforderung dabei ist es, geeignete Ziel- und Messgrößen zu definieren.
6. IT-Sicherheit
   Die IT-Sicherheit versucht potenzielle Risiken, die durch den Einsatz technischer Systeme vorhanden sind, zu identifizieren, zu analysieren, zu überwachen und am besten erst gar nicht aufkommen zu lassen. Dazu werden Prozesse und Strukturen im Unternehmen etabliert, die einen Schutz gegen Computer-Viren, Datendiebstahl, Feuer-, Wasserschäden, Naturkatastrophen oder Verarbeitungsfehler bieten. Gerade in der heutigen Zeit, da die Infrastrukturen über offene Netzwerke wie das Internet miteinander verbunden sind, steht die IT-Sicherheit unter einer besonderen Herausforderung.

3.2 Personal Information Management (PIM)

Im Unterschied zu den unternehmensweiten, integrierten Informationsmanagement-Systemen sind Systeme des Personal Information Management für persönliche Computersysteme ausgelegt. Ein PIM ist eine Software, die persönliche Daten wie Kontakte, Termine, Aufgaben, Notizen, E-Mails und private Dateien organisiert und verwaltet. Zudem sorgen PIMs für eine Synchronisation auf allen verbundenen Endgeräten. PIMs sollen aber auch dafür Sorge tragen, dass Einzelpersonen mehr Kontrolle über ihre personenbezogenen Daten und Dateien haben. Der in der Europäischen Union verankerte Artikel 8 der EU-Charta stellt den Schutz personenbezogener Daten als Grundrecht für jede Person (DSGVO) in den Vordergrund. Er zielt darauf ab, Einzelpersonen die Kontrolle über ihre Daten zu ermöglichen. Anbieter von Onlinediensten und Werbetreibende werden in Zukunft mit den PIMs interagieren müssen, wenn sie beabsichtigen, die Daten natürlicher Personen zu verarbeiten. PIMs sollen damit vor rechtswidrigen Tracking- und Profiling-Techniken schützen, die darauf abzielen, wichtige Datenschutzgrundsätze zu umgehen.

Ein grundlegendes Merkmal eines gemeinsamen Konzepts von PIMs ist die Bereitstellung einer Zugangskontrolle und eines Zugangspfads. Einzelpersonen, Dienstanbieter und Anwendungen müssen sich authentifizieren, um auf ein persönliches Speicherzentrum zugreifen zu können. Dies ermöglicht es Einzelpersonen nachzuvollziehen, wer Zugriff auf ihre Daten und ihr digitales Verhalten hat. Einzelpersonen können bestimmen, welche Kategorien von Daten sie mit wem teilen möchten. Wenn die Einwilligung widerrufen wird, können erweiterte PIMs einen zuverlässigen Beweis dafür liefern, dass ein Dienst die eigenen Daten nicht mehr verwendet. PIMs sollten die sogenannte *Privacy Enhancing Technologies* (PETs) implementiert haben. Diese bestehen aus einer breiten Palette von Techniken, die vertrauenswürdige Ausführungsumgebungen, homomorphe Verschlüsselung, sichere Mehrparteienberechnung und differenzielle Privatsphäre umfassen (Royalsociety 2021). Außerdem sollten Dienste zur Datenminimierung und Anonymisierung bereitgestellt werden. Heutzutage erheben viele Online-Diensteanbieter personenbezogene Daten der Nutzenden im Austausch gegen „kostenlose" PIM-Dienste. Hier herrscht oft keine Transparenz über den Umgang mit den personenbezogenen Daten. PIMs würden Transparenz sowohl auf der Ebene gemeinsamer Richtlinien als auch bei der technischen Umsetzung ermöglichen und offenlegen, welche Dienste welche Daten wofür nutzen. Eine große Herausforderung für PIMs ist derzeit die geringe Marktanwendung dieser Technologien in einer digitalen Welt, die von einigen wenigen großen Technologieunternehmen dominiert wird, die die aktuellen Online-Tracking-Modelle nutzen. Diese Situation verhindert bisher das Wachstum von PIMs und folglich deren Einführung.

4 Ausblick

Eine sich technisch weiterentwickelnde Unternehmenswelt führt zwangsläufig zu steigenden Anforderungen an das Wissensmanagement, aber sicherlich noch mehr an das Informationsmanagement der Unternehmen. Auch wenn durch die Informationstechnik sich nicht zwingend Wettbewerbsvorteile ergeben, so helfen moderne Wissens- und Informationsmanagementsysteme, Nachteile im Wettbewerb zu vermeiden und die Ziele des Wissens- und Informationsmanagements – bestmöglichen Einsatz der Ressourcen Wissen und Information – im Einklang mit den Unternehmenszielen zu gewährleisten. Insofern muss das Informationsmanagement eine fortwährende Beobachtung der wirtschaftlichen und technologischen Entwicklungen anstreben, um diese adäquat berücksichtigen zu können. Disruptive Innovationen stellen dabei eine besondere Herausforderung dar. Bislang gut geführte Unternehmen könnten somit ihre Marktpositionen verlieren oder gar vollständig aus dem Markt gedrängt werden.

5 Literaturverzeichnis

Eppler, M. (2004). Kognitive Werkzeuge als Instrumente des persönlichen Wissensmanagements. In G. Reinmann & H. Mandl (Hrsg.), *Psychologie des Wissensmanagements. Perspektiven, Theorien und Methoden* (S. 251–266). Hogrefe.

Franken, R. & Franken, S. (2011). *Integriertes Wissens- und Innovationsmanagement: Mit Fallstudien und Beispielen aus der Unternehmenspraxis.* Gabler.

Gabriel, R. (2022). Informationssystem. In N. Gronau, J. Becker, N. Kliewer, J. M. Leimeister, & S. Overhage (Hrsg.), Enzyklopädie der Wirtschaftsinformatik – Online-Lexikon. GITO. https://wi-lex.de/index.php/lexikon/uebergreifender-teil/kontext-und-grundlagen/informationssystem/.

Glisby, M., Holden, N. (2003). Contextual Constraints in Knowledge Management Theory: The Cultural Embeddedness of Nonaka's Knowledge Creating Company. *Knowledge and Process Management*, 10(1), 29–36. https://doi.org/10.1002/kpm.158.

Hasler Roumois, U. (2013). *Studienbuch Wissensmanagement: Grundlagen der Wissensarbeit in Wirtschafts-, Non-Profit- und Public-Organisationen*. Orell Füssli Verlag AG.

Helm, R., Meckl, R. & Sodeik, N. (2007). Systematisierung der Erfolgsfaktoren von Wissensmanagement auf Basis der bisherigen empirischen Forschung. *Journal of Business Economics*, 77(2), 211–241. https://link.springer.com/content/pdf/10.1007/s11573-007-0017-4.pdf.

Karabag, A. (2015). *Konfigurationsmodell der Organisationskultur im Wissensmanagementkontext unter Einbeziehung von Support- und Barrierefaktoren*. Wirtschaftsuniversität. https://epub.wu.ac.at/id/eprint/4551.

Krcmar, H. (2011). *Einführung in das Informationsmanagement*. Springer.

Krcmar, H. (2015). *Informationsmanagement*. Springer.

Lehner, F. (2014). *Wissensmanagement: Grundlagen, Methoden und technische Unterstützung* Carl Hanser.

McAdam, R. & McCreedy, S. (1999). A Critical Review of Knowledge Management Models. *The Learning Organisation*, 6(3), 91–100. https://doi.org/10.1108/09696479910270416.

Mertins, K., Kohl, I., Orth, R. (2016). Ein Referenzmodell für Wissensmanagement. In H. Kohl, K. Mertins & H. Seidel (Hrsg.), *Wissensmanagement im Mittelstand: Grundlagen-Lösungen-Praxisbeispiele* (S. 31–40). Springer. https://doi.org/10.1007/978-3-662-49220-8_4.

Nonaka, I. (1994). A Dynamic Theory of Organizational Knowledge Creation, *Organization Science*, 5(1), 14–37. https://www.jstor.org/stable/2635068.

Nonaka, I. & Takeuchi, H. (1997). *Die Organisation des Wissens: Wie japanische Unternehmen eine brachliegende Ressource nutzbar machen*. Campus.

Probst, G., Raub, S. & Romhardt, K. (2012). *Wissen managen: Wie Unternehmen ihre wertvollste Ressource optimal nutzen*. Gabler.

Reinmann-Rothmeier, G. & Mandl, H. (2000). *Individuelles Wissensmanagement*. Huber.

Remus, U. (2002). *Prozessorientiertes Wissensmanagement. Konzepte und Modellierung*. Universität Regensburg. https://doi.org/10.5283/epub.9925.

Royalsociety (2021). *Protecting privacy in practice: The current use, development and limits of Privacy Enhancing Technologies in data analysis*. https://royalsociety.org/topics-policy/projects/privacy-enhancing-technologies/.

Sauter, W. & Scholz, C. (2015). *Kompetenzorientiertes Wissensmanagement*. Berlin: Springer. https://doi.org/10.1007/978-3-658-10535-8.

Scheer, A.-W. (1993). Betriebs- und Wirtschaftsinformatik. In E. Grochla, & W. Wittmann (Hrsg.), *Handwörterbuch der Betriebswirtschaft* (S. 390–408). Poeschel.

Semar, W. (2004). Entwicklung eines Anreizsystems zur Unterstützung kollaborativ verteilter Formen der Aneignung und Produktion von Wissen in der Ausbildung. In D. Carstensen, & B. Barrios (Hrsg.), *Kommen die digitalen Medien an den Hochschulen in die Jahre?* (S. 255–264). Waxmann.

Szyperski, N. & Winand, U. (1989). Informationsmanagement und informationstechnische Perspektiven. In D. Seibt, & H. Wagner (Hrsg.), *Organisation: evolutionäre Interdependenzen von Kultur und Struktur der Unternehmung* (S. 133–150). Springer.

Weill, P. & Ross, J. (2004). *IT governance: How top performers manage IT decision rights for superior results*. Harvard Business School Press.

Willke, H. (2001). *Systemisches Wissensmanagement*. UTB für Wissenschaft Uni-Taschenbücher.

Wollnik, M. (1988). Ein Referenzmodell des Informationsmanagements. *Information Management*, 3(3), 34–43.

Joachim Griesbaum

D 8 Informationskompetenz

1 Einleitung

Informationskompetenz ist eine unabdingbare Basiskompetenz in zunehmend komplexer werdenden Informationsumwelten.[1] Der nachfolgende Text gibt eine konzeptuelle Übersicht zum Themenfeld. Um eine Verständnisbasis zu schaffen, wird zunächst eine begriffliche Näherung vorgenommen. Anschließend werden der historische Entstehungskontext skizziert und ausgewählte Modelle angeführt, damit die Leser*innen das Thema einordnen und konzeptuelle Ansätze interpretieren können. Im nächsten Schritt wird die Bedeutsamkeit von Informationskompetenz in den unterschiedlichen Lebensphasen und -bereichen angesprochen. Schließlich wird gefragt, wie Informationskompetenz aufgebaut und gemessen werden kann. Hiermit verbunden und darauf aufsetzend wird die Forschungslage im Themenfeld angerissen. Schließlich wird ein Fazit gezogen. Der Text soll ein Verständnis dafür schaffen, dass sich Informationskompetenz in einem Spannungsverhältnis zwischen (eigener) Expertise und Vertrauen (zu Dritten) bewegt.[2] Informationskompetenz ist dabei als ein relationales Konzept zu verstehen, das sich je nach Kontext und informationeller Zielsetzung unterschiedlich ausformt.

2 Begriffliche Näherung

Für einen inhaltlichen Zugang zum Begriff Informationskompetenz lassen sich verschiedene Begriffsdefinitionen anführen. Diese beziehen sich im Kern auf die Fähigkeit, in einem Handlungskontext in einer ethischen und effektiven Weise mit Information umgehen zu können. Dabei ist neben suchbezogenen Kompetenzen (American Library Association 2000) insbesondere auch die Fähigkeit die Informationsumwelt zu verstehen wichtig, um etwa nachvollziehen zu können, wie Wissen entsteht und verbreitet wird. Weiterhin ist das Hinterfragen der Grenzen der eigenen Erkenntnisfähigkeit im Sinne eines kritischen Denkens essentiell. So definiert das *ACRL Framework for Information Literacy for Higher Education* der Association of College & Research Libraries (ACRL 2016) Informationskompetenz als die Gesamtheit der folgenden Fähigkeiten: reflexives Entdecken von Informationen, Verständnis dafür, wie Informationen produziert und bewertet werden, Nutzung von Informationen zur Schaffung neuen Wissens und zur ethischen Beteiligung an Lerngemeinschaften. Eine Übersicht zu weiteren Definitionen findet sich z. B. bei Mertes (2014, S. 14–18).

---

[1] Dieser Artikel steht in Übereinstimmung mit den Sichtweisen der Fachgruppe Informationskompetenz der Konferenz der informations- und bibliothekswissenschaftlichen Ausbildungs- und Studiengänge (KIBA).
[2] Eine weniger aktuelle, aber mehr als doppelt so umfängliche und deshalb umfassendere und spezifischere Darstellung des Themenfelds Informationskompetenz findet sich in Knackstedt, Sander & Kolomitchouk (Hrsg.) (2022). Dort werden unter anderem eingangs die zentralen Ergebnisse einer Kompilation von 19 Positionspapieren von 21 Expert*innen zum Themenfeld zusammengeführt., vgl. Çetta, Griesbaum, Mandl & Montanari (2020).

ə Open Access. © 2023 Joachim Griesbaum, publiziert von De Gruyter. Dieses Werk ist lizenziert unter der Creative Commons Attribution 4.0 International Lizenz.
https://doi.org/10.1515/9783110769043-050

Gemäß der Begriffsprägung von Medien- und Informationskompetenz der UNESCO aus dem Jahre 2013 (UNESCO 2013) umfasst Medien- und Informationskompetenz eine Reihe von Kompetenzen, die Bürger*innen dazu befähigen, Informationen und Medieninhalte in allen Formaten und unter Verwendung verschiedener Instrumente in einer kritischen, ethischen und effektiven Weise abzurufen, zu verstehen, zu bewerten und zu nutzen, zu erstellen und zu teilen, um an privaten, beruflichen und gesellschaftlichen Aktivitäten teilnehmen und sich engagieren zu können. In dieser Sichtweise werden die zunächst einzelne Individuen betreffenden Fähigkeiten in Bezug zu einer normativen Zielrichtung auf gesellschaftlicher Ebene gesetzt. In der Summe lässt sich festhalten, dass Informationskompetenz auf Mikroebene nach wie vor ein dem akademisch-wissenschaftlichen Kontext zugehöriges Konzept darstellt. Es wird maßgeblich geformt durch die bibliothekarisch geprägte Tradition eines systematischen und methodischen Zugriffs auf explizierte Wissensbestände. In epistemologischer Hinsicht, gesehen als eine kritische Haltung gegenüber sowie der Fähigkeit und Bereitschaft zur Reflexion über Information und über eigene Lernprozesse, weist sie darüber hinaus eine hohe Relevanz für den alltäglichen Umgang mit Wissen und Information auf (Hapke 2016). Nicht zuletzt deshalb wird sie von Anfang an auch als eine Gelingensbedingung auf der gesellschaftlichen Makroebene betrachtet.

3 Historische Entwicklung

Zur historischen Perspektive lässt sich auf Leaning (2017) und Landøy et al. (2020) verweisen. Demnach wird der Ursprung des Begriffs auf einen 1974 von Paul Zurkowski (1974) erstellten Bericht an die US National Commission on Libraries and Information Science zurückgeführt. Dieser konstatierte, dass die meisten Menschen lesen und schreiben können, aber nur ein geringer Teil über die Kompetenz verfüge, die Vielzahl existierender Informationswerkzeuge und -quellen zur Lösung von Problemen zu nutzen. Springen wir zeitlich weiter, so kann insbesondere die Veröffentlichung des *Final Reports des Presidential Committee on Information Literacy* der American Library Association (1989) im Jahre 1989 als wichtiger Entwicklungsschritt eingestuft werden. Hier wird Informationskompetenz insbesondere als individuelle verhaltensbasierte und suchprozessbezogene Kompetenz aufgefasst.

Ab den 1990er Jahren gewinnt das Thema mit der Verbreitung des Internets weiter an Bedeutung. Aufgrund der zunehmenden Vermengung ehemals getrennter Sphären, wie Information und Unterhaltung, Arbeit und Freizeit, Privatheit und Öffentlichkeit, wird vermehrt auch eine Konvergenz von medialen und informationsbezogenen Kompetenzen beschrieben (z. B. Livingstone 2008). Schließlich wird das Thema von der UN und der UNESCO aufgegriffen. Das von der UNESCO 2011 veröffentlichte *Media and information literacy curriculum for teachers* (Wilson et al. 2011) konstatiert einen Zusammenhang zwischen Medien- und Informationskompetenz und Demokratie.

In der Folge der sogenannten SteFi-Studie zur Nutzung elektronischer wissenschaftlicher Information in der Hochschulausbildung (Klatt et al., 2001) erlangte das Thema Informationskompetenz im deutschsprachigen Raum seit Ende der 1990er Jahre eine wachsende Bedeutung. Der Deutsche Bibliotheksverband veröffentlicht 2009 Standards der Informationskompetenz für Studierende (Deutscher Bibliotheksverband 2009), die sich inhaltlich an die im Jahre 2000 veröffentlichten *Information Literacy Competency Standards for Higher Education* der American Library Association anlehnen. 2012 schlägt die Hochschulrektorenkonferenz (2012) vor, das Thema auf Hochschulebene strategisch zu verankern. In dem 2016 veröffentlichen Strategiepapier der Kultusministerkonferenz findet sich der Term „Informationskompetenz" allerdings nur in einem Nebensatz (Kultusministerkonferenz 2016, S. 49). Es bleibt festzuhalten, dass Informationskompetenz in Deutschland nach wie vor eher ein Nischenkonzept darstellt, welches vor allem dem Hochschulbereich zugeordnet wird und primär mit dem Bibliotheksbereich und der Informationswissenschaft verbunden ist.

4 Modelle als systematische Zugänge der Informationskompetenzbeförderung

Es existiert eine Vielzahl von Modellen im Themenfeld. Diese versuchen systematisch darzulegen, welche Kenntnisse und Fähigkeiten Informationskompetenz konstituieren. Dabei werden präskriptive Handlungsanweisungen formuliert, wie Informationskompetenz gefördert und gemessen werden kann. Nachfolgend werden für eine grundlegende Orientierung ausgewählte Modelle skizziert.

4.1 *Information Literacy Competency Standards for Higher Education*

Die *Information Literacy Competency Standards for Higher Education* (2000) sind vor allem in Bezug auf den suchbezogenen Kernbereich von Informationskompetenz und auch hinsichtlich ihrer Vorbildfunktion z. B. für die Standards der Informationskompetenz in Deutschland (Deutscher Bibliotheksverband 2009) interessant. Im Ansatz werden fünf Standards der Informationskompetenz mit dazugehörigen Leistungsindikatoren und Ergebnissen definiert. In der Übersicht lassen sich diese wie folgt zusammenfassen.
1. Art und Umfang der benötigten Informationen bestimmen;
2. Effektiv und effizient auf benötigte Informationen zugreifen;
3. Kritische Bewertung von Informationen und deren Quellen. Einbezug ausgewählter Informationen in das bestehende Wissen und Wertesystem;
4. Informationen werden von einem Individuum oder von Mitgliedern einer Gruppe wirksam genutzt, um ein spezifisches Ziel zu erreichen;
5. Viele der wirtschaftlichen und rechtlichen Aspekte sowie gesellschaftliche Fragen im Zusammenhang mit der Nutzung von Informationen und dem Zugang zu Wissen werden verstanden. Informationen werden auf ethische und legale Art und Weise genutzt.

4.2 *Referenzrahmen Informationskompetenz*

Der gemeinsame *Referenzrahmen Informationskompetenz* wurde 2011 in einer ersten Fassung präsentiert (Klingenberg 2012). Zunächst war der Referenzrahmen auf die Informationskompetenzvermittlung in Schulen fokussiert und befasste sich mit den Teilkompetenzen „Suchen, Prüfen, Wissen, Darstellen" (Franke 2016, S. 23). Um auch den Hochschulbereich zu inkludieren wurde 2015 als fünfte Teilkompetenz „Weitergeben" ergänzt. Jede Teilkompetenz wird durch sogenannte Arbeitsschritte oder Kriterien spezifiziert.

4.3 UNESCO Global media and information literacy (MIL) assessment framework

2013 publizierte die UNESCO das *Global media and information literacy (MIL) assessment framework*. Das *Framework* umfasst zwei Ebenen. Die eine Ebene adressiert individuelle *Media* und *Information Literacy*, welche die drei Komponenten Zugriff (*access*), Evaluation (*evaluation*) und Erstellung (von Inhalten) (*creation*) beinhaltet, die in zwölf Unterthemen eingeteilt werden. Die andere Ebene befasst sich mit dem Makrolevel, der sogenannten Medien- und Informationskompetenzbereitschaft von Ländern. Diese wird in fünf Kategorien näher spezifiziert:
1. Medien und Information in der Bildung
2. Politik zur Medien- und Informationskompetenz
3. Medien- und Informationsversorgung
4. Zugang und Nutzung von Medien und Informationen
5. Zivilgesellschaft

Damit wird neben der Beförderung der individuellen Informationskompetenz von Nutzer*innen auf gesamtgesellschaftlicher Ebene ein Planungsinstrument vorgeschlagen, welches die länderbezogene „Infrastruktur" hinsichtlich ihrer Gelingensbedingung für die Erstellung, Verbreitung und Rezeption von Wissen misst.

4.4 ACRL Framework 2016[3]

Das *ACRL Framework* beruht auf sechs miteinander verbundenen sogenannten „Schwellenkonzepten". Innerhalb der Konzepte werden „Wissenspraxen" als Fähigkeiten verortet, die Lernende in der Auseinandersetzung mit den Konzepten entwickeln. Die sogenannten „Neigungen" adressieren affektive, einstellungs- und wertebezogene Aspekte von Lernprozessen.

Die sechs Schwellenkonzepte des *ACRL-Frameworks* lauten:
- Autorität ist konstruiert und kontextbezogen,
- Informationen schaffen als schöpferischen Prozess,
- Informationen haben Wert,
- Forschung als Hinterfragen,
- Wissenschaft als Diskurs,
- Suchen als strategische Entdeckung.

Das *Framework* zielt darauf ab, Nutzer*innen in die Lage zu versetzen, zentrale ontologische und epistemologische Aspekte der Informationsumwelt zu verstehen und auf dieser Basis einen reflektierten Umgang mit Information zu entwickeln.

---

[3] Eine Übersetzung liegt vor in *Gemeinsame Kommission Informationskompetenz* von dbv und VDB (2021).

Die Skizzierung ausgewählter wichtiger Modelle zeigt, wie vielfältig das Konzept Informationskompetenz gefasst wird. Neuere Ansätze sind umfassender gesetzt und zumindest das *ACRL Framework* ist in kognitiv-erkenntnistheoretischer Sicht komplex, teilweise auf einer Metaebene und ansatzweise auch konstruktivistisch angelegt. Als einziges der hier dargestellten Modelle weist das *UNESCO Global media and information literacy (MIL) assessment framework* über die Mikroebene hinaus. Insgesamt bieten die Modelle einen breiten Fundus an präskriptiver Orientierung, wenn es darum geht, Angebote zur Förderung von Informationskompetenz zu gestalten.

5 Die Relevanz von Informationskompetenz in einzelnen Lebensphasen und unterschiedlichen Lebensbereichen

Informationskompetenz ist ein Konzept, das in allen Lebensphasen relevant ist. Gust von Loh & Henkel (2016) argumentieren, dass Informations- und Medienkompetenz schon in der frühkindlichen Bildung wichtig sind. Die Autorinnen schreiben, dass Kinder im Vorschulalter zwar bzgl. ihrer Medienkompetenz eingeschränkt und auch kognitiv beim Beurteilen von Wissen stark subjektiv geprägt sind, jedoch bereits ein Bewusstsein für richtige und falsche Sachverhalte bestehe.

In der schulischen Bildung ist die systematische Vermittlung von Informationskompetenz in Deutschland „weiterhin eher unbekannt", wie Weisel (2017, S. 247) festhält. Es scheint jedoch eine zunehmende Einbindung von Informationskompetenz in die Bildungspläne der Schulfächer zu geben. So ist Informationskompetenz seit 2016 Bestandteil des Bildungsplanes von Baden-Württemberg (Weisel 2018). Eickelmann (2016) hält fest, dass Informationskompetenz in der Lehrerbildung bislang eine eher geringe Rolle spielt.

Im akademischen Bereich wird Hochschulangehörigen oftmals ein niedriges Kompetenzniveau zugewiesen (Rosman et al. 2018). Neben Bibliotheksschulungen, die eher die Studierenden und weniger die Wissenschaftler*innen erreichen, wird zunehmend die Integration der Vermittlung in die fachlichen Formate und die verbindliche Einbindung in die Curricula empfohlen (Tappenbeck 2016). Durch die zunehmende Komplexität der Informationsumwelt, speziell im wissenschaftlichen Bereich, erweitert sich das Feld um Aspekte wie das elektronische Publizieren (z. B. Open Access) und das Forschungsdatenmanagement. Des Weiteren ist es erforderlich, die unterschiedlichen Wissenskulturen verschiedener Fachgebiete und Fächer, etwa von naturwissenschaftlichen oder designorientierten Disziplinen, zu berücksichtigen (Michel & Tappenbeck 2019).

In der Arbeitswelt lässt sich Informationskompetenz eher als ein Nischenthema begreifen. Nach Travis (2017) steigt mit der Verbreitung von Wissensmanagement in der Geschäftswelt auch das Bewusstsein für die Relevanz von Informationskompetenz am Arbeitsplatz. Lloyd (2013) schreibt, dass im betrieblichen Kontext Informationskompetenz primär auf sozio-kulturelle Praktiken der kooperativen (Zusammen-)Arbeit zielt.

Im Bereich des alltagsbezogenen Informationsverhaltens wird Informationskompetenz wichtiger. Informationskompetenz wird als kritische Basis des demokratischen Zusammenlebens gesehen (Khan 2020). Im Gesundheitsbereich steht Informationskompetenz im Zusammenhang mit dem persönlichen Wohlergehen (Chuang und Yang 2014; Cano-Orón 2019). Im E-Commerce besteht das Problem, manipuliert zu werden oder Betrüger*innen aufzusitzen (Wang et al. 2014). Die Probleme von jungen Nutzer*innen bei der Bewertung von Information werden von Breakstone, McGrew, Smith, Ortega & Wineburg (2018) kondensiert.

Schließlich sind intergenerationelle Aspekte der Informationskompetenz relevant. So schreiben etwa Kiser & Washington (2015), dass verschiedene Generationen andere Informationsquellen nutzen. Vom Orde (2016) argumentiert, dass hieraus keine Wertung abzuleiten ist, sondern eher ein Potential für intergenerationelles Lernen. Unterschiede zwischen den Generationen sollten demzufolge nicht übermäßig stilisiert werden. Suchmaschinen stellen für jüngere und ältere Nutzergruppen das zentrale Instrument der Informationssuche dar (Stark, Magin & Jürgens, 2019).

Informationskompetenz ist also ein sehr umfassendes Konzept, das sich nicht auf einzelne Lebensabschnitte oder -bereiche beschränkt, sondern für alle Kontexte, in denen das individuelle Informationsverhalten eine Rolle spielt, bedeutsam ist.

6 Messung von Informationskompetenz

Methoden zur Messung von Informationskompetenz beruhen in der Regel auf der Selbstauskunft der Nutzer*innen, der Beobachtung ihres Verhaltens sowie Wissens- und Leistungstests (Dreisiebner et al. 2017). Beutelspacher (2014) schreibt, dass zur Erhebung der Informationskompetenz oftmals Multiple-Choice-Tests eingesetzt werden. Hierzu liegen auch einige Instrumente vor, etwa der *Information Literacy Test* (Cameron, Wise & Lottridge 2007) oder das *Tool for Real-time assessment of Information Literacy Skills* (TRAILS). Einen Überblick über vorhandene Fragebögen geben Boh Podgornik et al. (2016).

Vorteile standardisierter Befragungen lassen sich in deren Kosteneffizienz und Vergleichbarkeit festmachen. Grenzen liegen in der Auskunftsfähigkeit der Befragten. Head et al. (2019) sehen performanzbasierte Messungen, welche sich an Standards orientieren, die Expert*innen, insbesondere Bibliothekar*innen, gesetzt haben, kritisch. Sie folgern, dass es wenig überrascht, wenn in solchen Messungen meist Defizite sichtbar werden.

Einige neuere wissenschaftliche Untersuchungen führen interaktive Befragungstests durch, die sich an alltäglichen Informationskontexten ausrichten. So prüfen etwa Wineburg et al. (2016), ob Schüler*innen und Studierende native Werbung auf einer Website erkennen oder die Glaubwürdigkeit von Bildern oder Nachrichten in Social Media beurteilen können. Lewandowski et al. (2019) untersuchen, inwieweit Nutzende in der Lage sind, kommerzielle und organische Ergebnisse auf Google-Suchergebnisseiten zu unterscheiden.

Weiterhin werden in wissenschaftlichen Untersuchungen oftmals verhaltensbasierte Daten zur Bestimmung der Informationskompetenz von Nutzer*innen herangezogen. So kombinieren Möller et al. (2019) Befragungs- und Trackingdaten, um das Nachrichtenverhalten von Nutzer*innen zu erfassen. Unkel & Haas (2017) untersuchen die Auswahl von Suchtreffern in Abhängigkeit von Glaubwürdigkeitsindikatoren. In einem Methodenmix, der unter anderem Befragungen, Suchtrefferkennzeichnung und Logfileanalysen beinhaltet, analysiert White (2013) das Auftreten von kognitiven Verzerrungen bei der Websuche.

Zusammenfassend wird deutlich, dass im Bereich der Messung von Informationskompetenz einerseits ein in der Durchführung skalierbares und vergleichsweise kostengünstiges Set an Erhebungsinstrumenten vorhanden ist. Zugleich zeigt sich, dass diese Instrumente hinsichtlich ihres Erkenntnisgewinns beschränkt sind. Dieses Spannungsverhältnis zwischen Aufwand und Erkenntnisgewinn wird auch von Expert*innen konstatiert (Symolka et al. 2021). Die Herausforderung liegt darin, im Rahmen begrenzter Ressourcen möglichst reichhaltige Rückmeldungen zu erzielen.

7 Förderung von Informationskompetenz

Ein zentraler Aspekt der Informationskompetenz ist die Frage ihrer Förderung oder Vermittlung. Es existieren vielfältige Ansätze und Ideen, die im nachfolgenden kurz angerissen werden sollten. Eine aktuelle Übersicht über die Einschätzung von 21 Expert*innen aus dem deutschsprachigen Raum geben Çetta et al. (2020). Demnach sind neben den Lerninhalten (Fachbezogenheit, Praxisnähe etc.) vor allem auch die Lernorte (Schule, Hochschule, Bibliothek etc.) und die Gestaltung und Steuerung der Lernprozesse (E-Learning, Kollaboratives Lernen, Gamification usw.) bedeutsam. Des Weiteren wurde bereits deutlich, dass auf Basis der dargestellten Modelle vielfältige Zugänge zur Informationskompetenzvermittlung existieren.

Verschiedene Expert*innen argumentieren hinsichtlich des Einbezugs von Angeboten zum Aufbau von Informationskompetenz in die schulischen und akademischen Curricula einen deutlichen Ausbaubedarf (Weisel 2018; Tappenbeck 2016). Zugleich ist festzuhalten, dass eine Vielzahl von extracurricularen Lernangeboten existiert, so dass nicht von einem Angebotsmangel gesprochen werden kann. Neben Vor-Ort-Schulungen in Bibliotheken (z. B. Universitätsbibliothek Technische Universität München 2020) existiert eine Vielzahl von Plattformen im Internet, die (Selbstlern-)Materialien bereitstellen,[4] darunter auch sogenannte Massive Offene Online Kurse (MOOCs).[5]

Hinsichtlich der didaktischen Ausgestaltung werden auch Trends der lern- und erziehungswissenschaftlichen Wissenschaften adressiert, etwa Gamification (Kwak et al. 2018; Roozenbeek & van der Linden 2019). Der Text kann hier nicht in die Breite gehen. Mit Nowrin et al. (2019), die sich mit multilingualen und interkulturellen Aspekten der Informationskompetenzbeförderung befassen sowie Materska (2014) und Wittebols (2016), die fragen, wie man Heuristiken und kognitive Verzerrungen adressiert, sollen zur Verdeutlichung zwei interessante Teilbereiche genannt werden.

Ein Trend zeigt sich dahingehend, dass Vermittlungsansätze, welche im Kontext des alltäglichen Informationsverhaltens darauf beruhen, Nutzer*innen zu trainieren, Information anhand derer inhärenter Eigenschaften zu bewerten, zunehmend kritisiert werden. Breakstone et al. (2018) schreiben, das Kernproblem der Bewertung von Informationen im Internet bestehe darin, dass sich die Nutzer*innen in ihrem Qualitätsurteil auf objektimmanente Eigenschaften stützen (Design, Selbstangaben zur Expertise etc.), die verhältnismäßig einfach manipuliert werden können. Eine Studie zur Informationsbewertung von High School Schüler*innen (McGrew 2021) illustriert, dass die Glaubwürdigkeit von Information oftmals anhand von einfachen Merkmalen der Informationsobjekte, etwa dem Layout, dem Vorhandensein von Daten oder der Domain, bestimmt wird. Fielding (2019) konstatiert, dass aus dem akademischen Bereich stammende checklistenbasierte Ansätze, wie z. B. der 2004 entwickelt CRAAP-Test,[6] aus zwei Gründen ins Leere laufen. Erstens, würde man solche Bewertungen sorgsam durchführen, wären sie sehr

---

4 https://webliteracy.pressbooks.com/; http://sandbox.aclr.org.
5 Z. B. http://informationliteracy.eu/.
6 CRAAP steht für *Currency, Reliability, Authority, Accuracy, and Purpose*.

aufwendig, weshalb man, zweitens, den Aufwand verringere und sich auf reduzierte Kriterien, wie die bereits angeführten Oberflächenmerkmale, stütze. Dies führe dann leicht in die Irre (Warner 2019). Empfohlen wird eine Strategie des *lateral reading*, ein Vorgehen, wie es auch professionelle Faktenprüfer*innen nutzen (Wineburg & McGrew, 2017). Dieses besteht darin, Informationen und diejenigen, die Informationen verbreiten, dadurch zu bewerten, indem man prüft, was Dritte im Web darüber aussagen. In der Regel werden hierzu hochwertige Quellen, etwa etablierte Medien oder auch die Wikipedia, genutzt. Auf derartigen Überlegungen fundieren auch neuere Ansätze, Informationskompetenz zu fördern (McGrew et al. 2017; McGrew 2018; Caulfield 2019; Kohnen et al. 2020).

An dieser Stelle wird deutlich, dass zur Informationskompetenz inhaltliche Expertise gehört, der Nutzer oder die Nutzerin diese aber nur teilweise selbst aufbringen kann. In der Folge gilt, dass je weniger eigene Expertise vorhanden ist, das Konzept Informationskompetenz umso stärker vertrauensbasiert ausfallen muss. Um hier erfolgreich zu agieren, sollten die Nutzer*innen zumindest das Ausmaß an inhaltlicher Kompetenz aufweisen, um bestimmen zu können, wessen Empfehlungen sie folgen können. Hierzu benötigen sie ein Grundwissen zum Informationsökosystem, in dem sie sich bewegen. Ergänzend ist es sinnvoll, dass sich die Nutzer*innen typischer, u. U. problematischer Verhaltensmuster wie des Bestätigungsfehlers oder des sogenannten Dunning-Kruger-Effekts bewusst sind und ihr Verhalten entsprechend ausrichten können. Der Bestätigungsfehler ist die Neigung, jene Informationen zu bevorzugen, die den eigenen Überzeugungen und Meinungen entsprechen (Knobloch-Westerwick et al. 2015). Der Dunning-Kruger-Effekt postuliert, dass Nutzer*innen aufgrund mangelnden Wissens zu einem Thema das Ausmaß ihrer Inkompetenz nicht erkennen und sich deshalb auch bei einem geringen Wissensstand oftmals übermäßig kompetent fühlen (Kruger & Dunning 1999). Schließlich ist die Motivation dazu, sich informationskompetent zu verhalten, unabdingbar. Nach Ross et al. (2016) weist im akademischen Kontext Wissensneugier den größten Zusammenhang mit der Informationskompetenz auf. Es gilt also, diese Wissensneugier zu befördern.

8 Forschung zu Informationskompetenz

Informationskompetenz ist auf internationaler Ebene ein etabliertes Forschungsfeld. Neben Zeitschriften wie dem *Journal of Information Literacy* (JIL), den *Communications in Information Literacy* (CIL), dem *International Journal of Media and Information Literacy*, *Education for Information*, sei auch auf europäische Tagungen und entsprechende Veröffentlichungen wie The European Conference of Information Literacy (ECIL) oder LILAC – the information literacy conference oder Creating Knowledge verwiesen. Auch Tagungen und Organe aus dem Bereich der Informationsverhaltensforschung, wie etwa die Tagung Information Seeking in Context (ISIC), weisen Schnittpunkte auf und stellen ein Forum für Forschung im Bereich der Informationskompetenz dar.

In inhaltlicher Hinsicht stellen Untersuchungen, die versuchen, kognitive und metakognitive Prozesse der Nutzer*innen zu explizieren, ein wichtiges Forschungsfeld dar. Solche Studien sind oftmals explorativ und arbeiten meist (auch) mit qualitativen Analysemethoden. So versuchen etwa Middleton et al. (2018) mittels Interviews zu ermitteln, inwieweit ein Zusammenhang zwischen Informationskompetenz und innovativen Arbeitspraktiken am Arbeitsplatz besteht. Allen (2011) setzt auf eine Kombination von Beobachtungen im Feld und Interviews, um das Informationsverhalten von Expert*innen zu untersuchen. Yevelson-Shorsher & Bronstein (2018) eruieren via Interviews die Perspektiven von Studierenden, Dozent*innen und Bibliothekar*innen auf das Themenfeld.

Ein interessantes Untersuchungsinstrument zur Explikation kognitiver und metakognitiver Prozesse stellt die Messung epistemischer Überzeugungen dar. Nach Kuhn & Weinstock (2002) lassen sich drei Entwicklungsstufen unterscheiden: absolute, multiplistische und evaluative Überzeugungen. Ist das absolute Level durch die Auffassung gekennzeichnet, dass Wissen wahr oder falsch ist, berücksichtigen multiplistische Perspektiven dynamische Aspekte von Wissen und dessen Unbeständigkeit. Evaluativen Überzeugungen liegt der Gedanke zugrunde, dass Wissen anhand kontextueller Geltungsansprüche bewertet werden kann.

Die Forschung zur Informationskompetenz, das wird sichtbar, verortet sich primär als Teilbereich der Informationsverhaltensforschung. Diese nutzt vielfältige Erhebungsmethoden und ist interdisziplinär. In pragmatischer Hinsicht weist die Forschung vielfältiges Transferpotential für die Informationskompetenzförderung auf. Ein Beispiel hierfür stellen etwa die Untersuchungen von Rosman et al. (2018) dar. Die Wissenschaftler*innen untersuchen mit einer Kombination von Befragungen und Tests den Zusammenhang zwischen epistemischer Überzeugung und der Wirksamkeit von Informationskompetenzvermittlungsmaßnahmen. Im Ergebnis zeigt sich, dass Multiziplismus den Kompetenzgewinn bzgl. des Suchverhaltens der Studierenden bei der Schulung vermindert und sich auch negativ auf den inhaltlichen Erkenntnisgewinn auswirkt. Die Autor*innen empfehlen, bei Schulungsangeboten Elemente zur Beförderung der epistemischen Entwicklungsstufen mit aufzunehmen, etwa in Form von Pro- und Kontra-Diskussionen.

9 Einordnung

Insgesamt wird deutlich, dass Informationskompetenz zuvorderst die Fähigkeit ist, sich als Nutzer oder Nutzerin informationell absichern zu können. Informationskompetenz ist dabei nicht absolut, sondern relational, sie formt sich je nach Informationskontext und -ziel neu aus. Dabei lässt sich festhalten, dass Informationskompetenz aus Nutzersicht dann gelingt, wenn im jeweiligen Kontext erstens das notwendige Wissen zur Informationsumwelt und zum Informationsverhalten (Faktoren der Wissensgenese, der Ausprägung von Informationsmärkten, Recherchetechniken, domänenbezogenes Wissen) vorhanden ist sowie die Fähigkeit zur Reflektion des eigenen Informationsverhaltens im Sinne eines kritischen Denkens besteht; schließlich muss auch eine Motivation zu informationskompetentem Verhalten (Neugier, Wissensaufnahmebereitschaft) vorhanden sein.

Informationskompetenz als Disziplin ist stark geprägt von bibliothekarischen und hochschulbezogenen Akteur*innen und Konzepten. In Bezug auf das konkrete Verhalten in alltagsbezogenen Informationskontexten stehen bei der Umsetzung informationskompetenten Verhaltens allerdings eher simple Ansätze wie das *lateral reading* zur Empfehlung im Vordergrund.

Aus der Perspektive der Informationskompetenzvermittler*innen und der Forschung im Themenfeld zeigen sich vielfältige Herausforderungen. So wird eine stärkere curriculare Einbindung in Bildungsinstitutionen argumentiert. Die Messung von Informationskompetenz stellt, zumindest in der Praxis, nach wie vor eine Herausforderung dar. In der Forschung zeigt sich vielfältiger Bedarf. Insbesondere scheint es sinnvoll, motivationale Aspekte und metakognitive sowie wissenskulturelle Aspekte des Informationsverhaltens vermehrt in die Forschung zum Themenfeld einzubeziehen.

10 Literaturverzeichnis

Association of College & Research Libraries (2016). *Framework for Information Literacy for Higher Education.* http://www.ala.org/acrl/standards/ilframework.

Allen, D. (2011). Information behavior and decision making in time-constrained practice: A dual-processing perspective. *Journal of the American Society for Information Science and Technology,* 62(11), 2165–2181.

American Library Association. (1989). *Presidential Committee on Information Literacy: Final Report.* http://www.ala.org/acrl/publications/whitepapers/presidential.

American Library Association. (2000). *Information Literacy Competency Standards for Higher Education.* https://alair.ala.org/bitstream/handle/11213/7668/ACRL%20Information%20Literacy%20Competency%20Standards%20for%20Higher%20Education.pdf?sequence=1&isAllowed=y.

Beutelspacher, L. (2014). Erfassung von Informationskompetenz mithilfe von Multiple-Choice-Fragebogen. *Information – Wissenschaft und Praxis,* 65(6), 341–352.

Breakstone, J., McGrew, S., Smith, M., Ortega, T. & Wineburg, S. (2018). Teaching students to navigate the online landscape. *Social Education,* 82(4), 219–221.

Boh Podgornik, B., Dolničar, D., Šorgo, A. & Bartol, T. (2016). Development, testing, and validation of an information literacy test (ILT) for higher education. *Journal of the Association for Information Science and Technology,* 67(10), 2420–2436.

Cameron, L., Wise, S. L. & Lottridge, S. M. (2007). The development and validation of the information literacy test. *College & Research Libraries,* 68(3), 229–237.

Cano-Orón, L. (2019). Dr. Google, what can you tell me about homeopathy? Comparative study of the top10 websites in the United States, United Kingdom, France, Mexico and Spain. *El profesional de la información,* 28(2), e280213. https://doi.org/10.3145/epi.2019.mar.13.

Caulfield, M. (2019). Check, Please! Starter Course Released. *Hapgood.* https://hapgood.us/2019/08/13/check-please-starter-course-released/.

Çetta, D., Griesbaum, J.; Mandl, T. & Montanari, E. G. (Hrsg.) (2020). *Zukunftsdiskurs Informationskompetenz und Demokratie (IDE): Bürger, Suchverfahren und Analyse-Algorithmen in der politischen Meinungsbildung. Positionspapiere zur Informationskompetenz und Informationskompetenzvermittlung: Aktueller Stand und Perspektiven.* Hildesheim: Universitätsverlag Hildesheim [elektronische Version]. https://doi.org/10.18442/095.

Chuang, K. Y. & Yang, C. C. (2014). Informational support exchanges using different computer-mediated communication formats in a social media alcoholism community. *Journal of the Association for Information Science and Technology,* 65(1), 37–52.

Deutscher Bibliotheksverband (2009). *Standards der Informationskompetenz für Studierende.* http://zpidlx54.zpid.de/wp-content/uploads/2015/02/DBV_Standards_Infokompetenz_03.07.2009_endg.pdf.

Dreisiebner, S., Beutelspacher, L. & Henkel, M. (2017). Informationskompetenz – Forschung in Graz und Düsseldorf. *Information – Wissenschaft & Praxis,* 68(5–6), 329–336.

Eickelmann, B. (2016). Förderung von Informationskompetenz als Aufgabe von Schule. In W. Sühl-Strohmenger (Hrsg.), *Handbuch Informationskompetenz* (2. Aufl., S. 151–158). Walter de Gruyter.

Fielding, J. A. (2019). Rethinking CRAAP: Getting students thinking like fact-checkers in evaluating web sources. *College & Research Libraries News,* 80(11), 620–622.

Franke, F. (2016). Standards der Informationskompetenz – neue Entwicklungen in Deutschland, Großbritannien und den USA. In W. Sühl-Strohmenger (Hrsg.), *Handbuch Informationskompetenz* (2. Aufl., S. 22–29). De Gruyter Saur.

Gemeinsame Kommission Informationskompetenz von dbv und VDB, Schoenbeck, O., Schröter, M. & Werr, N. (2021). Framework Informationskompetenz in der Hochschulbildung. *O-Bib. Das Offene Bibliotheksjournal,* 8(2), 1–29. https://doi.org/10.5282/o-bib/5674.

Gust von Loh, S. & Henkel, M. (2016). Informationskompetenz bei Kindergartenkindern. In W. Sühl-Strohmenger (Hrsg.), *Handbuch Informationskompetenz* (2. Aufl., S. 139–150). De Gruyter Saur.

Hapke, T. (2016). Informationskompetenz anders denken-zum epistemologischen Kern von „information literacy". In W. Sühl-Strohmenger (Hrsg.), *Handbuch Informationskompetenz* (2.Aufl., S. 9–21). De Gruyter Saur.

Head, A. J., Bull, A. C. & MacMillan, M. (2019). Asking the Right Questions: Bridging Gaps Between Information Literacy Assessment Approaches. *Against the Grain*, 31(4), Artikel 10.

Hochschulrektorenkonferenz (2012). *Hochschule im digitalen Zeitalter. Informationskompetenz neue begreifen–Prozesse anders steuern. Entschließung der 13. Mitgliederversammlung der HKK am 20. November 2012 in Göttingen.* https://www.hrk.de/positionen/beschluss/detail/hochschule-im-digitalen-zeitalter-informationskompetenz-neu-begreifen-prozesse-anders-steuern/.

Kiser, A. I. T. & Washington, R. (2015). The Information Gap amongst the generations and the Implications for Organizations. *International Journal of Digital Literacy and Digital Competence*, 6(2), 36–63. https://doi.org/10.4018/ijdldc.2015040103.

Klatt, R., Gavriilidis, K., Kleinsimlinghaus, K. & Feldmann, M. (2001). *Nutzung elektronischer wissenschaftlicher Information in der Hochschulausbildung. Barrieren und Potenziale der innovativen Mediennutzung im Lernalltag der Hochschulen.* Endbericht, Dortmund: Sozialforschungsstelle Dortmund (SteFi-Studie). https://hdms.bsz-bw.de/frontdoor/deliver/index/docId/298/file/NutzungwissInfo.pdf.

Klingenberg, A. (2012). Klare Niveau-Zuordnung als Ziel/Entwurf eines gemeinsamen Referenzrahmens Informationskompetenz. *BuB*, 2 (2012), 147–148.

Khan, S. (2020). Negotiating (dis) Trust to Advance Democracy through Media and Information Literacy. *Postdigital Science and Education*, 2(1), 170–183.

Knackstedt, Sander, Kolomitchouk (Hg) (2022). *Kompetenzmodelle für den Digitalen Wandel. Orientierungshilfen und Anwendungsbeispiele.* Springer. https://doi.org/10.1007/978-3-662-63673-2.

Knobloch-Westerwick, S., Johnson, B. K. & Westerwick, A. (2015). Confirmation bias in online searches: Impacts of selective exposure before an election on political attitude strength and shifts. *Journal of Computer-Mediated Communication*, 20(2), 171–187.

Kohnen, A. M., Mertens, G. E. & Boehm, S. M. (2020). Can Middle Schoolers Learn to Read the Web Like Experts? Possibilities and Limits of a Strategy-Based Intervention. *Journal of Media Literacy Education*, 12(2), 64–79.

Kruger, J. & Dunning, D. (1999). Unskilled and unaware of it: how difficulties in recognizing one's own incompetence lead to inflated self-assessments. *Journal of personality and social psychology*, 77(6), 1121.

Kuhn, D. & Weinstock, M. (2002). What is epistemological thinking and does it matter?. In B. K. Hofer & P. R. Pintrich (Hrsg.), *Personal epistemology: The psychology of beliefs about knowledge and knowing* (S. 121–144). Lawrence Erlbaum Associates.

Kultusministerkonferenz (2016). *Strategie der Kultusministerkonferenz „Bildung in der digitalen Welt".* https://www.kmk.org/fileadmin/Dateien/veroeffentlichungen_beschluesse/2018/Strategie_Bildung_in_der_digitalen_Welt_idF._vom_07.12.2017.pdf.

Kwak, M., Koohang, A., Floyd, K. & Choi, A. (2018). An Educational Adventure Game for Teaching Information Literacy and Student Engagement. *Proceedings of the 51st Hawaii International Conference on System Sciences, 2018-January*, 3616–3625.

Landøy, A., Popa, D. & Repanovici, A. (2020). *Collaboration in Designing a Pedagogical Approach in Information Literacy.* Springer.

Leaning, M. (2017). *Media and information literacy: An integrated approach for the 21st century.* Chandos.

Lewandowski, D., Sünkler, S. & Hanisch, F. (2019). Anzeigenkennzeichnung auf Suchergebnisseiten. *Information – Wissenschaft & Praxis*, 70(1), S. 3–14. https://doi.org/10.1515/iwp-2019-0001.

Livingstone, S. (2008). Internet literacy: Young people's negotiation of new online opportunities. In T. McPherson (Hrsg.), *Digital Youth, Innovation, and the Unexpected* (S. 101–121). MIT Press.

Lloyd, A. (2013). Building information resilient workers: the critical ground of workplace information literacy. What have we learnt? In S. Kurbanoğlu, E. Grassian, D. Mizrachi, R. Catts, S. Špiranec, *Communications in computer and information science: Bd. 397. Worldwide commonalities and challenges in information literacy research and practice: European Conference on Information Literacy, ECIL 2013* (S. 219–228). Springer.

Materska, K. (2014). Information heuristics of information literate people. In S. Kurbanoğlu, S. Špiranec, E. Grassian, D. Mizrachi, R. Catts (Hrsg.), *Communications in computer and information science: Bd. 492, Information literacy: Lifelong learning and digital citizenship in the 21st century: second European conference, Ecil 2014* (S. 59–69). Springer.

McGrew, S. (2021). Skipping the Source and Checking the Contents: An in-Depth Look at Students' Approaches to Web Evaluation. *Computers in the Schools*, 38(2), 75–97.

Mertes, N. (2014). *Teachers' conceptions of student information literacy learning and teachers' practices of information literacy teaching and collaboration with the school library – a grounded case study*. Dissertation. Humboldt-Universität zu Berlin. https://doi.org/10.18452/16921.

McGrew, S., Ortega, T., Breakstone, J. & Wineburg, S. (2017). The Challenge That's Bigger than Fake News: Civic Reasoning in a Social Media Environment. *American Educator*, 41(3), 4–9.

McGrew, S. (2018). *How Do We Know What's True Anymore* [Video]. Youtube. https://www.youtube.com/watch?v=91JrKnmiKZE.

Michel, A., Tappenbeck, I. (2019). *Information Literacy, Epistemic Cultures and the Question „Who Needs What?"* (Konferenzbeitrag) (10. Mai 2019). Conference on Learning Information Literacy across the Globe, Frankfurt am Main. https://informationliteracy.eu/conference/.

Middleton, L., Hall, H., Muir, L. & Raeside, R. (2018). The interaction between people, information and innovation: Information literacy to underpin innovative work behaviour in a Finnish organisation. *Proceedings of the Association for Information Science and Technology*, 55(1), 367–376.

Möller, J., van de Velde, R. N., Merten, L. & Puschmann, C. (2019). Explaining Online News Engagement Based on Browsing Behavior: Creatures of Habit?. *Social Science Computer Review*, 38(5), 616–632. https://doi.org/10.1177/0894439319828012.

Nowrin, S., Robinson, L. & Bawden, D. (2019). Multi-lingual and multi-cultural information literacy: perspectives, models and good practice. *Global Knowledge, Memory and Communication*, 68(3), 207–222. https://openaccess.city.ac.uk/id/eprint/20969/1/.

Roozenbeek, J. & van der Linden, S. (2019). Fake news game confers psychological resistance against online misinformation. *Palgrave Communications*, 5(1), Artikel 65.

Rosman, T., Peter, J., Mayer, A. K. & Krampen, G. (2018). Conceptions of scientific knowledge influence learning of academic skills: epistemic beliefs and the efficacy of information literacy instruction. *Studies in Higher Education*, 43(1), 96–113.

Ross, M., Perkins, H. & Bodey, K. (2016). Academic motivation and information literacy self-efficacy: The importance of a simple desire to know. *Library & Information Science Research*, 38(1), 2–9.

Stark, B., Magin, M. & Jürgens, P. (2019). Navigieren im Netz: Befunde einer qualitativen und quantitativen Nutzerbefragung. In B. Stark (Hrsg.), *Die Googleisierung der Informationssuche: Suchmaschinen zwischen Nutzung und Regulierung* (S. 20–74). De Gruyter.

Symolka, L., Dreisiebner, S. & Griesbaum, J. (2021). *How to Measure Information Literacy? An Evaluation Based on Expert Interviews*. To be published ECIL 2021.

Tappenbeck, I. (2016). Informationskompetenz im Wissenschaftssystem. In W. Sühl-Strohmenger (Hrsg.), *Handbuch Informationskompetenz* (2. Aufl., 279–288). De Gruyter Saur.

Travis, T. A. (2017). From the classroom to the boardroom: the impact of information literacy instruction on workplace research skills. *Education Libraries*, 34(2), 19–31.

UNESCO (2013). *Global media and information literacy (MIL) assessment framework: country readiness and competencies*. Paris: UNESCO. https://unesdoc.unesco.org/ark:/48223/pf0000224655/PDF/224655eng.pdf.multi.

Universitätsbibliothek Technische Universität München (2020). *Informationskompetenz 1 – Online-Medien suchen und finden*. https://www.ub.tum.de/kurs/informationskompetenz-1.

Unkel, J. & Haas, A. (2017). The effects of credibility cues on the selection of search engine results. *Journal of the Association for Information Science and Technology*, 68(8), 1850–1862. https://doi.org/10.1002/asi.23820.

vom Orde, H. (2016). Informationskompetenz und intergenerationelles Lernen. In W. Sühl-Strohmenger (Hrsg.), *Handbuch Informationskompetenz* (2. Aufl., S. 406–414). De Gruyter Saur.

Wang, D. Y., Der, M., Karami, M., Saul, L., McCoy, D., Savage, S. & Voelker, G. M. (2014). Search+ seizure: The effectiveness of interventions on seo campaigns. In C. Williamson (Hrsg.), *Proceedings of the 2014 Conference on Internet Measurement Conference* (S. 359–372). ACM.

Warner, J. (2019). *Getting Beyond the CRAAP Test: A Conversation with Mike Caulfield*. https://www.insidehighered.com/blogs/just-visiting/getting-beyond-craap-test-conversation-mike-caulfield.

Weisel, L. (2017). Ten years after–Stand und Perspektiven der DGI-Initiative für Informationskompetenz, Teil 1 – Sachstand. *Information – Wissenschaft & Praxis*, 68(4), 246–252.

Weisel, L. (2018). Ten Years after–Stand und Perspektiven der DGI-Initiative für Informationskompetenz, Teil 2–Perspektiven. *Information – Wissenschaft & Praxis*, 69(2–3), 121–128.

White, R. (2013). Beliefs and biases in web search. In *Proceedings of the 36th international ACM SIGIR conference on Research and development in information retrieval* (S. 3–12). ACM.

Wilson, C., Grizzle, A., Tuazon, R., Akyempong, K. & Cheung, C. K. (2011). *Media and information literacy curriculum for teachers*. UNESCO. https://unesdoc.unesco.org/ark:/48223/pf0000192971.

Wineburg, S., McGrew, S., Breakstone, J. & Ortega, T. (2016). *Evaluating Information: The Cornerstone of Civic Online Reasoning*. Stanford Digital Repository. http://purl.stanford.edu/fv751yt5934.

Wineburg, S. & McGrew, S. (2017). *Lateral reading: Reading less and learning more when evaluating digital information*. Stanford History Education Group-Working Paper No. 2017-A1. https://doi.org/10.2139/ssrn.3048994.

Wittebols, J. H. (2016). Empowering students to make sense of an information-saturated world: The evolution of information searching and analysis. *Communications in Information Literacy*, 10(1), Artikel 6.

Yevelson-Shorsher, A. & Bronstein, J. (2018). Three Perspectives on Information Literacy in Academia: Talking to Librarians, Faculty, and Students. *College & Research Libraries*, 79(4), 535–553.

Zurkowski, P. G. & National Commission on Libraries and Information Science, Washington, DC. National Program for Library and Information Services. (1974). *The Information Service Environment Relationships and Priorities. Related Paper No. 5*. http://files.eric.ed.gov/fulltext/ED100391.pdf.

Antje Michel, Maria Gäde, Anke Wittich & Inka Tappenbeck
D 9 Informationsdidaktik

1 Grundzüge der Informationsdidaktik[1]

Bereits im Jahr 1993 leitet Ursula Schulz aus einer kritischen Bestandsaufnahme der Praxis von Benutzer*innenschulungen an deutschen Bibliotheken den Bedarf einer fundierten Informationsdidaktik ab, verstanden als „Theorie des Lehrens und Lernens von Informationskompetenz" (Schulz 1993, S. 140). Zentral in diesem Plädoyer für Informationsdidaktik ist ihr auf Kants Mündigkeitsbegriff rekurrierendes, emanzipatorisches Verständnis von Informationskompetenz (und ihrer Didaktik) als individuelle Grundvoraussetzung für die aktive Teilhabe an einer funktionierenden Demokratie und Wirtschaft (vgl. Schulz 1993, S. 143). Dieses sich auch in anglo-amerikanischen Konzepten der Bibliotheks- und Informationswissenschaft wiederfindende, umfassende Verständnis von Informationskompetenz[2] als Fähigkeit, Informationsbedarfe wahrzunehmen, benötigte Informationen zu ermitteln, zu bewerten und sie in der Interaktion angemessen zu verwenden, sieht Schulz in den seinerzeit vorhandenen, objektorientierten Benutzer*innenschulungen nicht angemessen adressiert. Schulz schlägt die Etablierung einer wissenschaftlich fundierten Informationsdidaktik vor, die das zielgruppenspezifische Informationsverhalten, relevante „Informationsfertigkeiten" (Schulz 1993, S. 145), lerntheoretische Ansätze sowie didaktische Konzepte und nicht zuletzt die Analyse der Informationspraxis in verschiedenen Disziplinen umfasst.

Seither hat das Konzept der Informationsdidaktik lange Zeit wenig direkten Eingang in informationswissenschaftliche und -praktische Fachdiskurse gefunden.[3] Auch mangelte es über Jahre an einer fachbezogenen Ausdifferenzierung der Informationsverhaltensforschung in der deutschsprachigen informationswissenschaftlichen Forschung und somit natürlich auch am Wissenstransfer von Studien zum Informationsverhalten spezifischer Nutzer*innengruppen in die informationspraktischen Fachdiskurse und in die Lehre hinein (Hobohm 2015, S. 34, 35).

Im Jahr 2007 entwirft der Sprachwissenschaftler Matthias Ballod eine Informationsdidaktik als Vermittlungswissenschaft, ein „holistisches Forschungskonzept zum gesellschaftlichen, organisationalen und individuellen Umgang mit Information sowie zu allen Formen formaler, nicht-formaler und informeller Vermittlung von Wissen" (Ballod 2007, S. 203). Als Zieldimensionen seiner Informationsdidaktik definiert Ballod – Krons Unterscheidung von individueller, mikrosozialer und makrosozialer Ebene folgend (vgl. Ballod 2007, S. 179) – auf der Ebene des Individuums die Entwicklung von Informationskompetenz, auf der Ebene der Organisation die Etablierung von Wissensmanagement und auf gesellschaftlicher Ebene die Realisierung von Wissenstransfer (Ballod 2007, S. 277–412).

---

1 Dieser Artikel steht in Übereinstimmung mit den Sichtweisen der Fachgruppe Informationskompetenz der Konferenz der informations- und bibliothekswissenschaftlichen Ausbildungs- und Studiengänge (KIBA).
2 Für Genese und aktuelle Konzepte vgl. Kapitel D 8 Informationskompetenz.
3 Zwar wurde der Begriff vereinzelt unreferenziert verwendet (vgl. Franke 2001; Lux & Sühl-Strohmenger, 2004, S. 44), die grundlegende Intention, didaktische Konzepte auf der Basis einer vorhergehenden Bedarfsermittlung durch eine Erhebung des zielgruppenspezifischen Informationsverhaltens zu entwickeln, wurde aber nicht wirklich weiterverfolgt.

 Open Access. © 2023 Antje Michel, Maria Gäde, Anke Wittich & Inka Tappenbeck, publiziert von De Gruyter.
 Dieses Werk ist lizenziert unter der Creative Commons Attribution 4.0 International Lizenz.
https://doi.org/10.1515/9783110769043-051

Hans-Christoph Hobohm kritisiert, dass Ballods Konzept keine „Praxisanleitung" (Hobohm 2015, S. 38) für die Entwicklung didaktischer Angebote zur Vermittlung von Informationskompetenz liefere. Eine solche didaktisch fundierte Anleitung für die Praxis ist für Hobohm das zentrale Aufgabenfeld einer Informationsdidaktik, die auch er als Didaktik und Methodik der Vermittlung von Informationskompetenz und – beides implizit miteinander gleichsetzend – zugleich als „Fachdidaktik der Informationswissenschaft" (Hobohm 2015, S. 38) definiert (vgl. Desiderat im Fazit).

Im Jahr 2016 hat sich die Fachgruppe Informationskompetenz der Konferenz der informations- und bibliothekswissenschaftlichen Ausbildungs- und Studiengänge (KIBA) formiert und die der Fachgruppe angehörenden Autorinnen dieses Beitrags haben seitdem einen Fokus ihrer Zusammenarbeit auf die Ausarbeitung einer Programmatik der Informationsdidaktik gelegt. Mit Bezug auf die eingangs skizzierten Konzepte definieren sie Informationsdidaktik als eine Didaktik der Informationskompetenz, die sowohl hinsichtlich der jeweils relevanten Kompetenzbereiche, als auch hinsichtlich der Praktiken des Umgangs mit Information und schließlich hinsichtlich der dominierenden Kommunikations- und Lerngewohnheiten an die jeweiligen wissenskulturellen Anforderungen der Zielgruppen angepasst werden muss (Michel & Tappenbeck 2021, S. 35).

Ausgangspunkt dieser Forderung nach einer wissenskulturell spezifischen Ausdifferenzierung der Informationsdidaktik war die Beobachtung, dass trotz praxisnaher, didaktischer Fachliteratur (vgl. exemplarisch: Hanke & Sühl-Strohmenger 2016) eine objektorientierte Konzentration informationspraktischer Vermittlungsaktivitäten auf die Erklärung einzelner Suchwerkzeuge oder spezifischer Benutzungsbedingungen von Bibliotheken dominiert (vgl. Hapke 2000, S. 819–834). Zudem weisen bisher verfügbare Kennzahlen darauf hin, dass die Mehrzahl dieser Vermittlungsangebote nicht mit Blick auf die spezifischen Bedarfe und Bedingungen der verschiedenen fachlichen Zielgruppen aufbereitet sind (Informationskompetenz 2018). Eine Universalisierung bibliotheks- und informationswissenschaftlicher Standards und Konzepte und gleichzeitiges Außer-Acht-Lassen des spezifischen wissenskulturellen Kontexts der jeweiligen Zielgruppen bei der Entwicklung von Angeboten zur Förderung von Informationskompetenz wird auch in der internationalen Fachdiskussion diagnostiziert (z. B. Tuominen et al. 2005). Mit der Einführung des *Frameworks for Information Literacy for Higher Education* im Jahr 2016 wurde das Konzept der Informationskompetenz breiter gefasst und um forschungsbezogene Kompetenzen sowie um ein disziplinspezifisches Verständnis erweitert (ALA 2016). Nicht zuletzt durch diese Entwicklung hat die Debatte um eine Balance zwischen generischen und fachspezifischen Schulungsinhalten und -formaten sowie die Auseinandersetzung mit den wissenskulturellen Spezifika verschiedener Zielgruppen zunehmend auch die Praxis erreicht (Woolwine 2010).

Wissenskulturen werden rekurrierend auf Karin-Knorr Cetina definiert als „Praktiken, Mechanismen, und Prinzipien, die gebunden durch Verwandtschaft und historische Koinzidenz, in einem Wissensgebiet bestimmen, wie wir wissen, was wir wissen" (Knorr-Cetina 2002, S.11). Die Wissenssoziologin Knorr-Cetina leitet aus ethnografischen Studien unterschiedlicher wissenschaftlicher Disziplinen ab, dass Modi wissenschaftlicher Erkenntnisgenerierung sich weniger gemäß ontologischer Unterschiede der Forschungsthemen und Methoden differenzieren lassen, als durch die jeweils unterschiedlichen Produktionspraktiken von Erkenntnis im Verlauf des Forschungsalltags. Für die Analyse des Informationsverhaltens spezifischer Zielgruppen erscheint das Konzept der Wissenskulturen mit seinem Fokus auf den Erzeugungspraktiken von Wissen daher ein geeigneter Ausgangspunkt zu sein. Adaptiert für die Informationsdidaktik geht es bei einer Analyse des Informationsverhaltens unterschiedlicher Wissenskulturen weniger um die Entwicklung einer Ontologie generalisierbarer Erkenntnisse zum Informationsverhalten einzelner Disziplinen. Vielmehr bietet das Konzept der akademischen Wissenskulturen oder auch von außerwissenschaftlichen Lernkontexten (vgl. Jensen 2007) die konzeptionelle Grundlage für die Entwicklung eines Analyseinstruments zur Identifikation von Besonderheiten des Umgangs mit Information im Kontext der je spezifischen Praktiken der Wissenserzeugung unter spezifischen institutionellen, zeitlichen und infrastrukturellen Voraussetzungen.

Der Informationsdidaktik liegt ein phänomenologisch-deskriptiver Informationsbegriff zugrunde, der Information aus der Perspektive des empirischen Informationsverhaltens betrachtet und weniger eine historische Semantik von Information anstrebt, wie z. B. Capurro & Hjørland (2005). Die Kategorisierung differenter Informationskonzepte in unterschiedlichen Wissenskulturen erscheint im Kontext der Informationsdidaktik weniger relevant als die Frage, *was* in unterschiedlichen Wissenskulturen als Information genutzt wird und *wie* Information in den verschiedenen Stadien des Wissenskonstruktionsprozesses verwendet und weiterverarbeitet wird. Information wird, gemäß der pragmatischen, ebenfalls handlungstheoretischen Definition Kuhlens als „Wissen in Aktion und Kontext" (Kuhlen 2013, S. 4) dabei stets als aufbauend auf vorhandenem Wissen in seinem spezifischen Kontext verstanden.

2 Wissenskulturelles Informationsverhalten als Grundlage der informationsdidaktischen Angebotsentwicklung

Die informationsdidaktische Forschung erfolgt vor allem in zwei Zielrichtungen: Erstens ist zu ermitteln, inwiefern die Informationskonzepte und Informationsobjekte unterschiedlicher Wissenskulturen bei der Gestaltung von didaktischen Konzepten stärker berücksichtigt werden können. Es geht also darum, die Vermittlung von Angeboten zur Förderung von Informationskompetenz aus den Anforderungen der fachlichen Kontexte der Nutzer*innen abzuleiten. Zweitens soll analysiert werden, „inwieweit die jeweilige soziale Praxis des ‚sich Informierens' innerhalb einer bestimmten sozialen Gruppe als Einflussfaktor für die didaktische Vermittlungsstrategie relevant ist" (Michel 2016, S. 327). Hier geht es also um die Entwicklung praxiskompatibler didaktisch-methodischer Konzepte für die Vermittlung von Informationskompetenz, angepasst an zielgruppenspezifisches Informationsverhalten und Lehr-Lern-Konventionen.

Mit diesen beiden Forschungszielen schließt die informationsdidaktische Forschung an zwei Diskurslinien der Informationsverhaltensforschung an, die hier nur exemplarisch skizziert werden können: erstens Studien zur disziplinspezifischen Ausrichtung der Vermittlung von Informationskompetenz und zweitens Studien zur Analyse des Informationsverhaltens von Wissensgemeinschaften bzw. Communities of Practice. Erstgenannte bilden die Mehrheit der Publikationen in diesem Themenbereich und sind häufig mit dem Postulat verbunden, dass die Akzeptanz und Effektivität der Vermittlungsaktivitäten im direkten Zusammenhang mit deren zielgruppen- und problemorientierter Ausrichtung stehen. So werden z. B. Bedürfnisse und Anforderungen von Studierenden erhoben, um auf individuelle Schwerpunkte eingehen zu können (Bury 2016; Perry 2017). Cope & Sanabria (2014) konnten feststellen, dass von Studienanfänger*innen zunächst eine Entwicklung von interdisziplinären Basiskompetenzen erwartet wird und erst im Laufe des Studiums die Identifizierung mit dem Fach an individuelle Informationskompetenz gekoppelt wird. Mercer et al. (2020) betonen, dass Wissensbasis und Terminologie von Fächern bedeutsam sind, um ein gemeinsames Verständnis für relevante Aspekte von Informationskompetenz zu schaffen. Gleichzeitig besteht ein erhebliches Potential in der fachspezifischen Evaluation und Anpassung von allgemeinen informationskompetenzbezogenen Lernzielen (Tyron et al. 2010) und entsprechendem Lehrmaterial (Dreisiebner & Schlögl 2019; Fagerheim & Shrode 2010).

Die Analyse von Wissensgemeinschaften steht im Fokus der zweitgenannten Art von Studien. Bereits in den 1970er Jahren entstanden systematische Darstellungen zur fachspezifischen Informationspraxis im Kontext der bibliothekarischen Arbeit (Fuhlrott 1971). Die Bandbreite der Analysen rangiert heute von Untersuchungen ganz konkreter Informationspraktiken (Gregory et al. 2019; Schößler 2020) bis hin zur Diskussion über den Einfluss von sozialen, kulturellen und technischen Kontexten auf Wissensgemeinschaften (Fry 2006; Tuominen et al. 2005). Insbesondere im anglo-amerikanischen Raum wurden verschiedene Ansätze zur Analyse von Wissenskulturen für die curriculare Einbindung der Vermittlung von Informationskompetenz entwickelt und teilweise evaluiert. Exemplarisch sind hier die Ansätze von Wang (2011) und der Librarians Information Literacy Advisory Council (LILAC) genannt (Cuny 2014).

3 Analyseinstrument für Wissenskulturen als Grundlage der informationsdidaktischen Konzeptentwicklung

Das anwendungsbezogene Ziel und die Herausforderung der Informationsdidaktik bestehen darin, dass sich die fachliche Prägung von Lehrpersonen in der Regel von den Lernenden unterscheidet und somit Erkenntnisse über das wissenskulturelle Informationsverhalten für die Auswahl von angemessenen Lerninhalten, ihren taxonomischen Vermittlungstiefen sowie von wissenskulturell akzeptierten Vermittlungsformaten und -methoden für die Förderung von Informationskompetenz zunächst erworben und dann umgesetzt werden müssen (vgl. Michel & Tappenbeck 2021, S. 35).

Um den Prozess der Analyse von Wissenskulturen zu formalisieren und für die Anwendung in der Informationspraxis zu vereinfachen, wurden von den Autorinnen aus der genannten Studie von Knorr-Cetina sowie aus den referenzierten informationswissenschaftlichen Studien zum fachspezifischen Informationsverhalten vier interdependente Kategorien synthetisiert, die für die Entwicklung von Angeboten zur Förderung von Informationskompetenz wichtige Merkmale des wissenskulturellen Informationsverhaltens abfragen (Gäde et al. 2019):

- Forschungsgegenstände und Erkenntnisinteresse,
- Methoden der Erkenntnisgewinnung,
- Arten von Forschungsdaten, die im Erkenntnisprozess entstehen,
- Merkmale des Kommunikations- und Publikationsverhaltens.

Innerhalb dieser vier Hauptkategorien werden weitere, den Untersuchungsgegenstand genauer beschreibende Aspekte erfasst, die jedoch wissenskulturell spezifisch beschrieben werden müssen, um die Besonderheiten der Zielgruppen und somit ihrer Anforderungen an die Vermittlung von Informationskompetenz zu treffen.

Im Prozess der konkreten Planung von Angeboten zur Förderung von Informationskompetenz bilden die Ergebnisse der wissenskulturellen Analysen die Grundlage für die Entwicklung eines didaktischen Vermittlungskonzepts: Erst auf der Grundlage der Kenntnis der wissenskulturellen Spezifika einer fachlichen Zielgruppe lässt sich sinnvoll bestimmen, welche Informationsobjekte für diese Zielgruppe relevant sind, welche Umgangsweisen mit Information erlernt werden sollen, welche Informationsquellen und -infrastrukturen dabei eine Rolle spielen, welche zielgruppenspezifischen Vorstellungen davon, was Wissenschaft ist und wie sie funktioniert, zu berücksichtigen sind und auf welche Lerngewohnheiten aufzubauen ist. Da Wissenskulturen zeit- und kontextabhängig sind, lassen sich die Analyseergebnisse eines Standortes nicht automatisch generalisieren, sondern müssen als Grundlage für die Entwicklung zielgruppenspezifischer Vermittlungsangebote jeweils gezielt ermittelt werden.

4 Fazit

Sowohl die Informationsdidaktik als informationswissenschaftliche Teildisziplin als auch das Analyseverfahren zur Erfassung der Spezifika der wissenskulturellen Praxis verschiedener Zielgruppen befinden sich derzeit noch in einem konzeptionellen Status. Dies gilt insbesondere für die praktische Analyse der Informationspraxis von Wissenskulturen mit den hier vorgestellten Analysekategorien. Perspektiven für die Weiterentwicklung der Informationsdidaktik bestehen in der Validierung der Kategorien, ihrer Ausarbeitung zu einem in der Praxis einfach einzusetzenden Analyseinstrument und ihrer Anpassung an verschiedene wissenschaftliche (und mittelfristig auch nicht-wissenschaftliche) Zielgruppen im Rahmen von empirischen Studien. Ferner steht ein Abgleich der Ergebnisse dieser Analysen mit – inhaltlich und methodisch sehr heterogenen – internationalen Studien zum Informationsverhalten und zur Informationskultur in verschiedenen Fachdisziplinen aus. Im Ergebnis soll ein möglichst einfach zu handhabendes und zugleich effektives Analysewerkzeug für die bibliotheks- und informationswissenschaftliche Praxis entstehen. Schließlich erfordert die Fundierung der Informationsdidaktik eine Verortung innerhalb der Didaktik-Disziplinen (vgl. Michel 2016). Hier ist nicht nur die Beziehung von Informationsdidaktik zu Bibliotheksdidaktik (vgl. Hanke & Sühl-Strohmenger 2016) bzw. Bibliothekspädagogik (vgl. Schultka 2005) zu klären, sondern mit Bezug auf die didaktische Stratifikation von allgemeiner Didaktik, Fachdidaktiken und Bereichsdidaktiken zu begründen, inwiefern eine als Didaktik der Vermittlung von Informationskompetenz zu verstehende Informationsdidaktik zugleich eine Fachdidaktik der Informationswissenschaft sein kann.

5 Literaturverzeichnis

American Library Association (2016). *Framework for Information Literacy for Higher Education.* https://www.ala.org/acrl/standards/ilframework.

Ballod, M. (2007). *Informationsökonomie – Informationsdidaktik. Strategien zur gesellschaftlichen, organisationalen und individuellen Informationsbewältigung und Wissensvermittlung.* Bertelsmann.

Bury, S. (2016). Learning from faculty voices on information literacy. *Reference Services Review,* 44(3), 237–252.

Capurro, R. & Hjørland, B. (2005). The concept of information. *Information Science and Technology,* 37(1), 343–411. https://doi.org/10.1002/aris.1440370109.

City University of New York (CUNY) (2014). *Articulating and integrating information literacy outcomes: a discipline-based approach from LILAC.* http://articulation.commons.gc.cuny.edu/.

Cope, J. & Sanabria, J. E. (2014). *Do we speak the same language? A study of faculty perceptions of information literacy*. City University of New York (CUNY). https://doi.org/10.1353/pla.2014.0032.

Dreisiebner, S. & Schlögl, C. (2019). Assessing disciplinary differences in information literacy teaching materials, *Aslib Journal of Information Management*, 71(3), S. 392–414. https://doi.org/10.1108/AJIM-07-2018-0183.

Fagerheim, B. A., & Shrode, F. G. (2010). Information Literacy Rubrics within the Disciplines. *Communications in Information Literacy*, 3(2), 158–170. https://doi.org/10.15760/comminfolit.2010.3.2.78.

Franke, Fabian (2001). Lernen lassen statt Lehren. Bibliothekseinführungen mit informationsdidaktischen Methoden an der Universitätsbibliothek Würzburg. *Bibliotheksdienst*, 35(12), 1597–1617.

Fry, J. (2006). Scholarly research and information practices: a domain analytic approach, *Information Processing & Management*, 42(1), 299–316.

Fuhlrott, R. (1971). *Informationsbedarf und Informationsgewohnheiten von Ingenieurwissenschaftlern: Eine empirische Untersuchung an der Fakultät Bauingenieurwesen der Universität Karlsruhe (TH)*. Greven.

Gäde, M., Michel, A., Tappenbeck, I. & Wittich, A. (2019). *Informationsdidaktische Perspektiven auf die Vermittlungspraxis von Daten- und Informationskompetenz* (Vortrag) (15. Juli 2019). 8. Potsdamer IScience Tag, FH Potsdam, S. 16. https://i-science-tag.fh-potsdam.de/wp-content/uploads/2019/10/IScienceTag_G%C3%A4de-u.-Wittich.pdf.

Gregory, K., Groth, P., Cousijn, H., Scharnhorst, A. & Wyatt, S. (2019). Searching Data: A Review of Observational Retrieval Practices in Selected Disciplines, *Journal of the Association for Information Science and Technology*, 70(5), 419–432. https://doi.org/10.1002/asi.24165.

Hanke, U. & Sühl-Strohmenger, W. (2016). *Bibliotheksdidaktik. Grundlagen zur Förderung von Informationskompetenz*. De Gruyter Saur (Bibliotheks- und Informationspraxis, Bd. 58).

Hapke, T. (2000). Vermittlung von Informationskompetenz. *Bibliotheksdienst*, 34(5), 819–834.

Hobohm, H. (2015). Informationsdidaktik + Informationsverhaltensforschung = Informationskompetenz. Eine Gleichung mit drei Unbekannten. In A.-K. Mayer (Hrsg.), *Informationskompetenz im Hochschulkontext. Interdisziplinäre Forschungsperspektiven* (S. 29–42). Pabst Science.

Informationskompetenz (2018): *Informationskompetenz – Bundesstatistik 2017* (1. August 2018). http://zpidlx54.zpid.de/wp-content/uploads/2018/08/IK_Bundesstatistik_2017.pdf.

Jensen, K. (2007). The desire to learn: an analysis of knowledge-seeking practices among professionals, *Oxford Review of Education*, 33(4), 489–502.

Knorr-Cetina, K. (2002). *Wissenskulturen. Ein Vergleich naturwissenschaftlicher Wissensformen*. Suhrkamp (Suhrkamp-Taschenbuch Wissenschaft, 1594).

Kuhlen, R. (2013). A 1 Information–Informationswissenschaft. In R. Kuhlen, W. Semar & D. Strauch (Hrsg.), *Grundlagen der praktischen Information und Dokumentation* (S. 1–24). De Gruyter Saur. https://doi.org/10.1515/9783110258264.

Mercer, K., Weaver, K. D., Figueiredo, R. & Carter, C. (2020). Critical appraisal: The key to unlocking information literacy in the STEM disciplines. *College & Research Libraries News* 81(3), 145–148.

Michel, A. (2016). Informationsdidaktik – Skizze eines neuen informationswissenschaftlichen Forschungsfelds. *Information – Wissenschaft & Praxis*, 67(5–6), 325–330. https://doi.org/10.1515/iwp-2016-0057.

Michel, A. & Tappenbeck, I. (2021). Information Literacy, epistemic cultures and the question „Who needs what?". In A. Botte, P. Libbrecht & M. Rittberger (Hrsg.), *Learning Information Literacy across the Globe*. Frankfurt am Main, May 10th 2019 (S. 35–44). DIPF. https://doi.org/10.25656/01:17883.

Perry, H. (2017). Information Literacy in the Sciences. Faculty Perception of Undergraduate Student Skill, *College & Research Libraries*, 78(7), 964. https://doi.org/10.5860/crl.78.7.964.

Schößler, N. (2020). *Informationsverhalten und -bedarf in den Ingenieurwissenschaften. Eine systematische Analyse internationaler Studien der letzten 20 Jahre*. Bachelorarbeit. TH Köln. https://nbn-resolving.org/urn:nbn:de:hbz:79pbc-opus-15828.

Schultka, H. (2005). Informationsvermittlung. Bibliothekspädagogik. *Bibliotheksdienst*, 39(11), 1462–1488.

Schulz, U. (1993). Informationsdidaktik als bibliothekarische Dienstleistung. *Laurentius 10.* 39–152.

Tuominen, K., Savolainen, R. & Talja, S. (2005). Information literacy as a sociotechnical practice, *The Library Quarterly*, 75(3), S. 329–345. https://doi.org/10.1086/497311.

Tyron, J., Frigo, E. & O'Kelly, M. (2010). Using teaching faculty focus groups to assess information literacy core competencies at university level. *Journal of Information Literacy*, 4(2), 62–77.

Wang, L. (2011). An information literacy integration model and its application in higher education, *Reference Services Review*, 39(4), 703–720.

Woolwine, D. E. (2010). Generic versus discipline-specific skills. In A. Lloyd & S. Talja (Hrsg.), *Practising Information Literacy. Bringing theories of learning, practice and information literacy together* (S. 169–188). Centre for Information Studies.

Teil E: **Proprietäre und offene Informationsmärkte**

Rainer Kuhlen
E 1 Informationsmarkt

1 Kompatibilität der kommerziellen proprietären und offenen freien Informationsmärkte

Informationsmarkt (IMK) ist die Gesamtheit der vielen, sehr unterschiedlichen Informationsmärkte. Wenn man „Informationsmarkt" ganz weit verstehen wollte, wäre der Ausdruck Infosphere angebracht, den Luciano Floridi in seinen Büchern verschiedentlich verwendet hat: „The infosphere [...] will be the world itself that will be increasingly interpreted and understood informationally, as part of the infosphere." (Floridi 2010, S. 17) So weit werden wir hier nicht gehen. Allerdings könnte man sich dem anschließen, was Floridi für die Infosphere in der Zukunft erwartet: „[I]t will take some time and a whole new kind of education and sensitivity to realize that the infosphere is a common space, which needs to be preserved to the advantage of all." (Floridi 2010, S. 18) Ob das für alle Informationsmärkte zutrifft? Vermutlich nicht, aber für weite Bereiche der Information, wie sie in diesem Handbuch verstanden und behandelt werden, zeichnet sich ab, was von Kuhlen im Titel des Buches die „Transformation der Informationsmärkte in Richtung Nutzungsfreiheit" (Kuhlen 2020) bezeichnet wird.[1]

Zu den Informationsmärkten gehören zweifellos auch die vielen Informationssysteme und -dienstleistungen im Internet, z. B. in den Social-Media- und Messenger-Systemen, die heute immer mehr unter Plattformökonomie diskutiert werden.[2] Hier geht es aber in erster Linie um den Informationsmarkt im Kontext von Bildung und Wissenschaft (Kuhlen 1985; Spree 2003). Entsprechend der Überschrift von Teil E Proprietäre und offene Informationsmärkte wird auch hier der Begriff des Marktes nicht auf die kommerziellen proprietären Informationsmärkte beschränkt. Vielmehr bezieht sich „Markt" und entsprechend „Informationsmarkt", in Anknüpfung an das antike Verständnis von Agora, auch auf den Austausch von Wissen auf den offenen freien Informationsmärkten (Kuhlen 2020). Die obige These der Transformation der Informationsmärkte bezieht sich auf beide. Dabei soll versucht werden, die folgenden Fragen zu Open Access (OA) zu beantworten:
1. Wird die Zuständigkeit der Verlage für das Publizieren mit kommerziellem Verwertungsanspruch auch beim OA-Publizieren weiterhin bestehen bleiben?
2. Wird der offene OA-Markt weitgehend aus dem Umfeld der Wissenschaft selbst gestaltet?
3. Welche Geschäfts-/Organisations-/Finanzierungsmodelle zeichnen sich auf den proprietären und den OA-Märkten ab?

---

[1] Kuhlen (2020) ist als Open-Access-Version nutzbar und ist damit für Über- und Weiterverarbeitung frei verfügbar. Daher werden hier vor allem aus Abschnitt III Transformation der Wissenschaftsmärkte Textpassagen gekürzt, überarbeitet, aktualisiert und zuweilen auch ganz übernommen, ohne dass darauf hier jeweils referenziert wird.
[2] s. Kap. E 2 zu den Geschäfts- und Finanzierungssystemen in der Plattformökonomie; zu den einzelnen Ausprägungen dieser Märkte s. Kapitel E 2 – E 13. S. auch unter der Bezeichnung I-Commerce (Linde & Stock 2011) oder Internet-Ökonomie (Clement et al. 2019).

4. Können auf den kommerziellen Wissenschaftsmärkten neue Marktanteile dadurch gesichert werden, dass zusätzlich neue Produkte und Dienstleistungen mit informationellen Mehrwerten entwickelt werden?

Dass die freie (OA-)Verwertungsform nicht einfach die kommerzielle Verwertungsform ablöst, sondern sich beide in der Gegenwart überlappen, also miteinander kompatibel sein können, zeigt sich in der Gegenwart. Für die Kompatibilität zwischen proprietärer und offener Informationswirtschaft und das Zusammenspiel dieser beiden Informationsmärkte hat die im Rahmen der Institutionenökonomie entwickelte Commons-Theorie die theoretische Grundlage geschaffen (Ostrom 2007; Ostrom et al. 2008). Voraussetzung für Kompatibilität beider ist, dass das in Wissensobjekten der Urheber*innen repräsentierte Wissen auch über die von den Verlagen erstellten Informationsobjekte frei verfügbar ist.[3] Eine solche Informationswirtschaft könnte Teil einer allgemeinen Gemeinwohlökonomie werden (Felber 2018, 2019). Die freie Nutzung muss den kommerziellen Erfolg nicht ausschließen.

Allerdings könnte eine Gemeinwohlökonomie auch aus und von der Wissenschaft selbst entwickelt werden. Das dafür erforderliche Know-how für das Publizieren aus der Wissenschaft selbst wäre heute dafür vorhanden. Zur Umsetzung dieses Know-hows müsste die Öffentlichkeit die entsprechenden Mittel bereitstellen. Gegenwärtig scheint das nicht der allgemeine Trend zu sein. Vielmehr wird aktuell die Entwicklung zum Open Access-Publizieren durch Verlage dadurch ermöglicht, dass sie eine Finanzierungsgarantie vom Staat erwarten und so ihre Stellung auf den Märkten behaupten können.

In Abschnitt 2 wird auf das lange Zeit unproblematische Zusammenspiel von Wissenschaftler*innen, Verlagen und Bibliotheken eingegangen. In Abschnitt 3 werden die kommerziellen Aspekte der Informationsmärkte behandelt. Abschnitt 4 behandelt die OA-Informationsmärkte. Abschnitt 5 legt nahe, dass Open Access (OA) der Default des wissenschaftlichen Publizierens werden kann.

2 An einem Strang: Wissenschaftler*innen, Verlage, Bibliotheken

Bis Mitte des 20. Jahrhunderts wurde das Zusammenspiel von a) Wissen produzierenden und nutzenden Akteur*innen in Bildung und Wissenschaft, b) von verwertenden Akteur*innen in der Wirtschaft (Verlagen) und c) den öffentlich finanzierten Bibliotheken, welche die Informationsprodukte von den Akteur*innen unter (b) erworben und den unter (a) angesprochenen Akteur*innen i. d. R. unentgeltlich zur Verfügung gestellt haben, nicht als problematisch empfunden. Die Arbeitsteilung zwischen Produktion, Vertrieb, Vermittlung und Nutzung hat also unter analogen Bedingungen lange Zeit zufriedenstellend funktioniert. Die Bibliotheken konnten die von ihren Wissenschaftler*innen benötigten Materialien (Bücher und Zeitschriften) weitgehend vollständig und für diese kostenfrei zur Verfügung stellen.

---

[3] Für den Zusammenhang von Wissensobjekten und Informationsobjekten s. A 1 Information sowie das Glossar.

Den Verlagen wurde nicht bestritten, dass sie quasi das technische, fachliche und organisatorische Know-how-Monopol für die erforderlichen Leistungen besaßen: für das redaktionelle Lektorat, die Organisation der Qualitätssicherung, die Drucklegung, die Erstellung von Exemplaren entsprechend der Auflage, das Marketing, deren Verteilung über den Versand und die Versorgung der Bibliotheken. (s. Kapitel E 4 Verlage). Dass sich diese Leistungen auch in den Kosten für Kauf oder Lizenz widerspiegeln, wurde weitgehend von den Bibliotheken als wichtigsten Abnehmerinnen der Informationsprodukte akzeptiert. Die Öffentlichkeit finanzierte dies (Pflüger 2016; Daten s. Fußnote 6). Für Selbstorganisationsformen aus der Wissenschaft bestand wenig Bedarf, zumal die Hürde, die für das Publizieren nötige technische Infrastruktur aufzubauen, noch bis vor wenigen Jahren sehr hoch war. Der kommerzielle Wissenschaftsmarkt[4], vor allem das große Segment, das sich auf das Publizieren von textuellen Materialien konzentrierte, war so auch schon zu analogen Zeiten ein einträgliches und vor allem sicheres Geschäft für die Anbieter*innen mit den Bibliotheken als verlässliche und kalkulierbare Partnerinnen.[5]

Mit der Öffnung des Internets auch für Wissenschaftsverlage änderte sich diese sozusagen friedliche Situation. Der kommerzielle Wissenschaftsmarkt ist *big business* geworden vor allem auf den Zeitschriftenmärkten, besonders bei den Zeitschriften für die MINT-/STM-Fächer.[6] Shareholder-Interessen großer Verlagskonsortien dominieren gegenüber (Nutzer*innen-)Stakeholder-Interessen

3 Zu den kommerziellen Wissenschaftsmärkten

Verlage auf den kommerziellen proprietären Informationsmärkte produzieren kein Wissen, sie produzieren auch keine Wissensobjekte. Das machen die Urheber*innen. Verlage (*Content Provider*) setzen diese Objekte in handelbare Güter (Informationsobjekte) auf den Märkten um, wenn sie denn Nutzungsrechte von den Urheber*innen erworben haben. Vor allem für den Erwerb der Rechte an den die wissenschaftlichen Informationsmärkte dominierenden Zeitschriftenartikel wird i. d. R. weder an die Autor*innen noch an deren Institutionen ein Honorar gezahlt (s. Abschnitt 3.5 zum Geschenkmodell).

---

4 Das andere große Segment des Wissenschaftsmarktes sind die seit den 60er Jahre entwickelten Online-Datenbanken, die zunächst nur als Referenz-Datenbanken weltweit aufgebaut und angeboten wurden (bibliographische Information, eventuell angereichert durch Abstracts und Keywords/Deskriptoren), die dann aber weitgehend durch Volltext-Datenbanken ersetzt wurden. Dazu gehören in ständig wachsendem Umfang (nicht textorientierte) Daten/Fakten-Datenbanken (Kuhlen 1995).
5 Die in dieser Fußnote, aber auch im weiteren in diesem Kapitel angegebenen Daten verändern sich gerade auf diesem Marktbereich laufend und zum Teil erheblich. Sie sind daher eher als Momentaufnahme zu werten, sind also nur rasch überholte Hinweise auf die quantitative Entwicklung auf diesen Märkten. Nach Johnson et al. (2018, S. 22) werden weltweit von Bibliotheken 8 Mrd. Dollar für akademischen und wissenschaftlichen Inhalt ausgegeben. Akademische Bibliotheken erbrachten für Verlage traditionell die primären Erlöse aus dem Zeitschriftenmarkt, geschätzt zwischen 68 und 75 % des gesamten Erlöses aus Zeitschriften. Andere Erlöse durch „corporate subscriptions" (15–17 %), Werbung 4 %, etc.
6 MINT steht für Mathematik, Informatik, Naturwissenschaften und Technik, im Englischen steht STM für Science, Technology and Medicine.

3.1 Hochpreispolitik und Monopole

Monopole setzen Wettbewerb auf den Märkten aus, auch Oligopole (wie die der fünf großen Verlagskonsortien für die Zeitschriftenpublikation – Elsevier, Springer Nature, Wiley, Taylor & Francis und Sage) relativieren den Monopolcharakter nicht. Monopole begünstigen eine Hochpreispolitik. Das gilt ebenfalls, wenn auch weniger stark, für die einzelnen Zeitschriften, und sicherlich kann ebenso jeder einzelne Artikel als Monopol angesehen werden, der nicht einfach durch einen anderen ersetzt werden kann. Die Hochpreispolitik bezieht sich zudem nicht nur auf eine einzelne stark nachgefragte Zeitschrift. Die großen Zeitschriftenverlage sind immer mehr dazu übergegangen, die Lizenzangebote in großen Bündeln zusammenzufassen. Dadurch kann auch auf weniger nachgefragte, aber nun im Bündel zusammen lizenzierte Zeitschriften die Hochpreispolitik angewendet werden. Insgesamt sind die hohen Kosten für Zeitschriften mit den Budgets der meisten Bibliotheken immer weniger in Einklang zu bringen.[7]

Das lang anhaltende Monopol der Verlage beruhte nicht nur auf dem technischen, organisatorischen und editorischen Know-how. Monopole sind auch faktisch durch einen qualitativen Faktor entstanden, der ursprünglich lediglich zur Orientierung für die Wissenschaft gedacht war. Damit ist der Impact-Faktor (IF) gemeint, der über Zitierungsanalysen die Relevanz von Publikationen anzeigt. Der IF ist allerdings eher eine Bewertung der Zeitschrift, nicht die der Nutzung einzelner Artikel. Zeitschriften, so Ziegler (2019), sind „Renommee-Maschinen" geworden und „machen Karriere" (Ziegler 2019). Die Berufung auf eine Professur wird häufig, vor allem in STM-Fächern, in hohem Maße von Publikationen in Zeitschriften mit hohem IF abhängig gemacht. Ebenso orientiert sich zuweilen die Einschätzung der Qualität einer gesamten Hochschule am IF.

Eine etablierte Hoch-IF-Zeitschrift trägt zur Monopolisierung bei, indem sie zu einer starken Bindung von Autor*innen zu solchen Zeitschriften führt (s. Kapitel B 15 Verfahren der wissenschaftlichen Qualitäts-/Relevanzsicherung/Evaluierung). Allerdings sind in den letzten Jahren auch Altmetrics-Formen[8] zum Einsatz gekommen, durch die die tatsächliche Nutzung gemessen werden kann, z. B. über die Anzahl der Downloads, Rezeption der Arbeiten einer Einzelperson, die wissenschaftlich publiziert, durch andere Wissenschaftler*innen oder über die Aufmerksamkeit und Verbreitung eines Artikels in den sozialen Medien. Weiter geht der von Elsevier entwickelten CiteScore-Index[9] der Teil des umfassenderen „basket of metrics" (Colledge & James 2015, SEITENZAHL ERGÄNEZN) ist. Mit diesem Korb werden auch über die engeren Nutzungsinteressen hinaus ebenso andere Faktoren berücksichtigt, wie z. B. das Ausmaß der Zusammenarbeit (*collaboration*) mehrerer Autor*innen an einem Artikel, die Finanzierung durch Förderorganisationen, die kommerzielle Nutzung der Arbeit, die soziale Wirkung eines Artikels, auch die Qualität des Peer-Reviewing allgemein.[10]

---

7 Zu den Kosten insgesamt vgl. die Angaben von Pflüger (2016, S. 487): „Die öffentlichen Ausgaben für die wissenschaftlichen Bibliotheken stiegen binnen zehn Jahren um 40 % von 220 Mio. EUR in 2003 auf 311 Mio. EUR in 2013 und dürften heute bei 330 Mio. EUR liegen. Davon entfallen inzwischen 120 Mio. EUR auf die Lizenzierung digitaler Medien, deren Anteil bei den Universitätsbibliotheken jetzt 60 % beträgt." Die Lizenzierung bezieht sich im Wesentlichen auf die wissenschaftlichen Zeitschriften.
8 https://www.altmetric.com/about-altmetrics/what-are-altmetrics/; s. Research Guides (2022).
9 https://www.elsevier.com/connect/editors-update/citescore-a-new-metric-to-help-you-choose-the-right-journal.
10 Kritisch zu CiteScore und dem Umfeld im „basket" (Straumsheim, 2016).

3.2 Daten zu den kommerziellen proprietären Informationsmärkten

Quantitative Aussagen zu den auf Erlös abzielenden Informationsmärkten werden jedes Jahr von den World Intellectual Property Indicators (WIPO) vorgelegt, zuletzt 2021,[11] und vom STM Report – STM Global Brief 2021 – Economics and market size.[12] Die WIPO-Daten tragen der weltweiten Entwicklung Rechnung, während die von STM vorgelegten Berichte zum Umfang der kommerziellen Informationsmärkte sich in erster Linie auf die englischsprachigen Publikationen und Aktivitäten beziehen – mit Schwerpunkt auf die Zeitschriftenmärkte (s. Abschnitt 3.3 Zeitschriftenmarkt und Informationswirtschaft). In der Abteilung *Creative Economy* von WIPI/WIPO werden in der Zusammenarbeit der International Publisher Association (IPA) und der WIPO Daten zu den drei Marktsegmenten *trade; educational; and STM publishing* zusammengetragen.[13]

3.3 Zeitschriftenmarkt der Informationswirtschaft

Der Zeitschriftenmarkt ist auch heute noch der größte und lukrativste für die kommerziellen Informationsmärkte – aber auch der am schnellsten wachsende OA-Markt. Zeitschriftenartikel, erst relativ spät (im 17. Jahrhundert) als indirekte Form der Kommunikation in der Wissenschaft entwickelt, sind nach wie vor das wichtigste Medium für den wissenschaftlichen Informationsaustausch. Zeitschriften wu/erden häufig von wissenschaftlichen Akademien und Fachgesellschaften (*learned societies*) getragen (Kant 2003). Diese sind auch heute noch produktive Akteure auf den Publikationsmärkten, die das Publizieren nicht nur durch Mitgliedsbeiträge finanzieren, sondern auch selbst kommerzielle Akteure auf den Publikumsmärkten sind und dadurch auch ihre Organisationen mitfinanzieren. Fachgesellschaften kooperieren für die Publikation und Verbreitung oft mit kommerziellen Verlagen. Hier einige (sich ebenfalls rasch ändernde) Daten zum Zeitschriftenmarkt:

> Die fünf größten Verlage sind mit Blick auf Zeitschriften (Z): Springer Nature (> 3 000 Z), Elsevier (2 500 Z), Taylor & Francis (2 500 Z), Wiley (1 700 Z) und Sage (>1 000 Z). Nach *Ulrich's Periodicals Directory*[14] steigt die Anzahl der wissenschaftlichen Zeitschriften auf 42 491, wenn man die nicht englischsprachigen Zeitschriften dazuzählt.
> So gut wie alle Verlage bieten den Online-Zugriff auf die Zeitschriftenartikel an. 477 Verlage mit ca. 2 334 Zeitschriften operieren auf Not-for-profit-Basis. Zusammen werden über diese Zeitschriften mehr als 3 Millionen Artikel pro Jahr produziert und veröffentlicht. Der Zuwachs pro Jahr ist inzwischen auf etwa 5 % bei Zeitschriften und 4 % bei Zeitschriftenartikeln angestiegen (Johnson et al. 2018, para. 2.5).
> Zu der Anzahl der Artikel auf dem Zeitschriftenmarkt (Johnson et al. 2018): Die CrossRef-Datenbank weist 97 Mio. DOIs nach, von denen 73 Mio. Artikel aus Zeitschriften sind. Web of Science (WoS) weist in der „Core Collection" im Juni 2019 70 Mio. Artikel nach – eine Teilmenge der 150 Mio. Objekte in der WoS. Eine besonders gewichtige Teilmenge wissenschaftlicher Zeitschriften bzw. deren Artikel sind die ca. 12 000 Zeitschriften (Alaivate Analytics 2018) als die am meisten zitierten.

---

[11] https://www.wipo.int/publications/en/details.jsp?id=4571.
[12] https://www.stm-assoc.org/.
[13] Gesamtdaten für alle drei Bereiche konnten von der WIPO für 11 Länder erhoben werden. Deren Gesamterlös betrug 2017 248 Mrd. US-Dollar.
[14] https://www.library.ucsb.edu/research/db/338.

Der gesamte Erlös auf dem STM-Markt (Zeitschriften, Bücher, Datenbanken etc.) betrug nach Johnson et al. (2018) 25,7 Mrd. US-Dollar.

In den letzten Jahren verstärkt sich auch das Retail-Geschäft für Zeitschriftenartikel. Dieser direkte Online-Zugriff zu einzelnen Zeitschriftenartikel wird durch komfortable kostenpflichtige Dienstleistungen der Verlage wie ScienceDirect[15] ermöglicht, i. d. R. über einen von der Bibliothek eingerichteten (und auch finanzierten) Account. Möglich ist die Nutzung auch direkt mit einem persönlichen Zugriff. Ein solcher Zugriff wird aber weltweit in erster Linie von bzw. aus gut ausgestatteten Hochschulen oder Forschungseinrichtungen ermöglicht.

3.4 Bücher auf den Informationsmärkten

Buchproduktion ist auch heute noch für Bildung und Wissenschaft ein wichtiger Bestandteil kommerzieller Informationsmärkte. Nach Johnson et al. (2018) wurde 2017 über den STM-Buchmarkt weltweit etwa ca. 3,3 Mrd. US-Dollar an Erlös erzielt: Davon entfallen 719 Mio. auf wissenschaftliche und technische und 2,48 Mrd. auf medizinische Bücher. Der Anteil der gedruckten Bücher am Gesamtmarkt geht um ca. 4 % pro Jahr zurück, während die Wachstumsrate für E-Books 4–6 % pro Jahr beträgt. E-Books haben auch einen zunehmend größeren Anteil an den Bibliotheksbudgets. Anders als bei Zeitschriften werden Fachbücher intensiver von Endnutzer*innen erworben; aber insgesamt bleiben bei der Hochpreispolitik gerade für Fachbücher auch hier die Bibliotheken die wichtigsten Käuferinnen/Lizenznehmerinnen.

In absehbarer Zukunft werden in Fortsetzung des aktuellen Trends auch größere Texteinheiten wie Monographien, Lehrbücher, Proceedings etc. primär oder sogar exklusiv in elektronischer Form zugänglich sein. Bezüglich der Digitalisierung von Büchern in der Wissenschaft sind zweifellos Unterschiede in den Textsorten auszumachen. Am stabilsten sind wohl derzeit noch Festschriften, für die das traditionelle gedruckte Buch in der Tat der Normalfall ist. Proceedings, die Zusammenstellung der Beiträge von Fachkonferenzen, sind offensichtlich offener für die elektronische Veröffentlichung – sei es im Rahmen eines hybriden Modells (Druck und e-Version) oder durch exklusive elektronische Veröffentlichung.

3.5 Zum Geschenkmodell auf den Wissenschaftsmärkten

Der Erfolg auf den kommerziellen Informationsmärkten beruht auch darauf, dass die Verlage zumindest für den Erwerb der Rechte an Zeitschriftenartikeln (s. o.) nichts bezahlen müssen. Verlage, so Ziegler, „bekommen die Ergebnisse der mit Steuern finanzierten Forschung von der Wissenschaft geschenkt – in Form von druckfertigen Aufsätzen" (Ziegler 2019). Allerdings erwarten Autor*innen als Gegenleistung für das „Geschenk", dass ihre Werke in attraktiver Form und in attraktiven Organen veröffentlicht werden. Das ist sozusagen das Honorar. Bei Büchern mit zu erwartenden hohen Auflagen wie z. B. juristische Kommentare kann das mit Blick auf die Honorare anders ausse-

---

15 https://www.sciencedirect.com.

hen (obgleich häufig auch hier die Öffentlichkeit die Arbeit und die Arbeitsbedingungen vieler darin involvierten Autor*innen finanziert).

Eine kostenpflichtige Lizenz für die kommerzielle Nutzung wird i. d. R. nicht verlangt – weder von den Autor*innen noch von deren Einrichtungen. Die die Autor*innen finanzierenden öffentlichen Einrichtungen (Hochschulen, Länder, Bund, Förderorganisationen usw.) haben das „Schenken" toleriert, solange die erbrachten Leistungen als spezielle und unverzichtbare Kompetenz der Verlage anerkannt wurden und solange die Preispolitik der Verlage die Nutzung des publizierten Wissens nicht behindert. Vor allem Ersteres (das Kompetenzmonopol) trifft heute nicht mehr unbedingt zu.

Tatsächlich ist inzwischen umfänglich Endnutzersoftware z. B. zum Erstellen von Zeitschriften und damit für das Publizieren verfügbar[16], und es entstehen auch immer mehr offene, also nicht-proprietäre Zeitschriften. Herausgeber solcher OA-Zeitschriften können einzelne Wissenschaftler*innen sein, aber auch Fachverbände/-gesellschaften oder Institutionen der Autor*innen, in der Regel über die Bibliotheken der Hochschulen oder außeruniversitären wissenschaftlichen Einrichtungen. Auch beteiligen sich Verlage schon an solchen OA-Vorhaben.

Insgesamt scheint das kommerzielle Geschenk-/Verwertungsmodell heute nicht mehr uneingeschränkt akzeptabel zu sein – vor allem weil die Gegenleistungen nicht mehr als angemessen empfunden werden:

1. Für die Öffentlichkeit wird immer weniger akzeptiert, dass das mit öffentlichen Mitteln produzierte Wissen i. d. R. kostenlos an die Verlage abgegeben wird und dass dann für die entstehenden Produkte hohe Nutzungsgebühren entrichtet werden müssen.
2. Autor*innen sehen sich in ihrer informationellen Autonomie durch die häufig geübte Praxis kommerzieller Verwerter eingeschränkt, exklusive Nutzungsrechte zu verlangen.
3. Wegen der Hochpreispolitik und den Zugriffsbeschränkungen ist nicht mehr allen Wissenschaftler*innen in ausreichendem Ausmaß der Zugriff auf die Informationsprodukte garantiert, die sie für das Schaffen neuen Wissens brauchen.
4. Die Budgets der Mittlerinstitutionen wie Bibliotheken können nicht mehr mit den ansteigenden Kosten mithalten, die durch die Quasi-Monopolstruktur großer Verlage begünstigt werden (Bosch et al. 2020).
5. Aus der Wissenschaft selber könnten im Prinzip eigenständige Formen der Produktion, des Öffentlichmachens, der Verteilung und Nutzung von Wissen und Information entwickelt werden.

3.6 Kritik an den kommerziellen Verwertungsmodellen für Publikationen

Der Wissenschaftsrat sprach schon 2001[17] von den „Veränderungen der Rollenverteilung in der Publikations- und Informationskette vom Autor bis zum Nutzer wissenschaftlicher

---

[16] Z. B. CeDiS (an der FU Berlin – https://www.fu-berlin.de/sites/open_access/e-publishing/index.html) bietet mittels der Software Open Journal Systems (OJS) Hosting und Support für wissenschaftliche Fachzeitschriften (auch für Monographien). S. die umfassenden Informationen zu OA-Büchern auf der Plattform open-access.net: https://open-access.network/informieren/publizieren/open-access-buecher.
[17] https://www.wissenschaftsrat.de/download/archiv/4935-01.pdf.

Informationen". Das damalige Forschungsministerium des Bundes sprach sich für den uneingeschränkten Zugriff auf das publizierte Wissen aus. Auf dem Weltgipfel der UN zur Informationsgesellschaft (World Summit on the Information Society – WSIS, 2003 in Genf und 2005 in Tunis) wurde, nicht zuletzt mit Blick auf die Entwicklungsländer, der freie Zugriff das publizierte Wissen zu einem globalen Thema.

Der 2012 vom Mathematiker William Timothy Gowers initiierte Aufruf *The cost of knowledge* gegen den Wissenschaftsverlag Elsevier[18] ist nur ein Beispiel für die zahlreichen öffentlichen Proteste aus der Wissenschaft gegen die restriktive Preis-, Distributions- und Nutzungspolitik durch die Oligopole der großen Zeitschriftenverlage. Den Protest-Aufruf hatten 17 641 Forscher*innen unterzeichnet (keineswegs nur Mathematiker*innen) und viele von ihnen haben ausdrücklich erklärt, nicht weiter für Elsevier zu arbeiten: „won't publish; won't referee; won't do editorial work". Zwar wurde Elsevier als der besonders aggressiv mit hoher Preispolitik operierende Verlag kritisiert, aber in Frage gestellt wurde die gesamte herkömmliche kommerzielle Publikationswelt. Am folgenreichsten für die Entwicklung offener Informationsmärkten waren aber sicherlich die aus der Wissenschaft formulierten und breit akzeptierten Open-Access-Erklärungen, wie die der *Berlin Declaration on Open Access to Knowledge in the Sciences and Humanities* von 2003[19] (s. Kapitel E 10 Open Access).

4 Zu den Open-Access-Informationsmärkten

In Abschnitt 4.1 wird auf die OA-Zeitschriftenmärkte eingegangen, in 4.2 auf das Engagement von Verlagen auf diesen Teilmärkten, in 4.3 auf den entstehen OA-Markt für Bücher und in 4.4 auf Finanzierungsformen für OA-Publikationen, vor allem mit Hinweisen auf die DEAL-Vereinbarungen. Ausführlicher zu diesen Abschnitten in Kapitel E 9 Open Science, E 10 Open Access, E 11 Open Data, E 12 Open Educational Resources und E 13 Open Government.

4.1 Zu den Open-Access-Zeitschriftenmärkten

Directory of Open Access Journals (DOAJ), der zentrale Nachweisdienst für OA-Zeitschriften, wies für März 2022 17 550 Zeitschriften nach. Insgesamt sind 7 327 141 OA-Artikel in insgesamt 130 Ländern vorhanden. Laut dem Nationalen Open-Access Kontaktpunkt (OA2020-DE) haben OA-Artikel einen Zitiervorteil und gehören oft zu den Top-Zeitschriften vieler wissenschaftlicher Fachrichtungen.[20] Verlage, wie z. B. SpringerOpen,[21] ermuntern Autor*innen zur OA-Publikation ihrer Bücher mit dem Hinweis auf größere Sichtbarkeit und Nutzung ihrer Werke.[22] Ein Hinweis auf die Bedeutung von OA-Zeitschriften auf den Informationsmärkten ist, dass global ca. 30 % der Zeitschriftenartikel

---

18 https://www.deutschlandfunk.de/forscheraufstand-gegen-wissenschaftsverlag-100.html; Scholz (2018); Czepel (2015).
19 https://openaccess.mpg.de/Berliner-Erklaerung.
20 oa2020.de: Meist-zitierte OA-Zeitschriften: https://oa2020-de.org/pages/frequentlycitedoajournals/.
21 https://www.springeropen.com/books.
22 s. dazu https://open-access.network/informieren/publizieren/open-access-buecher.

in OA-Ausprägung erscheinen, aber etwa 50 % der insgesamt genutzten Artikel auf OA-Produkte entfallen (Piwowar et al. 2019).

Auch für Artikel in OA-Zeitschriften gelten die zentralen Qualitätssicherungsverfahren, vor allem das klassische Peer-Reviewing durch die Wissenschaft und bislang auch der IF als Exzellenznachweis für Zeitschriften (s. o.). Allerdings ist in letzter Zeit die Qualitätssicherung dadurch problematisch geworden, dass sich auf den Informationsmärkten sogenannte Raub- bzw. *Fake Science*- oder *Junk Science*-Zeitschriften unter dem Etikett „Open Access" etabliert haben, die nicht die Standards wissenschaftlicher Qualitätssicherung oder redaktioneller Bearbeitung erfüllen und die gegen entsprechende Gebühren quasi unbesehen alles veröffentlichen, was ihnen angeboten wird (Walger & Walger 2019). Zur Verminderung der Unsicherheit über die Qualität von OA-Zeitschriften kann über oa2020.de eine Liste von 800 in DOAJ nachgewiesenen hochqualitativen OA-Zeitschriften durchsucht werden.

4.2 Zur kommerziellen Integration von Open-Access-Produkten

Die OA-Entwicklung wird schrittweise auch von der Verlagswelt akzeptiert – entweder mit eigenen, also selbst entwickelten OA-Zeitschriften oder durch Übernahme schon bestehender aus der Wissenschaft entwickelten OA-Zeitschriften (*flipped journals*) oder die Herausgabe eigener OA-Bücher. Alle großen Zeitschriftenverlage (Wiley,[23] SpringerNature,[24] Elsevier,[25] Taylor & Francis[26]) sind in der Tat inzwischen auf breiter Front in das kommerzielle OA-Publizieren eingestiegen. Als Zwischenform kommen auch hybride Modelle sowohl für die Zeitschriften als auch für größere Objekte wie Bücher zum Einsatz. Hierbei können die Autor*innen von Artikeln oder Büchern entscheiden, ob sie ihre Verwertungsrechte zur kommerziellen Nutzung an Verlage abtreten oder ob sie das OA-Publizieren ihrer Arbeit ermöglichen. So entstehen hybride Zeitschriften, bei denen ein Teil frei herunterladbar ist, der andere aber nur entweder durch Direktkauf oder über das erworbene Abonnement ihrer Bibliotheken genutzt werden kann.

Wie schon erwähnt beruht das gesamte kommerzielle OA-Geschäftsmodell zumindest bei den Zeitschriften (derzeit) darauf, dass Verlage sich ihre OA-Bereitstellung (und ihre Gewinne) von den Autor*innen direkt bzw. mehr und mehr von ihren Institutionen, von Fachverbänden, von Förderinstitutionen oder den staatlichen Trägern der Hochschulen und externen Forschungseinrichtungen bezahlen lassen – bislang in erster Linie über die *Article Processing Charge* (APC-Gebühr). Auch Förderorganisationen (wie z. B. die DFG[27]) übernehmen ganz oder teilweise die APC, falls eine Publikation als Ergebnis der Förderung gilt. APC wird für die Wissenschaftler*innen in einer Wissenschaftsorganisation, z. B. durch Max Planck Digital Library (MPDL),[28] von dieser ganz oder teilweise übernommen. APC-Gebühren streuen breit[29] von 0-APC, über wenigen hundert bis über 5 000 US-Dollar für sehr teure Zeitschriften wie Cell. APC kann pauschal über einen Ver-

---

23 https://authorservices.wiley.com/open-research/open-access/about-wiley-open-access/index.html.
24 https://authorservices.wiley.com/open-research/open-access/about-wiley-open-access/index.html.
25 https://www.elsevier.com/de-de/open-access.
26 https://authorservices.taylorandfrancis.com/publishing-open-access/.
27 https://www.dfg.de/foerderung/info_wissenschaft/2018/info_wissenschaft_18_56/index.html.
28 https://www.mpdl.mpg.de/images/documents/oa_fact_sheet_oa_gold_february2019.pdf.
29 S. Angaben der University of Cambridge, UK: https://www.openaccess.cam.ac.uk/publishing-open-access/how-much-do-publishers-charge-open-access.

trag eines Verlags vereinbart werden, z. B. durch eine Hochschule, deren Angehörige in den Zeitschriften dieses Verlags OA ohne weitere Kosten publizieren können. Auch kann ein Verbund von fachspezifischen Institutionen mit Verlagen die OA-Produktion/-Nutzung für alle Wissenschaftler*innen auf dem Fachgebiet aushandeln (und damit auch die weltweite OA -Nutzung), so z. B. das SCOAP-Modell für die Hoch-Energie-Physik.[30]

4.3 Open-Access-Märkte für Bücher

Die Transformation der Wissenschaftsmärkte in Richtung OA-Publizieren hat schon jetzt Auswirkungen auf Produktion und Vertrieb größerer Werke wie Monographien, Sammelbände, Proceedings, Lehrbücher, Festschriften etc. Vor allem bei den Proceedings von Konferenzen ist die Entwicklung zur OA-Veröffentlichung deutlich zu erkennen. Die Teilnahme an den i. d. R. kostenpflichtigen Konferenzen sichert den Teilnehmer*innen (und damit indirekt auch ihren Kolleg*innen) die freie Nutzung dieser Arbeiten. Auch bei diesem Publikationsbereich werden die Verlage aktiv und bieten z. B. eigene Proceedings-Software an.[31]

Das Directory for OA Books (DOAB)[32] weist Ende 2021 ca. 40 000 wissenschaftliche peer-reviewed OA-Bücher nach, veröffentlicht von 370 Verlagen.[33] OAPEN[34] weist OA-Bücher überwiegend aus den Sozial- und Geisteswissenschaften nach und unterstützt dessen Produktion. Alle Zahlen deuten darauf hin, dass die Transformation der Wissenschaftsmärkte auch für das Publizieren von Büchern in Richtung OA geht. Auch hier behalten die Autor*innen i. d. R. ihre Urheberrechte. Die Finanzierungsmodelle für OA-Gold-Bücher sind aber nicht durchgängig transparent. Üblich sind hohe vierstellige Euro-Beträge, über deren genaue Höhe von Fall zu Fall entschieden wird. Diese Gebühr wird dadurch begründet – ohne dass es dafür empirische Belege gibt –, dass durch die Gold-Version der Verkauf der gedruckten Version eingeschränkt wird. Zur Anwendung kommen auch Online-Nutzungsmodelle, bei denen nur einzelne Kapitel gegen Zahlung online verfügbar gemacht werden.

Auf OA ausgerichtete Verlage entstehen auch an vielen Universitäten. Derzeit haben sich 29 dieser Verlage in der AG Universitätsverlage zusammengeschlossen. Die Association of European University Presses (AEUP) hat 2018 Leitlinien für die Arbeit dieser Verlage herausgegeben, davon wird besonders unter Punkt 5 die Ausrichtung auf OA hervorgehoben: „Access to scholarly communication needs to be as free and inclusive as possible to allow society benefit fully from research." (AEUP 2018).

---

[30] Sponsoring Consortium for Open Access Publishing in Particle Physics – SCOAP: https://scoap3.org/.
[31] s. die von Cern bereitgestellte Liste von Verlagen, die solche Conference-Proceedings-Software anbieten Projekt indico: https://getindico.io/.
[32] https://www.doabooks.org/.
[33] Für 2019 weisen Grimme et al. (2019) insgesamt 20 000 gedruckte OA-Bücher nach, während pro Jahr ca. 86 000 Bücher produziert werden.
[34] Open Access Publishing in European Networks – OAPEN: https://www.oapen.org/home.

4.4 Zu den Finanzierungsformen für das Open-Access-Publizieren

International treibt OA2020,[35] in Übereinstimmung mit den Zielen von cCoalition S,[36] die OA-Entwicklung voran. Das strategische Ziel dabei ist es, die Transformation der Märkte in Richtung OA Publizieren dadurch zu erreichen, dass mit den Verlagen Übereinkommen zur Finanzierung neuer OA-spezifischer Geschäftsmodelle vereinbart werden. Ein prominentes Beispiel dafür ist das von der Allianz der Wissenschaftsorganisationen seit 2016 verfolgte Vorhaben DEAL.[37]

Deal soll das bisherige Standard-Subskriptionsmodell für wissenschaftliche Literatur durch ein publikationsbasiertes OA-Modell abgelöst werden, und bundesweite Lizenzverträge mit den großen Wissenschaftsverlage sollen die Finanzierung dafür ermöglichen (Schimmer et al. 2015). Deal verfolgt zum Vorteil der Wissenschaft die folgenden, bislang nicht vollständig erreichten Ziele (hier paraphrasiert):

1. Allen an DEAL beteiligten Einrichtungen soll dauerhafter Volltextzugriff auf das gesamte Zeitschriften-Portfolio der ausgewählten Verlage garantiert werden.
2. (Peer-Review bewertete) Publikationen von Autor*innen aus deutschen Einrichtungen sollen automatisch nach OA-Prinzipien freigeschaltet werden (i. d. R. ergänzt um die CC-BY-Lizenz).
3. Die Vergütung an die Verlage soll durch ein einfaches, zukunftsorientiertes Berechnungsmodell erfolgen, das sich am Publikationsaufkommen orientiert.
4. Die einzelnen an Deal beteiligten Einrichtungen sollen finanziell entlastet werden, vor allem durch Befreiung vom Subskriptionsmodell.

An DEAL sind derzeit mehr als 700 wissenschaftliche Einrichtungen in Deutschland beteiligt. Während es mit den Verlagen Wiley Anfang 2019[38] und Springer Nature im August 2022[39] zu (befristeten) Lösungen gekommen ist, konnte mit Elsevier bislang (Stand 9/2019) keine Einigung erreicht werden. In den derzeit getroffenen Vereinbarungen sind z. B. die folgenden Regelungen mit Springer Nature vorgesehen – vergleichbar denen mit Wiley:

a) Autor*innen, die an den DEAL-Einrichtungen arbeiten, können Artikel in den aktuell rund 1 900 Springer- bzw. den 1 420 Wiley Subskriptionszeitschriften nach OA-Prinzipien nutzen.
b) Für jeden Artikel ist von der Einrichtung der/des Publizierenden eine *Publish& read*-Gebühr (PAR-Gebühr) von 2 750 Euro zu entrichten.
c) PAR ist keine traditionelle APC, sondern finanziert bzw. erlaubt jetzt den teilnahmeberechtigten Wissenschaftler*innen in deutschen rund 700 Wissenschaftseinrichtungen die OA-Produktion und einen dauerhaften lesenden Zugriff auf die wissenschaftlichen Zeitschriften der beteiligten Verlage, aber nur für die, die in der Lauf-

---

35 https://oa2020-de.org/pages/frequentlycitedoajournals/.
36 https://www.coalition-s.org/.
37 Projekt DEAL: https://www.projekt-deal.de/.
38 Wiley-Vertrag, 15. Januar 2019: https://www.projekt-deal.de/wiley-vertrag/.
39 Vgl. DEAL Springer Nature, Memorandum of Understanding (MOU) 22. August 2019: https://www.projekt-deal.de/eckpunkte-des-memorandum-of-understanding-mit-springer-nature/.

zeit des Vertrags erschienen sind. Einige wichtige Zeitschriften und Magazine sind zudem davon ausgeschlossen.[40]

d) Die jeweilige PAR-Gebühr ist aus den Budgets der Forschungseinrichtungen bzw. deren Bibliotheken zu entrichten, bei denen ein*e Autor*in einen Artikel nach OA-Prinzipen veröffentlichen will. Entsprechend werden dadurch publikationsintensive Einrichtungen stärker belastet als jene, bei denen weniger publiziert wird.[41]

e) Während der Verlagslaufzeit (also bis 2022 bzw. eventuell 2023) kann auch auf die sogenannten Backfiles bis zum Erscheinungsjahr 1997 zurückgegriffen werden.

Es ist zu erwarten, dass sich allgemein und auch bei DEAL die Nutzungs- und Finanzierungsbedingungen im Laufe der Zeit verändert werden. Auch werden vermutlich ganz andere Geschäfts- und Finanzierungsmodelle für das OA-Publizieren entstehen

Die Öffentlichkeit bzw. die Politik ist derzeit bereit, den Verlagen ihre Produktions- und Distributionsleistungen für Zeitschriftenartikel finanziell in einem solchen Umfang zu entgelten, dass die Nutzung der publizierten Materialien nach OA-Prinzipien frei ist. Ob das tatsächlich nachhaltig und aus volkswirtschaftlicher und finanzieller Sicht sinnvoll ist, ist noch nicht ausdiskutiert. Möglicherweise wird durch solche Vereinbarungen aber das Marktmonopol der großen Verlagskonsortien eher verstärkt.

Es wäre allerdings wünschenswert, wenn die Öffentlichkeit offene Publikationsmodelle im gleichen Umfang auch finanziell unterstützt, wie sie es derzeit für die kommerzielle Verlage, z. B. im Rahmen von DEAL tut. Das gilt ganz besonders auch für die OA-Initiativen, die auf Lehre und das Lernen ausgerichtet sind. Aktivitäten für Open Educational Resources (OER) werden in Deutschland koordiniert durch die Informationsstelle OER, eingerichtet am Deutschen Institut für Pädagogische Forschung (DIPF).[42]

Fazit: Das klassische Modell der Verlagswirtschaft – erst einmal in finanzielle Vorleistung zu treten, um dann durch Verkauf oder Lizenz den *Return of Investment* einschließlich der Gewinne zu sichern – dreht sich im kommerziellen Publizieren fast vollständig um. Der *Return of investment* ist quasi vorfinanziert. Die Nutzung produziert keine weiteren Einnahmen.

5 Open Access wird Default des wissenschaftlichen Publizierens

Die Entwicklung zum OA-Publizieren wird auch auf breiter Front von der Politik unterstützt, hier nur einige wenige Beispiele: Schon 2009 hatte sich die Arbeitsgruppe OA in der Allianz der deutschen Wissenschaftsorganisationen für offene Wissenschaftskommunikation eingesetzt. In der Strategie des Bundesministeriums für Bildung und Forschung (BMBF) zu OA in Deutschland von 2016 („Open Access als Standard des wissenschaftli-

---

40 Bei Springer z. B. Scientific American oder Spektrum der Wissenschaft: https://group.springernature.com/de/group/media/press-releases/springer-nature-and-deal-reach-mou-on-largest-oa-agreement/17090258.

41 Zur Problematik des Berechnungsmodells nach Publikationsaufkommen s. 2019 Verein der TU-Universitäten in Deutschland: https://jimdo-storage.global.ssl.fastly.net/file/599e801c-86fe-4b3b-8885-a352c88dde03/PM_OpenAccess_final_241119.pdf.

42 Informationsstelle Open Educational Resources – OERinfo: https://open-educational-resources.de/.

chen Publizierens etablieren"[43]) wird davon ausgegangen, dass bis 2025 70 % der Veröffentlichungen nach OA-Prinzipien erfolgen werden. Heute ist es in den Allianzorganisationen sogar Konsens, dass bis 2050 100 %, also alle Publikationen, in den verschiedenen Varianten und mit unterschiedlichen Finanzierungsformen frei verfügbar sein sollen. Auch die DFG forciert ihr Engagement zugunsten eines verbindlichen OA und fordert die von ihr geförderten Wissenschaftler*innen auf, ihre Forschungsergebnisse OA-öffentlich zugänglich zu machen.[44] Ebenso hat der Wissenschaftsrat (2022, S. 6) jüngst Empfehlungen zur Transformation des wissenschaftlichen Publizierens zu OA verabschiedet: Wissenschaftliche Publikationen sollten „sofort, dauerhaft, am ursprünglichen Publikationsort und in der zitierfähigen, begutachteten und gesetzten Fassung (Version of Record) unter einer offenen Lizenz (CC BY) frei verfügbar gemacht werden".

OA zu realisieren ist auch seit mehr als 12 Jahren fester Bestandteil der EU-Politik – dokumentiert in zahlreichen Stellungnahmen vor allem der EU-Kommission.[45] Auch der EU Rat hatte schon 2016 OA allgemein in die politische Zielsetzung eines Übergangs in ein umfassendes Open-Science-System eingebettet.[46] Ebenso unterstützen die europäischen Organisationen zur Wissenschaftsförderung immer mehr das OA-Publizieren.[47]

6 Perspektiven für neue kommerzielle Informationsmärkte

Das Publizieren von Wissensobjekten aus der Wissenschaft als Informationsobjekte wird vermutlich weiter noch eine Weile das Kerngeschäft der Verlage bleiben. Aber es ist davon auszugehen, dass sich Verlage zunehmend auch als Dienstleister für Bildung und Wissenschaft neu bestimmen. Elsevier, weiter der größte Akteur auf den Publikationsmärkten, hat dafür das Etikett *Research Intelligence Provider* (REP) ins Spiel gebracht. Zielgruppen von REP sind: „Universitäten, Forschungsinstituten, Investoren und Entscheidungsträgern an, die sich auf Research Intelligence verlassen, um Probleme zu lösen und ihre Fähigkeiten zu erweitern und so ihre Leistung in der Forschung zu verbessern."[48] Durch REP könnten Produkte und Dienstleistungen mit informationellen Mehrwertleistungen erstellt und neue Messverfahren (Altmetrics) entwickelt werden, die die Abhängigkeit vom Impact Factor auflösen könnten. Es ist zu erwarten, dass auch die anderen großen Verlagskonsortien, wie z. B. Wiley, Springer Nature, aber auch die alternativen Content Provider, wie Google, Facebook, aber auch Universalanbieter, wie Amazon, diese auf Big Data beruhenden Produkte und Dienstleistungen aufbauen werden.

Herb (2018) hat diese Tendenz ausführlich analysiert und dabei als zentrale Geschäftsfelder ausgemacht: Bibliometrie, Benchmarking, Forschungsinformation, Reference Management, Medienmonitoring, Forschungsdaten-Management, Disziplinäre und institutionelle OA-Repositories, Altmetrics. Herb (2019) hat aber auch in einer dystopischen Sicht REP als Gefahr interpretiert, dass über die Analyse großer Datenmengen,

---

[43] BMBF OA in Deutschland: https://www.bmbf.de/upload_filestore/pub/Open_Access_in_Deutschland.pdf.
[44] In der Stellungnahme der DFG zur Gründung von „cOAlition S" zur Unterstützung von OA: https://www.dfg.de/foerderung/info_wissenschaft/2018/info_wissenschaft_18_56/index.html.
[45] EU-Kommission 2012: https://ec.europa.eu/info/research-and-innovation_en.
[46] EU Council 2016 : https://bit.ly/25xBYxb.
[47] https://www.forschung-und-lehre.de/forschung/open-access-soll-verpflichtend-werden-996.
[48] https://www.elsevier.com/de-de/research-intelligence/whom-we-serve.

die aus der Wissenschaft produziert und z. B. durch SCOPUS/Elsevier ausgewertet werden, Kontrollmechanismen entwickelt werden, die über Kriterien wie Steuerung, Effizienz und Rentabilität wissenschaftliche Autonomie aussetzen können. Zudem stellen sich durch REP

> umfassende Fragen nach Datenschutz und Persönlichkeitsrechten [...] und eine umfassende Kontrolle, ein unaufhörliches Benchmarking und ein anhaltendes Bewerten der Forschung z. B. hinsichtlich der Berücksichtigung ihrer Anschlussfähigkeit an die (internationalen) Trends(Herb, 2019, S. 87).

7 Fazit

Die erkennbare Transformation des bisherigen kommerziellen Publizierens in OA-Publizieren kann derzeit als Bestätigung der These gewertet werden, dass die beiden Informationsmärkte, die proprietären und offenen, sich nicht gegenseitig ausschließen müssen – allerdings unter der Bedingung, dass der offene freie Umgang mit Wissen und Information auf beiden Märkten akzeptiert wird. Das scheint der Fall zu sein und bestätigt die auf den ersten Blick paradox erscheinende These, dass die kommerziellen Akteure auf den wissenschaftlichen Informationsmärkten sich nur dann auf diesen behaupten können, wenn sie den Zugang und die Nutzung ihrer Informationsprodukte so frei wie möglich machen. Allerdings ist es durchaus noch nicht entschieden, ob eventuell die aus der Wissenschaft selbst entwickelten OA-Modelle letzten Endes die bessere und sogar preiswertere Lösung für die Informationsversorgung von Bildung und Wissenschaft sein könnten. Inwieweit die kommerzielle Verlagstätigkeit sich in Zukunft in erster Linie auf die über das Publizieren hinausgehenden Produkte und Dienstleistungen konzentrieren wird, wird sich zeigen. Einiges spricht aber dafür, dass sich grundlegend neue Geschäftsmodelle auf dem Informationsmarkt entwickeln werden.

8 Literaturverzeichnis

Association of European University Presses (2018). *Seven Statements on European University Presses*. https://www.aeup.eu/resources/seven-statements-on-european-university-presses/.
Bosch, S., Albee, B. & Romaine, S. (2020). *Costs Outstrip Library Budgets. Periodicals Price Survey 2020* (April 14, 2020). Library Journal. https://www.libraryjournal.com/story/Costs-Outstrip-Library-Budgets-Periodicals-Price-Survey-2020.
Clement, R., Schreiber, D., Bossauer, P. & Pakusch, C. (2019). *Internet-Ökonomie. Grundlagen und Fallbeispiele der digitalen und vernetzten Wirtschaft* (4., aktualisierte und überarbeitete Auflage). Springer Gabler. https://doi.org/10.1007/978-3-662-59829-0.
Colledge, L. & James, C. (2015). A „basket of metrics" – the best support for understanding journal merit. *European Science Editing*, 41(3), 61–65.
Czepel, R. (2015). Fünf Konzerne regieren die Wissenschaft (11. Juni 2015). Science ORF. https://sciencev2.orf.at/stories/1759657/index.html.
Felber, C. (2018). *Gemeinwohlökonomie*. Piper.
Felber, C. (2019). *This is not economy: Aufruf zur Revolution der Wirtschaftswissenschaft*. Deuticke.
Floridi, L. (2010). *Information: A very Short Introduction*. Oxford University Press.
Grimme, S., Taylor, M., Elliott, M. A., Holland, C., Potter, P. & Watkinson, C. (2019). *The State of Open Monographs: An analysis of the Open Access monograph landscape and its integration into the digital scholarly network* (Version 4). Digital Science. https://doi.org/10.6084/m9.figshare.8197625.v4.

Herb, U. (2018). Zwangsehen und Bastarde: Wohin steuert Big Data die Wissenschaft? *Information – Wissenschaft & Praxis*, 69(2–3), 81–88.

Herb, U. (2019). *Überwachungskapitalismus und Wissenschaftssteuerung* (29. Juli 2019). Telepolis. https://www.heise.de/tp/features/Ueberwachungskapitalismus-und-Wissenschaftssteuerung-4480357.html?seite=all.

Johnson, R., Watkinson, A. & Mabe, M. (2018). The STM Report: An overview of scientific and scholarly publishing (fifth edition). International Association of Scientific, Technical and Medical Publishers. https://www.stm-assoc.org/2018_10_04_STM_Report_2018.pdf.

Kant, H. (2003). Disziplinäre Gesellschaften als Träger von Fachzeitschriften. Einige Anmerkungen zur Entstehung physikalischer Zeitschriften im 19. Jahrhundert in Deutschland. In H. Parthey & W. Umstätter (Hrsg.), *Wissenschaftliche Zeitschrift und digitale Bibliothek: Wissenschaftsforschung Jahrbuch 2002* (S. 61–82). Gesellschaft für Wissenschaftsforschung.

Kuhlen, R. (1995). *Informationsmarkt: Chancen und Risiken der Kommerzialisierung von Wissen*. UVK.

Kuhlen, R. (2020). *Die Transformation der Informationsmärkte in Richtung Nutzungsfreiheit: Alternativen zur Als-ob-Regulierung im Wissenschaftsurheberrecht*. De Gruyter Saur. https://doi.org/10.1515/9783110693447.

Linde, F. & Stock, W. G. (2011). *Informationsmarkt: Information im I-Commerce anbieten und nachfragen*. Oldenbourg.

Ostrom, E. (2007). *Governing the Commons. The Evolution of Institutions for Collective Action* (20th printing). Cambridge University Press.

Ostrom, E., Gardner, R. & Walker, J. (2008). *Rules, Games, and Common-Pool Resources*. The University of Michigan Press.

Pflüger, T. (2016). Die Bildungs- und Wissenschaftsschranke – Reflexionen und Überlegungen aus Sicht der Kultusministerkonferenz. *Zeitschrift für Urheber- und Medienrecht*, 60(6), 484–488.

Piwowar, H., Priem, J. & Orr, R. (2019). *The Future of OA: A large-scale analysis projecting open access publication and readership*. bioRxiv. https://doi.org/10.1101/795310.

Research Guides (2022). *Bibliometrics and Altmetrics: Measuring the Impact of Knowledge*. University of Maryland. https://lib.guides.umd.edu/bibliometrics/SNIP.

Schimmer, R., Geschuhn, K. K. & Vogler, A. (2015). *Disrupting the subscription journals' business model for the necessary large-scale transformation to open access*. Max Planck digital library. https://doi.org/10.17617/1.3.

Scholz, A.-L. (2018). *Wem gehört das Wissen?* ZEIT-Online. https://www.zeit.de/2018/31/elsevier-wissenschaftsverlag-fachzeitschriften-kosten-protest.

Spree, U. (2003). *Wissensproduktion und Informationsmarkt: Tendenzen und Akteure*. Bundeszentrale für politische Bildung. https://www2.bui.haw-hamburg.de/pers/ulrike.spree/pub/infomarkt.pdf.

Straumsheim, C. (2016). *How to Measure Impact* (December 14, 2016). Inside Higher ED. https://www.insidehighered.com/news/2016/12/14/exploring-citescore-elseviers-new-journal-impact-metrics.

Walger, N. & Walger, N. (2019). Vom Schein des Rechten getäuscht. Raubverlage und was die Wissenschaft dagegen unternehmen kann. *Information – Wissenschaft & Praxis*, 70(2–3), 91–97.

Wissenschaftsrat. (2022). *Empfehlungen zur Transformation des wissenschaftlichen Publizierens zu Open Access*. https://doi.org/10.57674/fyrc-vb61.

Ziegler, G. M. (2019, 8. Juni). *Die Bedeutung der Verlage ändert sich*. Forschung & Lehre. https://www.forschung-und-lehre.de/zeitfragen/die-bedeutung-der-verlage-wandelt-sich-1841.

Wolfgang Semar
E 2 Plattformökonomie

1 Vom elektronischen Marktplatz zur Plattform

Das Internet hat sich als alternativer Informations-, Präsentations- und Transaktionsweg von Produkten und Dienstleistungen etabliert. Hat man früher noch von E-Commerce oder elektronischen Marktplätzen gesprochen, hat sich in der Zwischenzeit der Begriff *Plattform* hierfür etabliert. Wir müssen also zunächst klären, was man unter einer solchen Plattform versteht und wer mit wem auf ihr Handel treibt.

Plattformen sind digitale Märkte, bei denen vor allem Partner*innen und Netzwerke im Fokus stehen. „Ein Markt ist ein ökonomischer Ort, auf dem Güterangebot und -nachfrage zusammentreffen und der damit Tauschvorgänge ermöglicht." (Picot et al. 1998, S. 565). Ein Wesensmerkmal und Erfolgsfaktor von Plattformen ist das Geschäftsmodell, das Unternehmen, Kund*innen und Ressourcen mittels Technologie zu einem interaktiven Ökosystem verbindet. Als Plattform wird dabei ein Intermediär in einem zweiseitigen Markt bezeichnet. Ein solcher Markt besteht aus mindestens zwei unterschiedlichen Marktseiten, wie etwa Fahrer*in und Kund*innen auf *Uber* oder Vermieter*in und Gäste auf *Airbnb*, zwischen denen Netzwerkeffekte existieren (Rysman 2009, S. 125–143). Das heißt, der Nutzen für eine Seite, am Markt teilzunehmen, hängt davon ab, wie viele Akteur*innen der anderen Seite dies ebenfalls tun. Als Netzwerkeffekt wird dabei die Veränderung des Nutzens aus einem Produkt oder einer Dienstleistung für die Nutzenden verstanden, wenn sich die Anzahl der Nutzenden dieses Produkts oder Dienstleistung ändert (Parker et al. 2017, S. 27–44).

Die Plattform stellt den Teilnehmenden die Infrastruktur zur Verfügung und legt die Rahmenbedingungen fest und schafft so für alle Beteiligten Mehrwerte. Die Anbietenden profitieren von geringeren Transaktionskosten, da die Interaktionen automatisiert über ein gemeinsames technisches System laufen. Die Interessent*innen können durch die Preistransparenz und die Bewertungen anderer Kund*innen leichter das beste Angebot für ihren Bedarf finden. Plattformen bedienen als Intermediäre den kompletten Geschäftszyklus vom Hersteller am Anfang bis zu Kund*innen am Ende.

Das Konzept elektronischer Märkte wurde bereits in dem Beitrag *Electronic Markets and Electronic Hierarchies* von Malone et al. (1987) vorgestellt und seither weiterentwickelt. Der Erfolg solcher Plattformen besteht in der Unterstützung der Phasen der Transaktion durch die Informations- und Kommunikationstechnik (IKT). Die Transaktionsphasen werden dabei wie folgt unterteilt (Schmid 1993, S. 465–480):

- Informationsphase: In der *Information*-Phase geht es für die potenziellen Kund*innen darum, sich Details über Anbieter*innen und zu Produkten zu beschaffen, welche geeignet sind, die eigenen spezifischen Bedürfnisse zu befriedigen. Eine systemseitige Unterstützung kann dabei von Verzeichnisdiensten und elektronischen Produktkatalogen gewährt werden.
- Vereinbarungsphase: In der *Agreement*-Phase -(Vereinbarungs-Phase) wird versucht, Einigkeit über die Konditionen und Bedingungen, unter denen es zum Abschluss eines rechtsgültigen Kaufvertrags kommt, zu erzielen. Während oft nur eine Preis- und Konditionspolitik nach dem *Take it or leave it*-Prinzip unterstützt wird, ermöglichen manche Systeme auf Basis gespeicherter Profildaten kundenindividuelle Rabattsätze, Zahlungsverfahren und -fristen etc. zur Anwendung zu bringen.

- Abwicklungsphase: In der *Settlement*-Phase (Abwicklungs-Phase), der letzten Phase der Geschäftstransaktion, erfolgt die eigentliche Abwicklung des Kaufvertrags. Neben der Methode der Bezahlung gilt es sich für den Fall physischer Güter auch über das Versandverfahren sowie etwaige Transportversicherungen zu einigen. Meist wird zusätzlich ein Dienst zur Verfügung gestellt, der ein Verfolgen des aktuellen Lieferstatus erlaubt (Tracking-Systeme).
- *After Sales*-Phase: In der *After Sales*-Phase werden die Kund*innen nach dem Kauf eines Produktes weiterhin betreut, um so die Kundenbindung zu festigen. Dies fängt bereits damit an, dass den Kund*innen die Möglichkeit gegeben wird, online den Lieferstatus seiner Bestellung abzufragen, und sollte in einen professionellen Customer-Support münden, der die Möglichkeit des Mediums Internet optimal nutzt.

Alle in den Phasenmodellen genannten Transaktionsphasen verursachen Transaktionskosten, da sie Zeit benötigen, kontrolliert werden müssen und bestimmte Kanäle und Dienste nutzen, die einzukaufen oder selbst zu produzieren sind (Semar 2001, S. 17). Sollen elektronische Märkte jedoch erfolgreich sein, so müssen die Transaktionskosten auf ihnen geringer sein als auf realen Märkten. Perales (1998, S. 3–6) unterscheidet Informations-, Ex-Ante- und Ex-Post-Transaktionskosten. Den Kund*innen entstehen zunächst die sogenannten Informationskosten. Die Ursache dafür sind Informationsasymmetrien (zwischen Käufer*in und Verkäufer*in) hinsichtlich des Produktes, wie z. B. Produktqualität. Hat sich ein*e Käufer*in mit Hilfe der IKT über ein Produkt informiert, entstehen Kosten durch die Aushandlung eines Vertrages, die sogenannten Ex-Ante-Transaktionskosten. Wurden der Vertrag erfüllt und die Leistungen ausgetauscht, so ergeben sich die Ex-Post-Transaktionskosten. Sie beinhalten Nachbesserungskosten, die entstehen, wenn die Vertragsbedingungen nachträglich geändert werden müssen, sowie Kosten für die Überwachung und Durchführung des Leistungsaustauschs. Die Transaktionskosten aller Phasen sind eine Funktion der verwendeten Kommunikationsmittel sowie der implementierten organisationalen Strukturen.

In Abhängigkeit der an den Transaktionen beteiligten Akteur*innen lassen sich spezifische Markt- bzw. Transaktionsbeziehungen unterscheiden. Hermanns und Sauter (1999, S. 23) unterscheiden drei Typen von möglichen Anbietenden und Nachfragenden einer Leistung, den Konsumenten/die Konsumentin (*consumer*), das Unternehmen (*business*) und die öffentlichen Institutionen (*administration*). Das Gegenüberstellen dieser Marktteilnehmer*innen jeweils in Anbietende und Nachfragende einer Leistung, führt zu einer drei-mal-drei-Matrix, in der alle möglichen Transaktionsbeziehungen aufgeführt sind.

Die Idee, einen elektronischen Marktplatz in der Regio Bodensee zu etablieren, wurde bereits 1995 vorgestellt und wenig später mit der Electronic Mall Bodensee (EMB) realisiert (Kuhlen 1996, S. 333–341). Der elektronische Marktplatz bringt die Nachfragenden auf einer Website (Plattform), die von einem Organisator betrieben wird, mit vielen Anbietenden zusammen. Diese Plattformen der ersten Generation sind reine Handelsportale und erfüllen die klassischen ökonomischen Funktionen eines Markts, ohne dass die Teilnehmenden und Produkte physisch vertreten sind. Die Plattform übernimmt die Mittlerfunktion, sie stellt eine einheitliche Bedienoberfläche zur Verfügung, integriert Bestell- und Bezahlungssysteme, organisiert die Auslieferung der Waren und übernimmt den After-Sales-Service. Ergänzend können Mehrwertdienste wie Bonitätsprüfung, Treuhänderfunktion, Zollabwicklung u. v. m. angeboten werden. Sie unterstützt somit alle Transaktionsphasen.

In einem weiteren Entwicklungsschritt werden die auf der Plattform gesammelten Daten insbesondere für Marketingzwecke einsetzt. Die Nutzung dieser Daten bietet den beteiligten Unternehmen große Chancen in der Interaktion mit potenziellen Kund*innen, hierdurch werden nicht nur Mehrwerte für die Endkund*innen, sondern auch für die auf der Plattform vertretenen Unternehmen geschaffen. Mit Hilfe der Algorithmen der Künstlichen Intelligenz können diese Datensätze gezielter ausgewertet werden.

2 Organisationsformen digitaler Plattformen

Digitale Plattformen auf Basis des Internet realisieren alle Kund*innenbeziehungen, dies hat einschneidende Folgen für die Beteiligten. Die Auflösung der traditionellen Wertschöpfungsketten kann für Unternehmen zunächst den Verzicht auf einzelne Stufen (*Disintermediation*) bedeuten; so ist es möglich, dass ein Direktverkauf an Kund*innen bisherige Zwischenhändler*innen ausschaltet. Dies trifft besonders für digitale bzw. digitalisierbare Produkte zu. In Branchen, deren Tätigkeit eine Vermittlung darstellt, kann der bisherige Zwischenhandel selbst sein Geschäft auf das Internet verlagern. Darüber hinaus können neue Intermediäre, deren Dienstleistungen erst durch das Internet entstehen, hinzukommen (*Reintermediation*). Die erhöhte Markttransparenz führt dazu, dass der Preis eines Produktes zunächst immer häufiger in den Vordergrund gestellt wird. Dies ist jedoch nur auf den ersten Blick ein Vorteil; bei einem reinen Preis-Akzeptanz-Verhalten kann das zu hohen Ex-Post-Kosten -(Folge-Kosten) führen. Daher wird es wesentlich wichtiger, Transparenz bei den Mehrwertleistungen zu schaffen, um so adäquate Preise rechtfertigen zu können. Ein weiterer Effekt, die dynamische Preisfindung, hat sich bereits durchgesetzt, Preise und Konditionen werden in Realtime angepasst (Börsen, Auktionen). Die Markteintrittsbarrieren für neue Anbietende und Nachfragende fallen auf ein sehr niedriges Niveau, da die monetären Kosten zur Teilnahme auf einer Plattform meist gegen Null gehen.

In den letzten Jahren haben sich unterschiedliche Typen von Plattformen herausgebildet. Die Transaktionale Plattform ist der klassische, virtuelle Marktplatz für verschiedene Gruppen von Menschen. Hier kommen Verbraucher*innen und Anbieter*innen oder Menschen mit ähnlichen Interessen zusammen, die Inhalte, Dienstleistungen oder Produkte verkaufen oder kaufen wollen. Typisches Beispiel ist Amazon.

Darüber hinaus bieten sogenannte Tausch-Plattformen die Möglichkeit Dinge auszuleihen. Hier registrieren sich die User*innen auf der Plattform, um Zugang zum Angebot zu haben. Auf diesen Plattformen werden keine Produkte im herkömmlichen Sinne gekauft, sondern getauscht. Ein Beispiel wäre hier CraigsList.[1] Auf dieser Plattform werden private Wohnungen und Häuser als Wohn- oder Urlaubslokation angeboten. Nutzende können diese dann buchen und der Gedanke des Tauschens entsteht. Eine kommerzielle Weiterentwicklung stellt Airbnb da. Auf dieser Plattform werden Unterkünfte weiniger im eigentlichen Sinne getauscht, als vielmehr ver- und gemietet.

Eine dritte Variante ist die Nutzung-nach-Bedarf-Plattform. Dieses Prinzip basiert auf dem Gedanken, dass die Nachfragenden das gewünschte Produkt sofort erhalten können und nicht auf die physische Lieferung warten müssen. Dies setzt voraus, dass es sich um rein digitale Produkte handelt. Beispiele hierfür sind die Streamingdienste. Die Nutzenden kaufen auf diesen Plattformen keine dedizierten Produkte, sondern schließen

---

[1] https://sfbay.craigslist.org/.

eine Art Abo ab und genießen dann einfach jegliche Musik, Videos oder sonstige digitalisierte Produkte, die auf der Plattform angeboten werden.

Ein vierter Typus ist die Software-as-a-Service-Plattform (SaaS-Plattform). Dieser Bereich betrifft die Auswirkungen der Netzwerkökonomie auf die Arbeitswelt. Der Trend geht zu befristeten oder projektbezogenen Verträgen. Dank dieser Cloud-Technologie kann mit Hilfe der IKT auf Softwareanwendungen geografisch unabhängig von überall zugegriffen werden. Ein typisches Anwendungsbeispiel sind Galerie- und Sammlungssysteme, wie etwa MuseumPlus.[2] So ist z. B. auch die geografische Anwesenheit an einem bestimmten Ort nicht mehr zwingend erforderlich.

3 Erlös- und Geschäftsmodelle

Das Internet ermöglicht aufgrund eines Rückkanals eine, zwei- oder mehrseitige Kommunikation. Damit wird ein Distributionskanal für alle digitalisierbaren Produkte sowie der Handel für alle in der realen Welt angebotenen Produkte und Dienstleistungen ermöglicht. Mit dem Aufbau einer Plattform kann ein Unternehmen zwei Ziele verfolgen. Zum einen können kommunikative Aspekte unterstützt werden, wie die Darstellung des Unternehmens oder der vom Unternehmen angebotenen Produkte. Zum anderen können auch Produkte und Dienstleistungen verkauft und entweder online oder offline distribuiert werden (Albers et al. 2000).

Auf digitalen Plattformen gibt es mehrere Wege, Erlöse zu erwirtschaften, grundsätzlich haben alle beteiligten Gruppen die Möglichkeit zum Erzielen von Gewinnen. Die Anbieter*innen von Produkten können durch deren Verkauf ihre Erlöse erwirtschaften. Die Kund*innen haben den Vorteil, dass die Transaktionen schneller und für sie kontrollierter und preisgünstiger durchgeführt werden. Aus diesem Grund sind sie möglicherweise bereit, für ihre Teilnahme auf einer digitalen Plattform entsprechende Teilnahmegebühren oder Mitgliedsbeiträge zu entrichten. Die Betreiber*innen dieser Plattformen können ihre Investitionen für den Aufbau und den Betrieb durch eine prozentuale Beteiligung/Provision an dem Transaktionsvolumen zurückgewinnen. Dieser Gewinn wird, neben den Einnahmen aus der Werbung und Sponsorengeldern (von diesem Geschäftsmodell leben auch die sogenannten Influencer*innen) sowie den Einnahmen aus dem Aufbau und Verkauf von Zusatzdiensten, ein wesentlicher Finanzierungsfaktor für digitale Plattformen sein (Parker et al. 2017, S. 113–134). Die Betreiber*innen elektronischer Plattformen verfügen mit der Zeit über Interessenprofile ihrer Kund*innen, die wiederum an andere Unternehmen verkauft werden können. Nicht zuletzt besteht die Möglichkeit, durch den Verkauf oder die Lizenzierung der selbst entwickelten Technologie zum Betrieb elektronischer Plattformen Erlöse zu erhalten. Es besteht also die Möglichkeit für eine direkte oder indirekte und eine transaktionsabhängige oder -unabhängige Erlösegenerierung.

Transaktionsabhängige und direkte Erlöse können Verbindungs- und Nutzungsgebühren oder die eigentlichen Transaktionserlöse sein. Transaktionsabhängig und indirekt sind Provisionen. Transaktionsunabhängig und direkt sind Einrichtungs- oder Grundgebühren. Transaktionsunabhängig und indirekt sind Erlöse durch Sponsorengelder, Bannerwerbung oder den Verkauf von Interessenprofilen oder Lizenzen (Wirtz 2001, S. 215). Wenn man es genau nimmt, sind Erlöse durch Sponsorengelder, Werbeeinnah-

---

[2] https://www.zetcom.com/wp-content/uploads/2017/11/MuseumPlus_DE_I-min.pdf.

men und den Verkauf von Interessenprofilen in gewissem Sinne doch transaktionsabhängig, denn nur eine Website, die entsprechend viele Transaktionen nachweisen kann, wird Sponsoren- und Werbegelder erhalten, ebenso sind nur die Kund*innenprofile von solchen Websites für einen Kauf durch Dritte interessant genug. Um erfolgreich zu sein, braucht man also mindestens ein Produkt oder eine Dienstleistung, durch die Transaktionen auf digitalen Plattformen generiert werden können. Zuvor muss jedoch ein geeignetes Geschäftsmodell entwickelt werden. Durch ein Geschäftsmodell wird in vereinfachter Form abgebildet, welche Ressourcen in die Unternehmung fließen und wie diese durch den innerbetrieblichen Leistungserstellungsprozess in vermarktungsfähige Informationen, Produkte und/oder Dienstleistungen transformiert werden (Wirtz 2001, S. 211).

Zu Beginn des elektronischen Handels hatte man versucht, alle bereits in der realen Welt gehandelten Produkte auch über das Internet zu verkaufen. Man musste jedoch sehr schnell feststellen, dass eine Eins-zu-eins-Übertragung des Handels nicht sinnvoll ist, da das Internet andere Eigenschaften besitzt als die reale Welt. Das Internet ist ein digitales Informations- und Kommunikationsmedium, dementsprechend sollten die gehandelten Produkte und Dienstleistungen entweder digital oder digitalisierbar sein. Bisher haben sich vier unterschiedliche Geschäftsmodelle (*Content*, *Commerce*, *Context*, *Connection*) herauskristallisiert. Das Geschäftsmodell *Content* besteht aus der Sammlung, Selektion, Systematisierung, Kompilierung und Bereitstellung von Inhalten auf einer eigenen Plattform. Ziel ist es, den Nutzenden Inhalte einfach, bequem, visuell ansprechend aufbereitet und online zugänglich zu machen (Kompilierung, Darstellung, Bereitstellung). Das Geschäftsmodell *Commerce* umfasst die Unterstützung oder gar Substitution der traditionellen Phasen einer Transaktion durch das Internet. Das Geschäftsmodell *Context* ist erst durch die Internetökonomie entstanden und hat in den letzten Jahren dramatisch an Bedeutung gewonnen. Context-Anbieter zeichnen sich dadurch aus, dass sie nicht primär eigene Inhalte anbieten, sondern vielmehr als Navigationshilfen und zunehmend als Aggregatoren innerhalb des Internet agieren, wie z. B. Suchmaschinen, Metasuchmaschinen und Kataloge. Das Geschäftsmodell *Connection* umfasst die Herstellung der Möglichkeit des Informationsaustauschs in Netzwerken, also die Verbindung der Teilnehmenden miteinander. Zum einen sind dies technische Verbindungen, wie sie von Zugangsprovidern hergestellt werden, und zum anderen die Verbindung der Community via Chats, Foren oder Mailing Services. Die Entwicklung geeigneter Erlös- und Geschäftsmodelle ist eine von vielen Überlegungen, die vom Management eines Unternehmens als Strategieentscheidung angestellt werden muss.

4 Erfolgsfaktoren

Bevor man sich mit dem Gedanken befasst, in das Plattform-Geschäftsmodell einzusteigen, um eine eigene Plattform zu entwickeln, sollten Unternehmer*innen sich zunächst klarmachen, wie die Transformation in das Plattform-Geschäftsmodell gelingen kann. In der Plattformökonomie wird jede Firma zum Koordinator verschiedener Partner*innen und Vermittler*innen. Diese können sowohl Konkurrent*innen als auch Ergänzer*innen sein. Produkte werden nicht mehr oder nicht mehr hauptsächlich entwickelt und optimiert. Im Mittelpunkt steht die reibungslose Koordination aller beteiligten Partner*innen, damit innerhalb des Wertschöpfungsnetzwerkes jeder profitiert. Die Onlineplattform dient hierbei als modifizierter Zugang zum Markt. Das Gesetz der Plattformökonomie besagt aber, dass die Plattform allein nicht ausreicht, um erfolgreich zu sein. Erst wenn eine möglichst große Anzahl an Anbietenden zusammenkommt und den unterschiedlichen Kundenbedürfnissen Rechnung getragen wird, steigt die Attraktivität des Plattformmodells.

4.1 Plattform-Strategie

Um erfolgreich auf elektronischen Plattformen bestehen zu können, bedarf es der Einhaltung einiger Grundregeln. Der Grundstein für den späteren Erfolg wird bereits mit der richtigen Positionierung eines Unternehmens im E-Commerce gelegt und ist mehr als der bloße Aufbau einer Plattform. Sie erfordert vielmehr die Neudefinition eines Geschäftsmodells. Erfolgreiche Ansätze gründen auf einer klaren Strategie, die vom Management voll unterstützt wird. Unternehmen, die die Anstrengungen zur Erarbeitung einer E-Commerce-Strategie und -Umsetzungskonzeption auf sich genommen haben, sind wesentlich erfolgreicher als Unternehmen, die ohne diese Konzepte gestartet sind. Für das zu erarbeitende Konzept müssen unter anderem folgende Analysen unter Berücksichtigung der Eigenschaften elektronischer Märkte durchgeführt werden: Analyse der Kundenbedürfnisse, Analyse der bestehenden Konkurrenten, Analyse potenzieller Konkurrent*innen, Analyse des Geschäftsmodells, Analyse der Beziehungen zu den Lieferant*innen und Analyse neuer Technologien und Substitutionsprodukte. Etablierte Unternehmen müssen im Gegensatz zu Start-ups hinnehmen, dass sie sich mit ihrem Engagement im E-Commerce wahrscheinlich selbst Konkurrenz machen. Es ist daher oft sinnvoll eine separate Organisation aufzubauen, die sich ausschließlich mit dem E-Commerce beschäftigt und als selbständige Einheit agiert. Ein weiteres Argument für diese Vorgehensweise ist die höhere Flexibilität, die ein solches Unternehmen gegenüber dem alteingesessenen besitzen würde.

4.2 Strategische Partnerschaften

Ein elektronischer Markt ist bedingt durch die Globalität ein sehr großer Markt und für ein Unternehmen alleine nicht mehr zu bearbeiten. Deshalb ist es notwendig geeignete strategische Partnerschaften einzugehen, um sich selbst auf das Kerngeschäft zu konzentrieren. Es sollen dabei aber nur solche Partnerschaften eingegangen werden, die wesentlichen Einfluss auf den eigenen Geschäftserfolg haben. Es gilt also Partner*innen für die Generierung von Mehrwerten zu gewinnen. Mehrwerte für den Konsument*innen bieten beispielsweise das Anbieten komplementärer Produkte auf der eigenen Plattform (Cross-Selling), eine schnelle und zuverlässige Zustellung, Bonusprogramme (z. B. WebMiles) oder Informationsdienstleistungen rund um das Produkt. Zu beachten ist dabei, dass eine Abgrenzung zu den Wettbewerber*innen (Differenzierung) durch Einzigartigkeit in Bezug auf Qualität, innovative Angebote und Individualisierung der Kundenbeziehungen erreicht wird.

Die Individualisierung von Produkten und Dienstleistungen, die von der Informationsphase bis zur After-Sales-Phase genau auf die Bedürfnisse der Kund*innen zugeschnitten sind, ist sicherlich ein weiterer Erfolgsfaktor in der Plattformökonomie. Dies kann bis zum auf der Auswertung des Kundenprofils basierenden, entsprechend gestalteten virtuellen Verkaufsraum gehen. Allerdings ist ein solches Konzept zur Integration von Kund*innen und Partner*innen in die Prozesse der Leistungserstellung sehr komplex und anspruchsvoll und bedarf des entsprechenden Know-hows. Falsche oder gar übertriebene Individualisierung kann sehr schnell dazu führen, dass die Kund*innen zu anderen Anbietenden wechseln. Die am weitesten verbreitete Individualisierung stellt das One-to-One-Marketing (s. Kapitel E 6 Online-Marketing) dar, das die Möglichkeit bietet, Kund*innen in einem Massenmarkt gezielt anzusprechen und mit Angeboten zu werben, die auf deren individuellen Wünsche und Bedürfnisse zugeschnitten sind. Auch hier ist zu beachten, dass nicht angeforderte oder falsch individualisierte Werbung die Kund*innen eher abschreckt. Durch die elektronische Erhebung und entsprechende Aufbereitung der individuellen Kundenbedürfnisse besitzt das Unternehmen ein Instrument, mit dessen Hilfe zukünftige Produkt- und Dienstleistungsentwicklungen an die Wünsche der Kund*innen besser und schneller angepasst werden können.

4.3 E-Branding

Die Globalität eines elektronischen Marktes hat weiter zur Folge, dass es sehr schwierig ist von potenziellen Kund*innen gefunden zu werden; einen entscheidenden Vorteil haben hierbei Unternehmen, die eine bekannte Marke (im positiven Sinne) haben. Die Marke wird durch ihre Signalfunktion, ihre Steuerung des emotionalen Kauferlebnisses und ihre Sicherheitsgarantie in der virtuellen Welt zu einem entscheidenden Wettbewerbsfaktor. Für Besitzer*innen einer etablierten Marke stellt sich die Frage, ob sie die Marke auf den elektronischen Markt übertragen können oder ob es besser ist, eine neue Marke, die auf die Bedingungen des elektronischen Marktes angepasst ist, zu etablieren (E-Branding). Der Erfolg einiger Newcomer scheint dafür zu sprechen. Dabei wird jedoch übersehen, dass die Marke auf traditionelle Weise in klassischen Medien teuer erkauft wurde. Der Aufwand, eine Marke in elektronischen Märkten zu etablieren, lohnt sich nur, wenn man gleichzeitig die Marktführerschaft erhalten kann. Für nachfolgende Unternehmen wird der hohe Aufwand in vielen Fällen nicht zu rechtfertigen sein. Aber auch etablierte Marken können erfolgreich auf elektronische Märkte übertragen werden und stellen damit ebenfalls einen Wettbewerbsvorteil dar. Oftmals wird eine duale Strategie eingeschlagen, indem auf elektronischen Märkten der etablierten Marke der Zusatz „e-" oder „-online" zugefügt wird, um damit eine Differenzierung zu kennzeichnen. Welche Strategie die richtige ist, muss von Fall zu Fall geprüft werden und hängt von den Zielen ab, die ein Unternehmen auf dem elektronischen Markt verfolgt.

4.4 Vertrauens-Management

Die mangelnde Bekanntheit, die ein Unternehmen auf elektronischen Märkten besitzt, wenn es nicht gerade eine etablierte Marke darstellt, stellt sich als ein entscheidendes Hindernis für den Online-Kauf dar. Kund*innen stehen einem unbekannten Unternehmen häufig mit Skepsis und Misstrauen gegenüber, was die angebotenen Leistungen und deren Qualität betrifft. Viele Menschen empfinden eine gewisse Unsicherheit und befürchten, bei einem Online-Kauf Risiken einzugehen, die eigene Verluste nach sich ziehen könnten. Zur Reduzierung wahrgenommener Risiken in der Plattformökonomie werden vielfach technische Sicherheitskonzepte eingesetzt. Hierbei stehen vor allem kryptografische Konzepte zum Erreichen von Vertraulichkeit, Integrität, Authentizität und Verbindlichkeit (Semar 2004, S. 667–672) im Vordergrund. Ebenso werden oft auch vertragliche Absicherungen (Geld-zurück-Garantien oder Schadensübernahmeversicherungen) angeboten. Allerdings können diese Maßnahmen das wahrgenommene Risiko der Konsument*innen in der Regel nie vollkommen ausräumen.

Zur Überbrückung der Risiken, die trotz der erwähnten Maßnahmen bestehen, gilt das Vertrauen als ein besonders wirkungsvoller Mechanismus. Beim Vertrauen handelt es sich um die Reduktion des wahrgenommenen Risikos, welchem nicht durch explizite Verträge und Kontrollmaßnahmen vorgebeugt werden kann. Vertrauen spielt in Situationen, die von Konsument*innen als riskant wahrgenommen werden, eine entscheidende Rolle. Die Bedeutung von Vertrauen für den Erfolg im E-Commerce ist unumstritten (Eggs 2001). Vertrauen drückt sich in der Plattformökonomie durch die Bereitschaft der Konsument*innen aus, sich auf einen Anbieter von Leistungen in einer Kaufsituation zu verlassen, obwohl das Eintreten negativer Konsequenzen möglich ist. Der Bereitschaft zugrunde liegen die vertrauensvollen Meinungen und Einstellungen der Konsument*innen zum Anbieter, sowie zum Internet als Einkaufsumgebung (Einwiller 2003, S. 82). Vertrauen zu entwickeln, ist die Aufgabe des Vertrauens-Managements. Vertrauen ist nicht statisch, sondern entwickelt sich aufgrund von Erfahrung und Interaktion. Zunächst geht es darum, sich (Anbietende und Nachfragende) kennenzulernen bzw. bekanntzumachen. Dies kann geschehen, indem das Unternehmen E-Branding betreibt oder indem die Kund*innen Details über das Unternehmen von Dritten erhalten. Danach geht es den Kund*innen darum, sich über die Verlässlichkeit und das Verhalten des Unternehmens bei einem Online-Kauf zu informieren; auch hierbei kann das Unternehmen selbst oder Dritte die benötigten Angaben zur Verfügung stellen. Gibt es keine verlässlichen Angaben, so müssen die Kund*innen zunächst ihre eigenen Erfahrungen mit diesem Unternehmen machen. Besitzt das Unternehmen eine entsprechend gute Reputation, so können die Kund*innen gleich auf diese zurückgreifen. Darum sollte es das Ziel eines jeden Plattform-Unternehmens sein, sich eine zum Online-Medium passende Reputation aufzubauen. Reputation ist der Ruf, er stellt die öffentliche Wahrnehmung Dritter über die Vertrauenswürdigkeit eines Akteurs dar. Der Reputation kommt insbesondere in solchen Situationen eine herausragende Rolle zu, in denen eine große Informationsasymmetrie zwischen den Transaktionspartner*innen vorliegt. Diese Informationsasymmetrien führen zu einer verstärkten Unsicherheit auf Seiten des Vertrauensgebers, die es abzubauen gilt. Die Reputation, die ein*e Anbieter*in bei Dritten genießt, ist eine wichtige Information, auf Basis derer eine Person schließen kann, wie wahrscheinlich der Eintritt negativer Konsequenzen ist (Einwiller 2003, S. 105). Man kann die Vertrauensproblematik somit auf folgenden Nenner bringen: Mangelndes Vertrauen wird durch Transparenz und Information kompensiert.

4.5 Differenziertes Preismanagement

Die zunehmende Markttransparenz auf elektronischen Märkten führt dazu, dass das Preismanagement in der Plattformökonomie an Bedeutung gewinnt. Entgegen der weitläufigen Meinung, dass die Kund*innen im Internet alles billiger oder gar kostenlos erhalten wollen, haben einige Unternehmen gezeigt, dass mit einem dem Medium angepassten Preismanagement die Kunden sehr wohl bereit sind für Produkte und Dienstleistungen zu zahlen. So wurde dem Online-Auktionshaus Ebay prophezeit, dass die Einführung von Transaktionsgebühren zum Untergang des Unternehmens führen würde, aber das Gegenteil war der Fall. Die Einführung von Gebühren hat dazu geführt, dass die Ersteigernden eine höhere Sicherheit gegenüber den Produktanbietenden erhalten. Denn jetzt (so kann man davon ausgehen) bieten nur Kund*innen ihre Produkte zum Kauf an, die ein ernsthaftes Interesse an dem Verkauf ihrer Waren haben, da sie bereits vorab eine entsprechende Transaktionsgebühr bezahlt haben. Ein differenziertes Preismanagement, das einen *Value Based Price*-Ansatz schafft, ist somit unabdingbar auf elektronischen Märkten. Differenzierungsmöglichkeiten für die Preisgestaltung kann zum einen der Leistungsumfang sein, eine Grundleistung ist durchaus kostenlos, für Mehrwertleistungen werden entsprechenden Preise angesetzt. Nicht nur der Umfang, auch die Qualität einer Leistung bietet sich zur Preisgestaltung an. Des Weiteren kann der Zeitaspekt bzw. die Aktualität oder die Regionalität einer Leistung zur Preisdifferenzierung herangezogen werden. Denkbar wären aber auch individuelle elektronische Verhandlungslösungen wie Auktionen oder Börsen, bei denen die Käufer*innen ihre Preisvorstellung für ein bestimmtes Produkt bekannt geben. Sind die Anbietenden zu einem entsprechenden Verkaufspreis bereit, kommt die Transaktion zustande. Wichtig bei allen Systemen ist jedoch, dass die Preisgestaltung für die Kund*innen nachvollziehbar und transparent ist.

4.6 Virtual Communities

Elektronische Plattformen liefern die Mittel, Kund*innen untereinander zu vernetzen. Ziel eines Unternehmens sollte es sein, eine funktionierende virtuelle Gemeinschaft (Community) um die eigene Marke aufzubauen, um dadurch weitere Mehrwerte zu aktivieren. Eine virtuelle Gemeinschaft ist ein Zusammenschluss von Menschen mit gemeinsamen Interessen, die untereinander mit gewisser Regelmäßigkeit und Verbindlichkeit auf computervermitteltem Wege Neuigkeiten austauschen (damit Wissen gemeinsam aufbauen) und Kontakte knüpfen. Communities sind eine wirkungsvolle Strategieoption zur Steigerung der Kundenbindung und zur Bündelung von Kaufkraft. Darum werden immer mehr Online-Communities unter kommerziellen Gesichtspunkten gezielt aufgebaut. Allerdings gilt, dass mit der Bereitstellung einer technischen Plattform allein noch keine soziale Community entsteht, es muss vielmehr das Community Building aktiv betrieben werden, indem die oben angesprochenen Netzwerkeffekte voll ausgeschöpft werden. Instrumente dafür sind Mitglieder-Anwerbung, Auswahl der Themen, Aufspüren des Erweiterungsbedarfs einzelner Angebote, Identifikation unbeliebter Angebote und deren Abschaltung, Förderung der Kommunikation der Kund*innen untereinander und Vieles mehr. Online-Communities lohnen sich in mehrfacher Hinsicht für das Unternehmen. Zum einen wird durch die Interaktion mit den und zwischen den Kund*innen eine höhere Kundenbindung erzielt. Zum anderen kann die Auswertung der Community-Beiträge zur Produkt- und Dienstleistungsentwicklung herangezogen werden, und nicht zuletzt bietet sich die zusätzliche (wohl dosierte) Vermarktbarkeit der bereits segmentierten Community an.

4.7 Strategischer IKT-Einsatz

Der richtige Einsatz der erforderlichen IKT-Infrastruktur sowie die notwendigen Investitionen sind weitere Bestandteile, die in den Plattform-Strategieüberlegungen zu berücksichtigen sind. Die Frage nach der Integration mit bestehenden Systemen hängt von der

Frage der organisatorischen Einbindung der Plattform in das Unternehmen ab. Unabhängig davon muss die Umsetzung modular und skalierbar erfolgen, nur so wird gewährleistet, dass die IKT-Infrastruktur an die zukünftige Marktentwicklung angepasst werden kann. Weiterhin muss die Frage geklärt werden, ob das eigene Unternehmen zur Realisierung genügend Know-how besitzt oder ob die Realisierung besser durch externe Fachunternehmen durchgeführt wird.

5 Fazit

Die Liste der hier genannten Erfolgsfaktoren ist erweiterbar und wird von Fall zu Fall auch unterschiedliche Prioritäten aufzeigen. Dennoch muss nochmals hervorgehoben werden, dass die Entscheidung, ob und wie ein Unternehmen auf digitalen Plattformen agieren soll, eine strategisch wichtige Entscheidung des Top-Managements ist. Nur bei uneingeschränktem Bekenntnis zur Plattformökonomie, sollte man diesen Schritt wagen. Halbherzige und mit mangelnden Ressourcen ausgestattete Aktionen sind zum Scheitern verurteilt. Aber auch Unternehmen, die eine wohlüberlegte Strategie besitzen, sollten sich auf eine längerfristige Auf- und Ausbauphase einstellen.

6 Literaturverzeichnis

Albers, S., Clement, M., Peters, K. & Skiera, B. (2000). Warum ins Internet? Erlösmodelle für einen neuen Kommunikations- und Distributionskanal. In S. Albers, M. Clement, K. Peters & B. Skiera (Hrsg.), *eCommerce: Einstieg, Strategie und Umsetzung im Unternehmen*. (2., überarb. und erw. Aufl., S. 9–20). FAZ-Institut für Management-, Markt- und Medieninformationen.

Eggs, H. (2001). *Vertrauen im E-Commerce: Herausforderungen und Lösungsansätze.* Deutscher Universitäts-Verlag.

Einwiller, S. (2003). *Vertrauen durch Reputation im elektronischen Handel.* Difo-Druck GmbH.

Hermanns, A. & Sauter, M. (1999). Electronic Commerce: Grundlagen, Potentiale, Marktteilnehmer und Transaktionen. In A. Hermanns & M. Sauter (Hrsg.), *Management-Handbuch Electronic Commerce* (S. 3–29). Vahlen.

Kuhlen, R. (1996). Regionale elektronische Märkte für Wirtschaft und Infrastruktur am Beispiel der Electronic Mall Bodensee. In U. Glowalla & E. Schoop (Hrsg.), *Perspektiven multimedialer Kommunikation* (S. 333–341). Springer.

Malone, T. W., Yates, J. & Benjamin, R. I. (1987). Electronic markets and electronic hierarchies. *Communications of the ACM*, 30(6), 484–497.

Parker, G. G., Van Alstyne, M. W. & Choudary, S. P. (2017). *Die Plattform-Revolution: Von Airbnb, Uber, PayPal und Co. lernen: Wie neue Plattform-Geschäftsmodelle die Wirtschaft verändern. Methoden und Strategien für Start-ups und Unternehmen* (K. Lorenzen, Übers., 1. Auflage). mitp. (Originales Werk publiziert 2016).

Perales, N. D. (1998). Exchange Costs as Determinants of Electronic Markets Bearings. *Elektronische Märkte*, 8(1), 3–6.

Picot, A., Reichwald, R. & Wigand, R. T. (1998). *Die grenzenlose Unternehmung: Information, Organisation und Management* (3., überarb. Aufl.). Gabler.

Rysman M. (2009). The Economics of Two-Sided Markets. *Journal of Economic Perspectives*, 23(3), 125–143. https://doi.org/10.1257/jep.23.3.125.

Schmid, B. (1993). Elektronische Märkte. *Wirtschaftsinformatik*, 5, 465–480.

Semar, W. (2001). *Eine empirische Studie über die Auswirkungen elektronischer Märkte für eine Region: Am Beispiel der Stadt Pfullendorf.* Dissertation. Universität Konstanz.

Semar, W. (2004). Kryptografie. In R. Kuhlen, T. Seeger & D. Strauch (Hrsg.), *Grundlagen der praktischen Information und Dokumentation* (S. 667–672). K. G. Saur.

Wirtz, B. W. (2001). *Electronic Business* (2. Aufl.). Gabler.

Tassilo Pellegrini & Jan Krone
E 3 Medienökonomie

1 Einleitung

Die Medienökonomie beschäftigt sich mit den ökonomischen Aspekten der Medienproduktion, der Bündelung von Medienangeboten, der Mediendistribution und der Mediennutzung. Dabei nimmt sie schon lange nicht mehr nur Bezug auf die klassischen Massenmedien journalistischer Prägung, sondern betrachtet unter dem Aspekt der Medienkonvergenz das zunehmende Verschmelzen unterschiedlicher Mediensektoren und ihrer Bewirtschaftungslogiken im Zusammenspiel von Journalismus, Telekommunikation, Unterhaltung und Informationstechnologien. Vor diesem Hintergrund ist die Medienökonomie, wie auch die Informationswissenschaft, in vielerlei Hinsicht ein interdisziplinäres Forschungsprogramm. Als Arbeitsfeld verortet sie sich an der Schnittstelle von Publizistik- und Kommunikationswissenschaft, Betriebswirtschaftslehre, Volkswirtschaftslehre sowie der Politik- und Rechtswissenschaft mit Bezügen zur Soziologie und Psychologie. Diese disziplinenübergreifende Ausrichtung ist zwingenderweise dem Umstand geschuldet, dass Mediengüter neben ihrer wirtschaftlichen Funktion auch kulturelle Funktionen erfüllen, was den Medienwissenschaftler Gerd Kopper sinngemäß zu der viel zitierten Aussage veranlasste: „Medienökonomie ist mehr als die Ökonomie der Medien." (Kopper 1982).

Dieser Beitrag gibt einen Überblick über die Genese, die aktuelle Verortung sowie die Entwicklungsperspektiven der Medienökonomie, die durch den Wandel der öffentlichen Vermittlungssysteme (Beck 2020a, S. 21) zunächst durch analoge, voneinander getrennte Kanalstrukturen geprägt war. Mit der zunehmenden Digitalisierung begannen sich mit der Überlappung der Kommunikationskanäle auch die Zustände von Öffentlichkeit zu verändern. Die Medienökonomie als Forschungsprogramm erfasst nun private, semi-private und öffentliche Ebenen von Mediengütern (Feldmann & Zerdick 2004, S. 19–30).

Der Beitrag gliedert sich wie folgt: Abschnitt zwei gibt einen kompakten Überblick über die Entwicklung der Medienökonomie in Abhängigkeit des technologischen Medienwandels. Abschnitt drei widmet sich Status Quo medienökonomischer Forschung vor dem Hintergrund der voranschreitenden Digitalisierung. Abschnitt vier führt das Arbeitsprogramm einer „Neuen Medienökonomie" an, die neben klassischen Median auch das Phänomen der zunehmenden Medialisierung von Lebenswelten berücksichtigt. Abschnitt fünf schließt mit einer zusammenfassenden Betrachtung und skizziert Entwicklungsperspektiven der Medienökonomie vor dem Hintergrund bevorstehender technologischer Entwicklungen.

2 Genese der Medienökonomie im technologischen Wandel

Wie Mühl-Benninghaus (2020) ausführt, wandelten sich die Gegenstandsbereiche der Medienökonomie in Abhängigkeit mit den technologischen Möglichkeiten der Massen- und Individualkommunikation. Erste Ansätze des medienökonomischen Denkens lassen sich – zumindest im deutschsprachigen Raum – bis zur Aufklärung des späten 18. Jahrhunderts zurückverfolgen und stehen in engen Zusammenhang mit betriebswirtschaftlichen Aspekten des neu entstehenden Buchverlags- und Zeitungswesens und der damit verbundenen „Leserevolution".

Der nächste Entwicklungsschub lässt sich in der zweiten Hälfte des 19. Jahrhunderts verorten und war beeinflusst durch die voranschreitende Ausdifferenzierung und Kommerzialisierung des Zeitungswesens in Kombination mit den Möglichkeiten der neu aufkommenden Telegraphie, die insbesondere im Kontext der Börsen und Finanzkommunikation eine weitreichende gesellschaftliche Wirkung entfaltete. Erstmals bildeten sich Teilpublika im modernen Sinn heraus, und die Wirkmächtigkeit der Presse offenbarte sich u. a. durch ihre (aktive) Rolle in der Befeuerung von Spekulationsblasen und gleichzeitigen Berichterstattung über Finanzskandale mit weitreichenden gesellschaftlichen Konsequenzen. Erstmals zeigte sich, dass Medien die Welt nicht nur abbilden, sondern ebenso prägen. Und es war dies u. a. ein Grund, der dazu geführt hat, dass die Presseforschung als Bestandteil der deutschen Nationalökonomie an Bedeutung gewann.

Die dritte Entwicklungsphase der Medienökonomie begann nach dem Ende des Ersten Weltkrieges und legte die Grundlagen für die Werbemedienforschung moderner Prägung. Gleichzeitig erweiterte sich ihr Gegenstandsbereich durch die rasante Entwicklung des Kinowesens sowie die zaghafte kommerzielle Erschließung des Rundfunks zuerst in Form des Radios und in Folge in Form des Fernsehens. Neben die nationalökonomischen Aspekte der Medienproduktion traten damit auch verstärkt betriebswirtschaftliche Aspekte. Und im Zuge der Propagandaforschung wurde auch der kulturwissenschaftliche Aspekt der medial vermittelten Kommunikation verstärkt in den Mittelpunkt gerückt. Diese Tradition wurde nach dem Zweiten Weltkrieg weitgehend weitergeführt, wobei sich der Forschungsfokus mit der voranschreitenden Elektronifizierung der Kommunikation auch verstärkt auf das Film- und Fernsehwesen verlagerte bzw. in zunehmendem Maße die Konzentrationsproblematik ins Zentrum des Interesses rückte. Dies erfolgte zuerst durch die sektorielle Einzelbetrachtung des Verlagswesens auf der einen und des Rundfunkwesens auf der anderen Seite, was bis in die späten 1970er Jahre beibehalten, und erst mit der Konvergenzforschung ab den 1980er Jahren sukzessive um eine sektorübergreifende Perspektive erweitert wurde.

Mit der Dämmerung des digitalen Kabelfernsehens, der kommerziell verfügbaren Satellitenkommunikation sowie den ersten Computernetzwerken und daraus entstehenden neuen Formaten wie etwa Teletext wurde schließlich die vierte Phase der Medienökonomie eingeleitet. Es war auch die Phase, in der der sogenannte „Informationssektor" ins Zentrum der Betrachtung rückte, sowohl aus betriebswirtschaftlicher als auch volkswirtschaftlicher Perspektive. Medien, sowohl im Sinne der publizistischen Massenmedien als auch im Sinne der technisch vermittelten Individualmedien (Telekommunikation; Forschungsgruppe Telekommunikation 1989–1991) wurden sowohl als Wirtschaftsgüter betrachtet als auch als Kulturgüter, deren Wirkung weit über die ökonomische Dimension hinausgeht. Die Medienökonomie verortete sich damit auch als eine spezielle Form der politischen Ökonomie, die ihre Wirkung maßgeblich durch die Art der Institutionalisierung als Mediensystem entfaltet. Der überwiegende Anteil medienökonomischer Forschung folgte hierbei einer erwerbswirtschaftlichen Orientierung (neben staatlichen, öffentlich-rechtlichen und weltanschaulichen Medienangeboten), die in länderspezifische Rahmenbedingungen eingebunden sind (Beck 2020b, S. 242–249).

3 Medienökonomie heute

Heute stehen redaktionelle Massenmedien nicht mehr im alleinigen und ursprünglichen Fokus der Medienökonomie. Die Medienökonomie neuerer Prägung vereint zwar nach wie vor unterschiedliche Wissenschaftsdisziplinen unter dem Dach der interdisziplinären Publizistik- und Kommunikationswissenschaft, ist aber weniger starr auf volks- und betriebswirtschaftliche Bestimmungen von Zeitung, Zeitschrift, Buch, Bild, Film und Kino, Musik, Radio, Fernsehen und Video ausgerichtet als in der Vergangenheit. Die in der Publizistik- und Kommunikationswissenschaft seit Beginn im 20. Jahrhundert praktizierte Beobachtung privater, teil-öffentlicher und öffentlicher Kommunikation erreichte die Medienökonomie mit den ersten, im deutschsprachigen Raum veröffentlichten Werken zu einer aufkommenden „Internet-Ökonomie" (Zerdick et al. 1997, 2001). Mit dieser Entwicklung begann sich das Arbeitsprogramm der Medienökonomie auf eine Kommunikations- und Medienökonomie zu erweitern (Beck 2020b, S. 242–249). Die in der Medienökonomie beheimatete Komparatistik fokussiert dabei auf unterschiedliche Konzeptionen von Mediensystemen auf der ganzen Welt (Krone & Voglreiter 2020).

Mit der voranschreitenden Digitalisierung und damit verbundenen umfangreichen Medialisierung aller Lebensbereiche (Hepp 2016) ist auch die Medienökonomie zum wiederholten Male gefordert ihren Gegenstandsbereich zu erweitern. Waren es ursprünglich die Massenmedien (Print, Rundfunk, Kino) und die Mikromedien (Individual- und Telekommunikation), auf denen geschichtlich bedingt das Forschungsinteresse lag. So traten durch das Internet und die technischen Möglichkeiten von Paketvermittlung (IP-Protokoll) und Hypertext (http/s-Protokoll) auch zunehmend sogenannte Mesomedien z. B. in Form von Suchmaschinen oder Social Media-Plattformen in den Fokus der medienökonomischen Betrachtung. Diese weisen in vielen Fällen nur mehr bedingt einen klassischen Medien- und Öffentlichkeitsbezug auf, folgen aber einer medialen Bewirtschaftungslogik. Medienökonomische Fragestellungen verorten sich damit verstärkt im perspektivischen Dreiklang aus Individuum, Organisation und Gesellschaft und sind eine Reaktion auf den Transformationsdruck und die vielfältigen Wirkungen von Digitalisierung und Datafizierung auf Produktion, Vermarktung, Distribution und Nutzung medialer und medienartiger Angebote. Eine aktuelle Ausprägung dieser Erweiterung erleben wir in der Konvergenz aus Mobilkommunikation mit den Möglichkeiten der algorithmischen, KI-basierten Datenbewirtschaftung sowie neuen Interfacing-Technologien wie Augmented (AR) und Virtual Reality (VR). Man denke in diesem Zusammenhang etwa an die vielfältigen, dem Plattformprinzip folgenden digitalen Service-Angebote in der Gaming- und Unterhaltungsbranche, das Internet der Dinge im Kontext von Smart Homes oder Smart Cities bzw. die heraufdämmernde Robotik in Form von autonom agierenden Software- und Hardware-Agenten. Auch hier ist die Medienökonomie nicht nur gefordert, sondern auch in der Lage einen analytischen Beitrag zum Verständnis der medialen Bewirtschaftungslogik und ihren kulturellen Effekten zu leisten.

Doch eine „erweiterte Medienökonomie" bricht keinesfalls mit den ursprünglichen Prämissen dieser Bindestrich-Ökonomie (Bonfadelli et al. 2010, S. 5). Denn auch eine digital dominierte Medienökonomie lenkt ihren Blick auf die publizistisch organisierten Akteure des massen-, meso- und mikromedialen Raumes (Feldmann & Zerdick 2004) und verortet sich weiterhin in einem markenspezifischen Balanceakt zwischen Kultur- und Wirtschaftsgut (Heinrich 2020). Auch hier kennzeichnen oftmals paradoxe Doppelidentitäten aus wirtschaftlicher und sozialer Institution, sowie die simultanen Wirkungseigenschaften der Medien als Vermittler und Faktor der öffentlichen, politischen Willensbildung (1. Rundfunkurteil „Deutschland-Fernsehen" 1961) das Spektrum medienökonomischer Theorie und Empirie. Die Medienökonomie ist damit gleichermaßen der Aufklärung über den Forschungsgegenstand (öffentliche) Kommunikation verbunden und betrachtet, wie praktisch-pragmatische Vorgaben mittels Managemententscheidungen oder politischer Intervention die Maßstäbe der Medienwirkung wie Reichweite, Effizienz und Marktanteil beeinflussen (Heinrich 2020; Karmasin 2002).

4 Arbeitsprogramm einer Neuen Medienökonomie

Als Innovations- und Reflexionsfeld steht die Medienökonomie vor der Aufgabe, unterschiedliche Angebots- und Nachfrageprämissen in der Analyse, Konzeption und Umsetzung medienvermittelter (Dienst-)Leistungen zu verknüpfen. Dies ist auch zwingend erforderlich, um einen lebendigen und zukunftstauglichen Diskurs in Wissenschaft und Praxis zu stimulieren, der idealerweise Auskunft darüber geben kann, wie das Verhältnis von Medienstrukturen, Öffentlichkeit und Gesellschaft ausgestaltet sein soll. Dies ist insbesondere dort von Relevanz, wo ein zunehmender Teil des gesellschaftlichen Lebens medial vermittelt wird. Die Medienökonomie erschöpft sich damit nicht nur in der Analyse aktueller oder historischer Phänomene, sondern wirkt auch normgebend, insbesondere wenn es um die Frage nach dem Verhältnis von Medien, Politik, Wirtschaft und Gesellschaft geht. Denn Medien entfalten ihre spezifische Wirkung nicht nur auf individueller Ebene. Sie wirken systemisch, beeinflussen das Wahrnehmungs- und Wirklichkeitsgefüge und sind ein Resonanzraum.

Die Konvergenz führte nicht nur die in der Regel voneinander getrennten Vertriebskanäle öffentlicher Kommunikation zusammen und bedingt nahezu vollkommene, multimediale Wettbewerbsarenen um ein Publikum, sondern sorgte ebenso mit neuen Formen der (sozialen) Vergesellschaftung und Publikationsformen (Kappes et al. 2017, 2014; Krone 2011) für neue oder zumindest stark angepasste Gesetzmäßigkeiten in Produktion, Vertrieb, Nutzung und Regulierung von Kommunikation insgesamt. Tägliche, wöchentliche oder monatliche Erscheinungsfrequenzen, wie sie vor allem aus den periodischen Verlagsprodukten bekannt sind, wirken ebenso anachronistisch wie ein intramediärer Wettbewerb. Unter dem Eindruck der permanenten Verfügbarkeit und Erneuerung wird die intermediäre Konkurrenz zum bestimmenden Faktor. Entsprechend herrschen seit Beginn der 2020er Jahre ebenso Justierungen in der Beurteilung, der Messung, der Sichtbarkeit und dem Angebot von publizistischer Vielfalt, allerdings nicht zwingenderweise unter den Qualitätsprämissen des Journalismus konventioneller Prägung. Galoppierenden Konzentrationsprozessen stehen eine enorme Angebotsausweitung durch hyperlokale Online-(Only)-Medien (Erreichbarkeit von Geräten und Lokaljournalismus; beispielhaft Landtag Nordrhein-Westfalen 2021) entgegen, die mit den bisherigen Verfahren zur Sektorisierung (Knoche 2007, 1996; Knoche & Zerdick 1977) nurmehr bedingt fassbar sind.

Einen weiteren Schwerpunkt der Neuen Medienökonomie stellen netzökonomische Effekte dar, die Marktakteur*innen über Infrastrukturen und Plattformen (aka Marktplätze) verknüpfen und transaktionskostenarm Raum für Angebot und Nachfrage sowie Kommunikator*innen und Rezipient*innen schaffen. Die dabei geltenden ökonomischen Spielregeln bauen auf kritische Massen, Lock-In-Effekte sowie das Setzen von Standards. Der Wettbewerb wird weniger über rivalisierende Güter ausgetragen als mehr über technische Reichweite und Skaleneffekte bei gleichzeitiger Möglichkeit der Segmentierung und Personalisierung, die die maßgeblichen Erfolgsfaktoren in der Plattformökonomie bilden (Mansell & Steinmueller 2020) (s. Kapitel E 1 Digitale Informationsmärkte und E 2 Plattformökonomie).

Die nach Zerdick et al. (2001) terminologisch erfassten Meso-Medien weisen als Marktplätze Disruptionspotential von beachtlicher Tragweite aus. Sie erlauben neue Produktions- und Publikationsroutinen, senken Markteintrittsbarrieren und sichern über weit reichende Kontrolle von Technologien ihre Rolle als zentrale Intermediäre zwischen Angebot und Nachfrage. Diese Verschiebungen haben in Folge Auswirkungen auf Kosten und Erlöse von Medienunternehmen. Denn stellen in der analog ausgerichteten Medienökonomie indirekte Erlöszweige wie Werbung und Anzeigen – nachgereiht Sponsoring, Product Placements und Subventionen – die dominierende Finanzierungsquelle von publizistischen Massenmedien dar, nimmt das messbare Volumen der Bruttowerbeumsätze seit Beginn des 21. Jahrhunderts stetig ab und verlagert sich auf die ob ihrer Targeting- Fähigkeiten prädestinierten Social-Media-Plattformen und Internetsuchmaschinen.

Direkte, nutzerabhängige Entgelte spielen insbesondere für den in Europa verankerten öffentlich-rechtlichen Rundfunk eine dominante Rolle, sind jedoch gerade für die kommerziellen, periodischen Verlagsprodukte im Durchschnitt aller Marken bis heute nicht kostendeckend. Gerade Continuous-Creation Media Products (Picard 2011, S. 28), d. h. solche mit fortlaufender täglicher redaktioneller Produktion, befinden sich anhaltend in Umbrüchen von Verwertbarkeit von Exklusivität und Vertriebsorganisation (Zahlungsbereitschaft des Publikums im kommunikativen Genre Information; kommunikatives Genre der Unterhaltung/PayTV und SVoD weist bereits hohe Zahlungsbereitschaft des Publikums aus; s. kommunikative Genres in Wersig 2009, S. 126–127). Die Umsatzeinbußen – vor allem in den Werbemärkten – der Tageszeitungen bedingen strenge Kosteneinsparungen und führen derzeit zu einem Attraktivitätsverlust des Berufsfeldes Journalistin/Journalist.

Die Single-Creation Media Products (Picard 2011, S. 28) wie Film oder Buch können dem medienökonomischen Wandel hingegen stabiler begegnen. Diese Angebote weisen im Vergleich zu anderen Medienprodukten ein umfangreicheres Vermarktungs- und Erlösspektrum auf wie etwa Werbung und Publikumsentgelte, Lizenzierung und eine Vielzahl von nachgelagerten Erlösformen wie Merchandising oder Windowing. Auf diese Weise lassen sich in der Medienökonomie überlieferte Theorien wie die des Uno-Actu-Prinzips (Gleichzeitigkeit und Publikumsmenge; s. Kiefer 2015) oder einer Anzeigen-Auflagen-Spirale (Kanalgebundenheit eines Verbreitungsgebietes für ein definiertes Angebot; Hass 2007) überwinden. Auch verlieren Unterscheidungen nach Stückkosten- und Fixkostenindustrie ihre Bedeutung, weil das Management von Medienprodukten im 21. Jahrhundert bereits in frühen Stadien der Produktplanung von Verbundüberlegungen geprägt ist. Der Markteintritt von sich über Werbung für dezidiert beobachtbare Zielgruppen finanzierende Internetsuchmaschinen und Social-Media-Plattformen führte zu uneinholbaren Skalenvorteilen sowie einer passgenaueren Ansprache von Publika. Somit kann den exogenen Variablen Medienwirtschaft, Technologie, Demographie, Ökonomie und Gesellschaft zeitgenössisch und aktiv Rechnung getragen werden.

Die Medienökonomie geht damit weit über eine Ökonomie von Medienorganisationen hinaus. Diese Aussage ist vor dem Hintergrund der voranschreitenden Digitalisierung in mehrfacher Hinsicht relevant: Erstens als Hinweis auf den dualen Charakter von Mediengütern im Spannungsfeld von Wirtschafts- und Kulturgut (Heinrich 2020) und dem damit verbundenen Problembereich der (De-)Meritorik (Rau 2017), die gerade im Kontext von suchtfördernden Design-Prinzipien der Mediengestaltung, (politisch) gesteuerten Desinformationskampagnen oder *biased algorithms* neue Relevanz erhält.

Zweitens als Hinweis auf den Kuppel- bzw. Plattformcharakter von Mediengütern zur Bewirtschaftung mehrseitiger Märkte (Mansell & Steinmueller 2020; Tropp & Baetzgen 2015). Gerade hier bilden die Möglichkeiten der Datenbewirtschaftung im Kontext des Marketings und den damit verbundenen Möglichkeiten der Personalisierung, Differenzierung und Diversifikation von Medienangeboten ein wichtiges Forschungsfeld, insbesondere wenn es um die Betrachtung von Konzentrationseffekten und damit verbundener Machtakkumulation geht. Und drittens als Hinweis auf den durch Digitalisierung und die damit einhergehende Medialisierung gewandelten Charakter von Mediengütern, der sich mit dem Begriff der „erweiterten Medienindustrie" fassen lässt (Birkner 2019; Godefroid & Kühnle 2018; Jenkins 2008) und zum Ausdruck bringt, dass auch Güter, Geschäftsprozesse und -strategien in den Erkenntnisfokus der Medienökonomie rücken, die auf den ersten Blick keinen konventionellen Medienbezug aufweisen, sich aber einer medienökonomischen Logik bedienen bzw. sich mit den Methoden und Theorien der Medienökonomie analysieren lassen.

Dies beinhaltet auch die stärkere Berücksichtigung und Integration informationswissenschaftlicher Theorien, Befunde und Methoden in das Erkenntnis- und Methodenspektrum der Medienökonomie, z. B. bei der Frage, welche Auswirkungen die computergestützte Informations- und Datenverarbeitung auf tradierte Medienberufe und damit verbundene Kompetenzen haben (Kramp & Weichert 2018) oder wie sich journalistische Normen und Standards mit der zunehmenden Automatisierung der Content-Produktion und Distribution vereinbaren lassen (Vallance-Jones & McKie 2017) oder welche Rolle Daten, Metadaten oder Wissensmodelle und darauf aufbauende Service-Angebote für die Bewirtschaftung von digitalen Content spielen (Pellegrini 2017).

5 Perspektiven der Medienökonomie

Die Digitalisierung führt einmal mehr vor Augen, dass die Durchlässigkeit zwischen einst getrennten Disziplinen zunimmt und eine Weiterentwicklung nur dann möglich ist, wenn man sich der Logik benachbarter Disziplinen öffnet, diese kritisch reflektiert und dort wo sinnvoll in das eigene Erkenntnisspektrum integriert. Die Ausführungen machen weiter deutlich, dass es im 21. Jahrhundert aus fachspezifischer Perspektive zulässig ist von einer „Neuen Medienökonomie" des ausgefalteten, digital-analogen Kommunikations- und Medienraums auszugehen. Durch konvergente Entwicklungen auf individueller, organisationaler und gesamtwirtschaftlicher Ebene, in Funktionen, Strukturen, Akteurskonstellationen, Systemumwelten und ökonomischen Effekten zwischen Kreation, Vermittlung und Nachfrage von für die Öffentlichkeit bestimmten Inhalten haben sich seit den späten 1980er Jahren neue Zugänge und Einordnungen für eine Medienökonomie ergeben. Sie erlauben es nicht mehr, die geschichtliche Entwicklung der Medienökonomie ungebrochen aufzugreifen und fortzuschreiben (Mühl-Benninghaus 2020).

Es mag diskutabel erscheinen, ob entsprechende Erweiterungen der Disziplin zulässig oder gar zuträglich sind. Exemplarisch sei hier auf die Debatte um den Begriff der Datafizierung und seiner Implikationen für die Kommunikationswissenschaft verwiesen (Hepp 2016; Jarren 2016), die 2016 innerhalb der deutschen Kommunikationswissenschaft angestoßen wurde. Die über weite Strecken konträr geführte Debatte sollte in erster Linie als ein Zeichen für einen lebendigen Diskurs gewertet werden, in dem es um die Ab- bzw. Entgrenzung einer in Transformation befindlichen Disziplin geht, die zum einen gefordert ist einen reichen Erkenntnisfundus vor dem Hintergrund modischer Hypes zu verteidigen, auf der anderen Seite aber auch offen sein muss für Weiterentwicklung. Denn oftmals hervorgebrachte Einwände, dass sogenannte „Neue Medien" nicht zwingend einen Öffentlichkeitsbezug haben und deshalb nicht Gegenstand des Faches sein sollten, werden durch die öffentlichkeitsrelevante Wirkungslogik medialisierter digitaler Angebote herausgefordert, sich zu deklarieren. Schließlich wandelt sich durch die Digitalisierung auch der Charakter der Öffentlichkeit. In diesem Sinne ist die Frage zulässig, ob es nicht im Sinne der Erkenntnisfortschrittes gerechtfertigt wäre von einer „erweiterten Medienindustrie" zu sprechen, wie es ansatzweise im Kontext der Konvergenzforschung, der T. I. M. E.-Industrie oder auch der neueren Dienstleistungsforschung (Kiefer 2015) bereits getan wird und schon auf das disziplinäre Selbstverständnis der Medienökonomie rückwirkt. Im Kern dieser neuen Denkweise und Forschung steht dabei meist die Auseinandersetzung mit neuen Bewirtschaftungslogiken im Spannungsfeld von sich transformierenden Güterbeschaffenheiten, Marktplatz- und Geschäftsmodellen, Stakeholderstrukturen sowie rechtlicher und politischer Wechselwirkungen und Implikationen. Aus Sicht der Autoren dieses Beitrages sollte diesem Umstand Rechnung getragen werden, was jedoch erfordert, dass eine Bereitschaft zur Öffnung und Weiterentwicklung gegeben sein muss.

Maßgebliche Werke der zeitgenössischen, deutschsprachigen Medienökonomie sind Werke von Krone/Pellegrini (Handbuch Medienökonomie, 2020), Zerdick et al. (Internet-Ökonomie, 1997–2004, die Reihen Medienökonomie sowie Medienstrukturen im Nomos-Verlag der Fachgruppe Medienökonomie in der Deutschen Gesellschaft für Publizistik- und Kommunikationswissenschaft bzw. des Netzwerk Medienstrukturen, Kiefer/Steininger (Medienökonomik, 2014) sowie die Arbeiten Manfred Knoches zur Einführung des Forschungsprogramms Medienkonzentration in die Medienökonomie. Als deutschsprachiges Journal bedient die *Medienwirtschaft* seit 2004 parallel die Forschungs- und Erkenntnisagenden der Medienökonomie.

6 Literaturverzeichnis

1. Rundfunkurteil „Deutschland-Fernsehen", 2 BvG 1/60, 2 BvG 2/60. (Bundesverfassungsgericht Karlsruhe 28. Februar 1961).
Beck, K. (2020a). Öffnung oder Auflösung des Mediensystems? *MedienJournal*, 43(3), 5–26. https://doi.org/10.24989/medienjournal.v43i3.1829.
Beck, K. (2020b). *Kommunikationswissenschaft* (6., überarbeitete Auflage). UVK.
Birkner, T. (2019). *Medialisierung und Mediatisierung* (2., aktualisierte Auflage). Nomos.
Bonfadelli, H., Jarren, O. & Siegert, G. (Hrsg.) (2010). *Einführung in die Publizistikwissenschaft* (3., vollst. überarb. Aufl.) Haupt.
Feldmann, V. & Zerdick, A. (2004). E-Merging Media: Die Zukunft der Kommunikation. In A. Zerdick, A. Picot, K. Schrape, J.-C. Burgelman, R. Silverstone, V. Feldmann, D. K. Heger & C. Wolff (Hrsg.), *E-Merging Media* (S. 19–30). Springer. https://doi.org/10.1007/978-3-642-18600-4_2.
Forschungsgruppe Telekommunikation (Hrsg.). (1989–1991). *Telefon und Gesellschaft. Beiträge zu einer Soziologie der Telekommunikation* (Bände 1–4). Spiess.
Godefroid, P. & Kühnle, B. A. (2018). Medientechnologie als unternehmerischer Diversifikationsfaktor. In J. Krone & T. Pellegrini (Hrsg.), *Handbuch Medienökonomie* (S. 1–21). Springer VS. https://doi.org/10.1007/978-3-658-09632-8_13-1.
Hass, B. H. (2007). Größenvorteile von Medienunternehmen: Eine kritische Würdigung der Anzeigen-Auflagen-Spirale. *MedienWirtschaft*, 4, 70–79. https://doi.org/10.15358/1613-0669-2007-S-70.

Heinrich, J. (2020). Mediengüter zwischen Wirtschafts- und Kulturgut. In J. Krone, & T. Pellegrini (Hrsg.), *Handbuch Medienökonomie* (S. 145–164). Springer VS. https://doi.org/10.1007/978-3-658-09560-4_8.

Hepp, A. (2016). Kommunikations- und Medienwissenschaft in datengetriebenen Zeiten. *Publizistik*, 61(3), 225–246. https://doi.org/10.1007/s11616-016-0263-y.

Jarren, O. (2016). Nicht Daten, sondern Institutionen fordern die Publizistik- und Kommunikationswissenschaft heraus: Zu Andreas Hepps Beitrag „Kommunikations- und Medienwissenschaft in datengetriebenen Zeiten" (Publizistik, Heft 3, 2016). *Publizistik*, 61(4), 373–383. https://doi.org/10.1007/s11616-016-0301-9.

Jenkins, H. (2008). *Convergence Culture: Where Old and New Media Collide* (Updated and with a new afterword). New York University Press.

Kappes, C., Krone, J. & Novy, L. (Hrsg.). (2014). *Medienwandel kompakt 2011 – 2013: Netzveröffentlichungen zu Medienökonomie, Medienpolitik & Journalismus*. Springer VS. https://doi.org/10.1007/978-3-658-00849-9.

Kappes, C., Krone, J., & Novy, L. (Hrsg.). (2017). *Medienwandel kompakt 2014–2016: Netzveröffentlichungen zu Medienökonomie, Medienpolitik & Journalismus*. Springer VS. https://doi.org/10.1007/978-3-658-17501-6.

Karmasin, M. (Hrsg.). (2002). *Medien und Ethik*. Reclam.

Kiefer, M. L. (2015). Dienstleistungsökonomik und Medien: Medienproduzent und Medienkonsument als Wertschöpfungspartner. Eine dienstleistungstheoretische Annäherung an Medien. In J. Krone & T. Pellegrini (Hrsg.), *Handbuch Medienökonomie* (S. 1–25). Springer VS. https://doi.org/10.1007/978-3-658-09632-8_6-1.

Knoche, M. (1996). Konzentrationsförderung statt Konzentrationskontrolle. Die Konkordanz von Medienpolitik und Medienwirtschaft. In C. Mast (Hrsg.), *Markt – Macht – Medien: Publizistik im Spannungsfeld zwischen Gesellschaftlicher Verantwortung und Ökonomischen Zielen* (S. 105–117). UVK Medien.

Knoche, M. (2007). Medienkonzentration. In B. Thomaß (Hrsg.), *Mediensysteme im internationalen Vergleich* (S. 122–144). UVK Medien.

Knoche, M. & Zerdick, A. (1977). Konjunkturelle Entwicklung und Pressekonzentration. *Media Perspektiven*, 365–379.

Kopper, G. (1982). Medienökonomie – mehr als „Ökonomie der Medien". *Media Perspektiven*, 2, 102–115.

Kramp, L. & Weichert, S. (2018). Digitaler Journalismus. In J. Krone & T. Pellegrini (Hrsg.), *Handbuch Medienökonomie* (S. 1–23). Springer VS. https://doi.org/10.1007/978-3-658-09632-8_51-1.

Krone, J. (Hrsg.). (2011). *Medienwandel kompakt 2008 – 2010: Schlaglichter der Veränderung in Medienökonomie, -politik, -recht und Journalismus – ausgewählte Netzveröffentlichungen* (1. Auflage). Nomos.

Krone, J. & Voglreiter, A. (2020). Differenzierung des Differenz-Ansatzes: Verfeinerung des Pragmatischen Differenz-Ansatzes nach Roger Blum anhand des finanzwirtschaftlichen Triple A-Rating-Systems. *MedienJournal*, 43(3), 69–84. https://doi.org/10.24989/medienjournal.v43i3.1831.

Landtag Nordrhein-Westfalen (2021). *Situation und Entwicklung des Online-Medienmarktes in Nordrhein-Westfalen* (Antwort der Landesregierung auf die Große Anfrage 28 der Fraktion der SPD, No. 17/12788). Landtag Nordrhein-Westfalen, 17. Wahlperiode.

Lange, U. T. & Goldhammer, K. (1997). *Exploring the Limits: Europe's Changing Communication Environment*. Springer. https://doi.org/10.1007/978-3-642-60746-2.

Mansell, R. & Steinmueller, W. E. (2020). *Advanced introduction to platform economics*. Edward Elgar.

Mühl-Benninghaus, W. (2020). Die Geschichte medienökonomischen Denkens im deutschsprachigen Raum bis zum Jahr 2000. In J. Krone & T. Pellegrini (Hrsg.), *Handbuch Medienökonomie* (S. 15–51). Springer VS. https://doi.org/10.1007/978-3-658-09560-4_81.

Pellegrini, T. (2017). Semantic metadata in the publishing industry – technological achievements and economic implications. *Electronic Markets*, 27(1), 9–20. https://doi.org/10.1007/s12525-016-0238-x.

Picard, R. G. (2011). *The Economics and Financing of Media Companies* (2nd ed.). Fordham University Press.

Rau, H. (2017). Back to Basics: Die Meritorik und ihre Rückführung auf Bedürfnisstrukturen: Zum theoretischen Begründungsrahmen der Angebotspolitik von Massenmedien. In J. Krone & T. Pellegrini

(Hrsg.), *Handbuch Medienökonomie* (S. 1–25). Springer VS. https://doi.org/10.1007/978-3-658-09632-8_9-1.

Tropp, J. & Baetzgen, A. (2015). Breiter, tiefer, schräger: Diversifikation von Medienunternehmen. In J. Krone, T. Pellegrini (Hrsg.), *Handbuch Medienökonomie* (S. 1–27). Springer VS. https://doi.org/10.1007/978-3-658-09632-8_28-1.

Vallance-Jones, F. & McKie, D. (2017). *The data journalist: Getting the story.* Oxford University Press.

Wersig, G. (mit Schuck-Wersig, P.) (2009). *Einführung in die Publizistik- und Kommunikationswissenschaft* (Aktualisiert und erweitert von J. Krone & T. Müller-Prothmann, Hrsg.). Nomos.

Zerdick, A., Picot, A., Schrape, K., Artopé, A., Goldhammer, K., Heger, D. K., Lange, U. T., Vierkant, E., López-Escobar, E. & Silverstone, R. (2001). *Die Internet-Ökonomie: Strategien für die digitale Wirtschaft* (3., erweiterte und aktualisierte Auflage). Springer. https://doi.org/10.1007/978-3-642-56418-5.

Christoph Bläsi
E 4 Verlage in Wissenschaft und Bildung

1 Einleitung

Beim wissenschaftlichen Publizieren in vielen Disziplinen führt das immer stärker werdende Open-Access-Paradigma dazu, dass zum einen eine wesentliche Institution der traditionellen Buch-Wertschöpfungskette, der Verlag, aus dem Fokus gerät. Dieser Effekt lässt sich darauf zurückführen, dass Verlage in diesem Paradigma gelegentlich wirklich nicht beteiligt, zumindest oft aber nicht sichtbar sind. Zum anderen droht angesichts von Open Access in Vergessenheit zu geraten, dass Publizieren, wie Michael Bhaskar (2013) verschiedentlich ausführt, zwar *non for profit* sein kann, typischerweise eben z. B. im Falle von Open Access, niemals aber unökonomisch. Effektives Publizieren folgt vielmehr unabhängig vom Erlösmodell immer ökonomischen Überlegungen, und sei es nur in Form des Managements eines der angestrebten Wirkung angemessenen Ressourceneinsatzes. Der Eindruck des Nicht-Kommerziellen kann v. a. angesichts des typischen Geschäftsmodells von Open Access entstehen, *author pays*, bei dem Leser*innen keine Kosten entstehen. Dass sich, wie z. B. beim Golden-Road-Open Access-Publizieren, Verlagsinteressen und Open Access-Modell nicht grundsätzlich ausschließen, hat sich in der Praxis des Publizierens allerdings herausgestellt (s. Kapitel E 10 Open Access).

Vor diesem Hintergrund nimmt dieser Artikel aus grundsätzlicherer Perspektive Verlage in den Blick. Dabei geht es auch um Eckpunkte der organisatorischen Lösungen, die typisch für diese sind, sowie verbreitete Geschäftsmodelle. Seit Ende des 19. Jahrhunderts hat sich die Verlagslandschaft vom vorher dominierenden Universalverlag her stark ausdifferenziert, entsprechend differenzierte Betrachtungen sind also unabdingbar. Hier soll insbesondere auf Verlage im Wissenschafts- und Bildungsbereich eingegangen werden – und zwar einerseits im Lichte der Herausforderungen und andererseits auch der neuen Geschäftsmöglichkeiten, die sich Verlagen in diesen Feldern in Folge der Digitalisierung auftun.

Darüber hinaus hat es sich dieses Kapitel zum Ziel gesetzt, einige Anhaltspunkte zu geben, wie die Verlagswelt in den Bereichen Wissenschaft und Bildung derzeit aufgestellt ist, im Hinblick auf die relative Größe, die Internationalität sowie die Interessenvertretung dieser Verlage und vor allem mit Blick auf neue Tätigkeitsfelder und Geschäftsmodelle.

2 Was ist bzw. was macht ein Verlag?

Ein Verlag kann natürlich relativ erhellend einfach dadurch beschrieben werden, was er im Kontext der buchhändlerischen Wertschöpfung tut, in welcher Form also ein Verlag auf dem Weg von Autor*innen zu Leser*innen Mehrwerte gegenüber den Ausgangsmanuskripten schafft. In angemessener Differenziertheit – z. B. zwischen verschiedenen Buchgenres – kann ein solches Unterfangen für aktuelle Verlage auch durchaus relevante Einsichten erbringen. Weil sich die Aufgaben und Leistungen von Verlagen beim Publizieren im Laufe der Buchgeschichte, zwischen verschiedenen Buchkulturen und auch beim Versuch der Verallgemeinerung über das Medium Buch hinaus aber immer wieder anders darstellen, bietet es sich v. a. mit Michael Bhaskar (2013) an, die Frage nach dem Wesen des Publizierens zunächst grundsätzlicher anzugehen.

Für Michael Bhaskar sind die wesentlichen Konzepte, die benötigt werden, um systematisch und abstrakt zu fassen, was Publizieren ist, *frames, filtering, amplification* und *models*. Vereinfacht kann man mit Bhaskar sagen, dass Publizieren darin besteht, Inhalte durch Auswahl oder Beauftragung zu spezifizieren und dann dafür zu sorgen, dass diese Inhalte eine größere Verbreitung finden als das ohne die Beteiligung eines Publizierenden bzw. eines Verlages der Fall gewesen wäre. Dafür wird für das Publizieren zunächst der geeignete *frame* gewählt. *Frame* ist dabei bei Bhaskar ein sehr weites Konzept, das von der konzeptionellen bis zur materiellen Ebene das beschreibt, das dann mit *content* gefüllt wird (ein Inhalt bedingt einen Behälter), in Form z. B. der Reihe, in der eine Veröffentlichung erfolgt, oder von Details des Buchformats im Hinblick auf seine Physis. *Models* sind schließlich das Konstrukt für den Antrieb, der jemanden dazu veranlasst zu publizieren, für einen bestimmten *content* eine größere Verbreitung zu suchen. Dieser Antrieb kann dabei rein monetärer Natur sein; er kann aber auch religiös, politisch oder ästhetisch begründet sein. Bhaskar kann eindrucksvoll zeigen, dass es dieser Ansatz erlaubt, Beispiele für Publikationsakte aus vielen Jahrhunderten und in verschiedenen Kulturen sowie auch über die Buchbranche hinaus, einschließlich z. B. des Publizierens von Computerspielen oder Musik, vergleichbar zu analysieren.

Gemäß einer, so könnte man das nennen, Branchen-Alltags-Theorie sind die zentralen funktionalen Untereinheiten eines Verlags das Lektorat, die Herstellung(sabteilung) und eine Abteilung, die oft Marketing und Vertrieb genannt wird und die auch die Rechteverwertung übernimmt (von Lucius 2014, S. 88–91). Dazu kommen natürlich die branchenunspezifischen Abteilungen, wie z. B. die für Personal, Finanzen etc. Im Englischen spricht man zentral von *editorial, design and production, marketing* sowie *sales* (Clark & Phillips 2014, S. 106–107). Von den typischen Aufgaben her ist es so, dass das Lektorat zu veröffentlichende Texte auswählt oder beauftragt und dann ggf. bearbeitet, die Herstellung die materielle Produktion steuert und häufig dabei Drittfirmen beauftragt und Marketing und Vertrieb dafür sorgen, dass die Produkte (typischerweise gedruckte oder digitale textbasierte Medien) logistisch die angestrebten Zielgruppen erreichen. Zudem sollte sichergestellt sein, dass die Zielgruppen diese Produkte auch kaufen wollen, zumindest aber von ihrer Existenz wissen. Mit Bezug auf die oben dargestellte Theorie des Publizierens von Bhaskar kann man sagen, dass das Lektorat das *filtering* betreibt, die Herstellung für Auswahl und Befüllung des *frame* zuständig ist, der meist schon als solcher zur *amplification* beiträgt, und Marketing und Vertrieb dann für den offensichtlichen Teil der *amplification* sorgen.

3 Organisation und Geschäftsmodelle von Verlagen

Über das hinaus, was im Zusammenhang mit der oben angeführten Grund-Aufteilung der Funktionen eines Verlages in Lektorat, Herstellung und Marketing und Vertrieb berufspraktisch erörtert wird, sowie einiges, was in der Betriebswirtschaftslehre an Übertragbarem allgemein zur Organisation von Unternehmen erarbeitet wurde (Thommen 2016, S. 703–730), ist die Zahl der in größerer Spezifität und mit Relevanz diskutierten organisatorischen Fragen für Verlage überschaubar, wobei diese als Buchunternehmen wenigstens einige entscheidende Kenngrößen mit anderen Medienunternehmen gemein haben und deswegen Ergebnisse zu diesen ebenfalls einschlägig sein können.

Grundsätzlich gibt es verschiedene Lösungsoptionen, wenn die Aufbaustruktur eines Verlages in Lektorat, Herstellung und Marketing und Vertrieb in Folge der strategischen Unternehmensentwicklung in gewisser Weise vervielfacht werden muss, z. B. weil ein Verlag verschiede Genres oder verschiedene Ländermärkte getrennt, aber gleichrangig bedienen möchte (von Lucius 2014, S. 91–96). Hier bieten sich zunächst die beiden Optionen Funktional- und Divisionalstruktur an. Bei der Funktionalstruktur erweitern entsprechend vergrößerte Grundabteilungen (z. B. das Lektorat) ihre Abdeckung auf alle Märkte und bilden allenfalls für einzelne Märkte Unterabteilungen. Bei der Divisionalstruktur – auch als Spartenstruktur bezeichnet – werden die Grundfunktionen dagegen für jeden bedienten Markt separat aufgestellt. Damit ergibt sich eine größere Marktnähe. Jede Funktion ist auf einen bestimmten Markt hin ausgerichtet, außerdem erhöht die dadurch gegebene engere Kooperation verschiedener Funktionen auf einen Markt hin nachweislich die Innovationskraft. Erfolgsversprechend sind sogenannte Hybrid-Ansätze, welche die Vorteile der beiden vorgestellten Lösungen (also zum einen *Economies of Scale* und zum anderen größere Marktnähe und Innovationskraft) besitzen. Der andere sich systematisch anbietende Ansatz ist die so genannte Matrixorganisation, bei der Mitarbeiter*innen gleichrangig einerseits einer funktionalen Einheit und andererseits einer divisionalen zugeordnet sind.

Geschäftsmodelle beschreiben die wesentlichen Bestimmungsgrößen von unternehmerischen Aktivitäten oder Produkten beziehungsweise in manchen Fällen auch die eines ganzen Unternehmens. Ein überzeugender Ansatz, der darüber hinaus besonders gut für Buchunternehmen ausgearbeitet ist, ist der, ein Geschäftsmodell in Produktarchitektur, Erlösmodell und Wertschöpfungsarchitektur aufzuteilen (Janello 2010). Die Produktarchitektur fasst dabei, so könnte man sagen, die Eigenschaften des Produktes und sein Nutzenversprechen, also die Gründe, warum Kund*innen dieses Produkt kaufen sollten, zusammen. Das Erlösmodell beschreibt, wie das Unternehmen durch den Absatz des Produktes – z. B. durch den Verkauf zu einem bestimmten Preis – seine Kosten wieder einspielen und möglicherweise sogar einen Gewinn erzielen kann. Die Wertschöpfungsarchitektur schließlich fasst die Wertschöpfungsschritte zusammen, die das Produkt zustande und dann auch an die Kund*innen bringen, – und zwar sowohl die Schritte innerhalb des Unternehmens als auch dem Unternehmen vorgelagerte (z. B. zur Erstellung von Zulieferteilen als Produktionsfaktoren) oder nachgelagerte Schritte (z. B. bei Vertriebspartner*innen). Im Falle von typischen Verlagen gehören z. B. Papierfabriken, Druckereien, Bindereien und auch Autor*innen zu unternehmensexternen Beiträger*innen zur vorgelagerten Wertschöpfung, während nachgelagert Zwischen-/Buchgroßhändler, Buchhandlungen, E-Book-Aggregatoren etc. zu dieser gehören.

Bei allen Geschäftsmodellen sind die Erlösmodelle zentral: Publizieren erfordert selbst dann, wenn die Erzeugnisse für Käufer*innen/Leser*innen kostenlos sind, Ressourcen (Produktionsfaktoren wie Maschinen, Arbeitskraft etc.), nicht zuletzt disponierende Intelligenz. Es ist von daher notwendigerweise immer ökonomisch. Im Falle von Verlagsprodukten sind denkbare Erlösmodelle der klassische Verkauf von Artefakten gegen Bezahlung durch Käufer*innen/Leser*innen (seit Jahrhunderten typisch im Falle von gedruckten Büchern), aber – das dann mehr im hier nicht so stark fokussierten Bereich von Zeitungen, Zeitschriften und Journalen – auch Abo-Modelle oder die Finanzierung durch Werbung/Inserate, beides auch bei digitalen Angeboten. Weitere Erlösmodelle sind das so genannte Freemium-Modell, bei dem ein bestimmter Funktionsumfang für Käufer*innen/Leser*innen kostenfrei ist, darüber hinausgehende Funktionen aber nicht, und natürlich *author pays*, also das Modell, bei dem die Bezahlung wie bei Open Access durch die Autor*innen erfolgt.

4 Verlage im Wissenschafts- und Bildungsbereich: Grundsätzliches

Seit Ende des 19. Jahrhunderts ist die Verlagslandschaft ausdifferenziert: Es gibt seither Verlage, die sich auf Belletristik spezialisiert haben, andere veröffentlichen Kinder- und Jugendliteratur oder Sachbücher. Nicht selten decken Verlage – mit unterschiedlichen organisatorischen Lösungen (s. o.) – natürlich auch mehrere Genres ab. Hier im Fokus stehen Bildungsverlage, deren Produkte in weniger entwickelten Weltregionen Anteile von weit über 50 % der Buchproduktion haben können, sowie Wissenschaftsverlage. Die wichtigsten Bildungs- und Wissenschaftsverlage zählen national und international zu den größten Verlagen überhaupt; sie verlegen Lehr- und Lernmaterialien für Schule, Hochschule und Weiterbildung und betreiben die Publikation von Ergebnissen der Forschung. Die Produkte dieser Verlage können gedruckt oder digital sein, traditionell und immer noch häufig als Bücher bzw. als erkennbare Derivate von Büchern. Allerdings erfolgt die Veröffentlichung von Forschungsergebnissen in vielen Disziplinen vorwiegend in Form von zunehmend digitalen wissenschaftlichen Journals, und im Bereich der schulischen Bildung spielen digitale Produkte ohne direkte Buchentsprechung ebenfalls eine zunehmend wichtigere Rolle.

4.1 Spezifika

Was sind nun die wichtigsten Parameter, entlang derer Bildungsverlage als unterschieden z. B. von Belletristik- oder Sachbuchverlagen beschrieben werden können? In den wenigen systematischen Überlegungen dazu finden sich die folgenden (Bläsi 2018): Der Einfluss des Staates ist in diesem Segment groß, die Produkte bzw. die Produkt-Bündel, zu denen z. B. auch Lehrerhandbücher und Arbeitshefte gehören, sind komplex und bestimmte wirtschaftliche Parameter sind spezifisch (so können Bedarfszahlen relativ gut vorhergesagt werden). Auch die Prozesse sind komplex (der Kontakt mit den zahlreichen Stakeholder*innen des Systems Schule ist essentiell, es gibt z. B. systematische Tests und Zulassungsverfahren). Zu erst in jüngerer Zeit hinzugekommenen Spezifika gehört, dass es völlig neue Substitutionsprodukte bzw. Wettbewerber im Segment gibt (Open Educational Resources, aber auch international tätige Digitalunternehmen) und sich die Praktiken in den Schulen immer schneller ändern. Zudem unterscheiden sich die internen Abläufe schon traditionell dadurch, dass der Fall unverlangt eingesandter Manuskripte selten ist, vielmehr typischerweise mögliche Autor*innen (meist mehrere für einen Titel) vom Lektorat – in Bildungsverlagen meist Redaktion genannt – gezielt angesprochen werden bzw. Autor*innen Projekte vorschlagen. Die Gestaltungsmöglichkeiten sind dabei in vielen Ländern dadurch eingeschränkt, dass die Produkte mit den jeweils gültigen Lehrplänen konform sein müssen. Das Marketing nach der Zulassung, wenn eine solche erforderlich ist, zielt sinnvollerweise ganz spitz auf den Personenkreis, der über die Auswahl solcher Produkte für eine Klasse oder eine Schule entscheidet, Lehrer*innen und Schulleitungen. Für die Nutzer*innen der Produkte selbst sind diese *Need to have*-Produkte, gesonderte kommunikationspolitische Anstrengungen sind gegenüber diesen also nicht erforderlich. Für Produkte hingegen, über die nicht von Vertreter*innen der Schule für eine Klasse oder eine Schule entschieden wird, z. B. im Falle von Lernhilfen – in Deutschland wird dieser Teil des Marktes „Nachmittagsmarkt" genannt –, sind das Marketing sowie andere Stufen der Wertschöpfung deutlich ähnlicher denen bei z. B. einem populären Sachbuchverlag.

Bei Wissenschaftsverlagen konzentrieren sich die Unterschiede zu Verlagen in weniger spezialisierten Genres v. a. darauf, dass in vielen Fällen (das gilt allerdings typischerweise nicht für Lehrbücher) das *filtering* (s. o. nach Bhaskar 2013) vom Verlag an die Wissenschaftscommunity zurück verlagert wird, die meist vertreten durch Peer Reviewer*innen damit letztlich selbst darüber entscheidet, was publikationswürdig ist und was nicht. Die damit verbunden Prozesse organisiert der Verlag. Eine weitere Besonderheit ist die Tatsache, dass die Veröffentlichung eines Buches durch die Autor*innen oder die hinter ihnen stehenden Organisationen, das kann z. B. eine wissenschaftliche Gesellschaft sein, auch dann gewünscht sein kann, wenn es wenig Chancen gibt, dass sich die Publikation wirtschaftlich trägt; in diesem Fall bitten die Verlage um einen traditionell Druckkostenzuschuss genannten Beitrag. Eine besondere Form von Wissenschaftsverlagen, die auch letzteres Problem und dann meist im Interesse ihrer Universitäten adressieren, sind Universitätsverlage, die v. a. im angelsächsischen Raum eine große Rolle spielen (Cond 2016).

Entlang Stadien, die Thompson mit Blick auf US-Wissenschaftsverlage als „Stage 1: Selling US-originated content", „Stage 2: Customizing US-originated content to local markets" und „Stage 3: Building an indigenous publishing program" (Thompson 2005, S. 288, 290, 291) beschrieben hat, ist es v. a. in den Naturwissenschaften im Hinblick auf Curricula und Englisch als zentrale Austauschsprache zu einer starken Internationalisierung gekommen, die sich eben auch bei den Strategien der Verlage niedergeschlagen hat. Die großen Wissenschaftsverlage haben sich so mit ihren Operationen über den ganzen Erdball ausgebreitet – Springer Nature z. B. erledigt wegen niedrigerer Löhne, wegen des hohen Ausbildungsstandes und der guten englischen Sprachkenntnisse sowie auch wegen der größeren Nähe zu einem Teil der Kunden einen Großteil seiner weltweiten Herstellungsaufgaben (insbesondere das Management des Peer Reviewing, Satz und Produktions-Steuerung) in Indien, z. T. in Unternehmensniederlassungen, z. T. in Form echten Outsourcings, und lässt dann wenn gewünscht (die typische Ausgabeform sind mittlerweile PDFs, die aber eben auch ansprechend gesetzt werden müssen) an verschiedenen Orten in der Welt drucken und binden, um die Transportkosten und den CO_2-Fußabdruck niedrig zu halten.

4.2 Zentrale neue Optionen aufgrund der Digitalisierung: Open Access-Publizieren (OA-Publizieren) und Open Educational Resources (OER)

Die Herausforderungen und Chancen der Digitalisierung gehen über die Ermöglichung eines direkten Zugangs von Autor*innen zu Leser*innen hinaus (s. u.); nichtsdestotrotz stellt die so genannte *Disintermediation* wie in vielen anderen Bereichen auch hier ein zentrales Kennzeichen der Digitalisierung dar: Zwischenstufen, Mittelspersonen etc. sind oder erscheinen überflüssig und können umgangen werden. Im gegebenen Fall der Digitalisierung der Wissenschafts- und Bildungskommunikation sind das v. a. Verlage und Buchhandlungen.

Im Bildungsbereich können so aufgrund der Digitalisierung Organisationen der Zivilgesellschaft, aber auch Privatleute oder Unternehmen sehr einfach Lehrer*innen und Schüler*innen Bildungsmaterialien zur Verfügung stellen, ohne Beteiligung von Verlagen, Buchhandlungen, Bildungsministerien etc.; diese Option kann allerdings durch gesetzliche Regelungen eingeschränkt sein, die Schulen an bestimmte (traditionelle) Wege der Bildungsmaterialien-Versorgung binden. Abgesehen von der erwähnten, deutlich erleichterten Vertriebsmöglichkeit, meist über das Web, werden als Gründe für die Attraktivität von Open Educational Resources (OER; s. Kapitel E 12 Open Educational Resources) der Wunsch genannt, mit Bildungsmaterialien ohne Beschränkungen durch das Copyright arbeiten zu können, sowie die als nicht ausreichend empfundene Relevanz und Aktualität der von den Bildungsmedienverlagen bereitgestellten Materialien (Bläsi 2018). Die Gefahr, dass in solchen OER in unerwünschter Weise offen oder verdeckt unerwünscht Interessen der Herausgeber*innen vertreten werden, ist grundsätzlich erkannt.

Im Wissenschaftsbereich trafen die sich durch Digitalisierung und Disintermediation eröffnende Möglichkeiten in Form des Open-Access-Publizierens (OA-Publizierens) Ende des 20. Jahrhunderts auf schwerwiegende Probleme im Bereich des wissenschaftlichen Publizierens, die sich in einem Teufelskreis aufgeschaukelt hatten und die meist als Zeitschriftenkrise bezeichnet werden. Diese Krise kann knapp so umrissen werden, dass durch die Ausdifferenzierung des Wissenschaftssystems (neue Disziplinen und Unter-Disziplinen) und die generelle Explosion der wissenschaftlichen Produktivität die Zahl der wissenschaftlichen Zeitschriften so stark gewachsen war, dass sich typische Universitätsbibliotheken nur noch eine Auswahl aus diesen leisten konnten. Das wiederum führte wegen niedrigerer Auflagen zu höheren Preisen und weiteren Abbestellungen sowie dann natürlich nicht selten einer Literatur-Unterversorgung für Wissenschaftler*innen. Die durch die Etablierung des World Wide Webs (WWW) gegebene Möglichkeit, wissenschaftliche Ergebnisse stattdessen ohne weitere (offensichtliche) Kosten einfach auf der Website z. B. des Instituts oder einer Fachgesellschaft bereitzustellen und damit unverzüglich einer weltweiten Leserschaft zugänglich zu machen, erscheint da als ein willkommener Lösungsansatz für das Problem. In diesem Artikel sollen lediglich mögliche Rollen von Verlagen an Stelle von oder im Rahmen des Open-Access-Publizierens beleuchtet werden, nicht aber die Vor- und Nachteile des Open-Access-Paradigmas im Allgemeinen (s. Kapitel E 10 Open Access).

4.3 Die Digitalisierung des Wissenschafts- und Bildungssystems und sich daraus ergebende weitere Herausforderungen und Chancen

Abgesehen vom mittlerweile hohen E-Book-Anteil v. a. in bestimmten belletristischen Buchkategorien wie Fantasy, Krimi oder Romance sowie den Entwicklungen bei (Nicht-Wissenschafts-)Fachverlagen sind Wissenschafts- und Bildungsverlage von der Digitalisierung zumindest auf der Produktseite sicher mit am direktesten betroffen. Auf der Prozessseite sind mit dem Einsatz von z. B. Content-Management-Systemen (CMS) oder dem Desktop-Publishing (DTP) die Unterschiede zwischen verschiedenen Buchkategorien dagegen nicht so groß.

Im Bildungsbereich erlauben digitale Lösungen unabhängig von Entwicklungen der *Disintermediation* schnellere Reaktionszeiten, niedrigere Zugangshürden, v. a. aber die Nutzung multimodaler Möglichketen (Video, Audio, Simulation) und Interaktion und damit ein individuelleres Eingehen auf spezifische Bedürfnisse auf Seiten von Schüler*innen. Überdies werden digitale Lösungen für die Schule, insbesondere auch was Lehr- und Lernmedien angeht, für die die Bildungsverlage zuständig sind, von vielen Eltern, Schüler*innen, potenziellen Arbeitgeber*innen und der Politik als unabdingbar gesehen für das Meistern von aktuellen Herausforderungen. Zu diesen Herausforderungen zählen

z. B. die frühe Vermittlung von digitalen Kompetenzen im Dienste der *Employability* von Schulabgänger*innen oder ein angemessener und produktiver Umgangs mit der zunehmenden Diversität, was die Hintergründe der Schüler*innen angeht. Die mögliche Integration von Lehr- und Lerninhalten mit Elementen der in vielen Ländern oft ebenfalls noch weitgehend analogen Schuladministration bietet Bildungsverlagen ein zusätzliches Betätigungsfeld.

Angesichts des immer komplexer werdenden Verhältnisses zwischen Geschäft, Technologie und Marktkräften im Bildungsbereich beobachten Tian & Martin[1] für Bildungsverlage eine Verschiebung „from the more or less homogeneous delivery of packaged content towards the provision of truly customised learning services combining use of the latest technologies with access to high quality content" (Tian & Martin 2013, S. 12). Selbst, wenn man den Optimismus, was eine umfassende Adoption dieser Einsicht angeht, nicht für jeden Markt und v. a. nicht für jeden Bildungsverlag teilt, ist die zugrundeliegende Analyse sehr plausibel:

> Educational publishers are already using their expertise and networks to migrate across a series of experience curves to become providers of integrated technology, content and learning packages. In the process they will engage with new partners in the co-creation of value and in all likelihood will act [...] in value chains within which their presence will be greatly enhanced. (Tian & Martin 2013, S. 21)

Im Wissenschaftsbereich ist die durch die Digitalisierung gegebene neue Lage dadurch gekennzeichnet, dass das Quell-System wissenschaftlichen Publizierens mittlerweile weit über die Möglichkeiten der Kommunikation mit weniger Intermediären oder ganz ohne sie (OA-Publizieren) hinaus in großer Breite und Tiefe digitalisiert ist. Die vorherrschende Modellierung der sich dadurch ergebenden Integration von Forschungsarbeit und Publikationstätigkeit im Zeitalter der Digitalisierung wird als *Research Cycle* bezeichnet. Auch wenn wissenschaftliche Verlage schon vor der Digitalisierung auch Dienstleistungen im näheren Umfeld von Publikationen erbracht haben, hat die Zahl der Stadien im *Research Cycle*, bei denen professionelle Unterstützung Wissenschaftler*innen eine Konzentration auf ihre Kernkompetenzen erleichtern kann, erheblich zugenommen. Die sich daraus ergebende Nachfrage aus dem Wissenschaftsbereich wird im Moment über entsprechende Diversifikationsaktivitäten von Wissenschaftsverlagen und traditionellen Dienstleistern, durch die Gründung von zum Teil sehr spezialisierten Start-ups sowie dann auch durch Übernahmen solcher Start-ups durch Wissenschaftsverlage befriedigt. In jedem Fall hat sich das Leistungsportfolio von Wissenschaftsverlagen in diesem Zuge erheblich ausgeweitet. Das wird im Folgenden näher ausgeführt, auch im Hinblick auf die Unterschiede bei der Adoption von Open Access und anderen Digitalisierungspotentialen zwischen verschiedenen Wissenschaftsdisziplinen.

4.3.1 Neue Rollen für Wissenschaftsverlage

Die dem Modell des *Research Cycle* zugrundeliegende zentrale Beobachtung ist, dass jede wissenschaftliche Publikation auf einer Vielzahl von komplexen vorgängigen und

---

[1] In der Untersuchung von Tian & Martin (2013) geht es um Universitäts-Lehrbücher (in Australien), die im hier verfolgten Ansatz eher Bildungs- als Wissenschaftsverlagen zugeordnet sind. Die Befunde sind jedoch übertragbar.

meist auch nachgängigen Prozessen beruht. Am Anfang steht oft eine Idee für ein Forschungsvorhaben, das in finanzieller und methodischer Hinsicht geplant und dann durchgeführt werden muss. Die erzielten Ergebnisse müssen anschließend fachlich bewertet und in eine für eine Publikation in der entsprechenden Disziplin geeignete textuelle und mediale Form gebracht werden. Schließlich muss das entstandene Werk publiziert und potenziellen angestrebten Leser*innen auch aktiv bekannt gemacht werden. In einer vom Wissenschaftsverlag Wiley für die Bibliothekskommunikation verwendeten Fassung (Ragucci 2019, Slide 8) heißen die für die gegebenen Zwecke des *Research Cycle idea*, *preparation*, *research*, *writing* und *dissemination* (letztere kann zur nächsten *idea* führen, wodurch der Kreis geschlossen wird). In einem stark rezipierten White Paper der Universitätsbibliothek Utrecht (Werner 2016) sind es – mit Unterstadien in Klammern – *research* (*discover*, *fund*), *create* und *share* (*publish*, *assess*, *connect*). In dieser Fassung führt der Übergang vom Schritt *connect* zum nächsten *discover*-Schritt zur Vollendung des Zyklus. Es ist erkennbar, dass unterschiedliche Kriterien zur Trennung in Einzelschritte herangezogen wurden und auch der Fokus leicht unterschiedlich ist. Trotzdem wird ganz offensichtlich auf dasselbe Grund-Phänomen Bezug genommen.

Wissenschaftsverlage haben Wissenschaftler*innen in vordigitaler Zeit im Wesentlichen bei Dissemination (gemäß Wiley, Ragucci 2019) bzw. bei Share (gemäß der Universitätsbibliothek Utrecht, Werner 2016) unterstützt. Nicht zuletzt durch zunehmende Anforderungen an Qualität und Standardisierung (z. B. in Form von randomisierten kontrollierten Studien) sowie durch die Digitalisierung ergeben sich für Verlage – deren traditionell praktisch alternativlose Rolle bei *Dissemination* und *share* aufgrund des OA-Publizierens ja nicht mehr exklusiv ist – Optionen, professionelle Services auch für anderen Stadien des *Research Cycle* anzubieten, z. B. im Bereich der Datenanalyse oder des Datenmanagements. Ungeachtet dessen versuchen Verlage auch, ihre traditionellen Dienstleistungsangebote zu digitalisieren bzw. zu automatisieren, z. B. bei der Steuerung von Peer-Reviewing-Prozessen oder zur Vorfilterung von eingesandten Manuskripten auf die Einhaltung bestimmter, algorithmisch überprüfbarer Qualitätskriterien.

Grundlegendere Transformationen in den Stadien des *Research Cycle* werden z. B. von Kathleen Fitzpatrick (2011) diskutiert. Zu den von ihr vorgebrachten Vorschlägen gehören z. B. eine weit größere Bandbreite von Publikationsformen, von der Monographie bis zum Blogbeitrag; offenere Reviewing-Formate und eine größere Offenheit für Diskussion und laufende Überarbeitung; Verfahren (über Altmetrics), den Erfolg von Publikationen zu messen; die Erweiterung vom rein Textlichen hin zum Multimodalen. Offen ist, ob die durch die Digitalisierung erleichterte stärkere Beteiligung der *Crowd* die Bedeutung von Wissenschaftsverlagen für das wissenschaftlichen Publizierens noch einmal verringern wird. Demgegenüber kann man argumentieren, dass Verlage angesichts ihres professionellen Umgangs mit neuen Formaten (s. z. B. UpToDate von Wolters Kluwer) profitieren können, z. B. durch die kontinuierliche Konsolidierung von gesicherten Wissensbeständen, die Reaggregierung von Ergebnissen in neuen Kontexten und möglicherweise für neue Zielgruppen oder die multimodale Anreicherung von wissenschaftlichen Publikationen sowie die Aufbereitung von Ergebnissen für eine maschinelle Weiterverarbeitung etc. Schließlich gehören die entsprechenden Tätigkeiten nicht zu den Kernkompetenzen von Forscher*innen. Daher ist es fraglich ob die Forschungscommunity in der Lage wäre, solche Tätigkeiten im Umfeld des *Research Cycle* nachhaltig auf hohem Niveau zu erbringen.

4.3.2 Unterschiede bei der Adoption von Open Access und anderen Digitalisierungspotentialen in verschiedenen wissenschaftlichen Disziplinen

Nicht wenige der durch das Web und andere Aspekte der Digitalisierung ausgelösten Transformationen des wissenschaftlichen Publizierens und des Tätigkeitsportfolios von Wissenschaftsverlagen können aktuell überwiegend bei den technischen, naturwissenschaftlichen und Informatik-Fächern ausgemacht werden. Das gilt auch noch für die Option des OA-Publizierens. Was den *Research Cycle* angeht, kann vermutet werden, dass sich dieser zwar grundsätzlich zumindest auf einem höheren Abstraktionsniveau auch auf Forschungsbereiche der Geistes- und Sozialwissenschaften übertragen lässt, viele der im Modell identifizierten Stadien dort aber oft nicht so leicht digitalisierbar sind. Jedoch haben sich in den letzten Jahren auch das wissenschaftliche Arbeiten im Umfeld der Digital Humanities geändert. Dort sind mit digitalisierten Forschungsschritten deutlich stärkere Ähnlichkeiten mit dem *Research Cycle* in den Naturwissenschaften zu beobachten. An diese Stelle gehört auch die besonders für Geisteswissenschaftler*innen bedeutende Einsicht, dass Publikationen nicht nur Ergebnisse, sondern auch wieder Ressource, Grundlagenmaterial weiterer, auch maschinell unterstützter wissenschaftlicher Arbeit sein können. Im Zusammenhang mit der dafür notwendigen Aufbereitung der Publikationen (Auszeichnung, Metadaten) entstehen umstandslos dem *Research Cycle* zuordenbare komplexe Aufgaben, die aber über mit institutionellen Bordmitteln der Geisteswissenschaften Realisierbares hinausgehen können.

Ein Spezifikum der Geistes- und Sozialwissenschaften ist es auch, dass die Diskussion um Open Access oft stark auf die Frage nach der künftigen Rolle von Verlagen beim wissenschaftlichen Publizieren zugespitzt wird. Beispielhaft hat das Projekt AuROA (Autor:innen und Rechtssicherheit für Open Access/BMBF) die Gegebenheiten herausgearbeitet (Bläsi & Klamet 2021), die dazu führen, dass sich das OA-Publizieren in den Geistes- und Sozialwissenschaften nicht parallel zu dem in den Naturwissenschaften und der Medizin zu konstatierenden entwickelt hat. So spielen in den Geistes- und Sozialwissenschaften lange und nur schwer am Bildschirm lesbare Monographien sowie Sammelwerke als Publikationsformen immer noch eine wichtige Rolle, während die OA-Kultur in anderen Disziplinen stark von einfacher handhabbaren Journal-Artikeln geprägt ist. Zu den Unterschieden der Wissenskulturen gehört auch, dass in den Geistes- und Sozialwissenschaften viele Arbeiten im Druck veröffentlichte, karrierebegründende Herzensangelegenheiten sind und Qualitätskontrolle und Erfolgsmessung meist deutlich weniger systematisch geregelt sind sowie v. a. auch weniger transparent kommuniziert werden. Außerdem gilt, dass v. a. in vielen Geisteswissenschaften kultur- und sprachgebundene Phänomene behandelt werden und das oft sachlich bedingt in der entsprechenden Sprache erfolgt (die dann typischerweise eben nicht Englisch, die Lingua franca der Wissenschaft, ist), was den Vorteil der ganz besonders vom OA-Publizieren gewährleisteten internationalen Sichtbarkeit relativiert. Darüber hinaus werden in den Geistes- und Naturwissenschaften institutionell noch nicht so selbstverständlich die Mittel zur Verfügung gestellt, die es Autor*innen erlauben, sich bei der Publikation auf ein *Author pays*-Modell einzulassen. Dazu trägt auch bei, dass oft das Verständnis dafür fehlt, dass für qualitativ hochwertige Publikationen nennenswerte Kosten anfallen können – und zwar explizit auch im Falle kleiner, nationaler geisteswissenschaftlicher Verlage. Letzterer Aspekt ruft ein weiteres Spezifikum auf: Die Verlagslandschaft in den Geistes- und Sozialwissenschaften ist durch Vielfalt und Kleinteiligkeit geprägt; das erschwert standardisierte und damit potentiell kostensparendere Publikationslösungen. Und schließlich haben Geistes- und Sozialwissenschaftler*innen offensichtlich ein feineres Sensorium dafür, dass einige der von OA-Community und Politik erhobenen Forderungen die kompromisslose Offenheit von Publikationen betreffend nicht ohne Weiteres mit ihrem Verständnis von Wissenschaftsfreiheit vereinbar sein müssen, weil diese eben explizit auch die Freiheit einschließen kann, als Wissenschaftler*in selbst über Publikationsmodelle zu entscheiden.

4.4 Verlage im Wissenschafts- und Bildungsbereich: Kontingentes

Wie sehen nun die aktuellen nationalen und internationalen Landschaften der Bildungs- und Wissenschaftsverlage aus?

Die Bildungsverlagsszene in Deutschland ist im Wesentlichen durch drei große (Klett, Cornelsen und Westermann; Klett dabei weltweit auf Platz 26 und Cornelsen auf 46, Wischenbart 2019) und einen kleineren Verlag (C. C. Buchner, im deutschen Gesamtverlagsranking jenseits von Platz 50) geprägt. Dabei ist Westermann in den letzten Jahrzehnten durch den Zusammenschluss bzw. die Übernahme kleinerer Verlage entstanden, ansonsten besteht diese Bild schon seit mehreren Jahrzehnten.

Auch in internationaler Perspektive zeigt sich, dass Bildungsverlage bzw. Verlage, bei denen Bildungsmedien ein wesentliches Betätigungsfeld darstellen, zu den größten überhaupt zählen; so befinden sich 2019 Pearson, das sich in den letzten Jahren aus vielen anderen Geschäftsbereichen zurückgezogen hat, um sich genau auf Bildung zu konzentrieren, auf Platz 2, McGraw-Hill Education auf 11, Cengage Learning auf 13 und Houghton Mifflin Harcourt auf 15 (nach Wischenbart 2019).

Bei den Wissenschaftsverlagen haben es einzelne überwiegend geistes- und kulturwissenschaftlich orientierte Verlage wie Brill und de Gruyter geschafft, sich internationale Reichweite zu erarbeiten. Weit überwiegend haben die größten internationalen Wissenschaftsverlage aber einen naturwissenschaftlichen, z. T. auch sozialwissenschaftlichen Schwerpunkt. Unter den größten Wissenschaftsverlagen finden sich 2019 die folgenden: Elsevier als Teil des breiter aufgestellten Konglomerates Reed Elsevier (Platz 1), Wolters Kluwer (5), Springer Nature (7), Wiley (8), Oxford University Press (18) und Cambridge University Press (40).

Verlage unterliegen wie andere Unternehmen regulatorischen Rahmenbedingungen, spezifisch z. B. im Hinblick auf steuerliche, subventionsbezogene oder andere buchpolitische Maßnahmen. Zu letzteren würde man z. B. auch die Buchpreisbindung rechnen.

Für Bildungsverlage wurde schon als Spezifikum herausgearbeitet, dass in besonderem Maße eine Abhängigkeit von staatlichem Handeln besteht; das ergibt sich z. B. im Hinblick auf die Aufstellung und v. a. die Finanzierung des Schulsystems und besonders die Finanzierung der zu verwendenden Bildungsmedien. Was die Finanzierung der Bildungsmedien angeht, sind – schon wenn man beispielhaft nur deutsche Bundesländer und unmittelbare Nachbarländer in den Blick nimmt – eine ganze Reihe von Lösungen verbreitet, die natürlich Auswirkungen auf die Geschäftspolitik der dort tätigen Bildungsverlage haben. So kann die Finanzierung der schulischen Bildungsmedien (mit staatlichen Zuschüssen) Aufgabe der Eltern sein. Weitergehende Zuschüsse kann es in diesem Fall abhängig von der sozialen Lage der Familien geben. Ein anderes Modell ist, dass der Staat die Bildungsmedien beschafft und den Schüler*innen leihweise zur Verfügung stellt.

Für Wissenschaftsverlage besteht ebenfalls eine besondere Abhängigkeit von staatlichem Handeln, in diesem Falle von der Hochschulpolitik, der Bibliothekspolitik und der

Wissenschaftsförderungspolitik. In Bezug auf Letztere hat z. B. die in Europa sich immer stärker durchsetzende und zunehmend in verbindlichen Regeln gefasste Auffassung, dass die Ergebnisse öffentlich geförderter Forschung zwingend Open Access publiziert werden müssen, direkte Auswirkungen auf Verlage und deren Geschäfts- und Finanzierungsmodelle.

Nicht zuletzt aufgrund der dargestellten besonderen Abhängigkeiten haben sich Bildungs- und Wissenschaftsverlage über ihre Mitgliedschaft in allgemeinen Verlegerverbänden wie dem Börsenverein des Deutschen Buchhandels (Deutschland), der seinerseits Mitglied der Spitzenverbände Federation of European Publishers (FEP; Europa) und International Publishers Association (IPA; global) ist, hinaus zu spezifischen Verbänden zusammen geschlossen, mit denen sie u. a. ihre Interessen gegenüber der Politik auf verschiedenen Ebenen vertreten. Die wichtigsten dieser Verbände sind im Bereich der Bildungsverlage der Verband Bildungsmedien (für Deutschland) und die European Educational Publishers Group (EEPG; für Europa) und im Bereich Wissenschaftsverlage die Association of Scientific, Technical and Medical Publishers (STM, global).

4.5 Perspektiven

Der möglichen und mittlerweile auch nicht selten mit geradezu aktivistischer Verve geäußerten Sichtweise, dass die Bedeutung von Verlagen v. a., aber nicht nur im Bereich von Bildung und Wissenschaft durch die im Zeitalter der Digitalität mögliche Disintermediation zunehmend schwindet, steht eine Sichtweise gegenüber, nach der ungeachtet der Veränderungen spezifische Wertschöpfungsbeiträge identifiziert werden können, die von Verlagen professionell und in der angemessenen Verschränkung mit anderen Playern realisiert zu optimierten Publikationsabläufen und einer optimierten Content-Versorgung in Bildung und Wissenschaft führen. Gut organisiert (und geführt) können Verlage in Bildung und Wissenschaft komplexitätsreduzierende, unabhängige Intermediäre sein, deren spezifische Beiträge sich v. a. um Produktionsqualität, Herbeiführung von Sichtbarkeit (auch außerhalb der Kernzielgruppen), Daten- und Metadatenmanagement, Multimodalität und innovative Publikationsformen anordnen lassen (Bläsi & Klamet 2021).

5 Literaturverzeichnis

Bhaskar, M. (2013). *The Content Machine: Towards a Theory of Publishing from the Printing Press to the Digital Network*. Anthem Press.

Bläsi, C. (2018). Educational Publishers and Educational Publishing. In E. Fuchs & A. Bock (Eds.), *The Palgrave Handbook of Textbook Studies* (S. 73–93). Palgrave Macmillan.

Bläsi, C. & Klamet, A. (2021). *Stakeholder-Workshops im Projekt AuROA – Zusammenfassung der Ergebnisse für Teilnehmer:innen der Workshops am 20. Mai und 01. Juli 2021* (Projektdokument). Johannes Gutenberg-Universität.

Clark, G. & Phillips, A. (2014). *Inside book publishing* (5th ed.). Routledge.

Cond, A. (2016). The University Press and the Academic Book of the Future. In R. E. Lyons & S. J. Rayner (Eds.), *The Academic Book of the Future* (S. 46–55). Palgrave Macmillan. https://doi.org/10.1057/9781137595775_7.

Fitzpatrick, K. (2011). *Planned Obsolescence: Publishing, Technology, and the Future of the Academy*. New York University Press.

Janello, C. (2010). *Wertschöpfung im digitalisierten Buchmarkt*. Gabler.

Ragucci, M. (2019). *The Changing Discovery Landscape: Tools and Services from Wiley* [PowerPoint slides]. SlideShare. https://www.slideshare.net/MatthewRagucci/psp-2018-the-changing-discovery-landscape-tools-and-services-from-wiley.
Thommen, J.-P. (2016). *Betriebswirtschaft und Management: Eine managementorientierte Betriebswirtschaftslehre* (10., überarbeitete Auflage). Versus.
Thompson, J. B. (2005). *Books in the Digital Age: The Transformation of Academic and Higher Education Publishing in Britain and the United States.* Polity.
Tian, X. & Martin, B. (2013). Value chain Adjustments in Educational Publishing, *Publishing Research Quarterly*, 29(1), 12–25. https://doi.org/10.1007/s12109-012-9303-2.
von Lucius, W. D. (2014). *Verlagswirtschaft: Ökonomische, rechtliche und organisatorische Grundlagen* (3., neubearbeitete und erweiterte Auflage). UVK.
Werner, I. (2016). *From access to accessibility: The university library of the future in the scholarly communication circle.* Utrecht University. https://www.uu.nl/sites/default/files/def_rapport_scholarly_communication_cycle.pdf.
Wischenbart, R. (with Fleischhacker, M. A.). (2019). *Global 50: The world ranking of the publishing industry 2019.* Livres Hebdo.

Irina Sens, Alexander Pöche, Dana Vosberg, Judith Ludwig & Nicola Bieg

E 5 Lizenzierungsformen

1 Grundlagen der Lizenzierung

Durch Erlaubnisse im Urheberrecht (sog. Schranken) werden bestimmte Nutzungen mit angemessenem Ausgleich für die Rechteinhaber weitestgehend ermöglicht (s. Kapitel F 3 Urheberrecht; Talke 2021). Dennoch bleibt mit der Abkehr vom gedruckten hin zum digitalen Werk eine andere rechtliche Ausgangssituation bei der Beschaffung und Bereitstellung von Werken bestehen. Bekommt man mit dem Erwerb eines gedruckten Exemplars die ausschließliche Verfügungsgewalt über ein konkretes Werk (Bundesgerichtshof – BGH 2010), müssen für digitale Inhalte Lizenzverträge abgeschlossen werden, in denen genau geregelt wird, inwieweit das lizenzierte Werk genutzt werden darf. Dies stellt Erwerbungsverantwortliche in Bibliotheken heute vor die anspruchsvolle Aufgabe der Verhandlung, Prüfung und Auslegung von Lizenzverträgen. Im nachfolgenden Teil werden grundlegende Punkte für die Lizenzierungspraxis erörtert.

1.1 Grundwissen für die Lizenzierung in der Praxis

Das deutsche Urheberrechtsgesetz sichert Schöpfende dahingehend ab, dass sie grundsätzlich allein bestimmen können, was mit ihrem geschaffenen Werk geschehen soll (Urheberpersönlichkeitsrecht). Gleichzeitig beschränkt das Urheberrecht aber auch diese exklusiven Verwertungsrechte der Schöpfenden. Durch im Urheberrecht festgeschriebene Erlaubnisse wird geregelt, welche Nutzungshandlungen erlaubt sind, ohne dass es einer Zustimmung des Rechteinhabers bzw. der Rechteinhaberin bedarf. Gesetzlich erlaubte Nutzungen sorgen insbesondere dafür, dort Zugang zu geschützten Inhalten zu schaffen, wo vertragliche Systeme aus unterschiedlichen Gründen keinen ausbalancierten Interessensausgleich zu schaffen vermögen (Deutscher Bundestag 2017, S. 1). Bei der Nutzung von urheberrechtlich geschützten Werken muss somit immer sichergestellt sein, dass die konkrete Art der Nutzung erlaubt ist. Diese Erlaubnisse ergeben sich aus gesetzlichen oder vertraglichen Regelungen.

In der Regel wird die Nutzung von digitalen Werken durch Vereinbarungen (Lizenzverträge) geregelt. Dabei werden die für die Nutzung benötigten Rechte an die jeweiligen Vertragspartner*innen übertragen, damit diese das urheberrechtlich geschützte Werk rechtmäßig nutzen können.

1.2 Überblick: Nutzungsrechte

Die inhaltliche Ausgestaltung der Lizenz und die inkludierten Nutzungsrechte werden in Lizenzverträgen geregelt. Hier ist die sog. Zweckübertragungslehre zu beachten, wonach „der Urheber im Zweifel keine weitergehenden Rechte überträgt, als es der Zweck der Verfügung erfordert" (Dreier & Schulze 2018, § 31, Rn. 110–113 m. w. N."). Weiter ergeben sich aus den gesetzlichen Vorgaben verschiedene Möglichkeiten für die Einräumung von

ə Open Access. © 2023 Irina Sens, Alexander Pöche, Dana Vosberg, Judith Ludwig & Nicola Bieg, publiziert von De Gruyter. Dieses Werk ist lizenziert unter der Creative Commons Attribution 4.0 International Lizenz.
https://doi.org/10.1515/9783110769043-056

Nutzungsrechten. Die folgenden Möglichkeiten sollten bei der Verhandlung von Lizenzverträgen immer mitbedacht werden (s. auch Abbildung 1).

1.2.1 Inhalt der Nutzungsrechte

Ausgangspunkt der Lizenzierung von urheberrechtlich geschützten Werken ist die Fragestellung, für welche Art der Nutzung das lizenzierte Werk benötigt wird. Aus dem § 31 Abs. 5 UrhG i. V. m. der Zweckübertragungslehre ergibt sich der Hinweis für die Praxis, dass die gewünschte Nutzung eindeutig vereinbart und definiert werden sollte. Ansonsten besteht für Lizenznehmer die Gefahr, dass die Rechte für die gewünschte Nutzungshandlung nicht eingeräumt wurden (für weitere Ausführungen siehe Kapitel F 3 Urheberrecht, Abschnitt 4 Übertragung von Urheberrechten).

1.2.2 Art der Nutzungsrechte

Bei der Rechteeinräumung kann die Lizenz inhaltlich beschränkt werden, indem die Art der Nutzung beschränkt wird. Hier muss zwischen einfachen und ausschließlichen Nutzungsrechten unterschieden werden. Das ausschließliche Nutzungsrecht berechtigt den Inhaber bzw. die Inhaberin, das Werk unter Ausschluss aller anderen Personen auf die ihm erlaubte Art zu nutzen und Nutzungsrechte einzuräumen (§ 31 Abs. 3 UrhG). Mit dieser Alleinstellung kann das Werk wirtschaftlich allein durch die Rechteinhaber*innen verwertet werden. Ausschließliche Rechte werden häufig bei sog. Verlagsverträgen verhandelt. Hier räumen Schöpfende in der Regel ausschließliche Rechte ein, damit der Verlag das Werk exklusiv vermarkten kann. Hiervon abzugrenzen ist das einfache Nutzungsrecht. Das einfache Nutzungsrecht berechtigt den Inhaber/die Inhaberin, das Werk auf die erlaubte Art zu nutzen, ohne dass eine Nutzung durch andere ausgeschlossen ist (§ 31 Abs. 2 UrhG). Bei Lizenzverträgen im Rahmen der Informationsversorgung werden regelmäßig einfache, nicht ausschließliche Nutzungsrechte vereinbart.

1.2.3 Zeitliche Beschränkung

Die eingeräumten Nutzungsrechte können zeitlich beschränkt sein. So kann bei der Lizenzverhandlung ein fester Zeitraum (z. B. zwei Jahre) verhandelt werden, für den die Rechte übertragen werden. Nach Ablauf dieses vereinbarten Zeitraums erlischt das für diesen Zeitraum eingeräumte Nutzungsrecht. Nutzungsrechte können jedoch auch dauerhaft eingeräumt werden. Für die bibliothekarischen Dienstleistungen Bestandsaufbau und -bereitstellung sind dauerhafte Nutzungsrechte essentiell.

1.2.4 Territoriale Beschränkung

Werden Nutzungsrechte territorial eingeschränkt, so gelten die eingeräumten Rechte nur für das vertraglich definierte Territorium, z. B. für Deutschland. Dabei können bei Lizenzverhandlungen diverse territoriale Beschränkungen vereinbart werden, unabhängig von Staatsgrenzen oder geographischen Vorgaben. Ohne derartige Abreden wird das Nutzungsrecht aufgrund des im Urheberrecht geltenden Territorialitätsprinzips für den Bereich der Bundesrepublik Deutschland eingeräumt (Ahlberg et al. 2021, § 31 Rn. 68–76).

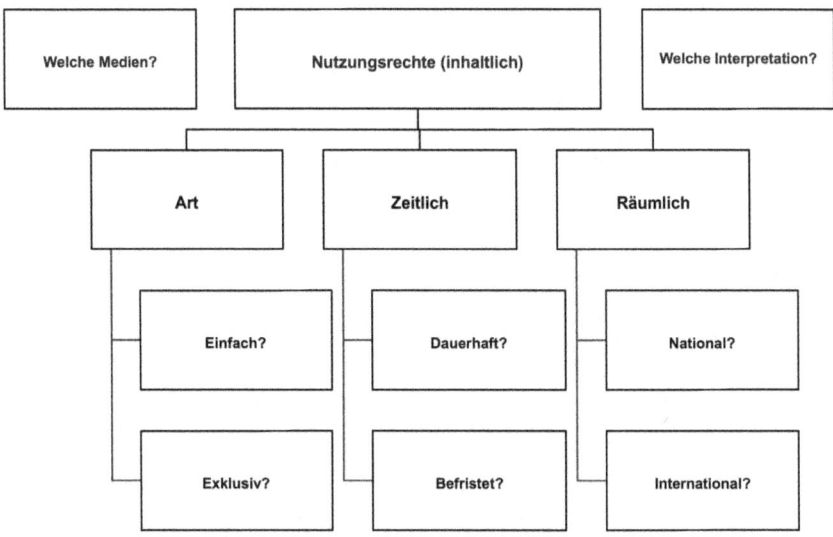

Abb. 1: Notwendige Regelungen in Lizenzverträgen (Zusammenfassung)

2 Lizenzierungsformen

Der Erwerb bzw. die Lizenzierung von elektronischen Zeitschriften, Datenbanken und E-Books bindet in Bibliotheken und anderen mit dem Literaturerwerb betrauten Einrichtungen viele Ressourcen. In Abschnitt 1 wurde bereits deutlich, dass im Vergleich zur Printbeschaffung eine wesentlich komplexere Entscheidungssituation besteht und dass diese Entscheidungen einen immer größeren Anteil des Erwerbungsetats betreffen.[1] Zudem ist es nötig, bei der Beschaffung von digitalen Ressourcen Lizenzverträge abzuschließen, denn anders als bei der Erwerbung von analogen Werken müssen erst die einzelnen Nutzungsmöglichkeiten verhandelt werden, bevor der Zugriff auf die gewünschten Inhalte ermöglicht wird. Diese Verträge definieren genau, welche Nutzer*innen für den Zugriff autorisiert sind, welche Nutzungshandlungen gestattet werden und welche sonstigen Rechte und Pflichten beide Vertragspartner haben.[2] Wissenschaftliche Biblio-

---

1 So haben sich die Ausgaben für den Erwerb elektronischer Ressourcen seit 2010 mehr als verdoppelt und summieren sich mittlerweile auf fast 65 % des gesamten Erwerbungsetats wissenschaftlicher Bibliotheken. Vgl. DBS, variable Auswertung für 2021.
2 Dabei spielt insbesondere das vertraglich vereinbarte geltende Recht eine Rolle, weil es den jeweiligen landesbezogenen Rahmen bildet sowie Art und Umfang der eingeräumten Nutzungsrechte grundsätzlich definiert. Naturgemäß strebt jeder Vertragspartner danach, das Recht seines Sitzlandes zu vereinbaren. Als

theken und andere im akademischen Bereich tätige Einrichtungen stehen dabei vor der Wahl, Lizenzverträge für elektronische Ressourcen selbst zu verhandeln (bilaterale Lizenzierung) oder sich an einer entsprechenden Einkaufsgemeinschaft zu beteiligen (konsortiale Lizenzierung).

2.1 Bilaterale Lizenzierung

Beim Abschluss bilateraler Verträge hat die lizenzierende Bibliothek einen großen Gestaltungsspielraum, trägt aber auch die alleinige Verantwortung in Bezug auf Verhandlung und Auslegung der vielfältigen Vertragsbestandteile. Der damit verbundene Aufwand sowie die Möglichkeiten zur Einflussnahme auf Vertragstext und -inhalte sind jedoch stark von der Größe und Ausrichtung des Vertragspartners abhängig. Das Spektrum möglicher Verhandlungspartner*innen reicht hier von großen kommerziellen Verlagen über Fachgesellschaften, hochspezialisierte Kleinverlage, Universitätsverlage bis hin zu Agenturen und Aggregatoren, die die Angebote unterschiedlichster Anbieter bündeln. Jeder Anbieter hat üblicherweise eigene Vertragsentwürfe, die vor der Unterzeichnung geprüft und ggf. ergänzt oder angepasst werden müssen. Das Ziel besteht dabei darin, eine in Bezug auf den Versorgungsauftrag der erwerbenden Bibliothek optimale Vertragsformulierung zu vereinbaren.[3] Ob das gelingt, hängt sowohl von der personellen Ausstattung[4] als auch von der Verhandlungsposition ab. Kleine Bibliotheken mit geringerem Erwerbungsetat haben hier naturgemäß einen deutlich geringeren Verhandlungsspielraum als große Bibliotheken mit entsprechenden Budgets. Eine auf langfristige Zusammenarbeit mit dem Vertragspartner angelegte Verhandlungsperspektive kann zusätzliche Gestaltungsräume eröffnen. Der Erfolg bilateraler Vertragsverhandlungen ist also von vielen unterschiedlichen Faktoren abhängig: Marktmacht, Vertragsvolumen und Verhandlungsgeschick der Vertragspartner bestimmen dabei situationsabhängig das Verhandlungsergebnis.

2.1.1 *Pick & Choose* vs. Paketkauf

Bei der Erwerbung elektronischer Ressourcen besteht einerseits die Möglichkeit, aus dem Gesamtportfolio eines Anbieters gezielt Einzeltitel – z. B. einzelne E-Books oder Zeitschriften – auszuwählen (*pick & choose*). Andererseits werden diese Einzeltitel oft in größere Einheiten mit unterschiedlichen fachlichen und/oder methodischen Schwerpunkten zusammengefasst (Paketkauf).

Bei der Lizenzierung von E-Books oder Zeitschriften auf Einzeltitelbasis sind die Kosten pro Titel oft relativ hoch, da meist keine oder nur geringe Rabatte ausgehandelt werden können. Zudem besteht für jeden Einzelerwerb ein gewisser Abwicklungsaufwand,

---

Kompromiss hat sich hier in der Praxis oft das sogenannte „Recht des Beklagten" erwiesen, weil dabei eine einseitige Rechtswahl zugunsten nur eines Vertragspartners vermieden wird.
3 Musterverträge und Checklisten können hier als Orientierung dienen. Siehe z. B. die *Checklisten für Lizenzverträge* der Kommission für Elektronische Ressourcen im Bibliotheksverbund Bayern und der Kommission Recht des Deutschen Bibliotheksverbands (2015) oder der GeSIG (Hasemann et al. 2005) sowie die Musterlizenz für Allianz-Lizenzverträge (Verbundzentrale des Gemeinsamen Bibliotheksverbundes 2013).
4 Dies betrifft sowohl die Personalkapazitäten als auch die vorhandene Verhandlungsexpertise.

der allerdings durch entsprechende Rahmenverträge verringert werden kann. Der Vorteil von *pick & choose*-Modellen besteht aber darin, dass nur die tatsächlich benötigten Titel lizenziert werden können. Ein bedarfs- bzw. nutzungsabhängiger Bestandsaufbau ist auf diese Weise leichter möglich.

Bei der Lizenzierung von Zeitschriften- oder E-Book-Paketen erhalten Bibliotheken Zugriff auf ein breites Titelangebot. Damit sind auf Titelebene zwar oft erhebliche Preisvorteile verbunden, die Lizenzierung von Paketen kann aber zu einer Aufweichung des Erwerbungsprofils führen und beeinträchtigt die Flexibilität des eigenen Bestandsaufbaus (Vosberg 2015, S. 29). Diese Situation verschärft sich in dem Maße, in dem immer mehr Inhalte in den Paketen zusammengefasst werden.

2.1.2 *Big Deal*-Problematik

Die Lizenzierung großvolumiger Pakete wird unter dem Stichwort *big deal* in der Bibliothekswelt sehr kontrovers diskutiert.[5] Während einerseits der Zugriff auf das gesamte Verlagsprogramm (oder zumindest große Teile davon) umfassende und fachübergreifende Nutzungsmöglichkeiten zu geringen Einzeltitelpreisen bietet, binden diese Verträge einen großen Teil des Erwerbungsetats. Gerade bei Mehrjahresverträgen können hier Probleme in Bezug auf einen bedarfsgerechten Bestandsaufbau und -abbau entstehen, da die gebundenen Erwerbungsmittel für andere Ressourcen nicht zur Verfügung stehen und restriktive Abbestellklauseln eine entsprechende Nachjustierung erschweren. Aufgrund sehr hoher Einzeltitelpreise ist selbst bei Kündigung eines solchen *big deals* oft keine nennenswerte finanzielle Entlastung zu erwarten, wenn einige ausgewählte Titel für die Literaturversorgung unabdingbar sind und weiter im Bestand gehalten werden sollen. In solchen Fällen besteht letztlich nur die Möglichkeit, im Rahmen des Bestandscontrollings systematisch zu prüfen, ab welchen Kosten pro Nutzung alternative Beschaffungswege – z. B. über Fernleihe oder Dokumentlieferung – unter Umständen kostengünstiger sind.[6]

Vor dem Hintergrund steigender Publikationszahlen und einer immer stärkeren Diversifizierung von Forschungsfeldern bei gleichzeitig zunehmender interdisziplinärer Zusammenarbeit verändert sich auch die Publikationslandschaft entsprechend. Deshalb wird es für Bibliotheken immer schwieriger und aufwendiger, relevante Titel zu identifizieren und diese (einzeln) zu lizenzieren. Die Vielzahl von Neugründungen im Zeitschriftenbereich, insbesondere auch von Open-Access-Journals, erschwert eine bedarfsgerechte Auswahl. Gerade für neue Lizenzmodelle, die oft auch eine Publish-Komponente enthalten gilt, dass sie sich häufig auf das gesamte Verlagsportfolio beziehen und Bibliotheken sich dadurch ebenfalls nicht von ihren *big deals* trennen können.

---

[5] Zur Problematik der *Big Deal*-Verträge siehe u. a. Bergstrom et al. (2014) sowie für einen aktuellen Überblick Rodríguez-Bravo et al. (2021).
[6] Zu möglichen Kennzahlen für eine Kosten-Nutzen-Analyse sowie zum Bestandscontrolling für elektronische Ressourcen allgemein siehe ausführlich Vosberg und Lütjen (2021).

2.1.3 Neue Modelle der nutzergesteuerten Erwerbung

Ob die Lizenzierung elektronischer Ressourcen im Hinblick auf den Bibliotheksauftrag zu einem angemessenen Kosten-Nutzen-Verhältnis erfolgt ist, lässt sich bei den bisher dargestellten Lizenzierungsformen nur ex post beurteilen. Neue Modelle der nutzergesteuerten Erwerbung bieten jedoch die Möglichkeit, diese Aspekte schon vor der eigentlichen Kaufentscheidung zu berücksichtigen. Hier bezieht sich die Lizenz nicht auf festgelegte Inhalte, sondern umfasst einen Pool von Titeln, aus dem dann nach bestimmten Kriterien ausgewählt werden kann.[7] Während nutzergesteuerte Erwerbung früher vor allem über Anschaffungsvorschläge – z. B. von Nutzer*innen direkt sowie im Rahmen von Fakultätsumfragen – durchgeführt wurde, erlauben neue Lizenzmodelle eine deutlich systematischere und gleichzeitig differenziertere Herangehensweise (einen Überblick über beide Grundmodelle und ihre Varianten sowie mögliche Vor- und Nachteile gibt Tabelle 1).

Im Rahmen von *patron driven acquisition*-Modellen werden zunächst bibliographische Daten für eine zu definierende Titelauswahl in die Discovery-Systeme der Bibliotheken eingespielt, wo sie dann von Nutzer*innen bei der Literaturrecherche gefunden werden können. Je nach Ausgestaltung des Lizenzvertrages entscheidet dann die Anzahl der Zugriffe oder der zeitliche Nutzungsumfang, wann ein Kauf oder auch eine Ausleihe (*short term loan*) angestoßen wird. Dieser Prozess kann unter Beteiligung der Erwerbungsabteilung bzw. der zuständigen Fachreferate oder auch gänzlich unmoderiert ablaufen. Der Vorteil dieser Erwerbungsmodelle besteht darin, dass ein breites Titelangebot zur Verfügung gestellt wird, aber nur bei tatsächlicher Nutzung eine dauerhafte Lizenzierung erfolgt. Dadurch lässt sich das Risiko der Beschaffung nicht benötigter Inhalte deutlich senken.

Ähnlich konstruiert sind sogenannte *evidence based acquisition*-Modelle. Auch hier wird zunächst ein an den Bibliotheksanforderungen orientiertes Titelprofil erstellt und zusätzlich der einzusetzende Lizenzkostenbetrag festgelegt. Mit Einspielung der bibliographischen Daten ist dann sofort auch ein direkter Zugriff auf die Inhalte möglich. Am Ende eines Nutzungszeitraumes – oft nach zwölf Monaten, manchmal werden aber auch kürzere Zeiträume definiert – kann die Bibliothek anhand der Nutzungsstatistiken entscheiden, welche der angebotenen Titel für den dauerhaften Zugriff erworben werden sollen. Die Erwerbung erfolgt meist zum Listenpreis, bis die zuvor vereinbarte Summe ausgeschöpft ist. Der Vorteil besteht dabei darin, dass aus einem breiten Angebot die am häufigsten genutzten Titel ausgewählt werden. Damit wird wiederum das Beschaffungsrisiko gesenkt und eine am tatsächlichen Bedarf ausgerichtete Erwerbung sichergestellt.

Tab. 1: Vergleich *patron driven acquisition* und *evidence based acquisition*

	patron driven acquisition-Modelle	evidence based acquisition-Modelle
auch bezeichnet als	kundengesteuerte Erwerbung, PDA, Demand-Driven-Acquisition, Patron-Selection Programs, User-Driven Collection, Patron-Initiated Purchase	evidenzbasierte Erwerbung, EBA, Evidence based Selection (EBS), Usage based Collection Management (UBCM)

---

[7] Meist beziehen sich diese Modelle auf E-Books. Für E-Journals wird i. d. R. keine nutzergesteuerte Erwerbung angeboten. Für eine Zusammenfassung von Grundkonzept und Ausgestaltungsvarianten siehe u. a. Herb (2015, S. 227–240) und Klein (2014, S. 5–18).

	patron driven acquisition-Modelle	**evidence based acquisition-Modelle**
Konzept	eingespielte Metadaten für bibliotheksrelevante Inhalte werden von Nutzer*innen im Rahmen ihrer Recherche gefunden, das ausgewählte Modell definiert die Nutzungsmöglichkeiten der dazugehörigen Inhalte	eingespielte Metadaten und bibliotheksrelevante Inhalte werden von Nutzer*innen im Rahmen ihrer Recherche gefunden und sind sofort in vollem Umfang nutzbar
Vorteile	am tatsächlichen Bedarf der Nutzer*innen orientierte Erwerbung je nach Modellausgestaltung deutliche Entlastung der Fachreferate möglich	an tatsächlicher Nutzung orientierte Erwerbung Einbindung Fachreferate bei Titelauswahl (Bezug zum Erwerbungsprofil bleibt erhalten)
Nachteile	Aufweichung des Erwerbungsprofils Kosten (Umfang, Planbarkeit, Kontrolle)	Kosten (Anteil gebundener Mittel steigt, EBA-Modelle meist sehr großvolumig und teuer)
Ausgestaltungsmöglichkeiten/ Varianten	Definition Titelprofil (Fachbereiche, Jahrgänge etc.) moderiert/unmoderiert Kauf oder Ausleihe (*Short Term Loan*)	Definition Titelprofil (Fachbereiche, Jahrgänge etc.) Lizenzvolumen Titelauswahl zum Listenpreis? Laufzeit (Monate/Jahre)

2.2 Konsortiale Lizenzierung

Der in Abschnitt 2.1 dargestellte Verhandlungs- und Verwaltungsaufwand auf Einrichtungsebene kann durch die Bildung von Konsortien[8] oder Einkaufsgemeinschaften gebündelt werden. Im Vergleich zur bilateralen Lizenzierung lassen sich so Synergie- sowie Skaleneffekte erzielen, die im Idealfall zu einem deutlich besseren Preis-Leistungs-Verhältnis führen. Zudem profitieren teilnehmende Einrichtungen im Regelfall von Rabatten und anderen Vergünstigungen,[9] die Anbieter beim gemeinschaftlichen Erwerb von forschungsrelevanter Literatur über Bibliothekskonsortien einräumen. Informationsinfrastruktureinrichtungen, die mit der überregionalen Literaturversorgung betraut und entsprechend personell aufgestellt sind (wie z. B. die Zentralen Fachbibliotheken oder die Geschäftsstellen der regionalen Länderkonsortien), übernehmen dabei die Rolle der Konsortial- und Verhandlungsführung (Johannsen 2014, S. 172–174).

---

[8] Dieses Kapitel zielt darauf ab, Lizenzierungsformen an Bibliotheken und Informationseinrichtungen zu erläutern. Es werden daher im Folgenden unter dem Begriff Konsortien nur die Aktivitäten beschrieben, die sich auf bibliothekarische Konsortien mit dem Ziel des gemeinschaftlichen Literaturerwerbs beziehen. Die Bildung von konsortialen Strukturen findet ebenso in vielen anderen wissenschaftlichen Bereichen statt (wie z. B. beim geförderten Aufbau einer Nationalen Forschungsdateninfrastruktur – NFDI, die den Zugang zu und die Nutzung von Forschungsdaten gewährleisten soll), die allerdings hier nicht thematisiert werden sollen.

[9] Weitere Vorteile der Konsortialteilnahme können sein: Ausweitung der Nutzungsrechte (z. B. im Bereich Dokumentlieferung/Fernleihe), bessere Konditionen beim Zweitveröffentlichungsrecht (Green Open Access, z. B. kürzere Embargofristen), Ausweitung der Inhalte, auf die Zugriff besteht (z. B. durch *cross access*) u. v. m.

2.2.1 Aufgaben der Konsortialführung

Die Aufgaben der Konsortialführung erstrecken sich über den gesamten Laufzeitzyklus einer Lizenz. Am Anfang steht dabei die Identifizierung von Inhalten und Informationsressourcen (Bedarfserhebung), die für eine Gruppe von Einrichtungen bzw. schon bestehende konsortiale Gemeinschaften relevant sind. Im Anschluss daran werden Nutzungsrechte und Vertragsbedingungen mit den entsprechenden Anbietern für die Gesamtgruppe verhandelt.[10] Die im Falle eines positiven Verhandlungsergebnisses anstehende Ausstellung oder Prüfung der Lizenzverträge obliegt ebenfalls meist der federführenden Einrichtung, v. a. dann, wenn sie auch als Vertragspartner fungiert. Die Konsortialführung erbringt häufig zusätzliche Eigenleistungen, u. a. im Bereich Hosting/Zugriffssicherung, Langzeitarchivierung oder Finanzmanagement. Die Dokumentation der bestehenden Vertrags- und Nutzungsverhältnisse, die Pflege bibliothekarischer Nachweissysteme und die Aggregation von Nutzungsstatistiken sowie die Evaluierung des Nutzungsverhaltens sind ebenfalls meist Teil der konsortialen Serviceleistung. Da all diese Aufgaben nur einmal (zentral bei der Konsortialführung) anfallen, besteht ein erhebliches Kostensenkungspotential bei den Verhandlungs- und Verwaltungskosten für die teilnehmenden Einrichtungen. Auch die verhandlungsführenden Einrichtungen finden sich wiederum in (Beratungs-)Gremien zusammen, die gemeinsame strategische Ziele verfolgen und den Informations- und Wissenstransfer zwischen verschiedenen Konsortialstellen fördern.[11]

2.2.2 Zusammensetzung von Konsortien

In Deutschland existiert eine Vielzahl von Konsortien, die unterschiedliche Gruppierungen von teilnehmenden Einrichtungen und Organisationsstrukturen aufweisen. Zusätzlich zu den nationalen Konsortien, denen Institutionen bundesweit beitreten können, gibt es auch auf Länderebene regionale Konsortien, die den Erwerb von Nutzungs- oder Eigentumsrechten an Fachliteratur für die in einem Bundesland ansässigen Einrichtungen steuern. Neben dieser, dem Bildungsföderalismus geschuldeten geographisch geprägten Aufteilung, existieren auch Einkaufsgemeinschaften, die die Bedarfe von Wissenschaftsorganisationen und außeruniversitären Forschungsverbünden decken sollen. Diese Differenzierung nach Einrichtungstyp hat den Vorteil, dass für Einrichtungen mit kleineren Erwerbungsbudgets und begrenztem Nutzer*innenkreis auf sie zugeschnittene Angebotskonditionen verhandelt werden können (Johannsen 2014, S. 171–174).

---

10 Es handelt sich hierbei zumeist um dieselben Anbieter und ähnliche Abläufe wie in Abschnitt 2.1 (bilaterale Lizenzierung) dargestellt.
11 Dazu gehört die Mitte der 1990er Jahre gegründete *International Coalition of Library Consortia* (ICOLC), ein informaler Zusammenschluss von Konsortien aus aller Welt (Feather 2015), sowie die seit 2000 existierende *German, Austrian and Swiss Consortia Organisation* (GASCO) für den deutschen Sprachraum (Reinhardt & Bauer 2005).

2.2.3 Konsortiale Transformationsverträge

Sowohl bei der bilateralen Literaturbeschaffung als auch beim Erwerb über Konsortien sind die bis dato klassischen Lizenzierungsmodelle für E-Journals subskriptionsbasiert. Das bedeutet, dass der Zugriff auf die elektronischen Inhalte eines Anbieters durch die Zahlung einer (im Regelfall jährlich fälligen) Gebühr für die lizenzierende Einrichtung und mittelbar ihre autorisierten Nutzer*innen geregelt ist. Das Geschäftsmodell des „lesenden Zugriffs" auf Inhalte, die hinter einer Bezahlschranke stehen (Closed-Access-Inhalte), wurde in seinen Grundzügen von der Printwelt und ihren Zeitschriftenabonnements auf elektronische Medien übertragen, samt der im digitalen Zeitalter überholten Verknappungsmechanismen und der Tradition, weiterhin hohe jährliche Preissteigerungen anzusetzen (Schimmer & Geschuhn 2017, S. 173). In Zusammenhang mit der viel zitierten Zeitschriftenkrise der 1990er Jahre und der formalisierten Etablierung der OA-Bewegung in den frühen 2000ern wurde der Ruf nach einer Reform des subskriptionsbasierten Publikationswesens lauter. In der Folge setzte in der wissenschaftlichen Kommunikation ein Prozess der Konzeption neuer Lizenzierungs- und Finanzierungsmodelle ein (Deppe & Beucke 2017, S. 12). Dabei steht für die mit der Literaturversorgung betrauten Akteur*innen die Entwicklung praxisnaher Instrumente, die einen Beitrag zur Umgestaltung des Publikationswesens anhand der OA-Grundideen leisten, im Fokus.

Zu diesen Instrumenten gehören die sogenannten Transformationsverträge,[12] die die Umstellung von einem subskriptionsbasierten Finanzierungsmodell hin zu einem auf OA basierten Publikationsmarkt begleiten bzw. beschleunigen sollen.[13] Das Ziel von Transformationsverträgen ist es, hybride Zeitschriften, in denen nebeneinanderher Artikel sowohl im Open Access als auch im Closed Access erscheinen, in reine Gold-Open-Access-Zeitschriften umzuwandeln. Durch den Abschluss solcher Verträge soll folglich die Anzahl der OA-Artikel in einer hybriden Zeitschrift bis zu dem Punkt immer weiter erhöht werden, an dem ein Vertrieb der Zeitschrift im Closed-Access-Modell nicht mehr gerechtfertigt ist. Dieser Prozess wird als *journal flipping* bezeichnet. Parallel dazu wird auch eine Umstellung der Kosten angestrebt, die sich zunehmend an dem Publikationsaufkommen und weniger an Gebühren für einen Lesezugang – wie im Fall einer klassischen Lizenz – orientieren sollen. Da in dieser Umstellungsphase aber natürlich auch weiterhin Closed-Access-Artikel erscheinen,[14] verbinden Transformationsverträge nicht nur beide Leistungen, sondern auch beide Kostenarten. Aus diesen zwei Komponenten ergibt sich die Bezeichnung *Read & Publish Agreement* für Verträge, die Kosten sowohl für Subskriptionen (*read*) als auch für Publikationsdienstleistungen (*publish*) regeln. Je nach Setzung des Schwerpunkts wird auch von *Publish & Read*-Verträgen gesprochen, so beispielsweise im Kontext von Projekt DEAL. Wie in der Praxis allerdings im Einzelnen die Aufteilung der Kosten zwischen den Komponenten *read* und *publish* geschieht und welche weiteren Mechanismen zur Anwendung kommen, kann sich von Vertrag zu Vertrag stark unterscheiden. Unerlässlich für die Verhandlungen, aber auch die Umset-

---

12 Als Vorstufe von Transformationsverträgen kann man sogenannte Offsetting-Verträge betrachten. Dabei beinhaltet eine Subskription als Zusatzleistung ein Kontingent von Artikeln (*article cap*), die in hybriden Zeitschriften im OA veröffentlicht werden können. Die Gesamtkosten orientieren sich dabei zumeist an den ursprünglichen Lizenzgebühren und die Anzahl der Artikel wiederum an der Höhe dieser Lizenzgebühren.
13 Auf weitere alternative Publikations- und Finanzierungsmodelle sowie andere strategische Positionierungsvorhaben wird im folgenden Abschnitt 2.3 eingegangen.
14 Der Regelungsbedarf für diese Artikel entspricht dem einer klassischen Lizenz.

zung eines Transformationsvertrags sind Kenntnisse über das (historische) Publikationsaufkommen und die bisherigen Subskriptionskosten der teilnehmenden Einrichtungen.

Die Verhandlung und Ausgestaltung von Transformationsverträgen ist mit hohem Aufwand verbunden und zieht sich oftmals über Monate oder sogar Jahre hinweg. Trotzdem sind Transformationsverträge nur Mittel zum Zweck, um das angestrebte Ziel einer möglichst kostenneutralen Umstellung auf ein wissenschaftliches Publikationswesen zu erreichen, welches den freien Zugang zu (öffentlich finanzierten) Forschungsergebnissen ermöglicht. Bei der Konzeption von transformativen Lizenzmodellen sollte daher immer die Realisierung dieses wissenschaftspolitischen Bestrebens im Blick behalten werden. Dabei ist entscheidend, dass ein gewisser Transformationsdruck ausgeübt wird und die als Übergangsmodelle gedachten Transformationsverträge langfristig keine Verstetigung erfahren.

2.3 Von der konsortialen Lizenzierung zur gemeinschaftlichen Finanzierung von Open Access

Mit Transformationsverträgen verschwimmen zunehmend die Grenzen zwischen der klassischen Lizenzierung von Inhalten und Regelungen, die das Publizieren von Autor*innen organisieren bzw. finanzieren. Je nach angewendetem Modell kann dabei der Schwerpunkt auf dem Lesen (*read*) oder dem Publizieren (*publish*) liegen. Von da ist es nur ein kleiner Schritt zu Vereinbarungen, die sich ausschließlich mit der Regelung des Publikationsprozesses und den hieraus entstehenden Kosten beschäftigen. Hierbei handelt es sich nicht mehr um Lizenzverträge im eigentlichen Sinn, da die Einräumung von Nutzungsrechten nicht mehr die Grundlage einer solchen Vereinbarung bildet (s. Abschnitt 1).

Neben Transformationsverträgen stellt das Modell *Subscribe to Open*[15] ein weiteres Beispiel für den nahezu nahtlosen Übergang von der Lizenzierung zur gemeinschaftlichen Finanzierung von OA dar. Dieses Modell zielt darauf ab, dass bei einem gut eingeführten Produkt mit einer entsprechend stabilen Basis von Lizenznehmern die Einnahmen aus der Lizenzierung ausreichen, um eine Umstellung des jeweiligen Publikationsorgans in den OA zu finanzieren. In der Folge werden die lizenznehmenden Bibliotheken aufgefordert, ihre Lizenzgebühr in der bestehenden Höhe weiterzubezahlen und so gemeinschaftlich die Kosten für die Veröffentlichungen der Inhalte im OA aufzubringen, ohne dass Autor*innen Publikationsgebühren tragen müssen. Wird aufgrund mangelnder Zahlungsbereitschaft (oder -möglichkeiten) der Bibliotheken keine Kostendeckung erreicht, greift wieder das klassische Subskriptionssystem. Die Veröffentlichungen erscheinen dann im Closed Access und die Zahlungen fungieren wieder als Lizenzgebühren.

2.4 Ausblick

Konsortien zur gemeinschaftlichen Finanzierung von OA-Publikationen, genauso wie konsortiale Vereinbarungen mit Gold-Open-Access-Verlagen, haben zwar die klassische

---

15 Für weitere Informationen zum Modell siehe www.subscribetoopencommunity.org.

Lizenzierung bisher noch nicht abgelöst, machen aber einen steigenden Anteil der Aktivitäten von Konsortialstellen aus. Mit zunehmenden Fortschritten in der OA-Transformation des wissenschaftlichen Publikationsaufkommens verliert die Lizenzierung von Inhalten scheinbar an Bedeutung. Mit welcher Geschwindigkeit man sich dem Ziel eines frei zugänglichen Informationsmarktes nähert, ist schwierig zu ermessen, da angesichts einer überwiegend global agierenden Verlagsbranche weltweite Entwicklungen[16] und nicht die Situation in Deutschland oder auch in Europa entscheidend sind.[17]

Des Weiteren ist die Anzahl von Verlagsprodukten nicht zu unterschätzen, die nicht ausschließlich auf Texten wissenschaftlicher Autor*innen beruhen, sondern aufbereitete Informationen, Normen/Standards, Patente oder andere Services bieten. Zu erwarten ist, dass solche Produkte – zumeist Datenbanken – auch in Zukunft von den Anbietern nur gegen Abschluss einer Lizenz zugänglich gemacht werden. Ähnliches gilt für Software für den wissenschaftlichen Betrieb. Auch hier ist eher mit einer Ausweitung des Angebots und damit entsprechendem Lizenzierungsbedarf zu rechnen.

3 Literaturverzeichnis

Ahlberg, H., Götting, H. P. & Lauber-Rönsberg, A. (2021). *BeckOK Urheberrecht*. C. H. Beck.
Bergstrom, T. C., Courant, P. N., McAfee, R. P. & Williams, M. A. (2014). Evaluating big deal journal bundles. *Proceedings of the National Academy of Sciences of the United States of America (PNAS)*, 111(26), 9425–9430.
Bundesgerichtshof (2010). *1 StR 213/10* (8. Dezember 2010).
Deppe, A. & Beucke, D. (2017). Ursprünge und Entwicklung von Open Access. In K. Söllner & B. Mittermaier (Hrsg.), *Praxishandbuch Open Access* (S. 12–20). De Gruyter Saur. https://doi.org/10.1515/9783110494068-002.
Deutscher Bundestag. (2017). *Entwurf eines Gesetzes zur Angleichung des Urheberrechts an die aktuellen Erfordernisse der Wissensgesellschaft* (Drucksache 18/12329). Bundesregierung, Bundesministerium der Justiz und für Verbraucherschutz.
Dreier, T. & Schulze, G. (2018). *Urheberrechtsgesetz*. C. H. Beck.
Hasemann, C., Heß, B., Kuhles, G., Ludwig, W., Schäffler, H., Schülke, R. & Teichert, S. (2005). *Checkliste für Lizenzverträge*. GeSIG Netzwerk Fachinformation e. V. https://gesig.org/wp-content/uploads/2021/04/gesigcl.pdf.
Herb, S. (2015). Patron-Driven Acquisition. In R. Griebel, H. Schäffler, K. Söllner & E. Frantz (Hrsg.), *Praxishandbuch Bibliotheksmanagement* (S. 227–240). De Gruyter Saur.
Feather, C. (2015). The International Coalition of Library Consortia: origins, contributions and path forward. *Insights*, 28(3), 89–93. http://doi.org/10.1629/uksg.260.
Johannsen, J. (2014). Konsortien in Deutschland. In S. Göttker & F. Wein (Hrsg.), *Neue Formen der Erwerbung* (S. 69–183). De Gruyter Saur.
Klein, A. (2014). Wer erwirbt an wissenschaftlichen Bibliotheken? Die Rolle der Nutzer in der Monographienerwerbung. In S. Göttker & F. Wein (Hrsg.), *Neue Formen der Erwerbung* (S. 5–18). De Gruyter Saur.
Kommission für Elektronische Ressourcen im Bibliotheksverbund Bayern, & Kommission Recht des Deutschen Bibliotheksverbands (2015). *Checkliste für Lizenzverträge*. http://www.bib-bvb.de/documents/11183/a26dd12b-dac9-4321-9905-63c720b559c7.

---

[16] Globale Ansätze wie beim Projekt SCOAP³ stellen immer noch eine Ausnahme dar, siehe www.scoap3.org.
[17] Einen Überblick über die sehr unterschiedliche Verteilung der Transformationsverträge nach Ländern vermittelt die ESAC Transformative Agreement Registry, siehe www.esac-initiative.org/about/transformative-agreements/agreement-registry/.

Reinhardt, W. & Bauer, B. (2005). German, Austrian and Swiss Consortia Organisation (GASCO) – Konsortien und das wissenschaftliche Publikationswesen: 10 Fragen von Bruno Bauer an Werner Reinhardt, Direktor der Universitätsbibliothek Siegen und Vorsitzender der GASCO. *GMS Medizin-Bibliothek-Information*, 5(2), 6–11.

Rodríguez-Bravo, B., Fernández-Ramos, A., De-la-Mano, M. & Vianello-Osti, M. (2021). The evolution and revision of big deals: a review from the perspective of libraries. *Profesional De La Información*, 30(4). https://doi.org/10.3145/epi.2021.jul.15.

Schimmer, R. & Geschuhn, K. (2017). Open-Access-Transformation: Die Ablösung des Subskriptionswesens durch Open-Access-Geschäftsmodelle. In K. Söllner & B. Mittermaier (Hrsg.), *Praxishandbuch Open Access* (S. 173–180). De Gruyter Saur. https://doi.org/10.1515/9783110494068-020.

Talke, A. (2021). *Bibliothekserlaubnisse im Urheberrecht*. Universitätsverlag der TU Berlin. http://dx.doi.org/10.14279/depositonce-10809.

Verbundzentrale des Gemeinsamen Bibliotheksverbundes (2013). *Musterlizenz für Allianz-Lizenzverträge*. https://www.nationallizenzen.de/tools/al-musterlizenz.

Vosberg, D. (2015). *Ökonomische Analyse elektronischer Ressourcen an wissenschaftlichen Bibliotheken: Grundlage für Lizenzierungsentscheidungen und Bestandscontrolling* (Berliner Handreichungen zur Bibliotheks-und Informationswissenschaft, Heft 401). Humboldt-Universität zu Berlin. https://doi.org/10.18452/2143.

Vosberg, D. & Lütjen, A. (2021). Bestandscontrolling bei elektronischen Ressourcen: Entscheidungshilfen für die Lizenzierung. *O-Bib: Das Offene Bibliotheksjournal*, 8(1), 1–21. https://doi.org/10.5282/o-bib/5672.

Joachim Griesbaum
E 6 Online-Marketing

1 Einleitung

Dieser Beitrag gibt eine Übersicht zu zentralen inhaltlichen und pragmatischen Aspekten des Online-Marketing. Hierzu werden zunächst in Abschnitt 2 Rahmenbedingungen des Online-Marketing angesprochen. Auf dieser Grundlage werden in Abschnitt 3 Kanäle des Online-Marketing skizziert. Weitergehend werden in Abschnitt 4 Aspekte der Umsetzung und deren Erfolgsfaktoren thematisiert. Schließlich werden in Abschnitt 5 Trends angeführt.

2 Rahmenbedingung des Online-Marketings

Marketing befasst sich mit allen marktbezogenen Aktivitäten einer Organisation. Meffert et al. (2015) verweisen auf die Definition der American Marketing Association (AMA) aus dem Jahre 2004 als Grundlage eines in der Wissenschaft und Praxis anerkannten Marketingverständnisses. Demgemäß ist Marketing „an organizational function and a set of processes for creating, communicating, and delivering value to customers and for managing customer relationships in ways that benefit the organization and its stakeholders" (Gundlach & Wilkie 2009). Es geht also im Kern um die Analyse der Bedürfnisse der adressierten Akteur*innen und deren Befriedigung. Dabei werden insbesondere ökonomische und psychografische Ziele angestrebt. Oftmals wird in der Praxis der instrumentelle Charakter für die Verkaufsunterstützung betont (Meffert et al. 2015, Abbildung 1.4). Der Fokus liegt dabei auf dem Aufbau von Marken (branding) und/oder der direkten Verkaufsförderung (*direct response*).

Unter Online-Marketing lassen sich dabei alle Marketingaktivitäten verstehen, welche die Nutzung internetbasierter Technologien (mit) einschließen.

Tuten (2008) fasst wichtige Eigenschaften des Online-Marketing zusammen:
a) eine hohe Reichweite und genaue Zielgruppenansprache,
b) bi- und multidirektionale Kommunikation sowie
c) die oftmals hohe Zeitnähe, Kosteneffizienz und Steuerbarkeit der Maßnahmen.

Das Online-Marketing transformiert die Marketingwelt grundlegend. Ein Ende dieses Wandels ist angesichts des Aufstiegs neuer Technologien wie etwa des Maschinellen Lernens oder Virtual Reality nicht abzusehen. Online-Marketing ist damit ein komplexes, dynamisches Phänomen, das eine neue Marketingwelt kreiert. „Jede" Organisation benötigt es, weil das Internet in vielen Kontexten zum zentralen Informations- und Kommunikationsmedium und teilweise auch zur zentralen Transaktionsplattform geworden ist. Online-Marketing stellt viele Möglichkeiten bereit, in dieser Umwelt den eigenen Platz zu definieren und einzunehmen. Zugleich agieren Organisationen in einer sehr komplexen Online-Marketingumwelt: technische Standards und Innovationen, rechtliche Aspekte und Entwicklungen, komplexes Informationsverhalten, marktspezifische Gegebenheiten, Sprachenvielfalt und unterschiedliche Kulturen sowie Entwicklungen des Infor-

∂ Open Access. © 2023 Joachim Griesbaum, publiziert von De Gruyter. Dieses Werk ist lizenziert unter der Creative Commons Attribution 4.0 International Lizenz.
https://doi.org/10.1515/9783110769043-057

mationsmarktes. Nicht zuletzt muss auch das Verhalten von Mitbewerber*innen beachtet, verstanden und gemeistert werden.

Vor dieser angedeuteten Komplexität wird deutlich, dass die nachfolgende Darstellung von Kanälen des Online-Marketing und dessen Umsetzung und Erfolgsfaktoren das Thema bei weitem nicht vollständig abdeckt. Dennoch wird mit der hier eingenommenen Struktur eine grundlegende Übersicht zum Themenfeld gegeben. Eine Perspektive, die aus Sichtweise von Organisationen (und darin tätigen Informationswissenschaftler*innen) als eine holistisch angelegte Orientierung für eine zielführende Umsetzung des Online-Marketing genutzt werden kann.

3 Kanäle des Online-Marketing

Umgesetzt wird das Online-Marketing in den verschiedenen Kanälen. Unter Kanälen des Online-Marketing werden in diesem Text unterschiedliche Formen der Kundenansprache verstanden, die auf spezifischen Internetpräsenzen und Kommunikationsdiensten eingesetzt werden. Der Erfolg des Online-Marketing ist von der Wahl der geeigneten Kanäle, ihrer zweckmäßigen Konfiguration und ihrem Zusammenspiel abhängig. Ein strategisches Zusammenwirken wird als Multi-Channel-Marketing bezeichnet. In der nachfolgenden Betrachtung wird dieser Aspekt aus Platzgründen weitgehend ausgeblendet. Dennoch ist festzuhalten, dass ein effektives Zusammenspiel der einzelnen Kanäle und Maßnahmen entlang des Informations- und Entscheidungsprozesses potenzieller Kund*innen von der erstmaligen Wahrnehmung der Marke bis zur angestrebten Transaktion maßgeblich für den Erfolg von Online-Marketingmaßnahmen ist. Abbildung 1 zeigt zentrale Kanäle des Online-Marketing. Diese werden nachfolgend skizziert.

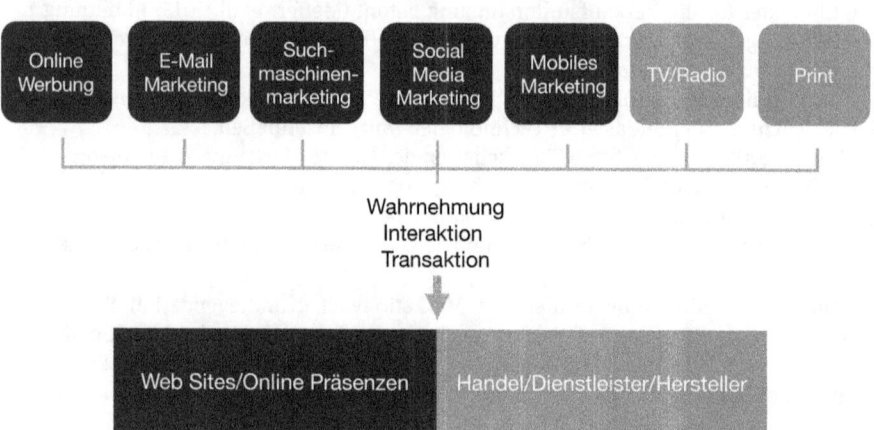

Abb. 1: Kanäle des Online-Marketing: Online-Kanäle und -Präsenzen sind dunkelgrau markiert

3.1 Display Advertising

Display Advertising befasst sich mit der Einbindung von Werbemitteln auf Webseiten und Applikationen. Für Werbetreibende stellt Display Advertising das Mittel dar, Sichtkontakte gerade auch in Sozialen Medien zu generieren (Griesbaum 2019).

Da Display Advertising darauf angelegt ist, Nutzende von ihrer augenblicklichen Tätigkeit abzulenken, wird es oft als störend empfunden. 1999 prägten Benway und Lane (1998) den Term *Banner Blindness*, mit dem sie das Ausweichverhalten der Nutzenden bezeichnen. Nichtsdestotrotz ist Display Advertising effektiv. So wiesen Courbet et al. (2014) auch bei einer peripheren Wahrnehmung einen Erinnerungseffekt nach. Auf der anderen Seite weisen z. B. Goldstein et al. (2013) darauf hin, dass lästige Werbung Besucher*innen vertreibt und die Reputation beschädigen kann. Insofern ist es wenig verwunderlich, dass viele Anwender*innen Ad-Blocker verwenden (Blockthrough & PageFair 2020). Ungerichtete Werbung ist wenig relevant für die Nutzenden. Aber eine zu exakte Zielgruppenansprache, etwa auf der Basis von Profilen von Nutzer*innen, kann gleichfalls zur Ablehnung führen (Thode et al. 2015).

3.2 E-Mail-Marketing

E-Mail-Marketing lässt sich als Form des Direktmarketing verstehen (Kotler et al. 2018, S. 425). Dieser Kanal gilt als sehr kosteneffizient und effektiv. Einerseits ist E-Mail der von einer Mehrzahl von Kund*innen präferierte Kanal, über den Unternehmen mit ihnen kommunizieren sollen. Zugleich werden die Nutzer*innen beim Bezug von Werbemails trotz der rechtlich notwendigen Zustimmung zur Werbekontaktaufnahme (*Opt-in*) mit ungewollten Spam-Mails konfrontiert. Unternehmen bewerten E-Mail als elementaren und hochgradig wirksamen Marketingkanal. Als Erfolgsfaktor gilt insbesondere die personalisierte Ansprache (Sahni et al. 2018). Nach Zhang et al. (2017) ist die „richtige" Frequenz der Ansprache eine weitere Erfolgsgröße.

3.3 Suchmaschinenmarketing

Unter Suchmaschinenmarketing werden alle Maßnahmen verstanden, die dazu dienen, eine hohe Sichtbarkeit in Suchdiensten zu erreichen. Dazu gehören insbesondere die Suchwortvermarktung sowie die Webseiten- und Suchmaschinenoptimierung.

3.3.1 Suchwortvermarktung

Bei der Suchwortvermarktung werden Anzeigen auf Suchergebnisseiten geschaltet. Wichtige Größen sind hier die Inhalte, die die der oder die Werbetreibende über die gebuchten Suchanfragen definiert, die Gebotshöhe für Klicks auf die Werbeanzeige, die Klickrate und die Qualität der Zielseiten (Jansen & Mullen 2008).

Google Ads ist der wichtigste Vermarktungsdienst. Ähnlich wie Display Advertising ist Suchwortvermarktung hochgradig steuerbar. Die Forschung konzentriert sich auf das optimale Kampagnen- bzw. Budgetmanagement (Winter et al. 2014), die Gestaltung von

Werbeanzeigen (Lagun et al. 2016) und die Akzeptanz und Wahrnehmung auf Seiten der Nutzer*innen (Domachowski et al. 2016). Lewandowski et al. (2018) zeigten, dass die Fähigkeit vieler Nutzer*innen, Suchwerbung und organische Ergebnisse (unbezahlte Platzierungen in Suchmaschinen) zu unterscheiden, begrenzt ist. Hinsichtlich der Effektivität ist bei der Suchwortvermarktung die hohe Steuerbarkeit durch Werbetreibende hinzuweisen. Nutzer*innen weisen allerdings eine Präferenz für organische Ergebnisse auf (so z. B. Jansen & Resnick 2006).

3.3.2 Suchmaschinenoptimierung

Suchmaschinenoptimierung zielt dahin, eine möglichst hohe Sichtbarkeit innerhalb der organischen Suchergebnisse zu erreichen. Die Erschließung der Informationsbedürfnisse der Nutzer*innen und die Bereitstellung dafür relevanter Inhalte stehen am Anfang der Suchmaschinenoptimierung. Informationsbedürfnisse und die darauf basierenden Suchanfragen werden nach Broder (2002) als *navigational*, *informational* und *transactional* klassifiziert. In Moran & Hunt (2014) wird zwischen *primary demand* und *selective demand* unterschieden. Im Stande des *primary demand* verspüren Nutzer*innen einen Bedarf, die Lösung ist aber noch unbekannt oder unklar. Im Stande des *selective demand* ist die Lösung bekannt und es geht um die Auswahl von Alternativen. Weiterhin differenzieren die Autor*innen zwischen „heißen" und „kalten" Suchanfragen. *Hot keywords* sind Anfragen, die semantisch sehr breit aufgestellt sind und/oder häufig aufgerufen werden (Reisen, Computer usw.). *Cold keywords* sind spezifische Anfragen, die selten gestellt werden. Werbetreibende sollten sich auf Keywords fokussieren, die weder *too hot* noch *too cold*, sondern *just right* sind, das sind Suchanfragen, zu denen man den Nutzer*innen hochgradig relevante Inhalte bieten kann.

Sind die Informationsbedürfnisse bestimmt, werden über inhaltliche und technische Maßnahmen hohe Rankingpositionen angestrebt. Diese werden nach Onpage-Optimierung (der Inhalte, Strukturen und Websitearchitektur) und Offpage-Optimierung (Reputationsmanagement, primär Linkaufbau) unterteilt (Lewandowski 2015, S. 161–175). Die Suchmaschinenbetreiber unterscheiden fermer zwischen regelkonformer Optimierung (*white hat*) und manipulativer Optimierung (*black hat*) (Malaga 2008). Moz (n. d.), eine Agentur zur Suchmaschinenoptimierung, zeigt auf einer Übersichtsseite, wie sich Suchmaschinen über ihre Rankingupdates weiterentwickeln.

Einen wichtigen Trend stellen 2021 die *Web Core Vitals* als einen auf die Benutzerfreundlichkeit bezogenen Rankingfaktor dar. Diese umfassen vor allem: „Die Zeit vom Aufrufen der URL durch Nutzer*innen bis zum vollständigen Rendern des größten sichtbaren Inhaltselements", „Die Zeit von der ersten Interaktion des Nutzers mit Ihrer Seite bis zum Reagieren des Browsers auf diese Interaktion", „die Gesamtsumme der einzelnen Werte für alle unerwarteten Layoutverschiebungen an, die während der Lebensdauer einer Seite auftreten" (Google, 2021b). Wollen sich Werbetreibende von den eher kurzfristig angelegten Updates für Suchmaschinen lösen, so können sie sich bei der Gestaltung seiner Webpräsenz an Qualitätsmodelle anlehnen. Google (2021a) bietet mit den *General Guidelines* selbst ein einschlägiges Modell an.

Die wissenschaftliche Forschung zur Suchmaschinenoptimierung ist ausbaufähig. Das Projekt SEO-Effekt der HAW-Hamburg (2019–2021) untersuchte den Effekt der Suchmaschinenoptimierung auf die Suchergebnisse von Suchmaschinen (Sünkler & Lewandowski 2021).

Suchmaschinenoptimierung ist ein hocheffektives Instrument des Online-Marketing. Kosten-Nutzen-Schätzungen von Optimierungskampagnen sind allerdings schwierig, weil Rankingalgorithmen (unbemerkt) verändert werden können und sich auch die konkurrierenden Webseiten nach Inhalten und Gestaltung wandeln. Die Kosten sind gut einzuschätzen und zu kontrollieren.

3.4 Social-Media-Marketing

Unter Social-Media-Marketing ist ein breites Spektrum an Aktivitäten zu fassen. Die Analyse der Bedürfnisse potenzieller Kund*innen und der reziproke Austausch zwischen Unternehmen stehen dabei im Mittelpunkt der Aktivitäten. Ananda et al. (2016) haben ein theoretisches Rahmenwerk für Social-Media-Marketing entwickelt. Demnach eignen sich Social Media dazu, die Organisation über Werbung und Public Relations zu repräsentieren, mit den Anspruchsgruppen (Kund*innen, Zuliefer*innen, Investor*innen) über Customer-Relationship-Management (CRM), Influencer*innen Marketing, Social Business usw. zu interagieren sowie Marktforschung zu betreiben (Social-Media-Monitoring). Nach Campbell und Farrell (2020) kann etwa Influencer Marketing aufgrund seiner der Reichweite, des Markenbotschaftscharakters und der immanenten Social-Media-Management-Funktion als hochfunktionales Marketinginstrument betrachtet werden.

Obwohl Social-Media-Marketing weit verbreitet ist, eine Vielzahl von praxisorientierten Handreichungen (etwa Grabs et al. 2014) existiert und eine große Zahl von Forschungsartikeln publiziert wurde, wissen wir recht wenig Belastbares über Zusammenhänge und Erfolgsfaktoren des Social-Media-Marketing. Ashley & Tuten (2015) analysieren die Kommunikationsstrategien von 28 Marken und belegen, dass zuvörderst funktionale Kommunikationsstrategien umgesetzt wurden. Häufige Updates und Anreize zur Partizipation scheinen das Engagement von Nutzer*innen anzuregen. Hurst et al. (2014) zeigen in einer Untersuchung der Kommunikation auf der Facebook-Seite eines Optik-Unternehmens, dass sich Facebook als eine Plattform nutzen lässt, die das Einkaufserlebnis über nutzer*innen-generierte Inhalte und sozial unterstützte Entscheidungsprozesse „schöner" macht.

Das Controlling von Social-Media-Maßnahmen scheint schwer zu fallen. Hoffmann & Fodor (2010) schlagen vor, sich nicht auf traditionelle Ertragsmessungen zu stützen, sondern die Aktivitäten von Nutzer*innen zu fokussieren. Dies scheint sinnvoll, wenn Social-Media-Maßnahmen primär psychografische Ziele unterstützen bzw. nutzer*innen-generierte Inhalte dazu genutzt werden, Unsicherheiten vor dem Kauf zu verringern (Müller et al. 2013).

Trends im Social-Media-Marketing sind das Aufkommen neuer Dienste (etwa TikTok oder Pinterest) sowie eine Verschiebung der Nutzung von Diensten. So ging bei Facebook die Nutzung insbesondere seitens jüngerer Nutzer*innen zurück (eMarketer Editors 2018). Zugleich werden Instant-Messenger-Dienste, hierzulande in erster Linie WhatsApp, zunehmend genutzt (Kantar 2019). Für die Zukunft sehen Appel et al. (2020) aufgrund der zunehmenden Integration von Social Media in die Alltagswelt von Nutzer*innen und die Prozesse von Unternehmen als auch im öffentlich-politischen Raum eine (noch) zentrale(re) Rolle von Social Media für das Marketing.

3.5 Mobile Marketing/lokationsbasiertes Marketing

Mobile Marketing beinhaltet alle Formen des Marketings auf mobilen Endgeräten. Mobile Marketing ist potenziell zielgerichteter und besser auf Bedürfnisse von Benutzer*innen abgestimmt als andere Marketingformen: Es ist in höherem Maße mit der Privatsphäre von Nutzer*innen verbunden, ermöglicht eine zeitlich und räumlich unbegrenzte Ansprache, macht eine Vielzahl benutzer*innen- und lokalitätsbezogener Kontextinangaben verfügbar und ermöglicht beispielsweise beim Abruf von weiteren Daten eine hohe Interaktivität während der Auswahl von Produkten vor Ort (Krum 2010, S. 1–18).

Eine wichtige Unterform des mobilen Marketings ist das lokationsbasierte Marketing. Nach Jacobs (2015) „demokratisiert" ortsbasierte Werbung das Werbegeschäft, da es kleinen Geschäften ähnliche Möglichkeiten wie Großunternehmen eröffnet. Nach Bauer & Strauss (2016) ist ortsbasierte Werbung nichts grundsätzlich Neues, gewinnt aber durch das mobile Internet eine neue Qualität. Sie gestattet Unternehmen, potenzielle Kund*innen individuell, lokationsbasiert und dynamisch in Echtzeit anzusprechen. Nutzer*innen empfinden ortsbasierte Werbung als positiv, wenn sie „zur rechten Zeit" kommt. Sie wird also in der Freizeit und in „konsumbereiten Zeiten", z. B. beim Shopping, in der Frühstückspause und beim Pendeln am nützlichsten empfunden. Insgesamt ist die Bereitschaft von Nutzer*innen zur Aufnahme derartiger Werbung jedoch zurückhaltend. Die Bedenken mit Blick auf den Datenschutz sind eher hoch und der empfundene Nutzen wird als eher gering eingeschätzt (Bauer & Strauss 2016). Nach Krusch et al. (2020) fokussiert sich die Forschung im Bereich des Context-Marketing überwiegend auf Lokation als Untersuchungsgegenstand.

3.6 Weiterentwicklung der Kanäle des Online-Marketing

Die Kanäle des Online-Marketing sind dynamisch und veränderlich. Im Zeitablauf etablieren sich neue Dienste und Kanäle. Dies war in der Vergangenheit z. B. für das Suchmaschinenmarketing, das Social-Media-Marketing oder das Marketing via Apps der Fall. In Bezug auf die Marketingumwelt führen derzeit insbesondere Entwicklungen zur Regulierung und Umsetzung des Datenschutzes zu Anpassungseffekten. Dies zeigt etwa auf regulatorischer Ebene der Diskurs zur geplanten ePrivacy-Verordnung der Europäischen Union (Der Bundesbeauftragte für den Datenschutz und die Informationsfreiheit – BfDI n. d.). Auf der technischen Ebene wird durch führende Anbieter*innen von Werbung und Hersteller*innen von Browsern derweil das Ende von Third-Party Cookies zum Website-übergreifenden Tracking eingeleitet.

4 Umsetzung und Erfolgsfaktoren

Um eine kontinuierliche Verbesserung der Sichtbarkeit und Wahrnehmung der eigenen Produkte und Dienstleistungen zu erreichen sowie erfolgreich mit externen Anspruchsgruppen zu kommunizieren, lässt sich der Prozess des Online-Marketing in einen vierstufigen Zyklus gliedern. Abbildung 4 illustriert dieses einfache Modell.

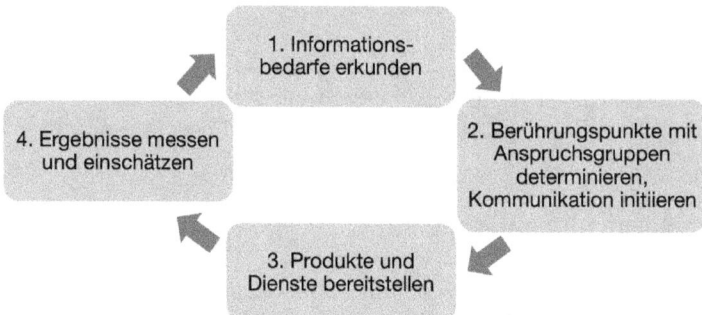

Abb. 2: Einfaches Prozessmodell des Online-Marketing

Dieses Modell lässt sich sowohl auf fortlaufende Online-Marketing-Maßnahmen, wie etwa die Optimierung der Sichtbarkeit der Marke insgesamt (etwa der Homepage) als auch auf spezifische Kampagnen (etwa zu saisonalen Ereignissen oder spezifischen Angeboten) anwenden.

4.1 Informationsbedarfe erkunden

Sind die Zielgruppe und die Ziele des Marketings bzw. der jeweiligen Kampagne bestimmt, stellt die Analyse der (Informations-)Bedürfnisse der Zielgruppen den Ausgangspunkt des eigentlichen Marketings dar. Dieser Bereich umfasst das gesamte Feld der Marktforschung (Meffert et al. 2015). Zur Analyse stehen vielfältige Werkzeuge und Dienste zur Verfügung, etwa Page-Tagging-Dienste wie Google Analytics oder Matomo zur Analyse des Verhaltens von Nutzer*innen auf der Homepage, Social-Media-Monitoring-Dienste zur Überwachung der Markenwahrnehmung oder von Trends (z. B. Brandwatch, Hootsuite) sowie die Analyse der Sichtbarkeit in Suchdiensten mit sogenannten SEO-Suites, wie sie etwa von Sistrix oder Searchmetrics bereitgestellt werden. Insbesondere für das Suchmaschinenmarketing sind sogenannte Keywordtools wie der Google Keyword Planner von zentraler Bedeutung.

4.2 Berührungspunkte determinieren und Kommunikation initiieren

In der zweiten Phase werden die Kanäle bestimmt und konfiguriert. Zusätzlich zur Kommunikation in den einzelnen Kanälen ist auch ihr Zusammenspiel, etwa des Display Advertising, des Suchmaschinenmarketings und des Social-Media-Marketings, zu gestalten. Nach Key und Czaplewski (2017) nutzen kleinere Unternehmen oft nur wenige Kanäle. Zudem führe die Beauftragung mehrerer Agenturen dazu, dass die eingesetzten Maßnahmen nur wenig integriert seien.

4.3 Produkte und Dienste bereitstellen

Sobald die Nutzer*innen erfolgreich auf das eigene Angebot geleitet wurden, sind ihre Bedarfe real zu bedienen. Dazu gehört die leistungsbezogene Prozessausgestaltung und -steuerung, darunter die Gewährleistung einer guten Usability und User Experience.

4.4 Ergebnisse messen und einschätzen

Zuletzt ist der Erfolg der Maßnahmen einzuschätzen. Hier sind insbesondere Dienste und Systeme gefragt, die wie Google Analytics 360 oder Adobe Analytics eine integrierte Perspektive über die einzelnen Kanalgrenzen hinweg ermöglichen. Dabei kommt es darauf an, aus der Vielzahl von Daten zielführende Informationen zu gewinnen und die auf dieser Basis gewonnen Einsichten anzuwenden. Beides ist angesichts der hohen Komplexität der Zusammenhänge nach Kaushik (2018) anspruchsvoll.

Wie das obige Modell nahelegt, kommt es für eine viel erfolgreiche Umsetzung des Online-Marketings entscheidend auf die Analyse von Informationsprozessen und die Gestaltung der Kommunikation mit der/den Zielgruppen an. Dabei werden vielfältige Informationssysteme eingesetzt, für deren Nutzung datenanalytische Fähigkeiten sowie Kompetenzen für die Gestaltung von Kommunikationsumgebungen mittels neuester Webtechnologien erforderlich sind.

5 Trends

Fortlaufende Trends im Online-Marketing stellen zunächst einmal die andauernde Evolution der Kanäle und der Formen der Zielgruppenansprache dar. Hier wurde Virtual Reality schon angesprochen (Gondorf 2017). Inwiefern sich die ebenso schon angesprochene Verschiebung der Nutzung von Diensten auswirkt, bleibt offen. Auch ist nach wie vor die Rolle von Instant-Messenger-Diensten im Marketing bzw. zumindest im Display Advertising ungeklärt. Einerseits weisen diese, insbesondere WhatsApp, eine enorme Reichweite auf (ARD/ZDF-Forschungskommission 2020). Andererseits ist das Geschäftsmodell noch unklar. Auch der Datenschutz wird das Gebiet weiterhin und vermutlich dauerhaft beschäftigen. Inwiefern und in welcher Form sich durch politische Initiativen oder auf Datenschutz ausgerichtete Dienste (etwa spezielle Suchdienste) nachhaltige Auswirkungen auf die Datenerfassung des Verhaltens von Nutzer*innen zeigen werden, bleibt dabei abzuwarten.

Als ein das gesamte Online-Marketing betreffender Trend lässt sich eine zunehmende Automatisierung und Nutzung Maschinellen Lernens und großer Datenmengen anführen. Die Automatisierung wird im Bereich des Display Advertising schon seit mehreren Jahren unter dem Schlagwort Programmatic Advertising (Busch 2016) diskutiert und umgesetzt. Programmatic Advertising ist die automatisierte Auslieferung von Werbemitteln in Echtzeit, oftmals auktionsbasiert. Maschinelles Lernen kann hier eine wichtige Rolle spielen, etwa bei der Optimierung von Geboten der Werbetreibenden. Die Rolle Maschinellen Lernens im Online-Marketing ist aber viel umfassender. So wird Maschinelles Lernen zunehmend für das Ranking von Suchergebnissen genutzt, z. B. (Nayak 2021). Auf Seite von Werbetreibenden und Informationsanbieter*innen im Web, ist der Einsatz von Maschinellem Lernen für nahezu jedes Arbeitsfeld denkbar, etwa bei der Analyse eigener Webpräsenzen, der Kommunikation in Sozialen Medien, der Gestaltung von Kommunikation und Werbemittel und deren Aussteuerung etc. (Saura 2021). Online-Marketing ist und bleibt ein Themenfeld, dass in hohem Maße durch technische Innovationen und die damit verbundenen Diffusionsprozesse geprägt ist.

6 Literaturverzeichnis

Ananda, A. S., Hernández-García, Á. & Lamberti, L. (2016). N-REL: A comprehensive framework of social media marketing strategic actions for marketing organizations, *Journal of Innovation & Knowledge*, 1 (3), 170–180.

Appel, G., Grewal, L., Hadi, R. & Stephan, A. T. (2020). The future of social media in marketing. *Journal of the Academy of Marketing Science*, 48(1), 79–95.

ARD/ZDF-Forschungskommission (2020). *Ergebnisse der ARD/ZDF-Onlinestudie 2020*. https://www.ard-zdf-onlinestudie.de/files/2020/2020-10-12_Onlinestudie2020_Publikationscharts.pdf.

Ashley, C. & Tuten, T. (2015). Creative Strategies in Social Media Marketing: An Exploratory Study of bBanded Social Content and Consumer Engagement. *Psychology & Marketing*, 32(1), 15–27.

Bauer, C. & Strauss, C. (2016). Location-based advertising on mobile devices. *Management Review Quarterly*, 66(3), 159–194.

Benway, J. P. & Lane, D. M. (1998). *Banner blindness: Web Searchers Often Miss „Obvious" Links*. Internetworking. http://www.ruf.rice.edu/~lane/papers/banner_blindness.pdf.

Blockthrough & PageFair (2020). *Growth of the Blocked Web*. Blockthrough/PageFair 2020 Adblock Report.

Broder, A. (2002). A Taxonomy of Web Search. *ACM SIGIR Forum*, 36(2), 3–10.

Der Bundesbeauftragte für den Datenschutz und die Informationsfreiheit (n. d.). *E-Privacy-Verordnung*. https://www.bfdi.bund.de/DE/Fachthemen/Inhalte/Telefon-Internet/Positionen/ePrivacy_Verordnung.html.

Busch, O. (Ed.). (2016). *Programmatic Advertising: The Successful Transformation to Automated, Data-Driven Marketing in Real-Time*. Springer International.

Campbell, C. & Farrell, J. R. (2020). More than meets the eye: The functional components underlying influencer marketing. *Business Horizons*, 63(4), 469–479.

Courbet, D., Fourquet-Courbet, M. P., Kazan, R. & Intartaglia, J. (2014). The Long-Term Effects of E-Advertising: The Influence of Internet Pop-Ups Viewed at a Low Level of Attention in Implicit Memory. *Journal of Computer-Mediated Communication*, 19(2), 274–293.

Domachowski, A., Griesbaum, J. & Heuwing, B. (2016). Perception and effectiveness of search advertising on smartphones. *Proceedings of the Association for Information Science and Technology*, 53(1), https://doi.org/10.1002/pra2.2016.14505301074.

eMarketer Editors. (2018). *Facebook Losing Younger Users: But not all are migrating to Instagram* (February 12, 2018). https://www.emarketer.com/content/facebook-losing-younger-users-at-even-faster-pace.

Goldstein, D. G., McAfee, R. P. & Suri, S. (2013). The Cost of Annoying Ads. In D. Schwabe, V. Almeida, H. Glaser, R. Baeza-Yates & S. Moon (Eds.), *WWW' 13: Proceedings of the 22nd International Conference on World Wide Web* (S. 459–470). ACM Press.

Gondorf, L. (2017). *Deutscher Markenreport 2017: Virtual & Augmented Reality im Marketing – große Erwartungen, aber wenig Know-how* (17. März 2017). Absatzwirtschaft. http://www.absatzwirtschaft.de/deutscher-markenreport-2017-virtual-augmented-reality-im-marketing-grosse-erwartungen-aber-wenig-know-how-101341/.

Google. (2021a). *General guidelines*. https://guidelines.raterhub.com/searchqualityevaluatorguidelines.pdf.

Google. (2021b). *Core Web Vitals-Bericht: Probleme mit der Nutzerfreundlichkeit Ihrer Website beheben*. https://support.google.com/webmasters/answer/9205520?hl=de.

Grabs, A., Bannour, K.-P. & Vogl, E. (2014). *Follow me! Erfolgreiches Social Media Marketing mit Facebook, Twitter und Co.* (3. Auflage). Galileo.

Griesbaum, J. (2019). (Social) Display Advertising. In F. Schade & U. Georgy (Hrsg.), *Praxishandbuch Informationsmarketing: Konvergente Strategien, Methoden und Konzepte* (S. 537–549). De Gruyter Saur.

Gundlach, G. T. & Wilkie, W. L. (2009). The American Marketing Association's New definition of Marketing: Perspective and Commentary on the 2007 Revision. *Journal of Public Policy & Marketing*, 28(2), 259–264. https://doi.org/10.1509%2Fjppm.28.2.259.

Hoffmann, D. L. & Fodor, M. (2010). Can You Measure the ROI of Your Social Media Marketing? *MIT Sloan Management Review*, 52(10), 40–49.

Hurst, A., Kane, S. K., Shaid, K. & Williams, M. A. (2014). Framing the conversation: The role of Facebook conversations in shopping for eyeglasses. In *CSCW '14: Proceedings of the 17th ACM conference on computer supported cooperative work & social computing* (S. 652–661). Association for Computing Machinery.

Jacobs, S. (2015). *3 Trends Marketers Need to Know About Location-based Advertising*. Street Fight. http://streetfightmag.com/2015/04/23/3-trends-marketers-need-to-know-about-location-based-advertising/#disqus_thread.

Jansen, B. J. & Mullen, T. (2008). Sponsored search: An overview of the concept, history, and technology. *International Journal of Electronic Business*, 6(2), 114–131.

Jansen, B. J. & Resnick, M. (2006). An examination of searcher's perceptions of nonsponsored and sponsored links during ecommerce Web searching. *Journal of the American Society for Information Science and Technology*, 57(14), 1949–1961.

Kantar (2019). *Ergebnisse der ARD/ZDF Onlinestudie 2019: Eine Grundlagenstudie im Auftrag der ARD/ZDF-Forschungskommission*. http://www.ard-zdf-onlinestudie.de/files/2019/Ergebnispraesentation_ARD_ZDF_Onlinestudie_PUBLIKATION_extern.pdf.

Kaushik, A. (2018). The Impact Matrix: A Digital Analytics Strategic Framework. *Occam's Razor*. https://www.kaushik.net/avinash/impact-matrix-digital-analytics-framework/.

Key, T. M. & Czaplewski, A. J. (2017). Upstream social marketing strategy: An integrated marketing communications approach. *Business Horizons*, 60(3), 325–333.

Kotler, P., Armstrong, G. & Opresnik, M. O. (2018). *Principles of Marketing* (Global Edition). Pearson education.

Krum, C. (2010). *Mobile Marketing: Finding Your Customers No Matter Where They Are*. Pearson Education.

Krusch, A. L. C., Uphaus, P. O. & Rau, H. (2020). Only Location: A Systematic Literature Review on Context Marketing. In *2020 IEEE International Symposium on Technology and Society (ISTAS 2020): Virtual Conference* (S. 204–209). Curran Associates, Inc.

Lagun, D., McMahon, D. & Navalpakkam, V. (2016). Understanding Mobile Searcher Attention with Rich Ad Formats. In *CIKM '16: Proceedings of the 25th ACM Conference on Information and Knowledge Management* (S. 599–608). Association for Computing Machinery.

Lewandowski, D. (2015). *Suchmaschinen verstehen*. Springer.

Lewandowski, D., Kerkmann, F., Rümmele, S. & Sünkler, S. (2018). An empirical investigation on search engine ad disclosure. *Journal of the Association for Information Science and Technology*, 69(3), 420–437.

Malaga, R. A. (2008). Worst practices in search engine optimization. *Communications of the ACM*, 51(12), 147–150.

Meffert, H., Burmann, C. & Kirchgeorg, M. (2015). *Marketing: Grundlagen marktorientierter Unternehmensführung, Konzepte, Instrumente, Praxisbeispiele* (12., überarbeitete und aktualisierte Auflage). Springer Gabler.

Moran, M. & Hunt, B. (2014). *Search Engine Marketing, Inc.: Driving Search Traffic to Your Company's Web Site* (3rd edition). IBM Press.

Moz (n. d.). *Google Algorithm Update History: A History of Major Google Algorithm Updates from 2000–Present*. http://moz.com/google-algorithm-change.

Müller, L., Griesbaum, J. & Mandl, T. (2013). Social Media relations in the German automotive market. In *Proceedings of the IADIS International Conference ICT, Society and Human Beings 2013 and IADIS International Conference E-Commerce 2013* (Section II, S. 19–26).

Nayak, P. (2021). MUM: A new AI milestone for understanding information. *The Keyword*. https://blog.google/products/search/introducing-mum/.

Sahni, N. S., Wheeler, S. C. & Chintagunta, P. (2018). Personalization in Email Marketing: The Role of Non-informative Advertising Content. *Marketing Science*, 37(2), 236–258.

Saura, J. R. (2021). Using Data Sciences in Digital Marketing: Framework, methods, and performance metrics. *Journal of Innovation & Knowledge*, 6(2), 92–102.

Sünkler, S. & Lewandowski, D. (2021). Den Einfluss der Suchmaschinenoptimierung messbar machen: Ein halb-automatisierter Ansatz zur Bestimmung von optimierten Ergebnissen auf Googles Suchergebnisseiten. In T. Schmidt & C. Wolff (Eds.), *Information between data and knowledge: Information science and its neighbors from data science to digital humanities. Proceedings of the 16th International Symposium of Information Science (ISI 2021), Regensburg, Germany, 8th–10th March 2021* (S. 273–298).

Thode, W., Griesbaum, J. & Mandl, T. (2015). „I would have never allowed it": User Perception of Third-party Tracking and Implications for Display Advertising. In F. Pehar, C. Schlögl & C. Wolff (Eds.), *Re: Inventing information science in the networked society. Proceedings of the 14th International Symposium on Information Science* (S. 445–456). Werner Hülsbusch.

Tuten, T. L. (2008). *Advertising 2.0: Social Media Marketing in a Web 2.0 World*. Praeger.

Winter, P., Alpar, P. & Geißler, C. (2014). When Does Brand Bidding Pay Off (Even) If Website Competition Is Low? In B. Tan, E. Karahanna & A. Srinivasan (Eds.), *Proceedings of the 35th International Conference on Information Systems*. Association for Information Systems (AIS).

Zhang, X., Kumar, V. & Cosguner, K. (2017). Dynamically Managing a Profitable Email Marketing Program. *Journal of Marketing Research*, 54(6), 851–866.

Frauke Schade & Ursula Georgy
E 7 Marketing für Informationseinrichtungen

1 Einleitung

Im Marketing werden gesellschaftliche, technologische, ökonomische und rechtliche Bedingungen und ihre aktuellen Entwicklungen sowie die Gegebenheiten vor Ort systematisch ausgelotet und bewertet, um Unternehmen sowie Organisationen an die sich stetig verändernden Anforderungen anzupassen. Marketing beschreibt dabei im Kern ein Führungskonzept und einen Prozess, bei dem auf der Grundlage einer Marktbewertung Strategien entwickelt werden, die alle Austauschbeziehungen zwischen Kund*innen und Unternehmen im operativen Marketing gestalten und deren Erfolg im Marketing-Controlling gemessen wird. Ziel des Marketings ist die Entwicklung gesellschaftlich relevanter Angebote, die sich von Wettbewerbern differenzieren, im besten Fall ein Alleinstellungsmerkmal aufweisen und erfolgreich auf dem Markt positioniert werden können (Meffert et al. 2019, S. 12, 14).

Vor dem Hintergrund der jeweiligen Branchen, ihrer spezifischen Marktstruktur und -dynamik sowie der besonderen Merkmale ihrer Güter und Zielgruppen muss Marketing differenziert und weiterentwickelt werden (Georgy & Schade 2019a, S. 2). In einer weit gefassten und generischen Definition wird Marketing heute als „universelles Konzept zur Beschreibung, Erklärung und Beeinflussung von Austauschprozessen und als Sozialtechnik verstanden, die sich auf alle Austauschprozesse zwischen Individuen und Gruppen anwenden lässt" (Meffert et al. 2019, S. 10). Dabei hat sich das Verständnis durchgesetzt, dass die Vermarktung von Gütern nur in serviceorientierten Umgebungen erfolgreich gelingen kann. Für Produkte und Dienstleistungen sind Mehrwerte im Rahmen des sogenannten institutionellen Marketings unverzichtbar (Meffert et al. 2019, S. 26). Die Wertorientierung des Unternehmens sowie der Anspruch, langfristige Beziehungen nicht nur mit Kund*innen, sondern mit sämtlichen Stakeholdern zu gestalten, spielen dabei eine zunehmend wichtige Rolle (Meffert et al. 2019, S. 15–17).

2 Implikationen für das Marketing von Informationseinrichtungen

Prägend für ein zeitgemäßes Marketingverständnis ist die Informatisierung von Unternehmen. Arnold & Knödler bringen dazu den Begriff der „informatisierten Service-Ökonomie" (Arnold & Knödler 2018, S. 22) ins Spiel, die auf einer Kombination von Informationen und Dienstleistungen beruht. Zur Bedeutung von Information in der Ökonomie sowie dem engen Zusammenhang von Informationen und Dienstleistungen stellen sie Folgendes heraus:

> Durch die Möglichkeit zur digitalen Erfassung, Kommunikation, Speicherung, Analyse und Schaffung von Informationen beschreibt die „informatisierte Service-Ökonomie" eine Welt, in der sich Akteure aus Privatwirtschaft (Haushalte und Unternehmen) und öffentlichem Sektor in einem Umfeld bewegen, das durch intelligente Umgebungen und smarte Technologien jederzeit Dienste bzw. Dienstleistungen verfügbar macht [...] (Arnold & Knödler, 2018, S. 22).

2.1 Information

Der Begriff Information ist aus verschiedenen Wissenschafts- und Forschungsdisziplinen mit unterschiedlichen Sichten belegt (Kuhlen 2013, S. 7). Aus der Vielzahl der Modelle und Konzepte ist für das Marketing vor allem der handlungsorientierte Informationsbegriff von Kuhlen relevant (s. Kapitel A 1 Information – ein Konstrukt mit Folgen), da sich daraus die zentralen Merkmale von Informationsdienstleistungen ableiten lassen. Die knappe Formel „Information ist Wissen in Aktion und Kontext" (Kuhlen 2013, S. 4) bringt das Wesentliche auf den Punkt. Kuhlen definiert Information als handlungs- bzw. entscheidungsrelevantes Wissen, das eingesetzt wird, um Ziele zu erreichen (Kuhlen 2013, S. 3, 7). Dabei qualifiziert er Information als flüchtig und verweist auf die Immaterialität von Information. Er zeigt damit zwei Implikationen auf, die für die Vermarktung von Information relevant sind:
1. Information ist immateriell und ihre Übertragung erfolgt mediengebunden;
2. Informationsarbeit ist eine Tätigkeit, bei der der Rezipient*innen eine gestaltende Rolle einnehmen und die Information im Kontext bewerten.

2.2 Informationsdienstleistungen

Charakteristisch an Dienstleistungen ist, dass sie Tätigkeiten darstellen, die als Ergebnis den Bedarf von Dritten decken, indem personelle, ideelle und/oder sachliche Ressourcen bereitgestellt werden. Dies setzt die Leistungsfähigkeit des Dienstleisters voraus. Prozess-, Ergebnis- und Potenzialorientierung sind die konstitutiven Merkmale von Dienstleistungen (Bruhn et al. 2019, S. 23). In Kombination mit Information können Informationsdienstleistungen definiert werden als „Potenziale, Prozesse und Produkte, die eingesetzt werden mit dem Ziel, den Informationsbedarf Dritter zu decken" (Rösch et al. 2019, S. 201; s. Kapitel A 10 Information Professionals). Rösch et al. stellen zumindest für Bibliotheken fest, dass sich „(b)ibliothekarische Aktivitäten […] grundsätzlich und durchgängig als Informationsdienstleistungen beschreiben" lassen (Rösch et al. 2019, S. 204). Die Vermarktung von Informationsdienstleistungen ist herausfordernd, da sowohl die besonderen Merkmale von Dienstleistungen als auch die von Information bzw. Informationsgütern berücksichtigt werden müssen.

2.3 Informationsökonomie

Mit Unsicherheitsfaktoren aufgrund von Informationsasymmetrien bei marktbezogenen Transaktionen beschäftigt sich im Kern die Informationsökonomie (Meffert et al. 2019, S. 35). In der Informationsökonomie werden Güter nach Such-, Erfahrungs- und Vertrauenseigenschaften systematisiert, um daraus Erkenntnisse für die Vermarktung abzuleiten (Bruhn et al. 2019, S. 105; Meffert et al. 2019, S. 36). Immaterielle Güter haben hohe Anteile an Vertrauens- und Erfahrungseigenschaften, weshalb das Qualitätsmanagement dort auch eine besonders zentrale Rolle einnimmt. Zeithaml et al. (1992, S. 62) zeigten bereits in den 1980er Jahren, dass die Erfüllung der Kund*innenerwartungen entscheidend die Qualitätsbewertung von Dienstleistungen prägt. Die hohen Anteile an Vertrauens- und Erfahrungseigenschaften weitgehend immaterieller Leistungen führen zu

Bewertungsunsicherheiten, da sich Qualität und Brauchbarkeit des Informationsguts nicht unmittelbar erschließen. Qualität entsteht dabei vor allem durch den Vergleich von erwarteter und wahrgenommener Leistung seitens der Nachfrager*innen und ist subjektiv.

Daraus resultiert eine ungleiche Informationsverteilung zwischen Anbieter*innen und Nachfrager*innen, die als Informationsasymmetrie bezeichnet wird: Anbieter*innen wissen mehr über das Gut als Nachfrager*innen. Für den/die Nachfrager*in resultiert aus dieser Informationsasymmetrie ein höherer Aufwand, das Informationsdefizit auszugleichen, um eine sichere und effiziente Entscheidung über die Eignung des Informationsguts und den Aufwand einer Beschaffung zu treffen. Das Informationsdefizit ist umso größer, je höher die Anteile an Erfahrungs- und Vertrauenseigenschaften sind. Von hoher Bedeutung sind deshalb für das Marketing von Informationseinrichtungen und ihrer Angebote Markenführung und -kommunikation (Linde 2012, S. 112–213; Meffert et al. 2019, S. 35; Schade 2016, S. 93–95).

Die dualen Gütereigenschaften von Information, deren Weitergabe immer mediengebunden erfolgt, führen zu weiteren Merkmalen und Effekten, die bei der Vermarktung berücksichtigt werden müssen. Bei digitalen Informationsressourcen können identische Kopien ohne Qualitätsverluste angefertigt werden. Information kann orts- und zeitunabhängig zur Verfügung gestellt werden. Sie stellt damit – zumindest in der Phase der Verbreitung – ein öffentliches Gut dar, das jedem zur Verfügung stehen kann (Linde 2012, S. 125). Aufgrund des geringen Produktionsaufwands digitaler Informationsgüter sind die Skaleneffekte des *First Copy Cost*-Effekts besonders ausgeprägt (Linde 2012, S. 108, 109). Der *First Copy Cost*-Effekt führt zu einer zunehmenden Verfügbarkeit digitaler Güter und zu neuen Wertschöpfungsprozessen. Gute Qualität wird dabei häufig von schlechter Qualität verdrängt, weil kostenfreie Information schneller und ohne aufwändige Redaktions- und Qualitätssicherungsprozesse publiziert werden kann (Linde 2012, S. 114). Dies kann zu Marktversagen führen (Schade 2016, S. 102).

Insbesondere bei Informationsanbieter*innen mit öffentlichem Auftrag ist eine weitere gütertypologische Einordnung notwendig. Öffentlich finanzierte Einrichtungen verfolgen mit ihrem Angebot wohlfahrtsorientierte Zielsetzungen. Die öffentliche Hand greift hier gezielt in den Markt ein, weil das Angebot als so relevant eingeschätzt wird, dass es Bürger*innen unabhängig von einer Gegenleistung zur Verfügung stehen soll. Meritorische Güter leisten einen Beitrag zur Daseinsvorsorge, zu Forschung, Bildung, Gesundheit, Freizeit oder Kultur. Ihre öffentliche Subventionierung muss sich jedoch durch den kollektiven Wert und die Erfüllung eines relevanten Gemeinschaftsinteresses legitimieren (Bekmeier-Feuerhahn et al. 2014, S. 33). Legitimität kann nur durch die Zuschreibung von Akzeptanz durch Dritte erworben werden; sie entsteht in den Arenen öffentlicher Meinungsbildung. Informationsanbieter*innen müssen hier zeigen, was sie ausmacht und welchen Beitrag sie zur Informationsversorgung und -vermittlung leisten, was sie von Wettbewerbern auf dem Informationsmarkt und in der Finanzierungskonkurrenz zu anderen öffentlich finanzierten Einrichtungen auszeichnet, was ihr Mehrwert und im besten Fall ihr Alleinstellungsmerkmal ist. Legitimität wird dabei stets neu verhandelt und und wird an der Fähigkeit gemessen, aktuelle Entwicklungen zu antizipieren und sich dazu mit einem innovativen und bedarfsgerechten Angebot zu positionieren (Sandhu 2014, S. 1164).

3 Informationsmarketing und Marketing-Management-Prozess

Angelehnt an die generische Marketingdefinition kann Informationsmarketing als systematischer Prozess verstanden werden, der auf der Grundlage der Marketingforschung Strategien für die Vermarktung von Informationen und Informationsdienstleistungen entwickelt, sie im operativen Marketing umsetzt und ihren Erfolg im Marketingcontrolling bewertet. Den Hintergrund bilden dabei die besonderen Merkmale von kommerziellen und meritorischen Informationsgütern auf dem Informationsmarkt. Um der hohen Innovationsdynamik auf Informationsmärkten zu entsprechen, zielt ein konvergentes Marketingverständnis dabei auf eine horizontale und vertikale Durchdringung von Strategien und Techniken in einer 360-Grad-Perspektive ab (Georgy & Schade 2019a, S. 7).

3.1 Marketingforschung und Marktsegmentierung

Ziel der Marketingforschung ist es, Entwicklungen und Trends frühzeitig zu erkennen, um sie für Informationseinrichtungen als Chancen bzw. Risiken zu bewerten und für die Strategieentwicklung und Positionierung zu nutzen (Seidler-de Alwis 2012, S. 135). Marketingforschung leistet die systematische Erhebung, Analyse und Bewertung von Informationen über Beschaffungs- und Absatzmärkte im Kontext gesellschaftlicher und technologischer Entwicklungen sowie in ihren spezifischen rechtlichen und politischen Rahmenbedingungen. Sie liefert die Entscheidungsgrundlagen für die Profilierung von Angeboten im strategischen und operativen Marketing (Meffert et al. 2019, S. 167).

Zur Marketingforschung gehört die Marktsegmentierung. Als Marktsegmentierung wird „die Aufteilung eines Gesamtmarktes in bezüglich ihrer Marktreaktion intern homogene, untereinander jedoch heterogene Untergruppen (Marktsegmente) verstanden" (Bruhn et al. 2019, S. 190). Segmentierungskriterien werden folgendermaßen klassifiziert:
- Soziodemografische Kriterien: Alter, Geschlecht, Familienstand, Haushaltsgröße;
- Sozioökonomische Kriterien: Ausbildung, Beruf und Einkommen;
- Psychografische Kriterien: Werte, Einstellungen, Lebensstil;
- Verhaltensorientierte Kriterien: Beobachtbare Verhaltensäußerungen wie Mediennutzungspräferenzen, Informationsverhalten;
- Geografische Kriterien: Ortsteile, Kommunen, Regionen, Bundesländer, Länder (Bruhn et al. 2019, S. 192, 194).

Welche Kriterien zur Bestimmung der Marktsegmente herangezogen werden, ist abhängig von der zugrunde liegenden Fragestellung. An die Bildung von Marktsegmenten stellen sich zwei zentrale Anforderungen: Marktsegmente müssen im Vorfeld so definiert werden, dass sie sich im Hinblick auf die eingesetzten Marketinginstrumente im Marketing-Mix möglichst homogen verhalten und sich darin maßgeblich von anderen Marktsegmenten unterscheiden. Um längerfristige Prognosen sicherzustellen, sollten die Marktsegmente darüber hinaus über einen längeren Zeitraum stabil sein und eine hinreichende Größe haben (Meffert et al., 2019, S. 221–222).

Im Hinblick auf die Segmentierung werden Daten aus der *Primärforschung* und Auswertungen von *Sekundärforschung* genutzt. Durch *Big Data* gewinnen zunehmend Methoden zur Erhebung und Analyse großer, unstrukturierter Datenmengen und die Personalisierung von Angeboten an Relevanz (Schade 2019, S. 76, 82).

3.2 Strategisches Marketing und Markenführung

Die Marketingstrategie bildet den Kern des Marketingmanagements und beinhaltet den langfristigen und umfassenden Plan, die Informationseinrichtung zukunftsfähig mit ihren Angeboten am Markt zu positionieren. Die Strategieentwicklung ist insgesamt ein deduktiver Prozess, der – ausgehend von der Zielformulierung der Informationseinrichtung – Handlungspläne entwickelt, die operativ in strategischen Geschäftsfeldern umgesetzt und im Marketingcontrolling bewertet werden (Bruhn et al. 2019, S. 210).

Marketingziele leiten sich aus den übergeordneten Zielsetzungen der Einrichtung ab. Sie formulieren das, was bei den verschiedenen Kund*innengruppen mit dem Einsatz der verschiedenen Marketinginstrumente erreicht werden soll (Meffert et al. 2019, S. 292). Systematisiert werden Marketingziele in ökonomische und psychografische Marketingziele. *Ökonomische Marketingziele* korrelieren mit ökonomischen Unternehmenszielen. Für öffentlich finanzierte Informationseinrichtungen haben sie eine geringe Relevanz. *Psychografische Marketingziele* hingegen sind ausgerichtet auf eine Änderung der Einstellung und des Nachfrageverhaltens. Zu den psychografischen Marketingzielen zählen beispielsweise die Erhöhung des Bekanntheitsgrades, die Profilierung des Images, Einstellungsänderungen im Hinblick auf das Vermarktungsgut, die Steigerung der Nachfrage sowie die Erhöhung von Kund*innenzufriedenheit und -bindung. Zudem gewinnen ökologische und soziale Marketingziele an Relevanz, die festlegen, wie Informationseinrichtungen und ihre Angebote im Hinblick auf Nachhaltigkeitsziele konkretisiert werden können (Meffert et al. 2019, S. 292–293).

3.2.1 Markenführung für Informationsmarken

Zum strategischen Marketing gehört die Markenführung, die im Wettbewerb um Aufmerksamkeit als eines der herausforderndsten Felder gilt. Aufgrund der besonderen Merkmale von Informationsgütern ist sie für Informationseinrichtungen von besonderer Relevanz. Ziel der Markenführung ist es, die Bekanntheit von Informationseinrichtungen und -angeboten zu steigern und ihr Image zu profilieren (Schade 2016, S. 128). Marken werden dabei als „Vorstellungsbilder in den Köpfen der Anspruchsgruppen [verstanden], die eine Identifikations- und Differenzierungsfunktion übernehmen und das Wahlverhalten prägen" (Esch 2017, S. 21).

Bei der Markenentwicklung hat sich der identitätsorientierte Ansatz durchgesetzt, bei dem zwischen Markenimage und Markenidentität differenziert wird (Meffert et al. 2019, S. 265). Das *Markenimage* stellt in diesem Ansatz die Wirkungsebene aufseiten der Zielgruppen dar und zeigt, wie die Marke wahrgenommen wird, welche Assoziationen emotional und kognitiv dazu gebildet werden können und wie relevant die Marke für Rezipient*innen ist. Dabei ist das Markenimage sowohl objektiv als auch subjektiv. Es drückt sich in Wissen, Einstellungen und Verhalten aus (Schade 2012, S. 347). Erfolgsfaktoren starker Marken sind ihre Einzigartigkeit und ihr differenzierendes Potenzial im Hinblick auf Wettbewerbsmarken. Darüber hinaus kommunizieren starke Marken nicht nur rational, sondern vor allem emotional. Sie stiften Vertrauen, Identifikation und haben für Rezipient*innen eine Bedeutung. Insgesamt zeigen erfolgreiche Marken Kontinuität, Kohärenz und Konsistenz bei der Erweiterung des Markenportfolios und über die Kommunikationskanäle hinweg, um langfristig Erinnerungswirkungen aufbauen zu können (Schade, 2016, S. 154–155).

Die *Markenidentität* stellt die Aktionsebene der Informationseinrichtung bzw. ihrer Angebote dar und definiert die zentralen Merkmale der Marke: „Die Markenidentität bringt zum Ausdruck, wofür eine Marke steht. Sie umfasst die essentiellen und wesensprägenden Merkmale einer Marke." (Esch 2017, S. 79). Markenidentitäten werden anhand von Modellen entwickelt, die auf die imageprägenden Eigenschaften der Marke prägnant fokussieren. Das Markenmodell von Esch umfasst vier Quadranten, die die Eigenschaften der Markenidentität auf den Punkt bringen (Esch 2017, S. 97) (s. Abbildung 1).

Abb. 1: Markenmodell (Markensteuerrad) (in Anlehnung an Esch 2017, S. 98)

Die *Markenkompetenz* bildet den Markenkern und definiert die zentralen Markenwerte. Sie steht in einem engen Bezug zur Geschichte, Herkunft und Vision des Unternehmens und bildet das Fundament der Markenidentität. Im *Markennutzen* wird angestrebt, der Marke eine Bedeutung aus Sicht der Rezipient*innen zu geben. Die *Markenattribute* beschreiben die Leistungsmerkmale. Die *Markentonalität* steht bei Dienstleistungsmarken in einem engen Zusammenhang sowohl zur Herkunft der Marke als auch zur Vision und Zweckbestimmung des Unternehmens. Das *Markenbild* umfasst schließlich alle visuellen und modalspezifischen Eigenschaften der Marke (Esch 2017, S. 99–103).

Marken können für eine Informationseinrichtung als Dach- bzw. Unternehmensmarke, für strategische Geschäftsfelder als Familienmarke oder für einzelne Angebote als Einzelmarke entwickelt werden. Wesentlich ist, dass die Nichtmarkierbarkeit von Informationsgütern berücksichtigt wird und Imagetransfereffekte angestrebt werden. Insbesondere für öffentlich finanzierte Informationseinrichtungen stellt sich zudem die Herausforderung, dass diese häufig eingebunden sind in die Dachmarkenstrategie des Trägers. Hier müssen Markenportfoliostrategien gemeinsam mit den Trägern entwickelt werden, die die Sichtbarkeit der Informationseinrichtung und ihrer Angebote sicherstellen (Schade 2016, S. 176–178).

3.2.2 Markenpositionierung

Bei der Markenpositionierung wird die Markenidentität in positionierungsrelevanten Eigenschaften weiter ausdifferenziert, sodass sich die Marke möglichst klar von Wettbewerbern abgrenzt und möglichst präzise auf die Bedarfe von Zielgruppen antwortet. Die Sollpositionierung zeigt dabei die ideale Positionierung der Marke aus Sicht der Informationseinrichtung im Vergleich zu Wettbewerbsmarken auf, wobei die einzelnen Dimensionen die relevanten Eigenschaften der Informationseinrichtung oder ihrer Angebote wiedergeben. Diese können sich bspw. auf die Informations- und/oder Beratungsqualität, die Angebotsbreite und -tiefe, die Lieferschnelligkeit oder die Innovationsbereitschaft der Einrichtung beziehen (Esch 2017, S. 116; Esch 2019, S. 202, 204). In einer differenzierteren Betrachtung können auch Ist- und Sollpositionierungen ausgearbeitet werden, um den Entwicklungsbedarf aufzuzeigen. Auf der Grundlage der Markenpositionierung werden dann Marketingstrategien definiert, die im operativen Marketing umgesetzt werden.

3.3 Marketing-Mix und Omnichannel-Marketing

Im operativen Marketing wird die Marketingstrategie umgesetzt. Ziele und Kund*innen im Fokus ist der Modus des operativen Marketings das konkrete Handeln. Im Mittelpunkt stehen alle Austauschprozesse zwischen Kund*innen und Informationsreinrichtung, die im Marketing-Mix umgesetzt werden. Dieser bezieht sich im Kern auf die Produkt-/Leistungs-, Preis-, Distributions- und die Kommunikationspolitik. Um den besonderen Merkmalen von Informationsgütern gerecht zu werden, wird der Marketing-Mix um die Politiken Personal, Ausstattung und Prozess erweitert (Bruhn et al. 2019, S. 490–491).

3.3.1 Leistungspolitik

Herzstück des operativen Marketings ist die Leistungspolitik, die alle Strategien zur Modifikation, Differenzierung, Variation, Innovation und Eliminierung von Leistungen umfasst. Es sind die Kernleistungen der Informationseinrichtung, die in den Funktionen Sammeln, Archivieren, Erschließen, Bereitstellen und Vermitteln verortet sind. Weiterhin relevant sind Mehrwerte sowie die die Externalisierung von Leistungen durch die Einbindung von Kund*innen (Bruhn et al. 2019, S. 505–506).

Von großer Bedeutung sind *Mehrwerte*. Während Kernleistungen zu den originären Geschäftsfeldern einer Informationseinrichtung gehören, die von Kund*innen erwartet werden, stiften Mehrwerte einen Zusatznutzen, der so nicht erwartet wird. Die Bedeutung von Mehrwerten resultiert aus der Tatsache, dass infolge zunehmender Leistungsgleichheit insbesondere bei Produkten eine Differenzierung am Markt fast nur noch durch Mehrwerte erreicht werden kann (Bruhn et al. 2019, S. 505). Bei Informationsgütern lassen sich Mehrwerte vor allem durch investive Leistungen schaffen, die kollaborativ und arbeitsteilig entstehen.

3.3.2 Distributionspolitik

In der Distributionspolitik werden die Absatzkanäle von Leistungen in ihrer zeitlichen und räumlichen Erreichbarkeit gestaltet. Es gilt, den Zugang zu Leistungen zu optimieren. Ziele sind die Optimierung von Lieferzeit, Lieferbereitschaft und Lieferzuverlässigkeit (Bruhn et al. 2019, S. 667–668).

Das Portal ist heute das zentrale Medium im Marketing von Informationseinrichtungen. Ihm kommt sowohl eine informierende als auch eine imageprägende Funktion zu. Werden Angebote über das Portal vertrieben, wird das Portal zudem zum Absatzkanal. Das Portal richtet sich an alle internen und externen Zielgruppen. Gleichermaßen integriert und präsentiert das Portal alle eingesetzten digitalen Kommunikations- und Distributionskanäle der internen und externen Kommunikation; alle digitalen Kommunikationsinstrumente verlinken wiederum auf das Portal (Bruhn et al. 2019, S. 389).

3.3.3 Ausstattungspolitik

Die Gestaltung der Service- und Aufenthaltsqualität vor Ort ist der Ausstattungspolitik zuzuordnen. Ziel ist es, Kund*innen zum Hereinkommen, Verweilen und Wiederkommen zu animieren und eine optimale Orientierung innerhalb der Räumlichkeiten sowie hinsichtlich der Angebote zu gewährleisten. Im Hinblick auf die Orientierung im Raum und die schnelle Auffindbarkeit von Angeboten geht es um Raumgestaltung, Wegeführung, Präsentationslogik und die Unterstützung der Auffindbarkeit durch Leit- und Orientierungssysteme. Hinsichtlich der atmosphärischen Qualität stehen Interieur, Dekoration, Farb- und Lichtgestaltung sowie die Verwendung von akustischen und haptischen Stimuli im Fokus, um Einfluss auf die empfundene Aufenthaltsqualität zu nehmen (Georgy & Schade 2019b, S. 241–242).

3.3.4 Kommunikationspolitik

Die Kommunikationspolitik umfasst Mediawerbung, Direktkommunikation, Veranstaltungsarbeit, Medienarbeit sowie Social-Media-Kommunikation. Eine gute interne Kommunikation gilt als Voraussetzung für eine erfolgreiche externe Kommunikation. Ziel ist es, die Sichtbarkeit von Leistungen zu erhöhen, sie bei Zielgruppen bekannt zu machen und die Nachfrage zu steigern. Bei Informationsgütern geht es vor allem darum, Wert und Qualität der Angebote darzustellen (*Signaling*). Zu den weiteren Zielen gehören die Profilierung des Markenimages durch den Aufbau von Glaubwürdigkeit und Vertrauen sowie die Pflege von Beziehungen und die Kundenbindung (Bruhn et al. 2019, S. 566).

3.3.5 Alleinstellungsmerkmale mittels Omnichannel-Strategie kommunizieren

Für Informationseinrichtungen ergeben sich neue Herausforderungen, denn ein Alleinstellungsmerkmal mit den dazugehörigen Angeboten muss künftig auch entsprechend schlüssig kommuniziert werden. Bisher ist in Informationseinrichtungen eine Multichannel-Strategie üblich, d. h., die Kund*innen können verschiedene Kanäle, die nicht oder nur gering miteinander verknüpft sind, unabhängig und nebeneinander voneinander nutzen, was jedoch zu Medienbrüchen und Informationsverlusten führen kann. Eine Omnichannel-Strategie hingegen unterstützt das sogenannte Channel-Hopping und bietet den Kund*innen eine Multioptionalität bei der Auswahl und Nutzung der Angebote, was zu einer erhöhten Kund*innenloyalität führen soll. *Omni* bedeutet in diesem Kontext nicht, dass sämtliche Kanäle „bespielt" werden, sondern dass die relevanten Kanäle und Endgeräte sinnvoll miteinander verknüpft werden (Hölter & Schmidt-Ross 2020). Für die Kund*innen bedeutet dies, dass sie während ihres „Kaufprozesses" nahtlos von Kanal zu Kanal wechseln können. Dargestellt wird dieses Omnichannel-Marketing in Abbildung 2 und an folgendem theoretischen Szenario:

- Eine Interessentin für eine Dienstleistung wird z. B. über Social Media auf ein interessantes Angebot aufmerksam, so wird sie von dort aus direkt auf die Website gelangen, um sich über Details zu informieren und zu schauen, ob das Angebot verfügbar ist.
- Sie stellt fest, dass es insgesamt mehrere Angebote zu dem Themenbereich gibt, die für sie infrage kommen, weshalb sie sich gerne beraten lassen möchte. Sie macht online einen Beratungstermin mit einer Person aus der Informationseinrichtung aus und lässt sich gleichzeitig das von ihr favorisierte Angebot schon einmal vormerken, um es auf jeden Fall in Anspruch nehmen zu können.
- Sie erwartet eine hohe Qualität bei der Beratung. Am Ende der Beratung kann sich die Interessentin eindeutig für ein Angebot entscheiden und wandelt ihre Vormerkung mittels *Click and Reserve* in eine verbindliche Bestellung um.
- Um das Angebot zu bezahlen, werden verschiedene Möglichkeiten angeboten: per PayPal, Rechnung, Kreditkarte etc.
- Anschließend stöbert sie online weiter im Angebot der Einrichtung und findet ein weiteres interessantes Angebot: ein Seminar, das kürzlich stattgefunden hat. Sie kann sich als Interessentin für dieses Angebot eintragen, obwohl es eigentlich für das nächste halbe Jahr nicht vorgesehen ist. Mit ihrer Eintragung erscheint das Seminar in einer Rubrik *Seminare on Demand*, und auch andere Interessent*innen können sich für das Seminar vormerken lassen. Sobald eine Mindestanzahl an Vormerkungen erreicht ist, wird dieses Seminar zusätzlich in das Programm aufgenommen. Das begeistert die Kundin.
- Ist die Kundin im Portal der Einrichtung eingeloggt, kann sie ihre gesamte Anfrage und Buchungs-/Kaufhistorie einsehen.
- Während der Inanspruchnahme der Dienstleistung postet sie ein Foto auf Instagram und folgt dem Anbieter auf den verschiedenen Social-Media-Kanälen, um keine interessanten Angebote mehr zu versäumen...

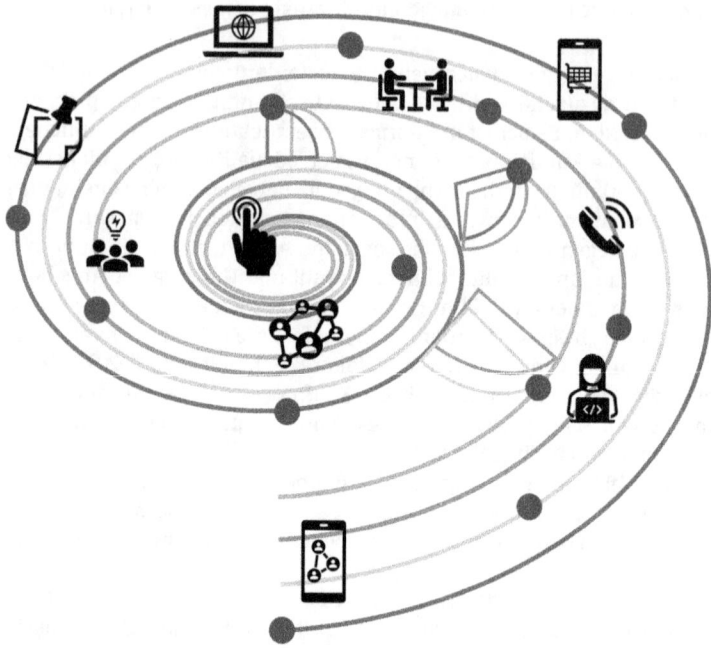

Abb. 2: Omnichannel-Marketing (in Anlehnung an G2, Affde 2020)

4 Fazit

Der Beitrag stellt Marketing als Führungskonzept in den Fokus, das entlang des Marketing-Management-Prozesses strategisch ausgerichtet ist und die Vermarktung der Informationseinrichtung sowie ihrer Services in den Blick nimmt. Es müssen die informationsökonomischen Merkmale und die Immaterialität ihrer Güter berücksichtigt werden. Markenführung, Mehrwerte durch Serviceexzellenz sowie die umfassende Perspektive des Omnichannel-Marketings haben beim institutionellen Informationsmarketing eine herausragende Bedeutung. Weitere Marketing-Praktiken lassen sich in diesen Marketing-Ansatz integrieren. Um der hohen Innovationsdynamik auf Informationsmärkten zu entsprechen, ist es jedoch unverzichtbar, dass Strategien und Techniken in einem konvergenten Marketing und in einer 360-Grad-Perspektive realisiert werden.

5 Literaturverzeichnis

Affde (2020). *5 Entscheidende Taktiken für den Erfolg des Omni-Channel-Marketings im Jahr 2020* (29. Dezember 2020). https://www.affde.com/de/omni-channel-marketing-in-2020.html.

Arnold, H. & Knödler, C. (Hrsg.) (2018). *Die informatisierte Service-Ökonomie Veränderungen im privaten und öffentlichen Sektor.* Springer Gabler.

Bekmeier-Feuerhahn, S., Ober-Heilig, N. & Brinker, H. C. (2014). *Kulturmarketing. Theorien, Strategien und Gestaltungsinstrumente*. Schäffer-Poeschel Verlag.

Bruhn, M., Meffert, H. & Hadwich, K. (2019). *Dienstleistungsmarketing: Planung – Umsetzung – Kontrolle*. Springer Gabler. https://doi.org/10.1007/978-3-658-17233-6.

Esch, F.-R. (2017). *Strategie und Technik der Markenführung*. Vahlen Verlag.

Esch, F.-R. (2019). Markenpositionierung als Grundlage der Markenführung. In F.-R. Esch (Hrsg.), *Handbuch der Markenführung* (S. 201–234). Springer Gabler.

Georgy, U. & Schade, F. (2019a). Einleitung. In F. Schade & U. Georgy (Hrsg.), *Praxishandbuch Informationsmarketing: Konvergente Strategien, Methoden und Konzepte* (S. 1–11). De Gruyter Saur. https://doi.org/10.1515/9783110539011-001.

Georgy, U. & Schade, F. (2019b). Einführung in das Operative Marketing und aktuelle Entwicklung. In F. Schade & U. Georgy (Hrsg.), *Praxishandbuch Informationsmarketing: Konvergente Strategien, Methoden und Konzepte* (S. 233–248). De Gruyter Saur. https://doi.org/10.1515/9783110539011-016.

Hölter, A.-K. & Schmidt-Ross, I. D. (2020). Omni Channel Management und Customer Journey. In L. Binckebanck, A.-K. Hölter & A. Tiffert (Hrsg.), *Führung von Vertriebsorganisationen: Strategie – Koordination – Umsetzung* (2. Auflage, S. 107–124). Springer Gabler. https://doi.org/10.1007/978-3-658-26727-8_5.

Kuhlen, R. (2013). Information – Informationswissenschaft. In R. Kuhlen, W. Semar & D. Strauch (Hrsg.), *Grundlagen der praktischen Information und Dokumentation: Handbuch zur Einführung in die Informationswissenschaft* (S. 1–24). De Gruyter Saur. https://doi.org/10.1515/9783110258264.

Linde, F. (2012). Märkte für Information. Ökonomische Besonderheiten. In U. Georgy & F. Schade (Hrsg.), *Praxishandbuch Bibliotheks- und Informationsmarketing* (S. 103–134). De Gruyter Saur.

Meffert, H., Burmann, C., Kirchgeorg, M. & Eisenbeiß, M. (2019). *Marketing: Grundlagen marktorientierter Unternehmensführung Konzepte – Instrumente – Praxisbeispiele* (13., überarbeitete und erweiterte Auflage). Springer Fachmedien Wiesbaden. https://doi.org/10.1007/978-3-658-21196-7.

Rösch, H., Seefeldt, J. & Umlauf, K. (2019). *Bibliotheken und Informationsgesellschaft in Deutschland. Eine Einführung* (3. Auflage). Harrassowitz Verlag.

Schade, F. (2012). Markenentwicklung für Bibliotheken. In U. Georgy & F. Schade (Hrsg.), *Praxishandbuch Bibliotheks- und Informationsmarketing* (S. 341–365). De Gruyter Saur.

Schade, F. (2016). *Praxishandbuch Digitale Bibliotheksdienstleistungen. Strategie und Technik der Markenkommunikation*. De Gruyter Saur. https://doi.org/10.1515/9783110346558.

Schade, F. (2019). Age of the Customer: Interne und externe Daten zur Beschreibung von Zielkunden und ihre Eignung für die Marktsegmentierung. In F. Schade & U. Georgy (Hrsg.), *Praxishandbuch Informationsmarketing: Konvergente Strategien, Methoden und Konzepte* (S. 71–90). De Gruyter Saur. https://doi.org/10.1515/9783110539011-006.

Sandhu, S. (2014). Public Relations und gesellschaftliche Kommunikation. Legitimation im Diskurs. In A. Zerfaß & M. Piwinger (Hrsg.), *Handbuch Unternehmenskommunikation: Strategie. Management. Wertschöpfung*. Springer Gabler.

Seidler-de Alwis, R. (2012). Methoden der Marketingforschung für Bibliotheken und Informationseinrichtungen. In U. Georgy & F. Schade (Hrsg.), *Praxishandbuch Bibliotheks- und Informationsmarketing* (S. 135–158). De Gruyter Saur.

Zeithaml, V. A., Parasuraman, S. & Berry, L. (1992). *Qualitätsservice: Was Ihre Kunden erwarten – was Sie leisten müssen*. Campus Verlag.

Isabella Peters
E 8 Social Media & Social Web

1 Einleitung

Das Informationsverhalten wird heute in einem hohen Maße durch das Social Web geprägt. Im Jahr 2021 nutzten 59 % der deutschsprachigen Bevölkerung zumindest selten Social Media, knapp die Hälfte (47 %) nutzt sie einmal wöchentlich und fast ein Drittel (31 %) täglich. Facebook ist die meistgenutzte Social-Media-Anwendung (Bleisch & Koch 2021).

Das Social Web ist mittlerweile in derart viele Lebensbereiche der heutigen Gesellschaft vorgedrungen, dass nur eine ganzheitliche Betrachtung seiner komplexen Wirkweisen genügend Handlungswissen hervorbringen kann. Insbesondere Social Media ist ein interdisziplinärer Forschungsgegenstand geworden – Burgess et al. (2017, S. 1) sprechen sogar von einem *social media paradigm*.

2 Begriffliche Abgrenzung

2.1 Web 2.0

Entstanden ist der Begriff Web 2.0 im Jahr 2004 als Benennung für eine Konferenz (O'Reilly 2005), die die neuesten Entwicklungen im Internet und World Wide Web (WWW) vorstellte. Seither wurde über die Angemessenheit dieser Bezeichnung kontrovers diskutiert – kontrovers, weil „2.0" eine Verbesserung oder ein Versionsupdate, z. B. bei Software, impliziert, die hier nicht gegeben ist. Zudem waren manche Systeme, die unter Web 2.0 subsumiert werden, schon längst im Betrieb, z. B. Wikis (Stevenson 2017).

Das Update bezieht sich auf die konzeptionelle Neufassung des Webs. Es stehen nicht mehr die statischen Webseiten zum reinen Informationskonsum im Mittelpunkt, sondern die Optionen, die es den Nutzenden erlauben, schnell und einfach selbst Inhalte zu generieren und im Web bereitzustellen; und das dank erschwinglichen Breitbandanschlüssen, Speichermedien und Endgeräten sowie niedrigschwelligen *User Interfaces*, die Inhalte, Navigationselemente und Technik voneinander trennen, in großem Umfang. Das Web 2.0 umfasst alle Aktivitäten und technischen Voraussetzungen, die es den Nutzenden des Webs ermöglichen, selbst *User-generated Content* (UGC; s. Abschnitt 1.4) in Form von Profilen, *Bookmarks*, Fotos, Videos, Kommentaren etc. im Web zu veröffentlichen, anderen Nutzenden zugänglich zu machen sowie mit anderen Nutzenden zu kommunizieren. Das Web hat sich von einem objekt-zentrierten (1.0) zu einem nutzer-zentrierten Web (2.0) entwickelt (Danowski & Heller 2006).

Technologisch ist das Web nun eine Plattform, die mit Hilfe von Flash und *Asynchronous Java Script (AJAX)* ein interaktives Nutzungserlebnis ermöglicht und den Eindruck einer Desktop-Anwendung erzeugt. Dieses Prinzip führt dazu, dass eine Medienkonvergenz stattfindet: Das Web ist das zentrale Transportmittel über das sowohl „traditionelle" Medien wie Zeitung oder Radio verbreitet werden als auch web-spezifische Formate, wie *Blogs* oder *Tweets*.

2.2 Social Software

In gewisser Konkurrenz zu Web 2.0 wurde der Begriff *Social Software*, auch manchmal synonym, genutzt, um Softwaresysteme zu beschreiben, „welche die menschliche Kommunikation und Kollaboration unterstützen" (Bächle 2006, S. 121) sowie die Vernetzung zwischen Nutzenden ermöglichen. Folgt man diesen Definitionen, wird klar, dass Social Software damit auch außerhalb des Webs stattfinden kann (z. B. in Newsgroups oder E-Mail). In Peters (2009) wurde Social Software als konstituierender Bestandteil des Web 2.0 angesehen, der sich in drei Anwendungsbereichen manifestiert: 1) Kommunikation und Kontakte knüpfen, 2) Aufbau einer Wissensbasis und 3) Ressourcenmanagement.

2.3 Social Media

Genauso wie Web 2.0 versucht der Begriff *Social Media* eine Bandbreite an Werkzeugen und Plattformen zu umschreiben, die jedoch sehr unterschiedlich und zudem einer stetigen technologischen Weiterentwicklung unterworfen sind. Anhand interdisziplinärer Handbücher zu Social Media lassen sich drei Kernideen destillieren:
- Burgess et al. (2017): „By social media technologies, we mean those digital platforms, services and apps built around the convergence of content sharing, public communication, and interpersonal connection." (S. 1)
- McCay-Peet & Quan-Haase (2017): „Social media are web-based services that allow individuals, communities, and organizations to collaborate, connect, interact, and build community by enabling them to create, co-create, modify, share, and engage with user-generated content that is easily accessible." (S. 17)
- Taddicken & Schmidt (2017): „Sammelbegriff für Angebote auf Grundlage digital vernetzter Technologien, die es Menschen ermöglichen, Informationen aller Art zugänglich zu machen und davon ausgehend soziale Beziehungen zu knüpfen oder zu pflegen." (S. 8)
- Stumpp & Michelis (2021): „Soziale Medien bezeichnen eine Vielfalt von Anwendungen, welche die Gemeinsamkeit aufweisen, es Menschen zu ermöglichen, Informationen aller Art zu verbreiten. Ihre Besonderheit liegt in der Entstehung durch ihren gemeinsamen Gebrauch und den daraus resultierenden sozialen Interaktionen." (S. 23)

Die Aspekte Kommunikation, Vernetzung und Zugänglichmachung von Inhalten sind zentral für die Definition von Social Media und dienen der Abgrenzung von traditionellen (Massen-)Medien. Mit Social Media kann jede Person Mitteilungen senden – es ist lediglich ein Internetzugang, ein Browser und eine entsprechende Plattform notwendig. Social Media bieten das Umfeld, in dem UGC (s. Abschnitt 1.4) entstehen und in dem Nutzerinteraktionen „fassbar" werden, weil sie sich nachzeichnen lassen.

Stand heute unterscheiden sich das Web, oder auch das Web 2.0, und Social Media an einer Stelle fundamental: Das Web nutzt offene, nicht-proprietäre Protokolle für den Informationsaustausch und die Inhalte gehören den Produzent*innen – Social Media sind Plattformen, die einem Geschäftsmodell unterliegen und sog. *walled gardens* bilden (Brügger 2017). Es gibt bislang keine öffentlich finanzierten Social Media oder solche, die nicht in Firmenhand liegen (Stevenson 2017). Folglich kontrollieren die Anbieter der Plattformen die Infrastruktur und sind meistens mindestens Teilhaber der darauf veröffentlichten Daten (Berners-Lee 2010). Hier sind Zielkonflikte zwischen Anbieter*innen und Nutzenden aus den Bereichen Urheberrecht, geistiges Eigentum, Datenschutz u. a. vorprogrammiert (s. Kapitel F Regulierungsformen von Wissen und Information).

2.4 User-generated Content

Die Inhalte, die über das Web 2.0, Social Software oder Social Media von den Nutzenden erzeugt werden, bezeichnet man als *user-generated content*, also nutzergenerierte Inhalte. Aus Sicht der Massenmedien kann hier von einem Verlust des Sende-Monopols und aus Sicht der Nutzenden von einer Emanzipation gesprochen werden: Nutzende wandeln sich von reinen Medien-Konsumierenden zu selbstbestimmten Sendenden, oder gar „Prosumenten"; in Anlehnung an Tofflers (1980) *prosumer*, der Verschmelzung von *producer* und *consumer*. In anderen Branchen spricht man auch von „Produtzern" (Bruns 2009), wenn die Konsumierenden in die Wertschöpfungskette eines Produktes einbezogen werden. Andere Stimmen bezeichnen die Erstellung von Inhalten abseits professioneller Routinen, Kenntnissen und Produktionsumgebungen als *mass amateurization* (Shirky 2009), was durchaus kritisch und als Verlust von Expertise gesehen werden kann (Lanier 2006). Für die Plattform-Betreiber ist UGC praktisch: Sie sind nicht mehr für die mühsame Erstellung der Inhalte verantwortlich, sondern die Nutzenden, die sich über Mechanismen der Selbstorganisation zusammenfinden und das Social Web zur „größten Kopiermaschine der Welt" machen (Ebersbach et al. 2016, S. 23). Die Art des UGC hängt eng mit den Funktionen der Social-Media-Plattformen zusammen (s. Abschnitt 2.2), z. B. ob Videos hochgeladen oder *Posts* annotiert werden können.

Eine frühe Definition von UGC findet sich in einem OECD-Report (Organisation for Economic Cooperation and Development – OECD 2007). Dort wird festgehalten, dass es sich um UGC handelt, wenn der Inhalt
1. öffentlich und über das Internet zugänglich ist,
2. durch eine kreative Eigenleistung entstanden ist und
3. außerhalb von professionellen Routinen und Praktiken kreiert wurde.

Die OECD-Definition gibt gute Anregungen für eine begriffliche Rahmung von UGC, doch nimmt man die Definition ernst, könnte man z. B. Klicks auf den *Like-Button* von Facebook nicht als UGC betrachten, weil die kreative Eigenleistung hier zweifelhaft ist. Dieser Aspekt ist zumindest diskussionswürdig und die aktuellen Studien über UGC und Nutzungsverhalten würden sicherlich widersprechen. Andererseits ist der dritte Aspekt durchaus für die Abgrenzung von Inhalten relevant, die durch sog. *Influencer*innen*, also Nutzende, die mit Social-Media-Inhalten ihr Geld verdienen, oder im Rahmen von Social-Media-Marketing entstehen.

Oftmals wird kritisiert, dass UGC auf der kreativen Freiwilligkeit der Nutzenden aufbaut, die für ihre Arbeit nicht bezahlt werden. Dies wiegt schwer, wenn man bedenkt, dass der UGC häufig an die Plattformen gebunden ist (teilweise weder gelöscht noch exportiert werden kann) und sie diesen durchaus zur Erfüllung ihrer Geschäftsmodelle nutzen. Dieser Umstand geht darüber hinaus, was man noch als *prosumerism* beschreiben könnte. Eher sind die Nutzenden nun *producers* und *products* (Vaidhyanathan 2017)

2.5 Social Web

Taddicken & Schmidt (2017) grenzen Social Software und Social Web so voneinander ab: Ersteres setzt den Fokus auf die verwendete Technologie, während letzteres auch das soziale Umfeld und das Ergebnis des Mediengebrauchs einbezieht. Griesbaum bestätigt, dass das „Social Web zugleich auch als ein gesellschaftlicher Innovationsprozess zu verstehen [ist], in dem sich bislang gültige Zugangsbarrieren und Grenzen von Kommunikation auflösen" und „der einen grundlegenden Wandel der Mediennutzung und Wissensumwelt impliziert" (Griesbaum 2013, S. 563, 571).

Die Nutzenden und ihre sozialen Verhaltensweisen werden in die Architektur des Webs eingebunden (*architecture of participation*; O'Reilly 2005) und als Gestaltungselement von Websites oder anderen Web-Formaten von Anfang an einkalkuliert. Die Nutzenden und ihr vielfältiges Beziehungsgeflecht, sei es zu anderen Nutzenden oder Inhalten, stehen im Zentrum des Social Webs. Ohne die Nutzerinteraktion kann es nicht existieren, weswegen es als ein sozio-technisches System betrachtet werden muss (s. Abschnnitt 3).

„Die Nutzenden" sind aber keine repräsentative Auswahl der Weltbevölkerung, sodass hier durchaus ein *Digital Divide* sichtbar wird. Die Aktivität der Nutzenden ist ungleich verteilt, da nur ein Bruchteil an der Erstellung der Inhalte mitwirkt, was Nielsen (2006) als 90-9-1-Regel beschreibt. Trotz großer Verbreitung des Internets, vor allem der mobilen Zugriffsmöglichkeiten, können noch nicht alle Menschen am Web partizipieren. Beides führt zu bedenkenswerten Verzerrungen in der Menge und thematischen Ausrichtung des UGC.

2.6 Zusammenfassung & Fazit

Das Begriffsfeld (s. Abbildung 1) lässt sich wie folgt beschreiben: Das Web 2.0 bildet die konzeptionelle und Social Software die technologische Basis für das Social Web, das durch Social-Media-Plattformen und UGC in Erscheinung tritt und eine Gestalt annimmt. UGC und Social Media machen das Social Web greifbar (Griesbaum 2013).

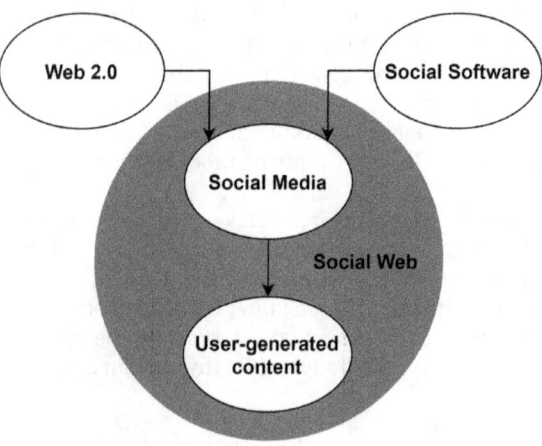

Abb. 1: Begriffsfeld „Social Web"

Social Media und UGC unterstützen kommunikative Praktiken (s. Abschnitt 2.3) der Nutzenden dabei in einem Ausmaß, welches das Web an sich oder andere Medien nicht leisten können. Social Media und Social Web sind als sozio-technische Systeme damit zugleich Kristallisationspunkte und „Möglichmacher" von sozialen Handlungen und kommunikativen Praktiken, die durch Menschen erfolgen. Dies ist auch der Grund, warum *social* zum abgrenzenden Bestandteil der Begriffe Social Media/ Social Web gegenüber Web 2.0 geworden ist. Social Media erlauben – erfordern gar – die Veröffentlichung und damit das Sichtbar- und Zugänglichmachen der Kommunikations- und Informationsaktivitäten von Nutzenden, um die sich die soziale Interaktion aufspannen kann. Darin wird u. a. auch der Erfolg von Social Media gesehen, weil es „eine gesellschaftliche als auch eine gemeinschaftliche Dimension besitzt" (Ebersbach et al. 2016, S. 31).

Dieser Zusammenhang aus persönlichen und gemeinschaftlichen Interessen und Aktivitäten resultiert im besten Fall in einem positiven *Feedback Loop* (oder auch „Netzwerk-Effekt"; s. Kapitel E 2 Plattformökonomie), der immer neue Nutzende anzieht und sie motiviert, Inhalte bereitzustellen oder zu bearbeiten, weil sie eine direkte Rückmeldung über ihr Tun enthalten und sich in die Community eingebunden fühlen. Das Informationsangebot wird über die Zeit u. a. dadurch attraktiver, weil die Inhalte von den Nutzenden vorgefiltert und kuratiert werden und damit eine implizite Relevanzbewertung erfolgt.

3 Social-Media-Typen, -Funktionen und -Praktiken

Eine endgültige Klassifikation von Social-Media-Typen ist schwierig. Die Entwicklung der Social Media schreitet ständig voran und neue Plattformen (s. Kapitel E 2 Plattformökonomie) erscheinen auf dem Markt oder verlieren an Bedeutung. Außerdem findet eine Konvergenz der Anwendungsbereiche und Funktionen statt (z. B. können auf YouTube nicht nur Videos veröffentlicht, sondern über Kommentare kann auch mit anderen Nutzenden kommuniziert werden), was eine Abgrenzung der Social-Media-Typen erschwert. Social-Media-Plattformen werden zum *One-Stop-Shop*, der zahlreiche vormals eigenständige Web- und Internet-Anwendungen integriert (z. B. E-Mail vs. *direct messages* auf Twitter).

Daher soll im Folgenden auch nicht der Fokus auf konkreten Plattformen liegen, sondern auf den zwei Typen, die Social Media momentan überwiegend repräsentieren. Genannte Plattformen werden dem Social-Media-Typ zugeordnet, dessen Anwendung oder Zweck sie hauptsächlich erfüllen; denn trotz Konvergenz-Tendenzen eignen sich nicht alle Social-Media-Typen gleichermaßen für alle Praktiken. Gleiches gilt für die konkreten Funktionen und Praktiken, die von Social-Media-Plattformen bereitgestellt und unterstützt werden. Hier lassen sich klassifizierbare Muster erkennen, auch wenn sie sich je Plattform in der jeweiligen Ausprägung und Gestaltung unterscheiden. Wichtig ist festzuhalten, dass die drei Aspekte von Social Media, ihr Typ, ihre Funktionen und die unterstützten Praktiken, jeweils miteinander verbunden sind und dadurch nicht zu unterschätzende Implikationen für „the flow of information, the formation of gatekeepers, and the topology of networks" haben (McCay & Quan-Haase 2017, S. 21).

3.1 Social-Media-Typen

3.1.1 Soziale Netzwerke

Soziale Netzwerke, wie Facebook oder Xing, dienen in erster Linie der Vernetzung von und dem Austausch mit Kommunikationspartner*innen, da sie als besonders effizient für das Beziehungsmanagement wahrgenommen werden. Dies liegt an den Phänomenen *six degrees of separation* (Milgram 1967) und *small worlds* (Watts & Strogatz 1998), die besagen, dass alle Menschen auf der Welt über die Bekanntschaft mit ca. sechs anderen Menschen miteinander verbunden sind. Durch Social Media hat sich die Anzahl der notwendigen Bekannten auf 4 verringert (Backstrom et al. 2012). In Sozialen Netzwerken gehen Mitglieder eine reziproke Freundschaftsbeziehung ein, sodass der Kommunikationsfluss gleichzeitig in beide Richtungen stattfindet. Nutzende können auch über UGC an der Plattform teilhaben.

3.1.2 Content-Sharing-Dienste

Content-Sharing-Dienste bieten eine Plattform an, um UGC dezentral im WWW abzulegen, es dort zu organisieren, es für die Nutzenden zugänglich zu machen und sich darüber auszutauschen. Unterscheiden lassen sich Content-Sharing-Plattformen z. B. nach der Art des Contents und ob der Inhalt von den Nutzenden selbst hergestellt wurde (z. B. Videos, Fotos, Tweets oder Blog-Posts) oder ob bereits bestehende Inhalte kategorisiert und geteilt werden (z. B. Webseiten bei Pinterest oder Tumblr oder Links bei Bibsonomy). Auf Content-Sharing-Plattformen sind die Nutzenden häufig über sog. Folgen- oder Abonnieren-Beziehungen miteinander verbunden (besonders prominent bei Twitter). Diese sind einseitig und geben dem Kommunikationsfluss eine Richtung vor (s. Abschnitt 2.2).

Prototypische Content-Sharing-Dienste sind:
- (Web-)Blogs, wie Wordpress: Blogs, sind einfach zu erstellende Websites, die sich durch die umgekehrt chronologische Anordnung ihrer Inhalte oder Beiträge (sog. *Posts*) auszeichnen. Der aktuellste Beitrag erscheint ganz oben auf der Website. Blogs weisen eine starke Verlinkung untereinander auf.
- Microblogs, wie Twitter: Microblogging ist eine Sonderform des Bloggings, da die Anzahl der Zeichen pro Post beschränkt ist. Der Informationsaustausch bzw. -verbreitung ist das Hauptziel von Microblogging, obwohl über sog. @-messages auch direkt mit anderen Nutzenden kommuniziert werden kann. Tweets können mit #Hashtags Themengebieten zugeordnet werden (s. Kapitel B 18 Folksonomies & Social Tagging). Nutzende folgen Accounts.
- Social-Bookmarking-Dienste, wie Bibsonomy: Sie ermöglichen es den Nutzenden, die Favoritenliste des Web-Browsers desktop-unabhängig im Web abzulegen und damit einmal gefundene Ressourcen wieder zugreifbar zu machen. Bookmarks können mit Tags (s. Kapitel B 18 Folksonomies & Social Tagging) beschrieben werden.
- Video-/Photo-Sharing-Dienste, wie YouTube/Instagram: Die Nutzenden können hier eigene Multimediainhalte hochladen, mit Beschreibungen und Tags versehen und diese veröffentlichen. Die Nutzerprofile werden als „Kanäle" bezeichnet, die abonniert werden können.

- Wikis, wie Wikipedia: Das gemeinsame Erstellen von Texten und das Austauschen über Inhalte stehen im Zentrum von Wikis. Diese leichtgewichtigen Content-Management-Systeme erlauben das, teilweise synchrone, Bearbeiten von Inhalten und das Nachhalten von Änderungen über eine Versionskontrolle.

3.2 Social-Media-Funktionen

Social-Media-Plattformen stellen Funktionen bereit, die Nutzenden Handlungsoptionen eröffnen und zur Interaktion aufrufen. Diese Funktionen, oder *Affordances* (Bucher & Helmond 2017), besitzen durch ihre technische Gestaltung einen „Aufforderungscharakter" und legen in einem bestimmten Kontext Handlungen oder Verwendungen nahe. Damit determinieren sie auch, bis zu einem gewissen Maße, welche Tätigkeiten überhaupt auf einer Social-Media-Plattform durchgeführt und welche UGC erstellt werden können (Couldry & Kallinikos 2017). Manche Funktionen lassen Rückschlüsse nur auf die Urheber*innen eines Inhalts zu, z. B. veröffentlichen, während andere die Rezipierenden in den Blick nehmen, z. B. annotieren, und darüber hinaus auch Aussagen über den erstellten Inhalt erlauben, z. B. lassen viele *likes* darauf schließen, dass der Inhalt von einer großen Nutzermenge goutiert wird. Dies wird u. a. für alternative Formen der Wissenschaftsevaluation, sog. Altmetrics, genutzt (s. Kapitel B 11 Bibliometrie).

Auch wenn die Funktionen abhängig vom Social-Media-Typ und der konkreten software-technischen Realisierung sind, lässt sich doch ein Bündel an wiederkehrenden und plattform-übergreifend genutzten Funktionen erkennen (Schmidt & Taddicken 2017):
- Erstellen: Kreation von nutzergenerierten Inhalten oder durch Upload von bereits bestehenden Inhalten als Individuum (z. B. Video auf YouTube) oder als Gruppe (z. B. Artikel in Wikipedia).
- Veröffentlichen: Zugänglichmachung von Inhalten an die Plattform-Öffentlichkeit oder an ausgewählte Gruppen.
- Vernetzen: Verknüpfen von Personen oder Inhalten, z .B. *Trackback* in Blogs, *Hashtags* bei Instagram, oder Freundschaftsbeziehung auf Facebook. Die Vernetzung kann einseitig, z. B. *folgen* bei Twitter, oder zweiseitig sein, z. B. Freunde bei Facebook.
- Kommentieren: Reaktion auf einen Inhalt zum Zwecke der Kommunikation, z. B. *@-Message* bei Twitter.
- Annotieren: Bezugnahme auf einen Inhalt, indem eine Bewertung (z. B. *Like* auf Facebook, *Daumen hoch* auf YouTube, *favorite* auf Twitter) oder eine Verschlagwortung via Tags (s. Kapitel B 17 Folksonomies & Social Tagging) erfolgt. Dadurch drücken sich Urteile oder Präferenzen der Rezipierenden aus.
- Weiterleiten: Inhalte können innerhalb der Plattform (z. B. *retweet* auf Twitter) oder mittels Schnittstellen auch nach außerhalb weitergegeben werden (z. B. YouTube-Videos auf WhatsApp teilen). Die Rezipierenden verbreiten die Inhalte wie im Schneeballprinzip an ihr eigenes Netzwerk, was eine wichtige Voraussetzung für virale Effekte von Inhalten ist.
- Abonnieren: Inhalte und Nutzer*innen-Profile können abonniert werden, um über Neuigkeiten laufend automatisch informiert zu werden, z. B. *subscribe* bei YouTube oder *folgen* bei Twitter und Instagram.

Die ersten beiden Funktionen werden immer von den Urheber*innen der Inhalte wahrgenommen, weswegen Puschmann & Peters (2017) diese als Akt der „Informationsverbreitung" betrachten. Die vier letzten Funktionen werden am ehesten von den Rezipierenden des Inhalts ausgeführt, was als „Informationsweitergabe" angesehen werden kann. Beide Tätigkeiten resultieren in einer „Informationsdiffusion" .

Die einzelnen Social-Media-Funktionen sind eng miteinander verflochten und stehen bei aktiver Social-Media-Nutzung und bei der Produktion von UGC oft auch in einem zeitlichen Zusammenhang: Es muss zuerst UGC erstellt und veröffentlicht werden, bevor er kommentiert oder annotiert werden kann. UGC ist notwendige Bedingung für Social Media. Erst davon ausgehend kann eine Vernetzung oder weitere Interaktion erfolgen. Unbeeinflusst davon ist die passive und rein dem Konsum folgende Nutzung von Social Media, das sog. *lurking*, das oft keine Registrierung erfordert – dann aber auch nicht die Mehrwerte der aktiven Teilnahme verspricht (z. B. Gefühl der sozialen Eingebundenheit, Rückmeldungen zu geposteten Inhalten).

Neben der Fähigkeit, gleichgesinnte Menschen auf einer Plattform zu versammeln, sind es die Funktionen, die Social Media ihre Nutzerschaft verschaffen. Man kann behaupten, dass Social Media zugleich *driver and cure* des heutigen *Information Overload* sind. Sie sind Treiber (*driver*), weil vor allem die Funktionen Annotieren, Kommentieren und Abonnieren zu dem positiven *Feedback Loop* beitragen, der nicht nur die persönliche Teilnahmemotivation steigert, sondern auch zu einer enormen Masse an UGC führt. Sie sind Heilmittel (*cure*), weil sich insbesondere die quantitativen Ausprägungen dieser Funktionen, z. B. die Anzahl der *Likes*, *Favorites*, für Rankings oder Empfehlungssysteme (s. Kapitel C 12 Empfehlungssysteme) nutzen lassen und damit ein community-kuratiertes Informationsangebot von UGC entsteht. Voll entfalten kann sich der *Feedback Loop* nur, wenn eine kritische Masse an Nutzenden und Inhalten auf der Plattform zu finden ist, was eng mit Netzwerk-Effekten und der 90-9-1-Regel verbunden ist. Bis zum Erreichen dieses *Tipping Points* leiden Social Media, ähnlich wie andere Software-Systeme, z. B. Wissensmanagementsysteme, unter dem sog. Kaltstartproblem: Ohne Inhalte gibt es für die Nutzenden keinen Grund sich auf der Plattform zu registrieren, ohne sie entstehen keine Inhalte. An dieser Stelle sind geschicktes Marketing oder andere Formate der Kunden-Akquise hilfreich.

Die Aktivitäten im Social Web generieren eine Masse an (personenbezogenen) Interaktionsdaten, die sich durch die Funktionen der Social-Media-Plattformen ergeben und letztlich vielfältige Netzwerke zwischen Nutzenden und Inhalten aufspannen (z. B. via Tagging, s. Kapitel B 17 Folksonomies & Social Tagging). Dies macht Social Media insbesondere für die wissenschaftliche Forschung interessant, da mit ihrer Hilfe zahlreiche Fragestellungen aus den verschiedensten Disziplinen beantwortet werden können und entweder Social Media an sich oder soziale Phänomene betreffen (McCay-Peet & Quan-Haase 2017). Der Forschungsgegenstand legt dabei nahe, dass eine Verbindung von computer-basierten/algorithmischen Ansätzen und sozialwissenschaftlichen Methoden besonders fruchtbar ist, wie z. B. in der Sozialen Netzwerkanalyse (Menczer et al. 2020).

3.3 Social-Media-Praktiken

Es lassen sich drei kommunikative Praktiken im alltäglichen menschlichen Verhalten ausmachen, die von Social Media auf besondere Weise unterstützt werden: Identitäts-, Beziehungs- und Informationsmanagement (Ebersbach et al. 2016; Schmidt & Taddicken 2017).

- Das Identitätsmanagement dient der Auseinandersetzung mit sich selbst und der Selbstdarstellung. Es steht die Frage im Zentrum: Welche persönlichen Aspekte dürfen und sollen andere von mir sehen und wissen? Auf Social Media erfolgt das Identitätsmanagement typischerweise über die Funktionen „erstellen" und „veröffentlichen".
- Das Beziehungsmanagement betrifft die Auseinandersetzung mit der eigenen Rolle in der Gesellschaft und in anderen Gruppen sowie die Beziehungspflege. Die zentrale Frage ist: Mit wem möchte ich in Beziehung stehen? Eine typische Funktion des Beziehungsmanagements ist das „Vernetzen".
- Das Informationsmanagement umfasst alle Handlungsweisen, mit denen Nutzende Informationen erfassen, sortieren, filtern, bearbeiten, bewerten, erstellen und verbreiten. Durch das Informationsmanagement orientieren sich die Nutzenden in der Welt und fragen sich: Wie stehe ich zu dieser Sache? „Annotieren" und „Abonnieren" sind typische Funktionen dieser Praxis.

Diese Praktiken finden sich auch außerhalb von Social Media und werden dort mit anderen Werkzeugen umgesetzt, z. B. durch Telefonanrufe. Dabei sind die Praktiken nicht nur durch technische Infrastrukturen geprägt, sondern auch durch sozial-gestaltete Rahmenbedingungen, wodurch insbesondere Social Media zugleich zu Katalysatoren und Verstärker von sozialen Phänomenen werden (McCay-Peet & Quan-Haase 2017). Besonders ist dabei, dass bei Social Media leicht ihre Skalierungsfähigkeit aus dem Blick gerät: UGC kann mit einem Klick auch nicht intendierte Öffentlichkeiten erreichen. Hier eröffnet sich ein dringender Raum für die Vermittlung von Informationskompetenz (s. Kapitel D 8 Informationskompetenz).

4 Social Web und Informationswissenschaft

Das Social Web ist eingebettet in vielfältige gesellschaftliche, individuelle, ökonomische, technologische, kulturelle und politische Prozesse und daher Produkt sowohl von Gestaltungsentscheidungen, die sich durch Social Software und die Anbieter von Social Media ergeben, als auch durch Nutzungsmotivationen und konkrete Eingriffe (durch Funktionen und Praktiken, s. Abschnitte 2.2 & 2.3), die durch die Community geprägt sind. Damit ist das Social Web ein hervorragender Repräsentant eines sozio-technischen Systems (Karafyllis 2019).

In einem sozio-technischen System sind die Komponenten „technisches System" und „soziales System" so stark miteinander verbunden, dass der Verlust eines Teils zu einem Systemzusammenbruch führen würde. Beide Systeme sind voneinander abhängig und Änderungen in einem System, ziehen Änderungen in dem anderen System nach sich. Social Web und Social Media sind komplexe digitale sozio-technische Systeme – man denke nur an die ineinandergreifenden Social-Media-Funktionen und -Praktiken. Die Funktionen bilden die Pfeiler des sozio-technischen Systems und verdeutlichen, wie stark Mensch und Maschine hier integriert werden. Draude et al. (2022) sprechen mit Rückgriff auf Berners-Lee (1999) in diesem Zusammenhang von *Social Machines*: „Social Machines sind soziotechnische Systeme, in denen die Prozesse sozialer Interaktion hybrid zwischen menschlichen und maschinellen Akteuren ablaufen und teilweise algorithmisiert sind" (Draude et al. 2022, S. 38).

Das Verständnis der Einflussfaktoren und Wechselwirkungen kann aufwändig sein, was uns insbesondere die *Social Shaping of Technology*-Theorie, oder auch soziale (Ko-) Konstruktion, vor Augen führt (MacKenzie & Wajcman 1999). Sie geht davon aus, dass Technik sowohl bei ihrer Entwicklung als auch bei ihrer Nutzung sozialen Prozessen unterliegt und in viele verschiedene Kontexte eingebunden ist, wodurch Technik immer auch die aktuellen Verhältnisse der Gesellschaft widerspiegelt. Dabei wird den Nutzenden eine aktive Rolle zugeschrieben: Sie sind nicht mehr nur „Opfer" von Technik, sondern bestimmen über die Folgen von Technik mit, indem sie sie auf eine gewisse Art und Weise verwenden oder ihre Nutzung einschränken (z. B. über politische Regulierung). Demzufolge ist Technik kein Ding, was jemals als fertig oder abgeschlossen betrachtet werden kann – worauf im Web 2.0 mit dem Prinzip *perpetual beta* auch hingewiesen wird (O'Reilly 2005).

Doch nicht nur die retrospektive Betrachtung wird durch die Kenntnis um soziotechnische Systemtheorie unterstützt, auch die in die Zukunft gewandte, gestaltungsorientierte Sicht. Die Wechselwirkungen zwischen dem technischen und dem sozialen System sollten antizipiert und gefördert oder aufgefangen werden. Dafür muss ein detailliertes Wissen über beide Systeme vorliegen (z. B. welche Nutzungsmotivationen es gibt, welche Community-Regeln beachtet werden etc.).

Hier wird deutlich, dass das Social Web zahlreiche Anknüpfungspunkte (aber auch Herausforderungen) für die Informationswissenschaft bietet, und zwar nicht nur als Gegenstand der Forschung, sondern auch als Gegenstand der Informationspraxis (z. B. in den Bereichen Archiv und Dokumentation oder in der Gestaltung von sozio-technischen Systemen). Das Social Web ist von großer Relevanz in so gut wie allen Teilgebieten bzw. für Themen der Informationswissenschaft (s. die Kapitel in A – F).

In der Informationspraxis sind UGC und Social Media zudem Gegenstände von durchaus langfristigem gesellschaftlichen und historischen Interesse. Die angemessene Archivierung, Erschließung und Zugänglichmachung von Social Media beispielsweise, ist wegen der großen Menge an UGC, dem problematischen Zugang zu Daten-Silos, und der von Integration und Medienkonvergenz geprägten Medienumgebung eine Herausforderung (Brügger 2017). Hinzu kommt, dass UGC manchmal Zugangsbeschränkungen unterliegen, die von den Produzent*innen gesetzt wurden und die Archivierungsmöglichkeiten einschränken (Bruns & Weller 2016). Forschungsfragen zur Informations- und Mediennutzung beschränken sich außerdem nicht zwangsläufig auf die Inhalte, sondern manchmal ist das sog. *Look'n'Feel* der Plattform oder App archivierungs- und erschließungsbedürftig. Fragen nach der Archivierung von Social-Media-Daten sind auch stark verknüpft mit forschungsethischen Forderungen, z. B. nach der Reproduzierbarkeit von Social-Media-Studien.

Obwohl es sich bei dieser Auflistung noch um Forschungsdesiderata handelt, ist zu erwarten, dass die Informationswissenschaft und -praxis, insbesondere in der interdisziplinären Zusammenarbeit, zu produktiven Ergebnissen und Lösungen kommen und „konstruktiv an der Gestaltung sozio-technischer Umgebungen" (Griesbaum 2010, S. 358) mitwirken wird.

5 Literaturverzeichnis

Backstrom, L., Boldi, P., Rosa, M., Ugander, J. & Vigna, S. (2012). Four Degrees of Separation. In *WebSci '12: Proceedings of the 4th annual ACM Web Science Conference* (S. 33–42). Association for Computing Machinery.

Bächle, M. (2006). Social Software. *Informatik-Spektrum*, 29(2), 121–124.
Bleisch, N. & Koch, W. (2021). 25 Jahre ARD/ZDF-Onlinestudie: Unterwegsnutzung steigt wieder und Streaming/Mediatheken sind weiterhin Treiber des medialen Internets. *Media Perspektiven*, 10, 486–503.
Berners-Lee, T. (2010). Long Live the Web. *Scientific American*, 303(6), 80–85.
Burgess, J., Marwick, A. & Poell, T. (2017). Editors' Introduction. In J. Burgess, A. Marwick & T. Poell (Eds.), *The SAGE Handbook of Social Media* (S. 1–10). Sage.
Brügger, N. (2017). Web History and Social Media. In J. Burgess, A. Marwick & T. Poell (Eds.), *The SAGE Handbook of Social Media* (S. 196–212). Sage.
Bruns, A. (2009). "Anyone can edit": Vom Nutzer zum Produtzer. *kommunikation @ gesellschaft*, 10, 1–23. https://nbn-resolving.org/urn:nbn:de:0228-200910033.
Bruns, A. & Weller, K. (2016). Twitter as a first draft of the present: And the challenges of preserving it for the future. In *WebSci '16: Proceedings of the 8th ACM Conference on Web Science* (S. 183–189). Association for Computing Machinery. https://doi.org/10.1145/2908131.2908174.
Bucher, T. & Helmond, A. (2017). The Affordances of Social Media Platforms. In J. Burgess, A. Marwick & T. Poell (Eds.), *The SAGE Handbook of Social Media* (S. 233–253). Sage.
Couldry, N. & Kallinikos, J. (2017). Ontology. In J. Burgess, A. Marwick & T. Poell (Eds.), *The SAGE Handbook of Social Media* (S. 146–159). Sage.
Danowski, P. & Heller, L. (2006). Digitale Bibliothek: Bibliothek 2.0: Die Zukunft der Bibliothek? *Bibliotheksdienst*, 40(11), 1259–1271.
Draude, C., Gruhl, C., Hornung, G., Kropf, J., Lamla, J., Leimeister, J. M., Sick, B. & Stumme, G. (2022). Social Machines. *Informatik Spektrum*, 45(1), 38–42. https://doi.org/10.1007/s00287-021-01421-4.
Ebersbach, A., Glaser, M. & Heigl, R. (Eds.). (2016). *Social web* (3., überarbeitete Auflage). utb.
Griesbaum, J. (2010). Social Web: Überblick, Einordnung, informationswissenschaftliche Perspektiven. *Information – Wissenschaft und Praxis*, 61(6–7), 349–360.
Griesbaum, J. (2013). Social Web. In R. Kuhlen, W. Semar & D. Strauch (Hrsg.), *Grundlagen der praktischen Information und Dokumentation* (6., völlig neu gefasste Ausg., S. 562–574). De Gruyter Saur.
Karafyllis, N. C. (2019). Soziotechnisches System. In K. Liggieri & O. Müller (Hrsg.), *Mensch-Maschine-Interaktion: Handbuch zu Geschichte – Kultur – Ethik* (S. 300–303). J. B. Metzler.
Lanier, J. (2006, May 29). *Digital Maoism: The Hazards of the New Online Collectivism*. Edge. https://www.edge.org/conversation/digital-maoism-the-hazards-of-the-new-online-collectivism.
MacKenzie, D. & Wajcman, J. (1999). Introductory essay and general issues. In D. MacKenzie & J. Wajcman (Eds.), *The social shaping of technology* (2nd edition, S. 3–27). Open University Press.
McCay-Peet, L. & Quan-Haase, A. (2017). What is Social Media and What Questions Can Social Media Research Help Us Answer? In L. Sloan & A. Quan-Haase (Eds.), *The SAGE Handbook of Social Media Research Methods* (S. 13–26). Sage.
Menczer, F., Fortunato, S. & Davis, C. A. (2020). *A first Course in Network Science*. Cambridge University Press.
Milgram, S. (1967). The Small World Problem. *Psychology Today*, 60–67.
Nielsen, J. (2006, Oct. 8). *The 90-9-1 Rule for Participation Inequality in Social Media and Online Communities*. Nielsen Norman Group. https://www.nngroup.com/articles/participation-inequality.
Organisation for Economic Co-operation and Development (2007). Participative Web: User-Created Content. https://www.oecd.org/digital/ieconomy/38393115.pdf.
O'Reilly, T. (2005). *What Is Web 2.0: Design Patterns and Business Models for the Next Generation of Software*. https://www.oreilly.com/pub/a/web2/archive/what-is-web-20.html.
Peters, I. (2009). *Folksonomies: Indexing and Retrieval in Web 2.0*. De Gruyter Saur.
Puschmann, C. & Peters, I. (2017). Informationsverbreitung in sozialen Medien. In J.-H. Schmidt & M. Taddicken (Hrsg.), *Handbuch Soziale Medien* (S. 211–232). Springer VS.
Schmidt, J.-H. & Taddicken, M. (2017). Soziale Medien: Funktionen, Praktiken, Formationen. In J.-H. Schmidt & M. Taddicken (Hrsg.), *Handbuch Soziale Medien* (S. 23–37). Springer VS.
Shirky, C. (2009). *Here Comes Everybody: How Change Happens when People Come Together*. Penguin UK.
Stevenson, M. (2017). From Hypertext to Hype and Back Again: Exploring the Routs of Social Media in Early Web Culture. In J. Burgess, A. Marwick & T. Poell (Eds.), *The SAGE Handbook of Social Media* (S. 69–88). Sage.

Stumpp, S. & Michelis, D. (2021). Einführung in die Sozialen Medien. In S. Stumpp, D. Michelis & T. Schildhauer (Hrsg.), *Social Media Handbuch: Theorien, Methoden, Modelle und Praxis* (4., aktualisierte und erweiterte Auflage, S. 23–38). Nomos Verlag.

Taddicken, M. & Schmidt, J.-H. (2017). Entwicklung und Verbreitung sozialer Medien. In J.-H. Schmidt & M. Taddicken (Hrsg.), *Handbuch Soziale Medien* (S. 3–22). Springer VS.

Toffler, A. (1980). *The third wave*. Bantam Books.

Vaidhyanathan, S. (2017). The Incomplete Political Economy of Social Media. In J. Burgess, A. Marwick & T. Poell (Eds.), *The SAGE Handbook of Social Media* (S. 213–229). Sage.

Watts, D. J. & Strogatz, S. H. (1998). Collective dynamics of 'small-world' networks. *Nature*, 393(6684), 440–442.

Klaus Tochtermann & Anna Maria Höfler
E 9 Open Science

1 Definition von Open Science

Der Begriff Open Science ist in den vergangenen Jahren zu einem Schlagwort geworden, das mit einem Kulturwandel hin zu mehr Offenheit in der Wissenschaft einhergeht. Die Bedeutung der damit verbundenen Entwicklungen, die auf vielen Ebenen im Wissenschaftssystem stattfinden, ist so wesentlich, dass eine frühe Auseinandersetzung mit diesem Thema – angefangen bei Studierenden und Nachwuchsforschenden – unerlässlich ist. Dazu möchte der vorliegende Artikel einen Beitrag leisten.

Wie definiert sich Open Science oder Offene Wissenschaft? Der Leibniz-Forschungsverbund Open Science, ein Zusammenschluss von über 30 Forschungs- und Informationsinfrastruktureinrichtungen, der seit 2012 besteht, definiert Open Science in seiner Strategie 2019–2024 wie folgt:

> [...] Praktiken und Prozesse in allen Wissenschaftsdisziplinen, um Partizipation und Kollaboration, Zugänglichkeit und Nachnutzung sowie Transparenz und Überprüfbarkeit in der Wissenschaft zu fördern. Damit verbunden ist die Nutzung und Förderung eines offenen Webs und die Bereitstellung offener Infrastrukturen für wissenschaftliches Forschen, Lehren und Lernen. Darüber hinaus befördert Open Science nachhaltigen Impact, sowohl disziplinenübergreifend innerhalb der Wissenschaft als auch in Politik, Wirtschaft, Kultur und Öffentlichkeit. Open Science steht somit in der Tradition etablierter Prinzipien der guten wissenschaftlichen Praxis mit dem Anspruch, die traditionelle Wissenschaftskultur kritisch zu reflektieren und diese in die Gegenwart der vernetzten Forschung zu übertragen. (Leibniz-Forschungsverbund Open Science o. D.)

Open Science als übergreifendes Konzept soll dazu dienen, Barrieren in allen Bereichen der Wissenschaft abzubauen, um heutige und zukünftige Herausforderungen als Gesellschaft meistern zu können.

Die folgenden Abschnitte stellen die Relevanz von Open Science dar, beleuchten die Elemente und Grundprinzipien, zeigen, was Open Science mit guter wissenschaftlicher Praxis zu tun hat, welche Herausforderungen dem gegenüberstehen und wie einzelne Wissenschaftler*innen Open Science praktizieren können.

2 Ursprung und Elemente von Open Science

> The next chapter [of the European Research Area] must focus on opening up our research and innovation systems [...] there is a revolution happening in the way science works. Every part of the scientific method is becoming an open, collaborative and participative process. (Europäische Kommission 2015)

So nannte Carlos Moedas, damaliger Kommissar für Forschung, Wissenschaft und Innovation Research, Open Science als eine der drei Prioritäten auf europäischer Ebene – in der Überzeugung, dass exzellente Wissenschaft die Grundlage für zukünftigen Wohlstand und Offenheit der Schlüssel zu Exzellenz ist. Dies war der Startpunkt für die European Open Science Cloud (EOSC) und zahlreiche weitere Initiativen auf nationaler, europäischer und auch internationaler Ebene.

Hier folgt eine Darstellung der von Mayer et al. (2020) für das Open Science Network Austria (OANA) identifizierten Elemente als Hauptbereiche von Open Science.[1]

2.1 Open Access

Open Access meint, dass wissenschaftliche Literatur kostenfrei und öffentlich unter Verwendung offener Lizenzen im Internet zur Verfügung gestellt wird. Damit ist der Anspruch verbunden, Ergebnisse öffentlich finanzierter Forschung für die Allgemeinheit zugänglich zu machen. (Mayer et al. 2020, S. 6). Dabei „sollte die einzige Einschränkung darin bestehen, den jeweiligen Autorinnen und Autoren Kontrolle über ihre Arbeit zu belassen und deren Recht zu sichern, dass ihre Arbeit angemessen anerkannt und zitiert wird" (Budapest Open Access Initiative 2002). Zusätzliche Nachnutzungsrechte werden durch freie Lizenzen geregelt. Eine Open-Access-Strategie wird oft als erster Schritt gesehen, um das Wissenschaftssystem hin zu Open Science zu orientieren (Mayer et al. 2020, S. 6) (s. Kapitel E 10 Open Access).

2.2 Open Research Data

Forschungsdaten sind nach einer Definition der Schwerpunktinitiative Digitale Information (o. D.) Daten, „die im Zuge wissenschaftlicher Vorhaben z. B. durch Digitalisierung, Quellenforschungen, Experimente, Messungen, Erhebungen oder Befragungen entstehen". Diese sind

> dann offen, wenn sie über das Internet frei zugänglich zur Nachnutzung angeboten werden. Forschungsdaten können geöffnet werden, sofern dem nicht technische, juristische, wirtschaftliche oder ethische Gründe entgegenstehen. Sowohl die Forschungsdaten als auch die Metadaten sollten den FAIR Prinzipien entsprechen. (Mayer et al. 2020, S. 7)

FAIR steht dabei für *Findable*, *Accessible*, *Interoperable* und *Reusable*. Diese Forschungsdaten werden in institutionellen, disziplinspezifischen oder disziplinübergreifenden Repositorien und Datenbanken archiviert und damit für eine Wieder- bzw. Weiterverwendung transparent zugänglich gemacht. (Mayer et al. 2020, S. 7). Nicht nur Open Access, sondern auch Forschungsdatenmanagement (z. B. Speicherung, Organisation und Beschreibung von Daten) kann für Forschende ein Einstieg in Open Science sein. Bibliotheken und Infrastruktureinrichtungen kommt hier eine bedeutende Rolle zu, denn sie bringen die Kompetenzen ein, auf die sie spezialisiert sind – die Aufbereitung und das Zugänglichmachen wissenschaftlicher Informationen. So argumentieren Borghi & Van Gulick (2021), dass Datenmanagement als wichtiger Teil des Forschungsprozesses den Weg für Open-Science-Praktiken bereiten kann. (s. Kapitel E 11 Open Data und B 17 Forschungsdaten).

---

[1] Ein ähnliches Modell wurde vom Open Science Center der LMU München entwickelt.

2.3 Open Methods

Um Forschungsergebnisse nachvollziehbar und reproduzierbar zu machen, sollen wissenschaftliche Methoden geöffnet und verfügbar gemacht werden. Dies bezeichnet man als Open Methods. Die Open-Source-Bewegung ist eines der bekanntesten Beispiele dafür. Sie hat sich zum Ziel gesetzt, „Programmcodes öffentlich zur Verfügung zu stellen. Neben der Nachvollziehbarkeit und Reproduzierbarkeit wird dadurch auch anderen ermöglicht, auf Basis des schon existierenden Codes die Methodenentwicklung voranzutreiben" (Mayer et al. 2020, S. 7). Mayer et al. (2020) führen zudem an, dass auch andere Open-Methods-Ansätze zumindest in Teilen der Wissenschaftscommunity angewendet werden:
- Open Notebooks (öffentliche Dokumentation der täglichen Forschungsarbeit),
- Open Workflows (dokumentierte und transparente Arbeitsabläufe),
- Open Annotations (offene und kollaborative Anmerkungen und Verschlagwortung) sowie
- Präregistrierung von Studien (Vorabveröffentlichung von Studiendesigns, bevor die Daten für Studien erhoben und analysiert werden).

2.4 Open Evaluation

Das derzeitige Reputations- und Bewertungssystem und die Art und Weise, wie die Qualität und Wirkung der Forschung bewertet wird, müssen nach Haller et al. (2017) an die neue Dynamik von Open Science angepasst werden. Traditionell bestimmen Publikationen den Erfolg von Wissenschaftler*innen und Forschungsprojekten. Im Sinne von Open Science sind jedoch neue Formen der Messung wissenschaftlicher Leistung erforderlich, damit auch Daten, Methoden, Begutachtungstätigkeit oder Kommentare einbezogen werden können (AG Open Science der Open Knowledge Foundation o. D.). Open Evaluation – mit Open-Peer-Review als Oberbegriff für sich zum Teil überschneidende Begutachtungsverfahren – soll zu dieser Anpassung beitragen. So argumentiert Ross-Hellauer (2017), dass für Open-Peer-Review in der Literatur zahlreiche sich überschneidende und widersprüchliche Definitionen bestehen: Darunter kann die Offenlegung der Identität von Autor*innen und Gutachter*innen und/oder die gemeinsame Veröffentlichung von Gutachten und Artikeln verstanden werden; ebenso kann unter Open-Peer-Review eine Begutachtungsform fallen, die Stellungnahmen über den Kreis der „eingeladenen Expert*innen" hinaus zulässt.

2.5 Open Infrastructures

Open Science erfordert offene Infrastrukturen, die beim Austausch von Publikationen, Daten und Software Unterstützung bieten: „[...] scholarly communication resources and services, including software, that we depend upon to enable the scientific and scholarly community to collect, store, organise, access, share, and assess research." (Global Sustainability Coalition for Open Science Services o. D.) Diese Systeme sollen verschiedene Aspekte von Offenheit unterstützen, wie etwa die Nachnutzbarkeit und die Verwendung von Open-Source-Software. Weiterhin fällt hierunter, dass die Daten und Inhalte, die von und in diesen Infrastrukturen erstellt werden (z. B. Metadaten, Metriken, Nutzerbeiträge) unter einer offenen Lizenz veröffentlicht bzw. über offene Schnittstellen (Open APIs) zur Verfügung gestellt werden (Mayer et al. 2020). Bibliotheken als Infrastruktureinrichtungen spielen im Zusammenhang mit Open Infrastructures eine wichtige Rolle, da sie entsprechende Systeme und Beratungsleistungen für die Forschenden bereitstellen können, aber auch als Schnittstelle dienen, um einen Zugriff auf vernetzte, offene und sichere Infrastrukturen zu gewährleisten.

2.6 Open Education

Bildung soll öffentlich und kostenlos im Internet zugänglich gemacht werden, damit potenziell alle Mitglieder der Gesellschaft davon profitieren können. Diesem Prinzip folgt Open Education. Als eine Grundlage dafür dienen sogenannte Open Educational Resources (OER; s. Kapitel E 12 Open Educational Resources). Gemäß der Deutschen UNESCO-Kommission sind Open Educational Resources

> Bildungsmaterialien jeglicher Art und in jedem Medium, die unter einer offenen Lizenz stehen. Eine solche Lizenz ermöglicht den kostenlosen Zugang sowie die kostenlose Nutzung, Bearbeitung und Weiterverbreitung durch Dritte ohne oder mit geringfügigen Einschränkungen. Dabei bestimmen die Urhebenden selbst, welche Nutzungsrechte sie einräumen und welche Rechte sie sich vorbehalten. (Deutsche UNESCO-Kommission o. D.)

Dies betrifft folglich auch Materialien, die für die Ausbildung und Lehre des Nachwuchses verwendet wird. Im universitären Kontext können das etwa vollständige Kurse, Kursmaterialien oder -aufgaben, Lehrbücher, Videos oder Anwendungsprogramme sowie andere Werkzeuge, Materialien oder Techniken sein, die genutzt werden, um den Wissenserwerb zu unterstützen (Mayer et al. 2020).

2.7 Citizen Science

Citizen Science beschreibt „die Beteiligung von Personen an wissenschaftlichen Prozessen, die nicht in diesem Wissenschaftsbereich institutionell gebunden sind" (Bürger schaffen Wissen 2016, S. 13). Unter Einhaltung wissenschaftlicher Kriterien können Laien auf unterschiedliche Arten involviert werden. Die Bandbreite reicht etwa von der Formulierung von Forschungsfragen über die Durchführung von Messungen bis hin zur Datenauswertung und das Verfassen von Publikationen. Dieser Dialog zwischen Wissenschaft und Gesellschaft wird durch Open-Science-Maßnahmen erleichtert. Durch die öffentliche Verfügbarmachung von Daten, Methoden und Werkzeugen kann andererseits auch Citizen Science die Offenheit fördern (Mayer et al. 2020). Die Plattform „Bürger schaffen Wissen"[2] bezeichnet sich als die zentrale Plattform für Citizen Science in Deutschland und unterstützt seit 2013 Citizen-Science-Projekte. Das Interesse von Bürger*innen, sich in Form von Citizen Science zu beteiligen, steigt. Daher hat das Bundesministerium für Bildung und Forschung (BMBF) in Deutschland u. a. einen Leitfaden zu

---

[2] https://www.buergerschaffenwissen.de.

rechtlichen Rahmenbedingungen für Citizen Science erstellt, der eine Hilfestellung bei der Durchführung von Projekten mit Bürgerbeteiligung bietet.³

3 Grundprinzipien von Open Science

Bei Open Science geht es insbesondere darum, die Glaubwürdigkeit und Qualität in der Forschung zu verbessern. Es sollen Barrieren in allen Bereichen der Wissenschaft abgebaut werden. Die AG Open Science der Open Knowledge Foundation (o. D.) legt Open Science die folgenden Prinzipien zugrunde:
- Transparenz,
- Reproduzierbarkeit,
- Wiederverwendbarkeit und
- Offene Kommunikation.

Die Transparenz und Nachvollziehbarkeit von wissenschaftlichen Prozessen wird durch die Digitalisierung und die damit einhergehende Vernetzung wesentlich erhöht (Mayer et al. 2020). Dass sich damit auch der *speed of discovery* erhöhen kann, zeigte sich etwa in der COVID-Forschung. Im Hinblick auf Reproduzierbarkeit und Wiederverwendbarkeit von Erkenntnissen aus wissenschaftlichen Prozessen kommt insbesondere der Veröffentlichung von Forschungsdaten nach den FAIR-Prinzipien eine große Bedeutung zu. Reproduzierbarkeit bedeutet nach Bollen et al. (2015), dass die Ergebnisse einer früheren Studie unter Verwendung der gleichen Materialien und Verfahren dupliziert werden können. Wiederverwendbarkeit bezieht sich darauf, dass bestehende Daten in einem anderen Kontext verwendet werden.

Banks et al. (2019) betonen, dass vermutlich einer der am meisten diskutierte Nutzen von Open-Science-Praktiken darin besteht, Offenheit, Integrität und Reproduzierbarkeit der Forschung zu verbessern, indem Fehlverhalten und fragwürdige Forschungspraktiken verhindert werden. Dies kann etwa unerwünschte Effekte wie den sogenannten *publication bias* mindern. Darunter versteht man gemäß Marks-Anglin & Chen (2020) die selektive Veröffentlichung von Forschungsergebnissen abhängig von der Art und Richtung der Ergebnisse. Demnach werden Studien mit „positiven", erwarteten Resultaten mit höherer Wahrscheinlichkeit publiziert als Studien mit „negativen", nicht signifikanten Ergebnissen (Begg & Berlin 1988).

Im Idealfall zeichnen sich die nach den oben genannten vier Grundprinzipien erzielten Erkenntnisse gemäß Mayer et al. (2020) durch Sichtbarkeit, Verständlichkeit und hohe Qualität aus und ermöglichen das Identifizieren von neuen Forschungsthemen und fragen.

Auch wenn argumentiert wird, dass Open Science-Praktiken ein relativ neues Konzept darstellen und wissenschaftliche Akteure sich deren Bedeutung, des Zwecks und der Nützlichkeit nicht sicher sind, kann Open Science dennoch dazu beitragen, durch den verbesserten Zugang zu wissenschaftlichen Ergebnissen den sogenannten *science-practice-gap* zu verringern (Banks et al. 2019).

---

3 Leitfaden des BMBF: https://www.bmbf.de/bmbf/de/ueber-uns/wissenschaftskommunikation-und-buergerbeteiligung/buergerbeteiligung/grundsatzpapiere-und-leitfaeden/grundsatzpapiere-und-leitfaeden.html.

Abgesehen davon ist jedoch anzumerken, dass die Relevanz und Akzeptanz von Open-Science-Prinzipien und -Praktiken in den einzelnen Fachcommunities stark variiert und die Implementierung bzw. Verstetigung der im vorangegangenen Abschnitt dargestellten Elemente von Open Science neben den erforderlichen technischen Strukturen einen Wandel im Mindset aller beteiligten Akteur*innen sowie einen Kulturwandel im Wissenschaftssystem verlangt. Um sowohl den technischen, als auch den kulturellen Aspekten Rechnung zu tragen, bestehen bzw. entstehen derzeit eine Vielzahl an Initiativen – sowohl auf nationaler, als auch auf europäischer und internationaler Ebene. So möchte beispielsweise die Europäische Union (2021) mit dem Forschungsprogramm „Horizon Europe" einen neuen Standard für die Verbreitung von Wissen setzen und Open Science zu einem „modus operandi for all researchers" machen. Die European Open Science Cloud (EOSC) vereinigt in ihrer Association mehr als 200 Mitglieder aus unterschiedlichen Fachcommunities, die sich aktiv an deren Entwicklung beteiligen; ebenso hat im Jahr 2021 die Zusammenarbeit für eine Global Open Science Cloud begonnen. Auf nationaler Ebene hat beispielsweise in Deutschland die Nationale Forschungsdaten-Infrastruktur (NFDI) mit diversen Konsortien ihre Arbeit aufgenommen.

4 Open Science und gute wissenschaftliche Praxis

Das Medical Research Council (2012) hält fest, dass gute Forscher*innen im Sinne einer guten wissenschaftlichen Praxis
- nach Exzellenz streben und Verantwortung übernehmen,
- das Gesetz, die Forschungsethik und die professionellen Standards achten,
- eine Kultur der Transparenz, Offenheit und Ehrlichkeit gegenüber anderen Forschenden und der Öffentlichkeit unterstützen,
- den öffentlichen Nutzen ihrer Arbeit maximieren und eine Ressourcenverschwendung vermeiden sowie
- Lernbereitschaft zeigen und andere unterstützen.

Insbesondere die Förderung der Kultur der Transparenz, Offenheit und Ehrlichkeit entspricht den Prinzipien von Open Science. Damit ist Open Science integraler Bestandteil guter wissenschaftlicher Praxis.

Aufgrund der vielfältigen Veränderungen im wissenschaftlichen Arbeiten hat auch die Deutsche Forschungsgemeinschaft (2019) einen Kodex veröffentlicht, der Leitlinien zur Sicherung guter wissenschaftlicher Praxis beinhaltet und von allen Hochschulen und außerhochschulischen Forschungseinrichtungen rechtsverbindlich umzusetzen ist. Dabei kommt der Vermittlung der Grundlagen guten wissenschaftlichen Arbeitens zum frühestmöglichen Zeitpunkt in der akademischen Lehre und wissenschaftlichen Ausbildung eine wichtige Bedeutung zu.

5 Herausforderungen im Zusammenhang mit Open Science

Die Digitalisierung der Wissenschaft eröffnet völlig neue Möglichkeiten für Offenheit in der Wissenschaft. Gesellschaft, Wirtschaft und Politik können in einem bislang nie dagewesenen Ausmaß an wissenschaftlichen Prozessen teilhaben und wissenschaftliche Erkenntnisse und Ergebnisse nutzen.

Dies ist jedoch auch mit großen Herausforderungen für alle Beteiligten des Wissenschaftssystems verbunden. So verändern sich sowohl Forschungs- und Publikationsprozesse als auch das Verhalten von Marktakteuren grundlegend. Dies erfordert in weiterer Folge beispielsweise neue Aushandlungsprozesse zwischen Akteuren in seit vielen Jahrzehnten bestehenden Märkten wie etwa dem Publikationsmarkt. Zudem entstehen neue Märkte, wie beispielsweise im Bereich Forschungsdaten, für die Marktverhalten, Marktakteure, Marktwachstum etc. zum heutigen Zeitpunkt noch nicht vollständig absehbar sind. Mayer et al. (2020) argumentieren zudem, dass Open Science auch in Bezug auf forschungsethische und rechtliche Regelungen, wie beispielsweise Datenschutz und Datensicherheit, Herausforderungen mit sich bringt.

Open Science ist kein Selbstzweck, sondern adressiert gegenwärtige Probleme in der Wissenschaft: „The movement towards open science is a consequence of seemingly pervasive failures to replicate previous research", postulieren Allen & Mehler (2019) und argumentieren, dass dieser Wandel sowohl Herausforderungen als auch Vorteile bringt. Zu den genannten Herausforderungen zählen:
– weniger Flexibilität, die etwa durch die Präregistrierung (eine Spezifikation und Einreichung des Forschungsplans vor Durchführung der eigentlichen Studie oder des Experiments) entstehen kann,
– ein erhöhter Zeitaufwand für die zusätzlichen Anforderungen von offener, reproduzierbarer Forschung (z. B. Dokumentation, Archivierung, Präregistierung etc.) sowie
– Anreizstrukturen, die dem Engagement für Open Science-Praktiken (noch) nicht Rechnung tragen.

Die Anreizstrukturen sind insbesondere für junge Forschende (*Early Career Researchers*) von Relevanz. So spielen etwa nach Mayer et al. (2020) High-Impact Journals trotz wachsender Kritik an *journal-based-metrics* wie dem Impact Factor immer noch eine zentrale Rolle für wissenschaftliche Karrieren. Gerade in diesem Bereich gibt es immer wieder Vorstöße von Universitäten (z. B. Utrecht University,[4] TU Delft[5]), den Impact Factor für Einstellungs- und Beförderungsentscheidungen in den Hintergrund zu rücken (oder gar zu ignorieren) und Open Science-Bemühungen zu honorieren und anzuerkennen.

Auch besteht nach Nosek et al. (2012) die Befürchtung, dass eigene Fehler von anderen aufgedeckt werden. Zudem könnten etwa Forschungsdaten als Wettbewerbsvorteil gesehen werden, die nicht verschenkt werden sollten, sind sie doch Ergebnis der eigenen Forschungsideen, wie Savage & Vickers (2009) anführen.

Gemäß einer Studie von Scherp et al. (2020) in der wirtschaftswissenschaftlichen Fachcommunity ist Zeitmangel der bedeutendste Hinderungsgrund, aber auch die fehlende Unterstützung und mangelnde Anerkennung in der Community. So wurde in der Befragung ein großer Unterstützungsbedarf in Form von Online-Materialien bei der Umsetzung von Open Science geäußert, insbesondere in Bezug auf Open-Science-Plattformen, Tools und Anwendungen. Abgesehen davon ist der Begriff Open Science Ökonom*innen überwiegend geläufig; es gibt eine breite Zustimmung zu den allgemeinen Prinzipien von Open Science, wobei die Einbindung gesellschaftlicher Akteure (z. B. über Citizen Science) skeptisch gesehen wird.

---

[4] https://www.nature.com/articles/d41586-021-01759-5.
[5] https://www.zbw-mediatalk.eu/de/2019/12/open-science-strategie-die-tu-delft-strebt-nach-pole-position-fuer-die-aera-open/.

6 Was einzelne Wissenschaftler*innen tun können

Gemäß der Europäischen Union (2021) steht Europa vor der Herausforderung, den Grundsatz der offenen Wissenschaft als Modus Operandi für alle Forschenden in vollem Umfang anzuwenden. Dazu ist eines der neuen Elemente in Horizon Europe, dem Forschungsförderungsprogramm der EU, die Open Science policy, die verpflichtendes Open-Access-Publizieren beinhaltet und festlegt, dass „open science principles [...] throughout the programme" anzuwenden sind. Zudem wird Open Science von weiteren Forschungsförderungsinstitutionen wie der Deutschen Forschungsgemeinschaft (DFG) und dem BMBF befürwortet und aktiv gefördert, ebenso von der Organisation for Economic Co-operation and Development (OECD o. D.): „[...] working with member and non-member economies to review policies to promote open science and to assess their impact on research and innovation." Allein daraus ergibt sich für jede*n einzelne*n Wissenschaftler*in eine Notwendigkeit, Open-Science-Praktiken als selbstverständlichen Teil der wissenschaftlichen Arbeit zu sehen. Das LMU Open Science Center nennt auf seinen fundierten Einführungsfolien zu Open Science[6] drei Aktionsbereiche:

(1) Identify questionable research practices,
(2) Practice Open Science: Make your own research trustworthy,
(3) Help to change incentive structures.

Als erster Anstoß zur Unterstützung und Orientierung – sowohl für Studierende, (Nachwuchs-)Forschende, Lehrende, als auch für Forschungseinrichtungen und weitere Stakeholder im Wissenschaftssystem – sei in Abschnitt 8 *How-to-Guides und Hilfestellungen* eine kleine (nicht repräsentative) Auswahl dargestellt.

7 Ausblick

Open Science hat das Potential die gesamte Wissenschaft zu verändern. Der damit verbundene Mentalitäts- und Kulturwandel hin zu einem Open-Science-Ökosystem braucht allerdings Zeit und ist kein Selbstläufer. Open Science scheint dennoch zum Massenphänomen zu werden – paradoxerweise gerade in Zeiten von Corona-Lockdowns wurde die Forschung offener denn je, wie Blasetti et al. (2020) es postulierten.

Zwar hat etwa die Corona-Pandemie das Tempo beschleunigt und der Entwicklung einen merklichen Schub gegeben, dennoch bestehen deutliche Unterschiede zwischen den einzelnen Fachdisziplinen und auch generelle Defizite. So ist etwa das (freiwillige) Engagement einzelner Akteur*innen von großer Bedeutung: Forschende müssen Zeit investieren, was aktuell nicht angemessen im Wissenschaftssystem honoriert wird. Die Organisator*innen der Open Science Fair (2021) fassen den Status quo wie folgt zusammen:

> Open science [...] is at a crossroads. Implementation and adoption are progressing, with researchers, research institutions, funding agencies, service providers and infrastructures all engaging at various levels. However, different models are emerging which produce a seemingly fragmented ecosystem and achieve small steps on top of traditional scholarly communication system. In order to enable international and interdisciplinary research, we need to ensure interoperability across communities and services while still maintaining our ability to support diversity of workflows and knowledge systems.

---

6 https://osf.io/mcjnq/.

8 How-to-Guides und Hilfestellungen

Tab. 1: Unterstützungsangebote für die Open-Science-Implementierung und -Praxis

Für Studierende, (Nachwuchs-)Forschende und Lehrende		
Online-Kurs Open Science der Universität Konstanz	Kurzes Einführungsvideo (Was ist Open Science, Nutzen von Open Science, Unterstützungsangebote etc.)	https://www.kim.uni-konstanz.de/openscience/onlinekurs-open-science-von-daten-zu-publikationen/was-bietet-mir-open-science/
Open Science Introduction Slides des LMU Open Science Center	Foliensatz, der aktuelle Probleme im Wissenschaftssystem und die Sinnhaftigkeit von Open Science sehr fundiert erklärt.	https://osf.io/mcjnq/
Advanced Data and Information Literacy Track (ADILT)	Interdisziplinäres Programm zu Daten- und Informationskompetenz (an Studierende aller Fächer gerichtet); das ADILT Zertifikat bescheinigt übergreifende Kompetenzen in der Daten- und Informationsverarbeitung.	https://www.uni-konstanz.de/adilt/ueber-den-adilt/
Toolbox des LMU Open Science Centers	„10 easy steps" zu Open Science, Workshop-Materialien, weitere Ressourcen für Forschende sowie Ressourcen für Lehrende.	https://www.osc.uni-muenchen.de/toolbox/index.html
Academic Career Kit	für PhD-Studierende und *Early Career Researchers* in den Wirtschaftswissenschaften; interaktive Toolkits zu den Themen „Erste Publikation", „Networking und Metriken", „Forschungsdaten-Management".	https://www.econbiz.de/eb/en/wissenschaftlich-arbeiten/academic-career-kit
Open Economics Guide	schnelle Einführung in Open Access, Open Data und Open Tools; umfassende Toolübersicht, Wissensdatenbank und Glossar (Fokus: Wirtschaftswissenschaften)	https://openeconomics.zbw.eu/
Open Science Magazin	Monatlich neue Artikel, Podcasts und Worksheets rund um das Thema Open Science	https://open-science-future.zbw.eu/willkommen-beim-open-science-magazin/
Virtueller Hands-On-Workshop: „Gute wissenschaftliche Praxis und reproduzierbare Forschung mit STATA"	Für Master-Studierende und Promovierende der Wirtschaftswissenschaften, die am Anfang ihrer Dissertation stehen, mit quantitativen Daten arbeiten und STATA als Statistiksoftware nutzen. Die Workshops zeigen, wie die Replizierbarkeit empirischer Forschung verbessert werden kann (werden laufend angeboten).	https://www.zbw.eu/de/ueber-uns/veranstaltungen/stata-digital-3

Für Studierende, (Nachwuchs-)Forschende und Lehrende		
Helpdesk NFDI4Culture	Helpdesk zu u. a. rechtlichen Fragen in Bezug auf Forschungsdaten (Consortium for Research Data on Material and Immaterial Cultural Heritage)	https://nfdi4culture.de/what-we-do/services.html
Student Initiative for Open Science	Initiative von Studierenden der University of Amsterdam: Workshops, Lectures, Guides etc.	https://studentinitiativeopenscience.com/
German Reproducibility Network	Unterstützung für Forschende/Institutionen in Open-Science-Praktiken, Vernetzung von Initiativen für eine vertrauenswürdigere und transparentere Forschung	https://reproducibilitynetwork.de/
Übersicht zu Open Science Podcasts	Kurzinfo + Beschreibung zu zehn Open Science Podcasts (geeignet als Annäherung an das Thema)	https://www.zbw-mediatalk.eu/de/2021/02/open-science-podcasts-7-3-tipps-fuer-die-ohren/
Für Forschungsinstitutionen und weitere Stakeholder im Wissenschaftssystem		
Open Science recommendations for a multidisciplinary Faculty	Sieben Empfehlungen, wie Open Science an einer multidisziplinären Fakultät implementiert werden kann (am Beispiel der Faculty of Science der University of Helsinki)	https://www.zbw-mediatalk.eu/2021/09/open-science-how-to-implement-it-in-a-multidisciplinary-faculty-7-recommendations/
Open Science Toolkit for the Development of Incentive Structures	Das Toolkit soll die Hochschulleitung bei der Entwicklung von Anreizstrukturen unterstützen, um offene Forschungspraktiken angemessen zu belohnen.	https://www.orfg.org/news/2021/9/30/nasem-roundtable-released-open-science-toolkit
TU Delft *Strategic Plan Open Science 2020–2024*	Open-Science-Strategie der Delft University of Technology (Anspruch: Offene Forschung und Lehre zum Standard für Forschung und Lehre zu machen.)	https://doi.org/10.4233/uuid:f2faff07-408f-4cec-bd87-0919c9e4c26f
Eckpunktepapier Open Science	Eine Handreichung, die in Bezug auf den Umgang mit Open Science sowohl inhaltliche, als auch kulturelle Dimensionen beinhaltet; kann anderen Bibliotheken/Infrastruktureinrichtungen als Vorlage dienen.	https://www.zbw-mediatalk.eu/de/2020/11/open-science-und-organisationskultur-offenheit-als-kernwert-in-der-zbw/
Netzwerk der Open-Science-Initiativen (NOSI)	Zentrale Plattform für das Netzwerk der (deutschsprachigen) Open-Science-Initiativen; beinhaltet Protokolle, Links und Ressourcen.	https://osf.io/tbkzh/

9 Literaturverzeichnis

AG Open Science der Open Knowledge Foundation (o. D.). *Open Science*. Verfügbar unter https://ag-open-science.de/open-science/.

Allen C, Mehler, D. M. A (2019). Open science challenges, benefits and tips in early career and beyond. *PLoS Biol*, 17(5), e3000246. https://doi.org/10.1371/journal.pbio.3000246.

Banks, G. C., Field, J. G., Oswald, F. L., Ernest H O'Boyle, Landis, R. S., Rupp, D. E. & Rogelberg, S. G. (2019). Answers to 18 questions about open science practices, *Journal of Business and Psychology*, 34(3), 257–270. http://dx.doi.org/10.1007/s10869-018-9547-8.

Begg, C. & Berlin, J. (1988). Publication Bias: A Problem in Interpreting Medical Data. *Journal of the Royal Statistical Society. Series A (Statistics in Society)*, 151(3), 419–463. https://doi.org/10.2307/2982993.

Blasetti, A., Dross, P., Fräßdorf, M., Naujoks, J. (2020). *Offenheit im globalen Lockdown: Ein Zukunftsmodell für die Wissenschaft?*. http://hdl.handle.net/10419/223164.

Bollen, K., Cacioppo, J. T., Kaplan, R. M., Krosnick, J. & Olds, J. L. (2015). *Social, Behavioral, and Economic Sciences Perspectives on Robust and Reliable Science* (paper presented at the Report of the Subcommittee on Replicability in Science Advisory Committee to the National Science Foundation Directorate for Social, Behavioral, and Economic Sciences, 2015), 3.

Borghi, J. A. & Van Gulick, A. E. (2021) *Promoting Open Science Through Research Data Management*. https://arxiv.org/abs/2110.00888#.

Budapest Open Access Initiative (2002). *German Translation [of the Declaration]*. https://www.budapestopenaccessinitiative.org/boai-10-translations/german-translation.

Bürger schaffen Wissen (2016). *Grünbuch Citizen Science Strategie 2020 für Deutschland*. https://www.buergerschaffenwissen.de/sites/default/files/assets/dokumente/gewiss-gruenbuch_citizen_science_strategie.pdf.

Deutsche Forschungsgemeinschaft (2019). *Leitlinien zur Sicherung guter wissenschaftlicher Praxis*. https://doi.org/10.5281/zenodo.3923602.

Deutsche UNESCO-Kommission (o. D.). *Open Educational Resources*. https://www.unesco.de/bildung/open-educational-resources.

Europäische Kommission (2015). *Open Innovation, Open Science, Open to the World* (22.06.2015). https://ec.europa.eu/commission/presscorner/detail/fr/SPEECH_15_5243.

European Union (2021). *Horizon Europe, open science. Early knowledge and data sharing, and open collaboration*. https://op.europa.eu/en/publication-detail/-/publication/9570017e-cd82-11eb-ac72-01aa75ed71a1.

Global Sustainability Coalition for Open Science Services (o. D.). *What is Open Infrastructure?*. https://scoss.org/what-is-scoss/defining-open-infrastructure/.

Haller, J. B. A., Velamuri, V. K., Schneckenberg, D., Möslein, K. M. (2017). Exploring the design elements of open evaluation. *Journal of Strategy and Management*, 10(1), S. 40–65. https://doi.org/10.1108/JSMA-05-2015-0039.

Leibniz-Forschungsverbund Open Science (o. D.). *Strategie Leibniz-Forschungsverbund Open Science 2019-2024*. https://www.leibniz-openscience.de/de/ueber-uns/strategy-2019-2024/.

Marks-Anglin, A, Chen, Y. (2020). A historical review of publication bias. *Res Syn Meth.*, 11, 725–742. https://doi.org/10.1002/jrsm.1452.

Mayer, K., Rieck, K., Reichmann, S., Danowski, P., Graschopf, A., König, T., Kraker, P., Lehner, P., Reckling, F., Ross-Hellauer, T., Spichtinger, D., Tzatzanis, M. (2020). *Empfehlungen für eine nationale Open Science Strategie in Österreich*. Open Science Network Austria OANA. https://doi.org/10.5281/zenodo.4109242.

Medical Research Council (2012). *MRC ethics series. Good research practice: Principles and guidelines*. https://www.ukri.org/wp-content/uploads/2021/08/MRC-0208212-Good-research-practice_2014.pdf.

Nosek, B. A., Spies, J. R. & Motyl, M. (2012). Scientific utopia: II. Restructuring incentives and Practices to Promote Truth over Publishability. *Perspectives on Psychological Science*, 7, 615–631. https://doi.org/10.1177%2F1745691612459058.

OECD (o. D.) *Open Science*. https://www.oecd.org/sti/inno/open-science.htm.

Open Science Fair (2021). *Fostering local and global open science communities.* https://www.opensciencefair.eu/.
Ross-Hellauer T. (2017). What is open peer review? A systematic review (April 27,2017). *F1000Res.* 2017, 6, 588. https://doi.org/10.12688/f1000research.11369.2.
Savage, C. J. & Vickers, A. J. (2009). Empirical Study of Data Sharing by Authors Publishing in PLoS Journals. *PLoS One*, 4, e7078. https://journals.plos.org/plosone/article?id=10.1371/journal.pone.0007078.
Scherp, G., Siegfried, D., Biesenbender, K., Breuer, C. (2020). *Die Bedeutung von Open Science in den Wirtschaftswissenschaften. Ergebnisbericht einer Online-Befragung unter Forschenden der Wirtschaftswissenschaften an deutschen Hochschulen 2019.* ZBW – Leibniz-Informationszentrum Wirtschaft. http://hdl.handle.net/10419/220086.
Schwerpunktinitiative Digitale Information (o. D.) *Forschungsdaten.* Verfügbar unter https://www.allianz-initiative.de/archiv/forschungsdaten/.

Ulrich Herb & Heinz Pampel
E 10 Open Access

1 Entwicklung

Der Begriff Open Access (OA) beschreibt das Anliegen, wissenschaftliche Publikationen ohne finanzielle, technische und rechtliche Barrieren über das Internet offen zugänglich und nachnutzbar zu machen. Das Konzept OA wurde zum Anfang der 2000er Jahre entwickelt, getrieben durch den Fortschritt der internetbasierten Informations- und Kommunikationstechnologien (s. Kapitel F 2 2 Informations- und Kommunikationstechnologien & Web-Technologien) und ein dysfunktionales System der wissenschaftlichen Literaturversorgung. OA verfolgt das Ziel, die Zeitschriftenkrise (Meier 2002, S. 25–34) zu überwinden, welche die Informationsversorgung in Forschung und Lehre behindert, da Forschungseinrichtungen und ihren Bibliotheken nicht mehr in der Lage sind, die jährlich steigenden Kosten für wissenschaftliche Zeitschriften (Bosch et al. 2020) zu tragen. Begünstigt wird diese für Wissenschaft fatale Situation durch die oligopolische Marktstellung von fünf Verlagen, die im Jahr 2013 mehr als 50 % aller Zeitschriftenartikel weltweit (Larivière et al. 2015) verlegten. Für die Begriffsbildung von OA waren drei Konferenzen in Budapest (2001; Budapest Open Access Initiative 2002), Bethesda (2003; Bethesda Statement on Open Access Publishing 2003) und Berlin (2003; Max-Planck-Gesellschaft 2003) zentral, die zur sogenannten BBB-Definition von OA geführt haben. Für die deutschsprachigen Länder ist die *Berlin Declaration on Open Access to Knowledge in the Sciences and Humanities* herauszuheben. Mit der Unterzeichnung dieser Erklärung durch Wissenschaftsorganisationen weltweit institutionalisierte sich OA in den folgenden Jahren und entwickelt sich zu einem Trendthema der internationalen Wissenschaftspolitik.

Die konsequente Nutzung des Internets als „Repräsentation des menschlichen Wissens" (Max-Planck-Gesellschaft 2003) wurde durch Forschende wie z. B. Stevan Harnad (1990) oder Paul Ginsparg (1994) mit dem Aufbau von sogenannten Preprint-Servern wie arXiv oder CogPrints gefördert. Auf diesen fachlichen Repositorien werden Publikationen noch vor ihrer inhaltlichen Qualitätssicherung durch Peer-Review-Verfahren (s. Kapitel B 15 Wissenschaftlichen Qualitätssicherung) entsprechend eines definierten Fächerprofils frei zugänglich gemacht. Mit der Entwicklung von Open-Source-Lösungen wie DSpace (Smith et al. 2003), E-Prints (Carr 2010) und OPUS (Scholze 2004) zum Betrieb dieser Repositorien begannen Bibliotheken und Rechenzentren institutionelle OA-Repositorien an Forschungseinrichtungen zu etablieren. Dank der sich damals entwickelnden Suchmaschinentechnologie (s. Kapitel C 3 Suchmaschinen) und dem Open Archives Initiative Protocol for Metadata Harvesting (OAI PMH) (Van de Sompel & Lagoze 2001) wurde eine Lösung für Sucheinstiege zu den verteilt gespeicherten Publikationen geschaffen. Voraussetzung war die Nutzung von Metadatenstandards wie z. B. Dublin Core (s. Kapitel B 9 Metadaten) zur Beschreibung der Publikationen. Die Anwendung dieser Standards wird durch Standardisierungsinitiativen wie z. B. dem *DINI-Zertifikat für Open-Access-Publikationsdienste* (Müller et al. 2019) oder den *OpenAIRE Guidelines* (OpenAIRE 2019) gefördert. Nach Angaben des Verzeichnis OpenDOAR gibt es im Januar 2022 weltweit 5 798 OA-Repositorien.[1]

---

[1] https://v2.sherpa.ac.uk/opendoar/.

Open Access. © 2023 Ulrich Herb & Heinz Pampel, publiziert von De Gruyter. Dieses Werk ist lizenziert unter der Creative Commons Attribution 4.0 International Lizenz.
https://doi.org/10.1515/9783110769043-061

Komplementär zu dem Entwicklungsstrang der Repositorien begannen Forschende bereits ab Mitte der 1990er Jahre digitale Journals zu etablieren, die die offene Zugänglichkeit sicherstellen (Hitchcock et al. 1996). Prominenter Akteur war Harold Varmus. Der Nobelpreisträger startete 2000 die Public Library of Science (PLOS). In einem offenen Brief (PLOS 2020) skizzierte er mit Kollegen die Vision von PLOS, einem durch Forschende getragenen Verlag, der im Jahr 2003 das Journal *PLOS Biology* unter Anwendung des Geschäfts- und Finanzierungsmodells der Publikationsgebühr (*Article Processing Charge* – APC)[2] startete (Bernstein et al. 2003). Dieses Modell nutzt auch der Verlag BioMed Central (BMC), der im selben Jahr die erste Ausgabe seiner Zeitschrift BMC Biology verlegte. Mit dem Kauf von BMC durch Springer (heute: Springer Nature) im Jahr 2008 wurde deutlich, dass das Geschäftsmodell der APC auch für kommerzielle Verlage eine verlässliche Alternative zum Subskriptionsmodelle darstellen kann.

Förderorganisationen und Forschungseinrichtungen stellen ab der Mitte der 2010er Jahre die Übernahme dieser APC sicher. Insbesondere durch den Aufbau von Publikationsfonds (Pampel & Tullney 2017) zur Finanzierung der APC reagieren Bibliotheken auf die steigende Bedeutung dieses Modells, das sich in den Folgejahren über hybride Modelle, Offsetting- und Transformationsverträge weiterentwickelt. Das Directory of Open Access Journals (DOAJ) listet im Januar 2022 17 380 OA-Zeitschriften.[3] Eine Vielzahl dieser Zeitschriften organisiert ihren Publikationsprozess mit der Software Open Journal Systems (OJS), die vom Public Knowledge Projects (PKP) als Open-Source-Lösung betrieben wird. Den Angaben des DOAJ zufolge, erheben 30 % der Zeitschriften APCs. Andere werden durch Forschungseinrichtungen, Förderorganisationen oder Fachgesellschaften finanziert oder von Konsortien getragen. Prominente Beispiele für solche konsortiale Modelle sind SCOAP3 oder die Open Library of Humanities (OLH). Bei SCOAP3 wurden, mit Beteiligung von 3 000 Forschungseinrichtungen aus über 40 Staaten, die Kernzeitschriften der Hochenergiephysik umgewandelt (Kohls & Mele 2018).

Ausgehend von einer Kalkulation der Max Planck Digital Library im Jahr 2015, die die Umstellung von Subskription zu OA auf internationale Ebene ohne Mehrkosten berechnete (Schimmer et al. 2015), wurde mit der 2016 gestarteten Initiative OA2020 versucht, die Transformation von Zeitschriften zu OA in einem internationalen Vorhaben voranzutreiben (Schimmer & Geschuhn 2017).

2 Definitionen und Spielarten

Fand sich in den frühen Diskussionen zu OA noch allein eine Unterscheidung zwischen Green und Gold OA, wurden später zusehends Varianten und Definitionen eingeführt.

Green OA bezeichnet die entgeltfreie Bereitstellung wissenschaftlicher Publikationen, die zusätzlich zur Publikation in einem Verlag oder Journal erfolgt. Er ist mit rechtlichen Besonderheiten verbunden, denn speziell bei einer Publikation in einem Closed-Access-Angebot übertragen Autor*innen meist ausschließliche Verwertungsrechte als Nutzungsrechte an dieser. Eine OA-Veröffentlichung ist nur möglich, wenn Autor*innen sich die notwendigen Rechte sichern, die Möglichkeiten zur gesetzlich verankerten

---

[2] Anzumerken ist, dass der Begriff Gebühr zwar etabliert ist, es sich aber Blick auf die Verwendung des Begriffes in der öffentlichen Verwaltung um keine Gebühr im engen Sinne handelt.
[3] https://doaj.org/.

Zweitveröffentlichungsoptionen nutzen (s. 4 Rechtliche Rahmenbedingungen) oder z. B. der Verlag eine OA-freundliche Policy in der Datenbank SHERPA RoMEO[4] aufweist. Die Mehrheit der Journals erlaubt nach dieser Datenbank die freie Zugänglichmachung auf einem Repositorium, teils nach Ablauf einer Embargoperiode und Erfüllung anderer Kriterien (Laakso 2014). Für die Veröffentlichung im Green OA kommen unterschiedliche Artikelversionen infrage:[5] Das *Author's Original* bzw. der *Preprint* (nicht begutachteter Manuskriptentwurf), das *Accepted Manuscript* (endgültiges, begutachtetes Manuskript, zur Veröffentlichung angenommen) oder die *Version of Record* (veröffentlichter Artikel). Das Zugänglichmachen auf einer Website ist kein OA, da es nicht die Voraussetzung der *Berliner Erklärung* erfüllt, wonach der Publikationsort spezielle Bedingungen an Schnittstellen und Langzeitarchivierung erfüllen muss.

Von der zusätzlichen Zugänglichmachung unterscheidet sich die sofortige OA-Publikation in einem OA-Verlag oder -Journal. Diese Variante wird oft pauschal als *Gold OA* bezeichnet, teils wird der Begriff Gold OA nur angewandt, wenn die Publikation unter einer offenen Lizenz erfolgt, wohingegen Veröffentlichungen, die primär und unmittelbar im OA ohne offene Lizenzierung erschienen, als *Bronze OA* bezeichnet werden. Eine weitere Differenzierung macht *Diamond OA* (auch *Platin OA* genannt) aus, der unmittelbaren OA bezeichnet, für den keine APCs anfallen (Piwowar et al. 2019). In der Fachdiskussion existiert keine Eindeutigkeit der Labels Bronze, Gold und Diamond. Für diesen Beitrag umfasst Gold OA das unmittelbare OA-Publizieren in einem Journal, das *Issues* mit dem Erscheinen als Ganze OA bereitstellt. Davon zu unterscheiden ist das hybride Modell, bei dem einzelne Artikel aus einem Subskriptionsjournal gegen Zahlung einer APC im OA erscheinen. *Hybrid OA* gilt als Mittel zur Transformation von Subskriptionsjournalen zum OA, jedoch wird infrage gestellt, ob er diese gewährleisten kann (Pollock & Michael 2021). Insbesondere wegen der zusätzlich zu den Subskriptionskosten anfallenden APCs erkennen Forschungsförderer hybride Publikationen Artikel zusehends nur unter gewissen Bedingungen als OA an.

3 Wissenschaftspolitischer Rahmen

Eine im Auftrag der Europäische Kommission 2006 veröffentlichte Studie zur Marktsituation des wissenschaftlichen Publikationswesens kritisierte die nachteilige Wirkung der Zeitschriftenkrise auf die öffentliche finanzierte Forschung in Europa und empfahl den EU-Mitgliedstaaten die Förderung von OA (European Commission 2006). Dieser Empfehlung folgend verankerte die Europäische Kommission OA ab dem 7. Forschungsrahmenprogramm in ihrer Förderpolitik. Mittelempfänger*innen werden aufgefordert, OA zu ihren Publikationen sicherzustellen.

Als Vorbild für die Integration von OA in der Förderpolitik gilt die „Public Access Policy" der National Institutes of Health (NIH) in den USA. Diese Regelung stellt seit 2008 sicher, dass Publikationen aus geförderten Projekten der NIH bis spätestens zwölf Monaten nach ihrer Veröffentlichung auf dem Repositorium PubMed Central OA gemacht werden müssen (NIH 2008).

---

4 https://v2.sherpa.ac.uk/romeo/search.html.
5 Hier wird die Definition des Artikelstatus der Verlegervereinigung STM verwendet (Johnson et al. 2018, S. 97).

Mit den *Recommendation on access to and preservation of scientific information* der Europäische Kommission aus den Jahren 2012 und 2018 sind die Mitgliedstaaten aufgefordert, OA umzusetzen (European Commission 2018). Der Europäischen Rat hat sich 2016 für eine „full scale transition towards open access" (Council of the European Union 2016, S. 7) ausgesprochen.

In Deutschland legte das Bundesministerium für Bildung und Forschung (BMBF) 2016 eine nationale OA-Strategie vor (Bundesministerium für Bildung und Forschung 2016). Das BMBF sieht vor, dass bis zum Jahr 2025 „70 Prozent aller neu erscheinenden wissenschaftlichen Publikationen in Deutschland ausschließlich oder zusätzlich im Wege des Open Access veröffentlicht" (Bundesministerium für Bildung und Forschung 2019, S. 37) werden. Auch entwickeln einige Bundesländer spezifische Strategiepapiere für ihre Forschungseinrichtungen. Die Strategie unterstützt Aktivitäten, die an den wissenschaftlichen Einrichtungen vorangetrieben werden und in Initiativen wie der Deutschen Initiative für Netzwerkinformation (DINI) oder der Schwerpunktinitiative Digitale Information der Allianz der deutschen Wissenschaftsorganisationen verfolgt werden.

In Österreich ist es das Open Access Network Austria (OANA), das 2015 unter Beteiligung des Bundesministeriums für Wissenschaft und Forschung (BMWF) *Empfehlungen für die Umsetzung von Open Access in Österreich* vorgelegte, die einen die Umstellung zu OA bis 2025 vorsieht (Bauer et al. 2015).

In der Schweiz sollen bis 2024 alle Publikationen OA veröffentlicht werden. Dies sieht die 2017 vorgelegte *Nationale Open-Access-Strategie für die Schweiz* (swissuniversities & Schweizerischer Nationalfonds 2017) vor, die von den Schweizer Hochschulen gemeinsam mit dem Schweizerischen Nationalfonds erarbeitet wurde. Somit ist das Thema in allen DACH-Ländern auf als wissenschaftspolitisches Ziel inkl. definierter Zielmarken gesetzt.

Um die Transformation auf internationaler Eben zu beschleunigen, wird 2017 der Plan S einer Gruppe von Förderorganisationen vorgelegt. Der Plan sieht vor, dass die Förderorganisationen, denen aus den DACH-Ländern der österreichische Wissenschaftsfonds FWF angehört, OA als 2021 zum Modus Operandi ihrer Förderpolitik machen. Dazu haben die Förderorganisationen gemeinsame Kriterien definiert (cOAlition S 2019).

Die nationalen Strategien werden durch institutionelle OA-Policies unterfüttert, in denen Forschungseinrichtungen ihre Ziele und Strategien zur Förderung von OA formulieren. Über das Registry of Open Access Repository Mandates and Policies (ROARMAP) können im Januar 2022 für Deutschland 76 solcher Regelungen identifiziert werden.[6] In Deutschland haben die große Mehrheit dieser Policies lediglich einen empfehlenden Charakter.

An einigen wissenschaftlichen Einrichtungen wurden OA-Beauftragte eingesetzt, die die Entwicklung des Themas begleiten. Aktivitäten der Öffentlichkeitsarbeit wie die internationale Aktionswoche OA Week oder Informationsangebote wie die Informationsplattform open-access.network fördern die Sichtbarkeit des Themas. Mit dem DEAL-Projekt der Allianz der deutschen Wissenschaftsorganisationen wurde 2016 begonnen, nationale Verträge, die auch OA umfassen, mit den Verlagen Elsevier, Springer Nature und Wiley zu verhandeln. Dem international beachteten Unterfangen ist es bisher gelungen, mit Springer Nature und Wiley sogenannte Transformationsverträge abzuschließen, die sicherstellen, dass die Publikationen der Forschenden in Deutschland offen publiziert werden (Mittermaier 2019). Mit der Strukturbildung durch DEAL in Deutschland und wei-

---

[6] http://roarmap.eprints.org/view/country/276.html.

teren Verträgen in Deutschland und anderen Ländern[7] stellen sich diverse Herausforderungen, die teils auf Ebene einzelner wissenschaftlichen Einrichtungen, teils auf nationaler und internationaler Ebene zu adressieren sind und für die aktuelle Diskussion um OA zentral sind.

4 Rechtliche Rahmenbedingungen

Die wichtigen rechtlichen Regelungen zum OA trifft in Deutschland das Urheberrechtsgesetz (UrhG) (s. Kapitel F 3 Urheberrecht). Die/der Urheber*in ist Schöpfer*in des Werkes (§7 UrhG) und hat alle Verwertungsrechte daran inne (§15–23 UrhG), u. a. das Vervielfältigungsrecht (§16) und das Verbreitungsrecht (§17). Nach §31 UrhG können Urheber*innen natürlichen oder juristischen Personen Nutzungsrechte an dem Werk einräumen, entweder einfache (auf einen speziellen Zweck zugeschnitten, ohne andere Zwecke auszuschließen) oder ausschließliche Nutzungsrechte (pauschal). Das ausschließliche Nutzungsrecht ermächtigt Inhaber*innen, „das Werk unter Ausschluss aller anderen Personen auf die übertragene Art zu nutzen und Nutzungsrechte einzuräumen" (§31 Abs. 3 Satz 1 UrhG). Ein Übertrag an Nutzungsrechten stellt die Erlaubnis zur wirtschaftlichen Verwertung des Werkes dar, jedoch keinen Übertrag der Verwertungsrechte, diese verbleiben bei den Urheber*innen. §38 UrhG eröffnet Urheber*innen Möglichkeiten zur Zweitveröffentlichung im Green OA. Einen Einstieg in die teils komplexen rechtlichen Fragen und die Praxis der Rechteberatung an Bibliotheken geben Blasetti et al. (2019). Ein FAQ zu diesen Fragestellungen stellen die Wissenschaftsorganisationen bereit (Allianz der deutschen Wissenschaftsorganisationen 2015).

Für die Schweiz finden sich die relevanten Regelungen im Urheberrechtsgesetz (URG)[8]. Auch das URG definiert Teilbefugnisse (Art. 9–15 URG) wie z. B. Verwendungsrechte, Rechte auf Vervielfältigung, Verbreitung, Zugänglichmachung und das Recht auf Anerkennung der Urheberschaft (Hilty & Seemann 2009). Ging der Veröffentlichung eines Artikels in einer Zeitschrift keine vertragliche Vereinbarung zum URG voraus, findet das Verlagsvertragsrecht (Art 382 Abs. 3 des schweizerischen Obligationenrechts OR) Anwendung, wonach Autor*innen wissenschaftliche Aufsätze drei Monate nach der formalen Publikation frei publizieren können (Hilty & Seemann 2009, S. 38).

In Österreich finden sich die bedeutenden Regelungen im Urheberrechtsgesetz (öUrhG).[9] Es werden Teilrechte (§§14–18 öUrhG) vergleichbar den vorgenannten Regelungen aufgeführt. Die Rechtesituation für Green OA ist vergleichbar der in Deutschland oder der Schweiz. §36 öUhrG stärkt die Rechte der Autor*innen von Journalartikeln auch bei Übertrag ausschließlicher Rechte (zur Anwendbarkeit s. Seyavash 2021) und §37a öUrhG die Rechte von Wissenschaftler*innen einer mindestens zur Hälfte mit öffentlichen Mitteln finanzierten Forschungseinrichtung.

In allen drei Ländern gilt, dass Green OA voraussetzt, dass Autor*innen die notwendigen Rechte nicht übertragen oder auf eine liberale OA-Policy des Verlages setzen. In Deutschland können zusätzlich für Zweitpublikationen die Optionen das §38 UrhG ge-

---

[7] Siehe hierzu das ESAC Transformative Agreement Registry unter: https://esac-initiative.org/about/transformative-agreements/agreement-registry/.
[8] https://www.fedlex.admin.ch/eli/cc/1993/1798_1798_1798/de.
[9] https://www.ris.bka.gv.at/GeltendeFassung.wxe?Abfrage=Bundesnormen&Gesetzesnummer=10001848.

nutzt werden, in der Schweiz des 382 Abs. 3 OR, in Österreich der Paragraphen §36 und §37a öUrhG.

Diese urheberrechtlichen Regelungen sind meist relevant, wenn Autor*innen formal in Verlagen publizierte Inhalte im Green OA zugänglich machen. Im Gold OA stellt sich die Situation anders dar, denn hier publizieren Verlage Werke meist unter offenen Lizenzen.

Offene Lizenzen orientieren sich an den Open-Source-Lizenzen: Wissen ist demnach „offen, wenn jeder darauf frei zugreifen, es nutzen, verändern und teilen kann" (Open Knowledge Foundation 2015). Unter ihnen finden v. a. die Creative-Commons-Lizenzen im OA Anwendung, jedoch erfüllen nur die Lizenz-Varianten CC BY und CC BY SA die Ansprüche der Definition (Weller & Di Rosa 2013). Im Gold OA entwickelte sich die CC BY Variante zur dominanten, sie wird von zahlreichen Forschungsfördern zwingend zur Publikation geförderter Inhalte empfohlen oder vorausgesetzt. Dies spiegelt sich im Directory of Open Access Journals (Stand 03.01.2021): Von 17 380 gelisteten Zeitschriften nutzten 49 % CC BY.

5 Stand

Piwowar et al. (2019) ermittelten für 2019, dass global 31 % aller Journalartikel OA (Green, Gold, Hybrid) erscheinen und 52 % aller Artikelansichten im World Wide Web (WWW) auf OA-Artikel entfallen. Björk & Korkeamäki (2020) berichten für 2017 von fachlich stark unterschiedlichen Gold-OA-Anteilen an wissenschaftlichen Journalen zwischen 7 % (Betriebswirtschaft) und 27 % (Agrarwissenschaft und Biologie) bei einem Durchschnitt für alle Fächer von 18,4 %. Die Studie belegt ebenfalls, dass die Gold-OA-Adaption in den Naturwissenschaften und der Medizin am höchsten ist, gefolgt von den Sozialwissenschaften, und am geringsten in den Geisteswissenschaften sowie der Rechtswissenschaft und Teilen der Wirtschaftswissenschaft. Diese Divergenzen werden meist durch die geringeren vorhandenen Mittel zur Deckung von APCs, eine weniger starke Neigung zum Publizieren in Journalen in z. B. den Geisteswissenschaften und weniger strenge OA-Auflagen der Förderorganisationen erklärt. Für Deutschland ermittelten Hobert et al. (2021) einen OA-Anteil an publizierten Artikeln (aus Hochschulen, der Max-Planck-Gesellschaft, der Helmholtz-Gemeinschaft, der Leibniz-Gemeinschaft, der Fraunhofer-Gesellschaft und staatlichen Forschungseinrichtungen) von 52 % für 2018 mit einem Zuwachs von 15 % innerhalb von acht Jahren, mit den höchsten Raten bei Max Planck und Helmholtz. Für Artikel in reinen Gold-OA-Journalen ermittelten sie für 2018 einen Anteil von ca. 20 %. Ein laufendes Monitoring für Deutschland leistet der Open-Access-Monitor (Mittermaier et al. 2018), der im Januar 2022 einen OA-Anteil von 55 % im Zeitschriftenbereich ausweist.[10]

Neben dem Bereich der Zeitschriftenartikel wird OA auch in buchorientierten Fächern diskutiert. Mit der Gründung von OA-Verlagen an Hochschulen, hier häufig unter der Bezeichnung der Universitätsverlage, und an Forschungseinrichtungen werden für die Forschenden dieser Einrichtungen Publikationsangebote etabliert (Pampel 2007). Die Arbeitsgemeinschaft der Universitätsverlag umfasste im Januar 2022 26 Mitglieder aus den DACH-Ländern.[11] Verglichen mit OA-Journalen ist das Publizieren von OA-Bü-

---

10 https://open-access-monitor.de.
11 https://ag-univerlage.de/?page_id=535.

chern bisher noch ein Randthema: Laut Grimme et al. (2019) listete das Directory of Open Access Books (DOAB) Mitte 2019 insgesamt (mit den ältesten Beiträgen weit vor der Zeit der Internet-Ära) insgesamt ca. 20 000 OA-Bücher, denen geschätzt ca. 86 000 publizierte wissenschaftliche Bücher per annum entgegenstünden.

6 Ausblick

OA entwickelt sich, eingebettet in vielfältige Diskussionsstränge, dynamisch weiter. Im Folgenden werden einige der zentralen Aspekte in der aktuellen Entwicklung aufgegriffen.

6.1 Open Science

OA ordnet sich in breitere Diskussionsprozess um die Öffnung der Wissenschaft ein, die insbesondere durch den Begriff Open Science (s. Kapitel E 9 Open Science) definiert sind. Mit der *UNESCO Recommendation on Open Science* wurde 2021 ein weltweit abgestimmtes Verständnis von Open Science entwickelt, nachdem über die textuelle Publikation hinaus weitere Informationsobjekte wie Forschungsdaten und Forschungssoftware offen zugänglich und nachnutzbar auf digitalen Informationsinfrastrukturen wie Repositorien und Publikationsplattformen publiziert werden (United Nations Educational, Scientific and Cultural Organization – UNESCO 2021). Diese Informationsobjekte werden in der Praxis durch Metadatenschemata und korrespondierende Persistent-Identifier-Systeme miteinander verlinkt, sodass das Zusammenspiel der einzelnen Objekte dokumentiert und damit auch referenzierbar ist. Diese Entwicklung wird auch durch den Einstieg von Förderorganisationen in das Publikationswesen unterstützt. So finanzieren der Wellcome Trust mit Wellcome Open Research seit 2016 oder die Europäische Kommission mit Open Research Europe seit 2021 Publikationsplattformen, über die geförderte Projekte auch textuelle Beschreibungen von Forschungsdaten und Forschungssoftware publizieren können.

6.2 Organisatorische Herausforderungen

Mit den steigenden Anforderungen an die Forschungsberichterstattung und einer damit verbundenen Professionalisierung des Publikationsmanagements an Bibliotheken werden OA-Repositorien und Forschungsinformationssysteme, die Daten zur Forschungsleistung einer Einrichtung nachweisen, verstärkt gemeinsam betrachtet (Biesenbender & Tobias 2019). Hinzu kommt, dass mit der wachsenden Verbreitung von APCs das Management der Publikationskosten vermehrt Ressourcen in den Bibliotheken bindet. Da nicht nur Bibliotheken über ihre Etats und Publikationsfonds, sondern auch Drittmittelgeber sowie die Organisationseinheiten der Forschenden für OA-Publikationskosten aufkommen, stellt sich aktuell die Herausforderung, Mittel für das OA-Publizieren an den Einrichtungen zu zentralisieren, um die Kostentransparenz zu fördern (Pampel 2019). Diese Entwicklungen befördern das Verständnis von OA als Querschnittsthema und schlagen sich in dynamisch entwickelnden Organisationsprozessen und Aufgabenprofile in den Bibliotheken nieder. Als Beispiel kann das Aufgabenfeld Scholarly Communication Analytics (Jahn 2020) genannt werden, das sich mit dem Publikationsoutput von Forschungsrichtung und dem damit verbundenen Finanzflüssen befasst. In diesem Bereich stellen sich auch vermehrt Dienstleister aus der Verlagsbranche auf, die mit Tools z. B. das APC-Management oder auch die Sicherstellung von Compliance zu OA-Richtlinien von Förderorganisationen unterstützen.

6.3 Geschäftsbeziehungen

Mit dem Abschluss von transformativen Verträgen, wie z. B. DEAL, werden vielfältige Fragen rund um die Geschäftsbeziehungen von Forschungseinrichtungen und Verlagen deutlich, die sich wenig überraschend insbesondere auf finanzieller Ebene niederschlagen. Da publikationsstarke Einrichtungen aufgrund der am Publikationsaufkommen orientierten Preismodelle stärker belastet werden, gilt es zukünftig die Mittelverteilung auf nationaler Eben zu thematisieren. Während durch DEAL die Verhandlungsposition der Wissenschaft deutlich gestärkt wurde – allerdings auch den Verlag Einnahmen garantiert wurden –, stellt sich weiterhin die Herausforderung, eine substanzielle Kostensenkung für die wissenschaftlichen Einrichtungen zu erreichen. Hierzu gilt es, die Verhandlungsmacht der Wissenschaft weiter zu stärken, in dem z. B. zukünftig in internationalen Konsortien verhandelt wird (Moedas 2019). Eine weitere Frage betrifft die längerfristige Wirkung von transformativen Verträgen. Bisherige Verträge dieses Typs fördern zwar die OA-Publikation bei den am Vertrag teilnehmenden Einrichtungen, stellen jedoch nicht die Umwandlung der Zeitschriften zu OA sicher.

6.4 Publizieren in akademischer Trägerschaft

Kritiker*innen transformativer Verträge betonen das Potenzial von Publikationsinfrastrukturen in akademischer Trägerschaft, so z. B. Brembs et al., die die Forderung nach einem „decentralized, resilient, evolvable network that is interconnected by open standards under the governance of the scholarly community" (Brembs et al. 2021, S. 1) erheben. Diese und ähnliche Forderungen sind seit jeher Teil der OA-Diskussion und werden aktuell insbesondere an der Forderung nach einer Abkehr vom APC-Modell sichtbar, welchem vorgeworfen wird, ungerecht zu sein, da es Barrieren bei der Publikation eröffnet.[12] Guédon (2017, S. 37), einer der Initiatoren der Budapest Open Access Initiative (2002), hebt, in seiner Reflektion der Entwicklung von OA die Frage *Who controls what?* als Kernproblem des Ringens zwischen Wissenschaft und Verlagen heraus. Die tiefgreifende Herausforderung, das Publikationswesen wissenschaftsgeleitet zu gestalten, ist eine laufenden, die sich in gesellschaftliche und politische Zusammenhänge einbettet und keinesfalls auf OA reduziert. Mit der Entwicklung von Verlagskonzernen hin zu Data Analytics Businesses (Herb 2018), die Werkzeuge zur Bewertung und Steuerung von Forschungsaktivität anbieten und damit verbundenen Trackingverfahren wissenschaftlicher

---

[12] Anzumerken ist, dass es zu dieser Kritik keine empirischen Belege gibt und die etablierten Verlagen mit sogenannten *Waiver-Policies* sicherstellen, dass Einrichtungen aus Ländern mit niedrigem oder mittlerem Einkommensniveau (häufig wird hier die Länderklassifikationen der Weltbank genutzt) eine reduzierte Publikationsgebühr bezahlen.

Arbeit (Deutsche Forschungsgemeinschaft 2021), stellt sich jedoch in besonderer Weise die Notwendigkeit eines breiten Diskurses über die Frage, wie die Wissenschaft die Kontrolle über ihre Erkenntnisse unter von ihr formulierten Bedingungen zum Wohle der Gesellschaft als Gemeingut sichert.

7 Literaturverzeichnis

Allianz der deutschen Wissenschaftsorganisationen (2015). *FAQ zum Zweitveröffentlichungsrecht*. https://doi.org/10.2312/ALLIANZOA.022.

Bauer, B., Blechl, G., Bock, C., Danowski, P., Ferus, A., Graschopf, A., König, T., Mayer, K., Reckling, F., Rieck, K., Seitz, P., Stöger, H. & Welzig, E. (2015). *Empfehlungen für die Umsetzung von Open Access in Österreich*. Arbeitsgruppe „Nationale Strategie" des Open Access Network Austria. https://doi.org/10.5281/zenodo.33178.

Bernstein, P., Cohen, B., MacCallum, C., Parthasarathy, H., Patterson, M. & Siegel, V. (2003). PLoS biology: We're open. *PLoS Biology*, 1(1), Article e34. https://doi.org/10.1371/journal.pbio.0000034.

Bethesda Statement on Open Access Publishing (2003). *Bethesda statement on open access publishing*. http://legacy.earlham.edu/~peters/fos/bethesda.htm.

Biesenbender, S. & Tobias, R. (2019). Rolle und Aufgaben von Bibliotheken im Umfeld des Kerndatensatz Forschung. *ABI Technik*, 39(2), 104–111. https://doi.org/10.1515/abitech-2019-2003.

Björk, B.-C. & Korkeamäki, T. (2020). Adoption of the Open Access Business Model in Scientific Journal Publishing: A Cross-disciplinary Study. *College & Research Libraries*, 81(7), 1080–1094. https://doi.org/10.5860/crl.81.7.1080.

Blasetti, A., Golda, S., Göhring, D., Grimm, S., Kroll, N., Sievers, D. & Voigt, M. (2019). Smash the Paywalls: Workflows und Werkzeuge für den grünen Weg des Open Access. *Informationspraxis*, 5(1). https://doi.org/10.11588/IP.2019.1.52671.

Bosch, S., Albee, B. & Romaine, S. (2020). *Costs Outstrip Library Budgets. Periodicals Price Survey 2020* (April 14, 2020). Library Journal. https://www.libraryjournal.com?detailStory=Costs-Outstrip-Library-Budgets-Periodicals-Price-Survey-2020.

Brembs, B., Huneman, P., Schönbrodt, F., Nilsonne, G., Susi, T., Siems, R., Perakakis, P., Trachana, V., Ma, L. & Rodriguez-Cuadrado, S. (2021). *Replacing academic journals*. https://doi.org/10.5281/zenodo.5793611.

Budapest Open Access Initiative (2002). *Read the Declaration: Budapest Open Access Initiative*. https://www.budapestopenaccessinitiative.org/read.

Bundesministerium für Bildung und Forschung (2016). *Open Access in Deutschland: Die Strategie des Bundesministeriums für Bildung und Forschung*. https://www.bmbf.de/SharedDocs/Publikationen/de/bmbf/1/24102_Open_Access_in_Deutschland.pdf.

Bundesministerium für Bildung und Forschung (2019). *Digitale Zukunft: Lernen. Forschen. Wissen. Die Digitalstrategie des BMBF*. https://www.bildung-forschung.digital/digitalezukunft/shareddocs/Downloads/files/bmbf_digitalstrategie.pdf?__blob=publicationFile&v=1.

Carr, L. (2010). *Directions for EPrints: The State and Future of EPrints* [PowerPoint slides]. University of Southampton Institutional Repository. http://eprints.soton.ac.uk/id/eprint/271509.

cOAlition S (2019). *Principles and Implementation*. Plan S: Making full & immediate open access a reality. Retrieved December 20, 2021, from https://www.coalition-s.org/addendum-to-the-coalition-s-guidance-on-the-implementation-of-plan-s/principles-and-implementation/.

Council of the European Union (2016). *The transition towards an open science system: Council conclusions (adopted on 27/05/2016)*. https://data.consilium.europa.eu/doc/document/ST-9526-2016-INIT/en/pdf.

Deutsche Forschungsgemeinschaft (2021). *Datentracking in der Wissenschaft: Aggregation und Verwendung bzw. Verkauf von Nutzungsdaten durch Wissenschaftsverlag. Ein Informationspapier des Ausschusses für Wissenschaftliche Bibliotheken und Informationssysteme der Deutschen Forschungsge-*

meinschaft. https://www.dfg.de/download/pdf/foerderung/programme/lis/datentracking_papier_de.pdf.

European Commission (2006). *Study on the economic and technical evolution of the scientific publication markets in Europe. Final Report.* Publications Office of the European Union. https://publications.europa.eu/en/publication-detail/-/publication/1058c2f8-5006-4d13-ae3f-acc6484623b9.

European Commission (2018). Commission recommendation (EU) 2018/790 of 25 April 2018 on access to and preservation of scientific information. *Official Journal of the European Union*, 61(L134), 12–18. http://data.europa.eu/eli/reco/2018/790/oj.

Ginsparg, P. (1994). First Steps Towards Electronic Research Communication. *Computers in Physics*, 8(4), 390–396. https://doi.org/10.1063/1.4823313.

Grimme, S., Taylor, M., Elliott, M. A., Holland, C., Potter, P. & Watkinson, C. (2019). *The State of Open Monographs: An analysis of the Open Access monograph landscape and its integration into the digital scholarly network* (Version 4). Digital Science. https://doi.org/10.6084/m9.figshare.8197625.v4.

Guédon, J.-C. (2017). *Open Access: Toward the Internet of the Mind.* Budapest Open Access Initiative. https://www.budapestopenaccessinitiative.org/boai15/open-access-toward-the-internet-of-the-mind/.

Harnad, S. (1990). Scholarly Skywriting and the Prepublication Continuum of Scientific Inquiry. *Psychological Science*, 1(6), 342–344. https://doi.org/10.1111/j.1467-9280.1990.tb00234.x.

Herb, U. (2018). Zwangsehen und Bastarde. *Information – Wissenschaft & Praxis*, 69(2–3), 81–88. https://dx.doi.org/10.22028/D291-27990.

Hilty, R. M. & Seemann, M. (2009). *Open Access: Zugang zu wissenschaftlichen Publikationen im schweizerischen Recht.* Universität Zürich. https://doi.org/10.5167/uzh-30945.

Hitchcock, S. M., Carr, L. A. & Hall, W. (1996). A Survey of STM Online Journals 1990-95: the Calm before the Storm. In D. Mogge (Ed.), *Directory of Electronic Journals, Newsletters and Academic Discussion Lists* (sixth edition, S. 7–32). Association of Research Libraries. https://eprints.soton.ac.uk/250742/.

Hobert, A., Jahn, N., Mayr, P., Schmidt, B. & Taubert, N. (2021). Open Access uptake in Germany 2010–2018: adoption in a diverse research landscape. *Scientometrics*, 126(12), 9751–9777. https://doi.org/10.1007/s11192-021-04002-0.

Jahn, N. (2020). *Data Analytics für wissenschaftliche Information: Anwendungsgebiete und Lernwege* [Video] (#vBIB20, 19). TIB AV-Portal. https://doi.org/10.5446/36462.

Johnson, R., Watkinson, A. & Mabe, M. (2018). *The STM report: An overview of scientific and scholarly publishing* (fifth edition). https://www.stm-assoc.org/2018_10_04_STM_Report_2018.pdf.

Kohls, A. & Mele, S. (2018). Converting the Literature of a Scientific Field to Open Access through Global Collaboration: The Experience of SCOAP3 in Particle Physics. *Publications*, 6(2), Article 15. https://doi.org/10.3390/publications6020015.

Laakso, M. (2014). Green open access policies of scholarly journal publishers: A study of what, when, and where self-archiving is allowed. *Scientometrics*, 99(2), 475–494. https://doi.org/10.1007/s11192-013-1205-3.

Larivière, V., Haustein, S. & Mongeon, P. (2015). The Oligopoly of Academic Publishers in the Digital Era. *PLoS ONE*, 10(6), Article e0127502. https://doi.org/10.1371/journal.pone.0127502.

Max-Planck-Gesellschaft (2003). *Berlin Declaration on Open Access to Knowledge in the Sciences and Humanities.* http://oa.mpg.de/lang/en-uk/berlin-prozess/berliner-erklarung/.

Meier, M. (2002). *Returning Science to the Scientists: Der Umbruch im STM-Zeitschriftenmarkt unter Einfluss des Electronic Publishing* (Korr. Nachdr). Peniope.

Mittermaier, B. (2019). *Das Projekt DEAL. Anwenderworkshop Institutsbibliotheken* [Präsentation] (10. April 2019). Anwenderworkshop Institutionsbibliotheken. http://hdl.handle.net/2128/22073.

Mittermaier, B., Barbers, I., Ecker, D., Lindstrot, B., Schmiedicke, H. & Pollack, P. (2018). Der Open Access Monitor Deutschland. *o-bib: Das offene Bibliotheksjournal*, 5(4), 84–100. https://doi.org/10.5282/o-bib/2018H4S84-100.

Moedas, C. (2019). *Europe should lead negotiations with academic publishers* (October 2, 2019). Times Higher Education. https://www.timeshighereducation.com/news/moedas-europe-should-lead-negotiations-academic-publishers.

Müller, U., Scholze, F., Vierkant, P., Arning, U., Beucke, D., Blumtritt, U., Bove, K., Braun, K., Deppe, A., Deinzer, G., Fenner, M., Klotz-Berendes, B., Meinecke, I., Pampel, H., Schirrwagen, J., Severiens, T.,

Summann, F., Steinke, T., Tullney, M., ... & Wolf, S. (2019). *DINI-Zertifikat für Open-Access-Publikationsdienste 2019*. Humboldt-Universität zu Berlin. https://doi.org/10.18452/20545.

National Institutes of Health (2008). *Analysis of Comments and Implementation of the NIH Public Access Policy*. U. S. Department of Health and Human Services. https://dpcpsi.nih.gov/sites/default/files/Final%20Report%20%2808-1020%20OD-OER%29%204-13-09.pdf.

OpenAIRE (2019). *OpenAIRE Guidelines*. https://guidelines.openaire.eu/en/latest/#openaire-guidelines.

Open Knowledge Foundation (2015). *Offen-Definition – Open definition: Defining open in open data, open content and open knowledge* (Version 2.1). https://opendefinition.org/od/2.1/de/.

Pampel, H. (2007). *Universitätsverlage im Spannungsfeld zwischen Wissenschaft und Literaturversorgung. Eine kritische Bestandsaufnahme*. Fachhochschulverlag. http://eprints.rclis.org/9590/.

Pampel, H. (2019). *Auf dem Weg zum Informationsbudget: Zur Notwendigkeit von Monitoringverfahren für wissenschaftliche Publikationen und deren Kosten. Arbeitspapier*. Helmholtz Open Science Koordinationsbüro. https://doi.org/10.2312/os.helmholtz.006.

Pampel, H. & Tullney, M. (2017). Open-Access-Publikationsfonds. In K. Söllner & B. Mittermaier (Hrsg.), *Praxishandbuch Open Access* (S. 162–172). De Gruyter Saur. https://doi.org/10.1515/9783110494068-019.

Piwowar, H., Priem, J. & Orr, R. (2019). *The future of OA: A large-scale analysis projecting open access publication and readership*. bioRxiv. https://doi.org/10.1101/795310.

Pollock, D., & Michael, A. (2021). *News & Views: Transformative Journals* (June 15, 2021). Delta Think. https://deltathink.com/news-views-transformative-journals/.

Public Library of Science (2020). *Open Letter – PLOS*. https://www.plos.org/open-letter.

Schimmer, R., Geschuhn, K. K. & Vogler, A. (2015). *Disrupting the subscription journals' business model for the necessary large-scale transformation to open access*. Max Planck digital library. https://doi.org/10.17617/1.3.

Schimmer, R. & Geschuhn, K. (2017). Open-Access-Transformation: Die Ablösung des Subskriptionswesens durch Open-Access-Geschäftsmodelle. In K. Söllner & B. Mittermaier (Hrsg.), *Praxishandbuch Open Access* (S. 173–180). De Gruyter Saur. https://doi.org/10.1515/9783110494068-020.

Scholze, F. (2004). OPUS – Elektronisches Publizieren an Hochschulen. *Praxis der Informationsverarbeitung und Kommunikation*, 27(1), 18–20. https://doi.org/10.1515/piko.2004.18.

Seyavash, A. (2021). *Open Access Rechtsfragen in Österreich*. Informationsplattform Open Access. https://open-access.network/informieren/rechtsfragen/rechtsfragen-in-oesterreich.

Smith, M., Barton, M., Branschofsky, M., McClellan, G., Walker, J. H., Bass, M., Stuve, D. & Tansley, R. (2003). DSpace: An Open Source Dynamic Digital Repository. *D-Lib Magazine*, 9(1). https://doi.org/10.1045/january2003-smith.

swissuniversities, & Schweizerischer Nationalfonds. (2017). *Nationale Open-Access-Strategie für die Schweiz*. https://www.swissuniversities.ch/fileadmin/swissuniversities/Dokumente/Hochschulpolitik/Open_Access/Open_Access__strategy_final_DE.pdf.

United Nations Educational, Scientific and Cultural Organization. (2021). *UNESCO recommendation on open science*. https://unesdoc.unesco.org/ark:/48223/pf0000379949.

Van de Sompel, H. & Lagoze, C. (Eds.). (2001). *The Open Archives Initiative Protocol for Metadata Harvesting* (Version 1.0). http://www.openarchives.org/OAI/1.0/openarchivesprotocol.htm.

Weller, M. & Di Rosa, E. (2013). Lizenzierungsformen. In R. Kuhlen, W. Semar & D. Strauch (Hrsg.), *Grundlagen der praktischen Information und Dokumentation. Handbuch zur Einführung in die Informationswissenschaft und -praxis* (6., völlig neu gefasste Ausg., S. 454–465). De Gruyter Saur. https://doi.org/10.1515/9783110258264.454.

Tobias Siebenlist
E 11 Open Data

1 Einleitung

Der Begriff Open Data – oder auch offene Daten – bezeichnet Daten, die ohne oder nur mit sehr geringen Einschränkungen veröffentlicht werden und der Allgemeinheit zur freien Verfügung stehen. Es handelt sich dabei um Daten verschiedener Herkunft, die von dazu berechtigten Personen oder Institutionen digital zur Verfügung gestellt werden. Für die Nutzung existieren oft keine Einschränkungen oder sie sind unter freien Lizenzen veröffentlicht, welche die Verwendbarkeit unter geringen Auflagen ermöglichen. Von Lucke & Geiger definieren etwas ausführlicher: „Offene Daten sind sämtliche Datenbestände, die im Interesse der Allgemeinheit der Gesellschaft ohne jedwede Einschränkung zur freien Nutzung, zur Weiterverbreitung und zur freien Weiterverwendung frei zugänglich gemacht werden." (Lucke & Geiger 2010, S. 3) Sehr ähnlich fällt die Definition im *Open Data Handbook* aus, das von der Open Knowledge Foundation veröffentlicht und gepflegt wird: „Offene Daten sind Daten, die von jedermann frei benutzt, weiterverwendet und geteilt werden können – die einzige Einschränkung betrifft die Verpflichtung zur Nennung des Urhebers." (Open Knowledge Foundation 2015) Zentrale Aspekte, die bei den vorgenannten Definitionen von offenen Daten hervorstechen, sind dabei: Verfügbarkeit und freier Zugang, Wiederverwendung und Weitergabe sowie die Möglichkeit der universellen Beteiligung. Damit verbundene Ziele sind eine gesteigerte Kompatibilität und Interoperabilität zwischen Systemen wie auch im Austausch zwischen Prozessen, Personen und Institutionen.

Die Idee der Bereitstellung von Daten zur freien Weiterverwendung ist keine Neuerung. Nach Yu & Robinson (2011) fand die erste Verwendung des Begriffs *Open Data* im Kontext einer Richtlinie in den 1970er Jahren im Rahmen einer Verordnung der National Aeronautics and Space Administration (NASA) statt. In der Originalquelle findet sich dazu: „[...] agencies participating in the program will pursue an ERTS open-data policy comparable to that of NASA and other U. S. agencies participating in the program, particularly with respect to the public availability of data." (Department of State 1976) Im Jahr 1995 wurde in einem Bericht der National Academy of Sciences der Vorschlag unterbreitet, den Betrieb von Satelliten durch die Bereitstellung und den Austausch offener Daten zu unterstützen (National Research Counsil 1995). Als Nebeneffekt kann dies als ein Ereignis bei der Entstehung der Open-Access-Bewegung verstanden werden (s. Kapitel E 10 Open Access).

In Zusammenhang mit Open Data findet sich häufig auch der synonym verwendete Begriff *Open Government Data*. Verwaltungs- und Regierungsinstitutionen sind durch Gesetze und im Rahmen von Selbstverpflichtungen dazu angehalten, Daten als Open Data zu veröffentlichen. In der Literatur wird häufig auf diese Art offener Daten Bezug genommen. Diese von der öffentlichen Hand bereitgestellten Daten werden als Open Government Data bezeichnet. Open Data hingegen bezeichnet offene Daten unabhängig von deren Herkunft und hat einen breiteren Fokus.

2 Open Data

Einen Aufschwung erlebte das Thema Open Data im Zuge der weiteren Verbreitung des Open-Government-Ansatzes, welcher mit einem Memorandum des ehemaligen US-Präsidenten Barack Obama (Obama 2009) in der breiten Öffentlichkeit präsent wurde (s. Kapitel E 13 Open Government). Die in der Einleitung erwähnte Definition der Open Knowledge Foundation zu Open Data stellt grundsätzlich die Eigenschaften von offenen Daten dar. Zudem findet ein Rückbezug zur vollständigen Open Definition statt, in welcher die Bedeutung von *Open* bzw. *Openness* aus verschiedenen Perspektiven weiter ausgeführt wird, als es eine kurze Definition zulässt. Die Sunlight Foundation[1] hat zehn Kriterien für Open Data aufgestellt (Sunlight Foundation 2010). Diese können im Deutschen wie folgt beschrieben werden: Vollständigkeit, Primärquellen, zeitliche Nähe, leichter Zugang, Maschinenlesbarkeit, Diskriminierungsfreiheit, Verwendung offener Standards, Lizenzierung, Dauerhaftigkeit und Nutzungskosten. (GovData 2014)

Neben Definitionen bezüglich Inhaltes, Umfang und Verwendung bedarf es rechtlicher Grundlagen zur Bereitstellung und Nutzung von als Open Data bezeichneten Daten. Im Rahmen von gesetzlichen Richtlinien wurde dieser Entwicklung Rechnung getragen, indem im Jahr 2017 auf Bundesebene das erste sogenannte *Open-Data-Gesetz* erlassen wurde, welches als Paragraph 12a im E-Government-Gesetz (Bundesamt für Justiz 2020) zu finden ist. Im Jahr 2021 wurde ein Gesetzesentwurf für eine weitere Änderung dieses Paragraphen verabschiedet, was als zweites Open-Data-Gesetz bezeichnet wird. Gleichzeitig wurde der Entwurf zu einem Datennutzungsgesetz (DNS) verabschiedet, welches das bestehende Informationsweiterverwendungsgesetz (IWG) ablösen wird und unter anderem den Einsatz maschinenlesbarer Formate für Open Data regelt (Bundesministerium für Wirtschaft und Energie 2021). Die Bereitstellung von Open Data in den Bundesländern wird durch ähnliche Gesetze oder Richtlinien geregelt (Open-Data-Gesetz in E-Government-Gesetzen, Informationsfreiheitsgesetz, Transparenzgesetz).

Die Veröffentlichung und Bereitstellung von Open Data findet in einem größeren Kontext der Verwaltungsmodernisierung durch Digitalisierung statt, zu dem auch weitere Aktivitäten im Rahmen des Open Government zählen. Verwaltungs- und Regierungsinstitutionen befinden sich in einer digitalen Transformation, bei der Prozesse, Dienstleistungen und die Arbeitskultur in digitale Strukturen überführt werden. Siebenlist & Mainka schreiben dazu:

> Die Transformation hin zu einer offenen Kultur wird die Realität von Verwaltungen verändern und dauerhaft prägen, mit positiven Auswirkungen auf die Gesellschaft. In einer modernen Wissensgesellschaft mit aufgeklärten und mündigen Bürgern, die ihre Umgebung (mit-)gestalten wollen, geht daher kein Weg an Open Data vorbei. (Siebenlist & Mainka 2019, S. 129)

Bestrebungen im Bereich Open Data finden weltweit statt, es werden dabei verschiedene Ansätze in Bezug auf gesetzliche Vorgaben, technische Umsetzung wie auch kulturellen Wandel durchgeführt. Eine Betrachtung der verschiedenen Ansätze kann die Erarbeitung von Best Practices fördern, dazu ist ein Vergleich der Anstrengungen und des erzielten Fortschritts notwendig. Um diese Vergleichbarkeit zu schaffen, wurden verschiedene Indizes und Benchmarks entwickelt. Diese Vergleiche finden hauptsächlich auf Länderebene statt. Zuiderwijk et al. (2021) haben in einer Meta-Studie insgesamt neun verschiedene Benchmarks zur Messung von Fortschritten im Bereich Open Government

---

[1] https://sunlightfoundation.com.

Data untersucht und dazu notwendige theoretische Modelle gegenübergestellt. Die Autoren kommen zu dem Schluss, dass bei den verschiedenen Ansätzen eine Vielzahl verschiedener Metriken und Methoden eingesetzt werden, welche bei deren Anwendung auf Länderebene zu sehr unterschiedlichen Ergebnissen führen. Es scheint nicht den einen Indikator für diese Messung zu geben, die unterschiedlichen Studien komplementieren sich jedoch gegenseitig und zeigen die vielseitigen Betrachtungsmöglichkeiten des Themas auf.

Neben Vergleichen und Benchmarks der Open Government Data Bestrebungen werden verschiedene Aspekte von Open Data in der Literatur betrachtet. Attard et al. (2015) verwenden in einer systematischen Studie den Open Data Lifecycle, um anhand dessen verschiedene Ansätze zu Initiativen und Forschungsfelder zu ermitteln. Die Autoren teilen diese in fünf übergreifende Bereiche von Herausforderungen ein: technische Herausforderungen, Richtlinien/Gesetze, ökonomische Aspekte, Organisationsfragen und kulturelle Herausforderungen.

3 Daten und Metadaten

Als Open Data veröffentlichte Daten liegen in verschiedenen Formaten vor. Entsprechend der Definition von Open Data müssen diese Daten ohne Einschränkungen nutzbar sein. Dies schließt auch die Nutzung proprietärer Formate aus, so dass im Zuge der Veröffentlichung von Open Data die Verwendung offener Formate gefordert wird. Diese garantieren Maschinenlesbarkeit und vermeiden, dass Daten nicht oder falsch gelesen und verarbeitet werden können. Maschinenlesbare, offene Formate können automatisiert verarbeitet werden und legen Daten in strukturierter, öffentlich dokumentierter Form ab.

Neben den reinen Daten sind die Beschreibungen zu diesen Daten, die Metadaten, von herausragender Bedeutung. Diese Metadaten dienen als wichtiger Indikator und Wegweiser hin zu einer Kategorisierung von Daten, beinhalten Informationen zur Verwendbarkeit und beschreiben den Inhalt (s. Kapitel B 6 Formale Erschließung und B 9 Metadaten). Um zu einer einheitlichen Beschreibung von Open-Data-Datensätzen – insbesondere bei der Veröffentlichung in Open Data Portalen – zu gelangen, wurde das Metadatenmodell DCAT-AP (European Commission 2021) entwickelt und davon verschiedene nationale Varianten abgeleitet, die alle auf der gleichen Grundlage basieren. Für die deutschen Open-Data-Angebote ist der entsprechende Standard als DCAP-AP.de[2] bekannt und seit 2019 für den Austausch von Metadaten zwischen Open Data Portalen verpflichtend (GovData 2020). Nach GovData (2020) besteht die Beschreibung des Standards aus den folgenden drei Bausteinen: Spezifikation, URI-Konzept und dem Konventionenhandbuch. Im Konventionenhandbuch werden weitere Spezifizierungen bezüglich Wertelisten und URIs definiert sowie regionale Besonderheiten festgelegt, die beim europäischen Application Profile für diesen Zweck offengelassen wurden.

Neben der Verwendung von Metadaten findet auch eine Kategorisierung in thematische Bereiche statt. Somit lassen sich Daten besser zuordnen und auffinden. Im Konventionenhandbuch zu DCAT-AP.de[3] werden 13 Kategorien definiert, diese werden auch von GovData verwendet. Bei anderen Portalen ist dies nicht immer der Fall, es werden jedoch häufig ähnliche Kategorien in vergleichbarer Anzahl verwendet.

---

2 https://www.dcat-ap.de.
3 https://www.dcat-ap.de/def/dcatde/1.1/implRules.pdf.

Um eine freie Nutzung und Weiterverbreitung zu gewährleisten, ist es bei der Veröffentlichung von Open Data notwendig, diese unter entsprechende Lizenzbestimmungen zu stellen. Erst dieser Schritt stellt die freie Verwendbarkeit und damit Nachhaltigkeit bei der Verwendung sicher. Eine Auflistung freier Lizenzen findet sich in der entsprechenden Sektion der Open Definition (Open Knowledge Foundation 2016). Neben den weit verbreiteten Creative Commons Lizenzen findet die *Datenlizenz Deutschland 2.0*[4] weite Verbreitung in Deutschland.

In Zusammenarbeit mit einigen Städten, zivilgesellschaftlichen Organisationen und einem IT-Dienstleister hat die Bertelsmann Stiftung einen Musterdatenkatalog entwickelt (Wiedemann & Bürger 2021). Dieser ermöglicht einen Einblick in die bereits von Kommunen veröffentlichten offenen Daten und dient gleichzeitig als Wegweiser für Kommunen, die mit Open Data starten wollen.

4 Technologische Aspekte

Die digitale Bereitstellung von Open Data wird mit Hilfe von Open-Data-Portalen realisiert. Es handelt sich dabei um spezielle Software, welche die Daten über einen Katalog zugänglich macht und Möglichkeiten für Suche und Filterung bietet. Eine reine Auflistung von Dateien auf einer Webseite ist nicht mehr üblich. Diese Portale werden als Standardsoftware entwickelt, welche von Kommunen, Ländern oder Staaten ohne notwendige Anpassungen eingesetzt werden können. Über das zuvor benannte Metadatenmodell DCAT-AP.de kann der Austausch von Metadaten zwischen Portalen auf unterschiedlichen Hierarchieebenen von Verwaltungs- und Regierungsinstitutionen stattfinden. Zwischen den Portalen findet ein Harvesting statt. Das bedeutet, dass Datensätze von Portalen niedrigerer Verwaltungsebenen, von denen auf höherer Ebene automatisiert abgerufen und die Datensätze dort verlinkt werden. Die Datensätze einer Stadt aus Nordrhein-Westfalen sind daher auch im landesweiten wie im bundesweiten Portal zu finden. Dies ist bis hin zum European Data Portal[5] ausgeweitet, welches einen Einblick in die Datensätze der europäischen Länder ermöglicht. Es findet dabei keine Kopie der eigentlichen Daten statt, stattdessen werden die Datensätze und deren Einträge in den Ursprungsportalen verlinkt. Somit müssen keine Kopien aktuell gehalten werden und Änderungen an den originalen Daten werden beim Harvesting übernommen.

Weltweit existiert eine große Zahl von Open-Data-Portalen. Das Softwareunternehmen opendatasoft[6] hat mit der Webseite Open Data Inception[7] die Visualisierung einer Sammlung von Open-Data-Portalen in der ganzen Welt ins Leben gerufen. Mit Stand von Dezember 2021 werden dort insgesamt 3 920 Einträge aufgelistet.

Neben der Zurverfügungstellung über einfach zu bedienende Portale, die eine Kategorisierung sowie diverse Such- und Filtermöglichkeiten bieten, werden dokumentierte, öffentliche Schnittstellen (Application Programming Interfaces – APIs) für einen automatisierten Zugriff bereitgestellt. Dies bietet Softwareentwickler*innen, Unternehmen wie auch interessierten Laien die Möglichkeit eines automatisierten Zugriffs auf die Daten zur Verarbeitung und Integration beispielsweise in Visualisierungen oder Anwen-

---

4 https://www.govdata.de/web/guest/lizenzen.
5 https://data.europa.eu/en.
6 https://www.opendatasoft.com/en/.
7 https://opendatainception.io.

dungen. Durch die Möglichkeit, Datensätze über definierte Schnittstellen ansprechen und verlinken zu können, kann der Ansatz der Linked Open Data verfolgt werden (s. Kapitel B 10 Ontologien und Linked Open Data).

Janssen et al. (2012) haben auf der Basis von Interviews festgestellt, dass das Konzept von Open Data sehr häufig nur auf technischer Ebene stattfindet. Dies bezieht sich dabei hauptsächlich auf die Bereitstellung von Open Data, weitere Aspekte wie deren Nutzung oder ein Wandel in der Kultur von Bereitstellern und Nutzern werden kaum betrachtet. Die reine Bereitstellung von Open Data führt nicht automatisch zu einem messbaren Nutzen, zudem werden die potenziellen Nutzer*innen dadurch nicht sofort motiviert Mehrwerte zu schaffen. Weiterhin gilt, dass Open Data zwar ein Aspekt von Open Government ist, es aber auch hier keinen Automatismus hin zur Entstehung einer Open-Government-Kultur gibt. Neben technischen Aspekten rund um die Datenbereitstellung und der möglichen Verwendung von offenen Daten spielen Zugänglichkeit und Nutzbarkeit für Endnutzer*innen eine zentrale Rolle. In einer Studie zur Reife und Usability von Open-Data-Portalen in Nordrhein-Westfalen haben Akyürek et al. (2018) diese Aspekte bei bereits etablierten Portalen untersucht.

5 Gesellschaftliche Bedeutung

Aus den Reihen der Gesamtgesellschaft treten unterschiedliche Akteure beim Umgang mit Open Data auf. Hier kann zunächst grundsätzlich danach unterschieden werden, wer Daten als Open Data bereitstellt und wer diese Daten nutzt. Wie bereits zuvor ausgeführt, wird in der Literatur der Begriff Open Data häufig synonym zum Begriff Open Government Data verwendet. Entsprechend treten hier als Datenbereitsteller in aller Regel Verwaltungs- und Regierungsinstitutionen auf, welche ihre Daten aufgrund rechtlicher Vorgaben oder aus eigenem Antrieb mit der Allgemeinheit teilen. Unternehmen der Privatwirtschaft sind nicht zur Bereitstellung von Open Data verpflichtet, dennoch sind auch in diesem Bereich Bestrebungen zur Bereitstellung von Daten ersichtlich.

Nach Gurin et al. (2019) existieren drei Rollen für die Teilnahme von Unternehmen am Open-Data-Ökosystem: als Datennutzer, als Datenvermittler und als Datenanbieter. In der Rolle als *Datennutzer* erstellen Unternehmen Produkte und Dienstleistungen auf Basis von Open Data, verbessern ihre Produkte mit Hilfe offener Daten oder integrieren diese Daten in ihre Prozesse. Als *Datenvermittler* treten Unternehmen auf, wenn sie Dienstleistungen und Produkte rund um Open Data anbieten. Das Spektrum der Möglichkeiten reicht dabei von einer Bereitstellung der Daten in anderen Datenformaten, in aufbereiteter Form oder als Aggregat verschiedener Daten in Berichtsform bis hin zum Angebot von Dienstleistungen rund um Open Data z. B. für Kommunen. Die Firma Uber stellt über deren Movement-Projekt[8] Daten zu Verkehrsflüssen als offene Daten zur Verfügung, welche von den Uber-Fahrern automatisiert erhoben und anonymisiert veröffentlicht werden. Anhand dieser Daten können Verkehrsflüsse in Städten nachvollzogen werden. Ein eigenes Open-Data-Portal betreibt die Deutsche Bahn.[9] Auf diesem Portal werden Datensätze zu Infrastruktur wie Haltestellen oder Internet-Routern in Zügen wie auch Wagenreihungspläne oder Passagierzählungsdaten veröffentlicht. Die Deutsche Te-

---

8 https://movement.uber.com.
9 https://data.deutschebahn.com.

lekom betreibt den Data Intelligence Hub,[10] eine Plattform für den sicheren Austausch und Erwerb sowie Verkauf von Daten zusammen mit integrierter Software zur Datenanalyse und -verarbeitung.

Neben diesen beiden großen Akteursgruppen werden Daten auch von Einzelpersonen oder Gruppierungen der Allgemeinheit als Open Data zur Verfügung gestellt. Ein Beispiel dafür ist das Sensor.Community-Projekt.[11] Interessierte Bürger*innen erheben mit selbst gebauten Feinstaubsensoren Daten und stellen diese zentral zur Verfügung. Diese Daten werden automatisiert verarbeitet, auf einer Karte visualisiert und können heruntergeladen werden.

Der Kreis der möglichen Nutzenden ist durch die freie Verfügbarkeit per Definition nicht eingeschränkt. Aus der Zivilgesellschaft sind insbesondere Softwareentwickler*innen und Kreativschaffende aus den Bereichen Design und User Experience involviert, welche auf Basis der Daten Anwendungen und Visualisierungen entwickeln, die wiederum einfach zu verwenden sind. Open Data kann im wissenschaftlichen Kontext zu Forschungszwecken dienen, als ergänzende Daten oder als Thema an sich. Für den Nutzerkreis gilt zudem, dass auch die Datenbereitsteller selbst zu den Nutzenden zählen. So können beispielsweise Verwaltungen eine mehrfache Datenhaltung dadurch auflösen, dass eine gemeinsame Quelle für jeden Datensatz bestimmt und gepflegt wird. Optimalerweise wird dafür ein bereits in der Verwaltung etabliertes Open-Data-Portal verwendet, so dass die Daten nicht ausschließlich für Dritte, sondern auch für die interne Nutzung zur Verfügung gestellt werden. Dies fördert zudem mittelbar den Aspekt der Datenqualität, da durch die interne Nutzung eine regelmäßige Kontrolle stattfinden kann.

Zur Erforschung von Gründen für das Scheitern von Open-Government-Data-Initiativen haben Zuiderwijk & de Reuver (2021) eine umfassende, weltweite Befragung durchgeführt und zusätzlich die existierende Literatur für diesen Bereich analysiert. Insgesamt kommen die Autoren zu dem Schluss, dass Hindernisse auf der Nutzerseite deutlich schwerer wiegen als Hindernisse auf Seiten der Datenbereitsteller. Es wird empfohlen, dass bei der Entwicklung von Richtlinien der Fokus mehr auf die Förderung der Nutzung anstatt auf das reine Teilen von Daten gelegt wird und die Nutzerzentrierung mehr in den Vordergrund gestellt wird.

In vielen Open-Data-Portalen wurde mittlerweile ein Bereich für die Präsentation von Anwendungen geschaffen, welche die angebotenen offenen Daten verwenden. Diese Produkte stellen einen Mehrwert für alle Personen dar, die mit den Rohdaten nichts anfangen können, aber in den Aufbereitungen einen Nutzen finden. Ein bekanntes Beispiel mit weltweiter Ausdehnung in Bezug auf die Verwendung von Open Data ist die freie Weltkarte OpenStreetMap.[12] Bei globalen Projekten wie den *Sustainable Development Goals* (Nachhaltigkeitszielen) der Vereinten Nationen existieren Ansätze zur Messung der Zielerreichung auf lokaler oder regionaler Ebene mit Hilfe von Open Data, welche die Perspektive auf die eigene Lebensumgebung richten können (Meschede & Siebenlist 2019). Daten werden hier nicht nur zur Messung von Nachhaltigkeitszielen verwendet, sondern stehen durch die Eigenschaften der Offenheit auch nachhaltig zur Verfügung.

---

10 https://dih.telekom.net.
11 https://sensor.community/de/.
12 https://www.openstreetmap.org.

6 Fazit

Open Data bezeichnet im Kern die Freigabe von Daten zur freien Verwendung unabhängig von Nutzerkreis und Zweck. Die Implikationen gehen dabei über die reine Bereitstellung und Nutzung solcher Daten hinaus. Neben rechtlichen Grundlagen und Voraussetzungen für die Bereitstellung werden technische Systeme benötigt, welche über Möglichkeiten zur strukturierten und systematischen Bereitstellung und Suche der Datensätze verfügen. Dies ist gleichzeitig die Grundlage für die Verwendung von Open Data durch verschiedene Nutzergruppen. Erst diese sorgen für die Schaffung von Mehrwerten, die über die reine Verfügbarkeit und strukturierte Aufbereitung von Daten hinausgehen. Wie Janssen et al. (2012) anführen, ist es ein Mythos, dass die reine Bereitstellung von Open Data zu Mehrwerten führt. Dazu sind weitere Prozesse und Initiativen notwendig. Wird die digitale Transformation als größeres Ganzes betrachtet, so bildet die freie Bereitstellung von Daten die Basis für weitere Entwicklungsschritte. Open Government Data dient als ein zentrales Instrument zur Schaffung von Transparenz und darüber hinaus zu Partizipation und Co-Creation (Toots et al. 2017). Bestehende Anwendungen können durch Open Data angereichert werden oder Open Data im Rahmen von Diensten mit nutzergenerierten Inhalten verbunden werden, um daraus ein Angebot mit Mehrwert gegenüber den einzelnen Elementen zu ermöglichen.

7 Literaturverzeichnis

Akyürek, H., Scholl, C., Stodden, R., Siebenlist, T. & Mainka, A. (2018). Maturity and usability of open data in North Rhine-Westphalia. In A. Zuiderwijk & C. C. Hinnant (Eds.), *dg.o '18: Proceedings of the 19th annual international conference on digital government research: Governance in the data age* (Article 18). Association for Computing Machinery.

Attard, J., Orlandi, F., Scerri, S. & Auer, S. (2015). A systematic review of open government data initiatives. *Government information quarterly*, 32(4), 399–418.

Bundesamt für Justiz (2020). *Gesetz zur Förderung der elektronischen Verwaltung (E-Government-Gesetz – EGovG): § 12a Offene Daten des Bundes, Verordnungsermächtigung*. https://www.gesetze-im-internet.de/egovg/__12a.html.

Bundesministerium für Wirtschaft und Energie (2021). *Zweites Open-Data-Gesetz und Datennutzungsgesetz: Gesetzentwurf der Bundesregierung*. https://www.bmwi.de/Redaktion/DE/Artikel/Service/Gesetzesvorhaben/zweites-open-data-gesetz-und-datennutzungsgesetz.html.

Department of State (1976). *Remote sensing: Acquisition of satellite data: Memorandum of understanding between the United States of America and Iran signed at Washington and Tehran July 25 and October 29, 1974*. United States.

European Commission (2021). *DCAT Application Profile for data portals in Europe*. https://joinup.ec.europa.eu/collection/semantic-interoperability-community-semic/solution/dcat-application-profile-data-portals-europe.

GovData (2014). *Die zehn Open Data-Kriterien der Sunlight-Foundation*. https://www.govdata.de/documents/10156/18448/GovData_Open-Data-Kriterien_der_Sunlight_Foundation.pdf.

GovData (2020). *Metadatenstruktur für Daten in Deutschland*. https://www.govdata.de/web/guest/metadatenschema.

Gurin, J., Bonina, C. & Verhulst, S. (2019). Open Data Stakeholders – Private Sector. In T. Davies, S. B. Walker, M. Rubinstein & F. Perini (Eds.), *The State of Open Data: Histories and Horizons* (S. 418–429). African Minds and International Development Research Centre. https://doi.org/10.5281/zenodo.2677777.

Janssen, M., Charalabidis, Y. & Zuiderwijk, A. (2012). Benefits, Adoption Barriers and Myths of Open Data and Open Government. *Information systems management*, 29(4), 258–268. https://www.scinapse.io/papers/2171527181.

Meschede, C. & Siebenlist, T. (2019). Open Urban Data and the Sustainable Development Goals. In Y.-C. Chen, F. Salem & A. Zuiderwijk (Eds.), *dg.o '19: Proceedings of the 20th annual International Conference on Digital Government Research: Governance in the age of artificial intelligence* (S. 378–388). Association for Computing Machinery.

National Research Council. (1995). *On the Full and Open Exchange of Scientific Data*. The National Academies Press. https://doi.org/10.17226/18769.

Obama, B. (2009). *Transparency and Open Government. Memorandum for the eads of executive departments and agencies*. https://obamawhitehouse.archives.gov/the-press-office/transparency-and-open-government.

Open Knowledge Foundation (2015). *Open Data Handbook: Was ist Open Data?* https://opendatahandbook.org/guide/de/what-is-open-data/.

Open Knowledge Foundation (2016). *Open Definition: Defining open in Open Data, Open Content and Open Knowledge* (Version 2.1). https://opendefinition.org/od/2.1/en/.

Siebenlist, T. & Mainka, A. (2019). Digitale Transformation in der Verwaltung: An Open Data geht kein Weg vorbei. In S. Büttner (Hrsg.), *Die digitale Transformation in Institutionen des kulturellen Gedächtnisses* (S. 111–133). Simon Verlag für Bibliothekswissen.

Sunlight Foundation (2010). *Ten Principles for Opening Up Government Information*. https://sunlightfoundation.com/wp-content/uploads/sites/2/2016/11/Ten-Principles-for-Opening-Up-Government-Data.pdf.

Toots, M., Mcbride, K., Kalvet, T. & Krimmer, R. (2017). Open Data as Enabler of Public Service Co-creation: Exploring the Drivers and Barriers. In P. Parycek & N. Edelmann (Eds.), *CeDEM '17: Proceedings of the 7th International Conference for E-Democracy and Open Government* (S. 102–112). IEEE Computer Society.

Von Lucke, J. & Geiger, C. (2010). *Open Government Data: Frei verfügbare Daten des öffentlichen Sektors. Gutachten für die Deutsche Telekom AG zur T-City Friedrichshafen*. Deutsche Telekom Institute for Connected Cities; Zeppelin University Friedrichshafen.

Wiedemann, M. & Bürger, T. (2021). *Musterdatenkatalog für Kommunen*. https://www.bertelsmann-stiftung.de/de/unsere-projekte/smart-country/musterdatenkatalog.

Yu, H. & Robinson, D. G. (2011). The New Ambiguity of Open Government. *UCLA Law Review Discourse*, 59, 178–208.

Zuiderwijk, A. & de Reuver, M. (2021). Why open government data initiatives fail to achieve their objectives: Categorizing and prioritizing barriers through a global survey. *Transforming Government: People, Process and Policy*, 15(4), 377–395.

Zuiderwijk, A., Pirannejad, A. & Susha, I. (2021). Comparing open data benchmarks: Which metrics and methodologies determine countries' positions in the ranking lists? *Telematics and Informatics*, 62, Article 101634.

Sigrid Fahrer & Tamara Heck
E 12 Open Educational Resources

1 Konzepte und Debatten

Mit Open Educational Resources (OER) werden offen lizenzierte Bildungsmaterialien bezeichnet. Die gebräuchlichste Definition für OER stammt von der UNESCO-Kommission, die OER als Materialien „jeglicher Art und in jedem Medium, die unter einer offenen Lizenz stehen" begreift (Deutsche UNESCO-Kommission o. A.). „Open" bedeutet im Kontext von OER, dass die Ressourcen eine offene Lizenz haben. „Educational" bedeutet im engeren Sinne Materialien, die spezifisch für Lehren und Lernen konzipiert wurden wie Übungsblätter oder Lernkurse. Im weiteren Sinne der aktuellen UNSECO-Definition sind unter OER alle Materialien zu verstehen, die sich für Lehre und Lernen einsetzen lassen. Ressourcen „jeglicher Art" bedeutet, dass die Materialien in unterschiedlichen Granularitäten vorkommen und vom einzelnen Arbeitsblatt über Bücher bis hin zu kompletten Onlinekursen rangieren können.

Entscheidend bei OER ist die Veröffentlichung unter einer offenen Lizenz. Zu den bekannten offenen Lizenzen gehören die Creative Commons (o. A.), mit denen die Urheber*innen der Materialien selbst festlegen, in welchem Umfang und unter welchen Bedingungen ihre Materialien verwendet werden dürfen. Je nach Lizenz können OER gemäß den 5V-Freiheiten verwahrt, verwendet, verarbeitet, vermischt und verbreitet (im Englischen 5 R's: *Reuse, Retain, Revise, Remix, Redistribute*; Wiley o. A.) werden (Muuß-Merholz 2015). Für OER empfehlen sich deshalb entweder nur eine Public Domain-Lizenz oder nur Lizenzen aus den drei Komponenten BY, CC0 und SA, die eine rechtssichere und möglichst offene Nutzung gewährleisten. Der Begriff OER ist seit dem Forum der UNESCO (2002) etabliert. Von da an sind OER Gegenstand diverser Deklarationen und Leitlinien im Kontext von Offenheit und Bildung, wie der viel beachteten *Capetown Open Education Declaration* (2007). OER fügen sich hierbei in breitere Diskussionslinien zu offener Bildung ein. So fordern die Vereinten Nationen (UNESCO/UNICEF, 2007) ein Recht auf und uneingeschränkten Zugang zu Bildung für alle Menschen. OER als Chance, den Zugang zu qualitativ-hochwertigen Bildungsmaterialien zu verbessern, ist Thema der Open-Textbook-Initiativen, die vor allem in den USA, England und Australien bekannt sind, und die der Preissteigerung von Lehrbüchern entgegenwirken wollen.

In Deutschland rückten OER 2010 in der Debatte um den sogenannten Schultrojaner, einer Plagiatssoftware für Schulen, erstmals in den Fokus (Beckedahl 2011). Der Schultrojaner war als datenschutz- und arbeitsrechtlich zweifelhafter Einsatz von Spähsoftware heftiger Kritik ausgesetzt. Als eine Lösung dieser Situation wurden OER ins Spiel gebracht, die als offen lizenzierte Materialien den Schultrojaner überflüssig machen könnten. In Folge förderte die Politik Studien und OER-Vorhaben (Mayrberger 2018). Parallel zu diesen Top-Down-Aktivitäten setzen sich zahlreiche zivilgesellschaftliche Initiativen für OER ein, die von einer digital affinen Netzcommunity getragen werden (Orr et al. 2018).

Die Vorteile von OER werden vielfältig beschrieben. Neben dem uneingeschränkten Zugang sowie einer klaren Kennzeichnung der Rechte für Nutzende durch die Lizenzangaben, erlauben OER Lehrenden Materialien zu verändern und an die Bedürfnisse der Lernenden und an verschiedene Lehrkontexte anzupassen. Zudem kann die offene Prüfung und Bearbeitung im Kollektiv von Lehrenden und Lernenden eine Verbesserung der Qualität von Bildungsmaterialien erreichen. Ins Gewicht fallen auch eine stärkere Effizienz bei der Erstellung von Materialien sowie eine Kostenreduktion durch die Nachnutzung von OER (Farrow et al. 2020; Orr et al. 2015). OER werden darüber hinaus großes Potential zugeschrieben, das pädagogische Arbeiten zu verändern, indem sie Kollaboration, eine Kultur des Teilens und größere Selbstverantwortung sowohl seitens der Lehrenden und auch der Lernenden befördern (Blees et al. 2018). Diese veränderte Lehr- und Lernkultur wiederum erscheint einer Bildung unter den Bedingungen der Digitalität angemessen, sodass OER auch als Motor für digitale Bildung angesehen werden können (Deimann 2018).

2 Die Verbreitung von OER fördern

Obwohl das OER-Konzept von der Politik als auch von der Zivilgesellschaft unterstützt und gefördert wird, sind OER noch nicht in der Breite der Bildungspraxis angekommen. Metaanalysen zeigen, dass der Hauptgrund für den geringen Uptake in der Vielschichtigkeit des Gegenstands liegt, vor allem in den rechtlichen Implikationen und in geringer Kompetenz und fehlender Motivation für kollaboratives Arbeiten seitens der Lehrenden (Otto 2019). Der Fokus von Forschung, aber auch von Politik und der OER-Bewegung, liegt deshalb auf der Implementation von Maßnahmen, die die Komplexität des Gegenstands reduzieren und so Vertrauen schaffen. Dazu gehören etwa das Capacity-Building (UNESCO 2019), die Entwicklung von OER-Policys (Atenas et al. 2020) und die Einführung von Qualitätsrahmen für OER (Zawacki-Richter & Mayrberger 2017). Aktuell werden drei Ansätze diskutiert und erforscht, mit denen der Zugang und die Verbreitung von OER erhöht und erleichtert werden soll: eine verbesserte Auffindbarkeit von freien Materialien, nachhaltige Geschäftsmodelle und die Rahmung von OER mit offenen Lehrpraktiken. Diese drei sollen im Folgenden exemplarisch für die Vielzahl der Uptake-Maßnahmen im Bildungsbereich vorgestellt werden.

2.1 Technische Lösungen zum Auffinden von OER

Die gezielte Such- und Auffindbarkeit ist eine große Herausforderung für OER. OER sind im gesamten Web zu finden, z. B. bietet Google die Suche nach Materialien mit bestimmten Lizenzen an. Eine strukturierte Suche und Filterung ist jedoch nur eingeschränkt möglich, was dazu beiträgt, dass OER in vielen Bildungsbereichen noch nicht genutzt werden: Die gezielte Such- und Auffindbarkeit, z. B. für spezifische Fächer und Lehrbereiche, bleibt ein Desiderat (Heck, Peters et al. 2020). In den vergangenen Jahren wurde dieser Bereich ausgebaut und es wurden OER-Retrievaldienste, etwa für den Schul[1]- oder Hochschulbereich,[2] entwickelt. Diese Dezentralität der OER-Infrastrukturlandschaft wird zum einen als Hürde beklagt, die das Suchen von OER erschwert. Zum anderen wird darin auch ein Erfolgsrezept gesehen, das eine stark an den Bedürfnissen von Nutzenden orientierte Ausdifferenzierung ermöglicht und das OER-Feld für viele Player öffnet. Eine

---

[1] Wie z. B. https://wirlernenonline.de/ oder https://mundo.schule/.
[2] Wie z. B. das Das Zentrale Repositorium für Open Educational Resources der Hochschulen In Baden-Württemberg (ZOERR): https://www.oerbw.de/.

entsprechende Lösung, die beiden Perspektiven Rechnung trägt, stellen Meta-Suchdienste dar (Heinen et al. 2016). Auf Grund der diversen Auslegung von OER und den diversen Nachhaltigkeitsmodellen sind aktuelle OER-Retrievaldienste vielfältig und unterscheiden sich in ihrer Umsetzung und ihrem Funktionsumfang (Hiebl et al. im Druck; Santos-Hermosa et al. 2017).

1. OER-Repositorien: Dienste, die spezifisch für die Suche nach OER entwickelt wurden und entsprechende Filterfunktionen haben. In diesen Diensten finden sich oft eigens für die Lehre entwickelte OER. Angebote von Hochschulen sind oft fachübergreifend; es existieren auch fachspezifische Angebote.
2. Dienste für die Lehre: Diese bieten an, OER und andere Ressourcen zu archivieren und zu suchen. Hier sind z. B. die Lernplattformen von Schulen oder Hochschulen zu nennen. Hochschul-Dienste enthalten neben OER oft auch wissenschaftliche Open-Access-Publikationen und Forschungsdaten. Die Dienste sind teilweise nur für Institutsangehörige zugänglich und legen den Fokus auf den Austausch und Kommunikation in der Lehre, weniger auf eine strukturierte Suche nach OER.
3. Meta-Suchdienste: Diese Dienste haben das Ziel, OER aus mehreren Quellen such- und auffindbar zu machen. In der Regel agieren sie als Referatorien (Heinen et al. 2016), die zu verfügbaren OER aus anderen Quellen verlinken. Um die Suche von OER aus verteilten Quellen zu ermöglichen, ist ein einheitlicher Metadatenstandard mit möglichst strukturiertem Vokabular nötig. Für Lehr-/Lernmaterialien existieren zwei wesentliche Standards, von denen es wiederum länderspezifische Anpassungen gibt, der LOM-Standard (IEEE 2020) und der LRMI-Standard (Dublin Core Metadata Initiative 2014). Für den Hochschulbereich in Deutschland wurde LOM spezifiziert (Menzel 2020) und wird in vielen Diensten eingesetzt. Das Zentrale Repositorium für Open Educational Resources der Hochschulen In Baden-Württemberg (ZOERR) (Ebrecht, 2018), das mit anderen Diensten kooperiert, kann als ein Meta-Suchdienst gesehen werden. Auch Social-Bookmarking-Dienste eignen sich als Referatorium für OER, wobei hier Tags als freie Stichworte statt strukturierter Metadaten genutzt werden – wie z. B. bei dem zum Teilen von Lernressourcen entwickelte Dienst Edutags (2015). Aktuelle OER-Dienste konzentrieren sich im Kern auf die Suche und Auffindbarkeit sowie das Teilen von OER. Die kollaborative Erstellung sowie die Qualitätsverbesserung von Lehr-/Lernmaterialien durch das Editieren und Revidieren von OER sind in den Diensten bisher nicht direkt umgesetzt. Die Sichtbarkeit einer OER-Community kann durch Funktionen wie Bookmarkings und Tagging, Ratings oder Kommentare vergrößert werden, was jedoch eher wenig eingesetzt wird (Santos-Hermosa et al. 2017). Um das Konzept von OER, gerahmt von den 5V-Freiheiten, in einem Dienst darzustellen und alle Aktivitäten von Nutzenden sichtbar zu machen, müssten die Dienste mehr Funktionen wie Online-Editoren und Nutzenden-Profilseiten einbinden (Heck, Kullmann et al. 2020). Weitere Herausforderungen, insbesondere für Meta-Suchdienste, die OER in verteilten Quellen auffindbar machen wollen, sind einheitliche Identifier (wie ORCID o. A.) sowie die Handhabung von Versionierungen von OER. Leicht veränderte Versionen derselben OER führen bei der Suche zu Ergebnislisten mit vielen ähnlichen Treffern, was die Nützlichkeit der Suche herabsetzt. Neue Ansätze greifen hier Lösungen in der Softwareentwicklung auf und adaptieren diese für das OER-Konzept (Schröder & Pfänder 2020).

2.2 Nachhaltigkeitsmodelle für Open Educational Resources

Die Arbeit an den technischen Lösungen zeigt, dass hinter OER viele Ressourcen stecken. „Offen" wird aber bei OER gerne auch als kostenfrei verstanden. Denn Kosten können als Zugangsbeschränkungen aufgefasst werden, die dem Gedanken der Offenheit entgegenstehen. Auf der einen Seite scheinen sich OER und die Erwirtschaftung eines Ertrags im Sinne eines Geschäftsmodells also auszuschließen. Auf der anderen Seite fallen bei der Produktion, Distribution und Pflege von OER Kosten an, die aufgefangen werden müssen (Downes 2006). Nachhaltige Finanzierungsmodelle sind also durchaus von Nöten, um OER zu realisieren. Der Begriff Nachhaltigkeitsmodelle hat sich für die Diskussion um die Finanzierung von OER als Oberbegriff durchgesetzt, um gleichzeitig die Kostenfreiheit aus Nutzendensicht und die Tragfähigkeit für OER aus der Anbieterperspektive zu berücksichtigen (Downes 2006). Nachhaltigkeitsmodelle für OER ziehen Studien zu allgemeinen Nachhaltigkeitsmodellen, Analysen von existierenden Bedarfs-, Finanzierungs- und Erlösstrategien sowie Befragungen von Einrichtungen und Experten heran (Tlili et al. 2020). In der Praxis werden die Modelle häufig kombiniert, um eine möglichst nachhaltige Sicherung mit den konzeptuellen Zielen von OER zu vereinen. So setzen die meisten auf eine Beteiligung einer Community, die sich im Sinne von Offenheitsprinzipien produktiv in den OER-Prozess einbringt und mit diesen Netzwerkaktivitäten zur Sicherung von OER beiträgt.

Staatsmodell: OER-Projekte und -Aktivitäten werden von Bund und Ländern finanziert. Dieses Modell ist weit verbreitet. In Deutschland kann als Beispiel dafür die Richtlinie des Bundesministerium für Bildung und Forschung (BMBF) gelten, über die zwischen 2016 und 2020 eine zentrale Online-Informationsstelle sowie insgesamt 23 weitere Projekte zur Sensibilisierung und Qualifizierung von Multiplikator*innen finanziert wurde. Da die Förderung i. d. R. nur über eine begrenzte Laufzeit verfügbar ist, liegt die größte Herausforderung bei diesem Modell in der nachhaltigen Sicherung der angestoßenen Aktivitäten.

Institutionsmodell: Die Förderung für OER wird hier im Budget einer einzelnen Institution verankert. Dieses Modell ist meist im Hochschulbereich anzutreffen, wie z. B. bei Open RUB, dem OER-Portal der Ruhr-Universität Bochum (Braungardt & Fuchs 2017). Dieses Modell wird häufig mit anderen kombiniert, indem die Finanzierung von Sach- und Personalmittel für Technik und Schulungen durch den Institutionshaushalt abgedeckt wird, die Erstellung von OER bei der Community, sprich den Lehrenden, liegt.

Auftrags-Modell: Die Produktion, Distribution und Pflege von OER werden als Auftrag an Dienstleister vergeben. OER ist dabei Kern des Geschäftsmodells, mit dem Erlöse durch Drittmittel oder Honorare erzielt werden. Auftragnehmende können Einzelautor*innen, andere Institutionen, privatwirtschaftlich geführte Agenturen und auch Verlage sein. Als Beispiel für das Auftragsmodell wird häufig Norwegen zitiert. Dort werden 20 % des Schulbuchetats in die Produktion von OER investiert, was öffentlich ausgeschrieben wird (Müller 2019). Auch wenn sich daran Verlage theoretisch beteiligen könnten, wird diese Gelegenheit nicht wahrgenommen (Müller 2019). Die Ausschreibung von OER-Schulbüchern wird in der Forschungsliteratur aber generell als vielversprechendes Nachhaltigkeitsmodell eingeschätzt (Heimstädt & Dobusch 2017).

Netzwerk-Modell: Bei diesem eher im Hochschulbereich anzutreffenden Modell schließen sich verschiedene Institutionen zusammen und finanzieren gemeinsam die Förderung von OER. Dabei gibt es in der Regel eine zentrale Einrichtung, die Umsetzung, Steuerung und Organisation übernimmt und für deren Leistungen die anderen bezahlen. Als Beispiel dafür wird der vom Massachusetts Institute of Technology organisierte

MOOC-Dienst edX angeführt, der kostenfrei Kurse anbietet, allerdings keine OER (Cornejo-Velazquez et al. 2020). In Deutschland agiert das vom Land finanzierte ZOERR nach diesem Modell (Ebrecht 2018). Für den Schulbereich kann der Dienst Elixier als Beispiel gelten, der von den Landesbildungsservern, dem Deutschen Bildungsserver und dem Institut für Film und Bild in Wissenschaft und Unterricht betrieben wird (Blees et al. 2017).

Community-Modell: Das Modell setzt auf die Realisierung von OER durch die Partizipation und oftmals ehrenamtliche Leistung einer Community. Es verwirklicht darin auch die Paradigmen von Kollaboration und Teilen, die im Konzept der offenen Bildung eine zentrale Rolle spielen. Ein Beispiel für dieses Modell, das komplett auf ein sich selbst organisierendes Netzwerk setzt, ist die Zentrale für Unterrichtsmedien im Internet e. V. Seit 1995 bietet der Zusammenschluss von ehrenamtlich tätigen Lehrkräften Bildungsmaterialien „weitgehend ohne staatliche oder kommerzielle Zuwendungen" unter offenen Lizenzen an (ZUM o. A.).

Spendenmodell: Bei diesem Modell finanzieren sich OER über Spenden. Das Modell ist häufig verbunden mit dem Community-Modell; die Spenden sind neben der ehrenamtlichen Arbeit eine weitere gemeinschaftsbasierte Einnahmequelle. Die offen lizenzierte Online Enzyklopädie Wikipedia ist dafür ein bekanntes Beispiel. Die freie Lernplattform Serlo folgt ebenfalls diesem Modell (Serlo o. A.).

Crowdfunding-Modell: Hier unterstützt ein Gruppe (*Crowd*) ein OER-Vorhaben finanziell. Im Vorfeld wird eine Mindestsumme definiert, die für die Umsetzung des Projekts notwendig ist und die per Crowdfunding eingeworben werden soll. Kommt diese Summe nicht zustande, wird das Projekt nicht umgesetzt. So entscheidet die Crowd über umsetzungswerte Vorhaben mit (Kaltenbeck 2011). Das Biologiebuch Schulbuch-o-Mat konnte mit diesem Modell erfolgreich realisiert werden (Wedenig 2014).

Stiftungsmodell: Die Finanzierung von OER läuft über eine Stiftung. Die Hewlett-Packard-Foundation ist hier zu nennen, die z. B. ein Partner der vom Hochschulbibliothekszentrum entwickelten OER World Map ist (hbz 2014). Die Siemensstiftung (o. A.) wiederum betreibt eine große Lernplattform mit OER zur MINT-Bildung.

Freemiummodell: Bei diesem Modell wird ein gewisser Anteil von Leistungen umsonst angeboten, was darüber hinausgeht, ist kostenpflichtig. Dahinter steckt die Strategie, über die freien Inhalte, Kunden für die Bezahlinhalte zu gewinnen, weshalb dieses Modell auch das Conversion-Modell genannt wird. Tutory (o. A.), eine Anwendung, mit der sich OER-Arbeitsblätter erstellen und verbreiten lassen, setzt z. B. darauf.

Servicemodell: Hier werden zu den kostenlosen Angeboten von OER zusätzliche kostenpflichtige Services angeboten. Die großen, internationalen Anbieter von Onlinekursen verfolgen diesen Ansatz und bieten ihre Kurse zwar kostenfrei, aber Abschlüsse und Zertifikate gegen Bezahlung an (Cornejo-Velazquez et al. 2020).

Sponsoring-Modell: OER werden über Werbung oder Marketingmaßnahmen finanziert. Dazu zählt auch das Bildungssponsoring großer Unternehmen. Die angebotenen Materialien dienen der Unternehmenskommunikation, sind zwar häufig kostenfrei, aber nicht frei lizenziert.

Abonnement-Modell: Nutzende bezahlen für OER eine monatliche Pauschale, die einen vorher festgelegten Nutzungsumfang ermöglicht. Im OER-Kontext ist dieses Modell bislang nicht anzutreffen. Der Lehrbuchanbieter Flatworld (o. A.) kommt zwar aus der OER-Bewegung, seine Angebote, wenn auch im Abonnement zugänglich, sind aber nicht frei lizenziert.

2.3 OER im Verständnis des Lernens

Das Prinzip der Offenheit von OER hat auch die Debatten um ein neues Verständnis des offenen Lehrens und Lernens erweitert. Zu unterscheiden sind hier zwei Ebenen:. Zum einen wird der Zugang zu Bildungssystemen diskutiert. Im Zuge dessen entstanden offene Hochschulen, die keine klassische Hochschul-Zugangsberechtigung verlangen, wie die Open University UK[3], sowie die offen zugänglichen Lernangebote des MIT[4] (Blessinger & Bliss 2016). Zum anderen werden Konzepte offener Lehrpraktiken und die Partizipation von Lernenden diskutiert. Konzepte zu offenen Lehrpraktiken (*Open Educational Practices*) greifen OER im Kontext des Lehrens und Lernens auf. Denn das Nutzen von OER allein garantiert noch keine kollaborative und offene Lehre. Daher sollen OER mit offenen pädagogischen Ansätzen zusammenwirken (Ehlers 2011). Cronin betont hierbei die Partizipation und Teilhabe von Lernenden: „[OEP are] collaborative practices that include the creation, use, and reuse of OER, as well as pedagogical practices employing participatory technologies and social networks for interaction, peer-learning, knowledge creation, and empowerment of learners" (Cronin 2017, S. 4). So sollen offene Lehrpraktiken die Zugänglichkeit, Fairness und Inklusion befördern (Koseoglu et al. 2020). Ein wirklich einheitlich definiertes Konzept hat sich jedoch bisher noch nicht etabliert (Mayrberger 2019), und so existieren verschiedene Ansätze zu offenen Lehrpraktiken mit mehr oder weniger klar beschriebenen Praktiken und Gestaltungsformen für die Lehre. Bellinger & Mayrberger (2019) geben dazu einen Überblick und leiten vier Dimensionen ab. Diese führen von einer „sehr engen" Dimension offener Lehrpraktiken mit der Nutzung vorhandener OER in der Lehre, bis hin zu einer „eher sehr weiten" Dimension, bei der Lehrende den Grundsätzen offener Pädagogik folgen (Cronin 2017). Die Autor*innen plädieren jedoch für eine „trennschärfere Dimensionierung von OEP" (Bellinger & Mayrberger 2019, S. 41), um die Transformation zu offenen Praktiken besser zu verstehen und umsetzen zu können. Ein klareres Verständnis kann dann dabei helfen, die Verbreitung von OER gezielter zu fördern. Dazu gehören sicherlich auch weitere Forschungsstudien, die den Mehrwert von OER bzw. *OER-enabled Pedagogy* für Lernende untersuchen (Wiley & Hilton III 2018).

Ob offene Lehrpraktiken dann nur mit OER zu realisieren sind, muss sich zeigen. Aktuell gibt es dazu verschiedene Positionen (Bellinger & Mayrberger 2019). Die bisherigen Konzepte zu offenen Lehrpraktiken eint jedoch, dass sie versuchen, den Lernenden auf Augenhöhe zu begegnen. Lernende sollen die Möglichkeit haben, ihren individuellen Lernweg autonom zu gehen; Lehrende sind Begleiter*innen und Unterstützer*innen dieses Prozesses und schaffen mit offenen Lehrpraktiken einen Rahmen dafür (Ehlers 2011).

3 Ausblick

OER sind eine Alternative zu anderen Bildungsmaterialien und ermöglichen einen offenen Zugang. Die angestrebte qualitativ hochwertige Erstellung von OER erfordert jedoch funktionierende Nachhaltigkeitsmodelle, die in Zukunft im jeweiligen Bildungskontext

---

[3] Massachusetts Institute of Technology, https://www.open.ac.uk/courses/college-routes/entry-requirements.
[4] Massachusetts Institute of Technology, https://ocw.mit.edu/index.htm.

weiter zu erproben sind. Technische Lösungen zu OER sollten weiterentwickelt werden, um die Nutzung und das Teilen von OER zu ermöglichen und Kollaboration und Partizipation weiter zu befördern. Letzteres umfasst dabei nicht nur OER als Ressourcen, sondern Praktiken im Kontext eines offenen Lehrverständnisses. Diese gilt es zukünftig greifbarer zu machen, sodass die Mehrwerte von OER für Lehrende und Lernende konkretisiert sind und sich OER in der Bildungspraxis etablieren.

4 Literaturverzeichnis

Atenas, J., Havemann, L., Neumann, J. & Stefanelli, C. (2020). Open Education Policies: Guidelines for co-creation. *Zenodo*. https://doi.org/10.5281/ZENODO.4032993.

Beckedahl, M. (2011). *Viertes Update zum Schultrojaner*. netzpolitik.org. https://web.archive.org/web/20211209153920/https://netzpolitik.org/2011/viertes-update-zum-schultrojaner/.

Bellinger, F. & Mayrberger, K. (2019). Systematic Literature Review zu Open Educational Practices (OEP) in der Hochschule im europäischen Forschungskontext. *MedienPädagogik*, 34(Forschung und Open Educational Resources – Eine Momentaufnahme für Europa), 19–46. https://doi.org/10.21240/mpaed/34/2019.02.18.X.

Blees, I., Mollenhauer, L. & Schwarz, H. (2017). Gute OER zugänglich machen: ELIXIER – ein Projekt der Bildungsserver. *Synergie – Fachmagazin für Digitalisierung in der Lehre – Ausgabe*(4), 62.63. https://doi.org/10.25656/01:15306.

Blessinger, P. & Bliss, T. J. (2016). Introduction to Open Education: Towards a Human Rights Theory. In P. Blessinger & T. J. Bliss (Hrsg.), *Open education: International Perspectives in Higher Education* (S. 11–29). Open Book Publishers. https://doi.org/10.18278/ijoer.1.1.5.

Braungardt, K. & Fuchs, M. (2017). eScouts OER: Förderung von OER an der Ruhr-Universität Bochum. http://web.archive.org/save/https://open-educational-resources.de/wp-content/uploads/F2-01-57l-Kathrin-Braungardt-Lightning-Talk-zu-eScouts-OER-an-der-RUB.pdf..

Bundesministerium für Bildung und Forschung – BMBF (2016). *Bekanntmachung – Richtlinie zur Förderung von Offenen Bildungsmaterialien (Open Educational Resources – OERinfo). Bundesanzeiger vom 15.01.2016*. Richtlinie zur Förderung von Offenen Bildungsmaterialien (Open Educational Resources – OERinfo). Bundesanzeiger vom 15.01.2016. https://web.archive.org/web/20211209155807/https://www.bmbf.de/foerderungen/bekanntmachung-1132.html.

CapeTown. (2007). *Cape Town Open Education Declaration: Unlocking the Promise of Open Educational Resources*. https://web.archive.org/web/20211208152239/https://www.capetowndeclaration.org/read/.

Cornejo-Velazquez, E., Clavel-Maqueda, M., Perez, H. & Lyubimova, E. (2020). Business Model of Learning Platforms in Sharing Economy. *Electronic Journal of e-Learning*, 18(1), 102–113. https://files.eric.ed.gov/fulltext/EJ1245290.pdf.

Creative Commons. (o. A.). *Creative Commons Lizenzen*. https://creativecommons.org/licenses/?lang=de.

Cronin, C. (2017). Openness and Praxis: Exploring the Use of Open Educational Practices in Higher Education. *The International Review of Research in Open and Distributed Learning*, 18(5). https://doi.org/10.19173/irrodl.v18i5.3096.

Deimann, M. (2018). OER-Forschung – Warum es sie bisher nicht gab und wie sich das ändern kann. *Synergie*, 5, 70–75. https://uhh.de/xk0cw.

Deutsche UNESCO-Kommission (o. A.). *Open Educational Resources*. https://web.archive.org/web/20211209160609/https://www.unesco.de/bildung/open-educational-resources.

Downes, S. (2006). Models for Sustainable Open Educational Resources. https://web.archive.org/web/20211209160853/https://www.oecd.org/education/ceri/36781698.pdf.

Dublin Core Metadata Initiative (2014). *LRMI*. Dublin Core Metadata Initiative. https://www.dublincore.org/specifications/lrmi/lrmi_1/.

Ebrecht, K. (2018). *Das Zentrale Repositorium für Open Educational Resources der Hochschulen in Baden-Württemberg (Zoerr)*. Zenodo. https://doi.org/10.5281/zenodo.1441281.

Edutags (2015). *edutags – Social Bookmarking für den Bildungsbereich*. http://web.archive.org/web/20220000000000*/https://www.edutags.de/ueber-edutags.

Ehlers, U.-D. (2011). Extending the Territory: From Open Educational Resources to Open Educational Practices. *Journal of Open, Flexible, and Distance Learning*, 15(2), 1–10. https://www.learntechlib.org/p/147891.

Farrow, R., Pitt, R. & Weller, M. (2020). Open Textbooks as an Innovation route for open science pedagogy. *Education for Information*, 36(3), 227–245. https://doi.org/10.3233/EFI-190260.

Flatworld. (o. A.). *About Flatworld*. https://web.archive.org/web/20220000000000*/https://catalog.flatworldknowledge.com/about.

Hbz. (2014). *hbz erhält Förderung der Hewlett Foundation für OER-World Map*. https://web.archive.org/save/https://www.hbz-nrw.de/%20aktuelles/nachrichten/oerworldmap.

Heck, T., Kullmann, S., Hiebl, J., Schröder, N., Otto, D. & Sander, P. (2020). Designing Open Informational Ecosystems on the Concept of Open Educational Resources. *Open Education Studies*, 2(1), 252–646. https://doi.org/10.1515/edu-2020-0130.

Heck, T., Peters, I., Mazarakis, A., Scherp, A. & Blümel, I. (2020). Open science practices in higher education: Discussion of survey results from research and teaching staff in Germany. *Education for Information*, 36(3), 301–323. https://doi.org/10.3233/EFI-190272.

Heimstädt, M. & Dobusch, L. (2017). Perspektiven von Open Educational Resources (OER) für die (sozio-)ökonomische Bildung an Schulen in NRW und in Deutschland. https://nbn-resolving.org/urn:nbn:de:0168-ssoar-67705-6.

Heinen, R., Kerres, M., Scharnberg, G., Blees, I. & Rittberger, M. (2016). A Federated Reference Structure for Open Informational Ecosystems. *Journal of Interactive Media in Education*, 2016(1), 33. https://doi.org/10.5334/jime.413.

Hiebl, J., Kullmann, S., Heck, T. & Rittberger, M. (im Druck). Reflecting Open Practices on Digital Infrastructures: Functionalities and Implications of Knowledge. In D. Otto, G. Scharnberg, M. Kerres & O. Zawacki-Richter (Hrsg.), Distributed Learning Ecosystems: Concepts, Resources, and Repositories (1. Aufl.). Springer Fachmedien Wiesbaden GmbH; Springer VS.

IEEE. (2020). *IEEE 1484.12.1-2020 – IEEE Standard for Learning Object Metadata*. https://standards.ieee.org/standard/1484_12_1-2020.html.

Kaltenbeck, J. (2011). *Crowdfunding und Social Payments – Im Anwendungskontext von Open Educational Resources. Beiträge zu offenen Bildungsressourcen: Bd. 1*. Books on Demand. https://o3r.eu/images/crowdfunding.pdf

Koseoglu, S., Bozkurt, A. & Havemann, L. (2020). Critical Questions for Open Educational Practices. *Distance Education*, 41(2), 153–155. https://doi.org/10.1080/01587919.2020.1775341.

Mayrberger, K. (Hrsg.). (2018). *Dokumentation der OER-Info Projekte 2017/2018: Sonderband zum Fachmagazin Synergie*. https://uhh.de/0sy2f.

Mayrberger, K. (2019). Open Educational Practices (OEP) in Higher Education. In M. A. Peters (Hrsg.), *Springer eBook Collection. Encyclopedia of Educational Philosophy and Theory* (S. 1–7). Springer. https://doi.org/10.1007/978-981-287-532-7_710-1.

Menzel, M. (2020). LOM for Higher Education OER Repositories: Ein Metadatenprofil für Open Educational Resources im Hochschulbereich zur Förderung der Interoperabilität von OER-Länderrepositorien. *o-bib. Das offene Bibliotheksjournal*, 7(1). https://doi.org/10.5282/O-BIB/5579.

Müller, F. J. (2019). *Chancen und Herausforderungen staatlich finanzierter, frei verfügbarer Bildungsmaterialien (OER) am Beispiel der Plattform ndla.no in Norwegen. Ein Weg zu mehr Inklusion?* Verlag ZLL21 e. V. https://doi.org/10.25656/01:16993.

Muuß-Merholz, J. (2015). *Zur Definition von „Open" in „Open Educational Resources" – die 5 R-Freiheiten nach David Wiley auf Deutsch als die 5 V-Freiheiten*. https://web.archive.org/web/20220120144713/https://open-educational-resources.de/5rs-aufdeutsch/.

Open University UK (o. A.). *Entry requirements*. https://www.open.ac.uk/courses/college-routes/entry-requirements.

ORCID (o. A.). *ORCID service*. https://orcid.org/.

Orr, D., Neumann, J. & Muuß-Merholz, J. (2018). *OER in Deutschland: Praxis und Politik.: Bottom-Up-Aktivitäten und Top-Down-Initiativen*. Deutsche UNESCO-Kommission/hbz NRW. https://web.archive.org/

web/20220000000000*/https://www.joeran.de/wp-content/dox/sites/10/UNESCO-Report-OER-in-Deutschland-2018.pdf.

Orr, D., Rimini, M. & van Damme, D. (2015). *Open Educational Resources: A catalyst for Innovation*. OECD Publishing. https://doi.org/10.1787/9789264247543-en.

Otto, D. (2019). Adoption and Diffusion of Open Educational Resources (OER) in Education. *International Review of Research in Open and Distributed Learning*, 20(5), 122–140. https://doi.org/10.19173/irrodl.v20i5.4472.

Santos-Hermosa, G., Ferran-Ferrer, N. & Abadal, E. (2017). Repositories of Open Educational Resources: An Assessment of Reuse and Educational Aspects. *The International Review of Research in Open and Distributed Learning*, 18(5). https://doi.org/10.19173/irrodl.v18i5.3063.

Schröder, N. & Pfänder, P. (2020). Nutzung von GitHub für Open Educational Resources. In R. Zender, D. Ifenthaler, T. Leonhardt & C. Schumacher (Hrsg.), *GI-Edition – Lecture Notes in Informatics Proceedings: volume P-308. DELFI 2020: Die 18. Fachtagung Bildungstechnologien der Gesellschaft für Informatik e.V: 14.–18. September 2020, Online* (S. 337–342). Gesellschaft für Informatik. https://dl.gi.de/handle/20.500.12116/34180.

Serlo. (o. A.). *Partner und Förderer*. https://de.serlo.org/partner.

Siemensstiftung (o. A.). *Über das Medienportal*. https://medienportal.siemens-stiftung.org/de/ueber.

Tlili, A., Nascimbeni, F., Burgos, D., Zhang, X., Huang, R. & Chang, T.-W. (2020). The evolution of sustainability models for Open Educational Resources: insights from the literature and experts. *Interactive Learning Environments*, 1–16. https://doi.org/10.1080/10494820.2020.1839507.

Tutory (o. A.). *Preismodelle*. https://www.tutory.de/preise.

UNESCO/UNICEF. (2007). A Human Rights Based Approach to Education for All. http://web.archive.org/web/20220000000000*/https://www.right-to-education.org/sites/right-to-education.org/files/resource-attachments/A%20Human%20Rights-based%20Approach%20to%20Education%20for%20All_0.pdf

UNESCO (2002). *Forum on the impact of open courseware for higher education in developing countries. Final report*. Paris, France. https://web.archive.org/web/https://static1.squarespace.com/static/5b99664675f9eea7a3ecee82/t/5be1d461575d1fdd2112a098/1541526625796/UNESCO%27s+2002+Forum+on+Open+Courseware.pdf.

UNESCO. (2019). *UNESCO Recommendation on OER*. https://web.archive.org/web/20211209161911/https://en.unesco.org/themes/building-knowledge-societies/oer/recommendation.

Wedenig, H. H. (2014). *OER-Biologie Schulbuch*. https://web.archive.org/web/20220728150551/https://www.startnext.com/schulbuch-o-mat/blog/beitrag/kooperation-von-serlo-und-schulbuch-o-mat-p31740.html.

Wiley, D. (o. A.). *Defining the „Open" in Open Content and Open Educational Resources*. https://web.archive.org/web/20211201204445/https://opencontent.org/definition/.

Wiley, D. & Hilton III, J. L. (2018). Defining OER-Enabled Pedagogy. *The International Review of Research in Open and Distributed Learning*, 19(4). https://doi.org/10.19173/irrodl.v19i4.3601.

Zawacki-Richter, O. & Mayrberger, K. (2017). Qualität von OER Internationale Bestandsaufnahme von Instrumenten zur Qualitätssicherung von Open Educational Resources (OER) – Schritte zu einem deutschen Modell am Beispiel der Hamburg Open Online University: Sonderband zum Fachmagazin Synergie. *Synergie*. https://uhh.de/fqx9u.

Tobias Siebenlist
E 13 Open Government

1 Einleitung

Der Ansatz des Open Government zielt auf die Modernisierung von Verwaltungs- und Regierungsinstitutionen unter Berücksichtigung der zentralen Ideen von Offenheit, Transparenz, Partizipation und Kooperation. Dabei werden verschiedene Akteur*innen einbezogen; neben Verwaltungs- und Regierungsinstitutionen steht insbesondere die Zivilgesellschaft im Fokus. Dieser Ansatz lässt aufgrund seiner Vielschichtigkeit und Verwobenheit von Prozessen, Personen, Richtlinien und Institutionen keine monothematische Betrachtung zu.

Um dieser Komplexität und Themenvielfalt Rechnung zu tragen, hat von Lucke im Rahmen eines Gutachtens zur T-City Friedrichshafen den Umfang des Bereichs Open Government wie folgt beschrieben:

> Open Government als simple Öffnung von Regierung und Verwaltung zusammen zu fassen greift zu kurz. Vielmehr wird Open Government als ein Sammelbegriff für eine ganze Reihe unterschiedlicher Konzepte und Visionen verwendet, die sich mit bestimmten Facetten einer Öffnung von Staat und Verwaltung auseinandersetzen. (von Lucke 2010, S. 3)

Open Government ist entsprechend nicht auf ein singuläres Vorhaben zu beschränken oder klar abzugrenzen, sondern umfasst im Wesentlichen einen Gestaltungsansatz hin zu einer offenen Gesellschaft. Die Open Knowledge Foundation beschreibt dazu Open Government wie folgt:

> Open Government ist als ganzheitlicher Ansatz zur Belebung der Demokratie zu verstehen. Offenes Regierungs- und Verwaltungshandeln stellt dabei die Grundlage dar. Das Ziel von Open Government ist es, die Arbeit von Politik, Regierung, Verwaltung und Justiz (d. h. des öffentlichen Sektors insgesamt) offener, transparenter, partizipativer und kooperativer zu gestalten. (Palmetshofer & Rack 2021)

Historisch betrachtet gab es unterschiedliche Bestrebungen, welche die zentralen Aspekte von Offenheit im Sinne des Open-Government-Ansatzes bereits aufgegriffen, jedoch nicht unter diesem Begriff befasst haben. Nach Tai (2021) wird bereits in einer Veröffentlichung aus dem Jahr 1957 von Parks (1957) der Gedanke eines Open Government aufgebracht. Dabei liegt der Fokus auf der Rechenschaftspflicht der US-Regierung in der Nachkriegszeit (Tai 2021), wohingegen die zuvor genannten aktuellen Definitionen einen breiten und allgemeinen Ansatz verfolgen. Als eine frühe gesetzliche Regelung, die als Startpunkt im Bereich eines allgemeineren Open-Government-Ansatzes verstanden werden kann, wurde im Jahr 1966 der *Freedom of Information Act* in den USA verabschiedet (Neutzner 2019). In diesem Gesetz zur Informationsfreiheit wurde das allgemeine Recht auf Einsicht in Unterlagen von Behörden eingeführt, was dem Kerngedanken von Transparenz von Verwaltung und Regierung entspricht. Größere Bekanntheit in der allgemeinen Öffentlichkeit sowie im öffentlichen, wie wissenschaftlichen Diskurs findet sich seit Veröffentlichung eines Memorandums des ehemaligen US-Präsidenten Barack Obama zu dessen erster Amtseinführung im Jahr 2009 mit dem Titel *Transparency and Open Government* (Obama 2009). In diesem Memorandum beschreibt Obama Schritte, mit denen eine offene Regierung erreicht werden kann. Dazu zählen insbesondere die Veröffentlichung von mehr Daten über das Web, eine Verbesserung der Qualität der Daten, Entwicklung einer entsprechenden Kultur und Schaffung eines politischen Rahmens für eine offene Verwaltung.

Angrenzend an den Bereich des Open Government existiert das Electronic Government (kurz: E-Government). Nach von Lucke und Reinermann kann E-Government wie folgt definiert werden: „Unter Electronic Government verstehen wir die Abwicklung geschäftlicher Prozesse im Zusammenhang mit Regieren und Verwalten (Government) mit Hilfe von Informations- und Kommunikationstechniken über elektronische Medien." (von Lucke und Reinermann 2000, S. 1)

2 Open Government

Ausgehend von den Kerngedanken des Memorandums von Obama (2009) wurden die dort beschriebenen Eckpfeiler einer offenen Gesellschaft – Offenheit, Transparenz, Partizipation und Kooperation – zentrale Aspekte des Open Government. Viele der genannten Ideen sind nicht neu, sondern bestehen schon seit geraumer Zeit und unabhängig von einem gesamtheitlichen Ansatz des Open Government. Durch die stärkere Wahrnehmung dieses größeren Ganzen haben einzelne Anliegen wie Modernisierung der Verwaltung, Informationsfreiheit, die Veröffentlichung von Daten als Open Data sowie Möglichkeiten zur Teilhabe der Zivilgesellschaft an Planungs- und Entscheidungsprozessen einen gemeinsamen Überbau gefunden.

Nach Tai (2021) erstrecken sich die Aktivitäten im Rahmen des Open Government auf verschiedene Hierarchieebenen. Auf der Makroebene werden Gesetze und Aktivitäten auf Bundesebene thematisiert, auf der Mesoebene liegt der Fokus auf den Bundesländern und auf der Mikroebene bei einzelnen Kommunen und Städten. Der Einbezug von Zivilgesellschaft und das Zusammenspiel von Verwaltungs- bzw. Regierungsinstitutionen sowie Zivilgesellschaft sind auf diesen Ebenen auf unterschiedliche Art und Weise möglich und vertreten. So obliegt die gesamtstrategische Planung der Bundesebene, wohingegen die Bundesländer regionale Anliegen in den Fokus stellen und auf kommunaler Ebene direkt vor Ort und für die Zivilgesellschaft unmittelbar erlebbar agiert werden kann. Auf allen drei Ebenen finden sich die vier Eckpfeiler wieder, je nach Ansatz in unterschiedlicher Ausprägung.

Die fortschreitende Digitalisierung hebt diese Ansätze unabhängig von jeglicher Ebene auf eine neue Stufe, auf welcher die Ausgestaltung der Kernaspekte einem starken Wandel unterliegt. Die Entwicklungen in den Bereichen der Informations- und Kommunikationstechnologien (s. Kapitel F 2 Informations- und Kommunikationstechnologien & Webtechnologien) haben zu großen Veränderungen in den Interaktionen zwischen Menschen untereinander sowie zwischen Menschen und Institutionen geführt (Tai 2021). Die zunehmende Digitalisierung in allen Bereichen des Lebens erfordert es, etablierte Prozesse an diese neue Realität anzupassen, damit Schritt zu halten und in Zukunft weitere Anpassungen adaptieren zu können. Schlussendlich finden diese Prozesse im Rahmen einer digitalen Transformation der Verwaltungen, Regierungen und des gesamten gesellschaftlichen Zusammenlebens statt. Die Services von Verwaltungen und die Beteiligung durch Informations- wie auch Partizipationsangebote sind die Grundpfeiler einer aktiven und gelebten Demokratie. Entsprechend sind auch Institutionen von Regierung und Verwaltung dazu angehalten, sich dieser Transformation zu stellen und eine Erneuerung mit einer Entwicklung in Richtung Offenheit anzustreben. Insgesamt lässt sich festhalten, dass die vorgenannten vier Kerngedanken immer in Zusammenhang mit Regierung und Verwaltung zu denken sind und der Begriff des Open Government in einer Zeit populär geworden ist, die durch den Umbruch etablierter Abläufe und Vorgaben aus weniger digitalisierten Zeiten im Rahmen einer voranschreitenden digitalen Transformation geprägt ist.

Diese Entwicklungen spiegeln sich in der wissenschaftlichen wie auch anderweitigen Beschäftigung mit dem Ansatz des Open Government wider. In einer Studie von Tai (2021) wurden die wissenschaftlichen Publikationen zu Open Government identifiziert, ausgewertet und auf deren Inhalte hin analysiert. Der Autor hat mit Hilfe eines systematischen Reviews insgesamt 189 Studien aus 42 wissenschaftlichen Zeitschriften im Zeitraum von 2008 bis 2019 ausgewertet und die Forschungsfragen nach drei zentralen Aspekten aufgestellt: 1. Definition und Konzeptualisierung von Open Government, 2.Nutzung und Implementierung von Open Government sowie 3. Ergebnisse und Auswirkungen von Open-Government-Initiativen. Es wird dort festgehalten, dass die Definition des Konzepts weniger komplex ausfällt als in einigen früheren Publikationen beschrieben. Der Eckpfeiler der Transparenz erhält in der Literatur die größte Aufmerksamkeit. Empirische Evidenz zu Effekten von eingeführten Open-Government-Ansätzen ist kaum vorhanden.

Neben der wissenschaftlichen Befassung mit dem Ansatz des Open Government existieren viele zivilgesellschaftliche Bestrebungen oder gemeinsame Initiativen von Verwaltungs- oder Regierungsinstitutionen und der Zivilgesellschaft in diesem Bereich, wie beispielsweise die Open-Government-Partnership (OGP), die im nachfolgenden Abschnitt thematisiert wird.

3 Richtlinien und Initiativen

Ein ganzheitlicher Ansatz wie der des Open Government erfordert Richtlinien und rechtliche Vorgaben seitens Regierung und Verwaltung, welche die Grundlagen für Vorhaben in diesem Bereich darstellen. Das Informationsfreiheitsgesetz (IFG) bildet dabei einen Teil des Open-Government-Ansatzes und hat insbesondere Bezug zum Kerngedanken der Transparenz.

Auf der Webseite des Bundesministeriums des Innern wird der Zweck des IFG wie folgt beschrieben: „Das Informationsfreiheitsgesetz (IFG) schafft einen voraussetzungslosen Anspruch auf Zugang zu amtlichen Informationen bei Behörden des Bundes. Der Anspruch auf Informationszugang richtet sich auf Auskunft oder Akteneinsicht in der Behörde." (Bundesministerium des Innern und für Heimat 2021) Die weiteren Eckpfeiler werden in diesem Gesetz nicht berücksichtigt, für diese existieren keine spezifischen Gesetze nach dem Vorbild des Informationsfreiheitsgesetzes. Im Gegensatz zum Bereich Open Data (s. Kapitel E 11 Open Data), für das es seit 2017 einen auch als Open-Data-Gesetz bekannten Paragraphen im E-Government-Gesetz (Bundesamt für Justiz 2020, §12a) auf Bundesebene gibt, existiert derzeit kein entsprechendes Open-Government-Gesetz.

In einem komplexen, polythematischen Umfeld wie dem Open Government sind Regelungen für einzelne Aspekte sinnvoll, jedoch bedarf es zudem einer Strategie für die zukünftige Entwicklung. Um mit den Entwicklungen der Gegenwart Schritt halten zu können sowie auf zukünftige Entwicklungen – vornehmlich im digitalen Bereich – reagieren zu können, wird eine Digitalstrategie von und für Regierungs- und Verwaltungsinstitutionen benötigt, eine Digital Governance. Laut Hautli gilt dafür:

> Digital Governance leitet sich aus der Corporate Governance ab. Sie beinhaltet die Klärung von Rollen sowie Verantwortlichkeiten im Hinblick auf die digitale Transformation. Zudem umfasst sie Koordinationsmechanismen wie beispielsweise Leitlinien oder Rahmenbedingungen. (Hautli 2019)

Neben bestehenden Gesetzen und rechtlichen Regelungen besteht die Möglichkeit der Beteiligung durch Teilnahme an Projekten oder Programmen mit einer freiwilligen Verbindlichkeit. Eine weltweite Initiative zur Förderung und Stärkung von Anstrengungen im Bereich des Open Government ist die OGP. Sie wurde 2011 gegründet (Open Government Partnership n. d.). Mit Stand von Dezember 2021 sind 78 Nationen sowie 76 untergeordnete Verwaltungen als Mitglieder gelistet. Die aktive Teilnahme an dieser Initiative wird über nationale Aktionspläne (NAP) gestaltet, die von den Teilnehmenden in Zusammenarbeit mit der Zivilgesellschaft entwickelt werden. Die Ergebnisse werden evaluiert und transparent veröffentlicht. Die nationalen Aktionspläne haben jeweils eine Laufzeit von zwei Jahren. Die Bundesrepublik Deutschland ist der OGP im Jahr 2016 beigetreten. Seitdem wurden drei nationale Aktionspläne verabschiedet. Beim dritten nationalen Aktionsplan (Laufzeit 2021–2023) wurden zum ersten Mal regionale Anliegen aus einzelnen Bundesländern mit aufgenommen, so dass die unmittelbare Wirkung nicht mehr nur auf die Makroebene ausgerichtet ist (Bundeskanzleramt 2021).

Auf regionaler Ebene haben in Nordrhein-Westfalen Akteur*innen aus der Zivilgesellschaft das *Open Government Manifest NRW* verfasst, welches auf die Open-Government-Strategie des Landes Nordrhein-Westfalen zielt und die stärkere Förderung des Open Government fordert. Ebenfalls in Nordrhein-Westfalen existiert mit dem Verein Offene Kommunen.NRW Institut e. V. ein gemeinnütziger Verein, der es sich als Ziel gesetzt hat, „Offenheit, Zusammenarbeit und Transparenz auf Landes- und kommunaler Ebene in NRW voranzubringen und zu gestalten" (Offene Kommunen.NRW Institut e. V. n. d.). Dieses Ziel wird durch die Ausrichtung von Veranstaltungen, auf denen Akteur*innen aus verschiedenen Gruppen zusammenkommen, Gremienarbeit und Beratungstätigkeiten angestrebt.

4 Gesellschaftliche Bedeutung

Neben Verwaltungs- und Regierungsinstitutionen existieren verschiedene weitere Akteur*innen, die auf unterschiedliche Art und Weise zur Gestaltung von Aktivitäten mit Bezug zum Open Government beitragen. Dazu gehören neben den bereits genannten insbesondere auch Akteur*innen der Zivilgesellschaft (als Einzelperson sowie in verschiedenen Organisationsformen), NGOs und Unternehmen.

Die Möglichkeiten der Teilhabe richten sich hier nach den vier Eckpfeilern und hängen zudem von der Ebene ab, auf der agiert wird. Im Bereich der Transparenz sind der Zugriff auf Dokumente und Daten zu nennen, die zeitnah und vollständig veröffentlicht werden oder angefordert werden können. Als Grundlage dient das Gesetz zur Informationsfreiheit. Für Verfahren zur Partizipation sind beispielsweise das Verfahren zur Entwicklung von nationalen Aktionsplänen im Rahmen des Open-Government-Partnership auf Bundesebene oder verschiedene Verfahren auf Länderebene zu nennen, bei denen Richtlinien oder Gesetze in Vorabfassungen kommentiert und Vorschläge eingereicht werden können. In den genannten Fällen besteht die Möglichkeit der Partizipation darin, am Erstellungsprozess durch Vorschläge und Kommentare über einen digitalen Zugang mitzuwirken. Im kommunalen Rahmen kann dies durch eine begrenzte örtliche Ausdehnung auch in Präsenzveranstaltungen durchgeführt werden. Gleiches gilt für Möglichkeiten der Kooperation, wenn es beispielsweise um lokale Auswahl- und Gestaltungsverfahren für die Veränderung von Stadtteilen oder die Verwendung von Grundstücksflächen geht. Luna-Reyes (2017) zeigt am Beispiel von e-Consultation und e-Petitioning auf, welche Möglichkeiten die fortschreitende Digitalisierung für die Beteiligung von Bürger*innen bietet und welche Herausforderungen damit einhergehen. Insbesondere Fragen in Bezug auf Transparenz, Zugänglichkeit und Datenschutz stehen dabei im Vordergrund.

Alle diese Beteiligungsmöglichkeiten stehen unter dem Aspekt der Offenheit und dem Ansatz, durch Beteiligungsverfahren zu besseren und besser akzeptierten Ergebnissen zu gelangen. In diesem Rahmen spielt zudem der Aspekt des Vertrauens eine große Rolle. Die Akteur*innen der Zivilgesellschaft müssen sich ernstgenommen fühlen und deren Vorschläge und Kommentare eingehend berücksichtigt werden. Zudem darf ihnen daraus kein Nachteil entstehen. Gleichermaßen müssen die Akteur*innen auf Seiten der Institutionen Vertrauen in den Prozess einer solchen Öffnung entwickeln, auch wenn dies zunächst von den bekannten Regelungen und Prozessen abweicht. Eine Kultur der Offenheit muss zunächst etabliert und anschließend kultiviert werden. Die verschiedenen Möglichkeiten der offenen Formen von Zusammenarbeit beschreibt von Lucke (2012) ausführlich.

Sofern eine Digitalisierung weitgehend erreicht ist, erwächst im Rahmen der Digitalität das Anliegen nicht die Menschen zu vergessen, die mit den digitalen Angeboten aus den unterschiedlichsten Gründen nichts anfangen können. Hier besteht eine zentrale Herausforderung darin, ein Angebot auf verschiedenen Ebenen zu schaffen, welches neben der fortschreitenden digitalen Abwicklung von Anliegen auch den persönlichen Kontakt ermöglicht und physische Anlaufstellen bietet. Und dies zumindest so lange bis die Nutzung digitaler Angebote für alle Generationen eine Normalität ohne Barrieren in der Nutzung darstellt. Auch darüber hinaus ist die Möglichkeit des persönlichen Kontakts weiterhin anzustreben, damit engagierte und interessierte Menschen in Präsenz zusammenfinden können. Der direkte Austausch bei Präsenzveranstaltungen ist durch digitale Angebote nicht in jeder Hinsicht zu ersetzen.

5 Technologische Aspekte

In Bezug auf technologische Aspekte stehen sowohl die Systeme und Anwendungen im Vordergrund mit denen die Verwaltungen und Regierungsorgane selbst arbeiten wie auch deren Schnittstellen und Nutzungsmöglichkeiten für Bürger*innen.

Als Treiber für Offenheit im Bercich der technologischen Aspekte dient der Open-Source-Gedanke als Fundament. Die ursprüngliche Bewegung im Rahmen um freie Software diente einigen weiteren Open-Bewegungen als Grundlage. Sowohl bei den technologischen Aspekten von Open Government wie auch beim Gesamtansatz ist dieser Ursprung zu erkennen. So fordert die Kampagne *Public Money? Public Code!* der Free Software Foundation Europe, dass die Verwendung öffentlicher Finanzmittel zur Entwicklung von Software für öffentliche Verwaltungen in freier Software münden (Free Software Foundation Europe 2021). Diese würde dann auch anderen Verwaltungen oder weiteren Interessierten zur Verfügung stehen, welche wiederum Weiterentwicklungen zur Verfügung stellen können. Diese kämen allen Beteiligten zugute. Im Bereich der in öffentlichen Institutionen eingesetzten Software sind daher Prinzipien der Offenheit sinnvollerweise zu berücksichtigen. Dies bedingt nicht notwendigerweise eine Umstellung aller Anwendungen auf Open-Source-Anwendungen, auch wenn dies zwecks offener Gestaltungsmöglichkeiten und digitaler Souveränität perspektivisch eine sinnvolle Möglichkeit darstellt. Bei einer weiteren Verwendung von Closed-Source Anwendungen ist eine Offenheit gegenüber Veränderungen und Technologien, aber auch Offenheit im Sinne offener Schnittstellen zur Interaktion mit Datenquellen wie Application Programming Interfaces (APIs) notwendig. Dies führt dazu, jederzeit Daten aus Anwendungen extrahieren zu können, um diese als Open Data (s. Kapitel E 11 Open Data) zur Verfügung stellen zu können oder diese in andere Systeme transferieren zu können. Mittels offener Schnittstellen wird die Möglichkeit eröffnet, Systeme miteinander zu verbinden und somit Prozesse zu automatisieren und zu erweitern.

Für eine Umstellung auf Open-Source-Software für die öffentliche Verwaltung dient die Stadt Barcelona als Beispiel, welche als Grund für die Umstellung technologische Souveränität angibt:

> Barcelona City Council has joined the movement for open-source software and supports the use of open code technology with the aim of achieving full technological sovereignty. This choice allows the apparatus with which the City Council works every day to be audited publicly and in-depth. It also facilitates interaction between the local developer community and the public administration, which may lead to improvements in systems. (Ajuntament de Barcelona 2019)

Als größte Herausforderung wird die kulturelle Veränderung angegeben: „By far the biggest challenge of implementing open code, however, is the cultural change required within administrative bodies." (Ajuntament de Barcelona 2019).

Eine Verpflichtung für offene Schnittstellen und den Einsatz von offenen Datenaustauschformaten einzuführen und zu stärken, ist unter der Prämisse von Offenheit und Interoperabilität erstrebenswert. Alle Möglichkeiten in Bezug auf Beschaffung und Einführung von Software und Prozessen – unabhängig von Quelloffenheit, Lizenzmodell oder Hersteller – bleiben erhalten. Es findet jedoch eine Ermächtigung zur simplen Weiterverwendung der eigenen Daten statt, sei es zur Erstellung von Berichten, zur Bereitstellung von Daten im Rahmen einer Open-Data-Strategie oder zur Überführung in eine neue Software, welche die bisherige ablösen soll.

In Rückbezug auf die gesellschaftliche Bedeutung sind dies Faktoren, die eine bestimmte Gruppe von Akteur*innen dazu ermächtigt, Mehrwerte zu schaffen, die von einer breiteren Bevölkerungsgruppe in Anspruch genommen werden können. Konkret haben Softwareentwickler*innen und Designer*innen die Möglichkeit, auf Basis von offenen Schnittstellen und offenen Daten einfach zu bedienende Anwendungen zu erstellen, zu deren Nutzung kein tieferes technisches Verständnis notwendig ist. Die Voraussetzung für diesen Schritt ist die Schaffung von Möglichkeiten dazu, indem offene Schnittstellen bereitgestellt, freie Lizenzen verwendet und eine grundsätzliche Bereitschaft zur Unterstützung von Prozessen für mehr Offenheit etabliert werden.

6 Fazit

Open Government ist kein singulärer Ansatz, sondern eine gesamtgesellschaftliche Bewegung, die mit verschiedenen Akteur*innen an unterschiedlichen Stellen den Weg zu einer modernen Verwaltung und dem modernen Miteinander in Bezug auf Verwaltungsprozesse und Regierungsentscheidungen begleitet. Fortschritte im Bereich des Open Government können dazu beitragen, die Gesellschaft auf dem Weg der Transformation zu einer offenen, partizipativen Wissensgesellschaft voranzubringen. Dazu ist es notwendig, dass Regierungs- und Verwaltungsinstitutionen im Rahmen ihrer Aufgaben die vier Kerngedanken des Open Government in ihre Prozesse integrieren und im täglichen Handeln mitdenken. Personale Kompetenzen im Bereich der Informations- und Digitalkompetenz müssen gestärkt werden.

Janssen et al. (2012) beschreiben Vorteile, Einführungshindernisse und Mythen in Bezug auf Open Data und Open Government. Dort wird insbesondere noch einmal darauf hingewiesen, dass die reine Bereitstellung von Daten und die Hoffnung, dass diese dann sinnvoll verwendet werden, keine realistische Sichtweise ist. Es bedarf mehr als einzelner, oft technischer Handlungsschritte, um wirkliche Mehrwerte zu generieren. Dazu ist eine Kultur des Open Government erforderlich. Wie ein solcher Ansatz implementiert werden kann, wurde vom Bundesministerium des Innern, für Bau und Heimat in der Publikation *Kommunales Open Government. Gebrauchsanleitung für eine Utopie* (Neutzner 2019) aufgegriffen.

7 Literaturverzeichnis

Ajuntament de Barcelona (2019). *Barcelona Digital City: Open-source software.* https://ajuntament.barcelona.cat/digital/en/digital-transformation/technology-for-a-better-government/open-source-software.

Bundesamt für Justiz (2020). *Gesetz zur Förderung der elektronischen Verwaltung (E-Government-Gesetz – EGovG): § 12a. Offene Daten des Bundes, Verordnungsermächtigung.* https://www.gesetze-im-internet.de/egovg/__12a.html.

Bundeskanzleramt (2021). *Dritter Nationaler Aktionsplan verabschiedet.* Open Government Deutschland. https://www.open-government-deutschland.de/opengov-de/dritter-nationaler-aktionsplan-verabschiedet-1936776.

Bundesministerium des Innern und für Heimat (2021). *Informationsfreiheitsgesetz.* https://www.bmi.bund.de/DE/themen/moderne-verwaltung/open-government/informationsfreiheitsgesetz/informationsfreiheitsgesetz-node.html.

Free Software Foundation Europe (2021). *Public Money, Public Code.* https://publiccode.eu/de/.

Hautli, S. (2019). *Digital Governance: Chancen, Herausforderungen und Handlungsempfehlungen* (24. Mai 2019). Diligent. https://www.diligent.com/de/blog/digital-governance/.

Janssen, M., Charalabidis, Y., & Zuiderwijk, A. (2012). Benefits, Adoption Barriers and Myths of Open Data and Open Government. *Information Systems Management*, 29(4), 258–268.

Luna-Reyes, L. F. (2017). Opportunities and challenges for digital governance in a world of digital participation. *Information Polity*, 22(2–3), 197–205.

Neutzner, M. (2019). *Kommunales Open Government. Gebrauchsanleitung für eine Utopie.* Bundesministerium des Innern und für Heimat. https://www.bmi.bund.de/SharedDocs/downloads/DE/veroeffentlichungen/themen/moderne-verwaltung/leitfaden-modellkommune-open-govt.pdf.

Obama, B. (2009). *Transparency and Open Government.* Memorandum for the Heads of Executive Departments and Agencies.

Offene Kommunen.NRW Institut e. V. (n. d.). Über das Institut. https://oknrw.de/institut/.

Open Government Partnership. (n. d.). *About Open Government Partnership.* https://www.opengovpartnership.org/about/.

Palmetshofer, W., & Rack, O. (2021). *Open Government.* https://opengovpartnership.de/open-government/

Parks, W. (1957). The Open Government Principle: Applying the Right to Know under the Constitution. *The George Washington Law Review*, 26(1).

Tai, K. T. (2021). Open government research over a decade: A systematic review. *Government Information Quarterly*, 38(2), Article 101566.

Von Lucke, J., & Reinermann, H. (2000). *Speyerer Definition von Electronic Government*. Deutsche Hochschule für Verwaltungswissenschaften Speyer.

Von Lucke, J. (2010). *Open Government: Öffnung von Staat und Verwaltung. Gutachten für die Deutsche Telekom AG zur T-City Friedrichshafen*. Deutsche Telekom Institute for Connected Cities; Zeppelin University Friedrichshafen. https://www.zu.de/institute/togi/assets/pdf/JvL-100509-Open_Government-V2.pdf.

Von Lucke, J. (2012). *Open Government Collaboration: Offene Formen der Zusammenarbeit beim Regieren und Verwalten. Gutachten für die Deutsche Telekom AG zur T-City Friedrichshafen*. Deutsche Telekom Institute for Connected Cities; Zeppelin University Friedrichshafen. https://www.zu.de/info-de/institute/togi/assets/pdf/JvL-121025-OpenGovernmentCollaboration-V1.pdf.

Teil F: **Regulierungsformen von Wissen und Information**

Hermann Rösch
F 1 Informationsethik

1 Einführung[1]

Der Terminus Informationsethik (*information ethics*) wurde Ende der 1980er Jahre im bibliothekarischen Umfeld geprägt und tauchte etwa zeitgleich in den USA und Deutschland auf (Hauptman 1988; Capurro 1988). Informationsethik umfasst alle ethisch relevanten Fragen, die im Zusammenhang mit Produktion, Speicherung, Erschließung, Verteilung und Nutzung von Informationen auftreten (Froehlich 2003, S. 256).

Informationsethik gehört zu den angewandten oder Bereichsethiken, die sich in den vergangenen Jahrzehnten in großer Zahl gebildet haben. Dazu zählen etwa Wirtschaftsethik, Medizinethik, Technikethik, Computerethik oder Medienethik. Zu beobachten ist ein Trend zu immer spezifischeren Bereichsethiken wie z. B. der Lebensmittelethik oder der Algorithmenethik. Aufteilung und Abgrenzung der Bereichsethiken folgen keinem einheitlichen Prinzip. Daher schwanken ihre Anzahl und ihre Benennungen in der Fachliteratur erheblich. Bereichsethiken überlappen sich z. T. oder stehen bisweilen in einem komplementären Verhältnis. So hat die Informationsethik ohne Zweifel u. a. Bezüge zur Medienethik, zur Technikethik (Computerethik), zur Wirtschaftsethik, zur Wissenschaftsethik und natürlich zur Sozialethik.

Im Unterschied zur Allgemeinen Ethik, die sich mit übergreifenden, allgemeinen Aspekten wie Freiheit, Gerechtigkeit oder Wahrhaftigkeit auseinandersetzt, übertragen angewandte Ethiken zum einen allgemeine ethische Prinzipien und Methoden auf bestimmte Lebensbereiche und Handlungsfelder. Zum anderen arbeiten sie spezifische Fragestellungen und Probleme heraus, die charakteristisch für den jeweiligen Bereich sind und die in der Allgemeinen Ethik keine Berücksichtigung finden. Angewandte Ethiken sind grundsätzlich praxisorientiert. Sie zielen darauf, die Akteure der jeweiligen Handlungsfelder für ethische Fragestellungen zu sensibilisieren und das Bewusstsein um eine gemeinsame Wertebasis, die idealerweise in einem Ethikkodex dokumentiert ist, zu stabilisieren.

Ausgelöst wird der steigende Bedarf an Bereichsethiken durch den rapiden wissenschaftlichen Fortschritt, die schnelle Abfolge technischer Innovationen, die Beschleunigung des gesellschaftlichen Wandels sowie den für moderne, säkulare Gesellschaften typischen Geltungs- und Autoritätsverlust religiöser Wertesysteme. Es entstehen immer komplexere Strukturen und neue Handlungsoptionen, die ethisch bewertet und kontextbezogen geklärt werden müssen. Zu nennen sind etwa aus dem medizinischen Bereich Themen wie Stammzellforschung oder aus der Verkehrstechnik Fragen rund um automatisiertes Fahren. Für den Informationssektor sei an die aktuelle Frage erinnert, wie weit Datenspuren, die en masse bei elektronischen Bezahlvorgängen, der Nutzung von Mobiltelefonen, bei der Navigation im Internet oder der Nutzung Sozialer Netzwerke entstehen, von Dritten gespeichert und zwecks Profilbildung zusammengeführt werden dürfen, um dann kommerziell verwertet zu werden oder polizeilicher Überwachung zu dienen.

In ihrer Problemlösungsorientierung bedienen sich Bereichsethiken u. a. kasuistischer Methoden. Dabei werden reale oder fiktive Einzelfälle als Fallstudien zugrunde ge-

---

1 Breiter ausgeführt sind die nachfolgenden Aussagen in (Rösch 2021).

∂ Open Access. © 2023 Hermann Rösch, publiziert von De Gruyter. [CC BY] Dieses Werk ist lizenziert unter der Creative Commons Attribution 4.0 International Lizenz.
https://doi.org/10.1515/9783110769043-065

legt und analysiert. Spezifische Begründungs- und Rechtfertigungsmuster werden erarbeitet, indem die jeweiligen Handlungsoptionen sorgfältig beschrieben und mit ähnlich gelagerten Fällen verglichen werden. (Stoecker, Neuhäuser & Raters 2011, S. 8). Die Kasuistik beschränkt sich nicht auf bloße Normempirie, sondern bringt die Befunde in Beziehung zu übergreifenden moralischen Werten. Es wird also bei der ethischen Reflexion nicht nur relationiert zum konkreten Handlungsfeld und in verantwortungsethischer Sicht nach den Folgen gefragt, sondern die grundsätzlich ethische Frage nach den Bedingungen dafür, dass das Handeln „gut" ist, wird gleichermaßen eingebunden. So soll eine Balance entstehen zwischen moralischer Normbindung und praktischem Anwendungsbezug (Filipovic 2016, S. 47).

2 Ethik – Moral – Recht

Wie für Ethik allgemein ist es auch für Informationsethik grundlegend, das Verhältnis zu Moral und Recht klar zu bestimmen. Ethische Überlegungen haben grundsätzlich zum Ziel zu ermitteln, wann menschliches Handeln als gut, hilfreich und verantwortungsbewusst bezeichnet werden kann. Wichtig ist dabei, dass Befunde methodisch ermittelt und argumentativ begründet werden. Gegenstand ethischer Reflexion ist das moralische, wertbezogene Handeln des Einzelnen oder eines Kollektivs ebenso wie die moralischen Konventionen einer Gemeinschaft oder Gesellschaft. Insofern ist Ethik zu verstehen als „Theorie moralischer Praxis" (Piper 2007, S. 30). Moral ist also kein Synonym von Ethik, sondern deren Gegenstand: Ethik prüft, ob wertbezogenes, moralisches Handeln tatsächlich als gut zu bewerten ist. Dabei liefern ethische Reflexionen keine abschließenden und allgemein verbindlichen Handlungsanweisungen, sondern beziehen immer die jeweiligen Rahmenbedingungen und die möglichen Konsequenzen in die Betrachtung ein. Ethik entwickelt Kriterien, die es in konkreten Kontexten unter Abschätzung der möglichen Folgen erlauben, sich für ein bestimmtes wertbezogenes Verhalten zu entscheiden. Die Berufung auf Ethik entlässt Individuen und Kollektive keineswegs aus ihrer Verantwortung. Allerdings vermag ethische Reflexion Orientierung zu geben, allgemeine oder im Berufsfeld konsensualisierte Wertestandards ins Bewusstsein zu rufen und erleichtert es damit, wohlabgewogene, eigenverantwortliche Entscheidungen zu treffen.

Ethik und Recht geht es jeweils darum, das Leben in der Gemeinschaft auf der Grundlage allgemein anerkannter Werte und Regelungen zu erleichtern. Verstöße gegen ethische Werte werden, sofern diese nicht in Gesetzesform kodiert sind, in der Regel nicht mittels festgelegter Strafen geahndet, sondern zumeist durch Missachtung und Respektentzug. Werden hingegen Gesetze verletzt, drohen Strafen. Große Teile des Rechts haben moralische und ethische Bezüge. In diesen Fällen sollten Rechtsnormen ethische Ansprüche erfüllen. Ethik kann damit als Basiswissenschaft desRechts gelten (Pieper 2007, S. 66): sie ist dem Recht vorgelagert und geht zugleich darüber hinaus. Letzteres ist etwa dann der Fall, wenn rechtliche Regelungen, die grundsätzlich im Einklang mit ethischen Anforderungen stehen, unter bestimmten Bedingungen zu ethisch problematischen Ergebnissen führen.

Eine klare Unterscheidung von Ethik und Recht ist besonders wichtig, weil in der Praxis ethische Überlegungen unter Verweis auf bestehende rechtliche Regelungen oft erst gar nicht angestellt werden. Insbesondere Gesellschaften, in denen autoritäre und hierarchische Strukturen dominieren, sind anfällig für eine starre Fixierung auf das geltende Recht und einen Legalismus, der weder ethische Bezüge noch Konsequenzen in Betracht zieht. Der Wertbezug des Handelns erfolgt dann allein über rechtliche Regelungen, die keineswegs zwangsläufig ethischen Anforderungen entsprechen müssen. Ausgangsfrage sollte daher immer sein: Was ist aus ethischer Sicht naheliegend? Erst danach ist zu fragen, was gesetzlich erlaubt ist. Falls dabei eine Kollision festzustellen ist, kann die Lösung in Rechtsstaaten natürlich nicht im offenen Rechtsbruch bestehen. Stattdessen sollte eine öffentliche Debatte initiiert werden mit dem Ziel, die Rechtslage auf dem dafür vorgesehenen Weg zu verändern. Ethik muss daher auch verstanden werden als wichtiges Instrument der Rechtskritik.

3 Ethikkodizes und Ethikkommissionen

Ethikkodizes enthalten moralische Normen, an denen Individuen und Institutionen ihr Handeln ausrichten sollen. Ziel ist es, ein konsensualisiertes Set an Soll-Vorschriften dauerhaft zu implementieren, das ethische Bewusstsein der Adressaten zu stimulieren und deren ethische Sensibilität zu schärfen. Zu unterscheiden sind individualethische Kodizes von institutionenethischen. *Individualethische Kodizes* beziehen sich auf das Verhalten, das ausschließlich vom Einzelnen zu verantworten ist. Zumeist beziehen sie sich auf Angehörige eines Berufsstandes und werden daher auch als Berufsethiken bezeichnet. *Institutionenethische Kodizes* beziehen sich auf das Handeln von Institutionen mit dem Ziel, deren Handeln aufgrund möglichst einheitlicher Wertbezüge zu steuern. Als Beispiel sei etwa die *Library Bill of Rights* der American Library Association (ALA) genannt. Initiiert werden Institutionenethiken zumeist vom Management und Leitungsgremien. Adressaten sind die jeweiligen Mitarbeitenden einer Institution, eines Unternehmens oder einer Behörde. Statt von Institutionenethik ist häufig die Rede von Leitsätzen, Leitbildern, Policies oder Mission Statements. Sowohl individualethische als auch institutionenethische Kodizes haben mehrere Funktionen. Sie bieten Orientierung und normieren das wertbezogene Verhalten, sie schaffen Identität und sind imageprägend in der Außenwirkung. Schließlich klären sie mit den moralischen Werten die gesellschaftliche Verantwortung des Berufsstandes bzw. Unternehmens, dienen als Instrument der Rechtskritik und bieten Unterstützung in öffentlichen Auseinandersetzungen.

Ethikkommissionen werden häufig einberufen, um die Folgen neuer Technologien aber auch gesellschaftliche Trends ethisch zu bewerten und Handlungsempfehlungen zu entwickeln. So hat sich der Deutsche Ethikrat etwa mit Big Data, Stammzellforschung oder Demenz und Selbstbestimmung sowie mit angemessenem Verhalten in Pandemien beschäftigt. Ethikkommissionen haben auch die Aufgabe, Ethikkodizes gemeinsam mit den Adressaten zu entwickeln und kontinuierlich zu pflegen. Darüber hinaus sollten sie Schulungsangebote und Lernmaterialien entwickeln, um die ethische Sensibilität und das am Kodex orientierte Reflexionsvermögen der Mitglieder ihrer Institution bzw. der Angehörigen des entsprechenden Berufsstandes kontinuierlich zu fördern. Schließlich beraten sie ihre Trägerinstitutionen aber auch Einzelpersonen in konkreten Konflikten und Dilemmata (Maak & Ulrich 2007, S. 254 f.).

4 Informationsethik: Geschichte und Konzepte

Auch wenn der Begriff Informationsethik wie erwähnt erst Ende der 1980er Jahre geprägt wurde, waren schon zuvor wichtige Vorüberlegungen angestellt worden (Kostrewski & Oppenheim 1980). Zentrale Themen der frühen Informationsethik waren Zensur, Informationsfreiheit und Urheberrecht. Aus dem zunächst bibliothekswissenschaftlichen und informationswissenschaftlichen Umfeld wurde der Begriff Informationsethik bald von anderen Disziplinen aufgegriffen und nach den je spezifischen Verhältnissen angepasst und modifiziert. Luciano Floridi beklagt die daraus resultierende begriffliche Uneinheitlichkeit:

> [...] information ethics (IE) has come to mean different things to different researchers working in a variety of disciplines, including computer ethics, business ethics, medical ethics, computer science, the philosophy of information, social epistemology, ICT studies, and library and information science. (Floridi 2015, S. 19)

Die Attraktivität informationsethischer Konzepte ist sicher zurückzuführen auf die rasante Entwicklung der Informations- und Kommunikationstechnologien auf digitaler Grundlage, die dazu geführt haben, die gegenwärtige Gesellschaftsform als Informationsgesellschaft zu bezeichnen. Einige Autor*innen sehen Informationsethik als konstitutive Ordnungsinstanz der neuen Gesellschaftsform (Kuhlen 2004, S. 65) oder als grundlegende Ethik einer neuen Kultur (Linde & Stock 2011, S. 157). Aus Floridis Sicht haben die digitalen Informations- und Kommunikationstechnologien eine eigene Infosphäre geschaffen, in der jeder Gegenstand primär ein Informationsobjekt darstellt. Aus diesem Grund schreibt er der Informationsethik die Rolle einer universellen Makroethik zu (Floridi 2015, S. 25). Kuhlen bezieht Informationsethik demgegenüber ausschließlich auf „elektronische Räume" (Kuhlen 2004a, S. 61). Unter Berufung auf diskursethische Methoden formuliert er Gerechtigkeit, Inklusivität, Selbstbestimmung und Nachhaltigkeit als informationsethische Leitziele (Kuhlen 2004b).

Capurro entwirft Informationsethik als übergreifende Disziplin, zu deren Teilgebieten u. a. Netzethik, Digitale Ethik, Medienethik und Computerethik zählen. Er unterscheidet drei Bezugsebenen der Informationsethik. Auf der Mikroebene steht das handelnde Subjekt im Vordergrund. Daher werden hier Berufsethiken und andere individualethische Kodizes thematisiert. Die Mesoebene betrifft institutionelle Bezüge und befasst sich u. a. mit institutionenethischen Ansätzen und Kodizes. Informationseinrichtungen wie Bibliotheken, Archive oder öffentlich-rechtliche Medienanstalten und Informationsunternehmen wie Hosts oder Suchmaschinenbetreiber geraten hier in den Blick. Auf der Makroebene werden die gesellschaftlichen und globalen Informationsstrukturen beschrieben und analysiert. Hier geht es auch darum, die Konturen einer idealen, ethisch abgesicherten Informationspolitik auf nationaler und internationaler Ebene zu entwerfen (Capurro, Wiegerling & Brellochs 1995, S. 8).

Es spricht viel dafür, Informationsethik nicht nur auf elektronische Räume zu beziehen, sondern in einem weiten und grundsätzlicheren Sinne zu verstehen als „Beschreibung, Untersuchung und Normierung ethischen Verhaltens und ethischer Fragen in Informationsräumen" (Petras 2011a, S. 428). Auch wenn Informationsprozesse zunehmend in digitalen Umgebungen erfolgen, wird es weiterhin Kommunikation und Informationsaustausch mittels gedruckter und anderer analoger Trägermedien geben. Die meisten informationsethisch relevanten Phänomene existieren in je eigener Ausprägung sowohl im digitalen als auch im analogen Raum. Nur in dem weiten Verständnis können alle ethisch relevanten Phänomene unabhängig von Technik, Trägermedien und Kommunikationskanälen in die Überlegungen einbezogen werden. Der weite Begriff erlaubt es zudem, das Verhältnis von Informationsethik und weiteren beteiligten Bereichsethiken eindeutiger zu bestimmen. Die Dominanz digitaler Informations- und Kommunikationstechnologien legt allerdings nahe, Informationsethik als Oberbegriff zu verstehen und weitere Bereichsethiken wie Bibliotheksethik, Archivethik, Museumsethik, Netzethik, Computerethik und Medienethik als Teilmengen anzusehen. Für eine Systematisierung der Bereichsethiken ergibt sich aus der Überordnung der Informationsethik nur dann ein Problem, wenn von monohierarchischen Strukturen ausgegangen wird. Computerethik lässt sich z. B. ohne Zweifel als Untermenge der Technikethik zuordnen und könnte dann nicht zugleich Teil der Informationsethik sein. Wenn aber die Systematik der Bereichsethiken polyhierarchisch gedacht wird, erscheint das Problem lösbar. Computerethik ist dann sowohl Teilmenge der Technikethik als auch der Informationsethik, ohne dass Technikethik und Informationsethik identisch sind.

5 Funktionen und Zielsetzungen

In Anlehnung an Capurro sind mit deskriptiver, analytischer, normativer, emanzipatorischer und aufklärender Informationsethik fünf zentrale Funktionen und Varianten zu unterscheiden (Capurro 2014, S. 3). Deskriptive Informationsethik beschreibt die Entstehung und Entwicklung moralischen Verhaltens im Informationsbereich in verschiedenen Epochen. Sie untersucht den Wertbezug bei der Produktion, Speicherung, Aufbereitung, Verteilung und Nutzung von Information. Analytische Informationsethik setzt sich mit den Befunden der deskriptiven Betrachtung kritisch auseinander. Untersucht wird, welche Effekte die jeweils herrschenden Strukturen und Machtverhältnisse auf das Informationsverhalten und den Informationszugang haben und welche Informationshierarchien dazu beigetragen haben, politische, religiöse und ökonomische Machtsysteme abzusichern.

Normative Informationsethik setzt sich mit den Grundwerten auseinander, die im Informationssektor von besonderer Bedeutung sind. Dazu zählen vor allem Meinungs- und Informationsfreiheit, Informationsgerechtigkeit und informationelle Grundversorgung, Datenschutz, Schutz der Privatsphäre und informationelle Selbstbestimmung, Recht auf Geistiges Eigentum und Urheberrecht, Informationsökologie und weitere Aspekte. Auf der Basis dieser Grundwerte entwickelt normative Informationsethik Maximen, die einfließen in individualethische und institutionelle Ethikkodizes, sowie in Leitbilder und Policies. Emanzipatorische Informationsethik legt Informationsgerechtigkeit als zentralen Wert zugrunde und analysiert bestehende Verhältnisse. Dabei werden Informationsasymmetrien identifiziert und Strategien zu deren Abschwächung oder gar Beseitigung entwickelt. Im Vordergrund steht dabei die Auseinandersetzung mit digitaler Spaltung auf internationaler bzw. globaler Ebene. Das Phänomen der digitalen Spaltung wird auch auf nationaler bzw. innergesellschaftlicher Ebene daraufhin untersucht, welche Ursachen ihm zugrunde liegen und welche Maßnahmen sich zur Überwindung anbieten. Aufklärende Informationsethik setzt sich mit alten und neuen Informationsmythen auseinander mit dem Ziel, deren manipulative Intentionen zu entlarven. Dabei geht es nicht nur um mythisierende Aussagen wie „Das Internet enthält das Wissen der Welt" oder „Suchmaschinen operieren wertfrei und neutral", sondern auch um die Entlarvung der Dienstleistungs- und Neutralitätsfassaden, mittels derer Unternehmen der Internetökonomie ihre in Wahrheit auf Gewinnmaximierung gerichteten Intentionen zu kaschieren versuchen. Ein weiteres wichtiges Thema aufklärender Informationsethik ist darüber hinaus die Entwicklung wirksamer Strategien zur Bekämpfung gezielter Desinformation.

Informationsethische Arbeit hat zum Ziel, Problembewusstsein zu entwickeln bzw. zu schärfen und die Einsicht zu fördern, dass ethische Reflexion es erleichtert, vertretbare Lösungen für alte und neue Problemstellungen zu finden. Capurro unterscheidet vier Ziele informationsethischer Schulung und Bildung (Capurro 2004, S. 6):
– Vermittlung von Grundkenntnissen zu ethischen Begriffen und Theorien sowie ihrer Bedeutung für die Informationspraxis,
– Förderung der Fähigkeit, Verantwortung für die Folgen individuellen und kollektiven Handelns im Informationssektor zu erkennen und zu übernehmen,
– Vermittlung der Fähigkeit, ethische Konflikte und Dilemmata im Informationssektor selbstständig erkennen und problematisieren zu können,
– Förderung der Bereitschaft, Informations- und Medienkulturen in ihrer Vielfalt und mit ihren jeweiligen Werten und Traditionen wahrzunehmen und anzuerkennen.

Geeignete Instrumente zur Umsetzung dieser Ziele sind in erster Linie Ethikkommissionen und Ethikbeauftragte, die in ihrem Wirkungsbereich entsprechende Bildungsangebote entwickeln und Schulungen durchführen. Von besonderer Bedeutung ist darüber hinaus die Integration von Veranstaltungen zur Informationsethik in die Studien- und Ausbildungsgänge der einschlägigen Informationsberufe.

6 Zentrale Themen und Grundwerte der Informationsethik

Es stellt sich die Frage, wie Informationsethik zu den Grundwerten kommt, die als Grundlage informationsethischer Reflexion dienen sollen. Einschlägige Autor*innen verweisen darauf, dass ein diskursiv entwickelter Wertekanon als konsensfähiger Bezugspunkt dienen soll, um Beliebigkeit und Willkür zu vermeiden. Gleichzeitig muss dieser Kanon immer wieder diskursiven Überprüfungen ausgesetzt werden, darf also nicht in den Rang unhintergehbarer Letztbegründung versetzt werden (Hausmanninger & Capurro 2002, S. 28f; Kuhlen 2004b, S. 30). Zu beobachten ist, dass informationsethische Wertbezüge gegenwärtig meist abgeleitet werden aus der *Allgemeinen Erklärung der Menschenrechte* aus dem Jahr 1948 (Vereinte Nationen 1948). Hinsichtlich informationsethischer Aspekte hat der World Summit on the Information Society (WSIS) 2003 in Genf (und 2005 in Tunis) die Diskussion um die aus der UN-Menschenrechtsdeklaration abzuleitenden Grundwerte für die entstehende Informationsgesellschaft vorangetrieben und wesentliche Positionen in seiner *Declaration of Principles* zusammengefasst (World Summit on the Information Society 2003).

Die traditionellen Themen und Grundwerte der Informationsethik sind durch die digitalen Informations- und Kommunikationstechnologien keineswegs marginalisiert worden. Filtersoftware, Kumulation personenbezogener Daten oder Copy and Paste sorgen dafür, dass klassische Themen wie Zensur, Datenschutz und Plagiarismus in modifizierter Form auftreten. Darüber hinaus sind völlig neue Problemfelder entstanden. Zu denken ist etwa an digitale Spaltung, digitale Überwachung, Manipulation durch intransparente Algorithmen oder netzbasierte Kriminalität. Zu den zentralen Themenkomplexen, denen entsprechende Grundwerte zuzuordnen sind, gehören gegenwärtig vor allem Freiheit, Gerechtigkeit, Privatheit, Geistiges Eigentum/Open Access, Qualität und Ökologie.

6.1 Freiheit

Meinungsfreiheit und Informationsfreiheit sind die Grundwerte, die unter informationsethischen Gesichtspunkten dem Themenkomplex Freiheit angehören. In Opposition dazu steht Zensur als Oberbegriff für verschiedene Formen der Informationskontrolle.

6.1.1 Meinungsfreiheit

Das Recht auf Meinungsfreiheit umfasst im Sinne von Gedankenfreiheit den Anspruch, dass Personen niemandem darüber Rechenschaft schuldig sind, was sie denken. Im Sinne von Meinungsäußerungsfreiheit geht es um das Recht, die eigene Meinung äußern zu können, ohne Sanktionen etwa seitens staatlicher Instanzen fürchten zu müssen. Meinungsfreiheit in dieser Hinsicht ist eng verknüpft mit Presse- und Redefreiheit. Demokratie als Prozess kollektiver Wahrheitssuche kann sich nur entfalten, wenn Rede-, Presse- und Rundfunkfreiheit garantiert sind. Das Grundrecht auf Meinungsfreiheit findet seine Grenzen etwa durch Schutz vor ehrverletzenden Behauptungen, übler Nachrede und gezielter Desinformation (Fake News). In öffentlichen Diskursen muss immer wieder ethisch reflektiert werden, wann eine Einschränkung gerechtfertigt erscheint. In transparenten Regelungen und Prozessen muss nach der Balance gestrebt werden zwischen dem möglichst hohen Grad an Meinungsfreiheit und ihrer möglichst geringen Einschränkung.

6.1.2 Informationsfreiheit

Meinungsfreiheit setzt den uneingeschränkten Zugang zu Informationen voraus. Auch Informationsfreiheit gehört damit zu den Grundlagen demokratischer Strukturen und Machtkontrolle. In Art. 19 der UN-Menschenrechtsdeklaration von 1948 wird Informationsfreiheit explizit beschrieben als Recht „über Medien jeder Art und ohne Rücksicht auf Grenzen Informationen und Gedankengut zu suchen, zu empfangen und zu verbreiten" (Vereinte Nationen 1948, Art. 19). Schranken der Informationsfreiheit ergeben sich durch Persönlichkeitsrechte (Datenschutz), den Schutz Geistigen Eigentums und dann, wenn die freie Verfügbarkeit besonders sensibler Informationen die nationale oder öffentliche Sicherheit gefährden. Weitere Einschränkungen der Informationsfreiheit erfolgen aus Gründen des Jugendschutzes. Die gesellschaftlichen Konventionen darüber, was als jugendgefährdend anzusehen ist, sind einem historischen Wandel unterworfen. Daher gilt auch hier, dass alle Einschränkungen grundsätzlich transparent geregelt und in öffentlichen Debatten immer wieder überprüft und gegebenenfalls modifiziert werden müssen.

In einem engeren Sinne wird Informationsfreiheit heute häufig verwendet zur Bezeichnung des Rechtes der Bürger*innen auf freien Zugriff auf amtliche Informationen. Kodifiziert ist dieses Recht in Deutschland seit 2006 im Informationsfreiheitsgesetz (IFG). Damit sollen Partizipation erleichtert, Korruption erschwert und demokratische Strukturen gefördert werden.

6.1.3 Zensur und Informationskontrolle

Zensur und andere Formen der Informationskontrolle werden eingesetzt, um politische, weltanschauliche oder religiöse Deutungsmonopole, ökonomische Macht oder persönliche Vorteile abzusichern. Unerwünschte oder abweichende Meinungen werden als Irrlehren bezeichnet und unterdrückt. Zensur als „Unterdrückung der freien Meinungsäußerung in Wort, Schrift und Bild" (Beck 1986, S. 1084) wird nicht nur durch staatliche Behörden ausgeübt, sondern kann auch von Religionsgemeinschaften, Unternehmen, Medienbesitzern, kriminellen Banden, politischen Gruppierungen oder zivilgesellschaftlichen Einrichtungen ausgehen.

Die strikteste Form der (staatlichen) Zensur ist die Vorzensur. Bereits vor der Veröffentlichung müssen Werke der dafür bestimmten Institution zur Überprüfung vorgelegt werden. Nachzensur erfolgt nach der Veröffentlichung und ist auch in Deutschland in bestimmten Fällen (z. B. Verletzung des Jugendschutzes, Erfüllung von Straftatbeständen, Verletzung der persönlichen Ehre) vorgesehen.

Eingriffe in die Meinungs- und Informationsfreiheit können jedoch auch auf subtilere Art erfolgen als durch offene Zensur. Informationen können manipuliert werden, indem bestimmte Aussagen unterdrückt, einseitig zusammengestellt, gezielt verfälscht oder frei erfunden werden. Der Zugang zu Informationsangeboten im Internet kann durch staatliche Auflagen für die Provider, durch Filtersoftware oder durch Maßnahmen der Suchmaschinen erschwert oder blockiert werden. Unabhängig von der Rigidität drohender Sanktionen erzeugen alle offenen und verdeckten Maßnahmen der Informationskontrolle ein Klima der Angst, das häufig vorauseilenden Gehorsam und Selbstzensur zu Folge hat. Selbstzensur ist von außen nur schwer nachweisbar.

6.2 Gerechtigkeit

Informationsgerechtigkeit und Digitale Spaltung stehen im Themenfeld Gerechtigkeit im Mittelpunkt des informationsethischen Interesses.

6.2.1 Informationsgerechtigkeit

Merkmal von Informationsgerechtigkeit ist, dass die Chance an Informationen zu gelangen für alle gleich ist (Dewitz 2015, S. 88). Beeinträchtigt, wenn nicht gar verhindert werden kann Informationsgerechtigkeit durch ungleiche Bildungsvoraussetzungen, fehlende Informationskompetenz oder in prohibitivem Zugang zu den notwendigen Medien, Ressourcen und Infrastrukturen (Bücher, Strom, Computer, Internet). Neben klassischen Bildungsangeboten gehören auch Angebote zum Erwerb von Informationskompetenz zur staatlichen Daseinsvorsorge in der Informationsgesellschaft. In diesem Sinne muss der Zugang zu Informationen in Anlehnung an Rawls (2013) Theorie der Gerechtigkeit als soziales Grundgut angesehen werden (Weber 2016, S. 338). Im WSIS-Prozess (2003–2005) wurde die Forderung, dass niemand von der Nutzung moderner Informations- und Kommunikationstechnologien ausgeschlossen werden darf, zum normativen Konsens (Kuhlen 2004b, S. 244). Die von den Vereinten Nationen 2015 verabschiedete *Agenda 2030 für nachhaltige Entwicklung* hat in Ziel 16.10 die besondere Bedeutung des öffentlichen Zugangs zu Informationen klar zum Ausdruck gebracht (Vereinte Nationen 2015, S. 28).

Ein wichtiges Element der Informationsgerechtigkeit besteht in der informationellen Grundversorgung. Es geht dabei nicht um einen unbegrenzten Zugriff auf alle verfügbaren Informationen, sondern auf jene Informationen, die für politische und gesellschaftliche Teilhabe von Bedeutung sind. Der Staat steht demnach in der Pflicht, Infrastrukturen zur Informationsversorgung zu schaffen, ohne selbst Einfluss auf die Inhalte zu nehmen. Im Wesentlichen geschieht dies in Deutschland durch den öffentlich-rechtlichen Rundfunk und das System öffentlich zugänglicher Bibliotheken.

6.2.2 Digitale Spaltung

Digitale Spaltung beschreibt ein Phänomen, das sowohl innergesellschaftlich auftritt als auch im globalen Rahmen. Innerhalb einzelner Gesellschaften zeigt sich, dass statushöhere Personen in stärkerem Maß von digitalen Strukturen und dem durch das Internet gebotenen Potenzial profitieren als dies bei sozial schlechter positionierten Personen der Fall ist (Zillien 2009, S. 242). Ohne gezielte politische Gegenmaßnahmen führt die schichtspezifische Nutzung digitaler Medien zu wachsender sozialer Ungleichheit. Auch im Vergleich zwischen hoch entwickelten und weniger entwickelten Ländern oder Regionen scheint dieser Effekt wirksam zu sein. Die WSIS-Konferenzen haben sich mit dieser Tatsache intensiv beschäftigt, jedoch keine Einigung über Art und Umfang geeigneter Gegenmaßnahmen erzielt. Der bloße Zugang zum Internet, zu Computern und digitalen Medien ist weder innergesellschaftlich noch im globalen Maßstab ein aussagekräftiger Indikator für den Grad der Informationsgerechtigkeit. Es handelt sich dabei um eine notwendige, jedoch keineswegs hinreichende Bedingung. Entscheidend ist vielmehr, ob der oder die Einzelne dazu in der Lage ist, ein Medium wie das Internet selbstbestimmt für die eigenen Zwecke zu nutzen, die gesuchten Informationen zu ermitteln, diese hinsichtlich ihrer Zuverlässigkeit zu bewerten und anschließend weiter zu verwenden. Wichtig ist dabei die Fähigkeit, die Geschäftsmodelle von Internetdienstleistern, Suchmaschinenbetreibern, Anbietern Sozialer Netzwerke und Verkaufsplattformen zu durchschauen.

Digitale Spaltung und informationelle Asymmetrien können auch durch Marktstrukturen verstärkt werden. Wenn etwa für bestimmte Arten von Informationen prohibitive Preise verlangt werden, verstärkt dies digitale Spaltung und verhindert Informationsgerechtigkeit. Dies ist etwa der Fall bei wissenschaftlichen Informationen, die über renommierte Wissenschaftsverlage vertrieben werden. Als Gegenbewegung ist in den 1990er Jahren die Open-Access-Bewegung entstanden. Digitale Spaltung ist eingebettet in umfassendere Ungleichheitsstrukturen. Nachhaltige Abhilfe ist daher nur durch weitgreifende soziale, entwicklungspolitische und demokratische Maßnahmen zu erzielen.

6.3 Privatheit

Einzelthemen sind in diesem Zusammenhang Schutz der Privatsphäre, Datenschutz, informationelle Selbstbestimmung und Überwachung (s. Kapitel F 4 Datenschutz und Informationsfreiheit).

6.3.1 Schutz der Privatsphäre

Liberale Gesellschaften garantieren ihren Bürger*innen den Schutz der Privatsphäre und stufen das Recht auf Privatheit als Grundrecht ein. Verletzungen dieses Grundrechts sind allenfalls zur Aufrechterhaltung der inneren und äußeren Sicherheit vertretbar und sollten auf ein Minimum begrenzt werden. In der Vergangenheit waren es vorwiegend staatliche Instanzen, durch welche die Privatsphäre bedroht war. In der Informationsgesellschaft des 21. Jahrhunderts ist Privatheit in besonderer Weise gefährdet durch eine Internetökonomie, deren Geschäftsmodelle auf dem Handel mit personenbezogenen Daten beruhen. Die garantierte Rückzugsmöglichkeit in einen von außen nicht einsehbaren Innenraum ist Voraussetzung dafür, dass sich soziale und politische Vielfalt entwickeln können, die wiederum konstitutiv für kritischen Meinungsaustausch und demokratische Willensbildung sind. Dies wird auch dadurch bestätigt, dass die Zerstörung des Privaten ein Wesenszug aller totalitären Herrschaftsformen ist.

Beate Rössler unterscheidet drei Dimensionen der Privatheit (Rössler 2001): *Dezisionale Privatheit* bezeichnet die Freiheit des Einzelnen, seine Handlungen und sein Verhalten in dem Wissen um die Abwesenheit externer Kontrolle selbst zu bestimmen. *Informationelle Privatheit* bezieht sich auf das Recht, jeweils selbst zu entscheiden, wer welche Informationen über die eigene Person erhält, und zu wissen, wann und auf welche Weise personenbezogene Informationen erhoben werden. Dies wird auch als informationelle Selbstbestimmung bezeichnet. Die dritte Dimension besteht in der *lokalen Privatheit*. Gemeint ist damit der physische Raum, welcher der Einzelperson erlaubt, sich vor der Beobachtung durch andere Personen und die allgemeine Öffentlichkeit zurückzuziehen. Es liegt auf der Hand, dass die mit digitalen Medien und Techniken gegebenen Möglichkeiten der Datenerhebung und Überwachung eine erhebliche Gefährdung der Privatheit bedeuten. Zu denken ist z. B. an GPS-Tracking, externen, klandestinen Zugriff auf individuelle Computer, Tablets oder Smartphones oder an Profilbildung mittels Sammelns und Zusammenführens individueller Datenspuren aller Art.

6.3.2 Datenschutz

Wichtige Instrumente zu Bekämpfung der drohenden Erosion der Privatsphäre sind Datenschutz, das Recht auf informationelle Selbstbestimmung sowie der Grundsatz der Datenminimierung und Datenvermeidung. Staatliche Stellen sind z. B. verpflichtet, bei der notwendigen Erfassung personenbezogener Daten die Grundsätze der Datenminimierung, d. h. der Anlassbezogenheit und der Einzelfallabwägung anzuwenden. Grundsätzlich gilt darüber hinaus die Regelung, dass im Falle personenbezogener Daten vor Erhebung, Speicherung und Verarbeitung die Zustimmung des oder der Betroffenen eingeholt werden muss. Dennoch wissen Nutzer*innen oft nicht, wann und welche Daten über sie erhoben werden, wie dies geschieht und auf welche Weise bzw. zu welchem Zweck diese ausgewertet werden.

Die Menschen im Rahmen systematischer Vermittlung von Informationskompetenz darüber aufzuklären, welchen Stellenwert z. B. Datenminimierung hat, ist nicht einfach, da die negativen Folgen unkontrollierter Preisgabe personenbezogener Daten zum Zeitpunkt der Erhebung nicht erfahrbar sind. Auch führt sozialer Konformitätsdruck häufig dazu, dass die Sorge um den Schutz der eigenen Privatsphäre hintangestellt wird. Es reicht daher nicht, wenn Einzelne entsprechendes Problembewusstsein entwickeln. Die Anbieter müssen darüber hinaus durch klare Vorgaben und Selbstverpflichtungen dazu gebracht werden, ihre Praktiken an ethischen und rechtlichen Normen zu orientieren und Nutzer*innen die Kontrolle über ihre persönlichen Daten zurückzugeben.

Praktizierter Datenschutz regelt und limitiert die Erhebung und Verwendung personenbezogener Daten so, dass die Schutzbedürfnisse der Einzelnen und ihre Persönlichkeitsrechte gewahrt bleiben. Dazu gehört neben der expliziten Einwilligung in die Datenerhebung und -verarbeitung durch die Betroffenen die Pflicht seitens der datenverarbeitenden Instanzen zur Datenminimierung und zur Zweckbindung (Kammerer 2016, S. 192). Datenminimierung zielt darauf, nur solche Daten zu erfassen, die für die vorgegebenen Zwecke notwendig sind. Mit der Zweckbindung wird festgelegt, dass Empfänger*innen der personenbezogenen Daten diese nur für jene Zwecke verwenden dürfen, für die die betroffene Person zuvor ihre Zustimmung erteilt hat (s. Kapitel F 4 Datenschutz und Informationsfreiheit).

6.3.3 Informationelle Selbstbestimmung

In Erweiterung früherer Datenschutzregelungen ist in den 1980er Jahren das Konzept der informationellen Selbstbestimmung entwickelt worden, das häufig auch als neues Grundrecht bezeichnet wird. Dazu gehört nicht nur wie oben erwähnt die Erlaubnis der Betroffenen und die Pflicht der Behörden, Unternehmen und Verbände, Methoden und Ziele der Datenverarbeitung offen zu legen, sondern auch das Recht auf Auskunft und Einsicht sowie die Möglichkeit, gegebenenfalls Korrekturen oder Löschung ihrer personenbezogenen Daten zu veranlassen. Hinzu kommt, dass Vereinbarungen, die zwischen zwei Parteien getroffen worden sind, nicht für Dritte gelten sollen. Das Konzept der informationellen Selbstbestimmung ist zum Bestandteil der Datenschutzgesetze auf Bundes- und Landesebene geworden und hat sich mit der Datenschutz-Grundverordnung (DS-GVO) auch im EU-Recht niedergeschlagen. (s. Kapitel F 4 Datenschutz und Informationsfreiheit)

6.3.4 Überwachung

Überwachung ist nicht nur mit totalitärer Herrschaft in Verbindung zu bringen, sondern findet auch in rechtsstaatlichen Strukturen im Rahmen der Strafverfolgung, zur Kriminalitätsprävention und zur Abwehr innerer und äußerer Gefahren statt. Terroristische Gewalttaten, spektakuläre Einzelverbrechen und steigende Zahlen in Kriminalitätsstatistiken haben regelmäßig zur Folge, dass der Ruf nach mehr Überwachung laut wird und Sicherheit größere Priorität zugebilligt wird als etwa Privatheit. Bei der Überwachung durch staatliche Behörden sind Maßnahmen, die nur auf richterlichen Beschluss ergriffen werden dürfen (z. B. der sog. Große Lauschangriff, die Vorratsdatenspeicherung) zu unterscheiden von automatisierter Massenüberwachung. Betroffen davon sind Personen, die bestimmte Orte des öffentlichen Raumes aufsuchen oder die bestimmte Routinetätigkeiten des alltäglichen Lebens vollziehen wie bargeldlos zu bezahlen, zu fliegen oder zu telefonieren. Die Überwachung stark frequentierter Orte durch Videokameras liefert Daten, die durch Gesichtserkennungssoftware eine Personenüberwachung ermöglichen. Digitale Techniken bieten darüber hinaus auch Unternehmen viele Möglichkeiten, durch Überwachung die Privatsphäre des Einzelnen zu verletzen.

Es ist Aufgabe breiter informationsethischer Diskurse, genau zu beobachten, wie sich die Praxis der Datenerhebung vor allem bei Unternehmen der Internetökonomie entwickelt, um durch politische Forderungen die erkennbare Bedrohung der Privatheit zurückzudrängen. Gleiches gilt für die Balance zwischen notwendiger Überwachung durch den Staat und unveräußerlichen Grundrechten. Besonderes Augenmerk ist dabei zu richten auf anlasslose Massenüberwachung und die damit drohende Verletzung von Privatheit, Datenschutz und informationeller Selbstbestimmung. Ferner muss sichergestellt werden, dass Überwachungsmaßnahmen immer rechtlich geregelt sind und der Grundsatz der Verhältnismäßigkeit gewahrt bleibt.

6.4 Geistiges Eigentum und Open Access

In diesem Cluster geht es um Geistiges Eigentum und Urheberrecht, um Open Source und Open Access sowie um Plagiarismus (s. Kapitel F 3 Urheberrecht in Bildung und Wissenschaft)

6.4.1 Geistiges Eigentum und Urheberrecht

Geistiges Eigentum umfasst neben dem Urheberrecht auch gewerbliche Schutzrechte wie das Marken- und Patentrecht oder das Geschmacksmusterrecht. Im Falle des Urheberrechts stehen literarische Werke, Musik, Werke der bildenden und darstellenden Kunst sowie die Ergebnisse wissenschaftlicher Arbeit im Vordergrund. Texte, Melodien, Bilder, Filme usw. können als Geistiges Eigentum seitens der Urheber*innen reklamiert werden, wenn sie über eine gewisse Schöpfungshöhe verfügen. Die Urheber*innen haben dann das Recht, über die Verwertung ihrer Werke autonom zu entscheiden. Dadurch soll sichergestellt werden, dass ihnen bei entsprechender Nachfrage auch eine angemessene Vergütung zuteil wird (Wirtz 2016, S. 242).

Die digitalen Techniken haben eine Legitimationskrise des Urheberrechts herbeigeführt. Texte, Bilder, Töne oder Filme die digital gespeichert sind, lassen sich ohne Qualitätsverlust kopieren und verbreiten. Kritiker*innen des Begriffs Geistiges Eigentum und damit des urheberzentrierten Paradigmas wenden ein, dass das zugrundeliegende Idealbild isoliert schaffender Künstler*innen und Autor*innen anachronistisch sei. Kuhlen etwa sieht in der Betonung von Einmaligkeit, Subjektivität und Kreativität eine romantische Verklärung der Figur des Autors/der Autorin, durch die dessen/deren Abhängigkeit von Vorarbeiten und kulturellen Kontexten verdeckt werde (Kuhlen 2004b, S. 323). Wenn aber Urheber*innen keine Rechte mehr an ihren Schöpfungen haben, stellt sich die Frage, ob künstlerisch und wissenschaftlich tätige Personen in ausreichendem Maße motiviert sein werden, sich kreativ und innovativ zu betätigen, oder ob der Gesellschaft dann kulturelle, wissenschaftliche und ökonomische Stagnation drohen.

6.4.2 Open Source und Open Access

Das Urheberrecht wird u. a. im Wissenschaftssektor missbraucht, um die ökonomischen Interessen der Verbreitungsindustrie zu fördern. Als Reaktion auf die fortschreitende Kommodifizierung sind die Open-Source- und die Open-Access-Bewegung anzusehen.

Bei Open Source geht es darum, dass Software beliebig genutzt, verbreitet und weiterentwickelt werden kann. Open Access ist entstanden, um den eklatanten Preissteigerungen vor allem von E-Journals aus den STEM-Fächern (*science, technology, engineering, mathematics*) zu begegnen. Open-Access-Publikationen zeichnen sich demnach dadurch aus, dass sie allen Nutzer*innen (1) das freie weltweite Zugriffsrecht gewähren, es (2) erlauben zu kopieren und zu verbreiten sowie (3) Bearbeitungen zu erstellen und zu verbreiten (Max-Planck-Gesellschaft 2003). Die Bedeutung von Open Access unter informationsethischen Gesichtspunkten liegt in der Stärkung der Informationsfreiheit sowie in der Verbesserung der Informationsgerechtigkeit. Publikationen werden frei zugänglich, die ansonsten aufgrund überhöhter Preise für viele interessierte Nutzer*innen unerreichbar wären. Dies ermöglicht zudem eine Demokratisierung wissenschaftlicher Erkenntnisse.

6.4.3 Plagiarismus und Piraterie

Plagiarismus ist in erster Linie dem Wissenschaftssektor zuzuordnen und liegt vor, wenn fremde Texte, Textteile, Ideen oder Arbeitsergebnisse übernommen und ohne Angabe des tatsächlichen Urhebers oder der Urheberin als eigene Schöpfung ausgegeben werden (Weber-Wulff 2013, S. 3). Die Deutsche Forschungsgemeinschaft (DFG) hat zum Zwecke der Plagiarismusvermeidung eine zuletzt 2019 überarbeitete Denkschrift zur guten wissenschaftlichen Praxis publiziert (Deutsche Forschungsgemeinschaft 2019). Die Verletzung von Urheber- und Schutzrechten in der Wirtschaft wird als Piraterie bezeichnet. Die Auseinandersetzung mit Plagiarismus und Piraterie in der Wissenschafts- wie in der Informationsethik setzt auf präventive Maßnahmen im Rahmen der Vermittlung von Informationskompetenz und der Einführung in das wissenschaftliche Arbeiten. Bei der Analyse konkreter Verdachtsfälle sollte Wert auf differenzierte und kontextbezogene Bewertungen gelegt werden (ausführlich dazu Kapitel F 5 Plagiat).

6.5 Qualität

Der Themenkomplex Qualität umfasst Fragen der Qualität und Validität von Informationen sowie die inzwischen vielfach diskutierten Phänomene der Desinformation und der Fehlinformation.

6.5.1 Informationsqualität

Informationsqualität ist keineswegs immer eindeutig zu identifizieren, denn die Qualität von Informationsangeboten ist abhängig von deren intrinsischen Eigenschaften, zugleich aber vom konkreten Anwendungsbezug, dem Informationsbedarf des jeweiligen Nutzers oder der Nutzerin. Zu den intrinsischen Eigenschaften gehören Validität, Objektivität, Aktualität, Vollständigkeit und Umfang, Genauigkeit, Überprüfbarkeit sowie Glaubwürdigkeit und Reputation (Nohr 2001, S. 60, 74; Rohweder, Kasten, Malzahn, Piro & Schmid 2015, S. 28–30; Petras 2011b, S. 438). Ausschlaggebend für Informationsnutzer*innen sind ohne Zweifel die anwendungsbezogenen Kriterien. Die intrinsischen Eigenschaften stellen daher eine notwendige, allerdings nicht hinreichende Bedingung zur Bewertung von Informationsqualität dar. Sie sind jedoch von großer Bedeutung im Hinblick auf die Identifikation von Desinformation und Fehlinformation.

6.5.2 Fehlinformation und Desinformation (Fake News)

Grundsätzlich zu unterscheiden sind Fehl- und Falschinformationen einerseits von Desinformation und Fake News andererseits (Fallis 2014). Fehl- und Falschinformationen sind nicht zwingend intentional; sie können auch jemandem unterlaufen, der sich um Wahrhaftigkeit bemüht. Desinformation hingegen bezeichnet einen Vorgang der vorsätzlichen Täuschung durch irreführende und verzerrende Angaben oder gezielte Fälschung (Petras & Umlauf 2011, S. 197). Desinformation, inzwischen häufig mit dem Begriff Fake News bezeichnet, geschieht in der Absicht, die Meinung der Rezipient*innen massiv zu beeinflussen, mit dem Ziel politische, militärische, ökonomische oder persönliche Interessen durchzusetzen. Um Desinformation als solche zu identifizieren, müssen Quellenbasis, Objektivität und Glaubwürdigkeit des Informationsangebotes genau geprüft werden. Desinformation zeichnet sich darüber hinaus häufig dadurch aus, dass ein Sender mit seiner Nachricht eine bestimmte Wirkungsabsicht verfolgt und dies nicht offen zu erkennen gibt. Strategien zur Entlarvung von Desinformation sollten im Zuge der Angebote zur Vermittlung von Informationskompetenz möglichst umfassend zur Sprache kommen (s. Kapitel F 6 Informationspathologien – Desinformation).

6.6 Ökologie

Im Umfeld des jungen Themenbereiches Ökologie geht es um Informationsökologie im eigentlichen Sinne und um Informationsverschmutzung.

6.6.1 Informationsökologie

Bei Informationsökologie handelt es sich um ein junges, noch keineswegs ausgearbeitetes Themenfeld, das durch drei heterogene Ansätze gekennzeichnet ist (Capurro 1990; Kuhlen 2004c; Mayer-Schönberger 2015). Auch wenn die bislang erkennbaren informationsökologischen Konzepte über vorsichtige Anfänge nicht hinauskommen, so legen sie doch die Interdependenz wichtiger informationsethischer Aspekte wie Nachhaltigkeit, Information als Allmende, Informationsgerechtigkeit und Schutz der Privatsphäre offen. Das wahre Potenzial dieses Ansatzes, der die informationsethischen Grundwerte nicht isoliert betrachtet, sondern in einen systemischen Zusammenhang bringt und damit den Blick auf ein informationsbezogenes Ökosystem erlaubt, ist bislang noch nicht freigelegt worden. Der ganzheitliche Blick könnte Antworten bieten auf die Frage, ob Informationsfreiheit und Schutz der Privatsphäre in einer vertretbaren Balance stehen, wie das Verhältnis von Sicherheit und Schutz der Privatsphäre einzuschätzen ist usw. Deutlich werden sollte durch diesen Ansatz, dass die einzelnen Werte aufeinander bezogen sind und Veränderungen im Stellenwert des einen immer Auswirkungen auf die anderen Werte haben.

6.6.2 Informationsverschmutzung

Informationsverschmutzung hat vor allem eine quantitative Dimension. Es geht dabei um unerwünschte, unangemessene, minderwertige, redundante oder anderweitig störende Kommunikationsangebote, die oft als Massen-E-Mails versandt werden und meist Werbebotschaften enthalten. Aber schon aus dieser Beschreibung geht hervor, dass auch ein qualitativer Aspekt hinzutritt, denn zumeist handelt es sich um kontaminierte, unangemessene und unerwünschte Kommunikationsofferten. Fehlinformation, Desinformation und Fake News sind in diesem Zusammenhang ebenfalls zu erwähnen. Zur Informationsverschmutzung zählt auch die Tatsache, dass durch das ungeheure und rasant wachsende Überangebot an verfügbaren, möglicherweise entscheidungsrelevanten Informationen erhebliche negative Effekte herbeigeführt werden. Zur Entschärfung des auch als *Information Overload* oder Informationsflut bezeichneten Zustandes sind Personalisierungstechniken entwickelt worden, die jedoch wiederum eigene Probleme erzeugen (s. Kapitel F 6 Informationspathologien – Desinformation).

7 Informationsethisch sensible Techniken, Strategien und soziale Phänomene der digitalen Gesellschaft

In diesem Zusammenhang geht es mit Suchmaschinen und Sozialen Netzwerken um Internetdienstleister und Plattformen, mit Personalisierung, Big Data, Algorithmen/Künstlicher Intelligenz und Cyberkriminalität um spezifische Techniken und Effekte der datengetriebenen Internetökonomie. Da diese Themen im vorliegenden Band in umfangreichen Beiträgen behandelt werden, sollen hier nur einige Aspekte angerissen werden.

Im Fall von Suchmaschinen ergeben sich ethisch relevante Probleme vor allem durch Unklarheiten und forcierte Intransparenz im Zusammenhang mit der Erschließungsreichweite, der Indexkontrolle, der Ergebnispräsentation (*ranking*), den Personalisierungstechniken, dem Datenschutz sowie dem Geschäftsmodell. Bei Sozialen Netzwerken, wie Facebook, Instagram und anderen, werfen Datenschutz und Schutz der Privatheit, die Verschleierung der Grenze zwischen öffentlicher und privater Sphäre und das verstärkte Auftreten von Hassreden und Desinformation Fragen auf, zu denen bislang keine zufriedenstellenden Antworten gefunden werden konnten. Personalisierungstechniken sind einerseits willkommen als Instrumente der Komplexitätsreduktion und der Auseinandersetzung mit der quantitativen Explosion zirkulierender Information. Persönlichkeitsprofile, die nicht selten ohne Wissen der Betroffenen und mit intransparenten Verfahren angelegt werden, bilden die lukrative Grundlage des Internet-Marketing. Darüber hinaus kann Personalisierung dazu führen, dass die Betroffenen mit Bestätigungs-Informationen versorgt werden und Echokammern entstehen, die vorhandene Einstellungen verfestigen, kreatives und innovatives Denken jedoch erschweren.

Big Data bezeichnet die durch digitale Techniken ermöglichte Kumulation bislang ungeahnter, unstrukturierter Datenmengen. Ökonomisch und wissenschaftlich attraktiv wird dies durch den Einsatz von Algorithmen, die es ermöglichen, aus den Rohdaten wichtige und profitable Erkenntnisse zu gewinnen. Big Data als unkontrollierte, zumeist klandestine Kumulation personenbezogener Daten kollidiert mit den Grundsätzen der Datenminimierung und -vermeidung. Techniken der Anonymisierung und der Pseudonymisierung bieten bislang keinen wirksamen Schutz.

Bei Algorithmen und Künstlicher Intelligenz, die als Analysetools und zur Entscheidungsfindung eingesetzt werden, resultieren ethisch bedenkliche Phänomene daraus, dass zum einen deren Funktionsweise intransparent ist und zum anderen für die Betroffenen nicht erkennbar ist, wann diese Instrumente eingesetzt werden. Darüber hinaus entsteht ein bislang ungelöstes Problem daraus, dass der Einsatz von Künstlicher Intelligenz moralische und ethische Auswirkungen hat, selbststeuernde Autos z. B. aber als Maschinen keine moralfähigen Objekte sind. Wer also trägt in diesen Fällen Verantwortung? Es bedarf zweifellos eines Ensembles verschiedener Instrumente, um die negativen Effekte des Einsatzes von Algorithmen und Künstlicher Intelligenz zu entschärfen.

Mit Cyberkriminalität sind nicht vorwiegend Straftaten im juristischen Sinne gemeint, sondern alle Handlungen, die darauf zielen, Individuen, Gruppen, Körperschaften oder ganzen Staaten nachhaltig zu schaden, unabhängig davon, ob ein Verstoß gegen geltendes Recht vorliegt. Methodisch stützt sich Cyberkriminalität vor allem auf drei Varianten: (1) das Ausspähen, Abfangen und Aneignen fremder Daten, (2) die Infektion mit und den Einsatz von Schadsoftware sowie (3) die Verbreitung von Hassreden, Belästigungen und Desinformation.

Die in diesem Abschnitt genannten Aspekte müssen Gegenstand eines anhaltenden ethischen Wertediskurses sein und zugleich Bestandteil systematischer Strategien zur Vermittlung und Förderung von Informationskompetenz, die auf allen Ebenen des Bildungssystems anzusiedeln sind, d. h. in Bibliotheken ebenso wie in Schulen, Hochschulen oder Fort- und Weiterbildungseinrichtungen.

8 Stand und Perspektiven

Als vergleichsweise junge Bereichsethik ist Informationsethik durch die Entwicklungsdynamik der Informationstechnik großen Herausforderungen ausgesetzt. Bislang unbekannte Handlungsoptionen verlangen nach wertorientierten Standards und ethisch abgesicherten Routinen. In manchen Fällen ist zum gegenwärtigen Zeitpunkt keine befriedigende Lösung in Sicht. Dies gilt z. B. für den Schutz der Privatheit und das Gebot der Datenminimierung auf der einen und das Streben der Internetökonomie nach möglichst umfassender Erhebung, Speicherung und Auswertung personenbezogener Daten auf der anderen Seite. Diese Problematik wird nur dann zu entschärfen sein, wenn Quasimonopolisten wie Google oder Facebook durch politische Maßnahmen auf nationaler und internationaler Ebene gezwungen werden, ihre Geschäftspraktiken an informationsethischen Grundwerten zu orientieren. Besondere Aufmerksamkeit muss den Einsatzmöglichkeiten und dem Missbrauchspotenzial von Künstlicher Intelligenz gewidmet werden. Auch in der Wahrung von Meinungsfreiheit und den Maßnahmen zur Bekämpfung von Desinformation liegt Konfliktpotenzial.

Wissenschaftliche Forschung und öffentliche Diskurse müssen die Grundwerte immer wieder auf den Prüfstand stellen und überprüfen, wie diese Grundwerte im Kontext technischer Innovationen bewahrt und gestärkt werden können. Ein wichtiges Aufgabenfeld besteht darin, das allgemeine Bewusstsein um informationsethische Probleme zu stärken und sowohl Bürger*innen als auch Politik, Wirtschaft und Zivilgesellschaft dafür zu gewinnen, durch ihr eigenes Handeln zu einer ethisch vertretbaren Praxis beizutragen.

9 Literaturverzeichnis

American Library Association. (2006). *Library bill of rights*. http://www.ala.org/advocacy/intfreedom/librarybill.
Beck, U. (1986). *Risikogesellschaft: Auf dem Weg in eine andere Moderne*. Suhrkamp.
Capurro, R. (1988). Informationsethos und Informationsethik. *Nachrichten für Dokumentation*, 39(1), 1–4.
Capurro, R. (1990). Ansätze zu einer Informationsökologie. In W. Neubauer & U. Schneider-Briehn (Hrsg.), *Deutscher Dokumentartag 1989. Informationsmethoden: Neue Ansätze und Techniken* (S. 573–593). Deutsche Gesellschaft für Dokumentation.
Capurro, R. (2004). Informationsethik: Eine Standortbestimmung. *International Journal of Information Ethics*, 1, 4–10.
Capurro, R. (2014). Information ethics and Internet research ethics: An interview with Rafael Capurro. *Webology*, 11(2), 1–9. http://www.webology.org/2014/v11n2/a128.pdf.
Capurro, R., Wiegerling, K. & Brellochs, A. (1995). Einleitung. In R. Capurro, K. Wiegerling & A. Brellochs (Hrsg.), *Informationsethik* (S. 7–20). UVK.
Deutsche Forschungsgemeinschaft (2019). *Leitlinien zur Sicherung guter wissenschaftlicher Praxis. Kodex*. https://www.dfg.de/download/pdf/foerderung/rechtliche_rahmenbedingungen/gute_wissenschaftliche_praxis/kodex_gwp.pdf.
Dewitz, L. (2015). *Diversität als Basis für Informationsgerechtigkeit*. Simon.
Fallis, D. (2014). The varieties of disinformation. In L. Floridi & P. Illari (Eds.), *The philosophy of information quality* (Synthese library, vol. 358, S. 135–161). Springer. https://doi.org/10.1007/978-3-319-07121-3_8.
Filipović, A. (2016). Angewandte Ethik. In J. Heesen (Hrsg.), *Handbuch Medien- und Informationsethik* (S. 41–49). Metzler.
Floridi, L. (2015). *The ethics of information*. Oxford University.
Froehlich, T. J. (2003). Information ethics. In J. Feather & P. Sturges (Eds.), *International encyclopedia of information and library science* (2nd edition, pp. 256–258). Routledge.
Hauptman, R. (1988). *Ethical challenges in librarianship*. Oryx.
Hausmanninger, T. & Capurro, R. (2002). Ethik in der Globalität: Ein Dialog. In T. Hausmanninger & R. Capurro (Hrsg.), *Netzethik: Grundlegungsfragen der Internetethik* (S. 13–36). Fink.
Kammerer, D. (2016). Überwachung. In J. Heesen (Hrsg.), *Handbuch Medien- und Informationsethik* (S. 188–194). Metzler.
Kostrewski, B. J. & Oppenheim, C. (1980). Ethics in information science. *Journal of Information Science*, 1 (5), 277–283.
Kuhlen, R. (2004a). Informationsethik. In R. Kuhlen, T. Seeger & D. Strauch (Hrsg.), *Grundlagen der praktischen Information und Dokumentation* (5., völlig neu gefasste Ausg., S. 61–71). K. G Saur. https://doi.org/10.1515/9783110964110.61.
Kuhlen, R. (2004b). *Informationsethik. Umgang mit Wissen und Information in elektronischen Räumen*. UVK.
Kuhlen, R. (2004c). Wissensökologie. In R. Kuhlen, T. Seeger & D. Strauch (Hrsg.), *Grundlagen der praktischen Information und Dokumentation* (5., völlig neu gefasste Ausg., S. 105–111). K. G Saur. https://doi.org/10.1515/9783110964110.105.
Linde, F. & Stock, W. G. (2011). *Informationsmarkt: Information im I-Commerce anbieten und nachfragen*. Oldenbourg.
Maak, T. & Ulrich, P. (2007). *Integre Unternehmungsführung: Ethisches Orientierungswissen für die Wirtschaftspraxis*. Schäffer-Poeschel.
Max-Planck-Gesellschaft (2003). Berlin declaration on open access to knowledge in the *sciences and humanities*. https://openaccess.mpg.de/Berliner-Erklaerung.
Mayer-Schönberger, V. (2015). *Delete: Die Tugend des Vergessens in digitalen Zeiten* (3. Aufl.). Berlin University Press.
Nohr, H. (2001). Management der Informationsqualität. In W.-F. Riekert & M. Michelson (Hrsg.), *Informationswirtschaft: Innovation für die Neue Ökonomie* (S. 57–77). Deutscher Universitäts-Verlag.
Petras, V. (2011a). Informationsethik. In K. Umlauf & S. Gradmann (Hrsg.), *Lexikon der Bibliotheks- und Informationswissenschaft. Band 1: A bis J* (S. 428–429). Hiersemann.

Petras, V. (2011b). Informationsqualität. In K. Umlauf & S. Gradmann (Hrsg.), *Lexikon der Bibliotheks- und Informationswissenschaft. Band 1: A bis J* (S. 438). Hiersemann.

Petras, V. & Umlauf, K. (2011). Desinformation. In K. Umlauf & S. Gradmann (Hrsg.), *Lexikon der Bibliotheks- und Informationswissenschaft. Band 1: A bis J* (S. 197–198). Hiersemann.

Pieper, A. (2007). *Einführung in die Ethik* (6. Aufl.). Francke. Rawls, J. (2013). *Eine Theorie der Gerechtigkeit* (3. Aufl.). Akad. Verl.

Rösch, H. (2021). *Informationsethik und Bibliotheksethik: Grundlagen und Praxis.* De Gruyter Saur.

Rössler, B. (2001). *Der Wert des Privaten.* Suhrkamp.

Rohweder, J. P., Kasten, G., Malzahn, D., Piro, A. & Schmid, J. (2015). Informationsqualität – Definitionen, Dimensionen, Begriffe. In K. Hildebrandt, M. Gebauer, H. Hinrichs, & M. Mielke (Hrsg.), *Daten- und Informationsqualität: Auf dem Weg zur Information Excellence* (3., erweiterte Auflage, S. 25–46). Springer.

Stoecker, R., Neuhäuser, C. & Raters, M.-L. (2011). Einleitung. In R. Stoecker, C. Neuhäuser & M.-L. Raters (Hrsg.), *Handbuch Angewandte Ethik* (S. 1–11). Metzler.

Vereinte Nationen (1948). *Allgemeine Erklärung der Menschenrechte.* http://www.ohchr.org/EN/UDHR/Pages/Language.aspx?LangID=ger.

Vereinte Nationen (2015). *Transformation unserer Welt: Die Agenda 2030 für nachhaltige Entwicklung.* https://www.un.org/Depts/german/gv-70/band1/ar70001.pdf.

Weber, K. (2016). Informationsgerechtigkeit. In J. Heesen (Hrsg.), *Handbuch Medien- und Informationsethik* (S. 337–343). Metzler.

Weber-Wulff, D. (2013). *Fremde Federn Finden. Kurs über Plagiat.* https://plagiat.htw-berlin.de/ff/startseite/fremde_federn_finden.

Wirtz, H. (2016). Geistiges Eigentum. In J. Heesen (Hrsg.), *Handbuch Medien- und Informationsethik* (S. 241–247). Metzler.

World Summit on the Information Society (2003). *Declaration of principles. Building the Information Society: A global challenge in the new Millennium.* http://www.itu.int/net/wsis/docs/geneva/official/dop.html.

Zillien, N. (2009). *Digitale Ungleichheit: Neue Technologien und alte Ungleichheiten in der Informations- und Wissensgesellschaft* (2. Auflage). Verlag für Sozialwissenschaften.

Bernard Bekavac
F 2 Informations-, Kommunikations- und Webtechnologien

1 Einleitung

Der Beitrag lehnt sich an die Artikel des Autors aus den vorangehenden Auflagen zu den Grundlagen der praktischen Information und Dokumentation an (Bekavac 2004, 2013). Zunächst wird eine kurze Übersicht der Informatik und des Internets anhand von wichtigen Meilensteinen wiedergegeben. Aufbauend darauf werden einige zentrale Informatik-Konzepte sowie grundlegende Webtechnologien etwas näher ausgeführt. Zum Schluss werden zwei spezifische Webprotokolle vorgestellt, die auf Grund ihrer informationswissenschaftlichen Bedeutung ausgewählt wurden.

Für einen umfassenden Einstieg in das Gebiet sei auf folgende zwei Lehrbücher verwiesen: Herold et al. (2017) führt in die Grundlagen der Informatik und Internet-Technologien aus einer breiten technisch-methodischen Perspektive ein, das Wirtschaftsinformatik-Buch von Laudon et al. (2015) vertieft aus einer eher anwendungs- und gesellschaftsorientierten Sicht.

2 Meilensteine der Informations- und Kommunikationstechnologien

2.1 Zahlensysteme

Betrachtet man die Geschichte der Informatik (Naumann 2001) in ihrer Gesamtheit, so kann man rückblickend sagen, dass eine der wichtigsten Voraussetzungen für das heutige digitale Zeitalter das Finden eines geeigneten Zahlensystems war. Als die Menschen zu rechnen begannen, waren es wohl die Finger der beiden Hände, die als erstes Hilfsmittel sowohl zur Berechnung als auch zur Visualisierung genutzt wurden. Für den Umgang mit großen Zahlen war diese Rechenweise jedoch nicht brauchbar, und man bediente sich der ersten physikalischen Hilfsmittel wie der Darstellung von Zahlen durch kleine Steinchen oder man ritzte einfach Kerben in Stein bzw. Holz. Letzteres führte dazu, dass man zur vereinfachten oder besser gesagt zur komprimierten Darstellung anfing, Zahlen durch Symbole darzustellen. Aus dieser frühen Zeit ist heute noch am bekanntesten die Darstellung von Zahlen durch das römische Zahlensystem (3. Jh. v. Chr.), welches die Buchstaben M (1000), D (500), C (100), L (50), X (10), V (5) und I (1) verwendete – in Klammer die jeweilige dezimale Entsprechung. Beliebige Zahlen wurden durch Addition bzw. Subtraktion der Symbolwerte vorgenommen, somit entspricht die Jahreszahl 2022 der Symbolfolge MMXXII. Diese Schreibweise ist allerdings für das Rechnen mit Zahlen ungeeignet und hat sich daher nicht weiter durchgesetzt.

Im Spätmittelalter setzte sich das Dezimalzahlensystem mit den zehn Ziffern 0 bis 9 (sogenannte arabische Ziffern) durch und ermöglichte das schriftliche Rechnen mit den vier Grundrechenarten auf Papier. Ein weiterer Vorteil von Ziffern in Abhängigkeit von Position und Wert ist, dass die Darstellung von Zahlen und das Rechnen mit jeder beliebigen Basis möglich ist. Nimmt man z. B. statt der im Dezimalzahlensystem verwendeten 10 den Wert 2 als Basis einer Position (potenziert von links nach rechts), so wird vom dualen oder binären Zahlensystem gesprochen. Die Computerisierung im 20. Jahrhundert verhalf dem Dualzahlensystem zu höchster Bedeutung: Es eignete sich ideal für zunächst elektrische, später dann für elektronische Rechenmaschinen, da dort ebenfalls binäre Werte wie z. B. „Spannung/keine Spannung" verarbeitet werden müssen. (Dieses binäre System wird in Abschnitt 3 näher ausgeführt.)

2.2 Computer

Als erstes „Rechengerät" gilt der in China entwickelte Abakus (11. Jh. v. Chr.), mit dem erstmals Berechnungen mechanisiert werden konnten. In Europa entstand das maschinelle Rechnen erst mit der Entwicklung von Zahnrädern. Wilhelm Schickard baute 1623 als erster eine mit Zahnrädern arbeitende Rechenmaschine, die alle vier Grundrechenarten beherrschte.

Konrad Zuse (s. a. Zuse 2021) erkannte als erster, dass sich das binäre Zahlensystem wesentlich besser für Rechenmaschinen eignet als das bis dahin verwendete Dezimalzahlensystem, da es die Komplexität beim Bau von Rechnern erheblich reduziert. Er baute daraufhin eine Rechnerfamilie, welche als die ersten modernen Computer gilt: Die Z1 (1936) arbeitete bereits mit dem binären Zahlensystem, wurde allerdings noch mechanisch betrieben. Die Weiterentwicklung resultierte dann im Jahre 1941 in dem elektrischen Modell Z3 (Z2 diente nur einer Zwischenkonstruktion), das mit Relais arbeitete und den ersten betriebsfähigen programmgesteuerten „Digitalrechner" überhaupt darstellte.

Die nächsthöhere Leistungsstufe der Computer wurde durch die Entwicklung des Transistors in Jahre 1947 durch William Shockley (Nobelpreis 1956) erreicht. Knapp zehn Jahre später baute die Firma Texas Instruments auf der Basis des Transistors sowie weiteren Bauelementen wie Kondensatoren und Widerständen den ersten integrierten Schaltkreis auf einem Chip (Halbleiter) und ebnete damit den Weg zur Miniaturisierung der Computer. 1971 brachte die Firma Intel mit dem Intel 4004 den ersten Prozessor auf den Markt, der alle zentralen Bereiche eines Rechners in einem Chip vereinigte. Damit war die Voraussetzung für die ständige Verkleinerung von Computern gegeben. Sowohl die Leistungsfähigkeit der Prozessoren (der aktuelle Intel-Prozessor ist fast 10 000-fach schneller als der erste) als auch die Miniaturisierung (z. B. Smartphone, RFID-Aufkleber) haben sich bis zum heutigen Tag ständig fortentwickelt. Was die Prozessoren resp. deren Kerne betrifft, so ist man allerdings fast schon am Ende der physikalischen Möglichkeiten angelangt, denn dünner als eine Atomschicht kann ein Layer nicht werden. Um noch mehr aus der aktuellen Technologie herauszuholen, behilft man sich seit ein paar Jahren damit, dass mehrere Prozessorkerne in einem Chip eingebaut werden und zugehörige Computer so noch effizienter arbeiten können.

Die nächste technologische Revolution steht aber möglicherweise schon an: der Quantencomputer. Rein physikalisch gesehen ist dessen Aufbau allerdings wesentlich komplexer als bei der Halbleitertechnologie. Nicht Physik-nahen Interessierten wird daher empfohlen, sich lediglich mit dem Leistungspotential der Quantentechnologie auseinander zu setzen, was aber auch schon schwer genug fällt. Der zentrale Unterschied zum herkömmlichen Binary Digit (Bit, technische Darstellung von zwei Zuständen) ist, dass ein Quantenbit (Qubit) nicht nur zwei, sondern theoretisch unendlich viele Zustände einnehmen sowie – und das ist das Wesentliche – alle Zustände auch noch gleichzeitig darstellen kann. Kann man also mit einem herkömmlichen Byte nur eine Zahl (zwischen 0 und 255) gleichzeitig darstellen (s. Abschnitt 3), so lassen sich mit einem Qubyte, bestehend aus einfachen binären Qubits (wenn also nur zwei Zustände unterschieden werden), alle 256 Zahlen gleichzeitig darstellen. Hinzu kommt noch ein weiteres signifikantes Merkmal: Man kann ebenfalls auf allen Zahlen gleichzeitig Rechenoperationen ausführen. Die Leistung steigt somit exponentiell an; ein Qubyte ersetzt 256 herkömmliche Bytes, zwei Qubyte 512 etc. Mit 32 Qubyte lassen sich bereits über 4 Gigabyte inkl. den parallel ausführbaren Rechenoperationen ersetzen. Wenn man aber nun statt einem binären Zustand bei einem Qubit, drei, vier oder 1 000 und mehr Zustände unterscheidbar machen könnte, dann übersteigt das Leistungspotential von entsprechenden Quantencomputern wohl jegliche Vorstellungskraft. Die These, dass ein einziger Quantencomputer die Leistungsfähigkeit aller aktuell verbauten Prozessoren auf der ganzen Welt ersetzen könnte, ist dann keine Science-Fiction mehr. Das zu Beginn des Abschnitts verwendete „möglicherweise" liegt an der immensen Komplexität beim Bau eines Quantencomputers: Aktuelle Top-Rechner besitzen nur wenige Qubits und haben mit diversen Problemen, wie z. B. Supraleitungen, Fehlerraten und sonstigen technischen Herausforderungen, zu kämpfen.

2.3 Programmierung

Die Programmbefehle der ersten programmierbaren Rechenmaschinen waren fest auf die jeweilige Maschine abgestimmt. Dieser sogenannte Maschinencode wurde nur von wenigen Personen (Systemprogrammierern) beherrscht. Dies war bis weit in das 20. Jahrhundert der vorherrschende Weg, einen Rechner zu programmieren. Mitte des 20. Jahrhunderts entstanden dann die ersten höheren Programmiersprachen wie Fortran (1957) und Cobol (1960), die unabhängig von den verwendeten Rechenmaschinen waren und durch Bereitstellung von Befehlen auf einer höheren logischen Ebene das Programmieren auch Personen ermöglichten, die nicht mit den Interna der verwendeten Computer vertraut waren. Neben weiteren Sprachen wie z. B. Basic, Pascal und C folgten auch neuartige Programmierparadigmen; wie die logische (z. B. LISP) oder die objektorientierte Programmierung (z. B. C++ oder Java); sowie Skriptsprachen für spezifische Aufgaben (z. B. JavaScript und PHP für Webbrowser bzw. Server). Die multiparadigmatische Programmiersprache Python vereint Programmierparadigmen nahezu aller technologischen Epochen und Generationen und erfreut sich heutzutage einer immer größer werdenden Verbreitung.

2.4 Internet

Die weltweite Vernetzung von Computern durch das Internet hat ihren Ursprung in den 1960er Jahren, als die US-Amerikaner im Bereich Weltraumtechnologie gegenüber der UdSSR in Rückstand geraten waren (vgl. Internet Society 2021): Die Sowjets schossen 1957 den ersten Weltraumsatelliten „Sputnik" ins All. Als Antwort darauf gründeten die Amerikaner die Advanced Research Projects Agency (ARPA), die sich mit Technologien im Bereich Kommunikation und Datenübertragung beschäftigte. Die erste Umsetzung gelang 1969 mit der Bereitstellung des Computernetzwerks ARPANET, und kurz darauf entstanden auch die ersten zugehörigen Dienste TELNET, um auf entfernten Rechnern arbeiten zu können, sowie das File Transfer Protocol (FTP) zur Übertragung von Dateien. Später folgten dann E-Mail, Usenet News (Kommunikationsforen) und viele andere. Aus netzwerktechnischer Sicht etablierte sich das Transmission Control Program/Internet Protocol (TCP/IP), das Daten in einzelne Pakete einer bestimmten Größe zerlegt, adressiert (Anfangsknoten, Zielknoten) und mit einer eindeutigen IP-Nummer versieht (Herold et al. 2017, S. 467). Auf diese Art können die Pakete verschiedene Wege im Netz zurücklegen und werden erst auf dem Zielrechner wieder zusammengefügt (vgl. Abbildung 1).

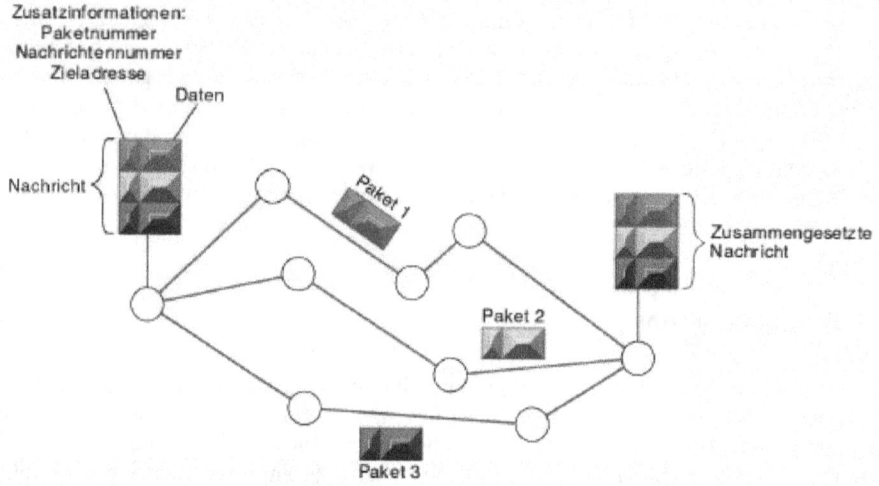

Abb. 1: Prinzip der Paketvermittlung (Laudon et al. 2015, S. 329)

Trotz der technischen Vorteile der Paketvermittlung mit IP-Nummern hatten diese zunächst zwei nicht zu unterschätzende Nachteile: Zum einen sind sie aufgrund der vielen Ziffern für Menschen nur schwierig zu merken und zum anderen musste jede Veränderung einer IP-Nummer (z. B. beim Austausch eines Servers) den Beteiligten im Internet bekannt gemacht werden. Deshalb wurde in den 1980er Jahren ein neues Namenskonzept für das Internet mit der Bezeichnung Domain Name System (DNS, Herold et al. 2017, S. 463) entwickelt, das dezentral aufgebaut ist und eine einfache Adressierung auf Basis von Buchstaben bzw. sogenannten Host-Namen (mit Internet verbundener Server) ermöglicht. Das Grundkonzept von DNS basiert auf einem eigenen hierarchischen Netzwerk von sogenannten Domain-Name-Servern (vgl. Abbildung 2). Jede Hierarchieebene verwaltet hierbei einen bestimmten Teil (Zone) im Namensraum. Jeder Name-Server beinhaltet eine Tabelle mit logischen Namen und zugeordneten IP-Nummern. Die Host- bzw. Domain-Namen selbst sind ebenfalls hierarchisch angeordnet und bestehen aus verschiedenen Levels, die durch einen Punkt getrennt dargestellt werden. Die Top-Level-Domains gliedern sich in die Bereiche Generic, wie z. B. „com", „org" oder „net" und nationale Country-Codes wie „de", „ch", „at" etc. Die oberste Serverhierarchie im DNS, die sogenannten Root-Server, enthalten Angaben über die Name-Server, die diese Top-Levels verwalten. Diese wiederum verweisen auf Name-Server, die den Second-Level verwalten. Letzterer bildet den eigentlichen Domain-Namen, der unter vorgegebenen Regeln frei wählbar ist und i. d.R etwas über den Inhalt bzw. den Inhaber/die Inhaberin der

Domain aussagt (z. B. Firmen-, Institutions- oder Personennamen). Ab dem Third-Level ist dann der jeweilige Name-Server der Domain-Inhaber*innen für die Verwaltung weiter untergeordneter Domain-Namen (Subdomain) zuständig. Die Name-Server selbst beinhalten eine Tabelle mit den jeweils zuständigen Domain-Namen und der zugeordneten IP-Nummer, wobei einer IP-Nummer auch mehreren Domain-Namen zugewiesen werden können.

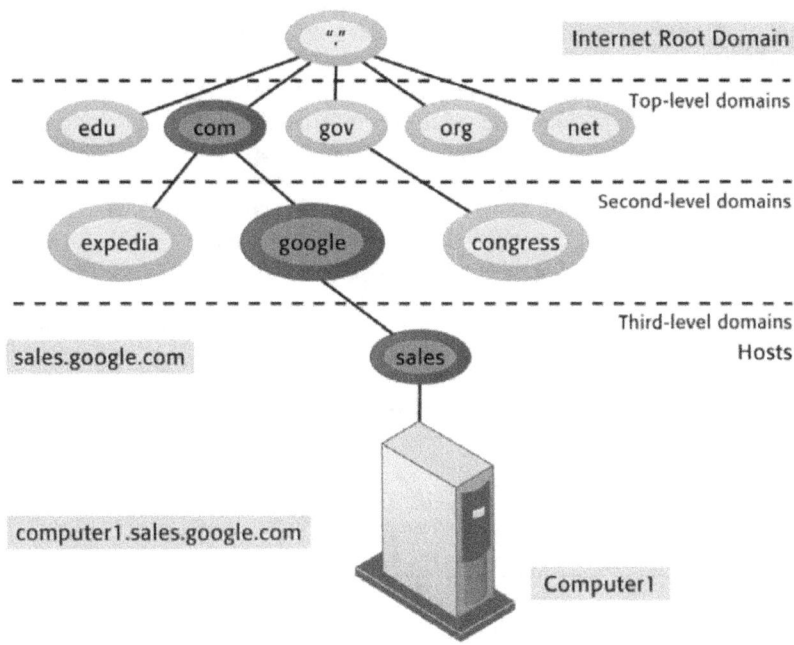

Abb. 2: Domain Name System (Laudon et al. 2015, S. 354)

Trotz guter Vernetzung, vor allem im Forschungs- und Hochschulbereich, wurde das Internet bis zu Beginn der 1990er Jahre hauptsächlich von Expert*innen genutzt. Tim Berners-Lee stellte dann 1989 seinen Kollegen am Schweizer Atomforschungszentrum European Council for Nuclear Research (CERN) einen von ihm neu entwickelten Internetdienst namens *World Wide Web* (WWW) vor. Er sollte den Mitarbeitenden dort den Zugriff auf Dokumente über Internet vereinfachen, indem diese auf Basis der Hypertext-Metapher aufgebaut und per Mausklick aus dem Netz geholt werden können. Der Dienst fand weltweit großen Anklang und binnen kurzer Zeit entstanden einfach zu bedienende Webbrowser, die den Umgang mit Web und Internet auch der breiten Öffentlichkeit eröffneten. Das Web durchdringt heute praktisch alle Anwendungsbereiche, gilt als Basis für die digitale Welt und wird im Abschnitt 5 näher ausgeführt.

3 Binäres System

Die kleinste Einheit, um innerhalb eines Rechners einen Wert darstellen zu können, ist das Bit. Es kann nur zwei Zustände annehmen, die technisch gesehen z. B. als Spannung/keine Spannung bzw. über Magnetpole realisiert und divers interpretiert werden können, z. B. wahr/falsch, ja/nein oder einfach nur als 1 und 0. Um Daten in Form von Zahlen oder Texten darstellen zu können, werden mehrere Bits, sog. Bitfolgen, als Einheiten zusammengefasst. Da jedes einzelne Bit zwei mögliche Werte zulässt, können mit zwei Bits $2^2 = 4$ Werte, mit drei Bits entsprechend $2^3 = 8$ Werte und mit n Bits 2^n Werte dargestellt werden.

In der Informatik betrachtet man eine Zusammenfassung von acht Bits als eine Einheit mit der Bezeichnung Byte. Es dient als die eigentliche Maßeinheit in Computern, da die Arbeit mit einzelnen Bits zu ineffizient wäre. Dass ein Byte genau acht Bits besitzt, ergibt sich nicht zwingend aus der Systematik, es resultierte v. a. daraus, dass man mit den 256 möglichen Werten genügend Platz für diverse Zeichendarstellungen (kleines/großes Alphabet, Zahlen, Sonderzeichen etc.) in Texten haben wollte.

Nahezu alle Angaben in der Datenverarbeitung, vor allem im Speicherbereich, beruhen auf Vielfachen von Bytes:

Tab. 1: Bezeichnungen von Bytegruppen

Bezeichnung (Abkürzung)	Wert
1 Kilobyte (KB)	2^{10} = 1 024 Byte
1 Megabyte (MB)	2^{20} = 1 048 576 Byte
1 Gigabyte (GB)	2^{30} = 1 073 741 824 Byte
1 Terabyte (TB)	2^{40} = 1 099 511 627 776 Byte

Allerdings entstammen die Bezeichnungen Kilo (=10^3, Tausend), Mega (= 10^6, Million) etc. dem Zehnersystem. Bei Speicherbausteinen ergeben sich daher des Öfteren Differenzen zwischen Herstellerangaben, die gerne die Entsprechung des Zehnersystems verwenden, und dem ausgewiesenen Speicher innerhalb der Rechner, da diese mit dem binären System arbeiten.

3.1 Darstellung von Zahlen

Da in einem Rechner schwerpunktmäßig Zahlen verarbeitet werden, gilt es hauptsächlich diese durch Bitfolgen darzustellen. Hierbei bedient man sich einfach der über die Jahrhunderte entwickelten Zahlensysteme, welche die Werte in Abhängigkeit zu ihrer Position bestimmen. Betrachtet man dabei zunächst das Zehnersystem, dann lässt sich jede Zahl über die Summe der Ziffernwerte (0–9) multipliziert mit ihren jeweiligen Positionswerten herleiten. Dabei entspricht jede Position, von rechts nach links aufsteigend betrachtet, einer 10er-Potenz beginnend mit 0. Die Zahl 123 lässt sich so auch mit

$$1\cdot 10^2 + 2\cdot 10^1 + 3\cdot 10^0 = 1\cdot 100 + 2\cdot 10 + 3\cdot 1 = 123$$

berechnen. Dass wir Menschen nicht tatsächlich so rechnen (müssen), liegt nur daran, dass wir von klein auf mit dem Zehnersystem vertraut gemacht wurden und alle Zahlen mit diesem darstellen.

Da mit einem Bit keine Ziffernwerte 0–9, sondern eben nur zwei Werte (0 und 1) dargestellt werden können, entsprechen die jeweiligen Positionen einer Bitfolge auch nur 2er- anstatt 10er-Potenzen:

Tab. 2: Positionsabhängige Dezimalwerte eines Byte

Bit-Position	7	6	5	4	3	2	1	0
Dezimaler Wert	$2^7=128$	$2^6=64$	$2^5=32$	$2^4=16$	$2^3=8$	$2^2=4$	$2^1=2$	$2^0=1$

Die Dezimalzahl 123 entspricht demnach der Bitfolge 01111011:

$$0\cdot 2^7+1\cdot 2^6+1\cdot 2^5+1\cdot 2^4+1\cdot 2^3+0\cdot 2^2+1\cdot 2^1+1\cdot 2^0$$
$$= 0\cdot 128 + 1\cdot 64 + 1\cdot 32 + 1\cdot 16 + 1\cdot 8 + 0\cdot 4 + 1\cdot 2 + 1\cdot 1$$
$$= 123$$

Die Frage, wie viel Bit man zur Darstellung einer bestimmten Zahl benötigt, lässt sich am einfachsten durch die Umkehrung der Frage angehen: Welche (maximale) Zahl kann man mit einer gegebenen Anzahl Bits darstellen? Betrachtet man hierzu das oben abgebildete Byte, so wird bei voller Belegung mit dem Wert 1 die Zahl 255 (= 128+64+32+16+8 +4+2+1) dargestellt. Zählt man hierzu noch die volle Belegung mit 0en (entspricht auch der 0), so können insgesamt 2^8 = 256 Werte mit einem Byte dargestellt werden. Da die Null im Allgemeinen zwar als Ziffer, jedoch nicht als Zahl angesehen wird (außer in der Informatik: da wird immer ab 0 gezählt, s.a. Bit-Position in Tabelle 2), kann man also höchstens die Zahl 255 (= 2^8-1) darstellen. Verallgemeinert betrachtet, lassen sich zwar mit n Bits 2^n verschiedene Werte darstellen, möchte man damit jedoch eine Zahl interpretieren, so entspricht der maximale Wert immer 2^n-1.

Im Dualzahlensystem kann nach der gleichen Systematik gerechnet werden wie im Dezimalzahlensystem. Ebenso gibt es eine Entsprechung für negative Zahlen (Zweierkomplement-Darstellung) sowie für reelle Zahlen (Herold et al. 2017, S. 56).

3.2 Darstellung von Texten

Ähnlich wie bei den Zahlen müssen auch Texte durch Bitfolgen dargestellt werden (vgl. Herold et al. 2017, S. 71). Hierbei liegt es nahe, einzelne Textzeichen, wie Klein- und Großbuchstaben, Ziffern, Satzzeichen sowie diverse andere Zeichen (+, -, & etc.), durch kleinere Bitfolgen darzustellen. Die Texte ergeben sich dann aus einer Anordnung der entsprechenden Zeichenbitfolgen. Auch hier setzte sich letztendlich die Darstellung einzelner Zeichen auf Byte-Ebene durch. Die Zuordnung von Bytes zu Zeichen wird durch die standardisierte *American Standard Code for Information Interchange*-Codierung (ASCII-Codierung) festgelegt. Dabei ist die Zuordnung der ersten 128 Zeichen (also 7 Bit) international und umfasst das lateinische Alphabet, die Ziffern 0–9, international übliche Sonderzeichen sowie einige Steuerzeichen wie Zeilenumbruch oder Tabulator. Die restlichen 128 Zeichen, auch als erweiterter ASCII-Zeichensatz (EASCII) bezeichnet, sind landesspezifisch und wurden von der International Standardization Organization (ISO) normiert.

Die Verwendung der diversen nationalen ASCII-Erweiterungen war zunächst problemlos, schließlich verwendet man bei den Computern auch unterschiedliche landesspezifische Tastaturen. Mit dem Internet hat sich die Lage jedoch grundlegend geändert: Der Zugriff auf Webseiten bzw. Dokumente erfolgt von überall auf der Welt. „Kennt" der Webbrowser dabei den länderspezifischen Zeichensatz des Dokuments nicht, so wird der Text – zumindest teilweise – falsch dargestellt. Um diesem Problem zu begegnen, hat sich ein offenes Konsortium unter dem Namen Unicode zusammengetan und einen gleichnamigen offenen Kodierungsstandard entwickelt (Unicode Inc. 2021), der es ermöglicht, beinahe beliebige Zeichensätze einheitlich zu kodieren und diese mit beschreibenden Metadaten zu versehen (z. B. Unterscheidung Zahl, Buchstabe, Symbol). Das Besondere an Unicode ist, dass dieser nicht nur weltweit aktuell verwendete Schriftzeichen beinhaltet, sondern auch alte Schriften. Die Norm ist zudem dynamisch ausbaufähig, so dass auch künftige bzw. neue Schriften integriert werden können. Unicode wurde unter der Norm ISO10646 standardisiert und enthält aktuell knapp 150 000 Schriftzeichen. Die technische Umsetzung von Unicode erfolgt nach dem Unicode Transformation Format (UTF).

4 Hard- und Softwaresysteme

Die heute dominierenden Computersysteme auf Seiten der Endbenutzer*innen sind Personal Computer (PC) inkl. mobilen Endgeräten wie Notebooks, Smartphones oder Tablets. Im Serverbereich kommen primär Workstations oder Cloud-basierte Lösungen zum Einsatz. Diese sind Hochleistungssysteme und dienen meist dazu, eine ganz bestimmte Funktion (z. B. als Web- oder Datenbankserver) zu erfüllen, die mit hohen Anforderungen an Geschwindigkeit, Speicherkapazitäten und Sicherheit einhergehen.

Neben der technischen Ausstattung unterscheiden sich PC und Workstations auch aus Sicht der eingesetzten Software. Hier sind es vor allem verschiedenartige Betriebssysteme und Softwarewerkzeuge wie z. B. Datenbankmanagementsysteme (DBMS), die auf die jeweiligen Bereiche zugeschnitten sind. Das bedeutendste Programm eines Computers ist sein Betriebssystem (Herold et al. 2017, S. 433). Es ist zuständig für den grundsätzlichen Betrieb der Rechenanlage und für die Ausführung von Anwendungssoftware. Die heute am weitesten verbreiteten Betriebssysteme im PC und Notebook-Bereich sind die der Windows-Familie des Anbieters Microsoft sowie die auf UNIX basierten Systeme macOS von Apple. Im Workstation- bzw. Server-Bereich dominieren Unix-Systeme, deren Ursprung bei der Firma AT&T (ursprünglich Bell Laboratories) Anfangs der 1970er Jahre liegt und die das Betriebssystem mangels Marktperspektive „freigegeben" hat (spätere Bezeichnung Open Source).

Verschiedene Firmen, darunter AT&T, IBM, DEC, Siemens, Sun Microsystems, Hewlett & Packard (HP), benutzten den gleichen Kern (Kernel) von Unix und programmierten um diesen ihre eigenen konkurrierenden Versionen, sogenannte Derivate. Mit dem Beginn der Entwicklung von Linux durch den damals 21-jährigen Linus Torvalds Anfang der 1990er Jahre zog Unix nicht nur in den PC-Bereich ein, es formierte sich mit Hilfe des aufkommenden Internets auch ein bis dahin nicht bekanntes Phänomen einer freien weltweit gemeinschaftlichen Softwareentwicklung. Unter der General Public License (GPL, Free Software Foundation Inc. 2021) wurde ein kostenloser Zugang zum Quellcode des Linux-Betriebssystems eingerichtet. Entwickler hatten so Einblick in sämtliche Quellcodes und konnten dadurch neue Funktionen in Linux integrieren bzw. Programmierfehler schneller finden und eliminieren. Linux wuchs zu einem modernen kostenlosen Betriebssystem, und es folgten etliche Nachahmer des „frei-verfügbaren Quellcodes" (Open Source) in nahezu allen Anwendungsbereichen. Weit verbreitet als Opensource-Plattform im Webserver Bereich ist die als LAMP bezeichnete Produktkombination Linux, Apache (Webserver), MySQL (Datenbank) und PHP (PHP Hypertext Preprocessor, Scriptsprache für Webserver-Anwendungen).

Nach dem Laden des Betriebssystems ist der Computer praktisch universell einsetzbar und zur Ausführung von Anwendungssoftware bereit. Welche Software ist nahezu beliebig und wird durch den Einsatzzweck des Computers bestimmt. Bei den weit verbreiteten Anwendungsgebieten konnten sich bestimmte Softwaresysteme zur sogenannten Standardsoftware etablieren. Darunter versteht man Anwendungen, die für den Massenmarkt entwickelt wurden und sehr hohe Installationszahlen aufweisen, wie z. B. Microsoft Office bei Büroanwendungen oder SAP im betriebswirtschaftlichen Bereich. Wird eine Standardsoftware zwar im Groben, jedoch nicht allen Anforderungen einer bestimmten Problemstellung gerecht, so bemüht man sich häufig mit Hilfe von Skript- und Programmiersprachen, eine vorhandene Standardsoftware dem individuellen Einsatzzweck anzupassen (z. B. Makroprogramme, Datenbankzugriff). Hierzu bieten die meisten Standardpakete eine fest definierte und gut dokumentierte Programmierschnittstelle (*Application Programming Interface* – API) an, über die Daten zwischen den Anwendungen übertragen und weitere Funktionalitäten hinzugefügt werden können.

Programmiersprachen und Programmentwicklungsumgebungen dienen der Erstellung von Software allgemein (z. T. auch von Betriebssystemen oder anderen Programmiersprachen). Ein Programm ist genau genommen die präzise Formulierung eines Algorithmus bzw. einer Problemlösung über Anweisungen einer bestimmten Programmiersprache. Die für Programmierer*innen relativ einfach verständlichen Anweisungen (Quellprogramm) höherer Programmiersprachen können allerdings vom Prozessor nicht direkt verarbeitet werden, diese müssen zuerst in die abstrakte binäre Maschinensprache (ausführbares Programm) des jeweiligen Prozessortyps übersetzt werden. Hierzu gibt es zwei verschiedene Verfahren (vgl. Herold et al. 2017, S. 137): *Interpreter* (Dolmetscher) und *Compiler* (Übersetzer). Der Interpreter liest eine Anweisung des Quellprogramms, übersetzt diese in die Befehle der Maschinensprache und veranlasst den Prozessor, sie sofort auszuführen. Der Compiler hingegen übersetzt zuerst alle Anweisungen des Quellprogramms in Maschinensprache und generiert daraus ein ausführbares Programm (*executable file*). Dieses aus reinem Maschinencode bestehende Programm kann zu einem beliebigen Zeitpunkt aufgerufen werden und kommt dann sofort zur Ausführung. Compilierte Programme werden im Vergleich zu denen von Interpreter-Sprachen nicht nur deutlich schneller ausgeführt, da die Anweisungen schon vorher übersetzt wurden, sie haben auch den Vorteil, dass sie nicht mehr für den Menschen „lesbar" sind und so die intellektuelle Leistung der Problemlösung in Form von Algorithmen nicht ohne Weiteres nachgeahmt werden kann, so dass die Urheberrechte leichter geschützt werden können.

5 *World Wide Web* (WWW)

Die technologische Grundlage des Internetdienstes WWW bildet das Client-Server-Modell. Der Server bzw. Webserver übernimmt dabei zwei grundlegende Aufgaben: Zum einen werden hier Dienste zum Abruf von Inhalten zur Verfügung gestellt. Zum anderen werden die Anfragen von Client-Programmen entgegengenommen und über eine Schnittstelle zu Applikationen weitergeleitet. Das softwaretechnische Pendant zum Webserver ist der Web-Client, der primär in Form des heutigen Webbrowsers in Erscheinung tritt, aber auch in Gestalt diverser Apps auf Serverdienste zugreift. Die primären Aufgaben eines Web-Clients sind der Verbindungsaufbau, die Anfrage von spezifischen Inhalten über das gemeinsame Kommunikationsprotokoll *HyperText Transfer Protocol* (HTTP), das Empfangen von Daten im *HyperText Markup Language* -Format (HTML) sowie die (multimediale) Darstellung von diesen auf der Benutzungsschnittstelle (z. B. Webseiten oder App-Oberflächen). Das Web ist allerdings schon lange nicht mehr nur ein Dienst zum Abrufen von Dokumenten oder multimedialen Inhalten. Die Weiterentwicklung der Webtechnologien führte dazu, dass diese inzwischen für die allgemeine Realisierung von Benutzungsschnittstellen verwendet werden.

Der Webbrowser-Hersteller Firefox (ehemals Netscape) führte als erster die Skriptsprache JavaScript ein, um den statischen Aspekt von HTML aufzuheben und zunächst Popup-Fenster, Plausibilitätsprüfungen bei Formulareingaben, Laufschriften oder kleinere Berechnungen realisieren zu können. Die schnelle Verbreitung von JavaScript zwang dann nicht nur alle Hersteller von Webbrowsern dazu, diese Skriptsprache in ihre Produkte zu integrieren, sondern machte diese Technologie quasi zu einer weiteren Kerntechnologie des Web. So wurde auch HTML nachträglich auf JavaScript angepasst, und zusammen bilden sie den Kernbestandteil vieler Frameworks, mit denen man dynamische Weboberflächen gestalten kann. Auf Seiten des Webbrowsers gibt es viele weitere Programme mittels derer man spezifische Formate anzeigen bzw., wie im Falle von Video oder Ton, abspielen kann. Meist stammen diese nicht von den Browser-Herstellern selbst, sondern von spezialisierten Anbietern, wie z. B. der weit verbreitete pdf-Viewer von Adobe Systems. Die Anbindung an den Webbrowser erfolgt dabei als ein sogenanntes Plugin, d.h. der Webbrowser liefert an das Plugin-Modul die vom Server erhaltenen Daten und ermöglicht diesem ggf. die Ausgabe auf der Benutzeroberfläche des Browsers. So lässt sich auch der Bogen zu mobilen Webanwendungen spannen.

Mit der Lancierung des Apple iPhone im Jahre 2007 hat das Web auch den Durchbruch im mobilen Bereich erreicht. Das iPhone sowie auch die Smartphones mit dem von Google entwickelten Betriebssystem Android sind in der Lage, Webseiten mittels einem Webbrowser nahezu vollständig anzuzeigen. Spezielle, sogenannte responsive Webseiten für mobile Anwendungen benutzen Standard-Webtechnologien, um Webseiten auf die kleinere Anzeige von Smartphones anzupassen. Zudem verwenden auch viele der Smartphone-Apps das HTTP-Protokoll zur Übertragung von Daten. Die Ausführung der Apps sowie die Gestaltung der Benutzeroberfläche erfolgt bei Apple jedoch mit proprietären Technologien. Das Android System ist aus technologischer Sicht wesentlich offener, da es auf dem Linux-Kern aufbaut und selbst auch unter GPL lizenziert ist.

5.1 *Uniform Ressource Identifier* (URI)

Bei der Konzeption des Webdienstes war eine einheitliche und eindeutige Dokumentenspezifikation notwendig, um v. a. über Hypertextlinks den Zugriff auf Daten und Objekte anderer Server automatisiert zu ermöglichen. Automatisiert bedeutet in diesem Fall, dass dem Webbrowser beim Aktivieren eines Links alle Angaben vorliegen, die für die Übertragung der durch den Link referenzierten Daten erforderlich sind. Zum einen sind das TCP/IP-spezifische Angaben, wie der Hostname oder alternativ die IP-Nummer und die zugehörige Port-Nummer, zum anderen sind es Angaben zum Dienst, wie das zugehörige Übertragungsprotokoll und der genaue Fundort der abzurufenden Daten.

Das Web wurde dabei von vornherein offen konzipiert, d. h. ein Link sollte nicht ausschließlich auf Dokumente anderer Webserver verweisen können, sondern auch den Zugriff auf andere Internetdienste wie z. B. auf eine FTP-Datei oder gar eine E-Mail-Adresse ermöglichen. Um dies zu verwirklichen, wurde ein Adressierungsschema unter der Bezeichnung *Uniform Ressource Identifier* (URI) entworfen (World Wide Web Consortium – W3C 2021). URI wurde dabei als eine Art Regelwerk für Internetressourcen verstanden, das für konkrete Adressen entweder die Form *Uniform Ressource Locator* (URL) oder *Uniform Ressource Name* (URN) vorsieht. Eine URL spezifiziert den genauen Ort, an dem sich eine Ressource im Web befindet (Server-Adresse, Pfadangaben etc.), sowie alle notwendigen Angaben für deren Abruf.

Eine URN hingegen ist ein vom Ort unabhängiger Name einer (Internet-)Ressource, der lediglich eindeutig bezeichnet wird. Der genaue Ort der Ressource und die Zugriffsart werden dabei dynamisch über anderweitige Systeme bezogen. Inzwischen werden URN mit digitalen Ressourcen über einen sogenannten Namensraum realisiert. Die URN-Namensräume werden unterschiedlich genutzt. Gängig ist die Vergabe von URN im Bereich der Nationalbibliotheken. Sie nutzen den Namensraum *National Bibliography Number* (nbn), der über den Standard RFC 3188 der *Internet Engineering Task Force* (IETF) geregelt ist. „urn:nbn:ch" ist z. B. der Bereich, der von der Schweizerischen Nationalbibliothek koordiniert wird. URN können daher nicht wie die anderen URI direkt aufgerufen werden, sondern müssen zuerst von einem so genannten Resolver-Dienst in eine gültige Internetadresse (URL) übersetzt werden. Da es keinen universellen Resolver für URN gibt, wird bei der Angabe einer URN häufig auch das Resolver-System mit aufgeführt bzw. verlinkt.

Ein Beispiel hierfür ist das Konzept des *Digital Object Identifier* (DOI, International DOI Foundation 2021). Dabei werden über ein Netz von Registrierungsagenturen eindeutige Webadressen für digitale Ressourcen (*Persistent Identifier*) vergeben. Die Zuordnung einer DOI-URI und einer URL der Originalquelle(n) wird auf einem Server verwaltet und kann bei Bedarf immer wieder geändert werden. Wird z. B. die DOI-URI https://dx.doi.org/10.1515/9783110258264.144 in einem Webbrowser aufgerufen, dann wird eine Webseite mit einer oder mehreren Original-URLs der referenzierten Ressource, zugehörigen Metadaten und ggfls. Angaben über die Zugriffsrechte angezeigt. DOI erfüllt damit die URN-Anforderungen und kann somit auch als URN beschrieben werden, im obigen Beispiel: als urn:doi:10.1515/9783110258264.144.

5.2 *Hypertext Transfer Protocol* (HTTP)

Rein technisch gesehen ist es nicht zuletzt dem Übertragungs- bzw. Anwendungsprotokoll des Web, dem HTTP, zu verdanken, dass sich der Dienst WWW relativ schnell verbreiten konnte. Im Gegensatz zu vielen anderen Anwendungsprotokollen des Internet ist HTTP unabhängig von dem zu übertragenden Datenformat. Die Antwort (HTTP-*Response*) auf eine mittels URL adressierte Ressource enthält zunächst einen *Header* mit diversen Vorabangaben über den Status der Abarbeitung (Statuscode) sowie über die danach folgenden Daten. Dabei werden i. d. R. auch das Dokumentformat und das Datenvolumen spezifiziert, so dass der Webbrowser alle Teilinhalte einer Webseite entsprechend anzeigen kann. Ist eine URL nicht (mehr) gültig oder die dahinter gespeicherte Webseite anderweitig verschoben, dann wird dies im Statuscode entsprechend gekennzeichnet und ggf. die URL des neuen Ortes mitgeliefert, so dass der Webbrowser direkt über diese erneut zugreifen kann. Auch die HTTP-Anfragen enthalten einen Header, mittels dem der Web-Client Metadaten an den Server senden kann (z. B. Browser-Kennung, Betriebssystem u. a.). HTTP-Anfragen und -Antworten sind zudem variabel erweiterbar und erlauben so dem Webserver und -Client nicht nur die exakte Spezifikation der Datenübertragung, sondern ermöglichen auch die Einbettung weiterer Protokolle bzw. Anwendungen (z. B. OAI/SRU, s. Abschnitt 5.5).

Ein gutes Beispiel für das Zusammenspiel von *Header*-Feldern bei einer HTTP-Anfrage und -Antwort ist die sogenannte Cookie-Funktion. Da HTTP-Verbindungen nach der Abarbeitung einer Anfrage vom Server aufgelöst werden, ist es dem Server nicht ohne weiteres möglich, eine Sitzung mit dem gleichen Client über mehrere Anfragen zu verfolgen. Dies ist jedoch bei vielen Webanwendungen erforderlich, da man z. B. bei einer Flugbuchung mehrere Schritte (Auswahl des Fluges, Personenangaben, Bezahlung, Bestätigung etc.) durchlaufen muss. Eine Möglichkeit, um dies zu realisieren, ist die Verwendung von Cookies. Dabei wird bei einer HTTP-Anfrage ein eindeutiger Code (Cookie) an den Webbrowser gesendet, der von diesem gespeichert und verwaltet wird. Bei jedem weiteren Zugriff auf denselben Server sendet der Browser diesen Code mit. Auf diese Weise kann eine Sitzung über mehrere Verbindungen hinweg verwaltet werden. Die Cookie-Funktion läuft im Hintergrund und wird zu diversen Zwecken genutzt, z. B. auch um jeden Zugriff eines Browsers und somit eines Benutzenden zu registrieren und somit ein Profil zu erstellen (*Online-Tracking*). Genau dies wird aber wiederum von vielen Benutzenden als Verletzung der Privatsphäre angesehen und steht immer wieder in Kritik. Zunächst reagierten die Browserhersteller darauf und ermöglichen seitdem den Benutzenden die Cookies komplett auszuschalten oder, bei Bedarf, manuell zu löschen. Für Benutzende ist es allerdings sehr mühsam zwischen Webauftritten, mit und ohne (gewollten) Cookies, zu unterscheiden. Letztlich schaltete sich in Europa die Gesetzgebung ein, und mit der 2017 verabschiedeten E-Privacy-Verordnung der EU-Kommission ist bei der Verwendung von Cookies grundsätzlich die Einwilligung der Nutzer*innen zwingend erforderlich.

5.3 *Hypertext Markup Language* (HTML)

HTML ist eine speziell für das Web entwickelte Dokumentbeschreibungssprache für Webseiten und baut auf der in den 1980er Jahren von Charles Goldfarb entwickelten *Standard Generalized Markup Language* (SGML) auf (Goldfarb & Rubinsky 1990). SGML definiert eine Syntax und beinhaltet Regeln für die Erstellung von Auszeichnungssprachen für unterschiedliche Dokumentenklassen, sogenannte *Document Type Definition* (DTD), wie z. B. im Fall von HTML für Webseiten.

Mittels textbasierten Markup-Elementen können in HTML diverse Formatierungen (z. B. Schriftart, Fett-/Kursivschrift, Aufzählungen), multimediale Elemente (z. B. Grafiken, Bilder, A/V-Dateien) und Layout-Anordnungen (z. B. Frames, Container) „beschrieben" werden. Die so in reiner Textform (ASCII-, Unicode-Zeichensatz) beschriebenen Webseiten sind damit weitgehend unabhängig von Eigenheiten unterschiedlicher graphischer Benutzeroberflächen, Bildschirmauflösungen oder Rechnerplattformen. Für die Darstellung von HTML-Code als aufbereitete Webseite auf einer spezifischen Rechnerumgebung ist der Webbrowser zuständig.

Das herausragende Merkmal des Web ist sicherlich dessen Hypertexteigenschaft, die es per Mausklick ermöglicht, auf einem Computer oder Finger-Touch auf einem

Smartphone innerhalb einer Webseite eine neue Webseite vom Webbrowser automatisch herunterladen und anzeigen zu lassen. Hierzu bietet HTML ein Element, welches im Grunde genommen nur die URL des Zieldokuments benötigt, anhand der dann der Webbrowser alle notwendigen Angaben für die Adressierung und das Herunterladen der neuen Datei erhält. Damit schließt sich auch der Kreis der Basis-Webtechnologien HTTP, URI und HTML.

Im Gegensatz zu HTTP betrifft HTML nicht nur die systemtechnische Seite, sondern auch direkt die Autor*innen der Webseiten. Zu Beginn des WWW war es noch üblich, dass diese die HTML-Dateien mit einfachen Texteditoren selbst verfassten. Inzwischen werden Webauftritte kaum noch manuell erstellt, sondern mit sogenannten (Web) *Content Management Systemen* (CMS oder WCMS), wie z. B. WordPress, verwaltet, die zwischen Layout und Inhalt unterscheiden und so dafür sorgen, dass ein Layout vorgegeben werden kann und die Autor*innen nur noch Inhalte pflegen müssen. Zudem verwaltet ein CMS noch Editierrechte und Freigabeprozesse. Eine weitere Möglichkeit HTML-Formate zu erzeugen, ist die Konvertierung von bereits existierenden Inhalten aus anderen Dokument- und Medien-verarbeitenden Systemen bzw. deren Formaten (z. B. Office-Systemen). Viele solcher Systeme weisen direkt die entsprechende Funktionalität auf, oder es existieren entsprechende Konvertierungsprogramme. Letztlich kann das HTML-Format aber auch dynamisch durch Webserver-Anwendungen generiert werden. Meist wird dabei anhand von Benutzereingaben (z. B. nach Betätigung einer Suchfunktion) oder nach dem Benutzer-Login eine Webseite von der entsprechenden Anwendung auf dem Server (z. B. über die Skriptsprache PHP) generiert.

HTML ist für sich allein eine relativ statische Dokumentbeschreibungssprache und lässt keinen großen Spielraum für professionell-gestalterische oder gar dynamische Möglichkeiten während des Aufbaus oder zur Darstellung einer Webseite. Deshalb wurde zunächst mittels *Cascading Style Sheets* (CSS) die Möglichkeit geschaffen, gestalterische Vorlagen zu erstellen, wie z. B. die Definition von Farben oder Schriftarten und Festlegung von Hintergrundbildern. Jedoch erst durch Einführung der Skriptsprache JavaScript erhielt das Web (s)eine dynamische Komponente. JavaScript wird innerhalb von HTML-Dateien verwendet, um beispielsweise auf Interaktion durch Benutzende zu reagieren, Objekte (wie z. B. Bilder) nachzuladen, Audiodateien zu steuern oder Typüberprüfungen bei Eingabefeldern in Formularen vorzunehmen.

5.4 *Extensible Markup Language* (XML)

Die Verwendung von SGML zur Definition einer Dokumentenklasse HTML für Webseiten war sicherlich eines der zentralen Erfolgskriterien für die Verbreitung des WWW: Die relativ einfache Syntax von HTML verhalf zu Beginn des Webs vielen Autor*innen die Erstellung eigener Webseiten, ohne dass man sich vorab tiefgreifende Informatikkenntnisse aneignen musste. Durch die rasche Verbreitung und die daraus resultierende Weiterentwicklung der Webtechnologien wurden laufend Erweiterungen, wie z. B. die Einbindung von Skriptsprachen und dynamischen Komponenten von HTML, notwendig. Schließlich wurde es auch notwendig, dieselben Inhalte zum einen in HTML für die Darstellung als Webseiten zu speichern, und zum anderen diese auch in anderen Anwendungen, und damit auch anderen Formaten, zu verarbeiten. SGML bietet mit seinem umfangreichen Regelsatz alle Möglichkeiten, dies zu realisieren, auch diejenige, ein einzelnes Dokument mehreren DTDs und damit auch mehreren Anwendungen zuzuordnen. Das Gremium zur Standardisierung der Technologien rund um das Web, das World Wide

Web Consortium (W3C), schreckte jedoch davor zurück, weltweit den Entwickler*innen SGML mit seinem enormen Umfang und Komplexität als Basis für die Weiterentwicklung von HTML und weiteren Dokumentformaten vorzugeben. So entschied man sich zwar SGML weiterhin als Basis beizubehalten, allerdings so weit zu reduzieren, dass nur noch die notwendigen Komponenten übrigblieben, die für die weitere Entwicklung webbasierter Dokument- bzw. Objektformate notwendig waren. Diese reduzierte SGML-Variante wurde im Jahr 1998 mit der Bezeichnung XML seitens des W3C standardisiert und hat sich inzwischen als Basis für praktisch alle elektronischen Formate etabliert. Selbst Firmen wie Microsoft, die bei ihrem weit verbreiteten Office-System einst proprietäre und nahezu geheim verschlüsselte Formate verwendeten, sind dazu übergegangen, die Dokumente auf Basis des offenen XML zu speichern. XML wird jedoch nicht nur als Datei- oder Dokumentformat verwendet, sondern auch generell als direktes Austauschformat für Daten, die über Internet übertragen werden.

5.5 Informationswissenschaftsspezifische Webtechnologien

Das Open-Archives-Initiative *Protocol for Metadata Harvesting* (OAI-PMH oder OAI-Protokoll; OAI 2021) wurde Ende der 1990er Jahre von der Open-Archives-Initiative entwickelt, um die Suche und den Zugriff auf webbasierte elektronische Dokumentenablagen (Repositories) zu professionalisieren. Die zu dieser Zeit aufkommenden, vorwiegend wissenschaftlichen Repositorien konnten zwar bereits über allgemeine Suchmaschinen aufgefunden werden, jedoch war die Abgrenzung von anderweitigen Webinhalten und damit auch die gezielte Suche aufgrund der fehlenden, in der Wissenschaft üblichen Metadaten äußerst schwierig. Ziel von OAI war es, eine auf dem Web aufbauende Technologie zu etablieren, mit der die fehlenden (standardisierten) Metadaten separat oder mit den Dokumenten zusammen automatisiert gesammelt und elektronisch weiterverarbeitet werden können. Um nicht von vornherein an der Vielfalt der verschiedenen nationalen und internationalen Metadatennormen (z. B. MARC, UNIMARC, MAB) zu scheitern, hat man sich gleich zu Beginn auf ein minimales Metadatengerüst in Form von Dublin Core (DC) geeinigt. DC sollte dabei aber nur den kleinsten gemeinsamen Nenner darstellen, andere Metadatenformate können zusätzlich angeboten werden.

Das OAI-Protokoll setzt auf den Standardtechnologien des Web auf und nutzt für die Kommunikation mit einem (OAI-konformen) Webserver das HTTP-Protokoll und für den Datenaustausch XML. Der Verzicht auf ein eigenes Protokoll verhalf dem Vorhaben zu einer relativ einfachen technologischen Umsetzung und damit zu einer schnellen Verbreitung auf den Webservern vieler (Instituts-)Repositorien sowie digitaler Bibliotheken bzw. Archive. Während die Anbieter als OAI Data Provider bezeichnet werden, stehen auf der anderen Seite sogenannte OAI Service Provider, die die angebotenen Metadaten automatisiert sammeln, aufbereiten und für Suchanfragen zur Verfügung stellen. Zu den sicherlich bekanntesten Service-Providern gehören The OAIster database (Online Computer Library Center – OCLC 2021) und die wissenschaftliche Suchmaschine Bielefeld Academic Search Engine (–BASE 2021). Aber auch allgemeine Suchmaschinen wie Google oder Bing haben das OAI-Protokoll implementiert und greifen die Metadaten der OAI Data Provider ab. Speziell für deren wissenschaftliche Ausprägungen Google Scholar (Google 2021) bzw. Microsoft Academic (Microsoft 2021) sind professionell erschlossene Titeldatensätze von Bedeutung.

Während sich OAI-PMH v. a. für das Sammeln von Dokumenten mittels einer Suchmaschine eignet (häufig als *gathering* bezeichnet), dient der *Search/Retrieve via URL*

-Standard (SRU-Standard; Library of Congress – LoC 2021a) dazu, um Recherchen direkt auf webbasierten Datenbanken durchzuführen. Voraussetzung für die Anwendung von SRU ist eine bestehende bibliographische Datenbank, in der mittels einer Retrieval-Komponente gesucht werden kann. In erster Linie dient SRU somit für die Abfrage von Bibliothekskatalogen und ist auch von der Entwicklungshistorie her als Nachfolgetechnologie des weit verbreiteten Z39.50-Protokolls (LoC 2021b) von der Library of Congress entwickelt, standardisiert und veröffentlicht worden.

SRU weist, technologisch gesehen, große Ähnlichkeiten zu OAI auf: Auch hier wird auf ein eigenständiges Internetprotokoll verzichtet und HTTP als Trägerprotokoll zur Datenübertragung in Kombination mit XML als Formatgrundlage verwendet. Für die Formulierung von Anfragen wurde eine spezifische Abfragesprache namens *Contextual Query Language* (CQL; LoC 2021a) entwickelt, die von der Struktur her an typische Formulierungen aus dem Textretrieval angelehnt ist (d. h. Suchbegriffe, Feldverknüpfungen, Boolesche Operatoren) und sich somit besonders für bibliographische Abfragen eignet.

6 Literaturverzeichnis

Bielefeld Academic Search Engine (2021). *Suchmaschine BASE.* https://www.base-search.net.
Bekavac, B. (2004). Informations- und Kommunikationstechnologien. In R. Kuhlen, T. Seeger & D. Strauch (Hrsg.), *Grundlagen der praktischen Information und Dokumentation* (5. völlig neu gefasste Ausgabe, S. 323–338). K. G. Saur. https://doi.org/10.1515/9783110964110.323.
Bekavac, B. (2013). Web Technologien. In R. Kuhlen, W. Semar & D. Strauch (Hrsg.): *Grundlagen der praktischen Information und Dokumentation* (6. völlig neu gefasste Ausgabe, S. 144–158). De Gruyter Saur. https://doi.org/10.1515/9783110258264.
Free Software Foundation, Inc. (2021). *GNU General public license.* http://www.gnu.org/licenses/.
Goldfarb, C. & Rubinsky, Y. (1990). *The SGML handbook.* Oxford University Press
Google (2021). *Google Scholar.* https://scholar.google.com.
Herold, H., Lurz, B., Wohlrab, J. & Hopf, M. (2017). *Grundlagen der Informatik* (3., aktualisierte Auflage). Pearson Studium.
International DOI Foundation (2021). *Digital object identifyer system.* https://doi.org.
Internet Society (2021). *Brief history of the Internet.* https://www.internetsociety.org/internet/history-internet/brief-history-internet/.
Laudon, K. C., Laudon, J. P. & Schoder, D. (2015). *Wirtschaftsinformatik: Eine Einführung* (3., vollständig überarbeitete Auflage). Pearson Studium.
Library of Congress (2021a). *SRU: Search/retrieval via URL.* http://www.loc.gov/standards/sru/.
Library of Congress (2021b). *Z39.50 Gateway to library catalogs.* https://www.loc.gov/z3950/.
Microsoft (2021). *Microsoft Academic.* https://academic.microsoft.com.
Naumann, F. (2001). *Vom Abakus zum Internet: Die Geschichte der Informatik.* Primus.
Online Computer Library Center (2021). *The OAIster database.* https://www.oclc.org/en/oaister.html.
Open Archives Initiative (2021). *Standards for Web Content Interoperability.* http://openarchives.org/.
Unicode, Inc. (2021). *Unicode: The world standard for text and emoji.* https://unicode.org
World Wide Web Consortium (2021). *Universal resource identifiers in WWW.* https://www.w3.org/Addressing/URL/uri-spec.html.
Zuse, H. (2021). Homepage. Verfügbar unter: http://zuse.de.

Peter Brettschneider
F 3 Urheberrecht

1 Einleitung

In einer digitalen Wissensgesellschaft kommt dem Urheberrecht eine herausragende Bedeutung zu. Es ist – wie auch das Datenschutzrecht (s. Kapitel F 4 Informationelle Selbstbestimmung und Informationsfreiheit) – Kernbestandteil eines Kommunikationsrechts, das die Weitergabe und Nutzung von Informationen regelt. Daher mag es paradox klingen, dass das Urheberrecht Informationen – wie auch Ideen oder (wissenschaftliche) Theorien – überhaupt nicht schützt.[1] Vielmehr greift sein Schutz erst, wenn sich Information z. B. in Form eines gedruckten oder digitalen Textes oder auch einer Rede manifestiert. Dieser richtet sich dann aber nicht auf den Informationsgehalt an sich, sondern seine Verkörperung in Form eines originellen und individuellen Werkes (s. Abschnitt 2 und 3).

Das Urheberrecht sichert damit Rechte an den Ergebnissen intellektueller Anstrengungen, d. h. das geistige Eigentum. Den Urhebern steht der daraus resultierende wirtschaftliche Nutzen zu, soweit nicht Gründen des Allgemeinwohls Vorrang vor ihren Belangen zukommt.[2] Gesetzlich wird dies in Form von Urheberrechtsschranken konkretisiert (s. Abschnitt 5).

Umgekehrt werden Urheber gegen Verletzungen ihrer Rechtspositionen straf- und zivilrechtlich geschützt (s. Abschnitt 6) und in diesen auch international anerkannt (s. Abschnitt 7). Nicht zuletzt sind urheberrechtliche Nutzungsrechte verkehrsfähig, d. h. sie können übertragen und wirtschaftlich gehandelt werden (s. Abschnitt 4).

2 Reichweite des urheberrechtlichen Schutzes

Informationen, Ideen, wissenschaftliche Theorien und bloße Konzepte sind aus gutem Grund nicht vom Schutz des Urheberrechts umfasst. Im Sinne der Allgemeinheit und insbesondere der demokratischen Willensbildung wie auch der Wissenschaft wäre es fatal, wenn diese monopolisiert werden könnten.[3] Gleichwohl ist das Urheberrecht für die Informationswissenschaften essentiell, denn seine Schutzgüter sind die wahrnehmbaren Manifestationen von Information. Dabei knüpft das Urheberrecht an den Begriff des Werkes an (s. Abschnitt 2.1); gewährt in bestimmten Fällen (§§ 70 ff UrhG) aber auch sog. verwandte Schutzrechte (s. s. Abschnitt 2.2).

---

[1] EuGH, GRUR 2019, S. 73 (74). Wenn § 95c UrhG digitale Informationen (z. B. Rechtevermerke, Angaben zu Lizenzen und Nutzungsbedingungen) schützt, die zur Rechtewahrnehmung erforderlich sind, handelt es sich um einen akzessorischen Schutz zur Sicherung der primären Schutzgüter des Urheberrechts.
[2] BVerfGE 31, 275 (284 f.).
[3] Loewenheim/Leister, in: Loewenheim, Handbuch des Urheberrechts, 3. Auflage 2021, § 7, Rn. 5.

Open Access. © 2023 Peter Brettschneider, publiziert von De Gruyter. Dieses Werk ist lizenziert unter der Creative Commons Attribution 4.0 International Lizenz.
https://doi.org/10.1515/9783110769043-067

2.1 Urheberrechtliche Werke

Schutzfähig sind nach § 2 Abs. 2 UrhG nur persönliche geistige Schöpfungen:
- *Persönlich* impliziert menschliches Schaffen. Maschinenerzeugnisse, Produkte der Natur oder auch die Schöpfungen von Tieren fallen – ungeachtet ihrer ästhetischen Qualität – nicht unter den urheberechtlichen Werkbegriff. Anders zu bewerten sind hingegen Konstellationen, in denen sich ein Mensch technischer Hilfsmittel bedient. So schließt beispielsweise der Einsatz eines Grafikprogramms eine persönliche Schöpfung nicht aus. Entscheidend ist, ob ein Mensch steuernd eingreift.[4] Daran kann es z. B. beim Einsatz von Übersetzungsprogrammen fehlen. Im Gegensatz zu von Software automatisiert erzeugtem Output, genießt aber die Software selbst in aller Regel als Werk des Programmierers Schutz.
- Ein Werk zeichnet sich darüber hinaus durch einen von dem Urheber stammenden Gedanken- oder Gefühlsinhalt aus, d. h. durch seinen *geistigen Gehalt*. Es wirkt „auf den Leser, Hörer oder Betrachter unterhaltend, belehrend, veranschaulichend, erbauend oder sonstwie anregend".[5]
- Darüber hinaus muss sich die Werkschöpfung in einer Form manifestieren, die in ihrer konkreten Gestalt *der sinnlichen Wahrnehmung zugänglich* ist.[6] Dies kann durch Fixierung in einem Buch oder auf einem Datenträger ebenso geschehen wie durch das Aufführen eines Musikstücks oder Halten einer Vorlesung. Nicht wahrnehmbar sind hingegen noch nicht geäußerte Gedanken oder bloße Ideen.
- Die zentrale Abgrenzungsfrage ist jedoch, ob eine Schöpfung vorliegt, die eine gewisse *Gestaltungshöhe* aufweist. Ausschlaggebend ist, dass in dem Werk die Individualität und Originalität des Urhebers zum Ausdruck kommt, d. h. es muss einen „hinreichenden schöpferischen Eigentümlichkeitsgrad" aufweisen.[7] Das bedeutet i. d. R., dass etwas noch nicht Dagewesenes geschaffen wird bzw. die Schöpfung sich von anderen Werken durch ihre Andersartigkeit abgrenzen lässt. In Ausnahmefällen kann es aber zu sog. Doppelschöpfungen kommen.[8] Nicht entscheidend ist hingegen der Umfang eines Werkes. Daher können auch ein fantasievoller Werktitel, ein einprägsamer Werbeslogan oder eine kurze Melodie geschützt sein.[9]

Praktische Anhaltspunkte gibt die nicht abschließende Aufzählung der Werkarten in § 2 Abs. 1 UrhG. Dort sind u. a. Sprachwerke inklusive Computerprogramme, Musikstücke, Werke der bildenden Kunst einschließlich der Architektur, Licht- und Filmwerke sowie wissenschaftliche und technische Darstellungen wie z. B. Pläne, Karten, Tabellen etc. beispielhaft genannt. Nach § 4 UrhG können zudem auch Sammelwerke und Datenbanken als Werke geschützt sein. Zu beachten ist dabei, dass die Rechtsprechung im Rahmen einer umfangreichen Kasuistik für verschiedene Werkarten unterschiedliche Anforderungen an die Schöpfungshöhe stellt.[10]

Nicht missverstanden werden sollte die Nichtanerkennung als urheberrechtliches Werk mit einer Aberkennung künstlerischer oder wissenschaftlicher Qualität. Dies ist

---

4 Schulze, in: Dreier/Schulze, Urheberrechtsgesetz, 6. Auflage 2018, § 2 UrhG, Rn. 8.
5 Schulze, in: Dreier/Schulze, [Fn. 4], § 2 UrhG, Rn. 12.
6 BGH, GRUR 1984, S. 429 (431).
7 BGH, GRUR 1988, S. 533 (535).
8 Aus beweisrechtlicher Sicht diskutiert in: OLG Köln, ZUM-RD 1999, S. 223.
9 M. w. N. Bullinger, in: Wandtke/Bullinger, Urheberrecht, 5. Auflage 2019, § 2 UrhG, Rn. 27 f.
10 Weiterführend Schulze, in: Dreier/Schulze, [Fn. 4], § 2 UrhG, Rn. 24 ff.

insbesondere im Hinblick auf Forschungsdaten zu bedenken, die vielfach eine Gestalt annehmen, die das Urheberrecht nicht schützt (z. B. Mess- und Metadaten).[11]

2.2 Verwandte Schutzrechte

Darüber hinaus hat der Gesetzgeber bestimmte Leistungen, rechtlich privilegiert (§§ 70 ff UrhG), die nicht als persönliche geistige Schöpfungen i. S. v. § 2 Abs. 2 UrhG zu qualifizieren sind. Anknüpfungspunkt können zum einen persönliche Leistungen sein – so z. B. bei ausübenden Künstlern, die fremde Werke aufführen, singen oder spielen und dabei selbst eine kreative Interpretationsleistung erbringen (§§ 73 ff UrhG), aber auch bei der wissenschaftlichen Editionsarbeit durch die Verfasser wissenschaftlicher Ausgaben (§ 70 UrhG) oder bei Fotografen von Aufnahmen, die keine besondere Originalität aufweisen (§ 72 UrhG). Zum anderen werden wirtschaftliche, organisatorische oder technische Leistungen geschützt. Beispiele sind der Schutz wesentlicher Investitionen durch das Datenbankherstellerrecht (§§ 87a ff UrhG) und wirtschaftlicher bzw. organisatorischer Leistung von Presseverlegern (§§ 87f ff UrhG).

Praktisch kann daraus ein Nebeneinander von Werk- und Leistungsschutz resultieren. Z. B. ist es alles andere als selten, dass eine Datenbank sowohl nach § 4 Abs. 2 UrhG als auch nach § 87b UrhG Schutz genießt. Beide Rechte bestehen dann unabhängig von- und kumulativ zueinander.[12] Gerade in der staatlich finanzierten Wissenschaft führt dies zu konkurrierenden Rechtspositionen: Urheber an von ihnen konzipierten Datenbanken sind die Wissenschaftler selbst, die Datenbankherstellerrechte an diesen stehen hingegen i. d. R. aufgrund ihrer Investition Hochschulen bzw. Forschungsförderern zu.

Auch inhaltlich unterscheiden sich verwandte Schutzrechte substantiell. So sind z. B. die Schutzdauern deutlich kürzer bemessen. Während der Werkschutz nach dem Tod des Urhebers noch 70 Jahre fortdauert, endet z. B. das Datenbankherstellerrecht 15 Jahre nach deren Herstellung (§ 87d UrhG). Noch kürzer währt das Presseverlegerrecht, das bereits zwei Jahre nach Veröffentlichung erlischt (§ 87j UrhG). Umgekehrt verweist der Gesetzgeber bei der Normierung von Leistungsschutzrechten in erheblichem Umfang auf die Regeln zum Werkschutz. So sind z. B. auf Lichtbilder nach § 72 Abs. 1 UrhG die Regeln für Lichtbildwerke entsprechend anwendbar.

3 Rechte des Urhebers

Das Urheberrecht sichert gleichermaßen die ideellen wie auch die materiellen Interessen des Urhebers (vgl. § 11 S. 1 UrhG). Ihm steht daher nicht nur die alleinige Entscheidung über die wirtschaftliche Verwertung seines Werkes zu (3.2), sondern es wird auch die Beziehung des Urhebers zu seinen jeweiligen Werken geschützt (3.1).[13] In dieser Doppelnatur unterscheidet sich die deutsche von anglo-amerikanischen Rechtsordnungen. Dies hat praktische Auswirkungen: So kann nach deutschem Recht nicht kraft Rechtsgeschäft

---

11 Weiterführend Baumann/Krahn/Lauber-Rönsberg, Forschungsdatenmanagement und Recht, 2021, S. 23 ff.
12 BGH, GRUR 2007, S. 685.
13 Bullinger, in: Wandtke/Bullinger, [Fn. 9], Vor §§ 12 ff UrhG, Rn. 1.

auf das Urheberrecht in seiner Gesamtheit verzichtet werden.[14] Daher ist z. B. eine Freigabe für die *public domain* nicht möglich, vielmehr werden Werke erst mit dem Ende der Schutzdauer gemeinfrei.

3.1 Urheberpersönlichkeitsrecht

„Das Urheberpersönlichkeitsrecht schützt weder die Person des Urhebers noch das Werk als immaterielles Gut, sondern die besondere ideelle Beziehung zwischen Urheber und Werk."[15] Inhaltlich umfasst das Urheberpersönlichkeitsrecht das Veröffentlichungsrecht aus § 12 UrhG, d. h. das Recht des Urhebers darüber zu bestimmen, ob und in welcher Form er seine jeweiligen Werke der Öffentlichkeit zugänglich macht,[16] das Recht auf Anerkennung der Urheberschaft aus § 13 UrhG sowie den Schutz gegen Entstellungen oder andere Beeinträchtigungen gemäß § 14 UrhG.

3.2 Verwertungsrechte

Im Gegensatz dazu sichern Verwertungsrechte dem Urheber das ausschließliche Recht zur Nutzung und wirtschaftlichen Verwertung seiner Werke. Zu unterscheiden ist zwischen der Verwertung in körperlicher Form (§ 15 Abs. 1 UrhG), was die Vervielfältigung, Verbreitung und Ausstellung umfasst, und in unkörperlicher Form (§ 15 Abs. 2 UrhG), wozu insbesondere das Zugänglichmachen eines Werkes in digitalen Medien gehört. In diesen Kontext gehört auch das Bearbeitungsrecht aus § 23 UrhG.[17]

3.2.1 Vervielfältigungsrecht

Eine Vervielfältigung i. S. d. Urheberrechts ist „jede körperliche Festlegung eines Werkes, die geeignet ist, das Werk den menschlichen Sinnen [...] unmittelbar oder mittelbar wahrnehmbar zu machen".[18] Unter § 16 UrhG fallen nicht nur Kopien auf Papier, sondern auch alle Formen der Festlegung auf digitalen Speichermedien. Dies gilt sogar für die vorübergehende Speicherung im Arbeitsspeicher z. B. beim Streaming oder Browsing. Allerdings ist solches Caching nach § 44a UrhG erlaubnisfrei zulässig, wenn es im Rahmen einer rechtmäßigen Nutzung erfolgt und ihm keine eigenständige wirtschaftliche Bedeutung zukommt. Auch das Setzen eines Hyperlinks stellt keine Vervielfältigung dar; anders kann aber seine Aktivierung zu bewerten sein.[19]

---

14 Hoche, in: Wandtke/Bullinger, [Fn. 9], § 29 UrhG, Rn. 15.
15 Peukert, in: Loewenheim, [Fn. 3], § 15, Rn. 1.
16 BGH, GRUR 2017, S. 1027 (1034).
17 Nach h. M. ein selbstständiges Verwertungsrecht. Vgl. Schulze, in: Dreier/Schulze, [Fn. 4], § 23, Rn. 9 f.
18 BGH, GRUR 1955, S. 492 (494).
19 BGH, GRUR 2003, S. 958 (961). Weiterführend Schulze, in: Dreier/Schulze, [Fn. 4], § 16, Rn. 14.

3.2.2 Verbreitungsrecht

Das Recht das Original oder Vervielfältigungsstücke eines Werkes der Öffentlichkeit anzubieten oder in den Verkehr zu bringen wird durch § 17 UrhG geschützt. Es bezieht sich allerdings ausschließlich auf die körperliche Verbreitung, nicht hingegen auf Online-Nutzungen.[20] Eine körperliche Fixierung und damit eine Verbreitung liegt allerdings auch vor, soweit digitale Inhalte auf Datenträgern vertrieben werden. Entscheidend ist, dass das Verbreitungsrecht eine Eigentumsübertragung impliziert, daher ist insbesondere die Vermietung als bloße Besitzübertragung nicht umfasst.[21] Nach dem ersten Veräußerungsvorgang erschöpft sich das Verbreitungsrecht an einem Werkstück (§ 17 Abs. 2 UrhG); auf die weitere Verbreitung haben Urheber keinen Einfluss mehr. Eine entsprechende Regelung fehlt für andere Verwertungshandlungen, was insb. die Verkehrsfähigkeit digitaler Medien erheblich einschränkt. Eine Ausnahme besteht lediglich für Software (§ 69c Nr. 3 S. 2 UrhG).

3.2.3 Öffentliches Zugänglichmachen

Im digitalen Zeitalter kommt dem Recht aus § 19a UrhG, Werke in digitalen Netzen zum Abruf bereitzuhalten und zu übermitteln, als „Internetverwertungsrecht" eine zentrale Rolle zu. Die Norm ist technologieneutral formuliert, so dass eine Übertragung über alte DSL-Anschlüsse ebenso erfasst ist wie über moderne 5G-Mobilfunknetze.[22] Öffentlich ist die Zugänglichmachung hingegen nur, wenn „einer unbestimmten Zahl potenzieller Leistungsempfänger und recht vielen Personen" Zugang eröffnet wird.[23] Daher fällt z. B. die Nutzung in sozialen Netzwerken oder Intranets nicht unter § 19a UrhG, wenn die Nutzer durch persönliche Beziehungen verbunden sind.

Auch in diesem Kontext ist das Setzen von Hyperlinks urheberrechtlich nicht relevant – durch einen solchen Verweis wird nur der Zugriff auf ein bereits anderweitig öffentlich zugänglich gemachtes Werk erleichtert.[24] Anders zu bewerten sind lediglich Deep Links, sofern dabei technische Schutzmechanismen umgangen werden.[25] Demgegenüber ist Framing, also das Einbetten fremder Inhalte in der eigenen Webseite, erlaubnisfrei zulässig.[26]

---

20 Schulze, in: Dreier/Schulze, [Fn. 4], § 17 UrhG, Rn. 5 f.
21 EuGH, ZUM 2008, S. 508; BGH, GRUR 2008, S. 840 (841).
22 Bullinger, in: Wandtke/Bullinger, [Fn. 9], § 19a UrhG, Rn. 5.
23 EuGH, GRUR 2012, S. 597 (598). Der EuGH präzisiert insofern den Öffentlichkeitsbegriff aus § 15 Abs. 3 UrhG.
24 BGH, GRUR 2013, S. 818 (820.
25 Ibid.
26 EuGH, GRUR 2014, S. 1196 (1197); BGH, GRUR 2016, S. 171. Entscheidend soll sein, ob durch die Wiedergabe ein neues Publikum erreicht werde, daran fehle es hinsichtlich der einheitlich zu betrachtenden Internetnutzerschaft.

3.2.4 Bearbeitungen

Im Gegensatz zum Vervielfältigungsrecht, das die Verwertung eines Werkes in (nahezu) identischer Form regelt, ist § 23 UrhG anwendbar, wenn dieses in abgeänderter Form genutzt wird (z. B. durch die Übersetzung eines Sprachwerkes). Die Herstellung einer Bearbeitung oder anderen Umgestaltung ist erlaubnisfrei; hingegen darf das bearbeitete Werk nur mit Zustimmung des jeweiligen Urhebers des Ursprungswerks veröffentlicht oder verwertet werden. Dies gilt nicht in den in § 23 Abs. 2 UrhG aufgezählten Ausnahmefällen (u. a. Verfilmung) – dort ist bereits das Herstellen erlaubnispflichtig.

Weist eine Bearbeitung eine ausreichende schöpferische Eigenart auf, kann sie selbst Schutz als Werk genießen (§ 3 UrhG). Verblassen die Züge des benutzten gar hinter denen des neu geschaffenen Werkes, so liegt eine freie Benutzung nach § 23 Abs. 1 S. 2 UrhG vor – das Zustimmungserfordernis entfällt dann.

Allerdings stellt nicht jede Veränderung eines geschützten Werkes eine Bearbeitung dar. So ist die Verkleinerung und Komprimierung von visuellen Werken in Vorschaubildern (Thumbnails) als Vervielfältigung einzuordnen, da das Werk „in seinen wesentlichen schöpferischen Zügen" unverändert bleibt.[27]

4 Übertragung von Urheberrechten

Indem das Urheberrecht auch auf die Wahrung wirtschaftlicher Interessen der Urheber abzielt und damit Anreize zur Erbringung kreativer Leistungen setzen möchte, ist es auf die Verkehrsfähigkeit urheberrechtlicher Rechtspositionen angewiesen. Daher mag es widersprüchlich anmuten, dass das Urheberrecht zwar vererb- (§ 28 UrhG), nicht aber ganz oder auch nur teilweise übertragbar ist (§ 29 Abs. 1 UrhG). Urheber können aber anderen das Recht einräumen, ihr jeweiliges Werk in bestimmter Weise zu nutzen (§§ 29 Abs. 2, 31 Abs. 1 UrhG). „Das Urheberrecht selbst verbleibt dabei, belastet mit dem Nutzungsrecht, beim Urheber."[28] Dies hat praktische Vorteile: So fallen Nutzungsrechte als abgeleitete „Tochterrechte" automatisch an die jeweiligen Urheber zurück, wenn ein Nutzungsvertrag endet, ohne dass eine Rückabwicklung notwendig wäre.[29]

Die Einräumung von Nutzungsrechten kann sich auf einzelne oder alle Nutzungsarten beziehen. Angeknüpft wird dabei an bestimmte Verwendungsformen oder Vertriebswege (z. B. Vertrieb eines Buches als Printausgabe oder sein Vertrieb im Internet). Es können sogar Rechte für noch nicht bekannte Nutzungsarten übertragen werden, dann ist aber die Schriftform erforderlich (§ 31a UrhG).

Im Unterschied zu Sachen liegt die Besonderheit geistigen Eigentums darin, dass es von einer Vielzahl an Personen gleichzeitig genutzt werden kann. Daher kann z. B. ein Musiker verschiedenen Radiostationen das Recht einräumen, ein von ihm komponiertes Musikstück zu spielen. Praktisch erfolgt dies in Deutschland i. d. R. durch die Verwertungsgesellschaft GEMA. Ebenso könnte er aber auch einem einzigen Lizenznehmer exklusive Rechte gewähren. Das Gesetz unterscheidet insofern zwischen einfachen und ausschließlichen Nutzungsrechten (§ 31 Abs. 1 S. 2 UrhG). Letztere berechtigten die jeweiligen Inhaber nicht nur dazu Dritte, sondern sogar die Urheber selbst von der einge-

---

27 BGH, GRUR 2010, S. 628 (630).
28 BT-Drs. IV/270, S. 30.
29 Schulze, in: Dreier/Schulze, [Fn. 4], § 29 UrhG, Rn. 16.

räumten Nutzungsmöglichkeit auszuschließen.[30] Dies ist z. B. gängige Praxis bei Verlagsverträgen. Wissenschaftler werden dadurch in der Nachnutzung ihrer eigenen Werke für zukünftige Forschungsprojekte und die Lehre erheblich behindert. Ein Gegenmodell bietet Open Access, das auf dem Angebot einfacher Nutzungsrechte an jedermann basiert.

Darüber hinaus lassen sich Nutzungsrechte auch in räumlicher, zeitlicher oder inhaltlicher Hinsicht beschränken (§ 31 Abs. 1 S. 2 UrhG). Z. B. sind bei der Lizenzierung von Filmprodukten zeitliche befristete Lizenzen an Sendeanstalten oder Streaming-Dienste gängig.

Nicht immer wird der Umfang der übertragenen Nutzungsrechte aber detailliert geregelt. So wird bei wissenschaftlichen Zeitschriften oder Aufsatzsammlungen nicht selten auf einen schriftlichen Autorenvertrag verzichtet. Der Vertragsschluss erfolgt dann konkludent durch Einreichung des Manuskripts und dessen Annahme zur Veröffentlichung. Für solche Fälle sieht die Auslegungsregel aus § 38 Abs. 1 und Abs. 2 UrhG vor, dass die Verlage bzw. Herausgeber im Zweifel ein ausschließliches Nutzungsrecht erwerben, aber die Urheber nach Ablauf eines Jahres seit Erscheinen ihre Werke wieder ohne Zustimmung nutzen dürfen.

Auch für Fälle, in denen Umfang und Dauer eines ausschließlichen Nutzungsrechts unzweifelhaft sind, ist nach § 38 Abs. 4 UrhG eine Zweitverwertung wissenschaftlicher Zeitschriftenbeiträge in der Manuskriptversion nach Ablauf von zwölf Monaten zu nicht kommerziellen Zwecken gestattet, sofern der Beitrag das Resultat einer mindestens zur Hälfte öffentlich finanzierten Forschungstätigkeit ist.

5 Gesetzlich erlaubte Nutzungen

Wie andere eigentumsrechtliche Positionen unterliegen auch Urheber- und Leistungsschutzrechte im Interesse der Allgemeinheit bestimmten Schranken. Insbesondere müssen Urheber freien Zugang zu ihren Werken gewähren, „wo dies unmittelbar der Förderung der geistigen und kulturellen Werte dient".[31] Konkretisiert werden diese Ausnahmeregelungen in einem abschließenden Katalog von gesetzlich erlaubten Nutzungen (§§ 44a-63a UrhG).

5.1 Zitatrecht

Für die Wissenschaft von essentieller Bedeutung – aber keinesfalls auf diese beschränkt – ist die Zitierfreiheit aus § 51 UrhG. Diese erlaubt die Vervielfältigung, Verbreitung und öffentliche Wiedergabe eines veröffentlichten Werkes. Nicht umfasst ist damit das Zitieren aus Werken, die nie mit der Zustimmung der Berechtigten der Öffentlichkeit zugänglich gemacht wurden (§ 6 Abs. 1 UrhG). Daran fehlt es z. B. oft bei Dokumenten aus Nachlässen. Das Zitat muss durch einen besonderen Zweck gerechtfertigt sein. In der Regel wird dies der Beleg von Aussagen bzw. die Verwendung als Grundlage selb-

---

30 Hoeren, in: Kuhlen/Semar/Strauch, Grundlagen der praktischen Information und Dokumentation, 6. Ausgabe 2013, S. 39 (42).
31 BT-Drs. IV/270, S. 30.

ständiger Ausführungen der Zitierenden sein. Nicht ausreichend ist hingegen, wenn lediglich Ausschmückung oder Illustration bezweckt ist.[32] Im Bereich der Kunstfreiheit hat die Rechtsprechung davon allerdings eine Ausnahme gemacht und ein Zitat „als Mittel künstlerischen Ausdrucks" auch ohne Belegfunktion zugelassen.[33]

Fremde und eigene Werk(-teile) müssen dabei unterscheidbar bleiben, andernfalls handelt es sich um ein *Plagiat* (vgl. Kapitel F 5). Praktisch wird dies durch das Gebot der Quellenangabe sichergestellt (§ 63 UrhG).

Das Zitatrecht ist nicht auf Teile eines Werkes beschränkt, sondern kann auch die vollständige Nutzung eines fremden Werkes rechtfertigen. Dies gilt insbesondere nach § 51 S. 2 Nr. 1 UrhG für das wissenschaftliche Großzitat – also die Aufnahme in ein selbstständiges wissenschaftliches Werk zur Erläuterung des Inhalts. Für die Forschung nicht minder wichtig ist das *Bildzitat*, das häufig ebenfalls die vollständige Nutzung eines fremden Werkes impliziert. Dieses bildet die Grundlage für die Nachnutzung fremder Werke der bildenden Künste, Lichtbilder und wissenschaftlicher und technischer Darstellungen.

5.2 Schranken für die Wissenschaft

Eine Neuregelung haben 2018 für Forschung, Lehre aber auch Bibliotheken und Archive elementare Schrankenbestimmungen erfahren. Nach § 60a UrhG ist zur Veranschaulichung von *Unterricht und Lehre* an Bildungseinrichtungen zu nicht kommerziellen Zwecken das Vervielfältigen, Verbreiten und öffentliche Zugänglichmachen von 15 % eines veröffentlichten Werkes erlaubt. Die Regelung privilegiert nicht nur den Unterricht an Hochschulen, sondern auch an Schulen und sogar frühkindlichen Bildungseinrichtungen.[34] Erfasst sind auch E-Learning und Fernunterricht.[35] Vollständig genutzt werden dürfen Abbildungen, einzelne Beiträge aus wissenschaftlichen Zeitschriften und sonstige Werke geringen Umfangs sowie vergriffene Werke. Ausgenommen ist hingegen die Nutzung von Schulbüchern und Musiknoten sowie Mitschnitten von Konzerten, Lesungen oder Filmaufführungen, sofern angemessene Lizenzen für Bildungseinrichtungen verfügbar sind.

Zum Zweck nicht kommerzieller, *wissenschaftlicher Forschung* dürfen gemäß § 60c UrhG ebenfalls 15 % eines fremden Werkes vervielfältigt und für einen abgrenzbaren Personenkreis (z. B. eine Forschungsgruppe) oder zur Überprüfung der Qualität wissenschaftlicher Forschung verbreitet und zugänglich gemacht werden. Für die eigene wissenschaftliche Forschung dürfen sogar 75 % eines Werkes vervielfältigt werden – die Weitergabe an Dritte ist dann allerdings nicht erlaubt. Identisch zu § 60a UrhG ist die vollständige Nutzung von Werken geringen Umfangs und vergriffener Werke gestattet.

Zu den Regeln für Text- und Data-Mining siehe Kapitel B 16.

Für wichtige Aspekte der Informationsversorgung durch *Bibliotheken* schafft § 60e UrhG eine rechtliche Grundlage. Durch die Norm privilegiert sind nach der Legaldefinition in Abs. 1 nur öffentlich zugängliche Bibliotheken, die keine kommerziellen Zwecke verfolgen. Diese Einschränkung gilt für die gesamte Vorschrift.[36] Ausschlaggebend ist,

---

[32] Wandtke/Ostendorff, Urheberrecht, 8. Auflage 2021, S. 243.
[33] BGH, GRUR 2008, S. 693 (696).
[34] BT-Drs. 18/12329, S. 36.
[35] Ibid.
[36] BT-Drs. 18/12329, S. 42.

ob mit der Tätigkeit Gewinne erzielt werden sollen. Hingegen steht es den Einrichtungen frei, Entgelte zur Deckung von Verwaltungskosten zu erheben.[37] Absatz 6 berechtigt kommerziell ausgerichtete Bibliotheken aber immerhin dazu, Vervielfältigungen nach Abs. 1 anzufertigen.

Erlaubt ist Bibliotheken nach § 60e Abs. 1 UrhG die Vervielfältigung von Werken aus ihrem Bestand zur öffentlichen Zugänglichmachung, Indexierung, Katalogisierung, Erhaltung und Restaurierung. Technisch bedingte Änderungen sind dabei erlaubt, so dass die Norm auch die Digitalisierung von (Alt-)Bestand ermöglicht. Damit ist aber nur das Anfertigen von Digitalisaten geregelt, die Zugänglichmachung an die Nutzer richtet sich hingegen nach Abs. 4 und bleibt damit auf Terminals beschränkt.[38] Der Download ist dabei auf 10 % eines Werkes je Sitzung begrenzt – eine Ausnahme gilt für Werke geringen Umfangs bzw. vergriffene Werke, die vollständig aus der gesicherten Leseumgebung heruntergeladen werden dürfen. § 60e Abs. 5 regelt den Kopienversand, d. h. die Lieferung von Scans an Nutzer auf Einzelbestellung. Die Lieferung ist auch hier auf 10 % eines Werks limitiert; vollständig geliefert werden dürfen – die Rechtslage ist insofern besonders restriktiv – lediglich einzelne Beiträge aus Fachzeitschriften oder wissenschaftlichen Zeitschriften.

Durch § 60f Abs. 1 UrhG wird die Anwendung der Schrankenregeln aus § 60e Abs. 1 bis 4 UrhG auf Archive, Einrichtungen des Film- oder Tonerbes sowie öffentliche Museen und Bildungseinrichtungen ausgedehnt, so dass sich z. B. auch Volkshochschulen und Schulbibliotheken auf die Norm berufen können.

Entscheidend für den Umgang mit Rechteinhabern ist § 60g Abs. 1 UrhG. Danach können sich diese auf Vereinbarungen, die eine nach §§ 60a bis 60f UrhG erlaubte Nutzung beschränken oder untersagen, nicht berufen. Praktisch bedeutet dies, dass Wissenschaftler und Mitarbeiter von Kulturerbeeinrichtungen, soweit eine Nutzung durch die Schranken gedeckt ist, nicht das Vorliegen oder die Bedingungen von Lizenzverträgen prüfen müssen.[39] Eine Durchbrechung erfährt dieser *Vorrang der Schranke* allerdings soweit es sich um vor dem 1. März 2018 geschlossene Altverträge handelt (§ 137o UrhG) oder die Vereinbarung ausschließlich die Terminalnutzung bzw. den Kopienversand regelt (§ 60g Abs. 2 UrhG).

Der besonderen Bedeutung von Presseerzeugnissen als Gegenstand und Quelle wissenschaftlicher Forschung werden die aktuellen Regelungen hingegen nicht gerecht: Obwohl angesichts des regelmäßig geringen Textumfangs ein prozentual begrenzter Anteil i. d. R. keine sinnvolle Nutzung ermöglicht, gelten die Ausnahmen in §§ 60a Abs. 2, 60c Abs. 3 und 60e Abs. 4 UrhG für Beiträge aus Zeitungen nicht.[40]

5.3 Privatkopie und sonstiger eigener Gebrauch

Für den Bereich der privaten Nutzung bietet § 53 Abs. 1 UrhG die rechtliche Grundlage. Zulässig sind danach einzelne Vervielfältigungen auf beliebigen Trägern sofern sie weder unmittelbar oder mittelbar Erwerbszwecken dienen und die Vorlage nicht offensichtlich rechtswidrig hergestellt oder öffentlich zugänglich gemacht wurde. Wissenschaftliche Nutzungen können daher nur bei privaten Forschungsinteressen, die jenseits des be-

---

37 BT-Drs. 18/12329, S. 44.
38 Jani, in: Wandtke/Bullinger, [Fn. 9], §§ 60e, 60f UrhG, Rn. 16.
39 Dreier, in: Dreier/Schulze, [Fn. 4], § 60g UrhG, Rn. 4.
40 BT-Drs. 18/13014, S. 28. Anders noch der Regierungsentwurf BT-Drs. 18/12329, S. 35.

ruflichen Kontexts verfolgt werden, auf die die Norm gestützt werden. Gängige Anwendungsfälle sind Sicherungskopien fremder Software oder Fotografien auf USB-Sticks, Festplatten oder in der Cloud, aber auch die Aufzeichnung von Fernsehsendungen. Ungeklärt ist noch die rechtliche Bewertung von 3D-Druck im privaten Kontext.[41] Ein Kopierschutz darf dabei allerdings nicht „gehackt" werden. Lediglich Papierkopien müssen die Rechteinhaber ermöglichen (§ 95b Abs. 1 Nr. 6 UrhG).

§ 53 Abs. 2 UrhG erlaubt Vervielfältigungen für private Archivzwecke, die eigene Unterrichtung zu Tagesfragen aus dem Rundfunk und zum sonstigen eigenen Gebrauch. Bemerkenswert ist, dass diese Schrankenregelungen teilweise deutlich über die für wissenschaftliche Zwecke erlaubten Nutzungen hinausgehen. So dürfen z. B. seit mindestens zwei Jahren vergriffene Werke ebenso vollständig kopiert oder ausgedruckt werden wie Zeitschriften- und sogar Zeitungsbeiträge. Allerdings gilt dies gemäß Abs. 2 S. 2 nur sofern es sich um analoge bzw. Nutzungen in Papierform handelt. Eine Weitergabe der hergestellten Kopien ist ebenfalls nicht zulässig (Abs. 6).

6 Rechtsfolgen von Urheberrechtsverletzungen

Die Verletzung von Urheberrechten kann sowohl strafrechtliche (Abschnitt 6.1) als auch zivilrechtliche Folgen (Abschnitt 6.2) nach sich ziehen.

6.1 Strafrechtliche Sanktionen

Ähnlich wie andere eigentumsrechtliche Rechtspositionen schützt die Rechtsordnung auch die des Urhebers mit den Mitteln des Strafrechts (§§ 106- 111 UrhG) – und punktuell auch mit denen des Ordnungswidrigkeitenrechts (§ 111a UrhG). Es bestehen allerdings zwei Einschränkungen: Zum einen handelt es sich durchgehend um Vorsatzdelikte – die fahrlässige Verletzung fremder Urheberrechte ist nur zivilrechtlich relevant. Zum anderen werden diese Straftaten mit wenigen Ausnahmen nur auf Antrag der Geschädigten verfolgt (§ 109 UrhG). Die zentrale Strafnorm ist dabei § 106 UrhG, wonach die Nutzung eines Werks ohne Einwilligung des Rechteinhabers bzw. gesetzliche Erlaubnis strafbar ist. Überwiegend ist darüber hinaus auch die Verletzung von Leistungsschutzrechten sanktioniert (§ 108 UrhG).

6.2 Zivilrechtliche Ansprüche

Praktisch wesentlich bedeutender sind zivilrechtliche Abwehransprüche gegen Urheberrechtsverletzungen. Eine Schlüsselfunktion kommt dabei § 97 UrhG zu. Die Norm gewährt für den Fall einer widerrechtlichen Verletzung von Urheber- oder Leistungsschutzrechten drei grundlegende Anspruchsgrundlagen: Unabhängig von einem Verschulden bestehen Ansprüche auf Beseitigung der Beeinträchtigung und Unterlassung bei Wiederholungsgefahr bzw. wenn erstmalig eine Zuwiderhandlung unmittelbar droht. Hingegen

---

41 Wandtke/Ostendorff, [Fn. 32], S. 258.

kann Schadensersatz nur gefordert werden, wenn die urheberrechtswidrige Handlung vorsätzlich oder fahrlässig vorgenommen wurde.

Nicht anwendbar ist § 97 UrhG auf schuldrechtliche Ansprüche oder andere nicht absolut, d. h. nicht gegenüber jedermann wirkende Rechte. Dies gilt insbesondere für die Verletzung von Pflichten aus Verträgen, die urheberrechtliche Nutzungsrechte einräumen (Autoren-, Lizenzverträge). Wenn zugleich aber auch absolute Urheberrechte des Vertragspartners verletzt werden, stehen diesem zusätzlich auch Ansprüche aus § 97 UrhG zu.[42] Dies wäre z. B. der Fall, wenn ein Verlag die Übersetzung eines Werkes auf den Markt bringt, obwohl ihm vertraglich nicht das Recht dazu eingeräumt wurde, und damit das absolut geltende Zustimmungserfordernis aus § 23 Abs. 1 UrhG verletzt. Ein widerrechtliches Handeln liegt vor, wenn die berechtigte Person den Eingriff weder auf Grund urheberrechtlicher Schranken dulden muss, noch in diesen eingewilligt hat.[43]

Besteht ein Schadensersatzanspruch, hat die geschädigte Person die Wahl zwischen drei Berechnungsweisen (§ 97 Abs. 2 UrhG):
– Ersatz des konkret entstandenen Schadens, d. h. die geschädigte Person ist so zu stellen, als wäre die Rechtsverletzung nicht geschehen. Dabei kann sie auch den entgangenen Gewinn fordern (§§ 249 ff BGB).
– Herausgabe des vom Schädiger durch den Eingriff erzielten Gewinns. Dabei ist unerheblich, ob der Anspruchsteller diesen Gewinn selbst in gleicher Weise hätte erwirtschaften können.[44]
– Zahlung einer angemessenen Lizenzgebühr aufgrund der Fiktion eines Lizenzvertrages. Diese richtet sich danach, was „bei vertraglicher Einräumung ein vernünftiger Lizenzgeber gefordert und ein vernünftiger Lizenznehmer gewährt hätte".[45] Dabei kommt es weder auf die Profitabilität der Rechtsverletzung für den Schädiger noch darauf an, ob die Parteien bereit gewesen wären, einen Lizenzvertrag miteinander zu schließen.[46] In der Praxis wird überwiegend diese Methode angewandt, da sie weniger aufwendiger und beweisrechtlich für den Geschädigten einfacher zu belegen ist.[47]

Da das Ausmaß einer Verletzung immaterieller Rechte für die geschädigte Person oftmals nicht ohne weiteres zu ermitteln ist, erkennt die Rechtsprechung dieser flankierend einen Anspruch auf Auskunft und Rechnungslegung zu (§§ 242, 259, 260 BGB).[48]

Darüber hinaus kann bei schwerwiegenden Beeinträchtigungen des Urheberpersönlichkeitsrechts nach § 97 Abs. 2 S. 4 UrhG auch der Ersatz immaterieller Schäden verlangt werden, soweit dies der Billigkeit entspricht. Der Anspruch steht neben Urhebern auch den Verfassern wissenschaftlicher Ausgaben (§ 70 UrhG), Lichtbildnern (§ 72 UrhG) und ausübenden Künstlern (§ 73 UrhG) zu.

---

42 Reber, in: Loewenheim, [Fn. 3], § 86, Rn. 3.
43 Specht, in: Dreier/Schulze, [Fn. 4], § 97 UrhG, Rn. 14.
44 Reber, in: Loewenheim, Loewenheim, [Fn. 3], § 86, Rn. 203.
45 BGH, GRUR 1990, S. 1008 (1009).
46 Von Wolff, in: Wandtke/Bullinger, [Fn. 9], § 97 UrhG, Rn. 71 f.
47 Kritisch dazu Specht, in: Dreier/Schulze, [Fn. 4], § 97 UrhG, Rn. 81.
48 BGH, GRUR 1980, S. 227 (232).

7 Internationale Bezüge

Mit der Digitalisierung geht eine Dichotomie einher zwischen der nationalstaatlich organisierten physischen Welt und den staatliche Grenzen weitgehend ignorierenden Flüssen von Daten, Information und Kommunikation in digitalen Netzen. Urheberrechtliche Sachverhalte lassen sich daher immer seltener auf eine einzelne Rechtsordnung begrenzen. Trotz Harmonisierungsbestrebungen durch völkerrechtliche Verträge (z. B. RBÜ, TRIPS und WIPO-Urheberrechtsvertrag) und im europäischen Kontext durch EU-Richtlinien besteht bis heute kein weltweit einheitliches Urheberrecht.[49] Vielmehr verbleiben substantielle Unterschiede zwischen den verschiedenen nationalen Regelungen. So erfüllt etwa im US-Recht die *fair use*-Doktrin (17 U. S. Code § 107) für den Wissenschaftsbereich die Rolle des ausdifferenzierten Systems der Schrankenregelungen in §§ 60a ff UrhG. Diese nationalen Urheberrechtsordnungen bleiben in ihrer Geltung auf das jeweilige Staatsgebiet beschränkt. „Folglich entsteht in der Person des Urhebers ein Bündel nationaler Urheberrechte, deren einzelne Voraussetzungen und Inhalt sich nach dem jeweiligen nationalen Recht bestimmen."[50] Dadurch kann z. B. die Schutzdauer des gleichen Werks in verschiedenen Staaten voneinander abweichen. Mehr noch, manche Rechtspositionen existieren nur in einzelnen Rechtsordnungen. Beispielsweise ist das Leistungsschutzrecht für Presseverleger eine europäische Besonderheit.

Erwächst in einer Konstellation mit Auslandsberührung eine Urheberrechtsstreitigkeit, so prüft das angerufene staatliche Gericht zunächst seine Zuständigkeit nach den Regeln des Internationalen Zivilprozessrechts. Nur wenn es diese bejaht, bestimmt es mit Hilfe des sog. Kollisionsrechts in einem zweiten Schritt das anwendbare nationale Recht. Im Ergebnis führt dies dazu, dass Gerichte manche Fälle nach ausländischen Normen entscheiden. Für urheberrechtliche Sachverhalte existieren dabei zwei unterschiedliche Anknüpfungen: Vertragsstatut und Schutzlandprinzip.

7.1 Vertragsstatut

Soweit es sich um urheberrechtliche Verträge handelt (z. B. Autoren- oder Lizenzverträge) können die Parteien das anwendbare Recht durch Vereinbarung selbst bestimmen (Art. 3 Rom I-VO). Praktisch gibt die ökonomisch mächtigere Seite dieses häufig in ihren Allgemeinen Geschäftsbedingungen vor – gegenüber Verbrauchern bestehen insofern aber Einschränkungen, da ihnen nicht der Schutz zwingender Vorschriften ihres Heimatlandes entzogen werden darf (Art. 6 Abs. 2 Rom I-VO). Fehlt es hingegen an einer Rechtswahl unterliegen urheberrechtliche Verträge dem Recht desjenigen Staates, in dem die Partei, welche die für den Vertrag charakteristische Leistung erbringt, ihren gewöhnlichen Aufenthalt hat (Art. 4 Abs. 2 Rom I-VO). Wenn die andere Seite lediglich eine Zahlungspflicht trifft, ist dies regelmäßig die Partei, die sich zur Einräumung von Nutzungsrechten verpflichtet.[51] Trifft die andere Seite hingegen eine Ausübungslast – wie dies bei Übertragung ausschließlicher Nutzungsrechte regelmäßig vereinbart wird – so ist darin die charakteristische Leistung zu sehen.[52] Wenn Wissenschaftler publizieren und dazu

---

49 Dreier, in: Dreier/Schulze, [Fn. 4], Vor §§ 120 ff UrhG, Rn. 1.
50 Dreier, in: Dreier/Schulze, [Fn. 4], Vor §§ 120 ff UrhG, Rn. 28. So auch schon BGH, GRUR 2007, S. 691.
51 LG München I, Schlussurteil vom 9.12.2011 – 21 O 7755/10.
52 Von Welser, in: Wandtke/Bullinger, [Fn. 9], Vor §§ 120 ff UrhG, Rn. 24.

einem Verlag ausschließliche Verwertungsrechte übertragen, ist demnach – sofern nichts anderes vereinbart wird – das Recht des Landes anwendbar, in dem der Verleger den Wohnsitz bzw. der Verlag seine Hauptverwaltung hat (Art. 19 Abs. 1 Rom I-VO). Anders verhält es sich hingegen bei Open-Access-Publikationen, da freie Lizenzen in aller Regel weder eine Rechtswahl noch eine Ausübungspflicht hinsichtlich der eingeräumten einfachen Verwertungsrechte enthalten. Zur Anwendung kommt damit das Recht des Heimatlandes des jeweiligen Autors – ein häufig übersehener Vorzug von Open-Access-Veröffentlichungen. Umgekehrt ist auf die Lizenzierung von Datenbanken, E-Books oder anderen Inhalten durch Forschungsinstitutionen vorbehaltlich einer abweichenden Rechtswahl das Recht desjenigen Landes anwendbar, in dem die Lizenzgeber ihren gewöhnlichen Aufenthalt bzw. ihre Hauptverwaltung haben.

7.2 Schutzlandprinzip

Außerhalb des Bereichs vertraglicher Regelungen, gilt hingegen das Recht des Staates für den Schutz beansprucht wird (Art. 8 Abs. 1 Rom II-VO). Nach dem Schutzlandprinzip beurteilen sich nicht nur außervertragliche Verletzungen von Urheberrechten, sondern auch deren Entstehung, Inhalt, Umfang, Übertragbarkeit und Schutzdauer.[53] Es soll sogar für Schrankenbestimmungen gelten,[54] sodass sich im Hinblick auf in Deutschland durchgeführte Forschung und Lehre Hochschulen und Wissenschaftler gegenüber ausländischen Rechteinhabern auf die nach deutschem Recht erlaubten gesetzlichen Nutzungen berufen können. Gleichwohl verbleibt gerade in Konstellationen, die Akteure außerhalb der EU involvieren, ein gewisses Maß an Unsicherheit, da nicht garantiert ist, dass ein eventuell angerufenes ausländisches Gericht seine Zuständigkeit verneinen bzw. nach seinem Kollisionsrecht ebenfalls zu einer Anwendung des deutschen Rechts gelangen würde.

8 Ein- und weiterführende Literatur zum Urheberrecht

Eine praktische Auseinandersetzung mit dem Urheberrecht ist in der Wissenschaft oftmals unvermeidbar. Die folgende Liste umfasst Literaturempfehlungen, die sich spezifisch auch an Nicht-Juristen richten.

Hoeren, T. (2020). *Internetrecht*. https://www.itm.nrw/wp-content/uploads/skript-internetrecht-juli-2020.pdf. [Umfassende Darstellung zu Schutz von Inhalten, Haftung und Vertragsschluss im Internet.]

Hoeren, T. (2013). A3 Urheberrecht und Internetrecht. In R. Kuhlen, W. Semar & D. Strauch, *Grundlagen der praktischen Information und Dokumentation* (S. 39–55), 6. Ausgabe. De Gruyter.

Klimpel, P. (2020). *Kulturelles Erbe digital – Eine kleine Rechtsfibel*. https://www.digis-berlin.de/wp-content/uploads/2020/09/digis_PKlimpel_Rechtsfibel.pdf. [Übersicht zu urheber- und datenschutzrechtlichen Fragestellungen bei der Herstellung und Zugänglichmachung von Digitalisaten.]

Kreutzer, T. & Lahmann, H. (2021). *Rechtsfragen bei Open Science*. DOI: https://doi.org/10.15460/HUP.211. [Eine Einführung in Grundfragen von Urheberrecht und Datenschutz in Forschung und Lehre wird mit einem thematisch geordneten Fragenkatalog verknüpft.]

---

53 Wandtke/Ostendorff, [Fn. 32], S. 427.
54 Dreier, in: Dreier/Schulze, [Fn. 4], Vor §§ 120 ff UrhG, Rn. 30.

Schack, H. (2021), *Urheber- und Urhebervertragsrecht*. Mohr Siebeck. [Ebenso umfassendes wie bewährtes Lehrbuch mit zahlreichen praktischen Bezügen.]

Schulze, G. (2020). *Meine Rechte als Urheber*. dtv. [Verständlich geschriebener Ratgeber zum praktischen Umgang mit urheberrechtlichen Fragestellungen.]

Talke, A. (2021). *Bibliothekserlaubnisse im Urheberrecht*. DOI: 10.14279/depositonce-10809. [Praxisnahe Darstellung der Schranken für die Wissenschaft (§§ 60a ff UrhG).]

Johannes Caspar
F 4 Datenschutz und Informationsfreiheit

1 Einleitung: Der Umgang mit Daten als Meta-Thema

Daten sind der Treibstoff der Informationsgesellschaft. Sie sind zentrale Steuerungsressourcen für Wirtschaft und Verwaltung und treiben die Algorithmen an, die die digitale Welt lenken. Darüber hinaus ist der Umgang mit Daten in der öffentlichen Verwaltung entscheidend für die demokratische Willensbildung. Nicht nur in Zeiten von Meinungsmanipulationen und Falschmeldung ist das Recht auf Zugang zu öffentlichen Informationen eine Säule des digitalen Rechtsstaats.

Die häufig gezogene Parallele von Daten zu Öl oder Gold trifft zu, soweit die Nutzendimension und die Begehrlichkeit von Daten betroffen sind: Persönliche Daten werden gesammelt, vermessen, zu Profilen verdichtet und automatisiert ausgewertet. Zur Optimierung sozialer, ökonomischer oder politischer Steuerung kennt die digitale Ausbeutung häufig keine Grenzen.

In einem zentralen Punkt jedoch ist diese Analogie falsch: Unsere persönlichen Daten sind höchstpersönliche Informationen über uns selbst. Sie sind die Verzeichnisse unserer Persönlichkeit und keine quantifizierbaren Ressourcen. Sie betreffen unsere sozialen Kontakte und Vorlieben, unsere Gesundheit, die sexuelle Ausrichtung, die politische Anschauung oder die Orte, die wir virtuell oder analog besuchen. Sie begleiten uns auf unserem Weg durch die digitale Welt und bestimmen unsere Chancen im Leben. Von der Bewerbung auf eine Arbeitsstelle, über den Hauskredit, den Handyvertrag bis hin zur Partnersuche sind die Daten über uns bestimmende Faktoren.

Der gesellschaftlich verantwortliche Umgang mit Daten, insbesondere durch den Einsatz von künstlicher Intelligenz, ist ein Jahrhundertthema durchaus vergleichbar mit dem Klimaschutz, wo als Bedrohungsszenarien, die digitale, die körperliche und die politische Sicherheit genannt werden. (Brundage et al. 2017, S. 9) In der gesellschaftlichen Wahrnehmung ist es heute jedoch mitunter fahrlässig unterbelichtet. Waren die Volkszählung im Jahre 1983 (s. Abschnitt 3) und die Auseinandersetzung um den Panoramadienst Google Street View vor 12 Jahren (Dreier & Spiecker 2010) noch politische und soziale Fanale über die Reichweite und Grenzen der Privatsphäre, bleibt das Thema des Umgangs mit persönlichen Daten derzeit eher auf interessierte Fachkreise beschränkt und führt ein Schattendasein im gesellschaftlichen und politischen Diskurs. Digitales verengt sich darin auf die technische Machbarkeit und auf einen Innovations- und Fortschrittsbegriff, der einseitig auf Effizienzgewinne fokussiert. Normativ-kritische Ansätze werden mitunter ausgeblendet.

Wie wir mit Daten umgehen, ist zweifellos ein Metathema, das jeder inhaltlichen Diskussion vorausliegt. Kommunikation und Information als zentrale Strukturen von demokratischer Teilhabe sind heute abhängig von Macht- und Missbrauchspotentialen globaler digitaler Plattformen und von deren Datenbasis. Global operierende Tech-Firmen sind längst zu Überstaaten geworden, deren Machtbereiche über nationale Grenzen hinausreichen und Einfluss auf Regierungen nehmen. Der massenhafte Zugang zu personenbezogenen Daten verschafft den Betreibern die Steuerungsgewalt über Inhalte, Themen und Meinungen bis hin zum Einfluss auf demokratische Entscheidungen. Staaten und Wirtschaftsunternehmen, allen voran globale Big-Tech-Firmen, versuchen, ihre Datenmacht immer weiter auszudehnen. Das geschieht gefragt oder ungefragt, offen oder heimlich, legal oder illegal. Daten sind die Verheißung für mehr Sicherheit und Kontrolle, mehr Gesundheit, mehr Wohlstand und schließlich auch der Schlüssel zum politischen Erfolg. Die Regulierung des Umgangs mit Informationen hat daher im Zuge der Entwicklung digitaler Technologien und der Ökonomisierung von personenbezogenen Daten eine eminente Bedeutung erlangt.[1]

2 Vom Hessischen Landesdatenschutzgesetz zur EU-Datenschutzgrundverordnung – Historische Etappen des Datenschutzrechts

Das Datenschutzrecht hat vor nicht langer Zeit seinen 50. Geburtstag gefeiert. Das erste Datenschutzgesetz, nicht nur in Deutschland, sondern weltweit, wurde in Hessen Anfang der 1970er Jahre durch den Landesgesetzgeber erlassen.[2] Das Gesetz bezog sich auf die damals in den Anfängen begriffene maschinelle Datenverarbeitung, die zusehends in die Verwaltung, insbesondere in die Sozial- und Steuerverwaltung, einzog. Es richtete sich an öffentliche Stellen des Landes und sah bereits rudimentäre Rechte vor, wie das Recht auf Berichtigung und Wiederherstellung des vorherigen Zustands von Daten und auf Unterlassung der Verarbeitung. Technische und organisatorische Maßnahmen, die Pflichten für Verarbeitende vorsahen, wie auch die Anrufung einer weisungsfreien Stelle – Beauftragte für Datenschutz – waren darin bereits geregelt.

Es sollte von da ab noch fast sieben Jahre dauern, bis – nachdem auch andere Bundesländer entsprechende Regelungen erlassen hatten – das erste Bundesdatenschutzgesetz verabschiedet wurde. Das Gesetz zum Schutz vor dem Missbrauch personenbezogener Daten bei der Datenverarbeitung (BDSG)[3] war durchaus fortschrittlich und auf der Höhe der Zeit: Es sah den Schutz von personenbezogenen Daten nicht nur gegenüber der Verwaltung, sondern auch gegenüber privaten, natürlichen und juristischen Personen vor. Es sollte jedoch noch viele weitere Jahre dauern, bis sich in der Masse die Beschwerden von Bürger*innen gegen die Datenverarbeitung gerade von *privaten Stellen* richteten und der Datenschutz den zentralen Anwendungsbereich im alltäglichen geschäftlichen Leben einnehmen würde. In den ersten Jahrzehnten war das Datenschutzrecht ein Bürgerrecht zunächst und in erster Linie gegen den Staat gerichtet, der die Daten der Bürger*innen für seine Verwaltungszwecke speicherte. Das betraf sowohl die leistende Verwaltung wie auch den Bereich der Eingriffsverwaltung.

3 Das Volkszählungsurteil als Kristallisationspunkt für den modernen Datenschutz

Eine Zäsur für den Datenschutz in Deutschland mit erheblichen Auswirkungen auf die Rechtsentwicklung in Europa brachte die Anerkennung des Datenschutzes als Grund-

---

[1] Hierzu näher (Caspar 2023).
[2] Hess. GVBl. vom 7.10. 1970, S. 625.
[3] BGBl. vom 1. Februar 1977, S. 201.

recht durch ein Grundsatzurteil des Bundesverfassungsgerichts im Zuge mehrerer Verfassungsbeschwerden gegen das Volkszählungsgesetz von 1982.[4]

Die damals angeordnete Datenerhebung über eine Volks- Berufs-, Wohnungs- und Arbeitsstättenzählung hatte in der Bevölkerung erhebliche Ängste und Befürchtungen ausgelöst. Das lag einerseits an der symbolischen Nähe zum George-Orwell-Jahr 1984. Die in der gleichnamigen Romanvorlage aufgezeigte Dystopie eines totalitären Überwachungsstaates, der seine Bürger*innen auf Schritt und Tritt verfolgte, war gerade über die jüngere deutsche Geschichte noch im kollektiven Bewusstsein der Menschen verankert und in Gestalt der SED-Diktatur im anderen Teil Deutschlands für die Menschen im Westen jederzeit greifbar.

Gleichzeitig wurde der massive Ausbau staatlicher Eingriffsinstrumente zur Bekämpfung des Terrorismus der Roten Armee Fraktion in den 1970er Jahren in der Bundesrepublik bei vielen Menschen kritisch gesehen. Gerade die sog. Rasterfahndung, ein Verfahren, bei dem ein automatisierter Massendatenabgleich unter Verwendung der Daten völlig unbeteiligter Personen erfolgte, schürte in der Bevölkerung Ängste vor dem Heraufziehen einer unkontrollierten und umfassenden staatlichen Überwachung. Überdies war die Verwaltung bereits erkennbar im technischen Wandel zur elektronischen Datenverarbeitung begriffen und in eine tiefgreifende Phase der Digitalisierung eingetreten, die bis heute andauert. Die besondere Sensibilität gegen eine unkontrollierte Persönlichkeitserfassung und Profilbildung vor dem Hintergrund der Möglichkeit von Fachbehörden, über automatisierte Zugriffe auf Datenbanken persönliche Daten abrufen zu können, ließ daher den Ruf nach mehr Schutz und Kontrolle staatlicher Datenverarbeitung laut werden.

In dieser Situation führte das staatliche Vorhaben der Volkszählung zu massiven Protesten und Boykotten bundesweit. Die Verfassungsbeschwerde mehrerer Bürger*innen gegen das Volkszählungsgesetz sollte die noch jungen Diskussionen um das Recht auf Datenschutz entscheidend beeinflussen.

In einem Grundsatzurteil hob das Bundesverfassungsgericht ein neues Grundrecht aus der Taufe: das informationelle Selbstbestimmungsrecht, welches das Gericht aus den beiden Grundrechten des allgemeinen Persönlichkeitsrechts und der Menschenwürde ableitete. „Unter den Bedingungen der modernen Datenverarbeitung", so das Bundesverfassungsgericht, müsse es ein Recht des Einzelnen gegen eine unbegrenzte Datenverarbeitung geben. „Die informationelle Selbstbestimmung gewährleistet insoweit die Befugnis des Einzelnen, grundsätzlich selbst über die Preisgabe und Verwendung seiner persönlichen Daten zu bestimmen"[5] Dieses Grundrecht war fortan Maßstab für das Datenschutzrecht und die Datenverarbeitung vor Ort.

Das neue Grundrecht galt freilich auch für das Bundesverfassungsgericht nicht schrankenlos. Im gleichen Atemzuge weiß es darauf hin, dass das neue Grundrecht dem einzelnen Menschen kein Recht auf eine absolute uneingeschränkte Herrschaft über „seine" Daten vermittele.[6] Schließlich sei der Mensch eine auf Kommunikation angewiesene Persönlichkeit. Auch personenbezogene Informationen stünden daher in einem Gemeinschaftsbezug. Eine Einschränkung des Grundrechts auf informationelle Selbstbestimmung müsse daher im überwiegenden Allgemeininteresse und unter Beachtung des Grundsatzes der Verhältnismäßigkeit hingenommen werden.

---

4 Gesetz vom 25. März 1982 (BGBl. I S. 369).
5 BVerfG 1 BvR 209/8, Leitsatz 1.
6 BVerfG 1 BvR 209/83, Rn 106.

Der Richterspruch leitete ein neues Grundrecht aus dem Zusammenspiel zwischen Menschenwürde und allgemeinen Persönlichkeitsrecht in richterlicher Rechtsfortbildung aus Art. 1 Abs. 1 und Art. 2 Abs. GG ab, das für die zukünftige Entwicklung des Datenschutzes der Dreh- und Angelpunkt wurde. In den kommenden Jahrzehnten sollte sich das Grundrecht als wesentliches Korrektiv gegenüber dem Gesetzgeber entwickeln und zum rechtsstaatlichen Fallbeil für unverhältnismäßige und pauschale Eingriffe in den Schutzbereich der persönlichen Daten gerade auf dem Sektor der Sicherheitsgesetzgebung werden.

4 Der Siegeszug des informationellen Selbstbestimmungsrechts

Die Folgen des Urteils waren weitreichend. Gesetze zu Verarbeitung von personenbezogenen Daten wie auch exekutive Eingriffe waren künftig an diesem Grundrecht zu messen. Belange der inneren Sicherheit, selbst Regelungen und Maßnahmen im Kampf gegen Terrorismus, gaben und geben dem Gesetzgeber keine generelle Legitimation zur Überwachung der Menschen. Mit dem Grundrecht der informationellen Selbstbestimmung war ein Rechtsstaatsfilter geschaffen, der alle staatlichen Maßnahmen dem Verhältnismäßigkeitsgebot unterwirft.

In den Jahrzehnten danach hat das Bundesverfassungsgericht das Grundrecht gegen staatliche Sicherheits- und Überwachungsgesetze in zahllosen Urteilen immer wieder zugunsten der Rechte von Bürger*innen ausgebaut und den Gesetzgeber korrigiert.[7]

Längst ist bei der Verabschiedung immer neuer Sicherheitsgesetze durch Parlament und Regierung der Gang nach Karlsruhe eingepreist. Die Automatik, im Bereich der informationellen Selbstbestimmung immer neue Regelungen auf den Weg zu bringen, bei denen dann Korrekturen durch das Bundesverfassungsgericht an der Tagesordnung sind, ist rechtsstaatlich sehr bedenklich. Wenn der Verfassungsverstoß zum gesetzgeberischen Normalfall wird, läuft etwas Grundsätzliches schief. Im Verfassungsstaat müssen innere Sicherheit und das Recht auf informationelle Selbstbestimmung sowie andere im Kontext der Digitalisierung die Privatsphäre absichernde Grundrechte, wie das Telekommunikationsgeheimnis oder die Unverletzlichkeit der Wohnung, bereits bei der Gesetzgebung zu einem angemessenen Ausgleich gebracht werden. Dazu können gesetzliche Evaluationspflichten beitragen, die zu einer umfassenden Untersuchung über Folgen von Sicherheitsgesetzen für Individuum und Gesellschaft verpflichten. Zielerreichung, Eingriffstiefe und die Ausgewogenheit der gesetzlichen Maßnahme müssen stets gegeben sein. Das Bundesverfassungsgericht hat darüber hinaus bereits vor vielen Jahren deutlich gemacht, dass eine staatliche Rundumüberwachung verfassungsrechtlich stets unzulässig sei.[8] Aufgrund der vielen neuen digital-technologischen Überwachungsmöglichkeiten wird seit Jahren die Forderung erhoben, nicht nur konkrete Gesetze isoliert auf den Prüfstand zu stellen, sondern im Sinne einer Überwachungsgesamtrechnung die

---

[7] Hier beispielhaft einige Urteile aus der jüngsten Zeit: Die Urteile über die Anforderungen für den Austausch von Daten zwischen Polizeibehörden und Nachrichtendiensten (Antiterrordatei I und II; 1 BvR 1215/07; 1 BvR 3214/15), das Urteil zum BKA-Gesetz (1 BvR 3214/15), das Urteil zur Bestandsdatenauskunft I (BVerfGE 130, 151) und II (1 BvR 1873/13) sowie das Urteil zur erweiterten Datennutzung „Data Mining" (1 BvR 3214/15).
[8] BVerfG 2BvR 581/01, Rn. 60 vom 12. April 2005.

additive Wirkung der Überwachungsgesetze und ihre Auswirkungen in den Blick zu nehmen (Roßnagel 2010, S. 1238).[9]

5 Das Grundrecht der Integrität und Vertraulichkeit informationstechnischer Systeme

Das Grundrecht auf informationelle Selbstbestimmung war in der Vergangenheit durch das BVerfG selbst Gegenstand der Fortentwicklung. In seinem Urteil gegen die sog. *Online-Durchsuchung* ging es um das heimliche Scannen des persönlichen Endgeräts mit Hilfe eines von den Sicherheitsbehörden infiltrierten Computerprogramms. Hier sah das Gericht eine bedenkliche Rechtsschutzlücke: Weder das Telekommunikationsgeheimnis noch die Unverletzlichkeit der Wohnung oder die informationelle Selbstbestimmung bieten hiergegen einen hinreichenden Schutz. Insbesondere geht die heimliche Infiltration eines informationstechnischen Systems nach Auffassung des Bundesverfassungsgerichts weit über einzelne Datenerhebungen hinaus, vor denen das informationelle Selbstbestimmungsrecht schützt. Ein solcher Zugriff auf das informationstechnische System insgesamt betreffe nicht nur einzelne Kommunikationsvorgänge, sondern die gesamte informationstechnische Leistung eines Geräts.

Das BVerfG hat daher die Lücke für derartige staatliche Eingriffe geschlossen und aus dem allgemeinen Persönlichkeitsrecht das Grundrecht auf Integrität und Vertraulichkeit informationstechnischer Systeme abgeleitet. Das Einschleusen von Staatstrojanern, durch das die Nutzung des Systems überwacht und ausgelesen werden kann, ist somit als grundrechtlicher Eingriff an den Grundsatz der Verhältnismäßigkeit, die Normenbestimmtheit sowie die Normenklarheit gebunden und setzt für seine Legitimierung ein überragend wichtiges Schutzgut voraus.[10]

6 Entwicklungsstufen des Datenschutzes in Europa

Daten sind flüchtig, sie reisen mit Lichtgeschwindigkeit um die Erde und machen an keiner Grenze halt. Sie sind im Internet jederzeit grundsätzlich durch jeden überall abrufbar. In Die Daten gelangen allerdings zunächst ineinen jeweiligen Staat, der sie möglicherweise dann zensiert und blockiert. Ein Schutz der Betroffenen vor einer unzulässigen Datenverarbeitung ist daher allein durch nationale Regelungen nicht angemessen herstellbar. Es gab daher sehr früh auch Bestrebungen, den Datenschutz auf europäischer Ebene einheitlich zu regeln.

6.1 Europarat

Die Europäische Menschenrechtskonvention (EMRK) ist ein völkerrechtlicher Vertrag des Europarats, der seit 1953 in Kraft ist. Art. 8 der Europäischen Menschenrechtskonvention

---

[9] Aktuell dazu etwa BT-Drs. 19/23695 vom 27.10.2020, Freiheit und Sicherheit schützen – Für eine Überwachungsgesamtrechnung statt weiterer Einschränkungen der Bürgerrechte.
[10] BVerfG1 BvR 370/07 vom 27. Februar 2008.

schützt die Privatsphäre in den 46 Mitgliedstaaten. Als europäische internationale Organisation für Menschenrechte, Rechtsstaatlichkeit und Demokratie darf diese Institution nicht mit dem Europäischen Rat als eine EU-Institution verwechselt werden, der die Regierungschefs aller EU-Mitgliedstaaten angehören.

Am 28. Januar 1981 wurde von den Mitgliedstaaten des Europarats die Europäische Datenschutzkonvention unterzeichnet.[11] Sie trat am 1. Oktober 1985 in Kraft. Das völkerrechtliche Übereinkommen zum Schutz des Menschen bei der automatischen Verarbeitung personenbezogener Daten (Konvention 108) des Europarats zielt darauf ab, übergreifende, rechtlich verbindliche Garantien zu schaffen, die den einzelnen Menschen vor einem Missbrauch seiner Daten schützen. Gleichzeitig regelt sie einheitlich den grenzüberschreitenden Datenverkehr.

Für die Einhaltung der Europäische Menschenrechtskonvention ist der Europäische Gerichtshof für Menschenrechte zuständig. Bürger*innen können sich vor diesem Gericht gegen die Einschränkungen ihrer Rechte durch die Mitgliedsstaaten wenden. Die Entscheidungen im Bereich des Datenschutzes nach *Art. 8 EMRK* sind vielgestaltig. Sie reichen über Fälle zur Sammlung von Gesundheitsdaten durch staatliche Einrichtungen, Tätigkeiten von Geheimdiensten und Telefonüberwachungen bis hin zum Kampf gegen den Terrorismus.[12]

6.2 Europäische Union

Schon vor Vereinbarung der Konvention des Europarats gab es im Rahmen der Europäischen Union ab 1975 wiederholt Forderungen des europäischen Parlaments an die EU-Kommission, eine Richtlinie zum „Schutz der Freiheit des Einzelnen und die Datenverarbeitung" zu verabschieden. Ziel war es sicherzustellen, dass die Unionsbürger*innen einen einheitlichen Schutz vor missbräuchlicher Datenverarbeitung im einheitlichen Binnenmarkt erhalten.[13]

Es sollte jedoch noch ganze 20 Jahre dauern, bis in der EU die *Richtlinie 95/46/EG des Europäischen Parlaments und des Rates vom 24. Oktober 1995 zum Schutz natürlicher Personen bei der Verarbeitung personenbezogener Daten und zum freien Verkehr* in Kraft trat. Mit dieser Richtlinie verpflichteten sich die Mitgliedstaaten, in ihre Rechtsordnungen Vorschriften zu implementieren, die ein Mindestmaß zum Schutz personenbezogener Daten für natürliche Personen gewährleisten.[14] Das war nicht unproblematisch. Zum einen erfolgte gerade in Deutschland die Umsetzung zeitlich erheblich verzögert: Die EU-Datenschutzrichtlinie wurde erst durch die Novelle des Bundesdatenschutzgesetzes vom 18. Mai 2001 angepasst[15] und lag daher erheblich außerhalb des Rahmens der dreijährigen Umsetzungsfrist. Zum anderen erwies sich die nationale Umsetzung inhaltlich als defizitär, da den unabhängigen Stellen, die für die Überwachung des Datenschutzes

---

11 https://www.coe.int/en/web/conventions/full-list/-/conventions/treaty/108?module=treaty-detail&treatynum=108.

12 Hierzu das umfassende Factsheet zur Rechtsprechung des EGMR https://www.echr.coe.int/Documents/FS_Data_eng.pdf.

13 Entschließung des EU-Parlaments zum Schutz des Rechts des Einzelnen angesichts fortschreitender technischer Entwicklungen auf dem Gebiet der automatischen Datenverarbeitung, ABl. C 60/48 vom 13.3.1975.

14 Richtlinie 95/46/EG Abl. 281 vom 23. November 1995, S. 31–50.

15 s. die Gesetzesbegründung in BT Drucks. 14/4329 vom 13. Oktober 2000.

durch die Vorschriften des EU-Rechts vorgesehen waren, nicht die geforderte völlige Unabhängigkeit eingeräumt wurde. Stattdessen waren viele Datenschutzaufsichtsbehörden in den Ländern für den Bereich der Kontrolle privater Stellen den jeweiligen Landesministerien untergeordnet und standen unter deren Aufsicht. Ein gegen Deutschland eingeleitetes EU-Vertragsverletzungsverfahren endete im Jahr 2010 mit dem Ergebnis, dass der EuGH Deutschland verurteilte, die Regelungen für eine unabhängige Datenschutzaufsicht national umzusetzen.[16]

Eine besondere Bedeutung kommt dem Datenschutz als Europäisches Grundrecht in der EU zu. Mit der im Jahr 2000 unterzeichneten *Grundrechtecharta der Europäischen Union* wird der Bereich der informationellen Integrität in zwei Bestimmungen geregelt: Art 8 garantiert das Recht jeder Person auf den Schutz der sie betreffenden Daten. Parallel dazu wird in Art. 7 das Recht auf die Achtung ihres Privat- und Familienlebens, ihrer Wohnung sowie ihrer Kommunikation festgeschrieben. Diese Bestimmung entspricht der Regelung in Art. 8 EMRK.

Schrittmacher und Hüter des Datenschutzes ist für den Bereich der Europäischen Union der Europäische Gerichtshof. In der Vergangenheit hat er durch seine Urteile im Bereich des Datenschutzes wichtige und unmittelbar geltende Vorgaben für die Union und die Mitgliedstaaten formuliert und damit tiefgreifend auf die rechtliche Praxis des Umgangs mit Daten nicht nur von öffentlichen, sondern auch privaten Stellen Einfluss genommen. Darin ging es u. a. um die vollständige Unabhängigkeit der Datenschutzaufsichtsbehörden,[17] die Videoüberwachung durch private Stellen,[18] die Vorratsdatenspeicherung von Telekommunikationsdaten,[19] das Recht auf Vergessenwerden gegenüber Suchmaschinen,[20] die Zulässigkeit des Datentransfers in die USA und den internationalen Datenverkehr[21] und um das Tracking im Netz und die Cookie-Einwilligung.[22]

6.3 Die EU-Datenschutzgrundverordnung – Meilenstein zum Schutz im digitalen Zeitalter

Die Erfahrungen in der EU mit der Richtlinie 95/46 EG waren durchaus negativ. Zum einen erwies sich das mitgliedstaatliche Umsetzungserfordernis als schwierig für einen harmonisierten Rechtsrahmen des Datenschutzes: Die Richtlinie führte zu verschiedenen Ansätzen in den einzelnen Mitgliedstaaten und zu einer Zersplitterung der rechtlichen Vorgaben. Da Daten in der digitalen Welt ein ebenso volatiles wie ökonomisch immer wichtiger werdendes Rechtsgut sind, wurde schließlich erwogen, eine EU-Verordnung als unmittelbar verbindliches Rechtsinstrument für alle Mitgliedstaaten zu schaffen.

Anfang 2012 legte die damalige EU-Justizkommissarin Viviane Reding einen einheitlichen Entwurf der Datenschutzgrundverordnung vor. Mit Blick auf die Datenschutzrichtlinie 95/46 stellte sie fest: „Vor 17 Jahren nutzten weniger als 1 % der Bevölkerung das Internet. Heute werden große Mengen an personenbezogenen Daten übermittelt und

---

16 EuGH C-614/10.
17 EuGH C-518/17; C-614/10; C-288/12.
18 EuGH C-212/13.
19 EuGH C-746/18; C-203/15; C-698/15; C-293/12.
20 EuGH C-131/12/C-136/17; C-507/17.
21 EuGH C-362/14; C-311/18.
22 EuGH C-673/17.

ausgetauscht, über den gesamten Globus – innerhalb von Bruchteilen von Sekunden."[23] Tatsächlich hatte sich die Situation durch die technologische Entwicklung wesentlich verändert: Bei Inkrafttreten der Richtlinie 1995 war Mark Zuckerberg, der Gründer von Facebook, 11 Jahre alt und die Suchmaschine von Google sollte noch zwei Jahre benötigen, um Online zu gehen.

In der digitalen Welt ergaben sich in der Folgezeit völlig neue Geschäftsmodelle, die seither in einer beispiellosen Weise die Privatsphäre von Millionen von Nutzenden als wirtschaftliche Ressource ausbeuten. Im Zuge immer schwerwiegenderer Verstöße gegen Datenschutzbestimmungen durch globale Unternehmen erwies sich: Die Höchstsumme für ein Bußgeld mit 300 000 Euro, die damals für die Aufsichtsbehörden nach dem Bundesdatenschutz maximal zu verhängen war, konnte von den großen Internetportalen sozusagen aus der Portokasse bezahlt werden und war nicht mehr zeitgemäß.

Das Gesetzgebungsverfahren für das Projekt einer unmittelbar geltenden einheitlichen Datenschutzregelung in Europa wurde durch eine Lobbyschlacht begleitet, die zäh und intensiv über Jahre hinweg geführt wurde.[24] Erst im Jahre 2016 wurde die *EU-Datenschutzgrundverordnung* (EU) 2016/679 verabschiedet.[25] Ihre Geltung erlangte sie dann erst zwei Jahre nach ihrem Inkrafttreten am 25. Mai 2018.

Parallel zu dieser Bestimmung verabschiedete der EU-Gesetzgeber die sogenannte *JI-Richtlinie*,[26] die den Bereich der Gefahrenabwehr und der Straftatenverfolgung zum Gegenstand hat. Der Regelungskomplex betrifft einen für Bürger*innen besonders eingriffssensiblen Bereich, deren Adressaten insbesondere Polizei und Staatsanwaltschaft sind. Hier geht es um Vorgaben für Regelungen der staatlichen Überwachung, etwa durch Maßnahmen der Videoüberwachung oder der biometrischen Datenverarbeitung durch Gesichtserkennung. Im Gegensatz zu einer Verordnung, mit der die Datenschutz-Grundverordnung (DSGVO) erlassen wurde, hatten die Gesetzgeber in den Mitgliedstaaten und in der Bundesrepublik, die Bundesländer und der Bund, jeweils eigene Gesetze zur Umsetzung dieser Richtlinie zu erlassen.

6.4 Grundzüge der DSGVO

Die DSGVO bringt für den Bereich des Datenschutzes einen einheitlichen Rahmen, der innerhalb der EU für alle Mitgliedstaaten unmittelbar verbindlich ist. Darüber hinaus gelten die Bestimmungen über das EWR-Abkommen auch für die Staaten des Europäischen Wirtschaftsraumes, Norwegen, Island und Liechtenstein. Damit sind insgesamt 30 europäische Staaten mit insgesamt über 450 Millionen Einwohnern in den Schutzbereich der DSGVO einbezogen.

---

23 https://www.telemedicus.info/eu-datenschutz-reding-stellt-entwurf-fuer-verordnung-vor/.
24 Der Film *Democracy – Im Rausch der Daten* von David Bernet dokumentiert die Entstehung der Datenschutzgrundverordnung anhand der Porträts des damaligen Berichterstatters des Europäischen Parlaments, Jan Philipp Albrecht, und der damaligen Justizkommissarin Viviane Reding und wirft einen spannenden Blick hinter die Kulissen eines der brisantesten Rechtssetzungsprojekte des letzten Jahrzehnts.
25 ABl.L119 vom 4.5.2016.
26 *Richtlinie 2016/680 des Europäischen Parlaments und des Rats vom 27. April 2016 L 119/89 zum Schutz natürlicher Personen bei der Verarbeitung personenbezogener Daten durch die zuständigen Behörden zum Zwecke der Verhütung, Ermittlung, Aufdeckung oder Verfolgung von Straftaten oder der Strafvollstreckung sowie zum freien Datenverkehr und zur Aufhebung des Rahmenbeschlusses 2008/977/JI des Rates.*

Die Bedeutung der DSGVO reicht weit über die interne Geltung hinaus: Sie betrifft nicht nur die Verarbeitung von personenbezogenen Daten innerhalb der EU, sondern gilt auch für verarbeitende Unternehmen außerhalb Europas, soweit diese Waren oder Dienstleistungen an Personen in der EU anbieten. Dieses sog. Marktort-Prinzip stellt sicher, dass keine Schutzlücke gegenüber Unternehmen aus Drittstaaten besteht. In der Praxis setzt die DSGVO damit globale Standards, die weltweit Beachtung finden.

Darüber hinaus hat die DSGVO die Funktion, die Daten von Menschen in der EU auch bei Datentransfers in Drittstaaten zu schützen. So sieht sie grundsätzlich vor, dass im Datenverkehr mit Unternehmen außerhalb der EU ein angemessenes Datenschutzniveau als Wirksamkeitsvoraussetzung für die Datenübermittlung eingehalten werden muss. 2013 hatte Richard Snowden, ein ehemaliger US-Geheimdienstmitarbeiter, mit seinen Enthüllungen über die massenhafte Überwachung durch die NSA und anderer befreundeter Geheimdienste weltweit für Entrüstung und einen Aufschrei gesorgt. Vor diesem Hintergrund entschied der EuGH in zwei spektakulären Urteilen, dass ein entsprechender Schutz für die Daten aus der EU in den USA nicht bestehe und dass ein Datentransfer dorthin nur unter besonderen Schutzvorkehrungen in Betracht komme.[27]

Die DSGVO enthält für Personen in der EU sog. Betroffenenrechte, die Konkretisierungen des Grundrechts des Datenschutzes bzw. der informationellen Selbstbestimmung sind. Hierzu zählen das Recht auf Information und das Recht auf Auskunft sowie das Recht auf Transparenz (Art. 12–15 DSGVO), die Rechte auf Löschung, Berichtigung und Einschränkung der Verarbeitung (Art. 16–18), das Recht auf Datenübertragbarkeit (Art. 20), das Recht auf Widerspruch (Art. 21) und das Recht, nicht einer automatisierten Entscheidung im Einzelfall einschließlich Profiling unterworfen zu sein (Art. 22).

Neben diesen subjektiven Rechten für die Betroffenen sind in der DSGVO zahlreiche Verpflichtungen für Datenverarbeiter enthalten. Zentral sind die Bestimmungen über die Sicherheit der Verarbeitung (Art. 32–34) und über *Privacy by Design* und *Privacy by Default* (Art. 25) sowie über die Durchführung von Datenschutzfolgeabschätzungen. Gerade die technische Ausgestaltung informationstechnischer Systeme ist für den Schutz von Betroffenen ganz entscheidend und sollte bereits zum Zeitpunkt der Entwicklung von Softwarelösungen berücksichtigt werden.

Besondere Bestimmungen gelten im Bereich der Sanktionsbefugnisse der Aufsichtsbehörden. Diese haben durch die DSGVO das Recht, Bußgelder bis zu 20 Millionen Euro zu verhängen oder in Höhe von bis zu 4 % des jährlichen Umsatzes auszusprechen. Maßstab hierfür ist der Gesamtumsatz des Konzerns weltweit, so dass sehr hohe Summen zustande kommen können, wie das bisherige Rekordbußgeld in Höhe von 746 Millionen Euro gegenüber Amazon zeigt.[28]

Deutliche Defizite weist das Verfahren des Rechtsvollzugs in der DSGVO auf. Hier ist bei grenzüberschreitender Datenverarbeitung, bei der Personen in verschiedenen Mitgliedstaaten betroffen sind, das sog. One-Stop-Verfahren vorgesehen. Danach ist die Aufsichtsbehörde am Hauptsitz der verantwortlichen Stelle für deren gesamte Aktivitäten in der EU zuständig. Das führt dazu, dass Unternehmen es selbst in der Hand haben, durch die Wahl ihrer Hauptniederlassung die für sie zuständige Aufsichtsbehörde auszuwählen. In der Folge hat dies in der Kombination mit den dortigen steuerlichen Vorzügen dazu geführt, dass die meisten globalen Big-Tech-Unternehmen ihre Hauptniederlassung in Irland haben. Die dortige Aufsichtsbehörde hat es in den letzten Jahren nicht

---

27 Schrems I und Schrems II Urteile s. EuGH, C-362/14; C-311/18.
28 https://www.datenschutz-notizen.de/rekordbussgeld-gegen-amazon-2530680/#:~:text=Wie%20die% 20Luxemburger%20Datenschutzbeh%C3%B6rde%20am,auf%20insgesamt%2050%20Millionen%20Euro.

geschafft, in den vielen ihr vorliegenden Fällen über schwerwiegende Datenschutzvorfälle einen wirksamen Vollzug herzustellen.

Für den Fall, dass andere Aufsichtsbehörden der EU mit dem Ergebnis der federführenden Aufsichtsbehörde nicht einverstanden sind, wird der Fall auf den *Europäischen Datenschutzausschuss*, dem höchsten Datenschutzgremium der EU, verlagert. Dort haben dann 30 Behörden in gemeinsamer Abstimmung darüber zu befinden. Das Verfahren ist langwierig und bürokratisch und führt dazu, dass die zumeist schlecht ausgestatteten Datenschutzbehörden ihre Ressourcen in internen Kontroversen um die Auslegung und den Vollzug der DSGVO erschöpfen (Caspar 2020).

7 Künftige Herausforderungen des Schutzes der informationellen Integrität

Die immer weiter um sich greifende Ökonomisierung von personenbezogenen Daten und die fortschreitende Digitalisierung werden in den nächsten Jahren ganz neue Herausforderungen für den Schutz der Privatsphäre mit sich bringen. Einen besonderen Schwerpunkt stellt die Anwendung von Verfahren künstlicher Intelligenz dar. Mit dem *Artificial Intelligence Act* (AIA) hat die EU-Kommission am 21. April 2021 einen durchaus ambitionierten Verordnungsentwurf für künftig einheitliche Grundsätze zum Einsatz von künstlicher Intelligenz in der EU vorgelegt.[29]

Der Begriff *Artificial Intelligence* (AI) ist schillernd und wird unterschiedlich definiert. Der Entwurf verzichtet auf abstrakte Definitionen von AI und spricht stattdessen von Künstliche -Intelligenz- oder KI-Systemen als Software, die bestimmten technischen Ansätzen folgt. Dazu gehört insbesondere das Maschinelle Lernen. Nach Artikel 3 bezieht sich der Anwendungsbereich auf

> Software, die mit einer oder mehreren der in Anhang I aufgeführten Techniken und Ansätze entwickelt wurde und für eine bestimmte Reihe von vom Menschen definierten Zielen Ergebnisse wie Inhalte, Vorhersagen, Empfehlungen oder Entscheidungen generieren kann, die die Umgebungen beeinflussen, mit denen sie interagieren. (s. FN. 28)

Beim Einsatz von künstlicher Intelligenz ergeben sich erhebliche Probleme im Zusammenhang mit der Datenverarbeitung. Selbstlernende Verfahren der Datenverarbeitung sind unter rechtsstaatlich-demokratischen Aspekten bei der Anwendung im öffentlichen Sektor problematisch (Caspar 2019, S. 1–4). Ferner sind sie durch eine hohe Intransparenz gekennzeichnet und werfen neben der datenschutzrechtlichen Zulässigkeit Fragen des *Diskriminierungsschutzes* auf. Grund hierfür ist, dass ein Training auf verzerrter Datenbasis zu verzerrten Algorithmen führt. Das Garbage-In-/Garbage-Out-Problem zeigt, dass selbstlernende Systeme in hohem Maße von den Datensätzen abhängig sind, mit denen sie programmiert werden. Geschieht dies ohne Kontrolle werden Vorurteile mechanisiert und für die Zukunft fortgeschrieben. Die Liste der Beispiele hierfür ist lang. Sie führt von der Diskriminierung von dunkelhäutigen Menschen bei der Bilderkennung über die Schlechterstellung von weiblich aussehenden Bewerberinnen bis hin zur Benachteiligung von schwarzen gegenüber weißen Verurteilten bei der Prognose der Rück-

---

29 Verordnung eines Rechtsaktes über Künstliche Intelligenz, SEC(2021) 167 final.

fallwahrscheinlichkeit von Straftäter*innenbei einer vorzeitigen Haftentlassung. Eine sichere und vertrauenswürdige AI ohne Regulierung kann es daher nicht geben.

Ein weiteres Problemfeld stellt – ebenfalls über den Einsatz von selbstlernenden Systemen – die *automatisierte Auswertung von Gesichtern* von Personen in der Öffentlichkeit dar. Die Zuordnung von Gesichtern zu Personen in Echtzeit oder retroaktiv aus gesammeltem Videomaterial birgt enorme Risiken einer anlasslosen massenhaften Überwachung mit sich. Die Effizienz solcher Systeme, wie sie durch China unter dem Projekt Skynet in beispielloser Weise mit 600 Millionen auf biometrischer Grundlage betriebenen Videokameras umgesetzt wurde, macht deren Einsatz zur sozialen Steuerung überall in der Welt für Staaten attraktiv. Das gilt entsprechend auch für Anwendungen durch private Datenverarbeiter.

Mit Hilfe automatisierter Gesichtserkennung lassen sich nicht nur Straftaten aufdecken, auch das Betretungsverbot von Fußballstadien oder dem Supermarkt sowie das umfassende Tracken von Personen im Stadtgebiet sind über biometrische Echtzeiterkennung möglich. Dies stellt aber auch eine neuartige Bedrohung der Freiheitsrechte und der Privatsphäre durch eine nie dagewesene umfassende Kontrollmacht über Personen dar. Es wird in den nächsten Jahren von zentraler Bedeutung sein, die Möglichkeiten der digitalen Technologien zur Überwachung in einer rechtsstaatlichen Weise einzugrenzen. Dabei gilt: Die Technik muss dem Recht folgen – nicht umgekehrt. Denn nicht alles, was digital-technologisch umsetzbar ist, darf auch tatsächlich umgesetzt werden. Die Grundrechte der informationellen Selbstbestimmung, aber auch andere Grundrechte wie die Demonstrationsfreiheit, das Telekommunikationsgeheimnis und die Meinungsfreiheit müssen gerade im digitalen Zeitalter gewahrt werden. Jede Einschränkung der Grundrechte kann nicht durch die bloße Umsetzung von Technik oder durch ökonomische Zielsetzungen begründet werden, sondern nur durch rechtliche formell und materiell verfassungsmäßige Gesetze.

8 Das Recht auf Zugang zu öffentlichen Informationen – staatliche Transparenz als Wesensmerkmal des digitalen Rechtsstaats

Neben dem Bereich des Schutzes der eigenen Daten und den sich hieraus ergebenden subjektiven Rechten stellt das Recht auf Zugang zu Informationen aus öffentlichen Quellen ein zentrales Grundrecht im digitalen Rechtsstaat dar. Datenschutzrecht und das Recht auf Informationsfreiheit sind insoweit zwei Seiten einer Medaille. Die demokratische Willensbildung ist davon abhängig, dass sich die Menschen aus erster Hand eine Meinung auf unverfälschter Tatsachenbasis bilden können. Das gilt gerade in einer Welt, in der die Tatsachen als *Alternative Facts* und *Fake News* immer mehr manipuliert und verzerrt werden. Der Zugang zu Daten, die öffentliche Stellen vorhalten, ist hiergegen ein effektives Gegenmittel.

Ein gläserner Staat fördert das *Vertrauen* der Bürgerinnen und Bürger in staatliche Instanzen. Gleichzeitig hilft Transparenz gegen *Korruption* und *staatliches Missmanagement* und stärkt die Selbstreflexionsbereitschaft staatlicher Entscheider*innen. Die Öffentlichkeit wird durch den Zugang zu öffentlichen Informationen in der Hand des Staates in die Lage versetzt, Regierungshandeln durch einen umfassenden und voraussetzungslosen Anspruch auf Einsicht in Verwaltungsunterlagen zu *kontrollieren*. Sie kann diese Aufgabe parallel zu den Parlamenten ausüben und verfügt mit den geltenden Informationsfreiheitsgesetzen durchaus über vergleichbare Informationsrechte wie die Parlamente und die Abgeordneten.

Das *Grundrecht der Informationsfreiheit* aus Art. 5 Abs. 1 GG schützt den ungehinderten Zugang zu öffentlichen Informationsquellen. Die Besonderheit dieses Grundrechts ist sein akzessorischer Charakter. Das Grundrecht bezieht sich auf *öffentlich zugängliche Informationen*, setzt also voraus, dass die Informationen durch eine Rechtsnorm erst allgemein zugänglich gemacht werden.[30] Das Recht auf Informationszugang ist in seinem Umfang daher von der Tätigkeit des Gesetzgebers abhängig.[31] Für den Bereich der amtlichen Informationen, dazu zählen alle zu amtlichen Zwecken dienenden Aufzeichnungen, wird der Zugang durch die verschiedenen Informationsfreiheitsgesetze in Bund und Ländern festgelegt.

Die akzessorische Struktur dieses Grundrechts ist verantwortlich dafür, dass in keinem anderen Bereich mit einer entsprechend hohen Bedeutung für Rechtsstaatlichkeit und Demokratie in der Bundesrepublik eine derartig zerklüftete Rechtslandschaft besteht. Statt einheitlicher Strukturen hat sich eine *Dreiklassengesellschaft* der Transparenz gebildet: In der Holzklasse sitzen Bürger*innen in den Bundesländern Bayern und Niedersachsen ohne die Möglichkeit eines voraussetzungslosen Zugangs zu Informationen.

In der zweiten Klasse der Transparenz gelten die *Informationsfreiheitsgesetze erster Generation*. Sie eröffnen immerhin einen Anspruch der Bürger*innen auf Auskunft gegenüber öffentlichen Stellen. Hierzu gehören etwa das Informationsfreiheitsgesetz des Bundes und das Informationsfreiheitsgesetz in NRW. Bürger*innen können, ohne ein besonderes Interesse darlegen zu müssen, einen individuellen Antrag auf Zugänglichmachung zu einzelnen Vorgängen der Verwaltung stellen.

Eine *neue Generation* von Informationsfreiheitsgesetzen stellt die Premiumklasse der Transparenzgesetze dar. Die Informationen werden hier nicht nur als eine Holschuld der Bürger*innen behandelt. Vielmehr wird die Information als eine Bringschuld des Staates verstanden. Diese wird erfüllt durch eine proaktive Veröffentlichung in Transparenzregistern, in denen die öffentliche Hand ihre Informationen einstellen muss. Bürger*innen können dort anonym und entgeltlos auf die Informationen zugreifen. Hier entfällt das Erfordernis, zumeist gebührenpflichtige Anträge bei der Verwaltung auf Zugang zu Informationen stellen zu müssen.

Das *erste Transparenzgesetz* wurde 2012 in Hamburg erlassen und gilt seither als gesellschaftspolitischer Meilenstein. In den folgenden Jahren war es maßgeblich die Blaupause für andere Bundesländer wie etwa Bremen, Schleswig-Holstein oder Rheinland-Pfalz und zuletzt Sachsen, die dem Beispiel einer proaktiven Veröffentlichungspflicht folgen. Der Umfang der Veröffentlichungspflichten in den Transparenzgesetzen wird darin durch einen *gesetzlichen Regelungskatalog* festgeschrieben. Hierzu zählen in Hamburg etwa Verwaltungsvorschriften sowie Verträge der Daseinsvorsorge, Baugenehmigungen, Gutachten und Studien, die von der Verwaltung in Auftrag gegeben wurden, sowie wesentliche Unternehmensdaten öffentlicher Beteiligungen einschließlich einer Darstellung der jährlichen Vergütungen für die Leitungsebene.

Der Grundsatz der Zugänglichkeit zu öffentlichen Informationen gilt jedoch mit *zahlreichen Ausnahmen*. Gläserne Bürger*innen dürfen nicht der Preis des gläsernen Staates sein. Deshalb sind hier besonders schutzwürdige Aspekte, wie etwa der Schutz der personenbezogenen Daten dritter Personen sowie Betriebs- und Geschäftsgeheimnisse und Urheberrechte zu beachten. Ebenso sind gesetzlich näher umschriebene Ausnahmen

---

[30] BVerfGE 103, 44, 60.
[31] BVerfGE 1 BvR 1978/13, Rn. 20.

zum Schutz öffentlicher Belange zu nennen. Dies betrifft etwa Informationen über die innere Sicherheit oder bereichsspezifische Besonderheiten, wie die journalistisch-redaktionelle Unabhängigkeit von Rundfunkanstalten, die dem Anspruch auf freien Zugang entgegenstehen können. Mitunter gibt es Bereichsausnahmen, deren Rechtfertigung zweifelhaft ist. So lässt sich etwa die pauschale Ausnahme der Verfassungsschutzämter von der Auskunfts- und Veröffentlichungspflicht nicht rechtfertigen, zumal es ausreichende Vorschriften gibt, die einen Schutz vor der Veröffentlichung von geheimhaltungsbedürftigen Daten bieten.

Insgesamt ist die Entwicklung der Transparenz öffentlicher Stellen eine Erfolgsgeschichte. So hat in den letzten Jahren die Zahl der Bundesländer, die über ein Informationsfreiheitsgesetz verfügen, stetig zugenommen. Ebenfalls hat sich der Gedanke der antragsunabhängigen Informationen durch Einführung von umfangreichen Veröffentlichungspflichten immer stärker durchgesetzt. Mehrere Bundesländer folgen dem Beispiel des Hamburger Transparenzgesetzes und sehen mittlerweile antragsunabhängige Veröffentlichungspflichten vor. Der Bund mit seinem Informationsfreiheitsgesetz und damit die gesamte Bundesverwaltung ist auf diesen Zug bislang noch nicht aufgesprungen. Die fortschrittlichen Entwicklungen in Richtung Transparenz der öffentlichen Verwaltung werden sich jedoch auch hier auf Dauer nicht aufhalten lassen. Im Koalitionsvertrag der Regierungsparteien ist die Weiterentwicklung des Informationsfreiheitsgesetzes des Bundes zu einem Bundestransparengesetz vorgesehen.[32]

9 Fazit

Der Umgang mit Daten ist in der Digitalisierung von zentraler Bedeutung für die Rechte der Individuen sowie für das Leben in Staat und Gesellschaft. Der Schutz personenbezogener Daten und ein transparenter Zugang zu öffentlichen Informationen sind Voraussetzung für eine selbstbestimmte und faire digitale Welt. Unter den Bedingungen einer umfassenden Effizienzrevolution in allen Bereichen von Staat und Gesellschaft ist die Rolle, die wir den Daten zuschreiben, wie wir sie schützen oder auch zum Wohle der Allgemeinheit zugänglich machen, der zentrale Maßstab für die rechtsstaatliche Verfasstheit unseres Gemeinwesens.

10 Literaturverzeichnis

Brundage, M., Avin, S., Clark, J., Toner, H., Eckersley, P., Garfinkel, B., Dafoe, A., Scharre, P., Zeitzoff, T., Filar, B., Heather, R., Gregory, C. A., Steinhardt, J., Flynn, C., Eigeartaigh, S., Beard, S., Belfield, H., Farquhar, S. & Amode, D. (2017). The malicious use of artificial intelligence: Forecasting, prevention, and mitigation. https://arxiv.org/ftp/arxiv/papers/1802/1802.07228.pdf.

Caspar, J. (2019). Herrschaft der Maschinen oder Herrschaft des Rechts? – Grenzen und Leitlinien für algorithmische und selbstlernende Verfahren in der Verwaltung – Thesen. *PinG – Privacy in Germany – Datenschutz und Compliance* 1, 1–4.

Caspar, J. (2020). Zwischen Symbolik und Gestaltungskraft – Ist die EU-DSGVO eine Mogelpackung? *Vorgänge – Zeitschrift für Bürgerrechte und Gesellschaftspolitik*. Nr. 231/232, 99–116.

Caspar, J. (2023). *Wir Datensklaven. Wege aus der digitalen Ausbeutung*, Econ,

---

[32] Koalitionsvertrag 2021-2025 zwischen SPD, Bündnis 90/Die Grünen und FDP, S. 9.

Dreier, T. & Spiecker, I. (2010). *Die systematische Aufnahme des Straßenbildes. Zur rechtlichen Zulässigkeit von Online-Diensten wie „Google Street View"*. Nomos.

Roßnagel, A. (2010). Die „Überwachungs-Gesamtrechnung" – Das BVerfG und die Vorratsdatenspeicherung. *NJW*, 1238–1242.

Norman Meuschke, Nicole Walger & Bela Gipp
F 5 Plagiat

1 Einleitung

Plagiate sind kein neues Phänomen, wie ein Blick in die Literatur (Theisohn 2009) belegt. Zahlreiche seit dem Jahr 2011 aufgedeckte Plagiatsfälle, wovon einige prominente Politiker*innen betrafen, verdeutlichen die unverändert hohe Relevanz des Themas bis heute. Viele dieser Fälle wurden durch Freiwillige enthüllt, die auf eigens gegründeten Plattformen wie VroniPlag Wiki (2021) in Deutschland (bislang 212 Fälle) und Dissernet (2021) in Russland (bislang 1 216 Fälle) wissenschaftliche Plagiate dokumentieren. Das gemeinnützige Projekt Retraction Watch (2021) berichtet über zurückgezogene Artikel in wissenschaftlichen Fachzeitschriften. Für 4 037 der 31 460 hier bis November 2021 erfassten Fälle (ca. 13 %) waren Plagiate ursächlich.

Unerkannte Plagiate schaden dem Kompetenzerwerb und der Beurteilung des Lernerfolgs, was zu ungerechtfertigten Karrierevorteilen für Plagiator*innen führen kann. Plagiate in Forschungspublikationen behindern die Nachvollziehbarkeit von Ideen, Überprüfung von Behauptungen, Replikation von Experimenten und Korrektur von Ergebnissen (Weber-Wulff 2014, S. 22). Auch können Forschungsgelder zu Unrecht für plagiierte Ideen vergeben oder plagiierte Publikationen als Ergebnis von Forschungsprojekten unerkannt akzeptiert werden. Die Prüfung und Sanktionierung plagiierter Arbeiten verursacht einen hohen Arbeitsaufwand. Hochschulen, Verlage, wissenschaftliche Fachzeitschriften und Konferenzen sowie Fördermittelgeber stehen daher vor der Herausforderung, tragfähige Lösungen für die Erkennung und Prävention wissenschaftlicher Plagiate zu finden.

2 Der Plagiatsbegriff und seine rechtliche Verortung

Als griffige und sämtliche Formen[1] des Wissenschaftsplagiats umfassende Definition ist die Formulierung von Teddi Fishman zu sehen:

> Plagiarismus tritt auf, wenn jemand (1) Worte, Ideen oder Arbeitsergebnisse verwendet, (2) die einer anderen identifizierbaren Person oder Quelle zugeordnet werden können, (3) ohne die Quelle, aus der übernommen wurde, auszuweisen. (4) Dies in einem Zusammenhang, in dem die berechtigte Erwartung eigenständiger Autorschaft besteht. (5) Mit dem Ziel, einen Vorteil, Ansehen oder einen Gewinn zu erlangen, der nicht unbedingt monetär sein muss. (übersetzt aus: Fishman, T. (2009))

Auch wenn der Volksmund mit Plagiat allgemein die unrechtmäßige Übernahme fremden geistigen Eigentums im Rahmen wissenschaftlicher Arbeiten gleichsetzt, ist der Plagiatsbegriff nicht für alle Fachdisziplinen identisch und in Deutschland als Rechtsbegriff auch nicht eindeutig definiert. In Abhängigkeit vom jeweiligen Sach- und Rechtsgebiet bedarf er der Auslegung.

---

[1] Vollplagiat, Übersetzungsplagiat, Strukturplagiat, Selbstplagiat, Paraphrase, ungenügendes Zitieren, Ideenplagiat.

∂ Open Access. © 2023 Norman Meuschke, Nicole Walger & Bela Gipp, publiziert von De Gruyter. Dieses Werk ist lizenziert unter der Creative Commons Attribution 4.0 International Lizenz.
https://doi.org/10.1515/9783110769043-069

Unterschiedliche Rechtsgebiete, wie das Urheberrecht[2] und das Hochschulrecht betreffend, kann ein Plagiat verschiedene Gesetze tangieren, auch strafbar sein und neben Schadensersatzforderungen des plagiierten Urhebers bzw. der Urheberin universitätsrechtliche Sanktionen nach sich ziehen. Letztere sind von den Hochschulen selbst festzulegen. Die Folgen wissenschaftlichen Fehlverhaltens in Form des Plagiats können dabei vielfältig sein. Sie werden in den Regelwerken zum wissenschaftlichen Arbeiten festgeschrieben und reichen von Geldbußen über Prüfungswiederholung, Nichtbestehen und Exmatrikulation bis Aberkennung von Titeln und Freiheitsstrafe.

Entsprechend der den Hochschulen obliegenden Aufgabe der Einhaltung wissenschaftlicher Redlichkeit umfasst ihr Auftrag neben der Vermittlung und Förderung der Regeln zur Sicherung der guten wissenschaftlichen Praxis auch die Kontrolle ihrer Einhaltung und das Aufdecken von Täuschungsversuchen. Der Einsatz unterstützender technologischer Verfahren im Beurteilungsverfahren zum automatisierten Abgleich von Texten auf Ähnlichkeit mit anderen Quellen gewinnt dabei aufgrund der kaum noch überschaubaren Menge an Quellen zunehmend an Attraktivität (dazu auch Dagli-Yalcinkaya 2021, S. 16). An manchen Hochschulen kommt Plagiatserkennungssoftware bereits standardmäßig für die Aufdeckung von Täuschungsversuchen in studentischen Arbeiten zum Einsatz, während andere aufgrund prüfungs-, urheber- und datenschutzrechtlicher Unsicherheiten noch zögerlich sind.

3 Rechtlicher Rahmen für den Einsatz von Plagiatserkennungssoftware

Die Verwendung von Plagiatserkennungssoftware zur Unterstützung im Beurteilungsverfahren ist den Hochschulen unter Einhaltung folgender Voraussetzungen sowohl aus prüfungs-, urheber- und datenschutzrechtlicher Sicht möglich[3] (Dagli-Yalcinkaya 2021, S. 21):

Studierende und Promovierende treten mit der Immatrikulation in ein öffentlich-rechtliches Rechtsverhältnis mit ihrer Hochschule. Sie erkennen damit die in den Prüfungs- und Studienordnungen geregelten rechtlichen Rahmenbedingungen der Prüfungsverfahren an und verpflichten sich zur Einhaltung der Regeln guter wissenschaftlicher Praxis. Damit willigen sie in die Überprüfung im Rahmen der Leistungsüberprüfung ein. Da die Verwendung von Plagiatserkennungssoftware, z. B. mit Upload-, Übermittlungs-, Speicher- und Veranschaulichungsprozessen, aufseiten der Softwareanbieter und Suchmaschinenbetreiber in das Vervielfältigungsrecht des Urhebers oder der Urheberin eingreift, ist die Einräumung der Nutzungsrechte durch die Verfasser*innen der zur prüfenden Arbeit erforderlich.

Ebenso bedarf die automatisierte Verarbeitung personenbezogener Daten der Prüflinge gemäß europäischer Datenschutzgrundverordnung gesetzlichen Rechtfertigungsgründen. Ihre vorherige Information bspw. über die Aufnahme einer Datenschutzinformation in die Studien-, Prüfungs- oder Promotionsordnung sowie der Abschluss einer Vereinbarung zur Auftragsverarbeitung gemäß Art. 28 Abs. 3 DSGVO mit dem Software-

---

2 Hier insb. § 13 UrhG, § 15 UrhG, § 23 UrhG, 51 UrhG und § 63 UrhG.
3 Zu diesem Ergebnis kommt auch ein vom DH-NRW-geförderten Projekt PlagStop.nrw beauftragtes unveröffentlichtes Rechtsgutachten der KPMG Law Rechtsanwaltsgesellschaft mbH (Dagli-Yalcinkaya 2021, S. 21).

Anbieter schaffen hierfür den erforderlichen Rahmen. Daneben ist unter Bezugnahme auf das vom Europäischen Gerichtshof (EuGH) nicht als ausreichend befundene Datenschutzniveau in den USA sicherzustellen, dass ein Datentransfer in diese unterbleibt und die Funktionalität, im Internet nach Plagiaten zu suchen, nicht über in den USA ansässige Suchmaschinendienste, wie Microsoft oder Google erfolgt.

Die Entscheidung, ob es sich bei den durch Softwareeinsatz identifizierten Textähnlichkeiten um ein Plagiat handelt, obliegt den Prüfenden. Der Softwareeinsatz stellt für sie lediglich eine digitale Unterstützung bei der Identifikation von Textähnlichkeiten dar.

4 Plagiatserkennungstechnologie

Technologische Verfahren für die Plagiatssuche folgen entweder dem extrinsischen oder dem intrinsischen Paradigma (vgl. z. B. Foltýnek, Meuschke & Gipp, 2019):

Das *extrinsische* Paradigma beschreibt Verfahren, die zu überprüfende Dokumente mit einer umfangreichen Dokumentkollektion (der sog. Referenzkollektion) vergleichen. Ziel ist es, alle Dokumente, die einen bestimmten Grad der Ähnlichkeit zum überprüften Dokument überschreiten, für eine intensivere Begutachtung bereitzustellen. Extrinsische Plagiatsanalyse ist damit ein Information-Retrieval-Szenario (vgl. Kapitel C 1 Informationswissenschaftliche Perspektiven des Information Retrieval).

Das *intrinsische* Paradigma umfasst Verfahren, die das Eingabedokument auf unterschiedliche Schreibstile hin analysieren, ohne Vergleiche mit anderen Dokumenten durchzuführen. Stilistische Unterschiede betrachten diese Verfahren als Indikatoren für mögliche Plagiate.

4.1 Extrinsische Plagiatsanalyse

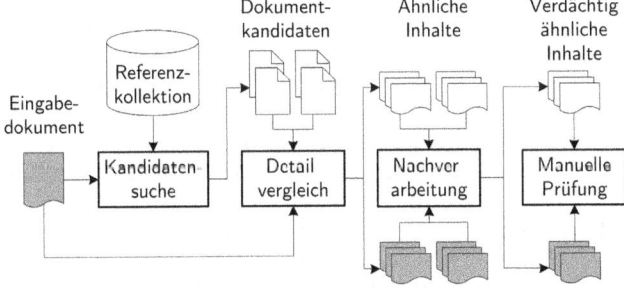

Abb. 1: Ablauf einer extrinsischen Plagiatsanalyse

Extrinsische Plagiatsanalyseverfahren folgen typischerweise dem in Abbildung 1 dargestellten mehrstufigen Prozess. In der Phase der *Kandidatensuche* filtern besonders effiziente Algorithmen die Referenzkollektion nach Dokumenten, die potenziell eine Quelle für Inhalt im überprüften Dokument sein könnten. Während des *Detailvergleichs* wird das Eingabedokument paarweise mit jedem der zuvor gefundenen Kandidatendokumente verglichen, um das Ausmaß und die Position ähnlicher Inhalte in beiden Dokumenten zu identifizieren. Im Schritt der *Nachverarbeitung* werden als ähnlich identifizierte Inhalte einer wissensbasierten Filterung unterzogen, um typische Fehlalarme zu vermeiden. Korrekte Zitate sind typische Beispiele für fälschlich als verdächtig erkannte Inhalte. Für die *manuelle Prüfung* werden den Nutzenden die als verdächtig ähnlich eingestuften Inhalte im Eingabe- und den potenziellen Quelldokumenten präsentiert.

4.1.1 Kandidatensuche

Ziel dieser Phase ist es, sämtliche Dokumente zu finden, die inhaltliche Ähnlichkeiten zum überprüften Dokument aufweisen. Der Ähnlichkeitsschwellwert ist typischerweise niedrig, da es in diesem Schritt wichtiger ist, möglichst keine Quelldokumente auszuschließen, als unverdächtige Dokumente als Kandidaten zu behandeln und weiterzuverarbeiten. Werden Quelldokumente in diesem Schritt nicht gefunden, können sie auch in den nachfolgenden Prozessschritten, die die Ergebnismenge lediglich weiter einengen, nicht erkannt werden.

Die Referenzkollektion umfasst in der Regel mehrere Millionen bis mehrere hundert Millionen Dokumente, da sie zumeist Internetquellen einschließt. Um diese Datenmengen mit vertretbarem Zeit- und Kostenaufwand durchsuchen zu können, müssen die eingesetzten Algorithmen besonders laufzeit- und speichereffizient sein. Aufgrund dieser Anforderungen kommen zumeist etablierte Ansätze des Information Retrieval, wie Vektorraum-Modelle oder Invertierte Indexe zum Einsatz (vgl. Kapitel C 2 Modelle des Information Retrieval).

Bei *Vektorraum-Modellen* für die Plagiatsanalyse bilden zumeist lexikalische Einheiten wie Worte, Sätze oder *n*-Gramme die Dimensionen des Vektorraums. Lexikalische *n*-Gramme bezeichnen zusammenhängende Folgen von *n* Elementen, typischerweise Zeichen oder Worte, seltener Phrasen oder Sätze. Auch nicht textuelle Inhaltselemente wie Quellenverweise, grafische oder mathematische Merkmale können genutzt werden. Die Kosinus-Ähnlichkeit der Vektoren wird typischerweise als Proxy für die Ähnlichkeit der Dokumente verwendet.

Invertierte Indexe sind universelle Datenstrukturen, die vielseitig für die Plagiatsanalyse und besonders für die Kandidatensuche einsetzbar sind. Ein weitverbreitetes, Index-basiertes Verfahren zur Suche von Dokumentkandidaten mit übereinstimmenden Textteilen ist *n*-gram *Fingerprinting*. Dieser Ansatz unterteilt alle Dokumente der Referenzkollektion in *n*-Gramme, wahlweise mit oder ohne Überlappung. Eine Auswahl der gebildeten *n*-Gramme wird als „Fingerabdruck" des jeweiligen Dokumentes in einem Index gespeichert.

Viele Plagiatsanalysesysteme nutzen für die Kandidatensuche Programmierschnittstellen von *Websuchmaschinen*, anstatt mit hohem zeitlichem und finanziellem Aufwand eigene Referenzkollektionen aufzubauen und Suchalgorithmen zu entwickeln.

4.1.2 Detailanalyse

Ziel dieser Phase ist es, die zuvor gefundenen Kandidatendokumente eingehend mit dem Eingabedokument zu vergleichen. Da während der Kandidatensuche deutlich weni-

ger Dokumente zu untersuchen sind, können rechentechnisch aufwändigere Verfahren eingesetzt werden. Die Identifikation lexikalisch ähnlichen Texts umfasst typischerweise die folgenden Schritte:
1. **Seeding:** Auffinden von Textteilen des Eingabedokuments (dem Seed) innerhalb eines Kandidatendokuments.
2. **Erweiterung:** Weitestmögliche Ausweitung des Seeds, um die vollständige Passage zu finden, die eventuell übernommen wurde. Ein populärer Ansatz für die Erweiterung ist das Zusammenführen benachbarter Seeds im Eingabe- und Kandidatendokument, wenn deren Abstand (gemessen in Zeichen) unter einem Schwellenwert liegt.
3. **Filterung:** Ausschluss von Fragmenten, die vordefinierte Kriterien nicht erfüllen (z. B. zu kurz sind) und Vereinheitlichung überlappender Passagen.

Die *Identifikation von Paraphrasen*, also von semantisch äquivalentem, aber lexikalisch unterschiedlichem Text, ist oft ein separater Schritt, für den vielfältige Verfahren der *syntaktischen* und *semantischen* Textanalyse zum Einsatz kommen.

Syntaktische Textanalyseverfahren bestimmen mittels Part-of-speech-Tagging die syntaktische Struktur von Sätzen. Die syntaktischen Strukturen helfen, morphologische Mehrdeutigkeiten aufzulösen (vgl. z. B. Hussein 2015) oder den Arbeitsaufwand für eine anschließende semantische Analyse zu reduzieren, indem z. B. nur Wortpaare mit identischen Wortarten verglichen werden (so bspw. bei Gupta, Kanjirangat & Leema L. 2016).

Semantische Textanalyseverfahren lassen sich grob in zwei Kategorien unterteilen (Gomaa & Fahmy 2013). *Wissensbasierte Ansätze* analysieren die Verbindungen zwischen Worten oder Konzepten, die in Wörterbüchern, Enzyklopädien oder Thesauri kodiert sind. *Korpusbasierte Ansätze* folgen der Idee der Verteilungssemantik, d. h., Begriffe, die in ähnlichen Kontexten vorkommen, haben tendenziell eine ähnliche Bedeutung. Umgekehrt geht die Verteilungssemantik davon aus, dass ähnliche Verteilungen von Begriffen auf semantisch ähnliche Texte hinweisen. *Word Embeddings*, *Latent Semantic Analysis (LSA)*, *Semantic Concept Analysis (SCA)* und *Neuronale Sprachmodelle* sind erfolgreiche Methoden für die semantische Textanalyse, die aus der Idee der Verteilungssemantik abgeleitet wurden. Die Methoden unterscheiden sich im Hinblick auf den Bereich, in dem sie das Vorkommen von Begriffen analysieren. Word Embeddings berücksichtigen die unmittelbar angrenzenden Worte, LSA analysiert das gesamte Dokument, SCA und neuronale Sprachmodelle nutzen umfangreiche externe Korpora. Neuere Plagiatsanalyseverfahren kombinieren oft wissensbasierte und korpusbasierte semantische Analyseverfahren durch den Einsatz von Machine Learning.

Die *Identifikation von Ideenplagiaten*[4] ist eine besondere Herausforderung für Plagiatsanalyseverfahren und Schwerpunkt aktueller Forschung. Ansätze zur Lösung dieses Problems kombinieren zumeist semantische Textanalyseverfahren mit Ähnlichkeitsbetrachtungen für weitere Dokumentinhalte. Beispielsweise können im Text verwendete *Quellenverweise* auf ähnliche Muster untersucht werden, die auf eine eventuell verdächtige Ähnlichkeit der betreffenden Passagen hindeuten können (bspw. Gipp, Meuschke & Breitinger 2014; Pertile, Moreira & Rosso 2016). Gipp, Meuschke & Beel (2011) zeigten zum Beispiel, dass durch den Vergleich von Quellenverweisen 13 der 16 nachgewiesenen Übersetzungsplagiate in der Dissertation von Karl-Theodor zu Guttenberg auffindbar wa-

---

4 Ideenplagiate bezeichnen die Verwendung von Konzepten, Daten oder inhaltlichen Strukturen einer Quelle ohne angemessene Kennzeichnung, wobei die fremden Inhalte vollständig in eigenen Worten wiedergegeben werden.

ren. Etablierte Plagiatsanalyseverfahren, die nach lexikalischer Ähnlichkeit suchen, konnten keine dieser übersetzen Passagen finden.

Die Suche nach ähnlichen *Abbildungen* ist ein weiterer Ansatz, um mögliche Ideenplagiate zu erkennen. Bisherige Verfahren für die abbildungsbasierte Plagiatsanalyse bedienen sich überwiegend etablierter Methoden des *Content-based Image Retrieval*, um visuell ähnliche Abbildungen zu finden (bspw. Eisa, Salim & Abdelmaboud 2020; Iwanowski, Cacko & Sarwas 2016). Fortschritte auf dem Gebiet der automatisierten Chart-Analyse erlauben zum Teil die Rekonstruktion der in Diagrammen dargestellten Daten (Davila, Setlur, Doermann, Kota & Govindaraju 2021). Die rekonstruierten Rohdaten können für eine rein datenbasierte Suche nach auffälligen Ähnlichkeiten zwischen wissenschaftlichen Dokumenten genutzt werden. Meuschke et al. (2018) präsentierten bspw. einen Ansatz, der die in Balkendiagrammen dargestellten Werte rekonstruiert und für die Suche nach inhaltlich, jedoch nicht zwangsweise visuell ähnlichen Balkendiagrammen nutzt.

Auch *mathematische Inhalte* werden mittlerweile für die Plagiatsanalyse genutzt (bspw. Meuschke et al. 2017; Meuschke et al. 2019). Die Ähnlichkeitsanalyse mathematischer Inhalte kann auf den Ebenen der Präsentation (identische Symbole), des Inhalts (äquivalente Symbole oder ähnliche Struktur) und der Semantik (zugrundeliegende mathematische Konzepte) erfolgen (Guidi & Sacerdoti Coen 2016). Aktuell beschränken sich mathematikbasierte Plagiatsanalyseverfahren auf die Präsentationsebene. Der Einbezug der Inhalts- und Semantikebene ist Gegenstand aktueller Forschung.

Die Identifikation von *Übersetzungsplagiaten* erfordert sprachübergreifende Ansätze, welche ebenfalls dem in Abbildung 1 dargestellten Prozess folgen. Für die Kandidatensuche können z. B. multilinguale Wort- oder *n*-Gramm-Indexe verwendet werden, die mittels paralleler Korpora oder Verfahren der maschinellen Übersetzung (s. Kapitel B 14 Maschinelle Übersetzung) erstellt wurden (Potthast 2011; Roostaee et al. 2020). Für die Detailanalyse kommen vorrangig statistische maschinelle Übersetzung, multilinguale semantische Textanalyse, z. B. auf Basis konzeptbasierter Wissensgraphen, und multilinguale neuronale Sprachmodelle zum Einsatz (Ferrero et al. 2017; Franco-Salvador et al. 2016). Auch die bereits erläuterten Verfahren, die nicht-textuelle Inhalte untersuchen, liefern Hinweise auf mögliche Übersetzungsplagiate.

4.2 Intrinsische Plagiatsanalyse

Intrinsische Plagiatsanalyseverfahren untersuchen ein Eingabedokument auf stilistische Unterschiede im Verlauf des Textes, indem sie eine Vielzahl linguistischer Textmerkmale quantifizieren und vergleichen. Die meisten intrinsischen Analyseverfahren folgen dabei einem dreistufigen Prozess (Safin & Kuznetsova 2017) bestehend aus:

1. **Textdekomposition**
   Segmentierung des Textes in gleich große Abschnitte (z. B. Passagen, Zeichen- oder Wort-*n*-Gramme), Struktureinheiten (z. B. Absätze oder (überlappende) Sätze), thematische oder stilistische Einheiten.
2. **Konstruktion von Stilmodellen:**
   a. Analyse lexikalischer, syntaktischer und struktureller stilistischer Merkmale für jedes Textsegment, z. B. die Häufigkeiten von *n*-Grammen, Satzzeichen und Wortklassen.

b. Berechnung quantitativer Maße, z. B. bezüglich des Wortschatzes, der Lesbarkeit und der Komplexität des Textes.
  c. Zusammenfassen der Maße zu stilistischen Merkmalsvektoren.
3. **Ausreißer-Erkennung** Klassifizierung der stilistischen Merkmalsvektoren jedes Textsegments als Mitglieder der Zielklasse, d. h. wahrscheinlich unverdächtig, oder als Ausreißer, d. h. wahrscheinlich von jemand anderem geschrieben.

Textteile mit auffälligen stilistischen Unterschieden können durch extrinsische Plagiatsüberprüfungsverfahren weiter analysiert oder menschlichen Prüfer*innen vorgelegt werden.

Intrinsische Plagiatsanalyse war im Vergleich zu extrinsischer Plagiatserkennung lange von untergeordneter Bedeutung. Der Hauptgrund hierfür ist, dass der rechtssichere Nachweis eines Fehlverhaltens bei der intrinsischen Analyse schwieriger zu führen ist. Anders als extrinsische Verfahren identifizieren intrinsische nicht unmittelbar eine mögliche Quelle für den verdächtigen Inhalt. Eine Zunahme von Contract Cheating[5] im akademischen Umfeld rückt intrinsische Verfahren seit einigen Jahren stärker in den Fokus (Ison 2020; Juola 2017). Insbesondere Auftragsarbeiten kommerzieller Anbieter*innen sind für extrinsische Plagiatserkennungssoftware nicht zugreif- und damit nicht identifizierbar. Für solche Arbeiten stellt Schreibstilanalyse oft die einzige Option für eine computergestützte Überprüfung dar.

5 Plagiatsprävention

Die Ursachen für Plagiat sind vielfältig (dazu ausführlicher Franzky et al. 2016, S. 31). Studien (insb. Sattler 2007) belegen als Einflussfaktoren für Plagiate u. a. Schreibschwierigkeiten, mangelnde Kenntnis und Unklarheit über die korrekte Anwendung der Regeln des wissenschaftlichen Arbeitens sowie ungenügende Betreuung. Neben fehlendem Fehlerbewusstsein als weitere Ursache, nimmt auch der Aspekt Überforderung durch Zeitdruck, Prüfungsangst und fehlende moralische Grundüberzeugung eine bedeutende Rolle ein. Mehrheitlich erweisen sich Plagiatsfälle aber nicht als vorsätzlich herbeigeführt.

Um solche Fälle zu vermeiden, ehe sie entstehen, erscheinen als wirksame Maßnahmen „eine qualitativ hochwertige Ausbildung, ein vertrauensvolles Betreuungsverhältnis und das gelebte Vorbild" (Glatzmeier 2019, S. 31), neben der abschreckenden Wirkung durch die Erhöhung der Entdeckungswahrscheinlichkeit (Sattler 2007, S. 194) und das konsequente Durchsetzen von Sanktionen (Sattler 2007, S. 199).

Einige Hochschulen begegnen Plagiaten präventiv durch die Etablierung von Unterstützungsangeboten zur Förderung der Methodenkompetenz im Rahmen des wissenschaftlichen Arbeitens (von der Literaturrecherche und der kritischen Lektüre über das Erstellen eines Arbeitsplans und der Inhaltsgliederung bis zum Verfassen und richtigen Zitieren) sowie durch forcierte Bewusstseinsbildung und klare Kommunikation des Umgangs mit Plagiaten. „Die Vermittlung wissenschaftlicher Arbeitstechniken [ist] primär […] Aufgabe der Fachlehre." (Rotzal & Schuh 2016, S. 65) Sie kann sich dabei aber gut ergänzenden Unterstützungsangeboten in Form von Schulungen, Diskussionsveranstaltungen sowie frei nachnutzbaren Lernmaterialien bedienen, die insbesondere mit Hilfe

---

[5] Der Begriff bezeichnet die Beauftragung von Dritten mit der Anfertigung von Studienleistungen, wie z. B. Haus-, Seminar- und Abschlussarbeiten oder Übungsaufgaben.

von Drittmittelförderungen in wissenschaftlichen Bibliotheken aufgebaut und gepflegt werden. „Inhaltlich gesehen leiste[n] [...] Bibliothek[n] [damit] einen Beitrag zur Grundlagenlehre." (Rotzal & Schuh 2016, S. 67) Bibliotheken erschließen sich mit derartigen Projekten im Rahmen der Informationskompetenzvermittlung ein weiteres Handlungsfeld. Das Projekt Akademische Integrität (Johannes Gutenberg-Universität Mainz 2021) mit Fokus auf Präventionsarbeit zielt darauf ab, Standards der Wissenschaft besser sichtbar zu machen und im stetigen Dialog das Problembewusstsein über Verstöße gegen die gute wissenschaftliche Praxis, hier primär mit Blick auf das Plagiat, möglichst früh in der akademischen Ausbildung oder gar in der Schule zu verankern. Das Projekt Refairenz (Universität Konstanz 2021) nimmt das Plagiat in Form von intertextuellen Fehlern sowie Ursachen dafür in den Blick. Als effektivste Maßnahme gilt auch hier die Präventionsarbeit. Ziel des Projekts PlagStop.nrw (Digitale Hochschule NRW 2021), ist die Vermeidung von Plagiaten durch den rechtssicheren und optimierten Einsatz von Plagiatserkennungssoftware im Kontext von Learning-Management-Systemen an den Hochschulen in Kombination mit Präventionsmaßnahmen in Form frei nachnutzbarer Selbstlernmodule. Ein zu beauftragendes Rechtsgutachten soll daneben Klarheit schaffen, ob Aufbau und Einsatz einer landesweiten Datenbank zum Abgleich von Textähnlichkeiten in schriftlichen studentischen Arbeiten rechtlich möglich sind.

Wissenschaftliche Bibliotheken als wichtige Akteure der Projekte bauen damit ihre Rolle als zentrale Informationskompetenzvermittlerin in den Hochschulen aus. Ihr Engagement im Bereich der Plagiatsdetektion und -prävention darf aber nicht dahingehend interpretiert werden, dass sie eine

> Kontrollfunktion über die Richtigkeit bzw. Wahrheit [...] wissenschaftliche[r] Aussage[n] übernehmen [möchten]. Dieses Regulativ bleibt der wissenschaftlichen Selbstkontrolle und damit dem Wissenschaftssystem überantwortet, wo Wissenschaftlichkeit systemimmanent verhandelt wird (Brandtner 2014, S. 37).

6 Fazit

Plagiate sind eine schwere Form akademischen Fehlverhaltens und ein ernstzunehmendes Problem für Bildungs- und Forschungseinrichtungen, Verlage und Fördermittelgeber. Plagiatserkennungssoftware wird für Prüfende zunehmend wichtiger, da die immense Anzahl international verfügbarer wissenschaftlicher Texte im Wege einer manuellen Prüfung nicht mehr erfassbar ist. Die zunehmend freie Verfügbarkeit von Texten und Quellen entpuppt sich dabei eher als Segen denn als Fluch. Wenngleich frei verfügbare wissenschaftliche Texte durch ihre mühelose Kopierbarkeit das Plagiieren erleichtern (Weber-Wulff 2010, S. 57), sind sie auch im Rahmen der Plagiatserkennung einfacher identifizierbar als Inhalte hinter Bezahlschranken.

Andererseits kann und wird Erkennungstechnologie allein die Problematik wissenschaftlicher Plagiate nicht lösen können. Plagiatserkennungssoftware kann nur auf inhaltliche Ähnlichkeiten des überprüften Dokumentes zu den zugreifbaren Quellen hinweisen. Die Beurteilung, ob erkannte Ähnlichkeiten ein Plagiat darstellen, erfordert immer einer Prüfung durch den Menschen. Aktuelle Software beschränkt sich zudem oft noch auf die Suche nach identischem Text. Dadurch stellt die Erkennung von Paraphrasen, Ideen- und Übersetzungsplagiaten viele aktuelle Softwarelösungen vor große Probleme. Neuartige Systeme wie HyPlag – Hybride Plagiatserkennung (Meuschke et al. 2018) adressieren diese Schwäche, indem sie neben semantischer Textähnlichkeit auch

Abbildungen, Grafiken, Formeln und Quellenverweise überprüfen. Doch auch technisch verbesserte Software adressiert überwiegend die Symptome und nicht die zugrundeliegenden Ursachen des Problems Plagiat. Letztere sind mehrheitlich mangelnde Kenntnisse, fehlendes Problembewusstsein und Überforderung als vorsätzliches Fehlverhalten und sollten durch präventive Maßnahme, wie Vermittlung von Methodenkompetenz adressiert werden. Eine umfassende und effektive Behandlung des Problems erfordert das koordinierte Zusammenspiel von technischen und nicht-technischen Maßnahmen der Plagiatsprävention, -erkennung und -sanktion.

7 Literaturverzeichnis

Brandtner, A. (2014). Auf den Schultern von Bibliotheken/On the shoulders of libraries/Sur les épaules des bibliothèques. *Information – Wissenschaft & Praxis*, 65(1). doi: 10.1515/iwp-2014-0013.

Dagli-Yalcinkaya, L. (2021). *PlagStop.nrw: Abschlussbericht*. Hochschule Niederrhein. https://www.dh.nrw/kooperationen/PlagStop.nrw-46.

Davila, K., Setlur, S., Doermann, D., Kota, B. U. & Govindaraju, V. (2021). Chart Mining: A Survey of Methods for Automated Chart Analysis. *IEEE Transactions on Pattern Analysis and Machine Intelligence*, 43(11), 3799–3819. doi: 10.1109/tpami.2020.2992028.

DFG (Hrsg.) (2013). *Denkschrift: Sicherung Guter Wissenschaftlicher Praxis*. Wiley-VCH. doi: 10.1002/9783527679188.

DFG (2019). *Kodex: Leitlinien zur Sicherung guter wissenschaftlicher Praxis*. doi: 10.5281/zenodo.3923602.

Digitale Hochschule NRW (2021). Plagtop.nrw. https://www.dh.nrw/kooperationen/PlagStop.nrw-46.

Dissernet (2021). *Dissernet Chronicles*. https://dissernet.org/acat_chronicle/.

Eisa, T. A. E., Salim, N. & Abdelmaboud, A. (2020). Content-Based Scientific Figure Plagiarism Detection Using Semantic Mapping. In F. Saeed, F. Mohammed & N. Gazem (Hrsg.), *Emerging Trends in Intelligent Computing and Informatics* (Bd. 1073) (S. 420–427). Springer. doi: 10.1007/978-3-030-33582-3_40.

Ferrero, J., Besacier, L., Schwab, D. & Agnès, F. (2017). Deep Investigation of Cross-Language Plagiarism Detection Methods. *Proceedings 10th Workshop on Building and Using Comparable Corpora (BUCC)* (S. 6–15). ACL. doi: 10.18653/v1/w17-2502.

Fishman, T. (2009). „We Know It When We See It" Is Not Good Enough: Toward a Standard Definition of Plagiarism That Transcends Theft, Fraud, and Copyright. *Proceedings 4th Asia Pacific Conference on Educational Integrity* (S. 1–5). University of Wollongong. https://ro.uow.edu.au/apcei/09/papers/37/.

Foltýnek, T., Meuschke, N. & Gipp, B. (2019). Academic Plagiarism Detection: A Systematic Literature Review. *ACM Computing Surveys*, 52(6), 112:1–112:42. doi: 10.1145/3345317.

Franco-Salvador, M., Gupta, P., Rosso, P. & Banchs, R. E. (2016). Cross-Language Plagiarism Detection Over Continuous-Space- and Knowledge Graph-Based Representations of Language. *Knowledge-Based Systems*, 111, 87–99. doi: 10.1016/j.knosys.2016.08.004.

Franzky, T., Hätscher, P., Kohl, K. E., Krämer, S., Nunnenmacher, U., Münzinger, J. & Trevisiol, O. (2016). *Plagiate verhindern: Ursachen kennen, Lehre gestalten, mit Fällen umgehen*. Präsentation Tagesworkshop für Lehrende. https://www.plagiatspraevention.uni-konstanz.de/lehrmaterial/dozentenmaterial/.

Gipp, B., Meuschke, N. & Beel, J. (2011). Comparative Evaluation of Text- and Citation-based Plagiarism Detection Approaches using GuttenPlag. *Proceedings ACM/IEEE Joint Conference on Digital Libraries* (S. 255–258). doi: 10.1145/1998076.1998124.

Gipp, B., Meuschke, N. & Breitinger, C. (2014). Citation-based Plagiarism Detection: Practicability on a Large-Scale Scientific Corpus. *Journal of the Association for Information Science and Technology*, 65(8), 1527–1540. doi: 10.1002/asi.23228.

Glatzmeier, A. (2019). Öffentlicher Diskurs – Ursachen – Strategien: Gute wissenschaftliche Praxis als Herausforderung – nicht nur für die Fachöffentlichkeiten. In A. Geukes (Hrsg.), *Konferenzband uni.digital 2019: Teaching, assessment, learning* (S. 26–39). Freie Universität Berlin. doi: 10.17169/refubium-26641.

Gomaa, W. H. & Fahmy, A. A. (2013). A Survey of Text Similarity Approaches. *International Journal of Computer Applications*, 68(13), 13–18. doi: 10.5120/11638-7118.

Guidi, F. & Sacerdoti Coen, C. (2016). A Survey on Retrieval of Mathematical Knowledge. *Mathematics in Computer Science*, 10(4), 409–427. doi: 10.1007/s11786-016-0274-0.

Gupta, D., Kanjirangat, V. & Leema L., M. (2016). Plagiarism Detection in Text Documents Using Sentence Bounded Stop Word N-Grams. *Journal of Engineering Science and Technology*, 11(10), 1403–1420. http://jestec.taylors.edu.my/Vol 11 issue 10 October 2016/11_10_4.pdf.

Hussein, A. S. (2015). A Plagiarism Detection System for Arabic Documents. *Proceedings International Conference on Intelligent System. AISC 323* (S. 541–552). Springer. doi: 10.1007/978-3-319-11310-4_47.

Ison, D. (2020). Detection of Online Contract Cheating Through Stylometry: A Pilot Study. *Online Learning*, 24(2). doi: 10.24059/olj.v24i2.2096.

Iwanowski, M., Cacko, A. & Sarwas, G. (2016). Comparing Images for Document Plagiarism Detection. In L. J. Chmielewski, A. Datta, R. Kozera & K. Wojciechowski (Hrsg.), *Computer Vision and Graphics* Bd. 9972 (S. 532–543). Springer. doi: 10.1007/978-3-319-46418-3_47.

Johannes Gutenberg-Universität Mainz (2021). Projekt „Akademische Integrität". https://www.akin.uni-mainz.de/.

Juola, P. (2017). Detecting Contract Cheating Via Stylometric Methods. In I. Glendinning, T. Foltýnek & J. Rybička (Hrsg.), *Proceedings Plagiarism Across Europe and Beyond Conference* (S. 187–198). Mendel University. http://academicintegrity.eu/conference/proceedings/2017/Juola_Detecting.pdf.

Meuschke, N., Gondek, C., Seebacher, D., Breitinger, C., Keim, D. & Gipp, B. (2018). An Adaptive Image-Based Plagiarism Detection Approach. *Proceedings ACM/IEEE Joint Conference on Digital Libraries* (S. 131–140). Fort Worth, USA. doi: 10.1145/3197026.3197042.

Meuschke, N., Schubotz, M., Hamborg, F., Skopal, T. & Gipp, B. (2017). Analyzing Mathematical Content to Detect Academic Plagiarism. *Proceedings ACM Conference on Information and Knowledge Management*. (S. 2211–2214). ACM. doi: 10.1145/3132847.3133144.

Meuschke, N., Stange, V., Schubotz, M. & Gipp, B. (2018). HyPlag: A Hybrid Approach to Academic Plagiarism Detection. *Proceedings 41st ACM SIGIR Conference* (S. 1321–1324). doi: 10.1145/3209978.3210177.

Meuschke, N., Stange, V., Schubotz, M., Kramer, M. & Gipp, B. (2019). Improving Academic Plagiarism Detection for STEM Documents by Analyzing Mathematical Content and Citations. *Proceedings ACM/IEEE Joint Conference on Digital Libraries* (S. 120–129). doi: 10.1109/jcdl.2019.00026.

Pertile, S. de L., Moreira, V. P. & Rosso, P. (2016). Comparing and Combining Content- and Citation-Based Approaches for Plagiarism Detection. *Journal of the Association for Information Science and Technology*, 67(10), 2511–2526. doi: 10.1002/asi.23593.

Potthast, M., Barrón-Cedeño, A., Stein, B. & Rosso, P. (2011). Cross-language Plagiarism Detection. *Language Resources and Evaluation*, 45(1), 45–62. doi: 10.1007/s10579-009-9114-z.

Retraction Watch (2021). *Tracking retractions as a window into the scientific process*. https://retractionwatch.com/.

Roostaee, M., Sadreddini, M. H. & Fakhrahmad, S. M. (2020). An effective approach to candidate retrieval for cross-language plagiarism detection: A fusion of conceptual and keyword-based schemes. *Information Processing & Management*, 57(2), 102150: 1-19. doi: 10.1016/j.ipm.2019.102150.

Rotzal, T. & Schuh, D. (2016). Grundlagenlehre: Bibliotheken als Vermittler wissenschaftlicher Arbeitstechniken, Werte und Normen. *o-bib. Das offene Bibliotheksjournal*, 61–74. doi: 10.5282/o-bib/2016h4s61-74.

Safin, K. & Kuznetsova, R. (2017). Style Breach Detection with Neural Sentence Embeddings. In L. Cappellato, N. Ferro, L. Goeuriot & T. Mandl (Hrsg.), *Working Notes of the Conference and Labs of the Evaluation Forum*. http://ceur-ws.org/Vol-1866/paper_69.pdf.

Sattler, S. (2007). *Plagiate in Hausarbeiten: Erklärungsmodelle mit Hilfe der Rational Choice Theorie*. Dr. Kovač.

Theisohn, P. (2009). *Plagiat: Eine unoriginelle Literaturgeschichte*. A. Kröner.

Universität Konstanz. (2021). Projekt Refairenz. https://www.plagiatspraevention.uni-konstanz.de.
VroniPlag Wiki. (2021). Übersicht. https://vroniplag.fandom.com/.
Weber-Wulff, D. (2010). Unter Schizophrenen: Plagiate bekämpfen mit Open Access. *Neue Gesellschaft / Frankfurter Hefte*, 12, 57–59. https://www.frankfurter-hefte.de/artikel/plagiate-bekaempfen-mit-open-access-788/.
Weber-Wulff, D. (2014). *False Feathers: A Perspective on Academic Plagiarism*. Springer. doi: 10.1007/978-3-642-39961-9.

Rainer Kuhlen
F 6 Informationspathologien – Desinformation

1 Pathologien und Informationspathologien

Pathologie ist eine Disziplin der Medizin, die sich mit den Ursachen, dem Verlauf und den Auswirkungen von „abnormalen und krankhaften Vorgängen und Zuständen im Körper" und „Missbildungen aller Art" (Pathologie 2021) beschäftigt. Pathologien setzen als Maßstab einen Normalzustand (Gesundheit) voraus, der beschädigt bzw. eingeschränkt wird z. B. aufgrund von angeborenen Fehlentwicklungen, Krankheiten oder auch von post-traumatischen Erfahrungen.

Entsprechend werden hier Informationspathologien bzw. Desinformationen als Beschädigungen bzw. Einschränkungen des Normalzustands von Information behandelt, wobei es problematisch ist zu bestimmen, was der Normalzustand von Information sein soll. In der Fachwelt wird häufig Desinformation (DI) als Oberbegriff für alle diese Phänomene verwendet. Sie sind aber im Detail doch sehr unterschiedlich, so dass sich Informationspathologie (IP) eher als Oberbegriff empfehlen würde. Hier wird im Folgenden beides, verkürzend als IP/DI, verwendet.

IP/DI „verschmutzen den Informationsraum" (Turčilo & Obrenović 2020). „Desinformation kann als Schattenseite der Digitalisierung der öffentlichen Kommunikation gesehen werden. […] Desinformation wird zu einer der zentralen Bedrohungen des 21. Jahrhunderts für deutsche Unternehmen." (Allianz für Sicherheit in der Wirtschaft Bundesverband – ASW Bundesverband 2017, S. 17–18). Die World Health Organization (WHO), während der COVID-19-Pandemie ständig von Desinformationen betroffen, hat dafür den Ausdruck „infodemic" geprägt: „Like pathogens in epidemics, misinformation spreads further and faster and adds complexity to health emergency response."(WHO 2020) Dazu gab es 2020 die erste WHO Infodemiology Conference (s. Alam et al. 2021). Allerdings darf es nicht bei der Klage über *misinformation* bleiben. Gerwin sah schon früh die Herausforderung „to ensure that the public receives and recognizes accurate and actionable information essential for the prevention or containment of a deadly contagion, we will need to understand and address the impact of these distorting forces" (Gerwin 2012, S. 630).

IP/DI-Phänomene hat es in der Menschheit sicherlich schon immer gegeben. Aber sie sind erst heute, ermöglicht und befördert durch die sozialen Medien und Messenger-Dienste im Internet, zu einem weltweiten, alle Bereiche der Gesellschaft betreffenden Problem geworden. Sie sind auch auszumachen in der traditionellen Medienwelt. Sie haben großen Einfluss auf die öffentliche Meinungsbildung. Sie haben große schädigende politische und ökonomische Auswirkungen. Angesichts dieses weltweit immer größer werdenden Ausmaßes von IP droht DI im „Zeitalter der Informationsstörung" (Wardle 2020) zum Normalzustand von Information zu werden.

IP/DI können zweifach zugerechnet werden. Zum einen zu Personen, Institutionen und zunehmend den automatischen Bots (hinter denen natürlich auch wieder Personen stehen) mit ihren nicht immer klar erkennbaren Intentionen, z. B. allgemeine Verunsicherung stiften, eigene politische, ökonomische oder auch persönliche private Ziele erreichen. Zum andern zu Personen, die dieser IP/DI ausgesetzt sind und auf vielfältige Weise darauf reagieren, z. B. ignorieren, zur Widerlegung der IP/DI beitragen, oder, oft mit fatalen Konsequenzen, sich entsprechend der Intention der Aussendenden verhalten. Das entscheidende Merkmal für Information ist ihre Handlungsrelevanz.[1] Von dieser Zuordnung kann IP/DI kaum ausgeschlossen werden. Was daraus folgt, soll hier ausgelotet werden.

Informationspathologien bzw. *information failures* werden explizit, im Gefolge von Wilensky (1967/2015), in der Betriebswirtschaft/-psychologie behandelt, z. B. wenn in den (betrieblichen) Kommunikations- und Entscheidungsprozessen das für diese Prozesse wichtige Wissen nur unzureichend oder sogar auf verfälschende Weise in handlungsrelevant werdende Information eingebunden wird (Kirsch & Klein 1977; Scholl 2014; Zillich 2006). Diese Information ist also als Desinformation anzusehen, mit den entsprechenden schädlichen Folgen für den Betrieb (Glück 2002; Kosanke 2015; Schneider 2014; Scholl et al. 2012; Siegert et al. 2017). Solche IP sind als Abweichungen bzw. Behinderungen des erwünschen Normalzustandes zu verstehen, hier als Abweichung vom erwünschten bzw. erforderlichen Normalzustand der optimalen Informationsversorgung.

Im Zentrum dieses Kapitels werden im Folgenden die IP/DI-Ausprägungen behandelt, die in Internet-Umgebungen auftreten.[2] Bei diesen weisen die Suchmaschinen Trefferzahlen – mit hohen zwei- oder sogar dreistelligen Millionenangaben aus. Ausprägungen solcher IP/DI sind z. B.:

> Desinformation (*disinformation*), *Malinformation*, *hoax* sowie *fake news* – bewusst falsche, Empfänger manipulierende Informationen. Ebenso können dazu gezählt werden: Verschwörungstheorien; *Deepfake* – manipulativer Austausch nicht nur, aber bevorzugt von Gesichtern (*face-swap*) in Bildern und Videos bzw. Löschen von im Bild vorhandenen, missliebig gewordenen Personen; *Clickbaits* – verleiten zum Anklicken, z. B. durch reißerisch aufgemachte, meistens falsche oder verzerrte Informationen.
>
> Fehlinformation (*misinformation*) – falsche, ungenaue oder irreführende Information – ist gesondert zu betrachten. Fehlinformationen werden nicht zwingend intentional manipulativ weitergegeben, sondern können auch jemandem unterlaufen, der oder die sich um Wahrhaftigkeit bemüht, aber sich schlicht geirrt hat.

2 Informationspathologien/Desinformation (IP/DI) invers zum Informationsbegriff?

IP/DI wurden hier als Fehlentwicklungen von Information bezeichnet, wobei als Normalzustand für Information – zumindest nach Floridi (2011) – die epistemologisch begründete, alethische, also auf Wahrheit bezogenen semantische Bestimmung von Information als Voraussetzung für Wissen angenommen wird. Allerdings orientieren sich die wenigsten außerhalb von Wissenschaft ausgesandten und aufgenommen Aussagen über

---

[1] Dieses Kapitel F 6 ist im Zusammenhang mit Kapapitel A 1 Information – ein Konstrukt mit Folgen zu sehen, in dem ein Vorschlag für ein informationswissenschaftliches Verständnis für den pragmatischen Primat von Information entwickelt wird.
[2] Hinweise zur Weiterarbeit: (1) Surveys: Zimmermann & Kohring (2018) mit einem systematischen, differenzierten und umfänglichen referenzierten Überblick über die Ausprägungen von IP/DI; ebenso Sharma et al. (2019); Oshikawa et al. (2020). (2) Ebenfalls umfänglich und aktuell referenziert die Studie von Meßmer et al. (2021); s. auch die Studie von Turčilo & Obrenović (2020), ebenso von Müller & Denner (2019) und die Beiträge in Klimczak & Zoglauer (2021). (3) Am Institut für Informationswissenschaft und Sprachtechnologie (2020–2021) der Universität Hildesheim ist im Rahmen des Projekts Hate Speech und seine Erkennung durch KI (HASEKI) ein einschlägiges Glossar, auch zu zentralen IP/DI-Phänomenen, verfügbar.

Objekte und Sachverhalte an einem semantischen alethischen Begriff. In der ganzen Breite des Internet ist der Normalzustand von Information vielleicht eher die Summe oder die Mischung der IP/DI. Anzunehmen ist i. d. R., dass falsche Information, einschließlich Fehlinformation, als wahre Information aufgenommen wurde, wenn die falsche Information tatsächlich für jemand handlungsrelevant geworden ist. Das entscheidende Kriterium für IP/DI ist, entsprechend der These des pragmatischen Primats von Information (s. Kapitel A 1 Information – ein Konstrukt mit Folgen), die Handlungsrelevanz, nicht der tatsächliche epistemologische Status. So kann auch objektiv „falsche Information" zu Information werden, wenn sie diejenigen zum Handeln veranlasst, die die Aussagen der Quelle im Vertrauen auf diese für bare Münze nehmen. Die Entscheidung, ob eine Information eine IP/DI ist bzw. eine IP/DI als Information angesehen wird, kann nicht nur semantisch über das Wahrheitskriterium entschieden werden, sondern hängt auch von dem Vertrauen der Empfangenden in die Quelle ab, und das beeinflusst ihre Entscheidung für ein entsprechendes tatsächliches Handeln. Vgl. die „stolen election lie" vom damaligen US-Präsidenten Trump, aus der seine Anhänger*innen z. B. den Schluss gezogen haben, das Kapitol zu stürmen.

IP/DI sind nicht nur nicht wahr, sondern vor allem unwahrhaftig, d. h. eine DI y wird von x verbreitet mit dem Anspruch auf Wahrheit, obgleich x weiß, dass y eine Lüge ist. Komplizierter wird es häufig dadurch, dass die DI y aus mehreren Teilen zusammensetzt ist, von denen einige durchaus wahr sein können, während andere Halbwahrheiten sind und weitere gänzlich falsch. So wird beispielsweise durch das Löschen/Herausschneiden einer Person aus einem historischen (also wahren) Fotodokument ein desinformierendes, lügenhaftes Bild – umso tückischer, weil an dem reduzierten Bild für sich keine Desinformation zu erkennen ist.

Hammwöhner (2004) hat auf eine weitere Differenzierung bei den DI hingewiesen. Hier ein Beispiel: Person x meint, dass der IC nach Berlin um 14:12 Uhr abfährt. Dann wird Person y, die diese Aussage empfängt und sich darauf verlässt und um 14:00 Uhr am Bahnhof erscheinen. Wenn Person y dann erfährt, dass die Abfahrt um 13:12 Uhr gewesen ist, wird sie Person x der Desinformation beschuldigen. Das wäre aber falsch bzw. ungerecht, denn die Information im alethischen Verständnis ist „x meint ..." und „um 14:12 Uhr Abfahrt" ist die Fehlinformation. Schuld ist Person y selber, weil sie dem „meinen" vertraut hat. Die Bahnangestellten im Informationszentrum würden nicht „meinen", sondern die richtige Information weitergeben. Wenn sie das falsch machen, können sie der DI beschuldigt werden.

Die verschiedenen Ausprägungen von IP/DI können vor allem in den sozialen Medien des Internet ausgemacht werden. Aber auch für die klassischen Medien sind IP/DI, vor allem in Form von *media bias* (MB), eine Herausforderung (vgl. Abschnitt 3), ebenso für Disziplinen wie Wirtschaftswissenschaften, um nur diese zu nennen.

Alle diese IP/DI können als invers zu validem Wissen verstanden werden, also als entgegengesetzt a) zum traditionellen informationswissenschaftlichen Verständnis von Information und ebenso entgegengesetzt b) zum semantischen Verständnis von Information, wie es in Floridi entwickelt wurde: „false information is pseudo-information" (Floridi 2011, paras. 4.10–4.12). Auf (b) wird ausführlich in Kapitel A 1 Information – ein Konstrukt mit Folgen eingegangen. Hier nur die eher aphoristische Aussage von Floridi, dass wie ein fauler Apfel kein Apfel, so auch falsche Information keinesfalls Information sei. Ontologisch und epistemologisch hat Floridi sicher recht. Aber reicht das aus, um das Problem von IP/DI in den Griff zu bekommen?

Zu a) Beschränken wir uns hier auf das Verständnis von IP/DI als invers zum traditionellen, zwischen 1954–2000 politisch dominierendem Fachinformationsverständnis von Information (s. Kapitel A 2 Institutionalisierung der Informationswissenschaft in Deutschland). In der Informationspraxis, aber auch in der theoretischen informationswissenschaftlichen Literatur, z. B. zum Information Retrieval, entsteht durch die epistemologische Begründung von Wissen und der daraus abgeleiteten Information keine besondere Herausforderung. Im Kontext der Fachinformation (FI) kann mit Blick auf Wahrheit, Richtigkeit, Wahrscheinlichkeit, Begründbarkeit etc. auf die „wahrheits"-sichernden Verfahren der Wissenschaft (Peer Review, h-Index etc.) verwiesen und i. d. R. wohl auch vertraut werden (s. Deutsche Forschungsgemeinschaft 2019). Institutionell sichern die wissenschaftlichen Bibliotheken, Archive und Fachinformationszentren den Zugriff auf die publizierten Wissensobjekte und damit die Möglichkeit der Ableitung handlungsrelevanter Information. Allerdings hatte schon Fröhlich (1997) auf Informationsblockaden und Desinformation in Wissenschaft hingewiesen. Ausführlich belegt der Wikipedia-Artikel „Betrug und Fälschung in der Wissenschaft" Beispiele für DI, deren Umfang, Ursachen und Motivation wie auch Verfahren zur Vermeidung und Bekämpfung von Betrugspraktiken, die dann nicht anders als wissenschaftliche DI bezeichnet werden können. Dazu gehören auch Plagiate.

Die wahrheits- und kompetenzsichernden Verfahren der IW und ihrer FI-Institutionen können auf die im Internet für alle Gesellschafts-/Lebensbereiche entwickelten Kommunikations- und Informationssysteme und -dienstleistungen nur sehr begrenzt eingesetzt werden. Entsprechend sind das Methodenspektrum und die Instrumente zur Wahrheits- besser Richtigkeitssicherung bzw. für den Nachweis von IP/DI mit Blick auf Informationskompetenz (s. Kapitel 8 Informationskompetenz) erweiterungsbedürftig.

Zwischenergebnis: Wenn IP/DI insgesamt als invers sowohl zum traditionellen informationswissenschaftlichen als auch zu einem philosophischen Informationsbegriff gesehen werden, stellt sich die Frage, ob diese IP/DI tatsächlich als (potenzielle) „Informationsobjekte" bezeichnet werden können, die in konkreten Handlungssituationen genutzt werden bzw. in manipulativer Absicht genutzt werden sollen. Der konstruktivistisch begründete pragmatische Primat von Information könnte, so die Annahme hier, für die IW eine andere und zunehmend größer werdende Rolle spielen als die semantische Bestimmung von Information.

3 IP/DI-Verhalten im Medienbereich

IP/DI-Phänomene sind auch im Medienbereich auszumachen (Silverman 2020) – i. d. R. diskutiert als *media bias* (MB) sowohl in den klassischen Medien (Zeitung, Zeitschriften, Rundfunk, Fernsehen) als auch durch die über soziale Medien verbreiteten Nachrichten. MBs sind ebenfalls als Abweichungen von einem Normalzustand zu verstehen, hier von der Erwartung an Wahrheit, Wahrhaftigkeit, Neutralität und Objektivität von Nachrichten. Auch hier bleibt fraglich, ob es im Medienbereich einen Normalzustand überhaupt geben kann. Das ist sicherlich in einem weiteren Kontext zu sehen, nämlich ob und wie z. B. die großen Suchmaschinenanbieter vor allem aus ökonomischen Gründen Einfluss auf das Ranking der Suchergebnisse nehmen. Maßstab des Normalzustands sollten hier „fair and unbiased results" (im Titel von) (Lewandowski 2017) sein.

In den Sozial-/Medienwissenschaften sind MB-Faktoren umfassend empirisch ermittelt worden. (s. Hamborg et al. 2019, Fig. 1, Tab. 1) Dazu gehören z. B. der politische und ideologische Hintergrund des jeweiligen Medienobjekts bzw. seiner Gesellschafter/Eigentümer (*mind selection*). Aus redaktioneller Sicht sind zu nennen z. B. die Auswahl über die zu berichtenden Ereignisse (*event selection*), die Auswahl der Quellen/Zeugen/Fakten (also auch das Ausblenden wichtiger, aber von der Redaktion als unerwünscht angesehener Details – *fact selection*), Labeling bzw. Framing (häufig über Prädikate/Adjektive/Wortwahl), wie z. B. Personen als „Flüchtlinge" oder als „Immigranten" zu benennen, die Größe und Platzierung der Artikel (auf der 1. oder der 5. Seite) und ihrer Abbildungen bzw. deren Erläuterungen. Selbstverständlich sind solche ip/di-manipulativen Handlungen nicht auf den Medienbereich beschränkt.

Vergleichbare IP können auch beim schon länger untersuchten „Spinning" festgestellt werden. Dazu gehört z. B. das *cherry picking*, also die Methode, (geringfügige) positive Aspekte eines Produktes oder einer politischen Entscheidung in die Presse zu bringen und deren (überwiegend) negative Aspekte zu verschweigen; auch die Weitergabe von Informationen nur an wohlgesinnte Journalist*innen oder die Bereitstellung von sensationellen Berichten an die Presse, um laufende negative Berichte zu übertönen oder abzublocken. Spinning (mit manipulativer Absicht) wird auch in der Wirtschaft verwendet, um für eigene Produkte positive Meldungen zu positionieren bzw. um Produkte konkurrierender Unternehmen zu diskreditieren. Solche Spinning-Phänomene sind deutlicher als die Ausprägungen von MB zu den IP/DI zu rechnen. Sie zielen vor allem deutlich darauf ab, die öffentliche Meinungsbildung, aber auch das Wahlverhalten zugunsten von Parteien oder Politiker*innen zu steuern. Spinning wird immer stärker institutionell organisiert – auch als „Plattformjournalismus" diskutiert (Prinzing & Pranz 2020; s. Kapitel E 2 Plattformökonomie).

Zu diesem Abschnitt gehört auch, dass zu Zeiten der Trump-Präsidentschaft vor allem die Bezeichnung *fake news* verwendet wurde, um die (i. d. R. recherchierten und belegten) Informationen aus den traditionellen Medien im Fernsehen, in Internet-Diensten und aus den gedruckten Medien als Falschinformation, als Produkte einer „Lügenpresse" zu diskreditieren. Das ist auch als Aufforderung zu *non-use of information* zu verstehen bzw. Information auf das zu reduzieren, was z. B. aus Messenger-Botschaften von der präferierten politischen Person aufgenommen wird und zu entsprechenden Handlungen führt (Cowburn & Oswald 2020). *Non-use of information* ist als eine besonders folgenreiche Variante des Abweichens vom Normalzustand von Information einzuordnen, welche z. B. auch die Anstrengungen von Faktenchecks in vielen Fällen nichtig macht.

4 Was tun gegen IP? Aufklärungsarbeit und Bildung von Medien-/Informationskompetenz

Die Bekämpfung von IP/DI kann sich nicht auf die Überprüfung des Wahrheitsgehalts, z. B. über einen Faktencheck, beschränken, sondern muss eher ergänzend oder sogar prioritär die Vertrauenswürdigkeit, die Wahrhaftigkeit der Quelle der DI in Rechnung stellen (Klimczak & Zoglauer 2021). Die Einschätzung von DI verschiebt sich daher von der DI selber – also ob wahr oder falsch – auf die Einschätzung des Wahrheits- bzw. Wahrhaftigkeitsgrades bzw. der Vertrauenswürdigkeit der personellen oder institutionellen Quelle. Die Wahrscheinlichkeit, dass eine DI handlungsrelevant, also für Empfänger*innen zu einer Information wird, nach der sie handeln, hängt entscheidend davon ab.

Ein gravierendes Problem wird dies dadurch, dass das traditionelle Vertrauen in die Zuverlässigkeit der Nachrichtenarbeit der klassischen Medien (Zeitungen und Radio/TV) und von Suchmaschinen (Edelman 2019) beim größeren Teil der Bevölkerung zwar offenbar weiter besteht, aber dass bei denen, die eher geneigt sind, DI zu folgen, kaum noch Vertrauen in die traditionellen Pressemedien und ebenso wenig in die politischen Institutionen besteht (Humprecht 2019; Ziegele et al. 2018). Entsprechend haben Faktenchecks durch die klassischen Medien oder durch politische Aufklärungsarbeit nur begrenzt die gewünschten Wirkungen. Theoretisch kann das durch die so genannte Informationsblase (*information bubble*) erklärt werden. Das Konzept geht auf einen Vorschlag von Pariser (2011) zurück, der mit *filter bubble* das Verhalten von Menschen (vor allem im Internet) bezeichnet, die ihr Such- und Informationsverhalten nur auf das gründen, was in ihrer informationellen Blase ihren Vorstellungen, Plänen, Wünschen entspricht, und alles ausblenden, was das in Frage stellt. In ähnlicher Bedeutung wird der Begriff der Echokammer verwendet. Beides gehört zu den Informationspathologien.

Trotzdem bleibt der (schon lange in journalistischer Praxis[3] betriebene) Faktencheck ein wichtiges, notwendiges, nützliches, wenn auch nicht ausreichendes Mittel, IP/DI als Abweichung von Information aufzudecken. Porter & Woods haben 22 Faktenchecks weltweit untersucht, mit dem Ergebnis, „that fact-checks reduced belief in misinformation [desinformation gemeint] by at least 0.59 points on a 5-point scale" (Porter & Woods 2021, Abstract). Allerdings verstärken IP/DI kaum bestehende, objektiv falsche Ansichten. Die gravierende Herausforderung ist – so sehen das die Autoren–, dass Faktenchecks nur dann positive und nachhaltige Wirkung haben, wenn sie auch tatsächlich wahrgenommen werden. Das trifft für IP/DI-Affine kaum zu. Sie bleiben eher in ihren Echokammern der voreingestellten und durch weitere DI verstärkten Meinungen. Aber die, die Faktenchecks tatsächlich wahrnehmen, vor allem wenn diese von als vertrauenswürdig eingeschätzten oder auch von zertifizieren Quellen/Organisationen stammen, werden zu einem gewissen Grad immuner gegenüber IP/DI.

Weltweit vergibt das International Fact-Checking Network (IFCN)[4] Zertifikate an Institutionen (über 100 Institutionen – Stand 12/21), die entsprechende Faktenchecks betreiben. Kriterien dafür sind z. B. Überparteilichkeit, Transparenz durch Offenlegung der Methoden und Quellen. EFCN bietet auch Beratung und Schulungen zum Faktencheck an.

Das Problem der IP wird auch von den politischen Institutionen immer mehr als Herausforderung aufgegriffen. Die EU hatte schon 2018 eine Empfehlung zur „Bekämpfung von Desinformation im Internet" entwickelt: „Desinformation untergräbt das Vertrauen in die Institutionen und in digitale und traditionelle Medien [...] Durch Desinformation werden häufig radikale bzw. extremistische Ansichten und Aktivitäten unterstützt."[5] Der darauf beruhenden *Code of Practice on Disinformation* (European Commission 2021) wurde unterzeichnet z. B. von Facebook, Google, Twitter, Mozilla, Microsoft und TikTok sowie von weiten Teilen der Werbeindustrie. Weitergehend soll über ein (für 2022 geplantes) Plattformgrundgesetz, ein EU-Gesetz über digitale Dienste (Digital Services Act – DSA), die Verbreitung illegaler Inhalte und Desinformationen eingeschränkt werden.

Das 2017 verabschiedete deutsche Gesetz zur Verbesserung der Rechtsdurchsetzung in sozialen Netzwerken (NetzDG)[6] setzt sich mit IP/DI nicht explizit auseinander, sondern spricht allgemein von illegalen Inhalten in sozialen Netzwerken, die nach berech-

---

3 Vgl. das bis auf 1947 zurückgehende Spiegelarchiv. https://www.spiegel.de/dienste/besser-surfen-auf-spiegel-online-suchen-im-archiv-a-676489.html.
4 https://www.poynter.org/ifcn/.
5 https://ec.europa.eu/commission/presscorner/detail/de/IP_18_3370.
6 https://www.gesetze-im-internet.de/netzdg/BJNR335210017.html.

tigten Beschwerden entfernt, gelöscht oder gesperrt werden sollen. Hier besteht weiter politischer Handlungsbedarf.

Aufklärungsarbeit über DI leisten in Deutschland z. B. die Bundeszentrale für Politische Bildung, z. B. im Zusammenhang der Bundestagswahl von 2021 (Bundeszentrale für Politische Bildung 2021). Auch hier wurde ermittelt, dass eine Nachricht, welche die eigene Meinung bestätigt, glaubhafter wirkt als gegenteilige Informationen (*consistency bias*). Vom Bundesministerium für Bildung und Forschung (BMBF) wird das Projekt „DORIAN – Desinformation im Internet aufdecken und bekämpfen" gefördert. Der Nationale Cyber-Sicherheitsrat berät auch die Bundesregierung in Sachen Desinformation (Roßnagel 2019).

Auch die politischen Stiftungen beteiligen sich intensiv an entsprechender Aufklärungsarbeit, z. B. die Friedrich-Naumann-Stiftung mit einem Gutachten für *fake news* (vgl. Müller & Denner 2019). Auch die Heinrich-Böll-Stiftung ist mit zahlreichen Veranstaltungen und z. B. mit einer historischen und systematischen Studie zu den DI-Formen (Turčilo & Obrenović 2020) an dieser Arbeit beteiligt. Die Konrad-Adenauer-Stiftung stellt z. B. einen Digitalen Faktencheck für Desinformation bereit (Wolfer 2020). Auch die Friedrich-Ebert-Stiftung stellt sich der Herausforderung, „Verschwörungsmythen, Halbwahrheiten und Desinformation" zuvorzukommen.[7] Sie verweisen auf die Studie von Neidhardt & Butcher (2021) für das European Policy Centre. Zur Bekämpfung von DI wird das Konzept des Prebunking empfohlen:

> Prebunking relies on two pillars. In the short to medium term, efforts should be devoted to identifying false stories as early as possible or even anticipating future narratives. In the longer term, citizens should be provided with the critical skills to distinguish facts from falsehoods and filter out manipulative content.[8]

Vgl. auch die Rosa-Luxemburg-Stiftung zur Herausforderung, wie mit Verschwörungstheorien umzugehen ist.[9]

Die immense zerstörerische Wirkung von IP/DI beruht nicht zuletzt auf dem niedrigen Bildungsgrad der entsprechend Affinen und unzureichender informationeller Bildung (Informationskompetenz). Daher wird in so gut wie allen Studien auf schulische und außerschulische Förderung von Medien-/Informationskompetenz hingewiesen. Umgang mit Falschnachrichten sollte Pflichtstoff in der Schule sein. Entsprechend setzt sich z. B. die Vodafone Stiftung Deutschland für „Handlungsempfehlungen zur Förderung der digitalen Souveränität (nicht nur) der jungen Generation" ein (Fuchs 2021).

Von der International Certification of Digital Literacy (ICDL)[10] des Council of European Professional Informatics Societies (CEPIS) wurde ein international anerkanntes Kompetenz-Zertifikat mit onlinegestützten Prüfungen entwickelt. Basis für dieses ist ein weltweit bislang ca. 50 millionenfach genutzter Diagnosetest. CEPIS bzw. ICDL spricht von einem „weltweiten Zentralabitur für digitale Fertigkeiten", auch mit dem Ziel „den

---

[7] https://www.fes.de/landesbuero-sachsen/artikelseite-landesbuero-sachsen/verschwoerungsmythen-halbwahrheiten-und-desinformation.
[8] https://www.epc.eu/en/Publications/From-debunking-to-prebunking-How-to-get-ahead-of-disinformation-on-mi~446f88 (Abstract).
[9] https://www.rosalux.de/pressemeldung/id/44208/verschwoerungserzaehlungen-demokratie-handlungsoptionen.
[10] https://www.bcs.org/deliver-and-teach-qualifications/teachers-schools-and-colleges/teach-our-digital-literacy-qualifications/international-certification-of-digital-literacy-icdl/.

Wert von Informationen einschätzen können".[11] Das ist mit Blick auf die Probleme durch IP durchaus über genuin informationswissenschaftliche Kompetenz ausbaufähig.

Direkt ausgerichtet auf (digitale) Informations- und Nachrichtenkompetenz in der deutschen Bevölkerung ist eine umfänglich empirisch fundierte Studie der Stiftung Neue Verantwortung (Meßmer et al. 2021). Einige Ergebnisse: Unterschiede zwischen DI, Information, Werbung und Meinung werden zum Teil nur schwer erkannt. Das wurde auch schon durch eine Untersuchung von Lewandowski et al. (2017) bestätigt. Ob eine Quelle vertrauenswürdig ist, wird allerdings oft richtig eingeschätzt. Interessenskonflikte werden seltener erkannt. Kennzeichnungsstrategien von Social-Media-Plattformen zu IP/DI sind bisher kaum wirksam. Menschen zweifeln an der Unabhängigkeit des Journalismus von der Politik. Durch diese Studie wurde auch ein Test mit 23 Aufgaben entwickelt, der frei zugänglich online abgerufen werden kann. Zwar bewertet der Test vor allem die Kompetenz bei der digitalen Navigation allgemein und die Fähigkeit, Informationen zu prüfen und zu verifizieren, aber viele Fragen beziehen sich auch auf die Fähigkeit, die Wahrheitsrelevanz der von den verschiedenen Quellen angebotenen Informationen einschätzen zu können.

5 Verfahren zum Erkennen und Beseitigen von IP

Die gegenwärtige Forschung in Informatik, Künstliche Intelligenz (KI)/Machine Learning (ML) und Computerlinguistik (CL) ist dabei, ihr Methodeninstrumentarium auch auf die Entdeckung von IP/DI anzuwenden. Hamborg et al. (2019) geben dazu (vor allem mit Blick auf *media bias*) einen Überblick. Hier kommen Methoden von Big Data (Torabi et al. 2019), der CL (Oshikawa et al. 2020), der KI (Sharma et al. 2019) und von ML (Bojjireddy et al. 2021) zum Einsatz. Entsprechende Verfahren, speziell mit genuin linguistischen und Neural-Network-Verfahren werden im Kontext der Forschung zu Emotion und Information entwickelt. Sie zeigen z. B. Zusammenhänge zwischen falschen Nachrichten (etwa bei Twitter) und Verhaltens-Pattern/-Stereotypen auf. Ghanem et al. wiesen nach, „that false information has different emotional patterns in each of its types, and emotions play a key role in deceiving the reader [...] the initial part of false news contains more emotions than the rest of document." (Ghanem et al. 2018, S. 1 und 16) Ghanem et al. zeigten weiter „that false news types tend to use first and second personal pronouns more than truthful news [...] that false news generally uses words to exaggerate (subjectives, superlatives, and modal adverbs)" (Ghanem et al. 2018, S. 3).

Mit ähnlichen Verfahren (computerlinguistische und Social-Big-Data-Algorithmen) können auch Desinformationsangriffe auf Unternehmen bekämpft werden). Dadurch können Pläne für den Schutz gegen Desinformationsattacken und für ein Management gegen Desinformations-/Reputationskrisen entwickelt werden (ASW Bundesverband 2017, S. 59). Vergleichbar hat das Fraunhofer-Institut für Kommunikation, Informationsverarbeitung und Ergonomie (FKIE) ein Frühwarnsystem entwickelt, durch das Fake News von validen Nachrichten unterschieden werden können (z. B. über textimmanente Merkmale wie typische Wortwahl oder Syntax) und durch das Nutzer*innen vor Fake News aus Social-Media-Beiträgen gewarnt werden können (FKIE 2019). Auch Verfahren zur Erkennung von direkten Plagiaten und indirekten Plagiaten (über semantische Text-

---

[11] https://www.news4teachers.de/2019/10/diskussion-ueber-den-nachweis-digitaler-grundkenntnisse-wie-ein-zentralabitur-fuer-digitale-fertigkeiten/.

ähnlichkeit) – Plagiate sind durchaus als Ergebnis von IP/DI-Verhalten anzusehen – sind hier einschlägig.[12]

6 Fazit

IP/DI sind nicht nur nicht wahr, sondern vor allem unwahrhaftig. Ob sie eine besondere Form von Information sind oder trotz ihrer pragmatischen Relevanz überhaupt nichts mit Information zu tun haben, ist eher eine akademische Frage. Für die IW ist es eine Herausforderung, sich an der Entwicklung von Verfahren zum Aufdecken von IP/DI bzw. zum Identifizieren ihrer Absender*innen, deren Unwahrhaftigkeit und deren dubiösen Ziele zu beteiligen. Das geschieht in Ansätzen auch schon in der deutschen IW.[13] Zumindest sollten die Ergebnisse der internationalen IP/DI-Forschung nicht zuletzt in die Lern-/Kompetenzziele eingebunden werden. Entsprechende Ziele sollten natürlich auch für alle anderen Bildungsaktivitäten, z. B. in Schulen und Hochschulen gelten. Darüber hinaus wäre auch eine informationswissenschaftliche Beteiligung an Vorhaben zur Zertifizierung von einschlägiger Kompetenz sinnvoll (vgl. Abschnitt 4 zu ICDL), genauso wie der Aufbau von semantisch aufbereiteten Referenzsystemen für IP/DI-Forschungsarbeiten.

So leistungsstark die hier angedeuteten Verfahren/Methoden zur Identifizierung von IP/DI auch sind – PI/DI, deren Produktion und Verbreitung sind dadurch nicht aus der Welt, aber ihre sich negativ auswirkende pragmatische Relevanz kann dadurch eingeschränkt werden. Sie sind wichtige Beiträge zu Bildung von Medien- und Informationskompetenz. Aber so wichtig und nützlich KI-/CL-/ML-Verfahren zur Aufdeckung von IP-/DI-Phänomene auch sind – sie könnten aber auch eine fatale Entwicklung beschleunigen; denn sie werden nicht nur für das Erkennen von IP/DI eingesetzt, sondern auch für deren Produktion und Verteilung, bevorzugt beim Einsatz via Bots (s. Brundage et al. 2018). Das könnte sozusagen ein Oppenheimer-Effekt für die KI-Forschung werden.

IP kommen in allen gesellschaftlichen Bereichen vor. Damit wird der Gegenstandsbereich der IW grenzenlos geöffnet. Fachinformation ist zwar weiter im Zentrum der IW/LIS und auch für die Kurator-Rolle, das kulturelle Erbe zu bewahren und zur öffentlichen Nutzung bereitzustellen, wird sie sich weiter zuständig fühlen (Bawden & Robinson 2018). Für die intellektuellen und maschinellen Verfahren zur Erkennung und Eindämmung der alle Bereiche der Gesellschaft beschädigenden, zerstörerischen IP/DI kann die IW allerdings kaum Alleinzuständigkeit reklamieren. Aber sie kann über ihre Fachthemen wie Informationsverhalten, Informationskompetenz oder Informationsethik, aber auch über die in Abschnitt 4 erwähnten eher technischen Bereiche einen wichtigen Beitrag zu dem leisten, was man in philosophischer Tradition „informationelle Urteilskraft" nennt. Dadurch kann Resilienz, also Widerstandskraft gegenüber Desinformation aufgebaut werden.

---

12 Zur Methodik der in Abschnitt 5 erwähnten Verfahren s. Kapitel B 11 Automatische Sprachverarbeitung; Kapitel B 15 Text and Data Mining; Kapitel C 9 Sprachmodelle und Machine Learning; Kapitel D 4 Information und Emotion.
13 Hamborg et al. 2019; Hobohm 2017; Hauff-Hartig 2018; Hapke 2016; Institut für Informationswissenschaft und Sprachtechnologie 2020–2021; Kaltenborn 2021; D. Lewandowski 2017; D. Lewandowski et al. 2018.

7 Literaturverzeichnis

Alam, F., Dalvi, F., Shaar, S., Durrani, N., Mubarak, H., Nikolov, A., Da San Martino, G., Abdelali, A., Sajjad, H., Darwish, K. & Nakov, P. (2021). Fighting the COVID-19 infodemic in social media: A holistic perspective and a call to arms. In C. Budak, M. Cha, D. Quercia & L. Xie (Eds.), *Fifteenth international AAAI conference on web and social media* (S. 913–922). AAAI Press.

Allianz für Sicherheit in der Wirtschaft Bundesverband (2017). *Desinformation: Lage, Prognose und Abwehr. Sicherheitsstudie zu Desinformationsangriffen auf Unternehmen*. https://www.asw-bundesverband.de/fileadmin/user_upload/dokumente/Studien_etc/studie_desinformation.pdf

Bawden, D. & Robinson, L. (2018). Curating the infosphere: Luciano Floridi's philosophy of information as the foundation for library and information science. *Journal of Documentation*, 74(1), 2–17. https://doi.org/10.1108/JD-07-2017-0096.

Bojjireddy, S., Chun, S. A. & Geller, J. (2021). Machine learning approach to detect fake news, Misinformation in COVID-19 pandemic. In J. Lee, G. V. Pereira & S. Hwang (Eds.), *The proceedings of the 22nd annual international conference on digital government research* (S. 575–578). Association for Computing Machinery. https://doi.org/10.1145/3463677.3463762.

Brundage, M., Avin, S., Clark, J., Toner, H., Eckersley, P., Garfinkel, B., Dafoe, A., Scharre, P., Zeitzoff, T., Filar, B., Heather, R., Gregory, C. A., Steinhardt, J., Flynn, C., Eigeartaigh, S., Beard, S., Belfield, H., Farquhar, S., Amode, D. (2018). The malicious use of artificial intelligence: Forecasting, prevention, and mitigation. *Issued to arXiv*. https://arxiv.org/ftp/arxiv/papers/1802/1802.07228.pdf.

Bundeszentrale für Politische Bildung (2021). *Desinformation und Bundestagswahl 2021*. https://www.bpb.de/gesellschaft/digitales/digitale-desinformation/338916/desinformation-und-bundestagswahl-2021.

Cowburn, M. & Oswald, M. T. (2020). Legislator adoption of the fake news label: Ideological differences in Republican representative use on Twitter. *The Forum*, 18(3), 389–413. https://doi.org/10.1515/for-2020-2015.

Deutsche Forschungsgemeinschaft (2019). *Leitlinien zur Sicherung guter wissenschaftlicher Praxis. Kodex* (korrigierte Version 1.1). https://www.dfg.de/download/pdf/foerderung/rechtliche_rahmenbedingungen/gute_wissenschaftliche_praxis/kodex_gwp.pdf.

Edelman Trust Barometer (2019). *Global Report* [PowerPoint slides]. https://www.edelman.com/sites/g/files/aatuss191/files/2019-02/2019_Edelman_Trust_Barometer_Global_Report.pdf.

Europäische Kommission (2018). *Bekämpfung von Desinformation im Internet*. https://ec.europa.eu/info/live-work-travel-eu/coronavirus-response/fighting-disinformation_de.

European Commission (2021). *Code of practice on disinformation*. https://digital-strategy.ec.europa.eu/en/policies/code-practice-disinformation.

Floridi, L. (2011). *The philosophy of information*. Oxford University.

Fraunhofer-Institut für Kommunikation, Informationsverarbeitung und Ergonomie (2019). *Software für die automatisierte Erkennung von Fake News* (Presseinformation). https://www.fraunhofer.de/de/presse/presseinformationen/2019/februar/software-fuer-die-automatisierte-erkennung-von-fake-news.html.

Fröhlich G. (1997). Mythos Informationsgesellschaft? Informationsblockaden und Desinformation in Wissenschaft und Gesellschaft. In T. Meleghy, H.-J. Niedenzu, M. Preglau, F. Traxler & B. Schmeikal (Hrsg.), *Soziologie im Konzert der Wissenschaften: Zur Identität einer Disziplin* (S. 328–336). VS. https://doi.org/10.1007/978-3-322-83248-1_31.

Fuchs, M. (2021). *Handlungsempfehlungen zur Förderung der digitalen Souveränität (nicht nur) der jungen Generation*. Vodafone Stiftung Deutschland. https://www.vodafone-stiftung.de/wp-content/uploads/2021/08/Policy-Paper_Vodafone-Stiftung_Desinformation.pdf.

Gerwin, L. E. (2012). The challenge of providing the public with actionable information during a pandemic. *Journal of of Law, Medicine & Ethics*, 40(3), 630–654. https://doi.org/10.1111/j.1748-720X.2012.00695.x.

Ghanem, B., Rosso, P. & Rangel, F. (2018). An emotional analysis of false information in social media and news articles. *ACM Transactions on Internet Technology*, 20(2), Article 19. https://doi.org/10.1145/3381750.

Glück, T. R. (2002). *Blinde Flecken in der Unternehmensführung: Desinformation und Wissensqualität*. Antea.

Hamborg, F., Donnay, K. & Gipp, B. (2019). Automated identification of media bias in news articles: An interdisciplinary literature review, *International Journal on Digital Libraries*, 20(4), 391–415. https://doi.org/10.1007/s00799-018-0261-y.

Hammwöhner, R. (2004). Besuch bei alten Bekannten: Zu den Sprachspielen mit dem Informationsbegriff. In R. Hammwöhner, M. Rittberger & W. Semar (Hrsg.), *Wissen in Aktion. Der Primat der Pragmatik als Motto der Konstanzer Informationswissenschaft* (S. 79–94). UVK.

Hapke, T. (2016). Informationskompetenz anders denken – zum epistemologischen Kern von „information literacy". In W. Sühl-Strohmenger (Hrsg.), *Handbuch Informationskompetenz* (2., überarbeitete Auflage, S. 9–21). De Gruyter Saur. https://doi.org/10.1515/9783110403367-003.

Hauff-Hartig, S. (2018). *Fehl-Falsch-und Desinformation aus dem Blickwinkel der Informationswissenschaften. Lassen sich Manipulationen im Internet durch informationswissenschaftliche Methode identifizieren?* Simon-Verlag für Bibliothekswissen.

Hobohm, H.-C. (2017). *Desinformation und andere Informationspathologien aus informationswissenschaftlicher Perspektive* [Tagungspräsentation] (3. Juli 2017). 7. I-Science Day: #iscience07, Fachhochschule Potsdam. https://i-science-tag.fh-potsdam.de/wp-content/uploads/2017/05/Hobohm_Desinformation-und-andere-Informationspathologien2.pdf.

Humprecht, E. (2019). Where ‚fake news' flourishes: A comparison across four Western democracies. *Information, Communication & Society*, 22(13), 1973–1988. https://doi.org/10.1080/1369118X.2018.1474241.

Institut für Informationswissenschaft und Sprachtechnologie. (2020–2021). *Projekt Hate Speech und seine Erkennung durch KI (HASEKI)*. Universität Hildesheim. https://www.uni-hildesheim.de/fb3/institute/iwist/forschung/forschungsprojekte/aktuelle-forschungsprojekte/glossar/.

Kaltenborn, K.-F. (2021). Vom Wert des Wissens und Vertrauens in Wissenschaftler und Wissenschaftlerinnen in Zeiten der Coronavirus-Pandemie. *Information – Wissenschaft und Praxis*, 72(2–3), 81–99. https://doi.org/10.1515/iwp-2021-2149.

Kirsch, W. & Klein, H. K. (1977). *Management Informationssysteme II – Auf dem Weg zu einem neuen Taylorismus?* Urban.

Klimczak, P. & Zoglauer, T. (Hrsg.) (2021). *Wahrheit und Fake im postfaktisch-digitalen Zeitalter: Distinktionen in den Geistes- und IT-Wissenschaften*. Springer Fachmedien.

Kosanke, C. (2015), *Absorptive Capacity: Eine empirische Analyse bewährter Praktiken und auftretender Barrieren*. [Dissertation, Freie Universität Berlin]. Refubium. https://refubium.fu-berlin.de/bitstream/handle/fub188/3446/DissertationxChristophxKosanke-ACAP-Verxffentlichung.pdf?sequence=1&isAllowed=y.

Lewandowski, D. (2017). Is Google responsible for providing fair and unbiased results? In M. Taddeo & L. Floridi (Eds.), *The Responsibilities of online service providers*, (LGTS, Vol. 31, S. 61–77). Springer. https://doi.org/10.1007/978-3-319-47852-4_4.

Lewandowski, D., Kerkmann, F., Rümmele, S. & Sünkler, S. (2018). An empirical investigation on search engine ad disclosure. *Journal of the Association for Information Science and Technology*, 69(3), 420–437. https://doi.org/10.1002/asi.23963.

Lewandowski, S., Ecker, U. K. H. & Cook, J. (2017). Beyond misinformation: Understanding and coping with the ‚post-truth' era. *Journal of Applied Research in Memory and Cognition*, 6(4), 353–369. https://psycnet.apa.org/doi/10.1016/j.jarmac.2017.07.008.

Meßmer, A. K., Sängerlaub, A. & Schulz, L. (2021). *„Quelle: Internet"? Digitale Nachrichten- und Informationskompetenzen der deutschen Bevölkerung im Test. Studie*. Stiftung Neue Verantwortung. https://www.stiftung-nv.de/sites/default/files/studie_quelleinternet.pdf.

Müller, P. & Denner, N. (2019). *Fake News. Eine Analyse der Entstehungsbedingungen und Wirkweisen gezielte Falschmeldungen im Internet*. Friedrich-Naumann-Stiftung. https://shop.freiheit.org/#!/Publikation/792.

Oshikawa, R., Qian, J. & Yang Wang, W. (2020). A survey on natural language processing for fake news detection. In N. Calzolari, F. Béchet, P. Blache, K. Choukri, C. Cieri, T. Declerck, S. Goggi, H. Isahara, B. Maegaard, J. Mariani, H. Mazo, A. Moreno, J. Odijk & S. Piperidis (Eds.), *Proceedings of The 12th*

Language Resources and Evaluation Conference (S. 6086–6093). European Language Resources Association.

Pariser, E. (2011). *The filter bubble: What the internet is hiding from you.* Penguin.

Pathologie (2021). Art. in *Wikipedia* (25. Dezember 2021). https://de.wikipedia.org/w/index.php?title=Pathologie&oldid=218490809.

Porter, E. & Wood, T. J. (2021) The global effectiveness of fact-checking: Evidence from simultaneous experiments in Argentina, Nigeria, South Africa, and the United Kingdom. *Proceedings of the National Academy of Sciences*, 118(37), Article e2104235118. https://doi.org/10.1073/pnas.2104235118.

Prinzing, M. & Pranz, S. (2020). Deliberativer Plattformjournalismus – Wunsch oder Wirklichkeit? In J. Schützeneder, K. Meier & N. Springer (Hrsg.), Neujustierung der Journalistik/Journalismusforschung in der digitalen Gesellschaft. *In Proceedings zur Jahrestagung der Fachgruppe Journalistik/Journalismusforschung der Deutschen Gesellschaft für Publizistik- und Kommunikationswissenschaft 2019* (S. 65–81). Deutsche Gesellschaft für Publizistik- und Kommunikationswissenschaft e. V. https://doi.org/10.21241/ssoar.70821.

Rashkin, H., Choi, E., Jang, J. Y., Volkova, S. & Choi, Y. (2017). Truth of varying shades: Analyzing language in fake news and political fact-checking. In M. Palmer, R. Hwa & S. Riedel (Eds.), *Proceedings of the 2017 conference on empirical methods in natural language processing*, (S. 2931–2937). http://dx.doi.org/10.18653/v1/D17-1317.

Roßnagel, A., Eckert, C., Hauschild, T., Müller-Quade, J., Paar, C., Rodosek, G. D. & Waidner, M. (2019). *Gefährdung demokratischer Willensbildung durch Desinformation.* Wissenschaftliche Arbeitsgruppe Nationaler Cyber-Sicherheitsrat. https://www.forschung-it-sicherheit-kommunikationssysteme.de/dateien/forschung/2019-11-impulspapier-willensbildung_desinformation.pdf.

Schneider, S. (2014). Umgang mit Informationspathologien: Qualität von Wissen sichern. In D. Weßels (Hrsg.), *Zukunft der Wissens- und Projektarbeit: Neue Organisationsformen in vernetzten Welten* (S. 141–168). Symposion.

Scholl, W. (2014). Collaboration and knowledge gains in organisations. In A. Berthoin Antal, P. Meusberger & L. Suarsana (Eds.). *Learning organizations* (S. 69–84). Springer. https://doi.org/10.1007/978-94-007-7220-5_5.

Scholl, W., Schermuly, C. & Klocke, U. (2012). Wissensgewinnung durch Führung: Die Vermeidung von Informationspathologien durch Kompetenzen für MitarbeiterInnen (Empowerment). In S. Grote (Hrsg.), *Die Zukunft der Führung* (S. 391–414). Springer. https://doi.org/10.1007/978-3-642-31052-2_21.

Sharma, K., Qian, F., Jiang, H., Ruchansky, N., Zhang, M. & Liu, Y. (2019). Combating fake news: A survey on identification and mitigation techniques. *ACM Transactions on Intelligent Systems and Technology*, 10(3), Article 21.

Siegert, G., von Rimscha, B. & Grubenmann, S. (Hrsg.). (2017) *Commercial communication in the digital age: Information or disinformation?* De Gruyter Saur.

Silverman, C. (2020). Desinformation und Medienmanipulation suchen (M. Engert, Übers.). In C. Silverman (Hrsg.), *Verification Handbook – Das Handbuch zur Überprüfung von Desinformation und Medien-Manipulation* (S. 5–8). Landesanstalt für Medien NRW. https://datajournalismcom.s3.eu-central-1.amazonaws.com/handbooks/Verification-Handbook-3-DE.pdf.

Torabi, A., F. & Taboada, M. (2019). Big data and quality data for fake news and misinformation detection. *Big Data & Society*, 6(1). https://doi.org/10.1177%2F2053951719843310.

Turčilo, L. & Obrenović, M. (2020). *Fehlinformationen, Desinformationen, Malinformationen. Ursachen, Entwicklungen und ihr Einfluss auf die Demokratie.* Heinrich Böll Stiftung. https://www.boell.de/sites/default/files/2020-08/200825_E-Paper3_DE.pdf?dimension1=division_df.

Wardle, C. (2020). Das Zeitalter der Informationsstörung (M. Engert, Übers.). In C. Silverman (Hrsg.), *Verification Handbook – Das Handbuch zur Überprüfung von Desinformation und Medien-Manipulation* (S. 9–14). Landesanstalt für Medien NRW. https://datajournalismcom.s3.eu-central-1.amazonaws.com/handbooks/Verification-Handbook-3-DE.pdf.

Wilensky, H. L. (with Smelser, N. J.). (2015). *Organizational intelligence: Kowledge and policy in government and industry.* Quid Pro Books. (Erstveröffentlichung 1967)

Wolfer, D. (2020). *Digitaler Faktencheck Desinformation.* Konrad Adenauer Stiftung.

World Health Organization (2020). *1st WHO infodemiology conference.* https://www.who.int/news-room/events/detail/2020/06/30/default-calendar/1st-who-infodemiology-conference.

Ziegele, M., Schultz, T., Jackob, N., Granow, V., Quiring, O. & Schemer, C. (2018). Lügenpresse-Hysterie ebbt ab: Mainzer Langzeitstudie „Medienvertrauen". *Media Perspektiven*, (4), 150–162.

Zillich, S. (2006). Praxisaspekte informationspathologischer Phänomene. In M. Ockenfeld (Hrsg.), *Content. Proceedings der 28. Online-Tagung der Deutschen Gesellschaft für Informationswissenschaft und Informationspraxis*. (S. 217–226). Deutsche Gesellschaft für Informationswissenschaft und Informationspraxis.

Zimmermann, F. & Kohring, M. (2018). „Fake News" als aktuelle Desinformation: Systematische Bestimmung eines heterogenen Begriffs, *Medien & Kommunikationswissenschaft*, 68(4), 526–541.

Anhang

Glossar

Die in einem Glossareintrag fett markierten Wörter verweisen auf andere einschlägige Einträge

5 V-Freiheiten
Der Begriff 5 V-Freiheiten für **Open Educational Resources** wurde von David Wiley geprägt. Damit werden offene Materialien über die Nutzungsrechte definiert, die durch offene Lizenzen gewährt werden. Nur Materialien, die verwahrt, verwendet, verarbeitet, vermischt und verbreitet werden dürfen, sind als offener Content zu werten.
E12

A/B Testing
Ein Online-Verfahren der IR-Evaluation, bei dem zwei verschiedene Versionen eines Informationssystems (Konfiguration A und B) Nutzenden präsentiert und ihre Reaktionen verglichen werden (z. B. Klickraten).
C8

A-Box
Die *Assertion Component* oder Festlegungskomponente legt fest, wie die Elemente einer **Terminologie** oder **Ontologie** auf die Individuen anzuwenden sind und welche Individuen es überhaupt gibt oder geben kann.
B10

Abstraktionsrelation s. Hierarchierelation

ACRL Framework for Information Literacy for Higher Education
Rahmenwerk der Association of College & Research Libraries, welches sechs Schwellenkonzepte mit zugehörigen Wissenspraxen (Fähigkeiten) spezifiziert, die zentral für die Informationskompetenz von Nutzern sind. Das Rahmenwerk fokussiert Metakognition und kritische Selbstreflexion der Nutzer*innen.
D8

Actionable information
Kurzbezeichnung für die pragmatische, handlungs-/nutzerorientiere Bestimmung von **Information**.
A1

Agentur
Zwischenhändler, erbringt Dienstleistungen für **Bibliotheken** (u.a. Informationsversorgung, Vertragsverhandlung, Rechnungsstellung).
E5

Aggregator
Unternehmen auf dem Informationsmarkt, welches die Angebote unterschiedlicher **Verlage** bündelt.
E5

AIP s. **Archival Information Package**

Akkreditierung
Die zeitlich begrenzte Anerkennung von Studiengängen nach Beurteilung der Qualität eines Studiengangs (Programmakkreditierung). Alternativ werden hochschulinterne Qualitätsmanagementsysteme (QMS) akkreditiert (Systemakkreditierung). Im Rahmen der Systemakkreditierung sind alle Studiengänge akkreditiert, die das interne QMS durchlaufen haben.
A5

Akustische Szene
Die komplexe Kombination mehrerer akustischer Ereignisse, die in ihrer Gesamtheit eine Geräuschkulisse ergeben, bei der Geräusche aus unterschiedlichen Quellen gleichzeitig wahrgenommen werden können. s. **Spektrogramm**
C6

Alignment
Für statistische Verfahren zur **maschinellen Übersetzung** müssen übersetzte Texte zur Verfügung stehen. Diese Texte werden so aufbereitet, dass jeweils ein Satz der Ausgangssprache einem Satz der Zielsprache zugeordnet wird. Diesen Vorgang nennt man Alignment.
B14

Alleinstellungsmerkmal *(unique selling proposition)*
Ein einzigartiges Merkmal eines Produktes oder einer Dienstleistung, das besonders hervorgehoben wird, um ein Angebot gegenüber dem Wettbewerb besser positionieren, bewerben und anbieten/verkaufen zu können. s. **Mehrwert**
E7

Anfragetyp *(query intent)*
Unterscheidung von Suchanfragen nach dem Ziel bzw. dem hinter der Suchanfrage stehenden **Informationsbedürfnis**. Die für die Websuche bedeutendste Einteilung nach Andrei Broder unterscheidet zwischen informationsorientierten *(informational)*, navigationsorientierten *(navigational)* und transaktionsorientierten *(transactional)* Suchanfragen.
C3

Annual Review of Information Science und Technologie (ARIST)
Review-Zeitschrift der American Society for Information Science & Technology, die von 1966 bis 2011 die Entwicklung der **Informationswissenschaft** in der westlichen Welt ausführlich nachzeichnete und begleitete.
A2

Anwendungsforschung
geht von Problemen der Praxis aus und versucht, für diese wissenschaftlich fundierte Lösungen zu finden. Wichtig ist, dass es sich bei Anwendungsforschung keineswegs um „Forschung zweiter Klasse" handelt; im Idealfall unterscheidet sich im Vergleich mit der

Grundlagenforschung zwar der Ausgangspunkt, nicht aber das Vorgehen und seine wissenschaftliche Strenge.
A4

API s. **Application Programming Interface**

Application Programming Interface (API)
Eine Programmierschnittstelle für den automatisierten Zugriff auf Informationen. Softwareentwickler*innen können über eine solche Schnittstelle Daten automatisiert abrufen, versenden oder Methoden ausführen.
E11

Äquivalenzrelation *(equivalence relation; preferential relation)*
Die Beziehung zwischen gleichwertigen Bezeichnungen (bedeutungsgleich oder bedeutungsähnlich), die ausgetauscht werden können, ohne die Bedeutung des Kontextes zu ändern. Diese gleichwertigen Bezeichnungen werden als Synonyme bzw. Quasi-Synonyme bezeichnet und bilden eine Äquivalenzklasse. Synonymie erscheint in unterschiedlichen Abstufungen: (a) Vollständige Synonymie tritt in Reinform sehr selten auf; in der Regel handelt es sich dabei um Schreibweisenvarianten. (b) In den meisten Fällen weisen die Synonyme zumindest unterschiedliche Konnotationen auf, gehören verschiedenen Sprachstilen an oder haben eine unterschiedliche räumliche oder zeitliche Verbreitung. (c) Der Bedeutungsunterschied ist so geringfügig, dass er kaum wahrgenommen oder beachtet wird. Man spricht dann von Quasi-Synonymen.
B4

Archival Information Package (AIP)
Ein Informationspaket, bestehend aus dem Datenobjekt und den dazugehörigen deskriptiven, technischen, administrativen und Erhaltungsmetadaten, das innerhalb eines Archivierungssystems aufbewahrt wird.
A7

Archivalien
Bestandteil des Archivguts.
A7

Archivgut
Das Gut, das ein Archiv zur dauerhaften Aufbewahrung übernommen hat oder dafür zuständig ist.
A7

Archivsparten
Typologisierung von Archiven nach ihren Rechtsträgern. Der Verband der deutschen Archivarinnen und Archivare fasst seine Fachgruppen nach acht Archivsparten zusammen: staatliche Archive, kommunale Archive, kirchliche Archive, Herrschafts- und Familienarchive, Wirtschaftsarchive, Archive der Parlamente, politischen Parteien, Stiftungen und Verbände sowie Medienarchive und zuletzt Archive der Hochschulen und wissenschaftlichen Institutionen.
A7

ARIST s. **Annual Review of Information Science & Technology**

Assoziationsrelation
Eine zwischen Begriffen bzw. ihren Bezeichnungen als wichtig erscheinende Relation, die weder eindeutig hierarchischer Natur ist noch als äquivalent angesehen werden kann (Beispiel: DIESELMOTOR und OTTOMOTOR sind verwandt durch gemeinsame Merkmale). Die Beziehungen dieser Relation haben unterschiedlichen Charakter, z. B. instrumental, kausal, temporal, Antonymie, Vorgänger, Nachfolger oder Rohstoff-Erzeugnis. Der eigentliche Sinn dieser Relation besteht darin, zusätzlich möglicherweise geeignete **Deskriptor**en anzubieten. Im **Thesaurus** wird diese Beziehung als Verwandter Begriff *(related term)* gekennzeichnet.
B4

Audiovisuelle Medien
Können Ton-, Bild- und Textteile enthalten. Darüber hinaus werden AV-Medien in Form von Videos und Livestreams von Mediatheken angeboten. Eine frühere Bezeichnung ist Multimedia.
A9

Augmentation
Die Diversifikation von (Trainings-) Daten durch gezielte Transformation. Dabei bleibt jedoch die Kerninformation der Ausgangsdaten erhalten. Bekannte Beispiele aus dem Bereich der Bildverarbeitung sind Variation von Kontrast, Farbbalance, Helligkeit sowie Spiegelungen und Scherung. s. **Spektrogramm**
C6

Aura
Dem originalen Kunstwerk ebenso wie dem dinglichen, originalen Geschichtszeugnis aus vergangener Zeit wohnt eine spezifische Ausstrahlung inne, die den heutigen Betrachter mit der Künstlerin oder dem Künstler bzw. mit den vergangenen Zeiten in spezifischer Weise in Verbindung bringt.
A8

Authentizität
Unterlagen sind authentisch, wenn sie das sind, was sie vorgeben zu sein, und ihre dafür signifikanten Eigenschaften erhalten bleiben. Authentizität ergibt sich daraus, dass die Unterlagen von der Person und zu dem Zeitpunkt erstellt oder übermittelt wurden, die vorgibt, sie zu diesem Zeitpunkt erstellt oder übermittelt zu haben. Die Authentizität digitaler Objekte bezieht sich auf den Nachweis ihre Echtheit, insbesondere auf den Aspekt der eindeutigen und zweifelsfreien Nachverfolgbarkeit der Identität des **Urheber**s.
A7, A12

Automatische Indexierung
Einsatz computergestützter Methoden und Verfahren, um **Dokument**en inhaltskennzeichnende Ausdrücke in möglichst normierter Form zu entnehmen sowie ggf. auch zuzuteilen.
B4

Automatisches Abstracting
Eine Form der automatischen Textzusammenfassung (**TZF**), die auf (überwiegend wissenschaftliche) Fach- und Sachtexte beschränkt ist.
B8

Barrierefreiheit *(accessibiliy)*
Gesetzliche Vorgaben, wie die EU-Richtlinie zur Barrierefreiheit von Websites und mobilen Anwendungen öffentlicher Stellen (Richtlinie 2016/2102), fordern, die Belange von Menschen mit Behinderungen, hier mit akustischen und optischen Einschränkungen besonders zu berücksichtigen. Barrierefreiheit soll besonders durch die Gestaltung von Telemedien- bzw. Internetangeboten allgemein erreicht werden.
A9

Begriffliche Kontrolle
Ausbau der Beziehungen zwischen den Begriffen bzw. Äquivalenzklassen in einem **Thesaurus** zu einem semantischen Netz. Dieses Netz soll es dem Benutzer ermöglichen, für den gesuchten Sachverhalt einen zutreffenden Begriff aufzufinden. Die gebräuchlichsten Relationen in Thesauri sind die **Äquivalenzrelation**, die **Hierarchische Relation** sowie die **Assoziationsrelation**. Ein weiterer Relationstyp ergibt sich dann, wenn von der Möglichkeit der Begriffskombination Gebrauch gemacht wird. Der zusammengesetzte Begriff, der im Thesaurus durch die Kombination von zwei **Deskriptor**en wiedergegeben wird, ist formal ein Nicht-Deskriptor (Beispiel: Benutze Kombination „Gebäude" und „Diplomatische Vertretung" für den Sachverhalt „Botschaftsgebäude"). Die Differenz zwischen Fachsprache und Dokumentationssprache muss aufgezeigt werden, wenn ein Begriff im Thesaurus eingegrenzt oder erweitert wurde. s. **Terminologie**
B4

Benutzermodellierung
Erstellen von Modellen über Nutzer*innen eines Informationssystems. Unter einem Benutzermodell versteht man dabei üblicherweise die in einem System hinterlegten Informationen über die Anwenderin oder den Anwender. Zielsetzung ist es, Informationssysteme zu entwickeln, die an die Bedarfe der Nutzenden angepasst sind.
C10

Berrypicking-Modell
Modell des **Information Seeking Behaviour** von Marcia Bates – zu verstehen als Reaktion auf das klassische Grundmodell des **Information Retrieval**. Zentral sind hier intuitive Iterationen, die durch die Nutzenden bei der Suche durchgeführt werden und die das weitere Vorgehen beeinflussen (z. B. durch neu entdeckte Suchterme oder Quellen).
D6

Berufsbegleitender Studiengang
Üblicherweise von Berufstätigen absolviert und bezüglich Ablauf (Dauer, Zeiten etc.) und seinen Anforderungen so gestaltet, dass es mit einer Berufstätigkeit vereinbar ist.
A5

Bestandsbildung
Strukturierung des **Archivgut**s nach Bestandsgruppen, die nach **Provenienz**, **Pertinenz** oder formalen und materiellen Kriterien gebildet werden.
A7

Bewertung
Methodisch fundierte Vorgehensweise zur Feststellung archivwürdiger Unterlagen für die **Überlieferungsbildung**.
A7

Bibliographische Beschreibung
Zentraler Teil der **Formalerschließung**. Sie charakterisiert das zu erschließende Dokument nach formalen Merkmalen wie z. B. Verfasser, Sachtitel oder Erscheinungsjahr. Beschreibungsregeln legen je nach Dokumenttyp die zu erfassenden Merkmale (Auswertungselemente), ihre Reihenfolge und die Art ihrer Wiedergabe fest. Einen wichtigen Standard dafür bildet die **ISBD**. Zu definieren ist auch, welche Teile der Vorlage (d.h. des als Grundlage der Beschreibung dienenden Dokuments) als Quelle für die einzelnen Auswertungselemente heranzuziehen sind. In einer Zettelkartei bildet die bibliographische Beschreibung den Hauptteil (Korpus) der Katalogkarte. Bei Erfassung in einer Referenzdatenbank werden die einzelnen Auswertungselemente nummerierten Datenfeldern (Kategorien) zugeordnet.
B2

Bibliometrie
Verfahren zur quantitativen Analyse/Messung des wissenschaftlichen Outputs (z. B. Zeitschriftenartikel, Monografien, Datensätze) mittels mathematischer und statistischer Methoden. Dabei werden Kennzahlen zur Analyse der Publikationstätigkeit von Personen oder Institutionen erstellt, die beispielsweise auf den Zitationen von Artikeln beruhen. Die Begriffe Bibliometrie und Szientometrie werden meist synonym verwendet.
A6; B11

Bibliometrische Indikatorik
Anwendung von mathematischen Methoden auf bibliometrische Daten. Das Ergebnis ist ein Zahlenwert. Dieser gibt die Richtung oder das Leistungsniveau einer Einheit an. Die Anzahl der Publikationen bzw. Zitationen oder die durchschnittliche Zitationsrate stellen einfache bibliometrische Indikatoren dar.
B11

Bibliothek
Ursprünglich ein Behältnis, dann ein Gebäude oder eine Menge von Gebäuden, heute auch ein virtueller Raum, in dem traditionell in erster Linie Bücher, aber auch andere Dokumente und zunehmend auch Artefakte jeder medialen Art aufbewahrt und zur Nutzung zur Verfügung gestellt werden.
A6

Bibliothekskonsortium s. Konsortium

Bibliotheksreferendariat
Voraussetzung für ein Bibliotheksreferendariat ist ein abgeschlossenes Studium (Master, Magister, Universitätsdiplom) in einer wissenschaftlichen Fachdisziplin; eine Promotion ist erwünscht. Das Bibliotheksreferendariat ist der zweijährige beamtenrechtliche Vorbereitungsdienst für den Höheren Bibliotheksdienst. In einigen Bundesländern wurde das Bibliotheksreferendariat durch einen nicht-konsekutiven Master-Studiengang ersetzt. s. **Höherer Bibliotheksdiens**t)
A5

Bibliothekstyp
Versuch einer Unterscheidung der Vielzahl von Bibliotheksformen, häufig ausgehend von der grundlegenden Unterscheidung zwischen öffentlichen und wissenschaftlichen Bibliotheken bzw. dem Arbeitsauftrag oder der jeweiligen Funktion einer **Bibliothek.**
A6

Big Deal
Erwerb von großen Teilen des gesamten Verlagsprogramms, der einen erheblichen Anteil des Erwerbungsbudgets bindet und einen bedarfsgerechten Bestandsaufbau erschwert.
E5

Bit
Ein Bit *(binary digit)* ist die kleinste Einheit, die durch eine Binärziffer dargestellt werden kann.
F2

Bologna-Prozess
Beginn 1999 in Bologna mit der gemeinsamen Erklärung „Der Europäische Hochschulraum" der zuständigen Ministerien aus 29 europäischen Ländern. Ziel war die Vergleichbarkeit der Hochschulsysteme in Europa, insbesondere durch die Einführung der gestuften Studiengänge Bachelor und Master, die Modularisierung der Studiengänge sowie die Einführung des Kreditpunktesystems ECTS.
A5

Browsing
Vorgangs des (nicht notwendigerweise systematischen) Sichtens von Dokumenten oder Dokumentbeständen, also beispielsweise das Durchsehen eines Buchbestands in einem Bibliotheksregal.
D6

Bundesdatenschutzgesetz (von 1977)
Schutz von personenbezogenen Daten nicht nur gegenüber der Verwaltung, sondern auch gegenüber privaten, natürlichen und juristischen Personen. Zu dieser Zeit war das Datenschutzrecht ein Bürgerrecht zunächst und in erster Linie gegen den Staat gerichtet, der die Daten der Bürger*innen für seine Verwaltungszwecke speicherte. Das betraf sowohl die leistende Verwaltung wie auch den Bereich der Eingriffsverwaltung.
F4

Byte
Dateneinheit, die i. d. R. aus acht Bits besteht und von den meisten Computern zur Darstellung einer Zahl oder eines Zeichens verwendet wird.
F2

Cascading Style Sheets (CSS)
Formatierungssprache für maschinenlesbare Auszeichnungssprachen wie **HTML** oder **XML**; dient zur Darstellung (z. B. Schriftfarbe, -grösse) von Webseiten.
F2

CBIR s. **Content based image retrieval**

CL s. **Computerlinguistik**

CLIR s. **Cross-Language Information Retrieval**

Closed Access
Elektronische Inhalte, die hinter einer Bezahlschranke stehen. Einrichtungen und Bibliotheken subskribieren diese Inhalte, um Zugriff darauf zu erhalten. Um den Zugriff und weitere Nutzungsmöglichkeiten zu regeln, werden oftmals Lizenzverträge zwischen der Einrichtung oder Bibliothek und dem Verlag oder Anbieter abgeschlossen.
E5

Cloud computing
Modell, das bequem und jederzeit erlaubt, bei Bedarf über ein Netz auf einen geteilten Pool von konfigurierbaren Ressourcen zuzugreifen.
A10

Clustering
Das Ordnen von Objekten in Gruppen oder Cluster. Dabei sollen ähnliche Objekte möglichst in gleiche Gruppen einsortiert werden und unähnliche Objekte in verschiedene Cluster. Clustering wird auch als das Finden von Ordnung in Daten bezeichnet. Algorithmen für das Clustering suchen in den Objekten nach gleichen oder vergleichbaren Werten und bestimmen so die Ähnlichkeit der Objekte.
B16

CNNs s. **Convolutional Neural Networks**

Comma-Separated Values (CSV)
CSV-Dateien sind ein sehr gängiges und einfaches Mittel zum Datenaustausch. Texteditoren, Datenbanksysteme, Machine-Learning-Umgebungen sowie Tabellenkalkulationsprogramme verwenden dieses Format für den Import und Export von Daten. Einzelne Datenobjekte belegen innerhalb einer Datei ganze Zeilen, während die Attribute aus Zeichenketten bestehen, die mit Kommas jeweils voneinander getrennt sind. Seltener werden anstatt der Kommas auch Semikolons oder TAB-Zeichen verwendet.
B9

Common Knowledge
Allgemeinwissen, welches Fakten zu den unterschiedlichsten Sachverhalten umfasst. Beispiel: Berlin ist die Hauptstadt von Deutschland; Die Dufourspitze ist der höchste

Berg der Schweiz. Im Kontext von **Ontologie**n wird *common knowledge* oft als kodifiziertes Wissen in Form von Linked Open Data (zum Beispiel auf DBpedia oder Wikidata) publiziert. **s. Commonsense Knowledge**
B10

Commonsense Knowledge
Triviale Zusammenhänge, welche oft auch unter der Bezeichnung „Hausverstand" subsumiert werden und für die meisten Menschen „selbstverständlich" sind. Beispiele: Ein Fahrrad hat zwei Räder; ein Mensch benötigt Schlaf. *Commonsense knowledge* stellt für maschinelle Lernverfahren eine große Herausforderung dar, da es oft als gegeben vorausgesetzt wird und daher kaum in üblichen Wissensquellen Erwähnung findet.
B10

Compliance
Rechtstreue und Regelkonformität, beschreibt die Einhaltung gesetzlicher Bestimmungen sowie interner Richtlinien. Compliance Management soll Regelverstöße aufdecken oder frühzeitig verhindern.
A10

Computerlinguistik (CL)
Eine wissenschaftliche Disziplin im Schnittbereich der Informatik, Künstlichen Intelligenz und Sprachwissenschaft (Linguistik). Diese Disziplin entwickelt Methoden für die automatische Verarbeitung **natürlicher Sprachen** durch Computer.
B8

Computervermittelte Kommunikation (CVK) *(computer-mediated communication – CMC)*
CVK ist definiert als interpersonelle Kommunikation mit Hilfe von unterschiedlichen Computertechnologien.
D2

Conditional Random Field (CRF)
Ein probabilistisches Verfahren des maschinellen Lernens (**ML**), das zur Segmentierung von Sequenzen verwendet wird. Im Unterschied zu **HMM**s kann ein CRF an jeder Stelle auf die komplette Information der Eingabesequenz zugreifen.
B8

Content Based Image Retrieval (CBIR)
Suche basiert auf dem Inhalt eines Bildes und nicht lediglich auf Metadaten. Um den Inhalt zu erkennen, muss ein Algorithmus eine Repräsentation eines Bildes bestimmen, die Farben oder Formen erfasst. Häufig werden so Ähnlichkeiten zwischen Bildern bestimmt. Aus Bildern mit bekannten Objekten lernt ein System, wie die Repräsentation mit Inhalten zusammenhängt. So kann der Abgleich von Textanfragen mit visuellen Inhalten gelingen.
C5

Contract Cheating
Eine Form des wissenschaftlichen Fehlverhaltens, bei der Dritte mit der Anfertigung von Studienleistungen, wie z. B. Haus-, Seminar- und Abschlussarbeiten oder Übungsaufgaben beauftragt werden.
F5

Conversational Search
Dialogbasierte Interaktionsformen mit einem Suchsystem. Dabei geht es nicht nur um die Verfeinerung von Suchanfragen, sondern eher um einen zwischenmenschlichen Dialog. Dieses Format der Suche setzt sich immer weiter durch, unter anderem begründet in der immer weiter verbreiteten Kommunikation mittels gesprochener Sprache über mobile Endgeräte.
C4

Convolutional Neural Networks (CNNs)
Neuronale Netze, die besonders erfolgreich in der Bildverarbeitung eingesetzt werden. Sie bestehen abwechselnd aus je einer Convolutions-Schicht, einer Max-Pooling-Schicht und am Ende gelangt eine Repräsentation eines Bildes in eine Klassifikationsschicht. Kleine Filter berechnen für jedes Pixel aus dessen Farbwerten und denen der benachbarten Pixel einen neuen Wert. Die Max-Pooling-Schicht wählt den stärksten Wert aus einer Gruppe von Nachbarzellen aus. Die Filter finden erst kleine und lokale Muster, die in weiteren Schichten immer mehr zusammengefasst werden. Dadurch erkennt ein CNN zunehmend größere Muster in Bildern. Die Filter werden verändert und **maschinelles Lernen** optimiert so die Muster, nach denen gesucht wird.
C5

Cookie
Kleine Datenpakete, die zwischen Web-Servern und Web-Browsern im Hintergrund ausgetauscht werden. Diese dienen dazu, eine Sitzung über mehrere Zugriffe auf eine Website aufrecht erhalten zu können (Online-Tracking).
F2

CoreTrustSeal
Eine Zertifizierungsorganisation, die aus dem ICSU World Data System (ICSU-WDS) und dem Data Seal of Approval (DAS) hervorgegangen ist. Die CoreTrustSeal-Data-Repository-Zertifizierung löst die DAS-Zertifizierung und die WDS-Regular-Members- Zertifizierung ab. Das CoreTrustSeal ist eine community-basierte und gemeinnützige Organisation und bietet jedem interessierten Repositorium eine Core-Level-Zertifizierung auf Basis des DAS-WDS Core Trustworthy Data Repositories Requirements Catalogue und der damit verbundenen Verfahren an.
B17

CRAAP
Ein Akronym für *Currency*, *Reliability*, *Authority*, *Accuracy*, und *Purpose*. CRAAP ist ein Schema zur Bewertung der Qualität von Information. CRAAP ist, wenn es sorgsam durchgeführt wird, relativ aufwendig und fußt primär auf den inhärenten Merkmalen des zu bewertenden Wissensobjekts. Oftmals imitieren Anbieter, die Desinformation verbreiten, seriös erscheinende Darstellungsweisen. Dies kann durch die Vorgehensweisen

in CRAAP nicht schnell und effektiv aufgedeckt werden. Das Schema ist daher für die Informationsbewertung in alltäglichen Kontexten oftmals nicht sehr tauglich.
D8

Cranfield-Paradigma
Das älteste und grundlegendste Verfahren, das die Tradition der experimentellen Evaluation von Information-Retrieval-Systemen eröffnet hat. Die Cranfield-Idee besteht darin, eine Infrastruktur für Systemvergleiche mit standardisierten Testkollektionen, Anfragen und Relevanzurteilen bereitzustellen. Die Kritik bezieht sich meist auf die Abstraktion der Information-Retrieval-Realität, die bei Cranfield angenommen wird.
C8

Crawling
Auffinden von Dokumenten im Web durch das Verfolgen von Links auf bereits bekannten Seiten durch ein automatisches System, den Crawler.
C3

Creative Commons (CC)
Eine gemeinnützige Organisation, die verschiedene Standard-Lizenzverträge zur Verfügung stellt. Mit wenigen Klicks auf der CC-Website können Urheber unterschiedliche Nutzungsrechte der Öffentlichkeit auf einfache Weise einräumen. Diese Lizenzen sind nicht auf einzelne Werkstypen zugeschnitten, sondern auf Fotos, Videos, Musik, Texte, Gedichte, Kunstwerke usw. anwendbar.
E10

CRF s. **Conditional Random Field**

Cross-Language Information Retrieval (CLIR)
Verschiedene Systemansätze, die die Mehrsprachigkeit von Dokumenten und Anfragen durch den gemeinsamen Einsatz von Retrieval-Technologien und **Maschineller Übersetzung** behandeln, damit der Zugriff auf Information in verschiedenen Sprachen erfolgen kann.
C7

Crosskonkordanzen *(cross-concordances* auch *crosswalks)*
Abbildungen unterschiedlicher Wissensorganisationssysteme aufeinander im Sinne von Synonym-, Ähnlichkeits- oder **Hierarchierelation**en. In der **ISO**-Norm 25964-2 Teil 2 werden unterschiedliche Strukturmodelle und Typen von Mappings beschrieben. Zumeist zur semantischen Heterogenitätsbehandlung in einem verteilten Suchszenario eingesetzt können Crosskonkordanzen die integrierte Suche in Datenbanken mit unterschiedlichen kontrollierten Vokabularen ermöglichen.
B4

CSS s. **Cascading Style Sheets**

CvK s. **Computervermittelte Kommunikation**

Cyber-Risiken
Risiken, die beim Navigieren in einer digitalen und vernetzten Welt entstehen. Das sind z. B. vorsätzliche und zielgerichtete Angriffe auf Daten und IT-Systeme, die zur Verletzung der Vertraulichkeit von Daten oder ganzer IT-Systeme führen können.
A10

Data Mining
Suche nach Mustern, Regelmäßigkeiten und Auffälligkeiten in stark strukturierten, numerischen Daten. Dafür werden statistische Methoden und Verfahren des maschinellen Lernens eingesetzt. Data Mining umfasst den gesamten Prozess von der Erfassung der Daten bis zum Einsatz der gefundenen Modelle.
B10

Datenbanklizenz
Bibliotheken oder andere Organisationen erwerben Datenbanklizenzen, um digitale Angebote, meist in Form von Datenbanken, ihren Nutzer*innen zur Verfügung zu stellen.
C11

Datenbewirtschaftung
Aneignungs- und Verwertungsstrategien von Daten für kommerzielle und nicht-kommerzielle Zwecke. Hierbei kann zwischen einer Ressourcen-Perspektive, welche Daten als Betriebsmittel sieht, und einer Markt-Perspektive, welche Daten als handelbare Güter sieht, unterschieden werden. Zweck der Datenbewirtschaftung ist das Abschöpfen der skalen- und verbundökonomischen Erträge mittels unterschiedlicher Methoden der direkten oder indirekten Monetarisierung.
E3

Datenerhebungsmethode
In der empirischen Sozialforschung werden im Wesentlichen drei Grundmethoden der Datenerhebung unterschieden: die Beobachtung, die Befragung und die Dokumentenanalyse, bei der Dokumente für weitere Analysen zusammengestellt werden. Diese Grundmethoden kommen sowohl in der qualitativen als auch in der quantitativen Forschung zum Einsatz, sind jedoch unterschiedlich ausgestaltet.
A4

Dateninfrastruktur
Digitale Infrastruktur, die eine vereinfachte Nutzung von Daten wie z. B. eine datengetriebene Analyse ermöglicht und damit die Effizienz erhöht.
A10

Datenmanagementplan (DMP)
Systematische Beschreibung, wie mit den in Projekten erhaltenen Forschungsdaten umgegangen werden soll. Er dokumentiert die Speicherung, Verzeichnung, Pflege und Verarbeitung der Daten. Der Datenmanagementplan ist wichtig, um Daten für Dritte interpretierbar und nachnutzbar zu machen. Es ist sinnvoll, bereits vor Projektbeginn folgende Fragen zu klären: Welche Daten werden im Projekt erzeugt und verwendet? Welche Daten müssen nach Projektende archiviert werden? Wer ist für die Verschlagwortung

mit Metadaten zuständig? Wie lange sollen die Daten archiviert werden? Wer darf die Daten nach Projektende nutzen und unter welchen Lizenzbestimmungen?
B17

Datenmonitoring
Instrument zur fortlaufenden Überwachung von Informationen und Daten, mit deren Hilfe Schlüsse gezogen und Entscheidungen und Prozesse optimiert werden sollen.
A10

Datenschutzgrundverordnung (EU) (2016, in Kraft 2018)

Einheitlicher Rahmen für den Bereich des Datenschutzes, der innerhalb der EU für alle Mitgliedsstaaten unmittelbar verbindlich ist. Darüber hinaus gelten die Bestimmungen über das EWR-Abkommen auch für die Staaten des Europäischen Wirtschaftsraumes, für Norwegen, Island und Liechtenstein. Damit sind insgesamt 30 europäische Staaten mit insgesamt über 450 Millionen Einwohnern in den Schutzbereich der DSGVO einbezogen. Neben der ökonomischen Bedeutung hat die DSGVO die Funktion, die Daten von Menschen in der EU auch bei Datentransfers in Drittstaaten zu schützen. So sieht sie grundsätzlich vor, dass im Datenverkehr mit Unternehmen außerhalb der EU ein angemessenes Datenschutzniveau als Wirksamkeitsvoraussetzung für die Datenübermittlung eingehalten werden muss.
F4

Datentyp
Festlegung, welche Art Daten beispielsweise für eine Variable oder als Ergebnis einer Funktion zulässig sind. Beispiele: Ganze Zahlen, Wörter, Datum.
B10

Datenvisualisierung
Graphische Darstellung von Informationen und Daten, um Beziehungen, Muster und Trends in Form von Diagrammen, Graphen und Tabellen etc. zu veranschaulichen und daraus Erkenntnisse zu gewinnen bzw. ggf. Entscheidungen zu beeinflussen.
A10

DBE s. Dokumentarische Bezugseinheit

DBpedia
Aus dem Online-Wörterbuch Wikipedia hervorgegangene semantische Datenbank, die oft als Quelle für **Common Knowledge** verwendet wird.
B10

DC s. Dublin Core

Deal
Vertrag der Hochschulrektorenkonferenz (in Auftrag der Allianz der deutschen Wissenschaftsorganisationen und allen deutschen wissenschaftlichen Einrichtungen), um mit den kommerziellen Verlagen für wissenschaftliche Zeitschriften offene/freie „Publish and Read"-Vereinbarungen im Open-Access-Paradigma auszuhandeln. s. **Read-and-Publish-Vertrag**
E1, E5

Deep Learning (DL)
Methode des maschinellen Lernens, welche neuronale Netze mit mehreren Zwischenschichten einsetzt. Die Anzahl an verwendeten Zwischensichten, deren Größe und Vernetzung dabei einen signifikanten Einfluss auf die Lernfähigkeit des neuronalen Netzes hat. DL ist ein Bereich des maschinellen Lernens (**ML**), der auf der Verwendung künstlicher neuronaler Netzwerke (**kNN**) mit mehreren verdeckten Schichten von Neuronen beruht. Es werden dabei – abhängig von unterschiedlichen Applikationen – diverse Architekturen von kNNs verwendet wie **FFN**, **RNN**, **CNN** oder **LSTM**.
B8, B10, B14

Depublikation
Die Absetzung eines Beitrags auf einer Online-**Plattform**. Der Begriff kam 2009 in Gebrauch, als die ARD-/ZDF-Mediatheken Beiträge aus ihren **Mediathek**en entfernen mussten. Damit ist die Verfügbarkeit und der Zugang für die Nutzung beendet.
A9

Desinformation, Fehlinformation
Der Vorgang der vorsätzlichen Täuschung durch irreführende und verzerrende Angaben oder gezielte Fälschung. Fehl- und Falschinformationen hingegen sind nicht zwingend intentional; sie können auch jemandem unterlaufen, der sich um Wahrhaftigkeit bemüht.
F1, F6

Deskriptor
Ein Wort innerhalb eines **Thesaurus**, das für die **Indexierung** zugelassen ist. Alle anderen Elemente des Thesaurus haben den Status von Nicht-Deskriptoren (Synonymen); sie werden in den Thesaurus aufgenommen und bilden somit einen Bestandteil des Zugangsvokabulars, können aber selbst nicht zur Indexierung und Recherche verwendet werden, sondern verweisen auf den zugehörigen Deskriptor. s. **Terminologische Kontrolle**)
B2, B4

Deutsche Gesellschaft für Dokumentation (DGD)
Erstmals 1941, dann 1948 neu gegründete Fachgesellschaft für Einzelpersonen und Institutionen mit fachlichem Interesse an Informationserschließung und -vermittlung mittels jeweils zeitgemäßen technischen Verfahren; inzwischen umbenannt in Deutsche Gesellschaft für Information und Wissen (DGI). Herausgeberin der Fachzeitschrift Information – Wissenschaft und Praxis. Die DGD versteht sich als die Fachgesellschaft für Fragen der Dokumentation und des Informationsmanagements. Als Berufsfachverband vertritt sie die entsprechenden Belange, nimmt zu informationspolitischen Fragen Stellung und trägt zur Aus- und Weiterbildung bei.
A2, A11

Deutscher Museumsbund (DMB)
Der Berufsverband, dem sowohl hauptberuflich in einem Museum Beschäftigte angehören als auch eine Vielzahl von Museen als institutionelle Mitglieder. Der DMB spielt eine Rolle im Bereich der Politikberatung auf Bundesebene, Länderebene und kommunaler Ebene und organisiert für seine Mitglieder Tagungen und Fortbildungsveranstaltungen.

Ein wesentlicher Teil der Arbeit wird in den verschiedenen Fachgruppen und Arbeitskreisen geleistet, die einzelnen, museumsspezifischen Themenfeldern gewidmet sind.
A8

Deutsches Institut für Normung (DIN)
Gegründet 1917 als Normalienausschuss der deutschen Industrie (BADI). Organisiert die Erstellung von DIN-Normen in Deutschland und ihren Vertrieb (Beuth-Verlag) sowie die deutsche Mitarbeit in dem internationalen Normungsverband **ISO** und dem Europäischen Komitee für Normung (CEN). Enge Zusammenarbeit mit anderen technischen Regelsetzern, besonders dem VDI und der DKE. Die Arbeit wird von nominierten Experten aus Privatwirtschaft, öffentlichem Dienst und Verbänden ausgeführt, in fachlichen Normenausschüssen (NA), für die Dokumentation besonders wichtig ist.
A11

Digital Governance
Im Rahmen einer Digitalstrategie die Zuständigkeiten und Rollen von Personen für Prozesse und Organisationsabläufe. Im Vergleich zu einer Corporate Governance, welche die Zuständigkeiten und Rollen bei klassischen Unternehmen oder Institutionen abdeckt, liegt hier der Fokus auf digitalen Prozessen.
E13

Digital Object Identifyer (DOI)
Eindeutiger und persistenter Identifikator für digitale Inhalte, insbesondere für wissenschaftliche Publikationen.
F2

Digitale Langzeitarchivierung (dLZA)
Aufgabe der dLZA ist die Bewahrung der Integrität, Authentizität und Interpretierbarkeit digitaler Objekte über lange Zeiträume hinweg. Sie umfasst technische, organisatorische, rechtliche, ethische, psychologische und gesellschaftliche Aspekte und bewegt sich im Spannungsfeld zwischen der Verantwortung für den Inhalt und der Erhaltung digitaler Objekte und deren Erhaltung und der Verantwortung gegenüber heutigen und zukünftigen Nutzer*innen. Die dLZA liegt als Prozess sich wiederholender Maßnahmen über dem gesamten Lebenszyklus eines digitalen Objekts und beginnt (idealerweise) bereits während seiner Entstehung.
A12

Digitale Plattform *(digital platform)*
Ein elektronischer Marktplatz, auf dem sich Anbieter von Produkten und Dienstleistungen mit deren Kunden treffen. (siehe auch Elektronischer Marktplatz)
E2

DIN s. Deutsches Institut für Normung

DIP s. Dissemination Information Package

Direkte Antworten *(direct answers)*
Kurzzusammenfassungen, die Suchmaschinen als Antwort auf eine als Frage interpretierte Suchanfrage liefern. Damit müssen Suchende nicht einmal ein **Dokument** öffnen. Direkte Antworten können automatisch aus den Resultaten extrahiert oder auch aus ex-

ternen Wissensgraphen gefiltert werden. Diese werden üblicherweise über den restlichen Treffern in der Suchresultatsseite präsentiert.
C4

Disintermediation
Der Prozess, aufgrund dessen - meist durch Digitalisierung – die Funktionen eines traditionellen Intermediärs in einer Wertschöpfungskette als überflüssig angesehen werden und dieser deshalb umgangen werden kann; so braucht es z. B. im Self-Publishing keinen Verlag, weil sich Autor*innen mit ihren Produkten mehr oder weniger direkt an Käufer*innen oder Leser*innen wenden können.
önnen..
E4

Diskurs
In Theoriebildung und Wahrheitsdiskussion stellt sich die Frage nach der Möglichkeit eines „herrschaftsfreien Diskurses" (Habermas) oder nach machtbestimmten „Dispositiven" (Foucault) für Diskurse, die die Bedingungen für das „Sagbare" darstellen. In der neueren Theorieforschung werden **Theorie**n als interessegeleitete Diskurse und somit als narrativ-dialogische Prozesse gesehen.
A3

Display Advertising
Die Einbindung von Werbemitteln auf Webseiten und in Applikationen.
E6

Dissemination Information Package (DIP)
Informationspaket, welches Nutzer*innen durch das Archivierungssystem zur Verfügung gestellt wird. Es kann alle oder nur Teile des **AIP** enthalten.
A12

DIW-Modell
Hierarchische Ordnung von Daten, Information und Wissen (populär z. B. in der Wirtschaftsinformatik und im Wissensmanagement). Zuweilen wird als unterste Ebene noch Zeichen und als oberste Ebene noch Weisheit zugefügt. Im **Information-ist-Wissen-in-Aktion**-Modell (DWI) ist – in Umkehrung der DIW-Hierarchie – Wissen der Rohstoff, aus dem handlungsrelevante Information entwickelt wird.
A1

DK s. **Universelle Dezimalklassifikation (UDC)**

DL s. **Deep Learning (DL)**

dLZA s. **Digitale Langzeitarchivierung**

DMP s. **Datenmanagementplan**

Document Type Definition (DTD)
Basiert auf **SGML** und definiert eine Auszeichnungssprache für digitale oder physische Dokumentklassen. **HTML**-Elemente und -Strukturen werden z. B. durch eine DTD deklariert.
F2

Document Understanding Conference (DUC)
In der Nachfolge von SUMMAC die erste wettbewerbliche Evaluationskampagne für das **Automatic Abstracting**, in der der Fokus auf die intrinsische Evaluation (informationelle und sprachliche Qualität) von automatisch erstellten Abstracts (Textzusammenfassungen) gelegt wurde.
B8

DOI s. Digital Object Identifyer

Dokument
Die materielle oder elektronische Einheit eines Trägers dokumentarischer Daten. Dabei unterscheidet man das Primärdokument (oft auch als Quelle oder Originalquelle bezeichnet) vom Sekundärdokument, welches Ergebnis eines **Dokumentation**sprozesses ist (z. B. eine Referenzdatenbank, eine Bibliografie oder ein Referatedienst). Das Tertiärdokument schließlich ist Ergebnis eines Dokumentationsprozesses, bezogen auf Sekundärdokumente.
Neben den klassischen **Dokument**en – den Druckschriften – werden auch audiovisuelle und Bilddokumente, dreidimensionale Dokumente (Denkmal), Filme, Handschriften, Tondokumente oder maschinenlesbare Dokumente (z. B. Multi-Media-Dokumente) als Typen unterschieden. Heute werden auch beliebige physische Objekte als „Dokumente" angesehen (z. B. bedeutsame historische Haus-Bauten oder auch Objekte an einem Tatort). Ebenso fallen heute Dokumente immer mehr als digitale an, z. B. in Internet-Portalen und in **Social-Media**-Diensten. Neben den an ein allgemeines Publikum gerichteten Dokumenten (Bücher, Zeitschriften) muss also vor allem in den **Bibliothek**en eine sehr große Vielzahl weiterer Dokument(art)e(n) genutzt und über Dokumentenmanagementsysteme verwaltet werden.
A11, B2

Dokumentarische Bezugseinheit (DBE)
Das Objekt, dessen Merkmale im Dokumentationsprozess als Einheit behandelt werden. Es kann sich dabei um ein **Dokument** oder ein Dokumentteil handeln, aber auch etwa um Institutionen, Werkstoffe, Produkte, Objekte oder Medien. Umgekehrt kann auch z. B. eine Dokumentensammlung als Konvolut eine DBE bilden. Die für die DBE in ein Informationssystem eingehende Datenmenge bezeichnet man als **Dokumentationseinheit** (DE).
B2

Dokumentation
Das Ordnen, Speichern und Auffinden von Dokumentobjekten und ggf. das Übermitteln von **Information**, besonders für fachliche Tätigkeit/Zwecke. Seit etwa 1892 als bedeutende Erweiterung der Informationsleistung der Bibliotheken, Archive und Verlage initiiert, in eine Vielzahl gesellschaftlicher Arbeitsbereiche hineinwirkend. Auch die Entwicklung und Anwendung einer international einheitlichen **Klassifikation** (**UDC/DK**) diente die-

sem Anliegen, und durch die Entstehung der elektronischen Datenverarbeitung seit den 1950er Jahren mit heute ubiquitären Datenbasen/Datenbanken wurde „Dokumentation" entscheidend umgesetzt. Außer für direkt informationstragende Dokumente ist sie inzwischen ebenfalls breitflächig im Einsatz für Registrierung und Überwachung von physischen Objekten oder von Prozessen/Vorgängen. Heute wird sie in verschiedenen Formen auch als „Informationsmanagement", „Dokumentenmanagement", **„Wissensmanagement"** usw. praktiziert.
A11

Dokumentationseinheit (DE)
Die Datenmenge, die stellvertretend für die **Dokumentarische Bezugseinheit** in den Dokumentationsprozess bzw. in Informationssysteme eingeht.
B2

Dokumentlieferung
Zugänglichmachung von Literatur über Fernleihe als Leih- oder Kopienversand. Digitale Dokumentlieferdienste erlauben die beschleunigte elektronische Bereitstellung von Literatur. Online-Leihe ist eine Variante digitaler Ausleihe in öffentlichen **Bibliotheken**.
A6

Dokumentrepräsentation
Repräsentation eines Dokumentes, die beim Retrieval zugrunde gelegt wird. Dies kann z. B. eine Menge von Wörtern oder Begriffen aus einem Indexierungsvokabular sein.
C2

Domäne
Ein bestimmter Anwendungsbereich (zum Beispiel Medizin, Elektrotechnik, etc.), für welchen eine **Ontologie** erstellt oder auf welchen eine Technik angewandt wird. Im Kontext der Datenmodellierung wird der Begriff Domäne auch verwendet, um die zulässigen Wertebereiche (zum Beispiel Zahlen zwischen 0 und 100 für eine Prozentangabe, etc.) für ein Attribut zu definieren.
B10

Domänenontologie *(domain ontology)*
Eine **Ontologie** zur Beschreibung einer spezifischen Anwendungsdomäne. Domänenontologien definieren Konzepte und Begrifflichkeiten, welche für die gewählte Domäne spezifisch und meist nur für diese relevant sind.
B10

Dritter Ort
Alternativer Ort der Begegnung zwischen den Orten des Privaten als erstem und der Arbeit als zweitem Ort, der möglichst neutral gestaltet dem Individuum einen Raum zur Entfaltung und zum Miteinander gewährt.
A6

DSGVO s. Datenschutzgrundverordnung (EU)

DTD s. Document Type Definition

Dublin Core (DC)
Strukturstandard für die Beschreibung beliebiger Dokumente und Objekte im Internet. Das ursprüngliche Dublin Core Metadata Element Set (DCMES) bestand zunächst aus nur 15 Elementen (Simple Dublin Core); später wurden verschiedene Verfeinerungen ergänzt (Qualified Dublin Core). Mittlerweile wurde der Standard weiter ausgebaut und unter dem Namen DCMI Metadata Terms für das Semantic Web optimiert. Die Metadaten-Initiative definiert die folgenden 15 Metadaten Kernelemente und deren genaue Verwendung für die Beschreibung von elektronischen Medien: *Contributor*, Coverage, *Creator*, *Date*, *Description*, *Format*, Identifier, *Language*, *Publisher*, *Relation*, *Rights*, *Source*, *Subject*, *Title* und *Type*.
B10

DUC s. Document Understanding Conference

DWI s. Information ist Wissen in Aktion

E-Business *(electronic business)*
Die Unterstützung der verschiedenen unternehmensinternen oder unternehmensübergreifenden Wertschöpfungsprozesse durch die Nutzung von Informationstechnologie. In Abgrenzung zum E-Commerce, der eher den markt- und handelsbezogenen Blickwinkel, also den Absatz- und Beschaffungsmarkt berücksichtigt, beschäftigt sich E-Business mit der kompletten Wertschöpfungskette im Unternehmen und deren informationstechnischen Unterstützung. E-Business umfasst somit E-Commerce und ist als „E-Commerce im weiteren Sinne" zu verstehen.
E2

E-Government s. Electronic Government

eMail-Marketing
Eine Form des Direktmarketings. Dabei werden per eMail direkt an einzelne Nutzer oder Nutzergruppen adressierte Mails versandt.
E6

Effektivität
Die Fähigkeit eines Systems, den Nutzenden Suchergebnisse (also Information) anzubieten, die ihren Bedürfnissen entsprechen. Im engeren Sinn bezeichnet Effektivität die Güte eines Systems, relevante Dokumente aufzufinden und gleichzeitig irrelevante zurückzuhalten. Ermittelt wird die Effektivität empirisch gemessen mit Standardmaßen wie **Recall** und **Precision**.
C8

Effizienz
Berücksichtigung von Kosten und Aufwand bei der Systembewertung mit Schwerpunkt auf einen möglichst sparsamen Umgang mit Rechenzeit und Speicherplatz. Oftmals werden hier Geschwindigkeits- und Aufwandsmessungen in Benchmark-Tests verglichen.
C8

Eigennamenerkenner *(named entity recognizer – NER)*
Werkzeuge, die Eigennamen in Texten automatisch erkennen und klassifizieren, d. h. einer bestimmten Klasse wie Personennamen, Namen von Organisationen, geographische

Namen etc. zuordnen. Dafür wird eine Mischung aus lexikon-, regelbasierten und Machine-Learning-Ansätzen genutzt. Hilfreich sind auch spezifische Ressourcen wie z. B. Namenslexika oder geographische Gazetteers.
C7

Eintrag *(entry)*
Die in einem **Index** aus dem *Heading* (einzelnes Wort, Kompositum oder Phrase), Fundstellenangabe(n) und eventuell **Querverweis**en bestehende Einheit, die so den Einstiegspunkt in einem Index darstellt. Im engeren Sinn kann auch nur der Wortlaut gemeint sein.
B7

Electronic Government (E-Government)
Die digitale Umsetzung von Prozessen in Bezug auf Institutionen der öffentlichen Hand. Diese werden mit Hilfe von **Informations- und Kommunikationstechnologien** durchgeführt und finden zwischen verschiedenen Institutionen sowie zwischen Institutionen und Bürger*innen statt.
E13

Elektronische Einkaufsplattform *(electronic procurement system – EPS)*
Elektronische Einkaufsplattformen unterstützen den Einkauf bei der Beschaffung von Produkten mit dem primären Ziel der Kostensenkung, ebenso wie Electronic-Procurement-Systeme (EPS). EPS verbinden aber jedoch nur einen Nachfrager mit vielen Anbietern. Bei elektronischen Einkaufsplattformen haben sich jedoch einige Unternehmen als Nachfrager zusammengeschlossen und treten gemeinsam und als Organisator der **Plattform** mit den Anbietern in Kontakt. Auch werden elektronische Ausschreibungen und Auktionen (derjenige bekommt den Zuschlag, der das gewünschte Produkt am preiswertesten anbietet) zu den EPS gerechnet.
E2

Elektronischer Markt *(electronic market)*
Entsteht durch die Mediatisierung der Markttransaktionen, also die elektronische Abbildung der Kommunikationsbeziehungen. Eine Form der Mediatisierung von marktlichen Transaktionen besteht in der Unterstützung einzelner Phasen der Transaktion durch Informations- und Kommunikationstechnik. Elektronische Märkte sind somit Informations- und Kommunikationssysteme zur Unterstützung aller oder einzelner Phasen und Funktionen der marktmäßig organisierten Leistungskoordination. Elektronische Märkte im engeren Sinne sind mit Hilfe der Telematik realisierte Marktplätze, d. h. Mechanismen des marktmäßigen Tausches von Gütern und Leistungen, die alle Phasen der Transaktion unterstützen (siehe auch Elektronischer Marktplatz). In einem so vollständig mediatisierten Markt werden die Interaktionen zwischen den Marktpartnern in allen Phasen der marktlichen Transaktion bis zur vollständigen Durchführung in einem durchgehenden, integrierten elektronischen System abgewickelt. Angebot und Nachfrage treffen sich in elektronischen Informations- und Kommunikationssystemen. In diesem System wird auch die Preisbildung – der Koordinationsmechanismus des Marktes – elektronisch unterstützt. Ziel eines derart umfassend elektronisch realisierten Marktes ist die Annäherung an den vollkommenen Markt. Ein vollständig elektronisch realisierter Markt ist jedoch ein theoretischer Grenzfall, der praktisch nicht erreichbar ist. Aktuelle Systeme unterstützen meist nur einzelne Funktionen und Phasen der marktlichen Koordination.

Werden nicht alle Phasen der Transaktion unterstützt, spricht man von elektronischen Märkten im weiteren Sinne.
E2

Elektronischer Marktplatz *(electronic marketplace)*
Die Organisationsformen elektronischer Märkte. Ein elektronischer Marktplatz bringt viele Nachfrager auf einer neutralen Website, die von einem Organisator betrieben wird, mit vielen Anbietern zusammen. Er erfüllt die klassischen ökonomischen Funktionen eines Markts, ohne dass die Teilnehmer physisch vertreten sind. Der Marktplatz bzw. Organisator übernimmt die Mittlerfunktion, er stellt eine einheitliche Bedienoberfläche (z. B. Suchsystem für ein Produkt über alle Anbieter hinweg) zur Verfügung, integriert Bestell- und Bezahlungssysteme, organisiert die Auslieferung der Waren und übernimmt den After-Sales-Service; ergänzend können Mehrwertdienste wie Bonitätsprüfung, Treuhänderfunktion, Zollabwicklung u.v.m. angeboten werden. Er unterstützt somit alle Phasen der Transaktion.
E2

Elektronisches Fachportal
Von einem Großhändler oder von einem Zusammenschluss von Fachhändlern betriebene Portale. Elektronische Fachportale bieten den Facheinzelhändlern nicht nur die Möglichkeit sich elektronisch zu präsentieren, sondern auch ein breites Spektrum an Dienstleistungen. Sie unterstützen ihre Geschäftskunden bei deren eigenen Geschäftstransaktionen wie z. B. beim Marketing, Vertrieb und Service. Fachportale decken den gesamten Bedarf ihrer Kunden ab. Dadurch wird der Facheinzelhandel in die Lage versetzt, die gleichen Dienstleistungen und Produkte wie ein Großhändler anzubieten. Die Kundenbeziehung bleibt beim Fachhändler vor Ort, aber die Internet-Shop-Lösung wird zentral vom Großhändler zur Verfügung gestellt, und zwar so, dass der Fachhändler weiterhin individuell auftreten kann.
E2

Emotion
Neben Handlungen und Kognition eine der drei Ebenen, mit denen Benutzer und Benutzerinnen im Suchprozess modelliert werden (können).
D4

Empfehlungssysteme/Recommendersysteme
Software-/algorithmengesteuerte Angebote, die den vermuteten Interessen des Nutzers entgegenkommen. Basis sind inhaltsbasierte *(content-based)*, kollaborative *(collaborative)* oder kontextsensible Empfehlungsdienste. Demografische Daten des Nutzers oder vorangegangene Rechercheverläufe, benutzerbezogene Daten u. a. werden dafür verwendet. Ein Empfehlungssystem trifft Annahmen, welche Objekte für einen Benutzer in einem gegebenen Anwendungskontext wahrscheinlich besonders interessant (oder relevant) sind und empfiehlt diese. Es können alle Arten von Objekten empfohlen werden, z. B. **Informationsobjekt**e, Produkte in einem Online-Shop, Ausstellungsstücke in einem Museum oder Prozesse.
A9, C12

EMRK s. Europäische Menschenrechtskonvention

Enumerative Klassifikation *(enumerative classification)*
Monohierarchischer Aufbau, bei dem sämtliche für das **Klassieren** vorgesehene **Klassen** eigens aufgezählt werden und vordefinierte Systemstellen mit eigener **Notation** erhalten. Im Gegensatz zur **Facettierten Klassifikation** werden komplexe Sachverhalte von Anfang an durch die systematische Ordnung des Klassifikationssystems repräsentiert, weshalb man auch von präkombinierter Klassifikation spricht. s. **Klassifikation**
B5

EOSC s. European Open Science Cloud

Epistemologie
Im angloamerikanischen Sprachgebrauch eine Verbindung von Erkenntnistheorie, Wissenschaftstheorie und Wissenschaftssoziologie zur Bestimmung von Wissen. Bekannt geworden durch die **Social Epistemology** von Egan und Shera in den 1960er Jahren.
A3

EPS s. Elektronische Einkaufsplattform

Europäische Datenschutzkonvention (1985)
Das völkerrechtliche Übereinkommen zum Schutz des Menschen bei der automatischen Verarbeitung personenbezogener Daten des Europarats (Sammlung Europäischer Verträge – Nr. 108) zielt darauf ab, übergreifende verbindliche rechtliche Garantien zu schaffen, die den Einzelnen vor einem Missbrauch der Daten schützen. Gleichzeitig regelt sie einheitlich den grenzüberschreitenden Datenverkehr.
F4

Europäische Menschenrechtskonvention (EMRK)
Ein völkerrechtlicher Vertrag des Europarats, der seit 1953 in Kraft ist. Art. 8 der EMRK schützt die Privatsphäre in den 47 Mitgliedstaaten.
F4

Europäischer Hochschulraum
Ermöglicht Studierenden, Lehrenden, Forschenden und wissenschaftlichen Mitarbeiter*innen die Mobilität in Europa, um Auslandserfahrung im Rahmen qualitätsgesicherter, transparenter und vergleichbarer Studienangebote zu sammeln. Studierenden sollen die im Ausland erbrachten Studienleistungen möglichst vollumfänglich anerkannt werden.
A5

European Open Science Cloud (EOSC)
Das Ziel ist es, einen Cloud-Dienst für FAIR Data and Services für die Wissenschaft in Europa zu entwickeln. EOSC baut auf bestehenden Infrastrukturen und Diensten auf, die von der Europäischen Kommission, den Mitgliedstaaten und Forschungsgemeinschaften unterstützt werden. Dieses Umfeld wird unter klar definierten Bedingungen betrieben, um Vertrauen zu gewährleisten und das öffentliche Interesse zu wahren.
E9

Evaluationskriterium
Definition des Systemaspekts bzw. des Ziels, anhand dessen ein Informationssystem bewertet wird.
C8

Evidence-based-aquisition
Modell der nutzergesteuerten Erwerbung.
E5

Exhaustivity
Ein neben der **Specificity** bestehender Faktor der **Indexierungstiefe**. Die Exhaustivity beschreibt die Vollständigkeit, mit der ein **Dokument** oder eine Dokumentsammlung indexiert wird.
B7

Explorative Suche *(exploratory search)*
Die Suche nach Ergebnissen, bei denen die Suchenden meist kein konkretes Suchziel haben oder die Vorstellung vom Suchziel vage ist. Solche Suchanfragen sind meist durch längere Interaktionen mit dem Suchsystem gekennzeichnet und werden üblicherweise weniger gut unterstützt.
C4

Extensible Markup Language (XML)
Eine Weiterentwicklung der Standard Generalized Markup Language (**SGML**) und wurde im Jahre 1998 vom **World Wide Web** Consortium (W3C) veröffentlicht und dient als Metabeschreibungssprache für die Definition von Textauszeichnungssprachen. Hierdurch sind viele anwendungsspezifische Dokument-Standards entstanden und RSS, XAML, XHTML, SVG sind hierfür prominente Beispiele. Eine weitere Anwendung von XML ist der Datenaustausch. In XML sind mehrere Syntaxbeschreibungen in einem einzigen Dokument möglich. s. **Metadaten**
F2

Extrinsische Plagiatsanalyse
Computergestützte Verfahren für die Plagiatssuche, welche ein zu überprüfendes **Dokument** mit einer umfangreichen Dokumentkollektion (der sog. Referenzkollektion) vergleichen. Das Ziel ist es, Dokumente innerhalb der Referenzkollektion, die signifikante inhaltliche Ähnlichkeiten zum Eingabedokument aufweisen, für eine eingehende Überprüfung durch den Nutzer bereitzustellen.
F5

F2F s. **Face-to-Face-Kommunikation**

Face-to-Face-Kommunikation (F2F)
Interpersonelle Kommunikation, die unvermittelt bzw. direkt in räumlicher und zeitlicher physischer Kopräsenz stattfindet.
D2

Facettierte Klassifikation *(faceted classification)*
Basiert auf elementaren **Klassen**, die nach Kategorien bzw. Facetten gruppiert werden. Im Gegensatz zur **Enumerativen Klassifikation** werden komplexe Sachverhalte nach einer Citation Order aus den Teilnotationen der elementaren Klassen zusammengesetzt, weshalb man auch von analytisch-synthetischer Klassifikation spricht. Dies verringert die Anzahl der Systemstellen und ermöglicht polyhierarchische Strukturen abzubilden.
B5

Fachgebietsontologie
Systematische Zusammenstellung der Merkmale von Begriffen und der (Begriffs-)Relationen zwischen ihnen (sowie ihre vollständige formale Darstellung in einer Programmiersprache), die in einem Fachgebiet, Tätigkeitsfeld usw. bestehen und für dieses wesentlich sind, d. h. es konstituieren. Insofern eine Weiterentwicklung aus **Klassifikation**, **Thesaurus** und **Terminologie**wissenschaft. s. **Ontologie**

Fachinformation
Analog und digital vorliegende Daten und Dokumente, bevorzugt aus den Wissenschafts- und Bildungsbereich, die im Zusammenhang mit fachlicher Tätigkeit entstehen oder genutzt werden. Fachinformation ist auch die Bezeichnung für die Gesamtheit der Informationssysteme und –dienstleistungen (Produktion und Nutzung) in der wissenschaftlich-technischen Fachwelt. Fachinformation wurde im Zusammenhang des **IuD-Programm**s 1974–77 von der Bundespolitik (BMFT) und dann bis in die 90er Jahre gefördert.
A1, A2

Fachinformationssystem (FIS)
Der vom **IuD-Programm** vorgesehener Verbund der Informations- und Dokumentationseinrichtungen von 16 Fachgebieten, die die einheitliche Informationsauswertung und umfassende Informationsversorgung in diesem Bereich sicherstellen sollten.
A2

Fachinformationszentrum (FIZ)
Die vom **IuD-Programm** vorgesehene koordinierende Zentrale eines **Fachinformationssystem**s, die Infrastrukturaufgaben übernimmt und die Bereitstellung der Informationsdatenbanken technisch oder organisatorisch gewährleistet. Nicht alle geplanten FIZ wurden gegründet und einige, z. B. FIZ Chemie, später wieder aufgelöst.
A2

FAIR
Akronym für Findable, Accessible, Interoperable, and Re-usable. Durch FAIR werden Grundsätze formuliert, die nachhaltig nachnutzbare Forschungsdaten erfüllen müssen und durch die Forschungsdateninfrastrukturen im Rahmen der von ihnen angebotenen Services implementiert werden sollten.
E9

Fake news
Falschmeldungen und Unwahrheiten, die in den Medien und im Internet insbesondere in sozialen Netzwerken in manipulativer Absicht verbreitet werden. Bei Fake news ist der

Faktencheck oft aufwendig. Faktenchecks, z. B. aus den klassischen Medien, können nur dann positive und nachhaltige Wirkung haben, wenn sie auch tatsächlich wahrgenommen werden, was für Desinformation-Affine kaum zutrifft. Die die Faktenchecks tatsächlich Wahrnehmenden, vor allem wenn diese von als vertrauenswürdig eingeschätzten oder auch von zertifizieren Quellen/Organisationen stammen, werden zu einem gewissen Grad immuner gegenüber **Informationspathologien** bzw. **Desinformation**.
F6

Faktencheck
Ein wichtiges, notwendiges, auch nützliches, wenn auch nicht ausreichendes Mittel, **Informationspathologien** als Abweichung von Information aufzudecken.
A10, F6

Falschinformation s. **Desinformation**

FDM s. **Forschungsdatenmanagement**

Feed-Forward Network = multi-layer perceptron
Ein künstliches neuronales Netzwerk (**kNN**) mit mehreren verdeckten Neuronenschichten zwischen der Ein- und Ausgabeschicht, bei denen Neuronenausgaben (im Unterschied zu **RNN**) nur in *einer* Verarbeitungsrichtung propagiert werden können.
B8

Fehlinformation s. **Desinformation**

FFN s. **feed-forward network = multi-layer perceptron**

Findability
Ein grundlegendes Prinzip der Informationsarchitektur. Hierbei geht es um die Auffindbarkeit oder Wiederauffindbarkeit von Informationen innerhalb eines Dokumentes, von **Dokumentationseinheit**en innerhalb einer Dokumentsammlung oder von speziellen Lokalitäten innerhalb größerer Lokalitäten. Die Findability ist für eine erfolgreiche **Usability** ein entscheidender Faktor zur Beurteilung des Gebrauchswertes eines Werkes, einer Dokumentsammlung oder einer Lokalität in realen und virtuellen Welten.
B7

Findmittel
Recherchehilfsmittel zur Auffindbarkeit von Archivgut, unabhängig von Art und Form, die die dafür erforderlichen **Metadaten** enthalten.
A7

Fingerprint
Ein digitaler Schlüssel, der zur Charakterisierung oder Identifizierung eines Tons oder einer Tonaufnahme unter Berücksichtigung spezifischer akustischer Merkmale verwendet wird. s. **Spektrogramm**
C6

Folksonomy
Die Vergabe von Tags durch die Nutzenden eines **Social-Tagging**-Systems. Die Folksonomy ist eine Form der nutzerzentrierten Erschließungsverfahren und Wissensorganisa-

tion. Folksonomies lassen sich als Graph mit drei Bestandteilen beschreiben: Nutzer*in – Ressource – Tag. Jeder Bestandteil der Folksonomy kann zum **Information Retrieval** genutzt werden. In Abhängigkeit von Tag-Vergaberechten der Nutzenden wird zwischen Broad Folksonomy (jeder darf taggen), *Narrow Folksonomy* (nur der/die Besitzer*in darf taggen) und Erweiterte-Narrow-Volksonomy (ausgewählte Nutzende dürfen taggen) unterschieden.
B18

Formale Erschließung
Das Beschreiben und Auffindbarmachen von Ressourcen gemäß festgelegten Regeln nach äußerlichen, formalen Kriterien in Abgrenzung zur inhaltlichen Erschließung. Auch bezeichnet als formale Analyse, formale Erfassung, Formalbeschreibung oder Formalkatalogisierung.
B6

Format
Ein Standard für die Dateneingabe, den Datenaustausch und/oder die Anzeige von **Metadaten** wie z. B. das bibliothekarische Format **MARC**.
B6

Forschendes Lernen
Ein hochschuldidaktisches Konzept, bei dem Lehre und Forschung eng miteinander verschränkt werden. Im Rahmen von Projekten oder Seminaren werden Studierende angeleitet, selbstständig zu forschen und fachliche, wie methodische und soziale Kompetenzen zu entwickeln.
A5

Forschungsdatenmanagement (FDM) *(Research Data Management, RDM)*
Alle Maßnahmen im Umgang mit digitalen Daten, die während des Forschungsprozesses entstehen oder mit denen gearbeitet wird – beginnend mit der Planung, über ihre Generierung, ihre Verwendung und Verarbeitung in Forschungsvorhaben bis zur permanenten Archivierung oder bis zur Löschung der Daten. Zu den Maßnahmen des Forschungsdatenmanagements gehören die einheitliche Datenerhebung, die **Dokumentation**, Benennung und Datenorganisation und die Erteilung von Zugriffsrechten. Schließlich umfasst dies auch die sichere Speicherung während des Forschungsprozesses bis zur nachhaltigen Veröffentlichung und die **digitale Langzeitarchivierung** der Daten über den Projektabschluss hinaus.
B17

FRBR s. Functional Requirements for Bibliographic Records

Freie Lizenzen (offene Lizenzen)

Nutzungslizenzen, mit denen **Urheber*innen** festlegen, in welchem Umfang und unter welchen Bedingungen ihre urheberrechtlich geschützten Werke verwendet, verbreitet und verändert werden dürfen. Zu den bekanntesten freien Lizenzen gehören die **Creative-Commons**-Lizenzen.
E12

Functional Requirements for Bibliographic Records (FRBR)
Ein konzeptionelles Modell, das die theoretische Fundierung für das bibliothekarische Regelwerk **RDA** darstellt. Im FRBR-Modell wird insbesondere festgelegt, welche für die Nutzer*innen relevanten Entitäten es gibt, welche Merkmale diese besitzen und welche Beziehungen zwischen diesen bestehen können. Besonders wichtig ist die Unterscheidung in Werk, Expression, Manifestation und Exemplar als separate Entitäten. FRBR wurde mittlerweile vom **LRM** abgelöst.
B6

Fundstellenangabe *(locator)*
Die Angabe in einem **Index** über die Lokalität einer indexierten Fundstelle innerhalb eines Werkes oder einer **Dokumentationseinheit** innerhalb einer indexierten Dokumentsammlung.
B7

Funktionale Abhängigkeit
Erlaubt es zum Beispiel zu spezifizieren, dass für einen Tabelleneintrag bei gleichem Wert eines Attributes, wie der Postleitzahl, die zugehörigen Werte eines zugehörigen zweiten Attributes, wie zum Beispiel des Ortes, ebenfalls identisch sein müssen.
B10

Gemeinsame Normdatei (GND)
Eine umfassende Normdatei für Personen (inkl. Familien), Körperschaften, Veranstaltungen (z. B. Konferenzen), Werke, Sachbegriffe und Geografika, die sowohl für die **formale Erfassung** als auch die **inhaltliche Erschließung** im gesamten deutschsprachigen Raum genutzt. Die GND wird mittlerweile nicht mehr nur von **Bibliothek**en, sondern auch von anderen Gedächtniseinrichtungen eingesetzt.
B6

Generische Relation s. **Hierarchierelation**
B4

Gesetzlich erlaubte Nutzung
Urheber- und **Leistungsschutzrecht**e unterliegen dem Allgemeinwohlvorbehalt aus Art. 14 Abs. 2 GG. Ihnen werden deshalb durch sog. Schrankenregelungen Grenzen gesetzt. In diesen gesetzlich definierten Fällen (§§ 44a-63a UrhG) hat der Urheber eine Nutzung zu dulden. Seine Erlaubnis ist nicht vonnöten. Vergütungsansprüche werden aber dadurch nicht aufgehoben.
F3

Gestaltungshöhe
Ein urheberrechtliches Werk zeichnet sich durch eine gewisse Gestaltungshöhe (auch Schöpfungshöhe) aus, d. h. in dem Werk muss die Individualität und Originalität des **Urheber**s zum Ausdruck kommen.
F3

GND s. **Gemeinsame Normdatei**

Granularity
Die Größe indexierbarer Einheiten, welche die **Exhaustivity** beeinflusst, aber auch die Feinheit des Vokabulars einer Dokumentationssprache.
B7

Grundlagenforschung
Ziel, den Wissensstand eines Fachs voranzubringen, was unabhängig von einem konkreten Nutzen für die Praxis geschieht. Das Ziel ist ein Zuwachs an gesichertem Wissen; der wissenschaftliche Erkenntnisgewinn stellt einen Wert an sich dar.
A4

Grundrecht der Informationsfreiheit
Gemäß Art. 5 Abs. 1 GG Schutz des ungehinderten Zugangs zu öffentlichen Informationsquellen. Informationsfreiheitsgesetze eröffnen einen Anspruch der Bürger*innen auf Auskunft gegenüber öffentlichen Stellen. Die öffentlichen Informationen werden heute nicht nur als eine Holschuld der Bürgerinnen und Bürger behandelt. Vielmehr wird die **Information** als eine Bringschuld des Staates verstanden. Diese wird erfüllt durch eine proaktive Veröffentlichung in Transparenzregistern, in denen die öffentliche Hand ihre Informationen einstellen muss.
F4

Hidden Markov Model (HMM)
Ein stochastisches Modell, mit dem ein Objekt (in der **CL** etwa eine Äußerungskette) als Markov-Kette mit unbeobachteten Zuständen *(hidden states)* modelliert wird. Die Übergänge von einem Zustand zu einem anderen hängen nur vom jeweils unmittelbaren Vorzustand ab und werden durch Übergangswahrscheinlichkeiten (stochastischer Prozess) beschrieben, die im Kontext des **maschinellen Lernen**s (ML) automatisch gelernt werden.
B8

Hierarchierelation *(hierarchical relation)*
Das Verhältnis von über- und untergeordneten Begriffen bzw. Klassen in Dokumentationssprachen, wodurch eine Begriffsleiter gebildet wird. Eine hierarchische Relation ist also die Beziehung zwischen zwei Begriffen, bei der ein Begriff im Begriffsumfang den anderen umfasst. Die generische Hierarchierelation stellt eine Abstraktionsrelation mit Oberbegriff und Unterbegriff dar und die partitive Hierarchierelation eine Bestandsrelation mit Verbandsbegriff und Teilbegriff. Die Bestandsrelation (auch: partitive Relation) ist eine hierarchische Relation zwischen zwei Begriffen, wobei die dem untergeordneten Begriff zugeordneten Gegenstände Bestandteile der dem übergeordneten Begriff zugeordneten Gegenstände sind. Nach Anzahl der direkt übergeordneten Begriffe wird zwischen Mono- und **Polyhierarchie** unterschieden. Im **Thesaurus** werden die unterschiedlichen Relationen durch **Begriffliche Kontrolle** festgelegt.
B4, B5

Histograms of oriented gradients (HOG)
Bestimmung der Richtungen der stärksten Farbänderung in kleinen Bereichen eines Bildes. Die Richtungen dieser Gradienten werden in etwas größeren Blöcken als Histogram-

me zusammengefasst. HOG liefert eine Repräsentation eines Bildes, mit der ähnliche Bilder gefunden werden können.
C5

History note
Ein Hinweis zu Änderungen in einem **Thesaurus**. Diese Änderungen können Begriffe oder Bezeichnungen betreffen. Erläuterungen betreffen in der Regel Angaben, wann ein Begriff eingeführt oder eine weitere Bezeichnung, die ggf. den Bedeutungsumfang eines Begriffs verändert, aufgenommen wurde. In der Praxis finden sich derartige Angaben häufig auch in der **Scope note**.
B4

HMM s. **Hidden Markov model**

HOG s. **Histograms of oriented gradients**

Höherer Bibliotheksdienst
Die höchste Beamtenlaufbahn in öffentlichen und wissenschaftlichen Bibliotheken. Die Tätigkeiten sind sowohl fachwissenschaftlicher als auch organisatorischer Art, z. B. als Fachreferent*in oder Leitung von organisatorischen (Teil-)Einheiten. s. **Bibliotheksreferendariat**
A5

Höherer Dienst
Die höchste Laufbahn für Beamte in Deutschland. Voraussetzung ist ein Master-Studium oder ein entsprechender Abschluss. Die Master-Studiengänge von Fachhochschulen und Universitäten sind gleichgestellt und berechtigen beide für den höheren Dienst bzw. die adäquate Gehaltsstufe im Angestelltenverhältnis. s. **Konsekutiver Studiengang**

Homonyme *(homonyms)*
Bezeichnungen mit gleicher Form und unterschiedlicher Bedeutung, die durch die sprachliche Entwicklung „zufällig" zur gleichen Zeichenfolge geworden sind. In der Regel liegen ihre Bedeutungen weit auseinander. Homonymie kann nur auf lautlicher Ebene vorliegen als Homophonie, nur auf der graphischen Ebene als Homographie oder auf beiden Ebenen (Tau, Reif usw.). Von Homonymen zu unterscheiden sind **Polysem**e, Bezeichnungen, die ausgehend von einer Bedeutung inzwischen unterschiedliche Bedeutungen entwickelt haben. Bei der Entwicklung eines **Thesaurus** werden die verschiedenen Bedeutungen von Homonymen und Polysemen durch **Terminologische Kontrolle** identifiziert und aufgelöst, sie können z. B. durch Identifikatoren ausgedrückt werden.
B4

Homonymkontrolle s. **Terminologische Kontrolle**

HTML s. **Hypertext Markup Language**

Hypertext Markup Language (HTML)
Markup-basierte Auszeichnungssprache zur Strukturierung und Darstellung von Web-Seiten. Die grafische Darstellung von HTML erfolgt durch den Webbrowser.
F2

Hybride Lehrformate
Lehr- und Lernszenarien, bei denen Online- und Präsenzlehre entweder zeitgleich stattfinden oder Präsenzphasen durch synchrone Onlinephasen ergänzt bzw. durch asynchrone Lernangebote unterstützt werden.
A5

ICOM s. Internationaler Museumsrat

IIR s. Interaktives Information Retrieval

Index (Register)
Eine Suchhilfe, die die **Findability** von Inhalten in einem Werk oder von Dokumenten in einer Sammlung ermöglicht.
B2, B7

Indexierung, Indexieren
Als Teilaufgabe der **Inhaltserschließung** die Gesamtheit der Verfahren, Methoden und Prinzipien, um Dokumente mit inhaltskennzeichnenden Ausdrücken, den so genannten Index-Termini, zu versehen. Diese werden Stichwörter genannt, wenn sie den Texten direkt entnommen werden (Extraktionsverfahren). Im Additionsverfahren werden sie entweder einer Schlagwortliste oder als **Deskriptor**en einem geordneten und strukturierten Vokabular (z. B. **Thesaurus**) entnommen.
Indexieren erfüllt den Zweck der inhaltlichen Repräsentation von Dokumenten durch **Metadaten** mit dem Ziel, sie für das Retrieval such- und findbar zu machen. Die Syntax von Indexierungssprachen ist meist nur schwach ausgeprägt. Bei der gleichordnenden Indexierung fehlt jegliche Syntax; die **Index**-Termini werden unabhängig von ihrem Niveau und ihren inhaltlichen Zusammenhängen gleichrangig zugeordnet. Dagegen wird bei der strukturierten Indexierung mit Gewichtung der Index-Termini (Kopplungsindikator oder Rollenindikator) gearbeitet. Unterschieden werden intellektuelle Indexierung, computerunterstützte Indexierung und automatische Indexierung. **Automatische Indexierung** benutzt im Wesentlichen statistische Textinformation, fortgeschrittenere Verfahren greifen auch auf linguistische Methoden zurück, bislang seltener auf wissensbasierte.
B2, B3

Indexierungsbreite s. Indexierungsmaße

Indexierungsgenauigkeit s. Indexierungsmaße

Indexierungskonsistenz s. Indexierungsmaße

Indexierungsmaße
Beurteilung und Evaluierung von Indexierungsmethoden und -verfahren durch folgende Kriterien: Unter Indexierungsspezifizität oder Indexierungsgenauigkeit versteht man den Grad, in dem Index-Termini eine Dokumentarische Bezugseinheit bzw. ihren Inhalt repräsentieren. Die Indexierungstiefe stellt die Kombination von Indexierungsbreite (also der Anzahl der zugeteilten Index-Termini) und deren Spezifizität dar; eine hohe Indexierungstiefe liegt dann vor, wenn die vergebenen Index-Termini den fachlichen Inhalt des Dokuments sehr spezifisch abdecken. Bezogen auf die Übereinstimmung verschiedener Indexierungen in Hinblick auf dieselbe **Dokumentarische Bezugseinheit**

spricht man von Indexierungskonsistenz, wobei unterschieden wird zwischen der Intra-**Indexiererkonsistenz** (der Übereinstimmung einer Indexierung von demselben Indexierer zu verschiedenen Zeitpunkten) und der Inter-Indexiererkonsistenz, die das Maß der Übereinstimmung bei verschiedenen Indexierern bedeutet.
B2

Indexierungsspezifizität s. **Indexierungsmaße**

Indexierungstiefe s. **Indexierungsmaße**

Information
Ein in der **Informationswissenschaft** nicht epistemologisch über einen philosophisch begründeten Wahrheitsbegriff bestimmtes, sondern referentiell begründetes Konzept, das sich erst im Kontext einer aktuellen Nutzungssituation realisiert, das also nicht als **ontologisches** Objekt für sich existiert. Das macht den **pragmatischen Primat** von Information aus. Entsprechend der Formel **Information ist Wissen in Aktion** beruht Information zwar auf Wissen, aber welche Information tatsächlich genutzt wird, ist die Entscheidung der jeweils Nutzenden. Diese wird beeinflusst von der individuellen **Informationskompetenz** der jeweiligen Benutzer*innen sowie auf den diese beeinflussenden externen **Kontextfaktoren**. Theoretisch wird Information im Rahmen des **R4-Modells** durch die Kategorien **Relevanz, Resonanz, Reduktion** und **Reaktion** bestimmt.

Information Behaviour
Die verschiedenen Formen der Interaktionen von Menschen und **Information**, insbesondere die Art und Weise, wie Menschen Informationen suchen und nutzen. Der Begriff wird auch als Oberbegriff für das Forschungsfeld verwendet sowie für eine auf das Individuum fokussierte Forschungsperspektive in diesem Feld.
D1

Information Discovery
Oberbegriff für das gezielte Auffinden von **Information**, das Monitoring sowie das zufällige Entdecken von Information. Der Begriff ersetzt als Oberbegriff den Terminus **Information Seeking**, da Seeking einen **Information Need** voraussetzt, aber nicht jede Informationsaufnahme mit einem (bewussten) Information Need beginnt.
D1

Information Foraging
Metapher für das **Information Seeking**. Menschen passen ihre Strategien der Informationssuche an den Erfolg der Suche an, genauso wie Tiere Fährten aufnehmen, um möglichst ergiebige Futterplätze zu finden.
D6

Information ist Wissen in Aktion
Kurzform für das pragmatische, nutzer-/handlungsorientierte Verständnis von **Information**. Information wird abgeleitet aus den aus **Wissensobjekten** entstandenen **Informationsobjekten**.
A1

Information Literacy Competency Standards for Higher Education
Die **Informationskompetenz**standards der *American Library Association* spezifizieren verhaltensbezogene Anforderungen an informationskompetentes Verhalten. Diese umfassen das Verhalten im Suchprozess, die Bewertung und Nutzung von Information sowie Kenntnisse des Informationsmarkts.
D8

Information Need
Das menschliche Bedürfnis nach **Information**, welches in der Forschung unter anderem als Konsequenz einer Wissenslücke, eines unzureichenden Wissensstandes oder einer empfundenen Unsicherheit verstanden wird. Eine Verwendung der entsprechenden deutschsprachigen Begriffe **Informationsbedarf** bzw. **Informationsbedürfnis** muss immer kontext- und disziplinspezifisch betrachtet werden, da sich bisher keine einheitliche Definition durchgesetzt hat.
D5

Information Practices
Fokus auf Menschen in Situationen, auf deren Kontext und auf soziale und moralische Einflüsse, welche das **Informationsverhalten** beeinflussen. Die Konzentration auf Informationspraktiken statt auf das Informationsverhalten verlagert die Analyse vom kognitiven in den sozialen Bereich.
D1

Information Retrieval (IR)
Interdisziplinäres Forschungsgebiet, insbesondere eine Teildisziplin von **Informationswissenschaft** und Informatik. In der Informationswissenschaft umfasst IR die Erschließung von **Wissen** und die Suche nach **Information**, wobei die Einbeziehung der Nutzerperspektive zentral ist. Die Informatik konzentriert sich stärker auf Systemaspekte von Suchsystemen wie z. B. Ranking- und Gewichtungsschemata.
C8

Information Seeking Behaviour (ISB)
Eine Unterkategorie von **Information Behaviour**. Es umfasst alle Aspekte der Informationssuche, deren Auslöser die Feststellung einer Wissenslücke ist. Meist liegt eine zielgerichtete Suchintention vor.
D6

Information-N
Hier als Arbeitsbegriff, nicht als selbständiges Informationskonzept verwendetes pragmatisches, also handlungs-/nutzer-/nutzungsorientiertes Informationsverständnis. Informations-N wird unter Berücksichtigung subjektiver und externer **Kontextfaktoren** aus **Information-P** erarbeitet.
A1

Information-P
Hier als Arbeitsbegriff, nicht als selbständiges Informationskonzept verwendetes (eher dokumentarisches) Informationsverständnis, bei dem der Prozess der Informationsauf-

bereitung und -erstellung im Vordergrund steht und durch den potenzielle Information bereitgestellt wird. Information-P ist die Grundlage für aktuell genutzte **Information-N**.
A1

Informationelles Selbstbestimmungsrecht
Als Folge des Streites um die Volkszählung von 1982 entwickelte das Bundesverfassungsgericht 1983 ein neues Grundrecht: das informationelle Selbstbestimmungsrecht, welches das Gericht aus den beiden Grundrechten des allgemeinen Persönlichkeitsrechts und der Menschenwürde abgeleitet hatte. Mit dem Grundrecht der informationellen Selbstbestimmung war ein Rechtsstaatsfilter geschaffen, der alle staatlichen Maßnahmen dem Verhältnismäßigkeitsgebot unterwirft.
F4

Informationsarbeit
Die Anwendung von auf Aufbereitung und Erschließung (**Inhaltserschließung**) bezogenen Methoden und Verfahren zur Erstellung von **Informationsobjekten** als Grundlage für die in konkreten Handlungssituationen erforderliche Nutzung von **Information**.
A1

Informationsbedarf s. Information Need

Informationsbedürfnis s. Information Need

Informationsdidaktik
Didaktik der Förderung von Informationskompetenz, bei der sowohl individuelle und situativ-handlungsbezogene als auch wissenskulturelle Anforderungen der Zielgruppen besondere Berücksichtigung finden. Das anwendungsbezogene Ziel der Informationsdidaktik besteht darin, Erkenntnisse über das wissenskulturell-spezifische Informationsverhalten für die Auswahl von angemessenen Lerninhalten, ihre taxonomischen Vermittlungstiefen sowie geeigneter Vermittlungsformate und -methoden für die Förderung von **Informationskompetenz** nutzbar zu machen.
D9

Informationsethik
Die Beschreibung, die Analyse und die Normierung ethischen Verhaltens und ethischer Fragen in digitalen und analogen Informationsräumen. Sie kann verstanden werden als Metaethik, die weitere Bereichsethiken wie Bibliotheksethik, Archivethik, Museumsethik, Netzethik, Computerethik und Medienethik als Teilmengen einschließt.
F1

Informationsextraktion
Ziel der Informationsextraktion ist es, in semi- oder unstrukturierten Texten domänenspezifisch relevante Informationen zu identifizieren und zu extrahieren.
B3

Informationsfreiheit
Das Recht, „über Medien jeder Art und ohne Rücksicht auf Grenzen Informationen und Gedankengut zu suchen, zu empfangen und zu verbreiten" (UN-Menschenrechtsdeklaration). Schranken der Informationsfreiheit ergeben sich durch Persönlichkeitsrechte, den

Schutz Geistigen Eigentums, die Gefährdung nationaler oder öffentlicher Sicherheit und den Jugendschutz.
F1

Informationsgut
Produkte und Dienstleistungen, deren Gegenstand **Information** ist. Informationsgüter verfügen über besondere Eigenschaften, z. B. dass die Weitergabe von Information immer mediengebunden erfolgt (dualer Charakter), dass ihr Wert steigen oder sinken kann, je mehr Kunden und Kundinnen diese Information nutzen (Netzwerk-Externalitäten) sowie, dass sie in der Phase der Verbreitung quasi-öffentliche Güter darstellen.
E7

Informationsinfrastruktur
Gesamtheit der Institutionen, technischen Anlagen, Strukturen, Systeme und Regelungen zur Erzeugung, Sicherung, Verbreitung, Nutzung und Verwertung von Informationen.
A2

Informationskompetenz
Die Fähigkeit, Informationsbedarfe wahrzunehmen, benötigte Informationen zu ermitteln, zu bewerten und sie angemessen zu verwenden. Durch sie soll der angemessene Umgang mit Information während sämtlicher Arbeitsschritte sichergestellt werden. Informationskompetenz zielt insbesondere auf die Schulung des Urteilsvermögens in der Auseinandersetzung mit **Information** und **Desinformation** ab.
A6, D8

Informationslinguistik
Die linguistischen Grundlagen, Methoden und Verfahren zur Verarbeitung **natürlicher Sprache** im Kontext von Informationssystemen.
B3

Informationsmarketing
Ein systematischer Managementprozess, der auf der Grundlage der Marketingforschung Strategien für die Vermarktung von Informationen und Informationsdienstleistungen entwickelt, sie im operativen Marketing umsetzt und ihren Erfolg im Marketingcontrolling bewertet. Den Hintergrund bilden dabei die besonderen Merkmale von kommerziellen und meritorischen Informationsgütern auf dem **Informationsmarkt**.
E7

Informationsobjekte
Wissensobjekte jeder medialen Art werden als Informationsobjekte dadurch verfügbar und nutzbar gemacht, dass sie von Personen oder Organisationen auf den Informationsmärkten über Methoden und Verfahren der (formalen und inhaltlichen) Aufbereitung und Erschließung transformiert und damit als Informationsobjekte in größeren Informationssystemen wie Datenbanken oder **Social-Media**-Plattformen als Informationsobjekte zugriffsfähig gemacht werden. Dafür zuständig sind Content Provider (traditionell **Verlage**, zunehmend auch vielfältige kommerzielle und offene Anbieter im Internet). Das Öffentlichmachen kann aber in der Internet-Welt auch durch die Produzenten der Wissensobjekte direkt geschehen (Eigenpublikation). Informationsobjekte zielen i. d. R.

nicht direkt auf eine spezielle individuelle Nutzung ab, sondern auf einen größeren Nutzerkreis, der durch diese Objekte angesprochen werden kann.
A1, F6

Informationspathologie/n *(information failures)*
Oberbegriff für alle Formen von **Desinformation**. Informationspathologien sind Beschädigungen bzw. Einschränkungen des „Normalzustands" von **Information**. Allerdings ist zu beachten, dass auch Informationspathologien durchaus pragmatisches, handlungsrelevantes Potenzial haben.
F6

Informationspolitik
Meist hoheitliche Maßnahmen zur verfassungsmäßigen Regelung der Produktion, Sicherung, Verbreitung und Nutzung von Informationen durch Einzelpersonen und Institutionen und zum Aufbau dafür geeigneter Infrastrukturen.
A2

Informationsrecherche
Strukturiertes, methodisches und kritisches Vorgehen bei der Suche bzw. Recherche nach relevanten und verlässlichen Informationen in einer Vielzahl von Quellen zu einer bestimmten Fragestellung oder einem ausgewählten Thema.
C11

Informationsressource(n)
Mehrfach verwendbare und verifizierte Informationsquellen, die man danach unterscheiden kann, ob sie direkt die gewünschte Information enthalten oder ob sie auf die gewünschte Information verweisen.
C11

Informationstheorie
In der Shannon/Weaver'schen Informationstheorie über die Syntax und quantitativ bestimmt, beruht also auf einer mathematischen Definition des Informationsbegriffs. Sie ist in erster Linie eine technische, auf optimale Datenübertragung abzielende Kommunikationstheorie. **Semantik**, also die Bedeutung von Information, und Pragmatik (die Handlungsrelevanz von **Information**) bleiben bei der Informationstheorie ausgeklammert.
A1

Informationsverhalten s. Information Behaviour

Informationsvisualisierung (InfoVis)
Die computerbasierte Generierung visueller Darstellungen aus digitalen Daten, um den Betrachter*innen zu neuen Einsichten und Erkenntnissen zu verhelfen. Die InfoVis ermöglicht es, die ausgeprägte visuelle Wahrnehmung und Mustererkennung des Menschen zu verwenden, um Muster, Anhäufungen, Lücken, Ausreißer und Trends in Daten zu erkennen. Dabei ist nicht nur die visuelle Darstellungsform (z. B. Punktdiagramm, Säulendiagramm) an sich entscheidend, sondern auch die Interaktionsmöglichkeiten mit der **Visualisierung** (z. B. Zoomen, Filtern, veränderbare Achsenbelegungen).
B13

Informationswissenschaft

Die wissenschaftlich fundierte Absicherung aller Ausprägungen von **Informationsarbeit** einschließlich deren Anwendung in Aus- und Weiterbildung. Forciert wurde diese Entwicklung, in der Weiterentwicklung der **Dokumentation** in den sechziger Jahren im Rahmen der Aufarbeitung des **Sputnik-Schock**s in den USA und etwas später in Deutschland durch das vom BMFT betriebene **IuD-Programm,** durch das u. a. die Informationswissenschaft an einigen Hochschulen verankert wurde (s. Kap. A2) Die zuweilen verwendete Kombination LIS (Library and Information Science) wird in erster Linie für die institutionelle Bezeichnung an Hochschulen verwendet. Der Plural Informationswissenschaften ist kein Ersatz für „Informationswissenschaft", sondern sollte, wenn überhaupt, als Oberbegriff für all die Disziplinen verwendet werden, bei denen Information im Zentrum, steht.
A1

Informetrie

Die quantitative Analyse von Informationen in jeglicher Form. **Bibliometrie**, Szientometrie und Altmetriken sind ihre Teildisziplinen.
B11

Inhaltserschließung

Die Gesamtheit aller Methoden, Verfahren und Tätigkeiten, den Inhalt eines **Dokumentes** zu analysieren, zu beschreiben und für das **Information Retrieval** bereitzustellen. Die I. ist somit wesentlicher Teil der **Dokumentation.** Neben dem Abstracting, durch das zur leichteren und schnelleren Erfassung von Dokumenten Kurzreferate zu einem Dokument bereit gestellt werden, steht im Zentrum der Inhaltserschließung die **Indexierung**, d. h. die Erfassung und rasche Erkennbarkeit des Inhalts/Themas eines Dokuments durch Methoden wie verbale Kennzeichnung (Schlagwortvergabe), Register oder Zuweisung einer Klassifikations-Notation, oft gestützt durch dahinter liegende systematische Instrumente wie einen **Thesaurus** oder eine **Klassifikation**.
B3, A11

Inhaltsstandard

Ein bestimmter Typus von Metadatenstandard, der Aussagen darüber trifft, wie die für die Erfassung von Metadaten zur Verfügung stehenden Elemente inhaltlich zu befüllen sind. Ein Beispiel dafür sind bibliothekarische Regelwerke wie **RDA**.
B6

Integrität

Bei digitalen Objekten die Aussage darüber, ob es sich um das Original handelt, also ob die Objekte unverändert und vollständig vorliegen.
A12

Interaktive Anfrageerweiterung *(interactive query expansion)*

Die Generierung von Vorschlägen, um die eingegebene Nutzeranfrage durch zusätzliche Schlagwörter zu erweitern (mitunter wird die Bezeichnung auch benutzt, um andere Modifikationen zu generieren).
C4

Interaktives Information Retrieval (IIR)
Die Erforschung und Evaluierung von Interaktionen zwischen Suchsystemen und deren Nutzer*innen. Bei der IIR-Forschung steht dabei meist der Mensch im Mittelpunkt mit einem besonderen Fokus auf Nutzermodelle und von Nutzerstudien.
C4

Intermediär
Eine Institution, die zwischen dem Ersteller einer Leistung (das kann ein Produkt oder eine Dienstleistung sein) und seinen Empfängern eine als notwendig erachtete Funktionen erfüllt. Im Falle der Wertschöpfung der Buchindustrie ist der typische Intermediär zwischen Verlag (Leistungsersteller) und Käufer*in/Leser*n (Empfänger*in) die Buchhandlung, zu deren spezifischen Funktionen das Vorhalten eines verlagsübergreifenden Sortimentes gehört.
E4

International Organization for Standardization (ISO)
1947 als Nachfolger der ISA (International Standards Association) gegründet. Sie ist ein Verband der nationalen Normungsinstitute (je eins pro Land, deutsches Mitglied **DIN**), die es heute in fast allen Ländern der Erde gibt. Fachliche Arbeit erfolgt in Fachkomitees („Technical Committee – TC"), derzeit etwa 300. Erarbeitet werden internationale ISO-Normen, die nicht rechtsverbindlich sind, jedoch möglichst weltweit angewendet oder identisch als nationale Normen veröffentlicht werden sollen. (**Normen und Standardisierung**)
E4

International Standard Bibliographic Description) (ISBD)
Für die Beschreibung von Ressourcen (z. B. Bücher, Landkarten, Musiknoten) von hoher Bedeutung im Bibliotheksbereich im Rahmen der **formalen Erschließung**. Die ISBD ist einerseits ein **Strukturstandard**, der Elemente definiert und in Gruppen einteilt, und andererseits ein Anzeigestandard (**Format**), der ihre Reihenfolge und Trennung voneinander durch bestimmte Deskriptionszeichen festlegt.
B6

Internationaler Museumsrat (ICOM)
Im Umfeld der UNESCO nach dem Zweiten Weltkrieg gegründet und heute mit über 50.000 Mitgliedern der weltweit orientierte Berufsverband im Museumsbereich. Mitglieder sind sowohl einzelne, hauptberuflich im Museum Beschäftigte, als auch zahlreiche Museen als institutionelle Mitglieder. Die konkrete Arbeit in Form von Konferenzen, Fortbildungsangeboten und der Unterstützung internationaler Kooperationsprojekte wird einerseits von den jeweiligen Nationalkommissionen geleistet und andererseits von den rund 30 international zusammengesetzten Fachkomitees, die in ihrer Arbeit auf einzelne museumsspezifische Themenfelder ausgerichtet sind.
A8

Intrinsische Plagiatsanalyse
Computergestützte Verfahren für die Plagiatssuche, die ein zu überprüfendes Dokument auf unterschiedliche Schreibstile hin analysieren, ohne Vergleiche mit anderen Doku-

menten durchzuführen. Stilistische Unterschiede betrachten die Verfahren als Indikatoren für mögliche Plagiate.
F5

Inventarisation
Die Sammlung eines **Museum**s setzt sich aus einer Vielzahl von Einzelobjekten zusammen, die sämtlich einzeln erfasst, beschrieben, nummeriert und katalogisiert und damit inventarisiert sind. Über die Inventarnummer ist jedes Objekt individuell identifizierbar und mit den spezifisch daran hängenden Informationen zur Erwerbungsgeschichte, möglichen Restaurierungsmaßnahmen und Ausstellungsverwendungen verknüpft.
A8

IR s. Information Retrieval

ISB s. Information Seeking Behaviour

Geplantes **Informationsverhalten**, das dazu dient, ein Ziel zu erreichen. Unterschiedliche Strategien können sich entweder in ihrer Effektivität unterscheiden oder gleich effektiv sein. In letzterem Fall kann sich wiederum die Effizienz der Strategien unterscheiden.
D6

ISBD s. International Standard Bibliographic Description

ISO s. International Organization for Standardization

IuD-Programm
Staatliches Förderprogramm der Bundesregierung von 1974 bis 1977, das den Aufbau einer Informationsinfrastruktur zur Versorgung von Wirtschaft, Wissenschaft, Verwaltung und Gesellschaft mit fachlichen Informationen und die Einführung der **Informationswissenschaft** als Hochschulstudium vorsah.
A2

Kardinalität
Definition, wie viele Entitäten an einer Beziehung teilnehmen können. Dies ermöglicht es zum Beispiel zu spezifizieren, dass mittels der Beziehung „arbeitet" maximal zehn Angestellte einer einzelnen Abteilung zugeordnet werden.
B10

Katalog
Zusammenstellung bibliothekarischer Bestände bestehend aus einem Regelwerk (Katalogisierungsregeln) zur Formal- und Sacherschließung, einem theoretischen Modell sowie einem konkreten (häufig digitalen) Format.
A6

Katalogisierung
Verzeichnung bestimmter Dokumentgruppen (in Bibliotheken, z. T. in Museen) gemäß vor allem äußerlich feststellbarer Merkmale wie Urheber, Titel, Publikationsjahr, Umfang, Größenangabe, Verlags-/Druckort, später auch von physischen Objekten (Lagerkatalog für Waren). Ebenfalls gegebene zusätzliche Merkmale, erfasst durch Klassifikati-

onsangaben und später Schlagwortvergabe, nähern diese formale Dokumentverzeichnung den Anforderungen inhaltlicher/thematischer Kennzeichnung näher an, wie sie von der **Dokumentation** in den Vordergrund gestellt werden. Seit den 1960er Jahren zunehmende Bestrebungen internationaler Vereinheitlichung der Regeln. Wesentliche Systeme der Katalogisierung vor allem für Bibliotheken waren oder sind: AACR – Anglo-American Cataloging Rules (zuerst 1967), PI – Preußische Instruktionen (1899), RAK – Regeln für die Alphabetische Katalogisierung (1976), **RDA** (2006), zunehmend auch in Deutschland angewendet.
A11

Klasse *(class)*
Die Menge von Gegenständen mit gemeinsamen Merkmalen, die durch Klassifizieren gebildet wird. Eine Klasse korrespondiert mit einem Begriff und lässt sich sowohl dem Umfang nach bestimmen durch die Gesamtheit der ihr zugehörigen Gegenstände als auch dem Inhalt nach durch die Merkmale, die diesen Gegenständen gemeinsam sind. In Klassifikationssystemen erfolgen Klassenbezeichnungen durch verbale Benennung und formale Notation.
B5

Klassieren *(classing)*
Die Einteilung von Gegenständen in Gruppen bzw. Klassen aufgrund gemeinsamer Merkmale. Als Methode und System der Wissensorganisation beruht die **Klassifikation** auf der systematischen Ordnung eines Gegenstandsbereiches, die vor allem durch die **Hierarchierelation** geprägt ist. Es werden die Bedeutungsebenen von Klassifizieren, **Klassifikationssystem** und Klassieren unterschieden.
B5

Klassifikation
Die Einteilung von Objekten, Sachverhalten, Wissenseinheiten in vorgegebene Klassen, die eine sinnvolle Struktur abbilden. Verfahren für die Klassifikation benötigen Beispiele für Objekte, die zu den Klassen gehören sowie solche, die nicht dazu passen. Anhand der Daten zu den einzelnen Objekten erkennt ein Algorithmus, welche Werte typisch für Objekte aus dieser **Klasse** sind. Die Ordnung/Einteilung von Objekten gemäß einem System/Klassifikationsschema geschieht nach logischen und sachlichen Gesichtspunkten, so dass Übersicht ermöglicht wird. Klassifikation wird in vielfältigen Formen in allen Bereichen des Umgangs mit Wissen praktiziert und benötigt. Sechs große Universalklassifikationen (für alle Wissensbereiche) sind entwickelt worden (z. B. **UDK**, LCC – Library of Congress Classification), etliche große Fachgebietsklassifikationen und zahllose Einzel- bzw. Spezial-/Fachklassifikationen, für deutschsprachige Bibliotheken z. B. die RVK Regensburger Verbundklassifikation. Aus der Klassifikation erfolgte die Weiterentwicklung hin zum **Thesaurus** und zu (fachspezifischen) **Ontologie**n.
A11, B5

Klassifikationssystem *(classification system)*
Die strukturierte Darstellung von **Klasse**n und ihren Relationen zur systematischen Ordnung eines Gegenstandsbereiches. Dabei wird unterschieden nach Art des Gegenstandsbereiches in Objektklassifikation und Sachgebietsklassifikation, nach Umfang des Gegenstandsbereiches in Universalklassifikation und Spezialklassifikation.
B5

Klassifizieren *(classifying)*
Der Prozess der Klassenbildung, also die Einteilung von Gegenständen in Gruppen bzw. **Klasse**n aufgrund gemeinsamer Merkmale. Monothetische Klassenbildung beruht auf einem notwendigen und hinreichenden Merkmal bzw. Merkmalsbündel für alle Elemente, während polythetische Klassenbildung dem Prinzip der Familienähnlichkeiten folgt. Das Klassifizieren bildet die Grundlage für die Erstellung und Weiterentwicklung eines **Klassifikationssystem**s.
B5

kNN s. **Neuronale Netzwerke (künstliche und natürliche)**

Konsekutiver Studiengang
Ein Studienprogramm, das inhaltlich auf einen anderen Studiengang aufbaut – üblicherweise ein Masterstudium auf ein Bachelorstudium. Die Inhalte werden dort fachlich vertieft, fortgeführt und erweitert.
A5

Konservierung
Die langfristige Erhaltung des physischen Zustandes eines Kunstwerkes oder eines anderen historischen Objektes. Eingetretene Beschädigungen werden fixiert, weitergehende Beeinträchtigungen durch Klima- und andere Einflüsse nach Möglichkeit unterbunden. Die Konservierung macht zugleich evtl. vorhandene Spuren der Herstellung des Objektes oder auch der Nutzung des Objektes sichtbar und erhält diese sichtbar.
A8

Konsortialführung
Einrichtung der **Bibliothek**, die die Verhandlungsführung sowie zusätzliche leitende Aufgaben innerhalb eines Konsortiums übernimmt.
E5

Konsortium
Einkaufsgemeinschaft verschiedener Einrichtungen oder Bibliotheken mit dem Ziel, durch den gemeinschaftlichen Literaturerwerb vorteilhafte Konditionen bei Anbietern von wissenschaftlicher Literatur oder Datenbanken für ihre Nutzer*innen zu erwirken.
E5

Konstruktionismus vgl. **Konstruktivismus**

Konstruktivismus, konstruktivistisch
Allgemeiner gesellschaftstheoretischer Ansatz, der betont, dass die Wirklichkeit von den sie beobachtenden Menschen erst konstruiert wird und nicht oder nur in Teilen „real" ist. Die „gesellschaftliche Konstruktion der Wirklichkeit" (Berger/Luckmann) hat jedoch evolutionäre Züge, d.h. Gruppen von Menschen einigen sich im Laufe der Zeit auf ihr Weltbild. (s. **Realismus**). Unter Anwendung auf den Informationsbegriff bedeutet dies, dass **Information** im konstruktivistischen Sinne nicht per se ontologisch (**Ontologie**) als Objekt bzw. als **Dokument** quasi da ist, sondern erst in konkreten Situationen situativ handlungsleitend konstruiert wird, also nicht durch sich selbst da ist und nicht durch Attribute wie kontextunabhängige Wahrheit definiert wird.
A1, A3

Kontextfaktoren

Individuelle/persönliche, institutionelle und organisationelle Kontextfaktoren entscheiden wesentlich darüber, ob und wie potenzielle **Information** als handlungsrelevante Information (**actionable information**) tatsächlich genutzt wird. Zu den Kontextfaktoren können auch Regulierungsinstanzen wie **Ethik**/Moral, **IKT**, **Informationsmärkte** und **Informationspolitik** gerechnet werden. Negativ beeinflussende Kontextfaktoren werden auch als **Informationspathologien** angesprochen.
A1, F6

Kontextualisierung

Das Herstellen von Beziehungen zwischen einer Entität und weiteren Faktoren, die mit dieser in einem Zusammenhang stehen. Kontext umfasst im Sinne der **Informationswissenschaft** unterschiedliche Variablen und bezieht sich im Kern auf die umgebenden Faktoren, mit denen Informationssuchen in Zusammenhang stehen können. Ein Beispiel hierfür ist die konkrete Aufgabe *(task)*, in welche die Suche eingebettet ist. Je nach Task ist der Informationsbedarf (**Information Need**) unterschiedlich und erfordert damit eine spezifische Herangehensweise, das Heranziehen unterschiedlicher Informationsquellen und die Nutzung diverser Systeme.
C10

Konvergentes Marketing

Trägt der Innovationsdynamik auf Informationsmärkten Rechnung, indem eine horizontale und vertikale Durchdringung von Marketingstrategien und -techniken aus einer 360-Grad-Perspektive angestrebt wird, um Informationseinrichtungen und ihre Güter auf Informationsmärkten zu profilieren. Konvergentes Marketing stellt eine Weiterentwicklung des klassischen Marketingmanagements dar.
E7

Kurator*innen

Die wissenschaftlich ausgebildeten Fachkräfte an einem **Museum**, die sich um einzelne Sammlungsgebiete, deren Erweiterung und Erforschung ebenso kümmern wie um die Konzeption und Einrichtung von Ausstellungen und ganzen Museen. Die kuratorische Handschrift der jeweils verantwortlichen Personen prägt deshalb in besonderem Maße das Profil eines Museums.
A8

Lateral Reading

Ein Vorgehen zur Bewertung von Information. Informationen und diejenigen, die Informationen verbreiten, werden bewertet, indem man prüft, was Dritte im Web darüber aussagen. In der Regel werden hierzu hochwertige Quellen, etwa etablierte Medien oder auch die Wikipedia, genutzt. Dieses Vorgehen zeigen auch professionelle Faktenprüfer. Untersuchungen deuten dabei sowohl eine hohe Erfolgsquote als auch Geschwindigkeit dieses Vorgehens an.
D8

Leistungsschutzrecht
Neben Werken knüpft das Urheberrecht auch an bestimmte Leistungen Schutzrechte (§§ 70 ff UrhG). Beispiele sind die Rechtspositionen von Presseverlegern, Datenbankherstellern und Fotografen an einfachen Lichtbildern.
F3

Lemmatisierung
Verfahren zur Rückführung von grammatikalischen Varianten von Wörtern auf ihre Grundform (Lemma) durch Einsatz eines auf die jeweilige Sprache bezogenen Regelwerkes und ggf. lexikalischer Ressourcen.
B3

Lernort
Die museumstheoretische Debatte in der Zeit nach 1968 stellt mit einem verstärkten, aufklärerischen Impetus die Rolle des Museums als Bildungseinrichtung gegenüber dem Ort der Kontemplation heraus. Prinzipiell knüpft diese Vorstellung dabei an das traditionelle Verständnis von „Belehren und Erfreuen" an, wie es bereits für die Museumsgründungen des 19. Jahrhunderts galt. Mittlerweile ist diese Museumsfunktion beispielsweise durch Hands-on-Angebote oder auch Augmented-Reality-Installationen stark erweitert.
A8

Lernplattform
Beruht auf einem Content-Management-System und ermöglicht die Bereitstellung von (interaktiven) Lehr- und Lernmaterialien sowie die Kommunikation zwischen Lehrenden und Lernenden via Foren, Chats, Abfrage- und Feedback-Funktionen in einer browserbasierten Lernumgebung.
A5

Library Reference Model (LRM)
Eine Weiterentwicklung von **FRBR**, in das auch zwei weitere, mit FRBR eng verwandte konzeptionelle Modelle (FRAD für Normdaten, FRSAD für Normdaten aus der inhaltlichen Erschließung) integriert wurden.
B6

LIDO s. **Lightweight Information Describing Objects**

Lightweight Information Describing Objects (LIDO)
Ein **XML**-basierter Standard, der primär für den Austausch von Metadaten aus dem Museumsbereich gedacht ist und die Bereiche Kunst, Architektur, Kulturgeschichte und Naturgeschichte abdeckt.
B6

Linked Open Data (LOP)
Die Verlinkung offener Datenquellen über das Internet. Wichtig ist die Verwendung geteilter Ontologien und eindeutiger Bezeichner bzw. Namensräume.
B10

Literary warrant
Im Kontext **Terminologischer Kontrolle** steht Literary warrant für ein Konzept, wonach Begriffe bzw. sprachliche Repräsentationen von Begriffen in Form von Bezeichnungen erst dann eingeführt werden sollten, wenn sie in der Literatur häufiger vorkommen bzw. in einschlägigen Referenzwerken verzeichnet sind.
B4

Livestream
Ergebnis des Streaming, der digitalen Echtzeitübertragung. Es gibt auch interaktive Livestreams *(webcast)*. Das Angebot wird durch Streaming-Dienste gemacht. Technische Vorgänger sind Mitschnitte bzw. Filmaufnahmen.
A9

Logdateienanalyse
Dabei werden Nutzer-System-Interaktionen in einer Logdatei mitgespeichert und anschließend ausgewertet. Dies beinhaltet z. B. die Auswertung von Suchanfragen in Themenkategorien oder die Untersuchung von Klickpfaden durch das System, um z. B. problematische Abbruchstellen zu identifizieren.
C8

Long Short-Term Memory Network (LSTM)
Ein **RNN**, das (drei) besondere Formen von Gedächtniszellen *(gates* – Tore) verwendet, um gezielt mit dem Problem verschwindender oder explodierender Gradienten bei der Backpropagation (einem zentralen Lernmechanismus basierend auf Fehlerrückführung, der die Gewichtsanpassung in **kNN**s kontrolliert) durch die Erinnerung an bereits Gelerntes (ähnlich einem Kurzzeitgedächtnis) umzugehen.
B8

LRM s. Library Reference Model

LSTM s. Long Short-Term Memory Network

Machine-Readable Cataloging (MARC)
Ein international weit verbreitetes bibliothekarisches Format für Metadaten aus der formalen und **inhaltlichen Erschließung**; die wichtigste Variante ist MARC 21. Im deutschsprachigen Raum wird es überwiegend nicht für die Erfassung, sondern nur für den Austausch von bibliothekarischen **Metadaten** zwischen verschiedenen Systemen verwendet.
B6

Machine Translation (MT) s. Maschinelle Übersetzung

MARC s. Machine-Readable Cataloging

Markenführung
Der systematische und kontinuierliche Prozess, Informationseinrichtungen und ihre Güter zu einer Marke bzw. zu einem Markenportfolio zu entwickeln.
E7

Marketing-Management-Prozess
Die Analyse, die strategische Marketingplanung und ihre operative Umsetzung im Marketing-Mix sowie beim Marketing-Controlling. Damit wird ein strukturierter Rahmen gebildet, der hilfreich ist, um relevante, attraktive Angebote für Kunden und Kundinnen zu entwickeln und alle Beziehungen zwischen Unternehmen/Einrichtung und Anspruchsgruppen optimal zu gestalten.
E7

Marketing-Mix
Die Auswahl, Gewichtung und Ausgestaltung der absatzpolitischen Instrumente, u. a. Produkt-, Preis-/Konditionen-, Distributions- und Kommunikationspolitik, zu einer schlüssigen und damit zieladäquaten Einheit. Mittels Marketing-Mix soll die Marketingzielerreichung durch die Umsetzung der Marketingstrategien in operative Maßnahmen gesichert werden. s. **Operatives Marketing**
E7

Marketingforschung
Die systematische Erhebung, Analyse und Bewertung von Informationen über Beschaffungs- und Absatzmärkte (Wettbewerb und Nachfrage) im Kontext zu gesellschaftlichen und technologischen Entwicklungen in ihren spezifischen rechtlichen und politischen Rahmenbedingungen. Sie liefert damit die Entscheidungsgrundlagen für die Profilierung von (Informations-)gütern im strategischen und operativen Marketing. s. **Strategisches Marketing; Operatives Marketing**
E7

Marktsegmentierung
Die Grundlage für die Marktbearbeitung. Um (Ziel-)Kunden und Kundinnen differenziert adressieren zu können, werden diese in möglichst homogene Segmente zusammengefasst. Als Segmentierungskriterien werden i. d. R. soziodemografische, psychografische, verhaltensbezogene und geografische Merkmale herangezogen.
E7

Maschinelle Übersetzung (MÜ)
Ein vollautomatisches Verfahren zur Übersetzung von Texten, das im **CLIR** Anwendung findet. Dabei geht es mehr darum, bedeutungsähnliche Äquivalente herzustellen als eine exakte Übersetzung, die das gesamte linguistische Spektrum einbezieht. Symbolische und statistische MÜ werden aktuell durch **Machine-Learning**-Ansätze ergänzt.
C7

Maschinelles Lernen (ML)
Ein stochastisches Modell, mit dem ein Objekt (in der **CL** etwa eine Äußerungskette) als Markoffkette mit unbeobachteten Zuständen *(hidden states)* modelliert wird. Die Übergänge von einem Zustand zu einem anderen hängen nur vom jeweils unmittelbaren Vorzustand ab und werden durch Übergangswahrscheinlichkeiten (stochastischer Prozess) beschrieben, die im Kontext des maschinellen Lernens automatisch gelernt werden.
B8

Massenmedien
Redaktionelle Angebote, deren Hauptmerkmal auf einer einseitigen Signalübermittlung liegt. Massenmedien setzen auf Verbreitungskanäle, die binnen kurzer Zeit große Publika zu erreichen in der Lage sind. Massenmedien setzen hier nicht auf wechselseitige Kommunikation mit den Empfängern von redaktionellen Angeboten, wie beispielsweise in der Individual- oder Gruppenkommunikation. Bevorzugte technische Kanäle sind für Online(-only), lineares und delineares Fernsehen, Radio, Druck- oder Kinomedien, Massenmedien bieten unterschiedlich stark ausgeprägt Rückkanäle für Mediennutzer*innen an. Die Interaktionen mit dem Publikum verhalten sich jedoch stark unterproportional zur Reichweite eines redaktionellen Angebots.
E3

MCI s. **Mensch-Computer-Interaktion**

Media bias
Abweichungen von einem Normalzustand zu den **Informationspathologien**, hier von der Erwartung an Wahrheit, Wahrhaftigkeit, Neutralität und Objektivität von Nachrichten aus der Presse. Zu den Media bias verursachenden Phänomenen gehören z. B. der politische und ideologische Hintergrund des jeweiligen Medienobjekts bzw. die Interessen der sie Besitzenden, aber auch die Auswahl über die zu berichtenden Ereignisse *(event selection)*, die Auswahl der Quellen/Zeugen/Fakten *(fact selection)*.
F6

Mediathek
Eine Bibliothek oder ein digitales Angebot, das den Zugriff auf audiovisuelle Medien ermöglicht. Mediatheken sind ein wesentlicher Bestandteil der nicht-linearen Medienlandschaft und werden von den öffentlich-rechtlichen und auch privaten Rundfunkanstalten sowie privaten Anbietern betrieben. Sie bieten einen zeit- und ortsunabhängigen Zugriff auf Medienangebote jeder Art. Mediatheken als Internet-/online-**Plattform**en haben sich innerhalb von nur zwei Jahrzehnten etabliert. s. **Medienkompetenz**
A9

Medienkonvergenz – T.I.M.E.
Die voranschreitende Verschränkung bzw. Auflösung von Mediengattungen, Medienformaten und Mediendistributionskanälen im Zuge der technischen Entwicklung und daraus resultierenden Veränderungen in der Mediennutzung und Medienregulierung. Bedeutende Treiber der Medienkonvergenz waren die Elektronifizierung der Kommunikation Ende des 19. Jahrhunderts sowie die nachfolgende Digitalisierung des 20. und 21. Jahrhunderts, bisweilen mit weitreichenden wirtschaftlichen, rechtlichen und kulturellen Implikationen. Unter dem Akronym T.I.M.E. werden hierbei jene Industriesektoren bzw. Branchen zusammengefasst, die maßgeblich von der Medienkonvergenz betroffen bzw. diese mitgestaltet haben: Telekommunikation, Information, Medien und Entertainment.
E3

Mediensystem
Die Summe aller Rahmenbedingungen eines Kommunikations- und massenmedialen Raumes für die Vermittlung von Kommunikaten an Individuen, Gruppen und/oder Massenpublika aus redaktioneller Perspektive. Rahmenbedingungen eines Mediensystems

sind beispielsweise rechtliche, politische, ökonomische, kulturelle und technische Parameter.
E3

Mehrwert *(added value)*
Der zusätzliche Nutzen eines Produktes/einer Dienstleistung für Kunden und Kundinnen. Dieser Mehrwert wird insbesondere durch zusätzliche Service- und Dienstleistungen erreicht, die das originäre Angebot ergänzen. Er dient dazu, bei weitestgehend identischen, homogenen Angeboten einen Vorteil gegenüber anderen Anbietern zu erzielen.
s. **Alleinstellungsmerkmal**
E7

Meinungsfreiheit
Zusammenspiel von Gedankenfreiheit und Meinungsäußerungsfreiheit. Gedankenfreiheit fußt auf dem Anspruch, dass Personen niemandem darüber Rechenschaft schuldig sind, was sie denken. Meinungsäußerungsfreiheit konstituiert das Recht, die eigene Meinung äußern zu können, ohne Sanktionen etwa seitens staatlicher Instanzen fürchten zu müssen. Meinungsfreiheit als Meinungsäußerungsfreiheit ist eng verknüpft mit Pressefreiheit und Redefreiheit und gehört zu den Voraussetzungen demokratischer Willensbildung.
F1

Mel-Skala
Eine subjektive Tonhöhenskala, bei der die Abstände zwischen wahrgenommenen Tönen untereinander gleich sind, d. h. einem doppelt so hoch wahrgenommenen Ton wird der doppelte Wert zugewiesen. s. **Spektrogramm**
C6

Mensch-Computer-Interaktion (MCI)
Zum einen die wechselseitigen Interaktionen zwischen Mensch und Computer bei der aktiven Verwendung eines Computersystems., zum anderen eine Forschungsdisziplin, die sich mit dem Design, der Evaluation und der Implementation von interaktiven Computersystemen für den menschlichen Gebrauch beschäftigt und mit der Untersuchung wichtiger Phänomene, die diese umgeben.
B4

Meta-Suchdienst
Retrievaldienst, der Ressourcen anderer Suchdienste durchsuchbar macht und die Ergebnisse in einer einzelnen Übersicht anzeigt.
E12

Metadaten
Datenbeschreibungen für wissenschaftliche und statistische Daten. Das Spektrum reicht von statistischen Analysen über bibliografische Angaben, Data-Dictionaries in Datenbankverwaltungssystemen bis zu Modellen des **Machine Learning**. Neben Angaben zur inneren Struktur können auch Aspekte der **Urheber**schaft, der Versionierung und zur Qualität enthalten sein.
B9

Metasuchmaschine
Suchmaschine ohne eigenen Index, die die Ergebnisse mehrerer externer **Suchmaschinen** in einem eigenen Ranking zusammenfasst.
C3

Metatheorie
Jede **Theorie** ist in einen Kontext eingebunden, der ihre Entstehung, Zielrichtung und ideologische Position kennzeichnet. Dies können nach Marcia Bates *grand theories* sein, wie Neoliberalismus, Dataismus oder Marxismus (und andere ismen), aber auch Vorgehensweisen der Forschungsarbeit wie historisch, bibliometrisch, ethnographisch oder kritisch. Sie entsprechen oft den Paradigmen der **Informationswissenschaft**. s. **Paradigma**
A3

Misinformation s. **Desinformation**

Missbrauch
Der Missbrauch bibliometrischer Indikatoren kann sich ungewollt oder gezielt auf der Grundlage von Problemen und Schwächen bibliometrischer Verfahren (**Bibliometrie**) und Indikatoren entwickeln. Je stärker der Fokus auf quantitative Metriken liegt, desto mehr Druck und Optimierungsbedarf entsteht. Aufklärung und Wissen über die Grenzen bibliometrischer Indikatoren sind essenziell, um Missbrauch vorzubeugen.
B11

ML s. **Maschinelles Lernen**

MLP (multi-layer perceptron) – s. **FFN**

Mobile Marketing
Alle Formen des Marketings auf mobilen Endgeräten.
E6

Mobilkommunikation
Interpersonelle Kommunikation mit Hilfe von Mobilmedien. Sie ist in diesem Sinne eine Unterform der computervermittelten Kommunikation.
D2

Monitoring
Das systematische Beobachten eines Datenbestands auf neu hinzugekommene Dokumente. In regelmäßigen Intervallen wird eine suchende Person über diese neuen Dokumente benachrichtigt.
D6

MÜ s. **Maschinelle Übersetzung**

Multitasker
Personen (hier **Information Professional**s), die Analysten, Research-Spezialisten und Markt- und Wettbewerbsexperten zugleich sind.
A10

Museum
Eine gemeinnützige, ständige, der Öffentlichkeit zugängliche Einrichtung im Dienst der Gesellschaft und ihrer Entwicklung, die zu Studien-, Bildungs- und Unterhaltungszwecken materielle Zeugnisse von Menschen und ihrer Umwelt beschafft, bewahrt, erforscht, bekannt macht und ausstellt. (Definition des Internationalen Museumsrates **ICOM**).
A8

Nachhaltigkeitsmodell *(sustainability model)*
Synonym zu Finanzierungs- und Geschäftsmodell unter Berücksichtigung ökologischer, ökonomischer und sozialer Faktoren verwendet.
E12

Named entity recognition (NER)
Verfahren der automatischen Informationsextraktion, das Instanzen von semantischen Klassen in Texten erkennt. Beispiele für *named entities* sind etwa *Berlin* als Instanz der Klasse *Stadt* oder *geografische Einheit* oder *Johann Wolfgang von Goethe* als Instanz der Klasse *Schriftsteller* oder *Person*.
B12

Nationale Forschungsdateninfrastruktur (NFDI)
Als e.V. 2020 offiziell eingerichtet. Hierdurch sollen die Datenbestände von Wissenschaft und Forschung systematisch erschlossen, nachhaltig gespeichert/gesichert und auch über entsprechende internationale Initiativen zugänglich gemacht werden.
A2

Natural language processing (NLP)
Eine Form der automatischen Sprachverarbeitung, die primär Anwendungsbereiche der **Computerlinguistik**, wie die automatische Übersetzung, Fragebeantwortung, Informationsextraktion oder Zusammenfassung, umfasst und auch als Sprachtechnologie bezeichnet wird.
B12

Natürliche Sprache *(natural language)*
Sprache, die Menschen für die verbalisierte Kommunikation untereinander verwenden (z. B. das Deutsche oder Englische).
B12

Natürlichsprachliche Informationssysteme (NIS)
Eine Gruppe von Informationssystemen, die sich mit der Analyse von natürlicher Sprache (**NL**) im Kontext von Informationssystemen beschäftigt. Dies betrifft die Eingabeseite (natürlichsprachliche Zugangs- bzw. Dialogsysteme), aber mehr noch die automatische Verarbeitung von natürlichsprachlichen Äußerungen zum Zwecke der Übersetzung, Informationsextraktion, Zusammenfassung.
B12

NER s. **Eigennamenerkenner**; s. **Named entity recognizer**

Nested Model
Tom Wilson illustriert die Verknüpfung zwischen **Information Behaviour, Information Seeking Behaviour** und **Information Search Behaviour** in drei vernetzte Schichten. Dabei bildet Information Behaviour die äußere „Schale" und umschließt Information Seeking und Information Searching als kleinste, innerste Kernkomponente.
D6

Netzwerkeffekt *(economies of networks)*
Der Effekt, dass je mehr Teilnehmer eine **Plattform** nutzen, desto mehr weitere Teilnehmer angezogen werden, da so der Nutzen für jeden Einzelnen steigt. Man unterscheidet zwischen direkten, indirekten und wechselseitigen indirekten Netzwerkeffekten. Direkte Netzwerkeffekte: Je mehr Personen einer bestimmten Gruppe ein Produkt bzw. einen Service nutzen, desto wertvoller wird dieses Produkt/dieser Service für diese Personengruppe im Allgemeinen. Indirekte Netzwerkeffekte: Je mehr Kunden es auf der einen Seite der Plattform gibt, desto wertvoller wird die Plattform für Kunden auf der anderen Seite. Wechselseitiger indirekter Netzwerkeffekt: Je mehr Händler es auf einer Plattform gibt, desto interessanter wird sie für Privatpersonen.
E2

Neuronale Netzwerke (natürliche und künstliche)
Natürliche Neuronale Netze (**nNN**) werden in den Neurowissenschaften zur Modellierung des menschlichen Gehirns bzw. des Nervensystems verwendet und bestehen dort aus Neuronen (Schaltzellen), die durch Reizleitungen (Synapsen) miteinander verbunden sind, um die Informationsübertragung zwischen Neuronen zu gewährleisten und so kognitive und physiologische Prozesse zu initiieren und zu koordinieren. Künstliche neuronale Netze (kNN) sind ein Modellierungskonstrukt aus dem Bereich der (Neuro-)Informatik, das als gerichteter Graph definiert ist, dessen Knoten aus künstlichen Neuronen (einfachen Rechenwerken) bestehen und dessen Kanten Gewichtsänderungen zwischen Ausgangsknoten und dem jeweiligen Eingangsknoten über eine Gewichtungsfunktion festlegen. Die Topologie eines Netzwerks (Verknüpfungen von Neuronen) ist grundlegend dynamisch. Ursprünglich als einschichtige NNs konzipiert sind mittlerweile mehrere Ebenen, in denen Neuronen verdeckt und somit nicht einsichtig sind, in mehrschichtigen neuronalen Netzwerken der Prototyp für sog. „tiefes" Lernen (**Deep Learning**). Diese Mehrschichtigkeit ist ein zentraler Faktor für die hohe Adaptivität neuronaler Netzwerke und *ein* Faktor für die hohe Performanz dieses Lernansatzes im Vergleich zu merkmalsbasierten Ansätzen des maschinellen Lernens. s. **ML, HMM, CRF, SVM**
B8, B14

NFDI s. **Nationale Forschungsdateninfrastruktur**

NIS s. **Natürlichsprachliche Informationssysteme**

NL s. **Natürlich Sprache**

nNN s. **Neuronale Netzwerke (künstliche und natürliche)**

Notation *(notation)*
Eine formale Bezeichnung für **Klassen** bzw. Systemstellen eines **Klassifikationssystems**. Sie dient als Indexterm bei der klassifikatorischen Erschließung. Eine Notation kann aus Buchstaben, Ziffern und Sonderzeichen bestehen und wird nach festgelegten

Regeln gebildet. Im Gegensatz zu sequenziellen Notationssystemen bilden hierarchische Notationssysteme die jeweilige Hierarchieebene in der Notation ab.
B5

Nutzungsrecht
Der **Urheber** kann Dritten das Recht einräumen, sein Werk auf einzelne oder alle Arten zu nutzen. Angesichts der Unübertragbarkeit von Verwertungsrechten, sichert dies die wirtschaftliche Verkehrsfähigkeit urheberrechtlicher Rechtspositionen.
F3

OAI s. **Open Archives Initiative Protocol for Metadata Harvesting**

Obsoleszenz
Der Alterungsprozess, bei dem die Nutzungsfähigkeit eines digitalen Objektes verloren geht. Das (veraltete) Objekt selbst kann dabei noch funktionsfähig, aber in der aktuellen technischen Umgebung nicht mehr nutzbar sein.

OER s. **Open Educational Resources**

Offene Lehrpraktiken (Open Educational Practices)
Konzepte zur Gestaltung einer offenen und partizipativen Lehre, oft in Verbindung mit der Nutzung und Erstellung von **Open Educational Resources** (OER).
E12

Offene Lizenzen
Erlauben nicht nur die entgeltfreie Nutzung von Informationen, sondern (angelehnt an die **Open Source**) auch eine offene Nutzung, die entgeltfreie Nutzung ebenso umfasst wie die Erlaubnis der Veränderung und des Teilens mit anderen.
E10

Omnichannel-Marketing
Ein Ansatz, die verschiedenen Kommunikations- und Absatzkanäle so zu planen und zu steuern, dass sie miteinander vernetzt sind und sich gegenseitig ergänzen. Kunden und Kundinnen können jederzeit zwischen den verschiedenen Kanälen – stationär, offline, online, mobil – wechseln, so dass ihre Erlebnisse über die verschiedenen Kontaktpunkte hinweg optimiert werden.
E7

ONIX s. **ONline Information eXchange**

ONline Information eXchange (ONIX)
Eine Familie **XML**-basierter Standards für den Austausch von bibliografischen Daten zwischen verschiedenen Akteuren im Buchhandel. Es wird beispielsweise von Verlagen für die Lieferung von eBook-**Metadaten** an **Bibliotheken** verwendet.
B6

Online Marketing s. **Display Advertising, E-Mail-Marketing, Mobile Marketing, Online-Marketing-Kanäle, Ortsbasierte Werbung, Social Media Marketing, Suchmaschinenmarketing, Suchwortvermarktung**
E6

Online Kommunikation
Definiert als interpersonelle Kommunikation mit Hilfe von Online-Medien. Sie ist in diesem Sinne eine Unterform der **computervermittelten Kommunikation**.
D2

Online-Marketing-Kanäle
Sind unterschiedliche Formen der Kundenansprache, die auf spezifischen Internetpräsenzen und Kommunikationsdiensten eingesetzt werden. Der Erfolg des Online-Marketing ist von der Wahl der geeigneten Kanäle, ihrer zweckmäßigen Konfiguration und ihrem Zusammenspiel abhängig.
E6

Ontologie, ontologisch
Die formale, explizite Spezifikation einer Konzeptualisierung eines Weltausschnitts, die innerhalb einer Gemeinschaft geteilt wird. Unter Konzeptualisierung versteht man dabei die Bildung eines Modells der realen Welt. Im Gegensatz zum Begriff einer **Terminologie** verlangt der Begriff einer Ontologie den formalen Charakter der Begriffsdefinitionen und betont den Aspekt, dass die Definitionen von allen Mitgliedern einer Gemeinschaft akzeptiert sind und von ihnen in gleicher Weise verstanden werden. Im Gegensatz zur Terminologie sind die Begriffe in einer Ontologie formal durch ihre Merkmale, durch Beziehungen zu anderen Begriffen sowie durch Axiome näher charakterisiert, während allein die Festlegung einer Menge von Begriffen und ihrer Bezeichner schon eine Terminologie ausmacht. In der Informatik muss diese Konzeptualisierung zusätzlich in einer Ontologiesprache verfasst werden, welche für Computer automatisiert interpretierbar ist. s. **Fachgebietsontologie**
B10

Open Access
Entsprechend der Berliner Erklärung über den offenen Zugang zu wissenschaftlichem Wissen muss die folgende Voraussetzung erfüllt sein, damit ein Werk als Open Access gelten kann:
„Die Urheber und die Rechteinhaber solcher Veröffentlichungen gewähren allen Nutzern unwiderruflich das freie, weltweite Zugangsrecht zu diesen Veröffentlichungen und erlauben ihnen, diese Veröffentlichungen – in jedem beliebigen digitalen Medium und für jeden verantwortbaren Zweck – zu kopieren, zu nutzen, zu verbreiten, zu übertragen und öffentlich wiederzugeben sowie Bearbeitungen davon zu erstellen und zu verbreiten, sofern die Urheberschaft korrekt angegeben wird." Zudem muss das Werk und alle ergänzenden Materialien in einem Online-Archiv hinterlegt sein (s. **Open-Access-Repositorium**), welches den „offenen Zugang, die uneingeschränkte Verbreitung, die Interoperabilität und die langfristige Archivierung" ermöglicht. s. **digitale Langzeitarchivierung**
E10

Open Archives Initiative Protocol for Metadata Harvesting (OAI)
HTTP-basiertes Protokoll für den Zugriff auf (Meta-)Daten von Dokumentenservern, damit digitale Inhalte bzw. Publikationen gezielt auffindbar sind.
F2

Open-Access-Repositorium
Server zur Zugänglichmachung von Publikationen im **Open Access**. Bei diesen handelt es sich häufig um Vorab-Versionen später formal publizierter Werke oder bereits formal im Verlag erschienener Inhalte, die zusätzlich auf dem Repository publiziert werden. Die Berliner Erklärung über offenen Zugang zu wissenschaftlichem Wissen benennt Kriterien, die ein Server erfüllen muss, um als Open-Access-Repositorium zu gelten.
E10

Open Data
Daten, die der Allgemeinheit zur freien Nutzung zur Verfügung gestellt werden. Um die freie Nutzung zu gewährleisten, werden diese unter **freie Lizenzen** gestellt und offene Datenformate verwendet, die wiederum Maschinenlesbarkeit und somit eine (Weiter-)Verwendung ohne Einschränkungen gewährleisten.
E11

Open Educational Resources (OER)
Im Deutschen offene oder offen lizenzierte Bildungsmaterialien; Materialien jeglicher Art und in jedem Medium, die unter einer offenen Lizenz stehen (UNESCO-Definition).
OER sind – nicht selten mit dem Anspruch, zu einer größeren Bildungsgerechtigkeit zu kommen – mit **freien Lizenzen** (also mit der Erlaubnis auch zur Bearbeitung und/oder Weiterverbreitung) versehene Bildungsmedien bzw. in der Bildung einsetzbare Inhalte; diese liegen typischerweise digital vor und werden bislang i. d. R. nicht von Bildungsmedienverlagen veröffentlicht, sondern z. B. von Lehrer*innen, zivilgesellschaftlichen Akteur*innen oder auch Unternehmen.
E4, E12

Open Government
Ein ganzheitlicher Ansatz der Verwaltungsmodernisierung, bei dem Verwaltungs- und Regierungsinstitutionen ihre Arbeit transparenter, partizipativer und kooperativer gestalten. Darin inbegriffen ist ein Wandel hin zu einer offenen Kultur. Unter diesen Begriff fallen unter anderem die Bereiche **Informationsfreiheit** und **Open Data**.
E13

Open Government Data
Open Data, welche von Institutionen der öffentlichen Hand (Verwaltungs- und Regierungsinstitutionen) der Allgemeinheit zur freien Nutzung zur Verfügung gestellt werden.
E11, E13

Open Metrics
Verfahren der kennziffernbasierten Bewertung von Wissenschaft, bei denen z. B. ausgewertete Daten, angewandte Parameter und ausgewertete Datenquellen transparent ausgewählt und soweit möglich offen nachnutzbar sein sollen.
B15

Open Review
Während klassische Verfahren der Begutachtung der Produkte wissenschaftlicher Arbeit (Texte, Daten, Software) bzw. von Anträgen auf Forschungsförderung in Varianten abgestufter Anonymität durchgeführt werden, werden bei Open Review zumindest die Gutachten, meist aber z. B. auch die Einreichungen und formal publizierten Artikel **Open**

Access publiziert. Je nach Verfahren werden auch die Namen der Autor*innen und/oder der Gutachter*innen preisgegeben.
B15

Open Source
Quellcode in einer Programmiersprache, der öffentlich verfügbar ist und somit eingesehen werden kann. Dieser Gedanke der Offenheit kann auch auf andere Werke bezogen werden, deren Quellen offengelegt werden und unter gewissen Bedingungen verwendet werden können.
E11

Operatives Marketing
Das operative Marketing (Taktik) umfasst die konkrete Ausgestaltung der Marketing-Mix-Instrumente innerhalb kürzerer Zeiteinheiten zum zeitnahen Absatz der Produkte/Dienstleistungen. Es richtet sich an den Marketingstrategien aus. s. **Online-Marketing**
E7

Ortsbasierte Werbung
Gestattet Unternehmen, potenzielle Kunden und Kundinnen individuell, lokationsbasiert und dynamisch in Echtzeit anzusprechen.
E6

OWL s. **Web Ontology Language**

Paper Mills
Dienstleister, die das Verfassen eines wissenschaftlichen Artikels, dessen Überarbeitung unter Berücksichtigung der Review-Kommentare und der Fabrikation von Daten, auf den das Paper fußt, anbieten.
B15

Paradigma
Eine in einer Wissenschaft vorherrschende Denkrichtung (Mainstream), die durch neue Erkenntnisse und Arbeitsweisen von anderen Ansätzen mehr oder weniger abgelöst oder gar ersetzt werden kann (Paradigmenwechsel, wissenschaftliche Revolution, *turn*). Beispiel ist die Entstehung des kopernikanischen Weltbildes, das das ptolemäische ersetzt. Der Begriff des Paradigmenwechsels und die Diskussion dazu wurde geprägt von Thomas S. Kuhn in den 1960er Jahren.
A3

Partitive Relation s. **Hierarchische Relation**

Partizipation
Damit verbinden sich für das moderne **Museum** die Bemühungen, das Publikum aktiv in die Museumsarbeit einzubeziehen. Dabei kann es sich um Arbeitskreise einer Geschichtswerkstatt handeln, um Kooperationsprojekte mit Schulen im Umfeld eines **Museum**s oder auch um die Bereitstellung bestimmter Inhalte im digitalen Raum „on demand".
A8

Pathologie
Eine Disziplin der Medizin, die sich mit den Ursachen, dem Verlauf und den Auswirkungen von „abnormalen und krankhaften Vorgängen und Zuständen im Körper" und „Missbildungen aller Art" (Wikipedia-Artikel Pathologie) beschäftigt. Pathologie wird hier auch auf **Information** angewendet. s. **Informationspathologien**
F6

Patron driven acquisition
Modell der nutzergesteuerten Erwerbung.
E5

PBSMT s. Phrase-Based Statistical Machine Translation

Peer Review
Überprüfung der Produkte wissenschaftlicher Arbeit (Texte, Daten, Software), allerdings auch von Anträgen auf Forschungsförderung durch unabhängige Expert*innen. Es existieren Verfahren abgestufter Anonymität (Single Blind, Double Blind, Triple Blind) sowie offene Verfahren (Open Review), die teils mit kollaborativen und/oder nach der Publikation erfolgenden Begutachtungen von Experten und Expertinnen kombiniert werden können.
B15

Persistent Identifiers
Eindeutige Identifikatoren, die die Internet-Adresse eines **Informationsobjektes** unabhängig von ihrem Ort der Speicherung sicherstellen und damit die dauerhafte Adressierung z. B. eines Zeitschriftenartikels, eines Buches oder von Forschungsdaten und -software sicherstellen. Beispiele: **Digital Object Identifier** (DOI) für Publikationen und ORCID für Forschende.
E10

Personal Information Management (PIM)
Eine Software, die persönliche Daten wie Kontakte, Termine, Aufgaben, Notizen, Emails und private Dateien organisiert und verwaltet. Zudem sorgen PIMs für eine Synchronisation auf allen verbundenen Endgeräten. PIMs sollen aber auch dafür Sorge tragen, dass Einzelpersonen mehr Kontrolle über ihre personenbezogenen Daten und Dateien haben.
D7

Personalisierung
Die Anpassung von Informationen, Diensten oder Produkten an die Nutzerinnen und Nutzer und ihre Bedürfnisse. Im Kontext von Informationssystemen ist hierunter die Anpassung von Benutzungsoberflächen, Systemen und der dargestellten Informationen zu verstehen. Grundlegende Idee ist, dass die Nutzung hierdurch vereinfacht wird und sich die Anwender*innen effektiver und effizienter ihren Kernaufgaben widmen können. Beispiele hierfür sind adaptive Lern- oder Empfehlungssysteme in Online-Shopping-Portalen oder Bibliotheken.
C10

Persönliche Daten
Informationen über uns selbst. Sie sind die Verzeichnisse unserer Identität. Sie betreffen unsere sozialen Kontakte und Vorlieben, unsere Persönlichkeit, Gesundheit, die sexuelle Ausrichtung, die politische Anschauung oder die Orte, die wir virtuell oder analog besuchen, und vieles mehr. In ihrer Gesamtheit bilden sie ein persönliches Profil in der digitalen Welt und sind so bestimmende Faktoren für unsere Aktivitäten im Leben.
F4

Philosophy of Information (PI)
2011 erschienenes Buch von Luciano Floridi, in dem ein epistemologisches Verständnis von aus Daten abgeleiteter **Information** als Voraussetzung für die Bildung von Wissen entwickelt wird und welches insgesamt von Floridi als theoretische Grundlage auch für Library and Information Science (LIS) vorgeschlagen wird. Dies steht im Gegensatz zu einer handlungstheoretisch, konstruktivistisch ausgerichteten Informationspragmatik. s. **Pragmatischer Primat**
A1, A3, F6

Phrase-Based Statistical Machine Translation (PBSMT)
Eine Methode des maschinellen Lernens, bei der die Übersetzung von Phrasen (und nicht nur die einzelnen Wörter) gelernt wird.
B14

Physische Kopräsenz
Soziale Situation, in der sich die Kommunizierenden zur selben Zeit am gleichen physischen Ort befinden.
D2

PI – s. Philosophy of Information

PIM s. Personal Information Management

Pivot-Sprache
In der **Maschinellen Übersetzung** eine Vermittlungsinstanz zwischen zwei Sprachen. Stehen z. B. für ein zu übersetzendes Sprachenpaar nur wenige linguistische Ressourcen bzw. Werkzeuge zur Verfügung, wird der Umweg über eine reichhaltigere Pivot-Sprache genommen.
C7

Plagiatsprävention
Konstituiert sich aus Maßnahmen, wie Beratung- und Schulungsangebote sowie das Angebot von Software zur Plagiatserkennung, mit denen der Versuch unternommen wird, Plagiate effizient zu vermeiden.
F5

Plattform
In der Ökonomie verstanden als organisationale und institutionelle Arrangements zur Steigerung der Interaktions- und Transaktionseffizienz zwischen verteilten Akteuren. Unter den Bedingungen der Digitalisierung und technologischen Transformation der Gesellschaft hat sich das Plattformprinzip in der Bewirtschaftung mehrseitiger Märkte etabliert, da es eine schnellere Reaktion auf Veränderungen bei Angebot und Nachfrage er-

möglicht. **Social-Media**-Plattformen sind eine spezifische Form von Intermediären, die ihre Marktposition dazu nutzen, Anbieter und Nachfrager von Content und Services mittels technischer Mittel und Datenbewirtschaftung dynamisch zu koordinieren und deren Eigenleistung, z. B. in Form von **User-generated content**, mittels Strategien der Co-Kreation zu monetarisieren.
E3

Polyhierarchie *(polyhierarchy)*
Jedes Element des Ordnungssystems (z. B. **Klassifikation** oder **Thesaurus**) besitzt im Allgemeinen zwar nur einen Oberbegriff, aber in Einzelfällen kann ein Element auch mehr als einen Oberbegriff haben. In diesen Fällen ist eine Recherche unter mehreren Aspekten möglich, die Suche kann mehrdimensional erfolgen. Polyhierarchien können in den typischen hierarchischen Klassifikationen beispielsweise durch das Einarbeiten von Verweisungen oder durch die Mehrfacheinordnung eines Begriffs dargestellt werden. Die bisherige Konzentration auf monohierarchische Strukturen und damit auf eindimensionale Recherchen ist durch den verstärkten Einsatz der Informationstechnik bei der Erarbeitung, Pflege und Anwendung von Klassifikationen vielfach in Richtung flexiblerer Strukturen aufgegeben worden.
B4

Polyseme *(polysemes)*
Bezeichnungen, die ausgehend von einer Bedeutung durch Übertragung, Analogie, geschichtliche oder regionale Auseinanderentwicklung zu unterschiedlichen Bedeutungen geführt haben (z. B. Fuchs, Leitung) oder so allgemein sind, dass sie in ganz unterschiedlichen Kontexten verwendet werden (z. B. Verfahren, System). Polysemie entsteht häufig auch durch umgangssprachliches Weglassen eines ursprünglich vorhandenen spezifizierenden Elements (z. B. Schirm für Regenschirm), Bildschirm usw. s. **Terminologische Kontrolle**
B4

Postkoordination *(post-coordination)*
Indexierungsprinzip, bei dem Kombinationen von Begriffen während der Suche durch Kombination von Index-Termini gebildet werden und nicht – wie bei der **Präkoordination** – schon bei der **Indexierung**. Historisches Vorbild für dieses Prinzip ist das von Mortimer Taube 1950 entwickelte UNITERM-Verfahren, bei dem Komposita vermieden und nur Wörter als elementare Basisbegriffe verwendet wurden. Nachteil: Es entsteht eine große Unschärfe beim Retrieval; denn im Nachhinein ist nicht mehr feststellbar, welche der möglichen Kombinationen in einem konkreten Indexat gemeint war (so kann die Kombination aus Geschichte + Wissenschaft eben Geschichtswissenschaft, aber auch Wissenschaftsgeschichte bedeuten).
B2, B4

Pragmatischer Primat
Theoretisch begründet z. B. durch **Sprechakttheorie**, **Diskurs**-Theorie, **Social Epistemology** und **Konstruktivismus**, stellt im Sinne von **Information ist Wissen in Aktion** die handlungstheoretische, nutzerorientierte Sicht in den Vordergrund.
A1

Präkoordination *(pre-coordination)*
Anders als bei der **Postkoordination** werden bei der Präkoordination die Termini bereits zum Indexierungszeitpunkt zu komplexen Themenbeschreibungen zusammengesetzt. Sind solche Themenbeschreibungen bereits im Vokabular verankert (als Komposita oder Nominalgruppen), so spricht man von Präkombination. Präkombination ist das Prinzip, mehrere oder viele Merkmale in einem Element einer Dokumentationssprache (**Klassifikation, Thesaurus**) zusammenzufassen. Die Tiefe einer **Klassifikation** könnte man als ein Maß für die Präkombination benutzen, denn mit jeder Stufe einer Abstraktionshierarchie kommt mindestens ein weiteres Merkmal hinzu.
B2, B4

Präregistierung/Preregistration
Ermöglicht es Forschenden, Details ihrer Forschung wie Forschungsgrundlagen, Hypothesen, Design und Analysestrategie in einem öffentlichen Register einzutragen, um somit frühzeitig das Forschungsvorhaben zu kommunizieren. Das Ziel einer solchen Vorregistrierung ist, der Verzerrung der Publikationen beziehungsweise deren zugrundeliegenden Forschungsresultaten entgegenzuwirken. Die Präregistrierung leistet einen gewichtigen Beitrag zur Behebung der Replikationskrise.
E9

Pre-Editing
Um einen Text für die **maschinelle Übersetzung** vorzubereiten, wird dieser vorher angepasst. Dabei kann es sich um die Korrektur von Fehlern handeln, aber auch um Vereinfachungen wie die Kürzung von Sätzen.
B14

Precision
Eine neben dem **Recall** bestehende Maßzahl beim **Information Retrieval**: die erreichte Genauigkeit von relevanten Fundstellen in einem Dokument oder von relevanten Dokumenten in einer Dokumentsammlung. Dabei wird der Quotient aus relevanten Dokumenten und allen selektierten Dokumenten gebildet. Es wird also der Anteil berechnet, der in einer Ergebnismenge relevant ist. Der optimale Wert ist 1 bzw. 100 %.
B7, C8

Predatory Publishers
Verlage, die Artikel gegen Zahlung einer Gebühr und unter einer nur behaupteten, allerdings nicht durchgeführten Qualitätsprüfung publizieren
B15

Preservation-as-a-Service
Eine Dienstleistung in der **digitalen Langzeitarchivierung**. Das Dienstleistungsspektrum reicht dabei von Bitstream Preservation bis zur inhaltsorientierten und formatbasierten digitalen Langzeitarchivierung.
A12

Privatheit
Drei Dimensionen nach Rössler (2001): Dezisionale Privatheit bezeichnet die Freiheit des Einzelnen, sein Handeln und Verhalten, im **Wissen** um die Abwesenheit externer Kontrolle, selbst zu bestimmen. Informationelle Privatheit bezieht sich auf das Recht, selbst

zu entscheiden, wer welche Informationen über die eigene Person erhält. Lokale Privatheit erlaubt es der Einzelperson sich vor der Beobachtung durch andere Personen und der allgemeinen Öffentlichkeit zu schützen.
F1

Privatkopie
Für den privaten Bereich erlaubt § 53 Abs. 1 UrhG das Anfertigen von Vervielfältigungen. Voraussetzung ist, dass keine Erwerbszwecke verfolgt werden und die Vorlage weder offensichtlich rechtswidrig hergestellt noch öffentlich zugänglich gemacht wurde.
F3

Provenienz
Die Herkunft derjenigen Stelle oder Person, bei der die Unterlagen entstanden und zum primären Verwendungszweck zusammengestellt wurden.
A7

Publikationsmanagement
Sammlung, Erschließung und Zugänglichmachung von Metadaten und Publikationen der Angehörigen einer wissenschaftlichen Einrichtung.
E10

Publizistische Vielfalt
Indikator für den Grad struktureller (Eigentum und Organisation von redaktionell tätigen Unternehmen) und inhaltlicher (Anzahl der unabhängig voneinander arbeitenden Redaktionen) Auswahloptionen zwischen verschiedenen Meinungs- und Berichterstattungsangeboten in einem definierten Mediensystem als Angebote an ein Publikum. Plurale Demokratien beispielsweise versuchen mittels Wettbewerbs- und Zulassungsregeln eine freie Willensbildung des Publikums bei geheimen Wahlen zu gewährleisten. Je höher die Publizistische Vielfalt in einem Erhebungsraum, desto größer der publizistische Wettbewerb der Redaktionen untereinander. Je kleiner die Publizistische Vielfalt, desto geringer der freie Zugang zu Informationen in einem definierten Erhebungsraum. Geringe Publizistische Vielfalt bis hin zu einer Publizistischen Einfalt ist beispielsweise in autokratisch regierten Ländern (**Mediensystem**) anzutreffen.
E3

Qualifikationsrahmen
Die systematische Darstellung von formalen Bildungsabschlüssen, bei denen verschiedene Niveaus differenziert werden. Sie sind lernergebnisorientiert und beschreiben die Kompetenzen, die mit einer Qualifikation auf einem bestimmten Niveau erworben werden.
A5

Qualitätssicherung
Die kritische Beleuchtung und Bewertung von Informationsressourcen, die gute Kenntnisse bei der Quellenkenntnis, Quellenauswahl und Quellenbewertung miteinschließt.
C11

Qualitative Forschung
Im Vordergrund qualitativer Forschung steht das Verständnis von Sachverhalten oder Zusammenhängen und eine ganzheitliche Betrachtung von Untersuchungspersonen und ihrer Umgebung sowie der jeweiligen Situation. Der Forschungsprozess zeichnet sich durch Offenheit aus; das methodische Vorgehen schränkt den möglichen Erkenntnisbereich nicht ein.
A4

Quantencomputer
Ein auf der Quantenmechanik basierendes Rechnerkonzept, das fast beliebige Zustände und darauf parallele Rechenoperationen ermöglicht. Aufgrund der technologischen Komplexität existieren bisher nur prototypische Umsetzungen.
F2

Quantitative Forschung
Ausgangspunkt des Erkenntnisprozesses von Forschung, die im quantitativen **Paradigma** verortet ist, bilden stets Theorien und daraus abgeleitete Hypothesen. Diese werden anhand empirisch erhobener Daten überprüft. Dieses Verständnis des wissenschaftlichen Erkenntnisprozesses führt zu einem stark strukturierten, linearen Forschungsprozess, in dessen Rahmen vorwiegend numerisches Datenmaterial gewonnen wird.
A4

Quasi-Synonym s. Äquivalenzrelation

Querverweis
In einem Index entweder ein Verweis von einem Eintrag auf einen oder mehrere andere Einträge oder ein Einstiegspunkt, der selbst über keine Fundstellenangaben verfügt und auf Einträge verweist.
B7

Question Answering
Im **Information Retrieval** bestehen Antworten aus **Dokument**en bzw. Referenzen auf diese, welche die Bedingungen der Anfragen erfüllen. Die eigentliche Antwort ist in den Texten enthalten. Beim Question Answering können W-Fragen (wer? was? wann? wie? etc.) gestellt werden, und die Nutzenden erhalten eine direkte Antwort.
C1

R4-Modell
Information im handlungstheoretischen, nutzer-/nutzungsorientierten Verständnis kann durch die vier Kategorien der **Relevanz**, (Einschlägigkeit), **Reduktion** (von Ungewissheit bzw. Unsicherheit), **Resonanz** (kognitive oder auch **emotion**ale Stimulierung) und **Reaktion** (über ein durch Information aktiviertes und über die drei anderen Kategorien initiiertes Handeln) bestimmt werden. R4 ist ein entwicklungsoffenes Modell, das über Ausprägungen dieser vier Kategorien und einschlägige Kontextfaktoren operational konkretisiert werden kann und empirische Studien stimulieren sollte.

Rangordnung von Dokumenten
Beim Retrieval werden die aufgrund des **Retrievalmodell**s bestimmten Antwortdokumente in eine lineare Rangordnung gebracht, so dass die vermutlich besten am Beginn der Liste stehen.
C2

RDA s. **Resource Description and Access**

RDF s. **Resource Description Framework**

RDFA s. **Resource Description Framework in Attributes**

RDM s. **Forschungsdatenmanagement (Research Data Management)**

RDMO s. **Research Data Management Organiser**

Read-and-Publish-Vertrag
Vertrag (z.B. **Deal**) zwischen einem Anbieter und einer Gruppe von Einrichtungen, der sowohl Subskriptionskosten für den Zugriff auf wissenschaftliche Literatur *(read)* als auch Kosten für Publikationsdienstleistungen in wissenschaftlichen Zeitschriften *(publish)* abdeckt. Hierdurch soll die Umstellung von einem subskriptionsbasierten Finanzierungsmodell hin zu einem auf **Open Access** basierten Publikationsmarkt (**Informationsmarkt**) begleitet bzw. beschleunigt werden. s. **Transformationsvertrag**
E5

Reaktion
Im Rahmen des **R4-Modells** verstanden als informationsbasiertes Handeln. Reaktion ist somit abhängig von den anderen drei Kategorien des Modells, **Relevanz**, **Resonanz** und **Reduktion**. Über die Kategorie der Reaktion sollten auch die z. B. persönlichen, ökonomischen und politischen Konsequenzen der informationsbasierten Handlungen und damit die verschiedenen **Kontextfaktoren** berücksichtigt werden. Das Handeln von Menschen leitet sich aus **Information**en ab, die sich auf das ganze Spektrum von Erkenntniszuständen bzw. unterschiedlichen **Wissen**sausprägungen stützen. Damit wird auch die Reaktion auf der Basis von **Informationspathologien**, **Desinformation** Gegenstand der **Informationswissenschaft**.
A1

Realismus
Eine philosophische Denkrichtung, die – im Gegensatz zum **Konstruktivismus** – davon ausgeht, dass wesentliche Teile der Wirklichkeitswahrnehmung unabhängig von der menschlichen Rezeption wahr (d.h. real) sind. Dem in der Gesellschaftswissenschaft lange vorherrschenden Konstruktivismus wird damit Relativismus (also Beliebigkeit) vorgeworfen. s. **Konstruktivismus**
A3

Read & Publish-Vertrag s. **Transformationsvertrag**

Recall
Eine neben der **Precision** bestehende Maßzahl beim Information Retrieval: die erreichte Vollständigkeit von relevanten Fundstellen in einem Dokument oder von relevanten Do-

kumenten in einer Dokumentsammlung. Dabei wird der Quotient aus den relevanten Dokumenten, die das System gefunden hat, und allen möglichen relevanten Dokumenten gebildet. Da nicht alle relevanten Dokumente bekannt sind, muss hier auf Schätzungen zurückgegriffen werden. Der optimale Wert ist 1 bzw. 100 %.
B7, C8

Recommendersysteme s. **Empfehlungssysteme**

Records Management
Effiziente Verwaltung von geschäftsrelevanten Aufzeichnungen in einem Dokumentenlebenszyklus in einer Behörde, einem Betrieb oder einer Institution – von der Erfassung bis zur Aussonderung bzw. Anbietung an ein Archiv.
A7

Recurrent neural network (RNN)
Ein künstliches neuronales Netzwerk (**kNN**), das im Unterschied zu **FFN** rückwärtsgerichtete Kanten zur Propagierung von Neuronenausgaben besitzt, damit Rückkopplungen *(feedback)* erlaubt und so eine einfache Form des Gedächtnisses (Erinnerung von bereits Gelerntem) implementiert.
B8

Reduktion
Verfahren und dann das Ergebnis, die Komplexität von Situationen, Vorgängen oder Objekten überschaubar, damit besser nutzbar zu machen oder bessere Handlungen in Form von Entscheidungen durchführen zu können. In der traditionellen **Dokumentation**sterminologie kann die Bearbeitung einer komplexen **Dokumentarischen Bezugseinheit** (DBE) mit dem Ziel einer leichter recherchefähigen **Dokumentationseinheit** (DE) als Reduktion verstanden werden. Im Kontext des **R4-Modells** bedeutet Reduktion die Transformation von komplexen **Wissensobjekten** in **Informationsobjekte** durch Verfahren der **Informationsarbeit**, z. B. **Klassifikation**, **Indexierung**, Abstracting, Wissensrepräsentation, **Ontologien**, mit dem Ziel, daraus **Information** für aktuelle Nutzungen ableiten zu können. Reduktion ist auch abhängig vom **Vertrauen** in die bereitgestellten bzw. erarbeiteten Informationsobjekte oder in die Wahrhaftigkeit der diese bereitstellenden Personen und hat damit Folgen für **Relevanz** von Information und die daraus folgenden Handlungen (**Reaktion**).
A1

Regelwerk Mediendokumentation (REM)
Das REM der Archive und Dokumentationsstellen bei den öffentlich-rechtlichen Rundfunkanstalten liegt in mehreren Ausprägungen vor (für Musik-, Wort-, Presse- und Fernsehdokumentation). Es regelt die formale und inhaltliche Erschließung entsprechender Ressourcen.
B6

Relevanz
Im Kontext **des Information Retrieval** (über die statistisch-quantitativen Parameter **Recall** und **Precision**) dient der Messung der **Effektivität** von Retrievalsystemen. Im Rahmen des **R4-Modells** stehen für Relevanz nicht die System-, sondern die Nutzersicht im Vordergrund, aber auch die Auswirkungen der auf Information beruhenden Handlung.

Relevanz ist das zentrale, aber kritisch diskutierte Konzept, auf dem die gesamte IR-Evaluation basiert. In diesem Sinne beschreibt Relevanz das Ausmaß, mit dem ein Dokument ein Informationsbedürfnis für einen Suchenden erfüllt. Im engeren Sinn der **Effektivität**smessung muss Wissen über die Relevanz von Dokumenten vorhanden sein, damit sich Maßzahlen berechnen lassen. Für die Relevanz von Information in aktuellen Handlungssituationen sind nicht zuletzt die individuellen/persönlichen, institutionellen und organisationellen **Kontextfaktoren** verantwortlich, die darüber entscheiden, welche **Informationsobjekte** tatsächlich als **Information** genutzt werden.
A1

Relevance Feedback Systeme
Suchmaschinen bzw. IR-Systeme, bei denen Nutzer*innen signalisieren können, wie relevant einzelne Ergebnisse sind, die auf eine Anfrage hin präsentiert werden. Das Ziel dabei ist es, durch schrittweise Interaktion mit immer neuen Ergebnissen die eigentliche konkrete Suchanfrage zu verbessern. Eine Vielzahl verschiedener Ansätze ist in der Literatur dokumentiert.
C4

REM s. **Regelwerk Mediendokumentation**

Research Cycle
Geht davon aus, dass jedes Forschungsvorhaben bestimmte abstrakte Phasen durchläuft (z. B. die Einwerbung von Geld, die Sammlung empirischer Daten, die Veröffentlichung) und die Abfolge dieser Phasen sich idealerweise dadurch zum Kreis schließt, dass die publizierten Ergebnisse eines Forschungsvorhabens Ausgangspunkt weiterer Forschungsvorhaben sind, für die dann auch Geld eingeworben werden muss, etc.
E4

Research Data Management Organiser (RDMO)
Digitales Werkzeug zur kollaborativen Unterstützung des Forschungsdatenmanagements. Mit Hilfe (standardisierter) Datenmanagementpläne können alle relevanten Prozessschritte über den gesamten Datenlebenszyklus dokumentiert werden.
B10

Resonanz
Im Rahmen des **4R-Modell**s steht die Nutzersicht und damit auch die Resonanz bewirkenden affektiven, emotionalen und kognitiven Aspekte für die Einschätzung der Relevanz der bereitgestellten bzw. erarbeiteten **Informationsobjekte** im Vordergrund. Resonanz beeinflusst damit auch die **Reaktion**, also die tatsächlichen informationsbasierten Handlungen. Resonanz als ein eher qualitativer Faktor bedeutet, dass jemand von einer ihm mitgeteilten **Information** berührt oder bewegt wird, so dass dies die Entscheidung darüber beeinflusst, was als Information akzeptiert wird. Resonanz, ohne dass dabei die Bezeichnung direkt verwendet wird, steht damit im Kontext von **Information Behaviour** und **Information Seeking**.
A1

RDA – Resource Description and Access
Zeitgemäßes und internationales bibliothekarisches Regelwerk, das ältere nationale Regelwerke ablöst und auf **FRBR** bzw. dem **LRM** beruht. Seit Ende 2015 wird RDA auch in Deutschland, Österreich und der deutschsprachigen Schweiz angewendet.
B6

RDF – Resource Description Framework
Die Grundlage der Wissensdarstellung im Semantic Web und darüber hinaus. Fakten werden in Form von Tripeln dargestellt – Subjekt, Prädikat, Objekt. Das Objekt steht in der durch das Prädikat bezeichneten Relation zum Subjekt. Für RDF gibt es unterschiedliche Darstellungsformen.

RDFa – Resource Description Framework in Attributes
Eine Empfehlung des **World Wide Web** Consortium (W3C) zur Einbettung semantischer Inhalte in Form von RDF-Aussagen in Webseiten.
B4

RDFS – Resource Description Framework Schema (RDF Schema)
Ein kompaktes Vokabular für die Beschreibung von **Ontologie**n, welches in der Regel gemeinsam mit RDF Verwendung findet. RDFS bietet dabei die Möglichkeit, die **Semantik** von Termen zu beschreiben.
B4

Resource Discovery System
Informationssystem zur Informationsrecherche, das nicht nur lokale Bibliotheksressourcen nachweist, sondern die Suche nach unselbstständigen Werken (v.a. Artikeln in Zeitschriften und Sammelwerken) erlaubt und außerdem Literatur nachweist, die (nur) digital oder über Dokumentlieferdienste verfügbar ist.
A6

Restaurierung
Im Gegensatz zur **Konservierung** zielt die Restaurierung eines musealen Objekts auf eine Wiederherstellung eines früheren, evtl. sogar des ursprünglichen Zustandes eines Objektes in einer Sammlung. In vielen Fällen geht es beispielsweise bei technischen Geräten um die Funktionalität. Im Zuge der Restaurierung können gegebenenfalls erhaltene Nutzungsspuren beseitigt werden.
A8

Retrievalmodell
Ein Modell, das bestimmt, wie für eine gegebene Suchfrage die dazu passenden Dokumente aus einer Kollektion bestimmt werden. Grundlage hierfür ist die Dokumentrepräsentation.
C2

Risikobewertung
Eine vom Risikoträger oder von einem Dritten (hier: Information Professional) vorgenommene Bewertung von Risiken, denen der Risikoträger oder die Risikoträgerin ausgesetzt sind.
A10

RNN s. recurrent neural network

Rundfunk
Ursprünglich ein linearer Informations- und Kommunikationsdienst, welcher Hörfunk und Fernsehen umfasst. Die gesetzliche Grundlage ist der Rundfunkstaatsvertrags, gefolgt vom Medienstaatsvertrag 2020. Durch das Angebot von **Mediathek**en können Rundfunkangebote zeit- und ortsunabhängig abgerufen und genutzt werden.
A9

Rundfunkrecht
Der Staatsvertrag der Länder enthält grundlegende Regelungen für die Veranstaltung und das Angebot, die Verbreitung und die Zugänglichmachung von Rundfunk und Telemedien in Deutschland. Er trägt der europäischen und technischen Entwicklung der Medien Rechnung. Kern der 22. Novelle ist die Neuregelung des Telemedienauftrags des öffentlich-rechtlichen Rundfunks.
A9

Samples
Repräsentationen von periodischen, digitalen und zeitdiskreten Messergebnissen eines analogen, zeitkontinuierlichen Audiosignals. Je kürzer die Perioden sind, desto besser wird das Audiosignal abgebildet (hohe Samplerate). s. **Spektrogramm**
C6

Scale-invariant feature transform (SIFT)
Ein Bildverarbeitungsverfahren, das zunächst mehrere Verfahren zur Kontraststärkung einsetzt. *Keypoints*, welche bei mehreren dieser Verfahren erhalten bleiben, werden dann weiter analysiert. Ausgehend vom *Keypoint* wird die Richtung mit der stärksten Veränderung der Grauwerte bestimmt. Auch die weitere Umgebung des Keypoints wird betrachtet. So entsteht für jeden *Keypoint* ein Histogramm für die Richtungen der Gradienten und so eine Repräsentation des Bildes.
C5

Schrankenregelung s. gesetzlich erlaubte Nutzung.
F3

Schutzlandprinzip s. Territorialitätsprinzip

Scope note
Eine Erläuterungskategorie mit Hinweisen zum spezifischen Gebrauch eines **Deskriptor**s in einem **Thesaurus**. Darin werden Hinweise zum spezifischen Gebrauch eines Deskriptors festgehalten entsprechend der durch **Begriffliche Kontrolle** festgelegten Abweichungen, Einschränkungen oder Ausweitungen im Vergleich zum Sprachgebrauch in der **natürlichen Sprache**. Während die Definitionen oder Festlegungen in der Scope note immer nur für den jeweiligen Thesaurus Gültigkeit haben, werden mitunter in einer zusätzlichen Kategorie Begriffsdefinitionen angegeben, die für das Fachgebiet allgemeine Verbindlichkeit haben (etwa aus Normen, Lexika, Handbüchern).
B4

SE s. Social Epistemology

Search Engine Bias
Abweichung der tatsächlichen Suchergebnisse von einer angenommenen idealen Ergebnismenge. Hervorgerufen wird der Bias durch technische Probleme in der Indexierung, durch Faktoren des Rankings, durch gezielte Bevorzugung bestimmter Angebote durch die Suchmaschinenbetreiber und durch externe Manipulationen der Suchergebnisse.
C3

Sekundärquelle
Externe Informationsquellen, wie z. B. Marktstudien, externe Datenbanken, Literatur aus Bibliotheken oder Onlinequellen. Im Gegensatz hierzu ist eine Primärquelle z. B. eine eigens erstellte Umfrage.
A10

Selbstauskunft
Datenerhebungsverfahren, bei dem die Studienteilnehmenden Auskunft über ihr Erleben geben (z. B. Fragebögen, Interviews).
D4

Semiotik
Teil der Sprachwissenschaft, der die Eigenschaft von Zeichen bzw. Zeichensystemen behandelt. Gegenstand sind die Prozesse der Zeichen-Produktion, der Zeichen-Struktur und des Zeichen-Verstehens. In der Regel wird dem Zeichen eine strukturelle Komponente (Morphologie/Syntax), eine Bedeutung (das Zeichen „steht" für ein Wissenssegment) und eine pragmatische Komponente (Handlungszweck) zugeordnet. Die Semiotik behandelt alle Arten von Zeichen in der verbalen und vor allem auch der nonverbalen Kommunikation, aber auch Zeichen in medialen Objekten jeder Art.
A1, A3

Sensoren
Mit Sensoren lassen sich psychophysiologische Variablen (z. B. Hautleitfähigkeit, Blutdruck, Muskelspannung) messen, die z. B. Rückschlüsse auf Emotionen zulassen.
D4

SEO s. **Suchmaschinenoptimierung**

SERP s. **Suchergebnisseite**

SGML s. **Standard Generalized Markup Language**

SIFT s. **Scale-invariant feature transform**

Signifikante Eigenschaften
Eigenschaften einer homogenen Gruppe von Objekten, die unter der Berücksichtigung der zur Verfügung stehenden Mittel erhalten bleiben müssen, um das Objekt formatunabhängig in einem größtmöglich authentischen Zustand zu bewahren.
A12

Simple Knowledge Organization System (SKOS)
Eine auf **RDF** und RDF-Schema basierende Empfehlung des **World Wide Web** Consortium (W3C) zur Veröffentlichung kontrollierter Vokabulare im Semantischen Netz, wie etwa **Klassifikation**en und **Thesauri**.
B4

SIP s. **Submission Information Package**

Sketch-based image retrieval
Input von Nutzer*innen für ein Suchsystem, indem sie eine Skizze zeichnen. Die Skizze gibt vor, wie Bilder in der Ergebnisliste aussehen sollen.
C5

SKOS s. **Simple Knowledge Organization System**

Social Epistemology (SE)
Begründet durch Arbeiten von (Egan & Shera, 1952/1965; Shera, 1968, 1970) (Referenzen in A1). Die Verbindung von *social* mit *epistemology* weist darauf hin, dass Informationsarbeit bzw. die bibliothekarische Arbeit für **Wissensorganisation** und Verteilung von **Wissen** anders begründet wird als eine auf den Wahrheitsbegriff gegründete epistemologische Bestimmung von Information. **Wissen** und **Information** entstehen nach der Social Epistemology in sozialen Umgebungen und durch den kommunikativen Austausch der beteiligten Akteure. s. **Konstruktivismus**
A1, A3

Social Web
Verschmelzung von Web 2.0 und **Social Software**. Es manifestiert sich in **Social Media** und **User-generated content**.
E8

Social Media
Über **Social Software** realisierte Web-**Plattform**en, die über **Social-Media-Funktionen** das Erstellen von **User-generated content** und die Ausübung von **Social-Media-Praktiken** erlauben. Typische **Social-Media**-Typen sind Soziale Netzwerke und Content-Sharing-Plattformen.
E8

Social Software
Kommunikation und Kollaboration zwischen Nutzenden unterstützende Software, die z. B. in **Social Media** eingesetzt wird.
E8

Social Tagging
Aktivität, die zu einer **Folksonomy** führt. Weil alle Nutzende auf die Tags zugreifen können, wird auf das soziale Element des Tagging-Prozesses hingewiesen.
B18

Social-Media-Funktionen
Nutzungsmöglichkeiten für ein breites Spektrum an marketingbezogenen Aktivitäten in Sozialen Medien, die die Erstellung von **User-generated content** erlauben, z. B. das Er-

stellen, Veröffentlichen, Vernetzen, Annotieren, Weiterleiten und Abonnieren von nutzergenerierten Inhalten (**UGC**).
E8

Social-Media-Marketing
Analyse der Bedürfnisse potenzieller Kundinnen und den reziproken Austausch zwischen Unternehmen.
E6

Social-Media-Praktiken
Kommunikative Praktiken, z. B. durch Beziehungs-, Informations- und Identitätsmanagement, die über **Social Media** ermöglicht werden.
E8

Soziale Präsenz
Subjektiver Eindruck der Anwesenheit einer anderen Person. Soziale Präsenz wird in physischen Kopräsenz-Situationen meist am stärksten erlebt, kann aber auch in Situationen der Telepräsenz und virtuellen Kopräsenz stark ausgeprägt sein. Die Soziale Präsenz ist nicht nur durch Distanz und technische Merkmale bestimmt, sondern auch durch das Sozialverhalten und die Beziehung der Personen untereinander.
D2

Sozio-technisches System
Symbiotische Beziehung aus einem technischen Teilsystem und einem sozialen Teilsystem. **Social Media** und **Social Web** sind Beispiele für sozio-technische Systeme.
E8

SPARQL Protocol and RDF Query Language (SPARQL)
Abfragesprache für Wissensgraphen. SPARQL bietet vier verschiedene Varianten von Abfrage (SELECT, CONSTRUCT, ASK und DESCRIBE). Die SELECT Abfrage, deren Syntax von der Datenbanksprache Structured Query Language (SQL) inspiriert wurde, findet dabei in der Praxis am häufigsten Anwendung.
B10

Specificity
Neben der **Exhaustivity** bestehender Faktor der **Indexierungstiefe**, vor allem die Genauigkeit, mit der indexierte Sachverhalte bezeichnet werden.
B7

Spektrogramm
Die Darstellung des Frequenzspektrums eines Audiosignals, normalerweise in Form einer Heatmap mit der Zeit auf der x-Achse und der Frequenz auf der y-Achse, wobei die Farbe die Intensität der Amplitude angibt. s. **Mel-Skala, Fingerprint, Samples, Überlappung, akustische Szene, Augmentation, Transkript**
C6

Spinning
Zielt (in manipulativer Absicht) u. a. darauf ab, die öffentliche Meinungsbildung, aber auch das Wahlverhalten zugunsten von Parteien oder Politikern zu steuern. Spinning

wird auch in der Wirtschaft verwendet, um für eigene Produkte positive Meldungen zu positionieren bzw. um Produkte konkurrierender Unternehmen zu diskreditieren. Spinning-Ausprägungen von **media bias** sind zu den **Informationspathologien** zu rechnen.
F6

Sprachmodelle
Mathematische Modelle, die Wortfolgen Wahrscheinlichkeiten zuweisen und genutzt werden können, um beispielsweise vorherzusagen, welche Wörter auf eine gegebene Wortsequenz am wahrscheinlichsten folgen.
C9

Sprachspiele
Ludwig Wittgenstein hat in seinen Philosophischen Untersuchungen, § 43, über eine Sprachspieltheorie versucht, den komplexen Zusammenhang von sprachlichen Handlungen und Folgen für die Wirklichkeit besser zu verstehen, oder anders formuliert: Die Bedeutung von sprachlichen Äußerungen, vor allem von Worten, erschließt sich i. d. R. nicht durch Definitionen, sondern durch die Analyse ihres Gebrauchs in realen Handlungssituationen. Das kann als empirischer Beitrag zu einer Theorie der **Information** verwendet werden.
A1

Sprechakt(theorie)
Nach der von Austin und Searle entwickelten Sprechakttheorie kann **Information** als Stimulus für Handlung mit Wirkung auf Dritte interpretiert werden. Sprechakttheorie unterscheidet zwischen lokutionären, syntaktisch und semantisch bestimmten Akten/Äußerungen, illokutionären, in kommunikativer Absicht gerichteten Akten/Äußerungen und perlokutinären, auf Wirkung abzielenden und diese auch erreichenden Akten/Äußerungen. Perlokutinäre Akte berücksichtigen insbesondere auch desinformierende Sprechhandlungen (**Desinformation**).
A1

Sputnik-Schock
Der Start des ersten künstlichen Erdsatelliten durch die Sowjetunion im Oktober 1957 überraschte die Verantwortlichen in der westlichen Welt und führte zum sog. Sputnik-Schock, als klar wurde, dass sämtliche Informationen über das Projekt in russischen Fachpublikationen veröffentlicht worden waren, ohne dass man davon Kenntnis genommen hatte. Dies bewirkte eine umfassende Reorganisation des Dokumentations- und Informationsbereichs.
A2

Standard Generalized Markup Language (SGML)
Allgemeiner Regelsatz für die Definition von Markup-basierten Auszeichnungssprachen für digitale oder physische Dokumentenklassen. Jede Dokumentklasse wird dabei durch eine Document Type Definition spezifiziert.
SGML ist eine Metabeschreibungssprache für die Definition von Textauszeichnungssprachen. Ausgehend von einer faktischen Standardisierung häufig genutzter Textauszeichnungen für Aufgaben der Drucklegung sind in den 1980er Jahren spezifische Textaus-

zeichnungssprachen entstanden, deren prominentester Vertreter **HTML** sein dürfte. Ab 1998 wurde mit **XML** ein Nachfolgekonzept eingeführt.
B9, F2

SteFi-Studie
„Studieren mit elektronischen Fachinformationen". Anfang des Jahrtausends veröffentlichte Studie zur Nutzung elektronischer Information in der Hochschulausbildung. Die Studie konstatiert ein verbesserungsfähiges Kompetenzniveau. Es wird für eine stärkere Verankerung von Informationskompetenz in der Lehre argumentiert.
D8

Stemming
Rückführung von morphologischen Varianten von Wörtern auf ihre gemeinsamen Wortstämme durch Einsatz eines auf die jeweilige Sprache bezogenen Regelwerkes.
B3

Stewardship
Gemeinsame Verantwortung zwischen Projektleitung und Datenmanager*innen bzw. -kurator*innen (data stewards). Die Projektleitung ist verantwortlich für – und die Data Stewards bieten dafür Unterstützung – a) Datenerhebung, Datenintegration oder Nachnutzung vorhandener Daten; (b) Überprüfung der Datenqualität; (c) Beschreibung des wissenschaftlichen Arbeitsablaufs/Prozesses; (d) Bereitstellung standardkonformer Metadaten; und (e) Veröffentlichung von Daten und Datenprodukten. Data Stewards sind verantwortlich für – und Projektleitungen werden konsultiert und informiert über – (a) Langzeitarchivierung der Daten sowie Datenprodukten; und (b) Bereitstellung von Formaten (z. B. Webservices, NetCDF usw.) für das Finden geeigneter Daten und deren Integration. Darüber hinaus sind die Projektleitungen im Rahmen der Erstellung von Dokumentationen, Berichten oder Referenzen gegebenenfalls auch für das Zitieren von Daten verantwortlich.
B17

Stichprobe
Gewinnung von Aussagen über eine Population (also die Gesamtheit der interessierenden Einheiten), wenn eine Vollerhebung nicht möglich ist. Die Stichprobe muss die Population möglichst repräsentativ in allen oder zumindest ihren wesentlichen Merkmalen abbilden.
A4

Strategisches Marketing
Kern des Marketingmanagements. Marketingstrategien werden auf der Grundlage der Marketingforschung entwickelt und geben einen konkreten Rahmen vor, Unternehmens- und Marketingziele in konkrete Maßnahmen (Marketing-Mix) zu überführen, um diese abschließend im Marketing-Controlling zu bewerten. s. **Operatives Marketing**
E7

Strukturstandard
Ein bestimmter Typus (auch Element Set, Metadaten-Vokabular) von Metadatenstandard, der festlegt, welche Elemente für die Erfassung von Metadaten zur Verfügung stehen. Ein Beispiel dafür ist **Dublin Core**.
B6

Submission Information Package (SIP)
Ein Informationspaket, das vom Produzenten an das Archivierungssystem geliefert wird, um es zur Konstruktion oder zur Aktualisierung eines oder mehrerer **AIP**s und/oder den dazugehörigen Erschließungsinformationen zu benutzen.
A12

Suchergebnisseite (SERP) *(search engine results page)*
Zusammenstellung von Suchergebnissen auf Basis einer Suchanfrage. Zu einer Suchanfrage können mehrere Suchergebnisseiten ausgegeben werden, zwischen denen geblättert werden kann.
C3

Suchmaschine
Computersystem, das Inhalte aus dem **World Wide Web** mittels *Crawling* erfasst und über eine Benutzungsschnittstelle durchsuchbar macht, wobei die Ergebnisse nach systemseitig angenommener **Relevanz** geordneten Darstellung aufgeführt werden. Suchmaschinen können domänenspezifisch ausgelegt sein oder den Versuch machen, alle Informationen im Internet abzubilden. Durch spezifische Algorithmen bei der Indexerstellung wird die Reihenfolge der Dokumente bei der Ergebnispräsentation (Ranking) beeinflusst.
s. **Metasuchmaschine**.
B2, C3

Suchmaschinenmarketing
Maßnahmen, die dazu dienen, eine hohe Sichtbarkeit in Suchdiensten zu erreichen. Dazu gehören insbesondere die **Suchwortvermarktung** sowie die Webseiten- und **Suchmaschinenoptimierung**.
E6

Suchmaschinenoptimierung *(search engine optimization)*
Maßnahmen, die bestimmten Dokumenten bzw. Websites zu einer höheren Sichtbarkeit in den Suchmaschinen verhelfen sollen. Dazu werden sowohl On-Page-Maßnahmen (z. B. Optimierung der Keywords im Dokument) als auch Off-Page-Maßnahmen (z. B. Sammeln von hochwertigen Links von externen Seiten) ergriffen.
C3, E6

Suchwortvermarktung
Schalten von Anzeigen auf Suchergebnisseiten.
E6

SUMMAC s. **TIPSTER Text Summarization Evaluation Conference**

Support Vector Machine (SVM)
Klassifikationsverfahren des maschinellen Lernens (**ML**), das eine Menge von zu klassifizierenden Objekten so in Klassen gruppiert, dass um die Klassengrenzen herum ein möglichst breiter Bereich *(large margin)* frei von Objekten bleibt. Zu klassifizierende Objekte werden als Vektoren in einem Vektorraum repräsentiert und Aufgabe der SVM ist, eine Hyperebene als Trennfläche zu bestimmen, die das *Large-Margin*-Kriterium am besten erfüllt. Dabei wird der Abstand derjenigen Vektoren, die der Hyperebene am nächsten liegen, maximiert.
B8

SVM s. Support Vector Machine

Synonym s. Äquivalenzrelation

Synonymkontrolle s. Terminologische Kontrolle

Syntax
Zuständig für die Gültigkeit von Zeichen oder Grundbausteinen und wie sich daraus zusammengesetzte Wörter und andere komplexere Gebilde wie z. B. Sätze formen lassen.
B10

Systemrelevanz
IR-Systeme, die im Gegensatz zur menschlichen Relevanzbewertung, die Ergebnisdokumente nach einem Relevanzwert *(retrieval status value)* sortieren, den sie beim Abgleich zwischen Anfrage und Dokument berechnet haben. Dabei spricht man von Systemrelevanz.
C1

T-Box
Das terminologische Wissen einer **Ontologie** über deren verfügbaren Klassen und Relationen.
B10

Tag Gardening
Verfahren der **terminologischen Kontrolle** in **Folksonomies**, z. B. die Trennung von **Homonyme**n, das Vereinheitlichen von Schreibweisen oder das Zusammenführen von Synonymen.
B18

Tagging-System
Im **Social Web** häufig anzutreffende **Plattform**, die es Nutzenden erlaubt, eigene oder fremde Ressourcen mit eigenen Tags zu verschlagworten.
B18

Tags
Schlagwörter, die von den Nutzenden eines Tagging-Systems für Ressourcen vergeben werden. Tags werden entweder als Metadatum betrachtet, d. h. als zusätzliche Information zu anderen beschreibenden Daten, oder als Teil der Ressource, wobei sie dann häufig als Hashtag (#tag) realisiert werden.
B18

Taxonomie
Eine hierarchische Einteilung der Begriffe einer Anwendungsdomäne. In den meisten Fällen ist die Hierarchie durch Begriffsspezialisierung gegeben (dann ist die Taxonomie eine Begriffshierarchie), aber die zugrundeliegende **Hierarchierelation** kann auch anderer Natur sein, z. B. partitiv.
B1

TCP/IP s. **Transmission Control Protocol/Internet Protocol**

Telemedien
Angebote der **Mediathek**en. Die Angebote werden durch den Medienstaatsvertrag geregelt, sie sollen die Medienkompetenz aller Generationen und von Minderheiten fördern. Die Gestaltung der Telemedienangebote soll die Belange von Menschen mit Behinderungen besonders berücksichtigen.
A9

Telepräsenz
Soziale Situation, in der die Kommunizierenden sich an unterschiedlichen physischen Orten befinden und teilweise auch zu unterschiedlichen Zeiten kommunizieren, aber über diese Distanzen hinweg dennoch technisch vermittelt bis zu einem gewissen Grad füreinander sozial am jeweils eigenen Ort präsent sind (z. B. per Live-Videokonferenz oder voraufgezeichnete Video-Botschaft).
D2

Terminologie
Gesamtheit der Fachsprache, die sich für ein Fachgebiet mit seinen Objekten, Arbeitsvorgängen usw. entwickelt und als solche nicht in der Allgemeinsprache anzutreffen ist. Typische Beispiele sind juristische, diplomatische Terminologie, chemische Nomenklatur usw. Oft wird zusätzlich verlangt, dass es sich um kontrollierte, in sich konsistente, nach Regeln gebildete, definierte Fachsprache handelt, also die gegenüber dem Vokabular der Fachsprache deren noch zusätzlich bearbeitete Version. Grundlegend ist die Unterscheidung von ‚Begriff' und ‚Benennung', das Erkennen und Herausarbeiten der Begriffsbeziehungen (Relationen) zwischen Begriffen, und die Berücksichtigung, dass Terminologien grundsätzlich in Begriffssystemen bestehen und zu fassen sind.
A11

Terminologische Kontrolle *(terminological control)*
Die Anwendung von Regeln, die die Überführung von Termini natürlicher Sprachen in eine natürlich-sprachlich basierte Dokumentationssprache ermöglichen und insbesondere Synonym- und Homonymkontrolle erlauben. Bei der Synonymkontrolle werden Synonyme und Quasi-Synonyme zu Aquivalenzklassen einer Dokumentationssprache zusammengeführt. Bei der **Homonym**- oder Polysemkontrolle handelt es sich um den der Synonymkontrolle entgegengesetzten Vorgang. s. **Äquivalenzrelation**
B4

Territorialitätsprinzip, auch Schutzlandprinzip
Ein Internationaler Grundsatz, der besagt, dass das Recht desjenigen Staates Anwendung findet, für dessen Gebiet Schutz beansprucht wird.
E5

Text Klassifikation
Die Einteilung von Textdokumenten in vorgegebene Gruppen. Dabei wird allein auf Grundlage des Textes entschieden. Beispiele sind die Einteilung in Spam und Nicht-Spam, Plagiat und Nicht-Plagiat oder Hassrede und Nicht-Hassrede. Dazu werden Repräsentationen von Texten erstellt, die Klassifikationsverfahren verarbeiten können.
B16

Text Mining
Die Ableitung von neuen Erkenntnissen aus vielen Texten. Gemessen wird die Häufigkeit des Auftretens von Begriffen, wobei oft mehrere zu Konzepten zusammengefasst werden. Text Mining bietet eine Grundlage, neues **Wissen** über den Zusammenhang von Konzepten aus sehr vielen Texten zu bilden.
B16

Text Summarization Evaluation Conference (TIPSTER)
Die erste wettbewerbliche Evaluationskampagne für das **automatische Abstracting**, in der der Fokus auf die extrinsische Evaluation (Nützlichkeit für informationelles Handeln) von automatisch erstellten Abstracts (Textzusammenfassungen) gelegt wurde.
B8

Text-Retrieval-Conference (TREC)
Eine auf Cranfield basierende IR-Evaluierungsinitiative, die vom amerikanischen *National Institute of Standards and Technology* (NIST) seit Anfang der 1990er Jahre durchgeführt wird, um IRS zu bewerten und zu vergleichen. In jährlichen Konferenzen werden die Ergebnisse vorgestellt.
C8

Textauszeichnung
Beschreibung der typografischen Gestaltung in der Drucklegung von Texten, die häufig als Betonung oder Hervorhebung z. B. durch Fettdruck anzutreffen ist. Um in der Anfangszeit der Nutzung von Datenverarbeitung im Drucklegungsprozess Autor*innen von Texten Gestaltungsmöglichkeiten an die Hand zu geben, sind Textauszeichnungssprachen wie die *Standard Generalized Markup Language* (**SGML**) entstanden.
B9

Textstatistik
Methoden und Verfahren zur Analyse und Gewichtung von Indextermen auf der Basis der Termverteilung in einzelnen Dokumenten und ganzer Dokumentkollektionen.
B3

Textzusammenfassung (TZF)
Prozedur, mit der schriftlich verfasste Texte inhaltlich verdichtet (verkürzt, kondensiert, komprimiert) werden. Wesentliche Kriterien für die Verdichtung sind die **Relevanz** und Informativität der Inhalte aus dem Originaltext. s. **Automatisches Abstracting**
B8

Theorie
Erklärungen für beobachtete Phänomene, die mit einem System von Aussagen, Prinzipien und Beziehungen das Verstehen der Welt erleichtern sollen. Ihre Variablen sind Kon-

zepte, Regeln, Postulate oder Thesen, die als systematisches Theoriegebäude mehr sind als die Summe ihrer Konstrukte. Neuere Theorieforschung versteht Theorien als Interesse geleitete Diskurse. Hjørland sieht Theorien als Wissensorganisationssysteme.
A3

Theorie mittlerer Reichweite
Begriff des Soziologen Max Weber, der fordert, sich auf solche Theoriearbeit zu beschränken, weil Großtheorien *(grand theory,* z. B. Funktionalismus, Marxismus, Feminismus etc.), die den Anspruch erheben, alles erklären und vorhersagen zu wollen, zu weit gehen und sich der Überprüfbarkeit entziehen.
A3

Thesaurus *(thesaurus)*
Dokumentationssprache, die in der DIN 1463 sowie in der ISO-Norm 25964 in seinen wesentlichen Merkmalen beschrieben wird. In Ersterer wird der Thesaurus im informationswissenschaftlichen Sinne so definiert: „Ein Thesaurus im Bereich der Information und Dokumentation ist eine geordnete Zusammenstellung von Begriffen und ihren (vorwiegend natürlich-sprachigen) Bezeichnungen, die in einem Dokumentationsgebiet zum Indexieren, Speichern und Wiederauffinden dient. Er ist durch folgende Merkmale gekennzeichnet: (a) Begriff und Bezeichnung werden eindeutig aufeinander bezogen (**Terminologische Kontrolle**), (b) Beziehungen zwischen Begriffen (repräsentiert durch ihre Bezeichnungen) werden dargestellt." Ein Thesaurus ist damit eine natürlich-sprachlich basierte Dokumentationssprache, die die umkehrbar eindeutige Zuordnung von Begriff und Bezeichnung der **natürlichen Sprache** anstrebt.
B4

TID s. **Terminologie der Information und Dokumentation**

TIPSTER s. **Text Summarization Evaluation Conference**

Top-Level-Ontologie
Konzepte von elementarer Bedeutung, welche für viele Anwendungen relevant sind. Top-Level-**Ontologie**n können die Interoperabilität zwischen Domänenontologien verbessern, wenn diese auf eine gemeinsame Top-Level-Ontologie zurückgreifen. In der Praxis gibt es verschiedenste Top-Level-Ontologien, welche jedoch untereinander nicht oder nur begrenzt kompatibel sind.
B10

Topic Map
Kontrolliertes Vokabular, das auch die Zuordnung von Begriffen aus dem Vokabular zu (Informations-) Objekten enthält. Das Vokabular besteht aus einem semantischen Netz, das Begriffe, Begriffsinstanzen und ihre Beziehungen untereinander beschreibt. Aus den Beziehungen zwischen den Begriffen und Instanzen im semantischen Netz leiten sich Beziehungen zwischen den Dokumenten ab, denen diese Begriffe als Schlagwörter zugewiesen sind. Diese kann man als Navigationspfade zwischen den Dokumenten verwenden.
B1

Transaktionskosten *(transaction costs)*
Alle Phasen während einer Transaktion verursachen Transaktionskosten, da sie Zeit benötigen, kontrolliert werden müssen und bestimmte Kanäle und Dienste nutzen, die einzukaufen oder selbst zu produzieren sind. Kund*innen entstehen zunächst die so genannten Informationskosten. Die Ursache dafür sind Informationsasymmetrien hinsichtlich des Produktes. Haben sich Käufer*innen mit Hilfe der Informations- und Kommunikationstechnologie über ein Produkt informiert, entstehen Kosten durch die Aushandlung eines Vertrages, die sogenannten Ex-Ante-Transaktionskosten. Wurden der Vertrag erfüllt und die Leistungen ausgetauscht, so ergeben sich die Ex-Post-Transaktionskosten. Sie beinhalten Nachbesserungs-Kosten, wenn die Vertragsbedingungen nachträglich geändert werden müssen, sowie Kosten für die Durchführung des Leistungsaustauschs. s. **Elektronischer Markt**
E2

Transferregeln
In regelbasierten Systemen zur maschinellen Übersetzung wird der Satz in der Ausgangssprache zunächst semantisch analysiert und repräsentiert. Diese Repräsentation wird mit Transferregeln in eine semantische Repräsentation des Satzes in der Zielsprache überführt, aus der dann der Satz generiert wird.
B14

Transformationsvertrag
Ein Vertrag zwischen **Verlag**en und i. d. R. **Bibliothek**skonsortien, der die vormals getrennten Bereiche Lesen und Publizieren gemeinsam in den Blick nimmt und das Ziel der Überführung von Zeitschriften von Subskription zu **Open Access** verfolgt. s. **Read-and-Publish-Vertrag**
E10

Transformer
Eine neuronale Architektur, welche lernt, Sprachsequenzen in andere Sprachsequenzen zu übertragen und welche in der Sprachverarbeitung vor allem für Sätze eingesetzt wird. Eine Encoder-Schicht überträgt ein Eingangsmuster, in dem ein Wort durch numerische Vektoren dargestellt ist, auf einen Vektor mit weniger Stellen. Dabei erhält es zusätzlichen Input von den Wort-Vektoren anderer Stellen in einem Satz. So erlernt das Modell den Zusammenhang zwischen Mustern in Sätzen. Trainiert wird ein Transformer anhand von zahlreichen Beispielen für Sätze, die in einem Zusammenhang stehen. Transformer lassen sich gut für weitere Klassifikationsaufgaben nachtrainieren und werden auch für die Bildanalyse eingesetzt.
C5

Transformer-Modell
Eine Methode **maschinellen Lernens** in der Sprachtechnologie, das auf neuronalen Netzen und Word Embeddings basiert und diesen den Attention-Mechanismus hinzufügt, bei dem zunächst die relevantesten Phrasen betrachtet. s. **Transformer**
B14

Transkript
ist die schriftliche Repräsentation einer ursprünglich mündlichen Wiedergabe, wobei diese nicht auf den gesprochenen Text beschränkt ist, sondern ebenso verbale und non-

verbale Ereignisse umfassen kann. Transkripte werden nach festen Regeln erstellt und sind Grundlage für (wissenschaftliche) Analysen. s. **Spektrogramm**
C6

Transmission Control Protocol/Internet Protocol (TCP/IP)
Technisches Übertragungsprotokoll des Internet. Das Internet Protocol (IP) übernimmt den Transport der Daten zwischen zwei Rechnern auf Basis einer eindeutigen Adresse (IP-Nummer), während sich das Transmission Control Protocol (TCP) mit zugehörigen Anwendungen über sogenannte Ports verbindet (Beispiel: TCP-Port 80 für Web-Server).
F2

Triplestore
Informationssystem für die Speicherung und Abfrage von **RDF**-Aussagen, welche in der Regel als Subjekt-Prädikat-Objekt Tripel vorliegen. Als Abfragesprache kommt dabei oft **SPARQL** zur Anwendung.
B10

Turns
Zentrale Wendepunkte, sogenannte *Turns*, sind ein theoretisches Konstrukt, bei dem Wissenschaftler*innen eines Feldes sich neuen theoretischen, methodologischen oder inhaltlichen Grundsätzen zuwenden, die in der Regel den bisherigen Status Quo der Forschung in Frage stellen.
D1

Turtle
Textuelle Repräsentation von **RDF** in Form von hintereinander geschriebenen Tripeln, die durch Punkte getrennt werden. Bestimmte Abkürzungsregeln erlauben eine kompaktere Darstellung.
B10

TZF s. **Textzusammenfassung**

Überlappung
Visuelle Objekte oder akustische Ereignisse können sich überlappen und gegenseitig verdecken. Das erschwert die Klassifikation und erfordert in der Regel spezielle Verfahren, um die Überlappung aufzulösen. s. **Spektrogramm**
C6

Überlieferungsbildung
Bewusste Bildung einer Überlieferung von bleibendem Wert mittels Bewertung oder Sammlung. Ergebnis ist der archivwürdige Bestand an Archivgut.
A7

Übertragen
Eine Erfassungsmethode im Rahmen der **formalen Erschließung**/Erfassung, bei der Informationen in einer Ressource, welche diese selbst beschreiben (z. B. Titel, Verantwortlichkeitsangaben und Verlag auf der Titelseite eines Buchs), mehr oder weniger genau abgeschrieben werden.
B6

UDC s. **Universelle Dezimalklassifikation/DK**

UGC s. **User-generated content (nutzergenerierte Inhalte)**

UNESCO Global media and information literacy (MIL) assessment framework
Darstellung der individuellen Kompetenz einzelner Nutzer*innen und der Makroebene der sogenannten Medien- und Informationskompetenzbereitschaft von Ländern. Diese gliedern sich nach: 1. Medien und Information in der Bildung, 2. Politik zur Medien- und Informationskompetenz, 3. Medien- und Informationsversorgung, 4. Zugang und Nutzung von Medien und Informationen, 5. Zivilgesellschaft.
D8

Uniform Resource Identifier (URI)
Regelwerk für die Spezifikation und Adressierung von Internetressourcen. Uniform Resource Identifier werden mittels Uniform Resource Locator (**URL**) oder Uniform Ressource Name (**URN**) umgesetzt.
F2

Uniform Resource Name (URN)
Ein vom genauen Ort unabhängiger Name einer (Internet-)Ressource, der lediglich eindeutig bezeichnet wird. Beim Zugriff wird der genaue Ort der Ressource und die Zugriffsart dynamisch über anderweitige Systeme geliefert.
F2

Universelle Dezimalklassifikation/DK (UDC)
Klassifikation auf der Basis von Zehner-Unterteilungen, die von Paul Otlet im Rahmen der Dokumentations-Bewegung seit etwa 1892 aus der aus den USA übernommenen Dewey Decimal Classification (1876) entwickelt wurde zur systematischen und sprachneutralen Ordnung von Informations-Inhalten (und **Dokument**en). Einsatz vor allem in Europa und im technisch-wissenschaftlichen Bereich. Sprachfassungen in über 20 Sprachen, darunter Englisch, Französisch, Deutsch, Spanisch, Russisch wurden erstellt. In Deutschland wird die DK durch das **DIN** über ein Konsortium verwaltet und gepflegt.
A11

Urheber
Nach § 7 UrhG ist der Urheber der Schöpfer eines Werkes. Durch den Schaffensvorgang entstehen in seiner Person automatisch sämtliche Urheberrechte. Eine Anmeldung oder Registrierung des Werkes ist nicht erforderlich.
F3

Urheberpersönlichkeitsrecht
Schutz der besonderen ideellen Beziehung zwischen dem **Urheber** und seinem Werk. Konkretisiert wird es durch das Veröffentlichungsrecht aus § 12 UrhG, das Recht auf Anerkennung der Urheberschaft gemäß § 13 UrhG und den Schutz vor Entstellungen nach § 14 UrhG.
F3

Urheberrechtliches Werk
Als Werke geschützt sind nach § 2 Abs. 2 UrhG persönliche geistige Schöpfungen. Ausschlaggebend ist, dass das Werk eine gewisse Gestaltungshöhe aufweist, in der die Individualität und Originalität des Urhebers zum Ausdruck kommen.
F3

URL s. **Uniform Resource Identifier**

URN s. **Uniform Resource Name (URN)**

Usability
„Gebrauchstauglichkeit" (DIN EN ISO 9241-11) oder umgangssprachlich die „Benutzerfreundlichkeit", d. h. das Ausmaß, in dem ein System, ein Produkt oder eine Dienstleistung durch bestimmte Benutzer*innen in einem bestimmten Nutzungskontext effektiv, effizient und zufriedenstellend genutzt werden kann.
D3

User Experience (UX)
Das „Benutzererlebnis" bzw. das subjektive Erleben eines Systems, Produkts oder einer Dienstleistung durch eine Person nach DIN EN ISO 9241-210, d. h. sämtliche Emotionen, Vorstellungen, Vorlieben, Wahrnehmungen, physiologischen und psychologischen Reaktionen, Verhaltensweisen und Leistungen, die sich vor, während und nach der Nutzung ergeben.
D3

User-generated content (nutzergenerierte Inhalte) (UGC, NGI)
Inhalte, die über das Web 2.0, Social Software oder Social Media von den Nutzenden erzeugt werden, bezeichnet man als User-generated content. Nach einem OECD-Report (*Organisation for Economic Co-operation and Development*) von 2007 handelt es sich um UGC, wenn der Inhalt 1) öffentlich und über das Internet zugänglich ist, 2) durch eine kreative Eigenleistung entstanden ist und 3) außerhalb von professionellen Routinen und Praktiken kreiert wurde.
E8

UX s. **User Experience**

Vektor-Semantik
Auf der Grundannahme, dass in einer Vektorrepräsentation ähnliche Texte auch ähnliche Vektoren bedeuten, wird ein algebraischer, semantischer Schluss gezogen, der z. B. ähnliche Begriffe in Texten erkennen lässt.
C9

Verlag
Ein Unternehmen in der Wertschöpfungskette v. a. der Buchbranche, das von Kreativen oder anderen Autor*innen Inhalte zur Nutzung erwirbt oder diese selbst erstellt und dann zu Produkten bündelt, die für den Fall der Buchbranche als Bücher oder Journals auf den Markt gebracht werden. Diese Produkte können durch Druck vervielfältigt oder in digitaler Form in Umlauf gebracht werden.
E4

Vertrauen

Spielt in der Kategorie der **Reaktion** im **R4-Modell** eine wichtige Rolle, indem es dazu beiträgt, die Komplexität in informationell unterbestimmten bzw. unsicheren Situationen derart zu reduzieren, dass handlungsrelevante **Information** tatsächlich genutzt werden kann. Das Vertrauen in die Wahrheit bzw. Wahrhaftigkeit der Medien für deren Nachrichten/Informationen wird durch Desinformation und andere Formen von Informationspathologien untergraben. (s. **Media Bias**) Blindes Vertrauen in die Wahrhaftigkeit einer Quelle kann dazu beitragen, dass Desinformation als handlungsrelevante Information angesehen wird. Daher ist **Informationskompetenz** entscheidend für das Vertrauen in Information und die Bekämpfung von Desinformation.
A1, F6

Verwertungsrechte

Sichern dem **Urheber** das ausschließliche Recht sein Werk zu nutzen und auszubeuten. Dazu zählt sowohl die Verwertung in körperlicher Form durch Vervielfältigung, Verbreitung und Ausstellung als auch in unkörperlicher Form, wozu insbesondere das öffentliche Zugänglichmachen in digitalen Medien zu rechnen ist (§ 15 UrhG).
F3

Video-on-Demand

Zugriffsform auf Videos, die auf Internet-**Plattform**en zum Abruf bereitgehalten werden.
A9

Virtuelle Kopräsenz

Soziale Situation, in der sich die Kommunizierenden zur selben Zeit am gleichen virtuellen Ort (z. B. in einer Virtual-Reality-Umgebung oder in einer Online-Gaming-Umgebung) befinden.
D2

Visual Analytics

Eine aus der Informationsvisualisierung hervorgegangene Fachdisziplin, die automatische Datenanalysetechniken der Künstlichen Intelligenz und des **Maschinellen Lernen**s mit interaktiver Informationsvisualisierung kombiniert, um ein effektives Verstehen, Schließen und Entscheiden auf der Basis sehr großer und komplexer Datenbestände zu ermöglichen.
B13

Visualisierung

Oberbegriff für die visuelle Repräsentation von Daten in Online- und Print-Medien oder in Anwendungsprogrammen. Darunter fallen u. a. die interaktive **Informationsvisualisierung** abstrakter Daten in algorithmisch generierten Diagrammen (z. B. weltweite COVID-19-Dashboards), die wissenschaftliche Visualisierung räumlicher Daten in Karten und 3D-Modellen (z. B. Klima- oder Tomografiedaten) und die von Informationsdesigner*innen gestalteten statischen Infografiken für Presseartikel oder Öffentlichkeitsarbeit mit ausgewählten Informationen (z. B. Preisentwicklungen, Wahlergebnisse).
B13

Vokabular
Begriffe, welche innerhalb einer **Ontologie** für die Beschreibung von Konzepten und deren Beziehungen zueinander, zur Anwendung kommen können.
B10

Volkszählungsgesetz (1982)
Die Datenerhebung über eine Volks-, Berufs-, Wohnungs- und Arbeitsstättenzählung hatte in der Bevölkerung erhebliche Ängste und Befürchtungen vor einem Überwachungsstaat ausgelöst. Die erfolgreiche Verfassungsbeschwerde mehrerer Bürger*innen gegen das Volkszählungsgesetz hatte die weitere Diskussion um das Recht auf Datenschutz entscheidend beeinflusst.
F4

Web Ontology Language (OWL)
Ein Vokabular für die Beschreibung von **Ontologie**n, welches in der Regel gemeinsam mit **RDF** Verwendung findet. OWL bietet gegenüber **RDFS** die Möglichkeit, wesentlich komplexere Beschreibungen zu verfassen.
B10

Weiterbildender Studiengang
Weiterbildende Masterstudiengänge richten sich an Personen mit Studienabschluss und berufspraktischer Erfahrung i. d. R. von mindestens einem Jahr. Bei der Konzeption der Studiengänge wird vor allem auf die Berufspraxis reflektiert, nicht auf den ersten Studienabschluss. Sie entsprechen hinsichtlich der Anforderungen den konsekutiven Masterstudiengängen und führen zu dem gleichen Qualifikationsniveau.
A5

Wertestandard
Ein bestimmter Typus von Metadatenstandard, der Werte vorgibt. Dies kann u. a. eine einfache Liste von Werten sein, eine Klassifikation oder eine Normdatei wie die **GND**. Bei der Erfassung von **Metadaten** kann vorgeschrieben sein, dass ein Element mit Werten aus einem bestimmten Wertestandard zu befüllen ist.
B6

Wikidata
Ein semantischer Unterbau für das Online-Lexikon Wikipedia, der zum Ziel hat, eine einheitliche, semantische Datengrundlage für Wikipedia zu schaffen, beispielsweise für Geburtsdaten, Namen usw.
B10

Wissen
Aussagen über Objekte und Sachverhalte, die sich auf Gewissheit, Tatsachenfeststellungen, logischen, wissenschaftlichen Kriterien, aber im Sinne eines **Wissenskontinuum**s auch auf Intuition, eigene Anschauung, Glauben etc. gründen. In der **Philosophy of Information** wird Wissen aus wohlgeformten Daten und semantischer, wahrer **Information** abgeleitet.
A1

Wissenschaftliche Weiterbildung
Ermöglicht Berufstätigen und Wiedereinsteiger*innen den Zugang zu wissenschaftlichen Erkenntnissen und qualifiziert sie für neue und sich ändernde Bedingungen in Wirtschaft, Technologie und Gesellschaft. Mittels weiterbildender Studiengänge und/oder Zertifikatskursen werden sie befähigt, mit aktuellen und zukünftigen Anforderungen des Berufsalltags kompetent und sicher umzugehen.
A5

Wissensgraph
Aufbauend auf der Graphdarstellung von RDF werden semantische Datenbestände oder verknüpfte Wissensdaten unabhängig von der eigentlichen Darstellungsform oft als Wissensgraph bezeichnet.
B10

Wissenskontinuum
Die Annahme, dass Wissen nicht über einen (absoluten) Wahrheitsbegriff definiert werden kann. Vielmehr begründe sich **Wissen** über ein Wissenskontinuum, in dem (sogar Lüge bzw. kaum haltbare Annahmen) Vermutung, Glauben, Meinung, empirische Evidenz, Richtigkeit, Überprüfbarkeit und Wahrhaftigkeit etc. das Ausmaß von Wahrheit beeinflussen.
A1

Wissenskultur
Prinzipien und Praktiken der Erzeugung und Validierung von **Wissen** innerhalb eines sozialen Kontextes. In der Informationsdidaktik bildet das praxiswissenschaftliche Konzept der Wissenskulturen die Grundlage für die Analyse und Identifikation von Besonderheiten des Umgangs mit **Information** im Kontext der (disziplin)-spezifischen Praktiken der Wissenserzeugung unter spezifischen institutionellen, zeitlichen und infrastrukturellen Voraussetzungen.
D9

Wissensmanagement
Zuständig für Erwerb, der Entwicklung, dem Transfer, der Speicherung sowie der Nutzung von **Wissen** in Unternehmen. Das Wissensmanagement bildet ein integriertes Interventionskonzept, das sich mit den Möglichkeiten zur Gestaltung der organisationalen Wissensbasis befasst.
D7

Wissensobjekte
Von Personen (oder auch von Maschinen/Algorithmen) aus Daten und Wissensfragmenten erstellt. Wissensobjekte sind Objekte, die in irgendeiner medialen (also nicht nur textuellen) Form erstellt, aber noch nicht öffentlich zugänglich gemacht (publiziert) worden sind. Die Leistung von Personen oder Maschinen, Wissensobjekte zu erstellen, besteht nicht nur in der semantischen Repräsentation von ermittelten Daten oder Wissensfragmenten, sondern auch einer dem jeweiligen Medium angemessenen syntaktischen kohärenten Anordnung. Verfügbar werden sie erst, wenn sie durch Personen oder Organisationen bzw. Maschinen/Algorithmen auf den **Informationsmärkten** in **Informationsobjekte** transformiert und öffentlich zugänglich werden.
A1

Wissensorganisation
Die Organisation der Ablage und die inhaltliche Charakterisierung von Informationsobjekten und dem durch sie repräsentierten Wissen, so dass sie leicht(er) auffindbar sind. Informationsobjekte können digitaler Natur (z. B. eBook, gescanntes Foto, Video) oder physischer Natur sein (z. B. Buch, Fotografie).
B1

Wissenschaftssoziologie s. Epistemologie

Wissenschaftstheorie
Die meist normative Beschreibung, wie Wissenschaft arbeitet und sich begründet. Insbesondere der „kritische Rationalismus" (Karl Popper) prägt den Wissenschaftsbetrieb mit dem Verdikt des Falsifikationsprinzips: eine wissenschaftliche Aussage gilt zunächst als Hypothese, die falsifizierbar ist, d. h. aufgegeben wird, wenn sie (z. B. empirisch) widerlegt werden kann. s. **Epistemologie**, **Metatheorie**
A3

World Wide Web (WWW)
Eine technische Infrastruktur im Internet, mit der (mittels Auszeichnungssprachen wie HTML) semi-formatierte Webseiten (Hypertext-Dokumente und andere Web-Ressourcen) unter Verwendung von Browsern aufgerufen und visualisiert werden können.
B12

Worteinbettungen *(word embeddings)*
Kurze Wortrepräsentationen in Form von Vektoren, die im Vergleich zu den dünn besetzten Vektoren nicht für jeden Eintrag im Vokabular oder pro Dokument eine Dimension umfassen, sondern meist mit wenigen Hundert Dimensionen auskommen.
C9

WWW s. World Wide Web

XML s. Extensible Markup Language

Z39.50
Spezifisches Netzwerkprotokoll, das im Bibliothekswesen zur Abfrage von bibliografischen Informationssystemen verwendet wird. Z39.50 wird immer mehr von SRU (Search/Retrieve via URL) abgelöst.
F2

Zeitschriftenkrise
Eine z. B. durch steigende Preise für wissenschaftliche Zeitschriften bedingte Situation, die Forschende bei der Rezeption von wissenschaftlicher Information behindert und die damit innovationshemmend wirkt, wenn öffentlich finanzierte Bibliotheken die Preissteigerungen der Verlage nicht tragen können.
E10

Zentralstelle für maschinelle Dokumentation (ZMD)
1964 gegründetes Institut, das unter Einsatz der nichtnumerischen elektronischen Datenverarbeitung bis 1980 Forschungs- und Entwicklungsarbeiten durchführte und Informationsdatenbanken aufbaute, darunter die weltweit erste elektronisch erzeugte Natio-

nalbibliographie, und einen postgradualen Ausbildungsgang mit dem Schwerpunkt **Information Retrieval** und **Indexing** anbot.
A2

Zitationsindexierung
Eine Indexierungsmethode, die auf Zitationen und Referenzen von Publikationen beruht. Basierend auf den Relationen zwischen zitierender und zitierter Publikation findet eine automatische Verlinkung von thematisch ähnlichen Artikeln statt.
B11

Zitatrecht
Die Zitierfreiheit aus § 51 UrhG erlaubt – unabhängig von einer Erlaubnis des Rechteinhabers und ohne Vergütungsverpflichtung – die Vervielfältigung, Verbreitung und öffentliche Wiedergabe eines fremden Werkes zum Zwecke des Zitats. Sie schafft damit die rechtlichen Voraussetzungen für eine freie intellektuelle Auseinandersetzung mit fremden Werken.
F3

ZMD s. **Zentralstelle für maschinelle Dokumentation**

Zweckübertragungslehre
Der **Urheber** überträgt im Zweifel keine weitergehenden Rechte als es der Zweck der Verfügung erfordert.
E5

Zweitverwertungsrecht
Auch wenn einem Verleger ein ausschließliches Nutzungsrecht übertragen wurde, ist nach § 38 Abs. 4 UrhG eine Zweitverwertung wissenschaftlicher Zeitschriftenbeiträge in der Manuskriptversion nach Ablauf von zwölf Monaten zu nicht kommerziellen Zwecken gestattet, sofern der Beitrag das Resultat einer mindestens zur Hälfte öffentlich finanzierten Forschungstätigkeit ist.
F3

Autorinnen und Autoren

Prof. Dr. Rolf Assfalg
Duale Hochschule Baden-Württemberg Heidenheim
Studiengangsleiter Informatik - Informationstechnik
rolf.assfalg@dhbw-heidenheim.de
https://www.heidenheim.dhbw.de/dhbw-heidenheim/ansprechpersonen/prof-dr-rolf-assfalg
B 9 Metadaten

Thomas Bähr M. A.
Technische Informationsbibliothek (TIB)
thomas.baehr@tib.eu
https://www.tib.eu
A 12 Langzeitarchivierung

Prof. Dr. Bernard Bekavac
Fachhochschule Graubünden
Schweizerisches Institut für Informationswissenschaft
Bernard.Bekavac@fhgr.ch
https://www.fhgr.ch/personen/person/bekavac/
F 2 Informations- und Kommunikationstechnologien

Nicola Bieg
Technische Informationsbibliothek (TIB)
Referentin für Lizenzen
Nicola.Bieg@tib.eu
https://www.tib.eu
E 5 Lizenzierungsformen (zusammen mit Judith Ludwig, Alexander Pöche, Irina Sens und Dana Vosberg)

Prof. Dr. Christoph Bläsi
Johannes Gutenberg-Universität
Gutenberg-Institut für Weltliteratur und schriftorientierte Medien / Buchwissenschaft
christoph.blaesi@uni-mainz.de
https://personen.uni-mainz.de/public/person/2363
E 4 Verlage in Wissenschaft und Bildung

Peter Brettschneider
Bundesverwaltungsgericht Leipzig
pbrettschneider@web.de
F 3 Urheberrecht

Open Access. © 2023 Autorinnen und Autoren, publiziert von De Gruyter. Dieses Werk ist lizenziert unter der Creative Commons Attribution 4.0 International Lizenz.
https://doi.org/10.1515/9783110769043-072

Prof. Dr. Johannes Casper
Universität Hamburg
Fakultät Rechtswissenschaft
Johannes.caspar@uni-hamburg.de
https://www.jura.uni-hamburg.de/die-fakultaet/personenverzeichnis/caspar-johannes.html
F4 Datenschutz und Informationsfreiheit

Sebastian Diem, MSc
Universität Hildesheim
Institut für Informationswissenschaft und Sprachtechnologie
diem@uni-hildesheim.de
C 5 Bild- und Video-Retrieval (zusammen mit Thomas Mandl)

Prof. Dr. Nicola Döring
Technische Universität Ilmenau, Fachgebiet Medienpsychologie und Medienkonzeption
nicola.doering@tu-ilmenau.de
https://www.nicola-doering.de/
D 2 Computervermittelte Kommunikation

Dr. Isabelle Dorsch
Heinrich-Heine-Universität Düsseldorf
Abteilung Informationswissenschaft
isabelle.dorsch@hhu.de
https://www.isi.hhu.de/dorsch
B 11 Bibliometrie (zusammen mit Stefanie Haustein)

Prof. Dr. Maximilian Eibl
Technische Universität Chemnitz
Professur Medieninformatik
maximilian.eibl@informatik.tu-chemnitz.de
https://www.tu-chemnitz.de/informatik/mi/
C 6 Audio- und Musik-Retrieval (zusammen mit Josef Haupt, Stefan Kahl, Stefan Taubert, Thomas Wilhelm-Stein)

Dr. Stefanie Elbeshausen
Universität Hildesheim
Institut für Informationswissenschaft und Sprachtechnologie
stefanie.elbeshausen@uni-hildesheim.de
https://www.uni-hildesheim.de/fb3/institute/iwist/mitglieder/elbeshausen/
C 10 Modellierung von Benutzer*innen, Kontextualisierung, Personalisierung

Dr. David Elsweiler
Universität Regensburg
Lehrstuhl für Informationswissenschaft
david.elsweiler@ur.de
https://www.uni-regensburg.de/sprache-literatur-kultur/informationswissenschaft/mitarbeiter/david-elsweiler/index.html
C 4 Interaktives Information Retrieval (zusammen mit Udo Kruschwitz)

Axel Ermert
Institut für Museumsforschung, Staatliche Museen zu Berlin
axel@ermert-hagedorn.de
A 11 Normen und Standardisierung im Informationsbereich

Dr. Sigrid Fahrer
DIPF | Leibniz-Institut für Bildungsforschung und Bildungsinformation
Informationszentrum Bildung
fahrer@dipf.de
https://www.dipf.de/de/institut/personen/fahrer-sigrid#0
E 12 Open Educational Resources (zusammen mit Tamara Heck)

Jochen Fassbender
Indexetera
jf@indexetera.de
http://www.indexetera.de/
B 7 Register/Indexe

Prof. Dr. Norbert Fuhr
University of Duisburg-Essen
Dept. of Computer Science and Applied Cognitive Science
norbert.fuhr@uni-due.de
https://www.is.inf.uni-due.de/
C 2 Modelle im Information Retrieval

Dr. Maria Gäde
Humboldt-Universität zu Berlin
Institut für Bibliotheks- und Informationswissenschaft
maria.gaede@ibi.hu-berlin.de
https://www.ibi.hu-berlin.de/de/institut/personen/gaede
D 9 Informationsdidaktik (zusammen mit Antje Michel, Anke Wittich und Inka Tappenbeck)

Prof. Dr. rer. nat. Ursula Georgy
Technische Hochschule Köln
Institut für Informationswissenschaft
ursula.georgy@th-koeln.de
https://www.th-koeln.de/personen/ursula.georgy/
A 5 Lehre, Ausbildung in der Informationswissenschaft (zusammen mit Frauke Schade und Stefan Schmunk)
E 7 Marketing für Informationseinrichtungen (zusammen mit Frauke Schade)

Prof. Dr. Bela Gipp
Georg-August-Universität Göttingen,
Scientific Information Analytics
gipp@uni-goettingen.de
https://gipplab.org/
F 5 Plagiat (zusammen mit Norman Meuschke und Nicole Walger)

Prof. Dr. Elke Greifeneder
Humboldt-Universität zu Berlin, Institut für Bibliotheks- und Informationswissenschaft
greifeneder@ibi.hu-berlin.de
https://www.ibi.hu-berlin.de/de/institut/personen/greifeneder
D 1 Information Behaviour (zusammen mit Kirsten Schlebbe)
D 5 Information Need, Informationsbedarf und -bedürfnis (zusammen mit Kirsten Schlebbe)

Prof. Dr. Joachim Griesbaum
Universität Hildesheim
Institut für Informationswissenschaft und Sprachtechnologie
griesbau@uni-hildesheim.de
https://www.uni-hildesheim.de/fb3/institute/iwist/mitglieder/griesbaum/
D 8 Informationskompetenz
E 6 Online Marketing

Prof. Dr. Udo Hahn
Friedrich-Schiller-Universität Jena
Jena University Language & Information Engineering (JULIE) Lab
udo.hahn@uni-jena.de
https://julielab.de/Staff/Hahn/
B 8 Automatisches Abstracting
B 12 Automatische Sprachverarbeitung

Josef Haupt
Technische Universität Chemnitz
Professur Medieninformatik
josef.haupt@informatik.tu-chemnitz.de
https://www.tu-chemnitz.de/informatik/mi/
C 6 Audio- und Musik-Retrieval (zusammen mit Maximilian Eibl, Stefan Kahl, Stefan Taubert, Thomas Wilhelm-Stein)

Prof. Dr. Stefanie Haustein
University of Ottawa
School of Information Studies
stefanie.haustein@uottawa.ca
https://uniweb.uottawa.ca/?lang=en#/members/2846
B 11 Bibliometrie (zusammen mit Isabelle Dorsch)

Dr. Tamara Heck
DIPF | Leibniz-Institut für Bildungsforschung und Bildungsinformation
Informationszentrum Bildung
heck@dipf.de
https://www.dipf.de/de/institut/personen/heck-tamara#0
E 12 Open Educational Resources (zusammen mit Sigrid Fahrer)

Dr. Ulrich Herb
Saarländische Universitäts- und Landesbibliothek
Abteilungsleiter Publikations- und Forschungsunterstützung
u.herb@sulb.uni-saarland.de
https://www.sulb.uni-saarland.de/informationen/organisationsstruktur/publikations-und-forschungsunterstuetzung
B 15 Verfahren der wissenschaftlichen Qualitäts-/Relevanzsicherung/Evaluierung
E 10 Open Access (zusammen mit Heinz Pampel)

Prof. Dr. Hans-Christoph Hobohm
Fachhochschule Potsdam
Fachbereich Informationswissenschaften
Humboldt Universität zu Berlin
Institut für Bibliotheks- und Informationswissenschaft
hobohm@fh-potsdam.de
hans-christoph@hobohm.info
https://hobohm.edublogs.org/
A 3 Theorien in der Informationswissenschaft

Dr. Anna Maria Höfler
ZBW – Leibniz-Informationszentrum Wirtschaft
Science Policy Coordinator
a.hoefler@zbw.eu
https://www.zbw.eu/en/research/open-science/anna-maria-hoefler
E 9 Open Science (zusammen mit Klaus Tochtermann)

Dr. Gabriele Irle
Leibniz-Institut für Wissensmedien (IWM)
Arbeitsgruppe Wissenskonstruktion
gabriele@irle.net
https://www.iwm-tuebingen.de/www/de/personen/ma.html?uid=girle
D 4 Emotionen im Information Seeking

Prof. Dr. Hans-Christian Jetter
Universität zu Lübeck
Institut für Multimediale und Interaktive Systeme
jetter@imis.uni-luebeck.de
http://jetter-it.de
B 13 Informationsvisualisierung und Visual Analytics
D 4 Mensch-Computer-Interaktion, Usability und User Experience

Dr. Stefan Kahl
Technische Universität Chemnitz
Professur Medieninformatik
stefan.kahl@informatik.tu-chemnitz.de
https://www.tu-chemnitz.de/informatik/mi/
C 6 Audio- und Musik-Retrieval (zusammen mit Maximilian Eibl, Josef Haupt, Stefan Taubert, Thomas Wilhelm-Stein)

Dr. Andreas Oskar Kempf
ZBW – Leibniz-Informationszentrum Wirtschaft
a.kempf@zbw.eu
https://www.zbw.eu/de/ueber-uns/profil/andreas-oskar-kempf
B 4 Thesauri

Dr. Michael Kleineberg
Freie Universität Berlin
Universitätsbibliothek
michael.kleineberg@fu-berlin.de
https://www.fu-berlin.de/sites/ub/ueber-uns/team/kleineberg/index.html
B 5 Klassifikation

Prof. Dr. Jan Krone
Fachhochschule Pölten
Department Medien und Digitale Technologien
Jan.Krone@fhstp.ac.at
https://www.fhstp.ac.at/de/uber-uns/mitarbeiter-innen-a-z/krone-jan
E 3 Medienökonomie (zusammen mit Tassilo Pellegrini)

Prof. Dr. Udo Kruschwitz
Universität Regensburg
Lehrstuhl für Informationswissenschaft
udo.kruschwitz@ur.de
https://www.uni-regensburg.de/sprache-literatur-kultur/informationswissenschaft/mitarbeiter/udo-kruschwitz/index.html
C 4 Interaktives Information Retrieval (zusammen mit David Elsweiler)

Prof. Dr. Rainer Kuhlen
Universität Konstanz
Fachbereich Informatik und Informationswissenschaft
rainer.kuhlen@uni-konstanz.de
http://www.kuhlen.name/
A 1 Information – ein Konstrukt mit Folgen (zusammen mit Wolfgang Semar)
E 1 Informationsmarkt
F 6 Informationspathologien – Desinformation

Prof. Dr. Klaus Lepsky
Technische Hochschule Köln
Institut für Informationswissenschaft
klaus.lepsky@th-koeln.de
https://www.th-koeln.de/personen/klaus.lepsky/
B 3 Automatisches Indexieren

Prof. Dr. Dirk Lewandowski
Hochschule für Angewandte Wissenschaften Hamburg
Department Information
dirk.lewandowski@haw-hamburg.de

https://www.haw-hamburg.de/hochschule/beschaeftigte/detail/person/person/show/dirk-lewandowski/
A 4 Methoden in der Informationswissenschaft (zusammen mit Julia Maria Struß)
C 3 Suchmaschinen
D 6 Information Seeking Behaviour (zusammen mit Christa Womser-Hacker)

Prof. Dr. Hartwig Lüdtke
Technoseum, Direktor
hartwig.luedtke@technoseum.de
https://www.technoseum.de/museum/team/
A 7 Archive

Judith Ludwig
Technische Informationsbibliothek (TIB)
Justiziarin und Referentin für Lizenzen
judith.ludiwg@tib.eu
https://www.tib.eu
E 5 Lizenzierungsformen (zusammen mit Nicola Bieg, Alexander Pöche, Irina Sens, Dana Vosberg)

Prof. Dr. Thomas Mandl
Universität Hildesheim
Institut für Informationswissenschaft und Sprachtechnologie
mandl@uni-hildesheim.de
https://www.uni-hildesheim.de/fb3/institute/iwist/mitglieder/mandl/
B 16 Text und Data Mining
C 5 Bild- und Video-Retrieval (zusammen mit Sebastian Diem)

Dr. Norman Meuschke
Georg-August-Universität Göttingen
Scientific Information Analytics
meuschke@uni-goettingen.de
https://gipplab.org/
F5 Plagiat (zusammen mit Nicole Walger und Bela Gipp)

Prof. Dr. Antje Michel
Fachhochschule Potsdam, Institut für Informationswissenschaften
antje.michel@fh-potsdam.de
https://www.fh-potsdam.de/hochschule-netzwerk/personen/antje-michel
D 9 Informationsdidaktik (zusammen mit Maria Gäde, Anke Wittich und Inka Tappenbeck)

Barbara Müller-Heiden (Wiss. Dok.)
Mueller-Heiden@web.de
A 9 Mediatheken

Prof. Dr. rer. nat. Heike Neuroth
Fachhochschule Potsdam
Fachbereich Informationswissenschaften
heike.neuroth@fh-potsdam.de
https://heikeneuroth.org/
B 17 Forschungsdaten

Marlies Ockenfeld
Redaktion IWP
marlies.ockenfeld@gmx.net
A 2 Institutionalisierung der Informationswissenschaft und der IuD-Infrastruktur

Dr. Heinz Pampel
Helmholtz-Gemeinschaft
Helmholtz Open Science Office
heinz.pampel@os.helmholtz.de
https://heinzpampel.de/
E 10 Open Access

Prof. Mag. Dr. Tassilo Pellegrini
Fachhochschule Pölten
Department Digital Business und Innovation
Tassilo.Pellegrini@fhstp.ac.at
https://www.fhstp.ac.at/de/uber-uns/mitarbeiter-innen-a-z/pellegrini-tassilo
E 3 Medienökonomie (zusammen mit Jan Krone)

Prof. Vivien Petras, PhD
Humboldt-Universität zu Berlin
Institut für Bibliotheks- und Informationswissenschaft
vivien.petras@ibi.hu-berlin.de
https://www.ibi.hu-berlin.de/de/ueber-uns/personen/petras
C 8 Evaluation im Information Retrieval (zusammen mit Christa Womser-Hacker)

Prof. Dr. Isabella Peters
ZBW – Leibniz-Informationszentrum Wirtschaft
i.peters@zbw.eu
https://www.zbw.eu/de/forschung/web-science/isabella-peters
B 18 Folksonomies & Social Tagging
E 8 Social Media & Social Web

Dr. Alexander Pöche
Technische Informationsbibliothek (TIB)
Leiter Referat Lizenzen
alexander.poeche@tib.eu
https://www.tib.eu
E 5 Lizenzierungsformen (zusammen mit Nicola Bieg, Judith Ludwig, Irina Sens und Dana Vosberg)

Prof. Dr. habil. Ulrich Reimer
Eastern Switzerland University of Applied Sciences
Institute for Information and Process Management
ulrich.reimer@ost.ch
https://www.ulrichreimer.net/
B 1 Wissensorganisation
C 12 Empfehlungssysteme

Prof. Dr. Heiko Rölke
Fachhochschule Graubünden
Schweizer Institut für Informationswissenschaft
heiko.roelke@fhgr.ch
https://www.fhgr.ch/personen/person/roelke/
B 10 Ontologien und Linked Open Data (zusammen mit Albert Weichselbraun)

Prof. Dr. Hermann Rösch
Technische Hochschule Köln
Institut für Informationswissenschaft
Hermann.Roesch@th-koeln.de
https://www.fh-potsdam.de/hochschule-netzwerk/personen/karin-schwarz
F6 Informationsethik

Prof. Frauke Schade
Hochschule für Angewandte Wissenschaften Hamburg
Department Information
frauke.schade@haw-hamburg.de
https://www.haw-hamburg.de/hochschule/beschaeftigte/detail/person/person/show/frauke-schade/172/
A 5 Lehre, Ausbildung in der Informationswissenschaft (zusammen mit Ursula Georgy und Stefan Schmunk)
E 7 Marketing für Informationseinrichtungen (zusammen mit Ursula Georgy)

Prof. Dr. Philipp Schaer
Technische Hochschule Köln
Institut für Informationswissenschaft
philipp.schaer@th-koeln.de
https://www.th-koeln.de/personen/philipp.schaer/
C 9 Sprachmodelle und Neuronale Netze im Information Retrieval

Kirsten Schlebbe
Humboldt-Universität zu Berlin, Institut für Bibliotheks- und Informationswissenschaft
schlekir@hu-berlin.de
https://www.ibi.hu-berlin.de/de/ueber-uns/personen/schlebbe
D 1 Information Behaviour (zusammen mit Elke Greifeneder)
D 5 Information Need, Informationsbedarf und -bedürfnis (zusammen mit Elke Greifeneder)

Prof. Dr. Stefan Schmunk
Hochschule Darmstadt (University of Applied Sciences)

Fachbereich Media
stefan.schmunk@h-da.de
https://sis.h-da.de/personen/professor-innen-auf-einen-blick/prof-dr-stefan-schmunk
A 5 Lehre, Ausbildung in der Informationswissenschaft (zusammen mit Ursula Georgy und Frauke Schade)

Prof. Dr. René Schneider
Haute école de gestion de Genève | HEG-GE // HESSO
rene.schneider@hesge.ch
https://www.hesge.ch/heg/sites/default/files/cv-rene-schneider.pdf
A 6 Bibliotheken (zusammen mit Robert Strötgen)

Prof. Dr. Karin Schwarz
Fachhochschule Potsdam, Fachbereich Informationswissenschaften
karin.schwarz@fh-potsdam.de
https://www.fh-potsdam.de/person/person-action/karin-schwarz/?no_cache=1
A 7 Archive

Prof. Dr. habil. Wolfgang Semar
Fachhochschule Graubünden
Schweizerisches Institut für Informationswissenschaft
wolfgang.semar@fhgr.ch
http://www.semar.de/
A 1 Information – ein Konstrukt mit Folgen (zusammen mit Rainer Kuhlen)
E 2 Plattformökonomie
D 7 Informations- und Wissensmanagement

Prof. Ragna Seidler-de Alwis, MBA
Technische Hochschule Köln
Institut für Informationswissenschaft
ragna.seidler@th-koeln.de
https://www.th-koeln.de/personen/ragna.seidler/
A 10 Information Professionals
C 11 Informationsrecherche

Dr. Irina Sens
Technische Informationsbibliothek (TIB)
Stv. Direktorin/Leitung Bibliotheksbetrieb
irina.sens@tib.eu
https://www.tib.eu
E 5 Lizenzierungsformen (zusammen mit Nicola Bieg, Judith Ludwig, Alexander Pöche, und Dana Vosberg)

Dr. Tobias Siebenlist
Ronin Institute for Independent Scholarship
mail@tobias-siebenlist.de
https://ronininstitute.org/research-scholars/tobias-siebenlist/
E 11 Open Data
E 13 Open Government

Prof. Dr. Melanie Siegel
Hochschule Darmstadt
Studiengang Information Science
melanie.siegel@h-da.de
http://www.melaniesiegel.de/
B 14 Maschinelle Übersetzung

Robert Strötgen
Technische Universität Braunschweig, Direktor der Universitätsbibliothek
r.stroetgen@tu-braunschweig.de
https://www.ub.tu-braunschweig.de
A 6 Bibliotheken (zusammen mit René Schneider)

Prof. Dr. Julia Maria Struß
Fachhochschule Potsdam, Fachbereich Informationswissenschaften
julia.struss@fh-potsdam.de
https://juliamariastruss.org/
A 4 Methoden in der Informationswissenschaft (zusammen mit Dirk Lewandowski)

Prof. Dr. Inka Tappenbeck
Technische Hochschule Köln, Institut für Informationswissenschaft
inka.tappenbeck@th-koeln.de
https://www.th-koeln.de/personen/inka.tappenbeck/
D 9 Informationsdidaktik (zusammen mit Antje Michel, Maria Gäde und Anke Wittich)

Stefan Taubert
Technische Universität Chemnitz
Professur Medieninformatik
stefan.taubert@informatik.tu-chemnitz.de
https://www.tu-chemnitz.de/cs/mi/
C 6 Audio- und Musik-Retrieval (zusammen mit Maximilian Eibl, Josef Haupt, Stefan Kahl, Thomas Wilhelm-Stein)

Prof. Dr. Klaus Tochtermann
ZBW – Leibniz-Informationszentrum Wirtschaft
Direktor
k.tochtermann@zbw.eu
https://www.zbw.eu/de/forschung/klaus-tochtermann
E 9 Open Science (zusammen mit Anna Maria Höfler)

Dr. Dana Vosberg
Technische Informationsbibliothek (TIB)
Referentin für Lizenzen
dana.vosberg@tib.eu
https://www.tib.eu
E 5 Lizenzierungsformen (zusammen mit Nicola Bieg, Judith Ludwig, Alexander Pöche, und Irina Sens)

Nicole Walger
Universität Duisburg-Essen
Universitätsbibliothek
nicole.walger@uni-due.de
F5 Plagiat (zusammen mit Norman Meuschke und Bela Gipp)

Prof. Dr. habil. Albert Weichselbraun
Fachhochschule Graubünden
Schweizer Institut für Informationswissenschaft
albert.weichselbraun@fhgr.ch
https://www.fhgr.ch/personen/person/weichselbraun/
B 10 Ontologien und Linked Open Data (zusammen mit Heiko Rölke)

Prof. Heidrun Wiesenmüller
Hochschule der Medien
Studiengang Informationswissenschaften
wiesenmueller@hdm-stuttgart.de
https://www.hdm-stuttgart.de/iw
B 6 Formale Erschließung

Dr. Thomas Wilhelm-Stein
Technische Universität Chemnitz
Professur Medieninformatik
thomas.wilhelm-stein@informatik.tu-chemnitz.de
https://www.tu-chemnitz.de/cs/mi/
C 6 Audio- und Musik-Retrieval (zusammen mit Maximilian Eibl, Josef Haupt, Stefan Kahl, Stefan Taubert)

Dr. Anke Wittich
Hochschule Hannover, Fakultät III – Medien, Information und Design
anke.wittich@hs-hannover.de
https://im.f3.hs-hannover.de/studium/personen/dr-anke-wittich/
D 9 Informationsdidaktik (zusammen mit Antje Michel, Maria Gäde und Inka Tappenbeck)

Prof. Dr. Christa Womser-Hacker
Universität Hildesheim
Institut für Informationswissenschaft und Sprachtechnologie
womser@uni-hildesheim.de
https://www.uni-hildesheim.de/~womser
C 1 Informationswissenschaftliche Perspektiven des Information Retrieval (IR)

C 7 Cross-Language Information Retrieval
C 8 Evaluation im Information Retrieval (zusammen mit Vivien Petras)
D 6 Information Seeking Behaviour (zusammen mit Dirk Lewandowski)

Register

4R-Modell 8
A-Box 259
Anglo-American Cataloguing Rules (AACR) 211
Abonnement-Modell 739
Abonnieren 696–697
Aboutness 367
Abstracting 20, 231, 233-237, 239–240
Abstraktionsrelation 185, 197
Academic Rankings of World Universities (ARWU) 321
Actionable information 22, 829, 845, 885
Ad-Blocker 669
Ad-hoc-Suche 559
Additionsmethode 160
Adobe Analytics 674
Affective Turn 505, 535–536
After-Sales-Phase 622
Ähnlichkeitsmatrix 330
Akkreditierung 73-74, 80
Alaivate Analytics 609
Alexandria 83, 103
Algorithmen 64, 96, 121, 287, 298, 331, 334, 336, 341, 345, 365, 623, 769–770, 781, 812, 819–829, 836
Alleinstellungsmerkmal 687
Allgemeinen Erklärung der Menschenrechte 760
Allgemeinwissen 266
Alltagskommunikation 13, 16
Altmetriken/ Altmetrics 276, 354, 617
Anaphern 309
Anfrageexpansion 366, 436
Anfragetypen 393
Anglo-American Cataloguing Rules (AACR) 211
Annotation 284
Anomalous State of Knowledge (ASK) 17, 51, 369, 505, 545
Anreizsystem 572
Ansichtstransformation 300
Anwendungsforschung 58
Anwendungssoftware 780
Application Programming Interface (API) 321, 730, 750
Äquivalenzklasse 184
Äquivalenzrelation 185, 233
Archiv 84, 93, 95, 97, 99, 101m 112, 758, 832
Archivalien 93

Archiv/e 93, 95, 97, 99, 101, 758, 832
Archivgesetze 93, 96 Archivgut 93, 95
Archivierung 93, 700
Archivwissenschaft 94
ARD-Mediathek 111
Argumentationsstrukturen 288
Art and Architecture Thesaurus (AAT) 124
Article Processing Charge (APC) 87, 716
Artificial Intellgence (AI) 812
Assessment framework 584
Association for Information Science & Technology (ASIS&T) 507
Association of College & Research Libraries (ACRL) 55
Association of Internet Researchers (AIR) 513
Assoziationsrelation 185
Assoziatives Information Retrieval 369
Attribut/e 208, 258–259
Audio-Retrieval 423
Audiovisueller Medien 111
Aufbewahrung 85, 130–131
Aufstellungssystematik 195, 200–201
Auftrags-Modell 738
Auftretenswahrscheinlichkeit 307
Aura 103
Ausbildung 71, 73, 75, 77, 79, 81
Auskunftsdienste 90
Ausleihe 89
Aussagenlogik 260
Ausstattungspolitik 686
Authentizität 95, 97, 141
Automatische Spracherkennung 427
Automatische Sprachverarbeitung 281, 283, 285, 287, 289, 291, 293
Automatisches Abstracting 235–236, 290
Automatisches Indexieren 1/1
Autonomie 611
Autoren-Abstract 233
Axiome 258–259

Bachelor 75
Backtranslation 314
Backus Naur Form (BNF) 246
Bag-of-Words-Modell 238, 287, 456
Bedeutungsbeziehung 183
Bedürfnis 543

Befragung 61–62
Begriff 124, 153–154,183, 185, 196–187
Begründbarkeit 832
Behaviorismus 49
Belletristik 646
Benutzer*in 99, 113, 467, 525–526, 595
Benutzungsoberfläche 365
Beobachtung 61, 63, 537
Bereichsethiken 755, 759
Berry picking 51, 554, 558, 560
Berufsausbildung 74
Berufsbegleitender Bachelor 76
Berufsethik 93
Best match-System 369
Bestand 86–89, 131, 197
Beteiligungsmöglichkeit 749
Betriebsmodell 140
Betriebssystem 780
Beziehungsmanagement 696
Bibliometrie 61, 90, 271
Bibliothek/en 83–84, 89, 112, 195, 201, 203, 607, 758, 763, 770,796
Bibliotheksbau 86, 132
Bibliothekskatalog 87–88
Bibliothekspädagogik 599
Bibliothekswissenschaft 52
Big Data 659, 757, 769
Bilaterale Lizenzierung 658
Bildung 100, 104, 108, 736
Bildverarbeitung 413–414
Binäres System 774, 778
Blogs 696
Bologna-Prozess 72
Book-Lizenzen 87
Book-on-Demand 114
Boolesches Retrieval 366
Bradfords Gesetz 51, 273
Brandwatch 673
Browsing 352, 358, 407, 559
Bücher 83, 610, 614
Buchmarkt 610
Buchstabenweise Sortierung 228
Bundesdatenschutzgesetz 804
Bundesministerium für Bildung und Forschung (BMBF) 616, 710, 718, 835
Bundesverfassungsgericht (BVerfG) 805–806
Bundeszentrale für politische Bildung (bpb) 112, 835

Cascading Style Sheet (CSS) 785
Categorizer 355
Centering-Modell 288
Centrum für Hochschulentwicklung 321
Chatbots 289
Cherry picking 833
CIDOC Conceptual Reference Model (CIDOC CRM) 215
Citation Order 199
CiteScore 608
Clickbait 830
Client-Server-Modell 781
Closed Access 663, 716
Clustering 189, 327, 330, 334
Code of Ethics 95
Code of Practice in Disinformation 834
Cognitive turn 50, 367, 505
Cold keywords 670
Collaborative Filtering/Retrieval/Seeking 468, 473
Colon-Klassifikation 199
Comma Separated Value (CSV) 252
Common knowledge 266
Commons 606
Community Watch 142
Community-Modell 739
Computerlinguistik 234, 281, 309, 365, 383, 836
Computerunterstütztes Indexieren 171
Computervermittelte Kommunikation (CvK) 511, 513, 515, 517, 519, 521, 523
Conditional Random Field 238
Consistency Bias 835
Constructionism 10
Constructivism 10
Content Management System (CMS) 785
Content Provider 3, 12, 617, 878
Content-based Image Retrieval 822
Content-Sharing-Dienste 696
Context-Marketing 672
Controlling 671
Convolutional neural network 238, 285, 415, 428, 447–448
Cookie 784
Coordinate indexing 166
Cranfield-Experiment 366, 403, 446
Creative Commons CC 720
Critical Theory 507

Cross-Language Information Retrieval
  (CLIR) 433, 435, 437, 439, 441, 447–448
Cross-Selling 626
CrossRef 609
Crowdfunding-Modell 739
Curation Lifecycle Model (DLM) 136
Cyberkriminalität 769–770

Dark Archive 140
Dashboards 302
Data Document Initiative (DDI) 253
Data Mining 303, 327, 329–331, 333, 335, 337, 491
Data Science 254, 328, 365
Data Stewardship 346
Data Warehouse 252
Datafizierung 635, 638
Daten 118, 245, 803
Daten/Fakten-Datenbanken 607
Datenanalyse 121, 531
Datenanbieter 731
Datenaufbereitung 60, 119
Datenaustausch 131–132
Datenbanken 200, 235, 610
Datenbankherstellerrecht 791
Datenbewirtschaftung 638
Datenerhebung 60, 513, 805, 807, 924
Datenfeld 129
Datenmanagement 120, 345, 403, 575
Datenminimierung 764, 769–770
Datennutzungsgesetz (DNG) 728, 731
Datenqualität 216
Datenschutz 344, 759–761, 763–766, 769
Datenschutzgrundverordnung/-
  konvention 808–809–810, 818, 855, 866
Datenträger 128, 130
Datentransformation 299
Datenvermeidung 764, 769
Datenvisualisierung 119
Datenwissenschaft 121
DEAL 615, 633
Declaration on Research Assessment
  (DORA) 321
Decoder 312–313
Deep learning 238, 285, 307, 337, 413, 417, 424, 460
Deep neural networks 437
Deepfake 830
Dependenzgrammatik 287

Depublikation 112
Derivation 172, 175, 282
Design Thinking 527
Desinformation 7–8, 18, 760–761, 767–770, 829–832, 834–835, 839–840
Desinformationsgesellschaft 7
Deskriptor 160, 164,183, 187
Deutsche Digitale Bibliothek (DDB) 105, 215
Deutsche Gesellschaft für Dokumentation
  (DGD) 28
Deutsche Gesellschaft für Online-Forschung
  (DGOF) 513
Deutsches Informationszentrum für technische
  Regelwerke (DITR) 40
Deutsches Institut für medizinische Dokumen-
  tation und Information (DIMDI) 37
Deutscher Museumsbund 107
Deutsche Forschungsgemeinschaft (DFG) 339–340, 710
Deutscher Museumsbund 105
Deutscher Qualifikationsrahmen (DQR) 73
Deutsches Informationszentrum für technische
  Regelwerke (DITR) 40
Dewey-Dezimalklassifikation (DDC) 196, 247
Dialogbasierte Suche 408
Didaktik 595–596, 599
Digital Divide 694
Digital Governance 748
Digital Humanities 339
Digital Object Identifier (DOI) 783
Digitale Langzeitarchivierung 135
Digitale Rechteverwaltung (DRM) 131
Digitale Spaltung 760, 762–763
Digitale Transformation 728, 746
Digitalisierung 89, 111, 117, 633, 635
Digitalstrategie 115, 748
DINI-Zertifikat für Open-Access-Publikations-
  dienste 715
Directory of Open Access Books (DOAB) 614
Directory of Open Access Journals 716
Directory of Periodicals 320
Direktmarketings 669
Discovery System 88, 200
Disintermediation 623, 647
Disjunkte Zerlegung 184
Diskriminierungsschutz 354, 812
Diskurs 50, 282, 288
Distributionelle Semantik 287
Distributionspolitik 686

DIW-Hierarchie 14
Document Type Definition (DTD) 248, 784
Dokument 159, 163, 179, 367
Dokumentar*innen 84
Dokumentarische Bezugseinheit (DBE) 159, 351
Dokumentationseinheit (DE) 159, 351
Dokumentationssprache 161, 195
Dokumentationszentrum 84
Dokumente 159
Dokumentenanalyse 64
Dokumentrepräsentation 379
Domain Analysis 506
Domain Name System 776
Domänen-Ontologie 257, 266–267
Double Blind Review 318
Dritter Ort 86
Duale Strategie 627
Dualismus 49
Dualzahlensystem 779
Dublin Core 216, 264, 737, 786
Dublin Core Metadata Initiative (DCMI) 250, 257
Dynamic queries 301
Dynamische Preisfindung 623
Dystopie 617

E-Books 87, 610
E-Branding 627–628
E-Commerce 621
E-Government 728, 782, 746–747
E-Mail-Marketing 669
Echokammer 399, 834
Echtzeitübertragung 112
Economies of Scale 645
Effektivität 531
Effizienz 531
Egalisierung 517
Ehrenautorschaft, 277
Eigenname 177, 230, 435–437
Eigennamenerkennung 177, 290
Einbettungsindexieren 230
Electronic Mall Bodensee (EMB) 622
Elektronische Publikationen 225, 227, 230
Elektronischer Dokumentlieferdienst 89
Elektronischer Marktplatz 621–622
Elsevier 608–609, 612
Embodiment turn 50, 507
Emojis 518
Emoticons 518
Emotion/-stheorien 21, 424–425, 485, 535–537

Empfehlungsobjekt 485
Empfehlungssystem/e 113, 405, 485, 487, 489, 491, 493, 495
Empirische Sozialforschung 57
Encoder 312–313
Endnutzer*in 610–611
Entailment 237, 239
Entity Relationship 251
Epistemische Überzeugung 589
Epistemologie/ epistemologisch 10–11, 14–15, 49, 831–832, 910
Erfassung 87, 106, 148, 209–210
Erkenntniszustände 15–16
Erlebnisort 104
Erschließung 3, 87–88, 98, 159, 207, 212, 700, 878
Erschöpfungsgrundsatz 793
Ethik 755–756, 758–759
Ethikkommissionen 757, 760
Ethische Implikationen 188
EU-Datenschutzrichtlinie 808
Europäische Richtlinie Audiovisuelle Mediendienste 112
European Data Portal 730
European Open Science Cloud (EOSC) 343, 703, 708
European Patent Office (EPO) 336
European Reference Index for the Humanities 320
Evaluation 239, 203, 330, 239, 443, 529
Event selection 833, 889
Everyday Life Information Seeking (ELIS) 506, 545
Evidenzbasierte Erwerbung 660
Exemplardatensatz 214
Exklusive Nutzungsrechte 611
Experiment 61, 64
Explizites Wissen 567
Exploratory Search Model 373
Expression 212–213
Extensible Markup Language (XML) 249, 260, 785
Externalisiertes Wissen 257
Extracting 234
Extrinsische Evaluation 239
Extrinsische Plagiatsanalyse 819
Eye Tracking 439

Face-to-Face-Kommunikation 511–512
Facebook 617, 671, 691, 834
Facettenklassifikation 164
Fachinformation 6, 13, 15, 832, 837
Fachinformationssystem/-zentrum 36, 832
Fachsprache/-terminologie 28, 124
Fachzeitschriften 611
Fact selection 833, 889
FAIR Prinzipien [SW1](Findable, Accessible, Interoperable, Reusable) 341, 344, 704, 707
Fair use-Doktrin 800
Fake News 85, 761, 768–769, 835–836
Fake Science 613
Faktencheck 833–834, 869
Fallstudie 65
Falsche Information 9
Fast Track Peer Review 322
Feature Engineering 238, 284, 406
Feedback Loop 695, 698
Fehlinformation 767–769
Fernleihe 88–89
Festschriften 614
Film Finder 300
Filter Bubble 399
Filter-Modell 517
Filterung 485
Findability 224–225
First-Copy 681
FIZ (Fachinformationszentrum)Chemie 37
FIZ Karlsruhe 38
FIZ Technik 40
Flaming 517 Flexion 282
Flipped journals 613
Fluency 314
Fokusgruppen 62
Folksonomies 154, 195, 351, 353, 355, 357, 359, 361
Format 210–211
Formatmigration 143
Forschung 57, 59, 84, 112, 339, 513
Forschungsdaten 84, 90, 323, 339, 341, 343, 345, 347, 349
Forschungsdatenmanagement 344, 704
Forum for Information Retrieval (FIRE) 449
Frageerweiterung 384
Frames 237
Framework for Information Literacy for Higher Education (ACRL) 581, 584

Framing 833
Fraunhofer-Informationszentrum Raum und Bau (IRB) 38
Free Software Foundation 749
Freemiummodell 739
Freie Lizenz 730, 750
Freies Vokabular 165
Freitextretrieval 161
Functional Requirements for Bibliographic Records (FRBR) 211–212
Funktionsdeskriptoren 167
Fusions- und Rankingalgorithmus 436

Garfieldsches Gesetz 273
Gedächtnisinstitutionen 94
Geistiges Eigentum 759–760, 766, 789, 817
Gemeinfrei 792
Gemeinsame Wissenschaftskonferenz 342
Gemeinwohlökonomie 606
General Public License (GPL) 780
Geo-Tag 356
Geoblocking 113
Geometrische Semantik 287
GermaNet 286
Geschäftsmodell/e 111, 610–611, 613, 618, 624–625
Gesellschaft Sozialwissenschaftlicher Infrastruktureinrichtungen (GESIS) 39
Gesichtserkennung 813
Gesprochene Sprache 286
Gestaltungshöhe 790
Gewichtung 331
Ghostwriting 277
Gleichgeordnete Indexierung 161, 166
GO FAIR Initiative 343
Gold Open Access 285, 663, 716
Google 391, 617, 669, 834
Google Analytics 360, 673–674
Grammatikdeskription 283
Grand Theories 47
Graphematik 281
Graphen 261, 352
Green Open Access 716
Grundformenwörterbuch 174
Grundformreduktion 331
Grundrecht/e 761, 764–765, 805, 813
Grundrechtecharta 809
Gulf of evaluation 526

Gulf of execution 526
Gute wissenschaftliche Praxis (GwP) 340, 824

Handelsportal 622
Handlung 7, 11, 13, 16, 912
Harvesting 730
Hashtag 355
Hassrede/n (hate speech) 334, 517, 769–770
Hierarchierelation 185, 195, 197, 223
Hirsch-Index 274
Histograms of oriented gradients (HOG) 414
Hochpreispolitik 608, 612
Höherer Bibliotheksdienst 78
Homonym 184
Hong Kong Principles 278 Hootsuite 673
Human Information Behaviour 500
Hybrid 610, 613
Hybrid Broadcast Broadband TV (HbbTV) 113
Hybrid Open Access 717
Hyperlink 793
Hypertext Markup Language (HTML), 782, 784
Hypertext transfer protocol (HTTP) 263, 783

Identity Warranting Theory 518
illokutionär 11, 912
Impact Factor 272, 321, 608, 617, 709
Implizites Wissen 567
Index/e 219, 220–221, 227, 395
Indexieren 159, 161, 163–165, 168–169, 171, 220, 219–221, 227–228, 230, 352–354, 379–380, 769
Indexierungsverfahren 163–164
Indexterm 171
Indikatives Abstract 233
Industriestandard 123
Infodemic 829 Infografiken 298
Informatik 3, 22, 58, 365
Information 3–26, 117, 543, 829
Information Avoidance 502
Information Behaviour 499, 501–503, 505, 507, 509, 553
Information Broker 117–118
Information Discovery 503
Information Encountering 504, 553
Information Experiences 502
Information Foraging 558
Information Grounds 506, 545
Information ist Wissen in Aktion 4, 11, 14, 16, 860, 863

Information Literacy 90
Information Literacy Competency Standards for Higher Education 582–583
Information Management (IM) 503
Information Need 543, 545, 547, 549, 551
Information Non-Seeking Behaviour 502
Information Non-Use 502
Information Overload 698
Information Practice/s 502, 507
Information Professional/s 13, 15, 117
Information Retrieval 195, 353, 365, 367, 369, 371, 373, 375, 377, 413, 469, 819–820
Information Search Process (ISP) 505, 556
Information Searching 500
Information Seeking 366, 470, 500
Information Seeking Behaviour (ISB) 553, 555, 557, 559, 561, 563, 565
Information Seeking Process (ISP) 545
Information Sharing 502
Information und Dokumentation (IuD) 195, 202
Information Use 502
Information-N 4, 12–13, 16–17
Information-P 3, 11, 14, 16
Information-Retrieval-System 443
Informationelle/s Selbstbestimmung/ srecht 759, 763–765, 805–806, 877
Informationelle Unsicherheit 3
Informationelle Urteilskraft 837
Informationelles Handeln 371
Informations- und Kommunikationstechnik/-technologie (IKT) 575, 758–760, 762
Informations- und Wissensmanagement 567, 569, 571, 573, 575, 577, 579
Informationsasymmetrie/n 622, 628, 681, 759
Informationsbedarf 358, 543, 545–547, 549, 551, 574
Informationsbedürfnis 369, 403–404, 538, 543, 545–547, 549, 551
Informationsdidaktik 595–599, 601
Informationsethik 755–761, 763, 765, 767, 769–771
Informationsextraktion 177
Informationsfreiheit/sgesetz 745, 47, 748, 758–759, 761– 762, 767–768, 813–814
Informationsgerechtigkeit 759, 762–763, 767–768
Informationsgesellschaft 83, 758, 760, 762, 764

Informationskompetenz 85, 90, 581, 583, 585,
    587, 589, 591, 593, 595–599, 762, 764,
    767–768, 770, 832, 837
Informationslinguistik 281
Informationsmanagement 118, 120, 567, 569,
    571–573, 575, 577, 579
Informationsmarkt (IMK) 115, 605, 607, 609,
    611, 613, 615, 617, 619
Informationsobjekt/e 3, 12–13, 17, 147, 606,
    721, 832
Informationsökologie 759, 768
Informationspathologien 7, 829–841
Informationsphase 621
Informationspolitik 30, 41–42,758
Informationsprodukte 606–607, 611, 618
Informationsqualität 767
Informationsquelle/n 119, 209, 478, 574
Informationsrecherche 477
Informationsressource/n 477, 574
Informationssicherheit 131
Informationssuche 118, 352, 403
Informationssystem7e 189, 467, 574
Informationstechnologien 773, 775, 777, 779,
    781, 783, 785, 787
Informationstheorie 8–9, 879
Informationsverhalten 99, 115, 358, 366, 499,
    535, 553, 595, 597–599
Informationsvermeidung 374, 553
Informationsvermittler 117, 119
Informationsvermittlung 117
Informationsvisualisierung 295
Informationsweiterverwendungsgesetz 728
Informationswirtschaft 574
Informationswissenschaft 31–35, 42,195, 365
Informatives Abstract 233
Infosphere 605
Inhaltsanalyse 64, 171, 180
Inhaltserschließung 130, 171, 179, 183, 195,
    202, 351, 367
Integriertes Informationsmanagement 573
Intellektuelles Indexieren 159, 161, 163,
    165,167, 169, 171
Interactive Query Expansion 405
Interaktives Information Retrieval 369, 403,
    405, 407, 409, 411
Intermediär 371, 621, 649,
International Classification of Deseases
    (ICD) 247
International Fact-Checking Network (IFCN) 834

International Federation of Library Associations
    and Institutions (IFLA) 87
International Cataloguing Principles (ICP) 213
International Publisher Association (IPA) 609
International Standard Bibliographic Description (ISBD) 211
Internationale Dokumentationsgesellschaft für
    Chemie (IDC) 28
Internationale Patentklassifikation (IPC) 196,
    247
Internet-Plattform 111, 113
Internetökonomie 760, 764, 766, 769–770
Internetwelt 6, 12–13
Inverse Dokumenthäufigkeit 179
Invertierter Index 368, 820
Ischool 33 ISO 125
ISO 3166 (International Organization for
    Standardization) 126
ISO/TC 37 126
ISO/TC 46 126
ISO/TC 130 127

Journal flipping 663
Journal Impact Factor 274, 320

Kandidatensuche 191, 819–820, 822
Katalog 208, 211, 213
Katalogisierung 207, 87
Kategorienkatalog 129
Klassifikation 98, 160, 164, 195–196, 199, 201–
    202, 327, 329, 417
Kognitives Information Retrieval 371
Kohärenz 12
Kollaboratives Informationsverhalten 506
Kollektion 436
kollektive Intelligenz 353–354
Kommerzieller Wissenschaftsmarkt 607
Kommerzielles Open Access 613
Kommunikationspolitik 686
Kommunikationsrechts 789
Kommunikative Praktiken 695, 698
Kompetenz 117, 119, 836
Komposita 172, 176
Kompositaanalyse 435
Komposition 282
Konsekutiver Master 77
Konsortien 87, 661–662
Konstruktivismus/konstruktivistisch 49 8, 11,
    15, 832, 884

Kontext 21, 469
Kontextbasiert/-faktoren 4, 13, 16, 400, 462, 467
Kontextbasierte Werbung (SEA) 400
Kontrolliertes Vokabular 147, 149, 152, 165
Körperschaften (in der formalen Erschließung) 207, 213–214
Kulturelles Erbe (Erhaltung) 132
Kulturgut 112, 634
Kundenprofil 626
Künstliche Intelligenz 3, 121, 268, 303, 329, 366, 623, 812, 769–770, 836–837
Kurator/-ierung 84, 106, 357, 837

Landesdatenschutzgesetz 804
Language Model 332
Langzeitarchivierung 89, 94, 131, 135, 137, 139, 141, 143
Latent Semantic Analysis (LSA) 821
Latent Semantic Indexing (LSI) 178
Lehrinstitut für Dokumentation (LID) 28
Leibniz-Informationszentrum Wirtschaft (ZBW) 38
Lemma 174–175
Lernen 79
Lexeme 281
Library & Information Science (LIS) 366
Library Reference Model (LRM) 212
Linguistik 281, 307
Linked Open Data (LOD) 217, 257–259, 261, 263–266, 268, 731
Livestream 111
Lizenz/-ierung 87, 608, 624, 655, 657, 735
Lizenzrecht 112
Lizenzvertrag 655
Logdateien 63–64
Lokutionär 11, 912
Long-Short Term Memory System (LSTM) 238, 285, 334
Lotkas Gesetz 273

Machine Learning 121, 252, 437, 821
Machine-Readable Cataloging (MARC) 211, 213
Makrothesauri 187
Mapping 187, 190
Marketing 672, 679, 682
Marketing-Management-Prozess 688
Marketing-Mix 685
Marketingforschung 682

Markov-Modell 238, 284
Maschinelle Austauschformat für Bibliotheken (MAB) 211
Maschinelle Übersetzung (MÜ) 290, 307, 434–435, 438
Maschinelles Lernen (ML) 238, 303, 328–329, 388, 413, 415, 468
Matthäus-Effekt 354
Max Planck Digital Library 716
Mean Average Precision (MAP) 445
Mean Reciprocal Rank (MRR) 445
Medien- und Informationskompetenz 582
Medienbereich 832
Medienkompetenz 72
Medienkonsum 111
Medienkonvergenz 633, 691, 700
Medienökonomie 633–635, 637, 639, 641
Medienpädagogik 114
Medienplattform 112
Medienstaatsvertrag (MStV) 112
Mega Journals 321–322
Mehrwert 119, 621, 685
Mehrworterkennung 177
Meinungsfreiheit 759, 761, 770
Mensch-Computer-Interaktion (MCI) 525
Menschenzentriertes Design 471
Meritorisches Gut 681
Mesoebene 746
Metaanalyse 45
Metadaten 88, 98, 105, 139, 148, 189, 208–210, 214–217, 245, 254, 355, 729, 737
Metasuchmaschine 392
Metatheorie 46, 48
Methoden 51
Methodenkompetenz 120
Methodenmix/-wahl 57, 59, 66
Methodenspektrum der Informationswissenschaft 58
Microblogging/-blogs 355, 696
Mikroebene 746
Mind selection 832
Minimal Recursion Semantics MRS) 310
Misinformation 18, 830
Mobiles Marketing 672
Modell der hyperpersonalen Interaktionen und Beziehungen 519
Modell der interpersonalen Medienwahl 516
Modell der Netzkultur 519
Modell der normativen Medienwahl 515

Modell der rationalen Medienwahl 515
Modell der sozialen Informationsverarbeitung 518
Modell der Virtualisierung 519
Modelle des Information Seeking 553–554
Monitoring 504, 559
Monographie/n 610, 614
Monohierarchie 197
Monopole 607–608, 611, 616
Moral 756
Morphologie 184, 282
Multi Dokumenten Zusammenfassung 234
Multi-Channel-Marketing 668
Multilinguale Kollektionen 433–434
Multimediale Zusammenfassung 235
Museum/Museen 84, 103, 105–107, 109, 112
Museumsdokumentation 39, 202
Musik-Retrieval 423–424

N-Gramm 456, 820, 822
Nachhaltigkeitsmodell 738
Nachlässe 106
Nationale Forschungsdateninfrastruktur (NFDI) 38, 42, 342, 708
Natural Language Processing (NLP) 253, 281, 447, 455
Nature Publishing Group 322
Natürlichsprachliche Informationssysteme 281, 289
Navigation 113, 147, 151
Negationsskopus 312
Netiquette 519
Netzwerk Mediatheken 112
Netzwerk-Modell 738
Netzwerkeffekt 621, 629
Netzwerkfähigkeit 121
Neue Medienökonomie 636
Neuronale maschinelle Übersetzung (NMT) 312
Neuronale Netze 238, 285, 312, 333, 415, 455, 457, 459–461, 463, 465
Neuronale Retrieval-Modelle 461
Neuronale Sprachmodelle 821
News Aggregation Service 334
Nicht-Deskriptoren 183
Nicht-lineares Modell 329
NII Test Collection for IR Systems (NTCIR) 448
Nomenklatur 195
Non Fungible Tokens 255
Normalisierung 275

Normalized Discounted Cumulated Gain (NDCG) 445
Normdatei 210, 213
Normung 125
Notation 161, 195, 197
Nutzergesteuerte Erwerbung 660
Nutzerorientierung 114
Nutzerzentrierte Erschließungsmethoden 356
Nutzungsfreiheit 605
Nutzungsrecht 794
Nutzungsrecht/e 113, 655, 794

Oberbegriff 185
Oberklasse 197
Objektklassifikation 201
OER-Retrievaldienst 736
Offene Archive 100
Offene Formate 729
Offene Gesellschaft 745
Offene Lizenz 720, 735
Open Science 703
Öffentliches Gut 681
Öffentlichkeit 611, 616, 636
Öffentlichkeitsarbeit 112
Oligopole 612
Omnichannel-Marketing 685, 688
One-to-One-Marketing 627
Onleihe 89
ONline Information eXchange (ONIX) 214
Online Mobbing 517
Online-Marketing 667, 669, 671, 673, 675, 677
Online-Tracking 784
Ontologie/n 130, 152, 161, 195, 257, 259, 261–263, 265–268, 282
Ontologiesprache/n 152, 261
Ontologisch 4, 10–11, 14, 884
Open Access (OA) 87, 322, 606, 614–617, 643, 648, 663, 704, 715, 717, 719, 721, 723, 725, 760, 763, 766
Open Archival Information System (OAIS) 135
Open Archives Initiative Protocol for Metadata Harvesting (OAI PMH) 715, 786
Open Data 341, 727, 729, 731, 733, 747
Open Educational Resources (OER) 616, 648, 706, 735, 737, 739, 741–743
Open Evaluation 705
Open Government 728, 745, 747, 749, 751
Open Government Partnership (OGP) 748
Open Infrastructures 705

Open Journal Systems (OJS) 716
Open Knowledge Foundation (OKF) 707, 727, 745
Open Library of Humanities (OLH) 716
Open Metrics 321
Online Public Access Catalogue (OPAC) 88
Open Research Data 704
Open Review 319
Open Science 90, 317, 321, 341, 703, 721
Open Source 749, 766, 781
Open-Access-Publizieren 606, 613–615, 617–618
Open-Access-Zeitschriften 611–613
Open-Data-Gesetz 728
Open-Data-Portal 730
OpenAIRE Guidelines 715
OpenDOAR 715
Operatives Marketing 685
Oppenheimer-Effekt 837
Ordnungsregeln 127
Out-of-Vocabulary Word/s (OOV) 308, 314
Over-/Understemming 174
OWL 261–263

Page-Tagging-Dienste 673
Paper Mill 323–324
Paradigmenwechsel 45, 50
Parallele Korpora 238, 437
Paris Principles 211, 213
Parsing 287
Part-of-speech tagging 177
Partitive Relation 185
Partizipation 104, 745
Patentinformation 366
Pathologien 829
Peer Review/ing 317–318, 608, 647, 715
Perlokutionär 11, 16, 912
Persistent Identifier 90, 721
Personal Information Management (PIM) 503, 577
Personalisierung 113, 399, 467–468, 636, 769
personenbezogene Daten 803
Persönlichkeitsdisposition 516
Persönlichkeitsrecht 805–806, 877
Perspektivischer Abstract 234
Perzentile 276
Pflichtexemplar 86
Philosophy of Information 52
Phonetik 281

Phonologie 281
Phrase-Based Statistical Machine Translation 311
Phrasenstruktur-Grammatiken 287
Piraterie 767
Pivot-Tabellen 298
Plagiarismus 319, 760, 766–767
Plagiat 335, 817, 819, 823–824, 832, 836
Plagiatserkennungssoftware 818, 823–824
Plagiatsprävention 823, 825
Platin Open Access 717
Plattform 621, 623, 624, 626, 636, 781, 803
Plattformgrundgesetz 834
Plattformjournalismus 833
Plattformökonomie 621, 623, 625, 627, 629, 631, 636
Policies 141
Polyhierarchie 197
Polyhierarchischer Thesaurus 185
Polysem 184
Pooling-Methode 447
Porter-Stemmer 173
Post-Publication 319
Postkoordination 164, 184
Poststrukturalismus 49
Potenzielle Information 6, 13
Prä-Publikationsphase 319
Practice turn 20, 50
Prädikatenlogik 260
Prädiktive Suche 397
Pragmatik 9, 283, 879
Pragmatisch 6, 15, 22
Pragmatische Relevanz 837
Pragmatisches Primat 4, 832, 837
Präkombination 164, 166, 184, 199
Präkoordination 164
Präregistrierung 705, 709
Pre-Editing 311
Precision 169, 330, 353
Predatory Publishing 323
Preis-Akzeptanz-Verhalten 623
Preismanagement 629
Preprint-Server 715
Preservation Metadata Implementation Strategies (PREMIS) 137
Preservation-as-a-Service 140
Pressedokumentation 202
Presseforschung 634
Preußische Instruktionen (PI) 211

Principle of least effort 561
Prinzip der Offenheit 740
Privacy Enhancing Technology (PET) 578
Privatkopie 797
Privatsphäre 803
Proceedings 614
Propagandaforschung 634
Proprietär 607, 618
Proprietäre Wissensgraphen 267
Prosumer 693
Protocol and RDF Query Language (SPARQL) 265
Provenienz 95–96
Prozessmanagement 575
Pseudo-Relevanz-Feedback 384, 405
Public Library of Science (PLOS) 716
Publikationsfond 716
Publikationsmanagement 721
Publikationsservice 90
Publikationsverhalten 277
Publikumsmärkte 609
Publish & Read (PAR) 615, 633
Pyramiden-Methode 240

Qualifikationssystem 71
Qualitative Forschung 59
Qualitätsmanagement 132
Qualitätsmerkmal/e 272, 481
Qualitätssicherung 317, 477, 607, 613
Quantencomputer 774
Quantitative Forschung 59
Quasi-Synonym 184, 775
Quellenauswahl 477
Quellenbewertung 477

R4-Modell 14, 18
Ranking 320, 370, 397, 399, 769
Rat für Informationsinfrastrukturen 42
Recall 330, 354, 356
Recherche 117, 119
Recht 756–757, 759, 761, 764–766, 770
Rechteverwertung 644
Records Management (RM) 93–94 131
Reduced Social Cues (RSC) 517
Reduktion 8, 13, 22
Referenz-Datenbanken 607
Referenzen 273
Referenzmodell der Visualisierung 298
Referenzrahmen Informationskompetenz 583
Regelbasierte maschinelle Übersetzung 309

Regeln für die alphabetische Katalogisierung (RAK) 87, 211
Regelwerk 210
Register 200
Registry of Open Access Repository Mandates and Policies (ROAR) 718
Registry of Research Data Repositories (re3data) 344
Regressionsanalyse 329
Regulierungsinstanzen 16
Reintermediation 623
Rekursive Neuronale Netze 366
Relationenkürzel 184
Relevance Feedback 366, 369
Relevanz 8, 19–20, 22, 93, 164, 366, 369–370, 391, 397, 403, 837
Reliabilität 322
Repository/ien 84, 715–716
Research Cycle 649–650
Research Data Alliance 343
Research Data Management Organiser (RDMO) 345
Research Intelligence Provider 617
Resilienz 837
Resonanz 8, 20, 22
Resource Description and Access (RDA) 210, 212
Resource Description Framework (RDF) 190, 217, 260
Ressource 436, 439
Restaurierung 97, 105–106
Retrieval akustischer Ereignisse 423
Retrieval gesprochener Sprache 423
Retrieval, BM25-Modell 385
Retrieval, Boolesches 380
Retrieval, Diversität 386
Retrieval, Fuzzy 380
Retrieval, learning to rank 387
Retrieval, Logik-basiert 385
Retrieval, probabilistisches 382
Retrieval, Vektorraummodell 381
Retrievalfunktion 379, 385
Retrievalqualität 168
Retrievalsysteme 159 retweet 697
Rhetorische Strukturtheorie 288
Rohdaten 299
Rollenindikatoren 167
Royal Society of Chemistry (RSC) 324
Rundfunkrecht 112
Rundfunkstaatsvertrag (RStV) 112

Sacherschließung 87
Sammelauftrag 84
Sammelbände 614
Sammlungsaufbau 87
Sammlungsauftrag 85
Sankey-Diagramm 297
Satz von Bayes 328
Scale-invariant feature transform (SIFT) 414
Schöpfungshöhe 100, 790
Schranken des Urheberrechts 655
Schriftgutverwaltung 131
Schriftrollen 83
Schriftzeichen 127
Schutzlandprinzip 801
Science Citation Index (SCI) 272
Scimago Journal & Country Rank (SJR) 320
Scope Notes 187
SCOPUS 618
Search/Retrieve via URL (SRU)) 787
Searchmetrics 673
SECI-Modell 570
Sektorisierung 636
Selbstauskunft 537
Selbstorganisation 693
Selbstzitationen 278
Selective demand 670
Self-Tracking-Technologien 7, 19, 22
Semantic Preservation 139
Semantic Web 153, 155, 213, 216–217
Semantik/semantisch 9, 138, 155, 158, 60, 282, 287, 308, 310, 821, 832
Semiotik 4, 49
Sense-Making 505, 545
Sentence Embedding 333
Sentimentanalyse 253
Serendipity 504, 553, 558
Servicemodell 739
Shanghai Ranking 321
Shannons Informationstheorie 47
Shitstorms 517
Signatursystem 246
Signifikanzniveau 67
Signifikanztest 66
Simple Knowledge Organization System (SKOS) 190, 264
Single Blind Review 318
Single-Creation Media Products 637
SIP 135
Situational Relevance 370

Situationsfaktoren 562
Six degrees of separation 696
Skaleneffekt 636, 681
Skalenvorteil 637
Skalierbarkeit 357–358
Skriptsprachen 775
Small Worlds 545, 696
Social Business 671
Social constructionist turn 50
Social Epistemology 8, 11, 52
Social Identity and Deindividuation SIDE Theory 517
Social Machines 699
Social Media 7, 22, 84, 106, 351, 512, 608, 671, 691–693, 695–696, 698, 769, 831–832, 836, 697
Social Presence Theory 515
Social Shaping of Technology 700
Social Software 692
Social Tagging 154, 351, 353, 355, 357, 359, 361
Social Web 351, 691, 694–695
Social-Bookmarking-Dienste 696
Social-Constructionist Turn 506
Socio-cognitive turn 50, 506
Soziale Erwünschtheit 63
soziale Kompetenz 120
Soziale Präsenz 511
Sozio-technisches System 699
SpaCy 289
Spatial turn 50
Spezialarchive 106
Spezialklassifikation 201
Spezialsuchmaschinen 392
Sponsoring Consortium for Open Access Publishing (SCOAP) 614, 624
Sprachanalyse 285
Sprachdaten 127
Sprachgenerierung 286
Sprachidentifikation 425, 435
Sprachkorpora 284
Sprachmodell 455, 457, 459, 461, 463, 465
Sprachspiele 15–17
Sprachtechnologie 281, 365
Sprechakt/-theorie 11, 16–17, 912
Sprecher-Diarisierung 425
Sprechererkennung 425–426
Sputnik-Schock 29
Stammformreduktion 173, 331, 438, 331

Standard Generalized Markup Language
    (SGML) 248, 784
Standardisierung 87, 123, 125
Standards der Informationskompetenz 582–383
Standortgebundenheit 188
Stanford CoreNLP 289
Stanza 289
Statistical bibliography 272
Statistische maschinelle Übersetzung 311
Statistische Methode 307
SteFi-Studie 582
Stemming 173, 331, 438
Stichprobengröße 66
Stichprobenziehung 60
Stiftung Preußischer Kulturbesitz 107
Stolen election lie 831
Stoppwortliste 435
Strukturierte Daten 327
Strukturierte Indexierung 166
Strukturiertes Abstract 233
Strukturstandard 210–211, 216
Studium 71, 73, 75, 77, 79, 81
Subscribe to Open 664
Subskriptionsmodell 615
Suchanfrage/n 159, 159, 161
Suchergebnisseite 396, 405
Sucherlebnis 406
Suchfunktion 113
Suchindex 88, 436
Suchmaschine/n 159, 391–396, 418, 759, 762, 769
Suchmaschinenmarketing 669
Suchmaschinenmarkt 391
Suchmaschinenoptimierung (SEO) 399, 670
Suchterm 149, 183
Support Vector-Maschine 238, 284, 329
Surrogat 159
Swiss National Science Foundation (SNF) 342
Synonym 184
Synonymbehandlung 178
Syntaktische Ambiguität 308
Syntaktische Indexierung 166
Syntaktische Textanalyse 821
Syntax 9, 15, 166, 260, 282, 879
Syntaxanalyse 177
Systematische Reviews 513
Systemintegration 575
Szientometrie 271

Tagging 354, 357, 698
Taxonomie 153, 198, 247, 258
Teaching Library 90
Technology Acceptance Model (TAM) 47, 515
Termgewichtung 179
Termhäufigkeit 179 259
Terminologie/n 124, 284
Terminologiearbeit 187
Terminologiedatenbanken 131
Terminologiekontrolle 149, 184, 198, 259, 356
Termvektor 332
Territorialitätsprinzip 657
Testkollektion 366
Text Klassifikation 328
Text Mining 290, 327, 329, 331, 333–335, 337
Text Retrieval Conference (TREC) 366, 433
Text-Retrieval 290
Textauszeichnung 248
Textdekomposition 822
Textkohärenz 283
Textkohäsion 283, 288
Textkorpus 311, 455
Textzusammenfassung 233
Theorie mittlerer Reichweite 48
Theoriebezug 59
Theoriebildung 50, 59, 67
Theorien 8, 45
Theorien zum medialen Kommunikationsverhalten 518
Theorietheorie 48, 53
Thesaurus 130, 152, 183195, 437
Thesaurusmanagement 189
Think-Aloud-Technik 63
Third-Party Cookies 672
Three-legged stool model 136
Times Higher Education World University Rankings 321
Tipping Point 698
TIPSTER SUMMAC Text Summarization Evaluation 239
Top-Level-Ontologie 257
Topic Map 153
Topic-Model 253
Tracking 672
Transaktionsbeziehungen 622
Transaktionserlöse 624
Transaktionskosten 621–622
Transaktionsphasen 621
Transferregel 310

Transformation 83, 614, 618
Transformationsvertrag 663
Transformativer Vertrag 722
Transformer 416
Transformer-Modell 314
Transkription 127
Translation-Memory-Systeme 312
Transliteration 127
Transmission Control Protocol/Internet Protocol (TCP/IP) 776
Transparenz 745
Transparenzgesetz 814
Tripartite-Graph 352
Triple Blind Review 318
Triplestore 265
Turn 50, 504
Twitter 696, 834, 836

Übersetzungsplagiat 822, 824
Überwachung 755, 760, 763–766, 806
Ulrich's Web Directory 609
Umkehrung (Indexierungstechnik) 229
Understemming 174
UNESCO Global media and information literacy (MIL)
Unicode Transformation Format (UTF) 780
Unified Modeling Language (UML) 200
Unified Theory of Acceptance and Use of Technology 516
Unifikationsgrammatik 283
Uniform Resource Identifier (URI) 782
Uniform Resource Locator (URL) 783
Uniform Resource Name (URN) 783
Uniterms 164
Universal Decimal Classification (UDC) 123
Universalklassifikation 201
Universalpragmatik 15
Universitätsverlage 614
Uno-Actu-Prinzip 637
Unsicherheit 20
Unterbegriff 185
Unterbestimmtheit 3
Unterklasse 197
Upper ontology 257
Urheberpersönlichkeitsrecht 655, 792
Urheberrecht 655, 758–759, 766, 789, 818
Urheberrechtsgesetz (UrhG) 113, 655
Urheberrechtsgesetz, Deutschland 719
Urheberrechtsgesetz, Österreich 719

Urheberrechtsgesetz, Schweiz 719
Usability 525
User Experience (UX) 525
User-Centered Design (UCD) 526
User-Generated Content (UGC) 693

Validität 59
Value-Based-Price 629
Vector Space Model 51
Vektorraum 331, 820
Vektorraummodell 381
Verbindungsdeskriptoren 166
Verbreitungsrecht 793
Vererbung 258
Vergabehäufigkeit 353
Verhaltensspuren 63
Verlag 643
Verlagskonsortien 616–617
Verlagswirtschaft 616
Versionsmanagementsystem 254
Vertragsstatut 800
Vertrauen 627–628, 833
Vertrauenswürdigkeit 141
Vervielfältigungsrecht 792, 818
Verwaltungsmodernisierung 728
Verwandte Schutzrechte 791
Verwertungsrechte 113, 655, 792
Verzerrungen (in Suchmaschinen) 398
Video-/Photo-Sharing-Dienste 696
Video-on-Demand 112
Virtual Community 629
Virtuelle Gemeinschaft 629
Virtuelle Kopräsenz 511
Virtuelle Teamarbeit 512
Visual Analytics 303
Visual information seeking mantra 300
Visual mappings 299
Visualisierung 295
Visualisierungsform 302
Visuelle Zuordnung 299
Visuelles Recherchesystem 303
Vokabularproblem 356
Volkszählungsgesetz 805, 924
Volltextdatenbank 161
Vorschlagsysteme 352
Vorzugsbenennung 183
Vorzugsbezeichnung 198, 200

Wahrhaftigkeit 22, 832–833, 889, 925
Wahrheit 3, 7, 9, 49, 831–832, 836, 889
Web of Science (WoS) 272, 609
Web Ontology Language (OWL)261–263
Web-Client 782
Web-Content-Management-System (WCMS) 785
Web-Index 392
Websuchmaschine 366
Webtechnologien 773, 775, 777, 779, 781, 783, 785, 787
Weinberg-Report 29
Weiterbildender Master 77
Weiterbildung 71, 73, 75, 77, 79, 81, 120
Werbemedienforschung 634
Werk 212–213, 790
Wertestandard 210, 215
Wertschöpfungsarchitektur 645
Wettbewerbsfaktor 627
WhatsApp 671, 674
Wikipedia 520
Wiktionary 286
Willensbildung, politische 635
Windowing 637
Wissen 11, 15–16, 117, 831–832, 910
Wissensbasierte Sprachmodelle 455
Wissensbasiertes Textverstehen 237
Wissensbewahrung 570
Wissensbewertung 569
Wissenschaftler*in 611, 617
Wissenschaftliche Literaturversorgung 715
wissenschaftliche Visualisierung 295
Wissenschaftliche Weiterbildung 78
Wissenschaftliche Visualisierung 295
Wissenschaftlicher Bibliothekar 77
Wissenschaftlicher Publikationsprozess 188
Wissenschaftliches Publizieren 643
Wissenschaftskommunikation 104, 107
Wissenschaftsmarkt 606–607, 614
Wissenschaftsplagiat 817
Wissenschaftsverlage 607
Wissensentwicklung 569
Wissenserwerb 569
Wissensidentifikation 569
Wissenskultur/en 572, 596–599
Wissenslandkarten 569
Wissenslücke 369, 553
Wissensmanagement (WiMa) 52, 118, 247, 567, 569, 571, 573, 575, 577, 579
Wissensneugier 588

Wissensnutzung 570
Wissensobjekte 3, 12, 15, 606, 832
Wissensorganisation 11, 147, 183–184, 195, 910
Wissensrepräsentation 353
Wissensrepräsentationssprachen 237
Wissensspektrum 21
Wissensspirale 570
Wissensverteilung 570
Wissensziel 569
Word Embedding 191, 238, 307, 313, 332–333, 437, 457, 821
WordNet 286
World Intellectual Property (WIPO) 609
World Summit on the Information Society (WSIS) 760
World Wide Web Consortium (W3C) 27, 84, 781
Worteinbettungen 287
Wörterbuch 281
Wortformen 312
Wortsammlungen 331
Wortschatz Leipzig 286
Wortweise Sortierung 228

Z39.50 787 (Netzwerkprotokoll)
Zahlensysteme 778
ZDF-Mediathek 111
Zedler, J. H. 123
Zeitlinien-Zusammenfassungen 235
Zeitreihenvisualisierung 296
Zeitschriftenartikel 610, 616
Zeitschriftenkrise 648, 663, 715, 717
Zeitschriftenmarkt 607, 609
Zenodo 288
Zensur 758, 760–762
Zentralinstitut für Information und Dokumentation der DDR (ZIID) 32
Zentralstelle für maschinelle Dokumentation (ZMD) 30
Zentralstelle für Psychologische Information und Dokumentation (ZPID) 37
Zerlegungskontrolle 184
Zertifizierung 141
Zipfsches Gesetz 51, 179
Zitationsanalyse 61
Zitationsdatenbank 276
Zitationsindexierung 272
Zitationskartellen 278
Zitatrecht 795
Zitierregeln 129

Zivilgesellschaft 732, 745
Zugangsvokabular 183
Zusammengesetzte Beschreibung 213

Zweckübertragungslehre 655
Zweiseitiger Markt 621
Zweit- und Mehrfachnutzung 114

www.ingramcontent.com/pod-product-compliance
Lightning Source LLC
Chambersburg PA
CBHW080921300426
44115CB00018B/2906